Marcus Tullius Cicero, Karl Wilhelm Piderit, O Harnecker

De oratore, für den Schulgebrauch, erklärt von Karl Wilhelm Piderit

6. Aufl., besorgt von O. Harnecker

Marcus Tullius Cicero, Karl Wilhelm Piderit, O Harnecker

**De oratore, für den Schulgebrauch, erklärt von Karl Wilhelm Piderit
6. Aufl., besorgt von O. Harnecker**

ISBN/EAN: 9783742896643

Hergestellt in Europa, USA, Kanada, Australien, Japan

Cover: Foto ©ninafisch / pixelio.de

Manufactured and distributed by brebook publishing software (www.brebook.com)

Marcus Tullius Cicero, Karl Wilhelm Piderit, O Harnecker

De oratore, für den Schulgebrauch, erklärt von Karl Wilhelm Piderit

Aus der Vorrede zur ersten Auflage.

Unter allen Schriften Ciceros, die in der obersten Klasse unserer Gymnasien gelesen zu werden pflegen, sind seine drei Bücher de oratore entschieden obenan zu stellen. Was ihnen diesen Vorzug vor andern Werken Ciceros, wie z. B. den Tusculanen, den Büchern de officiis, de natura deorum, de divinatione gewährt, ist nicht allein die formelle Vollendung der Darstellung — die ausgezeichnete künstlerische Anlage des ganzen Dialogs, wie die musterhafte Reinheit, Klarheit und Schönheit des sprachlichen Ausdrucks —, sondern fast mehr noch ihr reicher, für die vorgerückten Gymnasialschüler so sehr geeigneter Inhalt. Rhetorik und Stilistik, Archäologie, Litteraturgeschichte und Antiquitäten der beiden klassischen Völker des Altertums können und dürfen als besondere, selbständige Disziplinen auf unseren Gymnasien nicht gelehrt werden. Es wird vielmehr die zur Gymnasialbildung erforderliche Schulkenntnis der Hauptsachen aus den angeführten Gebieten teils durch passende Anknüpfung an die Lektüre der klassischen Schriftsteller, teils durch den Geschichtsunterricht, teils durch unmittelbares Erlernen aus den Autoren selbst zu gewinnen sein. Gerade in dieser Beziehung aber ist kein klassisches Werk der lateinischen Litteratur für die Schule so ergiebig und bei rechter Behandlung der Erreichung des angegebenen Zieles so förderlich, als Ciceros Schrift de oratore, indem sie nicht nur den allgemeinen, an jede klassische Lektüre der Prima zu stellenden Forderungen vollkommen entspricht, sondern sich vornehmlich sowohl durch ihre praktischen, auf dem Leben und der wirklichen Erfahrung beruhenden, rhetorischen Anweisungen, als auch durch die in ihr enthaltenen trefflichen litteratur- und kunstgeschichtlichen Übersichten empfiehlt.

VORREDE.

Wenn wir nun dennoch dieser Ciceronianischen Schrift trotz ihrer unleugbaren Vorzüge die ihr gebührende Stellung einer möglichst ständigen Lektüre in der obersten Gymnasialklasse nur in verhältnismäßig sehr geringem Umfange eingeräumt sehen, so möchte wohl eine der hauptsächlichsten Ursachen davon in dem Mangel einer zweckmäßigen Schulausgabe zu suchen sein. Denn daß unter den bisherigen Schulausgaben (abgesehen also von Henrichsens und Ellendts zunächst für den Gelehrten bestimmten Editionen, die für den Lehrer allerdings viel brauchbares Material bieten) weder Müllers noch gar Billerbecks, noch auch Ellendts kleinere Ausgabe irgendwie befriedigen können, davon wird sich gewiß ein jeder, der eine Zeitlang mit seinen Schülern de oratore gelesen hat, aus eigener Erfahrung zur Genüge überzeugt haben.

Eben diesem offenbaren Mangel wünscht nun der Herausgeber durch die gegenwärtige Schulausgabe, die dem Lehrer wie dem Schüler die nötigen Dienste zu leisten bestimmt ist, möglichst abzuhelfen und so an seinem Teile die Lektüre dieser Schrift auf unseren Gymnasien nach Kräften zu fördern.

Die Anlage entspricht dem Plan der ganzen Teubnerschen Sammlung. Vorausgeschickt sind also etwas ausführlichere Prolegomena, die außer dem sonst zur Einleitung Erforderlichen auch eine übersichtliche kurze Zusammenstellung des üblichen rhetorischen Schulsystems enthalten, dessen Kenntnis Cicero bei seiner steten Rücksichtnahme auf die Rhetoren und ihre Lehre voraussetzt. Weiterhin ist sodann sowohl jedem Buch in gedrängter Inhaltsübersicht die Gesamtdisposition desselben vorgesetzt, als auch in den erklärenden Anmerkungen die fortschreitende Entwickelung und Gliederung im einzelnen zu steter Orientierung angegeben. Was aber diese erklärenden Noten selbst betrifft, so stellte es sich aus mehrfachen Gründen als zweckmäßig heraus, eine Teilung vorzunehmen und alles, was zur Erläuterung der zahlreichen Personennamen und einiger wichtigeren Realien, vornehmlich aus dem Gebiete des römischen Rechts gehörte, lieber alphabetisch in der Form erklärender Indices zusammenzustellen und in diese auch einige kleinere Exkurse, wie über die causae centumvirales und die im 1. Buche erwähnten Rechtsfälle; oder über de

Rhythmus mit aufzunehmen. Dadurch ist einmal der Vorteil erzielt worden, daß das richtige Verhältnis des Textes, der sich in einer Schulausgabe auch dem äußeren Umfange nach als die Hauptsache darstellen soll, zu den darunter stehenden Anmerkungen fast überall gehörig gewahrt werden konnte, während sich ohne die getroffene Einrichtung die Überwucherung des Textes von den unumgänglichen nötigen Erläuterungen, auch bei noch so großer Beschränkung, an vielen Stellen gar nicht hätte vermeiden lassen. Sodann aber hat die erwähnte Anordnung das für sich, daß dadurch die Einprägung des sachlichen Materials, das sich der Schüler nun nicht aus dem, was unten steht, flüchtigen Blicks heraufholen kann, bedeutend gesichert wird. Die relative Ausführlichkeit der Indices aber erscheint hier um so eher gerechtfertigt, als eben, wie vorhin angedeutet, die Lektüre dieser Schrift nach ihrer ganzen Anlage besonders geeignet ist, das litteraturgeschichtliche und archäologische Wissen des Schülers mit fördern zu helfen, und demnach die Erklärung auch diesem Zweck zu dienen hat. Gleichwohl versteht es sich dabei von selbst, daß die zu dem Ende gegebenen Notizen nicht um ihres litteratur- oder kunstgeschichtlichen oder antiquarischen Interesses an sich, sondern doch zuletzt nur um der betreffenden Stelle willen, zu deren lebendigerem und vollerem Verständnis gegeben sind.

Der Text der vorliegenden Ausgabe schließt sich im allgemeinen an den Orelli-Baiterschen an, jedoch mit den Abänderungen, wie sie der am Schluß angefügte kritische Anhang näher angiebt. Dazu sind aber von neuem sowohl die Lesarten des cod. Abrincensis nach der von Schneidewin im Oktober 1842 in Avranche selbst vorgenommenen Kollation, als auch die beiden cod. Erlangenses mit möglichster Genauigkeit verglichen worden.

Hanau, im Februar 1859.

K. W. Piderit.

Vorwort des Herausgebers der fünften Auflage.

Wie jede neue Auflage der Pideritschen Arbeit Zeugnis davon giebt, daß er von allen seit der vorigen Auflage erschienenen Schriften zur Erklärung von de oratore sorgfältig Kenntnis nahm,* und wo er das Verständnis einer Stelle von andrer Seite gefördert glaubte, nicht in falscher Liebe zu eignen Gedanken an der einmal aufgestellten Erklärung festhielt: in ähnlicher Weise habe ich mich zur vierten Auflage in Piderits Bearbeitung und zu dem, was nachher erschienen ist, gestellt.

Ich habe geändert, soweit es geschehen konnte ohne den Charakter der Pideritschen Ausgabe zu verwischen. Wenn es mir als ein Vorzug derselben erscheint, daß sie den Gang der ganzen Abhandlung und ihre Gliederung klar darlegt, so habe ich es mir zur Aufgabe gemacht, diesen Vorzug noch weiter auszubilden, und gefunden, daß damit oft auch auf die einzelne Stelle ein helleres Licht fällt.

* Es sind in der 2. und 3. Auflage angeführt:

1. Bd. I. der Gesamtausgabe von Ciceros Werken, ed. J. G. Baiter C. L. Kayser. Leipz. b. Tauchnitz 1860 (Bd. II. der Op. rhet. rec. C. L. Kayser).

2. M. Tullii Cic. de orat. libros 3. rec. Joh. Bake. Amstelod. 1863.

3. Sorof de Cic. librorum, qui sunt de oratore, editionibus novissimis im Philol. Bd. 21 (1864) p. 654—674. Ejusdem vindiciae Tullianae. Progr. d. Gymn. zu Potsdam 1866.

4. Rezensionen in d. Gel. Anz. d. Kgl. bayr. Akad. d. Wissensch. 1859 Nr. 38—41. und N. J. für Philol. u. Pädag. Bd. 79 und 80, H. 12. p. 838—844. Wiener Jahrb. XVI, Nr. 4, p. 31.

5. Niemeyer de locis quibusdam, qui in Cic. de or. libris leguntur, im Festgruß d. Lehrerkollegiums d. Gymn. in Kiel an die XXVII. Versammlung d. Philol. und Schulmänner. Kiel 1869.

6. Adler locos quosdam librorum I. et. II. Ciceronis de oratore vel emendavit vel explicavit. Progr. d. lat. Hauptsch. in Halle. 1869.

Neues handschriftliches Material zur Feststellung des Textes stand mir nur in sehr geringem Maße zu Gebote. Die neue sorgfältige Vergleichung des Cod. Gu. 3, welche von Sorof angestellt ist, hat die große Übereinstimmung dieses Cod. mit dem Abrinc. und Erl. I nur noch klarer herausgestellt. Der Cod. Harlei. ist von Herrn Prof. Dr. Rühl in Königsberg genau verglichen. Derselbe hat mir in überaus dankenswerter Bereitwilligkeit und Promptheit jede Anfrage über die Lesarten dieses Cod. beantwortet. Seine Mitteilungen bestätigen, daß auch dieser Cod. mit den übrigen mutili wesentlich übereinstimmt. Herr Prof. Rühl sagt von ihm: „er ist so vollständig als der vollständigste der mutili, und wohl so alt, als der Abrinc. und hat das Eigentümliche, daß vom Schreiber eine Menge von Lücken durch das Stehenlassen von freiem Raum angedeutet worden sind, wo unsere Ausgaben ruhig im Text fortschreiten." Auf diese Übereinstimmung gestützt habe ich in bei weitem mehr Stellen die Lesarten der mutili aufgenommen, als dies schon Piderit gethan hatte. Wenn dies nicht konsequent geschehen ist, so bestimmte mich dabei die Beobachtung, daß auch diese alten Handschriften, abgesehen von Fehlern, welche in der Flüchtigkeit und im Mangel an Verständnis von seiten des Abschreibers oder in der Unleserlichkeit der Vorlage ihren Grund haben, auch von willkürlichen Abänderungen nicht frei sind. Namentlich aber ist ihre Autorität in Bezug auf Auslassungen gering. Konjekturen mochte ich nicht aufnehmen, außer wo ihre Richtigkeit evident oder die vulgata so offenbar verderbt ist, daß, um einen annehmbaren Sinn zu gewinnen, eine Änderung durchaus nötig war.

Zu der sehr verdienstvollen Ausgabe von Sorof* verhält sich die hier vorliegende wie dieser selbst zu seinen Vorgängern in der Bearbeitung dieser Ciceronischen Schrift. Eine Eigentümlichkeit der Ausgabe von Sorof besteht in zahlreichen auf sorgfältiger Beobachtung beruhenden Bemerkungen über den Sprachgebrauch Ciceros. Von diesen habe ich da

---

* M. Tullii Ciceronis de oratore libri tres. Erklärt von Dr. G. Sorof. 3 Bde. Berlin bei Weidmann 1875.

Gebrauch gemacht, wo sie mir für das genaue Verständnis der eben behandelten Stelle von Wichtigkeit schienen. Öfter hatte ich die Freude mich mit S. in der Auffassung einer Stelle in Übereinstimmung zu finden und dadurch in der Überzeugung von der Richtigkeit meiner Ansicht bestärkt zu werden.

Im Bezug auf die grammatische Erklärung glaubte ich viele Hinweisungen auf grammatische Lehrbücher, wenn sich diese auf Dinge bezogen, die man bei Primanern als bekannt voraussetzen darf, streichen zu dürfen, und ich hätte dies noch häufiger gethan, wenn ich nicht gefürchtet hätte, nicht im Sinne mancher Leser zu handeln; auch wäre damit nicht viel Raum gespart worden. Im übrigen befand ich mich gerade über verschiedene grammatische Punkte mit Piderits Erklärungen nicht in Einklang. Über einzelne dahin einschlagende Fragen habe ich mir Belehrung von den Herren Dir. Prof. Dr. Müller in Breslau, Oberbibliothekar Prof. Dr. v. Halm in München, Staatsrat v. Neue in Stuttgart, meinem verehrten Lehrer, erbeten und in freundlichster Weise erhalten.

Wünschenswert für die Benutzung des Buchs und die Brauchbarkeit desselben auch für weitere Studien schien mir die Hinzufügung eines lexikalisch-grammatischen Index zu den fleißigen erklärenden Indices Piderits. Derselbe soll nicht bloß auf den Inhalt der Anmerkungen, sondern auch auf die Sprache Ciceros in diesen Büchern hinweisen. Das Urteil darüber, was in einen solchen gehöre, mag bei den Verschiedenen verschieden sein; es ist schwer darin das rechte Maß zwischen dem Zuviel und dem Zuwenig zu treffen. Bei einzelnen Worten sind alle Stellen, wo sich diese in de oratore überhaupt oder in einem der Bücher finden, bei andern nur Beispiele für die Gebrauchsweise angeführt.

Halle, im Dezember 1877.

F. Th. Adler.

Vorwort zur sechsten Auflage.

Der ehrenden Aufforderung der Verlagshandlung, die Neubearbeitung der Piderit-Adlerschen Ausgabe von Ciceros Werk de oratore zu übernehmen, hat der Unterzeichnete Folge zu leisten erst nach langem Zaudern über sich vermocht. Er würde die Arbeit vielleicht doch zurückgewiesen haben, wenn seine Einsicht in die eminenten Schwierigkeiten der Aufgabe von Anfang an so klar gewesen wäre, wie jetzt. Wenn es eine seiner wesentlichsten Pflichten war, die Pietät gegen bewährte Autoritäten und hervorragende Pädagogen zu bewahren, so trat doch anderseits völlig unabweisbar die Aufgabe an den Herausgeber heran, neueren Forschungen, soweit es die Natur des Werkes erlaubte, gerecht zu werden. Das Buch auf der Höhe der Zeit zu erhalten, ihm den Ruf eines gediegenen und verläßlichen Führers für die Lektüre der Prima, wie auch besonders für das Studium jüngerer Philologen zu bewahren, das vor allem mußte sein Bestreben sein. Ob er imstande gewesen ist, dies Ziel zu erreichen, bittet er einsichtige Kenner wohlwollend zu beurteilen; wohlwollend ganz besonders auch im Hinblick darauf, daß ihm an Hilfsmitteln, was Vorarbeiten seitens der früheren Herausgeber anlangt, äußerst Geringfügiges zu gebote stand. Die Handexemplare einmal der Sorofschen Ausgabe, dann der vorliegenden, die mir die Erben des der Schule und der Wissenschaft leider zu früh entrissenen Prof. Adler durch die gütige Vermittelung der Verlagshandlung mit anerkennenswerter Liberalität zur Verfügung stellten, boten sehr wenig Brauchbares. Für die Einleitungen, die Indices und den kritischen Anhang fand sich gar nichts, für die Konstituierung des Textes äußerst wenig, fast nur Hinweise mit Rot- oder Blaustift auf die betreffenden Seiten der Abhandlungen von Ströbel oder Stangl; konnte ich etwas benutzen, ist es gewissenhaft an den betreffenden Stellen des Anhanges bemerkt worden. Sonst beschränkten sich Adlers

Notizen auf gelegentliche Beobachtungen, Wendungen für die Übersetzung und dgl., die bei der Lektüre gemacht waren, auf Parallelstellen und Nachweise, die bei eingehender Prüfung nur sehr selten Berücksichtigung finden konnten. Wo dies dennoch geschehen, ist es selbstredend bemerkt worden.

Neben zahlreichen Besserungen geringeren Umfanges ist in der Einleitung I neu bearbeitet § 4 zur Geschichte der Rhetorik und § 22 'die politischen Zeitverhältnisse'. Sie und den kleinen Exkurs über die lex Licinia Mucia empfehle ich der nachsichtigen Beurteilung Berufener. In der Einleitung II am Gefüge des Ganzen zu ändern, ergab sich zur Zeit kein Grund; wie es an Durcharbeitung, Erweiterung und Vertiefung des Einzelnen nicht gefehlt hat, wird leicht ersichtlich sein. Daß ich nicht immer der bewährten Führung Volkmanns gefolgt bin, ist am geeigneten Orte erklärt; ich glaube, daß vorliegende Einleitung auch neben Volkmanns grundlegenden Arbeiten wohl imstande sein wird, Anfänger in das interessante Studium der Rhetorik einzuführen.

In den Anmerkungen wird man eine strenge Durcharbeitung ebensowenig vermissen; auch selbständiges Auftreten ist in sprachlichen Ausführungen und neuen Erklärungen nicht ganz gescheut worden. Daß immer das Rechte getroffen sein sollte im Festhalten oder Verwerfen des Alten, im Einfügen des Neuen, hieße Übermenschliches verlangen; der Herausgeber will sich gern bescheiden, wenn ihm das Zeugnis gegeben werden könnte, daß er voll ernsten Eifers bestrebt gewesen ist, die Sache zu fördern.

Der Text des ersten Buches ist nach den gedruckt vorliegenden Hilfsmitteln gearbeitet; sie finden sich an den betreffenden Stellen des Anhanges namhaft gemacht. Eine Neubearbeitung des Textes kann in keine ungünstigere Zeit fallen. Mir stand an eigenem handschriftlichen Material nur eine genaue Kollation des Abrincensis nach Schneidewins Exemplar zur Verfügung, die aus Adlers Bibliothek auf antiquarischem Wege von mir erworben worden war. Von zwei Seiten werden jetzt auf Grund sorgsamer Forschungen in den Bibliotheken Italiens neue Ausgaben der Bücher de oratore vorbereitet. Eine Ausgabe wie die vorliegende kann und will den Ansprüchen an eine selbständige, wissenschaftliche Textrecension nicht genüge leisten. Aber will sie ihre Aufgabe erfüllen und für das einführende Studium jüngerer Philologen ein brauchbares und verläßliches Hilfsmittel darstellen, muß sie wenigstens bestrebt sein, auch das handschriftliche Material möglichst vollständig wenn nicht darzulegen, so doch zu verwerten. Dies war, wie angedeutet, für jetzt nur in dem Umfange möglich, als es gedruckt vorliegt; allerdings sind für eine Reihe von Stellen auch Angaben aus den wichtigsten Handschriften der Vaticana benutzt, die ich der großen und uneigennützigen Liebenswürdigkeit von W. Friedrich verdanke.

Bei so außerordentlich ungünstiger Sachlage rücksichtlich der Textgestaltung kann der Herausgeber im Interesse des Buches nur seine Freude bekennen darüber, daß die verehrliche Verlagshandlung ihm wenigstens das Zugeständnis machen konnte, die definitive Bearbeitung des zweiten und dritten Heftes erst später zu fordern; hoffentlich liegt dann eine der neuen Ausgaben bereits vor. So darf Herausgeber denn auch hoffen, die zu erwartenden Ausstellungen seitens der Kritik und Winke für die Besserung des Werkes schon in den folgenden Heften verwerten zu können.

Mein Standpunkt in der Textkritik ist demnach für jetzt derselbe etwa, wie ihn Sorof in der 2. Auflage seiner Ausgabe Seite 45 gegeben hat. Auch mir sind die mutili die vornehmste, bei weitem nicht einzige Grundlage des Textes. Vor Überschätzung ihres Wertes haben wir in der That auf der Hut zu sein, aber leider besitzen wir, so scheint es, ein einfaches Korrektiv für sie, etwa durch eine andere Handschrift oder Handschriftenklasse, nicht. Daß die beiden Handschriften der Vaticana (Ottobonianus 2057 = O, und Palatinus 1469 = P) nicht unmittelbare Abschriften des Laudensis sind, behauptet Stangl und bestätigte mir Friedrich brieflich, trotzdem ihre Subskriptionen die Annahme so sehr nahe legen, s. Heerdegen, prolegg. zu seiner Ausgabe des Orator p. XV ss. Diese beiden Handschriften schienen Friedrich weit eher selbständige, mit Hilfe des Laudensis redigierte Ausgaben zu sein; zur Zeit läßt sich Bestimmteres noch nicht sagen. So bleibt vieles noch unsicher, und der Unterzeichnete hat öfter Zurückhaltung üben und an dem bisherigen Texte festhalten müssen. Ob die endgiltige Durchforschung der Handschriften einen **wesentlichen** Fortschritt in der Textgestaltung bringen wird, ist noch nicht abzusehen; ich gestehe, daß ich zu einer optimistischen Anschauung mich zu bekennen einigermaßen Bedenken tragen möchte.

Um die allseitige Brauchbarkeit dieses einzelnen Heftes nicht zu beeinträchtigen, wird die verehrliche Verlagshandlung die erklärenden Indices der fünften Auflage, die noch auf Lager sind, auf Verlangen einzeln abgeben; so wird auch für die Erklärung der schwierigen Rechtsfälle des ersten Buches genügend gesorgt sein.

Friedeberg (Neumark), im Juni 1886.

O. Harnecker.

EINLEITUNG.

I.

Ciceros wahre Größe beruht nicht sowohl auf seiner staatsmännischen, als auf seiner schriftstellerischen Wirksamkeit. Denn so hoch wir auch gerechter Weise die Siege anschlagen müssen, die er in seiner politischen Laufbahn von der ersten Ehrenstelle bis zur höchsten, dem Konsulat, und bis zur glorreichen Bekämpfung der Catilinarischen Verschwörung erfochten hat, höher ist ohne allen Zweifel das glänzende und bleibende Verdienst zu stellen, das er sich um seines Volkes Sprache und Litteratur erwarb. Niemand wird es mit Recht bestreiten können, daß hauptsächlich durch ihn die römische Sprache und Prosalitteratur unter dem mächtigen Einfluß der Meisterwerke des griechischen Volkes aus der beschränkteren und unvollkommneren nationalen Gestalt zu der Vollendung erhoben ist, wie sie sowohl der Weltherrschaft, als auch der besonderen kulturhistorischen Bedeutung des römischen Volkes entsprach[1]). Denn wie es überhaupt Roms Bestimmung war, die griechische Geistesbildung aufzunehmen und von ihrem Licht sich durchdringen zu lassen, gerade zu der Zeit, als das griechische Volk sich ausgelebt hatte und nicht mehr Träger und Vermittler der allgemein menschlichen, wissenschaftlichen und künstlerischen Kultur zu bleiben vermochte, so ist es insbesondere Cicero gewesen, in dem diese lebensvolle Durchdringung des römischen nationalen Elements mit dem universalen griechischen in Form und Inhalt sich am deutlichsten ausprägt. Freilich war das griechische Geistesleben schon lange vor Cicero mit dem römischen in Berührung

---

1) Vellei. Paterc. I 17, 3 at oratio ac vis forensis perfectumque prosae eloquentiae decus, pace P. Crassi Scipionisque et Laeli et Gracchorum et Fanni et Servi Galbae dixerim, ita universa sub principe operis sui erupit Tullio, ut delectari ante eum paucissimis, mirari vero neminem possis, nisi aut ab illo visum aut qui illum viderit; II 66, 5. Plin. hist. nat. VII 30 (31), 117 salve primus omnium parens patriae appellate, primus in toga triumphum linguaeque lauream merite, et facundiae Latiarumque litterarum parens atque — omnium triumphorum laurea maior, quanto plus est ingenii Romani terminos in tantum promovisse quam imperii! Brut. 253; 254; 321 flg.

gekommen, — von Livius Andronicus in der Mitte des 3. Jahrh. v. Chr., dem ersten, der griechische Litteratur auf römischen Boden verpflanzte, und den ihm nachfolgenden Schriftstellern bis zu der epochemachenden Gesandtschaft der drei griechischen Philosophen in der Mitte des 2. Jahrh.[2]) und der späteren Verbreitung griechischer Bildung unter der römischen Aristokratie —; gleichwohl aber zeigt sich doch in keinem ein so starkes und klares Bewußtsein von der erwähnten Bedeutung der griechischen Litteratur für die lateinische, ein so unermüdetes und mit dem höchsten Erfolg gekröntes Streben, die fremden Geistesschätze aus Hellas nach Latium zu übertragen, als eben in Cicero, in dem sich die Nachahmung der früheren Zeiten nun zur freien, schöpferischen Nachbildung erhob. Sein Dichten und Trachten ist darauf gerichtet (und damit hängt zum Teil auch wohl seine politische Stellung zu den Optimaten zusammen, die — gerade umgekehrt wie in Athen — in Rom als die Träger höherer Bildung betrachtet werden müssen), die römische Litteratur nicht nur zu einer ebenbürtigen Nebenbuhlerin der griechischen zu erheben, sondern durch die Vereinigung der Vorzüge beider in seines Volkes Sprache die griechische Litteratur noch zu überbieten. Daher sucht er nicht nur selbst in alle Gebiete griechischer und römischer Litteratur und Kunst einzudringen[3]), sondern sein universales Wissen auch dem Römer zu vermitteln[4]), die Litteratur- und Kunstperioden beider Völker miteinander zu vergleichen und in regem Wetteifer womöglich den Griechen den Rang abzugewinnen[5]).

2) de or. II 155; III 68; Tusc. IV 3, 5; Gell. N. A. VI (VII) 14, 8; XVII 21, 48.

3) Tacit. dial. de orat. c. 30 notus est vobis utique Ciceronis liber qui *Brutus* inscribitur; in cuius extrema parte (nämlich von c. 89 bis 92) sua initia, suos gradus, suae eloquentiae velut quandam educationem refert: se apud Quintum Mucium ius civile didicisse, apud Philonem Academicum, apud Diodotum Stoicum omnes philosophiae partes penitus hausisse; neque his doctoribus contentum, quorum ei copia in urbe contigerat, Achaiam quoque et Asiam peragrasse, *ut omnem omnium artium varietatem complecteretur.* Itaque hercle in libris Ciceronis deprehendere licet non geometriae, non musicae, non grammaticae, *non denique ullius ingenuae artis scien-* *tiam ei defuisse.* Ille dialecticae subtilitatem, ille moralis partis utilitatem, ille rerum motus causasque cognoverat. Quint. XII 10, 12.

4) de divin. II 1, 1 Quaerenti mihi multumque et diu cogitanti, quanam re possem prodesse quam plurimis, ne quando intermitterem consulere reipublicae, nulla maior occurrebat, *quam si optimarum artium vias traderem meis civibus;* quod compluribus iam libris me arbitror consecutum; und 2, 4 flg. Magnificum illud etiam Romanisque hominibus gloriosum, ut Graecis de philosophia litteris non egeant. Tusc. II 2, 5 flg.; Acad. post. I 2, 8.

5) Brut. 254 (Brutus zu Cicero:) magnifice te laudatum puto, quem non solum principem atque inventorem copiae dixerit (sc. Caesar), quae erat magna laus, sed etiam

Dies Bestreben und sein auf alle Gebiete der griechischen und römischen Litteratur und Kunst sich erstreckendes Wissen tritt fast nirgends in so glänzender Weise hervor, als in der vollendetsten seiner oratorischen Schriften, den drei Büchern *de oratore*. Es lassen sich im allgemeinen in Ciceros Leben drei Hauptperioden unterscheiden: erstens die Periode der Vorbereitung bis zu seinem ersten öffentlichen Auftreten im 26. Lebensjahre (von 106—81 v. Chr.), zweitens die seines öffentlichen Lebens und Wirkens (von 81—56 v. Chr.) und drittens die seiner litterarischen Muße, aus der er nur hin und wieder in das öffentliche Leben heraustritt (vom J. 56—43 v. Chr.). Die Bücher *de oratore* gehören dem Anfang der dritten Periode an, während die beiden anderen größeren oratorischen Schriften Ciceros, die er selbst mit jenen unter der Gesamtbezeichnung *oratorii libri* zusammenfaßt[6]), beinahe 10 Jahr später geschrieben, an den Schluß der Periode, in das Jahr 46 v. Chr. fallen. Bittere politische Erfahrungen und schmerzliche Demütigungen aller Art hatten ihm das Staatsleben fast ganz verleidet. Auf die Siegesfreude über die ruhmvolle Unterdrückung der Catilinarier war nur zu bald die Niederlage durch seinen heftigsten Feind, den berüchtigten Clodius, gefolgt, und darauf eine Zeit (vom April 58 bis August 57), an den empfindlichsten Täuschungen und anderen Leiden überreich. Die Flucht aus Rom, die Zerstörung seines Hauses und der Verlust seines Vermögens hatten so niederdrückend auf ihn gewirkt, daß er mitunter des Lebens völlig überdrüssig ward[7]). Und wenn es auch nach den dunkeln Zeiten des Exils bald wieder heller wurde und Cicero über seine Gegner triumphierend im September 57 in das ersehnte Vaterland zurückkehrte: sein politischer Einfluß war gebrochen, und die Verhältnisse des Staates hatten eine Gestalt gewonnen, die ihn aufs tiefste verstimmen mußte. Pompejus und Cäsar waren faktisch schon die Alleinherren und für 'den Retter des Vaterlandes' kein Raum mehr übrig. Schon zu Anfang des folgenden Jahres 56 zog sich daher Cicero, nachdem er zuvor in seiner glänzenden Verteidigungsrede für P. Sestius gleichsam ein politisches Promemoria niedergelegt hatte, in die Stille seines Landguts zurück und kam erst im Mai dieses Jahres wieder nach Rom, um noch ein paarmal in öffentlicher Rede

bene meritum de populi Romani nomine et dignitate. *Quo enim uno vincebamur a victa Graecia, id aut (per te) ereptum illis est aut certe nobis cum illis communicatum.* Plut. Cic. 4. Vgl. Tusc. I 1 flg. de finib. I 3. Wie sehr dabei freilich Cic. die Römer *über*schätzt, ist bekannt genug (de or. I 15).

6) de divin. II 1, 4.

7) wie aus den Briefen an Atticus aus dieser Zeit (III 8—10. 12. 14. 15—17. 19—21) deutlich hervorgeht.

aufzutreten. Aber nicht lange darnach trieb es ihn wieder aus Rom hinweg. Er zog es vor, dem widerwärtigen Treiben in der Hauptstadt aus dem Wege zu gehen; — es ist bekannt, wie zu Anfang des J. 55 die Wahlkomitien fortwährend gestört wurden, sodaß ein *interrex* gewählt werden mußte und erst nach Verlauf von drei Monaten Pompejus und Crassus das Konsulat antreten konnten. Cicero kehrte daher wieder auf sein Landgut bei Puteoli zurück, um in litterarischer Beschäftigung die Befriedigung zu finden, die ihm der Zustand des öffentlichen Lebens nicht geben konnte.

Gerade in dieser Zeit politischer Zurückgezogenheit, im J. 55, hat Cicero sein oratorisches Meisterwerk, die drei Bücher *de oratore*, wie er selbst bezeugt[8]), mit großer Sorgfalt und nach wiederholter Durcharbeitung abgefaßt. Die nächste äußere Veranlassung dazu gab nach dem Proömium des ersten Buchs sein jüngerer Bruder Quintus, dem deshalb auch die Schrift gewidmet ist. Beide Brüder waren von Jugend auf durch das doppelte Band natürlicher Bruderliebe und eines gemeinschaftlichen Bildungsganges miteinander verbunden. Schon früh hatte der Vater M. Tullius Cicero M. F.[9]), der selbst ohne wissenschaftliche Beschäftigung nicht leben konnte[10]), die beiden talentvollen und wißbegierigen Knaben nach Rom geschickt, um sie dort nicht nur von den bedeutendsten Lehrern der Philosophie und Rhetorik unterrichten zu lassen, sondern ihnen insbesondere auch die Gelegenheit zu

---

8) Ad Att. IV 13, 2 de *libris oratoriis* factum est a me diligenter; diu multumque in manibus fuerunt, describas licet (55 v. Chr.). Wie hoch sie Cic. selbst schätzt: ad Att. XIII 19, 4 (i. J. 45) sunt etiam *de oratore* nostri tres (libri) *mihi vehementer probati;* Atticus' Urteil ergiebt sich aus ad Att. IV 16, 2 in oratoriis, *quos tu in caelum fers.*

9) Zu unterscheiden sind also in Ciceros Verwandtschaft M. Tullius Cicero der *Großvater* (de or. II 265 M. Cicero senex), ein Mann von streng konservativer Gesinnung u. großem Ansehen in seiner Vaterstadt Arpinum, aus altem, ritterlichem Geschlecht (de legg. III 16, 36), vermählt mit der Schwester des M. Gratidius, der Brut. 168 erwähnt wird: doctus Graecis litteris, factus ad dicendum, M. Antonii (des Redners) perfamiliaris, cuius praefectus cum esset in Cilicia est interfectus; Vater des M. Marius Gratidianus (de or. I 178). Dann M. Tullius Cicero der *Vater*, mit Helvia vermählt, der mit den bedeutendsten Persönlichkeiten seiner Zeit bekannt war (de or. II 265). Dessen Bruder war Lucius Cicero (de or. II 2), also Ciceros väterlicher *Oheim* (patruus), und Lucius' gleichnamiger Sohn, Ciceros patruelis. Der Mutter Helvia Schwester, Ciceros Tante (matertera) war mit C. Aculeo, dem vertrauten Freund des Redners Crassus (de or. I 191), verheiratet (de or. II 2). Von dessen Söhnen, Ciceros consobrinis (de or. II 2), wird der eine C. Visellius Varro (Brut. 264) als perfectus in litteris geschildert, iurisque civilis iam a patre Aculeone traditam tenuit disciplinam.

10) de legg. II 1, 3 qui — hic (in Arpinum) fere aetatem egit in litteris.

geben, sich an großen Vorbildern und Mustern für das Staatsleben auszubilden. Später aber gingen die Wege der Brüder auseinander. Zu einer glänzenden staatsmännischen Laufbahn scheint Quintus weder die Neigung noch den Ehrgeiz seines Bruders besessen zu haben; er bewarb sich zwar auch um die Ädilität und Prätur und erlangte beide, aber er hatte den Zugang zu diesen Staatsämtern nicht etwa verdienstvoller öffentlicher Wirksamkeit als Verteidiger und Anwalt — der Weg mochte ihm zu mühevoll und gefährlich dünken[11] —, sondern vorzugsweise dem Einfluß seines rasch emporgestiegenen Bruders zu verdanken. Auch in seiner schriftstellerischen Thätigkeit wich er darin von diesem ab, daß er bei sonst gleicher Liebe zur Litteratur, insbesondere der griechischen, mehr Neigung zu poetischer Produktion besaß[12]. In der *eloquentia* räumte er bereitwillig unserem *orator* den Vorrang ein, und obwohl er für seine Person an der Möglichkeit einer wissenschaftlichen Behandlung der Beredsamkeit, in der er nur ein Ergebnis der Praxis sah, so ziemlich zu verzweifeln schien[13], so wünschte er doch sehr, daß Cicero an die Stelle der unvollendet gebliebenen und unreifen rhetorischen Jugendarbeit, die wir noch in den beiden Büchern *de inventione* besitzen[14], nunmehr auf der Höhe des Mannesalters ein gediegeneres rhetorisches Werk setze, das sich nicht in abstrakten Regeln, sondern historisch an die Ideen der bedeutendsten Redner anknüpfend, auf dem Gebiet der lebendigen Erfahrung bewege.

Die ersten Anfänge einer eigentlichen Rhetorik finden wir ebenso wie die einer kunstmäßigen Beredsamkeit in Sicilien. Die Syrakusaner Tisias und Korax[15] werden als die ersten

---

11) de or. III 13. vgl. II 10.
12) Er versuchte sich in dramatischen (ad Quint. frat. III 5 [6] 7) und lyrischen Gedichten, ja er, wie auch Marcus, gedachte die Thaten Cäsars, unter dem er bekanntlich in den J. 54 u. 53 v. Chr. als Legat in Gallien und Britannien diente, in einem Epos zu besingen (ad Q. fr. II 16,4: 2,15; ad Fam. VII 7. Sein Zug gegen die Nervier Caes. b. G. V 38—52 u. die spätere Verteidigung des Castells Aduatuca VI 36—43). Daß Quintus Cicero mit der Schwester des T. Pomponius Atticus verheiratet war, ist schon aus Corn. Nep. Att. c. 5 bekannt: erat nupta soror Attici Q. Tullio Ciceroni, easque nuptias M. Cicero conciliarat, cum quo a condiscipulatu vivebat coniunctissime, multo etiam familiarius, quam cum Quinto, ut iudicari posset, plus in amicitia valere similitudinem morum, quam affinitatem.
13) de or. I 5.
14) Sie führten wahrscheinlich den Titel: libri rhetorici (Quint. II 14,4 cum M. Tullius etiam ipsis librorum, quos hac de re primum scripserat, titulis *Graeco nomine* utatur; II 15,6 Cicero — *in rhetoricis, quos sine dubio ipse non probat;* III 5,14; 6,50. 5s; 11,10).
15) Brut. 46; de or. I 91; Quint. II 17,7; III 1,8 artium autem scriptores antiquissimi Corax et Tisias Siculi, quos insecutus est vir eiusdem insulae Gorgias Leontinus, Empedoclis, ut traditur, discipulus.

Techniker genannt. Nach Athen verpflanzte die kunstmäßige Beredsamkeit und zugleich auch die Rhetorik der Sophist Gorgias[16]) aus Leontini, wie es heißt, ein Schüler des Philosophen Empedokles von Agrigent, der in den politischen Wirren seiner Vaterstadt sich ebenfalls als Redner hervorgethan hatte. Durch Gorgias insbesondere erhielt die älteste Rhetorik einen wesentlich sophistischen Charakter[17]); Antiphon, Lysias, Isokrates und seine Schüler sind von dieser Richtung beeinflußt, und auch sie werden uns bereits als Verfasser rhetorischer Lehrbücher, $\tau \acute{\epsilon} \chi \nu \alpha \iota$, genannt. Eine Zusammenstellung ihrer Theorien[18]) gab Aristoteles, und somit hat wohl er es verschuldet, daß sie alle bis auf ganz geringfügige Fragmente einen so frühzeitigen Untergang fanden.

Dieser sophistischen Rhetorik seiner Zeitgenossen trat Plato besonders im Phädrus und Gorgias scharf entgegen. Er hoffte zu damaliger Zeit noch, in dem Redner Isokrates sich einen Anhänger, vielleicht Mitarbeiter in der Philosophie zu erziehen, und verlangte von der Rhetorik eine philosophische, auf psychologischer Erkenntnis beruhende Vertiefung, um sie aus einer rein empirischen Fertigkeit zur wirklichen Kunst zu erheben. Sie sollte gleichsam ein Ableger der Philosophie sein, und es ist von Plato nur ganz folgerichtig, daß er auch auf diesem Gebiete den Sophisten streng entgegentrat, die der Wissenschaft, welcher es um die Sache zu thun ist, entsagt hatten. Die Rhetorik der Sophisten, in der That weiter nichts, als angewandte Sophistik, verhielt sich gleichgiltig gegen den Inhalt; Verdienste in formaler Beziehung hat sie sich, wie ja auch um die Grammatik, in reichem Maße erworben, aber ein Korrektiv auch auf diesem Gebiete war augenscheinlich höchst notwendig. — Isokrates freilich folgte dem Plato auf diesem Wege nicht, erst Aristoteles that dies, und gerade er trat, bezeichnend genug, in einen sehr scharfen

---

16) de inv. I 5, 7 Gorgias Leontinus antiquissimus rhetor. Diod. XII 53 οὗτος — τέχνας ῥητορικὰς πρῶτος ἐξεῦρε.

17) Gorgias glaubte sich durch diese seine 'rhetorische Kunst' in den Stand gesetzt, über jeden beliebigen Gegenstand, den man ihm vorlege, sofort ausführlich zu reden, de or. I 103; III 129; de fin. II 1, 1.

18) In seiner τεχνῶν συναγωγή, einer geschichtl. Zusammenstellung der rhetorischen Systeme, die bis auf seine Zeit erschienen waren.

de inv. II 2, 6 Ac veteres quidem scriptores artis usque a principe illo atque inventore Tisia repetitos unum in locum conduxit Aristoteles et nominatim cuiusque praecepta magna conquisita cura perspicue conscripsit atque enodata diligenter exposuit; ac tantum inventoribus ipsis suavitate et brevitate dicendi praestitit, ut nemo illorum praecepta ex ipsorum libris cognoscat, sed omnes, qui quid illi praecipiant velint intellegere, ad hunc quasi ad quendam multo commodiorem explicatorem revertantur.

Gegensatz, fast möchte man, im Hinblick auf die beiderseitigen zahlreichen Schüler, sagen, in Konkurrenz zu Isokrates. Aristoteles erfaßte seine Aufgabe in der uns noch erhaltenen Rhetorik in zwei Büchern — ein drittes ist vielleicht erst nachträglich von einem Peripatetiker, wohl nach Vorträgen des Meisters hinzugefügt, und behandelt die Lehre vom sprachlichen Ausdruck und den Teilen der Rede — mit einer Schärfe, deren die Späteren, Philosophen wie Rhetoren, größtenteils unfähig waren. Ihm ist die Rhetorik das Vermögen, für jeden einzelnen Gegenstand das in ihm liegende Glaubenerweckende zu erkennen: ἔστω δή, — sagt er I 2, 1 ῥητορικὴ δύναμις περὶ ἕκαστον τοῦ θεωρῆσαι τὸ ἐνδεχόμενον πιθανόν. Ihr wesentlicher Inhalt sind ihm die Mittel der Überzeugung; ihre Aufgabe, Fürwahrhalten oder Überzeugung zu bewirken (ποιεῖσθαι τὰς πίστεις), und insofern entspricht sie der Dialektik[19]) als deren Gegenbild (ἀντίστροφος τῇ διαλεκτικῇ); aber sie will dieses Ziel nicht vermittelst speziell wissenschaftlicher Belehrung, sondern vielmehr vermittelst des gemeinhin Angenommenen, keiner besondern Wissenschaft ausschließlich Eigenen (διὰ τῶν κοινῶν) erreichen und darnach der Belehrung durch die besondern Wissenschaften zur Ergänzung dienen. Bei ihrer Beweisführung ist sie nicht sowohl darauf gerichtet, aus wissenschaftlichen Prinzipien, als vielmehr aus dem, was den besondern Wissenschaften gemein ist, aus Gemeinplätzen (τόποι) zu folgern. Nachdem so Aristoteles vorerst der Rhetorik ihre besondere Gestalt gegeben und ihr Verhältnis zu den übrigen Wissenschaften bestimmt hatte, stellt er nun das, was die Theoretiker vor ihm fast gänzlich hatten bei Seite liegen[20]) lassen, entschieden in den Vordergrund und verweilt vorzugsweise bei der Darstellung der eigentümlich oratorischen Mittel der Überzeugung, sei es behufs der eigentlichen Beweisführung (πίστις, ἀπόδειξις) oder zur Erweckung des Vertrauens zum Redenden (ἦθος) oder zur richtigen Stimmung der Hörer (διαθεῖναι), und zwar alles dies in Bezug auf die drei Gattungen der Redekunst, die gerichtliche, beratende und epideiktische (lobpreisende oder tadelnde). Und hier wies denn

19) Aristot. rhet. I 1; Or. 111 Aristoteles principio artis rhetoricae dicit, illam artem quasi ex altera parte respondere dialecticae, ut hoc videlicet differant inter se, quod haec ratio dicendi latior sit, illa loquendi contractior. de fin. II 6, 17; Acad. I 8, 32; Brut. 90, 309 dialectica — quae quasi contracta et astricta eloquentia putanda est, wie umgekehrt eloquentiam dialecticam dilatatam putant.

20) Aristot. rhet. I 1 νῦν μὲν οὖν οἱ τὰς τέχνας τῶν λόγων συντιθέντες — περὶ μὲν ἐνθυμημάτων (d. h. die Beweisformen des oratorischen Syllogismus) οὐδὲν λέγουσιν, ὅπερ ἐστὶ σῶμα τῆς πίστεως, περὶ δὲ τῶν ἔξω τοῦ πράγματος τὰ πλεῖστα πραγματεύονται.

auch Aristoteles überall auf den zur wahren Beredsamkeit erforderlichen sachlichen Gehalt hin, um sie so gegen leeren Formalismus möglichst zu sichern. Ja, um dieses Gewichtes willen, das Aristoteles auf die Sachen, auf die Richtigkeit der Beweisführung legt, behandelt er die formelle Seite, die Lehre von der Wahl des entsprechenden Ausdruckes (λέξις) und von dem Vortrag (ὑπόκρισις), wie von der Anordnung der Rede (die er ganz ans Ende stellt) verhältnismäßig sehr kurz, nach dem Grundsatz, daß man billig durch die Dinge selber streiten und das übrige als Nebensache betrachten sollte[21]). So prägt sich denn auch der Gegensatz gegen Isokrates[22]) in voller Entschiedenheit aus, der vor allem nach formeller stilistischer Vollendung, nach kunstreichem Parallelismus der Satzglieder, nach Glätte und Abrundung, nach Wohlklang und rhythmischer Gliederung, überhaupt nach der mannigfachsten Verschönerung des also gehobenen und gesteigerten sprachlichen Ausdrucks strebte und in dieser Beziehung wenn auch nicht als der Schöpfer, doch als der Vollender der eigentlich oratorischen Periode in ihrem kunstmäßigen Bau und ihrer rhythmischen Gestaltung gelten kann[23]), der mit bestimmtem technischen Bewußtsein dahin zielende Gesetze aufstellte und anwendete.

---

21) Aristot. rhet. III 1 (p. 122 Spengel) δίκαιον γὰρ αὐτοῖς ἀγωνίζεσθαι τοῖς πράγμασιν.
22) de or. III 141; Or. 62; Tusc. I 4, 7; de off. I 1, 4.
23) Brut. 33 Ante hunc enim verborum quasi structura et quaedam ad numerum conclusio nulla erat, aut si quando erat, non apparebat, eam dedita opera esse quaesitam, quae forsitan laus sit, verum tamen natura magis tum casuque nonnumquam, quam aut ratione aliqua aut observatione fiebat. Or. 172 werden daher Is. und einige seiner Schüler als orationis faciendae et ornandae auctores locupletissimi bezeichnet; 174 nam qui Isocratem maxime mirantur, hoc in eius summis laudibus ferunt, quod verbis solutis numeros primus adiunxerit (de or. III 173). Cum enim videret, oratores cum severitate audiri, poetas autem cum voluptate, tum dicitur numeros secutus, quibus etiam in oratione uteretur, cum iucunditatis causa tum ut varietas occurreret satietati; und dann weiter neminem in eo genere scientius versatum Isocrate confitendum est; die Ehre der Erfindung aber wird dem Thrasymachus von Chalcedon (Or. 39) und Gorgias, dem Lehrer des Isokrates, zuerkannt: nam paria paribus adiuncta et similiter definita itemque contrariis relata contraria, quae sua sponte, etiamsi id non agas, cadunt plerumque numerose (— τὰς παριόώσεις καὶ παρονομασίας καὶ ἀντιθέσεις, Dion. Hal. de Thuc. 24, 4 —), Gorgias invenit, sed eis usus est intemperatius. Horum uterque Isocratem aetate praecurrit, ut eos ille moderatione, non inventione vicerit. Est enim ut in transferendis faciendisque verbis tranquillior, sic in ipsis numeris sedatior, besonders in vorgerückterem Alter, wie er selbst bezeugt Philipp. 27 οὐδὲ γὰρ ταῖς περὶ τὴν λέξιν εὐρυθμίαις καὶ ποικιλίαις κεκοσμήκαμεν αὐτόν, αἷς αὐτός τε νεώτερος ὢν ἐχρώμην καὶ τοῖς ἄλλοις ὑπέδειξα, δι' ὧν τοὺς λόγους ἡδίους ἂν ἅμα καὶ πιστοτέρους ποιοῖεν. Ita (fügt Cicero a. o. St. hinzu) non modo

EINLEITUNG I § 6.

§ 6.
Ält. Schule, Hermagoras, der ältere.

Auf die eigentlich rhetorische Schriftstellerei der Folgezeit hat Aristoteles trotz der staunenswerten Schärfe seiner Darlegungen einen ziemlich geringfügigen Einfluß ausgeübt. Denn den unmittelbar auf die Praxis gerichteten schematisch-systematischen Bedürfnissen der Rednerschulen trug seine Darstellung wenig Rechnung; desto größer war der Einfluß der Stoiker, die sich seit dem Vorgange Zenos eifrig mit Rhetorik befaßten. In Pergamon vornehmlich gewannen die Stoiker einen Einfluß auf die Litteratur; hier ward jene Verbindung der grammatischen und rhetorischen Studien und zugleich jene litterarisch-ästhetische Kritik und Würdigung der stilistischen Eigenarten der Autoren[24]) ausgebildet und demnach auch nach Rom verpflanzt, deren zahlreiche Spuren wir durch das gesamte spätere Altertum und nicht zum wenigsten in Ciceros rhetorischen Werken verfolgen können. Ein genaueres Eingehen auf die verschiedenen Strömungen, die sich gegenseitig natürlich mannigfach beeinflußten, ist uns heute leider aus Mangel an Quellen, freilich auch an bezüglichen Forschungen nicht mehr möglich; im allgemeinen jedoch kann man wohl sagen, daß die späteren Theoretiker ohne Unterschied von den Aristotelikern sowohl als den Isokrateern in eklektischer Weise, was ihnen brauchbar schien, entlehnt hatten, so daß späterhin die philosophisch-psychologische Richtung des Aristoteles mit der praktischen, schematisch-systematischen des Isokrates wieder zusammenging[25]). So entstand eine Richtung der Rhetorik, die man mit Fug und Recht die scholastische genannt hat.

Zu diesen eklektischen[26]) Theoretikern gehört nun auch der ältere Hermagoras, dessen System durchaus auf stoischer

superiores, sed etiam se ipse correxerat. Diesem Verdienste um die eigentliche elocutio hat es wohl ls. vornehmlich zu danken, daß er de or. II 10 pater eloquentiae genannt wird.
24) Hier ist zu verweisen auf die grundlegende Arbeit von Brzoska, de canone decem oratorum Atticorum quaestiones, Diss. Breslau 1883 mit des Herausgebers Rezension in Fleckeisens Jahrbüchern 1884 S. 35 bis 48. Speziell weist Brzoska nach, daß in Pergamon der berühmte Kanon der 10 attischen Redner: Antiphon, Andokides, Lysias, Isokrates, Isaeus, Aeschines, Demosthenes, Hyperides, Lykurgus, Dinarchus als Muster und Norm für das rhetorische Studium aufgestellt worden ist. Einiges über Ciceros Stellung zu diesen Mustern, besonders Demosthenes, gebe ich a. a. O. S. 42 flg.; vgl. a. Jahrbb. 1882 S. 601 bis 611.
25) de inv. II 3, 8 Ex his duabus diversis sicuti familiis, quarum altera cum versaretur in philosophia, nonnullam rhetoricae quoque artis sibi curam assumebat, altera vero omnis in dicendi erat studio et praeceptione occupata, unum quoddam est conflatum genus a posterioribus, qui ab utrisque ea, quae commode dici videbantur, in suas artes contulerunt.
26) de inv. I 6, 8 nam satis in ea (sc. arte, quam edidit) videtur ex

Grundlage aufgebaut ist. Er war sozusagen ein Genie der Systematik, er besaß ein Talent des Zergliederns und Schematisierens, das der gesamten späteren Rhetorik seinen Stempel[27]) aufgedrückt hat. Über seinen Lebensgang, seinen eigentlichen Beruf wissen wir nichts; Beziehungen zu Pergamon hat er, fast kann man sagen, sicher gehabt und auf Rom, wenn auch freilich kaum persönlich, einen ganz bedeutenden Einfluß[28]) ausgeübt. Die Zeit seines Wirkens ist uns ebenfalls nicht ausdrücklich überliefert; es steht nur fest, daß er geraume Zeit vor Cicero und nach den Häuptern der Stoiker und Peripatetiker, also etwa um 160 vor Chr. noch gelebt haben muß[29]). Er darf mit einem viel jüngeren Rhetoriker des Namens nicht verwechselt werden[30]), der ein Schüler des Theodorus von Gadara war und zu Augustus' und Tiberius' Zeiten gelebt hat[31]).

antiquis artibus ingeniose et diligenter electas res collocasse et nonnihil ipse quoque novi protulisse.

27) Οἱ Ἑρμαγόρειοι (so heißen seine Anhänger bei den spätern griechischen Rhetoren, wie hernach die Apollodoreer und Theodoreer, ad morem certas in philosophia sectas sequendi Quint. III 1, 18).

28) Nach ihm bildeten sich z. B. C. Sicinius (Brut. 263) u. T. Accius Pisaurensis (Brut. 271).

29) Quint. III 1, 16 fecit deinde (d. h. nach den Häuptern der Stoiker und Peripatetiker) velut propriam Hermagoras viam, quam plurimi sunt secuti. Da die Zeit eines bei Suidas s. v. Hermagoras an erster Stelle genannten stoischen Philosophen (Schülers des Persaeus) dieselbe ist, wie die, in der der ältere Rhetoriker des Namens gelebt haben muß, so suche ich (Fleckeisens Jahrbb. 1885 S. 69 flg.) die Konfusion in betreff der Überlieferung über die verschiedenen Namensrettern dahin zu lösen, daß ich diesen Philosophen, von dem uns nur Suidas etwas berichtet, mit dem älteren Rhetoriker für identisch halte. Nach dieser Auffassung wäre also etwa um 180 v. Chr. ein Hermagoras aus Amphipolis zugleich als stoischer Philosoph und als stoischer Rhetoriker für die feinere Ausbildung der Statuslehre (s. u.) thätig gewesen. Volkmann, Rhetorik² S. 11 A. weist diese Annahme zurück, ohne freilich eine andere Lösung der Schwierigkeiten zu bringen. Nach ihm u. a. müssen wir also einen stoischen Philosophen des Namens, etwa um 245 geboren, anerkennen und einen stoischen Rhetoriker, dessen Blütezeit ebenfalls um 200 v. Chr. fällt. Ich kann mir, zumal ich a. a. O. eine m. E. durchaus befriedigende Erklärung des Entstehens der Konfusion gegeben habe, diese Vorstellung schwer zu eigen machen; daß die Stellen bei Cic. de inv. I 6, 8 u. 9, 5—9, 12 so wie ich sie a. a. O. auffasse, verstanden werden müssen, habe ich nicht behauptet, daß sie aber nicht so, wie von mir, gefaßt werden können, dürfte unmöglich sein, zu beweisen.

30) Suid. s. v. Ἑρμαγόρας Τῆμνον τῆς Αἰολίδος ὁ ἐπικληθεὶς Καρίων ῥήτωρ. (cf. Strab. XIII p. 621 Τῆμνον, ὅθεν ἦν Ἑρμαγόρας ὁ τὰς ῥητορικὰς τέχνας συγγράψας.) Ἐπαίδευσε δὲ οὗτος — führt Suidas fort — ἐν Ῥώμῃ ἐπὶ Καίσαρος Αὐγούστου καὶ τελευτᾷ πόρρω τῆς ἡλικίας. Daher Quint. III 1, 8 plura scripsit Theodorus, cuius auditorem Hermagoram sunt qui viderint.

31) Quint. III 1, 18 Theodorus Gadareus qui se dici maluit Rhodium, quem studiose audisse, cum in eam insulam secessisset, dicitur Tiberius Caesar. Suet. Tib. c. 11 und 57. Strab. XVI p. 759 ἐκ δὲ τῶν Γαδάρων — Θεόδωρος ὁ καθ'

Die Forderungen, die das wirkliche Leben an den Redner stellt, die Notwendigkeit natürlicher Begabung, wissenschaftlicher Bildung und praktischer Übung, die Bedeutung tüchtiger Beweisführung, geschmackvoller Darstellung und eines guten Vortrags — alles das trat in seiner Doktrin fast ganz in den Hintergrund, während auf Begriffsbestimmungen, auf logische Schematisierungen der Gattungen und Spezies, wie auf genaue Aufzählung der Kategorieen und Fundstätten für einzelne Teile der Rhetorik, besonders die Stofffindung, der größte Fleiß verwandt wurde[32]). So konnten diese rhetorischen Theorieen zwar dem Anfänger, eben um der systematischen Anordnung des Fachwerks willen, ganz gute Dienste leisten und ihm namentlich für die rednerische Erfindung allgemeine feste Normen und hin und wieder brauchbare Präparate an die Hand geben, aber für den höheren oratorischen Beruf reichten sie doch bei weitem nicht aus.

In seiner Jugend hatte sich daher Cicero, wie bereits bemerkt, an diesem Hermagoreischen System eben wegen seiner Brauchbarkeit für den ersten Elementar-Unterricht[33]) gebildet und war ihm in seiner rhetorischen Erstlingsschrift wenn auch nicht ohne Kritik und mit einer gewissen Freiheit gefolgt; jetzt, in einem gereifteren Lebensalter, konnte ihm die damalige Weisheit der Kollegienhefte[34]) nicht mehr genügen. Eine oratorische Theorie, wie sie nach einer so reichen Vergangenheit seiner umfassenden Gelehrsamkeit auf allen Gebieten des menschlichen Wissens, seiner reichen und gründlichen Erfahrung allein entsprechen konnte, mußte vielmehr

ἡμᾶς ῥήτωρ. Sein Gegner in der Rhetorik war der bekannte Lehrer des Augustus, Apollodor von Pergamon (Strab. XII p. 625).

32) de inv. I 6,8 Nunc vero ea vis est in homine (sc. Hermagora), ut ei multo rhetoricam citius quis ademerit, quam philosophiam concesserit, und hernach verum oratori minimum est, de arte loqui, quod hic fecit; multo maximum est, ex arte dicere, quod eum minime potuisse omnes videmus. Vgl. auch seine affectata subtilitas circa nomina rerum und das per tam minutas rerum particulas rationem dicendi concidere; quo vitio (Quint. III 11, 22) multi quidem laborarunt, praecipue tamen Hermagoras, vir alioqui subtilis et in plurimis admirandus, tantum diligentiae nimium sollicitae, ut ipsa eius reprehensio laude aliqua non indigna sit. Brut. 263 Sicinius — ex hac inopi ad ornandum, sed ad inveniendum expedita Hermagorae disciplina; ea dat rationes certas et praecepta dicendi; quae si minorem habent apparatum, sunt enim exilia, tamen habent ordinem et quasdam errare in dicendo non patientes vias. 271 doctus Hermagorae praeceptis, quibus etsi ornamenta non satis opima dicendi, tamen ut hastae velitibus amentatae, sic apta quaedam et parata singulis causarum generibus argumenta traduntur. Vgl. im einzelnen die unter II nachfolgende Übersicht des rhetorischen Systems.

33) wie sie Cicero auch später dem üblichen rhet. System bereitwilligst zugesteht, de or. I 145; II 84; 117; 162.

34) Quint. III 6, 59.

ein lebendiges Abbild des Weges sein, auf dem Cicero selbst zu dem Redner geworden, der er war; ein Abbild der Schule, die er selbst durchgemacht, um ein Redner im vollen und wahren Sinne des Wortes zu werden. Und eine solche Schrift ist Ciceros Werk 'vom Redner' in der That; schon der Titel '*de oratore*' weist deutlich darauf hin, einesteils, daß es sich allerdings um Unterweisung und Lehre[35]), um den Weg nach dem Ziele, — nicht um die Aufstellung eines oratorischen Ideals und des Zieles selbst[36]) — handele, andernteils aber kein abstraktes System gegeben werden, sondern möglichst konkret von dem Redner die Rede sein solle. Wie Cicero selbst in der rhetorischen Theorie von der späteren Hermagoreischen Schulrhetorik zu den Quellen, aus denen alle nachherigen rhetorischen Systeme geflossen, auf Aristoteles und Isokrates, zurückgegangen war[37]): so erheben sich nun auch die theoretischen Partieen der Bücher *de oratore* zu jenen beiden Häuptern der rhetorischen Wissenschaft[38]) und behandeln die üblichen Schulvorschriften der späteren griechischen Techniker um ihres unpraktischen, mitunter auch unlogischen Charakters willen entweder geradezu polemisch[39])

---

35) Vgl. auch Sallusts Urteil am Schluß v. A. 46.

36) Das war die Aufgabe des Orator ad M. Brutum, wie Cicero dies wiederholt selbst angiebt; Or. 43 nulla praecepta ponemus (nämlich im Orator) neque enim id suscepimus, sed *excellentis eloquentiae specimen et formam* adumbrabimus; nec quibus rebus ea paretur exponemus, sed qualis nobis esse videatur; 112 illud tamen — meminerimus, nihil nos praecipiendi causa esse dicturos atque ita potius acturos, ut existimatores videamur loqui, non magistri. Wie die drei Bücher de oratore den theoretisch-praktischen Gang zu diesem Ziele, so stellt Brutus de claris oratoribus den historischen Entwickelungsgang der römischen Beredsamkeit dar, der endlich zu diesem Ziele führt. Brut. 137.

37) de inv. II 2, 6 flg., freilich nicht in unserem Sinne; von einer gründlicheren Kenntnis, etwa des Aristoteles, war bei ihm nicht die Rede.

38) Vgl. den sehr interessanten Brief Ciceros an Lentulus aus dem J. 54 ad Fam. I 9, 23 scripsi etiam (nämlich außer einigen Reden) — nam etiam ab orationibus diiungo me referoque ad mansuetiores Musas, quae me maxime sicut iam a prima adulescentia delectarunt — scripsi igitur *Aristotelio more*, quemadmodum quidem volui, *tres libros in disputatione ac dialogo de oratore*, quos arbitror Lentulo tuo fore non inutiles; *abhorrent enim a communibus praeceptis atque omnem antiquorum et Aristoteliam et Isocratiam rationem oratoriam complectuntur*. Die Aristotelische Weise also, deren Cic. hier gedenkt, bezieht sich offenbar auf den Inhalt (nicht auf die äußere Form des Dialogs), auf den wissenschaftlichen Charakter der hier gegebenen Theorie, und deutet sein Zurückgehen auf die alten echten Quellen an, im Gegensatz zu den abgeleiteten der vulgären Schultechniker; de or. II 152; 162; 160; Vgl. de div. II 1, 4, wo Cic. seine oratorii libri, näml. tres de oratore, Brutus und Orator den rhetorischen Schriften der Peripatetiker Aristoteles und Theophrast zur Seite stellt.

39) z. B. II 76; 81 flg.; 112; 133; III 75; 81; 96.

oder weisen sie doch, als zur oratorischen Bildung durchaus nicht ausreichend[40]), lediglich auf ihre immerhin anzuerkennende Bedeutung im Elementarunterricht zurück[41]). Ferner wie Cicero für seine Person nicht nur einen vollständigen oratorischen Kursus durchmachte und sich fortwährend schriftlich und mündlich übte, sondern sich auch durch gründliche juristische, philosophische, geschichtliche, litterarische Studien unermüdlich für seinen Beruf auszubilden suchte: so fordert auch die Schrift *de oratore* von dem wahren Redner dieselben Vorbereitungen und Übungen, dieselbe allgemein litterarische oder speziell wissenschaftliche Thätigkeit und legt selbst durch die Darstellung, die sie zu dem Ende giebt, von dem universalen und gediegenen Wissen ihres Verfassers das glänzendste Zeugnis ab[42]). Endlich wie Cicero mit jenen theoretischen Studien — sei es durch das Vorbild der vornehmsten Redner, an die er sich anschloß, oder durch den Umgang mit den bedeutendsten und geschicktesten Männern, oder hauptsächlich durch unaufhörliches öffentliches Auftreten in den mannigfaltigsten Prozessen und in der Volksversammlung — überall und zu jeder Zeit die tüchtigste Praxis verband: so wird auch in unserer oratorischen Schrift auf diese Schule des wirklichen Lebens stets das größte Gewicht gelegt[43]) und die ganze *institutio oratoria* durch eine Fülle der treffendsten Beispiele 'aus dem Leben' erst wahrhaft fruchtbar gemacht.

Jedoch stellen die Bücher *de oratore* nicht etwa den subjektiven rednerischen Bildungsgang Ciceros als solchen dar — wie er von ihm selbst im Brut. c. 90 flg. in kurzen Zügen so anschaulich geschildert ist —: Cicero tritt vielmehr mit seiner Person ganz zurück; er läßt andere reden und zwar

---

40) z. B. I 19; 86; 131; II 10, wegen der *ieiunitas bonarum artium eorum qui de dicendi ratione disputarunt* III 54; 70.
41) I 137; 145 flg.
42) Brut. 322. Dahin gehören unter anderen außer den vielen einzelnen, kürzeren Charakteristiken großer Dichter, Geschichtschreiber, Redner, Philosophen, Rechtsgelehrten, Bildhauer, Maler aus beiden oder einem der beiden klassischen Völker des Altertums — die treffliche Übersicht über die antike Historiographie (II 51—59), die kurze Geschichte der griechischen Beredsamkeit in stilistischer Beziehung (II 92—96), die Darlegung der Bedeutung der Philosophie für die Beredsamkeit (II 155—162), die Grundzüge der Topik (II 162—178), die Episode über den Witz (II 216—290), die Zusammenstellung großer Künstler, Dichter und Redner nach der individuellen Eigentümlichkeit eines jeden einzelnen (III 26—31), die Schilderung der vorsokratischen Philosophie und der nachfolgenden Philosophenschulen (III 56—69), die Digression über die Sophisten und den früheren unzertrennlichen Zusammenhang der Beredsamkeit mit allen Zweigen höheren Wissens (III 126—143) u. m. a.
43) III 54 *vero enim oratori quae sunt in hominum vita, quandoquidem in ea versatur orator atque ea est ei subiecta materies, omnia quaesita, audita, lecta, disputata, tractata, agitata esse debent.*

die berühmtesten Redner seiner Jugendzeit, die er selbst als seine höchsten Muster verehrt, seine eigenen Meister sozusagen, die aber, als er sein Werk schrieb, schon längst nicht mehr unter den Lebenden waren. Er trat zum ersten Male mit der **dialogischen Form** auf, aber nicht in der platonisch-sokratischen Weise, nach der das erstrebte Resultat durch allmähliche Hinführung mittels fortschreitender Frage und Antwort erreicht wird, sondern in dieser Beziehung schloß er sich an Aristoteles und dessen Art des Vortrags an: **die Meister entwickeln ihr Thema selbständig und zwar ein jeder das, worin er vor anderen Meister ist, die Jünger hören zu und verhalten sich wesentlich rezeptiv,** höchstens daß sie (wie auch die übrigen Personen) dem Charakter ihrer Stellung gemäß, an Ruhepunkten oder andern Abschnitten durch eine Frage oder Zwischenbemerkung zu weiterer Fortführung des Gegenstandes den natürlichen Anstoß geben[44]). Darin aber weicht nun wieder Cicero in der Anlage des Dialogs von Aristoteles ab, daß, während dieser selbst immer die Hauptrolle spielt[45]), Cicero hier in dem Gespräch aus früheren Zeiten nicht einmal (wie in seinen drei Büchern *de natura deorum*) als stumme Person zugegen sein kann, sondern (ebenso wie in den kleineren Dialogen *Cato maior* und *Laelius* und nach dem anfänglichen Plane wenigstens auch in seinem größeren Werke *de republica*[46]) ganz

---

44) z. B. I. 96 flg.; 112; 131 flg.; 148; 160 flg.; 201 flg.; II 39; 59; 71; 74; 97; 179; 202; III 46 flg.; 126; 144.

45) ad Att. XIII 19, 4 *quae autem his temporibus scripsi* — schreibt Cic. im J. 45 an Atticus — (im Gegensatz zu der vorerwähnten Schrift de oratore) *Ἀριστοτέλειον morem habent; in quo sermo ita inducitur ceterorum, ut penes ipsum sit principatus*, wie es z. B. im Brut. der Fall ist, wo Cicero selbst als die Hauptperson auftritt, Atticus und Brutus als die Nebenpersonen. An dieser Stelle bedeutet also Aristotelius mos etwas ganz anderes als an der oben not. 38 angeführten ad Fam. I 9, 23.

46) Zu einer solchen Anlage dieser Schrift hatte ihn hauptsächlich die Rücksicht bewogen, die er selbst ad Q. Fr. III 5, 2 angiebt, ne in nostra tempora incurrens offenderem quempiam. Da er sich aber andererseits dadurch genötigt sah, sehr wichtige staatliche Entwickelungen — weil sie der Zeit nach später fielen als die angenommene Zeit des Dialogs (kurz vor des jüngeren Scipio Tod) — gänzlich mit Stillschweigen zu übergehen, so änderte er später den Plan; und zwar auf den Rat eines seiner litterarischen Freunde, des Sallust, der ihn zugleich unter Berufung auf Aristoteles' Vorgang (A. quae de republica scribat *ipsum* loqui) daran erinnert hatte, daß er doch den Schatz seiner **persönlichen** staatsmännischen Erfahrungen nicht unbenutzt liegen lassen dürfe. Aber derselbe Freund, dessen richtiges Urteil Cicero selbst anerkennt, war mit der ähnlichen Anlage in den lib. de or. ganz einverstanden, wie Cic. ad Q. Fr. III 5, 1 schreibt '(me) *oratorum sermonem* in illis nostris libris, *quod esset de ratione dicendi*, belle a me removisse'.

und gar zurücktritt⁴⁷). Gerade dieses Zurücktreten seiner Person aber war dem Ziel, das Cicero bei der Abfassung seiner Schrift vor Augen hatte, in hohem Grade förderlich. Ganz im Einklang mit seiner Mission, die geistigen Schätze der höheren griechischen Kunst und Wissenschaft auf römischen Boden zu verpflanzen⁴⁸), war hier, wo es sich um die Redekunst handelte, Ciceros Hauptabsicht auf den Nachweis gerichtet, daß man weder durch die übliche abstrakte Schultheorie der griechischen Rhetoren, noch auch anderseits durch die bloße Routine auf dem Forum vor Gericht oder in den Volksversammlungen oder im Senat ein wahrer Redner werden könne, sondern daß dazu etwas viel Größeres, nämlich die harmonische **Durchdringung höherer**, hauptsächlich durch das Studium griechischer Wissenschaft und Kunst vermittelter **Bildung** und eines universalen Wissens mit der **gesunden Praxis** des Lebens erforderlich sei⁴⁹). Der Anerkennung dieses höheren Gesichtspunktes aber stand unter Ciceros Zeitgenossen, namentlich unter einem großen Teil der jüngeren Generation, die Cicero besonders im Auge hatte, nichts so sehr im Wege, als die, wie es schien, doch unleugbare Thatsache, daß ja die größten öffentlichen Redner der Vorzeit diese ihre Meisterschaft ohne irgend welches wissenschaftliche Studium lediglich durch die Praxis erlangt hatten⁵⁰); daraus ergebe sich deutlich, daß Cicero offenbar zu weit gehe und für seinen **subjektiven** Standpunkt mit Unrecht Allgemeingiltigkeit in Anspruch nehme. Diesem vor allen Dingen zu beseitigenden⁵¹) Haupteinwurf konnte nun augenscheinlich nicht besser begegnet werden, als wenn Cicero nicht allein jene Annahme, die größten Redner des römischen Volkes seien ohne höhere Bildung, ohne das Studium der Griechen zu ihrer anerkannten Meisterschaft gelangt, als unbegründet, freilich auf einem leicht erklärlichen Vorurteil beruhend⁵²) nachwies: sondern wenn er

---

47) ad Att. XIII 19,4 in eis (sc. de oratore libris) eae quoque personae sunt, ut mihi tacendum fuerit.
48) de div. II 1, 1.
49) I 5; 19; 20; vgl. 64; 128; 155 flg.: dann II 5 illud est huius institutae scriptionis, neminem eloquentia non modo sine dicendi doctrina, sed ne sine omni quidem sapientia florere umquam et praestare potuisse, III 54 flg.; 76: 80 flg. und besonders 122 flg.; 143 *docto oratori palma danda est.* Or. 14 flg. Daher wird neben den beiden Faktoren ingenium oder natura (φύσις) und usus oder exercitatio (ἄσκησις oder μελέτη)

immer zugleich als der dritte studium oder doctrina (τέχνη oder ἐπιστήμη) hervorgehoben. II 11; 148; 162; 232; III 16; 77; 125; Brut. 22; 98; 111 Quid dicam opus esse doctrina? sine qua etiamsi quid bene dicitur adiuvante natura, tamen id quia fortuito fit, semper paratum esse non potest. 125; 267; 272; 280; 322 (litteris) quibus fons perfectae eloquentiae continetur; cf. ad Q. Fr. I 1, 28.
50) de or. II 1; III 82.
51) Wie nötig dies war, beweist unter anderem de or. III 136.
52) II 7; vgl. I 82; 99; II 4; 153; 156.

geradezu im Anschluß an eine im allgemeinen hinlänglich beglaubigte Überlieferung[53]), eben diese Redner selbst, auf die man sich berief, zu Trägern der von ihm vertretenen Ansicht über das Wesen der Redekunst und die rechte Schule des Redners machte und zugleich diese Männer trotz ihrer Meisterschaft selbst gestehen ließ, daß sie eben darum hinter dem Ideal eines vollkommenen Redners zurückgeblieben, weil sie jene Studien nicht eifrig und umfangreich genug getrieben hätten[54]). Darum also ist Cicero mit seiner Person gänzlich zurückgetreten und hat andern die Ehre gelassen[55]), nur daß er sich die Proömien zu den einzelnen Büchern vorbehält, um sich persönlich teils über seine Anschauung von der Größe der Redekunst, teils über das berührte Vorurteil — *ut illa opinio, quae semper fuisset, tolleretur, alterum non doctissimum, alterum plane indoctum fuisse —*, teils endlich über die letzten Tage und das tragische Ende der Männer auszusprechen, denen er mit seinem Werk zugleich ein bleibendes Denkmal setzen wollte[56]). — Außer dem Hauptvorteil aber, den Fundamentalartikel von der unerläßlichen Forderung höherer wissenschaftlicher Bildung für den wahren Redner durch die gewichtige Autorität jener großen Meister der Vorzeit viel eindringlicher zu machen, erreichte Cicero durch das Zurücktreten seiner Person noch manches andere. Einmal nämlich bekam so die ganze Darstellung, dem Wunsche seines Bruders gemäß[57]), zugleich den mehr geschichtlichen Charakter einer Theorie als Aufstellung von Prinzipien, die von praktischen Staatsmännern und großen Rednern wirklich befolgt waren; wäre Cicero selbst Mitunterredner gewesen, so hätte er diese oratorische Doktrin mit ihren praktischen Belegen ohne fortwährendes Eigenlob nicht wohl ausführen können. Sodann aber ließ sich, wenn Cicero nicht allein den Hauptvortrag hatte (und das mußte er doch der Natur der Sache nach, wenn er überhaupt mithandelnd auftrat), sondern die Darstellung der verschiedenen Hauptpartieen auch auf mehrere Hauptpersonen verteilt ward, eine bei solchen theoretischen Erörterungen besonders wohlthuende und erfrischende Abwechselung erzielen, und dazu noch das vorliegende Thema durch die jedesmalige Virtuosität seines besonderen Vertreters ganz anders beleuchten. Endlich

53) I 28; 29; III 16.
54) I 71; 78; 95, daher Crassus III 75 *non enim quid ego, sed quid orator possit disputo* mit Beziehung auf das unmittelbar Vorausgehende, vgl. III 143. Indirekt wollte Cic. damit allerdings auf sich als den, der als Redner alles erfüllt habe, hinweisen. Vgl. Or. 18 flg.
55) ad Att. XIII 19, 3 *ne viderer φιλένδοξος*, sagt er später bei ähnlicher Gelegenheit.
56) II 8.
57) de or. I 4.

konnte Cicero in der Weise der Akademie, der er selbst einen
so großen Einfluß auf seine Beredsamkeit einräumt[58]), in
wirklich streitigen Fällen[59]) die entgegenstehenden Ansichten
für oder wider, von zwei gleich großen Meistern vertreten,
scharf einander gegenüberstellen und dabei dann — wenn auch
nicht ohne Winke, wofür man sich zu entscheiden habe[60]) —
doch im ganzen dem Einzelnen überlassen, was er sich an
Wahrheit von der einen oder andern Seite herausnehme. Trat
aber Cicero selbst als Hauptperson auf, so war ein solches
in utramque partem disputare über oratorische Fragen nicht
möglich, weil sich unter seinen Zeitgenossen ein ihm eben-
bürtiger Gegner nicht vorfand, auch Cicero sich ängstlich
hütete, anderer, z. B. des Hortensius Gefühle zu verletzen.
(Vgl. A. 46 u. 55.)

So haben wir also in Ciceros Büchern vom Redner nicht
die Darlegung eines bestimmten, etwa gar von ihm selbst
gefundenen oder nach Vorgängern zusammengestellten Systems
der Rhetorik, sondern recht eigentlich eine **Encyklopädie
und Methodologie des rhetorischen** *Studiums*, wie er
es für den Gebrauch und die Praxis des römischen
Redners und Staatsmannes als notwendig oder wünschenswert erachtete.

Um der erwähnten Vorteile willen trat also Cicero mit
seiner Person gänzlich zurück und ließ andere reden, zwei
Meister als die Hauptpersonen, Crassus und Antonius, an
die sich ihre beiden Jünger Sulpicius und Cotta anschlossen,
und gleichsam als Mittelspersonen oder behufs einzelner
besonderer Funktionen zuerst den greisen Scaevola und nach
dessen Abgang den gleichfalls schon bejahrten Catulus mit
seinem Stiefbruder Caesar.

Die einzigen Redner nämlich aus der Vergangenheit, die
Cicero mit gutem Recht zu Trägern einer gediegenen oratorischen Unterweisung machen konnte, waren die beiden erst-
genannten, Crassus und Antonius. Zwar hatte sich die römische
Beredsamkeit seit der Mitte des 2. Jahrh. v. Chr. unter günstigen politischen Bedingungen und dem allmählichen Einfluß
einheimischer Litteratur wie griechischer Geistesbildung zu so
rascher Blüte entfaltet, daß in der kurzen Zeit eines Menschenalters eine beträchtliche Anzahl von ansehnlichen Rednern
auftrat, unter denen wieder Männer wie Cato, Galba, Scipio,
Lälius, Lepidus, Carbo, T. u. C. Gracchus besonders hervor-

---

58) Or. 12 fateor, me oratorem, si modo sim aut etiam quicumque sim, non ex rhetorum officinis, sed ex Academiae spatiis exstitisse; de or. III 80; 145.

59) wie über Begriff und Umfang der Redekunst I 30—73 und 80—95; I 107—203 und 209—262.

60) I 263 und II 40.

ragten[61]): aber den ersten Rang unter allen nahmen doch, sowohl in oratorischer Erfindung, Anordnung und Durchdringung des Redestoffs, als in Schönheit stilistischer Darstellung, unbestritten die beiden Redner Crassus und Antonius ein[62]).

Nach einem vorbereitenden Jugendunterricht[63]) als die angesehensten und gesuchtesten Sachwalter[64]) durch die Schule des öffentlichen Lebens gebildet, wie durch die griechische Geisteskultur mehr als man glaubte und als sie selbst zur Schau trugen[65]), angeregt, führten beide die römische Beredsamkeit ihrer klassischen Vollendung und der höchsten Stufe, die sie in Cicero erreichte, entgegen. Insbesondere wurde L. Licinius Crassus, geb. im J. 140 v. Chr.[66]), als der eigentliche Begründer oratorischer Formschönheit betrachtet[67]). Der hohe Ernst und die Würde seines Wesens — so schildert ihn Cic. Brut. 143—147 und 158—165 — war durch den heitersten Humor und die geistreichste Laune[68]) gemildert; seine Sprache war gewählt und ungezwungen, und mit der Meisterschaft geschmackvoller Darstellung war zugleich die klarste

---

61) Tusc. I 3,5 oratorem celeriter complexi sumus, nec eum primo eruditum, aptum tamen ad dicendum, post autem eruditum. Nam Galbam, Africanum, Laelium doctos fuisse traditum est; studiosum autem eum, qui eis aetate anteibat, Catonem; post vero Lepidum, Carbonem, Gracchos; inde ita magnos nostram ad aetatem, ut non multum aut nihil omnino Graecis cederetur. Die schnelle Entwickelung der Redekunst wurde unter anderem sowohl durch Anklage und Verteidigung vor den ständigen Kriminalgerichten (quaestiones perpetuae, Brut. 106) begünstigt, vor denen nach und nach die wichtigsten Staatsprozesse (de repetundis, de maiestate, de ambitu, de peculatu) verhandelt wurden, als durch die vielen tribunicischen Rogationen, zu deren Empfehlung oder Bekämpfung immer neue rednerische Mittel angewendet werden mußten. Tac. dial. de or. 36.

62) Brut. 138 Nam ego sic existimo, hos oratores fuisse maximos et in his primum cum Graecorum gloria Latine dicendi copiam aequatam; 86, 296 venio ad eos, in quibus iam perfectam putas esse eloquentiam, quos ego audivi, sine controversia magnos oratores, Crassum et Antonium. de or. II. 6; 162. Tusc. I 5, 10.

63) de or. III 74; I 154.

64) Brut. 143 Huic (nämlich dem Antonius) alii parem esse dicebant, alii anteponebant L. Crassum; (nach Or. 18 war es andererseits M. Antonius, cui vel primas eloquentiae patrum nostrorum tribuebat aetas). Illud quidem certe omnes ita iudicabant, neminem esse, qui horum alterutro patrono cuiusquam ingenium requireret. Vgl. Brut. 186.

65) de or. II 4; 153 u. 156.

66) Brut. 161. Seine Eltern sind unbekannt. Vgl. Lindfors de personis dialogi Ciceroniani de orat. Pars I p. 21 sq. (Lond. Goth. 1801). Als sein Lehrer wird Brut. 102 der Geschichtschreiber L. Caelius Antipater genannt (de or. II 54) s. ind.

67) de or. II 121 qui hoc primus in nostros mores induxit, qui maxime auxit, qui solus effecit (die ornamenta dicendi), III 33; 171. Brut. 215 Crassi magis enitebat oratio (sc. quam Antonii). Die Späteren rühmen daher besonders seine maturitas Tac. dial. de or. c. 26. Vgl. Brut. 161 a. E.

68) de or. II 289; I 27; 243. II 220; 227 u. flg.; 242; 259; 267.

Gedankenentwickelung verbunden. Wo es sich um allgemeines oder positives Recht handelte[69]), standen ihm Beweise und analoge Fälle in reicher Fülle zu Gebote; in strenger Auslegung des geschriebenen Wortes und in Begriffsbestimmung, wie noch mehr in Geltendmachung dessen, was im Gegensatz zum Buchstaben vernünftiger Weise nach dem Geist des Rechtes anzunehmen sei[70]), kam ihm niemand gleich. Nie trat er anders als vollständig gerüstet auf; daher waren schon zum voraus alle auf seine Rede gespannt und hörten ihm mit der größten Aufmerksamkeit zu, zumal Crassus gleich vom Eingang an, auf dessen Bearbeitung er stets die größte Sorgfalt verwendete[71]), diese Spannung zu erregen und weiter zu erhalten wußte. Dabei machte die plastische Ruhe[72]) seiner Erscheinung einen gewaltigen Eindruck: ohne sich viel zu bewegen oder den Ton seiner Stimme pathetisch zu steigern, stand er bis ans Ende fest auf seinem Platze, kaum daß er zu Anfang oder gegen Ende der Rede mit dem Fuße aufstampfte[73]). Aber darum war sein Vortrag nicht etwa kalt und leblos, sondern er war bewegt, wo es sein mußte, zornentflammt[74]) und von gerechtem Schmerz erfüllt; anderseits wieder heiter und voll Witz, ohne dadurch an Ernst und Würde zu verlieren[75]). Was selten beisammen ist, der glänzendste oratorische Schmuck fand sich bei ihm mit der ungeschminkten Sprache der Wahrheit und der treffendsten Kürze vereinigt; wie er denn überhaupt die langen, in breitem Strom dahinfließenden Perioden nicht liebte, sondern in der Regel in kürzeren, in kleinere Teile gegliederten Sätzen, einer Art von *parallelismus membrorum*, sich bewegte[76]). — Gleich bei seinem ersten Auftreten im 21. Jahre seines Lebens[77]) erregte

---

69) de or. II 143. In der Jurisprudenz waren die Mucier, besonders sein Schwiegervater Q. M. Scaevola augur, seine Lehrer. de or. I 234; 242.

70) Brut. 144 in explicanda aequitate, wie dies am eklatantesten in der berühmten causa Curiana (s. ind. Rechtsfälle n. 8) hervortrat.

71) Das that er schon um seiner großen Befangenheit und Schüchternheit willen, die ihn in der Regel im Anfange der Rede bei dem Gedanken an die Größe seiner Aufgabe zu erfüllen pflegte. de or. I 121.

72) de or. III 33. Brut. 158 non multa iactatio corporis, non inclinatio vocis, nulla inambulatio, non crebra *supplosio pedis*.

73) de or. III 47; 220. Dies durfte nicht fehlen. I 230.

74) de or. II 188. I 225. III 4.

75) de off. I 37, 133 uberior oratio L. Crassi, nec minus faceta.

76) Brut. 162 comprehensio et ambitus ille verborum, si sic περίοδον appellari placet, erat apud illum contractus et brevis, et in membra quaedam, quae κῶλα Graeci vocant, dispertiebat orationem libentius. Damit hing auch seine Stärke in der altercatio zusammen, wo in raschen Wechselreden die Sache geführt ward und Schlag auf Schlag folgte. Brut. 159; 164. de or. III 190.

77) Brut. 159 accusavit C. Carbonem eloquentissimum hominem admodum adulescens; summam ingenii

daher Crassus allgemeines Aufsehen und Bewunderung: es war die Anklage gegen C. Papirius Carbo, der anfangs besonders in seinem Tribunat (131 v. Chr.) als Anhänger des Tib. Gracchus auf Seite der Demokratie stand[78]), später aber als Konsul (im J. 120) auf die Seite der Optimaten trat und seine politische Richtung dergestalt änderte, daß er den bekannten L. Opimius, auf dessen Anstiften C. Gracchus getötet war, verteidigte[79]). Für den jungen Crassus war dies eine Gelegenheit, sich beim Beginne seiner politischen Laufbahn dem Volke zu empfehlen; er klagte daher im J. 119 den genannten Carbo — einen *homo consularis* und einen der renommiertesten Redner jener Zeit[80]) — und zwar mit solchem Erfolge an, daß Carbo, durch Crassus' Rede politisch vernichtet, sich infolge dessen das Leben nahm[81]). — Gleich in das folgende J. 118 fällt dann seine aus demselben Streben, sich die Volksgunst zu erwerben, hervorgegangene Rede *de colonia Narbonensi*. Der Senat war gegen die Deduktion einer Kolonie nach Narbo Martius in Gallien, während Crassus mit einer weit über sein Alter hinausgehenden politischen Einsicht[82]) dafür auftrat und sich zur Erreichung seines Zweckes bei dieser Gelegenheit heftige Angriffe auf die Senatspartei erlaubte[83]). — Später jedoch suchte er sich diese wieder geneigt zu machen, hauptsächlich durch seine *suasio legis Serviliae*, die von ihm im J. 106, also im 34. Lebensjahre, unter dem Präsidium des Q. Mucius Scaevola Pontifex gehalten ist[84]), zur Unterstützung

non laudem modo, sed etiam admirationem est consecutus; de off. II 13, 47 nam L. quidem Crassus, cum esset admodum adulescens, non aliunde mutuatus est, sed sibi ipse peperit maximam laudem ex illa accusatione nobili et gloriosa, ea qua aetate qui exercentur laude affici solent, ut de Demosthene accepimus, ea aetate L. Crassus ostendit, id se in foro optime iam facere, quod etiam tum poterat domi cum laude meditari; de or. I 40; 121. III 74. Tac. im Dial. de or. c. 34 giebt irrtümlich bereits das 19. Lebensjahr an.

78) de or. II 106; 170.

79) de or. II 106; 132; 134; 165.

80) Brut. 103. 105 flg. hic optimus illis temporibus est patronus habitus: 159; de or. III 28. Auch seine passenden rhetor. Vorstudien werden empfohlen de or. I 154. Nur in Kenntnis des positiven Rechts war er schwach, de or. I 40.

81) Brut. 103 morte voluntaria se a severitate iudicum vindicavit. ad Fam. IX 21, 3 C. Carbo accusante Crasso cantharidas sumpsisse dicitur. Daher führt ihn denn Crassus auch überall als inimicus noster an (de or. I 151), obwohl er selbst seine Anklage bereute. Verr. III 1, 3 Itaque hoc iudices ex homine clarissimo atque eloquentissimo L. Crasso saepe auditum est, cum se nullius rei tam paenitere diceret, quam quod C. Carbonem umquam in iudicium vocavisset. Val. Max. III 7, 6.

82) Brut. 160 senior, ut ita dicam, quam illa aetas ferebat.

83) p. Cluent. 51, 140 in dissuasione rogationis eius, quae contra coloniam Narbonensem ferebatur, quantum potest, de auctoritate senatus detrahit.

84) Zwischen beide Reden fällt noch in d. J. 113, also in sein 27. Lebensjahr die gleichfalls sehr beredte Verteidigung der Vestalin

des Antrags des Konsuls Q. Servilius Caepio, dem Senate die Gerichte, die seit der *lex Sempronia iudiciaria* des C. Gracchus in den Händen der Ritter waren, wieder zurück zu geben. Diese Rede galt sowohl ihres Erfolges[85]) und der konservativen Gesinnung wegen, die sich in ihr aussprach[86]), als auch um ihrer formellen Vollendung willen für eine seiner bedeutendsten und wurde daher von den jungen Römern, um sich daran zu bilden, häufig gelesen[87]). In ihr traten die oben geschilderten Vorzüge seiner Beredsamkeit besonders hervor, sodaß diese Rede für die Geschichte der römischen Prosa in gewisser Beziehung als epochemachend zu betrachten ist. Sie war besonders durch die Würde des Ausdrucks, wie durch den heitern Humor und beißenden Witz namentlich gegen den Tribun C. Memmius[88]), der wider den Antrag sprach, ausgezeichnet. Der oben erwähnte Q. Servilius Caepio wurde von dem Ritterstande wegen der *lex iudiciaria* gehaßt, und weil er im J. 106 als Konsul den Tempel des Apollo zu Tolosa im jenseitigen Gallien beraubt und im folgenden Jahre 105 die Niederlage und den Verlust des Heeres durch die Cimbern verschuldet habe, wahrscheinlich bereits im J. 103 durch den

Licinia (Brut. 160), dann die Verwaltung seiner Quästur in Asien (de or. II 360 u. 365. III 75), von wo er durch Macedonien über Athen zurückreiste und auch hier die berühmtesten Philosophen und Rhetoren der damaligen Zeit hörte (de or. I 45 flg. III 75). In der Zeit nach seiner Rückkehr trat er auch für *C. Sergius Orata* (de or. I 178) und für Piso in einer übrigens sonst unbekannten Sache auf (de or. II 285; ist L. Calpurnius Piso Caesoninus gemeint, der im J. 112 Konsul war und im J. 107 mit dem Konsul L. Cassius Longinus als dessen Legat von den Tigurinern und Ambronen in der Nähe des Genfer Sees gänzlich geschlagen wurde — Caes. b. G. I 7; 12 —, so ist der Prozess vor 107 geführt). Aus der Zeit seines Tribunats 107, das daher Brut. 160 tacitus genannt wird und überhaupt durch nichts ausgezeichnet war, haben wir keine Rede von ihm.

85) Der Senat erhielt wirklich durch die lex Servilia iudiciaria die Gerichte wieder (de inv. I 49, 92), mußte sie aber kurz darnach um das J. 104 nach dem Gesetz des damaligen Tribunen C. Servilius Glaucia, des bekannten Prätors v. J. 100 (de or. III 164), abermals an die Ritter zurückgeben.

86) Brut. 161 in qua et auctoritas ornatur senatus, quo pro ordine illa dicuntur, et invidia concitatur in iudicum et in accusatorum factionem. p. Cluent. 51, 140 in *suasione legis Serviliae* summis ornat senatum laudibus. Diesen Widerspruch der Serviliana mit der Rede de col. Narbon. hat Cr. sich auch später vorwerfen lassen müssen; doch revanchierte er sich trefflich (de or. II 223 flg. p. Cluent. 51, 140).

87) Cic. bemerkt Brut. 161 die Jahreszahl — es war das Geburtsjahr Ciceros — ausdrücklich deshalb, ut dicendi Latine prima maturitas in qua aetate extitisset posset notari. Man vergleich sie mit dem Doryphoros des Polyklet, der als Kanon galt, Brut. 296; 298.

88) de or. II 240; 267. — de or. I 225 wird ein Fragment aus der Serviliana angeführt und von Antonius besprochen. Vgl. Parad. V 3, 41. Aus der Serviliana sind auch wohl die Stellen entnommen, die Cic. Or. 219; 222 flg. aufführt.

Volkstribun C. Norbanus des Majestätsverbrechens angeklagt, vielleicht auch von Crassus[89]) verteidigt. Caepio wurde, freilich durch ein höchst tumultuarisches Verfahren, verurteilt[90]) und ging nach Smyrna ins Exil. — Das Konsulat (J. 95) des Crassus und seines Kollegen Q. Mucius Scaevola Pontifex[91]) ist durch die *lex Licinia Mucia de civibus redigundis* berühmt[92]), gegen diejenigen gerichtet, welche sich das römische Bürgerrecht anmaßten; ein Gesetz, das in der Folge der Zeiten freilich die Unzufriedenheit der Bundesgenossen nur noch steigerte und so den bald nachher erfolgenden Ausbruch des marsischen oder Bundesgenossenkriegs an seinem Teile mit veranlaßte

---

89) Wenn Cicero Brut. 162 Sed est etiam L. Crassi *in consulatu* pro Q. Caepione defensio genau überliefert, so ist obige Möglichkeit nicht zutreffend und anzunehmen, daß Crassus nur zu der Zeit, als die Aristokratie sich anschickte, an der Popularpartei sich durch Anklage des C. Norbanus zu rächen, also etwa in den letzten Wochen seines Konsulates, für Caepio und seine Maßregeln oder Gesinnungen öffentlich eintrat. Die bei Cicero a. a. O. folgenden Worte defensio non brevis ut laudatio: für eine Lobrede war die defensio zu lang u. s. w. lassen dies recht glaublich erscheinen; zu einem bestimmteren Urteil läßt uns leider die Verderbnis des Textes nicht gelangen. Aus der Zeit vor seinem Konsulat ist noch zu erwähnen, daß er im J. 103 kurulischer Ädil war und als solcher mit seinem Kollegen Scaevola sehr prachtvolle Spiele gab (de off. II 16, 57 C. cum omnium hominum moderatissimo, Q. Mucio, *magnificentissima aedilitate* functus est, de or. III 92). Daß er ferner im J. 100, cum omnes omnium ordinum homines, qui in salute reipublicae salutem suam repositam arbitrabantur, arma cepissent (pro C. Rabir. 7, 20 flg.), nämlich gegen den berüchtigten L. Appuleius Saturninus, auch mit in den Reihen der Kämpfenden war, versteht sich von selbst: C. Mario L. Valerio consulibus senatus rempublicam defendendam dedit; L. Saturninus tribunus pl., C. Glaucia praetor est interfectus. Omnes illo die Scauri, Metelli, Claudii, Catuli, Scaevolae, Crassi arma sumpserunt (Phil. VIII 5, 15). Dann war er Prätor und Augur (de or. I 39). Endlich verteidigte er auch noch in der Zeit vor seinem Konsulat, im J. 97, als Anwalt seinen Freund C. Aculeo in einem Prozesse mit Marius Gratidianus vor dem Untersuchungsrichter Perperna (de or. II 262).

90) II 197. Brut. 135 Q. Caepio, vir acer et fortis, cui fortuna belli crimini, invidia populi calamitati fuit (nach Ciceros Parteiurteil).

91) Mit diesem Scaevola bekleidete Crassus fast alle Ämter zusammen, mit Ausnahme des Tribunats (Scaevola 103) und der Censur, um die sich aus Grundsatz kein Mucier beworben zu haben scheint. Brut. 161. de or. III 10.

92) Ascon. z. Cic. p. Cornel. p. 67. L. Licinius Crassus orator et Q. Mucius Scaevola P. M. legem de regendis in sua civitate sociis in consulatu tulerunt. Nam cum summa cupiditate civitatis Romanae Italici populi tenerentur et ob id magna pars eorum pro civibus Romanis se gereret, necessaria lex visa est, *ut in suae quisque civitatis ius redigeretur*. Verum ea lege ita alienati animi sunt principum Italicorum populorum, ut ea vel maxima causa belli Italici, quod post triennium exortum est, fuerit; de off. III 11. 47 nam esse pro cive, qui civis non sit, rectum est non licere, quam legem tulerunt sapientissimi consules Crassus et Scaevola. de or. II 257.

(s. den Exkurs über die *lex Licinia Mucia*). — Nach seinem Konsulat im J. 94 fiel ihm das diesseitige Gallien als Provinz zu, und da er neben einer gerechten Verwaltung auch das Land mit den Waffen gegen ein paar feindliche Raubzüge geschützt hatte, so machte er als *imperator* auf die Ehre des Triumphs Anspruch[93]), die ihm jedoch, hauptsächlich durch seines Kollegen im Konsulate, Q. Scaevola, Einsprache gegen eine so mißbräuchliche Zuerkennung der höchsten Ehre um einiger geringfügigen Gefechte willen, vom Senat verweigert wurde. Dafür rächte sich Crassus ein wenig an ihm in dem berühmten Prozeß, welcher im J. 93 vor den Centumvirn zwischen M'. Curius und M. Coponius geführt wurde: — eine geeignete Gelegenheit, den strengen Juristen mit der ganzen Lauge seines sprudelnden Witzes zu überschütten[93*]). — In das folgende J. 92, das Jahr seiner Censur, wo Crassus mit seinem Kollegen Cn. Domitius Ahenobarbus[94]) das berühmte Edikt[95]) gegen die Schulen der lateinischen Rhetoren als *ludos impudentiae*[96]) erließ, gehört die *censoria contra Cn. Domitium collegam oratio*[97]), eine *altercatio*, die um der treffenden Witze willen[98]) von dem unaufhörlichen Beifallsgeschrei der versammelten Menge begleitet war[99]). —

93) de inv. II 37, 111 L. Licinius Crassus quosdam in citeriore Gallia nullo illustri neque certo duce, neque eo nomine, neque numero praeditos, ut digni essent, qui hostes pop. Rom. dicerentur, consectatus est et confecit: Romam redit, triumphum ab senatu postulat.

93a) Ein Pendant dazu liefert Cicero in der Rede pro Murena durch sein Auftreten gegen den Juristen Ser. Sulpicius Rufus.

94) Es ist derselbe, der in demokratischem Interesse als Tribun 104 die lex Domitia de sacerdotiis gab, durch welche die Wahl der Priester, deren Kollegien sich bis dahin selbst ergänzten, auf die Gemeinde übertragen wurde. (Vell. II 12, 3.) Aus Dankbarkeit wurde er darnach zum pontifex maximus gewählt; das Konsulat bekleidete er im J. 96, ein äußerlich streng ernster, aber heftiger und streitsüchtiger Mann.

95) Das höchst charakteristische Edikt de coercendis rhetoribus Latinis lautete also: Renuntiatum est nobis, esse homines, qui novum genus disciplinae instituerunt, ad quos iuventus in ludum conveniat: eos sibi nomen imposuisse Latinos rhetoras, ibi homines adulescentulos dies totos desidere. Maiores nostri quae liberos suos discere et quos in ludos itare vellent instituerunt. Haec nova, quae praeter consuetudinem ac morem maiorum fiunt, neque placent, neque recta videntur. Quapropter et his, qui eos ludos habent, et his, qui eo venire consuerunt, visum est faciundum, ut ostenderemus nostram sententiam, nobis non placere. Gell. N. A. XV 11. Suet. de cl. rhet. 1.

96) Tac. dial. de or. c. 30. de or. III 93.

97) Brut. 161. de or. II 227. Ein Fragment aus dem Eingang II 45.

98) de or. II 228 u. 230. So soll Crassus zu seinem Kollegen mit Anspielung auf dessen Namen unter anderem gesagt haben: non esse mirandum, quod aheneam barbam haberet, cui os ferreum, cor plumbeum esset (Suet. Ner. 2).

99) Brut. 164 nulla est enim altercatio clamoribus umquam habita maioribus.

Nicht sehr lange darnach endlich verteidigte Crassus den sonst unbekannten Cn. Plancius gegen den *accusator* M. Junius Brutus[100]), einen ungeratenen Sohn des gleichnamigen berühmten Juristen und juristischen Schriftstellers um die Mitte des zweiten Jahrhunderts[101]). — Dann folgte das verhängnisvolle J. 91; es war sein Todesjahr, die Rede, die er am 13. September im Senat gegen den Konsul Philippus hielt, sein Schwanengesang, in dem noch einmal die ganze Kraft seiner Beredsamkeit im hellsten Glanze aufleuchtete[102]). Er starb am 20. September.

In einem gewissen Gegensatz zu Crassus steht der drei Jahre ältere

M. Antonius der Redner, der Vater des nachmaligen Kollegen Ciceros im Konsulat und Großvater des bekannten Triumvir, geb. im J. 143 v. Chr.[102a]). Während Crassus sich in der *elocutio* und *actio* auszeichnete, bestand Antonius' Stärke in der *inventio, collocatio* und *memoria;* während Crassus' Sprache besonders mächtig in der Volksversammlung und im Senat sich erhob, zeigte sich Antonius in seiner Größe, wenn er vor Gericht auftrat[103]). Seine oratorischen Vorzüge sind die eines tüchtigen Feldherrn: angeborener Scharfblick und Geistesgegenwart, Sammlung ausreichender Streitkräfte[104]) und richtige Taktik, rascher, sicherer Angriff und, wenn es sein muß, wohlgedeckter Rückzug[105]). Daher legt er mehr Gewicht auf die Praxis als auf die Theorie[106]) und vermeidet absichtlich jeden Schein gelehrter Bildung[107]), ohne sich darum den Ein-

---

100) de off. II 14, 50 id — sordidum ad famam, committere, ut accusator nominere: quod contigit M. Bruto, summo genere nato, illius filio, qui iuris civilis inprimis peritus fuit; nicht nur wegen dieser seiner Sykophantie, sondern auch wegen seiner unsinnigen Verschwendung berüchtigt. de or. II 223 flg. Brut. 130.

101) de or. II 223 flg.: 142.

102) de or. III 1 flg.

102a) Cfr. Atterbom de pers. dial. Cic. de orat. Lond. Goth. 1801.

103) Brut. 165 Antonii genus dicendi multo aptius iudiciis quam contionibus.

104) Er selbst war als Feldherr thätig gewesen; zehn Jahre nach seiner Quästur (113) und ein Jahr nach seiner Prätur (104) nämlich, i. J. 103. wurde er mit dem Titel eines Prokonsuls in die ihm zugewiesene Provinz Cilicien geschickt, um die Piraten zu bekriegen. Aber Rom hatte ihm in allzugroßer Geringschätzung des Feindes zu geringe Streitkräfte gegeben; und obwohl ihm im J. 102 die Ehre des Triumphes zuerkannt ward, mußte er doch nicht lange darauf erleben, daß ihm die kühnen Flibustier seine eigene Tochter in Italien raubten und nur gegen ein ansehnliches Lösegeld wieder freigaben (Plut. Pomp. 24).

105) de or. I 172. II 125 acumen quoddam singulare, Or. 18 vir natura peracutus et prudens. Brut. 139 erat memoria summa. de or. I 263 illa mirifica ad refellendum consuetudo; II 294; 2:6 in dicendo tectissimus.

106) Brut. 214.

107) de or. II 4: 153.

flüssen griechischer Kunst und Wissenschaft zu entziehen [108]). Rasch trat er zu reden auf, als wäre er nicht vorbereitet; aber so sorgfältig war er gerüstet, daß seine Gegner wie die Richter alle Ursache hatten, auf ihrer Hut zu sein [109]). Auf die schöne Form des Ausdrucks sah er dabei weniger, und sein Stil trug nicht das Gepräge sorgfältiger Ausarbeitung, obschon er natürlich korrekt redete, was gegenüber der häufigen *barbaries forensis* [110]) immerhin als ein Lob gelten muß. Auch die Wahl der Worte berücksichtigte er, je nachdem sie ihm zu Angriff oder Verteidigung mehr geeignet erschienen, also nur aus strategischen Zweckmäßigkeitsrücksichten für den Kampf, nicht um irgendwie damit Parade zu machen [111]). Ganz derselbe Gesichtspunkt leitete ihn auch in der oratorischen Anordnung und Stellung der Gedanken und Worte; mit kluger und wohlberechneter Taktik wies Antonius besonders den Beweisgründen ihre Stelle da an, wo sie am wirksamsten waren; wie ein geschickter Feldherr Reiterei und Fußvolk, schwere und leichte Truppen, so ordnete er alles, wie es zur Ausführung seines Schlachtplans am besten schien [112]). So prägte sich der Charakter praktischer Feldherrnklugheit auch im Ausdruck und im Vortrage ab: an Schmuck der Rede fehlte es ihm nicht, aber Antonius brachte ihn nicht aus ästhetischen Schönheitsrücksichten an, sondern nur als Mittel zum Zwecke, die Gedanken, mit denen er operierte, in ein besseres Licht zu stellen. So war auch seine Aktion, fern von allem bloß Theatralischen, in strenger Übereinstimmung mit dem Inhalt, aber darum nicht etwa leblos, sondern mitunter äußerst bewegt und von drastischer Wirkung [113]) und seine ausdauernde, von Natur etwas hohl klingende Stimme,

---

108) de or. I 82. II 3; 59 flg.; 153; 156. So verweilte er auf seiner Reise nach Cilicien in Athen und verkehrte wie Crassus mit den gelehrtesten Philosophen und Rhetoren jener Zeit, I 82 flg. und ebenso an dem anderen Sitze gelehrter Bildung, zu Rhodus, II 3. Begreiflicherweise zogen ihn seiner ganzen Richtung nach nicht die griechischen Dichter und Philosophen, sondern nur die Redner und Geschichtschreiber an, II 61.

109) Vgl. die Schilderung Brut. 139—143. de or. III 32.

110) de or. I 118.

111) de or. II 84. III 33. Insofern gehörte also sein Stil dem genus Atticum an und könnte A. in dieser Hinsicht allenfalls mit Lysias verglichen werden.

112) de or. II 179; 314. Brut. 139 Omnia veniebant Antonio in mentem; eaque suo quaeque loco, ubi plurimum proficere et valere possent, ut ab imperatore equites pedites levis armatura, sic ab illo in maxime opportunis orationis partibus collocabantur.

113) Verr. V. 1, 3. de or. II 124; 195. Tusc. II 24. 56 flg. Toto corpore atque omnibus ungulis (d. h. mit Händen und Füßen), ut dicitur, contentioni vocis asserviunt. Genu mehercule M. Antonium vidi, cum contente pro se ipse lege Varia diceret, *terram tangere*.

wo er überzeugen wollte, eindringlich, wo es ihm auf Rührung ankam, klagend und herzbewegend.

Bei dieser eminent praktischen Richtung ist er doch der erste Römer, abgesehen von dem alten *Cato censorius*, der ein, wenn auch, sogar von ihm selbst, wenig geschätztes Handbuch über die rhetorische Theorie verfaßte (de or. I 94; 206; III 189; Brut. 163, Quint. III 1, 19); doch auch dies war nicht eine theoretische Unterweisung, sondern nur das in Regeln gefaßte Resultat seiner praktischen Erfahrung (de or. I 208). Auch mangelte ihm nicht das Interesse für die Disputationen griechischer Philosophen und Rhetoren; im J. 103 wurde er als Prätor mit prokonsularischer Amtsgewalt nach Kilikien gesandt, um dem Seeräuberunwesen ein Ende zu machen (A. 104); er verweilte auch in Athen (A. 108); aber in dem Bericht über seine dortigen Studien kommt wieder die höhere Einsicht und Überlegenheit des römischen Praktikers stets zur Geltung (vgl. de or. II 77 flg.).

In ähnlicher Weise, wie sich Crassus den Weg zu seiner politischen Laufbahn durch die Anklage des C. Papirius Carbo gebahnt hatte, suchte sich Antonius dem Volke dadurch zu empfehlen, daß er, jedoch erst im 32. Jahre seines Lebens, im J. 111 gegen den Bruder des oben (§ 10, 78 flg.) erwähnten Carbo, gegen Cn. Papirius Carbo als Ankläger auftrat[114]) um der Niederlage willen, die dieser als Konsul im J. 113 gegen die Cimbern bei Noreja erlitten hatte[115]). In dieselbe Zeit ungefähr fällt auch der Prozeß des M. Marius Gratidianus gegen C. Sergius Orata, in welchem Crassus auf dem strengen Recht des Buchstabens (im Kaufbrief) bestand, Antonius auf dem, was nach den Verhältnissen als billig erkannt werden mußte[116]). Politisch bedeutender war sein Auftreten gegen Saturnin im J. 100[117]) und dann im J. seines Konsulats 99 gegen den Volkstribun Sextus Titius — *seditiosum civem et turbulentum*[118]) —, der in die Fußtapfen Saturnins zu treten gedachte und mit dem gewöhnlichen Demokratenmittel einer *lex agraria* sich die Volksgunst zu erwerben suchte, aber darin von Antonius heftig bekämpft wurde. Bei der veränderten Volksstimmung, die nach Saturnins Hochverrat eingetreten war, wurde der Volksmann, wohl gleich nach seinem Tribunat, weil er das Bild des verehrten Kämpfers für Volksfreiheit im

---

114) de off. II 14, 49 allerdings *adulescens*.
115) Tac. Germ. c. 37.
116) de off. III 16, 67. de or. I 178.
117) pro Rab. perd. 9, 26 qui tum extra urbem cum praesidio fuit.

118) de or. II 48. Brut. 225 schildert ihn Cic. als *homo loquax sane et satis acutus, sed tamen solutus et mollis in gestu, ut saltatio quaedam nasceretur, cui saltationi Titius nomen est*.

Hause hatte, angeklagt und verurteilt[119]); bei dieser Gelegenheit trat auch Antonius als Zeuge gegen ihn auf und entwickelte zu dem Ende die ganze antidemokratische Politik seines Konsulats, die eben auch gegen die demagogischen Umtriebe des Titius gerichtet gewesen war[120]). — Weit berühmter indessen ist Antonius' Verteidigungsrede für Manius Aquilius[121]) im folgenden Jahre (98), dem 45. seines Lebens, gehalten. Aquilius, der Kollege des C. Marius in dessen 5. Konsulat, 101 v. Chr., hatte im J. 99 den zweiten Sklavenaufstand in Sizilien unter Athenion unterdrückt und deshalb die Ehre der *ovatio* (des ἐλάττων θρίαμβος) davongetragen. Im folgenden Jahre aber wurde er von L. Fufius[122]) *repetundarum* angeklagt, jedoch trotz evidenter Schuld von Antonius siegreich verteidigt[123]). — Als Censor sodann im J. 97 — in welchem er die Rostra mit der Beute aus dem Seeräuberkrieg schmückte[124]) — mußte er sich gegen M. Duronius verteidigen. Dieser hatte nämlich im vorausgehenden Jahre als Volkstribun mit den Schlagworten eines echten Demokraten[125]) ein Gesetz gegen den Aufwand bei Gastmählern wieder aufheben lassen und war dafür von dem Censor Antonius und seinem Kollegen aus dem Senat gestoßen. Um sich zu rächen klagte nun Duronius unseren Redner *de ambitu* an[126]), doch ohne Erfolg. — Am glänzendsten jedoch entfaltete Antonius sein oben gerühmtes oratorisches Feldherrntalent in der äußerst geschickten Verteidigung des C. Norbanus im J. 94. Zur Vergeltung für die Anklage des Servilius Caepio (§ 10, so flg.)

119) pro Rab. perd. 9, 24 Sex. Titius quod habuit imaginem L. Saturnini domi suae condemnatus est. Statuerunt equites Romani (als Richter) illo iudicio improbum civem esse et non retinendum in civitate, qui hominis hostilem in modum seditiosi imagine aut mortem eius honestaret aut desideria imperitorum misericordia commoveret, *aut suam significaret imitandae improbitatis voluntatem.*
120) de or. II 48 und die beißende Erwiderung des Antonius, als S. Titius sich mit der Kassandra verglich, II 265.
121) Es ist derselbe, der i. J. 88 von Mithridates besiegt wurde. M. ließ ihn auf einen Esel gebunden unter den empörendsten Mißhandlungen umherführen und ihm zuletzt geschmolzenes Gold in den Hals gießen.

122) Brut. 222. de off. II 14. 50 in accusando M'. Aquilio Fufii industria cognita est. Gemeint ist der Nachahmer des C. Fimbria (Konsul 104)* und zwar der Fehler und Mängel desselben, de or. II 91. III 50. I 179.
123) Liv. ep. 70. de or. II 124; 194 flg. Verr. V 1, 3. p. Flacc. 39, 95.
124) de or. III 10.
125) Valer. Max. II 9, 5 Freni sunt iniecti vobis, Quirites, nullo modo perpetiendi; alligati et constricti estis amaro vinculo servitutis. Lex enim lata est, quae vos esse frugi iubet. Abrogemus igitur istud horridae vetustatis rubigine obsitum imperium. Etenim quid opus libertate, si volentibus luxu perire non licet?
126) de or. II 274.

griff der junge P. Sulpicius Rufus (§ 12) den C. Norbanus nach dessen Tribunat an und verklagte ihn als *seditiosum et inutilem civem* nach der *lex Appuleia de maiestate*. Obwohl also die Anklage von der Optimatenpartei ausging, hielt sich doch Antonius wegen der früheren Amtsverbindung mit dem Verklagten — Norbanus war im J. 99 sein Quästor gewesen — für verpflichtet [127]), die Verteidigung seines *sodalis* zu übernehmen und führte dieselbe, trotz des schweren Standes, den er gerade als konservativ gesinnter Optimat hatte, so glücklich, daß Norbanus völlig freigesprochen wurde [128]). — Das Mitleid des Volkes, das Antonius so oft für andere zu erregen gewußt hatte, mußte er am Abend seines Lebens noch einmal für sich selbst in Anspruch nehmen, als er nach Ausbruch des Bundesgenossenkriegs, an dem er als Legat teilnahm [129]), mit vielen anderen Häuptern der Aristokratie durch die *lex Varia de maiestate* belangt wurde [130]). Diesmal entging er noch den Angriffen seiner Feinde; als aber Sulla im J. 87 zum Krieg gegen Mithridates Italien verlassen hatte und Marius, nach seiner abenteuerlichen Flucht aus der Verbannung zurückgekehrt, mit Cinna in Rom einzog, da fiel bei dem allgemeinen Morden auch des Redners Antonius Haupt [131]).

Dem vorgenannten Meisterpaare steht nun ein entsprechendes Jüngerpaar zur Seite: Sulpicius und Cotta; *Crassum hic colebat imitari, Cotta malebat Antonium* (Brut. 203).

127) Wie er aus ähnlichem Grunde als Anwalt die Sache des Gratidianus verteidigte (§ 3, 9). de or. II 197.

128) de or. II 107; 164; 197 flg.; 167; 124 flg. Er gelangte später noch zu hohen Ämtern und wurde im J. 83 Konsul. Nach Sullas Rückkehr aus dem Mithridatischen Kriege besiegt und geächtet, flüchtete er im J. 82 nach Rhodus und endigte sein Leben, als der Diktator seine Auslieferung verlangte, durch Selbstmord. Die de or. II 125 erwähnte commiseratio Cn. Mallii und Q. Regis übrigens gehört derselben Rede pro Norbano an; denn da es in dieser darauf ankam, den Norbanus wegen seiner Anklage des Caepio zu rechtfertigen, so mußte die ganze Schuld des Unglücks im Cimbernkriege auf diesen geschoben werden, der andere (wie die genannten Cn. Mallius und Q. Rex) mit in sein Unglück hineinzog. cf. Val. Max. VIII 5, 2.

129) Brut. 304.

130) Q. Varius, ein Spanier von Geburt, aus der Stadt Sucro, propter obscurum ius civitatis Hybrida d. i. Bastard genannt, vastus homo atque foedus (de or. I 117), ein übelberüchtigter Mensch, hatte sich zum Werkzeug des Parteihasses der Ritter gegen die Senatspartei hergegeben und als Volkstribun ein Majestätsgesetz gegen diejenigen durchgesetzt, quorum dolo malo socii ad arma ire coacti essent. Die Untersuchung wurde mit großer Leidenschaftlichkeit geführt und die angesehensten Männer der Senatspartei vor Gericht gezogen und viele verurteilt, im J. 90 (Brut. 304). — Die Nemesis blieb indessen nicht lange aus; denn schon im folgenden Jahre 89 wurde Varius nach seinem eigenen Gesetz verurteilt und starb in der Verbannung (Brut. 305. de nat. deor. III 33. *summo cruciatu supplicioque Q. Varius homo importunissimus periit*).

131) de or. II 10.

P. Sulpicius Rufus, geb. im J. 124 v. Chr., ist der aus der Geschichte des Jahres 88, als der Bürgerkrieg zwischen Marius und Sulla ausbrach, so bekannte Volkstribun, der unter Marius' Schutz mit seinem Antisenat eine Zeit lang Rom beherrschte. Zuvor aber stand er mit dem ihm befreundeten Liv. Drusus und anderen seiner Altersgenossen ganz auf Seiten der gemäßigten Aristokratie, die auf den äußerst begabten jungen Mann die größten Hoffnungen setzte[132]). Er hatte bedeutende oratorische Anlagen. Seine schöne Gestalt, die zugleich etwas Imponierendes hatte, seine ganze Haltung und Bewegung, sein brillantes, wohltönendes, volles Organ, wie für die Tragödie, so ganz besonders für die Volksrede geschaffen[133]), erregten bald großes Aufsehen und ließen von Sulpicius bei seinem lebendigen Geist und eifrigen Streben Außerordentliches erwarten. Gleich bei seinem ersten Auftreten zeigte sich, seinem sanguinischen Temperament gemäß, das Feuer seines Naturells wie seiner Sprache, die übersprudelnde Kraft und Üppigkeit der Gedanken und Worte sehr deutlich, und der brausende Most versprach, wenn er erst ausgegoren und sich abgeklärt, einen starken, feurigen Wein[134]). Zu Crassus trieb ihn eine ähnliche Sympathie, wie seinen Freund Cotta zu Antonius[135]); — gedachte er doch einst in der Volksrede zu glänzen[136]); wer hätte ihm da ein besseres Muster sein können! Schon ein Jahr nach seinem ersten Auftreten zeigten sich die Früchte jenes engeren Anschlusses an einen solchen Koryphäen der Redekunst in einer größeren Reife und Klarheit seiner die Gemüter mit sich fortreißenden Beredsamkeit[137]). Die ihm eigene Überfülle der üppig wuchernden Gedanken und Worte machte sich freilich trotz der Kürze der oratorischen Periode, die er von Crassus angenommen zu haben scheint, auch jetzt noch geltend, zumal er sich nicht dazu verstehen konnte, weder durch ernstliche wissenschaftliche Studien überhaupt, noch durch schriftliches Aufzeichnen

---

132) de or. I 25; 30; 106.

133) de or. I 131. III 31. Brut. 203 flg. Fuit enim Sulpicius vel maxime omnium, quos quidem ego audiverim, *grandis* et ut ita dicam *tragicus orator*. Vox cum magna tum suavis et splendida; gestus et motus corporis ita venustus, ut tamen ad forum non ad scenam institutus videretur, incitata et volubilis, nec ea redundans tamen nec circumfluens oratio — sed *aberat Crassi* ab illo *lepos*.

134) de or. II 88.

135) de or. I 97. II 12; 89. III 47. Brut. 203.

136) Mit diesem Streben nach Popularität hängt jedenfalls auch seine Nachahmung der Sprache des gemeinen Mannes zusammen. de or. III 46.

137) de harusp. resp. 19, 41 Nam quid ego de Sulpicio loquar? cuius tanta in dicendo gravitas, tanta iucunditas, tanta brevitas fuit, ut posset vel ut prudentes errarent vel ut boni minus bene sentirent perficere dicendo.

und strenges Meditieren seiner excentrischen Natur die nötigen Schranken zu setzen [138]). Es war alles, sozusagen, mehr naturwüchsig an ihm. So zeigte er sich, als er im J. 94, im 30. Jahre seines Lebens, wie bereits oben § 11 erwähnt ist, den aufrührerischen C. Norbanus als Urheber der Gewaltthätigkeiten, durch welche er seine *rogatio* gegen Caepio hatte durchsetzen lassen, vor Gericht forderte [139]), — ein Prozeß, der vielleicht den ersten Grund zu der Verstimmung des Sulpicius gegen seine eigene Partei legte. Die Anklage war von ihm im Interesse der Aristokratie übernommen, und nun trat eins ihrer Häupter auf und verteidigte einen notorischen Demokraten trotz jenes so tumultuarischen Verfahrens in Norbanus' Tribunat [140]), und dies mit so günstigem Erfolge, daß Sulpicius unterliegen mußte! Zwar blieb er noch in der nächsten Zeit der Optimatenpartei treu; als er aber nach dem marsischen Kriege, in dem er unter Cn. Pompejus Strabo mit Auszeichnung gekämpft hatte (Brut. 304), 36 Jahre alt, im J. 88 Volkstribun geworden [141]), schloß er sich an Marius an [142]). Nicht nur daß er sich der Bewerbung des zur Optimatenpartei gehörigen C. Julius Caesar Strabo (§ 16) um das Konsulat widersetzte [143]) — und diesmal war gegen diese *consulatus petitio extraordinaria* das formelle Recht auf seiner Seite, denn Caesar hatte (was doch erforderlich war) noch nicht die Prätur bekleidet —, sondern er ging im Einverständnis mit Marius bekanntlich viel weiter, setzte es durch, daß die Italer und Libertinen zu gleicher Berechtigung mit den Altbürgern in alle 35 Tribus aufgenommen, und nach Sullas Flucht zum Heer, daß Marius an Sullas Stelle zum Oberfeldherrn gegen Mithridates erwählt wurde. Das war der Höhe- aber auch der Endpunkt seiner kurzen politischen Laufbahn. Sulla brach mit dem Heere gegen Rom auf und bemächtigte sich nach blutigem Straßenkampf der Stadt: alle Gesetze des Sulpicius wurden aufgehoben, er selbst geächtet, auf der Flucht von Sullas Reitern eingeholt und getötet [144]). — Cicero sieht in ihm nur den eminent begabten Volksredner; seinen Gesinnungswechsel erwähnt er nur, ohne ihn zu erklären oder zu entschuldigen (de har. resp. 20, 43).

---

138) de or. III 147. II 96.

139) de off. II 14, 49 Etiam P. Sulpicii eloquentiam accusatio illustravit, cum seditiosum et inutilem civem C. Norbanum in iudicium vocavit. de or. II 124; 197 flg.

140) de or. II 197.

141) de or. I 25. Brut. s. o.

142) de or. III 11.

143) Brut. 226. de harusp. resp. 20, 42 Sulpicium ab optima causa profectum Caioque Iulio consulatum contra leges petenti resistentem longius — popularis aura provexit.

144) de or. III 11.

Eine längere und bis auf das Ende glücklichere politische Laufbahn war dem Alters- und früheren Gesinnungsgenossen des Sulpicius beschieden, dem
C. Aurelius Cotta, geb. 124 v. Chr., also in demselben Jahre mit Sulpicius, aber in seinem ganzen Wesen der gerade Gegensatz zu diesem[145]). Cotta, der Schwestersohn des P. Rutilius Rufus[146]), war mehr ein ruhiger, nüchterner Verstandesmensch. In oratorischer Beziehung schloß er sich daher an Antonius an[147]), ohne jedoch je dessen Energie und rednerische Kraft zu erreichen[148]). Wie sein Meister, bewies Cotta seinen oratorischen Scharfblick hauptsächlich in der *inventio*, der Herbeischaffung des Beweismaterials. Seine Diktion war ohne Pathos, einfach ohne kunstmäßige Periodenbildung und ohne merklichen oratorischen Rhythmus. Wie ihn schon die Schwäche seiner Brust etwas leise aufzutreten nötigte, so wußte er sehr geschickt seine Redeweise mit dieser seiner natürlichen Schwäche in Einklang zu bringen. Nie kam etwas Überschwengliches oder Heftiges und Affektvolles in seinen Reden vor; sie trugen mehr den Charakter der Nüchternheit und waren ganz ohne pikante Zuthaten und Gewürze, etwas trocken, aber gesund. Während andere, wie z. B. Sulpicius, durch starke Kraftanstrengung und heftige Erregung die Herzen zu bewegen suchten, wirkte Cotta auf den Willen der Richter durch die ruhige, verstandesmäßige Behandlung der Sache und die einfache, aber überzeugende Argumentation[149]). Alles sollte verständig abgewogen werden, *pro* und *contra*, wie es ihn die akademische Philosophie, der er ergeben war[150]), gelehrt hatte. Dabei blieb er fest und ohne Abschweifung bei der Sache und richtete Wort und Gedanken streng auf die Hauptpunkte, auf die es ankam[151]). Und um dieser seiner schmucklosen, einfachen, auf die verstandesmäßige Überzeugung abzielenden Rede willen übertrug ihm denn auch sein Oheim Rutilius Rufus, als er im J. 92 so schmählicher Weise *repetundarum* angeklagt wurde[152]), einen Teil seiner Verteidigung[153]). — Im J. 91 bewarb er sich um

---

145) Auf beide läßt sich der bekannte Gegensatz von Theopompos, der des Zügels, und Ephoros, der des Sporns bedurfte, anwenden (de or. III 36). de or. III 31. Brut. 204. or. 106 nihil ample Cotta, nihil leniter Sulpicius.
146) de or. I 229.
147) de or. II 12.
148) Brut. 203 Cotta malebat (imitari) Antonium, sed ab hoc vis aberat Antonii.

149) Brut. 202; 317. de or. II 98.
150) de orat. III 145. Daher hat ihn als Akademiker bekanntlich Cicero in seiner Schrift de natura deorum, dem Stoiker Balbus und Epikureer Vellejus gegenüber, zum Vertreter seiner eigenen Ansichten gewählt.
151) de or. III 31.
152) s. ind. Rut. Rufus u. § 22.
153) de or. I 229.

das Tribunat[154]), wurde aber ebenfalls durch die oben § 11, 130 erwähnte *lex Varia* des Majestätsverbrechens angeklagt und trotz der Verteidigungsrede, die ihm L. Aelius schrieb[155]), für schuldig erkannt[156]). Er ging daher im J. 90 ins Exil, wurde aber eben dadurch gerettet, kehrte im J. 82 mit Sulla nach Rom zurück — wo er unter anderem im J. 77 mit Hortensius den M. Canuleius und Cn. Cornelius Dolabella, die beide *repetundarum* angeklagt waren, verteidigte (Brut. 317) — gelangte darnach noch zum Pontifikat und im 49. Jahre seines Lebens, im J. 75, zum Konsulat[157]). Die letzte Ehre aber, die er noch zu erlangen hoffte, erlebte er nicht mehr. Für seine Kriegsthaten in Gallien nämlich, wo wir ihn nach seinem Konsulate finden, war ihm die Ehre des Triumphes zuerkannt, und schon war der Tag des Ruhmes bestimmt, als er plötzlich ganz nahe vor dem Ziele starb[158]).

14. Zu dem Meisterpaare Crassus und Antonius mit ihrem Jüngerpaare Sulpicius und Cotta tritt zunächst der alte Scaevola. Es ist

Q. Mucius Scaevola, Q. F. (d. h. Sohn des Scaevola, der als Kriegstribun am Kriege gegen Perseus teilnahm und im J. 174 Konsul war) durch den Beinamen *augur* von dem gleichnamigen Q. Mucius Scaevola P. F. dem *pontifex maximus*[159]) unterschieden, der Freund und Schwiegersohn des Laelius *sapiens*[160]) durch dessen Vermittelung er auch in das Augurenkollegium aufgenommen ward, und Schwiegervater unseres Crassus[161]). Er ist, wie alle Mucier[162]), Jurist von Fach[163]), und dieses sein Lieblingsfach, die Jurisprudenz, war denn auch mit die Veranlassung, daß er sich unter den griechischen Philosophen[164]) an die Stoiker anschloß, deren Dialektik der

---

154) de or. I 25.
155) Vgl. Ind. Aeliana studia u. Brut. 205; 169.
156) de or. III 11. Brut. 203.
157) Als Konsul setzte er eine lex tribunicia durch: ut tribunis pl. liceret postea alios magistratus capere, quod lege Sullae eis erat ereptum. In sein Konsulat fällt auch die Rede ad Quirites, wie sie in dem Fragment aus Sallusts 2. B. d. Historien c. 5 enthalten ist.
158) in Pison. 26, 62.
159) s. ind. Mucii u. Lindfors l. l.
160) de or. I 35. II 22. Laelius 1, 1. Über die Tochter des Laelius, die Gemahlin Scaevolas, Laelia s. de or. III 45. Brut. 211.
161) de or. I 24; 242. II 22. III 68;

133; 171. Über die Mucia, die Gemahlin des Redners Crassus, s. Brut. 211.
162) de or. I 39; 165.
163) de or. I 66; 234; 256. Brut. 102 is oratorum in numero non fuit, iuris civilis intellegentia atque omni prudentiae genere praestitit; 212 peritissimus iuris. Daher suchte sich auch der junge Cicero sumpta virili toga (Lael. 1, 1) durch seinen Umgang in der Rechtskenntnis auszubilden, doch konnte er den Unterricht des schon hochbejahrtenMannes nicht lange genießen und wandte sich daher nach des Scaevola augur Tod an Scaevola pont. max.
164) Die drei bedeutendsten Vertreter in der griechischen Philo-

Verstandesschärfe des strengen Juristen noch am meisten zusagte, und unter diesen wieder vornehmlich an Panaetius[165], der um seiner vermittelnden, die Herbigkeit der stoischen, oft allzu spitzfindigen Demonstration bedeutend mildernden Richtung willen besonders geeignet war, diese Philosophie dem römischen Staatsmann und Juristen zugänglicher zu machen. So gehörte also Scaevola zu der Richtung, die einerseits entschieden gegen jede Verleugnung der Nationalität war, anderseits doch aber auch der griechischen Bildung sich nicht ganz verschloß. Wenn ihm daher auch Römer, die sich in Sprache und Manieren ganz griechisch gerierten, wie T. Albucius[166], gründlich zuwider waren, so verschmähte er es doch nicht, in Rhodus mit den berühmtesten Rhetoren der dortigen Schule in Verkehr zu treten[167]. Es war dies im J. 121[168]), wo er als Prätor nach Asien ging und sich auf der Reise dahin auch an dem Hauptsitz griechischer Wissenschaft, in Athen, aufhielt. Hier begegnete er eben dem genannten Albucius und hatte Gelegenheit, ihn seiner Gräcomanie wegen zu persiflieren. Albucius aber vergaß ihm den Spott nicht und suchte sich im folgenden Jahre 120 durch eine Repetundenklage an Scaevola zu rächen[169]); doch vergeblich; Scaevola verteidigte sich ohne alle rhetorischen Künste — wie denn seine Sprache überhaupt durchaus einfach und ungekünstelt war[170]) — so, daß er freigesprochen ward und wenige Jahre darauf, im Jahre 117, das Konsulat erhielt. — Ein Beweis seiner Leutseligkeit und Dienstfertigkeit war es, daß er noch in hohem Alter trotz seiner leiblichen Schwäche keinem seinen Rat als Rechtskonsulent versagte[171]); seiner selbstverleugnenden Gewissenhaftigkeit, daß er während der unruhigen Zeiten des Bundesgenossenkrieges stets einer der ersten im Senat erschien[172]); seiner Festigkeit des Charakters endlich, daß er es im J. 88, als Sulla von Capua siegreich in Rom eingezogen

---

sophie, den Akademiker Carneades, den Peripatetiker Critolaus und den Stoiker Diogenes, hatte er schon im J. 155 als adulescens gehört. de or. III 68.

165) de or. I 45; 75. Brut. 101.
166) de or. II 281. III 171. de fin. I 3, 8 flg.
167) de or. I 75.
168) Hierher gehört auch die scharfe, aber gerechte Antwort, die er dem unverschämten Septumuleius erteilte (de or. II 269).
169) Brut. 102.
170) de or. I 214; 234. Albucius

wurde im J. 103 selbst wegen Erpressungen verurteilt und ging ins Exil nach Athen.

171) de or. I 200. Brut. 306. Phil. VIII 10, 31. Vgl. de or. I 234; 35. Brut. 212 percomis.

172) Phil. VIII 10, 31 Ego — Q. Scaevolam augurem memoria teneo, bello Marsico, cum esset summa senectute et perdita valetudine, cotidie simulatque luceret, facere omnibus conveniendi potestatem sui: nec eum quisquam illo bello vidit in lecto, senexque debilis primus veniebat in curiam.

war, vor dem mächtigen Feldherrn wagte, für den Sieger über die Cimbern und Teutonen ein kräftiges Zeugnis abzulegen[173]). Die Rückkehr Sullas im J. 82 erlebte aber Scaevola nicht; er starb im J. 84 in hohem Alter.
An Scaevolas Stelle treten in Cic. Schrift hernach Catulus und Caesar. Sie waren Stiefbrüder, Söhne der Popillia[174]), die in erster Ehe mit Q. Catulus, in zweiter mit L. Julius Caesar vermählt war (aus jener stammte Catulus, aus dieser C. und L. Julius Caesar); beide durch dichterische Anlagen[175]) und — besonders Catulus — durch die feinste Bildung ausgezeichnet.

Q. Lutatius Catulus ist der berühmte Kollege des C. Marius in dessen viertem Konsulat 102 und mit ihm Sieger über die Cimbern und Teutonen bei Aquae Sextiae (102) und Vercellae (101)[175a]). Er ist bereits erklärter und offener Verehrer der griechischen Litteratur[176]) und steht zu ihr fast in einem ähnlichen Verhältnis, wie die Koryphäen der zweiten Blüteperiode unserer Litteratur zu den Werken des klassischen Altertums; der griechischen Sprache vollkommen mächtig — er schrieb und sprach selbst das feinste Griechisch[177]) — suchte er durch das Studium der Griechen sowohl seine Kenntnisse zu bereichern, als seinen Geschmack zu veredeln. Aber weit entfernt, deshalb etwa seine Muttersprache zu vernachlässigen, durchdrang er dieselbe vielmehr mit der Glätte und Geschmeidigkeit der griechischen Sprache so glücklich, daß

---

173) Valer. Max. III 8 (de constantia), 5 dispulsis prostratisque inimicorum partibus, Sulla occupata urbe senatum armatus coëgerat, ac summa cupiditate ferebatur, ut C. Marius quam celerrime hostis indicaretur. Cuius voluntati nullo obviam ire audente, solus Scaevola, interrogatus de hac re, sententiam dicere noluit. Quin etiam truculentius sibi instanti Sullae: Licet, inquit, mihi agmina militum, quibus curiam circumsedisti, ostentes, licet mortem identidem miniteris: numquam tamen efficies, ut propter exiguum senilemque sanguinem meum Marium, a quo urbs et Italia conservata est, hostem iudicem.
174) de or. II 44.
175) de or. III 173. Er war befreundet mit dem epischen Dichter A. Furius (Brut. 132). Caesar war Tragödiendichter. Brut. 177.
175a) Cfr. Schaar de pers. dial. Cic. de orat. Lond. Goth. 1803.

176) Brut. 132: de or. II 51 (seine Hochschätzung der griechischen Historiographie). In dieser wie auch in anderer Hinsicht, läßt sich Catulus mit Laelius vergleichen. Tusc. V 19, 56. In der Philosophie schloß er sich an die Akademiker an.
177) de or. II 28. Wir besitzen von ihm noch zwei nach griechischen Vorbildern gefertigte Epigramme; das eine führt Cic. an de nat. deor. I 79: Constiteram exorientem Auroram forte salutans, Cum subito a laeva Roscius exoritur. Pace mihi liceat, caelestes, dicere vestra: Mortalis visust pulcrior esse deo; das andere bei Gell. XIX 9, 10: Aufugit mi animus, credo, ut solet, ad Theotimum Devenit. sic est: perfugium illud habet. Quid, si nunc interdixet, ne illunc fugitivum Mitteret ad se intro, sed magis eiceret? Ibimus quaesitum, verum ne ipsi teneamur, Formido; quid ago? da, Venus, consilium.

er allgemein in Aussprache und Darstellung für den elegantesten Lateiner galt[178]). Rednerische δεινότης freilich besaß er nicht; die Richter durch die Gewalt der Rede zu überwinden, war nicht seine Sache, sie durch feine Darstellung zu bestimmen, daß sie ihm gutwillig folgten, gelang ihm besser[179]). — Was sein politisches Leben betrifft, so war und blieb Catulus nicht nur im Kampfe gegen Saturnin[180]), sondern auch im Widerstand gegen den Konsul Philippus[181]) der Sache der Aristokratie treu. Als daher Marius nach seiner Flucht im J. 87 nach Rom zurückkehrte, mußte ein Mann von solcher Gesinnung und Autorität (de or. II 173) aus dem Wege geräumt werden; doch Catulus kam seinem Gegner zuvor: da er den Sieger unerbittlich sah, nahm er sich selbst das Leben[182]).

Als öffentlicher Redner und als gesuchter Sachwalter[183]) steht sein Stiefbruder

C. Julius Caesar Strabo mit dem Beinamen Vopiscus höher. Er überragte alle seine Zeitgenossen durch eine ganz außergewöhnliche humoristische Begabung[184]), seine ganze Diktion war von dem feinsten und treffendsten Witze gleichsam durchwürzt. Dadurch bekam seine Rede etwas durchaus Eigentümliches, Originelles: Tragisches fast in das Komische,

---

178) de or. III 29; 42. Brut. 132 Multae litterae, summa non vitae solum atque naturae sed orationis etiam comitas, *incorrupta quaedam Latini sermonis integritas;* quae perspici cum ex orationibus eius potest (auch aus der laudatio seiner Mutter de or. II 44), tum facillime ex eo libro, quem de consulatu et de rebus gestis suis conscriptum molli et Xenophonteo genere sermonis misit ad A. Furium poetam, familiarem suum. de off. I 37, 133 hi (Catuli) optime uti lingua latina putabantur. Sonus erat dulcis: litterae neque expressae neque oppressae, ne aut obscurum esset aut putidum, sine contentione vox nec languens nec canora. Brut. 133; 259 suavitas vocis et lenis appellatio litterarum bene loquendi famam confecerat. Quint. XI 3, 35. Leicht begreiflich daher, daß er Schreier und Schwätzer mit herber Satire geißelte, de or. II 86; 278.

179) de or. II 74. Darin war ihm Caesar gleich.

180) pro Rab. perd. 7, 21; 9, 26.

181) de or. II 220.

182) de or. III 9. Brut. 307. s. ind. Catulus.

183) Brut. 207.

184) de or. II 216; 98 inusitatum nostris quidem oratoribus leporem quendam et salem — est consecutus, II 275 u. 276 (ein Beispiel seines stets schlagfertigen Witzes). Brut. 177 *Festivitate* et *facetiis* C. Iulius L. F. et superioribus et aequalibus suis omnibus praestitit oratorque fuit *minime* ille quidem *vehemens;* sed nemo umquam urbanitate, nemo lepore, nemo suavitate conditior. Sunt eius aliquot orationes, ex quibus, sicut ex eiusdem tragoediis (eine führte den Titel Tecmessa), *lenitas eius sine nervis* perspici potest. de off. I 30, 108 Erat in L. Crasso, in L. Philippo multus lepos; maior etiam *magisque de industria* (de or. II 231) in C. Caesare. ib. I 133 *Sale* vero et *facetiis* Caesar, Catuli patris frater, vicit omnes, ut in illo ipso forensi genere dicendi contentiones aliorum *sermone* vinceret.

Trübes ins Helle, Ernstes ins Heitere zu ziehen und Dinge des gewöhnlichen Lebens auf die anmutigste Weise in ein schöneres Licht zu stellen[185]) — das verstand keiner so gut wie er. — Aus seiner oratorischen Laufbahn ist erstens seine Rede *pro Sardis*[186]) hervorzuheben, die in das J. 103 fällt. T. Albucius (§ 14) hatte sich als Prätor in Sardinien harte Bedrückungen erlaubt; nun trat Caesar zum Schutze der Sardinier gegen ihn als Kläger auf. Zu einer anderen Rede *in Sulpicium* gab das bereits erwähnte Auftreten des Sulpicius (§ 12) Veranlassung. Caesar glaubte nämlich durch seine Ädilität, die er im J. 90 bekleidete, und durch sehr häufiges Auftreten vor dem Volk[187]) einen hinlänglichen Grad von Popularität erlangt zu haben, um sich mit Übergehung der Prätur gegen die Ordnung im Interesse der Optimatenpartei gleich um das Konsulat bewerben zu können. Dem aber widersetzte sich, wie wir sahen, Sulpicius mit seinem Kollegen Antistius[188]) und zwar mit nur zu gutem Erfolg. Einige Jahre später, in den blutigen Greueln des J. 87, ward auch Caesar wie sein leiblicher Bruder Lucius und so viele andere ermordet[189]).

Diese eben geschilderten Persönlichkeiten, die Cicero selbst noch persönlich gekannt[190]), treten nun in unserem Dialoge so auf, daß nicht nur die Hauptthatsachen ihrer oratorisch-politischen Laufbahn (soweit es hier darauf ankam) geschickt in das Ganze verwebt, sondern auch überall der eigentümliche Charakter einer jeden, ihre besondere oratorische oder sonstige Virtuosität, ja womöglich ihre Sprache auf das Schönste gewahrt werden. Wo es auf die ideale Conception, besonders bei der Wesenbestimmung des wahren Redners, wie auf die eigentliche schöne Formgebung und Redegestaltung ankommt, hat Crassus das Wort, der daher immer wieder auf das hohe Ideal hinweist und das Auge von der unvollkommenen Wirklichkeit zu der Vollkommenheit der Idee erhebt[191]). Handelt es sich dagegen darum, den praktischen Gesichtspunkt hervorzuheben, damit diese ideale Auffassung nicht in luftiger Höhe schwebe, um die oratorische Taktik im weitesten Sinne des Wortes, da tritt Antonius ein, der alles auf das wirkliche Bedürfnis bezieht, ohne jedoch auf den niedrigen Standpunkt des bloßen Handwerkers zurückzusinken[192]).

---

185) de or. III 50.
186) de off. II 50.
187) Brut. 305 C. etiam Iulius aedilis curulis cotidie fere accuratas contiones habebat.
188) Brut. 226.
189) de or. III 10; Brut. 307; Tusc. V 19, 55.

190) ad Q. F. III 6, 1 oratorium sermonem — belle me — ad eos tamen retulisse, *quos ipse vidissem*.
191) de or. I 21 flg.; 118; 128; 202; III 53 flg.: 71 und 76; 81; 90; 125; 142 flg.
192) de or. I 81; 110; 209 flg.; 219 flg.; 234 flg.; II 33 flg.; 72 flg.

Ebenso wird das gleichalterige Jüngerpaar (an der Seite des ebenfalls auf gleicher Höhe des Mannesalters stehenden Meisterpaares) Sulpicius und Cotta mit ihren Wünschen und Zuneigungen und wo es sein muß, mit passenden Winken, die sie erhalten[193]), so eingeführt, wie es ihrer Eigentümlichkeit und Stellung entspricht. Ferner, wo die Forderung gestellt wird (wie dies im Gespräch des ersten Tages geschieht), daß der künftige Redner juristische Studien machen müsse, da war die Person des Q. Mucius Scaevola, dieses anerkannten Juristen von Fach, ganz geeignet, dieser Forderung durch seine Anteilnahme das gehörige Gewicht zu geben. Zum Aufbau des Ganzen beizutragen, schickt sich nicht für ihn[194]), wohl aber, daß er (in dieser Beziehung ähnlich wie Antonius) dem allzuhohen Flug der Gedanken des Crassus die ernüchternde Grenzbestimmung des Praktikers entgegensetze, die jüngeren Leute Cotta und Sulpicius durch sein Zureden zu weiteren Fragen ermutige, bis alles im Gang ist, und endlich durch die gemütliche Heiterkeit seines Wesens und die ihm noch immer eigene Geistesfrische die unvermeidliche Trockenheit der ersten Grundbestimmungen und Definitionen ein wenig mildere. Endlich, wo in der Technologie des Ganzen die Lehre vom Witz ihre Stelle finden soll, wer konnte die besser vertreten, als der im Witz der Meister war vor allen, C. Julius Caesar? während da, wo von der stilistischen Darstellung, dem *ornate dicere*, die Rede ist, wieder kein besserer Zeuge sich finden ließ, als Q. Lutatius Catulus, unter seinen Zeitgenossen unbestritten der feinste Stilist.

Die Hauptpersonen bleiben aber natürlich Crassus und Antonius; ihnen ist die eigentliche Arbeit zugewiesen. Cicero hat nämlich den gesamten rhetorischen Stoff auf die drei Bücher so verteilt, daß im ersten Buch der feste Grund zum Gebäude gelegt, im zweiten und dritten Buch aber das Gebäude selbst mit seinen einzelnen Teilen bis zur letzten Ausschmückung und Vollendung aufgerichtet wird. Demnach ist dem ersten Buch die Hauptaufgabe zugewiesen, den Begriff und das Wesen des Redners im allgemeinen, das allumfassende Wissensgebiet desselben, die notwendigen Vorbedingungen natürlicher Begabung, tüchtiger Schule und gehöriger Übung, die Bedeutung der Vorstudien, besonders der juristischen, und überhaupt den äußeren Umfang des Lebensgebietes, in dem sich der Redner zu bewegen hat, ausführlich darzulegen. Auf dieser allgemeinen grundlegenden Darstellung des ersten Buches erhebt sich dann zunächst die des zweiten Buches, um die einzelnen Zweige der vorzugsweise auf den

---

193) de or. II ss §g : 96; 118; III 46.   194) ad Att. IV 16, 3; s. A. 196.

Stoff bezüglichen Wirksamkeit des Redners zu behandeln, also die **Auffindung** oder Sammlung *(inventio)*, **Anordnung** *(dispositio)* und **Einprägung** *(memoria)* des rednerischen Stoffes, und darnach die des dritten Buches, um die eigentlich formelle Wirksamkeit des Redners zu betrachten, die schöne Formgebung, die Stilisierung des sprachlichen Ausdruckes *(elocutio)* und den rednerischen Vortrag *(actio)*. — Die Bearbeitung dieses ganzen Lehrstoffes ist nun der Hauptsache nach unter Crassus und Antonius also verteilt: Am Fundament arbeiten beide Meister zusammen, jedoch natürlich nacheinander, damit alles wohl erwogen werde; Crassus zuerst, dann Antonius, der hin und wieder die Arbeit seines Vorgängers zu ergänzen sucht, oder auch nach seinem Ermessen Änderungen vorschlägt, die aber am Ende hinter der von Crassus ausgeführten Grundlage zurückstehen müssen. Von der weiteren Arbeit aber erhält jeder der Meister sein besonderes Teil zugewiesen: Antonius übernimmt den Aufbau des Hauses mit seinen verschiedenen Räumlichkeiten, das Mauer- und Holzwerk; Crassus die innere Herrichtung und Dekorierung der Zimmer und giebt so dem Ganzen, wie er den Grund gelegt, auch die Vollendung; mit andern Worten: Antonius[195]) redet im zweiten Buch von der *inventio, dispositio, memoria;* Crassus im dritten Buch von der *elocutio* und *actio,* also ein jeder ganz der Kunstfertigkeit gemäß, in der er anerkanntermaßen besonders stark war.

Doch auch Zeit und Ort haben ihre bestimmte Ordnung. Für den Unterbau ist der erste Tag bestimmt und zwar die frische frühe Morgenzeit, ehe noch die Hitze des Tages hereinbricht. Wie der Morgen als Abbild der Jugendzeit gelten kann, so fällt auf ihn die Vorbildung für den Beruf des Redners, und auch der große Platanenbaum, unter dessen kühlendem Schatten sich Meister und Jünger zur ersten Arbeit zusammenfinden, ist selbst ein Bild des mächtigen Baumes der einen Redekunst, der, nicht im engen Treibhaus, sondern draußen im Freien unter Regen und Sonnenschein erwachsen, mit seinen Zweigen und Ästen und der unendlichen Menge der grünenden Blätter weithin seinen Schutz verbreitet. — Für den weiteren Aufbau ist der andere ganze Tag be-

---

195) Da Antonius im 2. B. die Hauptperson ist, so drückt sich Cic. ad Fam. VII 32,2 in dieser Hinsicht allgemein so aus: pugna, si me amas, nisi acuta ἀμφιβολία, nisi elegans ὑπερβολή, nisi παράγραμμα bellum, nisi *ridiculum παρὰ προςδοκίαν*, nisi cetera, *quae sunt a me in secundo libro de oratore per Antonii personam disputata de ridiculis,* ἔντεχνα et arguta apparebunt, ut sacramento contendas, mea non esse; obschon es eigentlich Caesar ist, dem der Exkurs de facetiis zugewiesen wird. Obiger Brief ist an P. Volumnius Eutrapelus gerichtet; vgl. a. Hor. ep. I 18, 31.

stimmt; Vormittag und Nachmittag teilt sich in die gemeinsame Aufgabe. Die starke, grobe Arbeit, das Material herbeizuschaffen, zu ordnen und an der rechten Stelle zu festem Gefüge anzubringen, gehört für den Vormittag (ambulationis antemeridianae III 121), wo noch die Kräfte frisch sind; die feine Arbeit der Ausschmückung und Verzierung, die Dekoration und Ausrüstung der Zimmer kann schon eher dem Nachmittag (sessionis pomeridianae III 121) zufallen. Für jene Vormittagsarbeit ist die schöne Halle, aus starkem, edlem Gestein gebaut, von den symmetrisch geordneten Reihen der marmorglatten Säulen getragen, gewiß die passendste Stätte; während für den Nachmittag sich alle mitten im Park vor dem Sonnenlichte geschützt unter dem dunkeln Laubdach der Bäume, an denen sich Schlingpflanzen aller Art hinaufwinden, und unter duftenden Blumen und Kräutern zum letzten Gespräch zusammensetzen.

In dieser künstlerischen Anlage des Ganzen, der äußeren Szenerie und Einteilung der Akte, in der Gruppierung der Personen, wie in der sinnreichen Verteilung der Rollen ist Cicero unstreitig dem Vorbild Platos gefolgt. Cicero deutet dies selbst nicht nur in einem interessanten Brief an Atticus (wenigstens in bezug auf die Person des alten Scaevola[196]), sondern auch in den Büchern *de oratore* deutlich genug an. Nicht nur, daß gleich beim Eingang des Gesprächs (I 28) auf eine ähnliche Situation in Platos Phädrus, und im Epilog des ganzen Werkes (III 228 flg.) auf das neu aufsteigende Gestirn Hortensius in ähnlicher Weise, wie am Schluß des ebengenannten Platonischen Dialogs (Phädr. p. 279 A; Or. 41) auf Isokrates' künftige Rednergröße hingewiesen wird: noch manches andere, wie z. B. die Pausen, die an entscheidenden Stellen vorkommen[197]), oder die Schilderung der Stimmung,

196) ad Att. IV 16, 3 Quod in eis libris, quos laudas, personam desideras Scaevolae, non eam temere dimovi, sed feci idem, quod in πολιτείᾳ deus ille noster *Plato*. Cum in Piraeum Socrates venisset ad Cephalum locupletem et festivum senem, quoad primus ille sermo haberetur, adest in disputando senex; deinde cum ipse quoque commodissime locutus esset, ad rem divinam dicit se velle discedere, neque postea revertitur. Credo Platonem vix putasse satis consonum fore, si hominem id aetatis in tam longo sermone diutius retinuisset. Multo ego satius hoc mihi cavendum putavi in *Scaevola*, qui et aetate et valetudine erat ea, qua esse meministi (de or. I 200), et eis honoribus, ut vix satis decorum videretur, cum plures dies esse in Crassi Tusculano. Et erat primi libri sermo non alienus a Scaevolae studiis. Reliqui libri τεχνολογίαν habent, ut scis. Huic ioculatorem senem illum, ut noras, interesse sane nolui (daher konnte Cic. ad Att. XIII 19, 4 bei der Aufführung der Personen den Scaevola übergehen: Crassus enim loquitur, Antonius, Catulus senex, C. Iulius, frater Catuli, Cotta, Sulpicius'.
197) z. B. I 122; 160; III 143.

die infolge der vorausgehenden Darstellung der Hauptpersonen bei den übrigen Mitunterrednern hervortritt[198]), mahnt uns lebhaft an ganz ähnliches in Platos Dialogen. Ja, es läßt sich auch ohne Ciceros besonderen Wink[199]) gewiß nicht verkennen, daß die Hauptperson in den Büchern *de oratore* — die Cicero augenscheinlich zugleich zum vornehmsten Träger seiner eigenen Ansichten und Ideen über die Redekunst macht[200]) — L. Crassus an die Hauptperson in Platos Dialogen, an Sokrates erinnert, besonders da, wo Crassus sich in stiller, ernster Sammlung, ganz in Gedanken versunken auf die ihm bestimmte Hauptaufgabe, die Darstellung des oratorischen Ausdrucks und Vortrags, vorbereitet[201]).

Diese ganze künstlerische Gestaltung gehört ebensogut Ciceros schriftstellerischer Erfindung an, als die wissenschaftlich-systematische Durchführung und die Anlage der Proömien nach Inhalt und Form, worin er sich wiederum an Aristoteles anschließt[202]). Jedes Buch hat nämlich sein besonderes Proömium, nur daß der Anfang des Proömiums zum ersten Buch zunächst als allgemeine Einleitung für das ganze Werk zu betrachten ist. Das Proömium des ersten Buches findet den Grund der auffallenden Erscheinung, daß es zu allen Zeiten so wenig ausgezeichnete Redner gegeben habe, in der Größe und Schwierigkeit der von dem Redner zu lösenden Aufgabe und weist es damit sofort auf das Wesen des wahren Redners hin, dessen Schilderung eben die Hauptaufgabe der nächstfolgenden Erörterungen bildet. Ferner wenn Cicero im Pro-

198) z. B. I 122; 262; II 29: 362; III 126.
199) I 207; III 15.
200) Man braucht nur, um dieses einzusehen, das prooem. des I. B. mit Crassus' nachfolgender Darlegung, z. B. I 50; 61 (und später III 125) zu vergleichen. Ferner: eine der hauptsächlichsten Stilübungen Ciceros (Brut. 310), das Übersetzen aus dem Griechischen ins Lateinische, empfiehlt Crassus I 155; eine systematische Bearbeitung des römischen Rechts, die Cic. beabsichtigte, stellt Crassus in Aussicht I 190; II 142. Was Crassus von sich aussagt I 121, ist dasselbe, was Cic. div. in Caecil. 13, 41; p. Cluent. 18, 51; p. Deiot. 1, 1 von sich selbst erzählt; ebenso I 199 vgl. mit de legg. I 3, 10 oder I 254 mit de legg. I 4, 11. Daß übrigens auch die anderen Personen an ihrem Teil Ciceros eigene Ansichten vertreten (wie z. B.

Caesar in der Darstellung vom Witz), versteht sich ganz von selbst; äußert sich doch Cic. selbst darüber (not. 195); vgl. ad Fam. IX 15. Ja, es ist unverkennbar, daß er mit all den Hinweisen auf den großen Redner der Zukunft, der die von den verschiedenen Personen gewünschten Studien, Kenntnisse und Vorzüge in sich vereinigen werde, in echt Ciceronianischer Selbstgefälligkeit sich selbst im Auge hat und den Zeitgenossen seine Beredsamkeit und den Weg, wie er sie erlangt, als allein richtig und nachahmenswert hinstellen will; so I 79; 95; III 53 flg.; 228 flg.; vgl. III 95; 126; 190.

201) de or. III 17.

202) ad Att. IV 16, 2 quoniam in singulis libris utor prooemiis, ut Aristoteles in eis, quos ἐξωτερικούς vocat.

ömium zum zweiten Buch auf das weit verbreitete Vorurteil über die beiden Hauptträger des Gesprächs, über Crassus und Antonius, als habe ihnen jede eigentlich wissenschaftliche Bildung gefehlt, absichtlich näher eingeht und es in seiner Unrichtigkeit darlegt, so steht dies im innigsten Zusammenhang mit der Aufgabe des zweiten Buches, das bei der Darstellung der rhetorischen Technik ganz besonders den Satz durchführen sollte, daß es ohne gründliche wissenschaftliche Bildung und ohne umfassende Kenntnisse einen wahren Redner nicht geben könne. Endlich im dritten Buch sollte Crassus über die *elocutio* und *actio* reden, also über das, *in quo oratoris vis illa divina virtusque cernitur:* wo kann Cicero da wohl im Eingang anders verweilen, als bei der Erinnerung an den Schwanengesang des großen Redners und an Crassus und seiner Gäste Tod, der so bald nach jenen Tagen erfolgte?

Indessen wenn nach alledem auch das ganze Kunstwerk als solches nach Form und Inhalt ohne Zweifel als Ciceros Eigentum zu betrachten ist, so folgt daraus doch noch nicht, daß das Gespräch und was damit zusammenhängt eine reine Fiktion des Schriftstellers sei. Einmal hat Cicero (wie schon bemerkt) die wirklichen Verhältnisse der auftretenden Personen in seinem Werke durchweg im Auge behalten, sich in ihre Gedanken so vertieft, ja nicht selten ihre oratorische Eigentümlichkeit bis auf Sprache und Darstellungsweise herab so treu abgebildet, daß sich schwerlich etwas Bedeutenderes wird nachweisen lassen, das mit dem geschichtlichen Charakter jener Männer in Widerspruch stände. Gebot doch schon die Rücksicht auf die zur Zeit der Abfassung (J. 55) noch lebenden Zeitgenossen des Crassus und Antonius, daß das Bild von ihnen, das Cicero in den Herzen der vergeßlichen Nachkommen zu erneuern gedachte, der Hauptsache nach der Wahrheit entspräche[203]). Aber auch den geschichtlichen (freilich nicht sehr erheblichen) Kern müssen wir nach Ciceros Äußerungen[204]) wohl festhalten, daß wirklich einmal eine längere Unterhaltung über einige Hauptpunkte der Redekunst eben zwischen jenen befreundeten Staatsmännern und Rednern stattgefunden habe. An diese durch Cotta, einen Zeugen jener Unterredung, vermittelte Überlieferung[205]) knüpft daher Cicero an und verlegt sein Gespräch in die Zeit kurz vor Crassus' Tod, also in die letzte Hälfte des so verhängnisvollen Jahres 91 v. Chr., in welchem L. Marcius Philippus und der sonst nicht weiter bekannte S. Julius Caesar das Konsulat bekleideten[206]).

---

203) de or. II 7 flg.
204) de or. I 4; III 16.
205) de or. l. l.
206) Cicero war zu dieser Zeit

22. Es ist ein Jahr heftiger innerer Kämpfe; auch sie nur die Vorboten kommender Erschütterungen, und gleichsam der immer wieder vor Augen gestellte Beweis, daß die alte Republik abgewirtschaftet hatte und das römische Reich reif war für die Monarchie.

C. Gracchus hatte vor 30 Jahren der systematischen Aussaugung der Provinzen durch die Nobilität dadurch zu steuern gesucht, daß er diesem allmächtigen Amtsadel die Gerichte nahm, damit — völlig den Grundsätzen eines gesunden Rechtes entsprechend — nicht Beklagte und Richter einem Partei- und Interessenverbande angehören sollten. Aber die Wirksamkeit der Ritter in den Gerichten erwies sich um nichts besser; ein wesentlicher Grund freilich der schlimmen Zustände in den Provinzen ist auch in dem unseligen römischen Steuerpachtsystem zu suchen, vielleicht ebenso, wie in der ja sicher vorhandenen und kaum je geleugneten tiefen Korruption der regierenden Stände.

Im J. 92 nun wurde der anerkannt durchaus redliche P. Rutilius Rufus[207]) bloß deshalb, weil er als Legat des Q. Mucius Scaevola Pont. max. in Asien, völlig den Intentionen dieses seines edlen Vorgesetzten entsprechend, energisch die Provinzialen gegen die Aussaugung der *publicani* in Schutz genommen hatte, *repetundarum* angeklagt und auch verurteilt[208]). Diese Verurteilung, ein empörender[209]) Skandal, erweckte gewiß nicht allein bei der zunächst interessierten Senatspartei die Hoffnung, des Konsuls v. J. 106, Q. Servilius Caepio Versuch mit besserem Erfolge erneuern zu können, und jetzt endlich der Nobilität die Gerichte wieder zuzuweisen.

Hier nun tritt der Volkstribun für das J. 91 ein, M. Livius Drusus[210]). Er war der Sohn[211]) des M. Drusus, der

---

eben 14 J. alt; daher ad Att. XIII 19, 4 *Puero me* hic sermo inducitur, ut nullae esse possent partes meae.

207) s. ind. Mucii und Rutilius Rufus. Auch der Senat hatte allen, die Asien zu verwalten hatten, empfohlen, sich die Grundsätze des Mucius zum Muster zu nehmen; Val. Max. VIII 15, 6.

208) s. ind. Rut. Ruf. Vell. II 13, 2 virum non seculi sui, sed omnis aevi optimum.

209) p. Scauro 1, 1 cum — P. Rutilio damnato nemo tam innocens videretur, qui non timeret illa (sc. iudicia, cum penes equestrem ordinem essent); Brut. 115.

210) Vell. II 13, 1 vir nobilissimus, eloquentissimus, sanctissimus, meliore in omnia ingenio animoque quam fortuna usus.

211) Brut. 109 M. Drusus C. F. qui in tribunatu C. Gracchum collegam, iterum tribunum, fregit, vir et oratione gravis et auctoritate. Wenn irgendwo, so sind wir in der römischen Geschichte verpflichtet, auf die Tradition der Familie zu achten. Allein schon diese Betrachtung macht es wenig glaublich, daß der jüngere Drusus von vornherein als weitgehender Reformator im Sinne der Gracchen und ganz von der aristokratischen Partei losgelöst auftrat.

seinerzeit im Auftrage der Aristokratie den Einfluß des C. Gracchus zu brechen gewußt hatte. Sehr schwer ist es, über die Person dieses jüngeren Drusus ins klare zu kommen. Fraglich ist, ob seine Bestrebungen mehr bezweckten, den Italikern das Bürgerrecht zu verschaffen, oder — wie es Ciceros wohl richtige Auffassung war[212]) — dem Senate die Richterstellen wieder zuzuweisen; unsicher, welche der beiden Absichten die andere nach sich zog oder bedingte. Es ist nicht unwahrscheinlich, daß zeitweise die höchst wohlwollende und ehrenwerte, politisch vielleicht nicht genug energische aristokratische Mittelpartei, deren Hauptvertreter im Senat eben diese Schrift Ciceros uns vorführt, die Absicht gefaßt hatte, durch konservative Volkstribunen — den M. Drusus sollte für 90 C. Cotta, ihn für 89 (wie dies ja auch 88 geschah) Sulpicius ablösen, s. de or. I 25 — eine Vermittelung der Gegensätze anzustreben, zugleich auch dem Senate wieder zu seinem Ansehen zu verhelfen. Auch die Regelung der bundesgenössischen Civitätsverhältnisse stand auf dem Programm dieser Partei — wie jetzt auch Nitzsch anerkennt, Gesch. d. r. Rep. II 137. Nicht lange Zeit nämlich vor dem Ende des Drusus, jedenfalls als der Höhepunkt seines Tribunates bereits überschritten war, haben sich, so meldet uns Cicero ausdrücklich de or. I 26, die oben genannten Männer, sämtlich Freunde des Drusus, zu einem politischen Gespräch auf Crassus' Tuskulanum zusammengefunden, das in seinem weiteren Verlaufe gleichsam zur Erholung von ernster, politischer Arbeit sich dem rhetorischen Stoffe zuwendete, dessen Darstellung Ciceros drei Bücher vom Redner gewidmet sind. Da somit Cicero, der einem Teilnehmer an dem Gespräche selbst, Cotta, seinen Bericht verdankt, ganz ausdrücklich die Politik in den Vordergrund stellt und als Hauptzweck ihrer Zusammenkunft namhaft macht (de or. I 26), so sind wir geradezu gezwungen, in dieser Parteibesprechung einen durchaus bemerkenswerten politischen Akt zu sehen, und wir werden mit diesem Parteitage das unmittelbar auf ihn folgende Auftreten des Crassus im Senate zu gunsten des Drusus und gegen den Konsul Philippus in direkten Zusammenhang bringen müssen. — Nicht diese Betrachtung allein, sondern die allseitige Erwägung der einschlägigen Zeit- und Parteiverhältnisse macht die nachfolgende Darstellung von des Drusus Tribunat zu der wahrscheinlichsten, soweit wir überhaupt bei dem ganz außerordentlich lücken-

---

[212] de or. I 24. Daher p. Mil. 7, 16 senatus propugnator atque tronus. illis quidem temporibus paene pa-

haften Zustande unserer Quellen imstande sind, ein auch nur leidlich klares Bild von dem Verlaufe der Ereignisse zu gewinnen. Denn mit der eben gewonnenen Erkenntnis ist durchaus noch nicht klar gelegt, wie weit die Partei das Vorgehen des Drusus nun eigentlich billigte. In der wichtigsten, der Bürgerrechtsfrage, war sie mit ihm im wesentlichen wohl einverstanden (s. a. den Exkurs über die *lex Lic. Muc.*); aber daß die Partei, deren Mitglieder als einig in dieser Frage aufzufassen schon das Vorgehen des Q. Varius gegen jeden einzelnen von ihnen empfiehlt, ihren Weg klar vor sich sah, wird ebensowenig behauptet werden können, als den Drusus vollständig von ihrer Leitung abhängig aufzufassen möglich sein dürfte. Es ist immerhin möglich, daß Drusus auch noch selbstische Pläne verfolgte, ganz sicher aber ist er völlig von jener aristokratischen Mittelpartei losgelöst kaum zu verstehen.

Der historische Verlauf der Angelegenheiten ist etwa folgender: Zunächst brachte Drusus das Gesetz ein, der Senat solle die Gerichte zurückerhalten, zuvor aber durch 300 der würdigsten aus dem Ritterstande ergänzt[213]) werden. Der Vorschlag konnte und sollte wohl auch den Schein erwecken, als seien die Gerichte dann, wie es bei Livius 71 in der Epitome heißt, *aequa parte penes senatum et equestrem ordinem*; in Wahrheit war damit weit eher eine Stärkung des Senates erreicht, der ja die 300 neuen Mitglieder sich und seinem Interessenkreise bald assimilieren mußte. Zugleich beantragte Drusus die Gründung einer Kommission zur Untersuchung und Bestrafung der Bestechlichkeit der Richter; das Proletariat kettete er durch das gewöhnliche Mittel einer *lex frumentaria*, den verarmten Bauernstand durch ein Acker- und Kolonialgesetz an sich. So wollte Drusus augenscheinlich allen Ständen etwas geben; ob man indes in Wahrheit mit Mommsen und Ihne in diesem Vorgehen einen seinerseits von Anfang an durchdachten Reformplan finden darf, erscheint doch nicht völlig unzweifelhaft. In Wirklichkeit that er, wie es zu geschehen pflegt, keiner Partei genug.

Mit seinem Kolonialgesetz, das die italischen Staatsdomänen zur Besiedelung in Aussicht stellte (er ging damit auf die Politik seines Vaters zurück, der mit seinem freilich nicht zur Durchführung gekommenen Vorschlag die Kolonialpläne des C. Gracchus verdrängt hatte), berührte er an und für sich schon unmittelbar die Interessen der italischen Bundesgenossen. Einmal nämlich erweckte er die Vorstellung, in

---

[213]) App. c. I 35 sagt sehr bezeichnend τῶν βουλευτῶν διὰ τὰς στάσεις τότε ὄντων μόλις ἀμφὶ τοὺς τριακοσίους. Auch Sullas Absicht App. I 59 nach seinem Siege über Sulpicius und Marius beweist, wie sehr der Senat numerisch geschwächt war.

ihm sei ein neuer C. Gracchus erstanden und damit Hoffnungen auf das so heiß ersehnte Bürgerrecht; dann aber auch, besonders bei den reicheren, Besorgnisse wegen ihres Besitzstandes; denn außer dem reservierten Staatsland in Kampanien war nicht mehr viel verfügbares Land vorhanden (Ihne V 245). Wir vermögen bei dem Zustande unserer Quellen ein ganz klares Bild von den Vorgängen nicht mehr zu gewinnen: sicher ist, daß Drusus ganz vornehmlich gegen Ende seines Amtsjahres allgemein als der Vertreter der Bestrebungen für das Bürgerrecht der Italiker galt. — Seine Gesetze wurden trotz des heftigsten Einspruches von seiten des Konsuls L. Marcius Philippus und trotz des Verbotes der *lex Caecilia Didia*, mehrere Vorschläge auf einmal *(per saturam)* vorzubringen, insgesamt angenommen.

Aber die eigentliche Schwierigkeit begann für Drusus erst gegen den Ausgang seines Tribunates. Denn die Opposition ruhte nirgends. Weder die Ritter noch den Senat in seiner Gesamtheit hatte er — nun gar durch die zutage tretenden Konsequenzen seines Vorgehens rücksichtlich der Italiker auch den Pöbel nicht — dauernd zu fesseln vermocht. Aber auch die Italiker fühlten sich unsicher und unbefriedigt; augenscheinlich fingen sie nun an, ihn wegen des Bürgerrechtes zu drängen und zu klarem Vorgehen zu treiben. Denn formuliert hatte er, soviel wir sehen können, Anträge über das Bürgerrecht der Bundesgenossen noch nicht; ja die Worte des Vell. Paterc. (s. A. 215) lassen deutlich erkennen, daß er kurz vor seinem Tode diese schwierige Aufgabe erst in Angriff nehmen wollte. So wuchsen ihm vielleicht die Verhältnisse über den Kopf, am Ende war er auch gar nicht mehr ganz Herr der Situation, die er geschaffen, oder nicht völlig klar über sie. Sein bitterster Feind, der Konsul Philippus, den Drusus noch nicht lange zuvor wegen der Opposition gegen seine Gesetze fast wie einen Verbrecher hatte abführen lassen, kündigte ziemlich deutlich einen Staatsstreich an; er erklärte laut in der Volksversammlung, mit einem solchen Senat könne er die Regierungsgeschäfte nicht länger führen [214]).

214) de or. III 2. Ich halte mit Mommsen den oben geschilderten Verlauf der Angelegenheiten für richtig, nicht, wie z. B. Neumanns (p. 469 flg.) und Sorofs Ansicht ist (2. Aufl. p. 7), daß die Gesetze des Drusus erst nach jener verhängnisvollen Senatssitzung, die den Keim zu Crassus' Tode legte, angenommen wurden. Es erklärt sich an und für sich schon schwer, wie Drusus zu jener späten Zeit noch, als seine Partei im Senate bereits so geschwächt war, daß ein so energisches Auftreten des Crassus nötig geworden, seine Gesetze durchbringen konnte. Besonders aber verbietet Cicero eine solche Auffassung. Wie kann er de or. I 24 die Zeit des Gespräches so charakterisieren: *cum Drusi tribunatus infringi iam debilitarique videretur,* wenn nach

Da trat Crassus, offenbar, wie oben ausgeführt, infolge jener Parteibesprechung noch einmal in der Senatssitzung des 13. September freimütig und gewaltig für Drusus ein gegen den vom Senate abtrünnigen Konsul. Aber schon aus der Sitzung kehrte er krank nach Hause zurück; bald darauf starb er. Da nun Drusus auch dieser mächtigen Stütze im Senate entbehrte, ruhten seine Feinde nicht eher, als bis er in seinem eigenen Hause von der Hand des Meuchelmörders den Todesstoß empfangen hatte[215]. Seine Gesetze wurden kassiert und sein Tod gab das Signal zum Ausbruch des Brandes, der bald im Bundesgenossenkrieg zu verheerender Flamme aufloderte. — Kurz vor diesem Zeitpunkte nun, an dem die lange Reihe blutiger Greuel ihren Anfang nahm, in den ersten Tagen des September 91, wo die Feier der römischen Spiele eine kurze Ruhe von dem vielbewegten Leben der letztvergangenen Zeit gestattete, traten die oben genannten Männer auf Crassus' Tuskulanum zusammen, um sich über die traurigen politischen Verhältnisse auszusprechen. Aber wie Cicero selbst, als er sein Werk zu schreiben anfing, der Verstimmung über die Gegenwart durch wissenschaftliche Studien Herr zu werden suchte, so läßt er auch seine großen Vorgänger sich zu diesen freien Regionen erheben und macht

dieser Zeit erst Drusus seine Gesetze durchbrachte? Man mag die Worte so leicht und flüchtig hingeworfen auffassen, wie nur irgend denkbar, unzweifelhaft geht aus ihnen hervor, daß der Höhepunkt der Amtsführung des Drusus vor diesen Termin fällt. Anfang September ging es also schon mit Drusus bergab — wie kann er also nach der Mitte des September noch durch die Anerkennung all seiner formulierten Anträge sich auf dem Gipfel seiner Macht befinden? Der Rest des Amtsjahres bot da ja kaum mehr die Zeit zum 'Sinken'. Andererseits kann auch der Konsul Philippus von einem Senat, der seine Autorität für von dem Konsul als staatsgefährlich aufgefaßte Vorschläge eines Tribunen in die Wagschale werfen will, nicht sagen, daß er mit einem solchen Senate die Geschäfte nicht mehr führen könne; das kann man doch nur sagen, wenn nicht bloße Verhandlungen, Drohungen, sondern auch bereits Resultate in Gestalt von wirklicher Bethätigung ihrer Ansichten vorliegen. Es waren offenbar die drohenden, offiziell aber noch nicht gezogenen Konsequenzen rücksichtlich der Civitätsfrage, die dem Drusus das Leben kosteten.

215) Vell. II 14, 1 flg. Tum conversus Drusi animus, quando bene coepta male cedebant, ad dandam civitatem Italiae. Quod cum moliens revertisset e foro, immensa illa et incondita, quae eum semper comitabatur, cinctus multitudine, *in atrio domus suae cultello percussus*, qui adfixus lateri eius relictus est, intra paucas horas decessit. Sed cum ultimum redderet spiritum, intuens circumstantium maerentiumque frequentiam effudit vocem convenientissimam conscientiae suae: 'ecquandone, inquit, propinqui amicique, similem mei civem habebit respublica?' Die Überlieferungen über seinen Tod bieten manche Seltsamkeiten und Widersprüche, so daß Ihne V 250 flg. geneigt ist, an einen natürlichen Tod des Drusus zu glauben.

sie zu Trägern dieses meisterhaften Dialogs, der nach Inhalt und Sprache, nach Korrektheit und Mannigfaltigkeit der stilistischen Darstellung unstreitig unter die besten Erzeugnisse der römischen Litteratur zu rechnen ist.

Exkurs über das Gesetz des Crassus und Scaevola, vgl. o. § 10 A. 92. Ich bin sehr geneigt, auch die berüchtigte *lex Licinia Mucia* v. J. 95 mit dem oben skizzierten Parteiprogramme in Zusammenhang zu bringen. Allgemein nimmt man an, daß dieses Gesetz den berechtigten Bestrebungen der *socii* wieder einen offiziellen Riegel vorschieben sollte — so auch Nitzsch a. a. O. Indes zunächst sollte es doch nur verhindern, daß der, welcher nicht Bürger sei, Bürgerrechte ausübe (Cic. de off. III 47, Ranke Weltgesch. II 82). Freilich wurden die Italiker durch dieses Gesetz sehr drastisch darauf hingewiesen, daß sie eben nicht Bürger seien und nur natürlich ist, daß der tief einschneidende Gegensatz gerade durch dieses Gesetz nicht nur nicht beseitigt, sondern vielmehr erst recht lebhaft empfunden wurde. Das ist aber so selbstverständlich, daß es den Urhebern des Gesetzes, die uns ausdrücklich an zahlreichen übereinstimmenden Stellen als die einsichtigsten und wohlwollendsten Männer geschildert werden, ebenfalls klar gewesen sein muß. Da diese Männer nun bereits vor dem J. 95 Proben ihres Wohlwollens auch für die Italiker abgelegt haben, sie außerdem nachher durch die entschiedene und ganz unzweifelhafte Parteinahme für Drusus ihre Teilnahme an seinen Bestrebungen öffentlich zeigten, sogar auch durch Aufstellung von gleichgesinnten Kandidaten für das Tribunat, so ist klar, daß sie nicht verantwortlich gemacht werden können für etwas, was sie notwendig selbst gesehen haben müssen. Mit anderen Worten, wir können die Urheber des Gesetzes nicht für politisch so borniert halten, daß sie nicht eingesehen haben sollten, ihr Gesetz werde nur böses Blut machen. Anzunehmen aber, daß das ihre Absicht gewesen, verbietet der uns vielfach bezeugte ehrenwerte und wohlwollende, durchaus nicht einseitige Charakter der beiden Männer. Somit werden wir zu der Annahme gedrängt, daß das beregte Gesetz nicht Selbstzweck sein, sondern nur der Anfang und die Grundlage eines weiteren Reformplanes sein sollte. Mit dieser Annahme erklärt sich alles aufs beste. Man bedenke doch, daß eine aristokratische Mittelpartei, um diesbezügliche Absichten auszuführen, sich in Rom gegen alle Parteien zugleich, gegen die *equites*, die starre Aristokratie und außerdem noch gegen das Proletariat zu wenden hatte. Nun kann man die *lex Lic. Muc.* sehr wohl auffassen als einen Koup, um von all diesen widerstrebenden Elementen möglichst viele für die

Ideen und Kandidaten einer solchen Mittelpartei zu gewinnen. Das Gesetz kehrte freilich seine Spitze gegen die *socii*, aber nur deshalb, weil die Partei der Urheber durch die Verhältnisse gar nicht dazu kam, ihr eigentliches Programm, ihre wahren Absichten zu enthüllen. Sie zögerte mit der Vorführung ihres Programms, erst mit Drusus trat sie deutlicher hervor; weshalb, entzieht sich unserer Kenntnis. Das Gesetz, wie es war, mußte augenscheinlich in Rom allen Parteien harmlos und ihren Interessen durchaus nicht zuwiderlaufend erscheinen, doch ist anderseits sofort klar, daß der von der Aristokratie abhängige Stimmpöbel durch Ausweisung der unberechtigten *cires* und *libertini* geschwächt wurde. Gewann die Partei schon den Aristokraten gegenüber an Terrain durch das Gesetz, so ist noch viel einleuchtender, daß sie dem hauptstädtischen Proletariat erst recht damit zu willen war. Und den Pöbel zu gewinnen, mußte eine etwa neu auftretende Partei vornehmlich bedacht sein: schon um die Koalition der *equites* und des Pöbels, die C. Gracchus geschaffen hatte, zu lockern. Die Geschichte des von den Gracchen inaugurierten Revolutions-Zeitalters lehrt in fast jedem einzelnen Falle, daß die Aristokratie genau auf die Bestrebungen, ja Maßregeln ihrer Gegner eingegangen ist. Oft, aber nicht immer, folgte sie diesen, um die Gegner zu schlagen oder zum Schweigen zu bringen; ist es nun nicht ein ganz kluges, einer aufgeklärten Fraktion wohl zustehendes Manöver, die eigene Partei nach Kräften zu stärken durch Eingehen auf zeitgemäße und kaum mehr abweisbare Forderungen? Freilich die Geschichte eilte bereits mit schnelleren Schritten, als schwankendes Parteistreben. — Unter allen Umständen beweist das hier Angeführte mindestens, daß man die *lex Licinia Mucia* sehr wohl aus einer für die Italiker günstigen Gesinnung, wenigstens seitens der Urheber hervorgegangen, auffassen kann.

Die Handschriften der Bücher de oratore sind gerade wie die des Orator doppelter Art. Die eine Klasse bilden die fragmentarischen Handschriften (codices mutili); zu diesen gehören unter anderen der cod. Abrincensis, die beiden Erlanger Handschriften[216]) der Guelferb. u. d. Harlej.; die andere

---

216) Nur daß in dem cod. Erlangensis 76 oder Erl. 1 — der mit dem etwas älteren aus dem 9. Jahrhundert stammenden Abrincensis an den gemeinsamen Stellen fast ganz übereinstimmt — ein weit später geschriebener codex an den betreffenden Stellen eingebunden ist, um auf diese Weise die Lücken der alten Handschrift zu ergänzen und so ein vollständiges Exemplar von Cic. de or. herzustellen. (Daher Ergänzungscodex des cod. Erl. I oder Erl. I b). — Im *Abrincensis* fehlt das ganze 1. Buch und der Anfang des 2. Buches: er enthält

umfaßt die vollständigen codices, die von einer Abschrift des codex Laudensis abstammen. Bis in die zwanziger Jahre des 15. Jahrhunderts besaß man nämlich von Ciceros drei Büchern de oratore und dem Orator überhaupt nur lückenhafte Handschriften, so daß Gasparino Barziza von Bergamo, Lehrer an der Universität zu Padua, seit 1418 zu Mailand, damit umging, in den Büchern de oratore den Zusammenhang durch eigene Ergänzung des Fehlenden herzustellen[217]). Es waren dies Handschriften verschiedenen Alters bis in das 9. Jahrhundert hinauf, die aber, wie ihre Übereinstimmung in den Auslassungen beweist, von einem gemeinsamen, gleichfalls schon lückenhaften Urexemplar abzustammen scheinen. Da entdeckte im J. 1422 in Lodi Gherardo Landriani (der vom J. 1419—1437 daselbst Bischof war) durch einen höchst glücklichen Fund eine Handschrift, die außer den zwei Büchern de inventione und den vier Büchern rhetoricorum ad Herennium die drei Bücher de oratore ganz vollständig, den Brutus und den Orator enthielt[218]). Gherardo sandte die Handschrift eben um der vorhin erwähnten bereits begonnenen Arbeit willen an Gasparino Barziza[219]), der den hohen Wert des codex sogleich erkannte und ihn alsbald, da in Mailand niemand die schwer lesbare Handschrift entziffern konnte, durch den Cremonenser Cosmus, wahrscheinlich einen seiner Schüler, ab-

nur: 1) II 5, 19—12, 50; 2) II 14, 61 bis 60, 245; 3) II 71, 288—III 5, 18 und 4) III 28, 110 bis zu Ende. Der ältere *Erlangensis* 76 oder Erl. I (— von dem mit eingebundenen späteren Ergänzungscodex also abgesehen —) hat 1) I 1, 1—27, 123; 2) II 5, 19—57, 234 (genau soweit geht auch im Abrinc. die alte Hand, das Weitere bis 60, 245 ist später nachgetragen); 3) II 71, 288—III 5, 18; 4) III 28, 110—37, 149 (soweit nur geht abermals auch im Abrinc. die alte Hand, während das Folgende bis 43, 171 wieder von der späteren herrührt), und 5) III 43, 171 bis zum Schluß. Die angegebenen Lücken füllt dann, wie oben bemerkt ist, der Erl. I b aus. Der jüngere *Erlangensis* 39 oder Erl. II enthält 1) I 1, 1—28, 128; 2) I 34, 157—43, 194; 3) II 3, 14—III 5, 18 und 4) III 28, 110 bis zu Ende. Die Partieen I 28, 128—34, 157; I 43, 194—II 3, 14; III 5, 18—28, 110 sind also weder im Abrinc. noch in den Erl. I u. II, sondern nur im Erl. I b enthalten.

217) Non tamen (wie ein Zeitgenosse versichert), ut proprio ex ore audivi, ea intentione, ut textui annecteretur, sed ut esset quaedam postilla in margine, quae utrosque textus defectuosos coniungeret et cum aliqua continuatione et consonantia saltem intellectui legentis satisfaceret aliquantisper.

218) Continebat is codex (bezeugt ein Zeitgenosse Flavius Blondus in seiner Italia illustrata aus Autopsie) praeter *rhetoricorum novos et veteres*, qui habebantur, *tres quoque de Oratore integerrimos, Brutum* de oratoribus claris et *Oratorem* ad Brutum M. Tullii Ciceronis.

219) Unde liberatus est bonus ipse vir Gasparinus ingenti, quem assumpserat, labore supplendi, quoad poterat, librorum de Oratore defectus, sicut diu antea in Quintiliani Institutionibus multo labore suppleverat.

schreiben ließ [220]). Das Original behielt Gasparino und sandte seinem Freund Gherardo statt der alten, ja doch fast unbrauchbaren, unlesbaren Handschrift eine neue, lesbare Abschrift; er selbst hatte sich wohl schon durch seinen Abschreiber von dieser Abschrift eine neue zu eigenem Gebrauch anfertigen lassen [221]). Von diesen Abschriften wurden dann wieder neue Abschriften genommen [222]), oft auch nur die Lücken in den älteren Handschriften ergänzt.

So sind also seitdem teils die älteren lückenhaften Handschriften [223]), teils die jüngeren Abschriften des alten *codex Laudensis* [224]), der leider selbst bis jetzt noch nicht wieder aufgefunden ist, die doppelte Quelle für die Ausgaben unserer Schrift, von der Editio princeps (zu Subiaco bei Rom von 1465—1467 gedruckt), der Aldina und Iuntina (1514. 1546) u. v. a. an bis auf Pearce (Cambridge 1716 flg. und London 1771 flg.), Ernesti (Halle 1759), Harleß (Leipzig 1816), Müller (Leipzig und Züllichau 1819), Henrichsen (Kopenhagen 1830), Ellendt (Königsberg 1840), Orelli-Baiter (im 1. Band der Gesamtausgabe Zürich 1845), Kayser (Leipzig 1860), Bake (Amsterdam 1863) und Sorof (Berlin 1875); erster Band in zweiter Auflage 1882.

220) Et cum nullus Mediolani esset repertus, qui eius *vetusti codicis* litteram sciret legere, Cosmus quidam egregii ingenii Cremonensis tres de Oratore libros primus transscripsit (— diese um des besonderen Interesses für Gasparino willen zuerst, hernach auch für das an Gherardo zu sendende Exemplar die übrigen Bestandteile des codex).

221) Feci autem (schreibt Gasparino an ihn) ut pro illo *vetustissimo ac paene ad nullum usum apto norum manu hominis doctissimi scriptum* ad illud exemplar correctum alium codicem haberes. Hunc ad te librum nudum ac inornatum mitto. Neque aliter mitti per meas occupationes licuit; neque prius expediri a librario meo, *qui hoc exemplo usus fuit*, tamesti instarem, potuit.

222) Multiplicataque inde exempla omnem Italiam desideratissimo codice repleverunt, sagt Blondus a. O.

223) Wie der Abrincensis, die beiden Erlangenses, der erste und zweite Palatinus, der Guelferbytanus A, der Erfurtensis u. m. a.

224) Wie der Ergänzungscodex der Erl. I, die sieben übrigen Palatini, die beiden Havnienses u. m. a. Auch von den vielen Handschriften, die der gelehrte Jesuit Hieronymus Lagomarsini mit dem unermüdlichsten Fleiß verglichen hat (codices Lagomarsiniani), gehört bei weitem die Mehrzahl dieser zweiten Klasse an; meist codd. der Bibliotheca Laurentiana zu Florenz, wo Lagomarsini seit dem Sommer 1737 über 12 Jahre lang an der Aufstellung eines vollständigen kritischen Apparates zu Ciceros Werken arbeitete.

II.

Notiz. Hier, wie auch oben in dem Abschnitte zur Geschichte der Rhetorik (Einl. I, § 4) ist zu weiterem Studium auf das grundlegende Werk von R. Volkmann zu verweisen: Die Rhetorik der Griechen und Römer, 2. Aufl., Leipzig, Teubner 1885. In dem 'Handbuch der klass. Altertumswissenschaft', herausgegeben von Iwan Müller, Nördlingen 1885, II p. 455 flg. giebt Volkmann ein kurzes Kompendium der Rhetorik; beide Darstellungen sind im vorliegenden benutzt. Jedoch ist an einzelnen Punkten von Volkmann abweichendes teils festgehalten, teils neu eingeführt; vgl. a. d. Komm. zu I 139. Der Herausgeber hatte stets in erster Linie die Lehren, wie sie sich bei Cicero finden, ins Auge zu fassen; er hält es für richtiger, erst — wozu ja leider Vorarbeiten noch kaum existieren — das, was bei Cicero gelehrt wird, zusammenzustellen und aus sich heraus zu verstehen; seine Lehren mit der späteren Überlieferung des Altertums in Beziehung oder Gegensatz zu bringen und an seinen Angaben Kritik zu üben, oder die unleugbaren Fehler der alten Systematiker aufzudecken, wird erst dann recht fruchtbar sein können, wenn wir, was ein höchst dringendes Zeitbedürfnis ist, eine Rhetorik des Cicero haben werden.

Das rhetorische System, wie es Hermagoras und die Rhetoren nach ihm aufzustellen pflegten, ist in gedrängter Übersicht folgendes:

Obenan steht die bekannte Definition der Beredsamkeit als des Vermögens überzeugend zu reden, *vis dicendi ad persuadendum apposite*[1]) *(accommodate)*, oder auch *vis dicendo persuadendi*, πιθανῶς λέγειν, wozu jedoch in der Regel noch einige beschränkende Bestimmungen treten, wie z. B. so gut als möglich, nach Kräften (ὅσον ἐφ' ἑαυτῇ). Öfters wird auch noch das Gebiet hinzugefügt, über das sich die Beredsamkeit erstreckt, ihr Umfang, sei es ganz allgemein 'über jeglichen Gegenstand' oder zum Unterschied von andern Fächern und Künsten 'über Gegenstände des gewöhnlichen Lebens'[2]), zu

§ 1

---

1) de inv. I 5, 6: acad. I 8: de off. II 19; de or. I 138; Quint. II 15; Aristot. rhet. 1 2 δύναμις περὶ ἕκαστον τοῦ θεωρῆσαι τὸ ἐνδεχόμενον πιθανόν, was Quint. l. l. übersetzt: vis videndi, quid in quaque re possit esse persuasibile.

2) Rhet. ad Herenn. I 2, 2 faßt dies alles in der Definition zusammen: oratoris officium est, de eis rebus posse dicere, quae res ad usum civilem moribus ac legibus constitutae sunt, cum adsensione auditorum, quoad eius fieri poterit.

deren Beurteilung es nicht besonderer technischer, wie mathematischer, astronomischer, medizinischer, strategischer und sonstiger Kenntnisse, sondern nur des gesunden Menschenverstandes bedarf: *ἐν πράγματι πολιτικῷ*, wie die griechischen Rhetoren dies auszudrücken pflegten, indem sie als *πολιτικὸν ζήτημα* eben *τὸ τῆς κοινῆς ἐννοίας ἔχον τὴν κρίσιν* bezeichneten; *dumtaxat in quaestionibus civilibus*, wie es die lateinischen Rhetoren bezeichneten, und damit die Beredsamkeit — weil sie nicht Techniker und spezielle Fachgelehrte, sondern das Volk zum Publikum habe — zu der *scientia civilis*[3]), dem Gebiet des allgemein menschlichen, im Gegensatz des fachkundigen Wissens rechneten. Die unpraktische Ausführlichkeit und Sorgfalt übrigens, wie sie die Rhetoren gerade auf diese Begriffsbestimmung zu verwenden pflegten, wo dann jeder eine andere, womöglich bessere Definition vorbringen wollte[4]), gab ihren Schriften schon von vornherein etwas höchst trockenes und unerquickliches.

§ 2. Stoff der Beredsamkeit.

Mit dieser weiteren oder engeren Begriffsbestimmung hing nun aber ferner die viel behandelte Einteilung des Stoffs der Beredsamkeit aufs engste zusammen, nach dem bekannten Unterschied zwischen Fragen allgemeiner Art, z. B. über das höchste Gut, über die Wahrheit der sinnlichen Erscheinung u. dergl. — abstrakte (philosophische) Fragen unabhängig von bestimmten Personen und Verhältnissen —, und zwischen Fragen besonderer Art oder konkreten Fällen mit bestimmten Personen und Verhältnissen: *quaestio* und *causa*, *θέσις* und *ὑπόθεσις*, *quaestiones infinitae* und *finitae*[5]). Bald

---

3) de inv. I 5, 6 Quare hanc oratoriam facultatem in eo genere ponemus, ut eam civilis scientiae partem esse dicamus. de or. III 10.; 123.

4) Quint. II 15, 3: omnes (definitiones) persequi neque attinet, neque possum, cum pravum quoddam, ut arbitror, studium circa scriptores artium exstiterit, nihil eisdem verbis quae prior aliquis occupasset finiendi.

5) de inv. I 6, 8 Nam Hermagoras quidem nec quid dicat attendere nec quid polliceatur intellegere videtur, qui oratoris materiam in causam et in quaestionem dividat, causam esse dicat rem, quae habeat in se controversiam in dicendo positam cum personarum certarum interpositione; quam nos quoque oratori dicimus attributam — quaestionem autem eam appellet, quae habeat in se controversiam in dicendo positam, sine certarum personarum interpositione ad hunc modum: ecquid sit bonum praeter honestatem? verine sint sensus? quae sit mundi forma? quae solis magnitudo? — de or. I 138; II 41 flg. heißt die *causa* auch *certum genus*; 78; 133; III 109; Orat. 46 haec igitur quaestio a propriis personis et temporibus ad universi generis orationem traducta appellatur *θέσις*. Quint. III 5, 5 flg. Item convenit, *quaestiones* esse aut *infinitas* aut *finitas*. Infinitae sunt, quae remotis personis et temporibus et locis ceterisque similibus in utramque partem tractantur, quod Graeci *θέσιν* dicunt, Cicero *propositum*, alii *quaestiones universales civiles*, alii *quaestiones philosopho convenientes*. — Finitae autem sunt ex

sollten jene Fragen allgemeinen Inhalts vom oratorischen Stoff
ganz abgeschieden werden, bald zog man sie wieder in den
Umfang der Beredsamkeit hinein⁶); wie denn auch in den
Büchern *de oratore* sowohl die eine als die andere Ansicht
ihren Vertreter findet⁷). Hinsichtlich der *quaestiones* unterschied man dann wieder zwischen *quaestiones cognitionis*, Fragen
der Erkenntnis (theoretische Fragen) und *quaestiones actionis*,

complexu rerum personarum temporum ceterorumque, hae ὑποθέσεις a Graecis dicuntur, *causae*
a nostris. In his omnis quaestio
videtur circa res personasque consistere; ebd. 9: hac autem, quas
infinitas voco, et *generales* appellantur, quod si est verum, finitae
speciales erunt. Topic. 79 Quaestionum duo sunt genera, alterum infinitum, alterum definitum. *Definitum* est, quod ὑπόθεσιν Graeci, nos
causam; *infinitum*, quod θέσιν illi
appellant, nos propositum possumus
nominare. Or. part. 4 nennt Cic. die
infinita quaestio auch consultatio,
18, 61 aber wieder propositum; de
or. III 109 beides zusammenfassend
quasi proposita consultatio. Die
griechischen Rhetoren definieren
so: ὑπόθεσίς ἐστι ζήτησις πολι-
τικὴ ἐφ' ὡρισμένων προσώπων καὶ
πραγμάτων ἀμφισβήτησιν ἔχουσα
(eine ζήτησις ἐπὶ μέρους). θέσις
ἐστιν ἐπίσκεψις λογικὴ ἀμφισβήτησιν ἐνδεχομένη ἄνευ προσώπων ὡρισμένων καὶ πάσης περιστά-
σεως (eine ζήτησις καθολική).

6) So schon Gorgias de inv. I 5,
7; von dem Aristoteles wieder ab-
gegangen war. Den Hermagoras
tadelt Cic. wegen seines Abweichens
von Aristoteles s. u. § 4 u. A. 26;
de inv. I 6, 8: Nam quibus in rebus
summa ingenia philosophorum plu-
rimo cum labore consumpta intellegimus, eas, sicut aliquas parvas
res oratori attribuere, magna amentia videtur. Diese Stelle hat Quint.
III 5, 14 im Auge: Quod (nämlich
jene Ansicht des Hermagoras) re-
prehendit Cicero ac thesin nihil ad
oratorem pertinere contendit totumque hoc genus quaestionis ad philosophos refert. Sed me liberavit
respondendi verecundia, et quod
ipse hos libros improbat, et quod

in oratore (45 flg.; 125 flg.) atque his
quos de oratore scripsit et Topicis
praecipit, ut a propriis personis
atque temporibus avocemus controversiam. Vgl. II 21, 20 flg.; de or.
III 120. [Hermagoras schied wahrscheinlich ζητήματα πολιτικά, d. i.
Aufgaben des Redners und ζητήματα φιλόσοφα, d. i. Aufgaben des
Philosophen. Diese Begriffe setzte
er parallel mit den bereits vor ihm
in der Rhetorik geltenden, aber
gemeinhin in etwas engerem Sinne
gebrauchten ὑπόθεσις und θέσις,
so daß also bei ihm ὑπόθεσις = ζήτ.
πολιτικόν ist und er θέσις = quaestio =
ζήτ. φιλόσοφον folgerichtig dem
Forum des Redners entziehen mußte,
vgl. o. Einl. I A. 29 u. Jahrb. 1885
S. 72 flg. Nur bei dieser Annahme
ist die Überlieferung ganz durchsichtig und die angeführte Polemik Ciceros verständlich, die zu
verstehen Quintilian sich nicht genügend hat angelegen sein lassen.
Wieder etwas anders ist die Lehre
der Peripatetiker und Akademiker
de or. III, 109 flg. Offenbar verschob
sich der Begriff *quaestio* und *causa*
(θέσις und ὑπόθεσις) allmählich und
ward von verschiedenen Schulen
je nach ihren Voraussetzungen in
verschiedenem Umfange gebraucht.]

7) Zuerst giebt Crassus kurz die
rhetorische Theorie darüber an I
138; dann kommt Antonius in
II B. an verschiedenen Stellen darauf zu sprechen und zwar im allgemeinen als Gegner jener theoretischen Scheidung 41 flg.; 65 flg.;
78; 133 flg. Zuletzt setzt sich Crassus,
der von vornherein für die univer-
salste Fassung des oratorischen Gebietes ist (I 30 flg. u. 64 u. a. St.),
mit den bezüglichen Aufstellungen
der Peripatetiker u. Akademiker
auseinander (III 107 flg.).

die sich auf das praktische Leben beziehen (praktische Fragen)[8].

8) de or. III 111 flg.; Topic. 81 Quaestionum autem quacunque de re sint duo sunt genera: unum *cognitionis*, alterum *actionis*. Cognitionis sunt hae, quarum finis est scientia: ut, si quaeratur, a naturane ius profectum sit, an ab aliqua quasi conditione hominum et pactione. Actionis autem huiusmodi exempla sunt: sitne sapientis ad rempublicam accedere. Or. part. 61 flg. Quamobrem prius de proposito dicamus, cuius genera sunt duo, cognitionis alterum; eius scientia est finis, ut, verine sint sensus; alterum actionis, quod refertur ad efficiendum quid, ut si quaeratur, quibus officiis amicitia colenda sit. Beide Teile haben aber mehrere Unterabteilungen, denen dann wieder andere untergeordnet sind. Nach der Darstellung in der Topik (mit der de orat. III 111 im ganzen übereinstimmt) ist das Schema folgendes: A. *Cognitionis* quaestiones: I. *coniectura* [Frage nach dem Sinn (ob etwas ist, was es ist), oder nach dem Thatsächlichen an sich: *an sit*] und zwar 1. *sit necne sit*, z. B. ecquidnam honestum sit, ecquidnam aequum revera, an haec tantum in opinione sint; 2. *unde ortum sit*, z. B. natura an doctrina possit effici virtus; 3. *quae id causa effecerit*, z. B. quibus rebus eloquentia efficiatur, und 4. *de mutatione rei*, z. B. possitne eloquentia commutatione aliqua converti in infantiam. II. *definitio* (Frage nach der Begriffsbestimmung: *quid sit*), also 1. *notio* (wesentliche allgemeine Merkmale), z. B. sitne id aequum, quod ei qui plus potest utile est; 2. *proprietas* (Eigentümlichkeit oder individuelle Merkmale) z. B. in hominemne solum cadat an etiam in beluas aegritudo; 3. *divisio* und *partitio* (Einteilung), z. B. triane genera bonorum sint; 4. *descriptio* quam Graeci χαρακτῆρα vocant (Charakterschilderung), qualis sit avarus, qualis assentator, ceteraque eius generis, in quibus natura et vita describitur. III. *iuris et iniuriae distinctio* (auch als *consecutio* bezeichnet, Frage nach der Zugehörigkeit u. Rechtmäßigkeit, überhaupt der Beschaffenheit: *quale sit*), 1. *simpliciter* z. B. expetendane sit gloria nach den 3 Kategorieen a) *de expetendo fugiendoque*, z. B. sintne expetendae divitiae, fugienda paupertas; b) *de aequo et iniquo*, aequumne sit ulcisci a quocunque iniuriam acceperis; c) *de honesto et turpi*, 2. *comparate*, z. B. praeponendane sit divitiis gloria, nach den 2 Kategorieen a) *de eodem et alio* (Einerleiheit und Unterschied) z. B. quid intersit inter amicum et assentatorem, regem et tyrannum; b) *de maiore et minore*, z. B. eloquentiane pluris sit, an iuris civilis scientia. (Vgl. Or. 45 quidquid est quod in controversia aut contentione versetur, in eo aut *sitne* aut *quid sit* aut *quale sit* quaeritur: sitne, *signis*; quid sit, *definitionibus*; quale sit, *recti pravique partibus.*) B. *Actionis* quaestiones, quarum duo sunt genera, I. unum ad *officium* (moralische Motive), z. B. suscipiendine sint liberi; II. alterum ad *motum animi* vel gignendum, vel sedandum, planeve tollendum (Einwirkung auf das Gemüt), cum fiunt cohortationes ad defendendam rempublicam, ad gloriam et ad laudem; quo ex genere sunt querelae, incitationes, miserationesque flebiles, rursusque oratio cum iracundiam restinguens, tum metum eripiens, tum exultantem laetitiam comprimens, tum aegritudinem abstergens. — Etwas einfacher ist die Darstellung in den Or. part. 61 flg. Die Hauptabteilungen zwar sind dieselben beiden genera A. *cognitionis* u. B. *actionis*, ebenso die 3 Haupt-Unterabteilungen von A.: I. *sint necne*, z. B. ius in naturane sit, an in more; II. *quid sit*, z. B. sitne ius id, quod maiori parti sit utile; III. *quale sit*, z. B. iuste vivere sitne utile, necne. In den einzelnen partes aber finden einige Veränderungen statt; zu I werden nur zwei Teile gerechnet: 1. *possitne aliquid effici*,

§ 3. Über beide Gattungen rhetorischer Stoffe nun, sowohl die *quaestiones infinitae* als vornehmlich die *causae finitae*, erstreckt sich die von den Rhetorikern, besonders seit Hermagoras, mit Vorliebe, wie es scheint, und mit großer Ausführlichkeit und einer bis ins Einzelnste gehenden Genauigkeit behandelte Lehre von der *constitutio causae*, der Feststellung des Streitpunkts, auf den es eigentlich ankommt, also im weitesten Sinn der Themastellung: die Lehre von den *status*, περὶ τῶν στάσεων. Gerade in diesem Teile der Rhetorik offenbarte sich jene schematisierende, trockene Manier, die sich in künstlich-systematischer Anordnung mit fortwährender Scheidung von Ober- und Unterabteilungen, welche dann wieder gespalten werden mußten, bis zum Übermaß gefiel. Nirgends trat das Streben der rhetorischen Theoretiker, etwas Besonderes, noch nicht Dagewesenes zu producieren, mehr hervor, als gerade in dieser Lehre, bei deren Darstellung daher die größte Verschiedenheit in Begriffsbestimmung, Anzahl, Namen und Einteilung der *status* zum Vorschein kommen mußte [9]).

Im allgemeinen verstand man unter στάσις *(status)* also die Frage nach dem eigentlichen Bestand der zu besprechenden Sache; daher auch der Name. Dieser, wie auch die folgenden Namen, lassen deutlich erkennen, daß sie sich ursprünglich nur aus dem genus judiciale entwickelt haben und somit im Grunde nur auf dies und auf ὑποθέσεις, quaestiones finitae, nicht auf das genus deliberativum und demonstrativum

z. B. ecquisnam perfecte sapiens esse possit; 2. *quemadmodum quidque fiat*, z. B. quonam pacto virtus pariatur: naturane, an ratione, an usu? Desgleichen zu II auch nur 2 Teile: 1. *aliud an idem sit*, z. B. pertinacia et perseverantia, 2. *descriptio* generis alicuius et quasi imago, z. B. qualis sit avarus oder superbus. Zu III werden die 3 Kategorieen gerechnet: 1. de *honestate*, z. B. honestumne sit pro amico periculum aut invidiam subire; 2. de *utilitate*, z. B. sitne utile in republica administranda versari; 3. de *aequitate*, z. B. sitne aequum, amicos cognatis anteferre, — in allen drei Fällen entweder simpliciter (im Positiv: quid utile etc.) oder ex comparatione (im Komparativ: quid utilius etc.) oder im Superlativ: quid utilissimum etc. Zu B. werden 63 die beiden Teile aufgeführt 1. *ad persequendum aliquid aut declinandum*, z. B. quibus rebus adipisci gloriam possis, aut quomodo invidia vitetur; II. *quod ad aliquod commodum usumque refertur*, z. B. quemadmodum sit respublica administranda oder quemadmodum in paupertate vivendum: weiter unten aber wird die erste Abteilung als praecipiendi genus bezeichnet, quod ad rationem officii pertinet, z. B. quemadmodum colendi sint parentes, die andere als bestimmt ad sedandos animos et oratione sanandos ut in consolandis, ut in iracundia comprimenda, aut in timore tollendo, aut in cupiditate minuenda.

9) Quint. III 6, 22 Sed cum in aliis omnibus inter scriptores summa dissensio est, tum in hoc praecipue videtur mihi studium quoque diversa tradendi fuisse; adeo nec qui sit numerus, nec quae nomina, quive generales quive speciales sint status conveniat.

und auf quaestiones infinitae beziehen. Aus Angriff *(intentio)* und Abwehr *(depulsio)* folgt der erste Zusammenstoß und Halt *(constitutio causae)*, 'in quo primum insistit quasi ad repugnandum congressa defensio'[10]); aus der Anschuldigung: *fecisti* und aus der Leugnung: *non feci* die gleichsam stillstehende und anhaltende Frage: *num fecerit*. Das war denn die Kardinalfrage, der eigentlich streitige Punkt, *id quod in controversiam venit*[11]). Stand die Thatsache selbst in Frage, so war es *constitutio coniecturalis* (στοχασμός, περὶ τῆς οὐσίας, περὶ τῆς γενέσεως). weil vermittels der vorhandenen Indizien gleichsam durch Konjektur der Thatbestand festzustellen war[12]). Wurde die Thatsache selbst, als Ganzes nicht bestritten, sondern nur ein kleines Etwas derselben, z. B. die schlimme Absicht, der *dolus*, so kam es zur *constitutio definitiva* (ὅρος, περὶ τῆς ἰδιότητος. περὶ τοῦ αὐτοῦ καὶ ἑτέρου); es handelte sich also um die richtige Bezeichnung, die Benennung, also die juristische Definition der zugestandenen Thatsache[13]). Fragte es sich drittens nach dem Wie, nach der äußeren und inneren Beschaffenheit der That, nach den Umständen, unter denen sie geschehen, so trat die *constitutio generalis* (ποιότης, qualitas κατὰ συμβεβηκότα) ein[14]). Zu diesen drei wichtigsten *constitutiones causae*, dem *an sit, quid sit, quale sit*[15]), fügten andere noch mehrere *status* hinzu, sei es die *constitutio iuridicialis* (δικαιολογική), wo alles in den bisherigen *status* berücksichtigte, also That, Benennung, Beschaffenheit, eingeräumt, aber von dem Angeklagten die Einrede der Rechtmäßigkeit der That erhoben wird, über die also zu entscheiden ist[16]);

10) Quint. III 6, 13, der diese Erklärung aus Topic. c. 25 entlehnt hat. de inv. I 8, 10 flg. constitutio est prima conflictio causarum ex depulsione intentionis profecta. Ad Her. I 11, 18 constitutio est prima deprecatio defensoris cum accusatoris insimulatione coniuncta. Or. part. 101 flg. status et quasi conflictio cum adversario. de or. II 132 *quid faciat causam*, et quo sublato controversia stare non possit.

11) Cassiodor. comp. rhet. p. 337 status, qui gracce στάσις dicitur, est reluti cardo, in quo tota causa versatur.

12) de inv. I 8, 10 cum *facti* controversia est, quoniam coniecturis causa firmatur, constitutio coniecturalis appellatur. II 4, 14 (das ausführliche Beispiel dazu). Ad Her. I 11, 18 und II 2, 3 flg. Cicero nennt sie Topic. 92 auch infitialis. Cf. de or. II 105; III 70; Or. part. 33.

13) de inv. I 8, 10 Cum *nominis* (controversia est) quia vis vocabuli definienda verbis est. constitutio definitiva nominatur. II 17, 52 (Beispiel); de or. II 107; III 70.

14) de inv. I 8, 10 Cum vero *qualis res sit* quaeritur, quia [et] de vi et de genere negotii controversia est, constitutio generalis vocatur. II 21, 62 flg.; de orat. II 106; III 70; Or. part. 33 heißt sie ratio.

15) Or. 45 quoniam quidquid est, quod in controversia — versetur, in eo aut *sitne*, aut *quid sit*, aut *quale sit* quaeritur. de or. I 139; II 104; 113; Quint. III 6, 80.

16) ad Her. I 14, 24 Iuridicialis constitutio est, cum factum convenit, sed iure an iniuria factum sit quaeritur. Or. part. 101. In

dann auch die μετάληψις, *constitutio translativa*, für deren Erfinder Hermagoras gilt, wo der Streitpunkt der ist, ob dieser Ankläger die Anklage erheben dürfe, oder ob das Forum, vor welchem die Anklage erhoben worden, das richtige, oder beides, Person und Forum andere sein müßten[17]). Es hieß also in diesem Falle die Kompetenz des Klägers oder des Gerichtshofes anzuweifeln, oder doch auf diesem Wege einen Aufschub, womöglich eine Verschleppung der Klage erzielen.

Weiter aber konnte sich die Streitfrage um die **Gesetzesinterpretation** drehen[18]), sei es daß der Text der Gesetzesstelle eine Zweideutigkeit enthielt *(ambigue scriptum* ἀμφιβολία) oder ein Widerspruch zwischen zwei oder mehreren Gesetzesstellen obwaltete *(legum contrariarum* ἀντινομία) oder Buchstabe und beabsichtigter Sinn sich entgegenstehen *(scripti et voluntatis* κατὰ ῥητὸν καὶ διάνοιαν *s.* ὑπεξαίρεσιν), oder endlich wo aus einer positiven Gesetzesbestimmung sich eine andere als Konsequenz ergiebt *(ratiocinatio,* συλλογισμός)[19]). Diese

---

omnibus igitur causis tres sunt *gradus*, ex quibus unus aliquis capiendus est — *ad resistendum*. Nam aut ita *consistendum est*, ut id quod obiicitur, factum neges, aut illud, quod factum fateare, neges eam vim habere atque id esse, quod adversarius criminetur, aut, si neque de facto neque de facti appellatione ambigi potest, id quod arguare, neges tale esse, quale ille dicat, et rectum esse, quod feceris concedendumve defendas. Topic. 92; (de or. I 139).

17) de inv. I 8, 10 At cum causa ex eo pendet, quia non aut is agere videtur, quem oportet, aut non cum eo, quicum oportet, aut non apud quos, quo tempore, qua lege, quo crimine, qua poena oportet, translativa dicitur constitutio, quia actio *translationis* et commutationis indigere videtur (de or. II 113; III 70). I 16 Huius constitutionis Hermagoras inventor esse existimatur. Quint. III 6, 60. Ihm folgt Cicero auch hierin in seiner Jugendschrift und nimmt daher die 4 status an: den st. coniecturalis, definitivus, generalis und translativus; teilt jedoch den st. generalis wieder in den streng juristischen, auf das positive Recht sich beziehenden, die constitutio *negotialis*, quae in ipso negotio iuris civilis habet implicitam controversiam, u. d. const. *iuridicialis*, in qua aequi et iniqui natura et praemii aut poenae ratio quaeritur (de inv. I 14 II 21 flg.). Die iuridicialis zerfällt dann wieder in absoluta und assumptiva mit ihren vier Unterabteilungen: comparatio, relatio criminis, remotio criminis, concessio (de inv. II 23 flg.). Or. part. 99.

18) Rhet. ad Her. I 11, 18 flg. hat daher folgende drei constitutiones, die coniecturalis, *legitima* und iuridicialis; die legitima, cum scripto aliquid controversiae nascitur, zerfällt wieder in sechs Teile: scriptum et sententia, contrariae leges, ambiguum, definitio, translatio, ratiocinatio; die iuridicialis wird wie von Cic. de inv. I 11 eingeteilt.

19) Cic. de inv. I 13, 17 flg. zählt fünf Fälle auf, indem er zu den vier Kategorieen des Hermagoras (Quint. III 5, 61) noch das genus definitivum hinzufügt: Scripti controversia est ea, quae ex scriptionis genere nascitur. Eius autem genera — *quinque* sunt. Nam tum verba ipsa videntur cum sententia scriptoris dissidere, tum inter se duae leges aut plures discrepare, tum id quod scriptum est duas aut plures res significare, tum ex eo, quod scriptum est, aliud, quod non scrip-

vier letztgenannten *status* faßte man unter dem Begriff γένος νομικόν, *genus legale*, die zuerst angeführten, wo es nicht auf Erklärung einer positiven Gesetzesstelle, sondern mehr auf logische Beweisführung ankam, unter dem des γένος λογικόν, *genus rationale* zusammen [20]). — An diese Theorie der στάσεις reihten sich aber noch die weiteren Begriffsbestimmungen der *quaestio κατ' ἐξοχὴν* (ζήτημα), d. h. der mit der *constitutio causae* sich ergebenden Fragstellung [21]), die man also in ganz abstrakter Weise als etwas Besonderes von dem *status*, mit dem sie doch aufs engste zusammenhing, wieder schied; zweitens der *ratio* (αἴτιον) im engeren Sinn, d. h. des Verteidigungsgrundes der zugestandenen That [22]); drittens der *iudicatio* (κρινόμενον), d. h. der Kritik des vom Angeschuldigten vorgebrachten Verteidigungsgrundes [23]); und viertens des *firmamentum* (συνέχον, *continens*), d. h. des alles zusammen-

tum est, inveniri, tum vis verbi, quasi in definitiva constitutione, in quo posita sit, quaeri. Quare primum genus *de scripto et sententia*, secundum *ex contrariis legibus*, tertium *ambiguum*, quartum *ratiocinativum*, quintum *definitivum* nominamus. II 40, 116 flg. (Ausführung u. Beispiele). Später werden jedoch die fünf Fälle zunächst auf drei reduciert: Top. 96 Tum enim defenditur non id legem dicere, quod adversarius velit; id autem contingit cum scriptum ambiguum est, ut duae differentes sententiae accipi possint; tum opponitur scripto voluntas scriptoris, ut quaeratur, verbane plus, an sententia valere debeat; tum legi lex contraria affertur. Ita sunt *tria genera*, quae controversiam in omni scripto facere possunt, *ambiguum*, *discrepantia scripti et voluntatis et scripta contraria*. Ebenso Or. part. 31, 108; c. 38 u. 39 u. de or. I 140, wo die gewöhnliche rhetor. Theorie angegeben wird. Ja de or. II 110 werden sogar alle Fälle auf den einen des ambiguum zurückgeführt und diese Kategorie des ambigue scriptum zur constitutio generalis gerechnet. (Vgl. Or. 121.) Quint. VII 6—9.

20) In genauerer Bezeichnung trennten dann einige die ersteren als eigentliche Status [als Haltepunkte im eigentlichen Kampfe]; die anderen als *quaestiones*, mehr Untersuchungen über einen bereits feststehenden, nur auf dem geschriebenen Gesetz beruhenden Streitpunkt; so z. B. Quint. III 6, 55 A quibusdam deinde divisa ratio est ut status *rationales* appellarent, quaestiones *legales*. III 6, 61; Top. 25, 95 werden sie *legitimae disceptationes* genannt.

21) de inv. I 13, 18 *Quaestio* est ea quae ex conflictione causarum gignitur controversia hoc modo: non iure fecisti: iure feci; causarum autem est conflictio, in qua constitutio constat; ex ea igitur nascitur controversia, quam quaestionem dicimus, huce: iurene fecerit? Quint. III 11, 1 flg. Das deutlichste Beispiel de or. II 132 ('*quid veniat in iudicium*').

22) de inv. I 13, 18. *Ratio* est ea quae continet causam, quae si sublata sit, nihil in causa controversiae relinquatur. ad Her. I 16, 26 ratio est, quae causam facit et continet defensionem, — sine qua ne parva quidem dubitatio potest remorari damnationem. Nach Quint. III 11, 4 ging die Begriffsspaltung der rhetor. Techniker noch weiter, indem sie noch zwischen αἴτιον u. αἰτία und αἴτιον ἐξ αἰτίου unterschieden wissen wollen.

23) de inv. I 13, 18 *Iudicatio* est, quae ex infirmatione rationis nascitur controversia. Quint. III 11, 4.

EINLEITUNG II § 3.

fassenden, stärksten, eigentlich entscheidenden Verteidigungsbeweises[24]); — Ausdrücke, die jedoch von den rhetorischen Technikern wieder sehr verschieden gefaßt wurden[25]).

Die Statuslehre des Hermagoras stellt sich (nach Volkmanns Rhet.) in folgendem Schema dar:

quaestio finita (causa).

I. *genus rationale*	II. *genus legale*
1. *conjectura*, 2. *finis*, 3. *qualitas*, 4. *translatio*.	1. *scriptum et voluntas*, 2. *leges contrariae*,
a. *deliberativa*, b. *demonstrat.*, c. *iuridicialis*, d. *negotialis*.	3. *ambiguitas*, 4. *collectio*.
1. *constitutio juridicialis absoluta* (i. e. die Handlung war kein Vergehen, sondern erlaubt).	2. *constitutio juridicialis assumptiva* (i. e. das [zugestandene] Vergehen ist durch die Umstände entschuldigt).
	1. *concessio* und *deprecatio*, 2. *compensatio* und *comparatio*, 3. *remotio criminis*, 4. *relatio criminis*.

Beispiele für das gen. conject. sind: p. Arch., p. Deiot., p. Rosc., p. Sulla, p. Planc.
    für das gen. def.: p. Balbo u. Demosth. Midian., Lycurg in Leocr.
    für das gen. qualit.: p. Lig., p. Sest., p. Milon.
    für das gen. legale: die causa Curiana; p. Sest. (compensatio), p. Mil. (relatio criminis).

---

24) de inv. I 14, 19 *Firmamentum est firmissima argumentatio defensoris et appositissima ad iudicationem*. Quint. III 11, 9 Συνέχον (continens, firmamentum) *quibusdam id videtur esse, post quod nihil quaeritur, quibusdam id quod ad iudicationem firmissimum affertur*. 25) Quint. III 11, 18. — So versteht Rhet. ad Her. I 16, 26 unter *firmamentum* den Widerspruch gegen den Verteidigungsgrund, 'quod affertur contra rationem defensionis', u. unter *iudicatio* die aus der ratio u. dem firmamentum sich ergebende Frage, über die nun die Richter zu entscheiden haben: *ex ratione defensionis et ex firmamento accusationis iudicii quaestio nascatur oportet; quam nos iudicationem, Graeci* κρινόμενον *appellant; ea constituetur ex coniunctione firmamenti et rationis* [defensione], — also im wesentlichen dasselbe, was wir oben als *intentio, depulsio* u. *constitutio* gehabt haben. Ebenso Top. 95 was die iudicatio betrifft: *sed quae ex statu contentio efficitur, eam Graeci* κρινόμενον *vocant; mihi placet id* — *qua de re agitur* vocari. Alles aber, quibus hoc 'qua de re agitur' continetur, haec *continentia*, vocentur quasi *firmamenta defensionis*, quibus sublatis defensio nulla sit. — Der Sache nach ganz übereinstimmend mit dem Rhet. ad Her. ist Or. part. 103 flg.; *rationem appellamus eam, quae adfertur ab reo ad recusandum depellendi criminis causa, quae nisi esset, quid defenderet non haberet; firmamentum autem, quod contra ad labefactandam rationem refertur, sine quo accusatio stare non potest. Ex rationis autem et ex firmamenti conflictione et quasi concursu quaestio exoritur quaedam, quam* disceptationem *voco, in qua*

Es leuchtet ein, wie bereits oben schon von Piderit angedeutet ist, daß der Begriff *status* eine allmähliche Umbildung erfahren hat. Ursprünglich auf das *genus judiciale* beschränkt, war στάσις im engeren Sinne die eigentlich juristische Fragestellung, das was man in späterer Zeit auch als *constitutio causae* zu bezeichnen pflegte, die Feststellung des Streitpunktes. Indem nun aber der rhetorische Schematismus auch die weiter gehenden Aufgaben des Redners allmählich zu umfassen strebte, schob sich, vielleicht den Systematikern selbst ganz unbewußt, für στάσις der viel weitere Begriff = Bestand einer Frage unter, der, wie unmittelbar einleuchtet, auch für θέσεις des γένος συμβουλευτικόν und ἐπιδεικτικόν seine Geltung hatte. Da also nun diese beiden verschiedenen Begriffe durch dasselbe Wort bezeichnet wurden, ergab sich eine Fülle von Unklarheiten und Widersprüchen sogar innerhalb der Systeme der einzelnen Schematiker selbst, ganz von den gegenseitigen Mißverständnissen der verschiedenen Systematiker, deren Systeme in Gegensatz zu denen ihrer Vorgänger traten oder treten wollten, zu geschweigen. Für uns ist erst von einer sorgfältigen Spezialforschung eine weitergehende Aufklärung zu erhoffen. — Bei Aristoteles erscheint der Begriff des *status* (στάσις) noch nicht; es läßt sich unseres Erachtens dieser Umstand genügend aus seinem bewußten und beabsichtigten Gegensatz gegen die Systemmacherei der sophistischen Richtung erklären. Ein Schematismus der Statuslehre wurde wohl erst nach Aristoteles aufgestellt, aber den Begriff der στάσις haben wir bei der so eminent ausgebildeten gerichtlichen Beredsamkeit wenigstens im engeren, ursprünglichen Sinne gewiß als bereits vor Aristoteles gefunden und berücksichtigt anzunehmen.

§ 4. Bekannt sind und seit Aristoteles allgemein angenommen die drei Redegattungen: das *genus indiciale* (γένος δικανικόν), die Rede vor Gericht, die sich in Anklage und Verteidigung *(accusatio* und *defensio, κατηγορία* und *ἀπολογία)* bewegt, nach dem Recht oder Unrecht *(iustum et iniustum, aequum et iniquum*, τὸ δίκαιον und τὸ ἄδικον) fragt und geschehene Dinge behandelt; dann das *genus deliberativum* (γένος συμβουλευτικόν, auch ἐκκλησιαστικόν und δημηγορικόν

quid veniat in indicium et de quo disceptetur quaeri solet. — Das gewöhnliche zur Erläuterung der angeführten Begriffe gegebene Schulbeispiel war folgendes: Orestes hat seine Mutter getötet; *quaestio*: ob mit Recht: *ratio*: mit Recht, denn Clytämnestra hatte seinen Vater ermordet; *iudicatio*: ob deshalb Orestes seine Mutter töten durfte; *firmamentum*: ja, weil die Mutter sich an dem Vater, an ihm (dem Orestes), an der Schwester, an dem Königsthrone, an der Ehre des Hauses so versündigt habe, daß eben das Gericht von dem zum Handeln befugten Vertreter des Hauses, d. h. dem Sohne ausgehen mußte.

genannt), die Rede in der Volksversammlung oder im Senat, die nur zu- oder abraten will *(suadere* und *dissuadere*, παρατροπή und ἀποτροπή) und demgemäß vorzugsweise das Nützliche und Schädliche *(utile* und *inutile*, τὸ συμφέρον und τὸ βλαβερόν), somit zukünftige Dinge im Auge hat; und endlich drittens das *genus demonstrativum* (γένος ἐπιδεικτικόν, auch πανηγυρικόν und ἐγκωμιαστικόν, *laudativum* genannt), die Prunk- und Lobrede, die sich mit Lob und Tadel *(laus* und *vituperatio*, ἔπαινος und ψόγος) abgiebt und also das Sittlichgute und Schlechte *(honestum* und *turpe*, τὸ καλόν und τὸ αἰσχρόν) zum Maßstabe nimmt, somit über Gegenwärtiges ein Urteil abgiebt.

Hermagoras und die späteren Techniker gerieten in dem Streben, auch das Einfachste zu schematisieren und in der Absicht, die Aufgabe des Philosophen recht streng von der des Redners zu trennen, auf den Abweg, diese einfache Lehre[26]) zu verlassen. So erscheinen bei ihm die drei *genera orationis* nur als Unterabteilungen des Qualitätsstatus des *genus rationale*, also nicht als Gebiete oder Arten der Redekunst. Mit Recht griff übrigens eine spätere Zeit wieder auf Aristoteles zurück, und die eifrige, wenn auch etwas konfuse Polemik Ciceros de inv. I 6, 8 und besonders 9, 12 vgl. de or. II 43, ebenso wie die ruhige Bestimmtheit des Auctor ad Her.[27]) be-

26) Die Lehre, die Crassus I 139 flg. vorträgt, ist mit der landläufigen Überlieferung, die auf Anschauungen des Hermagoras basiert, nicht in Einklang zu bringen. Vielleicht aber ist sie zu verstehen als eine, wenn auch nicht sehr glückliche Weiterbildung seiner Lehre; offenbar wollte doch fast jeder Verfasser und Lehrer einer rhetorischen Techne irgendwo wenigstens etwas Selbständiges bringen, das öfter zu dem Ganzen recht schlecht passen mochte, ganz von zahlreichen und häufigen Mißverständnissen abgesehen. Cicero ließ seine Sprecher ganz offenbar und mit Absicht verschiedenen der damals gangbarsten Systeme oder Darstellungen folgen. Crassus' Lehre also verwirft ebenfalls diese hermagoreische Einfügung der drei *genera* und scheint eine Art von Vermittelung zwischen Aristoteles und Hermagoras anzustreben, indem sie neben der allgemeinen Statuslehre, die Crassus für θέσεις und ὑποθέσεις zugleich gelten läßt, noch eine besondere Abteilung für die ὑποθέσεις festsetzt und von diesen *causae finitae* im engeren Sinne andeutet, daß sie teils in *iudiciis*, teils in *deliberationibus*, teils in *laudationibus* versantur. Damit ist III 109 flg. sehr wohl zu vereinen. Auch Cicero strich ja, weil er festhielt an den drei *genera orationis* die beiden ersten Unterabteilungen des hermagoreischen Qualitätsstatus (im Schema a u. b) und ließ nur den *iuridicialis* und *negotialis* gelten (de inv. I 11, 14 flg.) als Unterabteilungen des *generalis*; II 110 flg., bes. 112 führt er die Unterabteilungen des hermagoreischen γένος νομικόν auch auf die ποιότης zurück.

27) ad Her. I 2, 2 Tria sunt genera causarum, quae recipere debet orator, demonstrativum, deliberativum, iudiciale. *Demonstrativum* est, quod tribuitur in alicuius certae personae laudem vel vituperationem; *deliberativum* est, quod in consultatione positum, habet in se sua-

weisen, daß man sich damals in Rom von der Auffassung des Hermagoras in diesem Punkte allgemein freigemacht hatte. Damit ist freilich noch keineswegs eine ganz klare Auffassung gegeben davon, wie diese Aufstellung von Hermagoras eigentlich gemeint sei; und so richtig einzelnes von Netzker in seiner höchst verdienstlichen Dissertation (Kiel 1879) gefunden ist, so wenig darf man seine Aufstellungen für allseitig richtig halten. Hoffentlich bringt eine nicht allzuferne Zukunft weitere Aufklärung.

§ 5.
Aufgabe des Redners.

Im allgemeinen ist die Aufgabe des Redners eine dreifache, er soll belehren, ergreifen, ergötzen[27a]) *(docere, movere, delectare)*, und um dies zu thun, liegt ihm, wenn er sich seiner Aufgabe im besonderen zuwendet, in allen Fällen, sowohl bei Behandlung der allgemeinen Themata, als der *causae* im engern Sinn, in welcher Redegattung es auch sein mag, ein Fünffaches zu thun ob[28]): 1. das Auffinden und Sammeln des Stoffes, die *inventio* ($ε\~υρεσις$)[29]); 2. die Verteilung und Anordnung des gesammelten Stoffs, *dispositio* oder *ordo* ($τάξις$)[30]); 3. die Stilisierung, der sprachliche Ausdruck, *elocutio* ($φράσις$, $λέξις$)[31]) — diese drei Teile wurden auch unter der gemeinsamen sionem et dissuasionem, *iudiciale* est, quod positum in controversia habet accusationem aut petitionem cum defensione II 1, 1 flg.; III 6, 10 flg.; de inv. I 5, 7. Or. part. 3, 10; 20, 70; 28, 98; de or. I 141; II cap. 82—86; Quint. III 4, 12 flg.; Aristot. rhet. I 3.

27a) Cic. de opt. gen. 1, 3; Or. 69; 101; de or. II 115; Quint. III 5, 2; Brut. 185

28) ad Her. I 2, 3 Oportet igitur esse in oratore inventionem, dispositionem, elocutionem, memoriam, pronuntiationem. de inv. I 7, 9 werden diese fünf als partes rhetoricae (wie Quint. III 3, 1), de or. II 79 als quasi membra eloquentiae bezeichnet, de or. I 142 als die fünf partes, in welche omnis oratoris vis ac facultas zerfällt; ebenso Or. part. I 3, wonach die vis oratoris in rebus et verbis est; das invenire u. collocare bezieht sich auf beide, das eloqui auf die verba; die actio ist eloquendi comes, u. d. memoria ist earum rerum omnium custos (Quint. VIII pr. 6).

29) de inv. I 7, 9 *inventio* est excogitatio rerum verarum aut veri similium, quae causam probabilem reddant. Ganz gleichlautend ist die Definition bei Rhet. ad Her. I 2, 3. Or. part. 5 wird als ihr Zweck angegeben, ut inveniat, quemadmodum tidem faciat eis, quibus volet persuadere, et quemadmodum motum eorum animis afferat. Zuweilen brauchte man auch iudicium dafür (z. B. Hermagoras s. A. 32; vgl. Or. 44 nam et invenire et iudicare quid dicas magna illa quidem sunt et tamquam animi instar in corpore, sed propria magis prudentiae, quam eloquentiae); u. für invenire geradezu excogitare (de or. I 187).

30) de inv. I 7, 9 *dispositio* est rerum inventarum in ordinem distributio. ad Her. l. l. ordo et distributio rerum, quae demonstrat, quo quidque loco sit *collocandum*, daher ordo collocatioque Or. part. 3, 9—5, 15; Quint. VII 1 flg.; de or. II 307 flg.

31) de inv. l. l. *elocutio* est idoneorum verborum [et sententiarum] ad inventionem accommodatio, gleichlautend mit ad Her. l. l.; Or. part. 1 flg.; Or. part. 16—24; Quint. VIII pr. 15 und c. 1 flg. Hierher gehört denn die Lehre von den Figuren und Tropen (s. ind. lumina).

Bezeichnung der Ökonomie d. h. des eigentlichen Aufbaues der Rede begriffen[32]); 4. das Memorieren, *memoria*[33]) (μνήμη), und 5. der Vortrag, *actio*, *prununtiatio* (ὑπόκρισις oder ὑποφορά)[34]). Unter diesen fünf Operationen, in denen sich die Arbeit des Redners erschöpft, wurden nun in der Regel von den griechischen Technikern die beiden ersten, insbesondere die *inventio* mit großer Ausführlichkeit behandelt, während Cicero schon in seiner Schrift *de oratore*, noch mehr aber im *Orator* mit richtigem Takt das Hauptgewicht auf die eigentlich spezifisch-oratorische Operation, auf die *elocutio* legte: gerade hier ist eine rednerische Unterweisung an ihrem eigentlichen Platze und kann auch verhältnismäßig am fruchtbarsten wirken, während die Fähigkeit der Erfindung und Gedankenordnung mehr auf produktiver Kraft und klarem Verstand, die *memoria* und *actio* aber auf der angeborenen Gabe eines guten Gedächtnisses, schöner Stimme und Gestalt beruhen[35]). Ja die *memoria* verwirft er als einen besonderen Teil der Rhetorik or. 54, da sie *multarum artium communis* sei; dem entspricht, daß er im 2. Buche den Antonius die Rede von der *memoria* nicht als selbständigen Teil, sondern nur ganz anhangsweise und kurz entwickeln läßt (350 flg.).

§ 6. Die bisher aufgeführten Kapitel der Rhetorik handeln von der rednerischen Kunst im allgemeinen nach ihrem Begriff und Objekt, nach der dreifachen Redegattung und der fünffachen rednerischen Thätigkeit; es folgt nun gleichsam das Produkt aus den genannten Faktoren: die Rede und deren Teile, wobei vorzugsweise das *genus iudiciale* als das wichtigste ins Auge gefaßt wird. Es sind die bekannten Teile, in welche die Rede zerfällt: 1. der Eingang, *exordium*[36]), das manche

---

32) So bei Hermagoras nach Quint. III 3, 9 Hermagoras iudicium, partitionem, ordinem quaeque elocutionis suut subiicit oeconomiae; obschon anderwärts unter οἰκονομία speziell die Disposition verstanden wird.

33) de inv. l. l. *memoria* est firma animi rerum et verborum (et dispositionis ad Her. l. l.) ad inventionem perceptio. ad Her. III 16, 28 nunc ad thesaurum inventorum atque omnium partium rhetoricae artis custodem memoriam transeamus. Or. part. 1, 3 earumque rerum omnium custos memoria; 7, 26; de or. I 18; II 350 flg.; Brut. 219; de opt. gen. or. 5 sed earum omnium rerum [ut aedificiorum] memoria est quasi fundamentum. Quint. XI 2. Die mnemonischen Regeln fanden hier ihre Stelle.

34) de inv. l. l. *pronuntiatio* est ex rerum et verborum dignitate vocis et corporis moderatio. ad Her. l. l. p. est vocis vultus gestus moderatio cum venustate. Or. part. 25; de or. I 18; 142; III 213 flg.; Or. 55 est enim actio quasi corporis quaedam eloquentia, cum constet e voce atque motu. Quint. XI 3.

35) Quint. VIII pr. 14 Et M. Tullius inventionem quidem ac dispositionem prudentis hominis putat, eloquentiam oratoris, ideoque praecipue circa praecepta partis huius laboravit de or. I 145; II 120; Or. 44.

36) de inv. I 15, 20 *Exordium* est oratio animum auditoris idonee comparans ad reliquam orationem;

wieder in *principium* (προοίμιον) und *insinuatio* (ἔφοδος) teilen³⁷); 2. die Geschichtserzählung, *narratio*³⁸), διήγησις, bei der mehrfache Arten unterschieden wurden: als ἀντιδιήγησις *(cum adversarii afferimus narrationem)*, παραδιήγησις *(n. rerum, quae extra causam sunt, sed tamen ad causam faciunt)*, ὑποδιήγησις *(qua simul cum rebus etiam eorum qui gesserunt voluntates, consilia et causas exponimus)*, καταδιήγησις *(cum sola narratione materia continetur)*, ἐπιδιήγησις *(repetita narratio* Quint. IV 2, 128) und διασκευή *(quae res gestas non tam doceat, sed exaggeret)*; 3. die Aufstellung des Themas, *propositio*, und die vorläufige Angabe der Einteilung der Rede, *partitio*, *divisio* (προηγουμένη) διαίρεσις³⁹); [Nr. 3 braucht übrigens nicht als selbständiger Teil der Rede aufgefaßt zu werden, sondern kann auch als Einleitung zu Nr. 4 gelten oder als Abschluß von Nr. 2. Es hat diese Anschauung den Vorteil, eine genaue Korrespondenz zwischen den fünf Aufgaben des Redners (§ 5) und den fünf Teilen der Rede zu erzielen.] 4. die Beweisführung, *argumentatio*, *probatio*, *confirmatio*, ἀπόδειξις⁴⁰); 5. die Widerlegung des Gegners, *confutatio*, *refutatio*, *reprehensio*, ἀντιλογία⁴¹) und 6. der Schluß, *conclusio*, *peroratio*, ἐπίλογος⁴²), dem nach andern noch ein Exkurs, *digressio*, παρέκβασις vorausgehen soll⁴³).

quod eveniet, si cum benevolum, attentum, docilem confecerit. ad Her. I 3, 4 exordium est principium orationis, per quod animus auditoris constituitur ad audiendum. Or. part. 8, 28; de or. 1 143; II 315 bis 326; Or. 128; Quint. IV 1.

37) ad Her. I 4, 6 Exordiorum duo sunt genera, principium, quod Graece προοίμιον appellatur, et insinuatio, quae ἔφοδος nominatur (principium I 4, 6—5, 8; insinuatio 6, 9—7, 11).

38) de inv. I 19, 27 *Narratio* est rerum gestarum, aut [proinde (ad Her. I 3, 4)] ut gestarum expositio. Or. part. 31 rerum explicatio. ad Her. I 8, 12 flg.; de or. II 326 flg.; Quint. IV 2.

39) ad Her. I 3, 4. *Divisio* est per quam aperimus quid conveniat, quid in controversia sit et per quam exponimus, quibus de rebus simus dicturi. I 10, 17; II 18, 28; de inv. I 22, 31 flg.; de or. II 80; 177; 331 sequitur ut *causa ponatur*. Quint. IV 4 u. 5.

40) de inv. I 24, 34 *Confirmatio* est, per quam argumentando no-strae causae fidem et auctoritatem et firmamentum adiungit oratio. ad Her. I 3, 4 confirmatio est nostrorum argumentorum expositio cum asseveratione. Or. part. 33 ea, quae ad faciendam fidem pertinent; quae quidem in confirmationem et in reprehensionem dividuntur; nam in confirmando nostra probare volumus, in reprehendendo redarguere contraria. de or. II 331; Quint. V 1 flg.

41) de inv. I 42, 78 *Reprehensio* est, per quam argumentando adversariorum confirmatio diluitur [aut infirmatur], aut elevatur. ad Her. I 3, 4 Confutatio est contrariorum locorum dissolutio. Or. part. 33; 44; de or. II 331; Quint. V 13.

42) de inv. I 52, 98 *Conclusio* est exitus et determinatio totius orationis. ad Her. l. l. Conclusio est artificiosus terminus orationis. Or. part. 52; de or. II 332; Quint. VI 1.

43) de or. II 80. So nach Hermagoras (de inv. I 51, 97), dem jedoch Cic. in diesem Stück nicht beitritt. Dann konnte man sieben Redeteile

Über alle diese Redeteile wurden dann wieder vielfache besondere Vorschriften gegeben und sowohl ihr Zweck, als ihre Gesetze mit großer Ausführlichkeit behandelt[44]). Daß es dabei an häufigen Wiederholungen nicht fehlen konnte, ist leicht einzusehen, wenn man erwägt, wie die vorausgehenden allgemeinen Regeln über Erfindung, Disposition, Beweisführung bei jedem der obengenannten sechs oder sieben Redeteile ihre besondere Anwendung fanden und also nun wieder speziell von der Erfindung und Anordnung des Proömiums, der Geschichtserzählung, der Beweise die Rede war. Doch das war nun einmal das Feld, auf dem sich diese Rhetoriker in unendlicher Weitschweifigkeit ergingen[45]): daher die Masse von Regeln und Vorschriften für das *exordium* und die *narratio*, die meist sehr weit hergeholt und trocken waren; ebenso wie die tausend Abstufungen der Beweisführung und des Ausgangs der Rede[46]).

§ 7.

Das *exordium* nimmt seinen Ausgang entweder von der Person (Redner, Kläger, Gegner, Richter) oder von der Sache, oder von beiden. Demgemäß gab man genaue Anweisung, wie man das *exordium* einrichten müsse, wenn der zu behandelnde Fall unter die Kategorie des Sittlich-Guten (*honestum ἔνδοξον*) oder Schlechten und Niedrigen *(turpe, humile ἄδοξον)* oder des in dieser Beziehung Zweifelhaften *(dubium, anceps ἀμφίδοξον)* oder des Auffallenden (*παράδοξον*) und Dunkeln (*obscurum δυσπαρακολούθητον*) falle[47]). Dabei bestimmte man sorgfältig die Fälle, wo ein *principium*, ein offener Eingang nicht am Orte sei, sondern wo man vielmehr wie auf einem Schleichwege die Zuhörer für sich und seine Sache stimmen müsse (*insinuatio)*[48]) ἔφοδος, sei es, wenn wir eine schlechte Sache zu verteidigen haben, oder wenn die Zuhörer von den Rednern,

aufzählen; faßte man 4 u. 5 zusammen, so kamen nur fünf heraus; ja Cic. Or. part. 1, 4 führt mit Weglassung von 3 nur vier auf: earum duae valent ad rem docendam, narratio et confirmatio, ad impellendos animos duae, principium et peroratio; erkennt jedoch auch die amplificatio als besondern Teil an, der aber an keine bestimmte Stelle gebunden im ganzen Verlauf der Rede vorkommen kann (8, 27); de or. II 79; 312; Or. part. 14; 52; 128.
44) de or. I 86.
45) Daher die Polemik dagegen de or. II 77 flg.
46) Tac. dial. de or. c. 19 Iam vero longa *principiorum* praeparatio et *narrationis* alte repetita series et multarum *divisionum* ostentatio et mille *argumentorum* gradus et quicquid aliud aridissimis Hermagorae et Apollodori libris praecipitur, in honore erat.
47) de inv. I 15, 20 flg.; ad Her. I 3, 5; Quint. IV 2, 40.
48) de inv. I 15, 20 *Principium* est oratio perspicua et protinus conficiens auditorem benevolum aut docilem aut attentum (Or. part. 28 ut amice, ut intellegenter, ut attente audiamur); *insinuatio* est oratio quadam dissimulatione et circuitione obscure subiens auditoris animum (vgl. das Verfahren des Antonius in dem Prozeß des Norbanus de orat II 198 flg.).

die zuvor gesprochen, schon überzeugt zu sein scheinen, oder auch wenn die Zuhörer durch das Anhören der vorhergehenden Redner abgespannt und müde sind. Dazu schied man streng die Mittel, durch welche man die Aufmerksamkeit, von denen, durch welche man das Wohlwollen errege; letzteres gewinnt der Redner dadurch, daß er seine Person ins Licht, die des Gegners in den Schatten stellt, den Zuhörern schmeichelt und seine Sache preist, die des Gegners aber herabsetzt [49]).

§ 8. *Entwickelung des Sachverhalts.* Was sodann die **narratio** betrifft, so unterschied man zuvörderst, (wie wir oben sahen) zwischen der eigentlichen Erzählung des zur Entscheidung vorliegenden Falls und der beiläufigen Erzählung eines analogen und wenigstens nicht ganz fremden Falls, und endlich einer vom vorliegenden Fall ganz unabhängigen Erzählung zur Erheiterung und Erfrischung der Zuhörer, sei es eines Märchens aus dem Gebiet der Sage *(fabula)* oder eines geschichtlichen Ereignisses aus der Vergangenheit *(historia)* oder auch eines fingierten Falls. Ferner blieb man nicht bei der Aufstellung der einfachen, unerläßlichen Forderungen der Erzählung, daß sie kurz, deutlich, wahrscheinlich (σύντομος, σαφής, πιθανή) sei, stehen [50]), sondern gefiel sich dabei in abstrakter Aufzählung der möglichen Fälle und deren Begriffsbestimmung. Die narratio kann wegfallen, wenn z. B. den Richtern aus einer früheren Verhandlung alles genügend bekannt ist.

§ 9. *Das Thema und die Einteilung seiner Behandlung.* In gleicher Weise teilte man selbst die **divisio** wieder in zwei Teile, deren erster das, worin man mit dem Gegner bereits einig geworden ist, — was also nicht mehr Gegenstand der Erörterung sein kann —, der andere noch nicht entschiedene Dinge aufzählt. Diesen letzteren Teil, *distributio* genannt [51]), spaltete man wieder in *enumeratio*, bloße Aufzählung, und *expositio*, kurze vorläufige Auseinandersetzung des aufgezählten. Daran schlossen sich weiter die rhetorischen Forderungen für die *partitio* im engeren Sinn an, daß sie übersichtlich, vollständig und logisch richtig sei [52]), wo wieder Begriffsbestimmung an Begriffsbestimmung sich reihte, alles

---

49) de inv. I 16, 22 Benevolentia quatuor ex locis comparatur: ab nostra, ab adversariorum, ab iudicum persona, a causa.

50) de inv. I 20, 28 Oportet igitur eam tres habere res, ut *brevis*, ut *aperta*, ut *probabilis* sit. ad Her. I 9, 14 tres res convenit habere narrationem, ut *brevis*, ut *dilucida*, ut *verisimilis* sit. de or. II 326: Or. part. 31 will, daß die narratio dilucida, probabilis und suavis sei. Top. 97 (narrationes) ut planae sint, ut breves, ut evidentes, ut credibiles (Or. 124), ut moratae, ut cum dignitate. Quint. IV 2, 31.

51) ad Her. I 10, 17; de inv. I 22, 31 (von der weiter unten zu erwähnenden zwiefachen enumeratio verschieden).

52) de inv. I 22, 32 habere debet brevitatem, absolutionem, paucitatem.

ebenso schematistisch genau und symmetrisch, als unpraktisch[53]).

Den reichsten Stoff zu Begriffsbestimmungen und Einteilungen bot jedoch der vierte und fünfte Teil, die **confirmatio** und **refutatio**, der Beweis und die Widerlegung, dar, wo nicht nur die oben erwähnte Lehre von den στάσεις, sondern die gesamte Theorie von den Fundstätten der Beweise, den *sedes et quasi domicilia*, *loci*, *thesauri argumentorum*[54]), also die Topik[55]), die Lehre von den Arten der Beweise überhaupt und jeder Redegattung insbesondere, und die Lehre vom Beweisverfahren, der *argumentatio* im engern Sinn[56]), ihre Stelle fand. — Da handelte es sich demnach sowohl um die vor oder außer der Sache und der eigentlichen Thätigkeit des Redners liegenden, d. h. von ihm nicht erst zu suchenden Beweismittel, die πίστεις ἄτεχνοι[57]) (oder auch ἐπίθετοι)[58]) — wie Präjudicien, guter oder böser Leumund, Foltergeständnis, Urkunden, Eid, Zeugen —, als um die innerhalb der Sache und der Thätigkeit des Redners liegenden und von ihm erst zu findenden Beweismittel, die πίστεις ἔντεχνοι[59]) — wie Wahrscheinlichkeitsgründe und Indicien, der eigentlich logische Beweis und der Beweis aus Analogie. Die eigentlichen (logischen) Beweise zerfielen nach der Theorie der griechischen Rhetoren wieder in ἀποδείξεις, ἐνθυμήματα und ἐπιχειρήματα[60]), d. h. man unterschied zwischen dem strengen so zu sagen mathematischen Beweis, ἀπόδειξις[61]), dem Induktionsbeweis, der aus unbestrittenen oder erwiesenen Prämissen

---

53) de or. II 81 sunt — *concinne distributa, sed tamen id quod necesse fuit hominibus expertibus veritatis, non perite.*
54) de or. II 152 flg.; Or. part. 109.
55) Als die *disciplina inveniendorum argumentorum*, Top. 1, 1 flg.
56) Or. part. 45.
57) Arist. Rhet. I 2 (p. 7 Sp.); Or. part. 5; 48 quae sine arte (bei Quint. V 1, 1 *inartificiales*) appellantur oder *assumpta*; *nec eo dicuntur sine arte, quod ita sunt, sed quod ea non parit oratoris ars, sed foris ad se delata tamen arte tractat, et maxime in testibus.* Top. 8; 24; de or. II 116 flg.; 163 flg.
58) Anaxim. art. rhet. c. 7 (p. 27 Spengel) εἰσὶ δὲ δύο τρόποι τῶν πίστεων· γίνονται γὰρ αἱ μὲν ἐξ αὐτῶν τῶν λόγων καὶ τῶν πράξεων καὶ τῶν ἀνθρώπων, αἱ δ᾽ ἐπίθετοι τοῖς λεγομένοις καὶ τοῖς πραττομένοις· τὰ μὲν γὰρ εἰκότα καὶ παρα-
δείγματα καὶ τεκμήρια καὶ ἐνθυμήματα καὶ αἱ γνῶμαι καὶ τὰ σημεῖα καὶ οἱ ἔλεγχοι πίστεις ἐξ αὐτῶν τῶν λόγων καὶ τῶν ἀνθρώπων καὶ τῶν πραγμάτων εἰσίν, ἐπίθετοι δὲ δόξα τοῦ λέγοντος μαρτυρίαι βάσανοι ὅρκοι. Or. 121.
59) Quint. V 9, : *Omnis igitur probatio artificialis constat aut signis aut argumentis aut exemplis.* Jene, die *signa*, sind wieder untrügliche Indicien, ἄλυτα σημεῖα od. τεκμήρια im engern Sinn, und solche, die man nach allgemeiner Annahme als ausreichend ansehen darf, εἰκότα.
60) Quint. V 10, 1 *Nunc de argumentis; hoc enim nomine complectimur omnia, quae Graeci* ἐνθυμήματα, ἐπιχειρήματα, ἀποδείξεις *vocant, quamquam apud illos est aliqua horum nominum differentia, etiamsi vis eodem fere tendit.*
61) Quint. V 10, 7 ἀπόδειξις *est evidens probatio (demonstratio)*.

68   EINLEITUNG II § 11.

Schlüsse zieht, dem ἐνθύμημα⁶²) oder oratorischen Syllogismus — oder der ἐπαγωγή im engern Sinn⁶³), oft in der Form der oratorischen Frage — und dem ἐπιχείρημα, der *aggressio*, *argumentatio* oder besser *ratiocinatio*, der einfachen, vernünftigen Erwägung, die aus der Natur der Sache die entscheidende Folgerung nimmt⁶⁴): — Bezeichnungen, in deren Erklärung jedoch die Rhetoren wieder vielfach von einander abweichen. Man unterschied die Begriffe ἐνθύμημα und ἐπιχείρημα z. B. auch so, daß man unter ἐνθύμημα einen abgekürzten, unter ἐπιχείρημα dagegen einen vollständigen Schluß mit ausdrücklich angeführtem Ober- und Untersatz verstand.

§ 11.   Hierher gehört nun die bereits erwähnte Lehre von den
Topik. Beweisfundstätten oder die Topik, die eine sehr spezielle Behandlung erfuhr⁶⁵). Die Beweise sollen nämlich entnommen werden: 1. von den Personen und deren Lebensverhältnissen, von ihrer Geburt, ihrem Vaterland, Geschlecht, Alter, Namen, von ihrer Erziehung, ihrem Äußern, ihrer Körpergestalt, ihren Vermögensverhältnissen, Stellung, Temperament, Charakter, Lebensart, Beschäftigung, früherem Auftreten, politischer Richtung u. s. w.⁶⁶); 2. von den Dingen oder den Handlungen der Personen, sei es *a*) von den Ursachen und Beweggründen derselben, Haß, Zorn, Leidenschaft, Neid, Hoffnung, Ehrgeiz, Furcht, Verwegenheit u. s. w., oder *b*) von dem Ort der Handlung und der besonderen Beschaffenheit des Terrains; oder *c*) von der Zeit der Handlung und den besonderen zeitlichen Verhältnissen, die der That vorausgingen oder mit ihr verbunden waren oder ihr nachfolgten; oder *d*) von den Mitteln und *e*) von der Art und Weise der Handlung, ob sie mit Absicht oder unabsichtlich geschehen, ob geheim oder öffentlich. — Ferner sind nach der rheto-

---

62) Quint V 10, 1 *enthymema* — unum intellectum habet, quo omnia mente concepta significat —; alterum, quo sententiam cum ratione; *tertium*, *quo certam quandam argumenti conclusionem vel ex consequentibus vel ex repugnantibus;* quamquam de hoc parum convenit. Sunt enim qui illud prius epichirema dicant, pluresque invenias in ea opinione, ut id demum quod pugna constat, enthymema accipi velint; et ideo illud Cornificius contrarium appellat. Hunc alii *rhetoricum syllogismum*, alii *imperfectum syllogismum* vocaverunt, quia nec distinctis nec totidem partibus concluderetur (näml. ich wie d. log. Syllogismus), quod sane non utique ab oratore desideratur.

63) de inv. I 31, 51 *Inductio* est oratio, quae rebus non dubiis captat assensiones eius quicum instituta est. Quint. V 11, 3; Top. 42 Haec ex pluribus perveniens quo vult appellatur inductio, quae Graece ἐπαγωγή nominatur, qua plurimum est usus in sermonibus Socrates.

64) de inv. I 34, 57 *Ratiocinatio* est oratio ex ipsa re probabile aliquid eliciens, quod expositum et per se cognitum sua se vi et ratione confirmet. Cornif. ad Her. II 2, 2. Quint. V 10, 6.

65) de or. II 146; 163 flg.

66) de inv. I 24, 34 flg. Quint. V 10 flg.

rischen Theorie die Beweise zu entnehmen: von dem Wortbegriff der Handlung *(ex definitione)*; von dem Gattungsbegriff, unter den die Handlung fällt *(ex genere)*; von der Species, der sie angehört *(ex parte* oder *specie)*; von den wesentlichen Merkmalen insbesondere *(ex proprio)* und von ihrem Unterschied von andern *(ex differenti)*; von den verschiedenen Seiten derselben *(ex divisione)*; von der Beseitigung der möglichen Fälle, sodaß zuletzt nur einer übrig bleibt *(ex remotione)*; von der allmählichen Entwickelung nach Anfang, Fortschritt und Vollendung. — Daran schließt sich dann endlich noch eine lange Reihe neuer *loci argumentorum;* die Beweise fließen: aus Ähnlichkeit *(ex similibus)* und Unähnlichkeit *(ex dissimilibus):* aus Gegensatz *(ex contrariis)* und Widerspruch *(ex repugnantibus);* aus Zusammenhang *(ex consequentibus* oder *adiunctis)* und Verwandtschaft *(ex rebus mutuam confirmationem praestantibus,* ἐκ τῶν πρὸς ἄλληλα); aus Ursache *(ex causis)* und Wirkung *(ex eventu);* aus Vergleichung *(ex comparatione)* und Zusammenstellung *(compositione)* u. s. w.[67]), ein Labyrinth von vielverschlungenen Gängen und Windungen, aus dem nur der Ariadnefaden einer lebendigen Erfahrung den Ausweg zeigen konnte. — Dazu wurde dann auch die oben neben dem Indicienbeweis und dem eigentlichen Beweis genannte Beweisführungsart, die Analogie, oder das Gleichnis und das Beispiel, παράδειγμα, obwohl sie der Hauptsache nach in den angeführten Kategorieen schon mitenthalten ist, dennoch ganz besonders betrachtet: als historisches Beispiel, das wieder *simile, dissimile* oder *contrarium* sein konnte, oder als mythisches Beispiel, besonders aus dem Sagenkreis der antiken Tragödie; oder auch als Tierfabel und Sprichwort.

Rascher pflegte dagegen die rhetorische Theorie der *confirmatio* über die fehlerhaften Beweise, wie überhaupt über das eigentliche Methodologische, über die Stellung und Anwendung der Beweise hinwegzugehen, abermals ein Beweis, wie die Rhetoriker gerade das eigentlich Praktische meist übersahen.

Mit mehr Recht dagegen hielten sie sich bei der *refutatio* (oder *reprehensio*)[68]) nicht zu lange auf, da die Gesetze der *confirmatio* sich auf das Gegenstück derselben, auf die *refutatio*, wo es sich eben um Entkräftung der gegnerischen Beweise handelt, ganz leicht anwenden ließen.

Der fünfte bezw. sechste und letzte Teil der Rede, der Schluß oder Ausgang der Rede, die peroratio, *conclusio*[69]) oder *exitus*, zerfiel wieder in mehrere Teile, in die *enumeratio*,

§ 12.
Schluß der Rede.

---

67) Quint. V 10, 71 flg.; Top. 41 flg.   69) s. A. 42.
68) s. A. 41.

amplificatio und *commiseratio*. — Die *enumeratio*[70] (συλλογή, ἀνακεφαλαίωσις), die Aufzählung ist eine kurze Rekapitulation des ganzen Ganges oder der Hauptmomente der Rede zu besserer Orientierung und um das Wichtigste noch einmal einzuprägen: die *amplificatio*, αὔξησις bezw. μείωσις (de or. I 143; III 104) — oder *indignatio*, wie der speziellere Ausdruck bei Cicero[71]) lautet —, ist die Steigerung und Verallgemeinerung hauptsächlich vermittels jener Gemeinplätze *(loci communes)*[72]), die geeignet waren, auf das Gemüt der Zuhörer zu wirken: daß man sich auf die göttliche und menschliche Ordnung beruft *(auctoritas)* und auf die gesetzlichen Bestimmungen, oder auf die tief eingreifende Bedeutung der Handlung hinweist; daß man die bedenklichen Folgen hervorhebt, die eine milde Beurteilung oder gar die Straflosigkeit des Gegners nach sich ziehen würde, oder zeigt, wie eine ungünstige Entscheidung in diesem einen Falle nicht wieder gut gemacht werden könne, dann die böse Absicht des Thäters, das Außerordentliche des Vergehens hervorhebt und die Entrüstung des Zuhörers durch nochmalige Hervorhebung aller einzelnen Momente der That zu erregen sucht. Das dritte in der *peroratio* ist die *commiseratio* oder *conquestio*[73]), die Mitleidserregung der Zuhörer, wo auch wieder jene Gemeinplätze ihre Stelle haben: von der Hinfälligkeit des menschlichen Lebens und der Macht des Schicksals, dem Kontrast zwischen damals und jetzt, dem zukünftigen Elend, wenn der Prozeß verloren geht, von dem Unglück, das dann die gesamte Familie trifft, und was der Mittel das Mitleid zu erregen mehr sind. Und da überhaupt in der *peroratio* das Pathetische vorzugs-

---

70) de inv. I 52, 98 *enumeratio est, per quam res disperse et diffuse dictae unum in locum coguntur et reminiscendi causa unum sub adspectum subiiciuntur*. ad Her. II 30, 47; Or. part. 59 flg.

71) de inv. I 53, 100 *indignatio est oratio, per quam conficitur, ut in aliquem hominem magnum odium aut in rem gravis offensio concitetur*. ad Her. II 30, 47 *amplificatio est, quae per locum communem instigationis auditorum causa sumitur*. III 13, 24; Or. 125 flg.; Or. part. 27 *itaque ad fidem quoque vel plurimum valet; est enim amplificatio vehemens quaedam argumentatio, ut illa docendi causa sit, haec commovendi*. 53.

72) de or. III 106. s. ind. loci communes.

73) de inv. I 55, 106 *conquestio est oratio auditorum misericordiam captans*. ad Her. III 13, 24 wird die conq. als Spezies der amplif. aufgeführt: amplif. dividitur in cohortationem et conquestionem. *Cohortatio est oratio, quae aliquod peccatum amplificans auditorem ad iracundiam adducit; conquestio est oratio, quae incommodorum amplificatione animum auditoris ad misericordiam perducit*. Die lateinischen Rhetoren unterschieden daher die *amplificatio* als oratio, quae aut in iracundiam inducit aut ad misericordiam trahit auditoris animum, von *sermo* als oratio remissa et finitima cotidianae locutioni und von *contentio* als oratio acris et ad confirmandum et ad confutandum accommodata (ad Her. III 13, 23).

weise seine Stelle hat, so kamen hier die Vorschriften über das πάθος, d. i. vorübergehende aufgeregte Stimmung, in seinem Unterschiede vom ἦθος, der gleichmäßigen, ruhigen Haltung des Gemüts vor, von denen das erstere dazu dient, die starken Affekte, wie Furcht, Zorn, Haß, Mitleid hervorzurufen, das andere mehr beruhigend und durch Hervorhebung der edlen Seiten vertrauenerweckend wirken soll [74]). Das sind ungefähr die Punkte, auf welche sich die rhetorische Doktrin der Techniker erstreckte. Insofern sie die rhetorischen Begriffe feststellte und bestimmte, dann das Gebiet des Redners absteckte und über den eigentlichen Streitpunkt ausführliche Vorschriften erteilte, ferner die Redegattungen von einander unterschied und die rednerische Arbeit unter fünf feststehende Kategorien brachte, endlich die gleichfalls unveränderlichen Teile der Rede besprach, bot diese Theorie (und bietet sie noch) dem künftigen Redner gewisse, feste Haltpunkte dar, an die er sich vorerst anschließen, bleibende Gesichtspunkte, an denen er sich orientieren, unveränderliche Kategorien, unter die er sein oratorisches Material bringen konnte [75]). Aber mehr als diese doch eigentlich präparatorische Bedeutung hat das technische System im allgemeinen nicht, und wer damit das Wesen der Redekunst erschöpft zu haben oder durch das bloße Wissen der abstrakten Theorie ein fertiger Redner zu werden glaubte, war damals (und ist jetzt noch) gar sehr im Irrtum [76]). Dazu gehört doch in der That viel mehr, und diese größere Aufgabe des wahren Redners ist es eben, die Cicero von einem höheren Standpunkte aus in seinen drei Büchern *de oratore* so lebendig geschildert hat.

74) Or. 128; Quint. VI 2, 8 flg. Das πάθος dient also dem permovere, das ἦθος dem conciliare (de or. II 114; 182 flg.)

75) de or. I 145.

76) de or. I 109; III 54.

Zu A. 6. Um anderweitige Studien anzuregen, sei hier noch kurz bemerkt, daß das oben S. 53 A. 6 über Hermagoras' System Gesagte der Ergänzung bedarf. Sein ζήτημα πολιτικόν ist nicht ohne weiteres gleichzusetzen der ὑπόθεσις, sondern sein ζήτ. πολ. umfaßte die θέσις und ὑπόθεσις, wie sie die vulgäre Auffassungsweise der Rhetoriker bislang ausgeprägt hatte. Cic. de inv. I 6, 8 entzieht die thesis dem Forum des Redners (Quint. III 5, 14), und seine ausführliche Polemik erweist seine (wohl philosophische) Quelle als äußerst antihermagoreisch. Wenn ferner Quint. III 1, 15 bemerkt: seit Theophrast waren die Philosophen, besonders Stoiker und Peripatetiker, weit eifriger um die Rhetorik bemüht, als die Rhetoren, und dann fortfährt: Fecit deinde velut propriam Herm. viam, so ist klar, daß des Herm. Methode gegenüber den bisherigen Bemühungen der Philosophen und Rhetoren etwas Eigenartiges gehabt haben muß. Vielleicht ist sein Verdienst eben eine gerechtere Ausgleichung der Gebietsverhältnisse zwischen Philosophie und Rhetorik: er als Philosoph und Rhetor (Einl. I A. 29) mochte am leichtesten solche Einseitigkeiten vermeiden können.

M. TULLII CICERONIS
DE ORATORE
LIBER PRIMUS.

Inhalts-Übersicht.

Proömium. 1, 1—7, 29. Die eigene, von Jugend auf unter allen Wechselverhältnissen des Lebens festgehaltene Neigung des Cicero zu rhetorischen Studien und die Bitte seines Bruders Quintus bilden die Beweggründe zur Abfassung der Schrift (— § 3). Die Form, in welcher Cicero die Aufgabe zu lösen gedenkt, die Bezugnahme auf die Urteile der berühmtesten Redner der Vergangenheit, giebt ihm zugleich die Gelegenheit, die geringe Meinung, die Q. Cicero von den Erfordernissen zum Redner hat, zu widerlegen. Gegen diese geringe Meinung spricht schon die kleine Zahl trefflicher Redner in Vergleich zu der Zahl derjenigen, die sich auf andern Gebieten des praktischen Lebens und der Kunst und Wissenschaft ausgezeichnet haben. Der Grund davon liegt in der Schwierigkeit der Sache (— 5, 19). Ist das Gebiet des Redners ein unbegrenztes, so bedarf er eines viel umfassenden, über die mannigfaltigsten Gebiete des Lebens sich erstreckenden Wissens. Nach dem Vorgange der Männer, an deren Autorität er sich halten will, beschränkt er jedoch seine Darlegung auf das *genus dicendi judiciale* und *deliberativum* (— 6, 23).

Einleitung. Gelegenheit, Ort, Zeit zu dem Gespräch, das von den großen Rednern Crassus und Antonius und den sie begleitenden jüngeren Freunden Sulpicius und Cotta und dem zufällig anwesenden Scaevola über die Redekunst gehalten sei (— 7, 29).

Tractatio. I 8, 30—21, 95. II 23, 107—61, 262.

I. Über Umfang und Inhalt des Gebiets der Beredsamkeit.
A) Ansicht des Crassus — 16, 73.

Das Exordium bildet das überschwengliche Lob, welches Crassus der Redekunst zuerteilt, der in das Gebiet dieser Kunst auch eine staatsmännische Aufgabe und einen gewissen Universalismus der Bildung zieht (— 8, 34).

Gegen diese beiden Punkte erhebt Scaevola Einspruch, indem er teils auf historische Beispiele, teils auf die Ansichten der Philosophen hinweist, und will den Redner auf das *genus judiciale* und *deliberativum* beschränkt wissen (— 44). Crassus erwidert, daß ihm diese Philosophen mit ihren Theorien wohl bekannt seien, daß er aber auch gegen sie in einer Disputation, die er mit ihnen in Athen gehabt, seine Meinung vertreten habe. Einerseits nämlich könne der Redner auch auf dem beschränkten Gebiet des *genus judiciale* und *deliberativum* jener staatsmännischen und philosophischen Bildung, von welcher die Philosophen ihn ausschließen wollten, nicht entbehren, und wenn andererseits *(sin)* das Wesen der Beredsamkeit in der Schönheit der Form ruhe, so habe diese die Kenntnis des Gegenstandes zu ihrer Voraussetzung, und seine Herrschaft über die Form befähige dann den Redner über jeden Gegenstand, nachdem er sich von Fachmännern über denselben habe belehren lassen, besser zu sprechen, als die Männer vom Fach selbst (§ 51). Auch was der Redner für das beschränkte Gebiet, auf dem er sich vorzugsweise bewege, nötig habe, sei nicht in den Schulen der Rhetoren zu gewinnen. Wenn er aber dies aus der Unterweisung der Philosophen holen müsse, so bleibe doch immer die sprachliche Behandlung sein Eigentum, und als solches werde es auch von den Philosophen anerkannt, indem sie ihre dahin einschlagenden Schriften als rhetorische bezeichnen (— § 57).

In der nun folgenden weiteren Ausführung der in jener Disputation besprochenen Fragen hält Crassus nicht nur an jenen Behauptungen fest, sondern er kehrt allmählich zu seiner ursprünglichen, allgemeinen Forderung zurück, wonach kein Thema vom Gebiet des Redners ausgeschlossen sei (§ 64). Wenn dazu sein Wissen nicht ein allumfassendes zu sein brauche, da er sich die für den besondern Fall erforderliche Kenntnis von den Kundigen könne suppeditieren lassen, so sei ihm doch von den drei Hauptgebieten der Philosophie, der Physik, Dialektik, Ethik, die letzte unentbehrlich. Das Feld der Beredsamkeit sei eben so weit, wie das der Poesie. Wenn nicht alle Gebiete des Wissens, die zur allgemeinen Bildung gehörten, in der Übung des rednerischen Berufs zu unmittelbarer Verwertung kämen, so leuchte diese doch durch den ganzen Ton und Charakter der Rede hindurch.

Es folgt das Zwischengespräch des Scaevola und Crassus. Jener stellt sich den idealen Forderungen des Crassus gegenüber auf den Standpunkt des wirklich Erreichbaren. Crassus entgegnet, daß er von dem Ideal zwar selbst weit entfernt sei, spricht aber die Zuversicht aus, es werde in der Zukunft jenes Ideal doch erreicht werden (— § 79).

B) Die Ansicht des Antonius (— § 95).

Die idealen Forderungen des Crassus sind für den vom praktischen Leben früh in Anspruch genommenen Römer herabzustimmen; auch möge eine durch philosophische Studien gewonnene Redekunst nach der Schule schmecken und deshalb ihres Eindrucks auf dem Forum verfehlen. Dies Urteil hat sich in ihm durch eine Disputation begründet, die er darüber mit Philosophen und Rhetoren in Athen gehabt, von denen jene die Redefähigkeit an die Bedingung philosophischer Bildung knüpften, dem Redner als solchem einen staatsmännischen Beruf, ja der Beredsamkeit überhaupt die Eigenschaft einer wissenschaftlichen Disziplin absprachen, während die Rhetoren sich auf Beispiele, wie das des Demosthenes beriefen, um damit die Berechtigung des Redners zu staatsmännischer Thätigkeit zu beweisen. Wenn Antonius in Einklang mit ihnen damals den Ausspruch gethan, er habe manche Redekundige, einen Redner aber, der den Anforderungen der Kunst entspreche, noch nicht kennen lernen, so will er damit nicht die Hoffnung abschneiden, daß die Zukunft dieses Ideal bringen werde.

An dem folgenden Zwischengespräch (— § 106) beteiligen sich namentlich die jüngeren Männer und richten, von Scaevola unterstützt, die Bitte an den Crassus, nachdem zu ihrer unverhofften Freude das Gespräch sich auf dies Kapitel gelenkt, nunmehr seine Ansicht über die Redekunst weiter zu entwickeln.

II. Über die Erfordernisse zum Redner (— § 262).

A) Ansicht des Crassus (— § 203).

Crassus beantwortet die zunächst (§ 102) an ihn gerichtete Frage nach der Existenz einer Theorie der Beredsamkeit dahin, daß es, wenn auch nicht in strengwissenschaftlichem, so doch in gewöhnlichem Sinne eine in Regeln faßbare Theorie der Beredsamkeit gebe. Doch sei nicht die Kenntnis dieser Theorie das, was den Redner mache, sondern dazu seien andre Erfordernisse von größerer Wichtigkeit. Zuerst nämlich natürliche Begabung. Dabei bespricht er beiläufig die auffallende Erscheinung, daß gerade die größten Redner mit einer gewissen Befangenheit aufzutreten pflegen. Antonius entwickelt die Gründe dafür: sie liegen in der Größe der Anforderungen, die an den Redner gestellt werden. Sulpicius führt den Crassus auf das Thema zurück, der nun als zweites Erfordernis die Liebe und den Eifer zur Sache nennt, der sich mit dem Lehrsystem bekannt macht und den nötigen Übungen unterzieht. Er entwirft dann ein kurzes Schema der Rhetorik und der planmäßig geordneten Übungen (Progymnasmata), und faßt noch einmal die Kenntnisse zusammen, die der Redner besitzen müsse (— § 159). Das nun folgende Zwischengespräch (— § 165) bildet die Einleitung zu dem, was Crassus ferner als **Erfordernis** hinstellt, nämlich **Rechtskenntnis**. Wer ohne Kenntnis des Privatrechts wagt als Anwalt in Prozessen aufzutreten, den zeiht Crassus der **Trägheit** und **Unverschämtheit** und sucht an einer Reihe von Beispielen die Notwendigkeit der Rechtskenntnisse zur Führung von Prozessen nachzuweisen. Trägheit aber sei es, eine leichte und nützliche und in vieler Beziehung sehr interessante Sache nicht lernen zu wollen. Zuletzt fordert er die Erlernung des römischen Rechts auch vom Standpunkt des Patriotismus und um des Ansehns willen, das sie dem Rechtskundigen auch für die Periode seiner Zurückgezogenheit vom öffentlichen Leben gewähre. Schließlich wird kurz berührt, daß für den Redner in Staatsangelegenheiten auch Kenntnisse im Staatsrecht, in der Verwaltung und in der Geschichte unentbehrlich sind.

Das **Zwischengespräch** (— § 209) giebt dem Antonius Veranlassung, die Frage nun auch von seinem mehr praktischen Standpunkte aus zu behandeln.

B) Ansicht des Antonius (— § 262).

Er beginnt mit einer Definition des Begriffs des Redners und spricht ihm als solchem den Beruf zu staatsmännischer Thätigkeit ab, und beansprucht nur statt jener von Crassus geforderten umfassenden allgemeinen Bildung ein dilettantisches Orientiertsein auf den verschiedenen Wissensgebieten. **Unnötig**, ja dem Redner in mancher Beziehung mehr hinderlich als förderlich sei die von Crassus so hoch gehaltene **philosophische Bildung**. Nötig sei nur ein gewisser natürlicher Scharfsinn, und Crassus selbst habe bei den größten rednerischen Triumphen, die er davon getragen, den Philosophen verleugnet. Eben so unnötig sei eine spezielle **Rechtskenntnis**, und darum diejenigen, welche ohne solche als Sachwalter auftreten, **weder unverschämt** (wie wenig in den von Crassus angeführten Fällen Kenntnis des positiven Rechts gefruchtet habe, wird nachgewiesen), **noch träge**. Denn einmal sei dies Lernen nicht so leicht, wie es Crassus darstelle, und dann gebe es interessantere Gegenstände für das Gedächtnis, als Rechtsformeln. Dabei stellt er schließlich eine gewisse Nützlichkeit nicht in Abrede, aber es gebe andre nicht minder nützliche Dinge, nur habe der römische Jüngling dafür keine Zeit. Das Ansehn ferner, das die Rechtskenntnis dem Redner noch im Alter bringen solle, erscheine ihm eher als eine Last. Wie wünschenswert auch die Kenntnisse seien, die Crassus sonst noch fordere, so schreckten doch zu hoch gespannte Forderungen ab (— § 259).

Zum Schluß faßt Antonius seine Ansicht noch einmal kurz zusammen. Er beschränkt den Redner auf ein scharf abgegrenztes

Gebiet und verlangt auf diesem fleißige Übungen nach dem Vorbilde des Demosthenes.

Schlußwort. In dem kurzen Schlußgespräch (— § 265) hält Crassus an seiner entgegengesetzten Ansicht fest und beschuldigt scherzhaft den Antonius, daß er es mit seinem realistischen Standpunkte wohl nicht so ernstlich meine. Scaevola bedauert, an der weiteren Besprechung des Themas am folgenden Tage nicht teilnehmen zu können.

Cogitanti mihi saepenumero et memoria vetera repetenti perbeati fuisse, Quinte frater, illi videri solent, qui in optima re publica, cum et honoribus et rerum gestarum gloria florerent, eum vitae cursum tenere potuerunt, ut vel in negotio sine periculo vel in otio cum dignitate esse possent. Ac fuit cum mihi quoque initium requiescendi atque animum ad utriusque nostrum praeclara studia referendi fore iustum et prope ab omnibus

Proömium c. 1—8. 1) Innere (die eigne Neigung des Cic. zu dergleichen Studien) und äußere (die Bitte seines Bruders Quintus) Gründe, durch welche Cicero zur Abfassung dieser seiner Schrift *de oratore* veranlaßt ist, zugleich mit einer Andeutung über die Form derselben, c. 1, 1—2, 6.

1. *Cogitanti mihi saepenumero*, der wiederholten Betrachtung (III 13) und Vergegenwärtigung alter Zeit giebt sich Cic. um so lieber hin, je weniger ihn die Gegenwart befriedigen kann. Daher auch vetera (III 23), nicht bloß praeterita 'wie es vormals war' (so ad Fam. XI 27, 2 quantum memoria repetere praeterita possum).

3. *in optima republica*, zu einer Zeit, wo es noch gut um den Staat stand, 'unter günstigen politischen Verhältnissen' (Acad. pr. II 5, 15 tum exortus est ut in optima republica Ti. Gracchus, qui otium perturbaret.) Vgl. III 63 hac praesertim r. p., besonders unter den gegenwärtigen polit. Verhältnissen; zur Sache III 8.

4. *vitae cursum tenere*, eine sehr übliche, von der Schiffahrt entlehnte Metapher, die einmal genommene Richtung fest und unveränderlich einhalten, ohne abzulenken. Or. 4; de rep. I 2, 3; 6, 10; p. Sest. 46, 99 enitendumque — ut tenere cursum possint et capere *otii* illum *portum et dignitatis.*

sine — cum, ohne Gefährdung der eigenen Existenz und mit Behauptung der einmal errungenen Stellung p. Sest. 45, 98 Neque enim rerum gerendarum dignitate homines efferri ita convenit, ut otio non prospiciant, neque ullum amplexari otium quod abhorreat a dignitate.

5. *Ac fuit cum — arbitrarer —* schließt sich zunächst an das letzterwähnte otium honestum an: 'es gab eine Zeit (Verhältnisse), daß ich glauben durfte;' *cum abitrabar* hieße: wo ich wirklich glaubte; so Liv. VII 32, 12 fuit *cum* hoc dici *poterat* (es durfte vormals gesagt werden, dies ist jetzt vorüber), die Zeit eben, wo die Zukunft noch vielversprechend vor ihm lag und die bittern Täuschungen noch nicht eingetreten waren.

7. *praeclara studia* sind die höheren wissenschaftl. Studien überhaupt im Gegensatz zu den Beschäftigungen des praktischen Lebens, wie die praeclarissimae artes, quibus liberales doctrinae atque ingenuae continentur, im Gegensatz zu den a. sordidiores III 127 und 128; p. Mur. 10, 22.

concessum arbitrarer, si infinitus forensium rerum labor et
ambitionis occupatio decursu honorum etiam aetatis flexu con-
stitisset. Quam spem cogitationum et consiliorum meorum
cum graves communium temporum tum varii nostri casus fefellerunt. Nam qui locus quietis et tranquillitatis plenissimus
fore videbatur, in eo maximae moles molestiarum et turbulen-
tissimae tempestates exstiterunt; neque vero nobis cupientibus
atque exoptantibus fructus otii datus est ad eas artes, quibus

1. *infinitus forensium rerum labor*, in den Reden vor Gericht und dem Volk, die einen jungen Römer, besonders wenn er wie Cicero als homo novus sich erst eine politische Stellung schaffen mußte, Tag für Tag in Anspruch nahmen. p. Sull. 4. 11 quod me ambitio et forensis labor ab omni illa cogitatione abstrahebat.

2. *ambitionis occupatio* (78; 94 ambitio et forum; III 7 ambitionis labor): alle die mannigfachen, bei jeder Bewerbung um ein Amt sich wiederholenden und steigernden Bemühungen, einflußreiche Fürsprecher und die Gunst der Wähler zu gewinnen, das salutare, rogare, supplicare, manus prensare (112), wozu noch die convivia tributim data, das invitare ad prandium, überhaupt alle die erlaubten Bestechungsmittel kamen, sich die Stimmen der Wähler zu sichern.

decursu honorum etiam aetatis flexu — nach einer gleichfalls häufigen, von der Rennbahn und der meta in derselben entnommenen Metapher (Cat. mai. 23, 83, vgl. κάμπτειν τὸν βίον). Mit der letzten Stufe in der Reihe der Ehrenämter, wo also das frühere Rennen und Jagen aufhört, fiel auch der Höhe- und Wendepunkt des Lebens zusammen, das sich nun abwärts neigt; s. d. krit. Anhang.

3. *Quam spem — fefellerunt*, eine Klage, die Cicero später in noch größerem Maße erheben mußte, Brut. 8 Ita nobismet ipsis accidit, ut quamquam essent multo magis alia lugenda, tamen hoc dolere-

mus, quod quo tempore aetas nostra perfuncta rebus amplissimis tamquam in portum confugere deberet, non inertiae neque desidiae, sed otii moderati atque honesti, — tum arma sunt ea sumpta etc.

Die Hoffnung des Cicero hatte ein doppeltes Objekt, nämlich auf Ruhe (requiescendi) und auf Wiederaufnahme seiner wissenschaftlichen Studien (animum ad studia referendi). Die erstere Hoffnung ist getäuscht, nam qui locus —, in eo — exstiterunt, die andere ebenfalls: neque vero — fructus otii datus est ad artes — recolendas.

4. *graves comm. temp. casus*, die für den gesamten Staat, wie für Cic. persönlich so verhängnisvolle Catilin. Verschwörung und die heftigen Parteikämpfe, die darnach die Republik ihrer Auflösung entgegenführten.

varii nostri casus, Cic. Verbannung und die damit verbundenen mannigfachen persönlichen Schicksalsschläge nach seinem Konsulat, die schwer auf ihm lasteten. ad Fam. V 12, 4.

5. *locus* Stelle, Punkt (Zeitraum) der Lebensbahn, von dem zu erwarten war, daß er gerade recht voller (plenissimus) Ruhe sein würde.

6. *maximae moles molestiarum*. Die Parechese steigert den Eindruck. Eine gewaltige Wucht von Widerwärtigkeiten und ungestüme Stürme erhoben sich.

8. *fructus otii* wie II 22.

a pueris dediti fuimus, celebrandas inter nosque recolendas. Nam prima aetate incidimus in ipsam perturbationem disciplinae veteris, et consulatu devenimus in medium rerum omnium certamen atque discrimen, et hoc tempus omne post consulatum obiecimus eis fluctibus, qui per nos a communi peste depulsi in nosmet ipsos redundarent. Sed tamen in his vel asperitatibus rerum vel angustiis temporis obsequar studiis nostris, et quantum mihi vel fraus inimicorum vel causae ami-

1. *celebrare* häufig aufsuchen, eifrig betreiben; *recolere:* das re ergänzt und verstärkt den Begriff des Gegenseitigen, der bereits durch *inter nos* ausgedrückt ist — gegenseitig pflegen, fördern. Cic. denkt hier an seinen Bruder, der den Anlaß zu dieser Schrift gegeben.

inter nosque: que wird im allgemeinen nur dann an eine Präp. gehängt, wenn dieselbe schon einmal voraufgegangen ist (s. Landgraf zu Cic. p. Rosc. Am. § 114). Bei in und ex findet sich que ebenso oft, besonders wenn ein Demonstrativpronomen folgt, wie es an das nächstfolgende Wort tritt; auch bei de vgl. 26; 128.

2. *Nam prima aetate* — Das folgende giebt mehr allgemein eine Geschichte der Störungen, die den Cic. daran hinderten, ein otium zu erlangen und zu benutzen; streng genommen brauchte er nur die Unruhe seines Lebensabends zu erweisen.

3. *in ipsam perturbationem disciplinae veteris* — in die Zeit der Revolutionen, Erschütterungen der Grundlagen des Staates und der Verfassung (disciplina), die in Sullas Neuordnung, gerade als Cic. zuerst öffentlich auftrat, nur einen vorläufigen Abschluß fanden. — *incidimus* hebt das Zufällige und Unfreiwillige hervor (111; ad Fam. II 7, 2 quod in id reipublicae tempus non incideris, sed veneris; iudicio enim tuo, non casu in ipsum discrimen rerum contulisti tribunatum tuum); *devenimus* dagegen die Pflicht: ich mußte (vermöge meiner Stellung) hinunter mitten in den allgemeinen Entscheidungskampf der Catilinarischen Verschwörung;

obiecimus den freien, selbständigen Entschluß; Cic. warf sich gleichsam wie einen Damm den verderblichen Wogen entgegen.

5. *a communi peste depulsi* (nicht etwa depulsa) d. h. depulsi quominus universae civitati perniciei essent, wie p. Sest. 19, 43 is (Clodius) qui hac una medicina sola (nämlich den Tod) potuit a reipublicae peste depelli, das er sonst unvermeidlich herbeigeführt hätte.

6. *redundarent*, die erbitterten Angriffe der offenen und heimlichen Catilinarier, besonders des Clodius und seines Anhangs; Cic. denkt an seine Verbannung, an die Zerstörung seines Hauses und Konfiskation seines Vermögens. p. Mil. 14, 36; p. Sest. 22, 49 servavi igitur rempublicam discessu meo, iudices: caedem a vobis liberisque vestris, vastitatem, incendia, rapinas meo dolore luctuque *depuli* et unus bis rempublicam servavi, semel gloria, iterum aerumna mea. (Cat. I 12, 29; III 12, 28.) Der coni. redundarent ist der bekannte coni. der inneren Beschaffenheit und der daraus hervorgehenden Folgen (die auf mich zurückströmen 'sollten'); Lael. 21, 66 erumpunt saepe vitia amicorum tum in ipsos amicos tum in alienos, quorum tamen ad amicos redundet infamia.

7. *asperitatibus rerum* etc., trotz der vielen Mißhelligkeiten und der beengenden politischen Verhältnisse, daher später fraus inimicorum und res publica.

obsequar studiis nostris, unseren gemeinsamen brüderlichen Studien will ich nachgeben, Rechnung tragen.

corum vel res publica tribuet otii ad scribendum potissimum
conferam. Tibi vero, frater, neque hortanti deero neque roganti; nam neque auctoritate quisquam apud me plus valere
te potest neque voluntate.

Ac mihi repetenda est veteris cuiusdam memoriae non
sane satis explicata recordatio, sed, ut arbitror, apta ad id,
quod requiris, ut cognoscas quae viri omnium eloquentissimi
clarissimique senserint de omni ratione dicendi. Vis enim, ut

---

3. *neque auctoritate — neque voluntate.* auctoritas entspricht dem hortanti, voluntas dem roganti.

5. *Ac* erweitert den vorhergehenden Gedanken und leitet das Eingehen auf einen Punkt in der Entwickelung ein, daher oft auch die eigentliche Augabe des Themas; im Deutschen oft gar nicht, oft durch einfaches oder verstärktes 'nun' wiederzugeben. Hier: nun, jetzt muß ich ... so muß ich denn nun. Auch im Lat. oft durch quidem verstärkt (6).

veteris cuiusdam memoriae, eben das Gespräch der großen Redner auf Crassus' Tusculanum; vetus, insofern seit diesem nur noch im Gedächtnis lebenden Ereignis (vetus memoria = vetus res memoriae infixa) bis zu der Zeit, wo Cic. diese Worte schreibt, bereits ein Menschenalter vergangen ist. Aber auch das ist schon lange her, daß Cic. in seinen jüngern Jahren von Cotta die Kunde von jenen merkwürdigen Tagen bei Tusculum vernommen hat. Daher kann die Erinnerung daran, die Cicero jetzt wieder aufzufrischen gedenkt, freilich nicht bis ins Detail genau sein (explicata), zumal Cotta selbst damals nur den allgemeinen Inhalt des Gesprächs nach seinen Hauptzügen mitgeteilt hatte (III 16). Ein feiner Wink, einerseits daß das Gespräch keine reine Fiktion sei, dem gar nichts Thatsächliches zu Grunde liege, andererseits aber, daß doch die ganze künstlerische Anlage und Gestaltung als Cic. freie Schöpfung angesehen werden müsse. Einl. I § 21.

6 *sane* hier wie oft mit einer Negation einschränkend = freilich nicht.

apta ad id, quod requiris. Der selbst mehr auf das Praktische gerichtete Quintus Cicero wollte von der gewöhnlichen Schulrhetorik nichts wissen, sondern nur die Ansichten wirklicher Redner und bedeutender Staatsmänner über die Redekunst kennen lernen. Dazu aber war jenes Tusculanische Gespräch besonders geeignet; denn Crassus und Antonius waren eben solche eloquentissimi clarissimique viri, und aus ihrem Munde mußte daher Quintus rhetorische Erörterungen am liebsten vernehmen. Zudem entsprach nicht nur der hohe Standpunkt, den die beiden Meister Crassus und Antonius in der Geschichte der römischen Beredsamkeit einnahmen, Ciceros Zwecken vollkommen, sondern es ließ sich auch an dem Gegensatz dieser beiden großen Redner die ganz ähnliche Differenz zwischen Cic. und seinem Bruder sozusagen am objektivsten darstellen und die Kardinalfrage über das rechte Verhältnis von Theorie und Praxis am gründlichsten beantworten.

7. *ut cognoscas*, nämlich repetenda recordatio est, ut cognoscas.

8. *ratio* rechnende, überlegende Beschäftigung, wie 12 parallel mit studia artium; dann Methode 14, Theorie, System, rationes Theorien, Grundsätze, Gesichtspunkte 85, Regeln, Ziele II 128; dann auch allgemeiner 'Gebiet, Bereich'; daher oft zur Umschreibung der im Lat. mangelnden Verbalsubstantiva, also dicendi ratio auch 'das Reden, die Beredsamkeit' 8; 12; vgl. 17; ignoscendi ratio das Verzeihen p. Rosc. Am. § 3; ja auch mit Substantiven verbunden, wie ratio veritatis 229 = veritas.

1 mihi saepe dixisti, quoniam quae pueris aut adulescentulis
2 nobis ex commentariolis nostris incohata ac rudia exciderunt,
3 vix hac aetate digna *sunt* et hoc usu, quem ex causis, quas
diximus, **tot tantisque consecuti sumus**, aliquid **eisdem** de rebus
politius a nobis perfectiusque proferri, solesque nonnumquam
hac de re a me in disputationibus nostris dissentire, quod
7 ego eruditissimorum hominum artibus eloquentiam contineri

---

1. *quae — exciderunt*, die noch vorhandenen rhetoricorum libri duo, gewöhnlich de inventione genannt, die Cic. etwa in seinem 21. oder 22. Lebensjahre geschrieben hat. Einl. I § 3, 11.

2. *ex commentariolis*, Schul- und Kollegienhefte, Aufzeichnungen nach den Vorträgen seiner (griechischen) Lehrer (Quint. III 6, 59 sunt enim velut regestae in hos commentarios, quos adulescens deduxerat scholae), wie hernach Antonius sein de ratione dicendi exilem libellum (Brut. 163) commentarius nennt 208; vgl. 94.

incohata unfertig; äußerlich, weil nur einen Teil der Rhetorik enthaltend, und innerlich, wie das folgende perfectius beweist. Brut. 126 manus extrema non accessit operibus eius; praeclare incohata multa, perfecta non plane.

rudia — ohne die rechte Glätte und Durcharbeitung, im Gegensatz zu politius. Brut. 294 orationes eius significant formam quandam ingenii, sed admodum impolitam et plane rudem.

exciderunt vgl. 94.

3. *hac aetate* meines jetzigen, gereifteren Lebensalters. *aetas* und *usus* II 117.

digna sunt — s. d. krit. Anhang zu d. St. Mit dem indic. giebt Cic. (wie bei exciderunt) das Mangelhafte jenes Jugendversuchs selbst zu.

quas diximus, Cat. mai. 11, 38 causarum illustrium, quascunque defendi. — Cicero war seit seiner Rede pro Quinctio, mit der er im J. 81 zuerst auftrat, bis zur Rede in Pisonem, die etwa noch vor die Abfassung der Bücher de oratore fällt, in den mannigfaltigsten und schwierigsten Prozessen aufgetreten,

und seine **öffentliche rednerische Thätigkeit** (man zählt an 40 Reden, die auf diesen 26 jähr. Zeitraum fallen) hatte sich auf alle Gebiete der Beredsamkeit erstreckt.

7. *eruditissimorum hominum*, 'von höherer gelehrter Bildung', die wieder besonders auf dem gründlichen Studium der griechischen Litteratur beruht, II 1; 58. 61; 154; III 48; 95; Tusc. I 3, 5. *(prudentissimorum*, wie viele Hs. haben, 'von tüchtiger **praktischer** Einsicht' würde hier zu elegant. doctr. nicht passen. 67; 180; 191.)

artibus vgl. 6 omnes artes = Gebiete des Könnens und Wissens. Dies Wort und nachher doctrina 'wissenschaftl. Bildung und Unterweisung' betont die Theorie; Quintus will nur ingenium, Anlage und exercitatio, Praxis, Routine gelten lassen, Marcus dagegen will stets die Beredsamkeit nach ihrer künstlerischen Seite hin betonen, sie als wirkliche Wissenschaft hinstellen und darum auch die Notwendigkeit eindringender Studien für den Redner hervorheben. (II 5 flg.)

2) Im Gegensatz zu der geringen Meinung, welche Q. Cicero von den Erfordernissen zum Redner hat, stellt M. Cicero zunächst die Thatsache hin, daß die Zahl vollendeter Redner klein sei im Vergleich zur Zahl derjenigen, welche sich auf andern Gebieten menschlichen Könnens (den artibus maximis und mediocribus) auszeichnen (2, 6 - 4, 16); der Grund hiervon liegt eben in nichts anderem, als in der Größe und Schwierigkeit der Redekunst selbst (4, 16 — 5, 19).

statuam, tu autem illam ab elegantia doctrinae segregandam
putes et in quodam ingenii atque exercitationis genere ponendam.

Ac mihi quidem saepenumero in summos homines ac
summis ingeniis praeditos intuenti quaerendum esse visum
est quid esset, cur plures in omnibus artibus, quam in dicendo
admirabiles exstitissent. Nam quocumque te animo et cogitatione converteris, permultos excellentes in quoque genere videbis non mediocrium artium, sed prope maximarum. Quis
enim est, qui, si clarorum hominum scientiam rerum gestarum
vel utilitate vel magnitudine metiri velit, non anteponat oratori imperatorem? Quis autem dubitet, quin belli duces ex
hac una civitate praestantissimos paene innumerabiles, in dicendo autem excellentes vix paucos proferre possimus? Iam
vero consilio ac sapientia qui regere ac gubernare rem publicam possent, multi nostra, plures patrum memoria atque etiam
maiorum exstiterunt, cum boni perdiu nulli, vix autem singulis aetatibus singuli tolerabiles oratores invenirentur. Ac
ne qui forte cum aliis studiis, quae reconditis in artibus atque
in quadam varietate litterarum versentur, magis hanc dicendi
rationem, quam cum imperatoris laude aut cum boni sena-
toris prudentia comparandam putet, convertat animum ad ea
ipsa artium genera circumspiciatque, qui in eis floruerint

---

9. *mediocrium* — vom Standpunkt des Römers aus waren natürlich Poesie, Musik, Grammatik u. dergl. d. i. die eigentlichen artes, von geringerer Bedeutung (minora, leviora studia 212), als die praktische Thätigkeit des Staatsmannes und Feldherrn. Brut. 3; 70; Cat. mai. 14, 50. Hier ist *artes* von beiden Gebieten gesagt, dem mehr theoretischen (mediocres) 'Können und Wirken' und dem praktischen, staatsmännischen (maximae). Also entspricht dem artes hier etwa: Leistungen, Thätigkeit, vgl. p. Mur. 14, 30. Sonst ist artes mehr wie unten s artes und artium genera Gebiete wissenschaftlicher Bethätigung, Fächer, Wissenschaften; vgl. 44.

10. *scientia* voller Umfang des Wissens und Wirkens. In der allgemeinen Wertschätzung steht selbst von den Vertretern der maximae artes der Feldherr höher als der Redner. Und doch hat es mehr bedeutende Feldherren und Staatslenker (s) gegeben, als Redner.

14. *iam vero* — 'weiter, ferner aber', 58.

17. *singulis singuli* — kaum in je einer der verschiedenen Perioden der latein. Litteratur einen. 128. Vgl. Brut. 333 nonne cernimus, vix singulis aetatibus binos oratores laudabiles constitisse?

18. *Ac* knüpft an die beiden praktischen Gebiete des Feldherrn und Staatsmanns die eigentlich wissenschaftlichen oder theoretischen. Vgl. 210 flg.

19. *reconditis in artibus*, auf entlegenen geistigen Gebieten, die rein wissenschaftlicher, abstrakter Natur sind und der Öffentlichkeit des konkreten Lebens fern liegen. 10; Brut. 44 Pericles — ab Anaxagora physico eruditus exercitationem mentis a *reconditis* abstrusisque rebus ad causas forenses popularesque facile traduxerat.

20. *varietate litterarum*, 'auf verschiedenen weiteren und freieren Gebieten der Litteratur'.

quam multi sint: sic facillime quanta oratorum sit semperque fuerit paucitas iudicabit. Neque enim te fugit omnium laudatarum artium procreatricem quandam et quasi parentem eam quam φιλοσοφίαν Graeci vocant, ab hominibus doctissimis iudicari; in qua difficile est enumerare quot viri quanta scientia quantaque in suis studiis varietate et copia fuerint, qui non una aliqua in re separatim elaborarint, sed omnia, quaecumque possent, vel scientiae pervestigatione vel disserendi ratione comprehenderint. Quis ignorat, ei, qui mathematici vocantur, quanta in obscuritate rerum et quam recondita in arte et multiplici subtilique versentur? quo tamen in genere ita multi perfecti homines exstiterunt, ut nemo fere studuisse ei scientiae vehementius videatur, quin quod voluerit consecutus sit. Quis musicis, quis huic studio litterarum, quod profitentur

1. *quam multi sint* mit Nachdruck ans Ende gestellt, um die große Anzahl hervorzuheben.
3. *laudatarum* oder artes optimae, praestantissimae, im Gegensatz sowohl zu den handwerksmäßigen, banausischen Beschäftigungen (artes illiberales, sordidae) an sich, als auch hinwiederum zu den minora studia der artes liberales oder ingenuae.
procreatricem, Tusc. I 26, 64 philosophia omnium mater artium, oder wie sie de fin. V 3, 7 bezeichnet wird, omnium artium officina. Vgl. Brut. 322 philosophiam *matrem* omnium bene factorum beneque dictorum.
5. *in qua*, so wird das relat. häufig bei starkem Gegensatz angewandt; 'und doch ist es schwer auch bei ihr u. s. w.' 216. Brut. 112.
quot viri quanta scientia Die Fragesätze gehören zu in qua. Über Häufung der Fragewörter in einem Satze s. Nägebachs Stil. 6 § 159, 3. Ähnlich bei Ausrufen; pro Mil. 14, 38: quantae quoties occasiones, quam praeclarae fuerunt!
7. *una aliqua in re*, 'auf irgend einem einzelnen Gebiete'.
8. *qui omnia — vel scientiae pervestigatione vel disserendi ratione comprehenderint.* Disserendi ratio ist die Dialektik, wie sie Cic. beschreibt Tusc. V § 72 sequitur tertia pars, quae per omnes partes sapientiae manat et funditur, quae rem definit, genera dispertit, sequentia adiungit, perfecta concludit, vera et falsa diiudicat, disserendi ratio et scientia. Wie nun disserendi ratione comprehendere heißt: in einem methodischen (auf ratio sich stützenden) disserere das ganze Gebiet umfassen, so scientiae pervestigatione comprehendere: es mit einer auf pervestigatio sich stützenden scientia umfassen. Dies geht auf den Inhalt, wie jenes auf die Form. S. d. krit. Anhang.
10. *recondita*, wie oben 8 von der abstrakten Wissenschaft der Mathematik, dieser vielverzweigten Wissenschaft, die sowohl wegen ihres schwer zu ergründenden Inhalts, als wegen der abstrakten Form und des scharfen, consequenten Denkens, das sie erfordert, so schwierig ist.
13. *ei scientiae* — mit scientia wird wissenschaftliche Thätigkeit, also hier mathematisches Denken bezeichnet. ei scientiae ist nicht gleich ei arti, sondern eius artis scientiae, wie de fin. I § 63, wo es mit Bezug auf dialectica heißt ea scientia i. e. dialecticae scientia. Also ei scientiae studuisse = studuisse ut id sciret. de orat. I 186.
14. *musicis* — Rhythmik und Musik 187. III 79.
huic studio — quod profitentur, das die sogenannten Grammatiker 'ihr Fach nennen', etwa unserer 'Philologie' entsprechend (wie sich denn der Grammatiker Ateius geradezu φιλόλογος nannte). Ihr Feld

ei, qui grammatici vocantur, penitus se dedit, quin omnem
illarum artium paene infinitam vim et materiem scientia et
cognitione comprehenderit? Vere mihi hoc videor esse dicturus, ex omnibus eis, qui in harum artium studiis liberalissimis sint doctrinisque versati minimam copiam poëtarum *et*
oratorum egregiorum exstitisse; atque in hoc ipso numero, in
quo perraro exoritur aliquis excellens, si diligenter et ex
nostrorum et ex Graecorum copia comparare voles, multo
tamen pauciores oratores quam poëtae boni reperientur. Quod
hoc etiam mirabilius debet videri, quia ceterarum artium studia
fere reconditis atque abditis e fontibus hauriuntur, dicendi autem
omnis ratio in medio posita communi quodam in usu atque
in hominum more et sermone versatur, ut in ceteris id maxime
excellat, quod longissime sit ab imperitorum intellegentia

war also die griechische und römische Litteratur (τὰ γράμματα).
Zur Erklärung der schriftlichen
Denkmale der Sprache, besonders
zur Kritik und Exegese der Dichter
(187; Or. 72) hatten sie eine so umfassende Sachkenntnis nötig, daß
es Valerius Cato geradezu als ihre
Aufgabe bezeichnete, omnes solvere
posse quaestiones. — Seit L. Aelius
Stilo waren diese Studien sehr beliebt (Suet. de illust. gramm. c. 3),
daher *huic*, dem heutigen od. modernen Studium der Philologie. Vgl. 193.
2. *scientia et cognitione*, jenes
geht auf materiem die Masse, Fülle,
dieses auf vim.
4. *studia et doctrinae* Studien als
Schüler und Lehrer (doctrina = Unterweisung; der Plural durch Angleichung an studia).
harum artium geht fast ausschließlich auf die artes, die der
Grammatiker beherrschen und behandeln muß; auch Aufgabe und
Leistungen des Redners gehören zu
den Studienobjekten der Grammatiker und auf Redner und Dichter
beschränkt Cicero seine weitere
Betrachtung. Zu dem Inhalt von
11 vgl. 70.
5. *et oratorum* ist nicht Überlieferung, sondern durch den Sinn
geforderter Zusatz, s. d. krit. Anh.
6. *egregiorum* = aus der großen
Masse (e grege) sich heraushebende
(ausbündig); excellens steht dazu in
einem gewissen Gegensatz, etwa
mustergültig, klassisch.

10. *ceterarum artium studia — fontibus hauriuntur.* Das Gebiet, aus
dem das Objekt für Studien entnommen wird, wird deshalb fontes
genannt, das Entnehmen selbst
haurire. Streng genommen werden
aber nicht die studia selbst, sondern
nur der Stoff für dieselben daher
geschöpft.
11. *dicendi ratio* Gebiet der Beredsamkeit, das Reden überhaupt;
vgl. 4.
12. *in medio posita* im Gegensatz
von occulta 'steht zur allgemeinen
Verfügung' ist allen zugänglich;
(Div. in Caecil. 11, 33 atque ego
haec, quae *in medio posita* sunt,
commemoro, sunt alia magis *occulta*
furta (192; III 177).
communi quodam in usu Keiner
ist ausgeschlossen, sie ist gewissermaßen Gemeingut aller.
13. *in hominum more et sermone* mos
täglicher Gebrauch, Gewohnheit;
sermo Sprach- und Ausdrucksweise
des sozialen Verkehrs und Gesprächs.
Or. 138 ut hominum sermones
moresque describat; de off. II 10, 35
popularibus enim verbis est agendum et usitatis, cum loquimur de
opinione populari.
in ceteris sc. artibus, w. z. B, in
der Philosophie. Acad. post. I 7, 25
dialecticorum vero verba nulla sunt
publica, suis utuntur; et id quidem
commune omnium fere est artium.
14. *ab imperitorum intellegentia sensuque* — 'vom gewöhnlichen Laien-
verständnis' und ihrer Denkweise.

sensuque diiunctum, in dicendo autem vitium vel maximum
sit a vulgari genere orationis atque a consuetudine communis
sensus abhorrere. Ac ne illud quidem vere dici potest, aut
plures ceteris inservire aut maiore delectatione aut spe uberiore
aut praemiis ad perdiscendum amplioribus commoveri. Atque
ut omittam Graeciam, quae semper eloquentiae princeps esse
voluit, atque illas omnium doctrinarum inventrices Athenas,
in quibus summa dicendi vis et inventa est et perfecta: in hac
ipsa civitate profecto nulla umquam vehementius quam eloquentiae studia viguerunt. Nam posteaquam imperio omnium
gentium constituto diuturnitas pacis otium confirmavit, nemo
fere laudis cupidus adulescens non sibi ad dicendum studio
omni euitendum putavit. Ac primo quidem totius rationis

1. *vitium*. Or. 30 Ipsae illae contiones (in Thucydides' Geschichtswerke) ita multas habent obscuras abditasque sententias, vix ut intellegantur; quod est in oratione civili vitium vel maximum. Vgl. II 159.
2. *a vulgari genere orationis*, 'von der gewöhnlichen Ausdrucksweise der Volkssprache'. Quint. II 16, 19 ex communi intellectu verbisque quibus utuntur omnes.
a consuetudine communis sensus, von der üblichen, allgemein herrschenden Anschauungsweise. II 68.
3. *Ac* — 'und dabei läßt sich zur Erklärung jener Thatsache auch das in Wahrheit nicht behaupten'.
4. *ceteris* sc. artibus, was an dieser Stelle vielleicht hinter inservire ausgefallen ist (beflissen sein).
5. *aut praemiis*. Es wird als unbegründet zurückgewiesen: 1. daß sich überhaupt den andern Künsten und Wissenschaften mehr Leute zu widmen pflegten, als der Beredsamkeit; 2. daß die andern Künste für die Mehrzahl einen größeren Reiz hätten, und 3. daß die Aussichten bei den übrigen Künsten günstiger, 4. die zu erwartenden Siegespreise größer seien. S. d. krit. Anhang.
praemiis ad perdiscendum amplioribus commoveri. Zur Wortstellung vgl. evertisti miseras funditus civitates. in Pis. 35, 86; tuis incredibiliter studiis erga me muneribusque delector — ad fam. III 9, 3.

Atque s. d krit. Anhang.
8. *summa dicendi vis* = summa eloquentia, die höchste Entfaltung, Ausbildung der Beredsamkeit.
9. *in hac ipsa civitate*. Or. 141 Nam quis umquam dubitavit, quin in republica nostra primas eloquentia tenuerit semper urbanis pacatisque rebus, secundas iuris scientia? cum in altera gratiae gloriae praesidii plurimum esset, in altera praescriptionum cautionumque praeceptio, quae quidem ipsa auxilium ab eloquentia saepe peteret, ea vero repugnante vix suas regiones finesque defenderet.
10. *viguerunt* wie II 95.
11. *imperio omnium gentium constituto*, das war mit dem Siege über Karthago und die dritte Weltmonarchie, die griechisch-macedonische geschehen, in der Mitte des 2. Jahrh. v. Chr., in welche Zeit auch die Epoche machende Gesandtschaft der drei griechischen Philosophen nach Rom fällt. Einleit. I § 1, 2.
diuturnitas pacis. 30. Brut. 45 Nec enim in constituentibus rempublicam nec in bella gerentibus nec in impeditis ac regum dominatione devinctis nasci *cupiditas dicendi* solet; pacis est comes otiique socia et iam bene constitutae civitatis quasi alumna quaedam eloquentia.
13. *totius rationis ignari*, ohne irgend welche theoretische Erkenntnis d. B.

ignari, qui neque exercitationis ullam viam neque aliquod
praeceptum artis esse arbitrarentur, tantum, quantum ingenio
et cogitatione poterant, consequebantur; post autem auditis
oratoribus Graecis cognitisque eorum litteris adhibitisque doctoribus incredibili quodam nostri homines discendi studio
flagraverunt. Excitabat eos magnitudo, varietas multitudoque
in omni genere causarum, ut ad eam doctrinam, quam suo
quisque studio consecutus esset, adiungeretur usus frequens,
qui omnium magistrorum praecepta superaret. Erant autem
huic studio maxima, quae nunc quoque sunt, exposita praemia
vel ad gratiam vel ad opes vel ad dignitatem. Ingenia vero
(ut multis rebus possumus iudicare) nostrorum hominum multum ceteris hominibus omnium gentium praestiterunt. Quibus de causis quis non iure miretur ex omni memoria aeta-
tum, temporum, civitatum tam exiguum oratorum numerum
inveniri?

1. *viam* einen ordentlichen methodischen Gang bei der Übung. 87 II 152; Brut. 46.
3. *cogitatione*, 'durch eigenes Nachdenken,' ohne Unterweisung.
5. *incredibilis quidam* ganz unglaublich. Über quidam nach Adjektiven in steigerndem Sinne s. zu 91.
6. *discendi studio flagraverunt.* Ein dicendi studium bestand schon früher (vorher: nemo laudis cupidus adulescens non sibi ad dicendum omni studio enitendum putavit), aber es fehlte an theoretischer Ausbildung (totius rationis ignari, quantum ingenio et cogitatione poterant, consequebantur). Der Eifer für diese entbrannte, nachdem sie griechische Redner gehört, die Litteratur der griechischen Beredsamkeit kennen gelernt und griechische Rhetoren herangezogen hatten. Vgl. II 1.

magnitudo etc. Das war insbesondere infolge der quaestiones perpetuae, der Einführung besonderer ständiger Gerichtshöfe der Fall, gleichfalls um die Mitte des 2. Jahrh. v. Chr. Seitdem begannen die jungen vornehmen Römer ihre politische Laufbahn damit, als patroni in den mannigfachsten Prozessen aufzutreten. Für die Ausbildung im genus deliberativum ferner gaben die seit jener Zeit sich häufenden tribunicischen Gesetzesvorschläge und die damit verbundenen Debatten reichlich Veranlassung. So trat zu den Privatstudien die Praxis des Lebens anregend und belebend hinzu. S. a. Einl. I 9 A. 61.

9. *superaret* der an sich selbständige Gedanke ist durch eine ganz übliche Art Attraktion in den Gedanken des Nebensatzes (ut — adiungeretur) mit einverflochten; daher hier die Coniunctiv imperfecti, wie Brut. 6 quod *fuisset* quasi theatrum illius ingenii. Or. 5.

10. *exposita praemia*, gleichsam als Preise für die Sieger. (p. Quinct. 23, 74: quasi eximio praemio sceleris exposito). Brut. 182 volo enim sciri, in tanta et tam vetere republica *maximis praemiis eloquentiae* propositis omnes cupisse dicere, non plurimos ausos esse, potuisse paucos.

11. *gratia* hat Bezug auf die Persönlichkeit und ihre 'Beliebtheit', opes auf äußere Mittel, besonders Reichtum und den hierdurch bewirkten 'Einfluß', dignitas persönliches Ansehen durch 'Stellung' und amtlichen Charakter.

Ingenia etc. Noch stärker tritt die Überschätzung der römischen Nationalität im Vergleich mit anderen Völkern, bes. den Griechen, Tusc. I 1, 1 hervor: meum semper iudicium fuit, omnia nostros aut

Sed enim maius est hoc quiddam, quam homines opinantur, et pluribus ex artibus studiisque collectum. Quid enim quis aliud in maxima discentium multitudine, summa magistrorum copia, praestantissimis hominum ingeniis, infinita causarum varietate, amplissimis eloquentiae propositis praemiis esse causae putet, nisi rei quandam incredibilem magnitudinem ac difficultatem? Est enim et scientia comprehendenda rerum plurimarum, sine qua verborum volubilitas inanis atque irridenda est, et ipsa oratio conformanda non solum electione sed etiam constructione verborum, et omnes animorum motus, quos hominum generi rerum natura tribuit, penitus pernoscendi, quod omnis vis ratioque dicendi in eorum, qui audiunt, mentibus aut sedandis aut excitandis expromenda est. Accedat

invenisse per se sapientius quam Graecos aut accepta ab illis fecisse meliora. Es ist richtig, daß die Römer den damaligen Griechen an Geistesfrische und Produktivität unstreitig überlegen waren; in allem was das Staatswesen betraf, waren sie es ja schon früher. *Ingenia nostrorum hominum multum ceteris hominibus praestiterunt* st. ceterorum hominum ingeniis, ungenauer Gegensatz in Vergleichungen. 23; 197; II 4.

1. *Sed enim* = sed non est, cur quis miretur, maius enim est, [sonst meist at enim 'aber freilich']. hoc sc. studium, die Redekunst — quam h. opinantur et pluribus (quam opinantur) ex artibus collectum.

3. *in maxima multitudine* trotz. Der konzessive Sinn wird nachher durch die abl. abs. fortgesetzt.

7. *difficultatem*, 128; Brut. 25 Hoc vero sine ulla dubitatione confirmaverim — (eloquentiam) rem unam esse omnium difficillimam. Quibus enim ex quinque rebus constare dicitur, earum una quaeque est ars ipsa magna per sese. Quare quinque artium concursus maximarum quantam vim quantamque difficultatem habeat existimari potest.

Dieser und der folgende Paragraph enthält gleichsam die Disposition oder die Grundzüge dessen, was in der weiteren Darstellung zur Ausführung kommen soll.

8. *irridenda* vgl. 48 und 59.

9. *oratio* — der sprachliche Ausdruck oder die stilistische Darstellung, die formelle Seite im Gegensatz zu der eben genannten materiellen. *conformanda* eine kunstmäßige Gestalt geben.

10. *constructione verborum* durch Wortstellung und Periodenbau. 151.

omnes animorum motus, auf die Forderung gründlicher psychologischer Kenntnisse behufs Ausführung der Hauptfunktionen des Redners, des movere und delectare, kommt Cic. später noch oft wieder zurück. 53. 60. 87.

12. *vis ratioque*, 'Kraft und Kunst' 97. *vis* Wirkung, Wesen; ratio zweckbewußte Überlegung beim Reden, Kunst.

13. *mentibus* etc. 53. 165; II 185; 310.

expromenda (bei weitem bezeichnender als exprimenda), soll sich (in ihrer vollen Stärke) entfalten, bethätigen, ans Licht treten, wie Or. 125 cum vero ea causa inciderit, in qua vis eloquentiae possit *expromi*, tum se latius fundet orator, tum reget et flectet animos et sic afficiet, ut volet, id est ut causae natura et ratio temporis postulabit. Brut. 25 quanta *vis* sit eius (sc. eloquentiae) *expromere*.

eodem oportet lepos quidam facetiaeque et eruditio libero digna 1
celeritasque et brevitas et respondendi et lacessendi subtili 2
venustate atque urbanitate coniuncta. Tenenda praeterea est 3
omnis antiquitas exemplorumque vis, neque legum ac iuris
civilis scientia neglegenda est. Nam quid ego de actione ipsa 5
plura dicam? quae motu corporis, quae gestu, quae vultu,
quae vocis conformatione ac varietate moderanda est; quae 7
sola per se ipsa quanta sit histrionum levis ars et scena de- 8
clarat; in qua cum omnes in oris et vocis et motus moderatione elaborent, quis ignorat, quam pauci sint fuerintque, 10
quos animo aequo spectare possimus? Quid dicam de thesauro 11
rerum omnium, memoria? quae nisi custos inventis cogitatis- 12

---

1. *lepos* etc. die Gabe geistreichen Humors und witziger Einfälle, die Cicero selbst in reichem Maße besaß. 159. 213; II 219.
eruditio ist von der oben angeführten scient. rerum plurimarum, dem Reichtum an positiven Kenntnissen, verschieden und bezeichnet mehr die höhere durch Beschäftigung mit der Litteratur erworbene (formale) Bildung. 5.
libero — ohne homine, wie hernach 72, in Pison. 10, 21 quis te — agentem aliquid, quod esset *libero* dignum — vidit? de fin. V 17, 47.
2. *celeritas* (Schlagfertigkeit) *et brevitas* 'schlagende Kürze'.
respondendi et lacessendi, technische Ausdrücke auch für orator. Abwehr und Angriff.
subtili venustate, ohne grob und plump zu werden; subtilis venustas ist das feine Anstandsgefühl, urbanitas die feine Form, der maßvolle Ton, in dem Angriff und Erwiderung gehalten sein soll.
3. *coniuncta* 'im Verein mit', iungere und coniungere öfter mit bloßem Abl. ohne cum 243; III 55.
Tenenda praeterea die Kenntnis von ... stets bereit halten; Or. 120 Ius civile teneat, quod egent causae forenses cotidie. — Cognoscat etiam rerum gestarum et memoriae veteris ordinem. — Commemoratio autem antiquitatis exemplorumque prolatio summa cum delectatione et auctoritatem orationi affert et fidem.

Die in der actio liegende difficultas artis dic. wird in der Form d. occupatio (Seyff. Schol. Lat. I § 22 p. 33) mit nam (cfr. 246), die in der memoria liegende in der Form der praeteritio mit quid plura dicam de — eingeführt (Seyff. Schol. Lat. I § 43, 3).
5. *actione* Or. part. 25 facit enim et dilucidam orationem et illustrem et probabilem et suavem non verbis sed varietate vocis, motu corporis, vultu.
7. *moderatione* maßvoller, angemessener Gebrauch, oris des Mundes und Gesichtes. motus coll. der Gesten und Bewegungen.
8. *levis*, geringfügig, bedeutungslos. p. Arch. 5, 10 wo die scenici artifices zu den humili aliqua arte praeditis gerechnet werden.
10. *elaborare* 1. mit Eifer, 2. mit Erfolg arbeiten = (zu leisten) streben und leisten vgl. 19; 33; 251.
11. *animo aequo*, 'mit Befriedigung'; ad Her. III 10, 17 si causa nostra magnam difficultatem videbitur habere, ut nemo aequo animo principium possit audire.
thesauro, ad Her. III 16, 28 nunc ad *thesaurum* inventorum atque ad omnium partium rhetoricae artis *custodem* memoriam transeamus. Brut. 219 hac parte animi, quae est *custos* ceterarum ingenii partium. Or. part. 3 earumque rerum omnium *custos* memoria.
12. *cogitare aliquid* genau überdenken, wohl erwägen, 1.

que rebus et **verbis** adhibeatur, intellegimus omnia, etiam si praeclarissima fuerint in oratore, peritura. **Quamobrem mirari** desinamus, quae causa sit eloquentium paucitatis, cum ex eis rebus universis eloquentia constet, in quibus singulis elaborare permagnum est, hortemurque potius liberos nostros ceterosque, quorum gloria nobis et dignitas **cara est, ut animo rei** magnitudinem complectantur neque eis aut praeceptis aut magistris aut exercitationibus, quibus utuntur **omnes**, sed aliis quibusdam se id, quod expetunt, consequi posse confidant. Ac mea quidem sententia nemo poterit esse omni laude cumulatus orator, nisi erit omnium rerum **magnarum atque artium** scientiam consecutus. Etenim ex **rerum cognitione efflorescat et redundet** oportet oratio, quae **nisi res est ab oratore percepta et** cognita, inanem quandam habet **elocutionem et paene puerilem.** Neque vero ego hoc tantum **oneris imponam nostris** praesertim oratoribus in hac tanta

---

1. *omnia praeclarissima peritura* auch die größten Vorzüge verschwinden, bleiben wirkungslos.

3) Aufforderung, dieses große, fast unendliche Gebiet der Redekunst vor Augen zu behalten und Feststellung der Grenzen wie der Form der Behandlung des Themas (5, 19—7, 24).

3. *Quamobrem* etc. Vgl. 125.

7. *neque eis* etc. Vgl. III 54.

9. *aliis quibusdam.* 100 u. 111 flg. Was das sei, führt Cic. gleich darauf in der Kürze an: eine universale Sachkenntnis und Bildung.

10. *confidant* prägnant: daß sie sich nicht einbilden sollen, das Ziel auf dem gewöhnlichen Wege der bloßen Schulrhetorik erreichen zu können, sondern vielmehr die Überzeugung gewinnen u. s. w.

11. *rerum magnarum* 214.

12. *artium* Plat. Phaedr. p. 269 E. ὅσαι μεγάλαι τῶν τεχνῶν.

ex rerum cognitione vgl. III 121: Tac. dial. de or. c. 30 multa eruditione et plurimis artibus et omnium rerum scientia exundat et exuberat illa admirabilis eloquentia.

13. *efflorescat* II 319.

quae nisi res est s. d. krit. Anh. Oratio und res Form (Gedankenausdruck) und Inhalt stehen scharf einander gegenüber, wie 17: III 142 cui res non suppetat, verba non desint. Or. 72 sine re nulla vis verbi est. Zu wiederholten Malen erinnert Cicero an diesen sehr zu beherzigenden Satz: 48 dicendi enim virtus, nisi ei, qui dicet, ea, de quibus dicet, percepta sint, exstare non potest. 54 tractationem orationis, quae sine illa scientia nulla est. Brut 23 dicere enim bene nemo potest, nisi qui prudenter intellegit. Der Inhalt schafft sich die Form, III 125 rerum enim copia verborum copiam gignit, II 146 ea (sc. materies orationis) vi sua verba pariet. In diesem Zusammenhang **verhält** sich die oratio (λόγος) zur elocutio (λέξις), wie die Sprache oder die Worte zu ihrer stilistischen **Darstellung,** so daß die von Cicero hier gewählte Wendung oratio — inanem quandam habet elocutionem der griechischen entspräche, ὁ λόγος (sc. ᾧ μὴ ὑπόκειται χρῆμα) — κενήν τινα ἔχει λέξιν καὶ μειρακιώδη.

16. *nostris praesertim oratoribus* diese Betonung des nostris wird gleich darauf durch Hinweis auf die römischen Verhältnisse begründet.

occupatione urbis ac vitae, nihil ut eis putem licere nescire,
quamquam vis oratoris professioque ipsa bene dicendi hoc
suscipere ac polliceri videtur, ut omni de re, quaecumque sit
22 proposita, ornate ab eo copioseque dicatur. Sed quia non
dubito, quin hoc plerisque immensum infinitumque videatur,
et quod Graecos homines non solum ingenio et doctrina, sed
etiam otio studioque abundantes partitionem quandam artium
fecisse video neque in universo genere singulos elaborasse, sed
seposuisse a ceteris dictionibus eam partem dicendi, quae in
forensibus disceptationibus iudiciorum aut deliberationum versaretur, et id unum genus oratori reliquisse: non complectar in

1. *hac occupatione,* bei den vielfachen Ansprüchen, die das öffentliche Leben in Rom an den Redner machte.
2. *vis professioque* Wesen (Aufgabe) und Fach (Beruf) des … der strenge Begriff und der Anspruch der Wohlredenheit 61.
3. *suscipere ac polliceri* oder wie 103 suscipere ac profiteri: 116; II 153; III 54 ständige Bezeichnung einer bestimmten Berufsthätigkeit derer, die von etwas Profession machen oder etwas öffentlich als ihren speziellen Beruf (ihr besonderes Metier) angeben, ἐπαγγέλλεσθαι.
4. *ornate copioseque* — also nach Form und Inhalt befriedigend.
7. *otio studioque,* p. Arch. 2, 3 propter otium (die Zurückgezogenheit vom öffentlichen Leben) ac studium (d. wissenschaftl. Thätigkeit). *abundantes,* wie denn das Graecum otium im Gegensatz gegen den vielbeschäftigten römischen Staatsmann sprichwörtlich geworden ist. III 57 doctissimi homines otio nimio et ingeniis uberrimis affluentes; Or. 108 nemo enim orator tam multa ne in Graeco quidem otio scripsit, quam multa sunt nostra. *artium* wie oben 5 ganz allgemein 'Wissensgebiete'. Cic. denkt zunächst an die Ablösung philosophischer Fragen von der Aufgabe des Redners, wie sie am schärfsten vielleicht vor den Zeiten des älteren Hermagoras ausgeprägt war. Mit neque geht er spezieller auf die Aufgaben des Redners ein; das dicendi ist schon hinter universo genere zu denken (und auch auf dem Gesamtgebiete der Redekunst nicht einmal, vgl. III 25). elaborare (vgl. 18, 54, 252, III 132 Top. 2, 6) bezieht sich auf die Thätigkeit der griechischen Lehrer und Systematiker, jene Rhetorenschulen, die nur immer ein Redegebiet als Spezialität kultivierten. Das obige, eine Verbindung vom γένος δικανικόν und partiellen συμβουλευτικόν war offenbar eine Spezialität der Neu-Rhodier; schon ihr Muster, Hyperides, läßt darauf schließen, und ihnen, besonders Molon, folgte Cicero in der Theorie häufig.
8. *universum genus* das Gesamtgebiet, das die einzelnen Gebiete im engeren Sinne umfaßt; so auch III 25 flg.
9. *dictio* Darstellungsweise; omnes dictiones ist soviel wie universum genus dicendi, dictio also auch 'Gebiet' im engeren Sinne.
10. *in forensibus disceptationibus* II 175; III 111. Or. 37 quae absunt a forensi contentione. Vorzugsweise soll also auf die öffentl. Beredsamkeit auf dem Forum (id unum genus, mit Ausschluß der deliberativen Beredsamkeit im Senat und des ganzen γένος ἐπιδεικτικόν, als pompae quam pugnae aptius, gymnasiis et palaestra dicatum, Or. 42) Rücksicht genommen werden, die wieder entweder die gerichtliche ist, oder (daher richtig aut, nicht ac) die deliberative in den Volksversammlungen. Doch ist auch gelegentlich von dem andern Zweige des gen. delib. (im Senat) und vom genus demonstrativ. die Rede, 141; II 43; 333 flg.

his libris amplius, quam quod huic generi re quaesita et multum disputata summorum hominum prope consensu est tributum; repetamque non ab incunabulis nostrae veteris puerilisque doctrinae quendam ordinem praeceptorum, sed ea, quae quondam accepi in nostrorum hominum eloquentissimorum et omni dignitate principum disputatione esse versata; non quod illa contemnam, quae Graeci dicendi artifices et doctores reliquerunt, sed cum illa pateant in promptuque sint omnibus, neque ea interpretatione mea aut ornatius explicari aut planius exprimi possint, dabis hanc veniam, mi frater, ut opinor, ut eorum, quibus summa dicendi laus a nostris hominibus concessa est, auctoritatem Graecis anteponam.

Cum igitur vehementius inveheretur in causam principum cousul Philippus Drusique tribunatus pro senatus auctoritate

3. *ab incunabulis*, d. h. dem ersten theoretischen Elementarunterricht in der Rhetorik bei einem griech. Rhetor. III 38; 48; Or. 42 non alienum fuit de oratoris quasi incunabulis dicere.
4. *quondam* gehört zu esse versata. *accepi* 26; III 16.
5. *nostrorum hominum* im Gegensatz zu den griech. Rhetoren. *eloquentissimorum* im Gegensatz zu den bloßen Theoretikern, *omni dignitate principum*, der ersten Männer im Staat, die mit allen Würden und Ämtern bekleidet gewesen und also wirklich ein an grossen Erfahrungen reiches Leben hinter sich hatten, im Gegensatz zu den bloßen Doctrinairs.
6. *non quod* s. d. krit. Anh.
7. *artifices* = *auctores artium*, Urheber von Systemen, Verfasser von Lehrbüchern (τέχναι), oft mit magister oder doctor verbunden, z. B. 111; sonst ist artif. auch allgemein = Theoretiker, II 350.
10. *dabis hanc veniam* ... du wirst gewiß nichts dagegen haben; mit leiser Ironie, denn eine solche Behandlungsweise mußte ja dem Quintus Cicero, der ohnehin kein Freund der Theorie war, eben recht sein. Anders 28. 143.
12. *auctoritatem*, das bewährte Urteil über die oratorische Kunst. *Graecis* mit abgekürzter Vergleichungsform, wie oben 15 und hernach 197. Wenn in irgend einer Kunst, so konnten hier auf dem Gebiet der B. die Römer den Ruhm der Originalität noch am ersten in Anspruch nehmen (II 4), um der selbständigen Erfahrung im Staatsleben willen, wieviel sie auch in eigentlich wissenschaftlich-systematischer Erkenntnis den Griechen zu verdanken hatten.

4) Einleitung zu dem eigentlichen Gespräch auf dem Tusculanum des C. Licin. Crassus (Zeit, Personen, Veranlassung und Vorbereitung), c. 7, 24—c. 8.

13. *vehementius inveheretur* absichtlich vorangestellt, um so mit ein paar Strichen die ganze politische Situation zu zeichnen, in der sich damals der römische Staat befand. Einl. I § 22.

principum, also die conservative Regierungspartei (de off. II 22, 77 in principibus et remp. gubernantibus), die Optimaten (Phil. I 1, 2 ad deliberationes eas, quas habebat [Antonius] domi de rep. *principes civitatis* adhibebat; ad *hunc ordinem* res optimas deferebat). Es ist die von Crassus vornehmlich geleitete Majorität des Senates gemeint.

14. *consul*, von dem man seiner amtlichen Stellung nach gerade das Gegenteil erwarten mußte. III 4. Durch die Nebeneinanderstellung von in causam principum und consul und die Voranstellung von consul vor Philippus wird das Widernatürliche dieses Verhaltens des Consuls Ph. hervorgehoben.

Drusique tribunatus Einl. I § 22.

susceptus infringi iam debilitarique videretur, dici mihi memini
ludorum Romanorum diebus L. Crassum quasi colligendi sui
causa se in Tusculanum contulisse; venisse eodem, socer eius
qui fuerat, Q. Mucius dicebatur et M. Antonius, homo et
consiliorum in re publica socius et summa cum Crasso fami-
25 liaritate coniunctus. Exierant autem cum ipso Crasso adulescentes et Drusi maxime familiares et in quibus magnam tum
spem maiores natu dignitatis suae collocarent, C. Cotta, qui
tum tribunatum plebis petebat, et P. Sulpicius, qui deinceps
26 eum magistratum petiturus putabatur. Hi primo die de temporibus deque universa re publica, quam ob causam venerant,
multum inter se usque ad extremum tempus diei collocuti sunt.
Quo quidem sermone multa divinitus a tribus illis consularibus
Cotta deplorata et commemorata narrabat, ut nihil incidisset
postea civitati mali, quod non impendere illi tanto ante vidis-
27 sent. Eo autem omni sermone confecto, tantam in Crasso
humanitatem fuisse, ut, cum lauti accubuissent, tolleretur omnis
illa superioris tristitia sermonis eaque esset in homine iucun-

1. *infringi debilitarique*, 121. ad
Fam. V. 13, 3 circumspice omnia
membra reip. — nullam reperies
profecto, quod non fractum debili-
tatumve sit. de dom. 15, 40 tuo
praecipitante iam et debilitato tribunatu. ad Q. fr. I 1, 1 animos
frangi et debilitari molestia non
oportet (geschwächt und arg er-
schüttert).
2. *lud. Rom.* s. erklär. ind.
quasi, vgl. 26: de universa republica, quam ob causam venerant,
inter se collocuti sunt.
4. *fuerat*, darnach war also diese
Tochter des Muc. Scaevola augur,
die mit Crassus vermählt gewesen,
nicht mehr am Leben. Vgl. Corn.
Nep. Eum. 6 Olympias mater quae
fuerat Alexandri (tum mortui) und
p. Sest. 3, 6 ademit Albino soceri
nomen mors filiae. Natürlich treten
doch beide als socer und gener auf
35; 242; II 22; III 68.
5. *consiliorum socius*, Planc. 2, 5
neque est ullum certius amicitiae
vinculum, quam consensus et *societas
consiliorum* et voluntatum.
8. *dignitatis suae*, daß sie auf
Seiten der Optimaten stehen und
in conservativem Interesse wirken
würden; worin sie sich aber in Beziehung auf Sulpicius täuschten.
Einl. I § 12, 112flg. *petebat*, im J. 91

aufs J. 90, ebd. § 13, 154. *deinceps*,
im J. 89 aufs J. 88, ebd. I § 12, 141
und im allg. ebd. § 22.
10. *primo die*, der erste ganze Tag
ist der Politik gewidmet.
de temporibus, speziell über die
unglücklichen politischen Verhältnisse.
13. *divinitus*, wie gleich nachher
von Sokrates 28 und 49 von Plato,
227 von Crassus; 'wie aus höherer
göttlicher Eingebung (202)', hier
auch in prophetischer Voraussicht,
sonst z. B. 49 auch bloß 'vortrefflich, meisterhaft'.
14. *ut nihil incidisset* etc. = ut
nihil incidisse diceret. Ferner ut
nihil incidisset, *quod non vidissent*
= quidquid incidit, illi — ante vi-
derant.
17. *humanitatem* Artigkeit, feines
Benehmen gegen seine Gäste.
18. *tristitia* öfters mit severitas
verbunden, Lael. 18, 66, die trübe
Stimmung der vorausgehenden
Unterhaltung im Gegensatz von
hilaritas, III 197.
in homine iucunditas ein anspre-
chendes gefälliges Wesen, das sich
in jovialer Laune und heiterer Unterhaltung zeigt. Indes ist die
Schlußfolgerung (tanta in Crasso
humanitas fuit, ut ea esset in homine iucunditas) so seltsam, daß

ditas et tantus in iocando lepos, ut dies inter eos curiae fuisse
videretur, convivium Tusculani. Postero autem die, cum illi
3 maiores natu satis quiessent, in ambulationem ventum esse
4 dicebat; tum SCAEVOLAM duobus spatiis tribusve factis dixisse:
cur non imitamur, Crasse, Socratem illum, qui est in Phaedro
Platonis? Nam me haec tua platanus admonuit, quae non minus
7 ad opacandum hunc locum patulis est diffusa ramis, quam illa,
cuius umbram secutus est Socrates, quae mihi videtur non tam
9 ipsa aquula, quae describitur, quam Platonis oratione crevisse,
10 et quod ille durissimis pedibus fecit, ut se abiceret in herba
atque ita illa, quae philosophi divinitus ferunt esse dicta,
12 loqueretur, id meis pedibus certe concedi est aequius. Tum

die Vermutung von Eussner *in omni
re* statt *in homine* fast unabweisbar
erscheint. Also etwa: es herrschte
ein solches Behagen in jeglicher
Hinsicht.
   ut dies inter eos (dies) *curiae
fuisse videretur*, *convivium* (convivium) *Tusculani*. Die Tageszeit
bis zur Tafel gegen Abend trug den
Charakter eines ernsten Sitzungstages im Senatslokal, das *convivium*
die Zeit, wo sie an der Tafel saßen,
entsprach einer so reizenden Villa,
in der sie speisten.
   3. *in ambulationem, εἰς περί
πατον*, zu dem üblichen Morgenspaziergang entweder im Freien
oder unter prächtigen Hallen.
   4. *spatiis*, 'Gänge'.
   7. *patulis diffusa ramis*, 'die ihre
Äste zu einem weiten Laubdach
ausbreitet', Virg. ecl. 1, 1.
   illa, vgl. die anmutige Schilderung in Plat. Phaedr. p. 229
ὁρᾷς οὖν ἐκείνην τὴν ὑψηλοτάτην
πλάτανον, sagt Phädrus und setzt
dann hinzu: ἐκεῖ σκιά τ' ἔστι καὶ
πνεῦμα μέτριον καὶ πόα καθίζεσθαι
ἢ ἐὰν βουλώμεθα κατακλιθῆναι,
und hernach p. 230 B. Socrates:
νὴ τὴν Ἥραν καλή γε ἡ καταγωγή·
ἥ τε γὰρ πλάτανος αὕτη μάλ'
ἀμφιλαφής τε καὶ ὑψηλή, τοῦ
τε ἄγνου τὸ ὕψος καὶ τὸ σύσκιον
πάγκαλον, καὶ ὡς ἀκμὴν ἔχει τῆς
ἄνθης ὡς ἂν εὐωδέστατον παρέχοι
τὸν τόπον· ἥ τε αὖ πηγὴ χαριε
στάτη ὑπὸ τῆς πλατάνου ῥεῖ μάλα
ψυχροῦ ὕδατος ὥστε γε τῷ ποδὶ
τεκμήρασθαι — τὸ εὔπνουν τοῦ
τόπου ὡς ἀγαπητὸν καὶ σφόδρα ἡδύ·

θερινόν τε καὶ λιγυρὸν ὑπηχεῖ
τῷ τῶν τεττίγων χορῷ. πάντων
δὲ κομψότατον, τὸ τῆς πόας, ὅτι
ἐν ἠρέμα προσάντει ἱκανὴ πέφυκε
κατακλινέντι τὴν κεφαλὴν παγκάλως
ἔχειν.
   9. *aquula* — die Übersetzung von
ὑδάτιον, Phaedr. p. 229 B vom
Ilissusbach gebraucht: χαρίεντα γοῦν
καὶ καθαρὰ καὶ διαφανῆ τὰ ὑδάτια
φαίνεται. Cic. meint hier die oben
erwähnte πηγή am Fuße des Platanenbaums.
   crevisse mit dem Doppelsinn: sie
verdankt ihre Grösse (ihr Wachstum) der Schilderung Platos, ähnlich der quercus Mariana, die Cicero
in seinem Gedicht 'Marius' verherrlicht hat: 'manet vero et semper
manebit; sata est enim ingenio;
nullius autem agricolae cultu stirps
tam diuturna quam poëtae versu
seminari potest' de leg. I 1, 1.
   10. *durissimis pedibus*, weil er
immer ohne Sandalen ging, ἀεὶ
ἀνυπόδητος ὤν, Phaedr. p. 229:
Xen. Mem. I 6, 2.
   ut se abiceret Phaedr. p. 230 E
νῦν οὖν ἐν τῷ παρόντι δεῦρ' ἀφ
ικόμενος ἐγὼ μέν μοι δοκῶ κατα
κείσθαι. *in herba* cfr. de fin. V
30, 92 anulum in mari abiecerat.
Caes. b. g. V 10 naves in littore eiectae.
   12. *loqueretur*, griech. διαλέγεσθαι.
Orat. 113 aliud videtur oratio esse,
aliud disputatio, nec idem loqui
esse quod dicere —, disputandi
ratio et loquendi dialecticorum —,
oratorum dicendi et orandi.
   meis — die altersschwach und
nicht so abgehärtet sind.

29 CRASSUM: Immo vero commodius etiam; pulviuosque poposcisse et omnes in eis sedibus, quae erant sub platano, consedisse dicebat.

8 Ibi ut ex pristino sermone relaxarentur animi omnium, solebat Cotta narrare CRASSUM sermonem quendam de studio **30** dicendi intulisse. Qui cum ita esset exorsus: non sibi cohortandum Sulpicium et Cottam, sed magis utrumque collaudandum videri, quod tantam iam essent facultatem adepti, ut non aequalibus suis solum anteponerentur, sed cum maioribus natu compararentur: neque vero mihi quidquam, inquit, praestabilius videtur, quam posse dicendo tenere hominum coetus, mentes adlicere, voluntates impellere quo velit, unde autem velit deducere. Haec una res in omni libero populo maximeque in pacatis tranquillisque civitatibus praecipue semper floruit semper**31** que dominata est. Quid enim est aut tam admirabile, quam ex infinita multitudine hominum exsistere unum, qui id, quod omnibus natura sit datum, vel solus vel cum perpaucis facere possit? aut tam iucundum cognitu atque auditu, quam sapientibus sententiis gravibusque verbis ornata oratio et polita? aut tam potens tamque magnificum, quam populi motus, iudicum

---

1. *commodius*, aus dem Vorigen ist herauszunehmen: non solum aequum est hoc concedi, sed etiam commodius hoc concedi aequum est.

2. *consedisse*, Brut. 24 sed quo facilius sermo explicetur, sedentes, si videtur, agamus. Cum idem placuisset illis, tum in pratulo propter Platonis statuam consedimus. *dicebat*, sc. Cotta.

4. *pristino*, vom gestrigen Tage. Da pristinus den Begriff von hesternus umfaßt, so kann es im Sinne von hesternus gebraucht werden, wo sich dieser Sinn aus dem Zusammenhange ergiebt. Cic. in Cat. II 3, 6 ne illi vehementer errant, si illam meam pristinam lenitatem perpetuam sperant futuram.

Tractatio c. 8—62.

Teil I. Über Umfang und Inhalt des Gebiets der Beredsamkeit — 21, 95. A. Ansicht des Crassus — 16, 73.

5. *solebat*, so gern brachte Cotta das Gespräch auf jene unvergeßlichen Tage.

Crassus der Meister nimmt zuerst das Wort und beginnt mit dem Lob der Beredsamkeit. 8, 30—9, 35 (vgl. 202; II 35).

10. *praestabilius*, de inv. I 4 flg.; Quint. II 16, 1 flg.; Tac. dial. de or. c. 5—7.

11. *posse* etc. 53. *tenere* wie de off. I 33, 121 populum contionibus tenere. *impellere* III 55, s. a. d. krit. Anh.

coetus, s. d. krit. Anh.

12. *velit*, das allgemeine Subjekt liegt bereits im vorangehenden Infinitiv (posse); der Änderung in velis bedarf es daher nicht. p. Mur. 7, 16; Tusc. IV 8, 17; 11, 26. Ebenso im Griech. Krüger Gr.Gr. 61, 4. A. 5.

13. *haec una res — praecipue floruit semperque dominata est* (= princeps fuit). 32. 33.

in pacatis, 14; II 33; Or. 141; de rep. II 3, 6 pacatus an hostis.

17. *solus* 116. *cum paucis*, II 193. *facere* mit besonderem Nachdruck 'auch wirklich ausüben'.

religiones, **senatus** gravitatem unius oratione converti? Quid 32
tam porro regium, tam liberale, tam munificum, quam opem
ferre supplicibus, excitare adflictos, **dare salutem,** liberare periculis, **retinere** homines in civitate? Quid autem tam necessarium, quam tenere semper arma, quibus vel tectus ipse esse
possis vel provocare improbos vel te ulcisci lacessitus? Age
vero, ne semper forum, subsellia, **rostra curiamque meditere,**
quid esse potest in otio aut iucundius **aut magis** proprium
humanitatis, quam sermo facetus ac nulla in re rudis? Hoc
enim uno praestamus vel maxime feris, quod colloquimur inter
nos et quod exprimere dicendo sensa possumus. Quamobrem 33
quis hoc non iure miretur summeque in eo elaborandum esse
arbitretur, ut, quo uno homines maxime bestiis praestent, in
hoc hominibus ipsis antecellat? Ut vero iam ad illa summa
veniamus, quae vis alia potuit aut dispersos homines unum in
locum congregare aut a fera agrestique vita ad hunc humanum
cultum civilemque **deducere** aut **iam constitutis civitatibus leges,**
iudicia, **iura describere?** Ac ne plura, quae sunt paene in- 34

1. *religiones,* die Bedenklichkeiten der Richter, die in ihren Erkenntnissen **an die strengsten** Formen gebunden sind.
gravitatem, der ernste, unerschütterliche, feste Sinn des **Senats,** der sich nicht so leicht von seinen einmal angenommenen Prinzipien abbringen lassen darf.
2. *Quid tam porro regium.* Durch die Stellung des *porro* wird der Begriff *regium* noch mehr hervorgehoben. Tac. dial. de or. 5 quid est utilius quam eam exercere artem, qua semper armatus praesidium amicis, opem alienis, salutem periclitantibus, invidis vero et inimicis metum et terrorem ultro feras, ipse securus et quadam velut perpetua potentia ac potestate munitus? Ovid. ex Pont. II 9, 11 *regia* crede mihi res est succurrere lapsis.
3. *excitare adflictos,* 169. *retinere* d. h. sie vor dem Exil bewahren, *provocare improbos,* II 35; Catil. III 12, 28 est etiam in nobis is animus, ut non modo nullius audaciae cedamus, sed etiam omnes improbos ultro semper lacessamus. S. d. krit. Anhang.
6. *Age vero* — bei lebhafter Steigerung im Übergang zu einem neuen Punkt. II 51.

7. *forum, subsellia* etc., die Stätten des *negotium,* denen das folgende *otium* entgegengestellt wird. *subsellia* geht auf das genus iudiciale, *rostra* und *curiam* auf das deliberativum. III 63; Brut. 289 flg.; p. Cluent. 24. 93; 40, 111 rem a subselliis ad rostra detulit. Wenn forum noch durch andere Begriffe spezialisiert wird, heißt es ganz allgemein 'öffentliche Thätigkeit,' ebenso 35 und III 86.
9. *facetus* geht mehr auf die Form, *nulla in re rudis* auf den Inhalt; 'eine gebildete Unterhaltung, die sich überall wohl unterrichtet zeigt'.
Hoc enim etc. de inv. I 4, 5 Ac mihi quidem videntur homines — hac re maxime bestiis praestare, quod loqui possunt. Quare praeclarum mihi quiddam videtur adeptus is, qui qua re homines bestiis praestent, ea in re hominibus ipsis antecellat; de off. I 16, 50.
11. *sensa* die Vorstellungen, Gedanken III 55; Quint. VIII 5, 1.
16. *ad hunc,* wir: auf die Höhe der jetzigen, allgemein menschlichen und staatlichen Kultur emporheben.
18. *describere* III 76.

numerabilia, consecter, comprehendam brevi: sic enim statuo, perfecti oratoris moderatione et sapientia non solum ipsius dignitatem, sed et privatorum plurimorum et universae rei publicae salutem maxime contineri. Quamobrem pergite, ut facitis, adulescentes, atque in id studium, in quo estis, incumbite, ut et vobis honori et amicis utilitati et rei publicae emolumento esse possitis.

35 9 Tum SCAEVOLA comiter, ut solebat: Cetera, inquit, adsentior Crasso, ne aut de C. Laelii soceri mei, aut de huius generi aut arte aut gloria detraham; sed illa duo, Crasse, vereor ut tibi possim concedere; unum, quod ab oratoribus civitates et initio constitutas et saepe conservatas esse dixisti, alterum, quod remoto foro, contione, iudiciis, senatu statuisti oratorem in omni genere sermonis et humanitatis esse perfectum. Quis enim tibi hoc concesserit, aut initio genus hominum in montibus ac silvis dissipatum non prudentium

---

2. *moderatione:* die Lenkung, der leitende Einfluss. Cic. N. D. III 35, 85 mundi divina moderatio profecto nulla est, si in ea discrimen nullum est bonorum et malorum. Cfr. de inv. II 51, 154 navem moderari (al. navi). pro Balb. 27, 61 sententiam tanquam aliquod navigium atque cursum ex reipublicae tempestate moderari. ad fam. II 7, 1 te hortor ut omnia gubernes et moderere prudentia tua. *ut facitis* formelhaft: wie bisher. Phil 4, 5, 12 incumbite in causam, Quirites, ut facitis.

5. *in id studium, in quo estis, incumbite,* nicht „legt euch" (dagegen in quo estis), sondern werft euch mit voller Hingebung. — Oft ist dies noch durch besondere Zusätze, wie acriter, toto animo, tota mente etc. ausgedrückt.

7. *esse possitis.* Die persönliche Beziehung paßt zu vobis honori nicht recht scharf, wird aber durch die anderen Parallelen et amicis utilitati et rei publ. emol. leicht und erträglich.

Scaevolas zwiefacher Einwurf (c. 9, 35—11, 45).

9. *huius generi* etc. III 171.

12. *saepe,* so oft nämlich der Bestand des Staates durch Gesetze und Rechtsordnungen zu befestigen war (33. 36), was nicht allein bald nach der Gründung nötig war, sondern sich im Laufe der staatlichen Entwickelung öfter wiederholte.

13. *remoto foro* etc. mit Beiseitesetzung d. h. ganz abgesehen von den eigentlichen Gebieten oratorischer Thätigkeit. Vgl. 32, 48, 73; III 63.

14. *in omni genere* etc. auf allen Gebieten sprachlicher Darstellung und höherer Bildung. 256; II 40.

15. *initio* — nach einer sehr verbreiteten Vorstellung von der Entstehung staatlicher Vereine. de inv. I 2, 2 Quo tempore quidam, *magnus* videlicet vir et *sapiens* — *dispersos* homines in agris et in tectis silvestribus abditos ratione quadam *compulit* unum in locum et congregavit et eos in unamquamque rem inducens *utilem* et honestam, primo propter insolentiam reclamantes (deinde propter rationem atque orationem studiosius audientes) ex feris et immanibus mites reddidit et mansuetos. p. Sest. 42, 91. Qui igitur primi *virtute* et *consilio praestanti* exstiterunt, ei perspecto genere humanae docilitatis atque ingenii *dissipatos* unum in locum congregarunt eosque ex efferitate illa ad iustitiam atque ad mansuetudinem transduxerunt.

consiliis compulsum potius, quam disertorum oratione deleni-
tum se oppidis moenibusque saepsisse? aut vero reliquas utilitates aut in constituendis aut in conservandis civitatibus non
a sapientibus et fortibus viris, sed a disertis ornateque dicentibus esse constitutas? An vero tibi Romulus ille aut pastores
et convenas congregasse aut Sabinorum connubia coniunxisse
aut finitimorum vim repressisse eloquentia videtur, non consilio et sapientia singulari? Quid? in Numa Pompilio, quid?
in Servio Tullio, quid? in ceteris regibus, quorum multa sunt
eximia ad constituendam rem publicam, num eloquentiae
vestigium apparet? Quid? exactis regibus — tametsi ipsam
exactionem mente, non lingua perfectam L. Bruti esse cernimus, sed deinceps — omnia nonne plena consiliorum, inania
verborum videmus? Ego vero si velim et nostrae civitatis
exemplis uti et aliarum, plura proferre possim detrimenta publicis rebus, quam adiumenta per homines eloquentissimos importata; sed ut reliqua praetermittam, omnium mihi videor,
exceptis, Crasse, vobis duobus, eloquentissimos audisse Ti. et
C. Sempronios, quorum pater, homo prudens et gravis, haudquaquam eloquens, et saepe alias et maxime censor saluti rei
publicae fuit. Atque is non accurata quadam orationis copia,

2. *utilitates* nützliche (politische) Einrichtungen. 193.
6. *Sabinorum connubia.* Man könnte meinen Sabinarum connubia; es ist aber an das ius connubii mit den Sabinern gedacht, das der fabelhafte Raub zur Folge hatte.
7. *non consilio* und nicht vielmehr; der schärfste Gegensatz ohne Anknüpfungspartikel; *ac non* knüpft eine Berichtigung aus der gleichen Sphäre an.
11. *exactis regibus* entspricht dem in ceteris regibus; das Particip steht voran, weil auf der Zeitbestimmung der Ton liegt und auf ihm der Gegensatz beruht zu den vorhergehenden aus der Zeit der Königsherrschaft entnommenen Beispielen.
tametsi, oft ganz ohne, hier nur mit angedeutetem Nachsatz (der hier eine Art elliptischer Aufforderung ist, darum sed): sed deinceps = obschon wir auch die Vertreibung selbst bewirkt sehen, wollen wir doch nur die Folgezeit berücksichtigen.
exactis reg. wird ganz glatt durch nonne videmus fortgesetzt; die Parenthese hinter cernimus anzuneh-

men, also exactis r. sed deinceps omnia nonne videmus zu verbinden, erscheint wesentlich härter. Solche Härten scheut Cicero in diesem Werke durchaus nicht; gewiß will er auch dem Leser stets ins Bewußtsein führen, daß er ein lebendiges, lebhaft geführtes Gespräch wiedergiebt.
12. *mente,* Brut. 53 Quis enim putet, *celeritatem ingenii* L. Bruto illi — defuisse? qui de matre savianda ex oraculo Apollinis tam acute arguteque coniecerit; qui summam prudentiam simulatione stultitiae texerit; qui potentissimum regem, clarissimi regis filium, expulerit civitatemque perpetuo dominatu liberatam magistratibus annuis legibus iudiciisque devinxerit; qui collegae suo imperium abrogaverit, ut e civitate regalis nominis memoriam tolleret.
15. *detrimenta,* de inv. I 1,1 Nam cum et nostrae reipublicae *detrimenta* considero et maximarum civitatum veteres animo calamitates colligo, non minimam video per disertissimos homines *invectam* partem incommodorum.

sed nutu atque verbo libertinos in urbanas tribus transtulit;
quod nisi fecisset, rem publicam, quam nunc vix tenemus, iam
diu nullam haberemus. At vero eius filii diserti et omnibus
vel naturae vel doctrinae praesidiis ad dicendum parati, cum
civitatem vel paterno consilio vel avitis armis florentissimam
accepissent, ista praeclara gubernatrice, ut ais, civitatum,
10 39 eloquentia rem publicam dissipaverunt. Quid? leges veteres
moresque maiorum; quid? auspicia, quibus ego et tu, Crasse,
cum magna rei publicae salute praesumus; quid? religiones et
caerimoniae; quid? haec iura civilia, quae iam pridem in nostra
familia sine ulla eloquentiae laude versantur, num aut inventa
sunt aut cognita aut omnino ab oratorum genere tractata?
40 Equidem et Ser. Galbam memoria teneo, divinum hominem in
dicendo, et M. Aemilium Porcinam et C. ipsum Carbonem, quem
tu adulescentulus perculisti, ignarum legum, haesitantem in

1. *nutu* — durch die Entschiedenheit seines Willens, ohne viel Worte zu machen. 194 auctoritate nutuque legum. Liv. XXXIV 62, 18 nam ni ita esset, unus Scipio vel notitia rei vel auctoritate — finire nutu disceptationem potuisset.
2. *rem publicam*, die Erwähnung der Gracchen leitet die Gedanken des Sprechers auf die Revolution des Glaucia und Saturninus: *iamdiu nullam haberemus*; bei dem *nunc vix tenemus* denkt ein Scaevola natürlich an die schmähliche Verurteilung des Rutilius Rufus, quo iudicio convulsam penitus scimus esse rempublicam (Brut. 115). Vgl. III 63 hac praesertim republica und besonders 226. Eiul. I § 22.
4. *praesidia* eigentl. Schutz- und Trutzmittel; wir allgemeiner 'Gaben'.
5. *paterno consilio*, durch die weise Politik ihres Vaters im Frieden.
avitis armis, durch die Kriegsthaten ihres mütterlichen Großvaters, des P. Cornelius Scipio Africanus Maior, des Siegers bei Zama. Brut. 126.
6. *ista praeclara gubernatrice*, eloquentia ist erklärend hinzugesetzt (wie 42 ab illo fonte et capite Socrate und 47), ist also selbst die Apposition.
praeclara natürlich ironisch; daher:

ut ais, wie du meinst.
7. *dissipaverunt* mit Beziehung auf die bekannten Ackergesetze der Gracchen. Phil. II 3, 6 cum tu reliquias reipublicae (den Staatsschatz) dissipavisses.
Quid? leges etc. mit Bezug auf die Worte des Crassus 33 constitutis civitatibus leges, iudicia, iura describere. *leges veteres moresque maiorum* 48 sind vorangestellt als die Quellen sowohl des göttlichen Rechts (fas), unter das die auspicia, religiones und caerimoniae fallen, als des menschlichen Rechts (ius). III 76; Tusc. IV 1, 1.
10. *in nostra familia* Einl. I § 14.
versantur 'heimisch sind'.
12. *ab oratorum genere* geringschätzig, von der (gesamten) Rednerzunft vgl. p. Flacc. 4, 9. Die Worte gehören auch noch zu den Begriffen inventa und cognita. Die gewöhnliche Stellung num ab or. gen. aut. inv. sunt aut cogn. aut omn. tract. würde die drei Begriffe inv. cogn. tract. ganz parallel stellen; hier soll das letzte Glied als die beiden vorigen mit umfassend besonders hervorgehoben werden.
13. *Galbam memoria teneo* wie in gleichem Sinne und gleicher Konstruction das einfache memini.
15. *adulescentulus* Einl. I § 10, 77.
haesitantem, weil er des Stoffs nicht Herr war.

maiorum institutis, rudem in iure civili; et haec aetas nostra
praeter te, Crasse, qui tuo magis studio, quam proprio munere
aliquo disertorum ius a nobis civile didicisti, quod interdum
pudeat, iuris ignara est. — Quod vero in extrema oratione 41
quasi tuo iure sumpsisti, oratorem in omnis sermonis disputatione copiosissime versari posse, id, nisi hic in tuo regno
essemus, non tulissem multisque praeissem, qui aut interdicto
tecum contenderent aut te ex iure manum consertum vocarent,
quod in alienas possessiones tam temere irruisses. Agerent 42
enim tecum lege primum Pythagorei omnes atque Democritii
ceterique in iure sua physici vindicarent, ornati homines in dicendo et graves, quibuscum tibi iusto sacramento contendere non
liceret. Urgerent praeterea philosophorum greges iam ab

1. *in maiorum institutis*, alten Rechtsüberlieferungen, Satzungen. *aetas*, konkr. Zeitgenossen.
2. *tuo studio*, aus eigenem Trieb. *proprio aliquo disert.* e. Aufgabe, Pflicht, die dem Redner zukommt. Die Ablative sind etwas locker an didicisti geschlossen; meist setzt Cic. ein Particip hinzu wie motus, incitatus oder sonst eine Stütze, die die Beziehung klärt.
3. *quod*, in einem Grade, daß man sich mitunter über die Unkunde seiner Landsleute schämen muß. 36 flg.
4. *in extrema oratione.* Er denkt an die Worte des Crassus: quid esse potest in otio magis proprium humanitatis, quam sermo facetus ac nulla in re rudis §2.
5. *quasi tuo iure*, wie als Vorsitzender von eigener Gerichtsstätte aus; als könnte dagegen gar kein Rechtseinspruch erhoben werden. Cic. läßt im Folgenden den Mucius Scaevola in launiger Weise die ihm eigene juristische Sprache führen; daher die technischen Ausdrücke, die in ihrer streng juristischen Bedeutung zu nehmen sind.
6. *regno*, wo du Alleinherr bist und folglich gegen deinen souveränen Willen jeder Rechtsweg verschlossen ist.
7. *non tulissem*, nämlich gleich als du dir den unrechtmäßigen Übergriff in fremdes Gebiet erlaubtest.
praeissem (auch voce, wie p. Mil. 2, 3 oder verbis), die erforderlichen Worte vorsagen sowohl zur Einleitung des Prozesses, der durch mündliches Aussprechen bestimmter solenner Formeln begonnen wurde, als auch um vorschriftsmäßig den Anspruch, den die Prozeßführenden erhoben, mit Gesetzesworten zu bezeichnen. Wer darin fehlte, verlor den Prozeß, und mußten sich daher die Parteien an einen rechtskundigen Beistand wenden, der in dieser Beziehung für sie alles wahrte.
multis — sodaß also gegen Crassus gleich eine ganze Menge Prozesse anhängig gemacht würde.
interdicto — mittels eines Interdiktenprozesses od. nach d. Verfahren, das infolge eines interdictum praetoris (d. h. ursp. eines Verbotes, dann im allgemeinen eines Erlasses des Prätors) de possessione eingeleitet wurde. S. ind. *ex iure manum consertum* mittels einer feierlichen *legis actio* (sacramento) und vindicatio. S. ind.
11. *in iure*, an offizieller Gerichtsstätte. s. a. d. krit. Anb.
12. *quibuscum*, mit denen allen. *iusto sacramento contendere* ohne das Depositum, das Haftgeld zu gefährden, d. i. mit Aussicht auf Erfolg prozessieren, s. Ind. lege agere.
13. *greges*, Scharen p. Sull. 77, in Cat. II 10; 23. ad Att. I 18, 1.

illo fonte et capite Socrate, nihil te de bonis rebus in vita, nihil de malis, nihil de animi permotionibus, nihil de hominum moribus, nihil de ratione vitae didicisse, nihil omnino quaesisse, nihil scire convincerent; et cum universi in te impetum fecissent, tum singulae familiae litem tibi intenderent. Instaret Academia, quae, quidquid dixisses, id te ipsum negare cogeret. Stoici vero nostri disputationum suarum atque interrogationum laqueis te irretitum tenerent. Peripatetici autem etiam haec ipsa, quae propria oratorum putas esse adiumenta atque ornamenta dicendi, a se peti vincerent oportere; ac non solum meliora, sed etiam multo plura Aristotelem Theophrastumque de istis rebus, quam omnes dicendi magistros scripsisse ostenderent. Missos facio mathematicos, grammaticos, musicos, quorum artibus vestra ista dicendi vis ne minima quidem societate coniungitur. Quamobrem ista tanta tamque multa profitenda, Crasse, non censeo. Satis id est magnum, quod potes praestare,

---

1. *fonte et capite*, beide Begriffe öfters in dieser Verbindung. 195 legum fontes et capita, II 117. Vorher die vorsokratische Philosophie, hier die aus der Schule des Sokrates hervorgegangenen Systeme.

Socrate — als dem Stammvater aller späteren Philosophenschulen. III 60. S. parens philosophiae iure dici potest, de fin. II 1, 1.

de bonis rebus etc. Erst die sokratische Philosophie beschäftigte sich mit dem Menschen, sie war anthropologisch-ethisch, — die vorsokratische physisch und erforschte das Weltganze, den κόσμος, rerum natura. Daher das bekannte Wort Cic. Tusc. V 4, 11 Socrates — primus philosophiam devocavit de coelo et in urbibus collocavit et in domos etiam introduxit et coegit de *vita* et *moribusque rebusque bonis et malis* quaerere. Acad. I 4, 16; de rep. I 10, 15.

3. *ratio vitae* rechte Führung.

4. *nihil — scire,* Acad. II 23, 74 Socrati *nihil* — visum sciri posse; excepit unum tantum, 'scire se, *nihil se scire*'.

universi p. Sest. 35, 76 alle im Verein, als zu einer großen Verwandtschaft gehörig, cum omnes se Socraticos et dici vellent et esse arbitrarentur, III 61.

5. *singulae familiae,* jede Schule für sich, insofern jede wieder eine besondere Korporation bildete mit einem Oberhaupt (gleichsam Familienvater, ἡγεμών, καθηγητής) an der Spitze (daher auch greges).

7. *nostri* 45 Panaetii illius tui. Einl. I § 14, 164. 165.

10. *vincerent,* wie eben 42 convincerent, bis zur Evidenz beweisen. II 180. 182; ad Fam. XI 28, 2 Aiunt enim patriam amicitiae praeponendam esse, proinde ac si iam vicerint, obitum eius reipublicae fuisse utilem.

14. *artibus,* Wissenschaften vgl. 5; 6; 10; 187; II 108; de fin. IV 3, 5.

vestra ista, iste = dieser dein (44) würde genügen, Scaev. aber will die Redner im allgemeinen charakterisieren, darum sagt er vestra und hält an iste fest wegen der geringschätzigen Nebenbedeutung. Wenn ein Redner iste ausspricht, muß man sich eine wegwerfende Handbewegung zum Gegner hin dazudenken. Vgl. rhetorici isti doctores u. ö.

16. *satis est magnum, quod potes praestare* (potes autem praestare) ut —. *in sententiis dicendis,* im Senat; — im gen. iud. u. delib. nach seinen beiden Seiten: der Rede

ut in iudiciis ea causa, quamcumque tu dicis, melior et probabilior esse videatur; ut in contionibus et in sententiis dicendis
ad persuadendum tua plurimum valeat oratio; denique ut
prudentibus diserte, stultis etiam vere videare dicere. Hoc
amplius si quid poteris, non id mihi videbitur orator, sed Crassus,
sua quadam propria, non communi oratorum facultate posse.

Tum ille, Non sum, inquit, nescius, Scaevola, ista inter
Graecos dici et disceptari solere. Audivi enim summos homines,
cum quaestor ex Macedonia venissem Athenas, florente Academia, ut temporibus illis ferebatur, cum eam Charmadas et
Clitomachus et Aeschines obtinebant. Erat etiam Metrodorus,
qui cum illis una ipsum illum Carneadem diligentius audierat,
hominem omnium in dicendo, ut ferebant acerrimum et copiosissimum; vigebatque auditor Panaetii illius tui Mnesarchus et
Peripatetici Critolai Diodorus. Multi erant praeterea clari in
philosophia et nobiles, a quibus omnibus una paene voce repelli
oratorem a gubernaculis civitatum, excludi ab omni doctrina
rerumque maiorum scientia ac tantum in iudicia et contiunculas
tamquam in aliquod pistrinum detrudi et compingi videbam.

vor dem Volk in der contio und der Rede (bei Abstimmungen und Meinungsäußerungen) im Senat.
3. *denique,* 'mit einem Wort', III 8.
4. *prudentibus* den Sachkundigen, die außer dem richtigen Inhalt auch auf eine gefällige Form sehen; *stultis* den Laien, die nur nach dem unmittelbaren Eindruck über die Richtigkeit und Wahrheit der Darstellung ein Urteil haben.
5. *non orator, sed Crassus, sua quadam propria, non communi oratorum facultate.* Ein doppelter Gegensatz zwischen orator und Crassus, propria facultas und communis oratorum facultas (Chiasmus). Erwiderung des Crassus auf Scaevolas Gegenrede, worin er die aufgestellten Behauptungen verteidigt und zwar zuerst mit Bezugnahme auf eine Disputation, die er über dieses Thema mit Philosophen und Rednern in Athen gehabt (11, 45—13, 57), dann in weiterer Ausführung dieses Gedankens (—16, 73).
9. *quaestor,* Einl. I § 10, 84. *Academia,* die neuere (oder dritte) Akademie, s. ind.

venissem auf der Rückreise von Asien.
10. *ferebatur,* weil Crassus sich ein selbständiges Urteil in dieser Hinsicht nicht zutraut.
13. *acerrimum,* II 161; III 71. Diog. Laert. IV, 9, 62 τοσοῦτον δὲ ἴσχυσεν ἐν φιλοσοφίᾳ ὥστε καὶ τοὺς ῥήτορας ἀπολύσαντας ἐκ τῶν σχολῶν παρ' αὐτὸν ἰέναι καὶ αὐτοῦ ἀκούειν. ἦν δὲ καὶ μεγαλοφωνότατος — καὶ ἐν ταῖς ζητήσεσι δύσμαχος.
15 *Peripatetici Critolai Diodorus.* Es kommt dem Crassus darauf an zu zeigen, daß in jener Disputation Vertreter aller der wichtigsten Schulen waren. Darum ist Peripatetici vorangestellt, wie auch vorher die Schulen der Akademiker und Stoiker angedeutet werden mit florebat Academia und auditor Panaetii, ehe die Namen ihrer damaligen Vertreter selbst genannt werden.
19. *in pistrinum* (II 144), zu harter Strafarbeit in die Stampfmühle, wie häufig bei den römischen Komikern: te in pistrinum dedam, homo pistrino dignus; daher: *detrudi et compingi,* wie man Sklaven zu traktieren pflegt, die man ohne

47 Sed ego neque illis adsentiebar neque harum disputationum
inventori et principi longe omnium in dicendo gravissimo et
eloquentissimo, Platoni, cuius tum Athenis cum Charmada
diligentius legi Gorgiam; quo in libro in hoc maxime admirabar
Platonem, quod mihi in oratoribus irridendis ipse esse orator
summus videbatur. Verbi enim controversia iam diu torquet
48 Graeculos homines contentionis cupidiores quam veritatis. Nam
si quis hunc statuit esse oratorem, qui tantummodo in iure et
in iudiciis possit aut apud populum aut in senatu copiose loqui,
tamen huic ipsi multa tribuat et concedat necesse est. Neque
enim sine multa pertractatione omnium rerum publicarum neque
sine legum, morum, iuris scientia neque natura hominum

lange Umstände in die Souterrains stößt und sie darin einsperrt (Plaut. Most. I 1, 17 quod te in pistrinum scis actutum tradier; Ter. Andr. III 4, 21 *praecipitem* me in pistrinum dabit) 130; Tac. dial. de or. 32 ut — in paucissimos sensus et angustas sententias *detrudant* eloquentiam velut expulsam regno suo.
1. *harum disputationum inventori* — insofern er in seinem (von dem gleichnamigen Sophisten und Rhetor so benannten) Dialog Gorgias zur Bekämpfung der Sophisten gerade diesen Gegensatz zwischen Philosophie und Rhetorik hervorhebt, von denen die letztere den Menschen nur zur Sinnenlust bestimme, während die Philosophie allein zur wahren Einsicht führe (III 129). Daher Or. 42 exagitator omnium rhetorum.
2. *in dicendo gravissimo et eloquentissimo*, beides, die gravitas in dicendo (denn in dicendo gehört natürlich allein zu grav. und nicht etwa auch zu eloqu., vgl. 49) und die eloquentia Platos, seine erhabene, ernste und doch dabei fließende und gefällige Sprache rühmt Cic. öfters. S. ind. Plato.
5. *ipse orator* etc. III 129.
6. *verbi controversia.* 107.
7. *Graeculos homines* geringschätzig, wie das deminutivum oft anzeigt. Einem ernsten, an ein thätiges Leben gewöhnten Römer mochten dergleichen Disputationen, bei denen es wirklich häufig auf einen bloßen Wortstreit hinauslief,

in der That sehr kleinlich vorkommen (102); eine Geringschätzung, die durch die vielen Charlatane und Halbwisser unter vielen von den Griechen, die sich schon damals und später noch häufiger nach Rom zogen, nur noch gesteigert werden mußte. 221; p. Sest. 51, 110. Plut. Cic. 5 ταῦτα δὴ τὰ᾿ Ῥωμαίοις — πρόκειρα καὶ συνήθη ῥήματα ῾ Γραικός καὶ σχολαστικός (otiosus) ἀκούων.
Nam si quis etc. enthält den Beweis für 47 sed ego neque illis adsentiebar. — Auch zu Reden im genus judic. und delib. bedarf der Redner vielseitiger staatsmännischer Kenntnisse.
8. *in iure et in iudiciis*, nach den beiden Seiten der Instruktion des Prozesses nach den gesetzlichen Bestimmungen vor dem Magistrat (Praetor), und der Führung desselben vor Gericht; vgl. 42. 173 haerere *in iure ac praetorum tribunalibus*; III 110; de inv. II 19, 58.
12. *legum*, dreierlei muß der öffentliche Lehrer kennen: *leges* (insonderheit die leg. XII tab.), die auf Volksbeschlüssen ruhenden gesetzlichen Bestimmungen, wodurch Rechtssätze festgestellt wurden; *mores* (39), die Rechtssitte, das traditionelle Herkommen; und das eigentliche *ius*, den Komplex aller der mannigfaltigen positiven Rechtsordnungen, teils staatsrechtlicher, teils privatrechtlicher Natur. III 74. Anders nachher natura hominum ac moribus. II 68.

incognita ac moribus in his ipsis rebus satis callide versari et perite potest. Qui autem haec cognoverit, sine quibus ne illa quidem minima in causis quisquam recte tueri potest, quid huic abesse poterit de maximarum rerum scientia? Sin oratoris nihil vis esse nisi composite, ornate, copiose loqui, quaero, id ipsum qui possit adsequi sine ea scientia, quam ei non conceditis? Dicendi enim virtus, nisi ei, qui dicet, ea, de quibus dicet, percepta sunt, exstare non potest. Quamobrem, si ornate 49 locutus est, sicut et fertur et mihi videtur, physicus ille Democritus, materies illa fuit physici, de qua dixit, ornatus vero ipse verborum oratoris putandus est. Et si Plato de rebus ab civilibus controversiis remotissimis divinitus est locutus, quod ego concedo, si item Aristoteles, si Theophrastus, si Carneades in rebus eis, de quibus disputaverunt, eloquentes et in dicendo suaves atque ornati fuerunt, sint hae res, de quibus disputant, in aliis quibusdam studiis, oratio quidem ipsa propria est huius unius rationis, de qua loquimur et quaerimus. Etenim 50 videmus eisdem de rebus ieiune quosdam et exiliter, ut eum, quem acutissimum ferunt, Chrysippum, disputavisse neque ob eam rem philosophiae non satis fecisse, quod non habuerit

1. *satis callide* — sodaß er sich keine Blößen giebt, die seine Unkenntnis verraten (theoretisch sicher).
2. *perite* mit praktischem Geschick. (umsichtig und gewandt) 93; II 81.
3. *ne illa quidem minima* — nämlich ut satis callide et perite versetur in causis.
4. *sin oratoris nihil vis esse* —. Crassus sagt unten 57 haec ego cum ipsis philosophis — disserebam. Da aber Scaevola in seiner Ansicht mit den griechischen Philosophen übereinstimmt, so wendet er sich in dem Referat über jene Disputation zugleich gegen den Crassus selbst: *sin — vis.* 'Wenn dagegen Vollendung der Form (dicendi virtus) vom Redner verlangt wird (diserte dicere 41), so gehört auch dazu ein umfangreiches Wissen. Teilt er dies mit den Philosophen, so gehört ihm mindestens die schöne Form der Darstellung. Auch ohne diese zu besitzen kann jemand ein guter Philosoph sein. Den Redner aber befähigt die Herrschaft über die Form, auch eine in ein fremdes Gebiet fallende Materie glänzender zu behandeln als ein Mann von Fach.'
5. *composite*, in geordneter Gedankenfolge (84), geht auf die collocatio. *ornate*, geschmackvoll (elocutio), *copiose*, inhaltreich (inventio).
7. *conceditis*, du und die Philosophen, denen du beistimmst.
dicendi enim virtus etc. 20.
9. *physicus ille Democritus*, Plut. qu. symp. V 7, p. 683 τὸν ἄνδρα τῇ λέξει δαιμονίως λέγειν καὶ μεγαλοπρεπῶς. *physicus* aus demselben Grunde vorangestellt wie oben 43 Peripatetici Critolai.
11. *Plato* 47.
13. *Aristoteles*, der feine Sprachkenner und der Rede in dem Grade Meister, daß er es mit dem so kunstfertigen Isokrates aufnehmen konnte. III 141. Brut. 121 Quis Aristotele nervosior? — *rationis*, Fach, Gebiet (vgl. 4).
15. *sint hae res.* Wie der concessive Conj. in dergleichen Sätzen an die Spitze gestellt ist (cfr. Sorof), ähnlich das Verbum der Concession fateri I 52; II 36.
17. *Etenim ... neque* zwar sehen wir, daß ... nicht aber, daß ...

12 hanc dicendi ex arte aliena facultatem. Quid ergo interest?
aut qui discernes eorum, quos nominavi, ubertatem in dicendo
et copiam ab eorum exilitate, qui hac dicendi varietate et
elegantia non utuntur? Unum erit profecto, quod ei, qui bene
dicunt, adferunt proprium, compositam orationem et ornatam
et artificio quodam et expolitione distinctam. Haec autem oratio,
si res non subest, ab oratore percepta et cognita, aut nulla
51 sit necesse est aut omnium irrisione ludatur. Quid est enim
tam furiosum, quam verborum vel optimorum atque ornatissimorum sonitus inanis, nulla subiecta sententia nec scientia?
Quidquid erit igitur quacumque ex arte, quocumque de genere,
orator id, si tamquam clientis causam didicerit, dicet melius
et ornatius, quam ipse ille eius rei inventor atque artifex.
52 Nam si quis erit, qui hoc dicat, esse quasdam oratorum proprias sententias atque causas et certarum rerum forensibus
cancellis circumscriptam scientiam, fatebor equidem in his magis
adsidue versari hanc nostram dictionem; sed tamen in his ipsis
rebus permulta sunt, quae ipsi magistri, qui rhetorici vocantur,
53 nec tradunt nec tenent. Quis enim nescit, maxime vim exsistere oratoris in hominum mentibus vel ad iram aut ad odium
aut ad dolorem incitandis, vel ab hisce eisdem permotionibus
ad lenitatem misericordiamque revocandis? quae, nisi qui naturas
hominum vimque omnem humanitatis causasque eas, quibus
mentes aut incitantur aut reflectuntur, penitus perspexerit,

---

5. *compositam orationem*, 48. ad
Her. IV 12, 18 *compositio* est verborum constructio, quae facit omnes
partes orationis aequabiliter perpolitas.

6. *artificio quodam* etc., durch
besonders kunstmäßigen Bau, wie
durch feine Ausarbeitung und Glätte
geziert.

7. *si res non subest* 20. *irrisione* 17.

12. *tamquam clientis*, wenn er
sich so genau instruiert hat, wie
über einen Prozeß, den er für jemand zu führen hat (II 99).

14. *Nam si quis erit* —. Die im
voraufgehenden Satze ausgesprochene conclusio: quidquid erit igitur etc. wird weiter begründet durch
Widerlegung der entgegengestellten
Beschränkung esse quasdam oratorum proprias sententias — et certarum rerum forensibus cancellis
circumscriptam scientiam, wobei
quasdam eben im Gegensatz zu
quidquid erit steht.

17. *hanc nostram dictionem*, das
Reden, wie wir es treiben, unsere
rednerische Thätigkeit.

21. *dolor* hier nicht wie sonst
meist in den rhetorischen Schriften,
z. B. de or. III 96 = Pathos, sondern sittliche Entrüstung, zu der
der Hörer vom Redner gebracht
werden muß, vgl. Brut. 188 audiens
gaudet dolet, ridet plorat etc. Or.
131 sed etiam est faciendum, ut
irascatur iudex mitigetur, invideat
faveat ... laetetur doleat.

22. *quae — dicendo quod volet
perficere non poterit*. Perficere hat
ein doppeltes Objekt quae und
quod volet. Ein ähnliches Anacoluth ist 75 *quae* — irrisit ille quidem, ut solebat *philosophiam* atque
contempsit. Vgl. 91 *in quibus* —
me *in illo numero* proferebat. 105
ex eo eius sententiam sciscitantur.

23. *humanitas* synonym zu natura
hominum das Menschentum, Menschsein.

24. *penitus* etc. 17.

dicendo quod volet perficere non poterit. Atque totus hic locus philosophorum proprius videtur; neque orator me auctore umquam repugnabit; sed, cum illis cognitionem rerum concesserit, quod in ea solum illi voluerint elaborare, tractationem orationis, quae sine illa scientia nulla est, sibi adsumet; hoc enim est proprium oratoris, quod saepe iam dixi, oratio gravis et ornata et hominum sensibus ac mentibus accommodata. Quibus de rebus Aristotelem et Theophrastum scripsisse fateor. Sed vide ne hoc, Scaevola, totum sit a me. Nam ego, quae sunt oratori cum illis communia, non mutuor ab illis; isti quae de his rebus disputant oratorum esse concedunt. Itaque ceteros libros artis suae nomine, hos rhetoricos et inscribunt et appellant. Etenim cum illi in dicendo inciderint loci, quod

2. *locus*, τόπος, so dieses ganze Kapitel. Or. 16; 118.
videtur, der Nachdruck liegt auf *totus hic* und philosophorum *proprius*. Das eben erwähnte Gebiet der Ethik und Psychologie scheint doch durchaus, der Natur der Sache nach, wesentlich philosophisch zu sein; und dies giebt auch Crassus in tantum zu, nur so, daß er gleichsam die stoffliche Seite, die Erforschung des Materials, dem Philosophen, die formelle der rednerischen Handhabung desselben dagegen dem Redner zuweist, wie ja Aristoteles und Theophrast gerade damit, daß sie diese Dinge in der Rhetorik behandeln, faktisch dasselbe Zugeständnis machen.
me auctore, 'wenn ich ihm raten soll, meines Erachtens', damit er nicht etwa zu weit gehe und dem Philosophen auch das bestreite, was wirklich zu dessen Ressort gehört. 251; III 54.
4. *voluerint*, der Redner thut den Philosophen also auch nicht Unrecht damit, denn es ist ihr freier Entschluß gewesen, wie der Bergmann nur in den Schacht zu fahren und das Metall zu suchen, aber die Bearbeitung desselben andern zu überlassen hat.
tractationem orationis ist Substantivierung des Satzes oratio tractat oder oratione tractatur, nicht oratio tractatur (rednerische Behandlung).

8. *Quibus de rebus* geht auf das Vorhergehende, was als proprium oratoris bezeichnet wird, oratio gravis et ornata et hominum sensibus et mentibus accommodata. Cfr. Jentsch: Aristotelis de arte rhetorica quaeritur quid habeat Cicero. Berol. 1866. p. 33.
9. *vide ne* wie 77. 235; videto 71.
a me, πρὸς ἐμοῦ, 'daß dies nicht durchaus für mich spricht'.
12. *rhetoricos inscribunt* wie III 122.
13. *Etenim — clamabunt*. Welche Behauptung soll durch den Satz begründet werden und worin liegt die Begründung? Nicht, daß Aristoteles und Theophrast ihre auf die Form der Darstellung bezüglichen Schriften rhetorische, nicht philosophische genannt haben. Man muß also auf das voraufgehende hoc proprium est oratoris oratio — accommodata zurückgehen. Dazu ist aber *Etenim — clamabunt* ein Gegensatz, daß man eher At enim — clamabunt erwarten sollte. Diese Verbindung von Partikeln enthält einen entschiedenen Protest, einen energischen Gegensatz zu einer voraufgehenden Behauptung oder Absicht zugleich mit der Begründung dieses Protestes. Die Begründung des Protestes wäre dann clamabunt enim — omnia gymnasia —, und dem gegenüber hielte Crassus seine Behauptung illud tamen oratori tribuam fest. Vgl. de imp. Cn. Pomp. 17, 51 Cur non committamus — ? At enim C. Catulus — Hortensius

persaepe evenit, ut de dis immortalibus, de pietate, de concordia, de amicitia, de communi gentium iure, de aequitate, de temperantia, de magnitudine animi, de omni virtutis genere sit dicendum, clamabunt, credo, omnia gymnasia atque omnes philosophorum scholae sua esse haec omnia propria, nihil omnino ad oratorem pertinere. Quibus ego ut de his rebus in angulis consumendi otii causa disserant cum concessero, illud tamen oratori tribuam et dabo, ut eadem, de quibus illi tenui quodam exsanguique sermone disputant, hic cum omni gravitate et iucunditate explicet.

Haec ego cum ipsis philosophis tum Athenis disserebam. Cogebat enim me M. Marcellus hic noster, qui nunc aedilis curulis est et profecto, nisi ludos nunc faceret, huic nostro sermoni interesset; ac iam tum erat adulescentulus his studiis mirifice deditus.

Iam vero de legibus, de bello de pace, de sociis de vectigalibus, de iure civium generatim in ordines aetatesque di-

---

dissentiunt = at non committamus, dissentiunt enim —.) So verlangt auch Bake *at* st. etenim. Allein die Begründung liegt eben erst in dem illud oratori tribuam, der Satz clamabunt omnia gymnasia ist diesem logisch untergeordnet. Den Gedanken auch grammatisch unterzuordnen, hinderte die komplizierte Form, die der Satz dann erhalten würde. Der Gedanke also ist: Denn wenn bei der Erwähnung von dii immortales etc. alle Auditorien rufen, das seien philosophische Materien, so will ich dagegen nichts einwenden, halte aber doch an meiner Behauptung fest. – Vgl. II 217.

loci, die sogen. loci communes, 'quod videntur multarum eidem esse causarum' (Or. 126) de or. III 106. S. ind.

2. *de communi gentium iure* das allgemeine (philosophische) Naturrecht im Gegensatz zu dem positiven Recht (ius civium), das den Philosophen nichts angeht. Corn. Nep. Them. 7, 4 quod *communi iure gentium* facere possint. Die Lesart der Hss. de communi civium de hominum de gentium iure ist zu erklären, wenn communi im Sinne von 'im allgemeinen' gefaßt wird, also über Civil-, Menschen- und Völkerrecht im allgemeinen. S. d. krit. Anhang.

4. *gymnasia*, gleichsam Auditorien der Professoren der Philosophie. II 21. Vgl. 85. S. Ind. Academia etc.

12. *cogebat*, daß Crassus auf dergleichen Disputationen, auf die er selbst nicht viel gab, damals einging. Die jüngere Generation, zu der Marcellus gehörte, hatte bei dem allmählichen Schwinden des nationalen Sinnes dafür viel mehr Neigung.

13. *ludos*, 24.

16. *Iam vero* (s) nun vollends — ein weiterer Einwurf und darauf auch ein weiteres relatives Zugeständnis hinsichtlich eines andern Gebietes, wie vorher hinsichtlich des philosophischen. So entspricht 58 dem 56 und 59 dem 57.

de legibus steht als Hauptsache an der Spitze der Dinge, die nun im Gegensatz zu den loci comm. im § 56 angeführt werden: Crassus geht nach Erwähnung des allgemein Menschlichen zu dem speziell Staatlichen über. S. d. krit. Anhang.

vectigalibus ist neben sociis als masculinum zu nehmen, wie sonst socii stipendiariique Div. in Caec. 3, 7.

17. *generatim*, nach seinen verschiedenen Hauptabteilungen oder

scripto dicant vel Graeci, si volunt, Lycurgum aut Solonem (quamquam illos quidem censemus in numero eloquentium reponendos) scisse melius, quam Hyperidem aut Demosthenem, perfectos iam homines in dicendo et perpolitos, vel nostri decemviros, qui XII tabulas perscripserunt, quos necesse est fuisse prudentes, anteponant in hoc genere et Ser. Galbae et socero tuo C. Laelio, quos constat dicendi gloria praestitisse; numquam enim negabo esse quasdam artes proprias eorum, qui 59 in his cognoscendis atque tractandis studium suum omne posuerunt; sed oratorem plenum atque perfectum esse eum, qui de omnibus rebus possit copiose varieque dicere. Etenim saepe 14 in eis causis, quas omnes proprias esse oratorum confitentur, est aliquid, quod non ex usu forensi, quem solum oratoribus conceditis, sed ex obscuriore aliqua scientia sit promendum

Kategorien (genera 186), die sich teils nach den Ständen des Volks, teils nach den Altersklassen bestimmen. II 142. p. Flacc. 7, 15 quae populus iuberet — *discriptis ordinibus*, classibus, *aetatibus* — iuberi vetarique voluerunt.
1. *Lycurgum aut Solonem* — als die beiden größten Gesetzgeber und Vorbilder aller, denen in Rom nur die Schöpfer der XII-Tafel-Gesetzgebung gegenübergestellt werden konnten. Über die XII tab. s. ind.
2. *in numero eloquentium*, Brut. 72 Quamquam opinio est, — etiam Solonem multum, ut temporibus illis, valuisse dicendo. Dadurch modifiziert sich also auch der Einwand.
3. *Hyperidem aut Demosthenem* — der an zweiter Stelle ist der größere (wie oben Solon und hernach Laelius). Brut. 26 Huic (nämlich Demostheni) Hyperides proximus.
4. *nostri*; 11 III 95.
5. *perscripserunt* soll die vollständige und genaue Abfassung hervorheben; de inv. II 2, 4 Quod quoniam nobis quoque voluntatis accidit, ut artem dicendi *perscriberemus*, non unum aliquod proposuimus exemplum, sed etc.
necesse est — (im Gegensatz zu constat) wie man aus der Vortrefflichkeit des Werkes schließen muß. 195.

6. *in hoc genere* 'in dieser Hinsicht'. 97.
10. *sed* sc. dicam, was nach bekanntem Sprachgebrauch (111) aus negabo zu entnehmen ist: (auch in einigen Hs. z. B. Erl. II wirklich steht, ähnlich wie III 54) 'aber dennoch bleibe ich dabei'. Die Worte sed oratorem etc. enthalten eigentlich den Nachsatz zu dicant und anteponant, doch ist der Satz mit einer leichten Änderung der Konstruktion an das vorhergehende numquam enim negabo — angeschlossen.
11. *dicere* ist dem scisse gegenüber als die eigentliche oratorische Thätigkeit mit besonderm Nachdruck ans Ende gestellt.
Etenim, die eben aufgestellte Behauptung behält sogar dann ihre Geltung, wenn wir den Redner auf das Gebiet beschränken, das ihm allgemein zugestanden wird.
14. *promendum atque adsumendum*, die Hs. haben promendum atque sumendum; aber *ad* kann hier nicht wohl entbehrt werden (133. 170. 217. 236; II 39; 71); oft kommt auch in den causis forensibus etwas vor (est aliquid), was aus einem anderen Wissensgebiet entlehnt (201 depromenda) und zu dem gewöhnlichen forensischen Wissen gleichsam hilfsweise noch hinzugenommen werden muß. II 163 adsumi foris. Or. 113 esse igitur perfecte eloquentis puto, non eam so-

atque adsumendum. Quaero enim, num possit aut contra imperatorem aut pro imperatore dici sine rei militaris usu aut saepe etiam sine regionum terrestrium aut maritimarum scientia; num apud populum de legibus iubendis aut vetandis, num in senatu de omni rei publicae genere dici sine summa rerum civilium cognitione et prudentia; num admoveri possit oratio ad sensus animorum atque motus vel inflammandos vel etiam exstinguendos, quod unum in oratore dominatur, sine diligentissima pervestigatione earum omnium rationum, quae de naturis humani generis ac moribus a philosophis explicantur. Atque haud scio an minus vobis hoc sim probaturus: equidem non dubitabo, quod sentio, dicere. Physica ista ipsa et mathematica et quae paullo ante ceterarum artium propria posuisti, scientiae sunt eorum, qui illa profitentur; illustrare autem oratione si quis istas ipsas artes velit, ad oratoris ei confugiendum est facultatem. Neque enim, si Philonem illum architectum, qui Atheniensibus armamentarium fecit, constat perdiserte populo rationem operis sui reddidisse, existimandum est architecti potius artificio disertum, quam oratoris fuisse; nec, si huic M. Antonio pro Hermodoro fuisset de navalium opere dicendum, non, cum ab illo causam didicisset, ipse ornate de alieno artificio copioseque dixisset. Neque vero Asclepiades, is quo nos medico

---

lum facultatem habere, quae sit eius propria, fuse lateque dicendi, sed etiam vicinam eius atque finitimam dialecticorum scientiam adsumere.

4. *iubendis* der technische Ausdruck für die Annahme eines Gesetzes vom Volk, p. Balb. 17, 38.

5. *de omni rei publicae genere* über alle Seiten des Staatslebens.

6. *cognitio* theoretische, *prudentia* praktische Erkenntnis; sine summa... ohne vollständige Einsicht in Praxis u Theorie des Staatswesens.

7. *ad sensus* geht auf das ἦθος, *motus* auf das πάθος. Einl. II § 11, *admoveri* bezeichnender, enger begrenzt als *adhiberi* etwa 'daran gehen, auch nur den Versuch machen, die Rede zu verwenden'; vgl. accommodata 54.

8. *quod unum dominatur* eine Aufgabe, die allein beim Redner maßgebend ist. 53. 219; II 215 in quo sunt omnia; III 104 flg.; Or. 127; 128 in quo uno regnat oratio. Brut. 279 Quis enim non fateatur, cum ex omnibus oratoris laudibus longe

ista sit maxima, inflammare animos audientium et quocunque res postulet modo flectere, qui hac virtute caruerit, id ei quod maximum fuerit defuisse?

9. *rationum* s. 4.

10. *explicare* entwickeln.

Atque etc. Damit will Crassus die Zuhörer auf die nachfolgende Behauptung, die etwas gewagt scheinen konnte, vorbereiten.

13. *scientiae* gehören ihrem Inhalte nach dem Wissensgebiet der Fachmänner.

19. *artificio* kraft seiner Kunstfertigkeit und technischen Kenntnis 73.

M. Antonio, der ja ohnehin als Feldherr im Seekrieg vom Seewesen etwas verstehen mußte. Einl. I§ 11, 101.

22. *neque vero Asclepiades* — und nicht übte A., wenn er an Beredsamkeit die übrigen Ärzte übertraf, gerade in dem Stücke, daß er kunstvoll sprach, eine ärztliche Befähigung, nicht eine rednerische'. (In Verr. A. I 15, 44 tribuniciam potestatem cum poscebat (populus),

amicoque usi sumus [cum eloquentia vincebat ceteros medicos] in eo ipso, quod ornate dicebat, medicinae facultate utebatur, non eloquentiae. Atque illud est probabilius, neque tamen verum, quod Socrates dicere solebat, omnes in eo, quod scirent, satis esse eloquentes; illud verius, neque quemquam in eo disertum esse posse, quod nesciat, neque, si optime sciat ignarusque sit faciundae ac poliendae orationis, diserte id ipsum, de quo sciat, posse dicere. Quamobrem, si quis universam et propriam oratoris vim definire complectique vult, is orator erit mea sententia hoc tam gravi dignus nomine, qui, quaecumque res inciderit, quae sit dictione explicanda, prudenter et composite et ornate et memoriter dicet cum quadam actionis etiam dignitate. Sin cuipiam nimis infinitum videtur, quod ita posui 'quacumque de re', licet hinc quantum cuique vide-

verbo illam poscere videbatur, re vera iudicia poscebat. p. Lig. 6, 18 cum pacem esse cupiebas, idue agebas, ut tibi cum sceleratis an ut cum bonis civibus conveniret.) Der Vordersatz giebt nicht nur die Zeit des Hauptsatzes an, sondern drückt die Handlung in ihrer materiellen, thatsächlichen Beschaffenheit aus, der Nachsatz hingegen die dieser Handlung inwohnende Bedeutung. *Quod ornate dicebat* giebt dem Sinne nach das vorhergehende eloquentia vincebat wieder. Doch s. d. krit. Anh.
1. *usi sumus*, Asklepiades war also wohl damals nicht mehr am Leben.
3. *non eloquentiae*. Das an der Spitze des Satzes stehende: neque vero erstreckt seine Wirkung über den ganzen Satz: auch verhält es sich mit A. nicht so, daß er da wo er *ornate* dicebat seine *medicinische* facultas und *nicht* seine oratorische brauchte. Wie es vorher hieß, non architecti potius artificio disertum, quam oratoris fuisse, so konnte Cic. hier sagen, non potius medicinae facultate utebatur, quam eloquentiae; und anderseits konnte es wie hier so auch vorher heissen neque Philonem existimandum est architecti artificio disertum fuisse, non oratoris. Die Zusätze quam oratoris, non eloquentiae dürfen an beiden Stellen nicht fehlen, weil Crassus gerade hervorheben will, daß es

die Herrschaft über die Sprache war, welche jene Männer befähigte zur glänzenden Darstellung trockener Materien, nicht ihre Fachwissenschaften. S. d. krit. Anh.
Atque, 'und in dieser Hinsicht' III 40.
probabilius hat mehr den Schein der Wahrheit, ohne jedoch wahr zu sein.
4. *dicere solebat* Xen. Mem. IV. 6, 1 Σωκράτης γὰρ τοὺς μὲν εἰδότας, τί ἕκαστον εἴη τῶν ὄντων, ἐνόμιζε καὶ τοῖς ἄλλοις ἂν ἐξηγεῖσθαι.
7. *ignarusque* — und dabei (oder: dabei aber) doch nicht versteht, wie que öfters gebraucht wird. 75.
faciundae ac poliendae künstlerisch gestalten (bilden) und glätten II 36; III 184. Hor. sat. I 10, 58 versiculi magis 'facti'.
8. *siquis* — *definire vult, is orator erit*. Breviloquenz für definiet (dicet) eum oratorem esse. 8. 33.
In dieser Definition faßt Crassus das fünffache negotium des Redners zusammen. Einl. II § 5: *prudenter* mit gehöriger Sachkunde, geht auf die inventio; *composite* 48 auf die collocatio und *ornate* auf die elocutio.
14. *posui* auch wir: eine Behauptung aufstellen, ita p. = in der Weise formulieren (II 41; III 145); nicht proposui, wie die Vulgatlesart ist; denn das würde heißen: daß ich die Aufgabe gestellt habe, während Crassus hier nur die be-

bitur circumcidat atque amputet tamen illud tenebo, si, quae
ceteris in artibus atque studiis sita sunt, orator ignoret tantumque ea teneat, quae sint in disceptationibus atque usu forensi,
tamen his de rebus ipsis si sit ei dicendum, cum cognoverit
ab eis, qui tenent, quae sint in quaque re, multo oratorem
melius, quam ipsos illos quorum hae sint artes, esse dicturum.
Ita si de re militari dicendum huic erit Sulpicio, quaeret a
C. Mario adfini nostro et, cum acceperit, ita pronuntiabit, ut
ipsi C. Mario paene hic melius, quam ipse, illa scire videatur;
sin de iure civili, tecum communicabit, te hominem pruden-
tissimum et peritissimum in eis ipsis rebus, quas abs te didicerit, dicendi arte superabit; sin quae res inciderit, in qua
de natura, de vitiis hominum, de cupiditatibus, de modo, de
continentia, de dolore, de morte dicendum sit, forsitan, si ei
sit visum (etsi haec quidem nosse debet orator) cum Sex.
Pompeio, erudito homine in philosophia, communicarit: hoc
profecto efficiet, ut, quamcumque rem a quoquo cognoverit,
de ea multo dicat ornatius, quam ille ipse, unde cognorit. Sed

treffenden Worte wiederholen will. Brut. 165 pono satis in eo fuisse orationis.

8. *adfini* — weil der Sohn des berühmten Mannes mit der Schwester seiner Frau, der andern Tochter des M. Scaevola Augur verheiratet, also sein Schwager war.

10. *tecum*, Einl. I § 14, 163.
communicabit wird sich mit dir in Verbindung setzen, sich an dich wenden; es geht auf gegenseitig fördernde Mitteilungen, was in adire nicht liegt, vgl. 250.
Die Periode ist mit der vorausgehenden nicht ganz conform. Nach communicarit erwartet man (nach Analogie von et pronuntiabit und et superabit) einfach et efficiet, ut dicat ornatius, q. i. i. u c. (nämlich Pompeius). Statt dessen schließt Crassus an comm. gleich den abschließenden allgemeinen Satz, ohne erst speziell zu erwähnen, daß der gehörig instruierte Redner auch den Philosophen in der Darstellung übertreffen werde: 'Wo aber ethische Fragen vorkommen, da mag sich der Redner vielleicht einmal, wenn er es für geraten hält, mit einem tüchtigen Philosophen benehmen — ἀπακοινώσαιτ' ἄν —:

das wird er jedenfalls erreichen, daß er überhaupt über jeden Gegenstand (also auch einen philos.), er mag ihn entlehnt haben, woher er will, geschmackvoller sich ausdrückt, als der, dem er die Sachkenntnis verdankt'.

13. *de natura* Veranlagung der Menschen in ethischer Beziehung; ist in weiterem Sinne von Veranlagung die Rede, steht auch oft der Plur. 'de naturis' 53. 60. 165; III 124; (Or. 128); ebenso physische Natur omnium rerum natura 219.

18. *unde* 168; Horat. S. 1 6, 12; C. II 12, 7.

Sed. Aus dem eben beispielsweise angeführten Fall hätte (trotz der parenthetischen Bemerkung etsi — orator) leicht die Folgerung gezogen werden können, als verhalte sich das ethische Gebiet zu dem Redner ganz ebenso, wie das vorher erwähnte militärische und juristische. Dem begegnet erst Crassus, indem er den locus de vita et moribus auch seinem Inhalte nach dem Redner vindiciert (III 54); dann wiederholt er seinen nun modifizierten Satz (cetera) und begründet ihn weiter (etenim).

si me audiet, quoniam philosophia in tres partes est tributa, in
naturae obscuritatem, in disserendi subtilitatem, in vitam atque
mores, duo illa relinquamus atque largiamur inertiae nostrae;
tertium vero, quod semper oratoris fuit, nisi tenebimus, nihil
oratori, in quo magnus esse possit, relinquemus. Quare hic
locus de vita et moribus totus est oratori perdiscendus; cetera
si non didicerit, tamen poterit, si quando opus erit, ornare
dicendo, si modo ad eum erunt delata et ei tradita. Etenim
si constat inter doctos, hominem ignarum astrologiae ornatissimis atque optimis versibus Aratum de caelo stellisque dixisse;
si de rebus rusticis hominem ab agro remotissimum Nicandrum
Colophonium poëtica quadam facultate, non rustica, scripsisse
praeclare: quid est cur non orator de rebus eis eloquentissime
dicat, quas ad certam causam tempusque cognorit? Est enim
finitimus oratori poëta, numeris astrictior paullo, verborum
autem licentia liberior, multis vero ornandi generibus socius
ac paene par; in hoc quidem certe prope idem, nullis ut terminis
circumscribat aut definiat ius suum, quo minus ei liceat eadem

---

1. *in tres partes,* in die Physik, Dialektik und Ethik, de fin. IV 2, 4 totam philosophiam tres in partes diviserunt; Acad. I 5, 19 Fuit ergo iam accepta a Platone philosophandi ratio triplex: una de vita et moribus, altera de natura et rebus occultis, tertia de disserendo et quid verum, quid falsum, quid rectum in oratione pravumve, quid consentiens sit, quid repugnet iudicando. Die Form wie part. or. § 129 ius dividitur in duas partes primas, naturam atque legem.
tributa für distributa, divisa. Es liegt der Begriff der Dreizahl zu Grunde und dann der des Resultates des ursprünglichen Dreiteilens, eines abgegrenzten, streng umschlossenen Gebietes (tribus); vgl. Brut. 152; Or. 16; de fin. II 5, 17; Or. part. 3.
6. *locus,* 54.
7. *didicerit,* 'studiert hat'. So discere häufig 94 flg.; II 1.
8. *delata,* mitgeteilt 250; *tradita* und er darüber belehrt ist.
etenim — was der Dichter kann, ornare dicendo, quae non *didicerit,* wird der Redner, der dem Dichter so nahe steht (70), auch können.
9. *doctos* die über poetische Er-

zeugnisse urteilen können, kunstverständige Kritiker und Ästhetiker.
hominem ignarum — *Aratum,* — *hominem ab agro remotissimum Nicandrum.* Die Bezeichnung der Gattung geht beidemal der Nennung des Namens voraus, weil es eben nicht auf diesen, sondern auf jene ankommt. Vgl. II 10.
15. *finitimus* III 27 poëtis, quibus est proxima cognatio cum oratoribus.
astrictior mehr gefesselt, beengt durch, insofern der Dichter auch an das Versmaß, der Redner nur an den Rhythmus gebunden ist: rhythmisch ist bei der Darstellung, metrisch nur die poetische III 184; Or. 67 versu astrictior.
17. *in hoc quidem certe* (öfter, z. B. III 51 vobis quidem certe) beweist, daß quidem oft zur bloßen Enklitika geworden ist und zur Stützung und Hervorhebung des vorhergehenden Begriffes (meist Pronomens) dient.
18. *ius suum* Anspielung auf 41; daher auch dann die Anrede an Scaevola; wir etwa: Kompetenz (Gebiet).

71 illa facultate et copia vagari qua velit. Nam quod illud, Scaevola, negasti te fuisse laturum, nisi in meo regno esses, quod in omni genere sermonis, in omni parte humanitatis dixerim oratorem perfectum esse debere: numquam mehercule hoc dicerem, si eum, quem fingo, me ipsum esse arbitrarer. 72 Sed, ut solebat C. Lucilius saepe dicere (homo tibi subiratus, mihi propter eam ipsam causam minus, quam volebat, familiaris, sed tamen et doctus et perurbanus), sic sentio, neminem esse in oratorum numero habendum, qui non sit omnibus eis artibus, quae sunt libero dignae, perpolitus; quibus ipsis si in dicendo non utimur, tamen apparet atque exstat, utrum simus 73 earum rudes an didicerimus. Ut qui pila ludunt, non utuntur

1. *qua velit* — also in *omni* genere sermonis.
Nam quod illud, Sc., negasti — das nam der occupatio. Der Gedanke: ich müßte dir, Scaevola, nun eigentlich noch darauf antworten, daß du erklärt hast — aber ich unterlasse es, denn der ideale Redner, von dem ich jenes ausspreche, bin eben nicht ich. S. d. krit. Anhang.
2. *negasti*, 41. *dixerim*, 34.
5. *fingo* wie ein plastischer Künstler, der bei dem Bilde, an dem er arbeitet, von allen individuellen Unvollkommenheiten absieht. II 123; Or. 7 atque ego in summo oratore fingendo talem informabo, qualis fortasse nemo fuit.
6. *Sed ut C. Lucilius* etc. Wie hier, so beruft sich Crassus mehrmals auf Lucilius als auf eine anerkennenswerte Autorität (II 25; III 171). Lucilius strebte selbst nach dieser Universalität des Wissens, die Crassus vom Redner verlangt, und zog in seinen Satiren alle Gebiete des Lebens, besonders auch die Gebiete der Kunst und Wissenschaft in den Kreis seiner Darstellung herein. So kam er, wie wir aus unserer Stelle sehen, öfters auf die Redekunst zu sprechen und geißelte sowohl die ordinären, die griechische Bildung verachtenden Routiniers, als auch andererseits eine utrierte und pedantische Graecomanie (III 171); zugleich aber hob er dann auch immer (wie das ja in ähnlicher Weise sein Nachfolger Horaz thut) hervor, was hier das rechte sei und erklärte wiederholt, daß der wahre Redner eine höhere allgemeine Bildung besitzen müsse. Das ist denn auch Crassus' Ansicht. Tac. dial. de or. 32 quem (sc. oratorem) non posse aliter exsistere nec exstitisse umquam confirmo nisi eum, qui tamquam in aciem omnibus armis iustructus, sic in forum *omnibus artibus armatus* exierit.

subiratus 'gegen dich etwas gereizt', insofern Lucilius in seinen Satiren den Scaevola mitunter persifliert hatte, vielleicht wegen seines Stolzes auf die Rechtskunde, 'die in ihrer Familie' heimisch war, oder auf die Verwandtschaft mit Laelius, der sein Schwiegervater, und mit Crassus, der sein Schwiegersohn war (III 171); [weshalb sich auch Crassus eben aus Rücksicht auf seinen Schwiegervater von Lucilius ein wenig fern hatte halten müssen, so sehr er sich auch zu dem geistesverwandten, durch die Gabe geistreichen Witzes ausgezeichneten Dichter hingezogen fühlte. Crassus bedauert dies: daher *volebam*. P.] S. d. krit. Anh.

8. Daß *sic sentio* nicht mit Bezug auf ut solebat Lucilius saepe dicere gesagt sei, geht daraus hervor, daß man dann erwarten würde sic ego sentio. Es ist vielmehr gesagt, wie sic statuo, sic existimo mit Bezug auf das folgende. 113.

10. *libero*, 17. *exstat*, es stellt sich heraus, tritt hervor. 48; III 101.

12. *pila*, s. ind.

DE ORATORE I 17, 74. 75.

in ipsa lusione artificio proprio palaestrae, sed indicat ipse motus, didicerintne palaestram an nesciant, et qui aliquid fingunt, etsi tum pictura nihil utuntur, tamen, utrum sciant pingere an nesciant, non obscurum est, sic in orationibus hisce ipsis iudiciorum, contionum, senatus, etiam si proprie ceterae non adhibeantur artes, tamen facile declaratur, utrum is, qui dicat, tantummodo in hoc declamatorio sit opere iactatus, an ad dicendum omnibus ingenuis artibus instructus accesserit.

Tum ridens SCAEVOLA: Non luctabor tecum, inquit, Crasse, amplius. Id enim ipsum, quod contra me locutus es, artificio quodam es consecutus, ut et mihi, quae ego vellem non esse oratoris concederes, et ea ipsa nescio quomodo rursus detorqueres atque oratori propria traderes. Quae, cum ego praetor

---

1. *artificio* hier koll. Griffe, Übungen der Ringschule. Die gymnastischen Künste sollten den Körper überhaupt und die Anmut der Bewegungen ausbilden (III 200). Der § 74 nimmt den Begriff artif. in der engsten technischen Bedeutung wieder auf, als Kunstgriff, Finte.
2. *didicerintne palaestram*, ob sie gymnastischen Unterricht gehabt (III 83) oder ob sie ἀπάλαιστροι sind. Or. 229.
3. *fingunt*, als Bildhauer. *pictura*, das Zeichnen, das die richtigen Verhältnisse und Konturen lehrt.
5. *iudiciorum* etc. 201.
proprie, eigens, d. h. direct und unmittelbar.
6. *facile declaratur* etc. Tac. dial. de or. 32. Nec quisquam respondeat, sufficere ut ad tempus simplex quiddam et uniforme doceamur. Primum enim aliter utimur propriis aliter commodatis, longeque interesse manifestum est, possideat quis quae profert, an mutuetur; deinde ipsa multarum artium scientia *etiam aliud agentes nos ornat atque ubi minime credas eminet et excellit*.
7. *in hoc decl.*, ob er sich nur mit der äußern declamatorischen Handwerksbeschäftig. abgegeben; denn mehr als dieses decl. op. bleibt dann eigentlich **nicht übrig**, wenn die höhere allgemeine Bildung fehlt.
17, 74. Zwischengespräch des Scaevola und Crassus, welches den Übergang bildet von den idealen Forderungen des Crassus zu dem praktischen Standpunkt, den Antonius vertritt (— § 79).
9. *ridens*. Es ist das überlegene Lächeln des Ältesten in der Gesellschaft, des vielerfahrenen Greises. Ganz besonders bezieht sich dies ridens auf den Ausdruck luctabor: ich alter Mann mag denn doch am Ende nicht auf dem Turnplatz 'ringen'.
10. *id — quod — locutus es, artificio quodam es consecutus,* 'Was du gegen mich vorgebracht, das hast du durch einen gewissen Kunstgriff erreicht, in der Weise nämlich, daß' —, der Satz mit ut enthält also eine Erklärung des Kunstgriffs. artificio quodam mit Beziehung auf artificio palaestrae 73. Vgl. Div. in Caec. 44.
11. *non esse oratoris* gehört gleichzeitig zu quae ego vellem und zu concederes
13. Ist *Quae* richtig, dann steht irrisit mit doppeltem Objekt (quae u. philosophiam); der Sinn ist jedoch nicht befriedigend, s. d. krit. Anh. — Crassus hatte die Politik und Philosophie zu Hilfswissenschaften für die Redekunst gemacht, Apollonius verachtet Politik und Philosophie überhaupt.
praetor Rhodum, Einl. I § 14, 167. Scaevola vertrat also damals schon den Standpunkt seines Lehrers, des stoischen Philosophen Panaetius, der gleichfalls aus Rhodus war.

Rhodum venissem et cum summo illo doctore istius disciplinae
Apollonio ea, quae a Panaetio acceperam, contulissem, irrisit
ille quidem, ut solebat, philosophiam atque contempsit multaque non tam graviter dixit, quam facete; tua autem fuit oratio
eiusmodi, non ut ullam artem doctrinamve contemneres, sed ut
omnes comites ac ministratrices oratoris esse diceres. Quas
ego si quis sit unus complexus omnes, idemque si ad eas
facultatem istam ornatissimae orationis adiunxerit, non possum
dicere eum non egregium quendam hominem atque admirandum
fore; sed is, si quis esset aut si etiam umquam fuisset aut
vero si esse posset, tu esses unus profecto, qui et meo iudicio
et omnium vix ullam ceteris oratoribus (pace horum dixerim)
laudem reliquisti. Verum si tibi ipsi nihil deest, quod in
forensibus rebus civilibusque versetur, quin scias, neque eam
tamen scientiam, quam adiungis oratori, complexus es, videamus ne plus ei tribuamus, quam res et veritas ipsa concedat.
Hic Crassus: Memento, inquit, me non de mea, sed de
oratoris facultate dixisse. Quid enim nos aut didicimus aut
scire potuimus? qui ante ad agendum, quam ad cognoscendum venimus; quos in foro, quos in ambitione, quos in re
publica, quos in amicorum negotiis res ipsa ante confecit,
quam possemus aliquid de rebus tantis suspicari! Quodsi tibi
tantum in nobis videtur esse, quibus etiamsi ingenium, ut tu
putas, non maxime defuit, doctrina certe et otium et hercule
etiam studium illud discendi acerrimum defuit: quid censes, si
ad alicuius ingenium vel maius illa, quae ego non attigi, acces-
serint, qualem illum et quantum oratorem futurum?
Tum Antonius: Probas mihi, inquit, ista, Crasse, quae
dicis, nec dubito, quin multo locupletior in dicendo futurus sit,

---

3. *ille quidem*, im Gegensatz zu tua autem fuit oratio.
4. *graviter*, durch stichhaltige Gründe überzeugend.
facete, geistreich, witzig.
6. *comites*, Or. part. 78 sunt autem aliae quasi ministrae comitesque sapientiae, de imp. Cn. P. 36 non enim bellandi virtus solum in summo ac perfecto imperatore quaerenda est, sed multae sunt artes eximiae huius administrae comitesque virtutis.
16. *res et veritas*, der wahre Sachverhalt.
17. *non de mea* 71; III 74; Einl. I § 8, 54.
19. *ad agendum*, in die Praxis 94.
ad cognoscendum. zur Theorie III 111.
20. *in ambitione* 2. 94.
21. *res ipsa*, im Gegensatz zu

ars, der Theorie von den Dingen.
250. *confecit* verbraucht hat.
24. *doctrina*, 'sine qua etiamsi quid bene dicitur adiuvante natura, tamen id quia fortuito fit, semper paratum esse non potest'. Brut. 111; p. Arch. 15.
25. *defuit* III 85; also die beiden andern Factoren Einl. I § 8, 49.
18, 80. B. Ansicht des Antonius (— § 95). Im Gegensatz zu den idealen Anschauungen des Crassus fordert Antonius vom Redner nur das für den Römer Erreichbare und für die Praxis auf dem Forum Wertvolle. Die Philosophen, mit denen Antonius zu Athen ein Gespräch über die Aufgabe des Redners hatte, machen die

si quis omnium rerum atque artium rationem naturamque comprehenderit. Sed primum id difficile est factu, praesertim in hac nostra vita nostrisque occupationibus; deinde illud etiam verendum est, ne abstrahamur ab hac exercitatione et consuetudine dicendi populari et forensi. Aliud enim mihi quoddam orationis genus esse videtur eorum hominum, de quibus paulo ante dixisti, quamvis illi ornate et graviter aut de natura rerum aut de humanis rebus loquantur. Nitidum quoddam genus est verborum et laetum, sed palaestrae magis et olei, quam huius civilis turbae ac fori. Namque egomet, qui sero

Beredsamkeit zu einem Ausfluß philosophischer Bildung, sprechen dem nur in der Schule der Rhetoren Gebildeten den Namen orator ab, schließen ihn von staatsmännischer Thätigkeit aus, machen der Beredsamkeit den Namen einer ars streitig. Antonius hat ihnen wenigstens eingeräumt, daß ihm einer, der den Namen eloquens verdiente, im Leben noch nicht begegnet, wenn es nicht Crassus sei, giebt aber die Hoffnung, daß ein solcher noch erstehen werde, nicht auf. (— 21, 95).

1. *omnium rerum atque artium rationem naturamque* aller praktischen und theoretischen Gebiete System (Gesetz) und inneres Wesen. ratio gehört mehr zu artium, als zu rerum; natura zu beiden; die vier Begriffe sollen eng mit einander verbunden erscheinen.

5. *Aliud* nämlich als populare et forense.

7. *paulo ante dixisti* 49.

8. *nitidum* ursprünglich von Fett glänzend (oleum), dann auch sauber, geputzt, wie der Soldat mit den Waffen auf der Parade im Gegensatz zu dem im Felde (in acie): horridus ohne Putz und Glanz, III 51; Or. 20; 36; Brut. 238 non valde nitens, non plane horrida oratio; de leg. I 6 vires agrestes atque horridas, sine nitore ac palaestra.

9. *laetum*, üppig, blühend, wie in laetae segetes (III 155); Or. 36.

nitidum et laetum genus nimmt das obige aliud genus wieder auf; blank und glatt ist es zwar, aber es taugt… vgl. Goethe, Faust: Ja eure Reden, die so blinkend sind.

genus verborum wohl mit Absicht gewählt statt dicendi genus, um mit orationis genus abzuwechseln; die 'verba' sind wohl prägnant = leere Worte aufzufassen; wir etwa: 'diese Art, Worte zu machen'.

palaestrae, wo es noch keine Gefahr hat; wo noch kein Blut fließt. Ähnlich wie das genus epideicticum, die Prunkrede der Sophisten, im Or. 42 geschildert wird: pompae quam pugnae aptius, gymnasiis et palaestrae dicatum Or. 62; (147; II 84).

10. *Namque*. Die Begründung seiner Ansicht über den unfruchtbaren Charakter dieser Beredsamkeit giebt Antonius in der Darlegung des Streits zwischen den Philosophen und Rhetoren in Athen.

egomet, Einl. I § 11, 108.

qui — attigissem, tamen — sum propter navigandi difficultatem commoratus. Antonius wollte sagen: 'ich, der ich mich doch mit griechischer Wissenschaft wenig befaßt hatte, blieb doch auf meiner Reise nach Asien einige Tage in Athen und besprach mich dort täglich mit den Philosophen; es hielt mich nämlich das schlechte Wetter dort zurück. Durch die Aufnahme aber des Grundes des Aufenthalts propter navigandi difficultatem in den Hauptsatz entsteht der verkehrte Gedanke: ich, der ich mich — wenig befaßt hatte, blieb doch wegen des schlechten Wetters in Athen. Die Verschiebung des Gedankens ist dadurch herbeigeführt, daß sum commoratus als Nachsatz an cum venissem, nicht an qui attigissem angeschlossen ist. — Sed

ac leviter Graecas litteras attigissem, tamen cum pro consule in Ciliciam proficiscens venissem Athenas, complures tum ibi dies sum propter navigandi difficultatem commoratus; sed, cum cotidie mecum haberem homines doctissimos, eos fere ipsos, qui abs te modo sunt nominati, cum hoc nescio quomodo apud eos increbruisset, me in causis maioribus sicuti te solere versari, pro se quisque quae poterat de officio et de ratione 83 oratoris disputabat. Horum alii, sicuti iste ipse Mnesarchus, hos, quos nos oratores vocaremus, nihil esse dicebat nisi quosdam operarios lingua celeri et exercitata; oratorem autem, nisi qui sapiens esset, esse neminem, atque ipsam eloquentiam, quod ex bene dicendi scientia constaret, unam quandam esse virtutem et, qui unam virtutem haberet, omnes habere easque esse inter se aequales et pares; ita, qui esset eloquens, eum virtutes omnes habere atque esse sapientem. Sed haec erat spinosa quaedam et exilis oratio longeque a nostris sensibus abhorrebat. 84 Charmadas vero multo uberius eisdem de rebus loquebatur, non quo aperiret sententiam suam (hic enim mos erat patrius

---

im Gegensatz zu propter navigandi difficultatem commoratus: obgleich mein Aufenthalt ein unfreiwilliger war, so benutzte ich doch die Zeit —.
7. *de officio et de ratione*, über den Beruf und das Verfahren. Die Präp. de wird wegen der Verschiedenheit beider Begriffe wiederholt, während bei gleichartigen Begriffen die Präp. vor dem zweiten Wort in der Regel wegbleibt. 97.
8. *horum alii, sicuti — Mnesarchus — dicebat*. Es treten nun zuerst die Stoiker und als ihr Vertreter Mnesarchus, dann die Akademiker und als ihr Vertreter Charmadas auf. *dicebat* ist an das Subj. des Nebensatzes, nicht an alii angeschlossen. Cfr. 50 quod non habuerit.
10. *oratorem*, als Konsequenz des stoischen Satzes: daß der Weise überhaupt allein etwas wisse und könne (III 65).
12. *unam quandam virtutem* — denn die ἀρετή ist eine ἐπιστήμη οὐ θεωρητική μόνον ἀλλὰ καὶ πρακτική. Später (III 55; 65), nachdem das wahre Wesen der Beredsamkeit erschöpfend dargelegt ist, stimmt auch Crassus hierin bei; aber wie ganz anders nimmt sich dies dort in dem Munde des großen Redners, als hier in dem des abstrakten Theoretikers aus. Or. part. 78 fig.

13. *qui unam*, Diog. Laert. VII 125 τὰς δὲ ἀρετὰς λέγουσιν ἀντακολουθεῖν ἀλλήλαις καὶ τὸν μίαν ἔχοντα πάσας ἔχειν, εἶναι γὰρ αὐτῶν τὰ θεωρήματα κοινά.
14. *aequales et pares* von gleicher Beschaffenheit und von gleichem Wert, nach dem bekannten stoischen Paradoxon: ὅτι ἴσα τὰ ἁμαρτήματα καὶ τὰ κατορθώματα III 55.
ita in der logischen Folgerung 'sonach'.
15. *spinosa*, um der disserendi spinae (de fin. IV 79), der dialektischen Spitzfindigkeiten willen, in denen man wie unter Dornen überall hängen bleibt (II 158), de fin. III 3 Stoicorum autem non ignoras quam sit subtile vel spinosum potius disserendi genus.
16. *exilis* wegen der trockenen, oft inhaltsleeren und dem Leben entfremdeten Abstraktion ihrer Disputationen, II 159; III 66. Daß dieses abstrakt-dialektische Räsonnement einen praktischen Staatsmann, wie Antonius, nicht ansprach, war sehr natürlich.
sensus (Plur.) = Fühlen u. Denken.
18. *aperiret*, III 67 a. E.
mos erat patrius, 'traditionelles Herkommen', gleichsam vom Vater auf den Sohn, d. h. vom Meister auf die Jünger fortgeerbt.

Academiae adversari semper omnibus in disputando); sed cum
maxime tamen hoc significabat, eos, qui rhetores nominarentur
et qui dicendi praecepta traderent, nihil plane tenere neque
posse quemquam facultatem adsequi dicendi, nisi qui philosophorum inventa didicisset. Disputabant contra diserti homines
Athenienses et in re publica causisque versati, in quis erat
etiam is, qui nuper Romae fuit, Menedemus, hospes meus. Qui
cum diceret esse quandam prudentiam, quae versaretur in per-
spiciendis rationibus constituendarum et regendarum rerum publicarum, excitabatur homo promptus atque omni abundans doctrina
et quadam incredibili varietate rerum atque copia. Omnes enim
partes illius ipsius prudentiae petendas esse a philosophia docebat
neque ea, quae statuerentur in re publica de dis immortalibus,
de disciplina iuventutis, de iustitia, de patientia, de temperantia, de modo rerum omnium, ceteraque, sine quibus civitates aut esse aut bene moratae esse non possent, usquam in
eorum inveniri libellis. Quodsi tantam vim rerum maximarum
arte sua rhetorici illi doctores complecterentur, quaerebat, cur
de prooemiis et de epilogis et de huiusmodi nugis (sic enim

---

1. *adversari*, s. ind. s. v. academia. *sed* [cum nihil fere pro certo diceret] *tamen* —. 253; II 15.
2. *significabat*, als sententiam suam.
3. *plane* mit voller (wissenschaftlicher) Klarheit wie die Philosophen 92. 161. 222. *tenere*, 18. 65. 92. 186. 191; II 204; III 96. *neque posse* auch sei es nicht möglich, daß —.
5. *inventa*, Tusc. II 9 itaque mihi — consuetudo de omnibus rebus in contrarias partes disserendi — placuit, quod aliter non posset, quid in quaque re verisimile esset, *inveniri;* also hier im Gegensatz zu den δόγματα der Stoiker, was mittels des pro und contra Disputierens aufgefunden wird und sich darnach als wahrscheinlich herausgestellt hat, 'Forschungen' und Resultate derselben, also dann doch soviel als allgemeine Lehrsätze II 160.
disputabant contra, — es folgen die Entgegnungen der Rhetoren; ihr Vertreter ist Menedemus. Er wird sofort durch Charmadas wieder unterbrochen.
10. *promptus atque omni abundans*, kaum hat Menedemus den entscheidenden Satz von dem besonderen eigenen Gebiet der Rhetorik ausgesprochen, da kann Charmadas, der sich am Schluß seiner vorausgehenden Erörterungen wieder gesetzt hatte, nicht mehr ruhig bleiben; es erhob sich der kampfbereite Mann, der durch die Vielseitigkeit und den Umfang seines Wissens, das ihm zu Gebote stand, dem M. bei weitem überlegen war, um mit allem Nachdruck diese Prätension der Rhetoriker zurückzuweisen. S. d. krit. Anh. Zu der Verbindung von *promptus* mit dem Abl. qual. vgl. II 360.

19. *de prooemiis* III 75; Einl. II § 6. Die Präp. *de* findet sich öfter gewissermaßen κατὰ σύνεσιν gebraucht, d. h. von zu ergänzenden Begriffen abhängig (hier: von 'Vorschriften' über.) Schon Adler vergleicht C. F. W. Müller zu de off. I 135 non delectamur isdem de rebus = an Unterhaltungen über; ebdas. 35 Regulus cum de commutandis captivis missus esset; u. ebd. 144 Pericles et Sophocles de communi officio convenerunt = um zu beraten über.

nugis Lappalien.

appellabat) referti essent eorum libri, de civitatibus instituendis, de scribendis legibus, de aequitate, de iustitia, de fide, de frangendis cupiditatibus, de conformandis hominum moribus littera nulla in eorum libris inveniretur. Ipsa vero praecepta sic illudere solebat, ut ostenderet non modo eos expertes illius esse prudentiae, quam sibi asciscerent, sed ne hanc quidem ipsam dicendi rationem ac viam nosse. Caput enim esse arbitrabatur oratoris, ut et ipse eis, apud quos ageret, talis, qualem se esse optaret, videretur; id fieri vitae dignitate, de qua nihil rhetorici isti doctores in praeceptis suis reliquissent; et uti ei, qui audirent, sic adficerentur animis, ut eos adfici vellet orator, quod item fieri nullo modo posse, nisi cognosset is, qui diceret, quot modis hominum mentes et quibus et quo genere orationis in quamque partem moverentur; haec autem esse penitus in media philosophia retrusa atque abdita, quae isti rhetores ne primoribus quidem labris attigissent. Ea Menedemus exemplis magis quam argumentis conabatur refellere. Memoriter enim multa ex orationibus Demostheni praeclare scripta pronuntians docebat, illum in animis vel iudicum vel populi in omnem partem dicendo permovendis non fuisse ignarum, quibus ea rebus consequeretur, quae negaret ille sine philosophia quemquam [nosse] posse. Huic respondebat, non se negare Demosthenem summam pruden-

---

1. *referti* steht absolut (161); die Bücher sind voll (wohl ausgestattet mit) [von Anweisungen] über u. s. w. vgl. d. krit. Anh.
   5. *solebat*, so oft er bei diesen Disputationen auf diese praecepta kam. Vgl. 93. 112.
   7. *rationem ac viam* die theoretische und praktische Behandlungsweise, τέχνη καὶ ὁδός, also die wahre Wissenschaft und Methode 15. 113; Or. 10 quidquid est igitur, de quo ratione et via disputetur, id est ad ultimam sui generis formam speciemque redigendum. 116 et quoniam in omnibus, quae ratione docentur et via, primum constituendum est, quid quidque sit etc. Tusc. II 6; Top. 2; de fin. I 29; Or. part. 41.
   8. *talis*, II 176. *ei — animis*, de off. I 66 ut cum ita sis *adfectus animo*; de leg. I 27: nam et oculi mimi arguti, quem ad modum animo adfecti simus, loquuntur. p. Mur. 55 ita sum animo adfectus.

9. *optaret* hier mit Acc. c. inf. was nicht nachzuahmen. Vielleicht ist der Text verderbt.
   16. *isti rhetores* verächtlich, vgl. 44 und III 81.
   18. *Demostheni*, Priscian. VI p. 706 P. (246 flg. H.) et sciendum. quod in huiusmodi nominibus, quando tertiae sint, frequentissime veteres dativum proferunt pro genitivo Aristoteli, Demostheni, Thucydidi, Euripidi pro Aristotelis etc. ponentes. Carneadi II 161.
   19. *in animis — permovendis non fuisse ignarum, quibus rebus consequeretur*, das Objekt von ignarum ist der indirekte Fragesatz, er habe wohl gewußt wodurch, wenn er erregte, ... er seine Erfolge erzielte, was nach der Anschauung jenes ... niemand.
   23. *respondebat*, sc. Charmadas, was sich aus dem Zusammenhang leicht ergiebt; das gewöhnliche ille vor resp. findet sich in den Hs. nicht.

tiam summamque vim habuisse dicendi, sed sive ille hoc ingenio potuisset sive, id quod constaret, Platonis studiosus audiendi fuisset, non quid ille potuisset, sed quid isti docerent esse quaerendum. Saepe etiam in eam partem ferebatur oratione, ut omnino disputaret nullam artem esse dicendi; idque cum argumentis docuerat, quod ita nati essemus, ut et blandiri suppliciter et subtiliter insinuare eis, a quibus esset petendum, et adversarios minaciter terrere possemus, et rem gestam exponere et id, quod intenderemus, confirmare [et id], quod contra diceretur, refellere, et ad extremum deprecari aliquid et conqueri, quibus in rebus omnis oratorum versaretur facultas, et quod consuetudo exercitatioque et intellegendi prudentiam acueret et eloquendi celeritatem incitaret, tum etiam exemplorum copia nitebatur. Nam primum quasi dedita opera neminem scriptorem artis ne mediocriter quidem disertum fuisse dicebat, cum repeteret usque a Corace nescio quo et Tisia, quos artis illius inventores et principes fuisse constaret; eloquentissimos autem homines, qui ista nec didicissent nec omnino scire curassent, innumerabiles quosdam nominabat; in quibus

---

1. *vim* — wie dies Dionys von Halikarnass in einer besondern ästhetisch-rhetorischen Schrift περὶ τῆς λεκτικῆς J. δεινότητος ausführlich dargethan hat.

sive ingenio potuisset, sive — Platonis studiosus fuisset — der Gegensatz würde genau lauten: sive ingenio potuisset, sive Platonis disciplina (potuisset) oder sive — quod Platonis studiosus audiendi fuisset. Gerade ebenso II 152 a quo quidem homine (Aristotele) iam dudum Antoni, non aberrat oratio tua, sive similitudine illius divini ingenii in eadem incurris vestigia, sive etiam illa ipsa legisti atque didicisti, quod quidem mihi magis verisimile videtur.

5. *cum — docuerat*, so oft er jedesmal nachgewiesen hatte. Schultz § 365; Meiring § 693; n. 2 (3). Seyffert § 266.

6. *blandiri* etc. — was die Aufgabe des exordium sein soll. Einl. II § 7.

7. *suppliciter*, wie ein Angeklagter, der um Gnade bittet (supplex reus). *subtiliter*, auf eine feine Weise, unvermerkt und ohne plump zu werden.

insinuare — medial, II 119. Aristot. rhet. III 14. 10 ὅταν μέλλῃ εἰςάξειν αὐτόν. Einl. II § 7.

8. *rem gestam exponere* die Aufgabe der narratio 143.

9. *quod intenderemus* etc. die Aufgabe der argumentatio 143.

10. *ad extremum*, zum Schluß in der peroratio 143; II 70; Einl. II § 11.

14. *Nam* — nun folgen die Belege zu den argumenta.

quasi dedita opera, 'wie auf Verabredung'. *scriptorem artis*, 'die rhetorischen Theoretiker', die Verfasser einer τέχνη, eines rhetor. Systems, τεχνογράφοι.

16. *nescio quo* III 81; im Sinn des Antonius und dessen Stellung zu diesem Zweig der griech. Litt. gemäß.

17. *constaret* aus dem Sinne des Charmadas.

19. *innumerabiles quosdam* ganz unzählig viele; quidam hinter Adjektiven, besonders solchen, die die Größe ausdrücken in steigernder Bedeutung; im Deutschen setzen wir Adverbia: ganz, wahrhaft, vollkommen, gar u. s. w. s. Nägelsbach, Stilist.⁶ S. 237.

in quibus me in illo numero eine leichte Anakoluthie wie 53; 75.

etiam (sive ille irridens sive quod ita putaret atque ita audisset) me in illo numero, qui illa non didicissem et tamen, ut ipse dicebat, possem aliquid in dicendo, proferebat. Quorum ego alterum illi facile adsentiebar, nihil me didicisse, in altero autem me illudi ab eo aut etiam ipsum errare arbitrabar. Artem vero negabat esse ullam, nisi quae cognitis penitusque perspectis et in unum exitum spectantibus et numquam fallentibus rebus contineretur. Haec autem omnia, quae tractarentur ab oratoribus, dubia esse et incerta; quoniam et dicerentur ab eis, qui ea omnia non plane tenerent, et audirentur ab eis, quibus non scientia esset tradenda, sed exigui temporis aut falsa aut certe obscura opinio. Quid multa? sic mihi tum persuadere videbatur neque artificium ullum esse dicendi neque quemquam posse, nisi qui illa, quae a doctissimis hominibus in philosophia dicerentur, cognosset, aut callide aut copiose dicere. In quibus Charmadas solebat ingenium tuum, Crasse, vehementer admirari: me sibi perfacilem in audiendo, te perpugnacem in disputando esse visum. Itaque ego hac eadem opinione adductus scripsi etiam illud quodam in libello, qui me imprudente et invito excidit et pervenit in manus hominum, 'disertos

---

1. *sive quod ita putaret atque ita audisset* 'oder daß er diese Ansicht hegen und so gehört haben mochte', ein conjunct. coniecturalis.
5. *Artem vero* steht gegenüber dem primum dicebat 91. Die strenge Definition (108) von System nach seinen drei Merkmalen der Klarheit, Einheit und Untrüglichkeit oder Notwendigkeit war dem philosophisch. Denken angemessen.
7. *exitum* Ziel, Endzweck, *non plane* 222. *scientia* ein untrügliches Wissen. *exigui temporis* momentan. Zum ganzen § vgl. II 30.
13. *neque artificium ullum*, sondern vielmehr eine ἄτεχνος τριβή, 5. artificium Kunstlehre, lehrbare Theorie, wie auch 96; 116; II 50; 83.
15. *in philosophia* in der Philosophie auseinandergesetzt würde. Or. 5. *dicerentur* III 127; 187; haec quidem ab eis philosophis — dicta sunt. *callide* 48.
16. *in quibus* dabei.
solebat admirari, er sprach oft seine Bewunderung aus über Crassus natürliche Begabung, denn 'doctrina' konnte er von seinem philosophischen Standpunkt aus ihm nicht zuerkennen.

17. *perfacilem*, teils weil Antonius hinsichtlich der Redekunst als einer ἄτεχνος τριβή (5) im wesentlichen mit Charmadas einverstanden, teils weil er für seine Person überzeugt war, daß diese griech. Philosophen mit ihrem Räsonnement in der Wirklichkeit doch nichts änderten, und er sie daher in aller Gelassenheit und Ruhe mit anhören konnte. Vgl. II 77.
perpugnacem, weil er entschieden anderer Ansicht war. 47; III 100 flg.
19. *libello*, 'de ratione dicendi' 208; Brut. 163 sane exilis genannt.
20. *disertos* etc. Or. 18 Itaque M. Antonius — in eo libro, quem unum reliquit (II 8; Quint. III 1, 19 nam hoc solum opus eius atque id ipsum imperfectum manet), disertos ait se vidisse multos, eloquentem omnino neminem. Insidebat videlicet in eius mente species eloquentiae, quam cernebat animo, re ipsa (in der Wirklichkeit) non videbat. Vir autem acerrimo ingenio, sic enim fuit, multa et in se et in aliis desiderans neminem plane, qui recte appellari eloquens posset, videbat. Quodsi ille nec se nec L. Crassum eloquentem putavit,

me cognosse nonnullos, eloquentem adhuc neminem', quod eum statuebam disertum, qui posset satis acute atque dilucide apud mediocres homines ex communi quadam opinione hominum dicere, eloquentem vero, qui mirabilius et magnificentius augere posset atque ornare quae vellet omnesque omnium rerum, quae ad dicendum pertinerent, fontes animo ac memoria contineret. Id si est difficile nobis, quod ante quam ad discendum ingressi sumus, obruimur ambitione et foro, sit tamen in re positum atque natura. Ego enim, quantum auguror coniectura quantaque ingenia in nostris hominibus esse video, non despero fore aliquem aliquando, qui et studio acriore, quam nos sumus atque fuimus, et otio ac facultate discendi maiore ac maturiore et labore atque industria superiore, cum se ad audiendum, legendum scribendumque dederit, exsistat talis orator, qualem quaerimus, qui iure non solum disertus, sed etiam eloquens dici possit; qui tamen mea sententia aut hic est iam Crassus aut, si quis pari fuerit ingenio pluraque quam hic et audierit et lectitarit et scripserit, paulum huic aliquid poterit addere. 95

habuit profecto comprehensam animo quandam formam eloquentiae, cui quoniam nihil deerat, eos quibus aliquid aut plura deerant, in eam formam non potuit includere. III 189.

1. *adhuc* ist aus der orat. rect. eloquentem adhuc (cognovi) neminem zu erklären. Verwandt ist aus Cicero nur noch de Fin. V § 16 Ille (Carneades) vidit non modo quot fuissent adhuc (i. e. usque ad Carneadem) philosophorum de summo bono, sed quot omnino esse possent sententiae. Bei Livius wird öfter aus der orat. rect. hic auch in der orat. obl. beibehalten statt is oder ille. So V 11, 8 ab his et prius datum locum Veientibus ad incendenda opera. V 2, 8 hoc neque reges neque superbos illos consules iniunxisse servitutis. Ähnlich nunc st. tum in der orat. obl. bei Livius wie VIII 33, 18 nunc ducibus — virgas et secures victoribus intentari.

3. *apud mediocres,* 'vor einem gewöhnl. Publikum', im Gegensatz zu einer gelehrten Versammlung (111). Einl. II § 1.

ex communi quadam opinione hominum, vom Standpunkt und nach Maßgabe des allgemeinen gesunden Menschenverstandes.

4. *eloquentem vero* etc. wie Cicero von sich sagt Brut. 223 certe enim et boni aliquid attulimus iuventuti, *magnificentius,* quam fuerat, genus dicendi et ornatius.

7. *memoria,* sodaß sie ihm auch immer gegenwärtig seien.

ante etc. 78.

9. Auch Antonius weist am Schluß, wie oben (73) Crassus, auf die zukünftige Verwirklichung dieses Ideals vom Redner (d. h. auf Cicero) hin.

quantum etc. wie p. Mur. 65 quantum ego opinione auguror.

19. *paulum* noch ein weniges; zu diesem ist als Ergänzung das unbestimmte aliquid gesetzt, nicht um die Qualität bestimmter zu umgrenzen, was Ant. weder kann, noch will, sondern um das wenige qualitativ und quantitativ als etwas von Belang, etwas Beträchtliches zu bezeichnen.

96 Hoc loco SULPICIUS: Insperanti, inquit, mihi et Cottae, sed valde optanti utrique nostrum cecidit, ut in istum sermonem, Crasse, delaberemini. Nobis enim huc venientibus iucundum satis fore videbatur, si, cum vos de rebus aliis loqueremini, tamen nos aliquid ex sermone vestro memoria dignum excipere possemus; ut vero penitus in eam ipsam totius huius vel studii vel artificii vel facultatis disputationem paene inti- **97** mam veniretis, vix optandum nobis videbatur. Ego enim, qui ab ineunte aetate incensus essem studio utriusque vestrum, Crassi vero etiam amore, cum ab eo nusquam discederem, verbum ex eo numquam elicere potui de vi ac ratione dicendi, cum et per memet ipsum egissem et per Drusum saepe temptassem; quo in genere tu, Antoni (vere loquar), numquam mihi percontanti aut quaerenti aliquid defuisti et persaepe me, **98** quae soleres in dicendo observare, docuisti. Nunc, quoniam uterque vestrum patefecit earum ipsarum rerum aditum, quas quaerimus, et quoniam princeps Crassus eius sermonis ordiendi fuit, date nobis hanc veniam, ut ea, quae sentitis de omni genere dicendi, subtiliter persequamini. Quod quidem si erit a vobis impetratum, magnam habebo, Crasse, huic palaestrae et Tusculano tuo gratiam et longe Academiae illi ac Lycio tuum hoc suburbanum gymnasium anteponam.

22 99 Tum ille: Immo vero, inquit, Sulpici, rogemus Antonium, qui et potest facere, quod requiris, et consuevit, ut te audio dicere. Nam me quidem [fateor] semper a genere hoc

---

96. Zwischengespräch namentlich zwischen den jüngeren Teilnehmern an der Disputation (— § 106); Sulpicius benutzt den Ruhepunkt, seine und Cottas Freude über die unverhoffte Belehrung auszusprechen und mit Cotta um weitere Fortführung des Themas zu bitten (21, 96—22, 101).
7. *vel studii* II 29. Mit vel — vel — vel deutet Sulpic. an, daß ihm die Frage über das Wesen und die Erfordernisse zum Redner noch nicht abgeschlossen sei und bereitet damit die mit 107 beginnende Darlegung des Crassus vor.
intimam auf den Grund gehend, erschöpfend.
8. *Ego enim.* Einl. I § 12, 135.
9. *studio utriusque vestrum Crassi vero etiam amore* chiastische Stellung. *cum — discederem* verhält sich zum folgenden numquam elicere potui concessiv (trotzdem).
11. *elicere* 158, wie II 13. Diesem ersten steht das zweite cum parallel, auch an elicere potui sich anlehnend: während ich es doch …
de vi ac ratione 17. *per Drusum* Einl. I § 22, 211. *quo in genere*, 58.
15. *observare* thatsächlich beobachten. Anders 109. 146.
17. *princeps*, 29.
18. *date hanc veniam* 23. 163. Nepos Paus. 4, 6.
quae sentitis etc. wie II 29.
19. *subtiliter* 'im Detail'.
20. *huic palaestrae* II 20.
23. *Sulpici.* Paroxytonon nach der Lehre der alten Grammatiker. Vgl. Corssen Vocalism. II p. 811 sq.
25. *te audio dicere* betont den Inhalt des dicere = wie ich aus deinen Mitteilungen erfahre; te a. dicentem das *te* und die Thatsache des dicere.

toto sermonis refugisse et tibi cupienti atque instanti saepissime negasse, [ut] tute paulo ante dixisti. Quod ego non superbia neque inhumanitate faciebam, neque quo tuo studio rectissimo atque optimo non obsequi vellem, praesertim cum te unum ex omnibus ad dicendum maxime natum aptumque cognossem, sed mehercule istius disputationis insolentia atque earum rerum, quae quasi in arte traduntur, inscitia.

Tum COTTA: Quoniam [id], quod difficillimum nobis videbatur, ut omnino de his rebus, Crasse, loquerere, adsecuti sumus, de reliquo iam nostra culpa fuerit, si te, nisi omnia, quae percontati erimus, explicaris, dimiserimus. 100

De eis, credo, rebus, inquit CRASSUS, ut in cretionibus scribi solet, 'quibus sciam poteroque'. 101

Tum ille: Nam quod tu non poteris aut nescies, quis nostrum tam impudens est, qui se scire aut posse postulet?

Iam vero ista condicione, dum mihi liceat negare posse quod non potero et fateri nescire quod nesciam, licet, inquit CRASSUS, vestro arbitratu percontemini.

---

1. *refugisse*, Einl 1 § S. 52. *inhumanitate*, 'aus Unhöflichkeit oder Ungefälligkeit'.
2. *negasse* absolut und ohne Objekt, mit dem Dativ der Person: einem eine abschlägliche Antwort erteilen, wie Or. 1 utrum difficilius aut maius esset, negare tibi saepius idem roganti, an efficere id quod rogares 140.
tute F. Schultz § 85 A. 1; Meiring § 193. Anm. 3.
3. *neque quo* 81, wenn hier nicht neque quod tuo etc. zu lesen ist, wie 23 non quod illa contemnam (wo freilich andere lieber: non quo illa c. geschrieben haben wollen).
4. *non obsequi vellem* = recusare im Gegensatz zu tibi cupienti atque instanti.
7. *quasi in arte*, 'deren Mitteilung sozusagen in der Form eines strengen Systems geschieht', sodaß man sich gleichsam in diesen Formen bewegen muß. 157; II 48; ad Fam. I 9, 23 scripsi tres libros in disputatione ac dialogo (in dialogischer Form) de oratore. In anderem Sinne arte accipi 114, arte tradi 132, tradi ratione 247.
inscitia = Ungeschicklichkeit, wohl zu unterscheiden von inscientia. Daß Cr. die rhet. Vorschriften kenne, stellt er nicht in Abrede

(137. 205), wohl aber, daß er eine geschickte Darstellung und Behandlung dieser theoretischen Dinge geben könne. Umgekehrt aber ist 203 inscientiam das richtige, weil es sich da nicht um die rhetor. Theorie, sondern um die eben geschilderte hohe Aufgabe des Redners handelt, zu deren erschöpfender Darlegung (wie Cr. in seiner Bescheidenheit meint) sein Wissen nicht ausreiche.
101. Durch die Bitten der beiden jungen Männer bewogen, beantwortet Cr. kürzlich, jedoch nicht in der gewöhnlichen sophistisch-rhet. Manier die angeregte Frage: ob der Redekunst ein eigentlich wissenschaftlicher Charakter zuzuschreiben sei (22, 101—24, 110).
12. *in cretionibus*, s. ind. cretio.
13. *quibus* etc. ad Fam. VI 5, 1 cum hac exceptione, quantum valeam quantumque possim.
14. *Nam*, ja freilich, das räumen wir dir gern ein, das versteht sich von selbst: denn etc. womit der Antwortende dem Redenden gleichsam ins Wort fällt und für ihn die Begründung hinzufügt.
16. *Iam vero*, nach dieser großen Vergünstigung — fährt Cr. im

102 Atqui, inquit, hoc ex te, de quo modo Antonius exposuit, quid sentias, quaerimus, existimesne artem aliquam esse dicendi? Quid? mihi nunc vos, inquit Crassus, tamquam alicui Graeculo otioso et loquaci et fortasse docto atque erudito quaestiunculam, de qua meo arbitratu loquar, ponitis? Quando enim me ista curasse aut cogitasse arbitramini et non semper irrisisse potius eorum hominum impudentiam, qui cum in schola adsedissent ex magna hominum frequentia dicere iuberent **103** si quis quid quaereret? Quod primum ferunt Leontinum fecisse Gorgiam, qui permagnum quiddam suscipere ac profiteri videbatur, cum se ad omnia, de quibus quisque audire vellet, esse paratum denuntiaret. Postea vero vulgo hoc facere coeperunt hodieque faciunt, ut nulla sit res neque tanta neque tam improvisa neque tam nova, de qua se non omnia, quae dici possint, **104** profiteantur esse dicturos. Quodsi te, Cotta, arbitrarer aut te, Sulpici, de eis rebus audire velle, adduxissem huc Graecum aliquem, qui vos istiusmodi disputationibus delectaret; — quod

---

Scherz fort — die ihr mir gewährt. sollt ihr auch eine Vergünstigung haben: ihr dürft nun nach Belieben mich ausholen.

1. *Atqui* II 59; III 52 zur Einführung der syllogistischen assumptio (Seyffert schol. lat. I § 83 'nun aber (wenn dem so ist) so stellen wir zuerst die Frage', mit einer gewissen absichtlichen Förmlichkeit, wie sie dem eben angeschlagenen heitern Ton ganz entspricht. Zu inquit ist das Subj. Cotta zu ergänzen als Wortführer und eigentlicher Fragesteller.

2. *artem*, 'ob es eine eigentliche wissenschaftl. Theorie der Beredsamkeit gebe', ars enim earum rerum est, quae sciuntur, II 30.

5. *Graeculo*, 47. *quaestiunculam*, 'so eine Art von Thema' 198.

docto, Lael. 5, 17 doctorum est ista consuetudo eaque Graecorum, ut eis *ponatur* (daß sie sich ein Thema stellen lassen) de quo disputent quamvis subito.

7. *et non potius*. Das potius gehört nicht eigentlich zur correctio, bei der gewöhnlich nur ac non oder et non ganz unserm 'und nicht vielmehr' entspricht (II 134), sondern es lehnt sich an den starken Ausdruck irrisisse an, den es mil-

dert: und nicht weit eher verlacht habe.

8. *impudentiam*, II 18; Einl. I § 10, 96.

9. *in schola* (bei Quintilian: in auditoriis). *adsedissent*, um sich als Künstler sehen und hören zu lassen (ostentatio declamatoria).

magna, in Verr. II 77, 189 tabulas in foro, summa hominum frequentia exscribo. p. Flacc. 17, 41 magna frequentia consessuque vestro.

dicere iuberent III 129.

10. *primum*, de fin. II 11, 1 eorum erat iste mos, qui tum sophistae nominabantur, quorum e numero primus est ausus Leontinus Gorgias in conventu poscere quaestionem id est iubere dicere, qua de re quis vellet audire. Audax negotium; dicerem impudens (II 4, 18), nisi hoc institutum postea translatum ad philosophos nostros esset. Catulus urteilt hernach (III 129) von einem anderen Gesichtspunkte aus günstiger über Gorgias und die Sophisten.

11. *suscipere ac profiteri* 21, 161.

13. *denuntiaret*, nach dem griechisch. technisch. Ausdruck ἐπαγγέλλεσθαι = feierlich öffentlich bekannt machen lassen.

14. *hodie* gegenwärtig noch, bis auf diese Stunde, wie II 95.

ne nunc quidem difficile factu est; est enim apud M. Pisonem, adulescentem huic studio deditum, summo homine ingenio nostrique cupidissimum, Peripateticus Staseas, homo nobis sane familiaris et, ut inter homines peritos constare video, in illo suo genere omnium princeps.

Quem tu mihi, inquit Mucius, Staseam, quem Peripateticum narras? Gerendus est tibi mos adulescentibus, Crasse, qui non Graeci alicuius cotidianam loquacitatem sine usu, neque ex scholis cantilenam requirunt, sed ex homine omnium sapientissimo atque eloquentissimo atque ex eo, qui non in libellis, sed in maximis causis et in hoc domicilio imperii et gloriae sit consilio linguaque princeps, cuius vestigia persequi cupiunt, eius sententiam sciscitantur. Equidem te cum in dicendo semper putavi deum, tum vero tibi numquam eloquentiae maiorem tribui laudem, quam humanitatis; qua nunc te uti vel maxime decet neque defugere eam disputationem, ad quam te duo excellentes ingeniis adulescentes cupiunt accedere.

Ego vero, inquit, istis obsequi studeo neque gravabor breviter meo more, quid quaque de re sentiam, dicere. Ac

---

1. *ne nunc quidem,* ein Seufzer; trotz des Ediktes vom vorigen Jahr gegen die rhetores latini, Einl. I § 10 A. 95. S. a. d. krit. Anh.
3. *Staseas,* s. ind. Piso.
4. *constare video* wie III 3.
6. *Quem tu mihi,* ad. Fam. IX 16, 7 quem tu mihi Pompilium, quem Denarium narras? Verr. II 32, 79 quem tu mihi Bulbum, quem Staienum? — Scaevola macht den zurechtweisenden Vorwurf, den er doch auch nur im Scherze so äußert, durch das ex h. o. s. gleich wieder gut und appelliert im Interesse der beiden jungen Männer (164) an Crassus' bekannte Gefälligkeit (27).
8. *sine usu* als Ersatz eines fehlenden Adjektivs zu loquacitas gehörig (praxislose).
9. *cantilenam,* mit Beziehung auf den monotonen, pedantischen Vortrag bestimmter, gleichsam hergeleierter rhetorischer Formeln (carmina). 245; II 75.
ex homine, durch das vorhergehende ex scholis veranlaßt; aber statt hernach hinter princeps regelrecht fortzufahren 'aliquid audire cupiunt', fügt Scaevola erst das noch ein, was für Crassus das wesentlichste Motiv sein sollte, ver- gißt aber dann im Eifer das aliquid audire cupiunt und setzt dafür im engen Anschluß an das nächstvorhergehende cuius und mit besonderm Nachdruck als die Spitze von Allem das dem Sinne nach gleichbedeutende *eius sententiam sciscitantur.* (Scaevola ist kein besonderer Stilist 214.)

11. *in libellis,* wie die Rhetoriker, die nur 'in der Bücherwelt' ihrer trockenen Kompendien sich bewegen.

14. *deum,* als Inbegriff aller Vollkommenheit, 'qui sit consummatus undique et, ut dicunt, mortalis quidam deus' (Quint. I 10, 5), II 179. 180; III 53; Or. 19. Daher Plato deus ille noster, quasi quidam deus philosophorum; 'das höchste Ideal'.

16. *eam disputationem,* zunächst über die von Sulpicius aufgeworfene Frage.

II. Die Erfordernisse zum Redner.
(— § 262).

A) Ansicht des Crassus (— § 203). Zuerst beantwortet Crassus die Frage, inwiefern es überhaupt eine ars eloquentiae gebe. Aber nicht die Kenntnis dieser ars ist das

primum illud (quoniam auctoritatem tuam neglegere, Scaevola,
fas mihi non esse puto) respondeo, mihi dicendi aut nullam
artem aut pertenuem videri, sed omnem esse contentionem
inter homines doctos in verbi controversia positam. Nam si
ars ita definitur, ut paulo ante exposuit Antonius, ex rebus
penitus perspectis planeque cognitis atque ab opinionis arbitrio
seiunctis scientiaque comprehensis, non mihi videtur ars oratoris esse ulla. Sunt enim varia et ad vulgarem popularem-
que sensum accommodata omnia genera huius forensis nostrae
dictionis. Sin autem ea, quae observata sunt in usu ac tractatione dicendi, haec ab hominibus callidis ac peritis animadversa ac notata, verbis designata, generibus illustrata, partibus
distributa sunt (id quod video potuisse fieri), non intellego,
quamobrem non, si minus illa subtili definitione, at hac vulgari opinione ars esse videatur. Sed sive est ars sive artis
quaedam similitudo, non est ea quidem neglegenda; verum
intellegendum est alia quaedam ad consequendam eloquentiam
esse maiora.

Tum ANTONIUS vehementer se adsentiri Crasso dixit, quod
neque ita amplecteretur artem, ut ei solerent, qui omnem vim
dicendi in arte ponerent, neque rursus eam totam, sicut plerique philosophi facerent, repudiaret. Sed existimo, inquit, gratum te his, Crasse, facturum, si ista exposueris, quae putas
ad dicendum plus, quam ipsam artem posse prodesse.

Dicam equidem, quoniam institui, petamque a vobis, inquit, ne has meas ineptias efferatis; quamquam moderabor

---

Haupterfordernis zum Redner
(§ 109), sondern
  a) natürliche Begabung
  (— § 133).
  1. *primum*, dem primum 102 entsprechend.
  auctoritatem, 'das Gewicht deiner Entscheidung' für ihn, den Schwiegersohn, insofern sich Scaevola eben dahin ausgesprochen hatte, daß Crassus nicht ausweichen dürfe.
  4. *in verbi controversia*, 47.
  5. *ita definitur* eigentlich fehlt der Nachsatz, etwa: ut constet. 'Denn wenn der Begriff ars (System) so definiert wird, daß sie, wie Ant. dargethan, sich aufbaue'.
  paulo ante, 92.
  10. *observata*, die mannigfachen Gesetze, die unbewußt und mehr instinktmäßig bei der rednerischen Praxis faktisch beobachtet sind. *tractatione dicendi* 54.

11. *haec* nach ea, wie 159 hunc nach eum, zur spezielleren nachdrücklichen Hervorhebung. Vgl. II 125 wo umgekehrt ea nach haec ipsa steht.
12. *animadversa ac notata*, mit Bewußtsein ins Auge gefaßt und fixiert.
verbis designata, in bezeichnende Worte gefaßt. *generibus illustrata*, nach Kategorien lichtvoll geordnet. *partibus distributa* in Unterabteilungen gegliedert. II 32; I 189 sq.
15. *artis similitudo*, II 32; 356.
19. *adsentiri*, nicht adsentire (wie manche Hs. haben); vgl. 126; II 39; 50; Varro ap. Gell. II 25, 9.
25. *institui* allgemein: da ich mich auf solche Entwickelungen eingelassen habe.
26. *ineptias*, II 18; *efferatis*, 'unter die Leute bringt', ausplaudert, veröffentlicht (192; II 4).

ipse, ne ut quidam magister atque artifex, sed quasi unus e togatorum numero atque ex forensi usu homo mediocris neque omnino rudis, videar non ipse aliquid a me promisisse, sed fortuito in sermonem vestrum incidisse. Equidem cum peterem magistratum, solebam in prensando dimittere a me Scaevolam, cum ita ei dicerem, me velle esse ineptum (id erat, petere blandius, quod, nisi inepte fieret, bene non posset fieri); hunc autem esse unum hominem ex omnibus, quo praesente ego ineptum esse me minime vellem; quem quidem nunc mearum ineptiarum testem et spectatorem fortuna constituit. Nam quid est ineptius, quam de dicendo dicere, cum ipsum dicere numquam sit non ineptum, nisi cum est necessarium?

Perge vero, inquit, Crasse, Mucius. Istam enim culpam, quam vereris, ego praestabo.

Sic igitur, inquit, sentio, Crassus, naturam primum atque ingenium ad dicendum vim adferre maximam; neque vero istis, de quibus paulo ante dixit Antonius, scriptoribus artis rationem dicendi et viam, sed naturam defuisse. Nam et animi atque ingenii celeres quidam motus esse debent, qui et ad

---

1. *unus e togatorum numero*, wie ein schlichter römischer Bürger (der kein anderes Kleid, als seine nationale Toga trägt), nicht wie ein Graecus homo doctus, 102; 133; ganz wie de rep. I 22, 36 Scipio von sich sagt: Quam ob rem peto a vobis, ut me sic audiatis neque ut omnino expertem Graecarum rerum, neque ut eas nostris in hoc praesertim genere anteponentem, sed ut *unum e togatis*, patris diligentia non illiberaliter institutum, studioque discendi a pueritia incensum, usu tamen et domesticis praeceptis multo magis eruditum quam litteris.

2. *homo mediocris*, 94.

3. *sed* sc. *ut* videar, was nach einem gewöhnlichen Zeugma aus dem vorausgehenden *ne* zu entnehmen ist (59. 134. 229; III 52), wie Hor. sat. I 1, 3 aus nemo das positive quisque.

5. *a me*, sodaß ich der Urheber wäre und die Sache von mir ausginge' *(de me*, 'in Betreff meiner Person und Leistungsfähigkeit'). Die Worte stehen in scharfem Gegensatz: ipse zu fortuito, a me zu sermonem vestrum und promisisse zu incidisse.

magistratum, Valer. Max. IV 5 (de verecundia), 4 consulatum petens L. Crassus, cum omnium candidatorum more circum forum supplex populo ire cogeretur, numquam adduci potuit, ut id praesente Q. Scaevola, gravissimo et sapientissimo viro, socero suo, faceret. Itaque rogabat eum, ut a se, dum ineptae rei deserviret, discederet; maiorem verecundiam dignitatis eius, quam candidae togae suae respectum agens. Es handelt sich um die eine Bewerbung um das Konsulat; aber *solebam*, weil er, um Stimmen zu gewinnen, wiederholt solche Wege machen mußte.

7. *hunc*. Das tu der orat. rect. ist nicht in eum übergegangen, weil Scaevola anwesend ist.

14. *praestare* (II 124), p. Sest. 16, 38 ea conditione gesseram, ut meum factum semper omnes *praestare* tuerique deberent: 'die Verantwortung will ich auf mich nehmen'; dafür aufkommen, einstehen. ad Fam. IX 16, 5.

15. *sic sentio*, 72. *paulo ante*, 91.

17. *rationem et viam*, 87.

19. *ingenii celeres motus* (Gegensatz tardum ingenium II 147) Beweglichkeit. *ad excogitandum*, für

excogitandum acuti et ad explicandum ornandumque sint uberes
et ad memoriam firmi atque diuturni; et si quis est, qui haec
putet arte accipi posse (quod falsum est; praeclare enim res se
habeat, si haec accendi aut commoveri arte possint, inseri
quidem et donari ab arte non possunt; omnia sunt enim illa
dona naturae), quid de illis dicet, quae certe cum ipso homine
nascuntur, linguae solutio, vocis sonus, latera, vires, conformatio quaedam et figura totius oris et corporis? Neque haec
ita dico, ut ars aliquos limare non possit (neque enim ignoro,
et quae bona sint, fieri meliora posse doctrina et, quae non
optima, aliquo modo acui tamen et corrigi posse), sed sunt
quidam aut ita lingua haesitantes aut ita voce absoni aut ita
vultu motuque corporis vasti atque agrestes, ut, etiamsi ingeniis
atque arte valeant, tamen in oratorum numerum venire non
possint. Sunt autem quidam ita in eisdem rebus habiles, ita
naturae muneribus ornati, ut non nati, sed ab aliquo deo ficti
esse videantur. Magnum quoddam est onus atque munus, suscipere atque profiteri se esse, omnibus silentibus, unum maximis

---

die inventio 187. (Themistocles celeriter, quae opus erant reperiebat. Nep. Them. I, 1, 3.), *ad explicandum ornandumque*, für die elocutio, und dann vor allem (114 flg.) für die actio, als quasi sermo *corporis* (III 222).

4. *habeat*, καλῶς ἂν ἔχοι, εἰ δύναιτο, 'höchstens, daß der vorhandene Funke durch den Unterricht entzündet, die schlummernden Anlagen erweckt werden können'.

7. *linguae solutio*, eine fertige Zunge (gleichsam ein loses Zungenband) im Gegensatz von lingua haesitantes. *vocis sonus*, eine wohlklingende Stimme im Gegensatz von voce absoni. *latera*, starke Brust und gute Lunge. *vires*, kräftige Konstitution.

8. *conformatio* etc. eine gewissermaßen einnehmende (ansprechende) Bildung und Gestaltung von Gesicht und Leibesform im allgemeinen (totius).

9. *ut*, durch das vorausgehende ita bedingt, das soll nicht so verstanden werden 'daß'. (Breviloquenz für ut statuam —. de fin. I 14 illud adduci vix possum, ut ea, quae senserit ille, tibi non vera videantur. in Verr. V 11 neque metus ne hoc cuiquam persuadeatur,

ut, ad quod facinus nemo praeter te ulla pecunia adduci potuerit, id tu gratiis suscipere conatus sis i. e. ut credat te conatum esse.)

11. *non optima* in mildernder, negativer Form, denn prava durfte er nicht sagen.

13. *vasti* starkes Wort, genau unser 'wüst'.

16. *ficti*, 'eigens dazu geschaffen', wie das Kunstwerk eines plastischen Künstlers. 118. 127.

17. *Magnum*, mit Nachdruck vorangestellt; auch das quoddam hinter das Adjektiv gesetzt ist verstärkend: 'gar' oder 'wahrhaft' groß. (91) Die Behauptung, daß außer geistiger Begabung und künstlerisch-wissenschaftlicher Bildung auch die erwähnten leiblichen Vorzüge zum Redner unbedingt notwendig seien, wird dem nicht auffallend erscheinen, der die Größe der Aufgabe des Redners kennt (daher magnum mit besonderem Nachdruck vorangestellt) und dabei erwägt, daß es sich hier um den Begriff des wahren, vollkommnen Redners handele. Aus dieser doppelten Einsicht folgt dann auch die verecundia.

18. *suscipere ac profiteri* ist Subjekt. Zu der Verbindung beider

de rebus magno in conventu hominum audiendum. Adest enim
fere nemo, quin acutius atque acrius vitia in dicente, quam
recta videat. Ita quidquid est, in quo offenditur, id etiam illa,
quae laudanda sunt, obruit. Neque haec in eam sententiam
disputo, ut homines adulescentes, si quid naturale forte non
habeant, omnino a dicendi studio deterream. Quis enim non
videt C. Caelio, aequali meo, magno honori fuisse, homini novo,
illam ipsam, quamcumque adsequi potuerit, in dicendo mediocritatem? Quis vestrum aequalem, Q. Varium, vastum hominem atque foedum, non intellegit illa ipsa facultate, quamcumque habuit, magnam esse in civitate gratiam consecutum?
Sed quia de oratore quaerimus, fingendus est nobis oratione
nostra detractis omnibus vitiis orator atque omni laude cumulatus. Neque enim, si multitudo litium, si varietas causarum,
si haec turba et barbaria forensis dat locum vel vitiosissimis
oratoribus, idcirco nos hoc, quod quaerimus, omittemus. Itaque
in eis artibus, in quibus non utilitas quaeritur necessaria, sed
animi libera quaedam oblectatio, quam diligenter et quam
prope fastidiose iudicamus! Nullae enim lites neque controversiae sunt, quae cogant homines sicut in foro non bonos

Verba (oder suscipere und polliceri) vgl. 21. 103; II 153; III 22.
unum, 31. Adest etc., 125.
4. sq. Neque haec — disputo.
Gedankengang: Mit dieser hohen
Forderung will ich minder begabte
Jünglinge nicht abschrecken. Auch
ohne hohe Rednergaben haben
manche viel erreicht. Aber wenn
es sich um Beredsamkeit als Kunst
handelt, so ist nicht der Maßstab
der Nützlichkeit für den Redenden
selbst oder des Bedürfnisses für den
Staat, sondern, wie bei den übrigen
freien Künsten, der des freien Wohl-
gefallens der Hörer anzulegen.
7. magno honori fuisse, seine,
wenn auch nur mittehmäßige Redegabe erhob ihn zu hoher Stellung,
dem Konsulat nämlich, obgleich
er ein homo novus war.
9. mediocritatem, vgl. im Gegensatz Brut. 193 vulgus interdum non
probandum oratorem probat, sed
probat sine comparatione; cum a
mediocri aut etiam a malo delec-
tatur, eo est contentus; esse melius
non sentit, illud quod est, quale-
cumque est, probat; tenet enim
aures vel mediocris orator, sit modo
aliquid in eo.

Q. Varium, Einl. I § 11, 130
vestrum aequalem, Brut. 182 aequales
propemodum fuerunt C. Cotta, P.
Sulpicius, Q. Varius. Danach sollte
man habet, nicht habuit erwarten.
Cicero vergißt, daß er die ganze
Disputation aus dem Jahre 55 in
das Jahr 91 verlegt. Vgl. d. krit.
Anh. zu 101.
15. barbaria forensis — mit Rücksicht auf die Sprache. Brut. 258
confluxerunt enim in hanc urbem
multi inquinate loquentes ex diversis locis und kurz zuvor: nec
eos aliqua barbaries domestica infuscaverat.
16. Itaque — iudicamus. Der Satz
hat die Bedeutung eines exemplum.
'Dem entsprechend, wie sorgfältig
urteilen wir' = so urteilen wir denn
auch —.
19. fastidiose, wählerisch. 258;
Hor. ad Pis. 368 flg. certis medium
et tolerabile rebus Recte concedi,
— consultus iuris et actor Causarum
mediocris abest virtute diserti Mess-
allae, nec scit quantum Cascellius
Aulus, Sed tamen in pretio est, — mediocribus esse poetis Non homines,
non di, non concessere columnae.

oratores, item in theatro actores malos perpeti. Est igitur oratori diligenter providendum, non uti eis satis faciat, quibus necesse est, sed ut eis admirabilis esse videatur, quibus libere liceat iudicare. Ac, si quaeritis, plane quid sentiam enuntiabo apud homines familiarissimos, quod adhuc semper tacui et tacendum putavi. Mihi, etiam qui optime dicunt quique id facillime atque ornatissime facere possunt, tamen, nisi timide ad dicendum accedunt et in ordienda oratione perturbantur, paene impudentes videntur; tametsi id accidere non potest. Ut enim quisque optime dicit, ita maxime dicendi difficultatem variosque eventus orationis exspectationemque hominum pertimescit. Qui vero nihil potest dignum re, dignum nomine oratoris, dignum hominum auribus efficere atque edere, is mihi, etiamsi commovetur in dicendo, tamen impudens videtur. Non enim pudendo, sed non faciendo id, quod non decet, impudentiae nomen effugere debemus. Quem vero non pudet (id quod in plerisque video), hunc ego non reprehensione solum, sed etiam poena dignum puto. Equidem et in vobis animadvertere soleo et in me ipso saepissime experior, ut exalbescam in principiis dicendi et tota mente atque artubus omnibus contremiscam. Adulescentulus vero sic initio accusationis exanimatus sum, ut hoc summum beneficium Q. Maximo debuerim, quod conti-

---

2. *quibus* (satisfacere) *necesse est*, unter dem Zwange der utilitas necessaria.
Es folgt eine Digression über die Frage, woher die Befangenheit im Anfange der Rede, und gerade bei großen Rednern am meisten, komme (— 128).
6. *tacendum*, weil die Sache zu zart ist, um darüber viel zu reden, und daher nur im vertrauten Freundeskreise erwähnt werden kann.
13. *Qui vero*, — natürlich, diese Schüchternheit und Befangenheit darf nicht auf Unvermögen und Schwäche beruhen: wer nichts zu leisten im stande ist und trotzdem als Redner auftritt, offenbart ipso facto seine impudentia.
20. *in me experior ut* = in me fieri sentio, ut —.
21. *contremiscam*, div. in Caec. 13, 41 Ego, qui — in foro iudiciisque ita verser, ut eiusdem aetatis aut nemo aut pauci plures causas defenderint, et qui omne tempus — in his studiis laboribusque consumam, quo paratior ad usum forensem promptiorque esse possim, tamen ita mihi deos velim propitios, ut, cum illius temporis mihi venit in mentem, quo die citato reo mihi dicendum sit, non solum *commoveor animo, sed etiam toto corpore perhorresco.* p. Deiot. 1, 1 cum in omnibus causis gravioribus — *initio* commoveri vehementius soleam. p. Cluent. 18, 51 semper equidem magno cum metu *incipio* dicere. Einl. I § 20, 200.
22. *adulescentulus*, Einl. 1 § 10, 77 flg.
23. *Q. Maximo*, wahrscheinlich Q. Fabius Maximus Eburnus, im J. 116 Konsul, der damals im J. 119 als Prätor Vorsitzender des Gerichts de maiestate war. Als solcher konnte er die Sitzung, die er eröffnete, auch jederzeit aufheben (consilium dimittere oder bloß dimittere).

nuo consilium dimiserit, simul ac me fractum ac debilitatum metu viderit.

Hic omnes adsensi significare inter sese et colloqui coeperunt. Fuit enim mirificus quidam in Crasso pudor, qui tamen non modo non obesset eius orationi, sed etiam probitatis commendatione prodesset.

Tum ANTONIUS: Saepe, ut dicis, inquit, animadverti, Crasse, et te et ceteros summos oratores, quamquam tibi par mea sententia nemo umquam fuit, in dicendi exordio permoveri. Cuius quidem rei cum causam quaererem, quidnam esset, cur ut in quoque oratore plurimum esset, ita maxime is pertimesceret, has causas inveniebam duas: unam quod intellegerent ei, quos usus ac natura docuisset, nonnumquam summis oratoribus non satis ex sententia eventum dicendi procedere; ita non iniuria, quotienscumque dicerent, id, quod aliquando posset accidere, ne tum [ipsum] accideret, timere. Altera est haec, de qua queri saepe soleo, quod ceterarum homines artium spectati et probati, si quando aliquid minus bene fecerunt, quam solent, aut noluisse aut valetudine impediti non potuisse consequi id, quod scirent, putantur, — 'noluit, inquiunt, hodie agere Roscius', aut: 'crudior fuit' —; oratoris peccatum si quod est animadversum, stultitiae peccatum videtur; stultitia autem excusationem non habet, quia nemo videtur aut quia crudus fuerit aut quod ita maluerit stultus fuisse. Quo etiam gravius iudicium in dicendo subimus. Quotiens enim dicimus, totiens de nobis iudicatur; et qui semel in gestu peccavit, non continuo existimatur nescire gestum; cuius autem in dicendo quid reprehensum est, aut aeterna in eo aut certe diuturna valet opinio tarditatis. Illud vero, quod a te dictum est, esse per-

---

3. *significare*, durch Blick und Mienen zu verstehen geben, wie wahr Crassus gesprochen.

5. *probitatis*, die sich eben in dem pudor offenbarte, II 211.

27. Antonius (denn der fremde Beobachter kann das auch viel besser) giebt die Gründe dieser Erscheinung an und leitet damit zu den weiteren Vorbedingungen eines guten Redners über.

11. *ut in quoque — ita*, ganz wie 120; vgl. 217. 130; de off. I 16, 50; 19, 61. S. d. krit. Anhang.

12. *unam* — dem hernach altera est in selbständiger Anfügung entspricht, ganz wie II 116; Brut. 325.

13. *usus ac natura* Erfahrung (Praxis) und Kenntnis ihrer (der menschlichen) Natur.

14. *eventum dic.* der Erfolg der Rede nach Wunsch (ex sententia) sich entwickele (vor sich gehe).

17. *ceterarum homines artium*, 128; II 37 und 38.

20. *quod scirent* was sie sonst wohl zu leisten vermöchten.

22. *stultitia excusationem non habet* — denn diese läßt sich nicht auf einen solchen Entschuldigungsgrund zurückführen (verdorbener Magen oder üble Laune), wie man ihn für eine jeweilige mangelhafte Leistung eines renommierten Schauspielers als ausreichend erachtet.

26. *in gestu*, als dem eigentlichen Gebiet des Schauspielers im Gegensatz von in dicendo.

29. *opinio*, Verdacht; *tarditas*, tardus das Gegenteil von dem, was

multa, quae orator a natura nisi haberet, non multum a
magistro adiuvaretur, valde tibi adsentior inque eo vel maxime
probavi summum illum doctorem, Alabandensem Apollonium,
qui cum mercede doceret, tamen non patiebatur eos, quos
iudicabat non posse oratores evadere, operam apud sese perdere, dimittebatque et ad quam quemque artem putabat esse
127 aptum, ad eam impellere atque hortari solebat. Satis est
enim in ceteris artificiis percipiendis tantummodo similem esse
hominis et id, quod tradatur vel etiam inculcetur, si qui
forte sit tardior, posse percipere animo et memoria custodire. Non quaeritur mobilitas linguae, non celeritas verborum,
non denique ea, quae nobis non possumus fingere, facies,
128 vultus, sonus. In oratore autem acumen dialecticorum, — scientia
philosophorum, verba prope poëtarum, memoria iuris consultorum, vox tragoedorum, gestus paene summorum actorum est
requirendus. Quamobrem nihil in hominum genere rarius perfecto oratore inveniri potest. Quae enim singularum rerum
artifices singula si mediocriter adepti sunt probantur, ea nisi
omnia summa sunt in oratore, probari non potest.
129   Tum Crassus: Atqui vide, inquit, in artificio perquam
tenui et levi quanto plus adhibeatur diligentiae, quam in hac
re, quam constat esse maximam. Saepe enim soleo audire

wir heute mit Vorliebe 'schneidig' nennen; Dürftigkeit, dürftige Beschränktheit, Schwerfälligkeit (Schlappheit); vgl. II 101.
5. *evadere*, p. Mur. 13, 29 nonnullos videmus, qui *oratores evadere* non potuerint, eos ad iuris studium devenire. Brut. 175.
6. *dimittebatque* verbunden mit non patiebatur als einem Begriff. Im Deutschen brauchen wir in solchem Fall Adversativpartikeln. Vgl. Haacke Lat. Stilistik § 115.
12. *facies*, Gesichtsbildung (schönes Gesicht).
13. *vultus*, Gesichtsausdruck, besonders der Blick des Auges.
scientia st. sententiae s. d. kr. Anh.
15. *vox tragoedorum*, die besonders klangreich und stark sein mußte, um die weiten Räume des Theaters durchdringen zu können (βομβεῖν τὰ ἰαμβεῖα).
16. *Quamobrem*, 19.
17. *singularum*, 16; Brut. 25; Or.
22 Horum *singulorum* generum quicumque vim *in singulis* consecuti sunt, magnum in oratoribus nomen

babuerunt; sed quaerendum est, satisne id, quod volumus effecerint. Die Vorzüge finden bei Meistern in einzelnen Fächern (singularum rerum) schon Anerkennung, wenn sie nur in mäßigem Umfang mediocriter und vereinzelt singula sich vorfinden; beim Redner aber nur dann, wenn sie im höchsten Maße summa u. alle vereint omnia summa vorhanden sind. Vgl. d. krit. Anh.
20. *Atqui*, 'und doch', 11. 137. 167, trotz dieser hohen und schwer zu lösenden Aufgabe. *levi*, 18.
22. *Saepe soleo audire Roscium, cum dicat*. Gewöhnlich ist die Konstruktion audivi, cum diceret. Die ungewöhnliche Konstruktion des cum mit dem Konj. nach vorhergehendem Praesens hat wohl ihren Grund in dem saepe soleo, indem Crassus nicht einen bestimmten einzelnen Fall im Auge hat, sondern einen von verschiedenen möglichen = saepe est, ubi Roscius dicat, idque audire soleo. Vgl. pro Cluent. § 29 vos auditis, cum ea, quae copiosissime dici possunt,

Roscium, cum ita dicat, se adhuc reperire discipulum, quem quidem probaret, potuisse neminem, non quo non essent quidam probabiles, sed quia, si aliquid modo esset vitii, id ferre ipse non posset. Nihil est enim tam insigne nec tam ad diuturnitatem memoriae stabile, quam id, in quo aliquid offenderis. Itaque ut ad hanc similitudinem huius histrionis oratoriam laudem dirigamus, videtisne quam nihil ab eo nisi perfecte, nihil nisi cum summa venustate fiat, nisi ita, ut deceat et uti omnes moveat atque delectet? Itaque hoc iam diu est consecutus, ut, in quo quisque artificio excelleret, is in suo genere Roscius diceretur. Hanc ego absolutionem perfectionemque in oratore desiderans, a qua ipse longe absum, facio impudenter; mihi enim volo ignosci, ceteris ipse non ignosco. Nam qui non potest, qui vitiose facit, quem denique non decet, hunc, ut Apollonius iubebat, ad id, quod facere possit, detrudendum puto.

Num tu igitur, inquit Sulpicius, me aut hunc Cottam ius civile aut rem militarem iubes discere? Nam quis ad ista summa atque in omni genere perfecta potest pervenire?

Tum ille: Ego vero, inquit, quod in vobis egregiam quandam ac praeclaram indolem ad dicendum esse cognovi, idcirco haec exposui omnia; nec magis ad eos deterrendos, qui non possent, quam ad vos, qui possetis, exacuendos accommodavi orationem meam; et quamquam in utroque vestrum summum esse ingenium studiumque perspexi, tamen haec, quae sunt in specie posita, de quibus plura fortasse dixi, quam solent Graeci dicere, in te, Sulpici, divina sunt. Ego enim neminem nec motu corporis neque ipso habitu atque forma aptiorem nec voce pleniorem aut suaviorem mihi videor audisse; quae quibus a natura minora data sunt, tamen illud adsequi possunt, ut eis, quae habent, modice et scienter utantur et ut ne dede-

---

breviter strictimque dicuntur. Illi audiebant cum unaquaque de re — graviter et diu diceretur.
7. *dirigamus*, 141; III 190, um zu bemessen. *videtisne = nonne videtis* s. z. II 64.
8. *ita ut deceat* daß es der Persönlichkeit wohl ansteht, seine Erscheinung (auf der Bühne) hebt; Gegenteil dedecet vgl. 132.
10. *in quo* 'in welchem Kunstzweig ein jeder Virtuos ist, der heißt ein Roscius in seiner Art' (auf seinem Gebiet), 258; Lael. 51, 79 rarum genus! et quidem omnia praeclara rara, nec quidquam difficilius quam reperire, quod sit omni ex parte *in suo genere* perfectum.
11. *absolutio perfectioque*, höchste, absol. Vollendung, Vollkommenheit.
14. *qui non potest*, absolut: wer unfähig ist. 131; II 86.
15. *detrudendum*, 46, 'von der Höhe herabweisen'. Vgl. II 85.
26. *in specie* — 'die äußeren Bedingungen einer schönen Gestalt u. s. w. *plura*, 114 flg.
27. *Graeci*, Einl. I § 7, 38; *Sulpici*, I § 12, 133.
31. *modice et scienter*, 'mit weiser Beschränkung und verständiger Erkenntnis der ihm gesteckten Grenzen', mit Anspielung auf Cotta.

ceat. Id enim est maxime vitandum et de hoc uno minime
est facile praecipere non mihi modo, qui sicut unus paterfamilias his de rebus loquor, sed etiam ipsi illi Roscio, quem saepe
audio dicere, caput esse artis decere; quod tamen unum id
esse, quod tradi arte non possit. Sed, si placet, sermonem
alio transferamus et nostro more aliquando, non rhetorico,
loquamur.

Minime vero, inquit Cotta. Nunc enim te iam exoremus
necesse est, quoniam retines nos in hoc studio nec ad aliam

Einl. I § 13. Brut. 202 Cotta — ut
ad infirmitatem laterum persienter
contentionem omnem remiserat, sic
ad virium imbecillitatem dicendi
accommodabat genus.

2. *sicut unus paterfamilias* wie
der erste beste römische Bürger,
also wie ein unstudierter Laie, ohne
besondere theoretische Fachkennt-
nisse zu besitzen, wie es hernach
159 heißt: *quemcumque patremfamilias adripuissetis*. Es ist demnach unus hier in dem Sinn der
unbestimmten Allgemeinheit zu
nehmen, ganz wie ad Att. IX 10, 2
me una haec res torquet, quod
non omnibus in rebus labentem vel
potius ruentem Pompeium *tamquam
unus manipularis* secutus sim. Gewöhnlich tritt das Indefinitum noch
ausdrücklich hinzu (τίς τις): Brut.
320 quantum non *quivis unus* ex
populo, sed existimator doctus et
intellegens posset cognoscere. p.
Caec. 22, 62 si tu solus aut *quivis
unus* cum scuto et gladio impetum
in me fecisset. p. Sest. 8, 19 unum
aliquem te ex barbatis illis — diceres intueri. de off. II 12, 41 ad
unum aliquem confugiebant virtute
praestantem, oder es steht auch
das Indefinitum allein, wie III 43
quivis Atheniensis indoctus. (Anders
sind die Stellen, wo unus zur Hervorhebung des Superlativs dient:
171; Phil. II 3, 7; Brut. 25).

4. *decere* Or. 74 decere quasi
aptum esse consentaneumque tempori et personae = nach jeder
Richtung das decorum bewahren,
sich mit seiner Sache und seine
Sache (Rolle) mit sich nicht in Miß-
verhältnis bringen, auch was das
Äußere anlangt.

5. *tradi arte* — das decorum
beruht auf dem Gefühl (dem richtigen Takt) und entzieht sich eben
darum allgemeinen theoretischen
Regeln. III 210; Or. 70 ut enim in
vita, sic in oratione nihil est difficilius quam *quid deceat* videre; τό
πρέπον, decorum; vgl. de off. I
107 flg.

6. *nostro more*, 'wie ich es gewohnt bin', eine Wendung, die
Cic. absichtlich braucht, um sich
gewissermaßen zu rechtfertigen,
wie er einem Crassus dergleichen
theoretisch-rhetorische Erörterungen habe in den Mund legen können.
163. Cr. läßt sich erbitten; und
dadurch daß nicht Sulpicius, der
entschiedene Verehrer des Crassus,
sondern Cotta um die Fortsetzung
bittet, erhält dies Ersuchen um so
mehr Gewicht.

aliquando 'endlich'.

8. *nunc iam*, wenn du uns nicht
bei diesem Streben zurückhieltest,
könnten wir die Sache fallen lassen,
nunc in der gegenwärtigen Sachlage,
quoniam retines nos, so müssen
wir dich jetzt bitten.

te — exoremus — ut nobis explices
quod *tu* in dicendo potes (II 74 ista
tua), quidquid istud est, fügt Cotta
mit leichter Ironie hinzu (wie gleich
darauf: neque enim sumus nimis
avidi; ista tua mediocri eloquentia
contenti sumus) idque ex te quaerimus (und fragen dich nur nach
dem einen), quid praeterea esse
adsumendum putes zu dem was
wir nach deinem Urteil a natura
schon erhalten haben. Das Sich-
beschränken (nur) auf den einen
Punkt wird motiviert in der durch
ihren pathetischen Ton scherzhaften

dimittis artem, ut nobis explices, quidquid est istud, quod tu in dicendo potes; neque enim sumus nimis avidi: ista tua mediocri eloquentia contenti sumus; idque ex te quaerimus (ut ne plus nos adsequamur, quam quantulum tu in dicendo adsecutus es), quoniam quae a natura expetenda sunt ea dicis non nimis deesse nobis, quid praeterea esse adsumendum putes.

Tum Crassus adridens: Quid censes, inquit, Cotta, nisi studium et ardorem quendam amoris? sine quo cum in vita nihil quisquam egregium, tum certe hoc, quod tu expetis, nemo umquam adsequetur. Neque vero vos ad eam rem video esse cohortandos, quos, cum mihi quoque sitis molesti, nimis etiam flagrare intellego cupiditate. Sed profecto studia nihil prosunt perveniendi aliquo, nisi illud, quod eo, quo intendas, ferat deducatque, cognoris. Quare quoniam mihi levius quoddam onus imponitis neque ex me de oratoris arte, sed de hac mea, quantulacumque est, facultate quaeritis, exponam vobis non quandam aut perreconditam aut valde difficilem aut magnificam aut gravem rationem consuetudinis meae, qua quondam solitus sum uti, cum mihi in isto studio versari adulescenti licebat.

Parenthese ut ne — assequamur, die den Gedanken der vorhergehenden Worte ista mediocri eloquentia contenti sumus, wiederholt.

Auf die Frage: quaerimus, quid adsumendum putes, antwortet Cr. in 134 studium et ardorem amoris, auf die Bitte: exoremus ut explices, in 135 quoniam de mea quantulacumque est facultate quaeritis.

8. *ardorem quendam amoris*, ἐρωτική τις μανία, Phaedr. p. 265 B.

9. *nihil quisquam*, II 122. nihil im Gegensatz zu hoc, quisquam zu nemo; umquam gehört zu beiden Gliedern.

b) Als zweites Erfordernis stellt Crassus die Liebe zur Sache und den Fleiß hin, der sich theoretisch und praktisch mit dem Lehrsystem bekannt macht. Er giebt dann einen kurzen Abriß des Lehrsystems und der erforderlichen Übungen (Progymnasmata) — § 159.

11. *molesti*, mir so zusetzt, so in mich dringt, wie II 85.

135. Zum rhetorischen Studium gehören zunächst die theoretischen und praktischen Vorübungen oder Progymnasmata, die Cr. wie er sie durchgemacht habe, darstellen will.

12. *Sed* etc. Quint. X 7, 5 Neque enim prius contingere cursus potest, quam scierimus, quo sit et qua perveniendum.

16. *exponam non quandam ... rationem consuetudinis meae;* quidam ist ohne tiefere Bedeutung nur zur Milderung der starken Adjektiva hinzugefügt und das Satzgefüge zeigt, der Umgangssprache und Gewohnheit des Gespräches folgend, während des Sprechens sich hinzudrängende Begriffe locker und ohne strenge Logik eingereiht. 'So will ich denn gar nicht etwa eine Art von (quandam, wohl zu dem Begriffe ratio, Methode, System gehörig, den Crassus nicht ganz als berechtigt anerkennen will), geheimnisvoller (obskurer) oder schwieriger, großartiger oder inhaltsschwerer Methode meiner Studiengewohnheit (consuetudo durch den Satz cum in studio versari licebat präzisiert), wie ich sie einst, da ich ... zu befolgen pflegte, euch vorführen'. Vgl. a. d. krit. Anh.

Tum Sulpicius: O diem, Cotta, nobis, inquit, optatum! Quod enim neque precibus umquam nec insidiando nec speculando adsequi potui, ut, quid Crassus ageret meditandi aut dicendi causa, non modo videre mihi, sed ex eius scriptore et lectore Diphilo suspicari liceret, id spero nos esse adeptos omniaque iam ex ipso, quae diu cupimus, cognituros.

Tum Crassus: Atqui arbitror, Sulpici, cum audieris, non tam te haec admiraturum, quae dixero, quam existimaturum tum, cum ea audire cupiebas, causam cur cuperes non fuisse. Nihil enim dicam reconditum, nihil exspectatione vestra dignum, nihil aut inauditum vobis aut cuiquam novum. Nam principio, id quod est homine ingenuo liberaliterque educato dignum, non negabo me ista omnium communia et contrita praecepta didicisse: primum oratoris officium esse dicere ad persuadendum accommodate; deinde esse omnem orationem aut de infinitae rei quaestione sine designatione personarum et temporum aut de re certis in personis ac temporibus locata. In utraque autem re quidquid in controversiam veniat, in eo quaeri solere aut factumne sit, aut, si est factum, quale sit,

---

2. *insidiando*, scharf aufpassen, auflauern. Or. 210 non enim id agit, ut insidietur et observet.
3. *meditandi aut dicendi causa*. Brut. 302 nullum patiebatur esse diem, quin aut in foro diceret, aut meditaretur extra forum.
4. *scriptore*, dem Schreiber und Vorleser (ἀναγνώστης) Diphilus, wie sie die vornehmen Römer in ihrem Dienst hatten (servi litterati Brut. 87).
137. Im folgenden giebt Crassus eine kurze Übersicht des gewöhnlichen rhetorischen Lehrsystems und sein Urteil über dessen Bedeutung. Einl. II A. 26. Das System scheint mit selbständiger Benutzung des Hermagoreischen aufgestellt zu sein, daher sind die Versuche, durch Textänderungen volle Übereinstimmung mit der sonstigen Überlieferung über Hermagoras' System herzustellen, wohl abzuweisen. Unserer Kenntnis entzieht sich freilich manches. Cic. läßt ganz offenbar seine Unterredner verschiedenen Theorien folgen, vgl. z. B. zu II 110.
7. *Atqui*, 129.
13. *communia et contrita*, 163; Or. 11 reprehendent, quod inusitatas vias indagemus, *tritas* relinquamus.
18. *In utraque re*, in beiden Fällen. p. Mil. 3, 7 an est quisquam, qui hoc ignoret, cum de homine occiso quaeratur, aut negari solere omnino esse factum, aut recte ac iure factum esse defendi.
19. *aut factumne sit* u. s. w. Hier sind genannt 1. der status coniecturalis, 2. der st. qualitatis, 3. der definitivus, 4. der iuridicialis.
si est factum, d. h. vom Angeklagten ist die That vollbracht und dies ist entweder durch die Untersuchung oder das Geständnis erwiesen.
Volkmann, Rhetorik² p. 53 will statt rectene factum lesen: actum, um so den status der translatio hineinzubringen; der iuridicialis sei gleichbedeutend mit der qualitas und die ist schon in Nr. 2 berücksichtigt. So schön die Vermutung ist, doch trage ich Bedenken, sie aufzunehmen. Denn streng logisch genommen gehört der st. definitionis doch auch schon zur Qualität, läßt sich wenigstens sicher nicht immer scharf von ihm abtrennen [auch hier ließe sich das aut etiam quo nomine vocetur sehr

aut etiam quo nomine vocetur, aut, quod nonnulli addunt, rectene factum esse videatur. Exsistere autem controversias etiam ex scripti interpretatione, in quo aut ambigue quid sit scriptum aut contrarie aut ita, ut a sententia scriptura dissentiat; his autem omnibus partibus subiecta quaedam esse argumenta propria. Sed causarum, quae sint a communi quaestione seiunctae, partim in iudiciis versari, partim in deliberationibus; esse etiam genus tertium, quod in laudandis aut vituperandis hominibus poneretur; certosque esse locos, quibus in iudiciis uteremur, in quibus aequitas quaereretur; alios in deliberationibus, quae omnes ad utilitatem dirigerentur eorum, quibus consilium daremus; alios item in laudationibus, in quibus ad personarum dignitatem omnia referrentur. Cumque esset omnis oratoris vis ac facultas in quinque partes distributa, ut deberet reperire primum quid diceret; deinde inventa non solum ordine, sed etiam momento quodam atque iudicio

---

leicht als parallel zu quale sit auffassen, sodaß Nr. 3 definitio nur eine speziellere Benennung der Nr. 2 qualitas wäre], und doch ist er bei den meisten Schematikern ein gleichberechtigter Status neben der Qualität. Ebenso gut konnte der iuridicialis mit der ganz bestimmten Einrede: 'die zugestandene That, deren Qualität und Definition gar keinem Zweifel unterliegt, war rechtlich erlaubt', eine Stellung neben der Qualität erhalten. Für die Praxis war ein status in dieser Formulierung offenbar ziemlich häufig und wichtig genug, daß er sehr wohl trotz logischer Schiefheit eine selbständige Stelle in einem System finden konnte. Mit Hermagoras stimmt das freilich nicht — wie kann aber bewiesen werden, daß es das soll? Bei Cornificius z. B. I 18 flg. erscheinen die definitio und die translatio als Unterabteilungen des status legitimus und die qualitas erscheint bei ihm gar nicht; man kann also nicht sagen, daß der iuridicialis mit der qualitas gleichbedeutend sei. Das hier und bei Cornif. vorliegende System scheint ganz speziell auf römische Bedürfnisse zugeschnitten zu sein. Cic. de inv. II 5: flg. betont ja ausdrücklich die Seltenheit der translatio für die römische Praxis. Vielleicht ist auch das vorliegende kompendiöse System eine Zusammenfassung der Lehre von den Status mit der Lehre von der quaestio κατ' ἐξοχήν Einl. II § 3 A. 21 flg. und in der letzteren spielte das iure factum ja eine große Rolle, s. a. a. O. A. 25 u. Or. part. 101, wo ebenfalls nicht der gewöhnliche Terminus iure factum gebraucht ist, sondern entsprechend der vorliegenden Stelle rectum esse quod feceris.

6. *causarum — partim* wie II 94. *quae sint a communi quaestione seiunctae* = causae finitae, also ist eine quaestio communis eine quaestio de re infinita.

9. *locos* Beweiskategorien (τόπους) II 134; 162.

11. *quae dirigerentur* 130. quae auf deliberationibus bezogen, wie vorher in quibus auf iudiciis. S. d. krit. Anh.

13. *cumque esset omnis vis distributa — etiam illa cognoram —* Breviloquenz für cumque omnem vim esse distributam didicissem.

14. *oratoris vis ac facultas,* Fähigkeit zu wirken u. zu leisten, also die gesamte Thätigkeit in Bezug auf die Hörer (vis) und den Sprecher (facultas). Or. part. 1, 3.

16. *momento*, objektiv 'nach der Schwere ihres Gewichts' (II 309; 319). *iudicio*, subjektiv 'mit bewußter Überlegung und Berechnung, nach bestimmten Grundsätzen'

dispensare atque componere; tum ea denique vestire atque ornare oratione; post memoria saepire; ad extremum agere 143 cum dignitate ac venustate: etiam illa cognoram et acceperam, ante quam de re diceremus, initio conciliandos eorum esse animos, qui audirent; deinde rem demonstrandam; postea controversiam constituendam; tum id, quod nos intenderemus, confirmandum; post, quae contra dicerentur, refellenda; extrema autem oratione ea, quae pro nobis essent, amplificanda et augenda, quaeque essent pro adversariis, infirmanda atque 32 144 frangenda. Audieram etiam quae de orationis ipsius ornamentis traderentur; in qua praecipitur primum, ut pure et Latine loquamur, deinde ut plane et dilucide, tum ut ornate, post ad rerum dignitatem apte et quasi decore; singularumque rerum 145 praecepta cognoram. Quin etiam, quae maxime propria essent naturae, tamen his ipsis artem adhiberi videram; nam de actione et de memoria quaedam brevia, sed magna cum exercitatione praecepta gustaram.

In his enim fere rebus omnis istorum artificum doctrina versatur, quam ego si nihil dicam adiuvare, mentiar. Habet enim quaedam quasi ad commonendum oratorem, quo quidque referat et quo intueus ab eo, quodcumque sibi proposuerit, 146 minus aberret. Verum ego hanc vim intellego esse in praeceptis omnibus, non ut ea secuti oratores eloquentiae laudem sint adepti, sed, quae sua sponte homines eloquentes facerent, ea quosdam observasse atque collegisse; sic esse non eloquen-

5. *rem demonstrandam*, den Sachverhalt darlegen (rem gestam exponere 90) in der *narratio* wie II 330.
6. *intenderemus* 90.
8. *amplificanda*, Einl. II § 11.
10. *orationis ipsius*, der eigentlick stilistischen Darstellung, als der vornehmsten Funktion des Redners III 147; Or. part. 16.
11. *in qua* sc. oratione, hierbei, gleichsam in diesem Kapitel II 214; Liv. 26; 2, 14 hoc idem in Cn. Fulvii legionibus nuper decretum.
ut pure etc. Die ausführlichere Behandlung folgt III 37 flg.: 96 flg.
et, also über die beiden Stücke, die als von Naturanlagen abhängig streng genommen durch Unterricht nicht mitgeteilt werden können; auch die actio ist ja *corporis* quasi sermo, III 232; Or. 55. Vgl. 18. (Vielleicht ist et vor actio ausgefallen).
18. *In his enim*, damit schließt Cr. die ganze übersichtliche Darstellung des rhetorischen Schulsystems ab.

19. *si dicam — mentiar* wie Lael. 3, 10 Ego si Scipionis desiderio me moveri negem — certe mentiar.
20. *commonendum* 'im allgemeinen orientieren, anleiten.'
quo quidque referat. Vgl. II 117; Einl. I § 6, 32.
23. *non ut*, abhängig von vim esse = effici, dann mit Veränderung der Constr. d. Acc. c. Inf. abhängig von intellego.
24. *sua sponte*, ganz von selbst, 'instinktartig', beneficio ingenii (Quint. V. 10, 121). Vgl. II 193.
25. *collegisse*, Quint. V 10, 119 flg. haec non idcirco dico, quod inutilem horum locorum — cognitionem putem — sed ne se qui cognoverint ista — perfectos protinus atque consummatos putent. — Neque enim artibus editis factum est, ut argumenta inveniremus, sed dicta sunt omnia, antequam praeciperentur, *mox ea scriptores observata et collecta ediderunt*.

tiam ex artificio, sed artificium ex eloquentia natum; quod tamen, ut ante dixi, non eicio; est enim, etiam si minus necessarium ad bene dicendum, tamen ad cognoscendum non illiberale. Et exercitatio quaedam suscipienda vobis est — 147 quamquam vos quidem iam pridem estis in cursu —, sed eis, qui ingrediuntur in stadium, quique ea, quae agenda sunt in foro tamquam in acie, possunt etiam nunc exercitatione quasi ludicra praediscere ac meditari.

Hanc ipsam, inquit SULPICIUS, nosse volumus; ac tamen 148 ista, quae abs te breviter de arte decursa sunt, audire cupimus, quamquam sunt nobis quoque non inaudita. Verum illa mox; nunc de ipsa exercitatione quid sentias quaerimus.

Equidem probo ista, CRASSUS inquit, quae vos facere 33 149 soletis, ut, causa aliqua posita consimili causarum earum, quae in forum deferuntur, dicatis quam maxime ad veritatem accommodate; sed plerique in hoc vocem modo, neque eam scienter, et vires exercent suas et linguae celeritatem incitant verborumque frequentia delectantur. In quo fallit eos, quod audierunt, dicendo homines, ut dicant, efficere solere. Vere 150 enim etiam illud dicitur, perverse dicere homines perverse

1. *artificium* Kunstlehre, s. z. 93.
2. *non eicio*, II 102; III 196 verwerfe ich nicht gänzlich. S. d. krit. Anh.
3. *non illiberale* leidlich ausgiebig.
4. *exercitatio.* Zur Erlernung der rhetorischen Theorie muß auch eine bestimmte praktische Übung treten, wenigstens für diejenigen, die erst im Beginn ihrer Laufbahn stehen.
5. *quamquam*, eine rhetorische correctio oder Zurücknahme des eben gebrauchten vobis; nach der Parenthese sed wie 163, vgl. 37, sed.
6. *ingrediuntur in stadium* sagt man von denen, die in die Laufbahn eintreten, um von den Schranken aus den Lauf zu beginnen. Daher auch ingr. allein in diesem Sinn: Or. 75 magnum opus et arduum — sed *ingredientibus* (ehe man noch auf der hohen See ist) considerandum fuit, quid ageremus, nunc quidem iam quocumque feremur danda nimirum vela sunt.
7. *acie*, 81. 157. *quasi ludicra*, II 84, d. h. quasi in ludo gladiatorio, der palaestra, der Fecht- und Ringschule, wie div. in Caec. 14, 47 prolusio und ipsa pugna gegenüberstehen.

8. *meditari* wie μελετᾶν 'üben'. 136.
11 flg. Übergang zu den Progymnasmata, deren verschiedene Arten. Zuerst Behandlung fingierter Rechtsfälle, als wirklicher. Brut. 310; Tusc. I 3, 7; Sen. contr. I p.63.
9. *nosse.* Der Inf. Perf. ist bestimmter, gemessener als das Präsens; so auch hoc factum esse volo gegenüber hoc fieri volo.
ac *tamen*, 'und dabei doch noch'; s. d. krit. Anh.
12. *mox*, vgl. 205. Über d. ars spricht dann Anton. 209 sqq.
14. *posita* II 2; 117.
15. *ad veritatem accommodate*, Or. 38 in veritate causarum, der Wirklichkeit entsprechend. 157. 220; II 94; III 214.
19. *audierunt*, von den Griechen, nämlich nach ihrem Spruch ἐκ τοῦ λέγειν τὸ λέγειν πορίζεται.
20. *dicere consequi* = *homines consequuntur perverse dicere,* wohl aus dem Griechischen übernommene Konstr.; Beispiele, wo ein Infin. wirkliches Obj. transitiver Verba ist, führt an Haacke Stilistik p. 280. Anm. Zum Sinne vgl. Soph. Electra 621 αἰσχροῖς γὰρ αἰσχρὰ πράγματ' ἐκδιδάσκεται.

dicendo facillime consequi. Quamobrem in istis ipsis exercitationibus, etsi utile est etiam subito saepe dicere, tamen illud utilius, sumpto spatio ad cogitandum paratius atque accuratius dicere. Caput autem est, quod, ut vere dicam, minime facimus (est enim magni laboris, quem plerique fugimus): quam plurimum scribere. Stilus optimus et praestantissimus dicendi effector ac magister; neque iniuria. Nam si subitam et fortuitam orationem commentatio et cogitatio facile vincit, hanc ipsam profecto adsidua ac diligens scriptura superabit. 151 Omnes enim, sive artis sunt loci sive ingenii cuiusdam ac prudentiae, qui modo insunt in ea re, de qua scribimus, anquirentibus nobis omnique acie ingenii contemplantibus ostendunt se et occurunt; omnesque sententiae verbaque omnia, quae sunt cuiusque generis maxime illustria, sub acumen stili subeant 152 et succedant necesse est; tum ipsa collocatio conformatioque verborum perficitur in scribendo, non poëtico, sed quodam oratorio numero et modo. Haec sunt, quae clamores et admirationes in bonis oratoribus efficiunt; neque ea quisquam, nisi diu multumque scriptitarit, etiamsi vehementissime se in his subitis dictionibus exercuerit, consequetur. Et qui a scribendi consuetudine ad dicendum venit, hanc adfert facultatem,

---

6. *stilus,* der Griffel, 257; III 190; 95 artifex, ut ita dicam, stilus. ad Fam. VII 15, 2 stilus est dicendi opifex. Or. 150. Die Worte scheinen übrigens Anführung einer öfter ausgesprochenen Sentenz. Darauf deutet das fehlende est und die Bestätigung dieser Sentenz durch den Cr. mit d. Worten neque iniuria.
8. *commentatio,* 'Vorbereitung', wie in dem bekannten Spruch: tota philosophorum vita commentatio mortis est, Tusc. I 74.
9. *scriptura,* scriptio in demselben Sinne Brut. 92 nulla enim res tantum ad dicendum proficit, quantum scriptio.
10. *artis loci* Beweisquellen, Gesichtspunkte oder Kategorien, die die Topik an die Hand giebt, 141; *ingenii ac prudentiae* dagegen diejenigen, die man durch einen gewissen natürlichen Verstand und praktischen Blick auffindet. So ist also 'das Schreiben' erstens für die inventio förderlich; sodann für die elocutio im weitesten Umfang.
11. *anquirentibus,* de off. I 3, 9 anquirunt et consultant; 105 hominis autem mens discendo alitur et cogitando, semper aliquid aut anquirit aut agit, videndique et audiendi delectatione ducitur.
12. *ostendunt se,* treten hervor.
13. *occurrunt,* II 130 drängen sich von selbst auf.
14. *sub acumen stili,* unter die Spitze des Griffels sich fügen und seinen Zügen folgen.
15. *ipsa* etc. vollzieht sich die rechte Wortstellung und Periodenbildung von selbst. Or. 149.
conformatioque 17.
17. *oratorio numero et modo,* III 171 flg. *numerus* der orat. Rhythmus, Hebung und Senkung der kunstmäßig geordneten Wörter u. Reihen; *modus* gleichsam das Tempo (Takt).
clamores, Beifall- oder Bravorufen, Applaus; Or. 170 quantis illa clamoribus adulescentuli diximus; 111; p. Sest. 56, 121; Lael. 7, 21 qui clamores tota cavea nuper in M. Pacuvii nova fabula! Brut. 164; 326 Hortensius utroque genere florens clamores faciebat adulescens.
18. *admirationes* Äusserungen des Staunens und der Bewunderung. Or. part. 32.
19. *scriptitarit* II 97.

ut, etiam subito si dicat, tamen illa, quae dicantur, similia
scriptorum esse videantur; atque etiam, si quando in dicendo
scriptum attulerit aliquid, cum ab eo discesserit, reliqua similis
oratio consequetur. Ut concitato navigio, cum remiges inhi- 153
buerunt, retinet tamen ipsa navis motum et cursum suum
intermisso impetu pulsuque remorum, sic in oratione perpetua,
cum scripta deficiunt, parem tamen obtinet oratio reliqua cursum scriptorum similitudine et vi concitata. In cotidianis autem 34 154
commentationibus equidem mihi adulescentulus proponere solebam illam exercitationem maxime, qua C. Carbonem, nostrum
illum inimicum, solitum esse uti sciebam, ut aut versibus propositis quam maxime gravibus aut oratione aliqua lecta ad
eum finem, quem memoria possem comprehendere, eam rem
ipsam, quam legissem, verbis aliis quam maxime possem lectis
pronuntiarem. Sed post animadverti hoc esse in hoc vitii,
quod ea verba, quae maxime cuiusque rei propria quaeque
essent ornatissima atque optima, occupasset aut Ennius, si
ad eius versus me exercerem, aut Gracchus, si eius orationem

1. *similia scriptorum*, Or. 200,
das sind bona disciplina exercitati,
qui et multa scripserint et quaecumque etiam sine scripto dicent
similia scriptorum effecerint.
3. *similis consequetur*, in demselben Gang fortgehn. consequi in
der Bedeutung des simplex, wie
100.
4. *concitato* wenn es einmal in
raschen Zug gebracht ist; mit Nachdruck vorangestellt. *inhibuerunt*.
Cic. verband hier mit diesem
Schifferausdruck noch die Vorstellung, daß die Ruder einfach hoch-
genommen, außer Thätigkeit gesetzt würden, *sustineri remos*, cum
inhibere essent remiges iussi. Später lernte er die eigentliche Bedeutung des Kommandowortes inhibere, gr. ἀνακωχεύω Soph. El.
732, kennen, non enim sustinent,
sed alio modo remigant', nämlich
rückwärts (ad Att. XIII 21, 4).
6. *in oratione perpetua*, im Fortgang der Rede.
7. *cum scripta deficiunt*, wo das
Konzept abbricht.
oratio reliqua, die noch übrige
Partie der Rede, wo extem-
pore (ohne Konzept) gesprochen
wird, geht, ohne daß man einen
Unterschied merkt, gerade so geläufig fort, wie die vorangehende
Partie, wo nach schriftlicher Auf-
zeichnung gesprochen ward.
8. *scriptorum similitudine et vi
concitata* — cum similitudinem et
vim concitatam scriptorum habeat.
Or. 200 Id autem bona disciplina
exercitatis, qui et multa scripserint et quaecunque etiam sine
scripto dicent similia scriptorum
effecerint, non erit difficillimum.
9. *commentationibus*, oratorischen (stilistischen) Vorstudien,
(μελετήματα).
12. *graves versus* wuchtig an Inhalt und Klang, *finis* die Grenz-
linie und das von ihr umschlossene
Gebiet, also ad eum f. = in solcher
Ausdehnung, daß ich sie noch ...
Corn. Nep. Epam. 2, 5; de nat. deor.
II 51, 129; in Verr. I 6, 16.
14. *lectis* III 150: aus derselben
Überzeugung, die C. J. Cäsar hatte,
wenn er den Satz aufstellte: verborum delectum originem esse eloquentiae, Brut. 253; Or. 170 sin probae res, lecta verba. Brut. 250 itaque et lectis utitur verbis et frequentibus sententiis.
15. *hoc vitii*, das Schlimme, der
Übelstand, das Mißliche, II 292
(fast noch in der alten Bedeutung:
Hindernis, wie in den XII Tafeln
si morbus aevitasve vitium escit).
18. *Gracchus* — nämlich der

mihi forte proposuissem; ita, si eisdem verbis uterer, nihil
prodesse, si aliis, etiam obesse, cum minus idoneis uti con-
suescerem. Postea mihi placuit, eoque sum usus adulescens,
ut summorum oratorum Graecas orationes explicarem. Quibus
lectis hoc adsequebar, ut, cum ea, quae legeram Graece, Latine
redderem, non solum optimis verbis uterer et tamen usitatis,
sed etiam exprimerem quaedam verba imitando, quae nova
nostris essent, dum modo essent idonea. Iam vocis et spiritus
et totius corporis et ipsius linguae motus et exercitationes non
tam artis indigent quam laboris; quibus in rebus habenda est
ratio diligenter, quos imitemur, quorum similes velimus esse.
Intuendi nobis sunt non solum oratores, sed etiam actores, ne
mala consuetudine ad aliquam deformitatem pravitatemque
veniamus. Exercenda est etiam memoria ediscendis ad verbum
quam plurimis et nostris scriptis et alienis. Atque in ea exercitatione non sane mihi displicet adhibere, si consueris, etiam
istam locorum simulacrorumque rationem, quae in arte traditur.
Educenda deinde dictio est ex hac domestica exercitatione et
umbratili medium in agmen, in pulverem, in clamorem, in

jüngere C. Gracchus, der seinen
älteren Bruder in der Beredsamkeit
weit. übertraf. Seine Reden (von
denen wir nur noch Fragmente besitzen) waren noch in später Zeit
Gegenstand der Lektüre in den
Rhetorenschulen.
1. *ita* faßt (ähnlich wie das
griechische οὕτως) den oben angeführten Umstand zusammen: daß
es sonach unter diesen Umständen
nicht prodesse sc. animadverti, II 30.
4. *explicarem*, commentierte,
frei wiedergab, wie Cic. selbst zur
Übung in seiner frühen Jugend
Xenophons Oeconomicus und Platos
Protagoras übersetzte. Quint. X 5, 1
vertere Graeca in Latinum veteres
nostri oratores optimum iudicabant.
Als er in seiner Jugend bei einem
lateinischen Rhetor in Unterricht gehen wollte, rieten ihm die
Verständigen ab: continebar autem
doctissimorum hominum auctoritate, qui existimabant, *Graecis
exercitationibus ali melius ingenia
posse* (Suet. de clar. rhet. c. 2).
7. *exprimere* unser: zum Ausdruck bringen; hier: durch Nachahmung z. A. br. = nachbilden.
quae nova essent, 'die neu sein
mochten', concessiv.

9. *linguae exercitationes*. s3 lingua
exercitata. quos imetemur, vgl. II 90 flg.
11. *quorum similes* — ist nicht
eine, dem quos imitemur coordi-
nierte Frage, sondern Relativsatz.
13. *ad aliquam deformitatem* etc.,
in irgend eine häßliche und verkehrte Manier verfallen.
16. *adhibere*, 188.
17. *locorum*, die Lehre von den ört-
lichen Anknüpfungspunkten für das
Gedächtnis u. von den Erinnerungs-
bildern oder der Mnemonik. II 351 flg.
in arte, 99, 187, systematisch, in
Form eines Systems (der Mnemonik).
18. *Educenda*, Crassus nimmt
hier am Schluß (wieder im Gegensatz gegen die griechischen Schul-
rhetoren) die rednerische Vorbereitung in einem viel umfassende-
ren Sinn, wonach das öffentliche
Auftreten, die Praxis selbst die
beste Schule ist.
dictio personifiziert, wie Brut. 330
die eloquentia als Jungfrau dargestellt wird.
domestica, 'intra parietes', Brut.
32 (forensi luce caruit Isocrates).
19. *umbratili*, Brut. 37 Phalereus
— processerat in solem et pulverem,
non ut e militari tabernaculo, sed
ut e Theophrasti doctissimi hominis

castra atque in aciem forensem; subeundus † usus omnium et periclitandae vires ingenii; et illa commentatio inclusa in veritatis lucem proferenda est. Legendi etiam poëtae, cognoscendae historiae, omnium bonarum artium doctores atque scriptores et legendi et pervolutandi et exercitationis causa laudandi, interpretandi, corrigendi, vituperandi, refellendi; disputandumque de omni re in contrarias partes et, quidquid erit in quaque re, quod probabile videri possit, eliciendum; perdiscendum ius civile, cognoscendae leges, percipienda omnis antiquitas, senatoria consuetudo, disciplina rei publicae, iura sociorum, foedera, pactiones, causa imperii cognoscenda est; libandus est etiam ex omni genere urbanitatis facetiarum quidam lepos, quo tamquam sale perspergatur omnis oratio. Effudi vobis omnia, quae sentiebam, quae fortasse quemcumque patremfamilias adripuissetis ex aliquo circulo, eadem vobis percontantibus respondisset.

umbraculis. Or. 64 mollis est oratio philosophorum et *umbratilis.* So stehen die schattigen Räume (das Dunkel) des Hauses und der Schule dem Sonnenschein und Licht des praktischen Lebens entgegen.
 1. *subeundus* † *usus omnium*, Pid. erklärte: 'es müssen praktische Erfahrungen in Allem gemacht werden', wie Top. 74 usus unter den Dingen angeführt wird, 'quae fidem faciunt, plerumque enim creditur eis, *qui experti sunt*', vgl. de rep. II 1, 1 usus reipublicae; *subire* (wie periculum subire), weil solche Erfahrungen oft teuer erkauft werden müssen. Die Stelle ist verderbt; s. d. krit. Anh.; ich vermute, Cic. schrieb subeundum risus periculum, periclitandae = auch die Gefahr des Ausgelachtwerdens muß man auf sich nehmen u. s. w. Nach 125 könnte man auch vermuten: subeundum indicium hominum.
 2. *inclusa* — wie eine παρθένος κατάκλειστος, die im Frauengemach zurückgehalten, nur selten das Haus verläßt. *in veritatis lucem*, 149.
 8. *eliciendum*, III 79; elicere ist der terminus technicus für die peripatetische (dem Redner nach Cic. Ansicht nicht genug zu empfehlende) Methode, wenn auch nicht das Wahre, doch das Wahrscheinlichste zu finden. Acad. II 3, 7 neque nostrae disputationes quidquam aliud agunt, nisi ut in utramque partem dicendo *eliciant* et tamquam exprimant aliquid, quod verum est, aut ad id quam proxime accedat. de fin. II 1, 2 is (Socrates) percontando atque interrogando *elicere* solebat eorum opiniones, quibuscum disserebat. de inv. I 34, 57 ratiocinatio est oratio ex ipsa re probabile aliquid *eliciens.*
 9. *ius civile*, 56. *cognoscendae leges*, 48. *antiquitas*, 18. 193. 256.
 10. *senatoria consuetudo,* Geschäftsordnung im Senat.
 disciplina rei publicae, die Staatsverfassung, vgl. 3.
 11. *causa imperii*, das Interesse des Reichs, die ganze äußere Politik.
 12. *libandus:* aus jeder Art von feiner Bildung ist als Essenz oder Extrakt gleichsam ein feiner Humor und geistreicher Witz über die ganze Darstellung zu träufeln. 17. libare schließt immer die Wahl des besten ein, 218; de inv. II 2, 5 ex variis ingeniis excellentissima quaeque libavimus.
 13. *perspergatur,* der eigentlichen Bedeutung von sales gemäß, 'durchwürzt', II 211; Or. 87; p. Mur. 31, 66.
 14. *Effudi,* ohne aufs einzelne näher einzugehen. III 208. Die Ausdrücke scheinen einen Mann verraten zu sollen, der mit besonderem Behagen auf eine gute Küche hält. *quemcumque patremfamilias*, den ersten besten Laien. 131. Vgl. III 87.
 15. *ex aliquo circulo,* aus der

35 160 Haec cum Crassus dixisset, silentium est consecutum. Sed
quamquam satis eis, qui aderant, ad id, quod erat propositum,
dictum videbatur, tamen sentiebant celerius esse multo, quam
ipsi vellent, ab eo peroratum.
Tum SCAEVOLA: Quid est, Cotta? inquit, quid tacetis?
Nihilne vobis in mentem venit, quod praeterea ab Crasso
requiratis?
161 Id mehercule, inquit, ipsum attendo. Tantus enim cursus
verborum fuit et sic evolavit oratio, ut eius vim et incitationem
aspexerim, vestigia ingressumque vix viderim, et tamquam in
aliquam locupletem ac refertam domum venerim, non explicata
veste neque proposito argento neque tabulis et signis propalam
collocatis, sed his omnibus multis magnificisque rebus constructis ac reconditis: sic modo in oratione Crassi divitias
atque ornamenta eius ingenii per quaedam involucra atque
integumenta perspexi, sed ea contemplari cum cuperem, vix
prospiciendi potestas fuit. Itaque nec hoc possum dicere, me omnino ignorare, quid possideat, neque plane nosse atque vidisse.
162 Quin tu igitur facis idem, inquit SCAEVOLA, quod faceres,
si in aliquam domum plenam ornamentorum villamve venisses;

---

ersten besten Gruppe zusammen-
stehender Leute. 174; Corn. Nep.
Epam. 3.

35,160. Das Zwischengespräch
zwischen Cotta und Scaevola
(— § 165) bildet den Übergang
zu der darauf folgenden Erörterung des Crassus über die
Notwendigkeit der Rechts-
kenntnis für den Redner. Die
ohne diese Kenntnis als Sachwalter in Prozessen auftretenden Redner werden der
Unverschämtheit (§ 173 — 184)
und der Trägheit (— § 192)
bezichtigt.

1. *Haec cum dixisset*, Hom. Od.
ν 1 ὡς ἔφαθ᾽· οἱ δ᾽ ἄρα πάντες
ἀκὴν ἐγένοντο σιωπῇ.

silentium, wie auch III 143 nach
einer inhaltreichen Exposition, von
der Größe und Menge der Gedanken überwältigt. Zugleich ein
Ruhepunkt für die wichtigeren,
gleich zu behandelnden Stoffe, die
dadurch auch äußerlich von den
vorigen gewöhnlichen Vorschriften
geschieden werden. Den Anstoß
zur Fortführung des Vortrags giebt
Scaevola, der damit gleichsam das

Patronat über die folgenden juristischen Erörterungen übernimmt.
consecutum, 152.
9. *evolavit*, enteilte Brut. 272.
incitationem, Schwung. Acad. II
26, 82 ille sol, qui tanta incitatione
fertur, ut celeritas eius quanta sit
ne cogitari quidem possit.
10. *aspicere*, den Blick auf etwas
richten, erblicken, ansichtig werden, fast soviel wie 'merken'.
11. *refertam*, absolut ohne Objekt, wie p. Mur. 9, 20 Asiam istam
refertam — sic obiit. Vgl. 86.
12. *veste*, collectiv: das Teppich-
werk, Tapisserie.
13. *constructis*, oder coacervatis,
nämlich und in loco wie gleich im
folg. §.
17. *prospiciendi* aus der Ferne erblicken, s. d. krit. Anh.; so rasch
ging alles am Auge vorüber, daß
kaum ein flüchtiger Blick darauf
vergönnt war (strictim 162).
18. *plane* 81.
20. *villamve*, denn ihre Villen
statteten bekanntlich die Römer
besonders reichlich aus de leg. II 1, 2
magnificasque villas, 3 villam lautius
aedificatam. *petes* du mußt bitten,
Horat. Ep. I 7, 25.

si ea seposita, ut dicis, essent, tu, qui valde spectandi cupidus esses, non dubitares rogare dominum, ut proferri iuberet, praesertim si esset familiaris; similiter nunc petes a Crasso, ut illam copiam ornamentorum suorum, quam constructam uno in loco quasi per transennam praetereuntes strictim aspeximus, in lucem proferat et suo quidque in loco collocet.

Ego vero, inquit Cotta, a te peto, Scaevola, — me enim et hunc Sulpicium impedit pudor ab homine omnium gravissimo, qui genus huiusmodi disputationis semper contempserit, haec, quae isti forsitan puerorum elementa videantur, exquirere: — sed tu hanc nobis veniam, Scaevola, da et perfice, ut Crassus haec, quae coartavit et peranguste refersit in oratione sua, dilatet nobis atque explicet.

Ego mehercule, inquit Mucius, antea vestra magis hoc causa volebam, quam mea; neque enim tanto opere hanc a Crasso disputationem desiderabam, quanto opere eius in causis oratione delector. Nunc vero, Crasse, mea quoque te iam causa rogo, ut, quoniam tantum habemus otii, quantum iam diu nobis non contigit, ne graveris exaedificare id opus, quod instituisti. Formam enim totius negotii opinione meliorem maioremque video; quam vehementer probo.

Enimvero, inquit Crassus, mirari satis non queo etiam te haec, Scaevola, desiderare, quae neque ego teneo, uti ei, qui docent, neque sunt eius generis, ut, si optime tenerem, digna essent ista sapientia ac tuis auribus.

Ain' tu? inquit ille. Si de istis communibus et pervagatis vix huic aetati audiendum putas, etiamne illa neglegere possumus, quae tu oratori cognoscenda esse dixisti, de naturis hominum, de moribus, de rationibus eis, quibus hominum mentes et incitarentur et reprimerentur, de historia, de antiquitate,

---

5. *transennam*, ein Gitterfenster (fenestram clathratam), hinter welchem die Verkäufer ihre Ware zur Schau stellten, um sie einesteils dem schaulustigen Publikum zu zeigen, andernteils aber doch auch der allzunahen Betrachtung desselben zu entziehen.
9. *qui — contempserit*, 102. *sed*, 147.
11. *veniam — da*, 98, thue uns den Gefallen.
17. *mea quoque te iam*. 133 nunc enim te iam exoremus necesse est. S. d. krit. Anh.
20. *Formam totius negotii*, gleichsam den Grundriß oder die Anlage des ganzen Baues.

opinione — maioremque, Brut. 1 opinione omnium maiorem animo cepi dolorem.
26. *Ain'*, Or. 154 pro 'aisne', in der Widerlegung wie itane? itane vero? ain' vero? ain' tandem? 'meinst du wirklich? so?' Brut. 152. Seyffert sch. lat. I p. 152.
communibus allgemein bekannt, trivial.
27. *huic aetati = hi iuvenes*, ganz verschieden oben 2, 5 hac aetate dignum.
28. *naturis*, 67.
29. *mentes*, 17.

de administratione rei publicae, denique de nostro ipso iure civili? Hanc enim ego omnem scientiam et copiam rerum in tua prudentia sciebam inesse; in oratoris vero instrumento tam lautam suppellectilem numquam videram.

166 Potes igitur, inquit Crassus (ut alia omittam innumerabilia et immensa et ad ipsum civile ius tuum veniam), oratores putare eos, quos multas horas exspectavit, cum in campum properaret, et ridens et stomachans Scaevola, cum Hypsaeus maxima voce, plurimis verbis a M. Crasso praetore contenderet, ut ei, quem defendebat, causa cadere liceret, Cn. autem Octavius, homo consularis, non minus longa oratione recusaret, ne adversarius causa caderet ac ne is, pro quo ipse diceret, turpi tutelae iudicio atque omni molestia stultitia adversarii liberaretur?

167 Ego vero istos, inquit (memini enim mihi narrare Mucium), non modo oratoris nomine, sed ne foro quidem dignos putarim.

---

1. *nostro*, Einl. I § 14, 162.
3. *instrumento*, Einrichtung, Ausrüstung, kollektiv. III 92. Brut. 331 qui eloquentiam locupletavisses graviorum artium instrumento. in Verr. IV § 97 hostium spolia in instrumento ac suppellectili Verris numerabantur.
5. *igitur*, weil du meinst, dies vom Redner verlangte Wissen sei bloß etwas Individuelles, gehöre nicht zu seinem Fach.
6. *civile ius*, 18; Or. part. 100 quarum causarum genus est positum in iure civili, — cuius scientia neglecta ab oratoribus plerisque nobis ad dicendum necessaria videtur. Or. 119 flg. Ius civile teneat (orator) quo egent causae forenses cotidie. Quid est enim turpius, quam legitimarum et civilium controversiarum patrocinia suscipere, cum sis legum et iuris civilis ignarus? — Über die nachfolgenden privatrechtlichen Fälle siehe ind. s. v. Rechtsfälle.
7. *quos — exspectavit*, aushalten mußte; denn er gehörte zu den Assessoren des Gerichts und durfte vor Schluß der Verhandlung nicht weggehen, was um so empfindlicher war, als das für den Juristen so lächerliche Gerede ihn um sein gewohntes Ballspiel auf dem campus Martius zu bringen drohte (217).

cum properaret während es ihn doch drängte, trieb; der Römer sagt persönlich *properat* er sucht fortzukommen.

8. *et ridens et stomachans* halb lachend, halb ärgerlich. Scaevola, natürlich nicht der Schwiegervater des Crassus, sondern P. Mucius Scaevola, dessen auch 212. 217. 240. 244 Erwähnung geschieht. S. d. Ind.

9. *a praetore* nicht a iudice, also bei der Instruktion des Prozesses, in iure nicht in iudicio.

10. *quem defendebat*, insofern er die Forderung des Mündels als rechtmäßig behauptete.

causa cadere, auch hier wegen eines Formfehlers den Prozeß verlieren; de inv. II 19, 58 ita ius civile habemus constitutum ut causa cadat is, qui non quem ad modum oportet egerit; p. Mur. 4, 9 et si turpe existimas, te advocato illum ipsum, quem contra veneris, causa cadere.

11. *homo consularis*, um so schimpflicher war die Unkunde.

13. *turpi* — die schlechte Führung einer Vormundschaft (Veruntreuung von seiten des tutor) war doppelt schmählich.

Atqui non defuit illis patronis, inquit Crassus, eloquentia neque dicendi ratio aut copia, sed iuris civilis scientia, quod alter plus lege agendo petebat, quam quantum lex in XII tabulis permiserat; quod cum impetrasset, causa caderet, alter iniquum putabat plus secum agi, quam quod esset in actione; neque intellegebat, si ita esset actum, litem adversarium perditurum. Quid? in his paucis diebus nonne nobis in tribunali 37 168 Q. Pompeii praetoris urbani familiaris nostri sedentibus homo ex numero disertorum postulabat, ut illi, unde peteretur, vetus atque usitata exceptio daretur, 'cuius pecuniae dies fuisset'? quod petitoris causa comparatum esse non intellegebat, ut si ille infitiator probasset iudici ante petitam esse pecuniam, quam esset coepta deberi, petitor rursus cum peteret, ne exceptione excluderetur, 'quod ea res in iudicium ante venisset'. Quid 169 ergo hoc fieri turpius aut dici potest, quam eum, qui hanc personam susceperit, ut amicorum controversias causasque tueatur,

1. *Atqui* 129.
3. *lege agendo*, s. ind. *in actione*, 'in der solennen Prozeßhandlung' nach den gesetzlichen Bestimmungen der XII Tafeln.
4. *quod cum impetrasset, causa caderet* = causa cadere cum oportuit, wie in Verr. V § 59 quo tempore etiamsi precario essent rogandi, tamen ab iis impetraretur = impetrari oportuit. Liv. 45, 37, 4 Servius non triumphum impedire debuit, sed postero die quam triumphatum esset, privatum cum invasurus esset, nomen deferret. In cum impetrasset liegt zugleich si impetrasset, wenn und nachdem er dies erlangt hätte. Vgl. 210 und Cic. in Verr. lib. I 28 Haec neque cum ego dicerem, neque cum tu negares, magni momenti nostra esset oratio. Adler hält auch die Erklärung für möglich: ut cum id impetrasset, causa caderet, wie ea suasi Pompeio, quibus ille si paruisset, Caesar tantas opes non haberet = ut si iis paruisset. ad Fam. VI 6, 5 Populus Romanus tum ducem habuit, qualis si qui nunc esset, tibi idem quod illis accidit, accidisset = ut si qui talis nunc esset —. Phil. II 7, 17.
7. *in his paucis diebus* (in haben gute Hs., z. B. der Erl. I) 'im Verlauf'. Top. 44 si filius natus esset in decem mensibus.

8. *sedentibus*, Crassus gehörte also mit zu dem Beirat (consilium) des Prätor.
9. *disertorum*, er gehörte zu den Anwälten, die ganz gut zu plaidieren verstanden.
unde gleich a quo 199; p. Mur. 12, 26 ille, unde petebatur, der Beklagte, Schuldner.
peteretur, petere und petitor die technischen Ausdrücke für Zahlungsforderung und Gläubiger. Brut. 18 non *solvam*, nisi prius a te cavero, amplius eo nomine neminem, cuius *petitio* sit, *petiturum*.
10. *exceptio* und *petitoris causa*, s. ind. exceptio und Rechtsfälle 2.
11. *ut — ne*, ebenso ironisch wie oben 166 ut ei quem defendebat causa cadere liceret, auf daß der Gläubiger bei wiederholter Klage ja nicht nach der exceptio rei iudicatae abgewiesen würde.
12. *infitiator* heißt der Schuldner, der immer mit Exceptionen bei der Hand ist, um eine Zahlungsfrist zu erhalten oder einer Verbindlichkeit quitt zu werden. Isidor. orig. V. 26, 20 infitiatio est negatio debitae rei, cum a creditore deposcitur. Festus p. 112. M. infitiari creditum fraudari.
14. *quid hoc turpius — quam eum — labi*, der Acc. c. Inf. epexegetisch zu hoc. de nat. d. I § 38 quo quid absurdius quam res sor-

laborantibus succurrat, aegris medeatur, adflictos excitet, hunc
in minimis tenuissimisque rebus ita labi, ut aliis miserandus,
170 aliis irridendus esse videatur? Equidem propinquum nostrum,
P. Crassum illum Divitem, cum multis aliis rebus elegantem
hominem et ornatum tum praecipue in hoc efferendum et
laudandum puto, quod, cum P. Scaevolae frater esset, solitus
est ei persaepe dicere, neque illum in iure civili satis illi
arti facere posse, nisi dicendi copiam adsumpsisset — quod
quidem hic, qui mecum consul fuit, filius eius est consecutus —,
neque se ante causas amicorum tractare atque agere coepisse,
171 quam ius civile didicisset. Quid vero ille M. Cato? nonne et
eloquentia tanta fuit, quantam illa tempora atque illa aetas in
hac civitate ferre maximam potuit, et iuris civilis omnium
peritissimus? Verecundius hac de re iam dudum loquor, quod
adest vir in dicendo summus, quem ego unum oratorem maxime
admiror; sed tamen idem hoc semper ius civile contempsit.
172 Verum, quoniam sententiae atque opinionis meae voluistis esse
participes, nihil occultabo et, quoad potero, vobis exponam,
quid de quaque re sentiam.
38   Antonii incredibilis quaedam et prope singularis et divina
vis ingenii videtur, etiamsi hac scientia iuris nudata sit, posse
se facile ceteris armis prudentiae tueri atque defendere. Quamobrem hic nobis sit exceptus; ceteros vero non dubitabo primum
inertiae condemnare sententia mea, post etiam impudentiae.
173 Nam volitare in foro, haerere in iure ac praetorum tribunalibus,

---

didas deorum honore afficere. de fin. I 19 quo nihil turpius physico, quam fieri sine causa quidquam dicere. de orat. II 58. 302.

1. *hunc* faßt die vorhergehenden Bestimmungen noch einmal zusammen und hält sie der Erwägung vor; 'daß der auf die eben angegebene Weise, also charakterisierte, bei dem dies alles der Fall ist' etc. 109.

3. *propinquum* weil der Großvater des Crassus ihn adoptiert hatte.

6. *Scaevolae frater esset*, desselben Scaevola, der 166 erwähnt ist, und zwar der ältere. Dieser sein brüderlicher Rat ist um so mehr anzuerkennen, je geneigter die Mucier sein mochten, um ihrer Jurisprudenz willen einseitig die Eloquenz etwas zu gering zu achten.

7. *illum*, ἐκεῖνον, im Gegensatz zu se 221 (also P. Scaevola).

in iure civili allgemein beim Civilrecht, wenn es sich um civilrechtliche Praxis handelt; illi arti jener Wissenschaft, nämlich der Jurisprudenz entsprechendes leisten. — Man sagt auch *satisfacere* in re z. B. III 83 satisfacere in gestu, de leg. I 2, 5 satisfacere in historia, Or. 109 histriones — qui non solum in dissimillimis personis satisfaciebant, vgl. d. krit. Anh.

11. *M. Cato* der alte Censorius.

14. *Verecundius*, mit einiger Scheu oder Zurückhaltung. III 62. 165.

22. *tueri atque defendere* wie ad Fam. XIII 64, 1; Tac. dial. de or. 7; Germ. 14.

23. *primum inertiae — post impudentiae.* Die Ausführung in umgekehrter Reihenfolge; über die impudentia 173—184.

25. *volitare* geschäftig auf- und abflattern, hin- und herschwärmen, *haerere*, fest wurzeln, kleben II 292. *in iure*, 48, von den Verhandlungen vor dem Magistrat.

iudicia privata magnarum rerum obire, in quibus saepe non
de facto, sed de aequitate ac iure certetur, iactare se in causis
centumviralibus, in quibus usucapionum, tutelarum, gentilitatum,
agnationum, adluvionum, circumluvionum, nexorum, mancipiorum, parietum, luminum, stillicidiorum, testamentorum ruptorum aut ratorum ceterarumque rerum innumerabilium iura
versentur, cum omnino, quid suum, quid alienum, qua re
denique civis aut peregrinus, servus aut liber quispiam sit, 174
ignoret, insignis est impudentiae. Illa vero deridenda adrogantia est, in minoribus navigiis rudem esse se confiteri, quin-
queremes aut etiam maiores gubernare didicisse. Tu mihi cum
in circulo decipiare adversarii stipulatiuncula et cum obsignes
tabellas clientis tui, quibus in tabellis id sit scriptum, quo
ille capiatur, ego tibi ullam causam maiorem committendam
putem? Citius hercule is, qui duorum scalmorum naviculam

1. *iudicia privata*, wo es sich
also um die speziellste Kenntnis
des positiven Rechts handelte. Top.
c5 privata enim iudicia maximarum
quidem rerum in iurisconsultorum
mihi videntur esse prudentia.
2. *de aequitate ac iure.* Wo
aequitas und ius so beieinander
stehen, ist aequitas das innere, lebendige Wesen des Rechts, das im
ius seinen Ausdruck gefunden hat,
das gesunde Rechtsgefühl und der
Geist des ius civile. 240; Brut. 143 flg.;
198; Or. part. 100; 130.
Über die rechtlichen termini s.
Ind. centumvirales causae.
7. *quid suum*, also die elemen-
tarsten Rechtsbegriffe, *denique*,
schließlich; zur Einführung der aller-
allgemeinsten Unterschiede zwischen
ius civium und ius gentium etc.
9. *ignoret* nämlich is qui volitat.
11. *Tu mihi*, der bekannte dat.
ethic.; in Gegensatz dazu tritt
dann: ego tibi. *in circulo*, wo nur ein
paar Leute zusammen sind und es
so schwer also nicht ist, seine Gedanken zusammenzunehmen, wie
vor dem öffentlichen Gericht. 159.
Vgl. Xen. Anab. V 7, 2 καὶ σύλλογοι
ἐγίγνοντο καὶ κύκλοι συνίσταντο.
12. *adversarii*, des Anwalts der
Gegenpartei; denn dergleichen Sti-
pulationen, d. h. Rechtsgeschäfte
in Frage und Antwort, wodurch
eine Person einer andern sich unter
gewissen Bedingungen oder auch
ohne diese zu etwas verpflichtet,
beruhen gewöhnlich auf Übereinkunft der Parteien: wenn du dich
mit einer unbedeutenden Kontrakt-
bestimmung deines Widerparts
hinters Licht führen lässest.
obsignes, und noch dazu den
schriftlichen Kontrakt deines Klienten urkundlich untersiegelst, als
wolltest du die darin enthaltene,
für deinen Klienten höchst ver-
fängliche Bestimmung recht fest
machen.
12. *quibus in tabellis.* — So wird,
besonders in der Gesetzessprache
der Deutlichkeit, sonst auch des
Nachdrucks willen das subst. nach
dem relat. wiederholt. 241 omnem
hanc partem — quae pars etc.
Brut. 218 senatu misso, quem senatum. Verr. IV 11, 26 si qui de vobis per eum ordinem agetur, qui
ordo etc. Caes. b. G. II 18, 1 loci
natura erat haec, quem locum
nostri castris delegerant.
14. *citius* = potius. Liv. 24, 3, 12
morituros se affirmabant citius,
quam immixti Bruttiis in alienos
mores verterentur. Cic. Phil. II 11,25
citius dixerim iactasse se aliquos
— qui socii non fuissent, quam ut
quisquam celare vellet.
scalmorum, σκαλμοί (Dollen) τὰ
ξύλα ὧν ἐκδέονται αἱ κῶπαι πρὸς
τὴν εἰρεσίαν. Brut. 197. Vitruv. X
8 remi circa scalmos strophis religati
manibus impelluntur et reducuntur.
naviculam, den kleinsten Kahn,
der von einem Ruderer mit zwei

in portu everterit, in Euxino ponto Argonautarum navem guber-
narit. Quid? si ne parvae quidem causae sunt, sed saepe
maximae, in quibus certatur de iure civili, quod tandem os est
eius patroni, qui ad eas causas sine ulla scientia iuris audet
accedere? Quae potuit igitur esse causa maior, quam illius
militis? de cuius morte cum domum falsus ab exercitu nuntius
venisset et pater eius re credita testamentum mutasset et,
quem ei visum esset, fecisset heredem essetque ipse mortuus:
res delata est ad centumviros, cum miles domum revenisset
egissetque lege in hereditatem paternam testamento exheres
filius. Nempe in ea causa quaesitum est de iure civili, pos-
setne paternorum bonorum exheres esse filius, quem pater testamento neque heredem neque exheredem scripsisset nominatim? Quid? qua de re inter Marcellos et Claudios patricios
centumviri iudicarunt, cum Marcelli ab liberti filio stirpe, Claudii
patricii eiusdem hominis hereditatem gente ad se dicerent
redisse, nonne in ea causa fuit oratoribus de toto stirpis et
gentilitatis iure dicendum? Quid? quod item in centumvirali
iudicio certatum esse accepimus, cum Romam in exsilium venisset,

---

Schlagrudern gefahren wird. Ihm
steht die ποντοπόρος νηῦς Ἀργὼ
πασιμέλουσα (Hom. Od. μ 70), als Urbild eines mächtigen Segelschiffs,
wie der sichere Hafen dem ἄξενος
pontus Euxinus, dem stürmischsten
Meere, und everterit dem guber-
narit (κυβερνήσειεν ἄν) entgegen.

3. *de iure civili*, wo es sich um
streitige Rechtsfragen handelt.

os, Zuversicht, Miene, Stirn, II
29; Verr. IV 26 in populi Romani
quidem conspectum quo ore vos
commisistis? 66 os hominis insig-
nemque impudentiam cognoscite.
p. Rab. post. 34 quod habent os!
quam audaciam.

5. *igitur* demnach [darf ich hier
auch auf den nachfolgenden Fall
eingehen und ihn so formulieren]:
quae pot. esse... Wir kurz: 'dann
auch; zum Beispiel; also'.

8. *quem ei visum esset*, den ein-
zusetzen ihm gefallen haben mochte.

10. *egissetque lege*, denn die solenne Klaganbringung und Instruktion des Prozesses (die legis actio)
ging der Entscheidung vor dem zuständigen Gericht voran.

testamento exheres filius ist so
wenig interpoliertes Einschiebsel,
daß die Worte vielmehr in dieser
ihrer absichtlichen, nachdrücklichen
Stellung den Widerspruch zwischen
der nunmehrigen testamentarischen
Bestimmung und den natürlichen
Erbansprüchen des Sohnes scharf
hervortreten lassen: 'er, der nach
dem geänderten Testament von der
Erbschaft ausgeschlossene, der
Sohn'.

11. *Nempe*, 'doch wohl', 'ich
meine denn doch'. 244.

14. *Marcellos*, S. Ind. Rechtsfälle.

19. *accepimus*, aus einer früheren
Zeit (später mußten sich diese
Verhältnisse, besonders infolge der
ausgedehnteren Erteilung des Bür-
gerrechts ändern), s. ind. applicatio.

cum Romam die Worte sind demnach so zu konstruieren: cum Romam venisset (sc. is oder aliquis),
cui Romae, si se ad aliquem quasi
patronum applicavisset, exulare ius
esset intestatoque esset mortuus. S.
d. krit. Anh.

cui Romae exulare ius esset, si se ad aliquem quasi patronum applicavisset, intestatoque esset mortuus: nonne in ea causa ius applicationis, obscurum sane et ignotum, patefactum in iudicio atque illustratum est a patrono? Quid? nuper, cum ego C. Sergii Oratae contra hunc nostrum Antonium iudicio privato causam defenderem, nonne omnis nostra in iure versata defensio est? Cum enim M. Marius Gratidianus aedes Oratae vendidisset, neque servire quandam earum aedium partem in mancipii lege dixisset, defendebamus, quidquid fuisset incommodi in mancipio, id si venditor scisset neque declarasset, praestare debere. Quo quidem in genere familiaris noster M. Buculeius, homo neque meo iudicio stultus et suo valde sapiens et ab iuris studio non abhorrens, simili quodam modo nuper erravit. Nam cum aedes L. Fufio venderet, in mancipio 'lumina, uti tum essent', ita recepit. Fufius autem, simul

---

1. *se ad aliquem quasi patr.* Das Wort patronus ist als sonst nur für eigentlichen Klientelverband geltender Ausdruck in Anführungszeichen zu denken — wenn er sich an jemand, gewissermaßen seinen 'Patron' angeschlossen.
4. *cum ego*, de off. III 67. S. ind. Gratidianus.
5. *iudicio privato*, vor einem eigens dazu bestellten Magistrat (Prätor), im Gegensatz zu den ständigen Gerichtshöfen.
8. *servire* mit einem Servitut 'belastet sein', wie nachher incommodum 'Last' (Servitut).
9. *mancipium* Kauf, *lex mancipii* Urkunde des Kaufes, Kaufkontrakt, Kaufbrief, nachher mancipium = Kaufobjekt.
10. *neque declarasset,* 'verschwiegen hatte', de off. III 65 Ac de iure quidem praediorum sanctum apud nos est iure civili, ut in his vendendis vitia dicerentur, quae nota essent venditori. Nam cum ex duodecim tabulis satis esset, ea praestari, quae essent lingua nuncupata, quae qui infitiatus esset, dupli poenam subiret, a iurisconsultis etiam *reticentiae* poena est constituta. Quidquid enim esset in praedio vitii, id statuerunt, si venditor sciret, nisi nominatim dictum esset, praestari oportere ('dafür muß der Verkäufer einstehen oder gut sein';

mit damnum, 'Schadenersatz leisten', wie hernach: iudex ita pronuntiavit, cum in vendendo eam rem scisset et non pronuntiasset, emptori *damnum praestari* oportere).
13. *simili quodam modo,* in ziemlich ähnlicher Weise', insofern es sich nämlich auch da um ein Servitut handelte und die Angabe im Kaufkontrakt als nicht juristisch genau genug erscheinen konnte. II 147 novo quodam modo. Brut. 175 prope simili ratione summus evaserat. S. d. krit. Anh.
15. *lumina, uti tum essent.* Nach den Dig. VIII tit. 2 reichte diese Kautel aus: Si servitus imposita fuerit: *lumina quae nunc sunt ut ita sint*, de futuris luminibus nihil caveri videtur. Quodsi ita sit cautum *ne luminibus officiatur*, ambigua est scriptura, utrumne luminibus officiatur quae nunc sunt, an etiam eis, quae postea quoque fuerint. Fufius wollte aber jene Bestimmung in dem weiteren Sinne verstanden wissen als gegen jede Veränderung der Aussicht (auch nach dem entferntesten Punkten) gerichtet.
recepit nahm die (beim Kauf ganz gewöhnliche) Verpflichtung (Garantie) in den Kaufvertrag auf, über die Lichtverhältnisse (Aussicht), wie sie zur Kaufzeit (tum) wären.

atque aedificari coeptum est in quadam parte urbis, quae modo ex
illis aedibus conspici posset, egit statim cum Buculeio, quod,
cuicumque particulae caeli officeretur, quamvis esset procul,
mutari lumina putabat. Quid vero? clarissima M'. Curii causa
Marcique Coponii nuper apud centumviros quo concursu hominum, qua exspectatione defensa est? cum Q. Scaevola, aequalis
et collega meus, homo omnium et disciplina iuris civilis eruditissimus et ingenio prudentiaque acutissimus et oratione maxime
limatus atque subtilis atque, ut ego soleo dicere, iuris peritorum
eloquentissimus, eloquentium iuris peritissimus, ex scripto testamentorum iura defenderet negaretque, nisi postumus et natus
et, antequam in suam tutelam veniret, mortuus esset, heredem
eum esse posse, qui esset secundum postumum et natum et
mortuum heres institutus; ego autem defenderem eum hac tum
mente fuisse, qui testamentum fecisset, ut, si filius non esset,
qui in suam tutelam veniret, M'. Curius esset heres: num destitit uterque nostrum in ea causa in auctoritatibus, in exemplis,
in testamentorum formulis, hoc est, in medio iure civili versari? Omitto iam plura exempla causarum amplissimarum,
quae sunt innumerabilia: capitis nostri saepe potest accidere
ut causae versentur in iure. Etenim si C. Mancinum, nobi-

1. *modo* gerade noch, eben noch.
3. *officeretur*, officere und obstruere, sind die technischen Ausdrücke von dem, der dem Nachbar das Licht verbaut, ut cum in arce augurium augures acturi essent, iussissentque Ti. Claudium, qui aedes in Coelio monte habebat, demoliri ea, *quorum altitudo officeret auspiciis*. de off. III 66; Brut. 66.
6. *exspectatione*, Spannung, 137.
9. *iuris peritorum* etc. Brut. 144 flg. in interpretando, in definiendo, in explicanda aequitate nihil erat Crasso copiosius; idque cum saepe alias tum apud centumviros M'. Curii causa cognitum est. Ita enim multa tum contra scriptum pro aequo et bono dixit, ut hominem acutissimum Q. Scaevolam et in iure, in quo illa causa versabatur, paratissimum obrueret argumentorum exemplorumque copia; atque ita tum ab his patronis aequalibus et iam consularibus causa illa dicta est, cum uterque ex contraria parte ius civile defenderet, ut *eloquentium iuris peritissimus* Crassus, *iuris peritorum eloquentissimus* Scaevola putaretur 148.

12. *in suam tutelam*, 'ut se ipse tueri posset sine tutore'.
17. *in auctoritatibus*, Rechtsgutachten, sc. prudentium, der Rechtskundigen.
exemplis, analogen Fällen.
18. *formulis*, s. ind.
in medio iure civili de leg II 21, 53 hoc vero nihil ad pontificium ius, sed e medio est iure civili, cf. de off. I 63 quae sunt ex media laude iustitiae (Adler).
19. Den *causae amplissimae — amplus* wird mit Vorliebe gebraucht, wo es sich um Reichtum und Geldeswert handelt; als Beiwort von Personen und Ständen etwa = hochmögend — von denen das Vorhergehende Beispiele gebracht hat, sind in scharfem Gegensatz die *capitis causae* gegenübergestellt.
20. *caput* ist die Existenz als Staatsbürger, der Inbegriff aller bürgerlichen Ehrenrechte. Wortstellung: der Hauptsatz eingeschlossen von den Teilen seines Nebensatzes.
21. *Etenim si* etc. Die Periode schreitet bei dem Bestreben alles

lissimum atque optimum virum atque consularem, cum eum propter invidiam Numantini foederis pater patratus ex S. C. Numantinis dedidisset eumque illi non recepissent posteaque
4 Mancinus domum revenisset neque in senatum introire dubitasset,
5 P. Rutilius, M. filius, tribunus plebis, iussit educi, quod eum civem negaret esse; quia memoria sic esset proditum, quem pater
7 suus aut populus vendidisset aut pater patratus dedidisset, ei nullum esse postliminium: quam possumus reperire ex omnibus 182 rebus civilibus causam contentionemque maiorem quam de ordine, de civitate, de libertate, de capite hominis, consularis praesertim,
1 cum haec non in crimine aliquo, quod ille posset infitiari,
2 sed in civili iure consisteret? Similique in genere, inferiore ordine, si quis apud nos servisset ex populo foederato seseque liberasset, et postea domum revenisset, quaesitum est apud maiores nostros, num is ad suos postliminio redisset et ami-
6 sisset hanc civitatem. Quid? de libertate, quo iudicium gravius 183 esse nullum potest, nonne ex iure civili potest esse contentio, cum quaeritur, is, qui domini voluntate census sit, continuone,
9 an, ubi lustrum sit conditum, liber sit? Quid, quod usu memoria patrum venit, ut paterfamilias, qui ex Hispania Romam venisset, cum uxorem praegnantem in provincia reliquisset Romaeque alteram duxisset neque nuntium priori remisisset, mortuusque esset intestato et ex utraque filius natus esset: mediocrisne res in controversiam adducta est? cum quaereretur

zusammenzufassen und der dadurch herbeigeführten Nötigung, dasselbe nom. prop. der Deutlichkeit wegen einmal als Objekt, dann wieder als Subjekt zu gebrauchen, nicht so gleichmäßig fort, wie sonst. Der Nachsatz beginnt 182.

4. *neque in senatum* etc., weil er sich durch seine Rückkehr in seine vorige Stellung rechtmäßig restituiert erachtete.

5. *quod — negaret.* II 283 cum laesisset testis Silus Pisonem, quod se in eum audisse dixisset: potest fieri, inquit, Sile, ut is unde te audisse dicis iratus dixerit. II 287; de Fin. I 7, 24 Macedonum legatis accusantibus, quod pecunias praetorem in provincia cepisse arguerent.

7. *vendidisset.* Vom Staate geschah dies z. B. bei dem Bürger, der, um den öffentlichen Leistungen zu entgehen, sich nicht schätzen ließ (incensus), oder der dem Kriegsdienste sich entzog.

11. *in crimine,* bei dem es nur auf den Nachweis des factum angekommen wäre, *in civili iure,* wobei es sich um Rechtsprinzipien und um Entscheidung schwieriger Rechtsfragen handelt.

12. *inferiore ordine,* bei geringerem Range oder geringerer Stellung nämlich dessen, um den es sich handelt.

16. *hanc,* das hiesige, diesseitige.

19. *conditum,* s. ind. lustrum.

quod. Die einfachste Konstruktion des Satzes ist die: 'Ferner, was den Fall betrifft, der einmal vorgekommen ist, nämlich *ut* paterfamilias, qui venisset, cum duxisset neque remisisset, *mortuusque esset intestato:* handelt sichs da nicht um wichtige Dinge?' Denn das ist das Entscheidende, daß er ohne Testament gestorben war und zwei Erben hinterlassen hatte, von jeder Frau einen.

de duobus civium capitibus, et de puero, qui ex posteriore natus erat, et de eius matre; quae, si iudicaretur certis quibusdam verbis, non novis nuptiis fieri cum superiore divortium, in concubinae locum duceretur. Haec igitur et horum similia iura suae civitatis ignorantem, erectum et celsum, alacri et prompto ore atque vultu, huc atque illuc intuentem, vagari cum magna caterva toto foro, praesidium clientibus atque opem amicis et prope cunctis civibus lucem ingenii et consilii sui porrigentem atque tendentem nonne inprimis flagitiosum putandum est?

Et quoniam de impudentia dixi, castigemus etiam segnitatem hominum atque inertiam. Nam si esset ista cognitio iuris magna atque difficilis, tamen utilitatis magnitudo deberet homines ad suscipiendum discendi laborem impellere. Sed, o di immortales, non dicerem hoc audiente Scaevola, nisi ipse dicere soleret nullius artis faciliorem sibi cognitionem videri. Quod quidem certis de causis a plerisque aliter existimatur; primum, quia veteres illi, qui huic scientiae praefuerunt, obtinendae atque augendae potentiae suae causa pervulgari artem suam noluerunt; deinde, posteaquam est editum, expositis a Cn. Flavio primum actionibus, nulli fuerunt, qui illa artificiose

---

2. *certis quibusdam verbis.* Dig. XXIV tit. 2 I 2 In repudiis id est renuntiatione (dem Absagebrief) comprobata sunt haec verba: *tuas res tibi habeto:* item haec: *tuas res tibi agito.*

4. *duceretur,* 'tamquam uxor in eum locum, qui non esset uxoris, sed concubinae' in die Stellung einer Konkubine herabgedrückt.

9. *atque tendentem*, Phil. X 4, 9 Graecia tendit dexteram Italiae suumque ei praesidium pollicetur. Der zwiefache Ausdruck steigert, wie öfters, den Begriff und drückt also hier das zudringliche Sichaufdrängen mit seiner Hilfeleistung aus. *flagitiosum*, Lael. 48 itaque videas rebus iniustis iustos maxime dolere, imbellibus fortes, *flagitiosis modestos.*

185. Über die inertia derer, die Redner werden wollen und das Studium des bürgerlichen Rechts verabsäumen.

11. *segnitatem* wohl absichtlich legt Cic. dem Crassus ein sonst ungebräuchliches, hier aber voll und bezeichnend klingendes Wort in den Mund, wie oben 76 ministratrix.

17. *Quod quidem* etc. Das Rechtsstudium wurde erschwert, einmal weil es anfangs an der nötigen Kenntnis des nicht für jedermann zugänglichen Materials fehlte, dann weil hernach (als der eben angeführte Umstand wegfiel) es doch an der nötigen systematischen Zusammenstellung gebrach, um sich ordentlich orientieren zu können.

quod a plerisque aliter existimatur: was in ganz anderer Weise = wovon das Gegenteil angenommen wird; Adler verweist auf de off. I 49 quod contra fit a plerisque *v.* C. F. W. Müller z. d. St.

18. *qui huic scientiae praefuerunt,* 'die über diese Rechtskenntnis zu gebieten hatten, gleichsam die Herren oder Träger derselben waren', 198, 235; de leg. I 4, 14 nec vero eos, qui ei muneri praefuerunt, universi iuris fuisse expertes existimo. huic scientiae = huius rei scientiae. 10.

20. *deinde* einen selbständigen Hauptsatz einführend, als Fortsetzung von primum quia, wie in Verr. IV 59, 132, von primum quod. *editum* sc. ius, was vielleicht ursprünglich auch im Text stand.

21. *artificiose* u. s. w. die jenen Stoff (illa) systematisch gegliedert

digesta generatim componerent. Nihil est enim quod ad artem redigi possit, nisi ille prius, qui illa tenet, quorum artem instituere vult, habet illam scientiam, ut ex eis rebus, quarum ars nondum sit, artem efficere possit. Hoc video, dum breviter voluerim dicere, dictum a me esse paulo obscurius; sed experiar et dicam, si potero, planius. Omnia fere, quae sunt conclusa nunc artibus, dispersa et dissipata quondam fuerunt; ut in musicis numeri et voces et modi; in geometria lineamenta, formae, intervalla, magnitudines; in astrologia caeli conversio, ortus, obitus motusque siderum; in grammaticis poëtarum pertractatio, historiarum cognitio, verborum interpretatio, pronuntiandi quidam sonus; in hac denique ipsa ratione dicendi excogitare, ornare, disponere, meminisse, agere diiuncta quondam omnibus et diffusa late videbantur. Adhibita est igitur ars quaedam extrinsecus ex alio genere quodam, quod sibi totum

---

(artif. digesta) und stofflich nach Klassen (generatim) [geordnet] zusammenstellen konnten (componerent) 58. 146. 190, II 142.

1. *Nihil est*: der Sinn dieses, wie Crassus ja selbst unten sagt, etwas dunklen Satzes ist: in ein System läßt sich eine Wissenschaft nur von dem Kenner bringen, der eine dahin gehende, d. h. logisch-schematisierende Fähigkeit (Kenntnis) hat = illa scientia... ut possit. Wir würden etwa sagen: der zugleich eine logisch-systematische Ader hat.

3. *ex eis rebus quarum* ... aus dem Wissensstoff (Gebiet), von dem noch kein System existiert, ein System zu bilden vermag.

4. *ars* im Sing. System, vgl 92. 99; in arte = artificiose' systematisch', 157; also ad artem redigere in ein System bringen; vgl. 4 *ratio*; ars berücksichtigt immer die Lernbarkeit, das Praktische und Konkrete, daher auch ars = theoretisches Lehrbuch; ratio mehr das Abstrakte, Wissenschaftliche, daher ratio mehr 'Methode'. (188.)

6. *conclusa*, systematisch zusammengefaßt 44. *numeri* etc. Takt, Töne, Melodien. *lineamenta*, Umrisse, Figuren, Raum- und Größenverhältnisse.

10. *in grammaticis*, 10.

12. *excogitare* häufig von der inventio II 116; 160.

13. *diiuncta quondam — et diffusa* wie vorher dispersa et dissipata quondam. Nicht die Kenntnis des Einzelnen fehlte, sondern die Erkenntnis, daß die Einzelheiten zusammengehörige Teile des Ganzen seien. S. d. krit. Anh. Da alle Hss. ignota haben, ist wahrscheinlich zu lesen: *ignota quodam modo* statt diiuncta quondam.

14. *Adhibita est ars quaedam* eine besondere Kunde, Fähigkeit, nämlich die Systematisierkunde, die Kunde, eine ars, ein System zu bilden. Sie war gleichsam technischer Beistand, von dessen Hinzuziehung gerade *adhibere* gebraucht wird. 157. Über die Unentbehrlichkeit solcher 'Kunst' für die Jurisprudenz vgl. Brut. 152 quod numquam effecisset ipsius iuris scientia (daß sie zur Wissenschaft erhoben wurde) nisi eam praeterea didicisset artem, quae doceret rem universam tribuere in partes, latentem explicare definiendo, obscuram explanare interpretando, ambigua primum videre, deinde distinguere, postremo habere regulam, qua vera et falsa diiudicarentur, et quae quibus propositis essent quaeque non essent consequentia. Or. 116 flg.

15. *ex alio genere*, nämlich aus der Dialektik.

totum, sodaß sie dem Rhetor gar keinen Anteil daran verstatten.

philosophi adsumunt, quae rem dissolutam divulsamque conglutinaret et ratione quadam constringeret. Sit ergo in iure civili finis hic, legitimae atque usitatae in rebus causisque civium aequabilitatis conservatio. Tum sunt notanda genera et ad certum numerum paucitatemque revocanda; genus autem id est, quod sui similes communione quadam, specie autem differentes, duas aut plures complectitur partes; partes autem sunt, quae generibus eis, ex quibus manant, subiciuntur; omniaque, quae sunt vel generum vel partium nomina, definitionibus, quam vim habeant, est exprimendum. Est enim definitio rerum earum, quae sunt eius rei propriae, quam definire volumus, brevis et circumscripta quaedam explicatio. Hisce ego rebus exempla adiungerem, nisi, apud quos haec haberetur oratio, cernerem. Nunc complectar, quod proposui, brevi. Si

---

2. *ratione quadam constringeret*, durch das Band einer systematisch-methodischen Darlegung umgrenzte.

Sit ergo —. Damit wird das eben Erwähnte nun auf die Jurisprudenz, um die es sich zunächst handelt, angewandt: 'So muß also hinsichtlich des Privatrechts erst dessen Zweck oder Begriff festgestellt werden'. Top. 9 Sed ad id totum, de quo disseritur, tum definitio adhibetur, quae quasi involutum evolvit id, de quo quaeritur; eius argumenti talis est formula: ius civile est *aequitas constituta eis, qui eiusdem civitatis sunt, ad res suas obtinendas:* das Privatrecht hat den Zweck, in den Angelegenheiten und Prozessen der Staatsangehörigen (im Gegensatz von gentium) die allgemein-giltigen Bestimmungen nach Gesetz und Herkommen (im Gegensatz vom Kriminal- und Strafrecht, quod non ad omnes cives pertinet) zu wahren.

3. *finis* Endzweck. de inv. II 51, 156 placet in iudiciali genere finem esse aequitatem, in deliberativo — utilitatem, in demonstrativo honestatem. I 5, 6 oratoris quid officium et quid finem esse dicamus, intellegemus, cum id, quod facere debet, officium esse dicemus, illud, cuius causa facere debet, finem appellabimus. Partit. or. 12 quibus in orationibus delectatio finis est 62. 83. 98.

4. *notanda genera* wie Or. 177 notandum certe genus.

5. *paucitatemque*, II 145, 'auf die möglichst kleinste Anzahl', damit nicht bei unzulänglicher Subsumtion der logische Fehler entstehe, daß eine oder mehrere Spezies übrig bleiben, die mit dem genus koordiniert sind. de inv. I 22, 32 Quae partitio rerum distributam continet expositionem, haec habere debet brevitatem, absolutionem, paucitatem. paucitas in partitione servatur, si genera ipsa rerum ponuntur, *neque permixte cum partibus implicantur.*

7. *partes* Arten.

11. *rerum earum* diejenigen Bestandteile, Eigenschaften.

propriae, die das Wesen des zu Definierenden ausmachen. Top. 29 sic igitur veteres praecipiunt: cum sumpseris ea, quae sint ei rei, quam definire velis, cum aliis communia, usque eo persequi, dum *proprium* efficiatur, quod nullam aliam in rem transferri possit.

12. *circumscripta,* scharf umgrenzte.

13. *exempla*, wie sie Top. 9. 28. 29 gegeben sind.

haberetur der Konj. impf. durch Angleichung an die übrigen hypothetischen Konjunktive.

enim aut mihi facere licuerit, quod iam diu cogito, aut alius quispiam aut me impedito occuparit aut mortuo effecerit, ut primum omne ius civile in genera digerat, quae perpauca sunt, deinde eorum generum quasi quaedam membra dispertiat, tum propriam cuiusque vim definitione declaret, perfectam artem iuris civilis habebitis, magis magnam atque uberem, quam difficilem et obscuram. Atque interea tamen, dum haec, quae dispersa sunt, coguntur, vel passim licet carpentem et colligentem undique repleri iusta iuris civilis scientia. Nonne videtis equitem Romanum, hominem acutissimo omnium ingenio, sed minime ceteris artibus eruditum, C. Aculeonem, qui mecum vivit semperque vixit, ita tenere ius civile, ut ei, cum ab hoc discesseritis, nemo de eis, qui peritissimi sunt, anteponatur? Omnia enim sunt posita ante oculos, collocata in usu cotidiano, in congressione hominum atque in foro; neque ita multis litteris aut voluminibus magnis continentur. Eadem enim elata sunt primum a pluribus; deinde paucis verbis commutatis etiam ab eisdem scriptoribus scripta sunt saepius.

---

1. *cogito.* Cicero hatte dieselbe Absicht (Einl. I § 20, 200) und führte sie auch aus in der (verlorenen) Schrift: *de iure civili in artem redigendo,* Gell. N. A. I 22, 7.

2. *occuparit* zuvorkommen.

3. *in genera digerat,* in Hauptabschnitte, Kapitel ordne und in umgekehrtem, analytischem Gang diese wieder in einzelne Unterabschnitte (membra) zerfälle, 186. Or. part. 75 aut multa et varia facta in propria virtutum genera sunt digerenda.

7. *obscuram* unübersichtlich; Gegensatz illustris, II 137.

atque interea tamen = atque quamquam nondum habetis, tamen —.

dum coguntur solange man noch 'sammeln muß', oder negativ gewendet: solange solch eine geordnete Darstellung, wie ich sie vorhabe, noch nicht da ist. Vgl. a. d. krit. Anh.

passim carpentem et colligentem undique, Horat. C. 1 7, 7 undique decerptam — olivam = hier und da abpflücken und von allen Seiten sammeln.

9. *repleri* = zum vollen Eigentum machen; das *re* bezieht sich auf die wiederholte Thätigkeit, deren schließliches Resultat *explere* ist. Vgl. a. d. krit. Anh.

iusta, 'ordentlich', die gerechten Anforderungen entspricht, vgl. 194.

12. *ab hoc* sc. Scaevola.

14. *Omnia enim sunt posita* — zur Begründung von passim licet carpentem et colligentem undique repleri iusta iuris civilis scientia, wofür zugleich das Beispiel des Aculeo ein Beleg ist. Nicht auf omnia ruht der Hauptton, sondern auf posita, collocata, darum nicht omnia sunt enim.

15. *multis litteris,* p. Mur. 13, 28 Difficilis autem res ideo non putatur, quod et perpaucis et minime obscuris litteris continetur. Itaque si mihi, homini vehementer occupato, stomachum moveritis, triduo me esse iureconsultum profitebor.

16. *voluminibus* Folianten.

elata, 111.

17. *a pluribus* — z. B. P. Aelius Paetus, Sextus Aelius Catus und Cato, später den Muciern, M'. Manilius, M. Iunius Brutus u. a. m.

193 Accedit vero, quo facilius percipi cognoscique ius civile possit, quod minime plerique arbitrantur, mira quaedam in cognoscendo suavitas et delectatio. Nam, sive quem [haec] Aeliana studia delectant, plurima est et in omni iure civili et in pontificum libris et in XII tabulis antiquitatis effigies, quod et verborum vetustas prisca cognoscitur et actionum genera quaedam maiorum consuetudinem vitamque declarant; sive quem civilis scientia, quam Scaevola non putat oratoris esse propriam, sed cuiusdam ex alio genere prudentiae, totam hanc, descriptis omnibus civitatis utilitatibus ac partibus, XII tabulis

---

193. Weitere Motive für die Aneignung der Kenntnis des bürgerlichen Rechts: Das Studium desselben ist von großem Interesse sowohl für den Sprach- und Altertumsforscher, als für den Staatsmann, ja selbst für den Philosophen (— § 195), erfüllt den Römer mit patriotischem Selbstgefühl (— § 197) und sichert dem, der diese Kenntnis besitzt, Ansehn auch bis in die späten Lebensjahre hinein (— § 200).

1. *vero* nun gar noch.

percipi cognoscique aufgenommen und erkannt werden. Dieselbe Folge so, die umgekehrte 204. 222; 11 11.

3. *Aeliana studia*, s. ind. Vgl. Brut. 207 Aelianas — oratiunculas. *haec*, wie sie gegenwärtig auf Aelius Anregung Aufnahme und Verbreitung gefunden haben 10.

4. *plurima antiquitatis effigies* ein reiches Bild des Altertums. Sitte und Sprache des Altertums spiegeln sich vielfach in der älteren Gesetzgebung, sowie in dem alten Gerichtswesen und den herkömmlichen Rechts- und Gesetzformeln ab, und so sind diese eine reiche Fundgrube für historisch-antiquarische Studien; wie denn dies auch thatsächlich von den Grammatikern (Philologen), z. B. von Varro, dadurch anerkannt wird, daß sie sehr häufig alte Gesetze, und eben das ältere Gerichts- und Formelwesen zur Grundlage ihrer antiquarischen (sprachlichen) Forschungen gemacht haben.

pontificum libris, s. ind.

6. *vetustas prisca*, Charakter und Form veralteter Worte. III 125. Z. B. sos für eos, endo für in, duit für dederit, escit für erit und anderes.

actionum genera quaedam einzelne Arten von gerichtlichen Verhandlungen und Klagen wider bestimmte Vergehen, über die in den XII Tafeln die gesetzlichen Bestimmungen gegeben waren.

7. *maiorum consuetudinem*. So war es z. B. sehr bezeichnend für den altrömischen Charakter, daß ein Gesetz in den XII T. den persönlichen Spott mit Todesstrafe belegte.

sive quem sc. delectat, was leicht zu ergänzen ist, zumal es gleich noch einmal nachfolgt, s. d. krit. Anhang.

8. *non putat*, 35 flg.

10. *descriptis*, für die Staatswissenschaft sind die XII Tafeln insofern eine Erkenntnisquelle, als in ihnen die utilitates ac partes civitatis vorgeführt werden.

utilitatibus, 36 τὰ τῆς πόλεως συμφέροντα, alle das Staatswohl bezweckenden staatsrechtlichen Bestimmungen. *partibus*, die Gliederung des Staatsorganismus, insbesondere die (beiden) Stände und ihr staatsrechtliches Verhältnis zu einander, 58. S. ind. XII tab.

contineri videbit; sive quem praepotens ista et gloriosa philosophia delectat (dicam audacius), hosce habet fontes omnium disputationum suarum, qui iure civili et legibus continentur. Ex his enim et dignitatem maxime expetendam videmus, quoniam virtus et iustus atque honestus labor honoribus, praemiis, splendore decoratur, vitia autem hominum atque fraudes damnis, ignominiis, vinclis, verberibus, exsiliis, morte multantur; et docemur non infinitis concertationumque plenis disputationibus, sed auctoritate nutuque legum domitas habere libidines, coërcere omnes cupiditates, nostra tueri, ab alienis mentes, oculos, manus abstinere. Fremant omnes licet, dicam quod sentio: bibliothecas mehercule omnium philosophorum unus mihi videtur XII tabularum libellus, si quis legum fontes et capita viderit, et auctoritatis pondere et utilitatis ubertate superare.

Ac si nos, id quod maxime debet, nostra patria delectat, cuius rei tanta est vis ac tanta natura, ut Ithacam illam in asperrimis saxulis tamquam nidulum adfixam sapientissimus

---

1. *videbit*, bei näherer Betrachtung: hernach aber *habet* (das alle Hs. haben und nicht in habebit verändert werden darf), wie oben *est*, stets und ständig, 'alle Zeit', wegen der philosophischen (ethischen) Prinzipien, auf denen Recht und Gesetze ruhen.
praepotens ista et gloriosa weil ein richtiger Philosoph alle Zweige des Wissens und alle Gebiete des Lebens als seine Domäne betrachtete, vgl. a. 212 u. 217.
4. *quoniam*, s. d. krit. Anh. 247 quod viros bonos iure civili fieri putas, *quia* legibus et praemia proposita sint virtutibus etc.
5. *iustus* ist 'ordentlich, gehörig, rechtschaffen', 191; *honestus* ehrenwert, einem Freien geziemend; vgl. a. d. krit. Anh.
8. *et docemur*, nicht nur das zu erstrebende Ziel (et dignitatem expetendam videmus) hält uns das Gesetz objektiv vor, sondern das strenge Gebot lehrt uns auch uns selbst bekämpfen (subjektiv).
concertationumque, voll gegenseitiger Polemik und am Ende resultatloser Erörterungen.
9. *nutuque*, ss.
13. *libellus.* Der Text der XII Tafeln war abschriftlich in vieler

Händen; in Ciceros Jugendzeit lernten ihn die Knaben Wort für Wort auswendig. de leg. II 4, 9; 23, 59 discebamus enim pueri XII ut carmen necessarium, quas iam nemo discit.
fontes et capita, 42, Liv. III 34, 6 tabularum leges perlatae sunt, quae nunc quoque in hoc immenso aliarum super alias accervatarum legum cumulo *fons omnis publici privatique est iuris*, insofern immer auf dieselben zurückgegangen wird und die schriftlich aufgezeichneten Gesetze sich an die XII Tafeln angeschlossen haben.
16. *nostra patria*, de off. I 57: nostra ist mit zu betonen: es mag so klein sein, wie es will (wenns nur nostra patria ist) — nemo patriam quia magna est amat, sed quia sua Sen. ep. 66, 26 — dann folgt die Steigerung: quo amore etc. Theogn. 783 οὕτως οὐδὲν ἄρ' ἦν φίλτερον ἄλλο πάτρης.
17. *cuius rei* = cuius delectationis. *vis ac natura* natürliche Kraft.
18. *sapientissimus.* Ovid ex P. I 3, 33 Non dubia est Ithaci prudentia, sed tamen optat, fumum de patriis posse videre focis. Also: Der Mann, der doch so weise war. *sapientissimus vir* mit leichter Ironie gegen die sapientes d. i. Philosophen.

vir immortalitati anteponeret: quo amore tandem inflammati
esse debemus in eiusmodi patriam, quae una in omnibus terris domus est virtutis, imperii, dignitatis? cuius primum nobis
mens, mos, disciplina nota esse debet, vel quia est patria parens omnium nostrum vel quia tanta sapientia fuisse in iure
constituendo putanda est, quanta fuit in his tantis opibus imperii comparandis.

197   Percipietis etiam illam ex cognitione iuris laetitiam et voluptatem, quod, quantum praestiterint nostri maiores prudentia
ceteris gentibus, tum facillime intellegetis, si cum illorum Lycurgo et Dracone et Solone nostras leges conferre volueritis.
Incredibile est enim, quam sit omne ius civile praeter hoc
nostrum inconditum ac paene ridiculum, de quo multa soleo
in sermonibus cotidianis dicere, cum hominum nostrorum prudentiam ceteris omnibus et maxime Graecis antepono. His ego
de causis dixeram, Scaevola, eis, qui perfecti oratores esse vellent, iuris civilis cognitionem esse necessariam.

45 198 Iam vero ipsa per sese quantum adferat eis, qui ei praesunt, honoris, gratiae, dignitatis, quis ignorat? Itaque, ut apud
Graecos infimi homines mercedula adducti ministros se praebent in iudiciis oratoribus, ei, qui apud illos πραγματικοί vocantur: sic in nostra civitate contra amplissimus quisque et

---

1. *immortalitati*, die ihm die ὀλοόφρονος Ἄτλαντος θυγάτηρ versprach, Hom. Od. ε 153 und α 57 θέλγει ὅπως Ἰθάκης ἐπιλήσεται· αὐτὰρ Ὀδυσσεύς ἱέμενος καὶ καπνὸν ἀποθρώσκοντα νοῆσαι ἧς γαίης θανέειν ἱμείρεται. de leg. II 1, 3 qua re inest nescio quid et latet in animo ac sensu meo, quo me plus hic locus (die Heimat) fortasse delectet, si quidem ille sapientissimus vir, Ithacam ut videret, immortalitatem scribitur repudiasse.

3. *primum* hier wohl dem Gebrauch der Vulgärsprache gemäß = inprimis, vornehmlich, zu allererst.

4. *mens*, inneres Wesen, Geist, Seele. *disciplina*, 159.

9. *prudentia* 'Einsicht' in die Praxis des Lebens und seine Bedürfnisse; auf ihr beruht eine gute Gesetzgebung und Staatsverfassung.

12. *quam sit — ridiculum* weit nachdrücklicher, als quam ridiculum sit.

15. *Graecis,* wie eben *Lycurgo,* 23.

18. *ipsa per sese* schon an und für sich, ganz allein — d. h. ohne durch Beredsamkeit unterstützt zu sein.

praesunt, 186.

19. *gratiae* etc. s. zu 15.

20. *mercedula*, um armseligen Lohnes willen, 102 quaestiunculam.

21. πραγματικοί — deren Geschäft es war, das juristische Material, die betreffenden Gesetzstellen und Urkunden, zu sammeln und bei der Gerichtsverhandlung den Parteien gegen Bezahlung zu liefern, 253.

22. *in nostra civitate* etc. wie de leg. I 4, 14 summos fuisse in civitate nostra viros, qui id (sc. ius civile) interpretari populo et responsitare soliti sint.

clarissimus vir, ut ille, qui propter hanc iuris civilis scientiam sic appellatus a summo poëta est:

egregie cordatus homo, catus Aelius Sextus, multique praeterea; qui, cum ingenio sibi dignitatem peperissent, perfecerunt, ut in respondendo iure auctoritate plus etiam, quam ipso ingenio valerent. Senectuti vero celebrandae et ornandae quod honestius potest esse perfugium, quam iuris interpretatio? Equidem mihi hoc subsidium iam inde ab adulescentia comparavi, non solum ad causarum usum forensem, sed etiam ad decus atque ornamentum senectutis, ut, cum me vires, quod fere iam tempus adventat, deficere coepissent, ista ab solitudine domum meam vindicarem. Quid est enim praeclarius, quam honoribus et rei publicae muneribus perfunctum senem posse suo iure dicere idem, quod apud Ennium dicat ille Pythius Apollo, se esse eum, 'unde sibi', si non 'populi et reges', at omnes sui cives 'consilium expetant',

2. *a summo poëta*, nämlich von Ennius in seinen Annalen. Der Vers kommt auch sonst bei Cic. vor, z. B. Tusc. I 9, 18 (zur Erklärung von cor = animus), de rep. I 18. *Egregie cordatus*, 'bene animatus', 'der trefflich gesinnte Mann'.

3. *catus* leitet Varro l. l. VII 46 aus dem Sabinischen her und hält es für gleichbedeutend mit acutus, sodaß also hier der 'scharfsinnige' Jurist damit charakterisiert wird. Hor. od. I 10, 3.

Aelius, gesprochen 'Aeliu'. Or. 161 Quin etiam, quod iam subrusticum videtur, olim autem politius, eorum verborum, quorum eaedem erant postremae duae litterae, quae sunt in 'optumus', postremam litteram detrahebant, nisi vocalis insequebatur. Ita non erat ea offensio in versibus, quam nunc fugiunt poetae novi. Ita enim loquebamur: 'qui est omnibu' princeps' non 'omnibus princeps'. (Ekthlipsis.)

4. *multique praeterea;* wie bei lebhaft geführtem Gespräch ganz natürlich, ist aus dem voraufgehenden ministros se praebent und dem nachfolgenden in respondendo iure ein verwandtes Prädikat, etwa 'gaben juristischen Rat' herauszunehmen.

dignitatem s. d. krit. Anh.

5. *in respondendo*, 212.

6. *Senectuti*. So Cic. in Beziehung auf sich selbst de leg. I 3, 4 ego vero aetatis potius vacationi confidebam, cum praesertim non recusarem, quominus more patrio *sedens in solio* consulentibus responderem, senectutisque non inertis grato atque honesto fungerer munere. Die senectus wird eine celebris, dadurch, daß viele in das Haus kommen (ut a solitudine domum vindicarem).

11. *quod fere iam tempus adventat* — obwohl erst 49 J. alt rechnet sich Crassus doch schon zu den senes, II 15.

14. *apud Ennium*. Das Fragment (in iambischen Senaren) ist aus einer Tragödie des Ennius, nach Ribbeck aus den Eumeniden.

dicat Form der gemilderten Behauptung 'sagen mag'; vgl. d. krit. Anhang.

15. *Pythius Apollo* —. So in der Regel bei Cic.: der in Delphi Orakel gebende Gott, de off. II 22, 77 Apollo Pythius oraculum edidit. Tusc. I 9, 17.

summárum rerum incérti, quos ego ópe mea
ex incértis certos cómpotesque cónsili
dimítto, ut ne res témere tractent túrbidas.
200 Est enim sine dubio domus iuris consulti totius oraculum
civitatis. Testis est huiusce Q. Mucii ianua et vestibulum,
quod in eius infirmissima valetudine adfectaque iam aetate
maxima cotidie frequentia civium ac summorum hominum
splendore celebratur.
46 201 Iam illa non longam orationem desiderant, quamobrem
existimem publica quoque iura, quae sunt propria civitatis atque imperii, tum monumenta rerum gestarum et vetustatis
exempla oratori nota esse debere. Nam ut in rerum privatarum causis atque iudiciis depromenda saepe oratio est ex iure
civili et idcirco, ut ante diximus, oratori iuris civilis scientia
necessaria est, sic in causis publicis iudiciorum, contionum,
senatus omnis haec et antiquitatis memoria et publici iuris
auctoritas et regendae rei publicae ratio ac scientia tamquam
aliqua materies eis oratoribus, qui versantur in re publica,
subiecta esse debet.
202 Non enim causidicum nescio quem neque clamatorem aut
rabulam hoc sermone nostro conquirimus, sed eum virum, qui

1. *summarum*, s. d. krit. Anh.
3. *temere tractent turbidas*, in absichtlicher Anwendung der Alliteration.
turbidas, die also wegen der Schwierigkeit, sich darin zurecht zu finden, der göttlichen Weisung bedurften.
4. *oraculum*, die Vergleichung liegt um so näher, da respondere der technische Ausdruck für einen Bescheid des Juristen wie des Orakels ist.
6. *adfectaque*, er war bereits an 70 Jahr alt. Gell. N. A. III 16, 19 adfecta enim, sicuti Marcus Cicero et veterum elegantissimi locuti sunt, ea proprie dicebantur, quae non ad finem ipsum, sed proxime finem progressa deductare erant. de prov. cons. 8, 19 bellum affectum et paene confectum; 12, 29 affecta — perfecta. Einl. I § 14.
46, 201 sq. Die Unentbehrlichkeit publizistischer und historischer Kenntnisse für den Staatsredner.
10. *publica iura*, Dig. I 1 publicum ius est quod ad statum rei Romanae spectat, privatum, quod ad singulorum utilitatem.
15. *in causis publicis*, mögen diese unter das genus iudiciale oder unter das genus deliberativum fallen.
16. *omnis* etc. es muß dem Redner dies ganze sowohl historische als staatsrechtliche und administrative Wissen zu Gebote stehen.
17. *auctoritas publici iuris* Inbegriff, Summe aller Rechtsbestimmungen, Gutachten u. s. w.
19. *subiecta esse* bekannt, geläufig, zur Verfügung sein.
20. *causidicum*. Quint. XII 1, 25 non enim forensem quandam instituimus operam nec mercenariam vocem nec non inutilem sane litium advocatum, quem denique causidicum vulgo vocant. *neque clamatorem*, III 81; II 86; Brut. 182 ut intellegi possit, quem existimen clamatorem, quem oratorem fuisse. *aut rabulam*, orat. 46 non enim declamatorem aliquem de ludo aut rabulam de foro — quaerimus.

primum sit eius artis antistes, cuius cum ipsa natura magnam homini facultatem daret, tamen *effe*cisse deus putatur, ut id ipsum, quod erat hominis proprium, non partum per nos, sed divinitus ad nos delatum videretur; deinde, qui possit non tam caduceo, quam nomine oratoris ornatus incolumis vel inter hostium tela versari; tum, qui scelus fraudemque nocentis possit dicendo subicere odio civium supplicioque constringere; idemque ingenii praesidio innocentiam iudiciorum poena liberare; idemque languentem labentemque populum aut ad decus excitare aut ab errore deducere aut inflammare in improbos aut incitatum in bonos mitigare; qui denique, quemcumque in animis hominum motum res et causa postulet, eum dicendo vel excitare possit vel sedare. Hanc vim si quis existimat aut 203 ab eis, qui de dicendi ratione scripserunt, expositam esse aut a me posse exponi tam brevi, vehementer errat neque solum inscientiam meam, sed ne rerum quidem magnitudinem perspicit. Equidem vobis, quoniam ita voluistis, fontes, unde hauriretis, atque itinera ipsa ita putavi esse demonstranda, non ut ipse dux essem, quod et infinitum est et non necessarium, sed ut commonstrarem tantum viam et, ut fieri solet, digitum ad fontes intenderem.

1. *antistes*, um des göttlichen Ursprungs der ars oratoria oder der sacra oratoria willen, deren Verwaltung und Besorgung ihm obliegt.
   ipsa natura, ohne göttliche Beihilfe. Vgl. 90.
2. *tamen effecisse deus putatur*, s. d. krit. Anh.
   deus nämlich Mercurius. Horat. C. I 10.
   ut id ipsum, 74. Quint. X 7, 12 sed hic usus ita proderit, si ars antecesserit, ut *ipsum illud*, quod in se rationem non habet, in ratione versetur. *ut* — so daß danach —.
3. *quod erat* — in Wirklichkeit (sonst müßte esset stehen).
5. *caduceo*, wie ihn die oratores als legati, als Friedensgesandte oder Parlamentäre zu tragen pflegten, die eben dadurch vor jedem Angriff sicher waren; denn caduceatori nemo homo nocet.
   orator, 'Sprecher', hier mit absichtlichem Doppelsinn zugleich in der Bedeutung von legatus. Liv.

VI 1, 6 Q. Fabio dies dicta est, quod *legatus* in Gallos, ad quos missus erat *orator*, contra ius gentium pugnasset. Liv. I 38, 2 estisne vos legati oratoresque missi a populo Conlatino? Varro ap. Non. p. 529 priusquam indicerent bellum eis, a quibus iniurias factas sciebant, fetiales legatos res repetitum mittebant quatuor, quos *oratores* vocabant.

9. *labentemque*, de off. I 6, 18 *labi* autem, errare, nescire, decipi et malum et turpe ducimus.

16. *inscientiam*, 99, *rerum*, die alle zur ars dicendi gehören; rei wäre Bezeichnung der ars oratoria selbst. 16.
   ne rerum quidem d. i. schon der einzelnen Erfordernisse und Zweige, der Hilfswissenschaften zur Beredsamkeit. Darum ist es nicht nötig, gegen die Hss. rei zu lesen.

20. *commonstrarem*, vgl. II 174.
   ut fieri solet, sc. ab iis, qui viam commonstrant.

47 204 Mihi vero, inquit Mucius, satis superque abs te videtur istorum studiis, si modo sunt studiosi, esse factum. Nam, ut Socratem illum solitum aiunt dicere perfectum sibi opus esse, si qui satis esset concitatus cohortatione sua ad studium cognoscendae percipiendaeque virtutis; quibus enim id persuasum esset, ut nihil mallent esse se, quam bonos viros, eis reliquam facilem esse doctrinam: sic ego intellego, si in haec, quae patefecit oratione sua Crassus, intrare volueritis, facillime vos ad ea, quae cupitis, perventuros ab hoc aditu ianuaque patefacta.

205 Nobis vero, inquit Sulpicius, ista sunt pergrata perque iucunda; sed pauca etiam requirimus inprimisque ea, quae valde breviter a te, Crasse, de ipsa arte percursa sunt, cum illa te et non contemnere et didicisse confiterere. Ea si paulo latius dixeris, expleris omnem exspectationem diuturni desiderii nostri. Nam nunc quibus studendum rebus esset accepimus, quod ipsum est tamen magnum; sed vias earum rerum rationemque cupimus cognoscere.

206 Quid, si, inquit Crassus, quoniam ego, quo facilius vos apud me tenerem, vestrae potius obsecutus sum voluntati, quam

---

47, 204. Zwischengespräch zur Überleitung auf die Entgegnung des Antonius (-- 209).
3. *Socratem* etc. Eine wörtlich entsprechende Äußerung des S. wird sich schwerlich bei Plato oder Xenophon auffinden lassen; mit dem ganzen Verfahren und der Tendenz des S. aber steht das hier Erwähnte in vollem Einklang, insofern er seinen Schülern eben nicht ein fertiges, geschlossenes System von Wahrheiten vortrug, sondern in ihnen dadurch, daß er sie von der Nichtigkeit ihres Wissens überzeugte, das Streben nach dem wahren Wissen, sowie dadurch, daß er rechts und links die falschen Wege abschnitt, das Verlangen nach dem rechten Wege zu erwecken suchte.
8. *patefecit — intrare,* die Ausdrücke sind gewählt mit Bezugnahme auf das von Crassus gebrauchte Bild (commonstrare viam).
205. Rückkehr zu der eigentlichen Frage über die Theorie der Redekunst im allgemeinen § 138 flg., die sich dann unvermerkt verschiebt zu einer Frage über die Methode, und die einzelnen Erfordernisse der Redekunst. 'Man wisse jetzt, was, man sei aber auch begierig zu erfahren, wie man studieren müsse'.
— Die Sehnsucht der jungen Leute nach einer Theorie, gleichsam einem Lehrbuch, giebt Crassus Gelegenheit, geschickt auszuweichen und sie mit leichter Ironie an den Antonius als den Verfasser eines Lehrganges zu verweisen. So kann Antonius nicht Nein sagen (deprensus) und Cicero giebt geschickt Anlaß, auch den Antonius zu Wort kommen zu lassen, der freilich dem eigentlichen Wunsche der beiden Jünglinge im ersten Buche auch noch nicht entspricht, vgl. II 10, 40; er begnügt sich vielmehr damit, dem Crassus zu opponieren.
13. *breviter,* 148. *de ipsa arte* die eigentliche Theorie 138 flg. im Gegensatz zu den von Crassus als unentbehrlich bezeichneten Hilfswissenschaften. *confiterere,* 137.
17. *tamen,* immerhin schon, jedenfalls, II 91; es ist ein konzessiver Gedanke zu ergänzen, des Sinnes: quod ipsum quamquam non est omne, quod quaerimus —.
19. *quid, si.* Horat. c. III 9, 17 quid, si prisca redit Venus?

aut consuetudini aut naturae meae, petimus ab Antonio, ut ea, quae continet neque adhuc protulit, ex quibus unum libellum sibi excidisse iam dudum questus est, explicet nobis et illa dicendi mysteria enuntiet?

Ut videtur, inquit Sulpicius; nam Antonio dicente, etiam quid tu intellegas, sentiemus.

Peto igitur, inquit Crassus, a te, quoniam id nobis, Antoni, hominibus id aetatis, oneris ab horum adulescentium studiis imponitur, ut exponas quid eis de rebus, quas a te quaeri vides, sentias.

Deprehensum equidem me, inquit Antonius, plane video atque sentio, non solum quod ea requiruntur a me, quorum sum ignarus atque insolens, sed quia, quod in causis valde fugere soleo, ne tibi, Crasse, succedam, id me nunc isti vitare non sinunt. Verum hoc ingrediar ad ea, quae vultis, audacius, quod idem mihi spero usu esse venturum in hac disputatione, quod in dicendo solet, ut nulla exspectetur ornata oratio. Neque enim sum de arte dicturus, quam numquam didici, sed

---

1. *consuetudini*, vgl. 163; II 15.
2. *continet*, wie verborgene Schätze in der Schatzkammer seines Wissens, deshalb *protulit*.
3. *dudum* (iam gehört, wenn es überhaupt richtig ist, zu excidisse), 'vorhin' oder 'oben' 94. II 262 dixi enim dudum, rationem aliam esse ioci, aliam severitatis. III 217; Brut. 138; 252 ut dudum de Laeliorum et Muciorum familiis audiebamus. Or. part. 48.

questus est, mit Anspielung auf die bekannte Scheu des Antonius etwas zu veröffentlichen. p. Cluent. 50, 140 Hominem ingeniosum M. Antonium aiunt solitum esse dicere, idcirco se nullam umquam orationem scripsisse, ut, si quid aliquando non opus esset ab se esse dictum, posset negare dixisse.

4. *mysteria* — p. Mur. 11, 25 deinde etiamsi quid apud maiores nostros fuit in isto studio admirationis, id enuntiatis vestris mysteriis totum est contemptum et abiectum. Tusc. IV 25, 55 ne *rhetorum aperiamus mysteria*. *enuntiet* ausplaudern; bei Mysterien ja streng verpönt.

6. *quid tu intellegas, sentiemus,* wir werden erfahren oder gewahr werden (durch den Mund des Antonius), welches deine Einsicht in diesem Punkte ist. II 208 dicam equidem, quid intellegam. Der üblichen Umstellung: quid tu sentias, intellegemus bedarf es nicht.

8. *hominibus id aetatis.* Einl. I § 10 und 11.

11. *Deprehensum.* Antonius geht auf den heitern, humoristischen Ton, den Crassus angeschlagen, ein. 'So recht eingefangen (abgefaßt) sehe und fühle ich mich'.

14. *fugere ne,* im Sinne von cavere.

succedam, das solenne Verbum, wenn in der zweiten Verhandlung ein anderer Anwalt dieselbe Sache verteidigt. Brut. 87. Cic. identifiziert sich hier sehr verräterisch mit Crassus; er war es, der meist zuletzt sprach. Die hier von Antonius geäußerten Anschauungen waren unter Ciceros Zeitgenossen zumeist dem Q. Hortensius eigen. Die Angabe Brut. 207 'neque ... fiebant, neque hoc quod nunc fit, ut causae singulae defenderentur a pluribus' ist, wenn anders sie richtig überliefert ist, gegenüber dieser Stelle, ferner I 229, II 313, Ascon. in Scaur. p. 18, 6 K. wohl nicht buchstäblich, nur etwa approximativ zu fassen

de mea consuetudine; ipsaque illa, quae in commentarium
meum rettuli, sunt eiusmodi, non aliqua mihi doctrina tradita,
sed in rerum usu causisque tractata; quae si vobis, hominibus
eruditissimis, non probabuntur, vestram iniquitatem accusatote,
qui ex me ea quaesieritis, quae ego nescirem, meam facilitatem
laudatote, cum vobis non meo iudicio, sed vestro studio inductus
non gravate respondero.

209   Tum Crassus, Perge modo, inquit, Antoni. Nullum est
enim periculum, ne quid tu eloquare nisi ita prudenter, ut neminem nostrum paeniteat ad hunc te sermonem impulisse.

Ego vero, inquit, pergam et id faciam, quod in principio fieri in omnibus disputationibus oportere censeo, ut, quid
illud sit, de quo disputetur, explanetur, ne vagari et errare
cogatur oratio, si ei, qui inter se dissenserint, non idem [esse]
210 illud quo de agitur intellegant. Nam si forte quaereretur quae

---

1. *de mea consuetudine*, 135.
in commentarium meum 94.
2. *non aliqua — tradita* epexegetisch zu sunt eiusmodi.
5. *nescirem*, aus der Seele eorum, qui quaesierunt, 'wovon ich, wie euch s. of, nicht unbekannt war, nichts verstünde'.
209. B) Antonius' Gegenrede (48, 209—61, 262). Definition des Redners (§ 213, gegen Crassus § 64). Staatsmännische Bildung und Philosophie kommt dem Redner als solchem nicht zu, letztere ist ihm bisweilen eher hinderlich als förderlich (214—233, gegen Crassus § 53 60). Die Kenntnis des bürgerlichen Rechts ist kein Bedürfnis für den Redner (§ 234 sqq.). Die ohne solche in Prozessen auftretenden Redner sind weder impudentes (§ 237 bis 245, gegen Crassus § 173 — 184) noch inertes (§ 246—253, gegen Crassus § 185—200). Bis in die späten Lebensjahre hinein um Rat in Prozessen angegangen zu werden ist eine Last (§ 254 sq., gegen Crassus § 199—200). Ebenso werden die übrigen Forderungen des Crassus kurz abgewiesen oder modifiziert (§ 255 — 262), gegen Crassus § 201 sq.).
11. *faciam*, ganz wie Scipio de rep. I 21 faciam quod vultis, ut potero et ingrediar in disputationem ea lege, qua credo in omnibus rebus disserendis utendum esse, si errorem velis tollere, ut eius rei, de qua quaeritur, si nomen, quod sit, conveniat, explicetur, quid declaretur eo nomine. Quod si convenerit, tum demum decebit ingredi in sermonem; numquam enim, *quale sit illud, de quo disputabitur*, intellegi poterit, nisi quid sit, fuerit intellectum prius. Or. 116 nisi enim inter eos, qui disceptant, convenit quid sit illud, de quo ambigitur, nec recte disseri nec umquam ad exitum perveniri potest.
13. *vagari et errare*, unsicher hin- und herschwanken ohne bestimmtes Ziel und feste Richtung.
14. *idem* — wenn die Disputierenden unter dem Gegenstand, um den es sich handelt, nicht dasselbe verstehen, mit dem Gegenstand, über den gestritten wird, nicht denselben Begriff verbinden; denn dann wird eben ins Blaue hinein disputiert (oratio vagatur et errat). Cfr. Parad. 6, 1 quem intellegimus divitem? aut hoc verbum in quo homine ponimus. S. d. krit. Anh.
15. *quo de agitur* — so auch de inv. I 19, 27; ad Her. I 5, 8; II 12, 18; 29, 46 gestellt. Einl. II § 3, 25.
210. Antonius befolgt ganz die Reihenfolge des Proömiums, indem er die praktische Wirksamkeit des

esset ars imperatoris, constituendum putarem principio quis
esset imperator; qui cum esset constitutus administrator quidam belli gerendi, tum adiungeremus de exercitu, de castris,
de agminibus, de signorum collationibus, de oppidorum oppu-
gnationibus, de commeatu, de insidiis faciendis atque vitandis,
de reliquis rebus, quae essent propriae belli administrandi;
7 quarum qui essent animo et scientia compotes, eos esse impe-
8 ratores dicerem, utererque exemplis Africanorum et Maximorum, Epaminondam atque Hannibalem atque eius generis homines nominarem. Sin autem quaereremus quis esset is, qui 211
ad rem publicam moderandam usum et scientiam et studium
suum contulisset, definirem hoc modo: qui quibus rebus utilitas rei publicae pareretur augereturque teneret eisque utere-
14 tur, hunc rei publicae rectorem et consilii publici auctorem
esse habendum, praedicaremque P. Lentulum principem illum
et Ti. Gracchum patrem et Q. Metellum et P. Africanum et
C. Laelium et innumerabiles alios cum ex nostra civitate tum
ex ceteris. Sin autem quaereretur quisnam iuris consultus vere 212
nominaretur, eum dicerem, qui legum et consuetudinis eius,
20 qua privati in civitate uterentur, et ad respondendum et ad
agendum   ad cavendum peritus esset, et ex eo genere Sex.
Aelium   Manilium, P. Mucium nominarem. Atque, ut iam 49
23 ad leviora artium studia veniam, si musicus, si grammaticus,
si poëta quaeratur, possim similiter explicare, quid eorum quis-
25 que profiteatur et quo non amplius ab quoque sit postulandum.
Philosophi denique ipsius, qui de sua vi ac sapientia unus om-
27 nia paene profitetur, est tamen quaedam descriptio, ut is, qui

Feldherrn, Staatsmanns und Juristen voranstellt und dann erst zu den rein wissenschaftlichen oder in das praktische Leben wenigstens nicht unmittelbar eingreifenden Thätigkeiten übergeht.

7. *animo et scientia*, d. h. 'nicht bloß theoretisches Wissen davon hätten, sondern die genannten Dinge mit ihrer geistigen Kraft und ihrem Wissen beherrschten'.

8. *Africanorum*, II 290 auf die vielen großen Feldherrn der Römer kommt nur ein Grieche und ein Carthager; allesamt durch ihre strategische Taktik ausgezeichnet.

14. *rectorem*, 'den Lenker des Staatsschiffs'. *publicum consilium* ist die Entscheidung in Staatsangelegenheiten; *auctor cons. publ.* der Leiter, der ideelle und aktuelle Urheber eines Beschlusses der maß-

gebenden Versammlung, also gleich unserem 'leitenden Staatsmann'; vgl. Cic. in Catil. 1 2 particeps consilii publici. u. 215; III 63.

20. *ad respondendum* etc. s. ind. iuris — consultus.

23. *ad leviora studia*, Corn. Nep. Epam. 2 atque haec (Musik, Philosophie und wissenschaftliche Studien überhaupt) ad nostram consuetudinem sunt levia et potius contemnenda. 6. Brut. 3 Etenim si in leviorum artium studio memoriae proditum est etc.

25. *quo non amplius*, als das Höchste.

27. *est tamen quaedam descriptio*, obgleich das Unbegrenzte (Beziehung auf omnia profitetur) eine descriptio (begrenzte Definition) nicht zuzulassen scheint.

studeat omnium rerum divinarum atque humanarum vim, naturam causasque nosse et omnem bene vivendi rationem tenere et persequi, nomine hoc appelletur. Oratorem autem, quoniam de eo quaerimus, equidem non facio eundem, quem Crassus, qui mihi visus est omnem omnium rerum atque artium scientiam comprehendere uno oratoris officio ac nomine; atque eum puto esse, qui et verbis ad audiendum iucundis et sententiis ad probandum accommodatis uti possit in causis forensibus atque communibus. Hunc ego appello oratorem eumque esse praeterea instructum voce et actione et lepore quodam volo. Crassus vero mihi noster visus est oratoris facultatem non illius artis terminis, sed ingenii sui finibus immensis paene describere. Nam et civitatum regendarum oratori gubernacula sententia sua tradidit, in quo per mihi mirum visum est, Scaevola, te hoc illi concedere, cum saepissime tibi senatus breviter impoliteque dicenti maximis sit de rebus adsensus. M. vero Scaurus, quem non longe ruri apud se esse audio, vir regendae rei publicae scientissimus, si audierit hanc auctoritatem gravitatis et consilii sui vindicari a te, Crasse, quod eam oratoris propriam esse dicas, iam, credo, huc veniat et hanc loquacitatem nostram vultu ipso aspectuque conterreat; qui quamquam est in dicendo minime contemnendus, prudentia tamen rerum magnarum magis quam dicendi arte nititur. Neque vero, si quis utrumque potest, aut ille consilii publici auctor ac senator bonus ob eam ipsam causam orator est, aut hic disertus atque eloquens, si est idem in

---

1. *qui studeat*, de off. II 2, 5 nec quidquam aliud est philosophia, si interpretari velis, praeter studium sapientiae; sapientia autem est (ut a veteribus philosophis definitum est) rerum divinarum et humanarum, causarumque, quibus hae res continentur, scientia.
2. *rerum causas nosse* recht eigentlich die Aufgabe der Philosophie; so bezeichnet sie auch Vergil Georg. II 490 offenbar im Hinblick auf Lucrez: felix, qui potuit rerum cognoscere causas.
tenere theoretisch inne haben; *persequi* praktisch durchführen.
5. *atque* fügt die eigentlich positive Bestimmung zu der bloßen Erklärung des dissensus mit Crassus hinzu: und vielmehr.
9. *communibus*, alltäglich, herkömmlich.

10. *lepore quodam*, 17.
12. *facultatem*, was er leisten soll, Aufgabe, quod facere oratoris est. 142. 226. *et* — das andere, was diesem mit et eingeführten Gedanken entsprechen soll (die Philosophie), folgt erst 219 Neque vero etc.
14. *per mihi mirum* Tmesis wie oben 205 und II 97 quantulum id cumque und 271, III 60.
15. *concedere*, 71 flg.
17. *non longe* nicht weit von hier.
19.*hanc auctoritatem*, das Ansehn, das auf der Gediegenheit seines persönlichen Charakters und seiner staatsmännischen Einsicht beruht.
21. *loquacitatem*, aus dem Sinne des Scaurus, in dessen Augen dies nicht mehr war, als loquacitas. *prudentia*, 'kluge Behandlung'.
23. *rerum magnarum*, 20.

procuratione civitatis egregius, illam scientiam dicendi copia est consecutus. Multum inter se distant istae facultates longeque sunt diversae atque seiunctae neque eadem ratione ac via M. Cato, P. Africanus, Q. Metellus, C. Laelius, qui omnes eloquentes fuerunt, orationem suam et rei publicae dignitatem exornabant. Neque enim est interdictum aut a rerum natura aut a lege aliqua atque more, ut singulis hominibus ne amplius quam singulas artes nosse liceat. Quare non, si eloquentissimus Athenis Pericles idemque in ea civitate plurimos annos princeps consilii publici fuit, idcirco eiusdem hominis atque artis utraque facultas existimanda est, nec, si P. Crassus idem fuit eloquens et iuris peritus, ob eam causam inest in facultate dicendi iuris civilis scientia. Nam si ut quisque in aliqua arte et facultate excellens aliam quoque artem sibi adsumpserit, is perficiet, ut, quod praeterea sciet, id eius, in quo excellet, pars quaedam esse videatur: licet ista ratione dicamus pila bene et duodecim scriptis ludere proprium esse iuris civilis, quoniam utrumque eorum P. Mucius optime fecerit; eademque ratione dicantur ei, quos φυσικούς Graeci nominant, eidem poëtae, quoniam Empedocles physicus egregium

---

1. *illam.* So ist, wie aus dem Gegensatz hervorgeht, wohl ohne Zweifel zu lesen, sc. procurandae civitatis, ganz wie 236: ebensowenig wie ein guter Staatsmann, der zugleich ein guter Redner ist, seine rednerische Kenntnis der Staatskunst verdankt, ebensowenig verdankt ein guter Redner, der zugleich ein guter Staatsmann ist, seine staatsmännische Kenntnis der Redekunst. S. d. krit. Anh.

6. *exornabant*, ein Ausdruck, der in seiner allgemeinen Bedeutung zu dignitatem, in seiner speciellen zu orationem paßt: es war nicht eine und dieselbe Kunst, mit der sie ihren Vortrag und zugleich die Würde des Staats erhöhten, sondern zwei verschiedene Künste.

9. *plurimos annos*, genau genommen von Ol. 84, 1—87, 4 (444 bis 429), im weitesten Sinn, wenn man bis zum J. 465 zurückgeht, in runder Zahl quadraginta annos (III 138).

10. *eiusdem hominis.* Daraus, daß Perikles ein ebenso großer Redner als Staatsmann war, darf nicht geschlossen werden, daß dasselbe Subjekt, das die eine Kunst besitze, eo ipso auch die andere habe.

11. *P. Crassus* s. 170.

13. *Nam si ut quisque.* So sind nach Analogie anderer Beispiele (120. 123) die Worte zu stellen, statt si quisque ut (Nägelsbach Lat. Stil. § 92, 4). *is* wo man ita erwartet (II 313), steht gerade so de off. 1 5, 16 ut enim quisque maxime perspicit — is prudentissimus haberi solet. 'Denn wenn, so wie einer einmal (allemal wenn, so ofter) außer der Virtuosität in seiner Kunst noch eine andere Kunst dazu sich angeeignet hat, dieser damit erreichen soll, daß dieses πάρεργον als ein wesentliches Stück der Kunst, worin er Virtuos ist, angesehen wird, dann dürfen wir nach dieser Logik auch sagen' u. s. w. Aus der Absurdität dieser Konsequenz folgt die Unrichtigkeit der Annahme.

15. *quisque — is*, 139. *pila*, 73. 166.

17. *duodecim scriptis* das Zwölffelderbrett, s. ind. s. v. scriptis.

poëma fecerit. At hoc ne philosophi quidem ipsi, qui omnia, sicut propria, sua esse atque a se possideri volunt, dicere audent, geometriam aut musicam philosophi esse, quia Platonem omnes in illis artibus praestantissimum fuisse fateantur. Ac si iam placet omnes artes oratori subiungere, tolerabilius est sic potius dicere, ut, quoniam dicendi facultas non debeat esse ieiuna atque nuda, sed adspersa atque distincta multarum rerum iucunda quadam varietate, sit boni oratoris multa auribus accepisse, multa vidisse, multa animo et cogitatione, multa etiam legendo percucurrisse, neque ea ut sua possedisse, sed ut aliena libasse. Fateor enim callidum quendam huuc et nulla in re tironem ac rudem nec peregrinum atque hospitem in agendo esse debere.

Neque vero istis tragoediis tuis, quibus uti philosophi maxime solent, Crasse, perturbor, quod ita dixisti, neminem posse eorum mentes, qui audirent, aut inflammare dicendo aut in-

---

2. *sicut propria.* Die Philosophen wollten alles besitzen, und zwar gerade so, wie das, was wirklich ihnen gehörte, d. h. wie die eigentl. philosophischen Dinge. (Ellendt hielt die Worte für ein Glossem, das nicht in den Text gehöre.)
Der Zwischensatz *qui omnia sua esse volunt* hat einen mehr verallgemeinernden Sinn = die doch sonst alles für ihre Domäne halten; setzt man ihn in scharfer Bestimmtheit zu dem folgenden in Beziehung, ergiebt sich ein Widerspruch: sie halten alles für ihr Eigentum, und meinen doch nicht, die Musik gehöre ihnen. Es ist aber wegen des verallgemeinernden Charakters des Relativums keineswegs nötig, mit Muther ein *paene* vor omnia, wie es in 212 steht, einzuschieben, etwas Entsprechendes wird durch das qui volunt genügend angedeutet.
4. *si iam placet:* wenn denn einmal. 246. 250; II 25; III 84. iam ist hier ebenso an die Konditionalpartikel angeschlossen, wie in quoniam an die Kausalpartikel. Dies zugleich gegen die Erklärung von Savelsberg Rhein. Mus. N. F. 26, 1 (1871), der quoniam aus quoni = cum und der Endung am entstehen läßt, derselben, die sich in coram, palam finde.

5. *sic dicere, ut — sit boni oratoris,* eine Breviloquenz für ut statuamus esse. 115. Vgl. 219 ita dixisti, neminem posse inflammare.
6. *ieiuna* nüchtern, *nuda* schmucklos, einfarbig, *adspersa* angewürzt, *distincta,* geschmückt, bunt gefärbt, wie ein reich verziertes Gewand.

11. *libasse,* 159.

12. *hospitem* wie II 131. *in agendo,* nachdrücklich 'bei der Verhandlung' cum causas agit; dafür aber kann er sich gehörig instruieren.

peregrinum atque hospitem, das Gegenteil hiervon ist habitare in 264.

in agendo nicht = im Vortrag, sondern = in causis agendis, in der Gerichtspraxis.

51, 219. Die Gegenrede des Antonius richtet sich erstens gegen die Behauptung des Crassus, daß das Studium der Philosophie für den Redner erforderlich sei, 51, 219—55, 234.

14. *tragoediis* pathetische Deklamationen, Tragödienphrasen, 233 (II 205).

tuis wird gleich durch den Zusatz quibus uti philosophi solent gemildert.

16. *audirent* — das imperf. im Anschluß an dixisti, als zur Äußerung des Crassus gehörig; in cernatur spricht Antonius zugleich

flammatas restinguere, cum eo maxime vis oratoris magnitudoque cernatur, nisi qui rerum omnium naturam, mores hominum atque rationes penitus perspexerit, in quo philosophia sit oratori necessario percipienda: quo in studio hominum quoque ingeniosissimorum otiosissimorumque totas aetates videmus esse contritas; quorum ego copiam magnitudinemque cognitionis atque artis non modo non contemno, sed etiam vehementer admiror; nobis tamen, qui in hoc populo foroque versamur, satis est ea de moribus hominum et scire et dicere, quae non abhorrent ab hominum moribus. Quis enim umquam 220 orator magnus et gravis, cum iratum adversario iudicem facere vellet, haesitavit ob eam causam, quod nesciret, quid esset iracundia, fervorne mentis an cupiditas puniendi doloris? Quis, cum ceteros animorum motus aut iudicibus aut populo dicendo miscere atque agitare vellet, ea dixit, quae a philosophis dici solent? qui partim omnino motus negant in animis ullos esse

seine Meinung aus. Dadurch werden auch die folgenden tempora bestimmt.
2. *rerum omnium naturam*. Allerdings hilft die Kenntnis der Natur aller Dinge unmittelbar nichts zu dem Zweck des inflammare animos aut restinguere; allein die Kenntnis der Natur aller Dinge gehört zur Aufgabe der Philosophie, philosophische Kenntnis aber soll zu dem genannten Zweck der Redner besitzen, und das Gebiet der Philosophie ist ein unbegrenztes, allumfassendes. Vgl. 212 und 80 nec dubito, quin multo locupletior in dicendo futurus sit, siquis omnium rerum atque artium rationem naturamque comprehenderit. Daher liegt in der Übertreibung der von Crassus gestellten Forderung eine scherzhafte Zurückweisung dieser Forderung überhaupt. S. d. krit. Anhang.
mores hominum atque rationes Charakter und Denkweise.
4. *hominum quoque ingeniosissimorum*. — Die Worte homines ingeniosissimi otiosissimique hängen eng zusammen, zu ihnen gehört quoque. In solchem Fall hat dies öfter eine ungenaue Stellung. de fin. III 4, 15 Zenoni licuit cum *rem* aliquam invenisset *inusitatam*, *inauditum* quoque ei rei *nomen* imponere (Chiasmus). Liv. 22, 14, 15 Minucio circumfundebatur tribunorum equitumque Romanorum multitudo et ad *aures* quoque *militum* dicta ferocia volvebantur. Zuweilen gehört quoque auch zum ganzen Satz, nicht zum einzelnen Wort. So Liv. 2, 22, 4 legatos quoque passim dimittunt = außer dem, was sie sonst thaten, schickten sie auch Gesandte.
9. *de* moribus und *ab* hominum moribus, mit absichtlichem Nachdruck einander entgegengesetzt: 'für den Redner, der für das wirkliche Leben redet, reicht es hin, das über den menschlichen Charakter zu wissen und zu reden, was nicht wider den m. Ch. ist', mit einem leicht bemerkbaren Seitenhieb auf die Philosophen (221), besonders die stoischen, die Behauptungen aufstellten, die dem wirklichen Leben widersprachen. S. d. krit. Anh.
15. *miscere*, in Gährung bringen, II 203; Or. part. 22 maximeque movet ea quae motum aliquem animi miscet oratio.
agitare, in Aufregung versetzen.
16. *partim*, wie die Stoiker mit ihrer ἀπάθεια, 230; III 65 sapientis animum numquam nec cupiditate moveri nec laetitia efferri. Acad. II 44, 135.

debere, quique eos iu iudicum mentibus concitent, scelus eos nefarium facere; partim, qui tolerabiliores volunt esse et ad veritatem vitae propius accedere, permediocres ac potius leves motus debere esse dicunt. Orator autem omnia haec, quae putantur in communi vitae consuetudine mala ac molesta et fugienda, multo maiora et acerbiora verbis facit; itemque ea, quae vulgo expetenda atque optabilia videntur, dicendo amplificat atque ornat, neque vult ita sapiens inter stultos videri, ut ei, qui audiant, aut illum ineptum et Graeculum putent, aut, etiamsi valde probent ingenium, oratoris sapientiam admirentur, se esse stultos moleste ferant; sed ita peragrat per animos, ita sensus hominum mentesque pertractat, ut non desideret philosophorum descriptiones neque exquirat oratione, summum illud bonum in animone sit an in corpore, virtute an voluptate definiatur, an haec inter se iungi copularique possint; an vero, ut quibusdam visum, nihil certum sciri, nihil plane cognosci et percipi possit. Quarum rerum fateor magnam multiplicemque esse disciplinam et multas copiosas varias-

2. *partim,* wie die Peripatetiker, 'qui perturbari animos necesse dicunt esse, sed adhibent modum quendam, quem ultra progredi non oporteat', Tusc. IV 17, 38. Mediocritates illi probabant et in omni permotione naturalem volebant esse quendam modum, Acad. II 44, 135.
3. *veritas* Wirklichkeit s. 149.
5. *mala ac molesta et fugienda* zweigliedrig zu fassen: mala ac molesta 'und darum' zu meiden, während bona ac iucunda expetenda sunt.
8. *ita,* auf die Bedingung hin. *sapiens,* wie der stoische Philosoph ὁ σοφός, gegenüber dem Nichtphilosophen, der ἄφρων ist, 82.
9. *illum,* ἐκεῖνον, ihn, im Gegensatz von se, 170. *ineptum,* II 17. *Graeculum,* 47.
11. *peragrat,* zieht solche Furchen, schneidet so tief ein.
12. *pertractat,* bearbeitet die Herzen II 186. *descriptiones,* Begriffsbestimmungen, 212.
14. *summum bonum,* Tusc. V 30, 84 f. Sunt autem hae de finibus (bonorum) sententiae: nihil bonum, nisi *honestum,* ut Stoici; nihil bonum, nisi *voluptatem,* ut Epicurus. Haec simplicia: illa mixta: tria genera bonorum, maxima *animi,* secunda *corporis, externa* tertia, ut Peripatetici, nec multo veteres Academici secus. *Voluptatem cum honestate* Dinomachus et Callipho copulavit. Darnach ist *an haec* 2. Glied der Doppelfrage im Gegensatz zu den beiden ersten Fragen, die in diesem Gegensatz nur ein Glied ausmachen, *an vero* 2. Glied zu allen drei vorausgegangenen Fragen zusammen.

16. *quibusdam* — besonders den Skeptikern oder Pyrrhoneern und der neuern Akademie (Arcesilas), III 67.
nihil certum sciri nichts lasse sich als sicher wissen; nihil certi sciri wäre = nichts Ausgemachtes lasse sich wissen; so III 67 nihil certi esse es gebe nichts Ausgemachtes; nihil certum esse wäre = nichts sei unzweifelhaft. Im ersten Falle ist der Hauptbegriff certum, im zweiten sciri.
nihil certum, III 67 im allgemeinen und also auch in Beziehung auf die Frage über das höchste Gut. *certum,* F. Schultz § 274. A. 3. Dem certum entspricht hernach, nur in adverbialem Ausdruck, *plane,* 81.

que rationes; sed aliud quiddam, longe aliud, Crasse, quaerimus. Acuto homine nobis opus est et natura usuque callido, qui sagaciter pervestiget, quid sui cives eique homines, quibus aliquid dicendo persuadere velit, cogitent, sentiant, opinentur, exspectent. Teneat oportet venas cuiusque generis, aetatis, ordinis, et eorum, apud quos aliquid aget aut erit acturus, mentes sensusque degustet; philosophorum autem libros reservet sibi ad huiusce modi Tusculani requiem atque otium, ne, si quando ei dicendum erit de iustitia et fide, mutuetur a Platone; qui, cum haec exprimenda verbis arbitraretur, novam quandam finxit in libris civitatem; usque eo illa, quae dicenda de iustitia putabat, a vitae consuetudine et a civitatum moribus abhorrebant. Quodsi ea probarentur in populis atque in civitatibus, quis tibi, Crasse, concessisset, clarissimo viro et amplissimo, principi civitatis, ut illa diceres in maxima contione tuorum civium, quae dixisti? 'Eripite nos ex miseriis, eripite ex faucibus eorum, quorum crudelitas

---

3. *acuto homine*, non philosopho. *pervestiget*, II 147.
6. *venas*, 'die innersten Pulsschläge, den Charakter'. Tac. dial. de or. 31 orator — tenebit venas animorum et prout cuiusque natura postulabit, adhibebit manum et temperabit orationem. Ähnlich viscera, auch venae und viscera verbunden, wie Tusc. IV 11, 24 permanat in venas et inhaeret in visceribus illud malum. in Catil. I 13, 31.
7. *aget aut erit acturus*, verhandeln wird, oder in die Lage kommen wird zu verhandeln.
8. *degustet*, 'prüft', wie ein Weinkenner den Wein oder ein Feinschmecker die Speisen, mit feinem Geschmack.
11. *verbis*, mit absichtlichem Nachdruck, um das Doktrinäre eines solchen Beginnens anzudeuten. 'Als er seine Lehren darüber niederzuschreiben gedachte', mußte sich Plato erst einen ganz neuen Staat in seiner Phantasie konstruieren.
12. *finxit*, in seiner berühmten Schrift πολιτεία ἢ περὶ δικαίου, de rep. II 1, 3; 11, 21. nam princeps ille, quo nemo in scribendo praestantior fuit, aream sibi sumpsit, in qua civitatem exstrueret arbitratu suo, praeclaram illam quidem fortasse, sed a vita hominum abhorrentem et moribus. Daher 230 in illa commenticia Platonis civitate, der in der Wirklichkeit nie vorhanden ist.
in libris — nach unserem Ausdruck 'auf dem Papier' im Gegensatz zu dem wirklichen Leben. Plat. rep. IX p. 592 A τῇ λόγοις κειμένῃ, ἐπεὶ γῆς γε οὐδαμοῦ οἶμαι αὐτὴν εἶναι.
225. Cic. läßt den A. drei für die Geschichte der damaligen Zeit sehr charakteristische Fälle aufführen, die Rede des Crassus pro lege Servilia (Einl. I § 10, 81), wobei sich der tiefe Zwiespalt zwischen der Senatspartei und den Rittern, und die Prozesse des Galba und Rutilius Rufus, in denen sich hauptsächlich das rasche Sinken des Rechtsgefühls in erschreckender Weise offenbarte.
14. *in populis atque in civitatibus*, im wirklichen Volks- und Staatsleben.
18. *ex faucibus*, Catil. III 1, 1 rempublicam — e flamma et ferro ac paene ex faucibus fati ereptam; p. Arch. 9, 21 urbem — e totius belli ore ac faucibus ereptam.

nostro sanguine non potest expleri; nolite sinere nos
cuiquam servire, nisi vobis universis, quibus et possumus et debemus.' Omitto 'miserias', in quibus, ut illi
aiunt, vir fortis esse non potest; omitto 'fauces', ex quibus
te eripi vis, ne iudicio iniquo exsorbeatur sanguis tuus, quod
sapienti negant accidere posse: 'servire' vero non modo te,
sed universum senatum, cuius tum causam agebas, ausus es
dicere! Potestne virtus, Crasse, servire istis auctoribus, quorum tu praecepta oratoris facultate complecteris? quae et
semper et sola libera est quaeque, etiamsi corpora capta sint
armis aut constricta vinculis, tamen suum ius atque omnium
rerum impunitam libertatem tenere debeat. Quae vero addidisti, non modo senatum servire 'posse' populo, sed etiam
'debere', quis hoc philosophus tam mollis, tam languidus, tam
enervatus, tam omnia ad voluptatem corporis doloremque
referens probare posset, senatum servire populo, cui populus
ipse moderandi et regendi sui potestatem quasi quasdam
habenas tradidisset? Itaque haec cum a te divinitus ego dicta
arbitrarer, P. Rutilius Rufus, homo doctus et philosophiae
deditus, non modo parum commode, sed etiam turpiter et

1. *nostro sanguine non potest expleri* von ihrer unersättlichen Rachgier hat sich der Senat des Äußersten zu versehen; davor möge das Volk sie schützen; das *sanguine* ist zu betonen; vgl. d. krit. Anh. Wahrscheinlich kam hier auch die andere aus Crassus' Rede Or. 219 erwähnte Sentenz vor: nam ubi lubido dominatur, innocentiae leve praesidium est. Einl. I § 10, 88.

3. *ut illi aiunt* sc. Stoici, wie dies Cicero im 2. Paradoxon ὅτι αὐτάρκης ἡ ἀρετὴ πρὸς εὐδαιμονίαν weiter ausführt: ut improbo et stulto et inerti nemini bene esse potest, sic bonus vir et *fortis* et sapiens miser esse non potest. in Pison. 18, 42 sapientem dicunt, etiamsi in Phalaridis tauro inclusus succensis ignibus torreatur, dicturum tamen suave illud esse, seseque ne tantulum quidem commoveri. Tantam virtutis esse vim voluerunt, ut non posset umquam esse vir bonus non beatus.

8. *virtus,* Phil. IV 5, 13 Quamquam alia omnia incerta sunt, caduca, mobilia, virtus est una altissimis defixa radicibus, quae numquam ulla vi labefactari potest, numquam demoveri loco.

istis auctoribus, nach ihren Grundsätzen. Parad. V ὅτι μόνος ὁ σοφὸς ἐλεύθερος.

9. *oratoris facultate,* vgl. 214.

11. *suum ius,* ihre Selbständigkeit.

12. *impunitam,* uneingeschränkt.

Quae vero etc. was aber das betrifft etc.; darnach wird mit rhetorischer Anakoluthie wie nach einem Gedankenstrich selbständig fortgefahren: quis hoc philosophus etc. ähnlich wie 246.

14. *quis philosophus tam mollis — probare posset,* verkürzte Redeweise für tam mollis fuit — ut — posset. In ähnlicher Konstruction auch Negationen mit tam: ad Att. VIII 4, 2 Numquam reo cuiquam tam humili, tam sordido — tam praecise negavi, quam hic mihi i. e. numquam reus tam humilis, tam sordidus fuit — cui tam praecise negaverim, quam hic mihi.

18. *divinitus,* wunderbar schön, 26. 28; II 127.

flagitiose dicta esse dicebat. Idemque Servium Galbam, quem hominem probe commeminisse se aiebat, pergraviter reprehendere solebat, quod is, L. Scribonio quaestionem in eum ferente, populi misericordiam concitasset, cum M. Cato, Galbae gravis atque acer inimicus, aspere apud populum Romanum et vehementer esset locutus, quam orationem in Originibus suis exposuit ipse. Reprehendebat igitur Galbam Rutilius, quod is C. Sulpicii Galli 228 propinqui sui Quintum pupillum filium ipse paene in humeros suos extulisset, qui patris clarissimi recordatione et memoria fletum populo moveret, et duos filios suos parvos tutelae populi commendasset ac se, tamquam in procinctu testamentum faceret sine libra atque tabulis, populum Romanum tutorem instituere dixisset illorum orbitati. Itaque cum et invidia et odio populi tum Galba premeretur, hisce eum tragoediis liberatum ferebat; quod item apud Catonem scriptum esse video, 'nisi pueris et lacrimis usus esset, poenas eum daturum fuisse'. Haec Rutilius valde vituperabat et huic humilitati dicebat vel exsilium fuisse vel mortem anteponendam. Neque vero hoc 229 solum dixit, sed ipse et sensit et fecit. Nam cum esset ille vir exemplum, ut scitis, innocentiae cumque illo nemo neque integrior esset in civitate neque sanctior, non modo supplex iudicibus esse noluit, sed ne ornatius quidem aut liberius cau-

3. *quaestionem,* denn darauf zielte die rogatio privilegii similis ab (s. ind. Sulp. Galba).
6. *exposuit* ihrem Gange und Inhalt nach mitgeteilt hat. Brut. 81 cuius et aliae sunt orationes et contra Ti. Gracchum exposita est in C. Fanni annalibus. Or. 23.
9. *recordatione et memoria.* Tac. dial. de or. 1 ita non ingenio, sed memoria et recordatione opus est.
11. *in procinctu,* s. ind. testamentum in procinctu.
12. *tabulis,* worauf die Testamentsurkunde geschrieben wurde.
14. *tragoediis,* Rührscenen, theatralische Effektstücke. 219.
ferebat sc. Rutilius.
17. *humil.,* erniedrigendem Benehmen.
19. *sensit et fecit,* es war seine eigene Überzeugung, und er bewies es durch die That, p. Sest. 40, 86 hoc sentire prudentiae est, facere fortitudinis; 42, 92 Milo et vidit et fecit, ut ius experiretur, vim depelleret.
21. *sanctior* sittlich-ernster, Or.

31 quid enim tam distans quam a *severitate* comitas, quis tamen umquam te aut *sanctior* est habitus aut dulcior.
noluit, wie auch der Erl. I b. hat, nicht voluit, da vor sed ne — quidem die zweite Negation in der Formel non modo non nur dann ausgelassen werden kann, wenn das eine für beide negative Glieder geltende Schlußverbum nicht gleich dem ersten, sondern erst dem zweiten Gliede beigefügt wird. F. Schultz § 202 A. 1. Daher ad Attic. I 11, 1 non modo eam voluntatem eius, quae fuerat erga te, recuperare *non potui,* verum ne causam quidem elicere. Im zweiten Glied aus dem vorhergehenden noluit voluit herauszunehmen, wie 22) aus negant: dicunt; ut aus ne (s. z. 111) hat keine Schwierigkeit, 111. 134. (Doch ist darin vielleicht der Grund zu suchen, daß man schon im ersten Gliede voluit schrieb.)
22. *liberius,* d. h. er wollte bei seiner Verteidigung durchaus nichts vorgebracht haben, was nicht streng

sam dici suam, quam simplex ratio veritatis ferebat. Paulum
huic Cottae tribuit partium, disertissimo adulescenti, sororis
suae filio. Dixit item causam illam quadam ex parte Q. Mucius,
more suo, nullo apparatu, pure et dilucide. Quodsi tu tunc,
Crasse, dixisses, qui subsidium oratori ex illis disputationibus,
quibus philosophi utuntur, ad dicendi copiam petendum esse
paulo ante dicebas, et, si tibi pro P. Rutilio non philosophorum more, sed tuo licuisset dicere, quamvis scelerati illi fuissent, sicuti fuerunt, pestiferi cives supplicioque digni, tamen
omnem eorum importunitatem ex intimis mentibus evellisset
vis orationis tuae: nunc talis vir amissus est, dum causa ita
dicitur, ut si in illa commenticia Platonis civitate res ageretur. Nemo ingemuit, nemo inclamavit patronorum, nihil cuiquam doluit, nemo est questus, nemo rem publicam implora-
vit, nemo supplicavit; quid multa? pedem nemo in illo iudicio
supplosit, credo, ne Stoicis renuntiaretur. Imitatus est homo
Romanus et consularis veterem illum Socratem, qui cum omnium sapientissimus esset sanctissimeque vixisset, ita in iudicio capitis pro se ipse dixit, ut non supplex aut reus, sed
magister aut dominus videretur esse iudicum. Quin etiam,
cum ei scriptam orationem disertissimus orator Lysias attu-
lisset, quam, si ei videretur, edisceret, ut ea pro se in iudicio

zur Sache gehörte; wie umgekehrt
Cic. pro Archia die engen Schranken
des eigentlichen Rechtsfalls über-
schreitet und daher die Richter
bittet c. 2 ut — mihi detis hanc
veniam, ut me — patiamini de
studiis humanitatis ac litterarum
paulo loqui *liberius*. Andere wollen
lieber uberius lesen.
1. *ratio veritatis* Umschreibung
s. z. § 4.
3. *quadam ex parte*, als Zeuge
seiner Unschuld, denn Rutilius
war ja des Q. Mucius Scaevola Pont.
M. Legat gewesen.
10. *importunitatem*, die Gewissen-
losigkeit oder vielmehr Frechheit,
mit der sie den anerkannt un-
schuldigen Mann zu verurteilen
entschlossen waren.
11. *amissus*, wie er sich denn
wirklich nicht bewegen ließ, wieder in sein Vaterland zurückzu-
kehren.
12. *commenticia*, 224.
14. *doluit*, hat etwas wehe gethan, wie p. Mur. 20, 42 cui placet
obliviscitur, cui dolet meminit.

15. *supplicavit*, Brut. 278 ubi dolor? ubi ardor animi (134), qui
etiam ex infantium ingeniis elicere
voces et querelas solet? Nulla perturbatio animi, nulla corporis; frons
non percussa, non femur; *pedis,
quod minimum est, nulla supplosio*
Einl. I § 10, 73.
16. *credo*, ironisch wie II 142. *ne
Stoicis renuntiaretur* 'damit nicht
den Stoikern aufgekündigt, mit
ihnen gebrochen würde'. Gewöhnlicher mit Obj., wie in Verr. A. II
1, 54, 141 renuntiat Rabonius illam
decisionem tutoribus.
17. *homo Romanus et consularis*,
der nach dieser seiner doppelten
Würde ganz anders hätte auftreten
sollen.
18. *ita* — wie davon Platos
ἀπολογία Σωκράτους der glänzendste Beweis ist.
19. *ipse*, Tusc. I 71 S. nec patronum quaesivit ad iudicium capitis
nec iudicibus *supplex* fuit adhibuit-
que liberam contumaciam a magnitudine animi ductam, non a
superbia.

uteretur, non invitus legit et commode scriptam esse dixit; sed, inquit, ut, si mihi calceos Sicyonios attulisses, non uterer, quamvis essent habiles et apti ad pedem, quia non essent viriles, sic illam orationem disertam sibi et oratoriam videri, fortem et virilem non videri. Ergo ille quoque damnatus est; neque solum primis sententiis, quibus tantum statuebant iudices, damnarent an absolverent, sed etiam illis, quas iterum legibus ferre dedebant. Erat enim Athenis, reo damnato, si fraus capitalis non esset, quasi poenae aestimatio; et sententia cum iudicibus daretur, interrogabatur reus, quam [quasi aestimationem] commeruisse se maxime confiteretur; quod cum interrogatus Socrates esset, respondit sese meruisse, ut amplissimis honoribus et praemiis decoraretur et ut ei victus cotidianus in Prytaneo publice praeberetur, qui honos apud Graecos maximus habetur. Cuius responso iudices sic exarserunt,

2. *calceos Sicyonios*, s. ind. Sicyon.
4. *orationem*. Nach Diogenes Laert. II 40 antwortete Socrates καλὸς μὲν ὁ λόγος, οὐ μὴν ἁρμόττων.
5. *ille quoque*, nämlich ut Rutilius Rufus.
6. *primis sententiis*. Auf die erste Abstimmung der Geschworenen über Schuldig oder Nichtschuldig folgte in vielen Fällen (wo nicht bereits das Gesetz die Strafe bestimmt hatte, das war dann ein ἀγὼν ἀτίμητος) noch eine zweite über die Strafschätzung (τίμημα, das war dann ein ἀγὼν τιμητός), besonders bei öffentlichen Klagen, zu denen die Anklage gegen S. als γραφὴ ἀσεβείας gehörte. In diesem Falle, wo die Richter zu bestimmen hatten, ὅτι χρὴ παθεῖν ἢ ἀποτίσαι fügte der Kläger seinen Strafantrag der Klageschrift bei (ἐπάγειν τὸ τίμημα), wogegen der Beklagte im Falle seiner Verurteilung einen Gegenantrag zu stellen berechtigt ist (ἀντιτιμᾶσθαι). Dann folgte erst das Enduteil. S. verstand sich nicht dazu, von diesem Rechte Gebrauch zu machen, weil er sich damit als schuldig bekannt haben würde, sondern gab nur die bekannte Antwort. Plat. Apol. c. 26.
8. *si fraus capit. non esset*, z. B. bei absichtlichem Totschlag: οἱ

φονικοὶ νόμοι τοὺς μὲν ἐκ προνοίας ἀποκτιννύντας θανάτῳ καὶ ἀειφυγίᾳ καὶ δημεύσει τῶν ὄντων ζημιοῦσιν. *esset*, weil die Gesetzesbestimmung indirekt angeführt wird. Horat. Sat. I 9, 37 respondere vadato debebat, quod ni fecisset, perdere litem.

9. *sententia cum iudicibus daretur*. Der Konjunktiv ist entweder zu erklären, wie vorher si fraus capitalis non esset, oder nach Analogie der seltenen Beispiele, wo Cicero von Einrichtungen, welche eine Wiederkehr bestimmter Handlungen zur Folge haben, nach cum den Konjunktivus setzt, de divin. I 45, 102 cum imperator exercitum, censor populum lustraret, bonis nominibus, qui hostias ducerent, eligebantur.

10. *quam [quasi aestimationem]* s. d. krit. Anh.

13. *ei* aus dem Sinne des Referenten (Antonius); in Konjunktivsätzen herrscht sonst eine Vorliebe für das Reflexivum.

15. *habetur* — von Antonius zur Erklärung hinzugesetzt; haberetur (was auch Erl. 1 b hat) würde anzeigen, daß auch diese Worte von S. vor den Richtern noch mitgesprochen wären, was natürlich nicht angeht.

ut capitis hominem innocentissimum condemnarent. Qui quidem si absolutus esset (quod mehercule, etiamsi nihil ad nos pertinet, tamen propter eius ingenii magnitudinem vellem), quonam modo istos philosophos ferre possemus, qui nunc, cum ille damnatus est, nullam aliam ob culpam nisi propter dicendi inscientiam, tamen a se oportere dicunt peti praecepta dicendi? Quibuscum ego non pugno, utrum sit melius aut verius; tantum dico et aliud illud esse atque hoc et hoc sine illo summum esse posse.

55, 234. Nam quod ius civile, Crasse, tam vehementer amplexus es, video quid egeris; tum, cum dicebas, videbam. Primum Scaevolae te dedisti, quem omnes amare meritissimo pro eius eximia suavitate debemus; cuius artem cum indotatam esse et incomptam videres, verborum eam dote locupletasti et ornasti. Deinde quod in ea tu plus operae laborisque consumpseras, cum eius studii tibi et hortator et magister esset domi, veritus es, nisi istam artem oratione exaggerasses, ne operam per-

---

4. *quonam modo,* wie würden erst dann die Ansprüche der Ph. sich steigern!

5. *cum*, mit Beziehung auf nunc, 'wo', das der falschen Annahme die Wirklichkeit entgegenstellt.

6. *inscientiam*, zugleich mit Anspielung auf seinen Satz: se id scire, se nihil scire, 42.

7. *utrum* — ob Redekunst oder Philosophie. Man sieht, Ant. beurteilt den Wert der Beredsamkeit nur nach dem Erfolg, den sie erzielt.

55, 234. Die Gegenrede des A. richtet sich zweitens gegen die Behauptung des Crassus, daß für den Redner ein spezielles Studium der Rechtswissenschaft erforderlich sei 55, 234—60, 256.

10. *nam*, 18.

11. *tum, cum dicebas, videbam* (*tum* schon vorhin) ist so wenig ein nichtssagender Zusatz, daß wir vielmehr daraus die ganze äußere Haltung des Cr. bei dem juristischen Hauptteil des vorausgegangenen Gesprächs erkennen sollen; wie sich Cr. fortwährend an den geliebten Schwiegervater gewandt, immer auf ihn, den berühmten Juristen gesehen, was er dazu sage, sodaß die ganze Exposition durch dieses Mannes Blick und Mienen bedingt schien. Das, meint A., war bei deinem Vortrag deutlich zu bemerken, daß jene Forderung etwas durchaus Persönliches war, eine Artigkeit gegen deinen verehrten, liebenswürdigen Schwiegervater oder vielmehr gegen dessen Geliebte, seine Jurisprudenz, die du in ihrer Armut (ohne die Mitgift der eloquentia) und Schmucklosigkeit (ohne den ornatus dicendi) mit deinen Gaben bereichert und gekleidet hast; mit offenbarer Anspielung auf die sehr einfache und ungeschminkte Beredsamkeit des Mucius (214 breviter impoliteque dicenti, auch vom Pontifex 229 nullo apparatu, Einl. 1 § 14, 170), vielleicht auch auf die dos proficticia, die Cr. nach römischem Recht an den Vater hatte zurückgeben müssen (24).

14. *incomptam*, Or. 78 Nam ut mulieres esse dicuntur nonnullae inornatae, quas id ipsum deceat, sic haec subtilis oratio etiam *incompta* delectat; tum removebitur omnis insignis ornatus quasi margaritarum, ne calamistri quidem adhibebuntur, fucati vero medicamenta candoris et ruboris omnia repellentur.

didisses. Sed ego ne cum ista quidem arte pugno; sit sane tanta, quantam tu illam esse vis. Etenim sine controversia et magna est et late patet et ad multos pertinet et summo in honore semper fuit et clarissimi cives ei studio etiam hodie praesunt; sed vide, Crasse, ne, dum novo et alieno ornatu velis ornare iuris civilis scientiam, suo quoque eam concesso et tradito spolies atque denudes. Nam si ita diceres, qui iuris consultus esset, esse eum oratorem, itemque qui esset orator, iuris eundem esse consultum, praeclaras duas artes constitueres atque inter se pares et eiusdem socias dignitatis. Nunc vero iuris consultum sine hac eloquentia, de qua quaerimus, fateris esse posse fuisseque plurimos; oratorem negas, nisi illam scientiam adsumpserit, esse posse. Ita est tibi iuris consultus ipse per se nihil nisi leguleius quidam cautus et acutus, praeco actionum, cantor formularum, auceps syllabarum; sed quia saepe utitur orator subsidio iuris in causis, idcirco istam iuris scientiam eloquentiae tamquam ancillulam pedisequamque adiunxisti.

Quod vero impudentiam admiratus es eorum patronorum, qui aut, cum parva nescirent, magna profiterentur aut ea, quae maxima essent in iure civili, tractare auderent in causis, cum ea nescirent numquamque didicissent, utriusque rei facilis est et prompta defensio. Nam neque illud est mirandum, qui,

---

1. *ego ne cum ista quidem pugno* im Gegensatz zu 233 quibuscum ego non pugno —.
sit sane, mag meinetwegen, wie II 264 und Brut. 76 sit Ennius sane, ut est certe, perfectior.
5. *praesunt*, 186. 198. *ornare* — *ornatu*, wie Or. 83 illuminat 'luminibus, nach der s. g. figura etymologica. *vide — ne* 55.
14. *leguleius*, Quint. XII 3, 11 alii se ad album (h. e. praetorum edicta) ac rubricas (iurisconsultorum libros) transtulerunt et *formularii* vel — *leguleii* quidam esse maluerunt, tamquam utiliora eligentes ea, quorum solam facilitatem sequebantur.
15. *praeco actionum*, der bekannt macht, welche spezielle Klage in dem konkreten Fall anhängig gemacht werden muß.
cantor formularum, der die solennen (prozessualischen) Formeln (carmina) am Schnürchen herleiert; p. Mur. 12, 26.

auceps syllabarum, 'Silbenstecher', der bei dem Beweis ex scripto, aus dem Wortlaut des Gesetzes, jeden Buchstaben auf das genaueste urgiert und dabei in spitzfindiger Interpretation stark ist, vgl. II 256; p. Caec. 23, 65 aucupia verborum et litterarum tendicula; 29, 84, deieci 'sed eieci'; peracutum hoc tibi videtur; hic est mucro defensionis tuae. Quint. VII 9, 5 [de amphibolia].
17. *ancillulam*, 'geringe Magd'.
19. *impudentiam*, 173 flg.
22. *numquamque*. Vgl. nihilque p. Sest. 2, 3 nihilque ab eo praetermissum est. *numquamque* selten; sonst neque umquam.
23. *nam neque illud est mirandum* dient zur Begründung des ersten Teils parva nescire, magna profiteri. Solche parva sind die Form der coëmptio und der Erbschaftsteilung. Das simile, welches Crassus zur Begründung seiner An-

quibus verbis coëmptio fiat, nesciat, eundem eius mulieris, quae
coëmptionem fecerit, causam posse defendere; nec, si parvi
navigii et magni eadem est in gubernando scientia, idcirco qui,
quibus verbis herctum cieri oporteat, nesciat, idem herciscundae
238 familiae causam agere non possit. Nam quod maximas centumvirales causas in iure positas protulisti, quae tandem earum
causa fuit, quae ab homine eloquenti, iuris imperito, non ornatissime potuerit dici? Quibus quidem in causis omnibus, sicut
in ipsa M'. Curii, quae abs te nuper est dicta, et in C. Hostilii
Mancini controversia atque in eo puero, qui ex altera natus
erat uxore, non remisso nuntio superiori, fuit inter peritissimos
239 homines summa de iure dissensio. Quaero igitur, quid ad-
iuverit oratorem in his causis iuris scientia, cum hic iuris
consultus superior fuerit discessurus, qui esset non suo artificio,
sed alieno, hoc est, non iuris scientia, sed eloquentia sustentatus.
Equidem hoc saepe audivi, cum aedilitatem P. Crassus peteret
eumque maior natu et iam consularis Ser. Galba adsectaretur,
quod Crassi filiam Gaio filio suo despondisset, accessisse ad

sicht über den letzteren Fall angeführt hat, 174, ist nicht stichhal-
tig. Ein Redner dürfte recht wohl
im stande sein (nec — non possit)
herciscundae familiae causam agere,
trotzdem, daß er die betreffende
Formel nicht weiß (qui — nesciat).
coëmptio, s. ind. fecerit, das solenne Verbum, 'die einen Verlöb-
nis- oder Ehekontrakt geschlossen'.
2. *causam*, bei irgend welchen
Überschreitungen der eheherrlichen
Gewalt oder sonstigen Beeinträch-
tigungen von seiten des Mannes kann
ein öffentlicher Redner als Anwalt
der Frau auftreten, wenn ihm auch
die spezielle juristische Kenntnis
der Ehekontrakts-Formeln abgeht.
Seine Klientin muß ihm das nötige
Material an die Hand geben.
4. *herctum cieri* (vgl. cohercere),
'unter welchen Formeln die Erbschaftsteilung vorgenommen werden muß.' Die hier gebrauchten
Ausdrücke waren nämlich bei Erb-
teilungen üblich, s. d. ind. unter
herctum ciere.
herciscundae familiae causam agere
als Anwalt einen Erbteilungsprozeß
führen
5. *Nam quod maximas centumvirales causas protulisti* (175) bezieht sich auf das zweite maxima

tractare audere, cum ea nescirent.
Was hat in diesen Fällen Rechtskenntnis geholfen? Nicht sie, sondern die Redekunst hat gesiegt.
Dafür auch das Beispiel in 239 und
240. Das nam ist das nam der Occupatio.
7. *non ornatissime potuerit dici*,
verschränkte Wortstellung wie 114
conformatio et figura oris atque
corporis.
9. *M'. Curii*, 180, s. ind. Rechtsfälle Nr. 8. *Hostilii*, 181, *puero*, 183.
14. *non suo artificio*, 'nicht durch
seine Fachkenntnis', die ihm in so
streitigen Fällen keine Auskunft
giebt.
16. *cum — peteret*, nach Galbas (144) und vor P. Crassus' (131)
Konsulat, also etwa nicht lange
nach dem J. 140. *P. Crassus*, s.
ind. Licinii.
17. *adsectaretur*, um ihn durch
seinen Einfluß bei der Bewerbung
zu unterstützen. Überhaupt von
ehrender Begleitung. Horat. Sat.
I 9, 6.
18. *Crassi filiam Gaio filio suo
despondisset*, nach Varro de L. L.
VI 71 qui spoponderat filiam *despon-
disse* dicebatur (mit der seltsamen
Etymologie quod de sponte eius
id est de voluntate exierat) wird

Crassum consulendi causa quendam rusticanum. Quicum Crassum seduxisset atque ad eum rettulisset responsumque ab eo verum magis, quam ad suam rem accommodatum abstulisset, ut eum tristem Galba vidit, nomine appellavit quaesivitque qua de re ad Crassum rettulisset. Ex quo ut audivit commotumque ut vidit hominem, Suspenso, inquit, animo et occupato Crassum tibi respondisse video; deinde ipsum Crassum manu prehendit et Heus tu, inquit, quid tibi in mentem venit ita respondere? Tum ille fidenter homo peritissimus confirmare ita se rem habere, ut respondisset, nec dubium esse posse; Galba autem adludens varie et copiose multas similitudines adferre multaque pro aequitate contra ius dicere; atque illum, cum disserendo par esse non posset (quamquam fuit Crassus in numero disertorum, sed par Galbae nullo modo), ad auctores confugisse et id, quod ipse diceret, et in P. Mucii fratris sui libris et in Sex. Aelii commentariis scriptum protulisse ac tamen concessisse Galbae disputationem sibi probabilem et prope veram videri. — Attamen, quae causae sunt eiusmodi, ut de earum iure

despondere vom Vater der Braut gesagt, der seine Tochter durch den Sponsionsakt von sich in die manus des Mannes giebt, wie auch schon aus der Antwort hervorgeht, die der Vater der Braut auf die solenne Frage des Vaters des Bräutigams: 'sponden' tuam gnatam filio uxorem meo? erwiderte: 'spondeo'. Daher hier wie Brut. 26, 98 cuius (sc. Galbae) Gaio filio filiam suam collocaverat (sc. Crassus). S. d. krit. Anhang. *despondisset* der Konjunktiv, weil es mit zu dem gehört, was Antonius gehört hatte. Dann aber hat despondere auch weitergehende Bedeutung errungen und wurde auch vom Vater des Bräutigams, ja vom Bräutigam selbst gesagt (Caelius bei Cic. fam. VIII 7, 2).

4. *nomine appellavit*, mit absichtlicher Berechnung, weil G. wohl wußte, wie Vertrauen erweckend gerade ein solches 'bei Namen nennen', besonders von einem so vornehmen Herrn, auf den gemeinen Mann wirkte — πατρόθεν ἐκ γενεῆς ὀνομάζων ἄνδρα ἕκαστον Hom. Il. x, 68. Thuc. VII 69—; den Namen hatte er aber rasch vom nomenclator zu erfahren gewußt, der ja besonders bei Amtsbewerbungen ein ständiger Begleiter der vornehmen Römer war. Horat. Ep. I 6, 49 sqq.

6. *Suspenso animo et occupato*, in Gedanken und mit andern Dingen beschäftigt. Brut. 200.

11. *adludens*, προςπαίζων, unter mannigfachen und reichlichen witzigen Anspielungen.

similitudines, analoge Fälle.

12. *pro aequitate*, 173.

14. *auctores* Meister, Autoritäten auf einem Gebiete vgl. III 126 doctores auctoresque dicendi.

18. *Attamen*. Diese Partikel entzieht sich hier der genauen Erklärung; auch was vermutet wurde: *et enim* ist nicht scharf aufzufassen. Vielleicht stand *Atque etiam*. Den Rechtsfällen, die vor Gericht gebracht werden, zu deren Entscheidung aber die Rechtskenntnis nichts beiträgt, weil darüber keine positiven Rechtsbestimmungen bestehen, werden nun solche gegenübergestellt, wo die Hilfe eines Rechtskundigen überhaupt nicht in Anspruch genommen wird, weil an sich klar ist, was Recht sei.

Gehört aber der Rechtsfall in die Kategorie des ius controversum,

dubium esse non possit, omnino in iudicium vocari non solent. Num quis eo testamento, quod paterfamilias ante fecit, quam ei filius natus esset, hereditatem petit? Nemo; quia constat agnascendo rumpi testamentum. Ergo in hoc genere iuris iudicia nulla sunt. Licet igitur impune oratori omnem hanc partem iuris in controversiis ignorare, quae pars sine dubio multo maxima est. In eo autem iure, quod ambigitur inter peritissimos, non est difficile oratori eius partis, quamcumque defendet, auctorem aliquem invenire; a quo cum amentatas hastas acceperit, ipse eas oratoris lacertis viribusque torquebit. Nisi vero (bona venia huius optimi viri dixerim) Scaevolae tu libellis aut praeceptis soceri tui causam M'. Curii defendisti. Nonne adripuisti patrocinium aequitatis et defensionem testamentorum ac voluntatis mortuorum? Ac mea quidem sententia

(p. Mur. 28), dann kann sich der Redner bei einem bewährten Juristen Rats erholen.

4. *rumpi* ist der technische Ausdruck für diesen Fall der Nichtigkeit eines Testaments durch agnatio postumi. Das testamentum ist dann ruptum, während es z. B. wegen Unfähigkeit des Testators irritum ist, 173.

5. *licet in controversiis ignorare.* controversiae finden nur statt, ubi de iure dubitatur; wo aber das Recht unzweifelhaft ist, pflegt ein gerichtliches Verfahren überhaupt nicht vorzukommen. Daher braucht der Redner in controversiis, worin allein er eine Rolle spielt, jenen Teil des Rechts nicht zu kennen. Es gehört also in controversiis nicht zu iuris, sondern zu licet ignorare.

6. *quae pars*, 174.

9. *amentatas*, aus der Rüstkammer des Juristen; es sind mit dem amentum, dem Schwungriemen, versehene 'schußfertige' Lanzen; denn amentum est lorum, quo media hasta religatur et iacitur (Brut. 271). Top. 65 Privata enim iudicia maximarum quidem rerum in iurisconsultorum mihi videntur esse prudentia. Nam et adsunt multum et adhibentur in consilio, et patronis diligentibus, ad eorum prudentiam confugientibus, *hastas ministrant.* Quint XII 3, 4.

11 *Scaevolae,* natürlich nicht der beim Gespräch gegenwärtige (wie man das nom. pr. zu huius optimi viri ziehend fälschlich angenommen hat), denn von dem werden eben nur praecepta, nicht libelli erwähnt, sondern der Bruder des P. Crassus Mucianus und Vater des Q. Mucius Scaevola P. M. (s. ind. Mucii) 'qui ius civile fundavit' und ausdrücklich als der Verf. von *decem libelli de iure civili* genannt wird. — Durch die vorausgeschickte Höflichkeitsformel will sich A. verwahren, daß er mit diesen Worten den schuldigen Respekt vor der Rechtskenntnis des Scaevola überhaupt und des gegenwärtigen (huius optimi viri) Augur in keiner Weise verletzen wolle. *aequitatis,* 240, also daß du gerade vom strengen Recht und den positiven Rechtsbestimmungen absahest. (S. ind. Rechtsf. 8.)

13. *testamentorum voluntatis* etwas kürzer Brut. 198 deinde (Crassus) *aequum bonum, testamentorum sententias voluntatesque tutatus est.* Crassus verteidigte die voluntas mortuorum und damit zugleich auch die testamenta, indem er nachwies, wie man auf die Absicht und den Sinn (διάνοια) der Testamente sehen müsse und nicht auf den Buchstaben (ῥητόν. Einl. II § 3, 19). S. d. krit. Anhang.

(frequens enim te audivi atque adfui) multo maiorem partem
sententiarum sale tuo et lepore et politissimis facetiis pellexisti,
cum et illud nimium acumen illuderes et admirarere ingenium
Scaevolae, qui excogitasset nasci prius oportere quam emori;
cumque multa colligeres et ex legibus et ex senatus consultis
et ex vita ac sermone communi non modo acute, sed etiam
ridicule ac facete, ubi si verba, non rem sequeremur, confici
nihil posset. Itaque hilaritatis plenum iudicium ac laetitiae fuit;
in quo quid tibi iuris civilis exercitatio profuerit, non intellego;
dicendi vis egregia summa festivitate et venustate coniuncta
profuit. Ipse ille Mucius paterni iuris defensor et quasi patrimonii propugnator sui, quid in illa causa, cum contra te diceret,
attulit, quod de iure civili depromptum videretur? quam legem
recitavit? quid patefecit dicendo, quod fuisset imperitis occultius? Nempe eius omnis oratio versata est in eo, ut scriptum
plurimum valere oportere defenderet. At in hoc genere pueri
apud magistros exercentur omnes, cum in eiusmodi causis
alias scriptum, alias aequitatem defendere docentur. Et, credo,
in illa militis causa, si tu aut heredem aut militem defendisses,
ad Hostilianas te actiones, non ad tuam vim et oratoriam
facultatem contulisses. Tu vero, vel si testamentum defenderes,
sic ageres, ut omne omnium testamentorum ius in eo iudicio
positum videretur, vel si causam ageres militis, patrem eius,

---

1. *audivi atque adfui*, παρὼν
ἤκουσα, 'ich habe dich des öftern
persönlich gehört', sodaß ich
mir also wohl ein Urteil über dein
Auftreten in der causa Curiana erlauben darf.

2. *sententiarum*, sc. iudicum,
231.

10. *festivitate*. II 219; 227; Brut.
177 festivitate et facetiis.

11. *ille* ja nicht etwa 'der bekannte' (das wäre aus naheliegen-
den Gründen ganz unpassend), sondern eben der M. 'cuius nimium
acumen, illudebas', der erwähnte
Jurist κατ' ἐξοχήν, wie er auch in
der Curiana das strenge ius verteidigte (117 illam ipsam mediocr.
132 illi ipsi Roscio).

Mucius — der eben genannte
Pontifex Scaevola, 180 (s. Mucii).
Der Gentilname ist hier wohl ab-
sichtlich gewählt mit Beziehung
auf die in der gens Mucia erbliche
Rechtskunde.

quasi patrimonii, der also in der
causa Curiana gewissermaßen pro
ara et focis kämpfte; selbst der
ließ sich nicht auf schwierige juristische Erörterungen ein, sondern
seine Demonstration bewegte sich
innerhalb des sehr elementaren und
den Laien durchaus verständlichen
Unterschieds zwischen scriptum und
voluntas.

15. *Nempe*, 175.

17. *apud magistros*, Einl. II § 3.

19. *in illa militis causa*, 175.

21. *testamentum*, in seinem rechtlichen Bestand, wie es einmal abgefaßt sei.

22. *omne omnium testamentorum
ius*, du würdest nicht bei dem
konkreten Fall stehen bleiben, sondern von einem ganz allgemeinen Gesichtspunkt aus die Sache
behandeln, und dazu bedarf es eben
keiner speziellen juristischen Studien.

ut soles, dicendo a mortuis excitasses; statuisses ante oculos; 1
complexus esset filium flensque eum centumviris commendasset; 2
lapides mehercule omnes flere ac lamentari coëgisses, ut totum 3
illud 'uti lingua nuncupassit' non in XII tabulis, quas tu 4
omnibus bibliothecis anteponis, sed in magistri carmine scrip- 5
tum videretur.

58 246   Nam quod inertiam accusas adulescentium, qui istam ar- 7
tem, primum facillimam, non ediscant: quae quam si facilis,

---

1. *ut soles*, durch die häufige, mitunter sehr wirksame Anwendung der προσωποποιία oder der personarum ficta inductio, die Cr. hernach selbst (III 205) vel gravissimum lumen augendi nennt.
excitasses etc., du würdest ihn selbst redend einführen und bezeugen lassen, daß er das Testament nur geändert, weil er geglaubt, sein geliebter Sohn wäre tot. Or. 85: der Redner, der im genus dicendi Atticum d. i. summissum redet, 'ille tenuis orator non faciet rempublicam loquentem nec *ab inferis mortuos excitabit*' (heraufholen).
2. *complexus*, natürlich pater, in der auf den Effekt berechneten Schilderung des Crassus.
3. *coëgisses* (nicht coëgisset), als die Spitze des Effekts, den Cr. mit seiner Darstellung zu gunsten des nach dem strengen Buchstaben des Testaments enterbten Sohnes erreicht: excitasses, statuisses (dazu dann die weitere Ausmalung comp. esset, comm.), coëgisses, woran sich dann gleich das folgende anschließt.
4. *uti lingua nuncupassit*. Die vollständige Formel lautete uti l. n. ita ius esto, und war demnach bestimmt, irgend welcher vom Wortlaut abweichenden Deutung zu wehren. *nuncupassit* = nuncupaverit oder nuncuparit, III 153.
5. *in magistri carmine*. 105; II 75. Trotz deiner Hochschätzung der XII Tafeln gingest du doch mit der ausdrücklichen Bestimmung derselben so um, als stünde diese nicht in diesem gepriesenen Staatsgesetz, sondern in dem rhetorischen Schulkatechismus, in welchem die Elementarregeln behufs besserer Einprägung (denn 'facilius singula insidunt circumscripta et carminis modo inclusa' Sen. ep. 33) in fest bestimmter Wortfolge (wie im Vers oder in den typischen Formeln der Juristen, p. Mur. 12, 27 'ne quid verborum praetereatur aut praeposterum dicatur', Plin. h. n. XXVII; 2, 3) verzeichnet sind und auch so 'im Takt' gelernt und recitiert werden müssen. Vgl. de leg. II 23, 59 Nostis quae sequuntur (auf die eben aus den XII Tafeln angeführten Worte), discebamus enim pueri XII (tabulas) ut carmen necessarium; — carmen wegen des Rhythmus, der die Worte zu notwendigen Gliedern eines geschlossenen Ganzen macht.
7. *Nam*. Wie vorher den Vorwurf der *impudentia* gegen die, welche ohne tiefere Rechtskenntnis als Redner in Prozessen auftreten, so weist Anton. in gleicher Weise den Vorwurf der *inertia* zurück, indem er Punkt für Punkt die Gründe, welche Crassus vorgebracht, widerlegt. Die Widerlegung wird eingeführt in Form der occupatio (18. 254 und oft). Der erste Teil der zweigliederigen Periode (von der facilitas iuris civilis wider 185 sqq.) reicht bis *futuram*, der zweite Teil (von der iucunditas wider 193 sqq.) bis *ediscere*. Dem 'qui primum artem facillimam non ediscant' (könnte auch quod — ediscant heißen), steht gegenüber: 'deinde quod sit plena delectationis', dem eine Refutation der Behauptung des Cr. enthaltenden Relativsatz 'quae quam sit facilis — futuram', entspricht: in qua tibi remittunt — ediscere. Übrigens ist die Konstruktion nicht folgerichtig. Der Relativsatz quae

illi viderint, qui eius artis adrogantia, quasi difficillima sit, ita
subnixi ambulant, deinde etiam tu ipse videris, qui eam artem
facilem esse dicis, quam concedis adhuc artem omnino non
esse, sed aliquando, si quis aliam artem didicerit, ut hanc artem efficere possit, tum esse illam artem futuram; deinde, quod
sit plena delectationis, in qua tibi remittunt omnes istam voluptatem et ea se carere patiuntur, nec quisquam est eorum,
qui, si iam sit ediscendum sibi aliquid, non Teucrum Pacuvii
malit, quam Manilianas venalium vendendorum leges ediscere.
Tum autem quod amore patriae censes nos nostrorum maiorum inventa nosse debere, non vides, veteres leges aut ipsas
sua vetustate consenuisse aut novis legibus esse sublatas?
Quod vero viros bonos iure civili fieri putas, quia legibus et
praemia proposita sint virtutibus et supplicia vitiis, equidem
putabam virtutem hominibus, si modo tradi ratione possit, instituendo et persuadendo, non minis et vi ac metu tradi. Nam
ipsum quidem illud etiam sine cognitione iuris, quam sit bellum cavere malum, scire possumus. De me autem ipso, cui
uni tu concedis, ut sine ulla iuris scientia tamen causis satis
facere possim, tibi hoc, Crasse, respondeo, neque me umquam
ius civile didicisse neque tamen in eis causis, quas in iure
possem defendere, umquam istam scientiam desiderasse. Aliud
est enim esse artificem cuiusdam generis atque artis, aliud in
communi vita et vulgari hominum consuetudine nec hebetem
nec rudem. Cui nostrum licet fundos nostros obire aut res

---

quam sit facilis läßt voraussetzen,
daß es vorher hieße: Accusas inertiam adulescentium, qui — artem
facillimam non ediscant. Nach
quod inertiam accusas aber würde
man einen Hauptsatz verlangen
(pr. Arch. p. 1, 1). Das folgende
in qua (arte) läßt sich allerdings
von dem Voraufgehenden ablösen
und damit ein neuer Satz beginnen,
und es empfiehlt sich dann dafür
in quo zu lesen. Vgl. d. krit. Anh.
1. *viderint*, II 235.
eius artis, wegen des Besitzes
dieser Wissenschaft.
8. *si iam sit ediscendum*, s. zu
218.
11. *inventa*, die Kulturgeschichte
der Vorzeit; denn inventa oder inventae res umfaßt, im Gegensatz
zu actae res d. h. der äußeren
politischen Geschichte, alles, was
sich auf das Kulturleben in Einrichtungen, Sitten, Künsten u. s. w.

bezieht. Brut. 205 Fuit is — antiquitatis nostrae et in inventis rebus et in aetis scriptorumque veterum litterate peritus.
15. *ratione* auf theoretischem,
wissenschaftlichem Wege. Or. 143
neque enim ipse versus ratione est
cognitus, sed natura atque sensu.
17. *quam sit bellum*, zur Persiflierung der oft sehr trivialen moralischen Sätze und Vorschriften.
21. *in iure* Prozesse, bei deren
Führung es sich um spezielle
positive privatrechtliche Bestimmungen handelt. Vgl. d. krit. Anh.
Aliud — ähnlich III 86.
249. Der Satz, daß der Redner
doch in privatrechtlichen Prozessen
auftreten kann, ohne ein Jurist
von Fach zu sein, wenn er nur
den natürlichen gesunden Menschenverstand besitzt, wird durch ein
analoges Beispiel erläutert. Denn
obire fundos und res rusticas in-

rusticas vel fructus causa vel delectationis invisere? Tamen nemo tam sine oculis, tam sine mente vivit, ut quid sit sementis ac messis, quid arborum putatio ac vitium, quo tempore anni aut quo modo ea fiant omnino nesciat. Num igitur si qui fundus inspiciendus aut si mandandum aliquid procuratori de agri cultura aut imperandum villico est, Magonis Karthaginiensis sunt libri perdiscendi? An hac communi intellegentia contenti esse possumus? Cur ergo non eidem in iure civili, praesertim cum in causis et in negotiis et in foro conteramur, satis instructi esse possumus ad hoc dumtaxat, ne in nostra 250 patria peregrini atque advenae esse videamur? Ac si iam sit causa aliqua ad nos delata obscurior, difficile, credo, sit cum hoc Scaevola communicare; quamquam ipsi omnia, quorum negotium est, consulta ad nos et exquisita deferunt. An vero, si de re ipsa, si de finibus, cum in rem praesentem non venimus, si de tabulis et perscriptionibus controversia est, contortas res et saepe difficiles necessario perdiscimus: si leges nobis aut si hominum peritorum responsa cognoscenda sunt, vereamur ne ea, si ab adulescentia iuri civili minus studuerimus, non queamus cognoscere?

visere entspricht dem besondern Studium des Rechts (173 iudicia privata obire), das Cr. auch vel fructus vel delectationis causa verlangt hatte: 'wer von uns hat bei der Masse von politischen Geschäften Zeit (vgl. 252), sich besonders mit Ökonomie abzugeben. Trotzdem aber ist sicher ein jeder von uns vermöge seiner allgemeinen Kenntnis befähigt' etc. *Tamen nemo,* 251. [S. d. krit. Anh. A.]

4. *si qui,* irgend eins von den vielen Grundstücken, die zum Gesamtgut gehören. *inspiciendus* sc. zu einer besondern Einrichtung oder aus einem andern Grund, der des Herrn selbsteigene Anwesenheit erfordert, um den Sachverhalt in Augenschein zu nehmen. *procurator* ist der Stellvertreter des Herrn, der das Gut im Namen der Herrschaft verwaltet. Unter ihm stand der villicus an der Spitze des Gesindes, der die Ländereien zu besorgen hat. Daher für jenen: mandare, für diesen imperare.

10. *dumtaxat,* II 60; 87; 119; III 145; 182.

11. *si — sit,* wie Or. 163 si antiquissima illa pictura — magis — delectet, illa nobis sit, credo, repetenda.

13. *communicare* s. z. 66.
ipsi, von selbst, II 102; III 132.
de re ipsa — im Gegensatz zu leges. 78.

15. *in rem praesentem,* eigentlich zur Besichtigung an Ort und Stelle, um die streitige Besitzung in Augenschein zu nehmen, ist eng mit de finibus zu dem einen juristischen terminus zu verbinden: 'wo es sich um die so schwierigen Grenzstreitigkeiten handelt'. p. Caec. 29 quo die in rem praesentem veniretur; de off. I 32 te in rem pr. esse venturum; Liv. XL 17 eodem anno inter populum Carthaginiensem et regem Masinissam *in re praesenti* disceptatores Romani de agro fuerunt. non venimus prägn. = wenn man nicht gelangen kann; Pid. strich non; s. d. krit. Anh.

16. *tabulae* Schuld- und Ausgabebücher; allgem. Rechnungsbücher. *perscriptio* Anweisung, Wechsel. (Schuld- und Wechselrecht.)

Nihilne igitur prodest oratori iuris civilis scientia? Non possum negare prodesse ullam scientiam, ei praesertim, cuius eloquentia copia rerum debeat esse ornata; sed multa et magna et difficilia sunt ea, quae sunt oratori necessaria, ut eius industriam in plura studia distrahere nolim. Quis neget opus esse oratori in hoc oratorio motu statuque Roscii gestum et venustatem? Tamen nemo suaserit studiosis dicendi adulescentibus in gestu discendo histrionum more elaborare. Quid est oratori tam necessarium quam vox? Tamen me auctore nemo dicendi studiosus Graecorum more tragoedorum voci serviet, qui et annos complures sedentes declamitant et cotidie, antequam pronuntient, vocem cubantes sensim excitant eandemque, cum egerunt, sedentes ab acutissimo sono usque ad gravissimum sonum recipiunt et quasi quodammodo colligunt. Hoc nos si facere velimus, ante condemnentur ei, quorum causas

1. *non possum negare* = *non possum dicere, non prodesse* — 'ich kann nicht behaupten, daß irgend eine wissenschaftliche Kenntnis unnütz sei'.

8. *elaborare* s. zu 19.

10. *Graecorum more trag.* (wie eben histrionum more, vgl. 128; III 102; 220). Da die Tragödienschauspieler bei ihrem rezitativartigen Vortrag eine sehr bedeutende Tonstärke nötig hatten und es dabei verstehen mußten, besonders an den pathetischen Stellen die Stimme allmählich zu steigern und bis zur höchsten Höhe anschwellen zu lassen (excitant) und herunterzustimmen (recipiunt), so mußten sie sich (ähnlich wie unsere Opernsänger) durch fortwährende Studien dazu einüben. *Graecorum* ist absichtlich vorangestellt, weil diese Schauspielertechnik den Griechen vorzugsweise eigen war. Aristot. Problem. XI 22 διὰ τί τοῖς μετὰ τὰ σιτία κεκραγόσιν ἡ φωνὴ διαφθείρεται; καὶ πάντας ἂν ἴδοιμεν τοὺς φωνασκοῦντας οἷον ὑποκριτὰς καὶ χορευτὰς καὶ τοὺς ἄλλους τοιούτους ἑωθέντες καὶ νήστεις (ieiuni) τὰς μελέτας ποιουμένους.
voci serviet, III 224.

11. *sedentes et cubantes*. Nur von den schwierigeren Übungen im Sitzen und Liegen ist die Rede; die weniger seltsamen und weniger anstrengenden im Stehen u. s. w. fehlten natürlich nicht, sind aber hier als selbstverständlich übergangen. Antonius malt ja in seiner Darstellung durchweg ins Grelle.

13. *cum egerunt* im Gegensatz zu antequam pronuntient, besondere Stimmübungen vor dem Vortrage und besondere nach demselben. Es ist also nicht vocem als Objekt zu egerunt zu denken.
ab acutissimo sono, Quint XI 3, 22 Sed ut communiter et *phonascis* (von φωνή und ἀσκεῖν) et oratoribus necessaria exercitatio, ita *curae non idem genus est*. Nam neque certa tempora ad spatiandum dari possunt tot civilibus officiis occupato, nec *praeparare ab imis sonis vocem ad summos*, nec semper a contentione condere (i. e. finire) licet, cum pluribus iudiciis saepe dicendum sit.

14. *colligunt*, wieder auf den Grundton bringen. Vgl. was Sen. contr. I pr. von dem späteren Redner Porcius Latro sagt: nil vocis causa facere; non illam per gradus paullatim ab imo usque ad summum perducere, non rursus a summa contentione paribus intervallis descendere.

15. *condemnentur*. Verwandt ist der Gedanke bei Quint. X 7, 2, wo er hervorhebt, daß der öffentliche Redner ohne lange Vorbereitung auftreten müsse: stabitne mutus, et salutarem petentibus vocem, *statim*

receperimus, quam totiens, quotiens praescribitur, paeanem aut
Nomionem citarimus. Quodsi in gestu, qui multum oratorem
adiuvat, et in voce, quae una maxime eloquentiam vel commendat vel sustinet, elaborare nobis non licet ac tantum in
utroque adsequi possumus, quantum in hac acie cotidiani muneris spatii nobis datur: quanto minus est ad iuris civilis perdiscendi occupationem descendendum? quod et summatim percipi
sine doctrina potest et hanc habet ab illis rebus dissimilitudinem, quod vox et gestus subito sumi et aliunde adripi non
potest, iuris utilitas ad quamque causam quamvis repente vel
a peritis vel de libris depromi potest. Itaque illi disertissimi
homines ministros habent in causis iuris peritos, cum ipsi sint
imperitissimi, ei qui, ut abs te paulo ante dictum est, pragmatici vocantur. In quo nostri omnino melius multo, quod clarissimorum hominum auctoritate leges et iura tecta esse voluerunt. Sed tamen non fugisset hoc Graecos homines, si ita
necesse esse arbitrati essent, oratorem ipsum erudire in iure
civili, non ei pragmaticum adiutorem dare.

si non succurratur perituris, moras et secessum et silentium quaeret, dum illa verba fabricentur et memoriae insidant, et *vox ac latus praeparetur?*

1. *Paeanem aut Nomionem,* s. d. krit. Anhang. Es sind Beinamen des Apollo; man sang ἰὼ Παιάν u. s. w. durch alle Tonlagen hindurch; nach Horaz Sat. I 3, 6 flg. scheint der Kunstausdruck für diese Übung zu sein: io paean, io Bacche citare, was auch hier die Hss. bieten. Die Übung der griechischen Tragöden kann auch darin bestanden haben, daß sie mehrere in Rhythmus und Ton bewegte und daher für die Deklamation schwierige, aber eben deshalb zu Übungsstudien besonders geeignete Arten von Gesängen, die nach dem Anfang ἰὼ Παιάν, ἰὼ Βάκχε u. s. w. citiert und vielleicht auch hinsichtlich der Tonart unterschieden zu werden pflegten, mehrmals hintereinander auswendig oder de scripto nach dem vorliegenden Texte rezitierten, und ähnlich wie unsere Opernsänger an schwierigen Passagen, die sie immer wiederholen, ihre Studien machten. S. d. krit. Anh.

5. *in hac acie,* auf der Wahlstatt des täglichen Berufs.

7. *summatim,* im allgemeinen. II 153; 248.

8. *ab illis rebus dissimilitudinem,* weicht darin von jenen Dingen ab.

9. *adripi,* rasch herbeiziehen. 242.

10. *iuris utilitas,* was man vom ius braucht.

11. *de libris,* 244.

illi, dort, bei den Griechen (98; II 18), im Gegensatz von nostri.

14. *pragmatici* 198. Vgl. Quint. XII 3, 4 neque ego sum nostri moris ignarus oblitusve eorum, qui velut ad arculas sedent et tela agentibus *subministrant,* neque idem Graecos quoque nescio factitasse, unde nomen his *pragmaticorum* datum est. S. d. krit. Anh.

melius multo sc. fecerunt, wie die Auslassung des Verbs in solchen vielgebrauchten, allgemein verständlichen Wendungen häufig ist II 38; ad Att. XVI 12 sed quid tibi dicam? bonum animum (habeamus) XV 20, 3 sed acta missa (faciamus).

16. *sed* (quanquam nostri melius multo —) *tamen* —.

non fugisset, sie würden es nicht versäumt haben, *oratorem ipsum erudire, non — dare,* um des scharfen Gegensatzes willen, in dem Sinn von neque vero dedissent (Graeci).

Nam quod dicis senectutem a solitudine vindicari iuris 60 254
civilis scientia: fortasse etiam pecuniae magnitudine. Sed nos
non quid nobis utile, verum quid oratori necessarium sit quaerimus. Quamquam, quoniam multa ad oratoris similitudinem
ab uno artifice sumimus, solet idem Roscius dicere se, quo
plus sibi aetatis accederet, eo tardiores tibicinis modos et cantus remissiores esse facturum. Quodsi ille astrictus certa quadam numerorum moderatione et pedum, tamen aliquid ad requiem senectutis excogitat, quanto facilius nos non laxare
modos, sed totos mutare possumus? Neque enim hoc te, Crasse, 255
fallit, quam multa sint et quam varia genera dicendi, id quod
haud sciam an tu primus ostenderis, qui iam diu multo dicis
remissius et lenius, quam solebas; neque minus haec tamen
tua gravissimi sermonis lenitas, quam illa summa vis et contentio probatur; multique oratores fuerunt, ut illum Scipionem
audimus et Laelium, qui omnia sermone conficerent paulo in-

2. *fortasse etiam pecuniae mul-titudine*, sc. vindicatur. Nicht bloß Rechtskenntnis schützt vor Vereinsamung im Alter, auch Reichtum.

4. *Quamquam* — doch so schlimm ist's auch nicht mit der frühen senectus; der Redner braucht nur, wie der Schauspieler, bei vorgerückteren Jahren die Saiten etwas gelinder zu stimmen und einen andern Ton anzuschlagen, so geht er noch lange mit.

5. *solet idem Roscius dicere se, quo plus sibi aetatis accederet.* Der Konj. Impf. erklärt sich wie Acad. II 18, 56, An non videmus hoc usu venire, ut quos nunquam putassemus a nobis internosci posse, eos consuetudine adhibita tam facile internosceremus, uti ne minimum quidem similes esse viderentur. Es ist nämlich usu venire = saepe accidisse. So hier solet dicere = saepe dixit. Vgl. zu II 145. Doch s. d. krit. Anh.

6. *eo tardiores,* de leg. I 4, 11 (spricht Atticus zu Cicero) Atqui vereor, ne istam causam nemo noscat tibique *semper dicendum* sit; et eo magis quod te ipse *mutasti* et aliud dicendi instituisti genus; ut, quemadmodum Roscius, familiaris tuus, *in senectute numeros in cantu reciderat, ipsasque tardiores fecerat tibias,* sic tu a contentioni-bus, quibus summis uti solebas, cotidie *relaxes* aliquid, ut iam oratio tua non multum a philosophorum lenitate absit. Quod sustinere cum vel summa senectus posse videatur, nullam tibi a causis vacationem video dari. Or. 176 Gorgias se tantum quantum aetate procedebat relaxarat a nimia necessitate numerorum.

tibicinis, welcher die cantica begleitete, d. h. die gesangartig vorgetragene Monologe, in denen (fast wie in unseren Opernarien) zum Ausdruck des stärksten Affekts oft die lebhaftesten Rhythmen gebraucht wurden.

8. *moderatione,* an ein bestimmtes rhythmisches und metrisches Gesetz. II 34; III 184.

11. *id quod* — (in den Hss. ist, wie dies öfters vorkommt, id in et verderbt) 121. 137. 196. 256. 261.

12. *haud sciam,* II 72; 209; Lael. 14, 51 (II 18 haud scio an).

tu, II 121; Einl. I § 10 z. A.

13. *haec* die gegenwärtige, jetzige, *illa* die frühere, vorige.

14. *gravissimi* — die dabei doch an Nachdruck und Gewicht nicht das mindeste verloren hat.

16. *sermone paulo intentiore* im Gegensatz zu dem folgenden contenderent.

tentiore, numquam, ut Ser. Galba, lateribus aut clamore contenderent. Quodsi iam hoc facere non poteris aut noles, vereris ne tua domus talis et viri et civis, si a litigiosis hominibus non colatur, a ceteris deseratur? Equidem tantum absum ab ista sententia, ut non modo non arbitrer subsidium senectutis in eorum, qui consultum veniant, multitudine esse ponendum, sed tamquam portum aliquem exspectem istam, quam tu times, solitudinem. Subsidium enim bellissimum existimo esse senectuti otium.

256 Reliqua vero etiamsi adiuvant, historiam dico et prudentiam iuris publici et antiquitatis *memoriam* et exemplorum copiam, si quando opus erit, a viro optimo et istis rebus instructissimo, familiari meo, Congo mutuabor. Neque repugnabo, quo minus, id quod modo hortatus es, omnia legant, omnia audiant, in omni recto studio atque humanitate versentur; sed mehercule non ita multum spatii mihi habere videntur, si modo ea facere et persequi volent, quae a te, Crasse, praecepta sunt; qui mihi prope iam nimis duras leges imponere visus es huic aetati, sed tamen ad id, quod cupiunt, adipiscendum prope necessarias. Nam et subitae ad propositas causas exercitationes et accuratae ac meditatae commentationes ac stilus ille tuus, quem tu vere dixisti perfectorem dicendi esse ac magistrum, multi sudoris est; et illa orationis suae cum scriptis alienis comparatio et de alieno scripto subita vel laudandi vel vituperandi vel comprobandi vel refellendi causa disputatio non mediocris contentionis est vel ad memoriam vel ad imitandum.

61 258 Illud vero fuit horribile, quod mehercule vereor ne maiorem vim ad deterrendum habuerit quam ad cohortandum. Voluisti enim in suo genere unum quemque nostrum quasi quendam esse Roscium; dixistique non tam ea, quae recta essent, probari, quam quae prava, fastidiis adhaerescere; quod ego non

---

7. *portum*, de off. III 1, 2.
9. *Reliqua*, 201.
10. *antiquitatis memoriam*, s. d. krit. Anh. Vgl. 18 tenenda *omnis antiquitatis exemplorumque vis*. [Daher ist die Vermutung von Stangl, statt *iter*, das die Hss. hinter antiquitatis bieten, *vim* zu lesen, sehr ansprechend.] 159. 201; Brut. 214; p. Caecin. 28, 80; Or. 120 commemoratio autem antiquitatis exemplorumque prolatio summa cum delectatione et auctoritatem orationi affert et fidem.
13. *modo*, 158. *recto studio*, 'ordnungsmäßiger wissenschaftlicher Beschäftigung', wie sie sich für einen homo liber und ingenuus gehört, 99.
19. *subitae*, 159. *stilus*, 150.

20. *meditatae* passivisch wie II 246; de off. I 8, 27.
27. *Voluisti*, 130.
30. *adhaerescere* sich einprägen, haften, wie ein Flecken, der sich nicht wieder verwischen läßt, 129. *fastidiis* ist Ablativ 'durch den Widerwillen, den es erregt'. *adhaerescere* nämlich dem Gedächtnis des Hörenden (ad diuturnitatem memoriae stabile 128). Der Plural von *fastidium* scheint sonst in Prosa nicht vorzukommen. Absolut steht *adhaerescere* auch II 214. Strebaeus erklärt: fastidiis adhaerescere i. e. diu contemtui esse.

quod non tam fastidiose — spectari

tam fastidiose in nobis quam in histrionibus spectari puto. Itaque nos raucos saepe attentissime audiri video; tenet enim res ipsa atque causa; at Aesopum, si paulum irrauserit, explodi. A quibus enim nihil praeter voluptatem aurium quaeritur, in eis offenditur, simul atque imminuitur aliquid de voluptate; in eloquenti autem multa sunt quae teneant, quae si omnia summa non sunt et pleraque tamen magna sunt, necesse est ea ipsa, quae sunt, mirabilia videri.

Ergo, ut ad primum illud revertar, sit orator nobis is, qui, ut Crassus descripsit, accommodate ad persuadendum possit dicere. Is autem concludatur in ea, quae sunt in usu civitatum vulgari ac forensi, remotisque ceteris studiis, quamvis ea sint ampla atque praeclara, in hoc uno opere, ut ita dicam, noctes et dies urgeatur; imiteturque illum, cui sine dubio summa vis dicendi conceditur, Atheniensem Demosthenem, in quo tantum studium fuisse tantusque labor dicitur, ut primum impedimenta naturae diligentia industriaque superaret; cumque ita balbus esset, ut eius ipsius artis, cui studeret, primam litteram non posset dicere, perfecit meditando, ut nemo planius esse locutus putaretur; deinde cum spiritus eius esset augustior, tantum continenda anima in dicendo est adsecutus, ut una continuatione verborum, id quod eius scripta declarant, binae ei contentiones vocis et remissiones continerentur; qui etiam, ut memoriae proditum est, coniectis in os calculis summa voce versus multos uno spiritu pronuntiare consuescebat; neque is consistens in

---

'worauf bei uns nicht so gesehen werde'. *fastidiose*, mit absichtl. Wortspiel (II 217) 'so wählerisch'. 118.

2. *tenet enim res ipsa*, 117.

4. *a quibus quaeritur* von denen man nichts weiter verlangt, also Sänger.

5. *offendere*, trans. und intr. Anstoß erregen und nehmen.

9. *sit* wie III 103; 80: is sit verus — orator.

10. *descripsit*, 138. *balbus*, τραυλός, besonders von dem, der das r nicht recht sprechen kann.

16. *ut primum*, der Erfolg seiner Anstrengung war die Überwindung der Naturhindernisse. Diese waren aber stammelnde Sprache und kurzer Atem. Auch hier hat wie 246 (s. d. krit. Anh. z. d. St.) wahrscheinlich durch Stellung am Anfang oder am Ende der Zeile im Ur-codex das primum einen falschen Platz erhalten, was wegen des bald darauf folgenden primam vor litteram noch leichter geschehen konnte: primum gehört wohl vor cum, dem das que zu nehmen.

18. *eius ipsius artis*, τῆς ῥητορικῆς (τέχνης). de div. II 46, 96 Demosthenem scribit Phalereus, cum ρ dicere nequiret, exercitatione fecisse, ut planissime diceret.

22. *eius scripta*, denn die hatte A. gelesen, II 61.

contentiones etc., ἄρσεις καὶ θέσεις φωνῆς. Während gewöhnlich eine Periode jedesmal nur ein Aufsteigen bis zum Höhepunkt und demgemäß auch nur eine Senkung bis zum Schluß hat, umfaßt eine Demosthenische Periode je zwei Hebungen der aufsteigenden und dem entsprechend je zwei Senkungen der fallenden Hälfte.

262 loco, sed inambulans atque ascensu ingrediens arduo. Hisce ego cohortationibus, Crasse, ad studium et ad laborem incitandos iuvenes vehementer adsentior; cetera, quae collegisti ex variis et diversis studiis et artibus, tametsi ipse es omnia consecutus, tamen ab oratoris proprio officio atque munere seiuncta esse arbitror.

62   Haec cum Antonius dixisset, sane dubitare visus est Sulpicius et Cotta, utrius oratio propius ad veritatem videretur accederet.

263   Tum Crassus: Operarium nobis quendam, Antoni, oratorem facis atque haud scio an aliter sentias et utare tua illa mirifica ad refellendum consuetudine, qua tibi nemo umquam praestitit; cuius quidem ipsius facultatis exercitatio oratorum propria est, sed iam in philosophorum consuetudine versatur maximeque eorum, qui de omni re proposita in utramque partem solent
264 copiosissime dicere. Verum ego non solum arbitrabar, his praesertim audientibus, a me informari oportere, qualis esse posset is, qui habitaret in subselliis neque quidquam amplius adferret, quam quod causarum necessitas postularet; sed maius quiddam videbam, cum censebam oratorem, praesertim in nostra re publica, nullius ornamenti expertem esse oportere. Tu autem, quoniam exiguis quibusdam finibus totum oratoris munus circumdedisti, hoc facilius nobis expones ea, quae abs te de officiis praeceptisque oratoris quaesita sunt; sed opinor secundum hunc
265 diem. Satis enim multa a nobis hodie dicta sunt. Nunc et Scaevola, quoniam in Tusculanum ire constituit, paulum requiescet, dum se calor frangat; et nos ipsi, quoniam id temporis est, valetudini demus operam.

Placuit sic omnibus.

Epilog c. 62, 262—265. Crassus' Schlußworte, in denen er der Opposition des Antonius gegenüber seinen Standpunkt der höheren Auffassung des Redners noch einmal kurz verteidigt, weisen zugleich auf den Gegenstand des nun (im 2. B.) folgenden Gesprächs hin, an dem Scaevola zu seinem Bedauern nicht mehr teilnehmen wird.

10. *Operarium*, 83; III 69 flg.

14. *in philosophorum consuetudine*. 84.

18. *habitaret in subselliis*, seine bleibende Stätte auf den Gerichtsbänken aufgeschlagen hat, von den Gerichten nicht wegkommt. So Brut. 305 habitant in rostris. p. Mur. 21 in foro habitant. Vgl. II 160; 292; III 31. Vgl. 173 haerere in tribunalibus. Der Gegensatz ist peregrinum atque hospitem esse 218.

neque quidquam amplius, also der bloße Praktiker.

20. *videbam*, ich hatte im Auge.

cum censebam, wo ich mich dahin aussprach (tum cum), II 70 cum fingebat.

26. *Scaevola* Einl. I § 20, 106.

27. *dum se calor frangat*. Varro r. r. II 2, 18 fregerunt se frigora et calores.

Tum SCAEVOLA: Sane, inquit, vellem non constituissem in
2 Tusculanum me hodie venturum esse Laelio. Libenter audirem
Antonium. Et, cum exsurgeret, simul adridens: Neque enim,
inquit, tam mihi molestus fuit, quod ius nostrum civile per-
5 vellit, quam iucundus, quod se id nescire confessus est.

2. *Laelio.* Piderit seit der 3. Aufl. schrieb *L. Aelio* und erklärte den Namen durch Hinweis auf ind. Aeliana studia u. Plin. hist. nat. XIV (15) 93 Scaevolam quoque et L. Aelium et Ateium Capitonem in eadem sententia (sc. hinsichtlich der Bedeutung von murrinum) fuisse video etc. Indes ist dies L. Aelio nur Vermutung Orellis für das handschriftl. Laelio. Schrieb Cic. Laelio, so liegt es am nächsten, an den berühmten Laelius Sapiens, Scaevolas Schwiegervater zu denken. Zwar war dieser bereits i. J. 140 v. Chr. Konsul gewesen, also zur Zeit dieses Gespräches offenbar schon tot. Dennoch werden wir annehmen müssen, daß Cic. diesen Laelius im Sinne hatte, nur darf seine Notiz nicht historisch verwertet werden. Cicero brauchte eine triftige Entschuldigung, das Abtreten des alten Scaevola für die folgenden Gespräche zu motivieren — wie war nun eine solche für die Personen des Dialogs zwingender und auch für Ciceros Leser natürlicher einzuführen, als durch Hinweis auf eine Zusammenkunft des Schwiegersohnes mit dem ehrwürdigen, alten, allen Römern aller Zeiten bekannten Schwiegervater, dem weisen Laelius? Cicero hat es entweder vergessen, daß Laelius bereits tot war, oder mit dem guten Rechte des selbständigen Darstellers ignoriert: er brauchte schwerlich zu besorgen, daß ihm römische Leser die Chronologie nachrechnen würden.

5. *iucundus*, eben wegen dieses seines naiven Geständnisses seiner Rechtsunkenntnis. Damit bekommt Antonius zu gerechter Vergeltung für seine Polemik gegen das jus civile von dem heiteren Alten noch zu guterletzt seinen Lohn.

Kritischer Anhang.

(*P.* bedeutet die von Piderit vorgenommene Änderung, *A.* Adler, *K.* Kayser, *S.* Sorof, *W.* Wilkins, *a* den Cod. Abrinc, *e* den von P. vgl. Erl., *γ* den von S. vgl. Guelf., *O* und *P* = Ottobonianus 2057 und Palatinus 1469; die wichtigeren eignen Zusätze sind mit *H.* bezeichnet.)

1 B.

1, 1 etiam. Wex (N. J. B. 1862 p. 228) verteidigt wieder et iam: 'am Ziele der Ehrenlaufbahn und dem eben dann (zugleich) eintretenden Wendepunkt des Lebens' und vergleicht Tac. Ann. XIII, 19. Muther in N. Jbb. 1884 p. 605 will schreiben et iam *propinquo* aetatis flexu. etiam aber, das schon aus formellen (stilistischen) Gründen den Vorzug verdient, hebt den in aetatis flexu enthaltenen Rechtfertigungsgrund eines otium honestum, der Absicht Ciceros gemäß, weit besser hervor. *P. A.* Ich halte die Erklärung von Wex für richtig, sehe aber keinen Grund, deshalb an etiam zu zweifeln. Cicero sagt: mir war es nicht beschieden (was doch sonst geschieht), daß mit der Absolvierung der Ehrenämter und zugleich auch (etiam) mit dem Wendepunkte des Lebens die öffentlichen Mühen ein Ende fanden. *H.*

1, 2 Vassis: Codicis Ciceroniani de or. collatio 1884 empfiehlt nach einigen Codd. plenus, doch s. d. A.

1, 3 in his vel asperitatibus statt in eis *P.* Die mutili bieten eis, *O* und *P* dagegen, was ich Friedrichs gütiger Mitteilung verdanke, his: dies ist auch bezeichnender als eis.

2, 5 Das in den Text gesetzte *sunt* fehlt zwar in den Handschriften, kann aber hier nicht wohl entbehrt werden. Der Ausfall erklärt sich leicht aus der üblichen Abbreviatur von sunt = s̄, das später mit digna zu dignas verschmolz und hernach dann wieder von diesem dignas, als einem vermeintlichen accus. plur., gestrichen wurde. sunt ist aber gerade hierher hinter digna gestellt, um das folgende et hoc usu als das wichtigere dadurch mehr hervorzuheben. (Orelli vermutet mit Schütz: sint, aber nicht hinter hac, sondern hinter exiderunt; Schöne in der Zeitschr. f. d. A. W. 1848 N. 3 p. 23 streicht quoniam: nach bekannter Synesis sollen sich dann quae und eisdem de rebus aufeinander beziehen.) Bake: vix hac sint aetate digna. Klotz: vix videntur hac aetate digna. Rubner in d. Zeitschr. f. bair. Gymn. 1871 p. 82 flg. will quae streichen, was auch in einem cod. Lincolniensis fehlt.

2, 7 Kayser will statt scientiam gelesen haben excellentiam, daß aber scientiam ganz richtig ist, geht unter anderem aus § 210 flg. deutlich hervor.

7 ex hac una civitate praestantissimos gestellt mit Friedrich: Quaestiones in Cic. libros de Orat. 1885 p. 15 nach der besseren Überlieferung.

2, 8 Bake: Ac si quis — putet, is convertat — circumspiciatque qui in eis floruerint quam multi sint; sic facillime. Sorof: ne qui statt ne quis, was auch Vassis a. O. S. 30/31 verwirft. — Kayser: versantur statt versentur. Die Überlieferung empfiehlt am meisten die im Text gegebene Herstellung (nach W. Friedrich: quaestiones p. 15 mit Berücksichtigung der Lesarten von *O* und *P*). Vorher possint statt possent bieten die mut.; possent durch *O P* bestätigt.

3, 9 *P*. schreibt nach einer Änderung von Schütz, der auch Wex N. J. B. 85 p. 230 zustimmt, vel scientia et pervestigatione vel disserendi ratione und stützt dies durch Hinweisung auf § 10 scientia et cognitione (wo auch die Hdschr. scientiae cognitione haben) und ad. Fam. VI 22, 2; de orat. III 19, 72; 33, 135. *A*.

3, 11 *P*. bezieht in hoc ipso numero auf das vorhergehende ex omnibus, qui in harum (mediocrium) artium studiis liberalissimis sunt doctrinisque versati d. h. in numero omnium eorum, qui illis artibus dant operam, und verwandelt dem entsprechend atque in atqui. Dann ist der Sinn der von Pid. in der Anmerkung angegebene. Allerdings aber ist es hart hic ipse numerus nicht auf die unmittelbar vorhergehende minima copia poëtarum egregiorum zu beziehen. Geschieht aber letzteres, so ist minima copia poëtarum egregiorum und numerus, in quo perraro exoritur aliquis excellens, tautologisch und in hoc ipso numero (nämlich poëtarum egregiorum) pauciores oratores quam poëtae boni reperientur widersinnig. Sorof entschuldigt dies durch ein Anakoluth, Cic. habe ursprünglich sagen wollen: multo tamen plures egregii, quam sunt oratores boni. Kayser klammert in vor hoc ipso numero und quam poëtae ein und will wohl den Abl. hoc ipso numero als einen Abl. compar. mit pauciores oratores verbunden wissen. O. Hense Krit. Bl. p. 69 schlägt für egregiorum vor et oratorum. Rubner Bl. für bayr. Gymnasialw. Bd. IX, 5 p. 162, u. Progr. Hof, 1874 will ebenfalls egregiorum getilgt, dann aber statt in quo — exoritur gelesen wissen cum exoriatur d. h. obgleich in der kleinen Zahl von Dichtern selten ein ausgezeichneter auftritt, so finden sich doch — *A*. Die verzweifelte Stelle läßt sich durch bloße Interpretation nicht genügend erklären. Ich habe die Konjektur von Stangl (Zeitschr. f. d. bair. Gymnasialschulwesen XVIII p. 273 in den Text gesetzt, da sie die einfachste Lösung der Fragen bietet und paläographisch am leichtesten zu erklären ist. Sorof in dem krit. Anh. der zweiten Auflage wendet dagegen ein, Cicero habe von § 6 oder 8 an die Beredsamkeit in einen unterscheidenden Gegensatz zu den übrigen Wissenschaften und Künsten stellen und sie von jenen absondern wollen, es widerspreche daher der Konsequenz des Gedankens, daß sie schließlich dennoch mit der Poesie zusammengestellt werde, von welcher sie zuletzt wieder unterschieden werden solle. Dies ist aber auch ohne die Einfügung von et oratorum der Fall; der Schluß multo tamen pauciores oratores quam *poetae boni* reperientur thut dies ja ebenfalls. Vielmehr betont Cicero bis § 10 die reconditiores artes und denen setzt er mit § 10 die grammaticae, die litterarischen entgegen, zu denen er die Redekunst auch zählt, um sie freilich viel höher zu taxieren. *H*.

3, 12 e fontibus. Mit Stangl Ὁμοιότητες p. 12 (Zeitschr. f. bair. Gymn. Bd. 19) nehme ich den Ausfall des schon in den ältesten Hss. fehlenden e vor fontibus an; dies bestätigen *O* und *P*, die e font. haben.

more Koch in N. J. B. 85 H. 9 p. 624 entscheidet sich für: ore et sermone Phil. X 7, 14; p. Rosc. Amer. 6, 16. Die Begriffe more und sermone kehren nachher in umgekehrter Folge wieder in a vulgari genere orationis atque consuetudine communis sensus. Diese Beziehung wird durch die Lesart ore zerstört. mos und sermo sind eine Erklärung des voraufgehenden communi quodam in usu. *A*.

4, 13 ac praemiis statt aut praemiis Wex a. a. O. (wie z. B. § 32 im Erl. I a steht aut nulla in re rudis und von späterer Hand darüber geschrieben ac nulla in re rudis). Daß eine zwingende Nötigung aut in ac zu ändern nicht vorhanden ist, hat Sorof nachgewiesen *A*.; darum folge ich den Hss. *H*.

Namque ut omittam statt Atque ut omittam (etwa wie Tusc. V 13, 38). Namque empfiehlt sich gegen atque (dem dann gleich darauf wieder atque folgte), nicht bloß darum, weil der Satz offenbar nur die einfache Begründung der eben aufgestellten Behauptung enthält, sondern auch aus euphonischen Gründen. Mit ut omittam aber anzufangen (unter Streichung von atque) geht deshalb nicht an, weil Cicero derartige Sätze so schroff, ohne eine vermittelnde Konjunktion, an das vorhergehende nicht anzureihen pflegt. In der Ausgabe des Lamb. al. *namque P. A.* Dies alles giebt jedoch noch keine Nötigung, von den Hss. abzuweichen. *H.*

4, 14 Die Gründe, die Stangl a. O. Bd. 18 p. 273 flg. und neuerdings auch Sorof bewogen, das viam in vim zu ändern, können mich nicht überzeugen. Den Begriff totius rationis ignari erklärt Cicero näher: sie haben und halten nichts von methodischer Übung, nichts von theoretischer Unterweisung, darum erreichen sie nur, was ihnen ihr eigenes Selbst (ingenium und cogitatio) erlaubt. Übungen muß jeder Redner aller Zeiten veranstalten, wie primitiv sie sein mögen; auch die ältesten Römer haben ihre Reden mindestens ein paarmal durchgesehen oder Teile besonders überlegt oder recitiert; der Wert zweckentsprechender, methodischer Übungen jedoch war ihnen noch fremd. Daß es bei einer exercitatio keinen Erfolg geben könne, darf überhaupt ein Mensch weder denken noch gar behaupten. vis wäre erst dann erträglich, wenn wir in exercitatio die prägnante Bedeutung = rhetorische Schulübung hineinlegen dürften. *H.*

4, 14 discendi studio flagraverunt. Lamb.: quidam docti existimant legendum esse *discendi* studio. Vorher praemiis ad perdiscendum commoveri. *A.*

4, 15 consecutus statt adsecutus mit Friedr. p. 16; ebenso ac vor varietas gestrichen.

5, 18 tenenda praeterea [est] omnis Erl., statt tenenda praeterea est omnis. Bake will est beibehalten. Es ist kein Grund darum est einzuklammern.

5, 19 se id von *K.* eingeklammert nach Erl., vielleicht ausgefallen wegen des voraufgehenden quibusdam. *A.*

6, 20 Sorof: oratio quae, nisi est ab oratore res percepta et cognita, inanem quandam habet elocutionem. Bake hält den Satz von etenim an für eingeschoben. *P.* ed. 4 cui nisi subest res ab or. percepta et cognita; d. Recensent A. E. von Sorofs Ausgabe im Lit. Centralbl. 1875 p. 1328: quae nisi est ab oratore percepta cognitio. (Müßige Wiederholung des unmittelbar vorhergehenden ex rerum cognitione efflorescat. oportet oratio). *A.* Ich folge Stangl p. 13 flg., nur daß ich schreibe est statt sit; das est nach nisi, nachdem einmal res — offenbar durch falsche Beziehung auf oratio — ausgefallen war, wurde dann mißgedeutet (vielleicht stand auch nisist) in sit, sint, sibi. Und Viktor schrieb den Konj. sit, nur wegen der von ihm herrührenden Satzkonstruktion. *O* und *P* haben que nisi subest res ab or. *H.*

6, 21 quamquam — videtur statt videatur. *S.*

6, 22 iudiciorum aut deliberationum statt iudiciorum ac deliberationum Erl. I und II. Bake: ac.

6, 23 Sorof: non quo illa contemnam (§§ 84. 129. II 18, 74; 31, 133; 75, 305; III 24, 93) statt non quod illa contemnam.

7, 25 Bake: et in quibus — collocarant statt et in quibus collocarent.

7, 28 et quod ille — will Dziatzko im Rh. Mus. N. F. Bd. 29 St. 2, p. 363 in set verwandelt haben. Das ausgefallene s erkläre sich aus dem voraufgehenden crevisse. *A.*

8, 30 Nach W. Meyer Hermes XV 614 ist coetus zu streichen; bei Cassiodorius, Variae VI 5, 3 fehlt es, ebenso im jüngern und (nach neueren Mitteilungen Halms) älteren Erlangensis. Sor.[2] giebt an, es fehle in ε h γ; nach der ersten Auflage, die nichts bemerkt, hat es Halm in der Erl., Sorof in der Wolfenbütteler (γ) seiner Zeit gelesen. Somit ist die Handschriftenfrage noch ungelöst; nach gütiger Mitteilung Friedrichs fehlt es in ε h und Lag. 32 a. Ganz unerklärlich ist aber, wie das coetus, wenn es nicht auf alter Überlieferung beruht, hätte in den Text gelangen können; weder vermißt irgend ein Leser etwas, wenn coetus fehlt, noch ist tenere coetus so gewöhnliche Verbindung, daß es einem Interpolator einfallen konnte, das tenere hominum mentes durch coetus irgendwie illustrieren oder auch verdrängen zu wollen. Ferner passe coetus nicht als Seitenstück und Synonymum zu mentes und voluntates. Indes braucht es das auch gar nicht: tenere coetus bezeichnet das Allgemeine, mentes allicere und voluntates impellere führt das spezieller aus. Es ist gewiß zu beachten, daß an die beiden Jünglinge, die eigentlich die Lernenden und Fragenden bei dem Gespräch sind, die Anrede sich vornehmlich richtet; sie sind die künftigen Tribunen, in der Volksrede besonders glänzte ihre Thätigkeit. So geht denn auch § 30 und 31 nur auf das γένος συμβουλευτικόν, fast erst das letzte Wort von § 31 geht auf (iudicum religiones) das δικανικόν. Daß ferner zu Cassiodors Zeiten das mit der Zeit ja so völlig bedeutungslose coetus sich von diesem rhetorischen Gemeinplatz abgelöst hatte, wäre gewiß nur natürlich. Somit beweisen weder die Handschriften und sonstige Überlieferung, noch der Zusammenhang die Notwendigkeit der Streichung; der Satzbau, im Falle der Streichung vielleicht schöner, ist doch für beide Fälle gleich ciceronianisch: der auf obige Erklärung hinweisende Chiasmus tenere coetus, mentes allicere ist ebenfalls sehr schön. *H.*

8, 31 perpaucis statt paucis mit Friedr. p. 16.

8, 32 Die handschriftliche Lesart integros statt improbos macht es wahrscheinlich, daß ursprünglich im Text gestanden hat: quibus vel *integer intactusque* ipse esse possis vel provocare improbos vel te ulcisci lacessitus: 'wer der Sprache mächtig ist, hat damit einmal eine starke Schutzwaffe zu seiner eigenen Sicherheit; — weil er das Schwert der Rede zu führen versteht, bleibt er als kampfgerüsteter und kampfgeübter Gegner eben um seines gefürchteten scharfen Schwertes willen unangefochten und unversehrt. Er hat sodann aber auch eine gute Angriffswaffe, er kann das Schwert zum gerechten Kampf wider die Bösen ziehen und die Übelthäter vor die Klinge fordern; und hat drittens auch die richtige Verteidigungswaffe; wenn er einmal herausgefordert und beleidigt ist, kann er sich für die erfahrenen Unbilden rächen'. Also: er ist gesichert vor dem Angriff und kann mit Erfolg die Offensive und, wo er ja einmal angegriffen ist, ebenso die Defensive ergreifen und durchführen, mit andern Worten: es wird auf die dreifache Situation des Kampfes mit der Waffe des Wortes hingewiesen: er steht (wie ein renommierter Schläger) gesichert und unangetastet da im Schutze seines Schwertes, auch wo er es nicht zieht; er kann mit seinem Schwerte für das Recht einstehen, indem er es aus eigenem sittlichen Antrieb zieht wider die Frevler; und er kann endlich sich tüchtig wehren, wenn man ihn angreift, und den Schlag, der gegen ihn geführt war, auf das Haupt des Gegners zurückgeben. Der ersten von diesen drei Situationen entspricht nun aber der in dieser Form ganz gäng und gäbe gewordene Ausdruck integer intactusque vollständig. (Vgl. Liv. V 38, 6 ignotum hostem prius paene quam viderent — *integri intactique* fugerunt d. h. ehe es noch zu irgend einem Angriff auf sie gekommen war.) War einmal improbos, was wahrscheinlich in der folgenden Zeile gerade unter integer stand, aus Versehen in integros verschrieben, so konnte es dann wieder leicht kommen, daß ein andermal das erste richtige integer ganz wegfiel und intactus dann in tectus korrigiert ward. Übrigens könnte man allerdings auch integer allein lesen und tectus dann für ein leicht zu erklärendes Glossem von integer halten, durch das der ursprüngliche Ausdruck integer aus seiner Stelle verdrängt und verschoben sei. [Henrichsen wollte integer (aus dem integros geworden) als Glossem zu dem vorausgehenden tectus auffassen.] Vgl. zu unserer Stelle auch I 232. *P*. Ja auch tectus kann dann recht gut bestehen; das die Periode beginnende integer bezeichnet dann, wie oft 'unangegriffen, ohne daß man zum Kampfe (vor Gericht) geladen ist'. Dann ist man tectus, also 'gedeckt', kann aber auch aus der Deckung heraustreten und improbos provocare. Dem Zustand der integritas entspricht zweitens das ganz ans Ende des Satzes gestellte lacessitus: ist man aber einmal in einen Rechtshandel verwickelt, kann man sich auch ulcisci. Auf Ähnliches weist auch Vassis hin p. 32. (*H*.) semper tenere arma, quibus vel tectus ipse esse possis, vel protegere integros, vel provocare improbos, vel te ulcisci lacessitus. Tittler in N. J. 1869, 7 p. 489. Tittlers Konj. hat das gegen sich, daß protegere integros in dem vorhergehenden quid tam regium etc. liegt, den Schutz die Hilfe, die man andern gewährt, während quid tam necessarium das zusammenfaßt, was die Redekunst ihrem Besitzer selbst für Vorteile gewährt. (*A*. Handexemplar.) Ebendeshalb ist auch Deiters integer reos in Jbb. 119, 790 unnötig. *O* und *P* bieten improbos. *H*.

10, 39 quibus ego et tu. [Crasse] statt et ego et tu, Crasso Friedr. p. 16; das Crasse jedoch stützen *O* und *P*.

10, 42 Democritii ceterique in iure vindicarent physici (statt Democritii ceterique sua in iure physici vindicarent) scheint die ursprüngliche Lesart zu sein. Gute Hs. haben nur in suo, wozu spätere Abschreiber, aber ganz unpassend, genere ergänzend hinzugefügt haben; suo ist vielmehr aus iure verderbt und also in iure zu lesen. Mit diesem juristischen terminus bezeichnet nämlich Scaevola das Verfahren vor dem Magistrat, wodurch das Prozeßverhältnis zwischen den Parteien begründet wird und seine Form erhält, im Gegensatz von in iudicio, vor dem Richter, wohin alles andere gehört, was zur Erledigung des Rechtsstreites geschicht (I 11, 48); wie es denn auch in dem locus classicus Gai instit. comm. IV § 16 heißt: si in rem agebatur, mobilia quidem et moventia quae modo in ius adferri adducique possent, *in iure vindicabantur* ad hunc modum: qui *vindicabant*, festucam tenebat u. s. w. Es wird also mit dem Ausdruck, der ganz parallel steht mit agerent lege, sehr passend, da es sich eben um einen Eigentumsstreit handelt, diese spezielle Form der legis actio, die vindicatio in iure, bezeichnet (I 11, 48; 58, 248 in iure defendere). Bei der üblichen Lesart iure suo (oder suo iure) physici vindicarent kann einmal vindicare nur in dem weiteren Sinn von 'beanspruchen' genommen und in diesem Fall die Objektsbezeichnung nicht entbehrt werden, wie de off. l 1, 4 si id mihi adsumo, videor *id* meo iure quodammodo vindicare; Corn. Nep. Thrasyb. c. 1, 4 itaque iure suo nonnulla ab imperatore miles, plurima vero fortuna vindicat; sodann aber wäre nicht einzusehen, warum dies suo iure nur zu vindicarent und nicht vielmehr gleich zu agerent lege gesetzt wäre, und drittens wird der Gedanke, der darin läge, von Scaevola, der ein so bestimmtes subjektives Urteil gar nicht aussprechen will, weit treffender durch den folgenden Relativsatz ausgedrückt. Dieser letztere Grund trifft denn auch den Vorschlag, um ein Objekt zu vindicare zu gewinnen, suo in *sua* zu ändern (Bake: sua iure, Orelli, Kayser: sua in iure). — Endlich ist auch die Stellung von physici zwischen suo iure und vindicarent unerträglich. physici gehört (worauf auch die Lesart vindicarentque führt) vielmehr hinter vindicarent und ist, wie die gleich hinzugefügte Apposition beweist, mit absichtlichem Nachdruck ans Ende gestellt: 'Philosophen von so umfassendem Wissen, die zugleich, was die Form der Darstellung betrifft, so hoch stehen, wie z. B. Anaxagoras, werden sich schwerlich ihr Recht von dem Redner streitig machen lassen' Für den absoluten Gebrauch von vindicare Cic. p. Mur. 12, 26 Anne tu dicas, qua ex causa vindicaveris i. e. den Vindictenprozeß angestrengt hat. Seyffert in Z. f. d. G. W. 1861, 1 p. 61 flg. ceterique id suum physici vindicarent. *P.* Ich halte die auch von Sor. gebilligte Lesart sua in iure phys. vind. mit der von Friedr. empfohlenen Umstellung des sua für mehr der Überlieferung entsprechend. S. d. Erkl. Friedr. p. 19 will nach den mut. in iure sua physici vindicarent [ornati hom. in dic. et graves]. *H.*

11, 45 hominem omnium in dicendo ut ferebant *P. A.* ut ferebatur nach den besseren Hss. und Sor. Indes wird ersteres durch *O P* bestätigt.

11, 47 in hoc maxime Sor. nach d. Erl. und Harl. die dafür bei oratoribus in auslassen. So auch *O P*.

11, 48 aut in iudiciis Sor. nach einigen Hss. Aber aut müßte vor in iure stehen, wenn eine derartige Scheidung und Beziehung von genus iudiciale und deliberativum hier beabsichtigt wäre.

11, 49 ab civilibus statt a. In dem Handexemplar Adlers findet sich hier und an allen anderen von Stangl a. a. O. Bd. 18 zu der St. aufgezählten Orten mit Rotstift die betreffende Änderung im Text Da jedoch Ströbel p. 66 die Einstimmigkeit der inutili an den meisten der angeführten Stellen leugnet, so folge ich bis auf weiteres Stangl nur hier und 1 ss. *H.*

12, 50 in hac dic. arte und nachher ubertatem in dic. Friedrich nach den mutilis. Ersteres scheint mir nicht richtig; auch Ströbel in der Rec. billigt es nicht.

12, 51 orator id si statt id orator si nach Stangl p. 271 flg. mit *O P*.

12, 52 Hier und § 86 und 87 will Laugen iud. lectt. Münster 1876/77 p. 6 rhetorici streichen.

12, 53 Statt quae nisi qui etc. will Kayser quare nisi qui etc. gelesen haben; ebenso Wex a. a. O. und Bake. quae — quoad volet perficere non poterit. *P.* Vorher maxime vim statt maximam nach *H E* 1, *O P* und Lag. 32. Die von Vassis herangezogenen Stelle 219 würde die Änderung noch nicht notwendig machen.

12, 64 Die Lesart putatur (statt videtur) ist wohl nur aus einem erklärenden Glossem zu videtur entstanden.

12, 44 Für atque conjicierte Rubner in Ztschr. f. d. bayr. Gymn. 1871 p. 84 atqui; Langen will den Satz quae sine illa scientia nulla est als Interpolation ausscheiden. Crassus schwächt durch ihn freilich seine Gründe, aber er will auch gewissermaßen ganz unparteiisch auftreten, auch ist der ganze Nachsatz ohne diesen Relativsatz zu kurz.

13, 56 de communi gentium iure *P*. So ist zu lesen: die bisherige Lesart de communi civium, de hominum, de gentium iure ist unrichtig. Ein commune ius civium wäre eine contradictio in adiecto; denn das ius civium oder civile steht nach römischen Rechtsbegriffen in geradem Gegensatz zu dem ius gentium oder naturale, und nur dieses letztere kann als commune omnium hominum ius bezeichnet werden. Gai instit. comm. 1 1, 1 omnes populi, qui legibus et moribus reguntur, partim suo proprio, partim *communi omnium hominum iure* utuntur; nam quod quisque populus ipse sibi ius constituit, id ipsius proprium est, vocaturque *ius civile*, quasi ius proprium ipsius civitatis; quod vero naturalis ratio inter homines constituit, id apud omnes populos peraeque custoditur vocaturque *ius gentium*, quasi quo iure omnes gentes utuntur.

Cic. de rep. I 2 unde *ius* aut *gentium* aut hoc ipsum *civile* quod dicitur. p. Sest. 42, 91 quis — ignorat, ita naturam rerum tulisse, ut quodam tempore homines nondum neque *naturali* neque *civili iure* descripto fusi per agros ac dispersi vagarentur. Aber auch dem Zusammenhang nach gehört die Erwähnung des ius civium noch nicht hierher (das folgt erst § 58 de iure civium in ordines aetatesque discripto): weder die loci communes können das positive Recht (das ius civile) berühren, sondern nur das ius gentium (das allgemeine Recht), noch die Philosophen das ius civium für sich in Anspruch nehmen, sondern gleichfalls wieder nur das ius gentium (das philosophische Recht). Dem Sinne nach gleichbedeutend wäre übrigens: de communi omnium hominum iure, andererseits aber reichte auch das einfache *de gentium iure* schon aus. Wahrscheinlich gaben die Worte omnium hominum über gentium gesetzt zu der Verderbnis die Veranlassung, indem civium aus omnium entstand und nun aus Mißverstand de communi civium, de hominum, de gentium iure geschrieben ward. *P*. Sor. zieht hominum vor, das durch gentium glossiert sei; s. jed. d. A. *H*.

13, 58 de legibus *P*. st. de legibus instituendis. Die Hs. haben tuendis; aber da es unerklärlich blieb, warum dem Gesetzgeber von Fach eine größere Sachkenntnis nur in betreff der Aufrechthaltung der Gesetze vindiciert werden sollte (Or. part. 37, 130 atque etiam hoc in primis, ut nostros mores legesque *tueamur*, quodammodo naturali iure praescriptum est, de rep. I 6 rerum publicarum aut constituendarum aut *tuendarum*), und nicht vielmehr der Gesetzgebung, so korrigierte man instituendis. Doch das würde wohl zu civitatibus (I 19, 86), aber schwerlich zu legibus passen. Eher ließe sich daher annehmen, daß in den Hs. vor tuendis eine Lücke sei und nach I 19, 84 gelesen werden müsse: de legibus *scribendis, de civitatibus instituendis*. Da indessen alle folgenden Ausdrücke ohne Gerundivbestimmung stehen und das particip. praeter. discripto beweist, daß es sich hier nicht um ein Wissen über das wie, sondern um eine größere Sachkenntnis praktischer Gesetzgeber auf legislatorischem, völker-, staats- und privatrechtlichem Gebiete handelt, so ist tuendis als ein fremdartiger Bestandteil aus dem Text zu entfernen. Möglich, daß das § 60 folgende de legibus *iubendis* zu dem Versehen die Veranlassung gab. Klotz: de legibus iubendis: Sorof, um die oratio bimembris zu wahren: de legibus de conventis II 100; 116. (Vielleicht de legibus de institutis. in Pis. 13, 20. de leg. I 15, 42. Brut. 263. *A*. Friedrich in N. Jhb. 1878 p. 855 will inventis, nimmt sonst *Ps*. Erklärung an und vergleicht 10, 39.

13, 58 nostros wie die Hss. haben ist offenbar verschrieben. — Der Gegensatz von Graeci und nostri ist ganz üblich I 3, 11; III 34, 137. Brut. 46, 172.

13, 59 quasdam partes Sor. mit K. nach einigen Hss. Aber Psychologie und Rechtskunde (s. Sorofs Erkl.) sind doch nicht leicht als partes eloquentiae aufzufassen, stets aber sind es artes vgl. § 6 flg. Und Cic. will hier nur die Existenz von besonderen Wissenschaften hervorheben, die als Spezialfächer der Redner nicht so beherrschen kann, wie der Fachmann (scisse melius § 58), aber dicere muß er über alles können, s. d. A. *H*.

14, 59 promendum atque adsumendum statt promendum atque sumendum *P*. Die Lesart promendum, adsumendum d. i. est aliquid adsumendum, quod sit promendum, ist zu gezwungen und hebt das Schlußverbum verhältnismäßig vor promendum viel zu sehr hervor. Vgl. III 30, 120. Kayser zieht es jedoch vor, mit promendum den Satz zu schließen und die Worte atque sumendum als ein Glossem aus dem Text zu entfernen.

14, 62 quam oratoris. Die beiden Worte fehlen im Erl. I und II und könnten auch recht wohl entbehrt werden. *P.* Non architecti potius artificio disertum, quam oratoris fuisse = non architecti artificio, sed potius oratoris. Cfr. I 36. *A.*

14, 62 qui tum eloquentia vincebat *P.* [tum eloquentia vincebat —] *S.* tum quum eloquentia vincebat Bake. cum eloquentia vincebat *A.* mit *K.* Der Erl. I und Harl. haben tum, fast alle andern cum, *O* und *P* tum cum. Über die Konstr. von cum s. E. Hoffmann: die Konstr. d. lat. Zeitpartikeln ed. 2 p. 127 und 129, wo zahlreiche Beispiele. *A.* Doch ist der Zusatz dermaßen müßig, daß man schon durch das tum der guten Hss. zur Annahme eines Glossems gedrängt wird. Ich bin daher mit der noch im Text belassenen Erklärung nicht ganz einverstanden. *H.*

14, 65 Langen Lekt. kat. 1876 S. 7 schlägt vor quantumcumque statt quantum cuique.

15, 65 quod ita posui Erl. I und II statt proposui.

16, 65 artibus atque studiis mit den mutili statt aut.

16, 65 atque usu forensi; in usu *P. A. K.* Die meisten und besten Hss. lassen in fort und es ist in der That überflüssig, s. a. Ellendt z. d. St.

16, 68 te hominem p. teque mit Friedr. p. 20 nach der besseren Überlieferung; trotzdem *O P* teque stützen.

16, 71 Nam illud quare Scaevola negasti — *P.* und *K.* nam quod illud Scaevola negasti nach Bake *A.* mit Madvig. und *S.*, der gegen *P.* einwendet, daß quare von Cic. sonst nur in indirekter Frage gebraucht werde. In den Hdsch. namq. illud Scaevola. Friedrich in Fleckeisens Jahrb. 1874 p. 859 schlägt vor: nam illud quod iure, Scaevola, negasti, te fuisse laturum. Die Hss. (auch *O* und *P)* bieten namque illud quare; dies entstand wohl aus nam quod illud, indem erst iure aus 41 als Glossem hinzugefügt und dann in quare verändert wurde, das wieder das namque nach sich zog. *H.*

16, 72 volebat mit den Hdsch. und Herausgebern *A.* Piderit ändert dies in volebam und sucht dies zu rechtfertigen, indem er sagt: Der Schreibfehler in den Hss. volebat statt volebam ist offenbar durch das vorhergehende solebat veranlaßt (umgekehrt Brut. 1, 2 augebam statt augebat durch das unmittelbar vorausgehende debebam). Zur Änderung ist aber keine Nötigung; im Gegenteil, wie in homo tibi subiratus die Gesinnung des Lucilius bezeichnet wird, so wohl auch in dem 2. Glied; im ersten seine Gesinnung gegen den Scaevola, im zweiten gegen den Crassus.

17. 75 philosophiamque contempsit Müller statt der Vulgatlesart philosophiam atque contempsit, wonach irrisit zwei Objekte hätte: quae und philosophiam, was nicht wohl angeht. Kayser hält philosophiam für ein Glossem. — Rubner schlägt dagegen vor statt Quae cum ego etc. zu lesen: *Namque* cum ego: Du eskamotierst mir, meint der heitere Alte in seinem gutmütigen Humor, unter dem Schein der Nachgiebigkeit gegen meine Wünsche alle vermeintlichen Zugeständnisse wieder aus den Händen. Du machst es nämlich anders, als mir einmal in Rhodus ein so enragierter Rhetor entgegentrat; der verachtete einfach die Philosophie und verspottete sie, mitunter ganz geistreich; während du keine einzige Wissenschaft und Kunst verachtest, vielmehr als solche anerkennst (§ 54, 59), aber sie schließlich doch wieder sämtlich zu Schleppträgerinnen der Eloquenz machst. *P.* philosophiam atque contempsit auch *S.* — *A.* — In der That, die Erkl. von Sor. und A. geben keinen befriedigenden Sinn. Quae kann heißen: 'Diese meine Ansichten'; die aber wird Apollonius ganz gewiß nicht ohne weiteres bespöttelt haben, das war gar nicht die Gepflogenheit der griechischen Professoren den römischen Großen gegenüber. Nun gar ut solebat paßt nur zu dem philosophiam irrisit. Quae allgemeiner = solche Ansichten zu fassen hat auch keine deutliche Rückbeziehung; welche sind gemeint, die des Crassus

oder Scaevola? Quae = solche Streitereien (Erörterungen über das Verhältnis der Philosophie zur Beredsamkeit wie Sor. erklärt) geht auch nicht; Apoll. müßte kein Rhetor gewesen sein. Es bleibt nur Rubners Namque, oder statt quae zu schreiben Quid? cum = Was du einem dort für ein Fechterstückchen vormachst, ist ja ganz schön. Das ist aber noch gar nichts. Da ist mir in Rhodus der große A. ganz anders gekommen; gegen den Wüterich bist du noch sehr zahm. Es ist ganz dem lässigen Konversationstone entsprechend nach dem die Widerlegung fortführenden Quid? nicht mit einer weiteren Frage oder einem Bedingungssatze fortgefahren, sondern mit einer einfachen Erzählung = was wirst du sagen, wenn ich dir meine Erlebnisse mitteile. *H*.

17, 79 Durch Versehen ist in der 4. und 5. Auflage im Text dicendi gesetzt statt discendi.

18, 81 Trotz der Handschriften und der Bemerkung von Sor. ist an der Vulg. sed palaestrae, die Ellendt bereits richtig verteidigt, festzuhalten. § 80. Du hast Recht, dein Redner ist vollkommen. § 81. Aber das zu erreichen ist schwer, wir Römer haben zu viel in der Öffentlichkeit zu thun, wollten wir an dies Studium gehen, geschähe es auf Kosten unserer praktischen Übung. Denn die du nanntest, kultivieren ja eine ganz andere Redegattung, wenn sie auch noch so erfolgreich und schmuck über allgemeine Themata sprechen können. Üppig glänzend und blühend ist die Weise, aber doch eben nicht angethan für das Forum, wie wir sie nötig haben, sondern eben nur ... *H*.

18, 82 Madvig Adv. crit. II 185 schlägt statt sed hinter commoratus vor: et.

18, 82 cumque — increbruisset *P*. cum — increb. *S*. nach *ε* und *γ* und weil die Sätze cum — haberem und cum — increb. nicht auf gleicher Stufe stehn.

18, 82 Vassis im Athenäum 9, 2 p. 303 schlägt vor complures autem ibi dies sum com. Bake tilgt sum und sed und fügt nach compl. ein que ein. Zu Änderungen liegt eine Nötigung nicht vor.

18, 83 Schon in der vierten, wie auch von *A*. in der fünften Auflage ist das esse vor neminem aus Versehen im Text ausgelassen

18, 84 Langen Lekt. verz. Münster 1876 S. 5 empfiehlt, nachdem schon Bake an et qui Anstoß genommen: atque. Indes et qui ist umfassender und paßt besser zu dem geringschätzigen Absprechen des philosophischen Streithahns: die sogenannten Rhetoren, und was sich sonst damit abgeben mag, dicendi praecepta, Rezepte fürs Reden unter die Leute zu bringen. *H*

19, 85 homo promptus atque abundanti doctrina. So ist zu lesen statt der Vulgatlesart: homo promptus ab homine abundanti doctrina, da offenbar excitabatur homo promptus nur auf Charmadas bezogen werden kann. Die handschriftliche Lesart: ab homine ist wahrscheinlich dadurch entstanden, daß bei der Zeilenbrechung (wie das öfters vorkommt) ab doppelt geschrieben (ab-abundanti) und dann später die vermeintliche Lücke mit dem abl. homine ausgefüllt wurde, infolgedessen die ursprüngliche Kopulativpartikel ausfiel. (Bake vermutet: et omni abundans doctrina.) *P*. atque omni abundans mit *S. A* Auch Rubner Bayr. Gymnasialbl. 1871 p. 193 stimmt dem bei.

19, 85 moderatae statt moratae Friedr. p. 21 nach d. Harl., doch *O. P.* haben moratae.

19, 86 Mayhoff in N. Jb. 99 H. 11 p. 791 flg. meint irrtümlich, daß hinter *huiusmodi* ein von *de* abhängiges Wort. etwa *rebus*, ausgefallen sei, sodaß dann *nugis* vom folgenden referti essent abhängig wäre. Klußmann schlug auf der Geraer Philologenversammlung vor statt de huius modi nugis vor: D C. h. n. = und'apdern zahllosen Tand der Art'. Dies hat Adler zurückgewiesen im Philol. 41; s. d. Erkl.

19, 87 ei — animis nach den besten Handschriften, z. B. dem Erl. I. Andere, wie Erl. II haben eorum — animi. So Bake. *P.* Die Umstellungen mit esse nach h und *O P. H.*

19, 83 conabatur refellere nach den besten Hs. statt der Vulgatlesart refellere conabatur.

19, 88 nosse eingeklammert mit Friedr. p. 21; die hs. Lesarten nosse und scire posse sind wohl herzuleiten aus einem alten Glossem zu posse, das der Erl. II noch hat, nämlich non.

20, 89 Huic respondebat Erl. I und II u. a. statt Huic [ille] respondebat. Bake: Cui hic.

20, 90 Sor. nach Hss. et blandiri [eis] subtiliter a quibus. Da die Erforschung der Hss. noch nicht abgeschlossen, ist der bisherige Text beibehalten.

20, 90 et id an zweiter Stelle läßt S. nach einigen Hss. aus.

20, 91 nec omnino scisse curassent statt scire Stangl a. O. Bd. 18. Doch scire trifft den Gedanken unendlich viel besser. *H.*

21, 95 paulum huc aliquid poterit addere statt huic Vassis nach dem Lagom. 32, von Stangl in der Rec. Wochenschr. f. kl. Phil. 1884 Sp. 656 auch von Friedrich p. 22 nach einigen anderen Codd. gebilligt. Aber alles spitzt sich auf die Person des zu erwartenden Redners der Zukunft zu. huc addere bezöge sich doch nur auf das plura quam Crassus audire legere und scribere. *H.*

21, 96 Insperanti, inquit, mihi et Cottae nach den besseren Hss. schon Sor.

22, 99 Nam me quidem [fateor] semper u. s. w. mit Stangl (Rec. von Friedrich Sp. 875) nach den besten Codd. und Friedrich p. 22. Auch Ströbel Rec. von Friedr. (philol. Rundschau 1885 Sp. 1106 hält semper und streicht nur fateor und ut. *H.*

22, 100 id in Klammern, weil es die mut. auslassen nach Friedr. p. 22.

22, 102 Sulpicius und primum sind nach den Bemerkungen von Stangl a. O. Bd. 18 nicht mehr zu halten. *H.*

22, 102 ex magna hominum frequentia dicere iuberent gegen *P. A. K.* Ellendt ohne ex. Denn dies war ihr Hauptkunststück; der erste beste aus der Versammlung stellte ein Thema. ex ist auch bei den besseren mutilis überliefert und jedenfalls vorzuziehen. *H.*

22, 104 vos delectaret ... Sor. nos. Hier können allein die Hss. entscheiden; wir müssen uns begnügen, die älteste Überlieferung herzustellen und können nicht mehr feststellen, was Cicero geschrieben hat. Denn es lassen sich für beide Lesarten triftige Gründe anführen. die Entscheidung ist dem jeweiligen Geschmack anheimgegeben. Wenn nämlich Sor. auf die Kurzweil hinweist, die solch ein schwadronierender Improvisator der ganzen Gesellschaft eventuell hätte bereiten können, so ist erstens noch fraglich, ob für alle Anwesenden trotz ihres gemeinsamen Interesses für oratorische Fragen wirklich das Schauspiel ein Amüsement gewesen wäre, und dann bleibt doch stets zu betonen. daß Crassus sich an die beiden jungen Leute einzeln und mit ausdrücklicher Nennung des Namens im Gespräch wendet — so liegt vos gewiß nahe genug. Auch eine Berufung darauf, daß sich ja gleich der alte Mucius ins Gespräch mischt und dies für Bezüglichkeit auf die ganze Gesellschaft und somit für nos spreche, kann gar nicht gelten, weil er ja durch das ausdrückliche te u. s. w. den eventuellen Wunsch und somit auch das eventuelle Amüsement auf die beiden jungen Leute beschränkt. Ich finde, daß Crassus mit dieser Beschränkung und vos der weit höflichere Wirt ist, er sträubt sich mit viel zierlicherer und leichterer Ironie ... auch von euch jungen Leuten hätte ich nicht annehmen können, so etwas könne euch Freude machen; ich hätte ja sofort einen Griechen verschrieben u. s. w. *H.* 106 qua nunc te uti vel max. decet nach Friedr. p. 23 die bessere Überlieferung.

22, 101 adulescentem iam huic studio deditum statt adulescentem [iam] huic studio deditum (iam fehlt im Erl. I und II u. a). *P.* adulescentem huic studio deditum mit *K.* und *S. A.* „gegenwärtig" müßte nunc heißen. iam ist entweder aus der vorhergehenden Silbe tem entstanden, oder eingeschoben von einem, der, vergessend, daß Cic. die Zeit bestimmt nach dem Zeitpunkt, in welchem das Gespräch gehalten wurde (91 v. Chr.), nicht nach dem Zeitpunkt, wo er dasselbe referiert, daran dachte, daß Piso, älter als Cicero, im Jahre 55 kein Jüngling mehr war. Vgl. d. Anm. zu § 117.

23, 107 fas mihi non esse puto Erl. I u. a. (Erl. II fas mihi esse non puto statt fas mihi [esse] non puto Orelli nach C. Stephanus).

23, 109 verbis definita *K.* Ell. Sor., designata Henrichsen, *P. A.* Vielleicht ist definita die bessere Überlieferung.

23, 111 non ipse a me aliquid Henrichsen *K.* Sor.

24, 112 bene non posse fieri Vassis, von Stangl in der Rec. gebilligt statt posset. Aber es erscheint weit mehr angemessen, die Klammer als eine während des Gesprächs sich aufdrängende beiläufige Bemerkung aufzufassen, als sie durch den Infinitiv posse noch an Scaevola direkt richten zu lassen. Es erscheint weit feiner, wenn Crassus mit ineptem Thun seinerseits den Scaevola weder praktisch noch auch theoretisch behelligen will. Simon in der Rec. von Vassis in der Berliner philol. Wochenschr. 1884 Sp. 983 empfiehlt auch seine Streichung von esse ineptum, id erat. *H.*

24, 113 Perge vero, inquit, Crasse, Mucius nach Stangl a. O. Bd. 18, p. 272 mit der besseren Überlieferung.

25, 113 Sic igitur, inquit, sentio, Crassus nach Stangl a. a. O., der noch ergo statt igitur einsetzt.

25, 114 res se habet ... possunt ... dann dicam statt dicet Sor. *K.* Die Überlieferung ist noch nicht vollständig erforscht. Da der Lagom. 32 nach Vassis die L. a. von *P. A.* bestätigt, so ist sie beibehalten; dem Gedanken entsprechen beide Lesarten, welche Nöancierung der Autor vorzog, können wir nicht wissen. *O* und *P* geben, wie der Text, nur habent. *H.*

25, 114 Pearcius schlug vor laterum vires statt latera, vires; Vassis Ath. IX, 2 p. 303 will conformatio quaedam oris et totius corporis.

25, 116 Langen will Lekt. verz. 1876/77 p. 7/8 die L. a. der schlechteren Hss. vitia iudicet statt des Part. Präs. in dicente vorziehen.

25, 119 in ordienda oratione statt exorienda mit Friedr. p. 23.

26, 118 detractis omnibus vitiis orator atque omni laude cumulatus. Mohr in Act. soc. philol. Lips. Tom. II p. 485 schlägt neque statt atque vor, das Ritschl mit Hinweisung auf Cic. de off. II 8, 31 und Terent. Phorm. 1032 Plaut. Asin. 641 empfiehlt. Doch sind die Worte detractis omnibus vitiis gleich einem Adj. und werden mit cumulatus verbunden, das ebenfalls adject. Charakter hat. (§ I, 20) Erl. und Harl. haben cumulandus, das dem fingendus gegenüberstände. Anders ist cumulandus III § 91. *A.*

26, 118 Idcirco nos hic, quod quaerimus empfiehlt Friedrich p. 23 nach den mutilis statt hoc und Stangl in d. Rec. Wochenschr. f. klass. Philol. 1885 Sp. 875 stimmt ihm bei. Das hic aber hat gar keinen Bezug in dem Vorhergehenden oder Folgenden. Denn oratione nostra fingendus est orator ist weniger lokal als vielmehr der Abl. instrumenti = 'wir müssen es durch unsern Vortrag dahin bringen, daß uns das Abbild eines Redners ersteht, der'... und auch sonst ist eine Art von Gegensatz zu anderen Entwickelungen nicht vorhanden. Daß hoc leichter aus hic entstehen konnte, ist schwer zu glauben und somit sehe ich nicht, warum au der einfachen und allgemeinen Bezeichnung der Aufgabe = hoc quod quaerimus, zu rütteln sei. *H.*

26, 119 atque ornatissime will Ellendt (und nach ihm Kayser) als tautologisch aus dem Text entfernt wissen; Bake hat promptissime dafür vorgeschlagen.

26, 120 impudentiae crimen statt nomen empfiehlt Stangl a. O. Bd. 18 nach Ruhnken mit unzureichenden Gründen.

27, 122 inter sese statt inter se mit Sor. nach den Hss.

27, 123 ne tum ipsum statt des einfachen ne tum accideret gab Madvig, s. Henrichsen z. d. St.

27, 123 ut in quoque — ita. Die Auslassung des wegen des folgenden ita unentbehrlichen *ut* hinter cur in manchen Handschriften z. B. im Erl. 1 erklärt sich nach völlig analogen Fällen durch die Ähnlichkeit der beiden letzten Buchstaben von cur mit ut sehr leicht. quoquo (was Ellendt und Orelli recipiert haben) ist wahrscheinlich nur aus einer Verwechselung des Abbreviaturzeichens für que mit dem Verdoppelungszeichen entstanden, da die Hs., in denen es sich nach Ellendts Angabe findet, sonst mit dem Erl. 1, der quoque hat, übereinstimmen.

27, 125 Gegen meine frühere Vermutung, daß hinter excusationem non habet die Worte *illud habet* aus Versehen ausgefallen seien, hat Kayser wohl mit Recht die Vulgatlesart in Schutz genommen.

27, 125 qui autem in dicendo quid reprehensus est statt cuius ... reprehensum will Friedr. p. 25 nach einzelnen Hss.; *O* und *P* haben sehr bezeichnend aliquid repr. *H.*

28, 126 orator a natura nisi haberet statt or. nisi hab. a nat. und 128 omnia summa sunt in oratore statt omnia sunt in or. summa ist die Stellung in den besseren Hss.

28, 128 scientia philosophorum statt sententiae, da alle besseren Codd. sententia bieten mit Friedr. p. 25. Ströbels Einwurf, in der Rec. Rundschau 1885 Sp. 1113, dem sententiae philosophorum entspreche vielleicht das verba poetarum, will mich nicht recht überzeugen.

28, 128 *probari non potest. K.* Bake S. *A.* Ell. *probari non possunt P.* Henr. mit den Hss. Der Gegensatz ist zwischen ceterarum rerum artifices und orator, nicht zwischen den übrigen Künstlern und dem, was dem Redner Beifall bringt. Die Korruption scheint ihren Grund darin zu haben, daß man das der Konjunktion nisi vorausgestellte ea (es steht voran im Gegensatz zu quae) für das gemeinschaftliche Subj. von Haupt- und Nebensatz hielt. *A.* Es ist jedoch gar kein Grund, die Überlieferung zu verlassen; auch Muther Jbb. 1884 S. 608 verteidigt sie. S. d. Erkl. *H.*

29, 132 unus pater familias. Die Annahme, daß pater familias ein aus § 159 entstandenes Glossem sei, das später in den Text geraten und die ursprünglichen Worte *e multis* verdrängt habe, hat nach den Verteidigungen der recipierten Lesart durch Baumstark in den N. Jahrb. B. 81, H. 11 p. 764 flg. und durch Volckmar im Philologus XV 2. 327 wieder aufgegeben werden müssen.

30, 134 nihil quicquam *P. K.* mit den Hs., nihil quisquam mit Müller S. und *A.* nach Jeeps Vorgang Philol. 1849 p. 300; auch Madvig, Advers. crit. III 86, Anm. hatte dies vermutet.

30, 135 rationem, sed consuetudinem meam ist wohl nach Rubners Vorschlag statt rationem consuetudinis meae zu lesen. Schon die unsichere Stellung von rationem in den Hs. entweder vor consuetudinis oder hinter meae (Erl. 1 b.) zeigt, daß hier eine Änderung des Textes stattgefunden. Der Ausfall von sed hinter rationem gab Veranlassung, meam consuetudinem als vermeintlich von rationem abhängig in den Genetiv umzuändern § 78. *P.* rationem consuetudinis meae mit *S. A.* Nach Rubner ist qua auf consuetudinem zu beziehen, consuetudo, qua solitus sum (consuevi) uti ist aber eine lästige Tautologie. Bei der Lesart der Hss. consuetudinis meae geht qua auf rationem und der Relativsatz enthält eine Erklärung des Genet. consuetudinis meae. *A.*

30, 136 Madvig Adv. crit. II p. 185 schlägt vor expiscari statt suspicari nach Siesbyes Konj.

31, 141 qui omnes *P.* mit d. meisten Hss. quae omnes *K. S. A.* Wie vorher in quibus nicht auf locos, sondern auf iudiciis geht, bei denen es sich um das iustum an iniustum, so quae auf deliberationibus, wobei es sich um das utile an inutile handelt.

32, 146 *collegisse. A.* mit *S.* Die Hs. id egisse. Daraus macht *P.* digessisse nach I § 186. 190. II 19, 79. Partit. orat. 22, 75. H. A. Koch im Rhein. Museum N. F. XVI 3 S. 483: coegisse (de or. I 42, 191, II 33, 142; ad Her. IV 40, 52). Kayser meint, hinter id egisse seien mehrere Worte ausgefallen. Bake vermutet: ad artemque redegisse. — Madvig, Advers. crit. III p. 85 flg. will vor Et exercitatio in 147, um die Schroffheit des Übergangs zu mildern, einschieben: Itaque et praecepta tractanda et...

32, 148 Das seit Schütz meist recipierte ac tamen findet Langen im ind. lect. 1876/77 p. 8 unpassend; er vermißt ein etiam und schlägt vor at etiam. Wenn ac hier nicht im prägnanten Sinne = atque etiam (s. d. Erkl.) gefaßt werden darf, empfiehlt es sich vielleicht noch mehr, den Ausfall von quoque hinter ista anzunehmen, das durch das folgende quae und bald darauf wiederholte quoque gewiß leicht vom Schreiber übersehen werden konnte. *H.*

33, 150 Die Überlieferung ohne das Hilfsverbum est hinter optimus oder praestantissimus verteidigt Stangl 'Ὁμοιότητες p. 14 ganz vortrefflich und in der richtigen Erkenntnis, daß auch die Parallelen der alten Rhetoriker nur unter steter Anwendung von Kritik zur Herstellung des Cicerotextes zu verwenden sind. Nichts paßt besser in den Fluß eines lebhaft sich entwickelnden Gespräches, wo dem Sprecher noch während des Sprechens neuer Stoff zuströmt, als solche zeitweiligen Härten. — Daher tilgt auch Vassis das neque iniuria entschieden mit Unrecht. *H.*

34, 157 Madvig: subeundus visus hominum mit Berufung auf II 10, 41; so auch Kayser; Orelli gar gustus. Dann doch noch lieber usus hominum als 'Verkehr mit der Außenwelt', um die mores hominum kennen zu lernen und sich im Leben bewegen zu können. Bake hält die ganze Stelle von educenda — proferenda est für eingeschoben. *P.* Sorof weist mit gutem Recht darauf hin, daß subire in übertragenem Sinne nur mit solchen Objekten verbunden werde, die etwas Schwieriges oder eine Gefahr bezeichnen. Aber dieser Bedingung entspricht visus ebensowenig, wie usus, auch ist visum hominum subire durchaus nicht etwa im eigentlichen Sinne gesagt, etwa = in conspectum venire. Ich halte die Stelle mit Henrichsen und Ellendt für verderbt und auch durch Madvigs nach Jul. Victors visus omnium versuchte Herstellung visus hominum nichts gebessert. Meiner Meinung nach schrieb Cicero subeundum risus periculum et periclitandae etc. = 'auch die Gefahr des Ausgelachtwerdens muß man mal auf sich nehmen und die geistigen Kräfte (Geistesgegenwart) auf die Probe stellen'. Die Aufeinanderfolge von periculum und periclitandae — eine Nebeneinanderstellung, die man überdies auch wegen der verschiedenen Bedeutungen des Subst. = Gefahr und des Verbums = prüfen, auf die Probe stellen, gerade schön und beabsichtigt finden kann — erklärt die sehr frühe Verderbnis, die schon dem Jul. Victor visus omnium bot, ganz vortrefflich; der Notbehelf mit visus ward um so leichter anerkannt, als die Gedanken der späteren Rhetoriker bis zu der Höhe eines eventuellen Gelächters bei dem Meister Cicero sich doch nie zu erheben vermochten. Der Hinblick auf des Demosthenes erste Versuche lag überdies dem Cicero nahe genug. *H.*

34, 158 eliciendum *P.* nach hs. Spuren statt eligendum atque † dicendum, Ellendt: eligendum [atque dicendum]. Lambin: eligendum atque eliciendum. Koch l. l. eliciendum atque eruendum (Or. 24, 79).

35, 161 prospiciendi potestas mit Stangl (Rec. von Friedrichs quaestiones in : Wochenschr. f. klass. Philol. 1885 Sp. 873 nach dem Lagom. 32 und Magl. 4, 185.

35, 162 Si esses familiaris *S. K. W.*, esset ist gleich gut beglaubigt, auch von Friedrich vorgezogen.

35, 163 da et perfice statt da: perfice mit Friedrich nach den meisten Hss. und Madvig.

35, 164 mea quoque [et] iam causa Wesenberg statt mea quoque etiam causa (so Erl. 1b., während im Erl. II etiam fehlt). *P.*, der mea quoque etiam beibehält und auf Verr. III 88, 206 ut omittam eiusmodi cetera, quae forsitan alii quoque etiam fecerint verweist, aber geneigt ist, bloß iam zu lesen. te iam Kiessling Rhein. Mus. mit Hinweisung auf § 133.

36, 165 neque ego teneo uti; Sor. neque ego ita teneo. In γ steht nach Sor. et ate nec uti, dies ergiebt ita teneo; ob aber ego in der Hs. steht, ist unsicher, denn Ellendt bemerkt ' et ate nec' pro: ego teneo.

36, 166 ad ipsum civile ius tuum stellen die meisten Hss., so auch *S. K. W.*

36, 167 quam quod erat Sor. Da auch Ellendt sich mit zahlreichen Hss. gegen seine codices optimi für esset entscheidet, bleibt abzuwarten, was als die beste Überlieferung zu gelten hat.

37, 168 Langen will *ille* vor intitiator gestrichen und das Zeichen der Parenthese von quod — intellegebat entfernt haben. Philol. B. XXX. H. 3 und 4 p. 443 flg.

37, 170 cum multis nach γ und andern Hss. *S.* tum praecipue aus Konjektur. *S.* et — et *P. K.* nach d. vulgata. [illi arti] hat sich vom Rande, wohin es von einem Glossator gesetzt war, um den vermeintlich nötigen Dativ zu erhalten, später in den Text eingeschlichen. *P.* Indes ist die Annahme eines Glossems keineswegs wahrscheinlich; es ist kein Grund, von der Überlieferung abzuweichen. Vgl. auch zu 173. Auch dem Zusatz von Muther, Progr. Coburg 1885 p. 8 quamvis prudens esset vor in iure civili kann ich nicht beistimmen. *H.*

38, 173 testamentorum ruptorum aut ratorum Erl. I b. u. a. statt ruptorum aut † ratorum (Orelli vermutet: irritorum; Henrichsen, Ellendt, Kayser: [ruptorum aut ratorum] nach Ernesti; Schütz und Müller haben beide Wörter ganz aus dem Text entfernt. S. ind. centumvirales caucae 8). *P.* Die Echtheit der Worte zweifelhaft; denn warum geht das negative ruptorum dem positiven ratorum voraus und warum wird nur zu testamentorum nähere Bestimmung hinzugefügt, zu den andern Begriffen nicht? Letzteres wäre nur aus einem Streben nach Gleichmäßigkeit der Glieder zu erklären, weil von gentilitatum an immer zwei oder mehrere Begriffe zusammengehören. *A.* Diese Fragen und Bemerkungen Adlers sind wenig treffend; nach den Hss. sind die Worte beizubehalten; daß durch sie die (vermeintliche) Concinnität (Henrichsen) gestört wird, ist ohne Belang; es ist gewiß falsch, in de or. immer eine fein abgezirkelte Sprache zu vermuten; im Gegenteil, Cicero ist sich fast stets bewußt, daß er ein lebendiges Gespräch wiedergeben will. *H.*

38, 175 eius patroni statt illius patr. schrieb schon Ellendt, dann *K. S. W.* testamento exheres filius nach allen Hs. statt [testamento exheres filius].

39, 177 cum Romam statt qui Romam Ellendt. Sonst nahm man (bei der Lesart qui) eine Lücke nach mortuus an, in der ursprünglich der auf qui sich beziehende Nachsatz gestanden habe.

39, 179 simili quodam modo statt simili in re quodammodo; die Worte in re gehören auch nach Henrichsen und Ellendt nicht in den

Text. *P.* simili in re quodam modo erravit *S.* Was heißt aber quodam modo errare? Vielleicht simili in re quadam nuper erravit. *A.*

39, 179 Fufius autem nach Hss. statt Fufius [autem]. Erl. I b. hat Fufius enim; im Erl. II fehlt autem.

39, 180 ego autem defenderem, hac eum tum mente fuisse nach Hss. statt ego [autem] defenderem, hac eum [tum] mente fuisse. Erl. I b. hat: ego autem defenderem, eum hac tum mente fuisse (Kayser). Erl. II ego defenderem, eum hac tum mente fuisse. *P.* eum hac *S. A.*

40, 182 hominis, consularis praesertim, die Interpunktion nach Vassis p. 45, ebenso § 189 nach Vassis p. 46 geändert. *H.*

40, 183 mortuus esset intestato statt mortuusque esset intestato; das angehängte que ist durch einen Abschreiber, der den Zusammenhang nicht erkannte, in den Text gekommen. *P.* Das mortuus*que* sämtlicher Hss. ist jedoch sehr wohl zu verstehen. *H.* — in concubinae loco bieten Harl. O *P.* und a. Hss.

40, 184 ore atque vultu statt ac setzte bereits Ellendt; nach ihm nur Sor.² *H.*

42, 187 Die Lesart der Hs. ignota quondam ist von *K.* und *P.* beibehalten und wird von *P.* erklärt: „Sie kannten die Dinge und kannten sie doch nicht (videbantur ignota)," weil ihnen das Bewußtsein von der Zusammengehörigkeit der Teile fehlte. Er bezieht sich auf § 14 totius rationis ignari und dial. de orat. 19 erant haec (quidquid Hermagorae libris praecipitur) nova et incognita et ipsorum quoque oratorum paucissimi praecepta rhetorum cognoverant. Allein dort ist von der Unkenntnis der ars selbst, nicht von der Unkenntnis der Sachen, die als zusammengehörige Teile in der ars zusammengefaßt werden, die Rede. Diese Zusammengehörigkeit war vordem unbekannt (dispersa et dissipata quondam fuerunt). diiuncta *A.* Cfr. de Fin. II § 45 homines rationem habent mentemque, quae diiuncta coniungat. Sorof: *disiecta. A.* Über die Stelle ist viel gestritten. Sor. und *A.* geben einen m. E. viel zu kühnen Notbehelf; denn sie erwägen nicht genügend die Überlieferung, die uns doch von dem ignota nicht los kommen läßt. Daß ohne ein System die einzelnen Aufgaben und Teile der Rede dem Redner schlechthin unbekannt gewesen oder erschienen wären, kann man nicht behaupten. Ganz anders aber steht es, wenn das ignota gemildert wird; das quondam, das ganz überflüssig ist und bei der Spezialisierung der anderen Künste: Musik, Geometrie, Astronomie, Grammatik auch nie erwähnt ist, weist sehr deutlich auf quodam modo hin. Daß nun videbantur nicht mehr zu ignota passe, kann so ganz gewiß nicht mehr behauptet werden, und das omnibus — wenn anders es überhaupt im Text stand und nicht allmählich aus modo herausgelesen wurde — gehört, wie schon Ellendt in den Explicationes sah, zu ignota. Wenn also gelesen wird ... ignota quodammodo [omnibus] et late diffusa videbantur, erscheint alles in Ordnung = 'schienen so gewissermaßen allen unbekannt und weithin ordnungslos zerstreut'. Noch prägnanter wird der Gedanke, wenn wir das überlieferte videbantur zu dem ignota, zu dem es streng genommen auch allein paßt, setzen und hinter late diffusa den Ausfall eines diese Begriffe ausprägenden Verbums annehmen. Vassis p. 46 wollte überhaupt für videbantur einsetzen vagabantur; streichen wir dann auch omnibus, paßt dies ganz gut; bleibt aber omnibus im Text, erscheint der Gedanke in echt Ciceronischer Fülle, wenn wir vagabantur hinter diffusa einschieben. Also: die einzelnen Teile der Redekunst ohne zusammenfassendes System ignota quodam modo omnibus videbantur et diffusa late vagabantur. Die Korruption in den Hss. läßt auch diese Änderung sehr leicht erscheinen; ich will nicht behaupten, daß diese Fülle des Ausdrucks hier von Cic. angewendet wurde, ich glaube eher das Gegenteil (s. o. zu § 173); vielleicht läßt eine genaue Untersuchung der Hss. noch erkennen, wofür man sich zu entscheiden habe. *H*.

42, 191 ist an coguntur festgehalten; daß die angeregte Bearbeitung des Civilrechts gegenwärtig ausgeführt werde oder doch, daß Crassus als zur Zeit damit beschäftigt angesehen sein will (vgl. II 142 flg.), giebt eben der Indic. zu erkennen, und das me impedito occupavit in 190 weist deutlich genug darauf hin. *H*.

42, 191 Friedr. p. 28 schlägt nach besseren Hss. vor replere iustam iur. civ. scientiam. Dies scheint jedoch eine spätere Besserung der ursprünglichen, schwerer verständlichen Lesart repleri scientia zu sein. Crassus sagt: solange mein Handbuch noch nicht erschienen ist, muß man sich eine rechte Kenntnis des Civilrechts überallher zusammensuchen; replere scientiam würde heißen: erst dann kann einer eine rechte Kenntnis (Kunde) vollmachen, indem er von allen Seiten seine Forschungen zusammenholt. Das ist aber gar nicht die Aufgabe des Redners (scientiam replere etwa ein vollständiges System aufstellen), sondern sich selbst mit genügender Kenntnis ausrüsten. *H*.

43, 192 omnia enim sunt nach Erl. II. Cfr. Madvig de Fin. I § 43 *A*.

43, 193 sive quem haec Aeliana studia Madvig statt sive quem haec † aliena studia.

43, 193 plurima est et in omni iure civili et in nach Hss. statt plurima est [et] in omni iure civili et in. et fehlt im Erl. I b. Erl. II u. a. Eichstädt: plurima est in omni iure civili ut in pontificum libris, ut in XII tabulis etc.

43, 193 sive quem civilis scientia Ranke Götting. Gel. Anz. 1841 p. 625 statt sive quis civilem scientiam † contemplatur. *sive quem* haben gute Hss. Die sonstigen Lesarten beruhen auf Konjektur, da an dieser Stelle die älteren Hss. kein Verbum haben: sive quis civilem scientiam contemplatur (Erl. II) oder complectitur (Ellendt) oder laudat, oder sive quis civili scientia ducitur. (Orelli billigt Wyttenbachs Vermutung: consectatur; Schöne l. l. p. 29 schlägt amplexatur vor). Sor. meint, schon die Koncinnität der Periode erfordere ein besonderes Verbum und schreibt sive quis civilem sententiam consectatur. Ich hege überhaupt starke Bedenken, die Koncinnität der Perioden in de or. als ein Postulat für immer zuzugeben; da die Hss. noch nicht genügend erforscht sind, ist es bei der bisherigen in jeder Beziehung befriedigenden Lesart geblieben. *H*.

43, 193 descriptis utilitatibus mit allen Ausgg. gegen discriptis der früheren Auflagen.

43, 193 praepotens ista statt ista praep. wohl besser beglaubigt und schon von Ellendt gewünscht.

43, 194 quoniam, nicht cum (quom), das von den Abschreibern sehr häufig mit quoniam verwechselt ist, muß gelesen werden, wie auch aus der entsprechenden Stelle (§ 247) hervorgeht.

43, 194 quoniam virtus atque honestus labor nach Wesenberg, wie sich dies schon aus dem Gegensatz vitia ac fraudes ergiebt, statt cum verus iustus atque honestus labor — dann wären diese Worte zweigliedrig zu fassen; wirkliche (von Erfolg begleitete) und erlaubte (ordnungsmäßige) und dabei auch sittlich rühmliche Thätigkeit. — Ellendt: quum verus et iustus [atque honestus] labor honoribus et praemiis [splendore] decoratur. Capellmann in d. Zeitschr. f. d. A. W. 1834 N. 8 p. 67 vermutete: quoniam virtus et iustus atque honestus labor. *P*. Da das iustus die Hss. in der That fordern, habe ich auch so mit Sor. in den Text gesetzt. *H*.

45, 198 cum ingenio sibi dignitatem peperissent zuerst Pearce, dann Schütz, Henrichsen, Ellendt statt iugenio sibi † auctore. Dies Wort auctore (das Kayser und Sorof beibehalten wissen wollen) ist wohl nur durch ein Versehen in den Text gekommen, wozu das nahestehende auctoritate die Veranlassung gewesen sein mag. Baiter hält das Wort für verderbt aus acutiore; doch wird dadurch der Gegensatz eher geschwächt und hernach heißts auch nur ipso ingenio. Orelli vermutet ingenii sibi acumine. *P.* Der genaue Gegensatz zu auctoritate plus quam ipso ingenio valerent würde vorher ingenio sibi auctoritatem verlangen. In dieser Erkenntnis schrieb ein Abschreiber neben oder über digni — auctori —. Dies fand dann Eingang in den Text und wurde, um es der Konstruktion anzupassen, in auctore verändert. *A.* Muther in Fleckeisens Jahrbb. 1884 p. 594 will auctorum dignitatem; auctor = Meister, Autorität auf einem Gebiet. Aber die Verbindung von dignitas mit auctoris ist nicht bezeugt und schwer denkbar. Dann kommt es gar nicht auf die wissenschaftliche Autorität an, sondern auf die praktische; Cicero will sagen: die Juristerei hat ganz allein niedrige Handlanger bei den Griechen und hochgestellte Römer, sobald sie erst s o w e i t w a r e n (cum ... peperissent) zu e i n f l u ß r e i c h e n Leuten gemacht. Cicero schrieb ursprünglich ganz offenbar auctoritatem, aber das dignitatis im ersten Satze des Paragraphen und das dicht darauf sich wiederholende auctoritate brachten übereifrige Leser auf die offenbar uralte Verderbnis dignitatem, das übergeschriebene auctori kann ebenso gut als Variante alter, echter Überlieferung, wie auch genauer Erkenntnis eines Lesers entstammen. Madvig, Adversaria critica III pag. 86 flg. liest ebenfalls auctoritatem und will, wie auch schon Rubner, das qui vor cum streichen oder durch alii ersetzen. Denn durch contra werde auf eine ganz entgegengesetzte Thätigkeit, als die der Griechen ist, hingewiesen und so erst werde die Steigerung cum ingenio sibi auctoritatem peperissent, perfecerunt ... ut auctoritate plus quam ingenio valerent recht durchsichtig. Aber das contra geht bloß auf den Gegensatz des Standes: bei den Griechen infimi, bei den Römern contra amplissimi; die Steigerung scheint, wenn qui stehen bleibt, eigentlich noch schärfer, und der vergleichende Gegensatz: bei den Griechen treten obskure Leute als Ratgeber auf, bei den Römern bewirkten die höchstgestellten beim Ratgeben mehr durch ihren Einfluß, als ihre Begabung eine Festigung ihrer Stellung, ist gar nicht durchgeführt. Als eine Appendix erscheint dagegen die Festigung ihrer Stellung (Steigerung ihres Einflusses) vollkommen am Platze. *H.*

45, 199 dicat vor ille Pythius hielten *P. A.*, wie schon der Konj. zeige, für ein späteres Einschiebsel; Sor. schreibt dicit.

45, 199 summarum rerum incerti Lg. statt suarum rerum incerti. Erl. 1 b: suarum summarum rerum incerti. Ferner ist an der Stelle statt des herkömmlichen ex von Ribbeck des Metrums wegen pro gesetzt worden.

46, 202 neque clamatorem mit Ellendt, Bake, *K. S. A.* neque proclamatorem mit d. Hs. *P.* Das Wort proclamator, was sonst nicht vorkommt, erklärt er für die Bezeichnung eines der subalternen Gerichtsdiener, denen die proclamatio, die laute Verkündigung der Bescheide obliege. Dann ist aber ein proclamator überhaupt kein Redner, und die verschiedenen Kategorien handwerksmäßiger juristischer Redner wollte Crassus doch aufführen. tamen (oder tum) adfuisse deus putatur. *P.* — Madvig: invenisse deus putatur. Klotz: dedisse deus putatur. (So auch Kayser, der auch noch die Vermutung aufstellt, daß vielleicht tamen esse dei munus putatur zu lesen sei.) Orelli meint, vor putatur sei pater (inventor, Mercurius) ausgefallen; Baiter vermutet: parens tamen esse deus putatur. Bake: tamen ipse deus putatur (III 14, 53). Der hs. Lesart tamen esse putatur steht daret und das nachfolgende Imperfekt entschieden entgegen (denn einen Satz zu ergänzen sc. qui dedit hominibus hanc facultatem geht offenbar nicht an). *P.* auctor tamen esse deus putabatur

Tittler in Fleckeisens Jahrb. 1869, 7 p. 490 flg. inventor tamen esse deus putabatur Muther ebend. 1884 p. 611. tamen largitus esse deus putatur. *S.* — Das esse der Hss. weist auf die einfachste und völlig befriedigende Ergänzung fec-isse oder effecisse hin. Ersteres fand ich auch in Adlers Handexemplar der 1. Aufl. von Sorof, zugleich mit folgenden Vermutungen: tamen tulisse, peperisse deus putatur; tamen esse dos dei putabatur. Die bisherige Lesart stützte *P.* durch Quint. X 7, 14, wo vom Gegensatz der vorbereiteten und unvorbereiteten, aber gleichsam inspirierten und darum erfolgreichen Rede gesagt wird: deum tunc *adfuisse* veteres oratores, ut Cicero dicit, aiebant. Hier aber ist nicht von dem Erfolg einer Rede, sondern von der Kunst, die natürliche facultas des Sprechens, die Sprache, zur wirklichen Kunst des Redens fortzubilden, gehandelt. Zu dem adfuisse paßt hier der Nachsatz ut divinitus delatum *videretur* nicht scharf; was heißt es, daß ein Gott geholfen habe, den Schein göttlicher Gabe, göttlichen Ursprungs zu erwecken? Es handelt sich für Cicero hier wohl nur darum, den starken Ausdruck antistes zu motivieren. Ich habe daher effecisse aufgenommen. *H.*

46, 202 id ipsum Heusinger statt et ipsum.

46, 203 ne rerum quidem Sor. mit *K.* nach Bake statt rei; s. d. *A.*

47, 206 [iam] dudum *P.* statt iam dudum. *A.* — Indes empfiehlt keine Spur in den Hss. die Streichung und iam hat bereits *A.* richtig in der Anm. erklärt.

48, 209 non idem esse illud nach allen Hss. statt non idem [esse] illud (Erl. I b. si ii qui inter se disseruerint non idem esse illud de quo agitur intelligent). *P.* non idem [esse] mit Henrichsen, Ellendt, Orelli, Kayser, *S. A.* Die von *P.* gegebene Erklärung ist nur statthaft, wenn esse fehlt. Sonst müßte es heißen non intelligant: wenn die Disputierenden nicht einsehen, daß sie gar nicht von ein und derselben Sache reden.

48, 212 et ad respondendum et ad agendum et ad cavendum nach allen Hss. statt et ad respondendum [et ad agendum] et ad cavendum.

49, 215 illam scientiam Ernesti nach Manutius. Die hs. Lesart aliquam scientiam dicendi copia oder vielmehr, wie Erl. I b. hat, aliqua scientia dicendi copiam scheint auf einer Korrectur des nicht verstandenen Satzteils zu beruhen. Die Konjekturen alienam (Schütz, Wyttenbach, Kayser) oder reliquam geben keinen rechten Sinn. Muther in Jahrbb. 1884 p. 612 meint, vor aliquam scientiam sei civilem ausgefallen.

50, 216 si eloquentissimus mit Sor. statt des hs. etsi. Die Varianten der Hss. et; si getrennt, bloß et, Hinzufügung von sit, geben wohl ein Recht, das et als von einem überweisen Besserer herrührend aufzufassen.

50, 217 Nam si ut quisque in aliqua arte — assumpserit, is perficiet Naegelsbach Lat. Stil. 2. Aufl. S. 252 statt Nam si quisque ut — assumpserit, [is] perficiet. (Ellendt: Nam si quisquis — assumpserit, perficiet; Lambin: ita für is.)

50, 217 ei, quos φυσικούς Graeci nominant statt et, das ohne der Sprache die ärgste Gewalt anzuthun, nicht verständlich ist, nach Stangl a. a. O. und Sor.[2]

51, 219 nisi qui hominum naturas mores atque rationes *P.* statt nisi qui rerum omnium naturam, mores hominum atque rationes. (Bake jetzt: nisi qui rerum omnium naturam, mores hominum atque rationes.) Durch einen sehr häufigen Abschreibefehler kam omnium statt hominum in den Text, und dies hatte wieder sowohl den Zusatz rerum zu omnium, als auch die Hinzufügung von hominum hinter mores zur Folge. *P.* Kayser klammert rerum omnium naturam und atque rationes ein. Mit den Hss. *S.* und *A.*

51, 219 Ernesti: satis est ea de motibus animorum et scire statt satis est ea de moribus hominum et scire. So auch Bake und S.; auch von Rubner philol. Anz. X 104 und Zs. f. bair. Gymn. 1879 p. 83 gebilligt. Indes, wer die Polemik gegen die Philosophen von seiten des Antonius etwas allgemeiner faßt — und es ist gewiß kein Grund, es nicht zu thun — wird der Überlieferung trotz des gleich folgenden iracundia den Vorzug geben. Auch der Anfang von 221 spricht für moribus. Stangl will nicht übel ein horum vor hominum wiederherstellen, doch auch das ist für einen aufs allgemeine sich zuspitzenden Satz nicht nötig. Madvig, advers. crit. III p. 88 schlägt vor: quae non abhorrent ab hom. *auribus* = quae illae libenter accipiunt. *H.*

51, 219 Um die unbequeme Stellung des quoque zu vermeiden, schlägt Muther Jbb. 1884 p. 613 vor, den Ausfall eines nostrorum vor quoque anzunehmen.

51, 221 ut ei qui audiant *P.* statt uti qui audiant (Ellendt: ut qui audiaut). Erl. I b. uti = ut ii (ei) §§ 87. 165.

51, 221 probent ingenium, oratoris sapientiam admirentur statt ingenium or. sapientiamque adm., was *P. A.* gegen die Hss. gesetzt hatten.

52, 225 Döderlein vermutete, daß vor nostro sanguine das Wort nisi ausgefallen sei: nur mit unserem Blut kann ihre Raubgier gesättigt werden. Vgl. Liv. IX 1 qui placari nequeant nisi hauriendum sanguinem laniandaque viscera nostra praebuerimus. So auch Bake mit Berufung auf p. Rosc. Amer. 3, 7 peto ut pecunia fortunisque nostris contentus sit, sanguinem et vitam ne petat. Ich hielt die Besserung ebenfalls für notwendig und wollte sie daher mit Sor. und Wilk. in den Text setzen, aber die Erwägung, daß Worte des Crassus, nicht des Cicero angeführt werden, brachte mich davon ab. Denn die Überlieferung gestattet eine befriedigende Erklärung; die bisher von *P. A.* gegebene, mit dem auf das nostro gelegten Nachdruck ist freilich von Sor. mit Recht abgewiesen. Wenn wir aber uns das *sanguine* stark betont denken, als mit dem höchsten Pathos herausgestoßen, das das folgende non potest expleri wieder etwas mildert oder gleichsam nur fortsetzt, erhalten wir genau den gewünschten Sinn: deren Grausamkeit unser Blut nicht sättigen kann. Die Betonung ersetzt ein 'auch, nur' oder dgl. vollständig. *H.*

53, 228 hisce eum tragoediis Heusinger statt his quoque eum. (Erl. I b. hat hyscü d. h. hisce eum). Kayser: his eum.

54, 232 quam quasi aestimationem mit den Hss. *P.* und *S.*[1]. quam [quasi aestimationem] Bake und *K.*, auch *S.*[2] Schütz streicht die Worte überhaupt. Die Wiederholung ist, nachdem nur eben vorher quasi poenae aestimatio gesagt war, unerträglich, mindestens hätte quasi dann wegbleiben sollen. Noch dazu aber ist hier aestimatio nicht dasselbe, wie vorher. Wenn vorher poenae aestimatio = τίμησις ist, wofür allerdings auch τίμημα gesagt wird, so ist hier quam aestimationem commeruisse se fateretur = qua poena se dignum fateretur, also aestimatio = poena, griechisch auch τίμημα. Vgl. Meier und Schömann att. Proc. p. 175 flg. Die Worte scheinen von einem Erklärer zu quam hinzugeschrieben zu sein. *A.*

55, 234 incomptam mit allen neueren Ausgaben, außer *K.* Die Hss. bieten fast alle incomitatam et incomptam, wofür Jeep vorschlug in comitate tamen incomptam. *H.*

54, 236 Madvig, Advers. crit. III p. 88 vermutet sehr ansprechend: Nam si ita diceres, qui i. c. esset, *posse* eum oratorem, itemque qui esset or., iuris eundem esse consultum, praeclaras duas artes constitueres etc.

56, 239 quod (Crassus) Gaio filio filiam suam despondisset *P.* statt quod Crassi filiam Gaio filio suo despondisset. Die Vulgatlesart ist offenbar unrichtig. 'Crassi' in den Hss. ist aus dem der Sache nach ganz richtigen Glossem zu despondisset entstanden. (Wenn man die Wiederholung nicht scheut, so könnte allenfalls auch 'Crassus' der Deutlichkeit wegen geduldet werden.) *P*. Da die Vulgatlesart indes die sämtlicher Hss. ist und sich recht gut erklären läßt (s. d. A.), so ist sie wieder aufgenommen. *H*.

57, 241 iuris sine controversiis Klotz statt iuris † in controversiis (Lambin: incontroversi, Bake: non controversi.) *P*. sine controversiis auch *S*. [in controversiis] *K*. *P*. faßt sine controversiis als einen attributiven zu iuris gehörigen Begriff und verweist auf Orat. part. 14, 48 argumenta, quae sine arte appellantur (Einl. II § 10) und de nat. deor. II 21, 54. Ovid. Met. I 20. Eine Änderung ist aber unnötig. ius sine controversiis würde eben nichts anders sein als omnis *haec* pars iuris, nämlich ubi de iure non dubitatur; in controversiis aber gehört zu oratori, nämlich oratori in controversiis licet ignorare. *A*. Auch Sorofs Einwand im krit. Anh. der 2. Aufl. gegen diese Erklärung *As*. scheint nicht zwingend; man kann ja gerade annehmen — und muß es doch auch — Cicero beabsichtige, den Antonius durchaus einseitig sich auf Gerichtsverhandlungen beschränken und etwas ungewöhnlich reden zu lassen. *H*.

57, 242 Nisi vero (bona venia huius optimi viri dixerim), Scaevolae tu libellis Klotz statt Nisi vero (bona venia huius optimi viri dixerim [Scaevolae]). *P*. Seit Bake geben die meisten Ausgaben, so Ell. Or.[2], S.[1] und S.[2] *K*. non adripuisti mit glattem Fortgang der Periode, statt Nonne adrip. Ich habe die Erforschung der Hss. abwarten wollen. *H*.

57, 242 defensionem testamentorum [ac] voluntatis [mortuorum] *P*. statt defensionem testamentorum ac voluntatis mortuorum. Wollte man zur Verteidigung der Vulgatlesart das Wort voluntatis auch zu testamentorum supplieren, so wäre (wenn sich überhaupt eine solche Annahme rechtfertigen ließe), das zweite voluntatis mortuorum ein Zusatz, der den scharfen Gegensatz vielmehr verwischte. Zur Erläuterung des ungewöhnlicheren Ausdrucks voluntatis testamentorum wurde das vermeintlich deutlichere *mortuorum* an den Rand gesetzt, das sich später mit *ac* in den Text einschlich. [Wenn Cr. die in dem Testament ausgesprochene voluntas mortuorum verteidigt, so verteidigt er damit zugleich das Testament selbst. *A*.] Demnach erscheint mir kein zwingender Grund für die Klammer. *H*.

58, 246 *nam quod*. — Vgl. Rhode de anacoluthis maxime grammaticis in libris Ciceronis de oratore p. 36 flg. *A*. Die Konstruktion des Satzes ist in der That etwas hart, indes eine Notwendigkeit, das quae einzuklammen resp. zu tilgen, wie Sor. nach Ellendts Vorschlag gethan, will sich mir nicht ergeben, wenn man sich vergegenwärtigt, daß Cic. so etwas beabsichtigt haben kann, um der Darstellung den Charakter eines improvisierten Gespräches zu wahren. Der Satz Nam quod bis ediscant ist gleichsam als Ankündigung des Themas, als Überschrift aufzufassen, auch wir sagen so: 'Nun klagst du über die inertia der Jugend, die diese Kunst sich nicht aneignet.' Die Zurückweisung wird dann relativisch an den Hauptbegriff ista ars (nicht an inertia) angeschlossen. Mir scheint aber das primum ganz und gar nicht an seinem Platze und ich glaube, daß es sich hier wie § 260 um eine Zeile verschoben hat und hinter facilis zu stellen ist. Dann ist die Gliederung viel klarer: Nam quod accusas ... qui artem non ediscant: quae, quam sit *facilis*, primum illi viderint, deinde etiam tu videris ... deinde quod sit plena *delectationis*, in qua nämlich arte delectationis plena: bei dieser 'amüsanten' Wissenschaft erlassen dir alle das Vergnügen ... *H*.

58, 249 Cui nostrum licet fundos nostros obire Bake statt Cui nostrum *non* licet (Schütz, dann Henrichsen, Ellendt, Orelli lesen nunc). *P*. Wie aber ist die Negation in den Text gekommen? Dies erklärt sich mindestens, wenn man nunc (i. e. in jetziger Zeit, im Altertum war es anders) statt non liest. Auch II 361 scheinen non und nunc in α und ε verwechselt. Kann aber nicht cui Relativum sein und der partitive Genetiv nostrum dem Sinne nach auch zu nemo gehören? nostrum cui non licet obire, tamen nemo tam sine oculis vivit, ut — *A*.

58, 248 in iure possem defendere. ius als Gerichtsstätte, wie § 41 will nicht recht befriedigen; besser erscheint die Erkl. von *P*. in der Anm. Sehr ansprechend ist Vassis' Vermutung Athenaeum IX in iure positas; noch einfacher Madvigs, Advers. crit. III. p. 89 quas iure possem defendere, wenn schon seine Berufung auf eine quaestio iuris, nicht facti (vgl. II 106) nicht recht hierher zu gehören scheint. *H*.

58, 249 si qui fundus inspiciendus Bake statt si cui fundus inspiciendus.

58, 250 cum in rem praesentem venimus statt cum in rem praesentem non venimus (non rührt wohl von einem Glossator her, der den juristischen Sprachgebrauch der Formel nicht verstand). *P*. Es scheint nicht nötig, die Negation auszuwerfen, denn de finibus ist natürlich schwerer zu entscheiden, cum in rem praesentem non venimus d. h. wenn nicht an Ort und Stelle die Entscheidung erfolgt. *A*. Ich bin ebenfalls Adlers Ansicht, daß non wohl zu halten sei; freilich muß, da controversia nicht 'Entscheidung' heißt, venimus prägnant gefaßt werden = venire possumus also: si de finibus controv. est, cum in rem praes. non venimus, 'wenn es Rechtsstreit giebt über Gebietsverhältnisse, wo man nicht an Ort und Stelle gelangen kann'. *H*.

59, 251 Graecorum more tragoedorum zuerst Lambin nach Hss. statt Graecorum more et tragoedorum. (Ellendt: Graecorum more [et tragoedorum].)

59, 251 paeanem aut hymnum *P*. (statt des unerklärlichen Nomionem, das Talaeus aus dem hs. munionem gebildet hat), bestätigt von F. Ritschl im Rhein. Mus. N. F. XXVI 3 S. 494flg. 'Der Übergang in das munionem der Hss. wird um so verständlicher, wenn man sich im Autographon nicht sowohl hymnum als vielmehr humnum geschrieben denkt.' (Orelli wollte nomum schreiben — 'eine zu ihrer Zeit sehr namhafte altgriech. Dichtungsgattung — mit dem Dithyrambus verwandt Plat. leg. III p. 700 B — aber sie war eben so alt, daß sie in einer jüngern Periode höchstens vielleicht noch hie und da im Kultusgebrauch dauern mochte, in der Ciceronianischen jedenfalls nur noch als eine ziemlich verschollene Antiquität in der Kenntnis der Gelehrten, ganz und gar nicht mehr im allgemeinen Bewußtsein oder vollends in irgend welcher praktischen Übung fortlebte'.) In die Anm. ist die Erklärung des Nomionem von Vassis p. 52/53 aufgenommen, die auch Stangl in der Rec. von Vassis' Schrift (Wochenschr. f. klass. Phil. 1884 Sp. 656) anerkennt. *H*.

59, 251 *recitarimus* statt citarimus. Lachmanns Erklärung zu Lucrez p. 76 citare paeanem bedeute 'celeri ἀγωγῇ peragere', paßt nicht in den Zusammenhang, 'weil es sich ja hier nicht um raschen Vortrag oder schnelles Tempo handelt, sondern um langwierige und mühsame Stimm- und Deklamierübungen nach Art der professionsmäßigen Bühnenkünstler bei den Griechen.' *P*. Aber Horat. Sat. I 3, 7 ab ovo usque ad mala citaret, Io Bacchau: modo summa voce, modo hac, resonat quae chordis quattuor ima. *A*. Ich halte ebenfalls citare für den hier gebotenen technischen Ausdruck und bin daher den Hss. gefolgt. *H*.

59, 253 ministros habent in causis [iuris peritos] qui ipsi sint peritissimi et qui *P*. statt ministros habent in causis iuris peritos, cum † ipsi sint peritissimi [et] qui. (Lambin: cum ipsi sint imperitissimis.) *qui* statt der Vulgatlesart cum erscheint schon wegen des folgenden et als die richtigere Lesart und iuris peritos ist wahrscheinlich ein Glossem zu ministros. *P.* ministros habent in causis cum ipsi sint *imperitissimi* eos (mit Manut.), qui, ut abs te paulo ante dictum est, pragmatici vocantur. Vgl. § 198 infimi homines — ministros se praebent ei, qui apud illos πραγματικοί vocantur. Ein Glossem cum ipsi sint imperitissimi wäre wohl erklärlich, aber cum ipsi sint peritissimi wäre unbegreiflich. *A.* Das eos ist nicht nötig, und da das hs. et auf ei hinweist, habe ich es mit S^2 in den Text gesetzt. *H.*

59, 254 Um den allerdings bedenklichen Konj. Impf. accederet zu vermeiden, konjiciert Madvig, Advers. crit. III p. 89 höchst geistreich: se, quo plus sibi aetatis *acceleret*, eo tardiores cet.

60, 255 id quod haud sciam Schütz nach Heusinger statt [et] quod haud sciam.

60, 256 antiquitatis memoriam Koch 1.1. statt antiquitatis iter. Näher betrachtet ist dieser Ausdruck antiquitatis iter unerklärlich und kann weder gefaßt werden: 'als Inbegriff alles dessen, was man auf dieser Wanderung durch längst vergangene Zeiten zu sehen und zu hören bekommt' (— in dieser Beziehung auf den Inhalt des auf der Altertumsreise Erlebten und Erfahrenen würde der Ausdruck zumal mitten unter prudentiam und copiam und zunächst von dico abhängig wohl mit mutuabor verbunden werden können); noch läßt er sich, wie Kayser meint, als Citat aus einem Schriftsteller rechtfertigen. Ursprünglich stand an unserer Stelle memoriam, darin hat Koch recht; die Erklärung aber, wie iter in den Text gekommen, ist er uns schuldig geblieben, obwohl erst dadurch die Restitution von memoriam evident wird. Das falsche iter ist aber so entstanden: das im Text stehende memoriam wollte ein Grammatiker in materiam geändert haben und setzte deshalb über die vier unterpunktierten Buchstaben von memoriam zur Korrektur die dafür zu nehmenden andern vier: ater (memọriạm); ein späterer Abschreiber hielt irrtümlich das ganze Wort memoriam durch die Punkte für getilgt und schrieb nur die Korrektur ater, in iter geändert, in den Text (wie ähnliches öfters vorgekommen ist; vgl. II 199). Daß aber antiquitatis memoriam zu lesen, bezeugen die Parallelstellen 201 (antiquitatis memoria). Brut. 214 nullam memoriam antiquitatis collegerat. p. Caecin. c. 28, 80 cum exemplis uterer multis ex omni memoria antiquitatis. Diese letztere Stelle ist doppelt wichtig, weil sie uns insofern den Schlüssel zur Erklärung unserer Stelle giebt, als auch hier das ursprüngliche memoria in den Hss. in materia entstellt ist. (Ellendt vermutet statt iter an unserer Stelle notitiam, Paul im Thorner Programm v. J. 1840 liest antiquitatem et exemplorum copiam.) Madvig advers. crit. III p. 89 flg. will statt iter lesen iterum, also et antiquitatis iterum et exemplorum copiam.

60, 256 Congo Schol. Vat. Köpke zu Cic. Planc. 24, 58 p. 72 statt Longino (die Hss. haben Longo).

61, 261 qui etiam — consuescebat. Friedrich in Fleckeisens Jahrb. 1874 p. 861 und Quaestiones p. 28 empfiehlt quin etiam — das einen dem voraufgehenden est adsecutus koordinierten Satz einführe. Ebenders. und Vassis p. 54 neque id statt is, von Simon in d. Rec. v. Vassis Sp. 983 gebilligt.

62, 265 venturum esse L. Aelio Orelli statt Laelio, wie in den Hss. verschrieben ist. Vgl. Schoell legis duodecim tabularum reliq. Lipsiae 1866 p. 26, 1. *P. A.* Indes mißtraut Orelli selbst seiner Vermutung in der zweiten Ausgabe 1845; vgl. d. A. *H.*

Berichtigungen.

Im Text:

Seite 108 Zeile 13 paullo; zu lesen ist paulo.
„ 140 „ 13 occurunt; „ „ „ occurrunt.
„ 150 „ 10 heriditatem; „ „ „ hereditatem.
„ 151 „ 1 exulare; „ „ „ exsulare.
„ 177 „ 8 dedebant; „ „ „ debebant.
„ 184 „ 8 si facilis; „ „ „ sit facilis.
„ 188 „ 1 paeanem; „ „ „ Paeanem.

In den Einleitungen und Anmerkungen ist S. 10 A. 27 die Klammer und 'so' zu streichen; S. 47 Z. 2 v. u. lies Coup; S. 51 Z. 9 v. o. lies Abweichendes; S. 97 erscheint der Sinn der Anm. zu Z. 11 *exactis regibus* vielleicht klarer, wenn im Schlußsatz gelesen wird: Härten, wie sie die Erklärung in beiden Fällen bietet, scheut u. s. w. S. 144 zu Z. 13 ist zu lesen „nämlich uno in loco" statt und in loco; ebdas. zu Z. 17 *prospiciendi;* S. 150 Anm. zu 19 (Z. 4 v. u.) exsulare.

Die Interpunktion ist öfter aus Pietät so wie früher belassen worden; auf S. 110 Z. 1 ist ein Kolon hinter amputet zu setzen; auf S. 132 Z. 13 der Strich vor scientia zu streichen.

CICERO

DE ORATORE.

FÜR DEN SCHULGEBRAUCH

ERKLÄRT

VON

Dr. KARL WILHELM PIDERIT.

SECHSTE AUFLAGE

BESORGT VON

O. HARNECKER.

ZWEITES HEFT: BUCH II.

LEIPZIG,
DRUCK UND VERLAG VON B. G. TEUBNER.
1889.

CICERO
DE ORATORE.

FÜR DEN SCHULGEBRAUCH

ERKLÄRT

VON

Dr. KARL WILHELM PIDERIT.

SECHSTE AUFLAGE

BESORGT VON

O. HARNECKER.

LEIPZIG,
DRUCK UND VERLAG VON B. G. TEUBNER.
1889.

… HERRN

FRANZ DEVANTIER

DIREKTOR DES FRIEDRICH-WILHELMS-GYMNASIUMS ZU KÖNIGSBERG NM.

BEI SEINEM

SCHEIDEN AUS GEMEINSAMEM WIRKUNGSKREISE

IN

TREUER UND DANKBARER GESINNUNG

ZUGEEIGNET.

M. TULLII CICERONIS
DE ORATORE
LIBER SECUNDUS.

Inhalts-Übersicht.

Prooemium 1, 1—3, 11. Widerlegung der Ansicht, als hätten Antonius und Crassus einer tiefern wissenschaftlichen Bildung ermangelt, obgleich beide den Schein, eine solche zu besitzen, geflissentlich mieden. Diese Bildung aber ist für den vollendeten Redner unentbehrlich, und daß jene beiden Männer diese besassen, dafür dient eben jenes Gespräch zum Beweis, das sie auf dem Tusculanum des Crassus über die Redekunst gehalten, und dessen Inhalt Cicero gerade aus diesem Grunde berichtet (—9). Er schreibt diesen Bericht zunächst für seinen Bruder in der Zuversicht, daß dieser danach seine Ansicht über die Trockenheit der rhetorischen Theorien aufgeben und doch nichts Wesentliches vermissen werde (—11).

Einleitung (—7, 28). Noch ehe die Disputation am folgenden Tage begonnen hat, kommen Q. Catulus und sein Bruder C. Julius Caesar hinzu, welche, vom Scaevola über die Unterredung des vorigen Tages unterrichtet, deren Fortsetzung hören möchten. Sie werden willkommen geheißen, so gern sich auch Crassus der Aufgabe, vor solchen Kennern zu reden entziehen, und den Schein eines Mannes, der nicht versteht, was für Zeit, Ort, das jedesmalige Publikum passe, meiden möchte (—28).

Tractatio 7, 28—88, 361.

Teil I. Über die Auffindung des Stoffes. — 306.
(In der Sprache der Schulrhetorik die inventio, als erste Aufgabe des Redners, s. B. I, Einl. II, § 5, 1.)

Antonius, dem dieser Teil der Besprechung zufällt und dessen zusammenhängende Darstellung im Wesentlichen nur einmal durch die Erörterung Cäsars über die Anwendbarkeit des Witzes in der Rede, sein Wesen und seine Arten unterbrochen wird (54, 216—71, 289), beginnt, wie am Tage zuvor Crassus, mit einem hohen Lobe der Beredsamkeit, wenn er dieser auch den Charakter einer Kunst im strengsten Sinne abspricht, und bezeichnet die

schöne Form der Darstellung als das ihr eigentümlich zukommende
Gebiet. Er nähert sich darin der von Crassus am Tage zuvor
ausgesprochenen Ansicht, dem er mehr aus einer gewissen Oppositionslust
widersprochen hat (—40), recapituliert kurz das über
die Einteilung des ganzen Gebietes Gesagte, und motiviert, durch
eine Frage des Crassus dazu veranlaßt, warum er es nicht für
nötig halte, über das von Aristoteles als tertium aufgestellte genus
laudativum besonders zu handeln. Es gebe andre nicht minder
wichtige Aufgaben für den Redner, für die dennoch keine besondern
Vorschriften aufgestellt würden. Dahin gehöre die Geschichtsschreibung,
worin die Römer bis dahin rücksichtlich der stilistischen
Form der Darstellung wenig geleistet (—54). Dies giebt Veranlassung
zu einer kurzen Abschweifung über die Perioden der
griechischen Geschichtsschreibung, und den besondern stilistischen
Charakter jeder einzelnen. Somit offenbart Antonius zugleich seine
Vertrautheit mit gewissen Teilen der griechischen Litteratur (—64).

Zu den Punkten, über welche es keine besondern Vorschriften
gebe, gehöre auch das ganze weite Gebiet der quaestiones infinitae,
und es bedürfe solcher nicht, denn wer das Schwerere könne, der
brauche für das Leichtere keine besondern Regeln; daß es aber
schwerer sei in causis finitis zu reden, beweist er dann gegen den
Catulus (—73). Eine Anekdote über das dünkelvolle Wesen der
griechischen Philosophen, welche Catulus erzählt, bildet den Übergang
zu einem kurzen Schema der Theorie derselben. Im Gegensatz
zu diesen unpraktischen, vielleicht für die Prunkrede, aber
nicht zum Kampfe auf dem Forum geeigneten Theorien stellt er
sein eigenes Verfahren dar, welches er den jungen Leuten gegenüber
zu beobachten pflege, die sich zu Rednern ausbilden wollen.
— Beispiel des Sulpicius. — Die erste Regel ist die Wahl eines
rechten Vorbildes und die Nachahmung der ihm charakteristischen
Vorzüge. In dieser Nachahmung ein- und desselben Vorbildes
findet Antonius den Grund für die besondere Eigentümlichkeit der
griechischen Redner in den verschiedenen Perioden. Diese werden
kurz charakterisiert. An die Wahl des Vorbildes müssen sich
fleißige, namentlich schriftliche Übungen anschließen (—98).

Eine weitere Forderung an den Redner ist, daß er sich
mit dem zu besprechenden Fall genau bekannt mache. Dabei
schildert Antonius launig sein eigenes Verfahren. Danach erst
läßt sich der eigentliche Streitpunkt feststellen. Es handelt
sich aber entweder um die Thatfrage (factumne sit), oder um die
Frage nach der Beschaffenheit der That (quale sit), oder endlich
um ihre richtige Bezeichnung (quid vocetur). Von dem quale sit
giebt es mehrere Unterarten (—113).

In der Behandlung der einzelnen Frage selbst nun
ist die Aufgabe des Redners eine dreifache, nämlich probare
(Erweis der Wahrheit dessen, was er vertritt), conciliare

(Gewinnung der Hörer), movere (Erregung der im Interesse des Redenden liegenden Gemütsbewegung der Hörer). Die Beweisgründe für das probare sind entweder von außen her beigebrachte, oder von dem Redner zu findende. Die Behandlung der ersteren Art (—120).

Nun erst wendet sich Antonius näher zur inventio, indem er die kunstvolle Darstellung des Stoffes dem Meister in diesem Stücke, dem Crassus zuweist. Zuerst nun handelt er über das Auffinden der Argumente für die probatio. Dabei muß sich der Redner, ehe er die Beweise sucht, klar machen, was er denn zu beweisen habe, und die Frage im besondern Fall auf die allgemeine Kategorie zurückführen. Dadurch reduciert sich die unendliche Menge von Einzelfällen auf eine kleine Zahl von Klassen. Nachweisung an einem einzelnen Beispiele (—142). Kurzes, neckendes Zwischengespräch über die Unterhaltung, die sich Crassus für die Muße seiner späteren Lebensjahre träumt (—145). Für diese Klassen muß der Redner die Fundstätten, woher die entsprechenden Argumente zu entnehmen sind, kennen und diese stets für die Anwendung fertig zur Hand haben. Dazu gehört natürlicher Scharfsinn, theoretische Kenntnis, vor allen Dingen aber Aufmerksamkeit und Fleiß (151).

Die Verwandtschaft der ausgesprochenen Grundsätze mit den Lehren des Aristoteles wird für den Antonius Veranlassung, sein Verhältnis zu diesem und zur griechischen Philosophie überhaupt und den Wert auseinander zu setzen, welchen die Hauptsysteme der griechischen Philosophie für den Redner haben (—161). Es werden nun die loci argumentorum mehr im Hinblick auf Erörterungen allgemeineren Inhaltes, also für quaestiones, θέσεις, einzeln und für jeden locus ein besonderes Beispiel, endlich zum Schluß einzelne kurze Regeln über die jedesmal anwendbaren Argumente und ihre Behandlung angeführt (—177).

Daran schließt sich die Nachweisung der loci für das conciliare, indem zugleich die Reihenfolge, warum dies der Lehre über die Anordnung der Argumente voraufgeht, gerechtfertigt wird. Die Wichtigkeit dieses Punktes (—184).

Endlich spricht Antonius über die Mittel zur Erregung des Gemütes (movere) und stellt als erste Regel hin, daß der Redner von der Empfindung selbst erfüllt sein müsse, die er in andern erregen will. Diese Forderung widerspricht beim Redner so wenig der Natur, wie beim Schauspieler oder Schauspieldichter. Auch führt Antonius als Beispiel dafür seine eigene Empfindung in dem Prozeß des Norbanus und seinen Sieg in demselben an, etwas, das Sulpicius, sein damaliger Gegner, bestätigen muß (—204). Der Redner hat ferner zu erwägen, ob sich der Fall mehr für das conciliare als für das movere animos eigne, und danach den Ton der Rede zu stimmen. Endlich werden die loci für die Erregung der einzelnen Gemütsbewegungen nachgewiesen (—216).

Es folgt nun die Abhandlung über den Witz und seine Anwendbarkeit in der Rede. Antonius weist diesen Teil dem Caesar, als dem Meister im Witz zu. Caesar erklärt es für das Schwerste, witzig über den Witz zu sprechen. Dieser in seinen beiden Hauptarten, dem das Ganze durchziehenden humoristischen Ton der Darstellung (cavillatio), wie in der Stichelrede (dem einzelnen Witzwort, dicacitas) sei Naturgabe und lasse sich nicht theoretisch lernen. Die Macht des Witzes weist er an mehreren Beispielen aus Reden des Crassus nach, der zugleich die bei witzigen Personen seltne Selbstbeherrschung in dem Gebrauch dieser seiner Gabe besitzt. Ihm gebührt darum der Ruhm der Meisterschaft darin (—227).

In der darauf folgenden kurzen Zwischenrede entgegnet zunächst Antonius, daß ja doch Caesar selbst gewisse Regeln für die Zurückhaltung des Witzes angedeutet habe. Dabei macht er seinerseits den Unterschied des herausfordernden und des abwehrenden Witzes. Das Resultat der sich anschließenden Gegenreden ist, daß, wenn es für den Witz ebensowenig wie für die Beredsamkeit eine eigentliche Lehre giebt, sich doch Beobachtungen machen und hinstellen lassen, welche eine gewisse Richtschnur und einen Maßstab für die Beurteilung bilden. Darauf aber hat gerade Cäsar sein Augenmerk gerichtet (—234).

Cäsar teilt nun die ganze Untersuchung in fünf Fragen, über das Wesen des Lächerlichen, über das Gebiet, auf dem es sich bewege, über seine Anwendbarkeit und die Ausdehnung dieser Verwendbarkeit in der Rede, endlich über die Arten des Lächerlichen. Die Besprechung des ersten Punktes schließt er, als in das Gebiet der Philosophie schlagend, aus. Als das Gebiet des Lächerlichen bezeichnet er kurz das (sittlich oder körperlich) Häßliche, das auf eine nicht häßliche Weise gekennzeichnet werde. Die dritte Frage wird einfach bejaht, die vierte dahin beantwortet, daß weder eine hervorragende Schlechtigkeit, welche Haß, noch ausgezeichnetes Unglück, welches Mitleiden verdient, Gegenstand des Witzes sei. Beziehen sich diese Beschränkungen (das quatenus) zunächst auf das Objekt des witzigen Spottes, so die sich anschließende Erörterung auf die Form. Zu diesem Zweck wird mit einer teilweisen Voraufnahme des fünften Punktes (über die genera ridiculi 240—247) der Witz in die Formen des Sachwitzes und des Wortwitzes geschieden. Letzterer ist an das Wort gebunden und hört bei Vertauschung desselben mit einem andern Wort auf. Der Sachwitz bleibt spaßhaft, auch wenn die Sache mit andern Worten erzählt wird. In das Gebiet des Sachwitzes fallen spaßhafte Anekdötchen über einzelne Personen und parodierende und karikierende Nachahmung.

Über das quatenus in beiden Formen, des Sachwitzes sowohl wie des Wortwitzes, werden nun einige Regeln gegeben (—247). Nun erst folgt die Erörterung über den fünften Punkt. Der Satz, daß aus denselben Fundstätten spaßhafte, spottende Bemerkungen, wie ernste Gedanken und Lob entnommen werden können, zeigt den Zusammenhang dieser Episode mit des Antonius Thema, der inventio. Zuerst werden die einzelnen Arten des Wortwitzes angeführt. Zu ihnen gehört auch die Zweideutigkeit, die jedoch oft mehr als geistreich bewundert, als belacht wird. Außerdem fallen in diese Kategorie 1) das Unerwartete, zuweilen von einem ambiguum begleitet, 2) die Paronomasie, 3) die Namenerklärung (auch Anwendung eines bekannten Verses oder Sprichworts), 4) verstelltes Mißverständnis (Eulenspiegeleien), 5) Allegorie, Metapher, Ironie, 6) Antitheta. Jede dieser Arten wird durch Beispiele erläutert (—263).

In ähnlicher Weise werden dann verschiedene Formen des Sachwitzes, einzelne wieder mit Unterabteilungen, und für jede Art ein erläuterndes Beispiel angeführt. Diese werden dann am Schluß auf sechs Hauptgattungen reduciert, nämlich 1) Täuschung der Erwartung, 2) Verspottung fremder oder eigener Eigentümlichkeiten, 3) Vergleichung mit etwas Häßlichem, 4) verstelltes Mißverständnis, 5) Schein der Unverständlichkeit, 6) Geißelung der Thorheit. Der Ernst der Miene macht den Spott um so wirksamer.

Darauf nimmt Antonius das Gespräch wieder auf und bespricht seine eigene Kunst in Behandlung der Rechtsfälle, indem er die für ihn sprechenden Punkte in helles Licht, die nachteiligen in Schatten zu stellen, einen etwa nötigen Rückzug zu verbergen, ja ihm den Schein des Sichfestsetzens auf seiner eigentlichen Verteidigungslinie zu geben, vor allem aber sich davor zu hüten weiß, daß er nicht seinem Klienten, statt zu nützen, durch die Art seiner Verteidigung vielmehr schade.

Die Wichtigkeit dieses letzten Punktes führt er, veranlaßt durch eine kurze Zwischenrede des Cäsar, noch weiter aus und zeigt, wie der Verteidiger seinem Klienten schaden könne (—306).

Teil II. Über die Collocatio rerum und locorum.
76, 307—81, 332.

(In der Sprache der Schulrhetorik als zweite Aufgabe des Redners die dispositio oder ordo, s. B. I, Einl. II, § 5, 2.)

Diese bezieht sich teils auf den Teil der Rede überhaupt, teils auf die Auswahl und Stellung der Argumente insbesondere. Für diese gilt im allgemeinen die Regel, daß jedes an die Stelle gesetzt werde, wo es am wirksamsten zu werden verspricht. Solche Stellen sind besonders der Eingang und der Schluß. Den minder gewichtigen Argumenten ist ihr Platz in der Mitte anzuweisen (—315).

Es folgen nun besondere Anweisungen über die einzelnen Teile der Rede, zuerst über die principia (exordium s. B. I, Einl. II, § 7 fg.) im allgemeinen, über den in ihnen anzuschlagenden Ton und über den Zusammenhang, in dem sie mit dem speziell vorliegenden Falle stehen müssen, wie über die Fälle, wo der Redner am besten unmittelbar auf die Sache selbst eingeht, dann über die Ausgangspunkte für die Rede im besondern (—325).

Alsdann werden kurze Anweisungen über die **narratio** und die Fälle, wo es einer solchen nicht bedarf, über die **constitutio causae**, die **argumentatio** und **conclusio** gegeben (—332).

Gewissermaßen einen Anhang bilden die sich daran schließenden kurzen **Andeutungen** für das **genus dicendi deliberativum** — nach dem Publikum, zu welchem der Redner spricht, hat sich auch der Ton der Redner zu richten — und für das **genus demonstrativum**, welches bei den Griechen ein weiteres Feld hatte, als bei den Römern. Die Vorzüge, welche den Inhalt der laudatio bilden, sind entweder Gaben des Glücks und der Natur — dann bezieht sich das Lob auf deren Gebrauch — oder es sind selbst erworbene Vorzüge (virtutes). Unter ihnen gewinnt die eine mehr, die andere weniger Anerkennung, je nachdem sie den persönlichen Interessen der Hörer dienen. Auch die Anerkennung, welche jemand bei andern gefunden, ja selbst das Glück, das ja die Götter nicht Unwürdigen verleihen, dürfen unter jenen Vorzügen hervorgehoben werden. Aus denselben Fundstätten ist das Material für die vituperatio zu entnehmen (—349).

Die Lehre von der memoria
(In der vulgären Schulrhetorik als vierte Aufgabe des Redners, memoria, s. B. 1, Einl. II, § 5, 4)

wird nur ganz kurz behandelt, um dem Crassus jeden Vorwand der Weigerung, nun auch seine Aufgabe zu lösen, zu nehmen. Zuerst erzählt er die Geschichte von der Erfindung der Mnemonik durch den Simonides, beschreibt ihre Nützlichkeit für den Redner und stellt dann gewisse Grundzüge dieser Kunst auf und weist nach, wie Großes einzelne Männer mit Hülfe derselben geleistet (—360).

Den Schluß des Ganzen bilden einige Höflichkeiten, welche die übrigen Teilnehmer am Gespräch dem Antonius sagen, dessen Größe als Redner nun erst begreiflich werde, nachdem er in seinem Vortrag die Tiefe und den Umfang auch seiner theoretischen Studien dargelegt, und die endlich den Crassus nötigten, nun auch seinerseits die Besprechung des ihm zugewiesenen Teils der Lehre über die Redekunst seinen Gästen zuzusagen. Dafür wird der Nachmittag bestimmt (—367).

Magna nobis pueris, Quinte frater, si memoria tenes, opinio fuit, L. Crassum non plus attigisse doctrinae, quam quantum prima illa puerili institutione potuisset; M. autem Antonium omnino omnis eruditionis expertem atque ignarum fuisse; erantque multi qui, quamquam non ita se[se] rem habere arbitrarentur, tamen, quo facilius nos incensos studio discendi a doctrina deterrerent, libenter id, quod dixi, de illis oratoribus praedicarent, ut, si homines non eruditi summam essent prudentiam atque incredibilem eloquentiam consecuti, inanis omnis noster esse labor et stultum in nobis erudiendis patris nostri, optimi ac prudentissimi viri, studium videretur. Quos tum, ut pueri, refutare domesticis testibus patre et C. Aculeone propinquo nostro et L. Cicerone patruo solebamus, quod de Crasso pater et Aculeo, quocum erat nostra matertera, quem Crassus dilexit ex omnibus plurimum, et patruus, qui cum Antonio in

Proömium c. 1—7, 28. 1) Stellung der beiden großen Redner, denen Cic. ein bleibendes Denkmal zu setzen gedenkt, zu den wissenschaftlichen Studien. Für den wahren Redner sind diese unentbehrlich: die gewöhnliche Schultheorie reicht bei weitem nicht aus, c. 1, 1—3, 11.
5. *arbitrarentur*, der coni. nicht von quamquam abhängig, sondern durch den Konjunktivsatz qui — praedicarent bedingt, Brut. 8 ita nobismet ipsis accidit, ut quamquam essent multo magis alia lugenda, tamen hoc doleremus. Phil. VI 1, 3. So wird die Behauptung selbst in ihrer Form gemildert (glauben mochten).
6. *discendi studium* wissenschaftliches Streben überhaupt; so disc. studio flagrare 1 14, vgl. I 69; 79; auch discere allein gebraucht, II 4 u. 77.
7. *doctrina* wissenschaftlicher Unterricht u. dessen Resultat, wiss. Bildung, Gelehrsamkeit; s. a. I 5.
8. *non eruditi* ohne gelehrte Bildung I 5.
9. *prudentia* praktische Einsicht s. I 197; auch deren Resultat u. Bethätigung: erfolgreicher Wirkungskreis, Wirksamkeit.
12. *ut pueri* in Knabenweise, die gern Autoritäten aus ihrem Verwandtenkreise ins Feld führen. *domesticis*, 38, aus der eigenen Familie. Der bloße Ablativ, wie pr. Mil. 47 iacent suis testibus.
13. *de Crasso pater et Aculeo — et patruus — de eius* (Antonii) *studio narravit*. Die Wortstellung chiastisch.
14. *quocum erat — quem Cr. dilexit* ohne Verbindung, weil der erste Relativsatz eine für die Sache unwesentliche Bemerkung enthält, der zweite dazu beiträgt, die Bedeutung des Zeugnisses zu erhöhen.

Ciliciam profectus una decesserat, multa nobis de eius studio
et doctrina saepe narravit; cumque nos cum consobrinis nostris, Aculeonis filiis, et ea disceremus, quae Crasso placerent,
et ab eis doctoribus, quibus ille uteretur, erudiremur, etiam
illud saepe intelleximus, cum essemus eius domi, quod vel pueri
sentire poteramus, illum et Graece sic loqui, nullam ut nosse
aliam linguam videretur, et doctoribus nostris ea ponere in
percontando eaque ipsum omni in sermone tractare, ut nihil
3 esse ei novum, nihil inauditum videretur. De Antonio vero,
quamquam saepe ex humanissimo homine patruo nostro acceperamus, quemadmodum ille vel Athenis vel Rhodi se doctissimorum hominum sermonibus dedisset, tamen ipse adulescentulus, quantum illius ineuntis aetatis meae patiebatur pudor,
multa ex eo saepe quaesivi. Non erit profecto tibi, quod scribo,
hoc novum; nam iam tum ex me audiebas, mihi illum ex multis variisque sermonibus nullius rei, quae quidem esset in iis
artibus, de quibus aliquid existimare possem, rudem aut ignarum esse visum. Sed fuit hoc in utroque eorum, ut Crassus
non tam existimari vellet non didicisse, quam illa despicere et

1. *decesserat* nämlich de provincia.
2. *et doctrina*, nicht blos für Antonius' wissenschaftlichen Eifer, sondern auch für seine positiven gelehrten Kenntnisse legte L. Cicero Zeugnis ab.
narravit der Sgl. wie 26; III 67.
consobrinis, Einl. I § 3, 9.
3. *placerent* sc. ut disceremus.
4. *uteretur* — die in seinem Hause Zutritt hatten, mit denen er umging, Brut. 147 quo utebar.
5. *intelleximus*, wir gewannen die Einsicht.
eius domi, huius domi est mortuus p. Cluent. 60. 165; Phil. II 48 cuius etiam domi; Corn. Nep. Timol. c. 4 a. E. suae domi sacellum constituerat. Tac. dial. de or. c. 34 Ergo apud maiores nostros iuvenis ille, qui foro et eloquentiae parabatur, imbutus iam domestica disciplina, refertus honestis studiis, deducebatur a patre vel a propinquis ad eum oratorem, qui principem in civitate locum obtinebat. Hier hatten die beiden Cicero schon früher Zutritt in Crassus' Haus. Einl. I § 3. Griechische Lehrer ließ Crassus bei sich zu. S. den krit. Anh.
quod, nicht auf illud bezogen, sondern 'etwas, das —'. *vel pueri* — denn Cicero konnte damals höch-

stens 14 J. alt sein, Quintus war noch etwas jünger.
6. *sentire*, merken, noch nicht mit klarem Bewustsein, weil ihnen dazu unter anderem ja auch die nötigen Sprachkenntnisse fehlten.
7. *ea* Fragen, die eine solche Sachkunde verrieten.
ponere, das solenne Verbum hierfür, wie τιθέναι, I 149.
9. *De Antonio*, 'Was den Ant. betrifft.' Seyffert Pal. Cic. I § 1.
11. *Athenis*, Einl. I § 11, 103. l 82.
12. *adulescentulus*, nach Crassus' Tod.
15. *audiebas*, denn Q. Cicero legte auf dergleichen rhetorische Studien ein solches Gewicht nicht und folgte in dieser Hinsicht seinem Bruder nicht weiter. Einl. I § 3.
16. *in iis artibus*, den oratorischen Künsten und Wissenschaften.
17. *existimare* hier = *iudicare* eine wissenschaftlich begründete Einsicht haben, urteilsfähig sein.
19. *didicisse*, auch hier mit Nachdruck: studiert zu haben, vgl. a. 1 u. 77. Or. 146 ego semper me didicisse prae me tuli. Brut. 249.
despicere, ähnlich Tac. dial. de or. c. 2 a. E. Aper omni eruditione imbutus contemnebat potius litteras quam nesciebat.

nostrorum hominum in omni genere prudentiam Graecis anteferre; Antonius autem probabiliorem hoc populo orationem fore
censebat suam, si omnino didicisse numquam putaretur; atque
ita se uterque graviorem fore, si alter contemnere, alter ne
nosse quidem Graecos videretur.
   Quorum consilium quale fuerit, nihil sane ad hoc tempus;
illud autem est huius institutae scriptionis ac temporis; neminem eloquentia non modo sine dicendi doctrina, sed ne sine
omni quidem sapientia florere umquam et praestare potuisse.
Etenim ceterae fere artes se ipsae per se tuentur singulae;
bene dicere autem, quod est scienter et perite et ornate dicere, non habet definitam aliquam regionem, cuius terminis
saepta teneatur. Omnia, quaecumque in hominum disceptationem cadere possunt, bene sunt ei dicenda, qui hoc se
posse profitetur, aut eloquentiae nomen relinquendum est.
Quare equidem et in nostra civitate et in ipsa Graecia, quae

---

1. *Graecis* I 15.
2. *hoc populo*, bei einem solchen Volk, das so stolz auf seine Nationalität ist und die griech. Bildung im ganzen geringschätzt. III 2 illo senatu. de leg. agr. II 101 si autem timuissem, tamen hac contione, hoc populo certe non vereor. de leg. III 37 non quid hoc populo obtineri possit. Vgl. 153, wo jedoch huic populo steht.
3. *putaretur*, Quint. II 17, 6 (Antonius) qui dissimulator artis fuit.
6. *quale*. die Richtigkeit der Ansicht an sich.
ad hoc tempus wie III 6 ; Or. 117.
7. *institutae scriptionis* III 117; Einl. I § 8, 49.
11. *scienter* etc. mit Beziehung auf die drei Hauptteile, die inventio, dispositio und elocutio, wie I 64 prudenter, composite, ornate und mit veränderter Reihenfolge I 48 composite, ornate, copiose. Vgl. auch 81 sunt enim concinne distributa, sed tamen non perite.
13. *saepta*, als ginge statt bene dicere vielmehr bene dicendi ars voraus. — Die Stelle erinnert ihrem Inhalte nach an Arist. Rhet. I 2 τῶν γὰρ ἄλλων (sc. τεχνῶν) ἑκάστη περὶ τὸ αὑτῇ ὑποκείμενόν ἐστι διδασκαλικὴ καὶ πειστικὴ οἷον ἰατρικὴ περὶ ὑγιεινὸν καὶ νοσερόν, καὶ γεωμετρία περὶ τὰ συμβεβηκότα πάθη τοῖς μεγέθεσι καὶ ἀριθμητικὴ περὶ ἀριθμόν, ὁμοίως δὲ καὶ αἱ λοιπαὶ τῶν τεχνῶν καὶ ἐπιστημῶν· ἡ δὲ ῥητορικὴ περὶ τοῦ δοθέντος ὡς εἰπεῖν δοκεῖ δύνασθαι θεωρεῖν τὸ πιθανόν· διὸ καί φαμεν αὐτὴν οὐ περί τι γένος ἴδιον ἀφωρισμένον ἔχειν τὸ τεχνικόν.
14. *cadere*, 113 quae in disceptationem et controversiam cadere possint. cadere in disceptationem ist unser: zur Diskussion gestellt werden, zur Debatte kommen, zur Erörterung gelangen; vocare in discept. zur Diskussion etc. stellen; vgl. 201.
16. *Graecia*, I 13. — *multos magna laude dicendi*. Die eingeklammerten Worte sind gegen die Grammatik, wie gegen den Zusammenhang: 'wenn daher auch zugestanden werden muß, daß es viele gegeben hat, deren Redefertigkeit, trotzdem daß sie jenes allumfassende Wissen (omnia 5) nicht besaßen, dennoch sehr gerühmt war (Brut. 243 in patronorum sine doctrina, sine ingenio, aliquem numerum pervenerat), so ist das doch nur ein relatives Lob; eine solche rednerische Vollendung, wie wir sie bei Crassus und Antonius finden, ist ohne jene universale Bildung nicht möglich.' S. d. krit. Anhang.

semper haec summa duxit, multos [et ingeniis et] magna laude dicendi sine summa rerum omnium scientia fuisse fateor; talem vero exsistere eloquentiam, qualis fuit in Crasso et Antonio, non cognitis rebus omnibus, quae ad tantam prudentiam pertinerent, tantamque dicendi copiam, quanta in illis fuit, non potuisse confirmo. Quo etiam feci libentius, ut eum sermonem, quem illi quondam inter se de his rebus habuissent, mandarem litteris; vel ut illa opinio, quae semper fuisset, tolleretur, alterum non doctissimum, alterum plane indoctum fuisse; vel ut ea, quae existimarem a summis oratoribus de eloquentia divinitus esse dicta, custodirem litteris, si ullo modo adsequi complectique potuissem; vel mehercule etiam ut laudem eorum iam prope senescentem, quantum ego possem, ab oblivione hominum atque a silentio vindicarem. Nam si ex scriptis cognosci ipsi suis potuissent, minus hoc fortasse mihi esse putassem laborandum; sed cum alter non multum, quod quidem exstaret, et id ipsum adulescens, alter nihil admodum scripti reliquisset, deberi hoc a me tantis hominum ingeniis putavi, ut, cum etiam nunc vivam illorum memoriam teneremus, hanc immortalem redderem, si possem. Quod hoc etiam spe aggredior maiore ad probandum, quia non de Ser. Galbae aut

6. *Quo etiam* etc. Daß Cicero sich erst hier so äußert (und nicht bereits, wie man zu erwarten geneigt ist, im Proömium des 1. B.), hat darin seinen Grund, weil erst mit diesem Buch die Hauptdarstellung der eloquentia beginnt, während das 1. B. nur den Weg dazu bahnt.

8. *quae semper fuisset* 1. 15. 235; Acad. II 3, 9 cum eo Catulus et Lucullus nosque ipsi postridie renissemus, quam apud Catulum fuissemus.

11. *si ullo modo* etc. denn auch die beste Darstellung bleibt immer hinter dem Ideal zurück. Vgl. III 14 ff.

16. *alter* sc. Crassus. Or. 132 Sed Crassi perpauca sunt, nec ea in iudiciorum, sondern aus dem genus deliberativum, hauptsächlich die suasio legis Serviliae (Einl. I § 10, 81) u. de colonia Narbonensi. Brut. 160 *exstat* in eam legem — oratio. Von andern Reden hatte Crassus nur einzelne Particen herausgegeben, z. B. von der Anklage des Carbo, der Verteidigung des Caepio u. der oratio censoria contra Cn. Domitium, die nur als ein etwas vollständiger Abriß gelten konnte.

non multum nämlich scripsisset.

17. *nihil admodum*, fast so gut wie nichts, denn das mehrerwähnte Schriftchen de ratione dicendi (I 94; 206; 208) kann hier eben nicht in Betracht kommen. Brut. 163 vellem aliquid Antonio praeter illum de ratione dicendi sane exilem libellum, plura Crasso libuisset scribere. Daher Or. 132 Crassi perpauca sunt, nihil Antonii.

21. *ad probandum.* Cic. hofft, daß man die Wahrheit seiner Darstellung, was die beiden Redner betrifft (Einl. I § 8, 52), um so eher anerkennen werde, als er Angesichts noch lebender Zeugen redet, die die Richtigkeit seiner Schilderung kontrolieren können. Die Wendung *ad probandum*, wo man me probaturum esse erwarten könnte, ist durch das nächststehende aggredior veranlaßt: es ist Cic.' Absicht, seine Zeitgenossea von dem wirklichen Sachverhalt zu überzeugen, und er hofft auch, daß es ihm gelinge. (Oder ad id probandum aggredior 'an den Beweis dieser Behauptungen trete ich mit um so größerer Hoffnung heran —').

C. Carbonis eloquentia scribo aliquid, in quo liceat mihi fingere, si quid velim, nullius memoria iam me refellente, sed edo haec eis cognoscenda, qui eos ipsos, de quibus loquor, saepe audierunt; ut duos summos viros eis, qui neutrum illorum viderint, eorum, quibus ambo illi oratores cogniti sint, vivorum et praesentium memoria teste commendemus.

Nec vero te, carissime frater atque optime, rhetoricis nunc quibusdam libris, quos tu agrestes putas, insequor ut erudiam (quid enim tua potest oratione aut subtilius aut ornatius esse?) sed sive iudicio, ut soles dicere, sive, ut ille pater eloquentiae de se Isocrates scripsit ipse, pudore a dicendo et timiditate ingenua quadam refugisti, sive, ut ipse iocari soles, unum putasti satis esse non modo in una familia rhetorem, sed paene in tota civitate, non tamen arbitror tibi hos libros in eo fore genere, quod merito propter eorum, qui de dicendi ratione disputarunt, ieiunitatem bonarum artium possit illudi. Nihil enim mihi quidem videtur in Crassi et Antonii sermone esse praeteritum, quod quisquam summis ingeniis, acerrimis studiis, optima doctrina, maximo usu cognosci ac percipi potuisse arbi-

---

7. *rhetoricis*, wie seine Jugendschrift de inventione I 5.

8. *agrestes*, gemein, ordinär III 42; Plat. Phaedr. p. 229 E ἀγροίκῳ τινὶ σοφίᾳ χρώμενος; de leg. I 15 o rem dignam, in qua non modo docti verum etiam agrestes erubescant.

10. *sive* wie 152. I 89. Or. 140. 'Trotzdem die Beschäftigung mit der Beredsamkeit, aus was für Gründen es immerhin sein mag, eben nicht deine Liebhaberei ist (I 5): diesmal denk' ich sollst du eher befriedigt werden.' S. den krit. Anh.

iudicio, aus Grundsatz, III 59; 110. *ille pater eloquentiae Isocrates*. Vgl. I 69.

11. *scripsit*, in seiner berühmten Lobrede auf Athen und Attika, dem Panathenaikos § 10 p. 261 οὕτω γὰρ ἐνδεὴς ἀμφοτέρων ἐγενόμην φωνῆς ἱκανῆς καὶ τόλμης ὡς οὐκ οἶδ᾽ ἄν τις ἄλλος τῶν πολιτῶν, wie Cic. übersetzt: duas sibi res, quominus in vulgus et in foro diceret, confidentiam et vocem defuisse. Er faßte daher lieber Reden für andere ab, quibus in iudiciis uterentur, Brut. 48.

13. *rhetorem* (nicht oratorem), einen gelehrten, theoretisch gebildeten Redner, so einen griechischen Theoretiker; das griechische Wort ist absichtlich gewählt, der bekannten Ansicht des Quintus Cicero entsprechend (vgl. I 5).

16. *ieiunitatem bonarum artium*. Vgl. Orat. 106 ieiunas huius multiplicis orationis aures civitatis accepimus.

17. *sermone*, wie es Cic. beiden in den Mund legt.

praeteritum. Nicht ein fertiges, trockenes Lehrsystem hat Cic. aufgestellt, sondern er umfaßt alles das Wissen und Können, dessen Bewältigung, wo die gleichen Bedingungen, wie bei Cr. u. A. vorhanden wären, als dem Redner möglich angenommen werden müßte.

18 *summis ingeniis* (I 115), gewöhnlicher ist summo ingenio, doch lässt sich der plur. wohl durch die Mitbeziehung auf die beiden großen Redner rechtfertigen: bei den hohen Anlagen (wie sie nämlich Cr. u. A. besaßen). Einl. I § 8, 49.

19. *arbitraretur*, wovon einer hätte annehmen mögen, daß es unter den angeführten Voraussetzungen habe erkannt werden können. Das imperf. wegen der Beziehung auf das damalige Gespräch.

traretur, quod tu facillime poteris iudicare, qui prudentiam rationemque dicendi per te ipsum, usum autem per nos percipere voluisti. Sed quo citius hoc, quod suscepimus, non mediocre munus conficere possimus, omissa nostra adhortatione ad eorum, quos proposuimus, sermonem disputationemque veniamus.

12. Postero igitur die, quam illa erant acta, hora fere secunda, cum etiam tum in lecto Crassus esset et apud eum Sulpicius sederet, Antonius autem inambularet cum Cotta in porticu, repente eo Q. Catulus senex cum C. Iulio fratre venit. Quod ubi audivit, commotus Crassus surrexit omnesque admirati maiorem aliquam esse causam eorum adventus suspicati sunt.

13. Qui cum inter se, ut ipsorum usus ferebat, amicissime consalutassent: Quid vos tandem? CRASSUS, numquidnam, inquit, novi?

Nihil sane, inquit CATULUS; etenim vides esse ludos; sed (vel tu nos ineptos licet, inquit, vel molestos putes), cum ad me in Tusculanum, inquit, heri vesperi venisset Caesar de Tusculano suo, dixit mihi a se Scaevolam hinc euntem esse

---

1. *quod* — ob Cic. wirklich so verfahren und die gesamte Theorie der Redekunst nicht nach einem abstrakten System, sondern nach der angegebenen Norm einer bedeutenden Persönlichkeit (quod quisquam — arbitraretur) konstruiert habe, das werde sein Bruder am leichtesten entscheiden können, der sich ja auch seine Theorie aus sich selbst gebildet, die Anwendung derselben aber von Cic. habe lernen wollen. Damit besitze ja Quintus, meint Cic., freilich nicht ohne einige Ironie (1 5), in sich selbst den Maßstab für die Richtigkeit oder Unrichtigkeit der nachfolgenden Darstellung.

prudentiam, e, im Gegensatz von *usus*, das sachkundige Wissen.

4. *nostra adhortatione*. Cic. will statt seiner Mahnung zur doctrina lieber die beiden großen Männer reden lassen; das wird, hofft er, die beste adhortatio sein.

2) Einleitung. Fortsetzung des auf den heutigen Tag verschobenen Gesprächs (I 63, 264). Äußere Scenerie u. Personenveränderung. Allmähliche Überleitung zum Thema 3, 12—7, 28.

7. *hora secunda*, also gegen 7 Uhr Morgens.

11. *admirati*, es war ihnen sehr auffallend, I 237.

12. *maiorem*, die politische Situation war der Art, daß man wohl auf das Eintreten entscheidender Ereignisse gespannt sein konnte. Einl. I § 22.

suspicati, Tac. dial. de or. c. 14 suspicatusque ex ipsa intentione singulorum altiorum inter eos esse sermonem.

14. *Quid vos tandem?* Ganz ähnlich Brut. 10 nam cum inambularem in xysto, M. ad me Brutus cum T. Pomponio venerat. Quos postquam salutavi, quid vos, inquam, Brute et Attice? numquid tandem novi? Nihil sane, inquit Brutus.

16. *esse ludos* — daß also keine öffentlichen Verhandlungen stattfinden, die den Lauf der Politik beeinflussen könnten. S. ind. ludi Romani.

17. *molestos*, zudringlich; vgl. 77. 82. 259; I 134. *ineptos*, s. 16 u. 17 = taktlos, indiskret, ungezogen, unbequem; von Sachen = unpassend, ungereimt.

18. *inquit* dreimal kurz hinter ein-

conventum, ex quo mira quaedam se audisse dicebat; te, quem
ego totiens omni ratione temptans ad disputandum elicere non
potuissem, permulta de eloquentia cum Antonio disseruisse et
tamquam in schola prope ad Graecorum consuetudinem disputasse. Ita me frater exoravit ne ipsum quidem a studio
audiendi nimis abhorrentem, sed mehercule verentem, ne molesti vobis interveniremus, ut huc secum veniremus. Etenim
Scaevolam ita dicere aiebat, bonam partem sermonis in hunc
diem esse dilatam. Hoc si tu cupidius factum existimas,
Caesari attribues; si familiarius, utrique nostrum. Nos quidem,
nisi forte molesti intervenimus, venisse delectat.

Tum CRASSUS: Equidem, quaecumque vos causa huc at-
tulisset, laetarer, cum apud me viderem homines mihi carissi-
mos et amicissimos; sed tamen, vere dicam, quaevis mallem
fuisset, quam ista, quam dicis. Ego enim (ut quemadmodum
sentio loquar) numquam mihi minus quam hesterno die pla-
cui; magis adeo id facilitate, quam alia ulla culpa mea contigit, qui, dum obsequor adulescentibus, me senem esse sum
oblitus fecique id, quod ne adulescens quidem feceram, ut eis de
rebus, quae doctrina aliqua continerentur, disputarem. Sed hoc
tamen cecidit mihi peropportune, quod transactis iam meis
partibus ad Antonium audiendum venistis.

Tum CAESAR: Equidem, inquit, Crasse, ita sum cupidus
in illa longiore te ac perpetua disputatione audiendi, ut, si id
mihi minus contingat, vel hoc sim cotidiano tuo sermone contentus. Itaque experiar equidem [illud], ut ne Sulpicius familiaris meus aut Cotta plus quam ego apud te valere videantur,

---

ander und ebenso nachher *dixit*,
dicebat nach der im geselligen Verkehr üblichen Redeweise.

2. *temptans ad disput. elicere*,
wie I 97.

7. *interveniremus* ähnlich wieder
Tac. dial. de or. c. 14 num parum
tempestivus, inquit, interveni.

8. *aiebat* sc. Cäsar, wie eben dicebat. Der infin. präs. dicere, nicht
dixisse, denn die Mitteilung des
Cäsar an den Catulus: Scaevola
dicit bonam partem esse dilatam
wird lebhaft und unmittelbar gegeben.

14. *vere dicam*, Cic. braucht in
dieser Beteuerungsformel stets das
Futur. *sed* [quanquam laetor], *tamen* — 91; I 84.

17. *adeo*, so recht, eigentlich. Liv.
IV 2, 1 id non adeo plebis quam
patrum, neque tribunorum magis
quam consulum culpa accidere.

culpa mea, qui. Vgl. de div. II
21 Pherecydeum illud, qui cum vidisset, — dixit.

18. *qui.* Statt hinter contigit fortzufahren *ut* oblitus sim, setzt Cr.
die Thatsache und die Person in
den Vordergrund: *qui sum* oblitus.
obsequor I 206. *senem* I 199.

20. *continerentur*, um des Kon-
junktivs disputarem willen 1. 7.

23. *Tum* etc. Der Eigentümlichkeit Cäsars gemäß hat seine Ausdrucksweise einen witzigen An-
strich; so hier das ἀπροσδόκητον:
ut—vel hoc etc. (255) wie gleich
nachher (27). *ita*, in der Weise;
daher experiar, aber non urgebo te.

24. *illa* — wie sie nach Scävolas
Äußerung in Aussicht steht.

26. [*illud*] mit Bezug auf illa longiore te ac perpetua disputatione
audiendi — wird hernach durch
et exorabo etc. näher bestimmt.

et te exorabo profecto, ut mihi quoque et Catulo tuae suavitatis aliquid impertias. Sin tibi id minus libebit, non te urgebo neque committam, ut, dum vereare tu ne sis ineptus, me esse iudices. Tum ille: Ego mehercule, inquit, Caesar, ex omnibus Latinis verbis huius verbi vim vel maximam semper putavi. Quem enim nos ineptum vocamus, is mihi videtur ab hoc nomen habere ductum, quod non sit aptus, idque in sermonis nostri consuetudine perlate patet. Nam qui aut tempus quid postulet non videt, aut plura loquitur, aut se ostentat, aut eorum, quibuscum est, vel dignitatis vel commodi rationem non habet, aut denique in aliquo genere aut inconcinnus aut multus est, is ineptus esse dicitur. Hoc vitio cumulata est eruditissima illa Graecorum natio. Itaque quod vim huius mali Graeci non vident, ne nomen quidem ei vitio imposuerunt. Ut enim quaeras omnia, quomodo Graeci ineptum appellent, non reperies. Omnium autem ineptiarum, quae sunt innumera-

3. *committo ut*, es sich zu Schulden kommen, sich nachsagen lassen. 233.
4. Die scheinbar zufällige Erörterung des Begriffes von *ineptus* hängt mit dem nachfolgenden Hauptthema sehr genau zusammen, indem es sowohl bei der inventio als der collocatio, ja auch der memoria vornehmlich darauf ankommt, daß überall die gehörigen Schranken recht eingehalten werden und Alles suo tempore, loco et ordine geschehe. Über d. apte dicere III 210 ff.
8. *tempus quid postulet: ἄκαιρος*; eorum, quibuscum est, rationem non habet: *ἄτοπος*. Cicero geht hier wie öfter, wenn er gegen die Griechen polemisiert (vgl. a. Tusc. II 35) zu weit. Denn die Begriffe *ἄκαιρος* und *ἄτοπος* geben vielmehr weit genauer das latein. ineptus wieder, da in ihnen noch das der Zeit (Gelegenheit) und dem Orte (Umgebung) Ungemäße (s. o.) klar determiniert wird, was das lat. aptus u. ineptus in sich vereinigt. Die Worte *ἀσχήμων* u. *ἀνάρμοστος* decken freilich das ineptus noch nicht. Das Lat. hat noch die verwandten Begriffe opportunus u. importunus II 20; III 18.
9. *plura* = plura quam decet i. e. zu viel.
10. *quibuscum est*, seine Umgebung.
11. *in aliquo genere*, in irgend einer Beziehung, eine unbestimmte einzelne Beziehung wird den bestimmten einzelnen vorhergenannten Beziehungen entgegengestellt. Dem *aut* in aliquo genere ist *aut* inconcinnus *aut* multus untergeordnet. 46. 178.
inconcinnus nicht schmiegsam, nicht nachgiebig, unbequem vgl. Hor. sat. 1 3, 48 fg.: ineptus Et iactantior hic paullo est: concinnus amicos Postulat ut videatur.
12. *multus*, der zu viel schwätzt (338) u. dabei übertreibt. Plaut. Men. II 2, 11 heu hercle hominem multum et odiosum mihi, de leg. I 2, 7 Sed quid Macrum numerem? cuius loquacitas habet aliquid argutiarum; in orationibus autem multus et ineptus; so nach A. W. Zumpts Herstellung.
cumulata, I 20 omni laude cumulatus orator; Caecil. ap. Non. c. 2 homo ineptitudinis cumulatus, hier mit Nachdruck vorangestellt.
13. *eruditissima illa* „die doch so hochgebildete Nation", zum Beweis daß die eruditio an sich vor Taktlosigkeit und praktischem Ungeschick aller Art noch nicht schützt, sondern im Gegenteil beides mit dem Wissensstolz des Doctrinärs gar oft verbunden ist. Das Concessive liegt in der Wortstellung.
16. *ineptiarum*, Geschmack- und Taktlosigkeiten, Ungezogenheiten I 111; Brut. 315.

biles, haud sciam an nulla sit maior, quam, ut illi solent, quocumque in loco, quoscumque inter homines visum est, de rebus aut difficillimis aut non necessariis argutissime disputare. Hoc nos ab istis adulescentibus facere inviti et recusantes heri coacti sumus.

Tum CATULUS: Ne Graeci quidem, inquit, Crasse, qui in civitatibus suis clari et magni fuerunt, sicuti tu es, nosque omnes in nostra re publica volumus esse, horum Graecorum, qui se inculcant auribus nostris, similes fuerunt, nec in otio sermones huiusmodi disputationesque fugiebant. Ac si tibi videntur, qui temporis, qui loci, qui hominum rationem non habent, inepti, sicut debent videri, num tandem aut locus hic non idoneus videtur, in quo porticus haec ipsa, ubi nunc ambulamus, et palaestra et tot locis sessiones gymnasiorum et Graecorum disputationum memoriam quodammodo commovent? aut num importunum tempus in tanto otio, quod et raro datur et nunc peroptato nobis datum est? aut homines ab hoc genere disputationis alieni, qui omnes ei sumus, ut sine his studiis vitam nullam esse ducamus?

Omnia ista, inquit CRASSUS, ego alio modo interpretor, qui primum palaestram et porticus etiam ipsos, Catule, Graecos exercitationis et delectationis causa, [non disputationis,] invenisse arbitror. Nam et saeculis multis ante gymnasia inventa sunt,

quam in eis philosophi garrire coeperunt, et hoc ipso tempore,
cum omnia gymnasia philosophi teneant, tamen eorum auditores discum audire quam philosophum malunt; qui simul ut
increpuit, in media oratione de maximis rebus et gravissimis
disputantem philosophum omnes unctionis causa relinquunt.
Ita levissimam delectationem gravissimae, ut ipsi ferunt, utilitati anteponunt. Otium autem quod dicis esse, adsentior; verum
otii fructus est non contentio animi, sed relaxatio. Saepe ex
socero meo audivi, cum is diceret, socerum suum Laelium
semper fere cum Scipione solitum rusticari eosque incredibiliter
repuerascere esse solitos, cum rus ex urbe tamquam e vinclis
evolavissent. Non audeo dicere de talibus viris, sed tamen
ita solet narrare Scaevola, conchas eos et umbilicos ad Caietam
et ad Laurentum legere consuesse et ad omnem animi remissionem ludumque descendere. Sic enim res sese habet, ut,
quemadmodum volucres videmus procreationis atque utilitatis
suae causa effingere et construere nidos, easdem autem, cum
aliquid effecerint, levandi laboris sui causa, passim ac libere
solutas opere volitare, sic nostri animi negotiis forensibus
atque urbano opere defessi gestiant ac volitare cupiant vacui
cura ac labore. Itaque illud ego, quod in causa Curiana Scae-

---

1. *hoc tempore, cum — teneant*, schon das folgende tamen zeigt, daß mit der Zeitbestimmung zugleich ein concessiver Gedanke verbunden sei. p. Mil. 98 quin hoc tempore ipso, cum omnes a meis inimicis faces invidiae meae subiciantur, tamen — celebramur.

4. *discum audire malunt*, das Leben ist also doch mächtiger, u. die wahre und ursprüngliche Bestimmung der Gymnasien macht sich vor der später angenommenen bei einer solchen Gelegenheit wieder geltend. Dem natürlichen griech. Volkscharakter entsprachen dergl. Leibesübungen eher, als jene philos. Disputationen.

in media oratione, trotzdem schon die Spannung und das Interesse am Gegenstand bedeutender sein mußten.

8. *otii fructus* wie I 2.

ex socero, der alte Scävola. Einl. I § 14, A. 161.

10. *rusticari*, Hor. sat. II 1, 71 ff. Quin ubi se a vulgo et scena in secreta remorant Virtus Scipiadae et mitis sapientia Laeli; Nugari cum illo (sc. Lucilio) et discincti ludere, donec Decoqueretur olus,

soliti. Valer. Max. VIII 8 (de otio laudato) 1 l'ar verne amicitiae clarissimum Scipio et Laelius, cum amoris vinculo, tum etiam omnium virtutum inter se iuncti societate, ut actuosae vitae iter aequali gradu exsequebantur, ita animi quoque remissioni communiter acquiescebant. Constat namque, eos Caietae et Laurenti vagos litoribus *conchulas et calculos* lectitasse; idque se L. Crassus ex socero suo Q. Scaevola, qui gener Laelii fuit, audisse saepenumero praedicavit.

13. *ad Caietam et ad Laurentum*, dort in den reizend gelegenen Gegenden an der Meeresküste, wo besonders später viele reiche Römer ihre Villen hatten.

15. *descendere*, sich hingegeben, sich herabgelassen.

20. *gestiant, — cupiant* nicht gestiunt, cupiunt (obwohl dies die meisten u. gute Hs. haben); denn die Annahme eines anakoluthischen indicat., wie de off. III 45, läßt sich hier wohl schwerlich rechtfertigen. Eher ginge noch an, mit Lambin ut als unecht zu betrachten.

21. *Curiana*, s. ind. Rechtsfälle n. 8.

volae dixi, non dixi secus ac sentiebam. 'Nam si, inquam, Scaevola, nullum erit testamentum recte factum, nisi quod tu scripseris, omnes ad te cives cum tabulis veniemus, omnium testamenta tu scribes unus. Quid igitur? inquam, quando ages negotium publicum? quando amicorum? quando tuum? quando denique nihil ages?' Tum illud addidi: 'Mihi enim liber esse non videtur, qui non aliquando nihil agit.' In qua permaneo, Catule, sententia meque, cum huc veni, hoc ipsum nihil agere et plane cessare delectat. Nam, quod addidisti tertium, vos esse eos, qui vitam insuavem sine his studiis putaretis, id me non modo non hortatur ad disputandum, sed etiam deterret. Nam ut C. Lucilius, homo doctus et perurbanus, dicere solebat ea, quae scriberet, neque se ab indoctissimis neque a doctissimis legi velle, quod alteri nihil intellegerent, alteri plus fortasse quam ipse; de quo etiam scripsit:
  'Pérsium non cúro legere'
(hic fuit enim, ut noramus, omnium fere nostrorum hominum doctissimus)
  'Laélium Decumúm volo,'
quem cognovimus virum bonum et non illitteratum, sed nihil ad Persium: sic ego, si iam mihi disputandum sit de his nostris studiis, nolim equidem apud rusticos, sed multo minus apud vos; malo enim non intellegi orationem meam quam reprehendi.

Tum CAESAR, Equidem, inquit, Catule, iam mihi videor navasse operam, quod huc venerim. Nam haec ipsa recusatio disputationis disputatio quaedam fuit mihi quidem periucunda. Sed cur impedimus Antonium? cuius audio esse partes, ut de

---

8. *cum huc veni*, so oft, jedesmal wenn. Meist entspricht diesem Perf. ein Präsens des Hauptsatzes.

9. *nam* in der occupatio, wie I 18. 246. 254.

15. *de quo*, 'in Beziehung worauf', wie I 102 de quo modo Antonius exposuit. *Persium* etc. Die Worte bilden mit den folgenden Laélium Decumúm volo einen tetrameter trochaicus catalecticus. S. Lachm. Frg. 859, B. XXIX; Luc. Müller, S. 99, Fr. 77.

17. *ut noramus* parallel und in einem gewissen Gegensatz mit dem gleich folgenden cognovimus: wie wir erfuhren (sc. von anderen, denn Persius, Quaestor im J. 146, war 91 wohl schon tot), während cognovimus heißt: wir haben kennen gelernt.

20. *nihil ad Persium* wie de leg. I 2, 6 nihil ad Caelium (im Vergleich mit).

21. *si iam* wenn ich nun einmal. I 218.

24. *reprehendi*, einer strengen, tadelnden Kritik ausgesetzt sein.

26. *navasse*, navare erfolgreiche Thätigkeit anwenden, noch etwas stärker als der negative Ausdruck non perdidisse operam. Brut. 282 qui quia navarat miles operam imperatori, imperatorem se statim esse cupiebat.

27. *disputatio quaedam*, da ja Cic. wirklich eben, wie bei philosophischen oder sonstigen Disputationen, Punkt für Punkt widerlegt hat.

tota eloquentia disserat, quemque iam dudum et Cotta et Sulpicius exspectat?

27 Ego vero, inquit CRASSUS, neque Antonium verbum facere patiar et ipse obmutescam, nisi prius a vobis impetraro —
Quidnam? inquit CATULUS.
Ut hic sitis hodie.
Tum, cum ille dubitaret, quod ad fratrem promiserat, Ego, inquit IULIUS, pro utroque respondeo: sic faciemus; atque ista quidem condicione, vel ut verbum nullum faceres, me teneres.

28 Hic CATULUS adrisit, et simul, Praecisa, inquit, mihi quidem est dubitatio, quoniam neque domi imperaram et hic, apud quem eram futurus, sine mea sententia tam facile promisit.
Tum omnes oculos in Antonium coniecerunt; et ille, Audite vero, audite, inquit. Hominem enim audietis de schola atque a magistro et Graecis litteris eruditum. Et eo quidem

---

2. *exspectat* der singularis wie 2; Brut. 30; 42; de div. I 84 Hac ratione et Chrysippus et Diogenes et Antipater utitur.

4. *impetraro* wie wieder Tac. dial. c. 16 nachahmt: aperiam, inquit, cogitationes meas, si illud a vobis ante impetravero.

6. *Ut hic sitis hodie.* Es war noch früh am Tage; und Catulus und Cäsar sollen ja auch am nachmittäglichen Gespräche teilnehmen.

7. *ad fratrem promiserat* sc. se ituram cenatum, ein üblicher Ausdruck des socialen Lebens: einem zusagen, sich an jemand versagen.

8. *pro utroque respondeo*, 362; III 188. Brut. 122 Nobis vero, inquit Atticus, et vehementer quidem (sc. placet), ut pro Bruto etiam respondeam. de. leg. II 32, 16. *sic faciemus*, die solenne Zusageformel (im Namen beider).

9. *atque* — setzt der witzige Cäsar für seine Person hinzu; *ista quidem condicione*, wie du sie eben gestellt hast, indem du von unserer Zusage den ganzen Tag hier zu bleiben die Fortsetzung des Gespräches abhängig machst.

vel — der Scherz liegt in der unerwarteten Wendung (dem ἀπροσδόκητον), die eigentlich den Inhalt der condicio aufhebt; du willst kein Wort sprechen, wenn wir nicht bleiben wollen, ich dreh' es herum: wir bleiben, auch wenn du kein Wort sprichst. (Hodie hic erimus atque quam ponis condicionem disputandi, ea me teneres, vel ut nullum verbum faceres.)

12. *imperaram* sc. cenam, wie es z. B. p. Rosc. Am. 59 dabei steht: puerum vocaret, cui cenam imperaret; natürlich, er gedachte ja bei Cäsar zu Mittag zu essen.

13. *sine mea sententia*, ohne mich zu fragen, ohne Erklärung meinerseits.

Tractatio c. 7, 28—88, 361. Antonius beginnt die eigentliche *tractatio* damit, daß er jetzt, wo es sich um die rhetor. Technologie handelt, die Resultate der gestrigen Disputation über die Bedeutung der Redekunst als Grundlage der Lehre voranstellt 7, 28—10, 41.

15. *Audite*, mit ironischer Nachahmung griechischer Rhetoren, die marktschreierisch ihre Weisheit anpreisen.

de schola, Zunft wie Or. 47 de ludo.

16. *a magistro* gehört ebenfalls zu *hominem*, nicht zu *eruditum*; homo a magistro ist etwa: des rechten, wahren Meisters Jünger; ein Begriff wie profectus ist zu ergänzen; vgl. 58 Callisthenes ab Aristotele u. 160 Critolaus ab Aristotele; vgl. a. de off. I 40 cum a Pyrrho perfuga senatui est pollicitus. Auch

loquar confidentius, quod Catulus auditor accessit, cui non solum nos Latini sermonis, sed etiam Graeci ipsi solent suae linguae subtilitatem elegantiamque concedere. Sed quoniam hoc totum, quidquid est, sive artificium sive studium dicendi, nisi accessit os, nullum potest esse, docebo vos, discipuli, id, quod ipse non didici [quid de omni genere dicendi sentiam].

Hic posteaquam adriserunt, Res mihi videtur esse, inquit, facultate praeclara, arte mediocris. Ars enim earum rerum est, quae sciuntur; oratoris autem omnis actio opinionibus, non scientia, continetur. Nam et apud eos dicimus, qui nesciunt, et ea dicimus, quae nescimus ipsi. Itaque et illi alias aliud eisdem de rebus et sentiunt et iudicant et nos contrarias saepe causas dicimus, non modo ut Crassus contra me dicat aliquando aut ego contra Crassum, cum alterutri necesse sit falsum dicere, sed etiam ut uterque nostrum eadem de re alias aliud defendat, cum plus uno verum esse non possit. Ut igitur in eiusmodi re, quae mendacio nixa sit, quae ad scientiam non saepe perveniat, quae opiniones hominum et saepe errores aucupetur, ita dicam, si causam putatis esse, cur audiatis.

sonst finden sich bei Cic. Substantive mit Präpositionen attributiv verwandt an Stelle und zum Ersatz von Adjektiven, z. B. 188 sententias tam sine pigmentis fucoque puerili. S. a. Müller zu de off. I 40.

3. *subtilitatem*, die Feinheit des Ausdrucks, dagegen III 42 die Feinheit der Aussprache.

Sed quoniam mit iron. Emphase.

4. *sive artificium*, I 93. 96. *os*, Zuversicht, edle Dreistigkeit I 175.

5. *docebo vos* fast = so will ich mich denn als Lehrer aufspielen für das, was ich u. s. w.; vor quid wäre zu ergänzen: und so sollt ihr denn erfahren. Indes ist der Satz mit quid wohl ein Glossem, s. d. krit. Anh.; die ganz prächtige Persiflage der griechischen Professoren wird gestört, wenn in dem Satze auch nur ein Wort vorkäme, das man ernst fassen müßte. *discipuli*, natürlich in demselben scherzhaften Ton und Sinn, in dem er überhaupt die Suffisance der rhetor. Sophisten persifliert, die lehren, was sie selbst nicht wissen. 76.

6. *ipse non didici*, I 208.

8. *facultate praeclara, arte mediocris. facultas* u. *ars* ziemlich = Praxis u. Theorie. Für Praxis setzt Cic. hier nicht das sonst gewöhn-

liche *usus* und im folgenden actio, weil *facultas* den Begriff der Wirksamkeit auf die Zuhörer in sich faßt; ebenso wie actio 'das Wirken'. Aristot. definiert Rhet. I 2 die Rhetorik als δύναμις περὶ ἕκαστον τοῦ θεωρῆσαι τὸ ἐνδεχόμενον πιθανόν, nicht als τέχνη Kunstlehre.

Ars, Kunstlehre, Antonius folgt hier dem von ihm mit Beifall gehörten Charmadas, I 84. 92. Vgl. I 108 sq.

10. *continetur*, umfaßt, geht auf in . . .

11. *illi*, die Hörer.

13. *Crassus contra me*, s. I 178 u. ind. Gratidianus.

17. *ut in eiusmodi re* wie es bei solch einem Gegenstand, der ... auch nur möglich ist.

mendacio, mit Anspielung auf Sokrates' Ausspruch in Plat. Phaedr. p. 260 E. ἡ ῥητορικὴ ψεύδεται καὶ οὐκ ἔστι τέχνη, ἀλλ' ἄτεχνος τριβή.

ad scientiam perveniat = sich zu 'wirklichem Wissen' erhebt; s. jed. d. krit. Anh.

19. *aucupetur*, hascht nach, erlauert, vgl. 256. Or. 63 in eo ipso, quod delectationem aliquam dicendo aucupentur; ad fam. V 12, 6 ne — aucupari tuam gratiam videar.

ita faßt (wie οὕτως) recapitulierend die vorausgehenden Bestim-

§ 31. Nos vero et valde quidem, CATULUS inquit, putamus atque eo magis, quod nulla mihi ostentatione videris esse usurus. Exorsus es enim non gloriose, magis a veritate, ut tu putas, quam a nescio qua dignitate.

32. Ut igitur de ipso genere sum confessus, inquit ANTONIUS, artem esse non maximam, sic illud adfirmo, praecepta posse quaedam dari peracuta ad pertractandos animos hominum et ad excipiendas eorum voluntates. Huius rei scientiam si quis volet magnam quandam artem esse dicere, non repugnabo. Etenim cum plerique temere ac nulla ratione causas in foro dicant, nonnulli autem propter exercitationem aut propter consuetudinem aliquam callidius id faciant, non est dubium quin, si quis animadverterit, quid sit, quare alii melius quam alii dicant, id possit notare. Ergo id qui toto in genere fecerit,

33. is si non plane artem, at quasi artem quandam invenerit. Atque utinam, ut mihi illa videor videre in foro atque in causis, item nunc, quemadmodum ea reperirentur, possem vobis exquirere! — Sed de me videro; nunc hoc propono, quod mihi persuasi, quamvis ars non sit, tamen nihil esse perfecto oratore praeclarius. Nam ut usum dicendi omittam, qui in omni pacata et libera civitate dominatur, tanta oblectatio est in ipsa facultate

---

muugen in eins zusammen, I 151; ad Fam. 1 1, 4.

3. *exorsus es a verit*... begonnen hast du ohne... mehr mit der Wirklichkeit, als einer vermeintlichen Wichtigkeit, näml. des Gegenstandes.

non gloriose ohne marktschreierische Prahlerei.

a veritate — wie es in der Wirklichkeit ist, s. z. 178.

8. *excipiendas* auffangen, gefangen nehmen, sonst capture.

si quis volet wie die griechischen Lehrer u. Verfasser von rhetorischen Leitfäden.

9. *magnam quandam artem* eine ganz mächtige Kunst (natürl. ironisch) ist nicht gleich magna ars quaedam = eine große sozusagen (oder gewissermaßen) Kunst; über quidam nach Adjektiven der Größe vgl. zu 1 91.

10. *temere* — sine consilio, planlos. *nulla ratione* — ohne Methode. Vgl. zu der ganzen Stelle Arist. Rhet. I 1 τῶν μὲν οὖν πολλῶν οἱ μὲν εἰκῇ ταῦτα δρῶσιν, οἱ δὲ διὰ συνήθειαν ἀπὸ ἕξεως· ἐπεὶ δ' ἀμφοτέρως ἐνδέχεται, δῆλον ὅτι εἴη ἂν αὐτὰ καὶ ὁδοποιεῖν. δι' ὃ γὰρ ἐπιτυγχάνουσιν οἵ τε διὰ συνήθειαν καὶ οἱ ἀπὸ ταὐτομάτου, τὴν αἰτίαν θεωρεῖν ἐνδέχεται· τὸ δὲ τοιοῦτον ἤδη πάντες ἂν ὁμολογήσαιεν τέχνης ἔργον εἶναι.

13. *animadverterit*, I 109.

14. *notare*, 129; de div. II 146 quo modo igitur haec infinita et semper nova aut memoria complecti aut observando *notare* possumus? *toto in genere*, auf dem gesamten Gebiet der Redekunst, nicht bloß hier und da hinsichtlich einzelner Teile derselben.

15. *quasi artem*, annähernd, eine Art von I 109. Vgl. hernach 232.

17. *exquirere* methodisch untersuchen und klar, gründlich darlegen.

18. Wie im ersten Buch Crassus (C. 8), so beginnt hier Anton. mit einem beredten Lobe der Redekunst. Dies Lob ist selbst sehr kunstvoll gestaltet. *Sed de me videro*, Form der revocatio. Seyffert schol. lat. p. 77, ich werde zuzusehen haben, wie ich fertig werde, 351.

20. *pacata*, I 30.

dicendi, ut nihil hominum aut auribus aut mentibus iucundius percipi possit. Qui enim cantus moderata oratione dulcior inveniri potest? quod carmen artificiosa verborum conclusione aptius? qui actor imitanda, quam orator suscipienda veritate iucundior? Quid autem subtilius quam crebrae acutaeque sententiae? quid admirabilius quam res splendore illustrata verborum? quid plenius quam omni genere rerum cumulata oratio? Neque ulla non propria oratoris res est, quae quidem ornate dici graviterque debet. Huius est in dando consilio de maximis rebus cum dignitate explicata sententia; eiusdem et languentis populi incitatio et effrenati moderatio; eadem facul-

2. ff. Die Rede wird erst nach ihrer im wirklichen Vortrag hervortretenden Form (dulcior — aptius — iucundior), dann nach ihrem Inhalt (subtilius — plenius — admirabilius) gepriesen; die drei ersten Glieder stehen den drei folgenden chiastisch gegenüber. In 34 stehen die sich entsprechenden Worte in anaphor. Folge, dann werden sie in 35 chiastisch künstlich verschlungen, so entspricht dem cohortari ad virtutem ardentius (1 2 3) a vitiis acrius revocare (2 3 1), die nächstfolgenden je 3 Glieder haben die Form 1 2 3, 1 2 3, die folgenden die Form 2 3 1 4, 2 1 3 4. In 36 u. 38 ist die Alliteration angewandt, wobei sich wieder zum Teil die entsprechenden Anfangsbuchstaben *vita memoriae, magistra vitae* oder die Begriffe selbst chiastisch gegenüberstehen.

Gedankengang: Die Beweisführung bewegt sich in demselben Kreise von Gedanken, wie I 48 ff. 1) Hervorhebung der der Redekunst zukommenden Vorzüge (— commendatur). 2) Beweis, daß diese der Redekunst eigentümlich sind (nam 36—38). Wenn andere Künste auch zugleich Schönheit in der Darstellung haben, so ist diese entweder für die Redekunst ein alienum oder ein commune mit andern Künsten. Widerlegung dieser Annahme (37 sed si —). Überhaupt ergiebt sich, was in das Gebiet einer Kunst gehöre 1) aus dem, was zu lehren sie sich anheischig macht (quid quaeque doceat), 2) aus dem, was sie leisten muß, um ihren besonderen Beruf zu erfüllen.

Nun macht aber keine andere Kunst den Anspruch, Schönheit der Darstellung zu lehren, und jede andere außer der Redekunst kann ihre Aufgabe lösen ohne jene Schönheit.

2. *moderata* — wo oratorischer Rhythmus und der Wohllaut concinner Satzbildung herrscht, Or. 178; 182 moderatione absolutum, I 254; III 184 ut — sibi ipsa moderetur.

4. *aptius* — 'wohlgefügter und geschlossener' Brut. 68; Or. 149; 233 videsne ut ordine verborum paullulum commutato — ad nihilum omnia recidant, cum sint ex aptis dissoluta; aut si — dissipatam aliquam sententiam — in quadrum redigas, efficiatur aptum illud quod fuerit antea diffluens ac solutum. — *verborum conclusione*, als eine kunstgerechte Periode, III 171; (Or. 178 in oratione animadversum est, esse quosdam certos cursus conclusionesque verborum); Brut. 33.

5. *veritate*, III 214.

8. *quae quidem — debet*, der Indikativ, wie 105. Brut. 65 Catonem vero quis nostrorum oratorum, qui quidem nunc sunt, legit aut quis novit omnino? u. ö.

9. *Huius* etc. I 31 ff. *in dando consilio*, im genus deliberativum.

consilium dare de max. rebus bei Beratungen über 'politische Fragen, Fragen des Staatswohles' und *explicata sententia* 'ein klar entwickeltes und formuliertes Gutachten' geben nur auf den Senat (333 ff.).

11. *languentis populi*, auch im gen. delib., aber in der contio.

tate et fraus hominum ad perniciem et integritas ad salutem vocatur. Quis cohortari ad virtutem ardentius quis a vitiis acrius revocare, quis vituperare improbos asperius quis laudare bonos ornatius, quis cupiditatem vehementius frangere accusando potest, quis maerorem levare mitius consolando? Historia vero testis temporum, lux veritatis, vita memoriae, magistra vitae, nuntia vetustatis, qua voce alia nisi oratoris immortalitati commendatur? Nam si qua est ars alia, quae verborum aut faciendorum aut deligendorum scientiam profiteatur, aut si quisquam dicitur nisi orator formare orationem eamque variare et distinguere quasi quibusdam verborum sententiarumque insignibus, aut si via ulla nisi ab hac [una] arte traditur aut argumentorum aut sententiarum aut denique discriptionis atque ordinis, fateamur aut hoc, quod haec ars profiteatur, alienum esse aut cum alia aliqua arte esse commune. Sed si in hac una est ea ratio atque doctrina, non, si qui aliarum artium bene locuti sunt, eo minus id est huius unius proprium; sed ut orator de eis rebus, quae ceterarum artium sunt, si modo eas

---

1. *fraus* etc. im genus iudiciale.
3. *vituperare* u. *laudare* im genus demonstrativum. Vgl. 50. Einige Rhetoren fügten auch noch das genus *historicum* hinzu, das Cic. (Or. 37; 207) zum ἐπιδεικτικόν rechnet. So erklärt sichs, warum Antonius in 36 fortfährt: *historia vero* etc.
6. *vita memoriae* wird die Historie genannt, weil durch sie das Andenken an die vergangenen Zeiten lebendig erhalten wird, denn wie es Phil. IX 5 heißt, vita mortuorum in memoria vivorum est posita; die Vermittlerin der Vergangenheit für die Lebenden aber ist die Geschichte, ohne die es gar bald keine memoria mehr gäbe.
8. *Nam si* etc. Antonius geht von der specifisch oratorischen Thätigkeit, dem ornate dicere, aus (III 96) und zwar in synthetischem Fortschritt vom einzelnen (der oratorischen Neubildung und Auswahl der Worte) zum ganzen, dem formare, d. h. der künstlerischen Gestaltung des Gesamtausdruckes im allgemeinen (III 200) und dem daran sich anschließenden variare et distinguere d. h. der oratorischen Ausschmückung im engeren Sinn. Dann erst wird auch der materiellen Seite der argumenta und sententiae (der Beweisführung und des Gedankeninhalts überhaupt) und deren Gliederung gedacht.
9. *faciendorum*, neu zu bilden oder zu schaffen, I 63; III 149; 154; 184. *profiteatur* sich zur Aufgabe macht.
11. *distinguere*, 54; Or. 21 omnemque orationem ornamentis — verborum sententiarumque distinguit, Glanz verleihen, heben, durch die lumina, III 96; 103. S. ind. lumina.
12. *via* s. I 14.
14. *haec ars* nämlich ars dicendi.
15. Der Beweis, daß auf allen Gebieten wissenschaftlicher oder künstlerischer Thätigkeit die (formelle) stilistische Darstellung, das eloqui, wie schon der Name zeigt, ausschließlich der eloquentia angehöre, wird hier von Antonius (wie I 11 ff. u. 46 ff. von Crassus) in einer Weise geführt, die ganz an die ähnliche dialektische Demonstration in Platos Gorgias erinnert. Vgl. III 115.
16. *ea ratio atque doctrina*, die eben angeführte wissenschaftliche (technische) Einsicht und Unterweisung in Allem, was die sprachliche Darstellung betrifft.
si qui aliarum artium wenn Ver-

DE ORATORE II 9, 38.

cognovit, ut heri Crassus dicebat, optime potest dicere, sic
ceterarum artium homines ornatius illa sua dicunt, si quid ab
hac arte didicerunt. Neque enim si de rusticis rebus agricola 38
quispiam aut etiam, id quod multi, medicus de morbis, aut si
de pingendo pictor aliquis diserte dixerit aut scripserit, idcirco
illius artis putanda est eloquentia; in qua, quia vis magna est
in hominum ingeniis, eo multi etiam sine doctrina aliquid
omnium generum atque artium consequuntur; sed, quid cuiusque sit proprium, etsi ex eo iudicari potest, cum videris,
quid quaeque doceat, tamen hoc certius esse nihil potest,
quam quod omnes artes aliae sine eloquentia suum munus
praestare possunt, orator sine ea nomen obtinere suum non
potest, ut ceteri, si diserti sint, aliquid ab hoc habeant, hic,

treter anderer Künste; 38 heißt es
multi omnium generum.

1. *ut heri Crassus dicebat*, I
65. 69.

3. Begründung durch Beispiele,
wie sie schon von Crassus gebraucht
sind. *de rebus rusticis*, I 60.

4. *id quod multi* sc. fecerunt
I 253.

medicus de morbis, I 62.

6. *in qua*. Die Genetive omnium
gen. atque art. können dem Gedanken nach nur von multi abhängig sein (vgl. das vorausgehende:
si qui aliarum artium, ceterarum
art. hom u. I 124; 128): darum
(weil das angeborene Talent so
viel vermag) bringen es allerdings
viele und zwar auf allen Gebieten menschlicher Kunstthätig-
keit auch ohne Studium in der
sprachlichen Darstellung (in qua)
zu etwas, aber das beweist nichts,
denn von ihrem Fach haben sie ja
diese eloq. nicht.

8. *sed*. Der Gedanke ist offenbar
der: obschon sich die Entscheidung
darüber, was einem jeden Fach
(cuiusque sc. artis) eigentümlich
angehöre (wie doch nicht bestritten
werden kann), aus der Erwägung
(ex eo, cum videris) ergiebt, was die
betreffenden Fächer (quaeque sc.
artes) lehren und also damit selbst
als ihr Gebiet angeben: so steht
doch sicherlich nichts fester, *quam
— ut ceteri* u. s. w. Die beiden
Beweise sind nicht von gleicher
Stärke, sondern dem zweiten wird
eine stärkere Beweiskraft beigelegt.

10. *doceant* s. d. krit. Anb.

*hoc certius esse nihil potest, quam
quod omnes possunt* = quod omnes
— possunt, certissimum est argumentum, 'es kann keinen sichereren
Beweis geben als dieses, nämlich
als die Thatsache, daß —'. Über
die Epexegese von hoc durch den
folgenden Satz vgl. zu I 109. Bewiesen werden soll nicht, daß die
übrigen artes auch ohne Beredsamkeit ihre Aufgabe erfüllen können,
der Redner aber nicht, sondern,
daß bene dicere das proprium sei
für den orator, u. dafür ist eben
der Umstand, daß (quod omnes
artes — possunt, orator — non potest)
— der sicherste Beweis. Ebenso
ist vorher ex eo iudicari potest, cum
videris quid quaeque doceat = ex
eo, quod quaeque ars docet, quid
eius sit proprium, iudicari potest
bene dicere esse proprium oratoris.
Vgl. 302.

11. *omnes artes aliae*: die anders,
von anderer Art sind, als die Beredsamkeit. Es wird diese nicht
blos als eine der Summe der übrigen entgegengestellt, sondern zugleich auf die verschiedene Beschaffenheit Rücksicht genommen.
Daher nicht ceterae oder reliquae.

13. *ut ceteri — habeant, hic non
possit* bildet den Schluß der mit
sed si 37 beginnenden Beweisführung.

nisi domesticis se instruxerit copiis, aliunde dicendi copiam petere non possit.

10 39 Tum CATULUS, Etsi, inquit, Antoni, minime impediendus est interpellatione iste cursus orationis tuae, patiere tamen mihique ignosces. 'Noenum possum, quin exclamem,' ut ait ille in Trinummo; ita vim oratoris cum exprimere subtiliter visus es, tum laudare copiosissime; quod quidem eloquentem vel optime facere oportet, ut eloquentiam laudet; debet enim ad eam laudandam ipsam illam adhibere, quam laudat. Sed perge porro; tibi enim adsentior, vestrum esse hoc totum diserte dicere, idque si quis in alia arte faciat, eum adsumpto aliunde uti bono, non proprio nec suo.

40 Et CRASSUS, Nox te, inquit, nobis, Antoni, expolivit hominemque reddidit. Nam hesterno sermone unius cuiusdam 'operis,' ut ait Caecilius, 'remigem aliquem aut baiulum' nobis oratorem descripseras, inopem quendam humanitatis atque inurbanum.

Tum ANTONIUS, Heri enim, inquit, hoc mihi proposueram, ut, si te refellissem, hos a te discipulos abducerem; nunc, Catulo audiente et Caesare, videor debere non tam pugnare tecum quam quid ipse sentiam dicere.

41 Sequitur igitur, quoniam nobis est hic, de quo loquimur, in foro atque [in] oculis civium constituendus, ut videamus, quid ei negotii demus cuique eum muneri velimus esse praepositum. Nam Crassus heri, cum vos, Catule et Caesar, non

---

1. *domesticis* wie das griech. οἰκεῖος 2; Or. 132 uterer exemplis domesticis d. h. aus meinen eigenen Reden, im Gegensatz von alienis. Div. in Caec. 31 domestici periculi.

5. *noenum* entstanden aus ne oenum, ne unum, später zusammengezogen in non.

exclamare ist = laut Bravo rufen, vgl. Or. 168 contiones saepe exclamare vidi u. ä.

6. *in Trinummo*, der Komödie des Dichters T. Maccius Plautus, die diesen Titel führt, III 2, 82, wo der Sklave Stasimus den Lysiteles im Eifer seiner Rede mit diesen Worten unterbricht und noch hinzufügt: euge, euge, Lysitelés πάλιν (d. i. da capo): Facile palmam habes; hic victus. Vicit tua comoedia. Hic agit magis ex argumento, et versus meliores facit.

8. *ut — laudet*. Epexegese zu quod.

15. *operis*, I 83. 263. So sind auch Brut. 257 operarii und baiuli den wenigen wahren Künstlern, — die Steinmetzen den Bildhauern und die Weißbinder den Malern — entgegengesetzt.

16. *inopem quendam* einen wahren Bettler oder Proletarier an höherer Bildung.

18. *heri enim*, wie oft vor enim ein das Folgende begründender oder bekämpfender Zwischensatz zu ergänzen: Nun freilich, gestern nämlich . . .

22. A. Lehre von der inventio, die wieder durch die rechte Erkenntnis der Grenzen des oratorischen Gebiets und der wahren Aufgabe des Redners bedingt ist c. 10, 41—76, 306.

25. *heri*, I 139 ff. *posuit*, I 65; III 145.

adessetis, posuit breviter in artis distributione idem, quod Graeci plerique posuerunt, neque sane quid ipse sentiret, sed quid ab illis diceretur ostendit: duo prima genera quaestionum esse, in quibus eloquentia versaretur, unum infinitum, alterum certum. Infinitum mihi videbatur id dicere, in quo aliquid generatim quaereretur, hoc modo: 'Expetendane esset eloquentia? expetendine honores?' certum autem, in quo quid in personis et in constituta re et definita quaereretur; cuiusmodi sunt, quae in foro atque in civium causis disceptationibusque versantur. Ea mihi videntur aut in lite oranda aut in consilio dando esse posita. Nam illud tertium, quod et a Crasso tactum est et, ut audio, [ille] ipse Aristoteles, qui haec maxime illustravit, adiunxit, etiamsi opus est, minus est tamen necessarium.

Quidnam? inquit CATULUS, an laudationes? Id enim video poni genus tertium.

Ita, inquit ANTONIUS, et in eo quidem genere scio et me et omnes, qui adfuerunt, delectatos esse vehementer, cum a te est Popilia, mater vestra, laudata, cui primum mulieri hunc honorem in nostra civitate tributum puto. Sed non omnia, quaecumque loquimur, mihi videntur ad artem et ad praecepta

---

3. *duo genera*, Einl. II § 2, Anm. 5 ff.
prima, zwei Hauptgattungen wie III 116; Top. 26.
9. *quae in foro atque in civium causis disceptationibusque*, d. i. genus iudiciale und deliberativum s. Einl. II § 4, 26 u. 27; vgl. I 139; II 65; III 109; disceptatio auch I 65 die Diskussion oder Entscheidung in Fragen des genus deliberativum; der Zuhörer hierbei heißt disceptator Part. orat. 10.
10. *in lite* oder causa oranda, also in iudiciis (dem genus iudiciale), *in consilio dando* in contione oder in senatu (dem genus deliberativum).
11. *nam* Occupatio. Der denkbare Einwurf: omittis tertium, wird vorweggenommen und die Auslassung begründet; über die drei genera s. Einl. II § 4.
tactum, I 141 esse etiam genus tertium etc.
12. *ut audio* — denn die philos. (rhetor.) Schriften gehörten nicht zu denen, welche Antonius selbst gelesen hatte (61).
13. *opus est* steht ebenso dem necessarium (oder necesse) est gegen-
über ad Fam. I 9, 25 legem curiatam consuli ferri opus esse, necesse non esse. Die Bedeutung ergiebt sich aus 326 aliquando opus est, sed saepe obest.
15. *laudationes*, 45. 65. 333. 348; Or. 37; Or. part. 70; 98; Top. 91; das γένος ἐγκωμιαστικόν (ἐπιδεικτικόν) Einl. II § 4, 26 u. 27.
17. *in eo genere — delectatos esse cum*. In dem Satz mit cum liegt der Gegenstand der delectatio, dagegen drückt eo in genere aus, welchem Gebiet das angehörte, was den Antonius erfreut hatte.
19. *Popilia*, Einl. I § 15, 174.
cui primum mulieri — der zuerst als einer Frau — mit Ausnahme der röm. Frauen, die ihren Goldschmuck hergegeben hatten, damit den Galliern (ohne daß man sich am Tempelgold zu vergreifen brauchte) die vertragsmäßige Summe ausgezahlt werden könnte. Liv. V 50, 7 matronis gratiae actae honosque additus, ut earum sicut virorum post mortem solemnis laudatio esset. Denn die Sitte der laudationes funebres mortuorum war sehr alt. Brut. 61 f.

45 esse revocanda. Ex eis enim fontibus, unde omnia ornamenta dicendi sumuntur, licebit etiam laudationem ornare neque illa elementa desiderare, quae ut nemo tradat, quis est qui nesciat, quae sint in homine laudanda? Positis enim eis rebus, quas Crassus in illius orationis suae, quam contra collegam censor habuit, principio dixit: 'Quae natura aut fortuna darentur hominibus, in eis rebus se vinci posse animo aequo pati; quae ipsi sibi homines parare possent, in eis rebus se pati non posse vinci', qui laudabit 46 quempiam, intelleget exponenda sibi esse fortunae bona; ea sunt generis, pecuniae, propinquorum, amicorum, opum, valetudinis, formae, virium, ingenii et ceterarum rerum, quae sunt aut corporis aut extraneae; si habuerit, bene rebus eis usum; si non habuerit, sapienter caruisse; si amiserit, moderate tulisse; deinde, quid sapienter is, quem laudet, quid liberaliter, quid fortiter, quid iuste, quid magnifice, quid pie, quid grate, quid humaniter, quid denique cum aliqua virtute aut fecerit aut tulerit. Haec et quae sunt eius generis facile videbit, qui volet laudare, et qui vituperare, contraria.

47 Cur igitur dubitas, inquit CATULUS, facere hoc tertium genus, quoniam inest in ratione rerum? Non enim, si est facilius, eo de numero quoque est excerpendum.

1. *ornamenta*, s. d. krit. Anh. Cic. schrieb wohl unde omnia ad ornandam orationem praecepta sumuntur.
4. *positis eis rebus*. Wenn die Lesart richtig ist, was allerdings sehr zweifelhaft, denn die besten Hdschr. haben possit, posscit und dergl., so ist zu übersetzen: bei Zugrundelegung der Punkte, die Crassus — genannt hat, wird, wer einen loben will —.
5. *censor*, Einl. I § 10, 27. *fortunae bona*, 342, Arist. rhet. c. 5 (p. 16 Sp.) τὰ ἐκτὸς ἀγαθά (im Gegensatz zu τὰ ἐν αὐτῷ). Anaxim. rhet. c. 35 (p. 225 Sp.) τὰ μὲν ἔξω τῆς ἀρετῆς (sc. ἀγαθά) εἰς εὐγένειαν καὶ ῥώμην καὶ κάλλος καὶ πλοῦτον, τὰ ἐν αὐτῇ τῇ ἀρετῇ ὄντα εἰς σοφίαν καὶ δικαιοσύνην καὶ ἀνδρείαν καὶ ἐπιτηδεύματα ἔνδοξα. ad Her. III 6, 10 rerum externarum sunt ea, quae casu aut fortuna secunda aut adversa accidere possunt, ut genus (εὐγένεια), educatio, divitiae, potestates, gloriae, civitas, amicitiae et quae huiusmodi sunt et ea quae his sunt contraria.
7. *vinci posse animo aequo pati*. Das posse gehört, wie der Nachsatz se pati non posse beweist, trotz der seltneren Stellung, zu pati.
10. *intelleget*. Hinter quempiam ist vielleicht primum ausgefallen, dem nachfolgenden deinde entsprechend.
13. *corpus*, hier wohl unserem 'Persönlichkeit' gleich zu setzen, sodaß der Satz mit quae sunt alles Vorhergehende, das speziell Genannte und die übrigen Eigenschaften teilt.
15. *deinde* — was die selbsterworbenen Vorzüge betrifft.
17. *denique*, das Voraufgehende zusammenfassend, meist an zweiter Stelle. 17. 24. 76. 131. 134, vgl. 251; I 44; III 8. *cum aliqua* vgl. zu 17.
21. *inest* steht im Gegensatz zu facere: weil es doch nun einmal (ὅτι δή) in der Reihe der Dinge in der Welt (63) vorkommt, können wir es auch füglich in der Reihenfolge aufzählen, dürfen es nicht deshalb außer jeglicher Berechnung lassen.
ratio rerum wie 63 = res: die Verhältnisse u. ihre Natur, vgl. 209.
22. *eo*. Aus dem abl. instr. hier-

Quia nolo, inquit, omnia, quae cadunt aliquando in oratorem, quamvis exigua sint, ea sic tractare, quasi nihil possit dici sine praeceptis suis. Nam et testimonium saepe dicendum est ac nonnumquam etiam accuratius, ut mihi necesse fuit in Sex. Titium, seditiosum civem et turbulentum; explicavi in eo testimonio dicendo omnia consilia consulatus mei, quibus illi tribuno plebis pro re publica restitissem, quaeque ab eo contra rem publicam facta arbitrarer, exposui; diu retentus sum, multa audivi, multa respondi. Num igitur placet, cum de eloquentia praecipias, aliquid etiam de testimoniis dicendis quasi in arte tradere?

Nihil sane, inquit CATULUS, necesse est.

Quid si (quod saepe summis viris accidit) mandata sint exponenda, aut in senatu ab imperatore aut ad imperatorem aut ad regem aut ad populum aliquem a senatu, num quia genere orationis in eiusmodi causis accuratiore est utendum, idcirco etiam pars haec causarum numeranda videtur aut propriis praeceptis instruenda?

Minime vero, inquit CATULUS. Non enim deerit homini diserto in eiusmodi rebus facultas ex ceteris rebus et causis comparata.

Ergo item, inquit, illa, quae saepe diserte agenda sunt et quae ego paullo ante, cum eloquentiam laudarem, dixi oratoris esse, neque habent suum locum ullum in divisione partium neque certum praeceptorum genus, et agenda sunt non minus diserte, quam quae in lite dicuntur, obiurgatio, cohortatio, consolatio, quorum nihil est, quod non summa dicendi ornamenta desideret; sed ex artificio res istae praecepta non quaerunt.

Plane, inquit CATULUS, adsentior.

---

durch entwickelt sich besonders in der freien Umgangssprache die Bedeutung darum, wie eo bei Cic. öfter für ideo, propterea vor ut u. quod vorkommt; z. B. Verr. I 14 ut — liceret, eo Sullanus repente factus est; ad Fam. XVI 1, 1 Marionem ad te eo misi, ut; Tusc. I 30 quis est, qui mortem non eo lugeat, quod arbitretur; Hor. sat. II 3, 120 insanus videtur eo quod Maxima pars hominum morbo iactatur eodem.

3. *suis* d. i. propriis, 49. 50. 64. 210; III 203 expositio sententiae suae.

4. *mihi*, Einl. I § 11, 118.

11. *quasi in arte*, schulmäßig, I 99.

13. *Quid si.* Ferner, fährt Antonius fort, wenn etc.

16. *accuratiore*, insofern es bei solchen besonderen Aufträgen, Berichten und Vollmachtserteilungen auf diplomatische Genauigkeit u. Gewandtheit ankam.

17. *numeranda* mit Beziehung auf 47 de numero quoque est excerpendum.

23. *paullo ante*, 35.

28. *ex artificio* aus der Theorie, s. z. I 93, dem System (83), der eigentlichen ῥητορικὴ τέχνη 29.

51 Age vero, inquit ANTONIUS, qualis oratoris et quanti hominis in dicendo putas esse historiam scribere?
Si, ut Graeci scripserunt, summi, inquit CATULUS; si, ut nostri, nihil opus est oratore; satis est non esse mendacem.
Atqui, ne nostros contemnas, inquit ANTONIUS, Graeci quoque [ipsi] sic initio scriptitarunt, ut noster Cato, ut Pictor, 52 ut Piso. Erat enim historia nihil aliud nisi annalium confectio; cuius rei memoriaeque publicae retinendae causa ab initio rerum Romanarum usque ad P. Mucium pontificem maximum res omnes singulorum annorum mandabat litteris pontifex maximus referebatque in album et proponebat tabulam domi, potestas ut esset populo cognoscendi; ei qui etiam nunc annales maximi 53 nominantur. Hanc similitudinem scribendi multi secuti sunt, qui sine ullis ornamentis monumenta solum temporum, hominum, locorum gestarumque rerum reliquerunt. Itaque qualis apud Graecos Pherecydes, Hellanicus, Acusilas fuit aliique

1. *Age vero* I 32. Weiter aber -- das ist das vierte Beispiel (48 das erste, 49 das zweite, 50 das dritte), aus dem erhellt, daß es nicht für jede Species besondere Lehrvorschriften geben muß; dies letztere Beispiel giebt zu einem kleinen Excursus über die lateinische u. griech. Historiographie Veranlassung und reicht bis 64.

2. *historiam*. Ebenso gehört auch die geschichtliche Darstellung unstreitig mit zu den Aufgaben des Redners (62), wie andererseits die rechte Geschichtschreibung eine bedeutende oratorische Fähigkeit erfordert; aber darum bedarf es nicht gleich besonderer theoret. Lehrvorschriften, ohne die der Redner doch schließlich nichts leisten könne.

6. *ut noster Cato* etc., de leg. I 2, 5 abest enim historia a litteris nostris (läßt Cic. seinen Atticus sagen); potes autem tu profecto satisfacere in ea, quippe cum sit *opus*, ut tibi quidem videri solet, unum hoc *oratorium* maxime. Quam ob rem aggredere, quaesumus, et sume ad hanc rem tempus, quae est a nostris hominibus adhuc aut ignorata, aut relicta; nam post annales pontificum maximorum, quibus nihil potest esse ieiunius, si aut ad *Fabium*, aut ad eum, qui tibi semper in ore est, *Catonem* aut ad *Pisonem* venias, quamquam ex his alius alio plus habet virium, tamen *quid tam exile, quam isti omnes?*

11. *in album* — auf eine übertünchte (gegipste) Holztafel Liv. I 32, 2.

12. *annales*, Chronik, s. ind. pontif. lib. *ei qui*. Apposition zum vorigen Satz, deutsch: das, was, lat. Attraction zu annales. Adler notiert noch: Seyffert zu Laelius ed. 2 p. 341.

13. *hanc similitudinem scribendi* = eine dieser ähnliche Schreibweise. similitudo ist der klass. Ausdruck für unser: Analogie, s. 71; Vorbild 90, 98; Nachbild or. 9 artifex contemplabatur aliquem e quo similitudinem duceret .. sed ad illius similitudinem artem et manum dirigebat.

16. Die hier genannten griech. Historiker vor Herodot waren die ersten Begründer der schriftstellerischen Prosa überhaupt und schlossen sich ganz an die alten epischen Gedichte an. Sie gehören zu den Logographen, die ähnlich, wie die genannten latein. Chronisten, ohne Kritik u. Redeschmuck die Stamm- und Lokalsagen chronikenartig in der natürlichen Zeitfolge niederschrieben.

fuit. 26. 58; III 67.

permulti, talis noster Cato et Pictor et Piso, qui neque tenent, quibus rebus ornetur oratio, (modo enim huc ista sunt importata) et, dum intellegatur quid dicant, unam dicendi laudem putant esse brevitatem. Paullum se erexit et addidit maiorem historiae sonum vocis vir optimus, Crassi familiaris, Antipater. Ceteri non exornatores rerum, sed tantummodo narratores fuerunt.

Est, inquit CATULUS, ut dicis. Sed iste ipse Caelius neque distinxit historiam varietate colorum neque verborum collocatione et tractu orationis leni et aequabili perpolivit illud opus, sed ut homo neque doctus neque maxime aptus ad dicendum, sicut potuit, dolavit; vicit tamen, ut dicis, superiores.

Minime mirum, inquit ANTONIUS, si ista res adhuc nostra lingua illustrata non est. Nemo enim studet eloquentiae nostrorum hominum, nisi ut in causis atque in foro eluceat; apud Graecos autem eloquentissimi homines, remoti a causis forensibus cum ad ceteras res illustres tum ad historiam scribendam [maxime] se applicaverunt. Namque et Herodotum illum, qui princeps genus hoc ornavit, in causis nihil omnino versatum esse accepimus; atqui tanta est eloquentia, ut me quidem, quantum ego Graece scripta intellegere possum, magno opere delectet; et post illum Thucydides omnes dicendi artificio

---

2. *modo* etc., s. zu 121; III 198 nam id quidem nuper ... coepimus.

4. *addidit* etc., schlug einen höheren Ton der Darstellung (*vocis*) an; Caelius war also nicht so nüchtern im Ausdruck, paullo inflavit vehementius.

5. *sonum*, de opt. gen. or. 1, 1 in ceteris (carminum generibus) suus est cuique certus sonus et quaedam intellegentibus (Kenner) nota vox.

7. *neque* etc., seiner geschichtlichen Darstellung fehlte noch der eigentliche ornatus, sowohl was den Ausdruck im einzelnen, als auch was die Verbindung der Worte und den historischen Stil im ganzen betrifft.

8. *varietate colorum* geht auf den ornatus mittelst der *lumina verborum und sententiarum* (III 96); seine Darstellung ist noch ziemlich schmucklos ohne Farbenwechsel vgl. ad Her. IV 11, 16 *exornationes* — si rarae disponentur, distinctam sicuti *coloribus* — reddent orationem, und Or. 65, wo Cic. den epideiktischen, schönrednerischen Stil, dem der geschichtliche in mancher Beziehung verwandt ist, unter andern also schildert: verba altius transferunt eaque *ita disponunt ut pictores varietatem colorum*. Huic generi historia finitima est, in qua et narratur ornate et regio saepe aut pugna describitur, interponuntur etiam contiones et hortationes; sed in his tracta quaedam et fluens expetitur, non haec contorta et acris oratio. S. d. krit. Anh. *distinxit*, 36.

8. *neque — perpolivit*, er wußte seinem Werk durch Periodenbau und angemessene Stilisierung — wie sie der geschichtlichen, ruhig dahinfließenden Darstellung im Gegensatz zu der gerichtlichen Rede eignet (64) — noch nicht die gehörige Glätte zu geben; es war vielmehr Alles nur erst aus dem Groben herausgearbeitet, 81. 121.

13. *illustrata non est*, ins rechte Licht gesetzt, glanzvoll und deutlich dargestellt, cf. 1 61. Brut. 228 huius (sc. Sisennae) omnis facultas ex historia ipsius perspici potest, quae cum facile omnes vincat superiores, tum indicat tamen, quantum absit a summo, quamque genus hoc scriptionis nondum sit satis Latinis litteris illustratum.

21. Wenn wir das in 56 über

mea sententia facile vicit, qui ita creber est rerum frequentia, ut verborum prope numerum sententiarum numero consequatur, ita porro verbis est aptus et pressus, ut nescias, utrum res oratione an verba sententiis illustrentur; atqui ne hunc quidem, quamquam est in re publica versatus, ex numero accepimus eorum, qui causas dictitarunt, et hos libros tum scripsisse dicitur, cum a re publica remotus atque, id quod optimo cuique Athenis accidere solitum est, in exilium pulsus esset. Hunc consecutus est Syracusius Philistus, qui, cum Dionysii tyranni familiarissimus esset, otium suum consumpsit in historia scribenda maximeque Thucydidem est, [sic]ut mihi videtur, imitatus. Postea vero ex clarissima quasi rhetoris officina duo praestantes ingenio, Theopompus et Ephorus, ab Isocrate magistro impulsi se ad historiam contulerunt; causas omnino numquam attigerunt. Denique etiam a philosophia profectus princeps Xenophon, Socraticus ille, post ab Aristotele Callisthenes, comes Alexandri, scripsit historiam, et hic quidem rhetorico paene more; ille autem superior leniore quodam sono est usus, et qui illum impetum oratoris non habeat, vehemens fortasse minus, sed aliquanto tamen est, ut mihi quidem videtur, dulcior. Minimus natu horum omnium Timaeus, quantum autem iudicare possum, longe eruditissimus et rerum copia et sententiarum varietate

Thucydides abgegebene Urteil als Ciceros Eigentum (nicht als des Antonius Ansicht) ansehen dürfen, so zeigt Brut. 287 und besonders Or. 30 f. eine wesentlich geläuterte Kenntnis, die ja in den Studien der zehnjährigen Zwischenzeit durchaus begründet sein konnte.

3. *verbis est aptus*, bündig, 315; Brut. 145 *verbis* erat ad rem cum summa brevitate mirabiliter *aptus*. *pressus* gedrängt und knapp im Ausdruck, 96; III 45; Or. 20.

7. *optimo cuique*, Cic. denkt wohl an den Ostracismus und dessen Opfer (Miltiades, Cimon, Themistokles, Aristides u. a.), an Thucydides' eigene Erlebnisse (Amphipolis) und — an sich selber.

12. *quasi* wegen des bildlichen Gebrauchs von officina, weil Cic. die geistige Sphäre der Schule nicht ohne weiteres auf die materielle des Handwerks übertragen möchte, wie de fin. V 3, 7 mathematici, poetae, musici, medici denique ex hac tamquam ex omnium artium officina profecti sunt.

rhetoris — ein ῥήτωρ hatte sie gebildet, nicht das forum. Gemeint ist die Schule des Isocrates. *Rhetorum*, was einige aus Konjektur schreiben, und was ein Genet. obj. sein soll: eine Werkstatt, wo Rhetoren gebildet werden, paßt nicht; denn nicht Rhetoren, sondern Redner bildete Isocrates. Und die Genetive, die sonst bei officina stehen, armorum, artium, sapientiae, eloquentiae, nequitiae et flagitiorum, falsorum chirographorum, sind mehr epexegetisch als objektiv und durchaus keine persönlichen Begriffe und beweisen nicht, daß nicht auch Genet. subj. bei officina stehen könnten.

13. *impulsi*, auf ausdrücklichen Antrieb, denn an sich waren sie ja nur für die Rhetorik ausgebildet.

15. *a philosophia profectus* im Gegensatz zu dem vorausgehenden *ex rhetoris officina*, vgl. a. 28.

19. *vehemens*, kräftig u. aufregend. 73. 200. 211. 300.

22. *eruditissimus*, I 5.

abundantissimus et ipsa compositione verborum non impolitus magnam eloquentiam ad scribendum attulit, sed nullum usum forensem.

Haec cum ille dixisset, Quid est, inquit, Catule? CAESAR; ubi sunt, qui Antonium Graece negant scire? quot historicos nominavit! quam scienter, quam proprie de uno quoque dixit!

Id mehercule, inquit CATULUS, admirans illud iam mirari desino, quod multo magis ante mirabar, hunc, cum haec nesciret, in dicendo posse tantum.

Atqui, Catule, inquit ANTONIUS, non ego utilitatem aliquam ad dicendum aucupans horum libros et nonnullos alios, sed delectationis causa, cum est otium, legere soleo. Quid ergo est? Fatebor aliquid tamen: ut, cum in sole ambulem, etiamsi ego aliam ob causam ambulem, fieri tamen natura, ut colorer, sic, cum istos libros ad Misenum (nam Romae vix licet) studiosius legerim, sentio illorum tactu orationem meam quasi colorari. Sed ne latius hoc vobis patere videatur, haec dumtaxat in Graecis intellego, quae ipsi, qui scripserunt, voluerunt vulgo intellegi; in philosophos vestros si quando incidi, deceptus indicibus librorum, qui sunt fere inscripti de rebus notis et illustribus, de virtute, de iustitia, de honestate, de voluptate, verbum prorsus nullum intellego; ita sunt angustis et concisis disputationibus illigati. Poëtas omnino quasi alia

---

1. *ipsa* etc. in eigentlich stilistischer Beziehung, in der eigentlichen Periodenbildung. III 172.

6. *scienter*, sachkundig, ἐπισταμένως Hom. *proprie*, eingehend, treffend, charakteristisch.

10. *Atqui*, I 102; III 31 nun aber (gleichwohl καίτοι).

12. *Quid ergo est?* 'wie stehts denn also damit?' eine Form der percontatio, mittelst deren nun nach dem eigentlichen Sachverhältnis gefragt wird —, hat die erwähnte Lektüre auf meine Rede (Sprache) gar keinen Einfluß? worauf A. sich selber antwortet: in der That, etwas muß ich zugestehen, nämlich was nun gleich folgt. p. Quinct. z. B. quid ergo est? Primum magnitudo periculi summo timore hominem afficit. p. Rosc. Am. 55; p. Tull. 4. (Auf quid ergo? allein folgt stets noch eine zweite Frage III 171.) Seyffert schol. lat. I § 49. p. 104 f.; Landgraf zu p. Rosc. Am. 36 S. 208.

14. *fieri*, von sentio abhängig 69.

colorer, gebräunt werde, d. h. eine kräftige Hautfarbe bekomme Or. 12 eloquentia ipsa se postea colorat et roborat.

16. *legerim* der Konj. der oratio obl. ebenso wie oben ambulem; unabhängig stände cum ambulo, cum legi wenn (so oft) ich spazieren gehe, wenn ich gelesen habe.

tactu, Einwirkung (auf das Gefühl). de deor. nat. II 40 is solis tactus est, non ut tepefaciat solum, sed etiam saepe comburat. de div. II 97 ex quo intellegitur, plus terrarum situs quam lunae tactus ad nascendum valere. (Die Lesart cautu ist ein offenbarer Schreibfehler.)

17. *dumtaxat*, wenn man's genau nimmt, natürlich 87. 119; III 148; 182.

19. *vestros*, zu Catulus und dessen Bruder gesprochen, die ihre Studien besonders auch auf die griech. Philosophen erstreckten, III 187; 182; Einl. 1 § 15, 176.

20. *fere* in der Regel 100. 142; III 31; 153.

23. *illigati*, befangen und verfangen, verknotet.

quadam lingua locutos non conor attingere. Cum eis me, ut dixi, oblecto, qui res gestas, aut orationes scripserunt suas, aut qui ita loquuntur, ut videantur voluisse esse nobis, qui non sumus eruditissimi, familiares.

15 62 Sed illuc redeo: videtisne, quantum munus sit oratoris historia? Haud scio an flumine orationis et varietate maximum; neque eam reperio usquam separatim instructam rhetorum praeceptis; sita sunt enim ante oculos. Nam quis nescit primam esse historiae legem, ne quid falsi dicere audeat? deinde ne quid veri non audeat? ne quae suspicio gratiae sit in scribendo? **63** ne quae simultatis? Haec scilicet fundamenta nota sunt omnibus. Ipsa autem exaedificatio posita est in rebus et verbis. Rerum ratio ordinem temporum desiderat, regionum descriptionem; vult etiam, quoniam in rebus magnis memoriaque dignis consilia primum, deinde acta, postea eventus exspectentur, et de consiliis significari quid scriptor probet, et in rebus gestis declarari non solum quid actum aut dictum sit, sed etiam quomodo; et cum de eventu dicatur, ut causae explicentur omnes vel casus vel sapientiae vel temeritatis hominumque ipsorum non solum res gestae, sed etiam, qui fama ac **64** nomine excellant, de cuiusque vita atque natura. Verborum autem ratio et genus orationis fusum atque tractum et cum lenitate quadam aequabiliter profluens sine hac iudiciali aspe-

---

1. *cum eis me oblecto.* Vgl. 'Bücher, meine Freunde.'
2. *suas* gehört natürlich nur zu orationes: die Reden, die sie gehalten, also die eigentlichen Redner.
4. *familiares*, zugänglich, einer der Verkehr hat, Umgang pflegt.
5. *illuc*, 51 d. h. zu der Behauptung, daß nicht für alles, was in den Kreis der rednerischen Thätigkeit fällt, besondere theoretische Vorschriften aufzustellen seien.
quantum munus eine wie große Aufgabe stellt.
6. *historia* Geschichtsschreibung.
8. *Nam* etc. A. giebt im folgenden eine kurze *Methodologie* der Geschichtsschreibung: I die Grundgesetze, II die Ausführung: 1) die materielle Seite: a) Chronologie, b) Topographie, c) Pragmatik. 2) die formelle Seite. Die Geschichtsschreibung als narratio richtet sich auch nach den Einl. II § 6, 2 gegebenen Regeln.
10. *gratiae*, parteiischer Vorliebe und Begünstigung. *simultatis*, par-

teiischer Gereiztheit und Feindschaft, wir können sagen: 'Parteilichkeit für oder gegen'.
12. *exaedificatio* im Anschluß an das gewählte Bild (fundamenta).
13. *rerum ratio* das Wesen des (historischen) Stoffes; ihm entspricht 64 verborum ratio das Wesen der Darstellung.
21. *de cuiusque vita*, ein leichter Wechsel der Konstruktion, vorher ut causae explicentur; hier, als sei vorhergegangen exponatur.
22. *fusum atque tractum*, 150, in einem Guß und Zug. Or. 66 historia, in qua et narratur ornate et regio saepe aut pugna describitur, interponuntur etiam contiones et hortationes; sed in his tracta quaedam et fluens expetitur, non haec contorta et acris oratio. fusus geht auf das Leichte, Mühelose; tractus auf das Weite, Großartige, nicht durch kleinliche Gesichtspunkte Beengte (sine etc.). Auch wir reden von einem großartigen 'Zuge' in der histor. Darstellung.
23. *lenitate* Gelassenheit, etwa

ritate et sine sententiarum forensibus aculeis persequendum
est. Harum tot tantarumque rerum videtisne nulla esse praecepta, quae in artibus rhetorum reperiantur?
In eodem silentio multa alia oratorum officia iacuerunt, cohortationes, consolationes, praecepta, admonita; quae tractanda sunt omnia disertissime, sed locum suum in his artibus, quae traditae sunt, habent nullum.
Atque in hoc genere illa quoque est infinita silva, quod oratori plerique, ut etiam Crassus ostendit, duo genera ad dicendum dederunt: unum de certa definitaque causa, quales sunt, quae in litibus, quae in deliberationibus versantur (addat, si quis volet, etiam laudationes); alterum, quod appellant omnes fere scriptores, explicat nemo, infinitam generis sine tempore et sine persona quaestionem. Hoc quid et quantum sit, cum dicunt, intellegere mihi non videntur. Si enim est oratoris, quaecumque res infinite posita sit, de ea posse dicere, dicendum erit ei, quanta sit solis magnitudo, quae forma terrae; de mathematicis, de musicis rebus non poterit quin dicat hoc onere suscepto recusare. Denique ei, qui profitetur esse suum non solum de eis controversiis, quae temporibus et personis notatae sunt, hoc est, de omnibus forensibus, sed etiam de

'Objektivität', im Gegensatz zu *sententiarum forenses aculei:* um die Richter zu bestimmen, sind scharf eindringende Wendungen erforderlich, die ihren Stachel in den Herzen der Zuhörer zurücklassen (III 80; 138); nicht so der unparteiisch und objektiv zu haltende histor. Stil, wie Cic. ähnlich von der verwandten philosoph. Diktion Or. 62 sagt: tamen horum oratio neque *aculeos* oratorios ac *forenses* habet. *aequabiliter,* 51; III 172.

2. *videtisne nulla.* Cic. braucht videsne etc. meist im Sinne von nonne vides etc.; s. Landgraf zu Cic. p. Rosc. Am. 34 u. 66.

3. *in artibus rhetorum* — in den rhetorischen Systemen.

4. *officia,* Obliegenheiten, de inv. I 5, 6 — quae facere *debet,* während oben 50 cohortatio und consolatio mehr als oratorische Mittel aufgefaßt sind.

6. *suum* wie oben 47 gleich proprium.

8. *in hoc genere* nämlich der Redeformen, für die es keine besonderen Vorschriften giebt. *duo genera,* das genus finitum und infinitum; *infinitam generis — quaestionem* die unbestimmte allgemeine — Frage; vgl. 66 de generum infinitis quaestionibus. Anton. sagt: Das Gebiet der Redeformen, für die es keine besonderen Vorschriften giebt, erweitert sich dadurch, daß dahin von den beiden Klassen der Fragen, den allgemeinen und besonderen, die ganze Klasse der allgemeinen Fragen gehört.

8. *silva* reiches Material (de inv. I 24, 31 silva atque materia), III 93; 103; 115. Orat. 12 omnis ubertas et quasi silva dicendi ducta ab illis (philosophis) est.

9. *Crassus,* I 138.

duo genera, Einl. II § 2.

12. *laudationes,* 43.

13. *scriptores,* scil. artis od. artium, also = Theoretiker; vgl. zu I 91; 113; III 70; 75. Quint. V 10, 120; VII, 10, 7. IX 3, 51.

21. *notatae,* Or. part. 61 duo sunt quaestionum genera, quorum alterum finitum temporibus et personis causam appello, alterum infinitum, nullis neque personis, neque temporibus *notatum* propositum voco. 106.

generum infinitis quaestionibus dicere, nullum potest esse genus orationis, quod sit exceptum.

16 67 Sed si illam quoque partem quaestionum oratori volumus adiungere vagam et liberam et late patentem, ut de rebus bonis aut malis, expetendis aut fugiendis, honestis aut turpibus, utilibus aut inutilibus, de virtute, de iustitia, de continentia, de prudentia, de magnitudine animi, de liberalitate, de pietate, de amicitia, de fide, de officio, de certis virtutibus contrariisque vitiis dicendum oratori putemus, itemque de re publica, de imperio, de re militari, de disciplina civitatis, de hominum moribus: adsumamus eam quoque partem, sed ita, ut sit cir- 68 cumscripta modicis regionibus. Equidem omnia, quae pertinent ad usum civium morem hominum, quae versantur in consuetudine vitae in ratione rei publicae, in hac societate civili in sensu hominis communi, in natura in moribus, comprehendenda esse oratori puto; si minus, ut separatim de his rebus philosophorum more respondeat, at certe, ut in causa prudenter possit intexere, hisce autem ipsis de rebus ut ita loquatur, uti ei, qui iura, qui leges, qui civitates constituerunt, locuti sunt, simpliciter et splendide, sine ulla serie disputationum et sine ieiuna concertatione verborum.

69 Hoc loco ne qua sit admiratio, si tot tantarumque rerum nulla a me praecepta ponentur, sic statuo: Ut in ceteris artibus,

---

3. *quaestionum*, der Ethik und Politik (I 68).
4. *liberam*, unbeschränkt. Es sind die θέσεις gemeint, vgl. Einl. II § 2 A. 5 u. 6.
5. *de expetendis*, III 113; Acad. I 4, 18.
10. *de disciplina civitatis*, I 159.
hominum mores nicht auf die Ethik zu beziehen, sondern allgemein: menschliche Gewohnheit, menschliches Thun und Treiben.
12. *modicis regionibus*, sodaß die Grenzlinien nicht zu weit gezogen werden, also unter vernünftigen Beschränkungen oder in mäßigem Umfang. *circumscripta*. p. Arch. 29 quibus regionibus vitae spatium circumscriptum est.
13. *ad usum civium*, zum Unterthanenbrauch, mit morem hominum (wie hernach das folgende) zur oratio bimembris verbunden.
in consuetudine vitae, in den socialen Verhältnissen; *in ratione reip.*, in der Ordnung des politischen Lebens. I 201 regendae reipublicae ratio.

14. *in hac societate civili*, in dem besondern Staatsverband, in dem wir jetzt leben.
in sensu hominis communi, in der allgemein-menschlichen Denk- und Anschauungsweise; sonst ist *sensus hominis communis* die Übersetzung des besonders von den Stoikern ausgebildeten und verwerteten Begriffes der κοινὴ ἔννοια, das Gemeinbewußtsein des Gebildeten, der gesunde Menschenverstand.
15. *in natura in moribus*, nämlich hominis. Vgl. I 48, Wesen und Charakter.
20. *splendide*, frisch und lebendig — steht der ieiuna concertatio verborum, wie simpliciter, einfach u. verständlich, der series disputationum entgegen.
sine ulla serie etc. ohne lang ausgesponnene Erörterungen.
ieiuna concertatio verb. das unfruchtbare Wortgezänk, wie es die Griechen mit ihrer Disputiersucht zutage förderten.

cum tradita sint cuiusque artis difficillima, reliqua, quia aut faciliora aut similia sint, tradi non necesse esse — ut in pictura, qui hominis speciem pingere perdidicerit, posse eum cuiusvis vel formae vel aetatis, etiamsi non didicerit, pingere neque esse periculum, qui leonem aut taurum pingat egregie, ne idem in multis aliis quadrupedibus facere non possit (neque est omnino ars ulla, in qua omnia, quae illa arte effici possint, a doctore tradantur; sed qui primarum et certarum rerum genera ipsa didicerunt, reliqua [non incommode] per se adsequuntur) — similiter arbitror in hac sive ratione sive exercitatione dicendi, qui illam vim adeptus sit, ut eorum mentes, qui aut de re publica aut de ipsius rebus aut de eius, contra quos aut pro quibus dicat, cum aliqua statuendi potestate audiant, ad suum arbitrium movere possit, illum de toto illo genere reliquarum orationum non plus quaesiturum esse, quid dicat, quam Polyclitum illum, cum Herculem fingebat, quemadmodum pellem aut hydram fingeret, etiamsi haec numquam separatim facere didicisset.

Tum CATULUS: Praeclare mihi videris, Antoni, posuisse, inquit, ante oculos, quid discere oporteret eum, qui orator esset futurus, quid, etiamsi non didicisset, ex eo, quod didicisset, adsumeret. Deduxisti enim totum hominem in duo genera

2. *necesse esse* — die Infinitive im vergleichenden Satz sind vom Hauptverb des verglichenen Satzes (arbitror) abhängig. 60.

7. *omnia* — alles (bis in die konkretesten Einzelheiten) was durch die betreffende (illa) Kunst geleistet werden kann.

8. *primarum et certarum genera ipsa*, der Unterricht kann sich eben nur auf die allgemeinen Gattungsbilder und Typen (Kopf, Brust, Fuß, Hand) und auch hier nicht einmal auf alle, sondern nur auf die wichtigsten und feststehenden Objekte (z. B. den Kopf des olympischen Zeus, des Apollo, Bacchus, der Here, Aphrodite oder auch auf den Kopf eines Löwen, eines Pferdes, eines Stiers, eines Adlers u. s. w.) richten.

9. *per se adsequuntur*, wer in diesen allgemeinen Formen als Typen des Einzelnen und Individuellen gehörig unterrichtet ist, der bringt auf Grund dieser seiner allgemeinen Kunstfertigkeit alles Weitere ganz bequem, ohne erst für jedes Einzelne einer besonderen Unterweisung zu bedürfen, von selbst fertig; *per se* um des nachdrücklichen Gegensatzes gegen a doctore tradi und discere willen, 360; wie Tusc. I 1. *didicerunt*, 73. *adsequuntur*, 84. 176.

10. *sive ratione* etc. τέχνῃ ἢ ἀσκήσει, I 5. Brut. 25 hoc vero sine ulla dubitatione confirmaverim, sive illa (sc. eloquentia) arte pariatur aliqua sive exercitatione quadam sive natura, rem unam esse omnium difficillimam. de inv. I 4, 5.

13. *cum aliqua statuendi potestate*, 72 qui rei dominus futurus est, sci es daß diese entscheidende Gewalt in den Händen des Volkes oder Senats oder der Richter lag.

15. *non plus quaesiturum esse, quam Polycl.* ebensowenig ängstlich nach Worten suchen, um Worte in Verlegenheit sein, als Polyklit damals, als er ... es darum war, wie er u. s. w. Vgl. I 234.

16. *Herculem*, der als das vorzüglichste Heroenideal eine der häufigsten Figuren der antiken Plastik war.

22. *deduxisti*, du hast herabgedrückt, beschränkt.

solum causarum, cetera innumerabilia exercitationi et similitudini reliquisti. Sed video ne in istis duobus generibus hydra tibi sit et pellis, Hercules autem et alia opera maiora in illis rebus, quas praetermittis, relinquantur. Non enim mihi minus operis videtur de universis generibus rerum, quam de singulorum causis ac multo etiam maius de natura deorum, quam de hominum litibus dicere.

72 Non est ita, inquit ANTONIUS. Dicam enim tibi, Catule, non tam doctus quam, id quod est maius, expertus. Omnium ceterarum rerum oratio, mihi crede, ludus est homini non hebeti neque inexercitato nec communium litterarum et politioris humanitatis experti; in causarum contentionibus magnum est quoddam opus atque haud sciam an de humanis operibus longe maximum; in quibus vis oratoris plerumque ab imperitis exitu et victoria iudicatur; ubi adest armatus adversarius, qui sit et feriendus et repellendus; ubi saepe is, qui rei dominus futurus est, alienus atque iratus aut etiam amicus adversario et inimicus tibi est; cum aut docendus is est aut dedocendus aut reprimendus aut incitandus aut omni ratione ad tempus, ad causam oratione moderandus — in quo saepe benevolentia ad odium, odium autem ad benevolentiam deducendum est —; aut tamquam machinatione aliqua tum ad severitatem tum ad remissionem animi tum ad tristitiam tum ad laetitiam est contorquendus; omnium sententiarum gravitate, omnium verborum ponderibus est utendum; accedat oportet actio varia, vehemens, plena animi, plena spiritus, plena doloris, plena veritatis. In his operibus si quis illam artem comprehenderit,

---

1. *similitudini*, s. 53.
2. *video ne.* Vgl. I 55. S. a. C. F. W. Müller zu de off. I 28.
13. *haud sciam*, 18.
16. *qui rei dominus fut. est* der die Entscheidung zu treffen hat (statuendi potestas).
18. *dedocendus*, von seinen Vorurteilen abzubringen.
19. *ad tempus* etc., nach den Verhältnissen und dem konkreten Fall.
20. *moderandus*, zu stimmen, wie eine Leier. Horat. C. I 24, 14.
22. *machinatione*, wie bei den großen Wurfgeschossen (tormenta), die mittelst einer starken Maschinerie aufgezogen und losgelassen wurden.
24. *verborum ponderibus*, wie Or. part. 60 *pondera rerum.*
26. *vehemens*, aufregend, erschütternd, ergreifend, 58. 200. 211. 300; III 32.
plena animi, voll Feuer, *plena spiritus*, voll Selbstbewußtsein.

plena doloris, affektvoll, im guten Sinn pathetisch, III 96.
27. *veritatis* — voll Naturwahrheit, also nicht wie bei dem Schauspieler, bei dem nur erkünstelter Affekt ist.
In his op. etc. Wenn einer die Kunst der gerichtlichen Beredsamkeit so versteht, daß er als ein zweiter Phidias eine Athene Parthenos zu Stande bringen kann, dann wird er nicht in Verlegenheit zu kommen brauchen, wie er die kleineren Kunstwerke am Schilde machen soll; denn so bedeutend diese auch immerhin sein mögen (Or. 234), so sind sie doch im Verhältnis zu dem großen Götterbild (der Hauptfigur, also dem genus iudiciale) untergeordneter Art und bieten für den, der die ganze Statue bilden kann, keinerlei Schwierigkeiten dar (vgl. III 125).

ut tamquam Phidias Minervae signum efficere possit, non sane, quemadmodum, ut in clipeo idem artifex, minora illa opera facere discat, laborabit.

Tum CATULUS: Quo ista maiora ac mirabiliora fecisti, eo me maior exspectatio tenet, quibusnam rationibus quibusque praeceptis ea tanta vis comparetur; non quo mea quidem iam intersit (neque enim aetas id mea desiderat, et aliud genus quoddam dicendi nos secuti sumus, qui numquam sententias de manibus iudicum vi quadam orationis extorsimus ac potius placatis eorum animis tantum, quantum ipsi patiebantur, accepimus); sed tamen ista tua nullum ad usum meum, tantum cognoscendi studio adductus requiro. Nec mihi opus est Graeco aliquo doctore, qui mihi pervulgata praecepta decantet, cum ipse numquam forum, numquam ullum iudicium aspexerit; ut Peripateticus ille dicitur Phormio, cum Hannibal Karthagine expulsus Ephesum ad Antiochum venisset exul proque eo, quod eius nomen erat magna apud omnes gloria, invitatus esset ab hospitibus suis, ut eum, quem dixi, si vellet, audiret; cumque is se non nolle dixisset, locutus esse dicitur homo copiosus aliquot horas de imperatoris officio et de [omni] re militari. Tum, cum ceteri, qui illum audierant, vehementer essent delectati, quaerebant ab Hannibale, quidnam ipse de illo philosopho iudicaret. Hic Poenus non optime Graece, sed tamen libere respondisse fertur, multos se deliros senes saepe vidisse, sed qui magis, quam Phormio deliraret, vidisse neminem. Neque mehercule iniuria. Quid enim aut adrogantius aut loquacius fieri potuit quam Hannibali, qui tot annis de imperio cum

---

2. *quemadmodum* ganz wie III 125 ne ille haud sane quemadmodum verba struat et illuminet a magistris istis requiret.
idem artifex, nämlich fecit.
3. *laborabit*, p. Flacc. 10 numquam laborant, quemadmodum probent; ad Fam. III 13, 3.
5. *quibusnam rationibus — comparetur*. Vgl. I 205 vias earum rerum rationumque cupimus cognoscere. Dort spricht Sulpicius selbst den Wunsch aus, den hier Catulus im Interesse der jüngeren Hörer äußert.
8. *nos*, Einl. I § 17, 179.
9. *ac potius*, statt der copulativen Partikel sollte man nach dem Deutschen eine adversative erwarten. So oft, auch ohne potius. II 98. 147. 177. Vgl. Seyffert zu Lael. 8, 26.
10. *quantum patiebantur* nur soviel, als sie von selbst zugeben.

11. *ista tua*, deine Ansichten, nämlich die Hauptsachen der Redekunst, die Antonius durch Vergleichung mit den Meisterwerken eines Polyklet u. Phidias so hoch stellt.
13. *decantet*, I 105; 245.
19. *non nolle*. Nicht immer bringt die Litotes eine Verstärkung des Begriffes hervor, wie oft gelehrt wird; hier soll ganz offenbar eine zögernde Zustimmung seitens des Hannibal angedeutet sein, etwa: erklärte, er wolle sichs gefallen lassen; s. a. Heinichen, Theorie des lat. Stils § 110, c. p. 290.
copiosus, 98.
20. *de omni re* im allgemeinen; s. d. krit. Anh.
27. *de imperio*, de off. I 38 cum Latinis, Sabinis, Samnitibus, *Poenis*, Pyrrho *de imperio* dimicabatur.

populo Romano omnium gentium victore certasset, Graecum hominem, qui numquam hostem, numquam castra vidisset, numquam denique minimam partem ullius publici muneris attigisset, praecepta de re militari dare? Hoc mihi facere omnes isti, qui de arte dicendi praecipiunt, videntur; quod enim ipsi experti non sunt, id docent ceteros. Sed hoc minus fortasse errant, quod non te, ut Hannibalem, sed pueros aut adulescentulos docere conantur.

Erras, Catule, inquit ANTONIUS; nam egomet in multos iam Phormiones incidi. Quis enim est istorum Graecorum, qui quemquam nostrum quidquam intellegere arbitretur? Ac mihi quidem non ita molesti sunt; facile omnes perpetior et perfero. Nam aut aliquid adferunt, quod mihi non displiceat, aut efficiunt, ut me non didicisse minus paeniteat. Dimitto autem eos non tam contumeliose, quam philosophum illum Hannibal, et eo fortasse plus habeo etiam negotii. Sed tamen est eorum doctrina, quantum ego iudicare possum, perridicula. Dividunt enim totam rem in duas partes, in causae controversiam et in quaestionis. Causam appellant rem positam in disceptatione reorum et controversia; quaestionem autem

---

Liv. XXII 58 äußert Hannibal selbst: non internecivum sibi esse cum Romanis bellum; de dignitate atque imperio certare.

3. *denique*, 46.

4. *praecepta de re militari dare* u. *de arte dicendi praecipere*, wir etwa: theoretisch Kriegs- u. Redekunst, oder: Kriegs- u. Redekunst nach der bloßen Theorie treiben.

7. *ut Hannibalem* — wohl mit Anspielung auf die rednerische Feldherrntüchtigkeit des Antonius (Einl. I § 11, 101 ff.). Wahrscheinlich ist vor oder nach Hannibal ille ausgefallen, wie einige Hs. haben.

10. *Phormiones*, 290; I 210; p. Arch. 22.

16. *eo plus habeo etiam negotii*, denn wer jenen Leuten williges Gehör schenkt und sie nicht gleich gehörig zurückweist, der wird sie auch so leicht nicht wieder los. Aber diese Höflichkeitsrücksicht darf gegen die Schäden ihrer ganzen Doctrin nicht blind machen.

17. *perridicula*, III 75.

18. *Dividunt* etc., Einl. II § 2.

controversiam hier im weiteren Sinne (139) fast mit contentio gleichbedeutend gebraucht: in den Streit über den konkreten Fall und über die allgemeine (philosophische) Frage (die inv. I 6, 8; Or. 45). Antonius konnte auch einfach sich ausdrücken *in causam et in quaestionem*; Einl. II § 2.

20. *reorum*, wofür es de iuv. I 6, 8 *personarum* heißt (wie hernach 145 *in hominum innumerabilibus personis*); denn nach altem Sprachgebrauch sind 'rei' omnes, quorum res est, 116. 131. 137. 183 und 321. III 109 die Beteiligten; *disceptatio reorum* der Genet. wie II 5 quaecunque in hominum disceptationem cadere possunt.

in disceptatione reorum et controversia, 113 tria sunt genera quae in *disceptationem* et *controversiam* cadere possint; disceptatio u. controversia bezeichnen nur zwei verschiedene Formen für die Entscheidung eines Rechtsfalls, haben aber keine Beziehung auf das genus deliberativum oder iudiciale. 291 nulla res potest in dicendi disceptationem aut controversiam vocari. Vgl. III 109 illud genus causam aut controversiam appellant eamque tribus lite aut deliberatione aut laudatione definiunt.

rem positam in infinita dubitatione. De causa praecepta dant; de altera parte dicendi mirum silentium est. Deinde quinque faciunt quasi membra eloquentiae, invenire quid dicas, inventa disponere, deinde ornare verbis, post memoriae mandare, tum ad extremum agere ac pronuntiare; rem sane non reconditam; quis enim hoc non sua sponte viderit, neminem posse dicere, nisi et quid diceret, et quibus verbis, et quo ordine diceret, haberet et ea meminisset? Atque haec ego non reprehendo; sed ante oculos posita esse dico, ut eas item quattuor, quinque sexve partes vel etiam septem, quoniam aliter ab aliis digeruntur, in quas est ab his omnis oratio distributa. Iubent enim exordiri ita, ut eum, qui audiat, benevolum nobis faciamus et docilem et attentum; deinde rem narrare ita, ut veri similis narratio sit, ut aperta, ut brevis; post autem dividere causam aut proponere; nostra confirmare argumentis ac rationibus; deinde contraria refutare. Tum autem alii conclusionem orationis et quasi perorationem collocant; alii iubent, antequam peroretur, ornandi aut augendi causa digredi; deinde concludere ac perorare. Ne haec quidem reprehendo; sunt enim concinne distributa; sed tamen, id quod necesse fuit hominibus expertibus veritatis, non perite. Quae enim praecepta principiorum et narrationum esse voluerunt, ea in totis orationibus sunt conservanda. Nam ego mihi benevolum iudicem facilius facere possum, cum sum in cursu orationis, quam cum omnia sunt inaudita; docilem autem non cum polliceor me demonstraturum, sed tum, cum doceo et explano; attentum vero

---

1. *in infinita dubitatione*, Einl. II § 2, 5.
dubitatione, allgemein philosophisch-krit. Erforschung (weder disceptatio noch controversia), 65. 131.
2. *quinque quasi membra*, Einl. II § 5.
5. *rem sane non reconditam* Apposition zum ganzen Satze; vgl. zu I 135 perreconditus — nichts gerade Obskures, nichts von profunder Gelehrsamkeit.
6. *neminem posse dicere, nisi — haberet*. Der Satz muß danach unabhängig lauten: nemo posset dicere, nisi — haberet. Näher läge allerdings die Form nemo potest dicere, nisi — habet.
12. *exordiri*, Einl. II § 6.
14. *dividere causam* etc. Einl. II § 6, 39. *dividere* d. i. aperire, quid conveniat, quid in controversia sit; *proponere* d. i. exponere,

quibus de rebus simus dicturi (Themastellung), 331. 177.
15. *argumentis ac rationibus*, durch Beweise und deren Begründung, 214.
17. *quasi*, weil peroratio eigentlich die Schlußrede bezeichnet.
18. *digredi*, 311 f.
19. *ne haec quidem*, 19. 192; III 167. *concinne* symmetrisch.
20. *necesse fuit*, wie das nicht anders sein konnte.
21. *expertibus veritatis*, die das Leben nicht kennen, ohne Einsicht in die Praxis sind.
perite, zweckmäßig.
22. *in totis orationibus* bei den, im Verlaufe der Reden im ganzen. 322 ff. I 48.
23. *conservare* beachten, streng im Auge halten; vgl. de inv. II 66, officium, de off. III, 103 iusiurandum conservare.
25. *inaudita* = noch nicht gehört; wie 101 incognita noch nicht erkannt.

crebro tota actione excitandis mentibus iudicum, non prima
denuntiatione efficere possumus. Iam vero narrationem quod
iubent veri similem esse et apertam et brevem, recte nos ad-
monent; quod haec narrationis magis putant esse propria quam
totius orationis, valde mihi videntur errare; omninoque in hoc
omnis est error, quod existimant artificium esse hoc quoddam
non dissimile ceterorum, cuiusmodi de ipso iure civili hesterno
die Crassus componi posse dicebat: ut genera rerum primum
exponerentur, in quo vitium est, si genus ullum praetermittitur;
deinde singulorum generum partes, in quo et deesse aliquam
partem et superare mendosum est; tum verborum omnium
definitiones, in quibus neque abesse quidquam decet neque
redundare. Sed hoc si in iure civili, si etiam in parvis aut
mediocribus rebus doctiores adsequi possunt, non idem sentio
tanta hac in re tamque immensa posse fieri. Sin autem qui
arbitrantur, deducendi sunt ad eos, qui haec docent: omnia
iam explicata et perpolita adsequentur; sunt enim innumerabiles
de his rebus libri neque abditi neque obscuri. Sed videant
quid velint: ad ludendumne an ad pugnandum arma sint sump-
turi. Aliud enim pugna et acies, aliud ludus campusque noster
desiderat. Ac tamen ars ipsa ludicra armorum et gladiatori et
militi prodest aliquid; sed animus acer et praesens et acutus

3. *brevem.* Vgl. Arist. Rhet. III 16 νῦν δὲ γελοίως τὴν διήγησίν φασι δεῖν εἶναι ταχεῖαν· δεῖ γὰρ μὴ μακρῶς διηγεῖσθαι ὥσπερ οὐδὲ προοιμιάζεσθαι μακρῶς, οὐδὲ τὰς πίστεις λέγειν. 326—330.

6. *artificium,* künstl. System, 50.

7. *hesterno die,* I 190.

9. *exponerentur,* in engem Anschluß an dicebat. *est,* wieder als selbständige Aussage des Antonius, daher auch *praetermittitur,* nicht praetermittatur.

10. *partes* auch species u. formae genannt. I 109; 189; orat. 16. 117.

11. *superare,* überhin sein. Liv. V 21 superante multitudine. 108, de fin. V 15.

15. *sin qui arbitrantur.* Der genaue Gegensatz der beiden gegenüberstehenden Bedingungen würde sein: hoc si in iure — assequi possunt, in tanta hac re, ut ego sentio, non possunt; sin in hac tanta re possunt, ut quidem arbitrantur, deducendi sunt ad eos —.

17. *explicata* etc., so daß sie nicht lange zu suchen, noch irgendwie sich selbst anzustrengen brauchen; mit sichtlicher Ironie über dieses nitidum genus palaestrae u. das unpraktische rhetorische Schematisieren.

perpolita, 201. 54. 121.

adsequentur = bei ihrem Herumsuchen, Streben schließlich erreichen, = vorfinden, — eine Bedeutung von adsequi, die Vassis p. 151 ohne Grund leugnet.

18. *abditi,* schwer zugänglich. *obscuri,* schwer verständlich.

19. *ad ludendum,* I 81.

20. *campus Martius,* der öffentliche Spiel- und Übungsplatz in Rom. 253. 287.

21. *ars ipsa ludicra,* I 147; III 200; 203. Valer. Max. II 3, 2 armorum tractandorum meditatio (hernach vitandi atque inferendi ictus subtilior ratio) a P. Rutilio consule militibus est tradita; virtutemque arti et rursus artem virtuti miscuit, ut illa impetu huius fortior, haec illius scientia cautior fieret.

22. *animus acer* etc. In diesen Worten scheint ein Vers eines alten Dichters citiert zu sein; die Worte

idem atque versutus invictos viros efficit [non difficilius arte
coniuncta].

Quare ego tibi oratorem sic iam instituam, si potuero, ut
quid efficere possit ante perspiciam. Sit enim mihi tinctus
litteris, audierit aliquid, legerit, ista ipsa praecepta acceperit:
temptabo quid deceat, quid voce, quid viribus, quid spiritu,
quid lingua efficere possit. Si intellegam posse ad summos
pervenire, non solum hortabor, ut elaboret, sed etiam, si vir
quoque bonus mihi videbitur esse, obsecrabo. Tantum ego in
excellenti oratore et eodem bono viro pono esse ornamenti
universae civitati. Sin videbitur, cum omnia summe fecerit,
tamen ad mediocres oratores esse venturus, permittam ipsi quid
velit; molestus magno opere non ero. Sin plane abhorrebit
et erit absurdus, ut se contineat aut ad aliud studium trans-
ferat, admonebo. Nam neque is, qui optime potest, deserendus
ullo modo est a cohortatione nostra, neque is, qui aliquid
potest, deterrendus: quod alterum divinitatis mihi cuiusdam

invicti viri finden sich bei Ennius Ann. 193; ánimus ácer ídem (atque) acútus invictós virós facít ist ein troch. Oktonar.

1. [*non difficilius arte coniuncta*]. Der kräftige, sententiöse Schluß animus acer — invictos viros efficit würde durch diesen Zusatz, der sicher nicht von Cic. herrührt (s. d. krit. Anh.), in unerträglicher Weise gelähmt.

3. *Quare* — eben weil der Redner dermaleinst in der wirklichen pugna forensis auftreten muß.

tibi, 94.

si potuero. Schultz § 325. A. 3. 7; 200. Brut. 21 ego vero, inquam, si potuero, faciam vobis satis. de fin. I 69.

4. *tinctus litteris*, tinctus arte 120. Brut. 211 illam (die Tochter des Laelius) patris elegantia tinctam vidimus.

6. *quid* (eum facere) *deceat* — steht als das Wichtigste voran (! 132), die Prüfung nämlich, ob der, welcher demnächst als öffentlicher Redner anzutreten gedenkt, das erforderliche decorum zu wahren wissen wird, ein empfehlendes Äußere, natürlichen Anstand und eine gefällige Haltung besitze. Vgl. I 130 qui non potest, qui vitiose facit, quem non decet.

8. *si vir bonus* — wenn zu der natürlichen oratorischen Begabung die zu einer segensreichen Wirksamkeit im Staate nicht minder wichtige Bedingung einer tüchtigen Gesinnung tritt; nach Catos Definition: orator vir bonus dicendi peritus.

13. *molestus*, 13.

abhorrebit wir etwa „abfallen", ganz untüchtig sein; vgl. Catull 22, 11 tantum abhorret ac mutat.

14. *absurdus* ursprünglich mißtönend, dann ganz unser abgeschmackt, taktlos; Tusc. II 12 si absurde canat.

se contineat sich Zwang auferlege.

ad aliud studium, vgl. I 130.

15. *deserendus* (de leg. I 49) und deterrendus mit einer Art Paronomasie zusammengestellt.

17. *quod alterum* etc. Antonius sucht sein Verfahren als recht- u. ordnungsmäßig zu begründen: Man darf nämlich darum weder bei dem, welcher das Höchste leisten kann, unterlassen positiv zuzuraten, noch den, der, wenn auch nicht gerade etwas Ausgezeichnetes, doch wirklich etwas leisten kann, geradezu abschrecken, weil das eine (sc. optime posse, was aus dem vorhergehenden leicht zu entnehmen ist), nämlich nur Vollkommenes (absolut Gutes) zu leisten, etwas Göttliches ist, also gewiß jegliche

videtur, alterum vel non facere quod non optime possis, vel
facere quod non pessime facias, humanitatis; tertium vero illud,
clamare contra quam deceat et quam possit, hominis est (ut
tu, Catule, de quodam clamatore dixisti), stultitiae suae quam
plurimos testes domestico praeconio colligentis. De hoc igitur,
qui erit talis, ut cohortandus adiuvandusque sit, ita loquamur,
ut ei tradamus ea dumtaxat, quae nos usus docuit, ut nobis
ducibus veniat eo, quo sine duce ipsi pervenimus, quoniam
meliora docere non possumus.

Atque ut a familiari nostro exordiar, hunc ego, Catule,
Sulpicium primum in causa parvula adulescentulum audivi voce
et forma et motu corporis et reliquis rebus aptis ad hoc munus,
de quo quaerimus, oratione autem celeri et concitata, quod
erat ingenii, et verbis effervescentibus et paullo nimium redundantibus, quod erat aetatis. Non sum aspernatus; volo enim
se efferat in adulescente fecunditas. Nam sicut facilius in
vitibus revocantur ea, quae se nimium profuderunt, quam, si

Aufmunterung im höchsten Grade verdient, das andere aber, wobei es ziemlich einerlei ist, (vel) entweder ganz zu unterlassen, worin man es doch nicht zur Vollkommenheit bringen kann, (vel) oder aber zu Stande zu bringen, was, wenn nicht zum besten, doch auch nicht gerade zum schlechtesten gehört d. h. relativ Gutes, — das gewöhnliche Maß und die Art menschlichen Thuns ist (295) u. also, eben weil es noch innerhalb der Grenzen der humanitas fällt, sicherlich nicht verworfen werden darf. Das ist aber auch die äußerste Schranke der Zulassung zum Rednerberuf.

1. *non optime*, I 115.
3. *possit* sc. aliquis.

quam possit, aus dem voranfgehenden contra ist zu possit ein ultra zu entnehmen: wider Vermögen = über Vermögen schreien, d. h. sich überschreien.

4. *clamatore*, III 81. Brut. 182 Ego tamen ita de unoquoque dicam, ut intellegi possit, quem existimem clamatorem, quem oratorem fuisse.

5. *domestico praeconio.* 'Ut praeco, ad merces turbam qui cogit emendas' (Hor. A. P. 419), clamator stultitiae suae testes colligit durch seinen Marktschreierdienst, den er eben mit seinem clamare auf eigne Hand ausübt.

Über Cotta und Sulpicius s. u. Brut. 201 ff.

11. *in causa parvula*, deren specieller Gegenstand nicht weiter bekannt ist.

vox et forma, motus corporis etc. geht auf die natürliche Begabung Wohllaut und nachhaltige Kraft der Stimme, Statur, edler Anstand.

13. *oratione* hier Sprechweise.

quod erat ingenii wie es sein 'Temperament', mit sich brachte.

14. *verbis effervescentibus* geht auf die Ausdrucksweise, Wahl und Fülle der Worte.

redundantibus, wie Cic. Or. 108 von sich selbst sagt: illa (pro Roscio) iuvenilis redundantia. Brut. 316 Is (Molo) dedit operam, ut nimis redundantes nos et superfluentes iuvenili quadam dicendi impunitate et licentia reprimeret et quasi extra ripas diffluentes coerceret.

17. *revocantur*, sich wegnehmen läßt; nach einem üblichen Tropus ist der geistige Ausdruck gebraucht, wo man den sinnlichen, und umgekehrt der sinnliche (amputem), wo man den geistigen erwartet.

profuderunt, von allzu üppigem Wachstum. de leg. I 8, 25. Nägelsbach Lat. Stil. § 130, 2. S. 396 ff.

nihil valet materies, nova sarmenta cultura excitantur, item volo esse in adulescente, unde aliquid amputem. Non enim potest in eo sucus esse diuturnus, quod nimis celeriter est maturitatem exsecutum. Vidi statim indolem neque dimisi tempus et eum sum cohortatus, ut forum sibi ludum putaret esse ad discendum, magistrum autem, quem vellet eligeret; me quidem si audiret, L. Crassum. Quod iste adripuit et ita sese facturum confirmavit atque etiam addidit, gratiae scilicet causa, me quoque sibi magistrum futurum. Vix annus intercesserat ab hoc sermone cohortationis meae, cum iste accusavit C. Norbanum, defendente me. Non est credibile, quid interesse mihi sit visum inter eum, qui tum erat et qui anno ante fuerat. Omnino in illud genus eum Crassi magnificum atque praeclarum natura ipsa ducebat, sed ea non satis proficere potuisset, nisi eodem studio atque imitatione intendisset atque ita dicere consuesset, ut tota mente Crassum atque omni animo intueretur.

Ergo hoc sit primum in praeceptis meis, ut demonstremus, quem imitetur, atque ita, ut, quae maxime excellent in eo, quem imitabitur, ea diligentissime persequatur. Tum accedat exercitatio, qua illum, quem delegerit, imitando effingat atque

1. *materies*, das Holz.
3. *sucus*, Lebenskraft u. Frische, humor in corpore quo abundant bene valentes nach Donat.
6. *ad discendum*, Brut. 31: Tum primum nos ad causas et privatas et publicas adire coepimus, non ut *in foro disceremus*, quod plerique fecerunt, sed ut, quantum nos efficere potuissemus, docti in forum veniremus.
7. *adripuit*, rasch, ohne sich lange zu bedenken griff er den Rat auf.
8. *gratiae scilicet causa*, versteht sich aus Höflichkeit.
11. *C. Norbanum*, Einl. I § 12, 139.
15. *eodem intendisset*, I 135.
studio atque imitatione: mit geflissentlicher Nachahmung.
19. *atque ita*, scil. imitetur. Anton. geht von seinem Verfahren mit Sulpicius aus (88); wie er diesen auf ein Vorbild zur Nachahmung hingewiesen, so soll es mit jedem Lernenden geschehen. Die Worte *sit primum in praeceptis, ut demonstremus* enthalten also eine Vorschrift für den Lehrer. Und der Lehrer hat dem Schüler das Vorbild anzugeben, weil er den Charakter des Schülers zu studieren hat, vgl. Brut. 204 qua re hoc doctoris intellegentis est, videre, quo ferat natura sua quemque. Die erste Vorschrift des Antonius hat also selbst wiederum 2 Teile, nämlich Empfehlung eines Vorbildes und Nachweis, in welcher Rücksicht es Vorbild sein soll. Die 2. Vorschrift ist dann die exercitatio in der Nachahmung nach den angegebenen Gesichtspunkten. Die übeln Folgen der Vernachlässigung dieser Vorschriften werden nachgewiesen am Beispiel des Fufius. Darin liegt der Beweis für die Richtigkeit der aufgestellten Regeln. I 156; Quint. X 2, 14 Quapropter exactissimo iudicio circa hanc partem studiorum examinanda sunt omnia; primum, quos imitemur, nam sunt plurimi, qui similitudinem pessimi cuiusque et corruptissimi concupierunt; tum in ipsis, quos elegerimus, quid sit ad quod nos efficiendum comparemus.
21. *effingat atque exprimat*, ein getreues Abbild giebt, III 15 Or. 3 si eum oratorem quem quaeris expressero.

exprimat, non ut multos imitatores saepe cognovi, qui aut ea, quae facilia sunt, aut etiam illa, quae insignia ac paene vitiosa, consectantur imitando. Nihil est facilius, quam amictum imitari alicuius aut statum aut motum. Si vero etiam vitiosi aliquid est, id sumere et in eo vitio *similem* esse non magnum est, ut ille, qui nunc etiam amissa voce furit in re publica, Fufius, nervos in dicendo C. Fimbriae, quos tamen habuit ille, non adsequitur, oris pravitatem et verborum latitudinem imitatur. Sed tamen ille nec deligere scivit, cuius potissimum similis esset, et in eo ipso, quem delegerat, imitari etiam vitia voluit; qui autem ita faciet, ut oportet, primum vigilet necesse est in deligendo, deinde, quem probarit, in eo, quae maxime excellent, ea diligentissime persequatur.

Quid enim causae censetis esse, cur aetates extulerint singulae singula prope genera dicendi? Quod non tam facile in nostris oratoribus possumus iudicare, quia scripta, ex quibus iudicium fieri posset, non multa sane reliquerunt, quam in

---

2. *facilia* leicht zu erreichen. *insignia*, auffallend, III 182.

3. *nihil est facilius* etc. 'Wie er räuspert und wie er spuckt, das habt ihr ihm glücklich abgeguckt; aber sein Genie, ich meine sein Geist sich nicht auf der Wachtparade weist!' Schiller Wallenst. Lager 6. Auftritt.

5. *sumere*, Ovid. Trist. V 1, 69 Quis te mala sumere cogit? Aut quis deceptum ponere sumpta vetat?

in eo vitio similem, s. d. krit. Anh. Vgl. Brut. 225 Ita cavendum est, ne quid in agendo dicendove facias cuius imitatio rideatur. Or. 171, hos vero minime (laudo), qui nihil illorum nisi vitium sequuntur, cum a bonis absint longissime.

6. *magnum est* wie III 151.

amissa voce, so hat er sich abgeschrieen. *ille*, natürlich Fimbria.

7. *quos tamen* doch jedenfalls (s. I 205), mag man sonst über ihn denken, wie man will.

8. *verborum latitudinem*, die breite Aussprache, πλατειασμός, vasta ac rustica verborum pronuntiatio. III 42.

pravitatem oris, Verzerrung des Mundes.

9. *sed tamen*, mit Bezug auf das vorhergehende accedat exercitatio, „obgleich es Fufius an dieser nicht hat fehlen lassen."

11. *qui autem* etc. parataktisch an den vorausgehenden Satz angereiht, wo wir eher die hypotaktische Fügung mit 'während' wählen. Mit diesen Schlußworten wird übrigens durch die Gegenüberstellung des fehlerhaften (sed tamen ille) und des normalen Verhältnisses (ut oportet) dieses letztere selbst nochmals nachdrücklich zugleich zur Überleitung zum folgenden hervorgehoben.

12. *vigilet*, die Augen offen haben.

Die große Bedeutung der Nachahmung zeigt sich vornehmlich in der Geschichte der griech. Beredsamkeit, indem ganze Perioden je nach dem tonangebenden Vorbild einen bestimmten Charakter des sprachlichen Ausdruckes an sich tragen; Brut. 26—38. Tac. dial. c. 18 hoc interim probasse contentus sum, non esse unum eloquentiae vultum, sed in illis quoque, quos vocatis antiquos, plures species deprehendi, nec statim deterius esse quod diversum est.

14. *aetates*, warum je eine Periode nur je eine Stilgattung hervorgebracht hat. Brut. 45 haec aetas prima oratorem perfectum tulit. Efferre vom Acker, wie hier, Brut. 16.

Graecis, ex quorum scriptis, cuiusque aetatis quae dicendi ratio voluntasque fuerit, intellegi potest. Antiquissimi fere sunt, quorum quidem scripta constent, Pericles atque Alcibiades et eadem aetate Thucydides, subtiles, acuti, breves, sententiisque magis quam verbis abundantes. Non potuisset accidere, ut unum genus esset omnium, nisi aliquem sibi proponerent ad imitandum. Consecuti sunt hos Critias, Theramenes, Lysias. Multa Lysiae scripta sunt; nonnulla Critiae; de Theramene audimus. Omnes etiam tum retinebant illum Pericli sucum; sed erant paullo uberiore filo. Ecce tibi est exortus Isocrates, magister *histor*icorum omnium, cuius e ludo tamquam ex equo Troiano meri principes exierunt; sed eorum partim in pompa,

1. *cuiusque aetatis* umfaßt die folgenden Einzelperioden: antiquissimi —, consecuti sunt — und ist deshalb gegen die gewöhnliche Wortstellung (quae cuiusque aetatis d. ratio) an die Spitze gestellt.

ratio voluntasque, Charakter und Richtung oder Geist. Vgl. dazu 94; III 23; *voluntas* auch unser 'Manier'. III 28.

2. Sowohl die erste, die **perikleische**, als die zweite, die **isokrateische** Hauptperiode umfaßt wieder je zwei verschiedene Richtungen.

3. *constent*, insofern man anerkanntermaßen erst von da an von einer eigentlichen (prosaischen) Litteratur reden kann. Brut. 27 ante Periclem, cuius scripta quaedam feruntur, et Thucydidem — littera nulla est, quae quidem ornatum aliquem habeat et oratoris esse videatur. (*exstent* wäre: von denen wenigstens noch Schriften vorhanden sind, s).

4. *subtiles* etc. Die charakteristischen Merkmale der **ersten** Reihe in der perikl. Periode waren: logische Schärfe, Genauigkeit und Kürze des Ausdruckes, und mehr Gedanken, als Worte, während der **zweiten** Reihe eine etwas vollere und reichere Diction eigen ist.

9. *audimus* — ἀκούομεν, haben wir Kunde durch Schilderung anderer, nicht durch hinterlassene Schriften von ihm. *sucum*, ss.

10. *uberiore filo* Gegensatz zu subtiles, die Fäden waren nicht so fein, sondern stärker und voller, III 103; Or. 124. Wir sagen koll. 'Gespinst'.

Ecce, um auf das Epoche machende seiner Erscheinung aufmerksam zu machen, Brut. 125 sed ecce in manibus vir et praestantissimo ingenio et flagranti studio et doctus a puero C. Gracchus. 203. de leg. I 2, 6, ecce autem successere etc. *tibi*, 85. de off. III 83.

magister istorum ist die offenbar falsche Überlieferung; s. den krit. Anh. Vielleicht ist auch nach III 109 zu lesen politicorum. Die historici wären hier natürlich historici *oratores*, zu denen ein Herodot und Xenophon nicht gerechnet werden könnten. Wir würden vielleicht sagen: politische Publizisten.

12. *meri*, lauter ἄρχοντες u. ἡγεμόνες, Koryphäen der Redekunst. Vergil. Aen. II 13 ff. Hom. Od. δ 272 ἵππῳ ἔνι ξεστῷ ἵν' ἐνήμεθα πάντες ἄριστοι. θ 492 ff.

eorum partim, 308; I 141; III 106.

pompa 294; I 81; III 177; Or. 42, orationis genus — pompae, quam pugnae aptius, gymnasiis et palaestrae dicatum, spretum et pulsum foro. Von den Rednern aus der **isokrateischen** Schule bilden die **eine** Gruppe die eigentlichen Schön- oder Prunkredner, die rhetorisierenden Historiker (Or. 40), die **andere** die gerichtlichen Redner.

23 partim in acie illustres esse voluerunt. Atque et illi Theopompi, Ephori, Philisti, Naucratae multique alii naturis differunt, voluntate autem similes sunt et inter sese et magistri; et hi, qui se ad causas contulerunt, ut Demosthenes, Hyperides, Lycurgus, Aeschines, Dinarchus aliique complures, etsi inter se pares non fuerunt, tamen omnes sunt in eodem veritatis 95 imitandae genere versati. Quorum quamdiu mansit imitatio, tamdiu genus illud dicendi studiumque vixit; posteaquam exstinctis his omnis eorum memoria sensim obscurata est et evanuit, alia quaedam dicendi molliora ac remissiora genera viguerunt. Inde Demochares, quem aiunt sororis filium fuisse Demostheni; tum Phalereus ille Demetrius, omnium istorum mea sententia politissimus, aliique horum similes exstiterunt. Quae si volemus usque ad hoc tempus persequi, intellegemus, ut hodie Alabandensem illum Meneclem et eius fratrem Hieroclem, quos ego audivi, tota imitetur Asia, sic semper fuisse aliquem, cuius se similes plerique esse vellent.
96   Hanc igitur similitudinem qui imitatione adsequi volet, cum exercitationibus crebris atque magnis tum scribendo maxime persequatur. Quod si hic noster Sulpicius faceret, multo eius oratio esset pressior; in qua nunc interdum, ut in herbis

---

1. *Atque*, Ausführung des eben ausgesprochenen Gedankens; trotz der eben bezeichneten Verschiedenheit läßt sich andererseits wieder d. Ähnlichk. der Richtung nicht verkennen.

et illi sc. qui pompa illustres esse voluerunt.

3. *voluntate*, 92.

6. *veritatis imitandae*, die genannten fünf Redner von Demosthenes bis Dinarch wollen als Staats- und gerichtliche Redner in ihrer Darstellung das wirkliche Leben, wie es ist, (veritatis imitandae genus) wiedergeben, im Gegensatz zu den Prunkrednern des γένος ἐπιδεικτικόν und deren rhetorischer Ausschmückung. Brut. 36 haec aetas effudit hanc copiam; et, ut opinio mea fert, sucus ille et sanguis incorruptus usque ad hanc aetatem oratorum fuit, *in qua naturalis inesset, non fucatus nitor.*

9. *omnis eorum memoria evanuit.* Cic. beschränkt die imitatio und memoria nicht, wie die strenge Logik es erfordert, auf die Redeweise des Demosthenes u. s. w., sondern er denkt dabei noch z. B. an ihre politischen Leistungen. Das Maßgebende ist ihm die imitatio veritatis, diese schwand in den kommenden Zeiten der Ohnmacht Athens u. die praktische, politische Wirksamkeit mußte mehr theoretischen Schönrednern Platz machen.

12. *Demetrius Phalereus*, vgl. Brut. 37: Phal. enim successit eis senibus adulescens, eruditissimus ille quidem horum omnium, sed non tam armis institutus quam palaestra; itaque delectabat magis Athenienses, quam inflammabat. Processerat enim in solem et pulverem, non ut e militari tabernaculo, sed ut e Theophrasti, doctissimi hominis, umbraculis.

14. *hodie*, gegenwärtig, noch, wie I 103.

18. *Hanc similitudinem* die Ähnlichkeit mit dem gewählten Vorbild. I 130; II 53.

19. *exercitationibus — magnis*, 119 exercitationis maximae. III 105 etiam maior est illa exercitatio.

scribendo, I 150; 257. Cicero giebt hier wieder einmal seine eigene Ansicht zum besten, von der zu bezweifeln ist, ob sie Antonius geteilt habe; im ersten Buche hatte sie Crassus vertreten.

21. *pressior*, gedrängter, 36.

rustici solent dicere in summa ubertate, inest luxuries quaedam, quae stilo depascenda est.

Hic SULPICIUS, Me quidem, inquit, recte mones, idque mihi gratum est; sed ne te quidem, Antoni, multum scriptitasse arbitror.

Tum ille, Quasi vero, inquit, non ea praecipiam aliis, quae mihi ipsi desint. Sed tamen ne tabulas quidem conficere existimor: verum et in hoc ex re familiari mea et in illo ex eo, quod dico, quantulum id cumque est, quid faciam iudicari potest. Atque esse tamen multos videmus, qui neminem imitentur et suapte natura, quod velint, sine cuiusquam similitudine consequantur; quod et in vobis animadverti recte potest, Caesar et Cotta, quorum alter inusitatum nostris quidem oratoribus leporem quendam et salem, alter acutissimum et subtilissimum dicendi genus est consecutus; neque vero vester aequalis Curio, patre mea sententia vel eloquentissimo temporibus illis, quemquam mihi magno opere videtur imitari; qui tamen verborum gravitate et elegantia et copia suam quandam expressit quasi formam figuramque dicendi; quod ego maxime iudicare potui in ea causa, quam ille contra me apud

---

1. *in summa ubertate* gehört zu dem Zwischensatz ut in herbis rustici solent dicere sc. inesse luxuriem. Den figürlichen Ausdruck luxuries braucht der Landmann (III 155) von der jungen, grünen Saat, wo sie zu gut, zu üppig steht. Die luxuries der Sulpicischen Rede wird mit der luxuries segetum verglichen. Beide Arten von luxuria sind Fehler (Plin. h. n. XVIII 44, 2 inter vitia segetum etiam luxuria est. Or. 48 segetes fecundae et uberes non solum fruges, verum herbas etiam effundunt inimicissimas frugibus), und wie der verständige Ökonom die allzu voll und reichlich stehende Saat, natürlich so lange sie noch grün ist, abweiden läßt (Plin. h. n. l. l. luxuria segetum castigatur dente pecoris in herba dumtaxat), damit nicht alles unter der Überfülle ersticke, so muß der Redner, dessen Diction an einer luxuries der Worte leidet (Einl. I § 12, 138), bei Zeiten mit dem Griffel, der (wie der dens pecoris) ohne Schaden den überflüssigen Gedanken tilgt, den übrigen gesunden Keimen Luft und Licht zu machen suchen.

2. *depascenda*, Vergil. Georg. I 112 luxuriem segetum tenera depascit in herba.

4. *scriptitasse*, mit schriftlichen Übungen abgegeben, 8; I 152. p. Cluent. 140 hominem ingeniosum M. Antonium aiunt solitum esse dicere, idcirco se nullam umquam orationem scripsisse, ut, si quid aliquando non opus esset ab se esse dictum, posset negare dixisse.

7. *tabulas*, s. ind.

8. *existimor*, Verr. I 60 Audimus aliquem tabulas numquam confecisse, quae est opinio hominum de M. Antonio falsa: nam fecit diligentissime.

14. *alter*, Einl. I § 16, 181. *alter* (Cotta), Einl. I § 13, 149.

16. *patre vel eloquentissimo* locker angeknüpfter abl. absol. = quamquam vel pater eloquentissimus erat, und daher ein Vorbild sich doch wie von selbst darbot.

19. *quasi*, wegen des metaphorischen Gebrauchs von forma und figura: wie ein plastischer Künstler wußte er in Formenbildung u. Gestalt seiner Rede eine eigentümliche Schönheit zu geben, III 34; Or. 2.

centumviros pro fratribus Cossis dixit; in qua nihil illi defuit, quod non modo copiosus, sed etiam sapiens orator habere deberet.

99. Verum ut aliquando ad causas deducamus illum, quem constituimus, et eas quidem, in quibus plusculum negotii est, iudiciorum atque litium (riserit aliquis fortasse hoc praeceptum; est enim non tam acutum quam necessarium magisque monitoris non fatui quam eruditi magistri), hoc ei primum praecipiemus, quascumque causas erit tractaturus, ut eas diligenter penitusque cognoscat. **100.** Hoc in ludo non praecipitur; faciles enim causae ad pueros deferuntur: 'lex peregrinum vetat in murum ascendere; ascendit, hostes reppulit: accusatur.' Nihil est negotii, eiusmodi causam cognoscere. Recte igitur nihil de causa discenda praecipiunt [haec est enim in ludo causarum fere formula]. At vero in foro tabulae, testimonia, pacta, conventa, stipulationes, cognationes, adfinitates, decreta, responsa, vita denique eorum, qui in causa versantur, tota cognoscenda est; quarum rerum neglegentia plerasque causas et maxime privatas **101.** (sunt enim multo saepe obscuriores) videmus amitti. Ita nonnulli, dum operam suam multam existimari volunt, ut toto foro volitare et a causa ad causam ire videantur, causas dicunt incognitas. In quo est illa quidem magna offensio vel neglegentiae, susceptis rebus, vel perfidiae, receptis; sed etiam

---

5. *constituimus*, Ernesti: *instituimus*, was hier, wo es sich eben um die institutio oratoria handelt (83. 162), auch gut passen würde. constituere ist hier allg. = fertig stellen, bilden, fingere. Vgl. 41 quoniam est hic, de quo loquimur, in foro atque in oculis civium constituendus. So hier quem constituimus nämlich ad causas agendas.

6. *iudiciorum atque litium*. lites sind res in iudicium deductae, iudicium aber die staatlich geordnete Form zur Entscheidung der lites. Daher stehen sich iudicia und lites nicht als Staats- und Privatprozesse gegenüber. de off. I 39 si lis in indicio sit. in Verr. II 13 repetere ac persequi lite atque iudicio aliquid. litem orare steht de orat. II 43 geradezu zur Bezeichnung des genus dicendi iudiciale, ebenso III 109.

14. [*haec — formula*] s. d. krit. Anh.

fere, 61.

15. *tabulae*, Urkunden, 116; *pacta conventa* Verträge; *pactum* verpflichtet nur den einen, conventum beide (Übereinkunft); vgl. ad Att. VI, 3, 1 Pomptinus ex pacto convento iam a me discesserat.

16. *stipulationes*, I 174, mündliche Verpflichtungen.

decreta sc. magistratuum, *responsa* sc. prudentium s. iurisconsultorum.

20. *dum operam* etc.: sie wollen die Meinung erregen, als hätten sie eine ausgedehnte Praxis und als vielbegehrte Advokaten kaum Zeit, von einem Prozeß zum andern zu eilen.

21. *volitare* I 173.

22. *incognitas*, ohne gehörig instruiert zu sein. 81.

23. *neglegentiae*, es ist gewissenloser Leichtsinn, etwas leisten zu wollen d. h. sich die Führung eines Prozesses zuzutrauen, ohne die Aufgabe zu kennen; *perfidiae*, es ist dem Klienten gegenüber perfid d. h. unverantwortliche Vertrauenstäuschung, den Prozeß annehmen und

illa maior opinione, quod **nemo potest de ea re, quam non novit, non turpissime dicere.** Ita dum inertiae vituperationem, quae maior est, **contemnunt, adsequuntur etiam illam, quam magis ipsi fugiunt, tarditatis.** Equidem **soleo dare** operam, ut de sua **quisque re me ipse** doceat et ut ne quis alius adsit, quo liberius loquatur, **et agere** adversarii **causam, ut ille agat suam** et, quidquid de **sua re** cogitarit, **in medium** proferat. Itaque cum ille **discessit, tres personas unus sustineo summa animi aequitate, meam, adversarii, iudicis. Qui locus est talis, ut plus habeat adiumenti** quam incommodi, **hunc iudico esse dicendum;** ubi plus mali **quam boni reperio, id totum abiudico atque eiicio.** Ita adsequor, **ut alio tempore cogitem quid dicam et alio dicam; quae** duo **plerique ingenio freti simul faciunt. Sed certe eidem illi melius** aliquanto **dicerent, si aliud sumendum sibi tempus ad cogitandum,** aliud **ad dicendum putarent.**

Cum rem penitus causamque cognovi, statim occurrit animo, quae sit causa ambigendi. Nihil est enim, quod inter homines ambigatur, sive ex crimine causa constat, ut facinoris, sive ex controversia, ut hereditatis, sive ex deliberatione,

---

dann doch nichts dazu thun, ihn zu gewinnen. I 166. Div. in Caec. 26 Ego in hoc iudicio mihi Siculorum causam receptam, populi Romani susceptam esse arbitror; für das suscipere ist er sich, für das recipere vornehmlich dem Klienten verantwortlich; siehe a. Halms Anm. z. d. St. Or. 120 Quid est enim turpius, quam legitimarum et civilium controversiarum patrocinia suscipere, cum sis legum et civilis iuris ignarus? — *suscipere* freiwillig übernehmen; *recipere* = sich übertragen lassen, als Beauftragter durchführen, also fast = dafür einstehen.

1. *opinione maior* = als man gemeinhin annimmt, als man glauben sollte; opinione ohne Kompar. heißt oft 'vermeintlich'.

2. *inertia* (zu ars) Ungeschicklichkeit; vgl. I 125.

3. *quam magis ipsi fugiunt* da sie doch operam suam multam *existimari* volunt und toto foro *volitant*, 101.

8. *summa animi aequitate*, mit der größten Gemütsruhe, die mich in den Stand setzt, Alles gehörig zu erwägen, im Gegensatz zu dem toto foro volitare und der unaufhörlichen Zerstreuung anderer.

9. *locus*, gleichsam eine 'Partie' in der Sachlage, ein Gebiet, ein Punkt in der Darstellung des Falles. 134. 136. 191.

11. *dicendum* = in der Rede anbringen, erwähnen; vgl. 292.

abiudico, 'streiche ich d. h. erkläre ich für unbrauchbar'.

13. *quae duo*, zwei Operationen, die .. simul auf einmal.

16. *statim*, und bedarf es also eines langen, besondern Studiums der doctrina statuum nicht. Einl. II § 3.

17. *causa ambigendi;* c. ist zunächst hier Gegenstand, Vorwurf, Stoff; mit c. ambigendi ist der streitige Punkt, die eigentliche Streitfrage gemeint.

18. *crimen, controversia* gehören zum γένος δικανικόν, deliberatio zum συμβουλευτικόν, persona zum ἐπιδεικτικόν.

sive ex crimine — Antonius bezeichnet das genus iudiciale nach den beiden Seiten des Kriminalrechts und des Privatrechts.

ut belli, sive ex persona, ut laudis, sive ex disputatione, ut de ratione vivendi, in quo non aut quid factum sit aut fiat futurumve sit quaeratur, aut quale sit, aut quid vocetur. Ac nostrae fere causae, quae quidem sunt criminum, plerumque infitiatione defenduntur. Nam et de pecuniis repetundis, quae maximae sunt, neganda fere sunt omnia, et de ambitu raro illud datur, ut possis liberalitatem ac benignitatem ab ambitu atque largitione seiungere. De sicariis, de veneficiis, de peculatu infitiari necesse est. Id est igitur genus primum causarum in iudiciis ex controversia facti: in deliberationibus plerumque ex futuri, raro ex instantis aut facti. Saepe etiam res non sit necne, sed qualis sit quaeritur: ut cum L. Opimii causam defendebat apud populum, audiente me, C. Carbo consul, nihil de C. Gracchi nece negabat, sed id iure pro salute patriae factum esse dicebat; ut eidem Carboni tribuno plebis, alia tum mente rem publicam capessenti, P. Africanus de Ti. Graccho interroganti responderat, iure caesum videri. Iure autem omnia defen-

---

1. *sive ex persona, ut laudis*, eine Breviloquenz; das ambiguum liegt in dem Urteil über eine Person. S. d. krit. Anhang.

ex disputatione, oder mag es eine philosophische Frage sein, z. B. aus der Ethik.

Man sieht, Antonius-Cicero ist hier keineswegs gewillt, die Erörterung philosophischer Fragen dem Forum des Redners zu entziehen. Und auch die Lehre von den Status ist hier, wie auch Top. 93 ausdrücklich auch für das genus deliberativum und laudativum als giltig behandelt; vgl. dazu Einl. II § 3, bes. S. 60.

3. *quid vocetur*, 113 quomodo nominetur; 132 quod nomen habeat; I 139 quo nomine vocetur. Einl. II § 3. Terent. Adelph. V 6, 3 De. o qui vocare. Ge. Geta. Wie hier Tacit. G. 6 idque ipsum inter suos vocantur. Liv. 38, 17, 9 Gallograeci vere, quod appellantur. Vgl. de Fin. III 20 Officium id enim appello καθῆκον. Vgl. 132. Wir etwa: oder wie die Benennung sei.

4. *nostrae*, wie sie vor den römischen Gerichten gewöhnlich sind, vorzukommen pflegen und also von den Rednern behandelt werden. *quae quidem sunt*: die nämlich, welche gehören, 34.

5. *infitiatione* und nachher *infitiari necesse est*, d. h. die Verteidigung muß durch Leugnen und Verdrehen den Thatbestand berücksichtigen u. in Frage stellen; der erste Status.

quae maximae sunt, denn da handelt es sich (im Gegensatz zu Bagatellsachen) immer um so große Summen, daß die Existenz des Angeklagten auf dem Spiele steht.

6. *neganda* etc. Vgl. III 106.

10. *ex controversia facti*, scil. genus causarum, griech. τὸ ἐκ πράγματος διαφέρον.

11. *instantis*, substantivisch = das unmittelbar Vorliegende, Drohende, Gegenwärtige, de inv. I 39 quae instent in praesentia, Or. part. 37.

17. *iure caesum*. p. Mil. 8 nisi vero existimatis, dementem P. Africanum fuisse, qui cum a C. Carbone tribuno plebis seditiose in contione interrogaretur, quid de Ti. Gracchi morte sentiret, responderit iure caesum videri. Vell. II 4, 4 Hic eum interrogante tribuno Carbone, quid de Ti. Gracchi caede sentiret? respondit, si is occupandae reipublicae animum habuisset, iure caesum. Et, cum omnis contio acclamasset: hostium, inquit, armatorum totiens clamore non territus, qui possum vestro moveri, quorum noverca est Italia? Schon bei Numantia hatte übrigens Scipio

duntur, quae sunt eius generis, ut aut oportuerit aut licuerit aut necesse fuerit aut imprudentia aut casu facta esse videantur. Iam quid vocetur quaeritur, cum quo verbo quid appellandum sit contenditur; ut mihi ipsi cum hoc Sulpicio fuit in Norbani causa summa contentio. Pleraque enim de eis, quae ab isto obiciebantur, cum confiterer, tamen ab illo maiestatem minutam negabam; ex quo verbo lege Appuleia tota illa causa pendebat. Atque in hoc genere causarum nonnulli praecipiunt ut verbum illud, quod causam facit, *di*lucide breviterque [uterque] definiat. Quod mihi quidem perquam puerile videri solet. Alia est enim, cum inter doctos homines de eis ipsis rebus, quae versantur in artibus, disputatur, verborum definitio, ut cum quaeritur, quid sit ars, quid sit lex, quid sit civitas. In quibus hoc praecipit ratio et doctrina, ut vis eius rei, quam definias, sic exprimatur, ut neque absit quidquam neque supersit. Quod quidem in illa causa neque Sulpicius fecit neque ego facere conatus sum. Nam quantum uterque nostrum potuit, omni copia dicendi dilatavit, quid esset maiestatem minuere. Etenim definitio primum reprehenso verbo uno aut addito aut dempto saepe extorquetur e manibus; deinde genere ipso

diese seine Überzeugung auf die Kunde von Tiberius Gracchus' Tod in dem bekannten homerischen Vers ausgesprochen Od. α 47 ὡς ἀπόλοιτο καὶ ἄλλος ὅτις τοιαῦτά γε ῥέζοι. — *Iure*, mit dem Begriff der Rechtmäßigkeit; ad Her. I 24 heißt daher der status generalis geradezu iuridicialis, cum factum convenit, sed iure an iniuria factum sit quaeritur. Or. part. 42.

9. *dilucide* ist hier nicht zu entbehren, trotzdem es in guten Hss. fehlt. Schon nach I 189 ist definitio: rerum earum, quae sunt eius rei propriae, quam definire volumus brevis et circumscripta (d. i. soviel wie dilucide) quaedam explicatio.

10. *definiat*, nämlich der, dem diese Vorschrift von den Rhetorikern gegeben wird, also der Schüler, oder allgemein 'man'. Vielleicht ist auch zu lesen definiatur. Wenn Antonius gleich hinterher diese Vorschrift *puerile* nennt, so ist dies nicht unserem kindisch hier gleichzusetzen, sondern es steht etwa für pueris aptum, a pueris tritum, etwa = eine Regel für ABC-Schützen, trivial, fast unserem 'selbstverständlich' gleichzuachten.

12. *in artibus*, die einer theoretisch-wissenschaftlichen Betrachtung unterliegen, I 41.

14. *ratio et doctrina*, die streng logische u. wissenschaftliche Regel. Vgl. 217 rationem quandam — artemque.

15. *neque absit quidquam*, wodurch die Definition zu weit, *neque supersit*, wodurch sie zu eng wird; 83 deesse u. superare.

18. *dilatavit*, in mannigfachen Umschreibungen den Inhalt des Begriffs auseinanderlegen, ohne eine bestimmte Begriffsdefinition zu geben.

19. *reprehenso*, indem man ein Wort aufgreift, sich daran hält, dies 'outriert'.

aut addito aut dempto, ein Wort zu der vom Gegner gegebenen Definition hinzufügt, oder eins von ihr ausläßt, wodurch dann des Gegners ganze Definition hinfällig, ja lächerlich gemacht werden kann.

20. *genere ipso*, ihrem ganzen Gattungscharakter nach.

doctrinam redolet exercitationemque paene puerilem; tum et in sensum et in mentem iudicis intrare non potest. Ante enim praeterlabitur, quam percepta est.

110 Sed in eo genere, in quo quale sit quid ambigitur, exsistit etiam ex scripti interpretatione saepe contentio, in quo nulla potest esse nisi ex ambiguo controversia. Nam illud ipsum, quod scriptum a sententia discrepat, genus quoddam habet ambigui, quod tum explicatur, cum ea verba, quae desunt, suggesta sunt, quibus additis defenditur sententiam scripti perspicuam fuisse; ex contrariisque scriptis si quid ambigitur, non novum genus nascitur, sed superioris generis causa duplicatur. Idque aut numquam diiudicari poterit aut ita diiudicabitur, ut referendis praeteritis verbis id scriptum, quodcumque defendemus, suppleatur. Ita fit, ut unum genus in eis causis, quae propter scriptum ambiguntur, relinquatur, si est scriptum ali**111**quid ambigue. Ambiguorum autem cum plura genera sunt,

---

5. *ex scripti*, Einl. II § 3, 18 ff. Es wird der Nachweis geführt, daß auch die contentio ex scripti interpretatione unter die Frage quale sit falle.

6. *ex ambiguo*, nur die Zweideutigkeit giebt Anlaß zu Kontroversen, 250. Die ambiguitas liegt aber entweder darin, quod scriptum a sententia discrepat, oder in contrariis scriptis. Diese beiden Arten aber fallen im Wesentlichen zusammen.

7. *scriptum a sententia discrepat* wir: wo der Buchstabe des Gesetzes vom Sinne abweicht.

a sententia von dem Sinne, wie ihn nämlich der darstellende Redner vorführen will.

8. *verba, quae desunt, suggesta sunt*, — wobei vorausgesetzt wird, daß die controversia ex scripto et sententia eben dadurch entstehe, daß in dem scriptum etwas, wie z. B. die Ausnahmebestimmung, ausgelassen sei, oder die Worte des Gesetzes, die gegebene Definition des Vergehens zu eng gefaßt seien.

9. *defenditur* umfaßt hier zugleich die Bedeutung des Beweisens, etwa: der Rechtfertigungsbeweis erbracht wird, daß.

11. *duplicatur*, — insofern dann zweimal die nötige Ergänzung geschehen muß.

13. *referendis praeteritis verbis*, durch Wiedereinführung der übergangenen Worte den eigentlichen Sinn des geschriebenen Gesetzes herstellt und gleichsam ergänzt (suppleatur). Or. 121 si quando aliud in sententia videtur esse, aliud in verbis, genus est quoddam ambigui, quod ex *praeterito* verbo fieri solet. de inv. II 117 deinde ex superiore scriptura docendum, id quod quaeratur fieri perspicuum. praeterita verba sind dieselben, die vorher quae desunt heißen. Der Grund des Fehlens kann sein, weil dieselben sich aus dem Vorhergehenden ergeben.

14. *unum* eben nur eins, nicht wie Crassus I 140 in etwas genauerem Anschluß an die landläufige Aufstellung auch des Hermagoras (Einl. II § 3) deren drei aufgestellt hatte.

16. *ambigue*, de inv. II 116 cum quid senserit scriptor obscurum est. ad Her. I 19; II 16.

plura genera, Theon. progymn. p. 81, 30 ed. Spengel ἀσαφῆ δὲ τὴν ἑρμηνείαν ποιεῖ καὶ ἡ λεγομένη ἀμφιβολία πρὸς τῶν διαλεκτικῶν, παρὰ τὴν κοινὴν τοῦ ἀδιαιρέτου τε καὶ διῃρημένου (d. h. ob man ein Wort als zwei getrennte Wörter oder nur als ein Wort aufzufassen habe, z. B. αὐλητρίς oder αὐλὴ τρίς), ἔτι δὲ καὶ ὅταν τι μόριον ἄδηλον ᾖ, μετὰ τίνος συντέ-

quae mihi videntur ei melius nosse, qui dialectici appellantur, hi autem nostri ignorare, qui non minus nosse debeant, tum illud est frequentissimum in omni consuetudine vel sermonis vel scripti, cum idcirco aliquid ambigitur, quod aut verbum aut verba sint praetermissa. Iterum autem peccant, cum genus hoc causarum, 112 quod in scripti interpretatione versatur, ab illis causis, in quibus qualis quaeque res sit disceptatur, seiungunt. Nusquam enim tam quaeritur, quale sit genus ipsum rei, quam in scripto, quod totum a facti controversia separatum est. Ita 113 tria sunt omnino genera, quae in disceptationem et controversiam cadere possint: Quid fiat, factum futurumve sit; aut: Quale sit; aut: Quomodo nominetur. Nam illud quidem, quod quidam Graeci adiungunt: Rectene factum sit, totum in eo est: Quale sit. Sed iam ad institutum revertar meum.

Cum igitur accepta causa et genere cognito rem tractare 27 114 coepi, nihil prius constituo, quam quid sit illud, quo mihi sit referenda omnis illa oratio, quae sit propria quaestionis et

τακται, z. B. ob man teilen muß οὐ κενταύροις oder οὐκ ἐν ταύροις; ferner wenn ungewiß ist, worauf irgend ein Wort im Satze zu beziehen ist u. dgl. Or. part. 132 ff.

1. *dialectici*, besonders die Stoiker, wegen ihrer sprachlichen (logischgrammatischen) Studien, 157; ad Her. II 16.

2. *hi nostri*, ironisch: unsere geschätzten Freunde, die rhetorischen Techniker.

debeant, die doch von Rechtswegen müßten; das Relativ ist konzessiv.

8. *quale*, Or. part. 13 hoc in genere, in quo quale sit quaeritur, ex controversia, iure et rectene actum sit quaeri solet.

10. *in disceptationem*, 5. 78. 291; I 22.

13. *Rectene factum*: gemeint ist der status iuridicialis s. Einl. II § 3, 16 und I 139 mit der Anm.; auch hier müßte Volkmann (s. zu I 139) *actum* st. *factum* konjizieren. Wahrscheinlich setzte die römische Vulgärpraxis an Stelle des ihrem ausgebildeteren System für die Instruktion der Processe zufolge überflüssigen status translativus des Hermagoras (s. d. Schema Einl. II S. 59) den iuridicialis als ein gleichwertiges Glied neben die qualitas, nicht wie Hermagoras unter dieselbe. Das quod quidam Graeci adiungunt ist man leicht versucht, auf Hermagoras zu beziehen, der als der Erfinder der translatio galt. Auch dies bestätigt unsere Vermutung, daß der translativus den Römern wenigstens für die gewöhnliche Praxis zu Ciceros Zeit mit dem iuridicialis zu einem Begriffe verschmolz. Vgl. a. Quintil. VII, 4, 4 f. Cornif. I 21; II 19 ff. u. 18; de inv. I 15 u. 16; II 57 ff. u. 69 ff. und oben zu I 139.

14. *sed iam — revertar*. Form d. revocatio, mit der Anton. zu 104 zurückkehrt.

15. *accepta causa et genere cognito* — nachdem ich den vorliegenden Fall vom Klienten möglichst genau erfahren (102. 355) und die Eigentümlichkeit der causa klar und bestimmt erkannt habe (104).

genere cognito bezieht sich auf die Feststellung der drei 113 erwähnten genera causae.

16. *quid sit* etc. der Punkt, worauf zu beziehen, wonach zu gestalten ist.

17. *omnis illa oratio* wie 199 der ganze Teil der Darstellung, der einzig und allein der vorliegenden Frage eigentümlich ist, also der Beweisführung des Falles oder der vorliegenden Gerichtsverhandlung, der *probatio*; 129.

iudicii; deinde illa duo diligentissime considero, quorum alterum commendationem habet nostram aut eorum, quos defendimus, alterum est accomodatum ad eorum animos, apud quos dicimus, ad id, quod volumus, commovendos. Ita omnis ratio dicendi tribus ad persuadendum rebus est nixa: ut probemus vera esse, quae defendimus; ut conciliemus eos nobis, qui audiunt; ut animos eorum ad quemcumque causa postulabit motum vocemus. Ad probandum autem duplex est oratori subiecta materies: una rerum earum, quae non excogitantur ab oratore, sed in re positae ratione tractantur, ut tabulae,

2. *commendationem* etc. die conciliatio und motio 213; Einl. II § 11, 74. Or. 128 Duo sunt, quae bene tractata ab oratore admirabilem eloquentiam faciant; quorum alterum est, quod Graeci ἠθικόν vocant, ad naturas et ad mores et ad omnem vitae consuetudinem accomodatum; alterum quod eidem παθητικόν nominant, quo perturbantur animi et concitantur, in quo uno regnat oratio. Illud superius come iucundum, ad benevolentiam conciliandam paratum; hoc vehemens incensum incitatum, quo causae eripiuntur.

5. *tribus*, beruht auf drei zur Überzeugung zusammen wirkenden Stücken (Faktoren), 310; Or. 69 erit igitur eloquens — hunc enim auctore Antonio (I 94) quaerimus — is, qui in foro causisque civilibus ita dicet, ut *probet*, ut *delectet*, ut *flectat*. Probare necessitatis est, delectare suavitatis, flectere victoriae; nam id unum ex omnibus ad obtinendas causas potest plurimum. Brut. 185 Tria sunt enim, ut quidem ego sentio, quae sint efficienda dicendo: ut doceatur is, apud quem dicetur, ut delectetur, ut moveatur vehementius. 276; de opt. gen. or. 3 Optimus est enim orator, qui dicendo animos audientium et docet et delectat et permovet. Docere debitum est, delectare honorarium, permovere necessarium. Im Folgenden ist, wie ja Cic. 152 f. auch selbst den Catulus sagen läßt, ein genauerer Anschluß an Aristoteles vorhanden und zum Teil nachweisbar, vgl. Rhet. I 2. (τῶν δὲ διὰ τοῦ λόγου ποριζομένων πίστεων τρία εἴδη ἐστίν· αἱ μὲν γάρ εἰσιν ἐν τῷ ἤθει τοῦ λέγοντος, αἱ δὲ ἐν τῷ τὸν ἀκροατὴν διαθεῖναί πως, αἱ δὲ ἐν αὐτῷ τῷ λόγῳ διὰ τοῦ δεικνύναι ἢ φαίνεσθαι δεικνύναι).
8. Einl. II § 10, 57 ff.
duplex, 103; Or. 121 traditi sunt, e quibus ea (sc. argumenta) ducantur duplices loci, uni e rebus ipsis, alteri assumpti. Or. part. 5 argumentis, quae ducuntur ex locis aut in re ipsa insitis aut assumptis. Top. 8.
9. *excogitantur*, 120; I 187, hier im Gegens. zu tractantur; ebenso stehen ab oratore und in re sich entgegen.
10. *ratione tractantur*. Diese Beweismittel sind zwar dem Redner gegeben (Or. part. 5 ff. in re ipsa iusita, quae inhaerent in ipsa re, quae infixa sunt ipsis rebus), aber sie bedürfen doch einer ordnungsmäßigen (methodischen ratione III 160; Or. 164; 183) Behandlung 117. 120. 300; Or. part. 8; 48. Arist. Rhet. I 2 p. 5 (Sp.) τῶν δὲ πίστεων αἱ μὲν ἄτεχνοί εἰσιν αἱ δ' ἔντεχνοι· ἄτεχνα δὲ λέγω ὅσα μὴ δι' ἡμῶν πεπόρισται, ἀλλὰ προϋπῆρχεν, οἷον μάρτυρες βάσανοι συγγραφαὶ καὶ ὅσα τοιαῦτα, ἔντεχνα δὲ ὅσα διὰ τῆς μεθόδου καὶ δι' ἡμῶν κατασκευασθῆναι δυνατόν· ὥστε δεῖν τούτων τοῖς μὲν χρήσασθαι, τὰ δὲ εὑρεῖν.
tabulae etc. 100; Or. part. 130, scriptorum (d. h. der geschriebenen positiven Bestimmungen) autem privatum aliud est, publicum aliud; publicum: lex senatusconsultum foedus; privatum: tabulae pactum conventum stipulatio.
tabulae, *pacta*, *conventa* sind Aktenstücke privatrechtlicher Natur, συνθῆκαι.

testimonia, pacta, conventa, quaestiones, leges, senatus consulta, res iudicatae, decreta, responsa, reliqua, si quae sunt, quae non reperiuntur ab oratore, sed ad oratorem a causa atque a reis deferuntur; altera est, quae tota in disputatione et in argumentatione oratoris collocata est. Ita in superiore genere 117 de tractandis argumentis, in hoc autem etiam de inveniendis cogitandum est. Atque isti quidem, qui docent, cum causas in plura genera secuerunt, singulis generibus argumentorum copiam suggerunt. Quod etiamsi ad instituendos adulescentulos magis aptum est, ut, simulac posita causa sit, habeant quo se referant, unde statim expedita possint argumenta depromere: tamen et tardi ingenii est rivulos consectari, fontes rerum non videre, et iam aetatis est ususque nostri, a capite quod velimus arcessere et unde omnia manent videre.

Et primum genus illud earum rerum, quae ad oratorem 118 deferuntur, meditatum nobis in perpetuum ad omnem usum similium rerum esse debebit. Nam et pro tabulis et contra tabulas [et] pro testibus et contra testes [et] pro quaestionibus et contra quaestiones et item de ceteris rebus eiusdem generis vel separatim dicere solemus de genere universo vel definite de singulis temporibus, hominibus, causis: quos quidem locos (vobis hoc, Cotta et Sulpici, dico) multa commentatione atque meditatione paratos atque expeditos habere debetis. Longum 119 est enim nunc me explicare, qua ratione aut confirmare aut infirmare testes, tabulas, quaestiones oporteat. Haec sunt omnia ingenii vel mediocris, exercitationis autem maximae;

---

1. *quaestiones*, peinliche Untersuchungen, Foltern βάσανος, Verhöre und ihre Ergebnisse; Geständnisse, die beim Verhör oder der peinlichen Untersuchung gemacht sind. Or. part. 50 saepe etiam quaestionibus resistendum est, quod et dolorem fugientes multi in tormentis ementiti persaepe sunt, morique maluerunt falsum fatendo, quam infitiando dolere. Brut. 277.
2. *res iudicatae*, Präjudicien.
4. *a reis*, durch das von den Beteiligten gelieferte Material.
7. *isti*, die griechischen Theoretiker, I 44, 137 ista communia.
10. *posita*, sobald ein Thema gestellt ist, I 119.
11. *quo se referant*, I 145.
12. *rivulos*, die Rinnsale, die doch nur das Wasser aus den Quellen weiter leiten, III 23. Acad. I 2, 8 sed meos amicos, in quibus est studium, in Graeciam mitto id est ad Graecos ire iubeo, ut ea e fontibus potius hauriant, quam rivulos consectentur.
13. *videre* wie ὁρᾶν nachsehen, ausfindig machen. Soph. Ai. 1164 σπεῦσον κοίλην κάπετόν τιν' ἰδεῖν τῷδ', ἔνθα — τὸν τάφον — καθέξει. *a capite*, 130; I 42.
15. *earum rerum* ist Genet. explic., die eae res bilden den Inhalt des genus primum.
20. *separatim*, ohne specielle Beziehung, im allgemeinen, also in abstracto.
definite, in concreto.
21. *locos*, hier wie 121 u. ö. Kategorien, Fundstätten, Fundgebiete, besonders für den Beweis, s. z. 131; anders locus oben 102.
22. *vobis*, die ihr noch in den Lehrjahren steht.
commentatione, I 154.

artem quidem et praecepta dumtaxat hactenus requirunt, ut
certis dicendi luminibus ornentur. Itemque illa, quae sunt
alterius generis, quae tota ab oratore pariuntur, excogitationem
non habent difficilem, explicationem magis illustrem perpolitamque desiderant. Itaque cum haec duo nobis quaerenda
sint in causis, primum quid, deinde quomodo dicamus: alterum,
quod totum arte tinctum videtur, tametsi artem requirit,
tamen prudentiae est paene mediocris quid dicendum sit videre;
alterum est, in quo oratoris vis illa divina virtusque cernitur,
ea, quae dicenda sunt, ornate, copiose varieque dicere.

Quare illam partem superiorem, quoniam semel ita vobis
placuit, non recusabo quo minus perpoliam atque conficiam
(quantum consequar, vos iudicabitis): quibus ex locis ad eas
tres res, quae ad fidem faciendam solae valent, ducatur oratio,
ut et concilientur animi et doceantur et moveantur; haec sunt
enim tria. Ea vero quemadmodum illustrentur, praesto est,

---

1. *artem et praecepta*, Theorie u. Regeln = theoretische Vorschriften. *quidem* hebt, wie immer, den Begriff, hinter den es gestellt ist, besonders hervor; hier stützt es natürlich noch den natürlichen Gegensatz der Begriffe *exercitatio* Praxis, und *ars* Theorie. *dumtaxat*, 60.

2. *dicendi luminibus*, s. ind. lumina. Also nur etwa hinsichtlich der stilistischen Darstellung ist für diese argumenta eine theoretische Unterweisung erforderlich, bei der Lehre von der elocutio, die hernach Crassus vorzutragen hat.

3. *excogitationem*, sie aufzufinden (die inventio) ist so schwierig nicht; es kommt aber darauf an, sie lichtvoll zu ordnen und in angemessener Form vorzubringen.

7. *tinctum*, 85, das Bild ist vom Schwamm entlehnt = 'durchtränkt', scheint ganz und gar Sache der Theorie zu sein, insofern eben dieser Teil in der rhetorischen Technik am ausführlichsten, ja fast ausschließlich behandelt zu werden pflegt.

tametsi artem, ein Wortspiel mit den verschiedenen Bedeutungen von ars; ob es schon wirkliche 'Kunst' vermissen läßt.

8. *prudentiae*, Or. 44 Nam et invenire et iudicare, quid dicas, magna illa quidem sunt et tamquam animi instar in corpore, sed propria magis prudentiae quam eloquentiae. Brut. 110.

11. Antonius begründet seinen Vorschlag, die Aufgabe zwischen ihm und Crassus in der Weise zu teilen, daß letzterem das quomodo dicendum sit übertragen werde, mit der Meisterschaft des Crassus gerade in diesem Punkte.

semel, weil ihr es nun ein für allemal schlechterdings nicht anders wollt (wieder eine Andeutung, daß sich Antonius zu einer solchen theoretischen Erörterung, die ihm eigentlich fremd ist, nur seinen Freunden zu gefallen verstehen will).

12. *perpoliam*, 84.

15. *haec sunt enim tria*, womit A. diese Haupteinteilung, auf die er ein solches Gewicht legt, gegenüber dem falschen Schematismus der Rhetoriker nochmals recht fest einprägen will. 115. Quint. III 5, 2 tria sunt item quae praestare debeat orator, ut doceat, moveat, delectet. Haec enim clarior divisio quam eorum, qui totum opus in res et in affectus partiuntur. S. den krit. Anh.

16. *illustrentur*, d. h. luminibus dicendi ornentur.

qui omnes docere possit, qui hoc primus in nostros mores induxit, qui maxime auxit, qui solus effecit. Namque ego, Catule (dicam enim non reverens adsentandi suspicionem), neminem esse oratorem paullo illustriorem arbitror neque Graecum neque Latinum, quem aetas nostra tulerit, quem non et saepe et diligenter audierim; itaque si quid est in me (quod iam sperare videor, quoniam quidem vos, his ingeniis homines, tantum operae mihi ad audiendum datis), ex eo est, quod nihil quisquam umquam me audiente egit orator, quod non in memoria mea penitus insederit. Itaque ego is qui sum quantuscumque sum ad iudicandum, omnibus auditis oratoribus, sine ulla dubitatione sic statuo et iudico, neminem omnium tot et tanta, quanta sint in Crasso, habuisse ornamenta dicendi. Quamobrem, si vos quoque hoc idem existimatis, non erit, ut opinor, iniqua partitio, si, cum ego hunc oratorem, quem nunc fingo, ut institui, crearo, aluero, confirmaro, tradam eum Crasso et vestiendum et ornandum.

1. *primus.* Crassus war der erste, meint Antonius, der die eigentlich geschmackvolle oratorische Darstellung, das ornate dicere, so ins römische Leben eingeführt hat, daß es von da an mit zum guten Ton gehörte, während sich früher dieser stilistische ornatus doch höchstens immer nur vereinzelt gefunden. Einl. I § 10, 67. Crassus hat ferner zur Förderung des ornate dicere durch seine popularis dictio am meisten beigetragen, u. ist endlich auch das unerreichte Muster darin (solus effecit).
2. *namque ego, Catule.* Anton. führt den Nachweis, daß er berechtigt sei, ein solches Urteil, ohne sich dem Verdacht der Schmeichelei auszusetzen, über den Crassus zu fällen. Er wendet sich diesmal an Catulus, den feinen Ästhetiker, dem in der fraglichen Beziehung unter den Anwesenden das kompetenteste Urteil zustand.
3. *adsentandi*, natürlich in Hinsicht auf das am Schluß des Satzes ausgesprochene Lob, das A. mit gutem Gewissen seinem Freund vor allen andern erteilen kann; denn er hat sie alle gehört und ist also imstande, sie mit Crassus zu vergleichen.
4. *neque Graecum neque Latinum*, s. d. krit. Anhang.

6. *itaque,* 'ich also, der ich soviel Gelegenheit gehabt habe, mir ein Urteil zu bilden —'.
7. *sperare videor*, Lael. 15, ich glaube hoffen zu dürfen.
his ingeniis homines. Der Abl. wird weniger als abl. qual. zu homines gefühlt, als er vielmehr zu dem Verbalbegriff tantum operae datis zu ziehen ist: ihr die ihr mit solchen Talenten mir soviel Mühe widmet, zuzuhören.
9. *in memoria*, Brut. 139 Erat memoria summa (sc. Antonio).
10. *is qui sum* etc. d. h. obwohl ich weder auf den Ruhm eines ausgezeichneten Redners noch auf den eines bedeutenden Kritikers Ansprüche machen kann, so berechtigt mich doch eine umfassende und sorgfältige Beobachtung, die Behauptung aufzustellen etc.
15. *fingo*, wie ein plastischer Künstler, der in der Bildung einer Statue begriffen ist, I 71.
16. *creare* u. s. w. Die Verba bezeichnen die Aufgaben des Familienvaters (121 liberalis *parens*); *creare* erzeugen; *alere* durch die ersten Lebensjahre bringen, gleichsam säugen, vgl. Hor. sat. II 5, 45 f. si cui filius . . sublatus (aufgehoben = anerkannt) *aletur*; dann confirmare ins Leben einführen und bis zum Mannesalter 'festigen, kräftigen';

124 Tum Crassus, Tu vero, inquit, Antoni, perge, ut instituisti. Neque enim est boni neque liberalis parentis, quem procrearis et eduxeris, eum non et vestire et ornare, praesertim cum te locupletem esse negare non possis. Quod enim ornamentum, quae vis, qui animus, quae dignitas illi oratori defuit, qui in causa peroranda non dubitavit excitare reum consularem et eius diloricare tunicam et iudicibus cicatrices adversas senis imperatoris ostendere? qui idem hoc accusante Sulpicio, cum hominem seditiosum furiosumque defenderet, non dubitavit seditiones ipsas ornare ac demonstrare gravissimis verbis, multos saepe impetus populi non iniustos esse, quos praestare nemo posset; multas etiam e re publica seditiones saepe esse factas, ut cum reges essent exacti, [ut] cum tribunicia potestas constituta; illam Norbani seditionem ex luctu civium et ex Caepionis odio, qui exercitum amiserat, neque reprimi potuisse et iure esse conflatam? **125** Potuit hic locus tam anceps, tam inauditus, tam lubricus, tam novus sine quadam incredibili vi ac facultate dicendi tractari? Quid ego de Cn. Mallii, quid de Q. Regis

vgl. educere 121. Dann erst kommt das *vestire*, gleichsam mit der toga virilis bekleiden u. s. w. creare geht hier also auf die natürliche Begabung, die der Vater dem Kinde gewissermaßen mitgiebt, mit der er es ausstattet, φύσις; alere auf die geeignete Nahrung und Unterweisung der ersten Lebensjahre, confirmare auf die Einübung und Anweisung des richtigen Arbeitsfeldes, das die Kräfte erst fördern und stählen soll, ἐπιστήμη, μελέτη. Liv. XXX 28 cum Hannibale prope *nato* in praetorio patris, fortissimi ducis, *alito* atque *educato* inter arma.

2. *liberalis*, edelgesinnt.

3. *eduxeris*, Verg. Aen. VIII 413 parvos educere natos.

6. *in causa peroranda*, 194 ff.; Einl. I § 11, 113. S. ind. s. v. Aquilius. Or. 131 nec vero miseratione solum mens iudicum permovenda est — qua nos ita dolenter uti solemus, ut puerum infantem in manibus perorantes tenuerimus, ut alia in causa excitato reo nobili, sublato etiam filio parvo plangore et lamentatione complerimus forum.

8. *qui idem*, 197 ff.; Einl. I § 11, 128.

9. *furiosum*, fanatisch.

11. *non iniustos*, 199.

praestare (l 113) hier: dafür einstehen, daß sie nicht ausbrechen (also verhüten), wie Caes. b. c. III 17, 5 illi neque legatos Caesaris recipere neque periculum praestare eorum. Tusc. III 34 culpam autem nullam esse, cum id, quod ab homine non potuerit praestari, evenerit. ad Fam. V 17, 3 incertum casum quem neque vitare quisquam nostrum, nec praestare ullo pacto potest, sapienter ferre.

12. *e re publica* aus dem Leben des Staates heraus, infolge, gemäß der Entwicklung, soviel als 'zum Vorteil'.

13. *cum reges essent exacti*. Die seditiones traten ein, nicht nachdem die Könige vertrieben, nachdem die tribunicische Gewalt eingerichtet war, sondern als — vertrieben, als — eingerichtet wurde. Man sollte also erwarten exigeretur, constitueretur. Et sind also die Handlungen des exigi u. constitui nicht, wie gewöhnlich, auf die Zeit ihres Hauptsatzes bezogen, sondern von der Zeit des Redenden aus bestimmt. Antonius aber berichtet, was zu der Zeit, wo er die Rede für den Norbanus hielt, bereits vergangen war.

16. *anceps*, eben wegen des Versuchs, revolutionäre Bewegungen zu rechtfertigen.

commiseratione dicam? quid de aliis innumerabilibus? in quibus hoc non maxime enituit, quod tibi omnes dant, acumen quoddam singulare, sed haec ipsa, quae nunc ad me delegare vis — ea semper in te eximia et praestantia fuerunt.

Tum CATULUS, Ego vero, inquit, in vobis hoc maxime admirari soleo, quod, cum inter vos in dicendo dissimillimi sitis, ita tamen uterque vestrum dicat, ut ei nihil neque a natura denegatum neque a doctrina non delatum esse videatur. Quare, Crasse, neque tu tua suavitate nos privabis, ut, si quid ab Antonio aut praetermissum aut relictum sit, non explices, neque te, Antoni, si quid non dixeris, existimabimus non potuisse potius, quam a Crasso dici maluisse.

Hic CRASSUS, Quin tu, inquit, Antoni, omittis ista, quae proposuisti, quae nemo horum desiderat; quibus ex locis ea, quae dicenda sint in causis, reperiantur. Quae quamquam a te novo quodam modo praeclareque dicuntur, sunt tamen et re faciliora et praeceptis pervagata; illa deprome nobis unde adferas, quae saepissime tractas semperque divinitus.

Depromam equidem, inquit, et quo facilius id a te exigam, quod peto, nihil tibi a me postulanti recusabo. Meae

---

1. *commiseratione*, da sie unverschuldet durch die temeritas des Proconsuls in die unheilvolle Niederlage mit hineingezogen waren.

2. *hoc non maxime — acumen* = sed alia pariter enituerunt. Statt alia tritt dann haec ipsa, quae nunc ad me delegare vis, statt enituerunt aber tritt ein in te eximia et praestantia fuerunt. Ea nimmt das voraufgehende haec nach dem Relativsatz wieder auf (wie I 109 haec umgekehrt nach ea). semper heißt in all den Fällen, die er vorher als innumerabilia bezeichnet hat.

6. *admirari soleo, quod — dicat.* Der Konjunktiv ist zunächst wohl aus dem Prinzipe der Angleichung an die übrigen Konjunktive sitis u. videatur zu erklären; es soll jedoch auch die Erfahrung u. Beobachtung, die Catulus als von sich gemacht anführt, als eine allgemeingültige, eine von allen gemachte charakterisiert werden: 'daß jeder von euch auch nach allgemeiner Auffassung so zu reden weiß', daß... vgl. den umgekehrten Fall zu III 1. Denn soleo admirari = saepe admiror, weist auf Fälle hin, die ihm solche Bewunderung zu äußern Gelegenheit gaben. Admiror quod dicat dürfte wohl nicht gesagt werden. Vgl. auch zu I 251.

9. *suavitate*, 16.

13. *Quin tu omittis.* Crassus will die Artigkeit, welche in dem letzten Worte des Catulus lag, aus Bescheidenheit nicht so ohne Weiteres acceptieren. Daher die Wendung: nein, laß du lieber einfach das ganz weg. Zugleich aber ist damit auch der Gesichtspunkt gegeben, von dem aus die folgende Darstellung betrachtet sein will, nicht als gewöhnliche schulmäßige und ausführliche Topik (175), sondern als eine auf konkreter Erfahrung beruhende Darlegung der lebendigen Quellen d. oratorischen Stoffes.

14. *ex locis*, wie 132.

15. *in causis*, in den verschiedenen Rechtsfällen, 130.

16. *novo quodam modo*, Einl. I § 11, 112.

17. *illa*, von adferas abhängig.

18. *divinitus*, I 227.

totius in dicendo rationis et istius ipsius facultatis, quam
modo Crassus in caelum verbis extulit, tres sunt r[ation]es,
ut ante dixi: una conciliandorum hominum, altera docendorum,
tertia concitandorum. Harum trium partium prima lenitatem
orationis, secunda acumen, tertia vim desiderat. Nam hoc
necesse est, ut is, qui nobis causam adiudicaturus sit, aut
inclinatione voluntatis propendeat in nos, aut defensionis argumentis
adducatur, aut animi permotione cogatur. Sed quoniam
illa pars, in qua rerum ipsarum explicatio ac defensio
posita est, videtur omnem huius generis quasi doctrinam continere,
de ea primum loquemur et pauca dicemus. Pauca
enim sunt, quae usu iam tractata et animo quasi notata
habere videamur.

Ac tibi sapienter monenti, Crasse, libenter adsentiemur, ut
singularum causarum defensiones, quas solent magistri pueris
tradere, relinquamus, aperiamus autem capita ea, unde omnis
ad omnem et causam et orationem disputatio ducitur. Neque
enim, quotiens verbum aliquod est scribendum nobis, totiens
eius verbi litterae sunt cogitatione conquirendae, nec quotiens

1. *in dicendo rationis*. Antonius beruft sich auf 115: ita omnis *ratio dicendi* tribus ad persuadendum *rebus* est nixa, daher auch später res statt rationes. *res* ist einfach Aufgaben, Mittel; rationes wäre Ziele und Gesetze, 115; s. zu I 4.
facultas ist die speziell rednerische Tüchtigkeit.

2. *modo*, 124.

3. *ante*, 121.

4. *Harum* etc. Dem entsprechen denn auch die drei Stilgattungen, Or. 69: Sed quot officia oratoris, tot sunt genera dicendi: *subtile* in probando, *modicum* in delectando, *vehemens* in flectendo, in quo uno *vis* omnis orationis est; vgl. auch Or. 20 ff.

6. *ut*, dadurch daß das explikative *ut* u. s. w. an *hoc* angeschlossen ist, erhält die Rede gleichsam Gesetzeskraft und weit mehr Nachdruck, als wenn mit necesse der sonst übliche Infinitiv verbunden wäre; 'das nämlich ist durchaus notwendig, daß..'.

adiudicaturus sit, der sich dazu entschließen soll, zu unsern Gunsten zu entscheiden.

7. *propendeat*, Brut. 200.

9. *illa pars*, nämlich die Beweisführung, bei der die Thatsachen an und für sich (objektiv d. h. abgesehen von dem conciliare und movere der Gemüter, 181. 310) dargelegt und verteidigt werden; es ist der Hauptteil und die loci (τόποι), die für das probare in Betracht kommen, gelten meist zugleich auch für das movere und conciliare, III 104; Or. part. 9.

10. *quasi*, denn für eine eigentliche doctrina im strengen Sinn kann Antonius von seinem mehr praktischen Standpunkte aus diese Lehre vom Beweis nicht halten.

12. *usu*, in der Praxis bereits mehrfach behandelt und davon gleichsam abstrahiert und im Geiste angemerkt, mit Beziehung auf 32.

16. *capita*, die allgemeinen Hauptkategorieen oder Gesichtspunkte, von denen jede Erörterung sowohl in Beziehung auf jeden konkreten Rechtsfall, als jede rednerische Darstellung überhaupt auszugehen hat, 117, 119.

17. *neque enim — nec*, so wenig das eine, so wenig das andere. Simile per negationem. Seyff. schol. lat. II p. 92.

causa dicenda est, totiens ad eius causae seposita argumenta revolvi nos oportet, sed habere certos locos, qui, ut litterae ad verbum scribendum, sic illi ad causam explicandam statim occurrant. Sed hi loci ei demum oratori prodesse possunt, qui est versatus in rerum vel usu, quem aetas denique adfert, vel auditione et cogitatione, quae studio et diligentia praecurrit aetatem. Nam si tu mihi quamvis eruditum hominem adduxeris, quamvis acrem et acutum in cogitando, quamvis ad pronuntiandum expeditum, si erit idem in consuetudine civitatis, in exemplis, in institutis, in moribus ac voluntatibus civium suorum hospes, non multum ei loci proderunt illi, ex quibus argumenta promuntur. Subacto mihi ingenio opus est, ut agro non semel arato, sed novato et iterato, quo meliores fetus possit et grandiores edere. Subactio autem est usus, auditio, lectio, litterae.

Ac primum naturam causae videat, quae numquam latet; factumne sit quaeratur, an quale sit, an quod nomen habeat: quo perspecto statim occurrit naturali quadam prudentia, non his subductionibus, quas isti docent, quid faciat causam, id

1. *ad eius causae seposita argumenta*, zu den besonderen Beweisen dieses speziellen Falles.
2. *revolvi*, 135. de rep. I 21 nec vero ita disseram, ut ad illa elementa revolvar.
ut litterae, Quint. V 10, 125 sed hoc exercitatione multa consequendum, ut — oratoris cognitionem nihil moretur haec varietas argumentorum et copia, sed quasi offerat se et *occurrat* et, ut litterae syllabaeque scribentium cogitationem non exigunt, sic rationem sponte quadam sequantur.
3. *sic illi* d. Pronomen nimmt das vorhergehende locos wieder auf. Tusc. IV 61 est enim metus, ut aegritudo praesentis, sic ille futuri mali.
statim occurrant, sich aufdrängen, unmittelbar einleuchten, 132; vgl. I 151; III 31; 191.
5. *versatus in rerum usu*, im Gegensatz zu dem bloßen Schulrhetoriker, der sich stets nur in der formellen, abstrakten Theorie bewegt hat. Vgl. 147. 201.
denique schließlich.
8. *ad pronuntiandum expeditus*: auch noch so 'rüstig', (schneidig) zum Vortrage.
12. *promuntur* 146 f. 201; Top. 7.

subacto, tüchtig bearbeitet, nach einer vom Ackerbau entlehnten Metapher. Cat. M. 51 quae (sc. terra) cum gremio mollito ac subacto sparsum semen excepit. Cic. ap. Non. p. 429 segetes agricolae subigunt aratris multo ante quam serant.
13. *novato et iterato*, im Gegensatz von semel, wie denuo et iterum arato (agro iterato et tertiato wie der technische Ausdruck lautete). Xen. Oec. XVI 11—15. Vgl. zu dem Bilde Brut. 16. Im Frühjahr sobald der Boden etwas abgetrocknet ist, wird er umgebrochen, damit er im Sommer zugänglich bleibe; um das Unkraut zu vertilgen, wird eine ein- oder mehrmalige Bearbeitung während des Sommers erfordert; zur Saatbestellung im Herbst die dritte Bearbeitung Hesiod. op. 462 ἔαρι πολεῖν· θέρεος δὲ νεωμένη οὔ σ' ἀπατήσει (sc. ἄρουρα).
15. *litterae*, das Schreiben, vgl. 96.
16. Einl. II § 3.
17. *factumne* etc. 104.
an sc. quaeratur.
19. *his subductionibus*, mittelst der künstlichen Nachrechnungen, welche Nummer nämlich od. welche

est, quo sublato controversia stare non possit; deinde quid
veniat in iudicium, quod isti sic iubent quaerere: 'Interfecit
Opimius Gracchum. Quid facit causam? quod rei publicae
causa, cum ex senatus consulto ad arma vocasset. Hoc tolle,
causa non erit. At id ipsum negat contra leges licuisse Decius.
Veniet igitur in iudicium: Licueritne ex senatus consulto servandae rei publicae causa?' Perspicua sunt haec quidem et
in vulgari prudentia sita; sed illa quaerenda, quae et ab accusatore et a defensore argumenta ad id, quod in iudicium venit,
spectantia debeant adferri. Atque hic illud videndum est, in
quo summus est error istorum magistrorum, ad quos liberos
nostros mittimus, non quo hoc quidem ad dicendum magno
opere pertineat, sed tamen ut videatis, quam sit genus hoc
eorum, qui sibi eruditi videntur, hebes atque impolitum; con-

Haupt- und Unterabteilung in dem vielfach gegliederten Schema der Lehre de statibus gerade zur Anwendung zu bringen sei.

1. *quid veniat in iudicium* τὸ κρινόμενον, Or. 126; Top. 95 quae ex statu contentio efficitur, eam Graeci κρινόμενον appellant, mihi placet id — 'qua de re agitur' vocari, Brut. 275; Or. part. 104; p. Mil. 31 sin hoc nemo vestrum ita sentit, illud iam in iudicium venit, non, occisusne sit, quod fatemur, sed iure an iniuria, quod multis in causis saepe quaesitum est.

2. *isti*, die griechischen Rhetoriker, besonders seit Hermagoras, Einl. I § 4 u. 6; II § 3.

interfecit, das gewöhnliche Beispiel, p. Mil. 31. Or. part. 104 iurene occiderit Opimius Gracchum, u. weiter unten 106 sicut ab Opimio: iure feci salutis omnium et conservandae reipublicae causa; relatumque ab Decio est: ne sceleratissimum quidem civem sine iudicio, iure ullo necare potuisti; oritur illa disceptatio: potueritne recte salutis reipublicae causa civem, eversorem civitatis, indemnatum necare?

4. *tolle . . causa non erit*. Die im Deutschen nicht hinzugefügte Verbindung 'und, und dann' wird im Latein meist ausgelassen, bei besonderer Emphase durch *tum* oder *iam*, nie durch *et* ausgedrückt.

5. *id ipsum*, I 202.

contra leges licuisse; es ist etwa ein fuisse zu ergänzen; dicit contra l. fuisse et non licuisse, oder negat licuisse.

8. *illa quaerenda: quae* etc. mit einer gewöhnlichen Attraktion wie Lael. 56 Constituendi autem sunt, qui sint in amicitia fines et quasi termini diligendi. Daher auch debeant (nicht debent), s. d. krit. Anhang.

Auf *quaerenda* liegt der Nachdruck; das Erwähnte ist selbstverständlich, suchen aber muß man nach . . .

12. *non quo*, ich erwähne dies übrigens nicht, meint A., wie man vielleicht aus den Anfangsworten Atque hic illud *videndum* est schließen könnte, als gehöre die gleich anzuführende Unterscheidung etwa wesentlich zu dem, um das es sich hier eigentlich handelt, zu dem wirklichen Reden — eine ironische Äußerung wider die unpraktische Spitzfindigkeit der Theoretiker.

14. *impolitum* hier nicht eigentlich, wie sonst, 'ungehobelt', sondern: 'nicht durch die Praxis, durch lebendige Erfahrung gestählt'; ihr Grundirrtum (die Teilung aller Gebiete der Redekunst in θέσεις und ὑποθέσεις, s. Einl. II § 2 und Anm. 5) beweist schon, mit welchem Rechte diese Leute sich *eruditi* nennen, sie die eben noch nicht aus der Schar der rudes sich aussondern, vielmehr 'stumpf und ungestählt' sind. Vgl. a. d. krit. Anh.

stituunt enim in partiendis orationum modis duo genera causarum: unum appellant, in quo sine personis atque temporibus de universo genere quaeratur; alterum, quod personis certis atque temporibus definiatur; ignari, omnes controversias ad universi generis vim et naturam referri. Nam in ea ipsa causa, de qua ante dixi, nihil pertinet ad oratoris locos Opimii persona, nihil Decii. De ipso enim universo genere infinita quaestio est, num poena videatur esse adficiendus, qui civem ex senatus consulto patriae conservandae causa interemerit, cum id per leges non liceret. Nulla denique est causa, in qua id, quod in iudicium venit, reorum personis ac non generum ipsorum universa dubitatione quaeratur. Quin etiam in eis ipsis, ubi de facto ambigitur, ceperitne pecunias contra leges [P.] Decius, argumenta et criminum et defensionis revocentur oportet ad genus et [ad] naturam universam: quod sumptuosus, de luxurie;

1. *duo genera*, Einl. II § 2.
4. *ignari* etc. J 138; Or. part. 61; Top. 79 f. Or. 45 orator, non ille vulgaris, sed hic excellens a propriis personis et temporibus semper si potest avocat controversiam; latius enim de genere quam de parte disceptare licet, ut quod in universo sit probatum, id in parte sit probari necesse, Brut. 322.
6. *ad oratoris locos*, 102. 136. 162 sedes argumentorum, Einl. II § 10; zu den Beweis-Kategorieen oder Gesichtspunkten, die der Redner ins Auge zu fassen hat.
7. *infinita quaestio est*, Or. part. 106 (in unmittelbarem Anschluß an die 132 angeführten Worte) Ita disceptationes eae, quae in his controversiis oriuntur, quae sunt certis personis ac temporibus notatae, fiunt rursus *infinitae*, detractisque temporibus et personis rursum ad *consultationis formam rationemque revocantur*.

enim, mit etwas korrigierender Kraft: denn vielmehr.
10. *denique*, kurz, überhaupt, mit einem Wort, 46.
in qua etc., bei welcher der eigentlich streitige (der richterlichen Entscheidung unterliegende) Punkt nach den einzelnen Individuen und nicht vielmehr überhaupt nach der Gesamtfrage des allgemeinen Falls zu entscheiden sei, d. h. die Frage ist nicht, ob im besonderen Opimius oder Decius, sondern ob im allgemeinen jeder, wenn er das und das gethan, bestraft werden müsse.
11. *ac non* und nicht vielmehr, ohne potius s. zu I 102 u. III 144.
generum ipsorum, der allgemeinen Gattungsbegriffe selbst, unter die erst die Einzelfall zu subsumieren ist. Nägelsbach Stil. § 100, S. 291.
12. *dubitatione* in der Bedeutung 'noch unentschiedene, zu untersuchende Frage oder allgemein Untersuchung, ist der anderen, minder gut beglaubigten Lesart disputatione vorzuziehen. Vgl. 78. 142. 145.
13. *ceperitne*, Or. part. 104 ut in coniectura (Einl. II § 3, 11): ceperitne pecunias Decius.
15. *quod sumptuosus*. — Es werden die argumenta für die crimina angegeben u. dabei wird besonders an die Person des Decius gedacht, auf den die Prädikate sumptuosus u. s. w., sowol nach der Natur des Processes als nach dem, was Cicero sonst über denselben sagt, passen. luxuries, avaritia u. s. w. bezeichnen dann die genera, auf welche die einzelnen Gründe zurückzuführen sind. Die Konstruktion ist eine lockere: quod sumptuosus (est), (dicendum est) de luxurie. Das ist dem Sinne nach gleich revocandum argumentum criminis est ad genus luxuriae.

quod alieni appetens, de avaritia; quod seditiosus, de turbulentis et malis civibus; quod a multis arguitur, de genere testium; contraque, quae pro reo dicentur, omnia necessario a tempore atque homine ad communes rerum et generum summas revolventur. Atque haec forsitan homini non omnia, quae sunt in natura rerum, celeriter animo comprehendenti permulta videantur, quae veniant in iudicium tum, cum de facto quaeratur; sed tamen criminum multitudo est aut defensionum, non locorum infinita. Quae vero, cum de facto non ambigitur, quaeruntur, qualia sint, ea si ex reis numeres, et innumerabilia sunt et obscura; si ex rebus, valde et modica et illustria. Nam si Mancini causam in uno Mancino ponimus, quotienscumque is, quem pater patratus dediderit, receptus non erit, totiens causa nova nascetur. Sin illa controversia causam facit, videaturne ei, quem pater patratus dediderit, si is non sit receptus, postliminium esse, nihil ad artem dicendi nec ad argumenta defensionis Mancini nomen pertinet. Ac, si quid adfert praeterea hominis aut dignitas aut indignitas, extra quaestionem est et ea tamen ipsa oratio ad universi generis disputationem referatur necesse est.

Haec ego non eo consilio disputo, ut homines eruditos redarguam; quamquam reprehendendi sunt, qui in genere de-

---

4. *communes summas*, die das Einzelne umfassenden Gesamtbegriffe.

5. *revolventur*, 130.
atque haec, nämlich quae veniant in iudicium.

8. *aut defensionum, non locorum*, Gedanke: einem, der in der Logik nicht geübt ist, d. h. dem die Fertigkeit abgeht, alle die konkreten Einzelfälle, die im Leben vorkommen, rasch unter die betreffenden Gesamtbegriffe zu bringen, mag die Zahl dieser Gesamtbegriffe wohl sehr groß vorkommen (weil er nämlich noch Vieles als Gesamt- oder Gattungsbegriffe [genera] nimmt, was vielmehr wieder als species unter einen höheren Gesamtbegriff subsumiert werden muß); aber in der Wirklichkeit verhält sichs anders: die Anzahl der konkreten Anklage- oder Verteidigungsfälle ist allerdings unendlich groß, nicht aber die der allgemeinen Kategorieen.

9. Die Forderung, die Einzelfälle auf die allgemeine Gattung zurückzuführen, gilt noch in er-

höhtem Maße bei der constitutio generalis.

12. *Mancini*, I 181.

18. *adfert*, als beachtenswertes rednerisches Material.
praeterea, d. h. außer der allgemeinen, objektiven Thatsache.
hominis, des speziellen Individuums.
extra quaestionem, so liegt das außerhalb des Gebiets der eigentlichen Untersuchung des objektiven Thatbestandes (ἔξω τοῦ πράγματος).

19. *oratio*, auch da, wo man sich über die individuelle dignitas oder indignitas auszusprechen hat.

21. *homines eruditos*, mit leicht erkennbarer Ironie. Antonius, der an Gelehrsamkeit sich mit den griech. Rhetoren nicht messen will, denkt nicht daran, sie vom gelehrten Standpunkt aus zu widerlegen. Freilich, der Nachweis der praktischen Unbrauchbarkeit jener Scheidung zwischen besondern und allgemeinen Fällen (140) war die schlagendste Widerlegung.

22. *in genere definiendo*, sie lassen sich also den logischen Fehler zu

finiendo istas causas describunt in personis et in temporibus positas esse. Nam etsi incurrunt tempora et personae, tamen **139** intellegendum est, non ex eis, sed ex genere quaestionis pendere causas. Sed hoc nihil ad me; nullum enim nobis certamen cum istis esse debet. Tantum satis est intellegi ne hoc quidem eos consecutos, quod in tanto otio etiam sine hac forensi exercitatione efficere potuerunt, ut genera rerum discernerent eaque paullo subtilius explicarent. Verum hoc, ut dixi, **140** nihil ad me. Illud ad me ac multo etiam magis ad vos, Cotta noster et Sulpici; quomodo nunc se istorum artes habent, pertimescenda est multitudo causarum; est enim infinita, si in personis ponitur; quot homines, tot causae; sin ad generum universas quaestiones referuntur, ita modicae et paucae sunt, ut eas omnes diligentes et memores et sobrii oratores percursas animo et prope dicam decantatas habere debeant; nisi forte existimatis a M'. Curio causam didicisse L. Crassum et ea re multa attulisse, quamobrem postumo non nato Curium tamen heredem Coponii esse oporteret. Nihil ad copiam argumento- **141** rum neque ad causae vim ac naturam nomen Coponii aut Curii pertinuit; in genere erat universo rei negotiique, non in tempore ac nominibus, omnis quaestio. Cum scriptum ita sit: 'SI MIHI FILIUS GENITUR, ISQUE PRIUS MORITUR et cetera, TUM MIHI

Schulden kommen, daß sie da, wo es sich um die Bestimmung des genus handelt, von den species handeln.

2. *etsi incurrunt*, mit ins Spiel, noch zur Geltung kommen —.

3. *ex genere quaestionis*, von dem Gattungsbegriff der Frage oder der allgemeinen Frage.

4. *nobis*, als eigentlichen Praktikern.

5. *Tantum* — gleichfalls ironisch: die Einsicht genügt schon.

6. *in tanto otio*, das Graecum otium war sprichwörtlich Or. 108 nemo enim orator tam multa ne in Graeco quidem otio scripsit, quam multa sunt nostra.

7. *potuerunt*, unzweifelhaft gekonnt haben, gerade als h. eruditi.

9. *ad vos* — die ihr eben über Wert und Bedeutung dieser rhet. Theorie für den prakt. Redner unterrichtet sein wollt.

12. *ponitur* sollte eigentlich nicht multitudo, sondern causae zum Subjekt haben.

14. *memores*, III 194.
percursas, im Überblick haben.

Or. 47 faciet igitur hic noster — quoniam loci certi traduntur, *percurrat* omnes.

15. *decantatas*, am Schnürchen haben, 75; 1 105 cantilena; 245 carmen.

16. *L. Crassum.* Der Vorname ist bei beiden Eigennamen absichtlich gebraucht, um damit recht scharf Person gegen Person (Individuum gegen Individuum) zu stellen.

20. *rei negotiique* im Gegensatz zu nominibus und tempore, es kam ganz allgemein auf die Sache und auf den Erbfall, nicht auf die Person und das zufällige, individuelle Verhältnis an.

21. *si mihi* etc. de inv. II 122 Paterfamilias cum liberorum haberet nihil, uxorem autem haberet, in testamento ita scripsit: *si mihi filius genitur unus pluresve, is mihi heres esto.* Deinde quae solent. Postea: *si filius ante moritur, quam in tutelam suam venerit, tum mihi secundus heres esto.* Filius natus non est. Ambigunt agnati cum eo, qui est heres, si filius ante, quam in suam tutelam venerit, mortuus sit.

ILLE SIT HERES'; si natus filius non sit, videaturne is, qui filio mortuo institutus heres sit, heres esse, perpetui iuris et universi generis quaestio non hominum nomina, sed rationem dicendi et argumentorum fontes desiderat. In quo etiam isti nos iuris consulti impediunt a discendoque deterrent. Video enim in Catonis et in Bruti libris nominatim fere referri, quid alicui de iure viro aut mulieri responderint; credo, ut putaremus in hominibus, non in re consultationis aut dubitationis causam aliquam fuisse, ut, quod homines innumerabiles essent, debilitati *etiam* in re cognoscend*a* voluntatem discendi simul cum spe perdiscendi abiceremus. Sed haec Crassus aliquando nobis expediet et exponet discripta generatim. Est enim, ne forte nescias, heri nobis ille hoc, Catule, pollicitus, ius civile, quod nunc diffusum et dissipatum esset, in certa genera coacturum et ad artem facilem redacturum.

2. *perpetui*, das für alle Zeiten und besonderen Fälle sich gleich bleibt.

3. *rationem dicendi*, Planmäßigkeit der Rede, die dann auf den besondern Fall anzuwenden ist, anders s. I 4.

4. *fontes* — aus denen dann die argumenta für die besondere causa fließen.

isti, I 171.

5. *impediunt*, wegen der schwierigen Übersicht; man kann durch die Menge von Einzelfällen gar nicht durchkommen. Daher hernach im Gegensatz: expediet.

a discendoque deterrent, weil man verzweifeln muß, bei der unendlichen Menge von Einzelfällen, zu denen immer wieder neue hinzukommen, jemals ans Ziel zu kommen.

6. *fere*, 'in der Regel', 'zumeist' 61, wie in der Redensart ut fere fit. de off. II 69 a quo enim expeditior et celerior remuneratio fore videtur, in eum fere est voluntas nostra propensior.

7. *credo*, ironisch wie I 230.

8. *dubitationis*, 134.

9. Pid. u. Adler lasen *debilitati* [*a iure c.*], auf daß wir durch die unzähligen Einzelfälle (quod homines innumerabiles essent wegen der Unzahl der Individuen 145) ganz erlahmt [und vom Studium des Rechtes abgeschreckt]. Da aber überall vorher der Gegensatz von Person und Sache, Name und Inhalt in jedem einzelnen Gliede der Entwickelung betont ist, verlangt auch das *homines* dieses Schlußsatzes ein *res* als Gegensatz. Cic. sagt: vordem ward das Civilrecht nach einzelnen Fällen und mit Bezeichnung der Rat heischenden Personen gegliedert und dargestellt, vermutlich bildeten die Verfasser sich ein, auf die Personen, nicht auf den Stoff der Rechtsgutachten komme es an, sodaß, weil die Personen zahllos sind, wir dann (durch die zahllose Menge) entkräftet auch bei dem Versuche, den Inhalt zu erkennen, gleich die Hoffnung aufgeben mußten. Natürlich ist der ganze Gegenstand der zu erzielenden Erkenntnis das *ius civile*, so ist auch die große Übereinstimmung der Hss. in dem Festhalten an *iure cognoscendo* erklärt. S. d. krit. Anh.

12. *discripta generatim*, nach Hauptabteilungen oder Kapiteln geordnet (die allemal die Einzelfälle zusammenfassen), 288; I 58; 186.

13. *heri*, I 190.

pollicitus mit in lebhafter Umgangssprache wohl häufigerer Auslassung von se wie III 15 von me (oder hinter pollicitus ist *se* ausgefallen).

15. *artem facilem*, zu einem leicht faßlichen System, *facilem*, infolge der systematischen Anordnung.

Et quidem, inquit CATULUS, haudquaquam id est difficile 143
Crasso, qui et, quod disci potuit de iure, didicit et, quod eis,
qui eum docuerunt, defuit, ipse adferet; ut, quae sint in iure,
vel acute discribere vel ornate illustrare possit.

Ergo ista, inquit ANTONIUS, tum a Crasso discemus, cum
se de turba et a subselliis in otium, ut cogitat, soliumque
contulerit.

Iam id quidem saepe, inquit CATULUS, ex eo audivi, cum 144
diceret sibi certum esse a iudiciis causisque discedere; sed, ut
ipsi soleo dicere, non licebit. Neque enim auxilium suum
saepe a viris bonis frustra implorari patietur neque id aequo
animo feret civitas; quae si voce L. Crassi carebit, ornamento
quodam se spoliatam putabit.

Nam hercle, inquit ANTONIUS, si haec vere a Catulo dicta
sunt, tibi mecum in eodem est pistrino, Crasse, vivendum;
et istam oscitantem [et dormitantem] sapientiam Scaevolarum
et ceterorum beatorum otio concedamus.

Adrisit hic CRASSUS leniter et, Pertexe modo, inquit, 145
Antoni, quod exorsus es; me tamen ista oscitans sapientia,
simulatque ad eam confugero, in libertatem vindicabit.

Huius quidem loci, quem modo sum exorsus, hic est finis, 34

---

4. *acute discribere*, im Gegensatz zu der dermaligen unsystematischen Anhäufung mit logischer Schärfe abgrenzen, also systematisch ordnen. (Die andere Lesart apte hebt nicht sowohl das logische Geschick, als vielmehr die äußere Zweckmäßigkeit hervor.)

ornate illustrare, im Gegensatz gegen die jetzige Trockenheit und Unklarheit durch eine gefällige Darstellung ins Licht stellen.

6. *soliumque*, I 199; II 226; III 133.

14. *Nam*, damit begründet Antonius, daß er in der erwähnten Beziehung mit Catulus einverstanden sei, wenn er auch die Sache vom Standpunkt des Staatsdienstes etwas nüchterner ansieht: Ja freilich, denn u. s. w. Verr. I 133 nam mehercule sic agamus. Vgl. ebd. II 72; III 106.

15. *pistrino*, I 46, der harte Dienst wird uns wohl nicht abgenommen werden; im Gegensatz dazu hernach: in libertatem vindicabit.

16. *oscitantem [et dormitantem] sapientiam*, die mühelos und bequem vom Ruhesessel des Hausvaters, vom Großvaterstuhl aus ihre rechtlichen Gutachten wie Orakelsprüche (1 199 f.) erteilt.

Scaevolarum, als der iuris consulti κατ' ἐξοχήν, I 39; Einl. I § 14, 163.

17. *beatorum* —, die wie die ῥεῖα ζώντες θεοί in seliger Ruhe nichts zu thun haben. Ganz ähnlich persifliert Cic. p. Mur. 26 die Iuristen: praeter interea ne pulchrum se ac *beatum* putaret atque aliquid ipse sua sponte loqueretur, ei quoque carmen compositum est.

21. *hic est finis*, — ut comprehenderent = id egi ut —. Es wird zugleich auf die das Resultat herbeiführende, ihm voraufgehende Thätigkeit Rücksicht genommen u. darnach richtet sich das tempus des Nebensatzes; de leg. I 58, cuius praecepti tanta vis et tanta sententia est, ut ea non homini cuipiam sed Delphico deo tribueretur = tanti aestimata est, ut —. Von andrer Art de Fin. II 34 honeste vivere, quod ita interpretantur, vivere cum intellegentia earum rerum, quae essent secundum naturam. I 254. Vgl. Lieven, consec. tempp. d. Cicero p. 19.

inquit ANTONIUS — quoniam intellegeretur non in hominum innumerabilibus personis neque in infinita temporum varietate, sed in generum causis atque naturis omnia sita esse, quae in dubium vocarentur, genera autem esse definita non solum numero, sed etiam paucitate —, ut eam materiem orationis, quae cuiusque esset generis, studiosi qui essent dicendi, omnibus locis discriptam, instructam ornatamque comprehenderent, 146 rebus dico et sententiis. Ea vi sua verba pariet, quae semper satis ornata mihi quidem videri solent, si eiusmodi sunt, ut ea res ipsa peperisse videatur. Ac si verum quaeritis, quod mihi quidem videatur (nihil enim aliud adfirmare possum nisi sententiam et opinionem meam), hoc instrumentum causarum et generum universorum in forum deferre debemus neque, ut quaeque res delata ad nos erit, tum denique scrutari locos, ex quibus argumenta eruamus; quae quidem omnibus, qui ea mediocriter modo considerarint, studio adhibito et usu, pertrac-

3. *in generum causis atque naturis*, der Genetiv zum Ersatz für ein nicht vorhandenes Adjektiv, etwa: allgemeine, generelle Fälle, gleichsam Gattungsfälle und deren Wesen; 140 f.

5. *paucitate*, es giebt im Ganzen nur eine beschränkte Zahl von solchen Hauptarten.

6. *omnibus locis discriptam*, der Redestoff für jede der erwähnten Hauptarten (135) soll dem Redner zu Gebote stehen, und zwar nicht in abstracto, sondern nach allen Kategorieen gehörig verteilt und gegliedert und mit Sachen und Gedanken reichlich versehen.

8. *rebus et sententiis* in Bezug auf den Inhalt und die subjektiven, eigenen Entwickelungen (des Redners). Es beziehen sich die Ausdrücke auf die beiden Quellen des probare, 116 res, quae non excogitantur ab oratore und materies, quae tota in disputatione oratoris collocata est, also erst invenienda argumenta (117).

Ea vi sua verba pariet, s. d. krit. Anhang: ea sc. materies orationis (nach den Hss. statt der Vulgatlesart eae): dieser geistig durcharbeitete, wohlgeordnete und reichhaltige Stoff der Rede (die res und sententiae) wird aus sich heraus, von selbst schon den rechten Ausdruck, die rechte Form schaffen. III 125, rerum enim copia verborum copiam gignit. Vgl. I 20.

9. *ut ea res ipsa* etc. Ist die stilistische Form wirklich nur der volle Ausdruck des Sach- und Gedankeninhalts, erscheint sie lediglich und ohne äußere Zuthat als Produkt des in ihr sich schöpferisch ausprägenden Inhalts, so entspricht sie auch den ästhetischen Anforderungen: der wahrhaft sachgemäße Ausdruck ist in der Regel auch geschmackvoll und schön. Vgl. III 178 ff.

11. *nihil enim* etc., 298.

12. *hoc instrumentum*, Rüstzeug; der Redner soll die erwähnten allgemeinen Fälle und Hauptarten gehörig inne haben.

13. *universorum* bezieht sich auch auf causarum. [Vorher in generum causis, also sind causa u. genera nicht koordinierte Begriffe, darum ist et vor generum vielleicht zu streichen, trotz der Härte, daß dann ein Genet. vom andern abhängig ist.]

deferre, I 149; III 74.

14. *tum denique*, 181. 315; III 147, dann erst, schließlich, gleichsam im letzten Augenblick. ad Fam. V 12, 5.

16. *pertractata*, ganz geläufig geworden.

tata esse possunt; sed tamen animus referendus est ad ea capita et ad illos, quos saepe iam appellavi, locos, ex quibus omnia ad omnem orationem inventa ducuntur. Atque hoc totum est sive artis sive animadversionis sive consuetudinis nosse regiones, intra quas venere et pervestiges, quod quaeras. Ubi eum locum omnem cogitatione saepseris, si modo usu rerum percallueris, nihil te effugiet atque omne, quod erit in re, occurret atque incidet. Et sic, cum ad inveniendum in dicendo tria sint: acumen, deinde ratio (quam licet, si volumus, appellemus artem), tertium diligentia, non possum equidem non ingenio primas concedere; sed tamen ipsum ingenium diligentia etiam ex tarditate incitat; diligentia, inquam, quae cum omnibus in rebus tum in causis defendendis plurimum valet. Haec praecipue colenda est nobis; haec semper adhibenda; haec nihil est quod non adsequatur. Causa ut penitus, quod initio dixi, nota sit, diligentia est; ut adversarium attente audiamus atque ut eius non solum sententias, sed etiam verba omnia excipiamus, vultus denique perspiciamus omnes, qui sensus animi plerumque indicant, diligentia est: — id tamen dissimulanter facere, ne sibi ille aliquid proficere videatur, prudentia est; — deinde

---

1. *capita*, 117. 130.
2. *locos*, 131; Einl. II § 11, 65. τοπικὴ = inveniendi ars.
3. *inventa* absichtlich für argumenta wegen der Beziehung auf die inveniendi ars (Top. 6) Or. part. 5 quid est argumentum? probabile inventum ad faciendam fidem. Vgl. 142.
4. *regiones*, die Bezirke, Reviere, Or. 141, regiones finesque defenderet.
5. *pervestiges*, Top. 7 ut igitur earum rerum, quae absconditae sunt, demonstrato et notato loco facilis inventio est, sic cum *pervestigare* argumentum aliquod volumus, locos nosse debemus; sic enim appellatae ab Aristotele sunt hae quasi sedes, e quibus argumenta promuntur.
6. *saepseris* — wie der Jäger das Wild mit dem Garn.
usu rerum. Vgl. p. Mil. 76 sed nescio quomodo iam *usu* obduruerat et *percalluerat* civitatis incredibilis patientia. Der Redner muß das abgesteckte Gebiet durch die häufige Praxis (204) so genau kennen, wie der Jäger im Jagdrevier Weg und Steg. (Die gewöhnliche Lesart ist: usum rerum).

7. *occurret atque incidet* vgl. ob. 131.
9. *tria*, die bekannten drei Faktoren: φύσις, ἐπιστήμη, μελέτη (Plat. Phaedr. p. 269 D.) 162. 232; Brut. 25; 98; und öfters. Einl. I § 8, 49.
ratio wie III 80, wissenschaftliche Bildung, wissensch. methodisches Denken.
11. *primas concedere*. Vgl. Or. 18. (primas tribuere), 29 (deferre), 141 (tenere), Brut. 84 (deferre); 183 (ferre).
12. *ex tarditate incitat*, das (noch schlummernde) Talent erweckt aus trägem Schlummer.
17. *excipiamus* stärker als percipere vgl. II 32.
19. *id tamen* etc., eine beiläufige Vorsichtsmaßregel, durch die zwar die Epiphora (diligentia est) unterbrochen wird, die aber (zumal sie in der Mitte steht) darum doch nicht etwa als unecht beseitigt werden darf.
20. *ne sibi ille* etc., das kann er sich leicht einbilden und dadurch zum Nachteil seines Gegners um so zuversichtlicher werden, wenn er sieht, wie dieser ihn fortwährend beobachtet.

ut in eis locis, quos proponam paullo post, pervolvatur animus, ut penitus insinuet in causam; ut sit cura et cogitatione intentus, diligentia est; ut his rebus adhibeat tamquam lumen aliquod memoriam, ut vocem, ut vires, *diligentia est*. Inter ingenium quidem et diligentiam perpaullum loci reliquum est arti. Ars demonstrat tantum, ubi quaeras, atque ubi sit illud, quod studeas invenire; reliqua sunt in cura, attentione animi, cogitatione, vigilantia, adsiduitate, labore, complectar uno verbo, quo saepe iam sumus usi, diligentia; qua una virtute omnes virtutes reliquae continentur. Nam orationis quidem copia videmus ut abundent philosophi, qui, ut opinor (sed tu haec, Catule, melius) nulla dant praecepta dicendi nec idcirco minus, quaecumque res proposita est, suscipiunt, de qua copiose et abundanter loquantur.

Tum CATULUS, Est, inquit, ut dicis, Antoni, ut plerique philosophi nulla tradant praecepta dicendi et habeant paratum tamen quid de quaque re dicant. Sed Aristoteles, is, quem ego maxime admiror, posuit quosdam locos, ex quibus omnis argumenti via non modo ad philosophorum disputationem, sed etiam ad hanc orationem, qua in causis utimur, inveniretur; a quo quidem homine iam dudum, Antoni, non aberrat oratio tua, sive tu similitudine illius divini ingenii in eadem incurris vestigia, sive etiam illa ipsa legisti atque didicisti, quod quidem mihi magis veri simile videtur. Plus enim te operae Graecis dedisse rebus video, quam putaramus.

---

1. *paullo post*, 162 ff.
2. *insinuet*, ohne se, wie I 90; ad Fam. IV 13, 6; ad Att. II 24, 2.
4. *diligentia est*, s. d. krit. Anh.
10. *nam orationis quidem* — durch das Beispiel (quidem) der Philosophen, qui sine artis praeceptis abundant orationis copia, wird die Behauptung begründet, daß von den genannten drei Erfordernissen die ars den untersten Platz einnehme.
11. *videmus ut*, 193. Schultz § 387 A. 12; Cato mai. 26; 31.
tu haec Catule melius, Einl. I § 15, 176.
15. *Est — ut*, Schultz § 399; Meiring § 787, A. 4; Horat. C. III 1, 2.
plerique philosophi. Anton. hatte gesagt: tu haec, Catule, melius. Dem entsprechend wird nun dem Catulus die Bemerkung in den Mund gelegt, daß die meisten Philosophen zwar keine ars locorum aufstellen, daß dies aber von Aristoteles geschehen sei.

18. *posuit* in den Büchern der τοπικά; Cic. Top. 1, 1 Cum mecum in Tusculano esses et in bibliotheca separatim uterque nostrum ad suum studium libellos, quos vellet, evolveret, incidisti in *Aristotelis Topica* quaedam, quae sunt ab illo pluribus libris explicata.
19. *argumenti via* — wo nicht nötig ist argumentandi via zu schreiben 36; 1 14. Aus den aufgestellten Kategorieen soll jeder ordnungsmäßige Beweisgang (36) gefunden werden (wie dies hernach 164 ff. im Einzelnen zu ersehen ist). Or. part. 41 quid, definitionis quae ratio est et quae via?
21. *non aberrat oratio tua*, z. B. 32. 36. 83. 114 ff. 128; Einl. I § 7, 38. *a quo homine* st. a cuius hominis oratione. Vgl. I 15.
24. *magis veri simile*. Catulus oder Cicero merkt nicht, daß er mit dieser Behauptung das vorhergehende (größere) Kompliment zu

DE ORATORE II 36, 153. 37, 154.

Tum ille, Verum, inquit, ex me audies, Catule. Semper 153
ego existimavi iucundiorem et probabiliorem huic populo oratorem fore, qui primum quam minimam artificii alicuius, deinde
nullam Graecarum rerum significationem daret. Atque ego idem
existimavi pecudis esse, non hominis, cum tantas res Graeci
susciperent, profiterentur, agerent seseque et videndi res ob-
scurissimas et bene vivendi et copiose dicendi rationem daturos
hominibus pollicerentur, non admovere aurem et, si palam
audire eos non auderes, ne minueres apud tuos cives auctoritatem tuam, subauscultando tamen excipere voces eorum et
procul quid narrarent attendere. Itaque feci, Catule, et istorum
omnium summatim causas et genera ipsa gustavi.

Valde hercule, inquit CATULUS, timide tamquam ad ali- 37 154
quem libidinis scopulum, sic tuam mentem ad philosophiam

Gunsten eines geringeren wesentlich abschwächt.
2. *probabiliorem huic populo*, 4.
3. *artificii alicuius*, 4. 156; ad Her. I 17 periculosum est, ne quando plus minusve dicamus et suspitionem affert auditori meditationis et artificii, quae res fidem abrogat orationi.
4. *significatio* erkennbarer Einfluß, Anklang; dare sign. merken lassen — Graecarum rerum wie 152 'Griechisches', 'Griechenweisheit'.
Atque ego idem und doch bin ich ebenso andererseits immer der Ansicht gewesen, p. Arch. 15 Atque idem ego hoc contendo; p. Sull. 20.
5. *pecudis esse*. Mit ersichtlichem Humor sind die Worte gewählt. Wenn so ein Marktschreier die Backen aufbläst, da muß man ja doch schon 'hinhorchen', da spitzt ja schon das liebe Vieh die Ohren.
6. *videndi* etc. mit Beziehung auf die drei Teile der griech. Philosophie: Physik, Ethik, Dialektik, I 68.
7. *copiose*, 151; III 107.
11. *quid narrarent*. Auch hier ist absichtlich ein so allgemeines Wort gewählt, um die Haltlosigkeit des allgemeinen Geredes der viel schwatzenden Griechen und der prahlenden Rhetoren zu bezeichnen.
istorum omnium, wie 152 illa ipsa, die betreffenden Lehren der griech. Philosophen, besonders des Aristoteles.

12. *summatim*, I 252; II 248.
causas d. Gegenstände der Erörterung *et genera ipsa*, und Hauptpunkte (Prinzipien) selbst, im Gegensatz zu dem Einzelnen und Speziellen, das sich aber daraus ableiten läßt.
13. *ad aliquem libidinis scopulum*, mit offenbarer Anspielung auf die Sirenen αἵ ῥά τε πάντας ἀνθρώπους θέλγουσιν, ὅ τις σφέας εἰσαφίκηται (Hom. Od. μ 39 f.), ὥστε μὴ ἀπιέναι ἀπ' αὐτῶν τοὺς ἐπασθέντας (Xen. Mem. II 6, 11 u. 31 Hor. ep. I 2, 23). Als ihr Wohnsitz galten bei den spätern Griechen die drei Felseninseln Seirenusae am Busen von Posidonia in Unter-Italien. *libidinis scopulus* ist also die gefährliche Klippe, an der der Mensch, wenn er den bethörenden, seine Lust reizenden Verführungsstimmen Gehör gibt, so leicht Schiffbruch leidet, in Pis. 51 vos — voragines scopulique reipublicae. — Der Ausdruck scheint übrigens absichtlich gewählt, um an ein Ereignis aus Antonius' Leben zu erinnern, bei dem sich dieser viel beherzter gezeigt hatte; Val. Max. III 7, 9 M. Antonius — quaestor proficiscens in Asiam Brundusium iam venerat; ubi litteris certior factus incesti se postulatum apud L. Cassium praetorem, cuius tribunal propter nimiam severitatem *scopulus reorum* dicebatur; cum id vitare beneficio legis Memmiae

appulisti, quam haec civitas aspernata numquam est. Nam et referta quondam Italia Pythagoreorum fuit tum, cum erat in hac gente magna illa Graecia; ex quo etiam quidam Numam Pompilium, regem nostrum, fuisse Pythagoreum ferunt, qui annis ante permultis fuit quam ipse Pythagoras; quo etiam maior vir habendus est, cum illam sapientiam constituendae civitatis duobus prope saeculis ante cognorit, quam eam Graeci natam esse senserunt; et certe non tulit ullos haec civitas aut gloria clariores aut auctoritate graviores aut humanitate politiores P. Africano, C. Laelio, L. Furio, qui secum eruditissimos homines ex Graecia palam semper habuerunt. Atque ego hoc ex iis saepe audivi, cum dicerent pergratum Athenienses et sibi fecisse et multis principibus civitatis, quod cum ad senatum legatos de suis rebus maximis mitterent, tres illius aetatis nobilissimos philosophos misissent, Carneadem et Critolaum et Diogenem. Itaque eos, dum Romae essent, et a se et ab aliis frequenter auditos; quos tu cum haberes auctores, Antoni, miror cur philosophiae sicut Zethus ille Pacuvianus prope bellum indixeris.

Minime, inquit ANTONIUS, ac sic decrevi philosophari potius, ut Neoptolemus apud Ennium:
    paucis: nam omnino haud placet.
Sed tamen haec est mea sententia, quam videbar exposuisse: ego ista studia non improbo, moderata modo sint; opinionem istorum studiorum et suspitionem artificii apud eos, qui res iudicent, oratori adversariam esse arbitror; imminuit enim et oratoris auctoritatem et orationis fidem.

Sed, ut eo revocetur, unde huc declinavit oratio, ex tribus

---

liceret, quae eorum, qui reipublicae causa abessent, recipi nomina vetabat, in urbem tamen recurrit. Quo tam pleno fiduciae bonae consilio cum absolutionem celerem, tum profectionem honestam consecutus est.

3. *ex* infolge.
7. *cognorit*, s. d. krit. Anh.
9. *humanitate politiores*, de rep. I 17 cui persuasum sit, appellari ceteros homines, esse solos eos, qui essent *politi propriis humanitatis artibus*.
12. *cum dicerent*, 22. 144.
14. *legatos*, s. Carneades.
20. *sic*, wie Sextus Aelius (s. iud.) nach de rep. I 18 Atque idem Zethum illum Pacuvii nimis inimicum doctrinae esse dicebat; magis eum delectabat Neoptolemus Enni, qui se ait philosophari velle, sed paucis, nam omnino haud placere, vgl. Tusc. II 1, 1.

ac potius s. zu 74.
23. *videbar*. 153, so nachher *suspitionem artificii*.
24. *moderata* — fast ähnlich, wie es Kallikles meint in Plat. Gorg. p. 484 C φιλοσοφία γάρ τοί ἐστι χαρίεν, ἄν τις αὐτοῦ μετρίως ἅψηται ἐν τῇ ἡλικίᾳ· ἐὰν δὲ περαιτέρω τοῦ δέοντος ἐνδιατρίψῃ, διαφθορὰ τῶν ἀνθρώπων. Vgl. de fin. I 1, 1 Nam quibusdam et eis quidem non admodum indoctis totum hoc displicet philosophari; quidam autem non id tam reprehendunt si remissius agatur, sed tantum studium tamque multam operam ponendam in eo non arbitrantur.
28. *ut eo revocetur*, nämlich zur

istis clarissimis philosophis, quos Romam venisse dixisti, videsne
Diogenem eum fuisse, qui diceret artem se tradere bene
disserendi et vera ac falsa diiudicandi, quam verbo Graeco
διαλεκτικήν appellaret? In hac arte, si modo est haec ars,
nullum est praeceptum, quo modo verum inveniatur, sed tantum est, quo modo iudicetur. Nam [et] omne, quod eloquimur 158
sic, ut id aut esse dicamus aut non esse, et, si simpliciter
dictum sit, suscipiunt dialectici, ut iudicent, verumne sit an
falsum, et, si coniuncte sit elatum et adiuncta sint alia, iudicant, rectene adiuncta sint et verane summa sit unius cuiusque rationis; — et ad extremum ipsi se compungunt suis

Feststellung der Bedeutung der wichtigsten philosophischen Richtungen für die rednerische inventio.
1. *videsne* s. o. zu 64.
3. *vera ac falsa diiudicandi*, Top. 6 Stoici — iudicandi vias diligenter persecuti sunt ea scientia, quam διαλεκτικήν appellant. Tusc. V 72 Sequitur tertia, — quae rem definit, genera dispertit, sequentia adiungit, perfecta concludit, *vera et falsa diiudicat*, disserendi ratio et scientia. Or. part. 78; Brut. 152.
4. *si modo est haec ars*, 182. Vom Standpunkt des prakt. Römers hatte die Dialektik als solche eben keine hohe Bedeutung.
5. *nullum est praeceptum* etc. Top. 6 Cum omnis ratio diligens disserendi duas habeat artes, unam inveniendi, alteram diiudicandi, utriusque princeps — Aristoteles fuit. *Stoici* autem in altera elaboraverunt. Iudicandi enim vias diligenter persecuti sunt ea scientia, quam διαλεκτικήν appellant, *inveniendi* vero *artem*, quae τοπική dicitur quaeque et ad usum potior erat, et ordine naturae certe prior, *totam reliquerunt*. Or. 114 nam et ipse Aristoteles tradidit praecepta plurima disserendi et postea qui dialectici dicuntur *spinosiora* multa pepererunt.
6. *Nam*, Begründung des Satzes, daß die Dialektik nur auf die Kritik der Richtigkeit oder Unrichtigkeit, nicht auf das Finden der Wahrheit gerichtet sei. Ist die positive oder negative Behauptung eine einfache Aussage (ein aus Subjekt, Prädikat und Copula bestehender Satz), so besteht ihre Kritik darin, daß sie einfach über die Richtigkeit oder Unrichtigkeit der Aussage entscheidet; besteht aber diese positive oder negative Behauptung aus mehreren mit einander verbundenen Gliedern (im zusammengesetzten Satz), sodaß mehrere Folgerungen aneinandergereiht und ein Schluß gezogen wird, dann richtet sich ihre Kritik auf die Folgerungen, die Subsumtionen (adiuncta) u. den Schlußsatz eines jeden Syllogismus III 203 (summa uniuscuiusque rationis). Übrigens hat A. hier offenbar mit Absicht seine Darstellung mit der komplizierten Redeweise der Stoiker zur Charakterisierung der letzteren konform zu machen gesucht, die Konstruktion ist: nam suscipiunt dialectici, ut iudicent, omne quod eloquimur sic, ut — dicamus, *et si simpliciter* — verumne sit an falsum, *et si* coniuncte —, [suscipiunt ut indicent] rectene —; aber für das zu ergänzende suscipiunt ut indicent ist dann iudicant selbst eingetreten.
[et] s. d. krit. Anhang.
9. *elatum*, Or. 72 eadem res saepe aut probatur aut reiicitur alio atque alio elata verbo.
10. *rectene*, logisch richtig.
11. *et ad extremum* und das ist endlich das Resultat, nach Beendigung ihrer dialektischen Kritik an Behauptungen, die sie bestritten, richten sie die Stacheln ihrer spitzfindigen Schlußfolgerungen gegen sich selbst, (es wird also nicht eine neue Form zur Kritik der Rich-

acuminibus et multa quaerendo reperiunt non modo ea, quae
iam non possint ipsi dissolvere, sed etiam quibus ante exorsa
159 et potius detexta prope retexantur. Hic nos igitur Stoicus iste
nihil adiuvat, quoniam quemadmodum inveniam quid dicam
non docet; atque idem etiam impedit, quod et multa reperit,
quae negat ullo modo posse dissolvi, et genus sermonis adfert
non liquidum, non fusum ac profluens, sed exile, aridum, concisum ac minutum. Quod si qui probabit, ita probabit, ut
oratori tamen aptum non esse fateatur: haec enim nostra oratio
multitudinis est auribus accommodanda, ad oblectandos animos,
ad impellendos, ad ea probanda, quae non aurificis statera,
160 sed populari quadam trutina examinantur. Quare istam artem
totam dimittimus, quae in excogitandis argumentis muta
nimium est, in iudicandis nimium loquax. Critolaum istum,
quem simul cum Diogene venisse commemoras, puto plus huic
nostro studio prodesse potuisse. Erat enim ab isto Aristotele,
a cuius inventis tibi ego videor non longe aberrare. Atque
hunc inter Aristotelem, cuius et illum legi librum, in quo
exposuit dicendi artes omnium superiorum, et illos, in quibus
ipse sua quaedam de eadem arte dixit, et hos germanos huius
artis magistros hoc mihi visum est interesse, quod ille eadem

tigkeit, sondern die Folge, welche diese Kritik für sie selbst hat, angeführt).

1. *et multa quaerendo*, zu dem Gewebe von Syllogismen muß weit ausgeholt, müssen von allen Seiten die Fäden herbeigezogen werden. Zuletzt aber durchkreuzen sich diese dergestalt, daß sie selbst das Knäuel nicht mehr auflösen können.

2. *quibus* — sie kommen auf Resultate, mit denen sie das früher begonnene, aber um einen andern Faden aufzunehmen wieder liegen gelassene, ja auch das beinahe schon fertige Gewebe wieder auftrennen müssen.

3. *retexere*, Nägelsbach Lat. Stil. § 135, 2 S. 414. Vgl. 115.

Hic, wo es sich um die inventio handelt.

6. *negat*, mit Anspielung auf ihre Trugschlüsse, den mentientem (ψευδόμενον), calvum (φαλαρόν) u. acervalem (σωρίτην) de div. II 11.

genus sermonis, III 66.

7. *fusum*, 'aus einem Guß', im Gegensatz von *concisum*, κατακεκομμένην λέξιν, zerhackt und in kurzen Sätzen, vgl. 64. Or. 187. Brut. 119 propterea quod istorum in dialecticis omnis cura consumitur, vagum illud orationis et *fusum* et multiplex non adhibetur genus.

profluens, III 185.

8. *ita*, 'mit der Beschränkung', 327; III 193.

9. *haec enim nostra* etc. I 12.

10. *ad oblectandos* sqq. — entsprechend den 3 Aufgaben des conciliare, movere, probare oder docere.

16. *ab isto A.*, d. h. er war Peripatetiker, wie de fin. IV 7 ab eo (Zenone) qui sunt, d. h. die Stoiker, de off. III 116 ab Aristippo Cyrenaici. Schultz § 176.

17. *inventis*, Sätzen I 84.

18. *illum librum*, in quo exp. dicendi artes (d. i. die rhetorischen Theorien od. Systeme) omnium superiorum, also seine τεχνῶν συναγωγή, Einl. I § 4, 18.

19. *et illos* — die Topik, 152, u. Rhetorik.

20. *sua* — im Gegensatz zu dem bloß historischen Referat.

germanos, die eigentlichen Rhetoriker ex professo, die Rh. vom reinsten Wasser. Or. 32 germanos se putant esse Thucydidas.

acie mentis, qua rerum omnium vim naturamque viderat, haec
quoque aspexit, quae ad dicendi artem, quam ille despiciebat,
pertinebant; illi autem, qui hoc solum colendum ducebant, habitarunt in hac una ratione tractanda, non eadem prudentia,
qua ille, sed usu in hoc uno genere studioque maiore. Carneadi vero vis incredibilis illa dicendi et varietas perquam esset
optanda nobis; qui nullam umquam in illis suis disputationibus
rem defendit, quam non probarit, nullam oppugnavit, quam
non everterit. Sed hoc maius est quiddam, quam ab eis, qui
haec tradunt et docent, postulandum sit.

Ego autem, si quem nunc rudem plane institui ad dicendum velim, his potius tradam adsiduis, uno opere eandem incudem diem noctemque tundentibus, qui omnes tenuissimas
particulas atque omnia minima mansa ut nutrices infantibus
pueris in os inserant. Sin sit is, qui et doctrina [mihi] liberaliter institutus et aliquo iam imbutus usu et satis acri ingenio esse videatur, illuc eum rapiam, ubi non seclusa aliqua
aquula teneatur, sed unde universum flumen erumpat; qui
illi sedes et quasi domicilia omnium argumentorum commonstret et ea breviter illustret verbisque definiat. Quid enim est,
in quo haereat, qui viderit omne, quod sumatur in oratione

---

2. *ad dicendi artem*, ars dic. ist hier Umschreibung für das Cic. noch zur Zeit der Abfassung dieser Schrift unbequeme griech. Wort rhetorica, wie I 203 dicendi ratio.
despiciebat, III 141. de off. I 4 eodemque modo de Aristotele et Isocrate iudico, quorum uterque suo studio delectatus contempsit alterum.
3. *hoc solum colendum ducebat*, die das Gebiet der Theorie allein für nötig zum Studium für die Schüler hielten; darum nicht *colebant*, die allein dies kultivierten. Denn von hoc nostrum studium ist oben die Rede. Vielleicht auch hoc *solum* colere dies Feld beackern?
habitarunt, I 264; vgl. III 77.
4. *hac una ratione*, ratio ist hier das reine 'Theorie', waren nur in der Bearbeitung der Theorie zu Hause.
5. *Carneadi* Gen. s. zu I 88.
9. *everterit*, Or. 122 sua confirmare, adversaria evertere.
12. *adsiduis* — gebe ich diesen unermüdlichen Handwerkern in die Lehre, den Schulrhetorikern, die ihren Schülern immer dieselben Dinge einpauken.
uno opere, in einem fort, das ist ihre einzige Beschäftigung, cf. Hor. carm. I 7, 5 sunt quibus *unum opus* est intactae Palladis urbem carmine perpetuo celebrare.
15. *doctrina, usu, ingenio*, 147.
17. *rapiam* — rasch, ohne ihn durch unnütze Wiederholung und kleinliches Detail zu seinem Schaden lange aufzuhalten. 176 trahere vel rapere.
seclusa — vom Hauptstrom abgeschützt und daher ohne lebendigen Zufluß, 'an einen kleinen Teich'.
18. *erumpat*, 'an die Quelle, aus welcher der volle Strom hervorbraust.'
qui — als ginge voraus ad eum, weil mit illuc und unde Aristoteles gemeint ist.
19. *qui commonstret*, im Gegensatz zu qui inserant.
sedes, Einl. II § 10, 54.
20. Eines weiteren, als dieses commonstrare, breviter illustrare und definire bedarf es dann nicht. — Zum folgenden vgl. Einl. II § 10.

aut [ad] probandum aut [ad] refellendum aut ex sua sumi vi atque natura aut adsumi foris? Ex sua vi, cum aut res quae sit tota quaeratur, aut pars eius aut vocabulum quod habeat aut quippiam, rem illam quod attingat; extrinsecus autem, cum ea, quae sunt foris neque haerent in rei natura, colliguntur. Si res tota quaeritur, definitione universa vis explicanda est, sic: 'Si maiestas est amplitudo ac dignitas civitatis, is eam minuit, qui exercitum hostibus populi Romani tradidit, non qui eum, qui id fecisset, populi Romani potestati tradidit.' Sin pars, partitione, hoc modo: 'Aut senatui parendum de salute rei publicae fuit aut aliud consilium instituendum aut sua sponte faciendum; aliud consilium, superbum; suum, adrogans; utendum igitur fuit consilio senatus.' Si ex vocabulo, ut Carbo: 'Si consul est, qui consulit patriae, quid aliud fecit Opimius?' Sin ab eo, quod rem attingit, plures sunt argumentorum sedes ac loci. Nam et coniuncta quaeremus

---

1. *ex sua vi*, 116; 173, aus dem der Sache selbst inwohnenden Wesen, Or. 121 uni (sc. loci) e rebus ipsis, alteri assumpti.

2. *foris*, 173, cf. Top. 8 alii (loci, in quibus argumenta inclusa sunt) in eo ipso, de quo agitur, haerent, alii adsumuntur extrinsecus; Or. 121 duplices loci, uni e rebus ipsis, alteri assumpti; vgl. Part. or. 48; Quint. V 1, 1 scheut sich nicht ἄτεχνος und ἔντεχνος mit inartificialis und artificialis wiederzugeben, ib. cap. 8.

6. *definitione* Or. part. 7; 55 f. Top. 9 quae quasi involutum evolvit, id, de quo quaeritur, 26 ff. gr. ὅρος, ὁρισμός.
universa vis, die Gesamtbedeutung. — So in dem Prozesse des Norbanus (Einl. I § 11, 128), auf den sich das gleich folgende Beispiel bezieht. Or. part. 104, in *definitione*: minueritne maiestatem Norbanus.

8. *qui — tradidit* — was nach Norbanus' Beschuldigung der Consul Servilius Caepio gethan, 197 ff.; Einl. I § 10, 89 f.

9. *pop. Rom. potestati* — wie Norbanus mit seiner Anklage Caepio's.

10. *partitio* Top. 33 od. partium enumeratio Top. 10, griech. διαίρεσις.
Aut senatui etc. So hatte Carbo in seiner Verteidigung des Opimius (166; Einl. I § 10, 79) den Beweis zu führen.

11. *consilium*, beratende Behörde, 333; III 2.

12. *sua sponte*, aus eigener Machtvollkommenheit, auf eigene Hand, selbständig.
superbum — ὕβρις führt zur Aufhebung der Staatsordnung: tyrannisch oder revolutionär.

13. vocabulum, das griech. ἐτυμολογία was Cic. Top. 35 mit *veriloquium* wiedergiebt, cum ex vi nominis argumentum elicitur. Er fährt fort: nos autem novitatem verbi non satis apti (näml. veriloquium) fugientes genus hoc *notationem* appellamus, quia sunt verba rerum notae; itaque Aristoteles σύμβολον appellat, quod latine est *nota*. Vgl. a. Top. 10 notatio, cum ex verbi vi argumentum aliquod elicitur.

15. Auf die drei Unter-Kategorieen der πίστεις ἔντεχνοι (die *definitio*, *partitio* und *notatio* oder ἐτυμολογία, bei Aristoteles auch σύμβολον genannt — cum ex vi nominis argumentum elicitur, verbum ex verbo —) folgt jetzt die vierte Unter-Kategorie, is locus, qui constat ex eis rebus, quae quodammodo affectae sunt ad id, de quo ambigitur, Top. 38, die Kategorie des Zusammenhangs mit dem fraglichen Punkt im weitesten Sinn des

et genera et partes generibus subiectas et similitudines et
dissimilitudines et contraria et consequentia et consentanea et
quasi praecurrentia et repugnantia et causas rerum vestigabimus
et ea, quae ex causis orta sint; et maiora, paria, minora
quaeremus. Ex coniunctis sic argumenta ducuntur: 'Si pietati **40 167**
summa tribuenda laus est, debetis moveri, cum Q. Metellum
tam pie lugere videatis.' Ex genere autem: 'Si magistratus
in populi Romani esse potestate debent, quid Norbanum accusas,
cuius tribunatus voluntati paruit civitatis?' Ex parte
autem ea, quae est subiecta generi: 'Si omnes, qui rei publi- **168**
cae consulunt, cari nobis esse debent, certe imprimis imperatores,
quorum consiliis, virtute, periculis retinemus et nostram
salutem et imperii dignitatem.' Ex similitudine autem: 'Si
ferae partus suos diligunt, qua nos in liberos nostros indulgentia
esse debemus?' At ex dissimilitudine: 'Si barbarorum est **169**
in diem vivere, nostra consilia sempiternum tempus spectare
debent.' Atque utroque in genere et similitudinis et dissimilitudinis
exempla sunt ex aliorum factis aut dictis aut eventis
et fictae narrationes saepe ponendae. Iam ex contrario: 'Si
Gracchus nefarie, praeclare Opimius.' Ex consequentibus: 'Si et **170**
ferro interfectus ille et tu inimicus eius cum gladio cruento
comprehensus in illo ipso loco et nemo praeter te ibi visus est
et causa nemini et tu semper audax, quid est quod de facinore
dubitare possimus?' Ex consentaneis et ex praecurrentibus et

Worts, die wieder in fünfzehn Spezial-Kategorieen zerfällt.

5. Die erste dieser Spezial-Kategorieen ist *ex coniunctis* oder ex coniugatione, quam Graeci συζυγίαν vocant, finitimus notationi (Top. 38), Verwandtschaft der Wortformen eines Stammes, wie hier das subst. pietas und das adverb. pie, Or. part. 7.

7. *Ex genere*, aus dem Ober- oder Gattungsbegriff, der den andern unter sich begreift, wie hier magistratus den tribunatus. Or. part. 7 genera partium generumve partes; Top. 13.

8. *in p. R. potestate*, im Dienste des röm. Volkes stehen.

quid N. accusas — wenn also Jemand anzuklagen ist, so ists das souveräne Volk, nicht N., der mit der Anklage Caepio's nur seines Herrn Willen gethan hat.

9. *Ex parte, quae est subiecta generi* —. Es müssen also die folgenden Worte omnes qui reipublicae consulunt als eine pars generi subiecta angesehen und die Menschen in Rücksicht auf ihr Verhalten zum Staat in solche geteilt werden, qui reipublicae consulunt, und in solche qui non consulunt. Der ersteren Art sind nun wieder die imperatores untergeordnet. Jedenfalls ist das Beispiel nicht glücklich gewählt.

13. *ex similitudine* Or. part. 7; Top. 15 f.

19. *ex contrario*. Or. part. 7; Top. 17.

20. *Ex consequentibus*, griech. τὰ ἀκόλουθα, Top. 53 ea enim dico consequentia, quae rem necessario consequuntur; itemque et antecedentia et repugnantia; quidquid enim sequitur quamque rem, id cohaeret cum re necessario, et quidquid repugnat, griech. τὸ μαχόμενον, id eiusmodi est, ut cohaerere numquam possit. Hier fügt Cicero zu der repugnantia, antecessio und consecutio noch den mit der consecutio nahe verwandten Beweis ex consentaneis hinzu, wie Or. part. 7; Top. 19 ff.

ex repugnantibus, ut [olim] Crassus adulescens: 'Non si Opimium defendisti, Carbo, idcirco te isti bonum civem putabunt. Simulasse te et aliquid quaesisse perspicuum est, quod Ti. Gracchi mortem saepe in contionibus deplorasti, quod P. Africani necis socius fuisti, quod eam legem in tribunatu tulisti, quod semper a bonis dissedisti.' Ex causis autem rerum sic: 'Avaritiam si tollere vultis, mater eius est tollenda, luxuries.' Ex eis autem, quae sunt orta de causis: 'Si aerarii copiis et ad belli adiumenta et ad ornamenta pacis utimur, vectigalibus serviamus.' Maiora autem et minora et paria comparabimus sic: ex maiore: 'Si bona existimatio divitiis praestat et pecunia tanto opere expetitur, quanto gloria magis est expetenda!' ex minore:

'hic párvae consuetúdinis
Causa húius mortem tám fert familiáriter:
Quid si ípse amasset? quíd hic mihi faciét patri?'

1. *ut [olim] Crassus*, Einl. I § 10, 77 ff.
2. *isti*, sc. iudices. Aus deinem einmaligen Auftreten in konservativem Sinn läßt sich auf die Wahrhaftigkeit deiner konservativen Gesinnung überhaupt nicht sicher schließen; deine politische Vergangenheit zeugt vielmehr entschieden gegen dich.
3. *aliquid quaesisse*, 'etwas Besonderes', wie de off. I 35 also aus irgend welchen selbstsüchtigen Motiven.
4. *in contionibus* — in einer derselben gab Scipio die 106 erwähnte bekannte Antwort.
P. Africani necis. Wiederholt wird Carbo von Cicero als Mitschuldiger an der Ermordung des jüngeren Scipio i. J. 129 bezeichnet. ad Fam. IX 21, 3; ad Q. fr. II 3, 3.
5. *quod eam legem tulisti* — als dritter Beweis seiner revolutionären Gesinnung wird der bekannte Gesetzesvorschlag über die Wiederwählbarkeit der Tribunen erwähnt, mit dem er als Volkstribun im J. 131 auftrat. Lael. 96 Quibus blanditiis C. Papirius nuper influebat in aures contionis, cum ferret legem *de tribunis plebis reficiendis;* dissuasimus nos — itaque lex popularis suffragiis populi repudiata est.
6. *a bonis dissedisti*, nach unserer Ausdrucksweise: du hast immer auf der (äußersten) Linken gesessen. Brut. 223 eodem Q. Caepionem re-

ferrem, nisi nimis equestri ordini deditus a senatu dissedisset.
Ex causis, Or. part. 7 earum rerum, de quibus agitur, causae aut causarum eventus it id est quae sunt effecta de causis. Top. 22 ab efficientibus rebus; 58 proximus est locus *rerum efficientium*, quae causae appellantur; deinde *rerum effectarum* ab efficientibus causis.
8. *orta* wie Or. part. 55 ea quae sunt orta de causis.
9. *ad ornamenta pacis*, de imp. Pomp. 6 aguntur certissima populi Romani vectigalia et maxima, quibus amissis et *pacis ornamenta* et subsidia belli requiretis.
vectigalibus serviamus, auf Gewinnung oder Erhaltung und Vermehrung der vectigalia bedacht sein, wie p. Sex. Rosc. 43 (patres familias) nonne optatissimum sibi putant esse, filios suos rei familiari maxime servire. Vgl. Tusc. V 9 alios gloriae servire, alios pecuniae, oder ad Fam. V 21, 5 me velim ut facis diligas valetudinique tuae et tranquillitati animi servias. Corn. Nep. Att. 6, 5 non solum dignitati serviebat, sed etiam tranquillitati; und unten 327 brevitatis.
10. *Maiora* etc. Top. 11 ex comparatione maiorum aut parium aut minorum; es reliquus est *comparationis* locus.
14. *hic parvae* etc., bekannte Verse

Ex pari sic: 'Est eiusdem et eripere et contra rem publicam largiri pecunias.' Foris autem adsumuntur ea, quae non sua vi, sed extranea sublevantur, ut haec: 'Hoc verum est; dixit enim Q. Lutatius. Hoc falsum est; habita enim quaestio est. Hoc sequi necesse est; recita enim tabulas.' De quo genere toto paullo ante dixi.

Haec ut brevissime dici potuerunt, ita a me dicta sunt. Ut enim si aurum cui, quod esset multifariam defossum, commoustrare vellem, satis esse deberet, si signa et notas ostenderem locorum, quibus cognitis ipse sibi foderet et id, quod vellet, parvo labore, nullo errore, inveniret: sic has ego argumentorum notas quaerenti demonstravi, ubi sint; reliqua cura et cogitatione eruuntur. Quod autem argumentorum genus cuique causarum generi maxime conveniat, non est artis exquisitae praescribere, sed est mediocris ingenii iudicare. Neque enim nunc id agimus, ut artem aliquam dicendi explicemus,

---

aus Terenz Andria I 1, 83 und zwar aus der Schilderung, die Simo, der Vater des Pamphilus, seinem Sklaven Sosia von den jüngsten Ereignissen und dem gegenwärtigen Zustand seines Sohnes macht. (326 ff.) *hic*, d. h. Pamphilus; *huius*, d. h. der eben verstorbenen Chrysis.

2. *Foris* etc. 163; Or. part. 6; 48. Top. 73 haec ergo argumentatio, quae dicitur *artis expers* in *testimonio* est posita. Testimonium autem nunc dicimus omne, *quod ab aliqua externa re sumitur ad faciendam fidem*. Persona autem non qualiscunque est, testimonii pondus habet; ad fidem enim faciendam auctoritas quaeritur, wie sie der hier gegenwärtige Q. Lutatius Catulus in hohem Grade besaß.

5. *recita:* der Redner heißt den Schreiber oder Vorleser, lector 223, Urkunden und Aktenstücke, die seine Behauptungen sofort erweisen, vortragen.

6. *paullo ante*, 116.

7. *Haec*, d. h. die ganze Lehre von den locis argumentorum. Die kurze systematische Übersicht der rhetorischen Topik kann die Fundstätten aufzeigen, wo das edle Metall zu suchen ist; darnach graben, die Schätze heben und ans Tageslicht bringen, das ist Sache selbsteigener Thätigkeit und Arbeit. 150; I 203.

11. *sic has ego* etc. s. d. krit. Anhang.

argumentorum notas, Or. 46 Aristoteles — locos (sic enim appellat) quasi *argumentorum notas* tradidit, unde omnis — traheretur oratio. 117, also die Kennzeichen oder Marken, an denen jeder beim Suchen sofort ersehen kann: hier liegen die argumenta.

12. *quaerenti* — wie in der Parallelstelle Top. 7 cum pervestigare argumentum aliquod volumus.

ubi sint, sc. argumenta. Brut. 275 Qua de re agitur autem illud, quod multis locis in iuris consultorum includitur formulis, *id ubi esset* videbat.

14. *maxime conveniat*, 309; III 119. Top. 79 expositis omnibus argumentandi locis primum illud intellegendum est nec ullam esse disputationem, in quam non aliquis locus incurrat, nec fere omnes locos incidere in omnem quaestionem, et quibusdam quaestionibus alios, quibusdam alios esse *aptiores* locos. Or. 47 nec vero utetur imprudenter hac copia, sed omnia expendet et seliget, non enim semper, nec in omnibus causis ex eisdem argumentorum momenta sunt. Or. part. 7.

15. *Neque enim*, der Gedankenzusammenhang ist der: welche der angeführten Kategorieen für jeden einzelnen Fall in Anwendung zu

sed ut doctissimis hominibus usus nostri quasi quaedam monita
tradamus. His igitur locis in mente et cogitatione defixis et in
omni re ad dicendum posita excitatis, nihil erit quod oratorem
effugere possit non modo in forensibus disceptationibus, sed
omnino in ullo genere dicendi. Si vero adsequetur, ut talis
videatur, qualem se videri velit, et animos eorum ita adficiat,
apud quos aget, ut eos, quocumque velit, vel trahere vel rapere possit, nihil profecto praeterea ad dicendum requiret. Iam
illud videmus nequaquam satis esse, reperire quid dicas, nisi
id inventum tractare possis. Tractatio autem varia esse de-

bringen sei, das läßt sich nicht durch ein theoretisches System lernen, sondern dazu gehört natürlicher Verstand u. Urteil. Der reine Theoretiker mag auch das in den Bereich seiner Technik hineinziehen; das ist aber hier unser Standpunkt nicht. Daran schließt nun A. zur Angabe dessen, was eigentlich die Topik dem praktischen Redner leiste, die folgenden Worte an: 'Sind nun die angeführten loci fest dem Gedächtnis eingeprägt und dem Redner sofort bei jedem Thema lebendig gegenwärtig, so gewähren sie ihm den wesentlichen Vorteil, daß ihm Angesichts dieser allumfassenden Kategorieen nicht leicht etwas entgehen kann.' 147. Um jedoch schon hier, wenn auch nur vorläufig daran zu erinnern, daß der Redner doch noch nicht Alles habe, wenn ihm diese loci *argumentorum* behufs des *probare* zu Gebote ständen, weist A. eingedenk jenes glänzenden Vortrags des Charmadas (I 87) gleich auf die Notwendigkeit hin, mit den rechten locis auch für die beiden andern Hauptthätigkeiten des Redners gerüstet zu sein, für das *conciliare* und *movere*, die hernach noch besonders zu erörtern sind. Dann erst geht A. zum Abschluß dieses Kap. dazu über, mit ein paar flüchtigen Strichen die tractatio argumentorum zu berühren, um darauf die beiden eben erwähnten wichtigeren oratorischen Thätigkeiten ausführlicher zu besprechen.

1. *usus nostri* etc. 'einige aus meiner Erfahrung abstrahierte Winke'.

3. *excitatis*, Nägelsbach Stil. § 130,2.

4. *in forensibus disceptat.* I 22.

5. *ut talis videatur* geht auf das conciliare (das ἦθος), *animos adficiat* auf das permovere (das πάθος). Brut. 142 Nulla res magis (sc. quam actio) penetrat in animos eosque fingit, format, flectit talesque oratores videri facit, quales ipsi se videri volunt. Daß die inventio sich ebenso auf das conciliare und movere wie auf das docere beziehe, also mit dem Gesagten die Abhandlung über die inventio noch nicht abgeschlossen sei, beweist 121 quibus ex locis ad eas tres res, quae ad fidem faciendam solae valent, ducatur oratio, ut et concilientur animi et doceantur et moveantur. Vgl. I 87.

8. *nihil* etc., so hat er Alles, was er zum Reden braucht, jede weitere Theorie ist für ihn überflüssig.

iam illud etc. Ganz derselbe Übergang ad Her. II 27 quoniam satis ostendisse videmur, quibus argumentationibus — uti conveniret, consequi videtur, ut doceamus, quem ad modum ipsas argumentationes ornate et absolute *tractare* possimus. Beim auct. ad. Her. wird diese Partie dann weitläufiger behandelt, während sie Cic. hier als bekannt voraussetzen darf und daher nur kurz zu berühren braucht.

10. *varia*, de inv. I 76 variare autem orationem magno opere oportebit; nam omnibus in rebus similitudo est satietatis mater. Id fieri poterit, si non similiter semper ingrediamur in argumentationem, nam primum omnium generibus ipsis distinguere convenit, hoc est, tum inductione uti, tum ratiocinatione;

bet, ne aut cognoscat artem qui audiat aut defatigetur similitudinis satietate. Proponi oportet quid adferas et quare ita sit ostendere; et ex eisdem illis locis interdum concludere, relinquere alias alioque transire; saepe non proponere ac ratione ipsa adferenda quid proponendum fuerit declarare; si cui quid simile dicas, prius ut simile confirmes; deinde quod agitur adiungas; interpuncta argumentorum plerumque occulas, ne quis ea numerare possit, ut re distinguantur, verbis confusa esse videantur.

Haec et properans ut apud doctos et semidoctus ipse per- 42 178

deinde in ipsa argumentatione *non semper a propositione incipere* etc. Or. part. 47.

1. *ne cognoscat artem*, 156. Vgl. III 193.

2. *Proponi — ostendere,* ein solcher Übergang vom inf. pass. zum inf. act. findet sich auch sonst. Brut. 196 quam captiosum esset populo, quod scriptum esset *neglegi* et — interpretatione disertorum scripta simplicium *pervertere.* de fin. II 21. *proponi* etc. 80; ad Her. II 28 *propositio* est, per quam ostendimus summatim, quid sit quod probari volumus; *ratio* est, quae causam demonstrat veram esse, in quam intendimus, brevi subiectione; *rationis confirmatio* est ea, quae pluribus argumentis corroborat breviter expositam rationem; *exornatio* est, qua utimur rei honestandae et collocupletandae causa, confirmata argumentatione; *complexio* est, quae concludit breviter colligens partes argumentationis.

3. *concludere,* Schlüsse ziehen Or. part. 47 vitare autem similitudinem poterimus, non semper a proposito ordientes, et si non omnia disputando confirmabimus breviterque interdum quae erunt satis aperta ponemus, quodque ex his efficietur, si id apertum sit, non habebimus necesse semper *concludere.*

4. *relinquere alias,* der Redner soll nicht meinen, er müßte nun die obigen Beweiskategorieen jedesmal oder gar jedesmal alle zur Anwendung bringen, sondern er muß vielmehr mit der nötigen Abwechslung die loci manchmal brauchen, ein andermal übergehen

und sich zu einem andern Punkte wenden. ad Her. II 30 ergo absolutissima est argumentatio ea, quae ex quinque partibus constat, sed ea non semper necesse est uti; de inv. I 76.

ac und vielmehr (und dagegen, oder und dafür) III 132. S. z. 74.

ratione ipsa, durch die Beibringung der Begründung selbst die absichtlich unterlassene propositio ersetzen.

5. *si cui quid simile,* bei dem Beweis aus analogen Fällen erst die Richtigkeit der Analogie darthun und dann das, worauf es eigentlich ankommt, daneben stellen.

6. *prius ut simile confirmes* die Konstr. ist verändert und aus dem voraufgehenden proponi oportet der allgemeine Begriff des Forderns herausgenommen.

7. *interpuncta argumentorum,* die Zwischenfugen, Lücken der einzelnen Beweise, die verdeckt werden müssen, damit Alles wie aus einem Guß (confusa, 159) zu sein scheint, III 181 interpuncta verborum. (Die gewöhnliche Lesart ist puncta arg., was Nägelsbach Stil. § 12, 1 S. 44 durch: 'die einzelnen Momente der Beweisführung' erklärt.)

10. *Haec et properans* etc. A. gibt zwei Gründe an, warum er über diese Gegenstände der Theorie rasch hingehe, einmal, weil er sich in so gelehrter Gesellschaft nicht aufzuhalten brauche (*et properans ut a. d.*); dann aber, weil er selbst in das theoretische Detail nicht so tief eingedrungen sei (*et semidoctus ipse*). Die normale Wortstellung würde also gewesen

curro, ut aliquando ad illa maiora veniamus. Nihil est enim in dicendo, Catule, maius, quam ut faveat oratori is, qui audiet, utique ipse sic moveatur, ut impetu quodam animi et perturbatione magis quam iudicio aut consilio regatur. Plura enim multo homines iudicant odio aut amore, aut cupiditate aut iracundia, aut dolore aut laetitia, aut spe aut timore, aut errore aut aliqua permotione mentis, quam veritate aut praescripto aut iuris norma aliqua aut iudicii formula aut legibus. Quare, nisi quid vobis aliud placet, ad illa pergamus.

179   Paullum, inquit CATULUS, etiamnunc deesse videtur eis rebus, Antoni, quas exposuisti, quod sit tibi ante explicandum quam illuc proficiscare, quo te dicis intendere.

Quidnam? inquit.

Qui ordo tibi placeat, inquit CATULUS, et quae dispositio argumentorum, in qua tu mihi semper deus videri soles.

180   Vide quam sim, inquit, deus in isto genere, Catule. Non hercule mihi nisi admonito venisset in mentem: ut possis existimare me in ea, in quibus nonnumquam aliquid efficere videor, usu solere in dicendo vel casu potius incurrere. Ac res quidem ista, quam ego, quia non noram, sic tamquam igno-

sein haec pr. ut et apud doctos et semidoctos ipse —. S. d. krit. Anh.

2. *maius*, Brut. 279 cum ex omnibus oratoris laudibus longe ista sit maxima, inflammare animos audientium et quocumque res postulet modo flectere.

5. *aut cupiditate aut iracundia* dem 185 aut cupiant aut abhorreant entspricht. Vgl. studium u. ira Tacit. A. 1, 1.

6. *aut errore* Or. 118 nihil de perturbationibus animi et *erroribus*, quae saepe cadunt in causas — sine ea scientia — explicari potest. Or. part. 38 animi permotione, cum aut oblivio, aut *error*, aut metus, aut aliqua cupiditatis causa permovit.

7. *aliqua permotione mentis*, einer sonstigen Gemütsbewegung, 185; Brut. 310; de off. I 23 perturbatio; Tusc. III 29; S. o. z. 17.

veritate, nach dem wirklichen Sachverhalt 31; 94; I 77; 119.

praescripto, nach objektiven und positiven Bestimmungen, sei es nach einer besondern obrigkeitlichen Vorschrift, oder einer allgemeinen Rechtsnorm, oder nach bestimmt formuliertem Proceßverfahren und richterlicher Instruktion, oder nach gesetzlichen Bestimmungen.

8. *iud. formula*, s. iud. formula.

14. *ordo*, 181; Or. part. 9.

15. *deus*, 362 fg. I 106. Vgl. Einl. I § 11, 112.

16. *quam* 'wie wenig', oft mit unmittelbar folgender Copula 133 quam sit . . ; I 246; jedenfalls von dem eigentlich zu quam gehörigen Begriff getrennt; quam te inviti audiamus III 51.

in isto genere, in der erwähnten Beziehung, in dem Punkt.

17. *ut possis*, so daß du, wie es eben geschieht (daher du denn), zu der Ansicht kommen konntest, daß ich zu dergl. Erfolgen durch meine bloße Übung im Reden, oder besser durch eine Art von Zufall gelange.

19. *res*, im Gegensatz der Lehre davon (ratio).

20. Die Stelle ist mit leichter Ironie gesprochen. Der gewiegte Praktiker thut in seiner Überlegenheit so, als kenne er die Theorie gar nicht. Darauf aufmerksam gemacht, räumt er mit verdächtigem Eifer zugleich seine Unkenntnis u. die gewaltige Bedeutung des aus angeblicher Unkenntnis Übergangenen ein. Vgl. a. d. krit. Anhang.

ignotus, doppelsinnig: = den ich

tum hominem praeteribam, tantum potest in dicendo, ut ad
vincendum nulla plus possit; sed tamen mihi videris ante tempus a me rationem ordiris et disponendarum rerum requisisse.
Nam si ego omnem vim oratoris in argumentis et in re ipsa
per se comprobanda posuissem, tempus esset iam de ordine
argumentorum et de collocatione aliquid dicere; sed cum tria
sint a me proposita, de uno dictum, cum de duobus reliquis
dixero, tum erit denique de disponenda tota oratione quaerendum.

Valet igitur multum ad vincendum probari mores et instituta et facta et vitam eorum, qui agent causas, et eorum,
pro quibus, et item improbari adversariorum, animosque eorum
apud quos agetur, conciliari quam maxime ad benevolentiam
cum erga oratorem tum erga illum, pro quo dicet orator. Conciliantur autem animi dignitate hominis, rebus gestis, existimatione vitae; quae facilius ornari possunt, si modo sunt,
quam fingi, si nulla sunt. Sed haec adiuvant in oratore: lenitas vocis *et* vultus, [pudoris significatio, verborum comitas]; si
quid persequare acrius, ut invitus et coactus facere videare.
Facilitatis, liberalitatis, mansuetudinis, pietatis, grati animi,
non appetentis, non avidi signa proferre perutile est; eaque

nicht kannte oder (als homo ignotus) auch nicht zu kennen brauchte.
  1. *ad vincendum*, hier mit Beziehung auf den Sieg im Felde,
der auch oft wesentlich von der
Stellung und Anordnung der Streitkräfte abhängt.
  4. *in re ipsa* etc., wenn sich die
gesamte Thätigkeit des Redners
darin erschöpfte, die Sache einfach
für sich zu beweisen, sich also auf
das probare allein beschränkte.
  6. *de collocatione*, hier absol. =
dispositio; vgl. Or. part. 3 ff., s. a.
Einl. II § 5, Anm. 30.
  tria, 121. 128.
  7. *de uno dictum* scil. *sit*, in Ab-
hängigkeit von cum: da ich drei
Punkte als meine Aufgabe bezeichnet und erst von einem gesprochen
habe.
  8. *tum denique*, 146.
  10. *ad vincendum*, I 43. Aristot.
Rhet. I 2 ἀλλὰ σχεδὸν ὡς εἰπεῖν
κυριωτάτην ἔχει πίστιν τὸ ἦθος.
II 1 πολὺ γὰρ διαφέρει πρὸς πίστιν
— τὸ ποιόν τινα φαίνεσθαι τὸν
λέγοντα καὶ τὸ πρὸς αὐτοὺς ὑπο-
λαμβάνειν πῶς διακεῖσθαι αὐτόν,
πρὸς δὲ τούτοις ἐὰν καὶ αὐτοὶ δια-
κείμενοί πως τυγχάνωσιν. τὸ μὲν
οὖν ποιόν τινα φαίνεσθαι τὸν λέγοντα χρησιμώτερον εἰς τὰς συμ-
βουλάς ἐστιν, τὸ δὲ διακεῖσθαί πως
τὸν ἀκροατὴν εἰς τὰς δίκας. Als
Vertrauen erweckend für den Redner führt dann Aristot. die drei
Stücke an: φρόνησις, ἀρετή und
εὔνοια.
  probari in ein günstiges Licht
gestellt werden.
  mores et *instituta* Sitten und
Grundsätze.
  11. *et facta et vitam*, Tac. Agric.
1 clarorum virorum facta moresque
posteris tradere. Auf *mores* n. *instituta* bezieht sich nachher dignitate hominis, auf *facta* rebus gestis,
auf *vitam* existimatione vitae.
  16. *si modo sunt* — wenn sie nur
überhaupt wirklich vorhanden sind,
157; I 204. Dagegen I 247 si modo
tradi ratione possit. Schultz § 357.
Anm.
  18. *et vultus* s. d. krit. Anh. Piderit
meinte, vor vultus sei ein Wort
ausgefallen, wie *dignitas*, Or. 56. 60.
Aristot. Rhet. II 6 ὅθεν καὶ ἡ πα-
ροιμία τὸ ἐν ὀφθαλμοῖς εἶναι
αἰδώ.

omnia, quae proborum demissorum, non acrium, non pertinacium, non litigiosorum, non acerborum sunt, valde benevolentiam conciliant abalienantque ab eis, in quibus haec non sunt. Itaque eadem sunt in adversarios ex contrario conferenda. Sed genus hoc totum orationis in eis causis excellit, in quibus minus potest inflammari animus iudicis acri et vehementi quadam incitatione. Non enim semper fortis oratio quaeritur, sed saepe placida summissa lenis, quae maxime commendat reos. Reos autem appello non eos modo, qui arguuntur, sed omnes, quorum de re disceptatur; sic enim olim loquebantur. Horum igitur exprimere mores oratione iustos integros religiosos timidos perferentes iniuriarum mirum quiddam valet; et hoc vel in principiis vel in re narranda vel in perorando tantam habet vim, si est suaviter et cum sensu tractatum, ut saepe plus quam causa valeat. Tantum autem efficitur sensu quodam ac ratione dicendi, ut quasi mores oratoris effingat oratio; genere enim quodam sententiarum et genere verborum, adhibita etiam actione leni facilitatemque significanti efficitur, ut probi, ut bene morati, ut boni viri esse videantur.

Huic autem est illa dispar adiuncta ratio orationis, quae alio quodam genere mentes iudicum permovet impellitque, ut aut oderint aut diligant, aut invideant aut salvum velint, aut metuant aut sperent, aut cupiant aut abhorreant, aut laetentur aut maereant, aut misereantur aut punire velint aut ad eos motus deducantur, si qui finitimi sunt et propinqui his ac talibus animi permotionibus. Atque illud optandum est oratori, ut aliquam permotionem animorum sua sponte ipsi adferant ad causam iudices ad id, quod utilitas oratoris feret, accommo-

---

1. *demissorum*, demütig, sich nicht überhebend, bescheiden, ohne tadelnden Nebensinn; vgl. Hor. sat. I 3, 58 fg. probus quis Nobiscum vivit multum demissus homo: illi..

4. *ex contrario*, 215. 321.

5. *genus hoc* etc. Or. 128. *excellit* 'ist vorzüglich anwendbar'.

9. *Reos*, 78.

11. *exprimere*, 241. Or. part. 22.

12. *perferentes iniuriarum*. perferens gehört zu den Participien, die seltner in dieser Konstruktion vorkommen. Ebenso sui despiciens 261. gerens negotii, pro Sest. 97. inimicitiarum persequentissimus, ad Herenn. II 29.

15. *sensu quodam* etc. durch eine entsprechende Gemüts- und Gefühlsstimmung und deren Ausdruck. Or. part. 22 delectat — maximeque movet ea — oratio, quae significat oratoris ipsius amabiles mores, qui exprimuntur aut significando iudicio ipsius ex animo humano ac liberali, aut inflexione sermonis.

18. *facilitatem significanti*, der die innere Gutmütigkeit verrät.

22. *invideant*, ungnädig sind, d. h. verurteilen.

23. *cupiant* in d. Sinne von cupere alicui.

25. *si qui*, alle etwaigen, alle etwa noch u. s. w.

27. *adferant*, mit Bezug auf das folgende quod utilitas oratoris *feret* d. h. was bringen, fordern wird.

datam. Facilius est enim currentem, ut aiunt, incitare quam commovere languentem. Sin id aut non erit aut erit obscurius, sicut medico diligenti, priusquam conetur aegro adhibere medicinam, non solum morbus eius, cui mederi volet, sed etiam consuetudo valentis et natura corporis cognoscenda est: sic equidem cum aggredior in ancipiti causa et gravi ad animos iudicum pertractandos, omni mente in ea cogitatione curaque versor, ut odorer, quam sagacissime possim, quid sentiant, quid existiment, quid exspectent, quid velint, quo deduci oratione facillime posse videantur. Si se dant et, ut ante dixi, sua sponte, quo impellimus, inclinant atque propendent, accipio quod datur et ad id, unde aliquis flatus ostenditur, vela do. Sin est integer quietusque iudex, plus est operis. Sunt enim omnia dicendo excitanda, nihil adiuvante natura. Sed tantam vim habet ille, quae recte a bono poëta dicta est 'flexanima atque omnium regina rerum' oratio, ut non modo inclinantem excipere aut stantem inclinare, sed etiam adversantem ac repugnantem, ut imperator fortis ac bonus, capere possit. Haec

---

1. *currentem incitare*, ad Quint. fr. I 1, 45 atque haec non eo dicuntur, ut te oratio mea dormientem excitasse, sed potius ut *currentem incitasse* videatur.

ut aiunt — nach dem Sprichwort (Or. 21), griech. τὸν τρέχοντα παρορμᾶν, παρακαλεῖν τὸν σπεύδοντα.

2. *sin* — *non erit* d. h. si nihil afferent.

3. *sicut medico diligenti.* Vgl. Plat. Phaedr. p. 270 B. ὁ αὐτός που τρόπος τέχνης ῥητορικῆς ὅσπερ καὶ ἰατρικῆς. ἐν ἀμφοτέραις δεῖ διελέσθαι φύσιν, σώματος μὲν ἐν τῇ ἑτέρᾳ, ψυχῆς δ᾽ ἐν τῇ ἑτέρᾳ, εἰ μέλλεις μὴ τριβῇ μόνον καὶ ἐμπειρίᾳ, ἀλλὰ τέχνῃ, τῷ μὲν φάρμακα καὶ τροφὴν προσφέρων ὑγίειαν καὶ ῥώμην ἐμποιήσειν, τῇ δὲ λόγους τε καὶ ἐπιτηδεύσεις νομίμους (sc. προσφέρων), πειθὼ ἣν ἂν βούλῃ καὶ ἀρετὴν παραδώσειν.

6. *in ancipiti causa*, wo es also einer genauen Diagnose bedarf, um zu sehen, wie die Geschworenen eigentlich zu der Sache stehen.

gravi, auf deren richtige Behandlung, wie bei einer schweren Krankheit, sehr viel ankommt (gleichsam Leben und Tod abhängt).

7. *pertractandos* bearbeiten I 222.

11. *inclinant atque propendent*, 129.

12. *vela do*, Or. 75 Magnum opus et arduum, sed ingredientibus considerandum fuit, quid ageremus, nunc quidem iam quocumque feremur danda nimirum vela sunt.

13. *integer*, noch ganz unbefangen, uneingenommen, 188; de nat. deor. III 7: rudem me et integrum discip. accipe.

quietus, ganz neutral.

14. *dicendo*, also τέχνῃ, daher der erklärende Zusatz nihil adiuvante natura: ohne durch eine vorhandene natürliche Gemütsstimmung des Richters unterstützt zu werden.

15. *a bono poëta* — von Pacuvius in seiner Hermione, wo der trochaicus septenarius lautete:

ὁ flexanima atque omnium regina rerum oratio

nach Eur. Hecub. 816 πειθὼ δὲ τὴν τύραννον ἀνθρώποις μόνην.

17. *excipere* — sodaß er nun ganz mir ergeben ist, gleichsam in meinen Armen liegt. Liv. I 41 Tarquinium moribundum cum qui circa erant excepissent.

stantem — ohne Bild wie oben sin integer quietusque.

inclinare, wie eben: si se dant et inclinant.

18. *capere* — zum Gefangenen machen. Vgl. Eiul. I § 11, 112.

sunt illa, quae me ludens Crassus modo flagitabat, cum a me divinitus tractari solere diceret et in causa M'. Aquilii Gaiique Norbani nonnullisque aliis quasi praeclare acta laudaret; quae mehercule ego, Crasse, cum a te tractantur in causis, horrere soleo. Tanta vis animi, tantus impetus, tantus dolor oculis, vultu, gestu, digito denique isto tuo significari solet; tantum est flumen gravissimorum optimorumque verborum, tam integrae sententiae, tam verae, tam novae, tam sine pigmentis fucoque puerili, ut mihi non solum tu incendere iudicem, sed ipse ardere videaris.

189 Neque fieri potest, ut doleat is, qui audit, ut oderit, ut invideat, ut pertimescat aliquid, ut ad fletum misericordiamque deducatur, nisi omnes ei motus, quos orator adhibere volet iudici, in ipso oratore impressi esse atque inusti videbuntur. Quodsi fictus aliqui dolor suscipiendus esset et si in eiusmodi genere orationis nihil esset nisi falsum atque imitatione simulatum, maior ars aliqua forsitan esset requirenda. Nunc ego, quid tibi, Crasse, quid ceteris accidat, nescio; de me autem causa nulla est, cur apud homines prudentissimos atque amicissimos mentiar: non mehercule umquam apud iudices aut dolorem aut misericordiam aut invidiam aut odium dicendo excitare volui, quin ipse in commovendis iudicibus eis ipsis 190 sensibus, ad quos illos adducere vellem, permoverer. Neque

1. *quae*, 'aber das ist ja gerade', was etc.
modo, 127. 145.
6. *digito* — dem Zeigefinger nämlich. Quint. XI 3, 94 At cum tres contracti pollice premuntur, tum digitus ille, quo usum optime Crassum Cicero dicit, explicari solet. Is in exprobrando et indicando, unde ei nomen est, valet.
7. *integrae*, gesund, ungeschminkt.
8. *sine pigmentis* etc. Ausdrücke, wie sie von dem falschen, unechten Schmuck von geschmackloser Färbung des Ausdrucks im Gegensatz gegen die einfache, frische Naturfarbe häufig gebraucht werden. III 100; 199.
Über die attributive Verwendung der Ausdrücke sine pigmentis fucoque s. z. 28.
9. *ipse ardere videaris*, s. den krit. Anhang.
10. *Neque fieri potest*, Or. 132 nec umquam is qui audiret incenderetur, nisi ardens ad eum perveniret oratio. Vgl. Horat. ars poet. 102 si vis me flere, dolendum est Primum ipsi tibi, und besonders Quint.

VI 2, 26, der unsere Stelle offenbar vor Augen hat: Summa enim, quantum ego quidem sentio, circa movendos affectus in hoc posita est, *ut moveamur ipsi*. Nam et luctus et irae et indignationis aliquando etiam ridicula fuerit imitatio, si verba vultumque tantum, non etiam animum accommodarimus —. Quare in eis, quae verisimile esse volemus, simus ipsi similes eorum, qui vere patiuntur affectibus, et a tali animo proficiscatur oratio, qualem facere iudicem volet; 28 nec incendit nisi ignis.
12. *adhibere*, 'προςφέρειν beibringen', mit Anschluß an die 186 gebrauchte Vergleichung (adhibere medicinam).
13. *impressi atque inusti*, Hendiadyoin; wir etwa: tief im Innern die Seele erregen.
16. *maior* — weil in dem Fall die Kunst auch noch das leisten müßte, was uns jetzt die natürliche Gemütsbewegung von selbst bietet.
Nunc (oder nunc vero) 'nun aber' zur Einführung des wirklichen Sachverhalts, im Gegensatz zu der,

est enim facile perficere, ut irascatur ei, cui tu velis, iudex, si
tu ipse id lente ferre videare; neque ut oderit eum, quem tu
velis, nisi te ipsum flagrantem odio ante viderit; neque ad
misericordiam adducetur, nisi tu ei signa doloris tui verbis,
sententiis, voce, vultu, collacrimatione denique ostenderis. Ut
enim nulla materies tam facilis ad exardescendum est, quae
nisi admoto igni ignem concipere possit, sic nulla mens est
tam ad comprehendendam vim oratoris parata, quae possit
incendi, nisi inflammatus ipse ad eam et ardens accesserit. Ac, 191
ne hoc forte magnum ac mirabile esse videatur, hominem
totiens irasci, totiens dolere, totiens omni motu animi concitari, praesertim in rebus alienis: magna vis est earum sententiarum atque eorum locorum, quos agas tractesque dicendo,
nihil ut opus sit simulatione et fallaciis. Ipsa enim natura
orationis eius, quae suscipitur ad aliorum animos permovendos,
oratorem ipsum magis etiam, quam quemquam eorum, qui
audiunt, permovet. Et ne hoc in causis, in iudiciis, in ami- 192
corum periculis, in concursu hominum, in civitate, in foro accidere miremur, cum agitur non solum ingenii nostri existimatio
(nam id esset levius; quamquam, cum professus sis te id posse
facere, quod pauci, ne id quidem neglegendum est), sed alia

der Wirklichkeit nicht entsprechenden Annahme (quodsi — esset etc.).
de div. I 60; Tusc. III 2; de inv.
I 8; ad Fam. V 1, 1.
    2. *id* kann nach der Concinni-
tät mit den beiden folgenden Satz-
gliedern unmöglich erklärt werden:
irascaturne iudex nec ne, sondern
ist vielmehr der (bei lente ferre,
teilnahmlos sein, unentbehrliche)
allgemeine Objektsaccusativ zur Bezeichnung dessen, worüber eben
die Richter dem betreffenden Gegner zürnen sollen. Vgl. die Parallelstelle Quint. a. a. O. An ille dole-
bit, qui audiet *me*, qui in hoc (sc.
ut doleat iudex) dicam, *non dolen-
tem?* irascetur, si nihil *ipse*, qui in
iram concitat se idque exigit, *similia patietur?* Worüber die Richter nach dem Willen des Redners
wider dessen Gegner aufgebracht sein
sollen, darüber muß doch der Redner
selbst erbittert sein. Die Gleichgültigkeit dieses hat notwendig die
Gleichgültigkeit jener zur Folge.
    5. *collacrimatione.* Quint. a. a. O.
siccis agentis oculis lacrimas dabit?
Fieri non potest.
    Ut enim nulla materies. Quint.

a. a. O. Nec incendit nisi ignis
nec madescimus nisi humore, nec
res ulla dat alteri colorem, quem
non ipsa habeat.
    8. *vim oratoris*, die Leidenschaft
des Redners zu 'erfassen', comprehendere, ganz in sich aufzunehmen, zu teilen, und das soll der
Hörer thun, kann es aber nur, wenn
der Redner eben selbst *inflammatus*
sich zu seiner materies wendet.
    9. *ipse* sc. orator im Gegensatz
von vim oratoris; daher auch accesserit, nicht accesseris.
    21. *pauci*, nämlich possunt, nicht
quod paucos, denn dies würde ab-
gekürzt sein aus quod pauci possint,
würde also mit zum Inhalt dessen
gehören, wozu sich jemand anheischig macht. ad Att. 9, 11 A, 3.
eandem me salutem a te accepisse
putavi quam ille (accepit, nicht
illum accepisse putavi). I 31.
    ne id quidem, si.
    sed alia sunt wird nach der Paren-
these um des Nachdrucks willen
selbständig fortgefahren (statt alia
maiora multo sc. aguntur); da bei
jeder Verteidigung die wichtigsten,
Dinge für den Verteidiger selbst

sunt maiora multo, fides, officium, diligentia, quibus rebus adducti, etiam cum alienissimos defendimus, tamen eos alienos, si ipsi viri boni volumus haberi, existimare non possumus; 193 sed, ut dixi, ne hoc in nobis mirum esse videatur, quid potest esse tam fictum quam versus, quam scena, quam fabulae? tamen in hoc genere saepe ipse vidi, ut ex persona mihi ardere oculi hominis histrionis viderentur *e suo aliena* dicentis:

Ségregare abs te aúsu's aut sine íllo Salamina íngredi,
Néque paternum aspéctum es veritus —

auf dem Spiele stehen, so kann er nicht unbeteiligt bleiben, auch wenn ihm die, welche er zu verteidigen übernommen hat, persönlich zunächst ganz fern stehen. Jede fremde Verteidigung ist gewissermaßen auch zugleich eine eigene Verteidigung. Der Satz *cum agitur* etc. steht zu dem voraufgehenden hoc in foro accidere mirum non est in causalem Verhältnis, und insofern dürfte man antworten: cum agatur. Allein der Satz hoc in foro accidere mirum non est tritt zugleich in das Verhältnis eines Nebensatzes zu dem folgenden quid potest esse tam fictum, u. in Beziehung auf diesen Hauptgedanken ist cum agitur nur ein begleitender Nebenumstand.

2. *tamen* steht nicht in concessivem Gegensatz zu cum defendimus, was dann defendamus heißen müßte, sondern der Gedanke ist: cum defendimus alios, etiamsi sunt alienissimi, tamen.

4. *sed ut dixi*, nimmt den durch die Parenthese und die folgenden Worte unterbrochenen Faden (ne miremur) wieder auf.

in nobis, sc. oratoribus (wofür oben in causis, in iudiciis steht), im Gegensatz zu den Schauspielern.

6. *ipse*, mit meinen eigenen Augen.
vidi ut viderentur, 151.

ex persona — aus den Augenöffnungen der tragischen Maske.

ardere, im eigentlichen Sinn; daher viderentur.

7. *hominis histrionis*, wie ἀνὴρ φιλόσοφος, τραγικός, μουσικός, homo censorius, consularis, 108, bei Standesbezeichnungen.

e suo aliena aus seinem eigenen Empfinden heraus ihm Fremdes, Gleichgültiges, vgl. 191; s. d. krit. Anhang. Sehen wir doch selbst Schauspieler mitunter von der Rolle, die sie zu spielen haben, so ergriffen, als wenn sie selbst die Personen wären, die sie doch nur in ihrem Spiele darstellen: wie vielmehr ist es notwendig, daß der Redner vom eigenen Affekt bewegt werde, der sich nicht, wie jener, in fingierte Zustände und eine fremde Persönlichkeit zu versetzen hat, sondern in Beziehung auf wirkliche, ihn nahe berührende Verhältnisse (selbst in der Sache seines Klienten) seine eigene Sache vertritt (194); daher die Vorschrift bei Quint. VI 2, 34, Ubi vero miseratione opus erit, *nobis* ea, de quibus queremur, accidisse credamus atque id animo nostro persuadeamus. Nos illi simus, quos gravia, indigna, tristia passos queremur, *nec agamus rem quasi alienam*, sed assumamus parumper illum dolorem. Ita dicemus, quae in nostro simili casu dicturi essemus. Vidi ego saepe histriones atque comoedos, cum ex aliquo graviore actu personam deposuissent, flentes adhuc egredi. Quodsi *in alienis scriptis* sola pronuntiatio ita falsis accedit affectibus, quid nos faciemus, qui illa cogitare debemus et moveri periclitantium vice possumus?

aliena, d. h. hier des Helden, dessen Rolle er zu spielen hatte. Vgl. de off. I 113 ff.; de leg. I 21 nihil curare deum nec *sui*, nec *alieni*; zum Sinne des ganzen auch Shakespeares Hamlet und sein berühmtes: Was ist ihm Hekuba?

8. *segregare* etc. Die Verse (trochaici septenarii) aus dem Teucer des Pacuvius spricht Telamon, nach-

1 Numquam illum aspectum dicebat, quin mihi Telamo iratus
2 furere luctu filii videretur. At idem inflexa ad miserabilem
sonum voce:
. quom aétate exacta índigem
5   Líberum lacerásti orbasti exstínxti, neque fratrís necis,
6   Néque eius gnati párvi, qui tibi íu tutelam est tráditus —
fiens ac lugens dicere videbatur. Quae si ille histrio, cotidie
8 cum ageret, tamen [recte] agere sine dolore non poterat, quid
Pacuvium putatis in scribendo leni animo ac remisso fuisse?
Fieri nullo modo potuit. Saepe enim audivi poëtam bonum 194
11 neminem (id quod a Democrito et Platone in scriptis relictum
12 esse dicunt) sine inflammatione animorum exsistere posse et

dem er die Kunde von dem traurigen Ende seines geliebten Sohnes Aias vernommen, zu dem allein heimkehrenden Teukros. Hor. od. I 7, 21 ff. *segregare*, nämlich Aiacem, obwohl der Vater beiden beim Abschied ausdrücklich anbefohlen hatte, daß keiner vom andern weichen, keiner ohne den andern zurückkehren sollte. Aias aber hatte, gerade während Teukros auf einem Beutezug begriffen war, in der verhängnisvollen Nacht die Wahnsinnsthat vollzogen und sich darauf selbst ermordet. Daher Teukros in der Anrede an seines Bruders Leichnam Soph. Aiac. 981 ἦ πού με Τελαμών — δέξαιτ' ἂν εὐπρόσωπος ἵλεώς τ' ἰδὼν χωροῦντ' ἄνευ σοῦ etc.
1. *illum* als Artikel vor aspectum, das Wort 'Anblick', III 134.
Telamo, als der wirkliche Vater, nicht der Schauspieler.
2. *At* den Gedanken ohne scharf ausgeprägten Gegensatz weiterführend = anderseits.
5. *neque fratris necis* sc. etwa memor fuisti, denn sonst hättest du seinen Tod gerächt.
6. *Neque eius gnati parvi* — denn sonst hättest du den Sohn, den deiner Obhut anvertrauten Eurysakes, des Aias und der Tekmessa Kind, nicht allein gelassen.
8. *[recte]* paßt nicht hierher; denn der Sinn ist offenbar: trotz der Abstumpfung durch tägliches Auftreten war doch an der bezeichneten Stelle die Situation jedesmal so mächtig, daß der Schauspieler die Worte ohne eigene Rührung (ohne Gefühl 200) nicht vortragen konnte. Auf dem agere *sine dolore* non posse liegt der alleinige Nachdruck, dem das scribere *leni animo* non potuit des Dichters gegenübersteht. Es soll ja nur das scheinbar Auffallende der an den Redner zu stellenden Forderung (189) durch die Analogie mit dem eigenen Affekt des Schauspielers, wie er regelmäßig an pathetischen Stellen ihn zu übermannen pflegt, beseitigt werden. Vgl. Gell. N. A. VI (VII) 5 Polus, der seinen einzigen Sohn verloren, als Elektra, die ihres Bruders Orestes Totenurne trägt: itaque cum agi fabula videretur, dolor actus est.
11. *a Democrito*, de div. I 37, 80 Negat enim sine furore Democritus quemquam poëtam magnum esse posse, quod idem dicit Plato, z. B. Phaedr. p. 245 A. ὃς δ' ἂν ἄνευ μανίας Μουσῶν ἐπὶ ποιητικὰς θύρας ἀφίκηται, πεισθεὶς ὡς ἄρα ἐκ τέχνης ἱκανὸς ποιητὴς ἐσόμενος, ἀτελὴς αὐτός τε καὶ ἡ ποίησις ὑπὸ τῆς τῶν μαινομένων ἡ τοῦ σωφρονοῦντος ἠφανίσθη.
12. *animorum*. Der Plural wäre genügend erklärt durch Hinweis auf den kollektiven Sinn von *poetam bonum*. Er soll aber gewiß auch auf die inflammatio des animus des Hörers oder Lesers hinweisen; inflammatio animorum deckt unseren Begriff 'Begeisterung', wobei es unentschieden bleibt, ob aktive oder passive, ob erweckende oder

47 sine quodam adflatu quasi furoris. Quare nolite existimare me ipsum, qui non heroum veteres casus fictosque luctus velim imitari atque adumbrare dicendo neque actor sim alienae personae, sed auctor meae, cum mihi M'. Aquilius in civitate retinendus esset, quae in illa causa peroranda fecerim, sine magno dolore fecisse. Quem enim ego consulem fuisse, imperatorem, ornatum a senatu, ovantem in Capitolium ascendisse meminissem, hunc cum adflictum, debilitatum, maerentem, in summum discrimen adductum viderem, non prius sum conatus misericordiam aliis commovere, quam misericordia sum ipse captus. Sensi equidem tum magno opere moveri iudices, cum excitavi maestum ac sordidatum senem et cum ista feci, quae tu, Crasse, laudas, non arte, de qua quid loquar nescio, sed motu magno animi ac dolore, ut discinderem tunicam, ut cicatrices ostenderem. Cum C. Marius maerorem orationis meae praesens ac sedens multum lacrimis suis adiuvaret cumque ego illum crebro appellans collegam ei suum commendarem atque ipsum advo-

erweckte gemeint sei. Und weil es unentschieden ist, ist es an passender Stelle beides; der Lateiner kann dies mit inflammatio animorum ebenfalls erzielen, nicht aber mit inflammatio animi.

1. *adflatu quasi furoris*, 'ohne eine Art, einen Hauch von übernatürlicher Inspiration' Tusc. I 64 sine caelesti aliquo mentis instinctu. p. Arch. 18 poetam — quasi divino quodam spiritu inflari. Ovid. Fast. VI 5 est deus in nobis, agitante calescimus illo. Schiller: Graf von Habsburg Str. 5.

2. *velim — sim*, nach den besten Hs. (nicht vellem — essem nach der Vulgata): das war nicht blos damals, sondern ist überhaupt bei jedem Auftreten des Redners Antonius Absicht.

3. *actor — auctor* — mit absichtlichem Wortspiel: nicht Spieler einer fremden Rolle, sondern Vertreter meiner eigenen.

4. *M'. Aquilius*, 124, Einl. I § 11, 121 ff.

6. *consulem* etc. den vier sich steigernden Ausdrücken, die sein Glück bezeichnen, entsprechen in ähnlicher Gradation hernach vier andere, die sein Unglück schildern.

fuisse meminerant = consul fuerat idque meminueram, cum causam dicerem.

7. *ornatum*, eben dadurch, daß ihm der Senat die Ehre der ovatio zuerkannte.

in Capitolium, um das übliche Opfer zu bringen (ein Schaf; der Triumphator brachte ein Stieropfer).

ascendisse, zu Fuß, wie bei der ovatio gewöhnlich war, während der Triumphator auf einem vergoldeten und mit vier weißen Rossen bespannten Wagen fuhr.

13. *laudas*, 127.

de qua etc. von einer solchen ist mir nichts bekannt, worin wohl zugleich die Andeutung liegt, daß solche Scenen nicht etwa nach vorgängiger bewußter Reflexion herbeigeführt werden dürfen.

15. *praesens ac sedens* — ein solenner Ausdruck, um die offizielle Anwesenheit damit zu bezeichnen. M. war persönlich, auch amtlich funktionierend zugegen, nicht in der corona der Zuschauer, sondern unter den Beisitzern des Gerichts. Verr. III 138. Vgl. I 243; II 245.

17. *collegam ei suum commendarem*; *suum*, trotzdem eine Beziehung auf das Subjekt weder des Hauptsatzes noch des Satzes selbst vorliegt; suus gilt in solchen Fällen oft als betontes Possessivpronomen = so recht eigentlich seinen Kollegen; vielleicht ist es hier prädikativ noch zu commendaret

catum ad communem imperatorum fortunam defendendam invocarem, non fuit haec sine meis lacrimis, non sine dolore magno miseratio omniumque deorum et hominum et civium et sociorum imploratio. Quibus omnibus verbis, quae a me tum sunt habita, si dolor afuisset meus, non modo non miserabilis, sed etiam irridenda fuisset oratio mea. Quamobrem hoc vos doceo, Sulpici, bonus ego videlicet atque eruditus magister, ut in dicendo irasci, ut dolere, ut flere possitis. Quamquam 197 te quidem quid hoc doceam, qui in accusando sodali [et quaestore] meo tantum incendium non oratione solum, sed etiam multo magis vi et dolore et ardore animi concitaras, ut ego ad id restinguendum vix conarer accedere? Habueras enim tu omnia in causa superiora: vim, fugam, lapidationem, crudelitatem tribuniciam in Caepionis gravi miserabilique casu in iudicium vocabas; deinde principem et senatus et civitatis, M. Aemilium, lapide percussum esse constabat; vi pulsum ex templo L. Cottam et T. Didium, cum intercedere vellent rogationi,

zu ziehen = ihn ihm gerade als seinen Kollegen (gleichsam wie seinen Schützling) ans Herz legte. Das Pronomen reflexivum hat überhaupt eine weit freiere Verwendung im Lateinischen, als es die landläufige Grammatik lehrt. In der Umgangs- und Volkssprache tritt es geradezu für das Demonstrativum ein, so z. B. p. Rosc. Am. 6 hunc sibi ex animo scrupulum, qui se stimulat ac pungit, ut evellatis postulat, s. Landgraf z. d. St. Am häufigsten dient das pron. refl. als Subjektsakkusativ beim acc. c. inf. auch wenn das Subjekt des übergeordneten Verbums nur dem Sinne, nicht der Form nach dasselbe ist, wie beim Infinitiv, ja auch wenn durch ein Zwischenverbum geradezu ein Gegensatz der Beziehungen auf die verschiedenen Subjekte vorliegt, wie unten 273 rogat Salinator Maximum, ut meminerit [Maximus], opera sua [Salinatoris] se [nämlich Maximum] Tarentum recepisse.

1. *ad communem imperatorum*, insofern der gesamte Feldherrnstand in der Person des M.' Aquilius angegriffen war.

2. *sine meis lacrimis*, zu unterscheiden von sine lacrimis meis = nicht ohne Thränen sogar von meiner Seite, die natürlich nur als tief und wahr empfunden gelten können.

7. *bonus* etc., ironisch, weil A. nur auf dieses sein Beispiel, also die Praxis verwies, irgend welche theoretische Vorschriften aber in der erwähnten Beziehung weder geben konnte, noch wollte.

9. *te*, Einl. I § 12, 139.

sodali. A. hielt sich aus dem Grunde für verpflichtet, als Verteidiger des Norbanus aufzutreten (Einl. I § 11, 127), weil dieser sein Quaestor in Cicilien gewesen war. Dies ist ihre sodalitas.

13. *superiora*, zum voraus, d. h. zu deinen Gunsten.

vim etc., insofern eben die (demokratische) Partei des Norbanus zu dem gewöhnlichen letzten Mittel offener Gewaltthätigkeit ihre Zuflucht genommen hatte, um die Verurteilung Caepios durchzusetzen.

crudelitatem, Hartherzigkeit.

14. *miserabili casu*, Einl. I § 10, 89 f.

16. *M. Aemilium*, s. ind. Scaurus.

ex templo, von der Rednerbühne. Der Ausdruck templum als feierlich inaugurierte Stätte (denn templum ist omnis locus augurii aut auspicii causa quibusdam conceptis verbis finitus) ist hier absichtlich gewählt,

48 198 nemo poterat negare. Accedebat, ut haec tu adulescens pro re publica queri summa cum dignitate existimarere; ego, homo censorius, vix satis honeste viderer seditiosum civem et in hominis consularis calamitate crudelem posse defendere. Erant optimi cives iudices, bonorum virorum plenum forum, vix ut mihi tenuis quaedam venia daretur excusationis, quod tamen eum defenderem, qui mihi quaestor fuisset. Hic ego quid dicam me artem aliquam adhibuisse? Quid fecerim, narrabo. Si placuerit, vos meam defensionem in aliquo artis loco repo- **199** netis. Omnium seditionum genera, vitia, pericula collegi eamque orationem ex omni rei publicae nostrae temporum varietate repetivi conclusique ita, ut dicerem, etsi omnes molestae semper seditiones fuissent, iustas tamen fuisse nonnullas et prope necessarias. Tum illa, quae modo Crassus commemorabat, egi, neque reges ex hac civitate exigi neque tribunos plebis creari neque plebiscitis totiens consularem potestatem minui neque provocationem, patronam illam civitatis ac vindicem libertatis, populo Romano dari sine nobilium dissensione potuisse; ac, si illae seditiones saluti huic civitati fuissent, non continuo, si quis motus populi factus esset, id C. Norbano in nefario crimine atque in fraude capitali esse ponendum. Quodsi umquam populo Romano concessum esset, ut iure incitatus videretur (id quod docebam saepe esse concessum), nullam illa causa iustiorem fuisse. Tum omnem orationem traduxi et converti in increpandam Caepionis fugam, in deplorandum interitum exercitus. Sic et eorum dolorem, qui lugebant suos, oratione refricabam et animos equitum Romanorum, apud quos

---

um das Vergehen der Verjagung der Tribunen um so größer erscheinen zu lassen; in Vatin. 24 *in rostris*, in illo inqnam *augurato templo* ac loco.

1. *pro re publica*, rein im Staatsoder konservativen Interesse, ohne persönliche, selbstsüchtige Absichten, etwa um sich die Volksgunst zu gewinnen, was ihm als adulescens, der eine Rolle im Staate spielen wollte, nicht einmal hätte verdacht werden können.

6. *venia excusationis* ist gen. explicativus, ein auf Entschuldigung beruhendes Verzeihen, Duldung; vgl. Part. or. 131 ignoscendi petenda venia est.

quod tamen — quod quamvis seditiosum civem tamen eum defenderem, qui —.

8. *fecerim* — mit Nachdruck, im Gegensatz von artem.

9. *in artis aliquo loco* — an irgend einen Platz des rhet. Systems einfügen, irgendwie im System unterbringen, natürlich ironisch. Aber eine doctrina war es darum doch, vgl. 201.

14. *modo*, 124.

17. *provocationem*, als Anrufung der höchsten Instanz des Volkes durch einen Bürger, damit durch dessen höhere Autorität eine gegen ihn von einem Magistrate angeordnete Maßregel aufgehoben oder wenigstens aufgeschoben werde.

26. *suos*, 353.

27. *refricabam* — de leg. agr. cont. Rull. III 2, 4 ne aut refricare obductam iam reipublicae cicatricem viderer.

tum iudices causa agebatur, ad Q. Caepionis odium, a quo erant ipsi propter iudicia abalienati, renovabam [atque revocabam]. Quod ubi sensi me in possessionem iudicii ac defensionis meae constitisse, quod et populi benevolentiam mihi conciliaram, cuius ius etiam cum seditionis coniunctione defenderam, et iudicum animos totos vel calamitate civitatis vel luctu ac desiderio propinquorum vel odio proprio in Caepionem ad causam nostram converteram, tum admiscere huic generi orationis vehementi atque atroci genus illud alterum, de quo ante disputavi, lenitatis et mansuetudinis coepi: me pro meo sodali, qui mihi in liberum loco more maiorum esse deberet, et pro mea omni fama prope fortunisque decernere, nihil mihi ad existimationem turpius, nihil ad dolorem acerbius accidere posse, quam si is, qui saepe alienissimis a me, sed meis tamen civibus saluti existimarer fuisse, sodali meo auxilium ferre non potuissem. Petebam a iudicibus, ut illud aetati meae, ut honoribus, ut rebus gestis, si iusto, si pio dolore me esse adfectum viderent, concederent; praesertim si in aliis causis intellexissent, omnia me semper pro amicorum periculis, nihil umquam pro me ipso deprecatum. Sic in illa omni defensione atque

---

2. *ipsi* an sich schon.
propter iudicia wegen seines Versuches, die Gerichte den Rittern wieder zu nehmen.
renovabam [atque revocabam], ich suchte auf alle nur mögliche Weise von neuem zu richten (wie oben traduxi et converti, vgl. III 120), s. jedoch den krit. Anhang. de inv. II 49 nam tum concediturcommune quiddam dicere (die Anbringung eines Gemeinplatzes) cum — auditoris animus renovatur ad ea, quae restant. Liv. XXI 21, 8 renovavit corpora animosque ad omnia de integro patienda.
3. *Quod ubi* wie quodsi u. ä. Schultz § 448. d. Acc. c. Inf. als erklärende Ausführung des quod.
in possessionem — um in prägnanter Weise zugleich den Übergang zu bezeichnen, also pervenisse ibique constitisse. A. mußte sich bei der mißlichen Sachlage, da alles gegen ihn war, erst das Terrain erobern, wo er festen Fuß fassen konnte.
iudicii, das anfangs von dem Gegner (Sulpicius) ganz occupiert war.
defensionis meae, da sich auf den ersten Anblick die Sache fast nicht verteidigen ließ, die Konstruktion wie in Verr. V 98 a. E. Ebenso Div. in Caec. 66, a nationibus, quae in amicitiam pop. Rom. ditionemque — essent.
8. *admiscere*, als temperamentum, 212.
9. *vehementi*, 73. 211.
11. *in liberum loco.* — Vgl. Brut. 1 ex quo augurum institutis in parentis cum (sc. Hortensium) loco colere debebam. Ad Fam. XIII 10, 1 Cum ad te tuus quaestor proficisceretur, satis commendatum tibi eum arbitrabar ab ipso *more maiorum*, qui — hanc quaesturae coniunctionem liberorum necessitudini proximam voluit esse. Div. in Q. Caec. 61 sic enim a maioribus nostris accepimus, praetorem quaestori suo parentis loco esse oportere; nullam neque iustiorem neque graviorem causam necessitudinis posse reperiri, quam coniunctionem sortis, quam publici muneris societatem.
13. *ad dolorem*, was mehr das Gefühl verletze, 193.
16. *illud* — nämlich si iusto dolore me esse adfectum viderent. (Daher steht concederent in manchen Hs. gleich hinter rebus gestis.)

causa, quod esse in arte positum videbatur, ut de lege Appu- 1
leia dicerem, ut quid esset minuere maiestatem explicarem,
perquam breviter perstrinxi atque attigi. His duabus partibus
orationis, quarum altera commendationem habet, altera con-
citationem, quae minime praeceptis artium sunt perpolitae,
omnis est a me illa causa tractata, ut et acerrimus in Caepionis
invidia renovanda et in meis moribus erga meos necessarios
declarandis mansuetissimus viderer. Ita magis adfectis animis
iudicum quam doctis tua, Sulpici, est a nobis tum accusatio victa.

50 202   Hic SULPICIUS, Vere hercle, inquit, Antoni, ista comme- 10
moras. Nam ego nihil umquam vidi, quod tam e manibus
elaberetur, quam mihi tum est elapsa illa causa. Cum enim,
quemadmodum dixisti, tibi ego non iudicium, sed incendium
tradidissem, quod tuum principium, di immortales, fuit! qui
timor! quae dubitatio! quanta haesitatio tractusque verborum! 15
Ut tu illud initio, quod tibi unum ad ignoscendum homines
dabant, tenuisti, te pro homine pernecessario, quaestore tuo,
203 dicere! quam tibi primum munisti ad te audiendum viam. Ecce 18
autem, cum te nihil aliud profecisse arbitrarer, nisi ut homines
tibi civem improbum defendenti ignoscendum propter necessi-
tudinem arbitrarentur, serpere occulte coepisti, nihildum aliis
suspicantibus, me vero iam pertimescente, ut illam non Nor- 22
bani seditionem, sed populi Romani iracundiam neque eam 23
iniustam, sed meritam ac debitam fuisse defenderes. Deinde
qui locus a te praetermissus est in Caepionem? Ut tu illa 25
omnia odio, invidia, misericordia miscuisti! Neque haec solum 26
in defensione, sed etiam in Scauro ceterisque meis testibus,

---

1. *in arte*, 107 ff., was die rhetorische Theorie eigentlich vorschreibt.
   de lege Appuleia; nach ihr hatte Sulpicius den Norbanus belangt, s. Einl. 1 § 11 u. 12.
   10. *Sulpicius*, keiner kann das, was A. eben über den Gang seiner Verteidigung gesagt hat, besser bestätigen als Sulpicius, der schon den Sieg in den Händen zu haben glaubte und nun auf einmal von dem mächtigen Gegner aus dem Felde geschlagen ward.
   15. *haesitatio tractusque*, die Rede stockte absichtlich und bewegte sich langsam und getragen vorwärts, teils um den Verdacht zu meiden, als nähme A. eine solche Anklage an sich etwa zu leicht, teils um so vorsichtiger Weise erst nur einmal einen festen Anfangspunkt zu gewinnen.
   18. *Ecce* deutet das Unerwartete und Entscheidende im Gang und Erfolg der Verteidigungsrede des A. an. 94.
   22. *ut illam* etc. ut hängt nicht von pertimescente ab (sonst müßte ja *ne* stehen), sondern ist final u. gehört zu serpere occulte coepisti; *pertimescente* steht also hier absolut.
   23. *iracundiam* Zornesausbruch.
   25. *locus*, keiner der sog. loci communes und zwar derjenigen, qui sunt in vitiis directi (Quint. II 1, 11; V 12, 15).
   illa — was du nämlich in dem Teil deiner Rede vorbrachtest (200).
   26. *miscuisti* — sodaß alles in Gährung und von odium, invidia, misericordia durchdrungen war. I 220.

quorum testimonia non refellendo, sed ad eundem impetum populi confugiendo refutasti. Quae cum abs te modo commemorarentur, equidem nulla praecepta desiderabam: ipsam tamen istam demonstrationem defensionum tuarum [abs te ipso commemoratam] doctrinam esse non mediocrem puto.

Atqui, si ita placet, inquit ANTONIUS, trademus etiam, quae nos sequi in dicendo quaeque maxime spectare solemus. Docuit enim iam nos longa vita ususque rerum maximarum, ut quibus rebus animi hominum moverentur teneremus.

Equidem primum considerare soleo, postuletne causa. Nam neque parvis in rebus adhibendae sunt hae dicendi faces neque ita animatis hominibus, ut nihil ad eorum mentes oratione flectendas proficere possimus, ne aut irrisione aut odio digni putemur, si aut tragoedias agamus in nugis aut convellere adoriamur ea, quae non possint commoveri. Iam quoniam haec fere maxime sunt in iudicum animis aut quicumque illi erunt, apud quos agemus, oratione molienda, amor, odium, iracundia, invidia, misericordia, spes, laetitia, timor, molestia:

---

1. *refellendo*, nicht durch Gegenbeweis.
ad eundem impetum populi confugiendo, dadurch, daß A. immer auf den einen Punkt, daß nämlich jener Aufstand ein berechtigter gewesen, sich zurückzog. Er suchte also die Zeugenaussagen gleichsam durch die constitutio generalis oder iuridicialis (Einl. II § 3, 14 f.) zu entkräften, indem er zwar die seditio zugab, diese selbst aber immer wieder in die Kategorie der berechtigten Bewegungen stellte, die aus dem Freiheitsdrange des Volks hervorgegangen die Republik begründet und erhalten hätten (199).
eundem impetum, vgl. 58 illum impetum oratoris.

2. *Quae* etc. Sulpicius hat bei der Auseinandersetzung des A. besondere schulmäßige Lehrvorschriften nicht vermißt; indessen eigentlich kann eben diese Analyse der verschiedenen Wege, die A. damals behufs der Verteidigung des Norbanus eingeschlagen, wie sie von ihm selbst hier vorgetragen ist, für die beste Theorie gelten (198 a. E.).

4. *demonstrationem* etc. 'den Nachweis deiner Verteidigungsformen'.

6. *Atqui*, im Gegensatz zu den Worten des Sulpicius: equidem nulla praecepta desiderabam.

11. *dicendi faces*, III, 4 verborum faces.

14. *tragoedias agamus* 225. 227; I 219. 228. Lächerlich macht sich der Redner, wenn er in Bagatellsachen auf dem tragischen Kothurn einhergeht und die geringfügigsten Dinge mit tragischem Pathos behandelt.

15. *Iam*, damit geht A. nach Erledigung der Vorfrage zur Ausführung dessen, warum es sich hier eigentlich handelt, zur Darlegung der hauptsächlichsten Gemütszustände u. Seelenstimmungen (neque ita animatis hominibus) u. d. Weise auf sie zu wirken über. — In der nachfolgenden kurzen Ausführung folgt A. seinem Vorbild Arist. Rhet., II 1 ff.

17. *amor odium* sqq. Die Begriffe gehören paarweise zusammen, iracundia steht zwischen dem ersten und dem zweiten Paar und ist, wie aus 208 hervorgeht, eine besondere Form, in der sich das odium äußert. Die Begriffe kehren nachher, doch nicht in der gleichen Reihenfolge wieder. amor 206, odium 208, spes laetitia, timor molestia 209, invidia 209, misericordia 211.

sentimus amorem conciliari, si id videare, quod sit utile
ipsis apud quos agas, defendere, si aut pro bonis viris aut
certe pro eis, qui illis boni atque utiles sint, laborare. Namque haec res amorem magis conciliat, illa virtutis defensio
caritatem; plusque proficit, si proponitur spes utilitatis futurae
quam praeteriti beneficii commemoratio. Enitendum est, ut
ostendas in ea re, quam defendas, aut dignitatem inesse aut
utilitatem, eumque, cui concilies hunc amorem, significes nihil
ad utilitatem suam rettulisse ac nihil omnino fecisse causa
sua. Invidetur enim commodis hominum ipsorum; studiis
autem eorum ceteris commodandi favetur. Videndumque hoc
loco est, ne, quos ob benefacta diligi volemus, eorum laudem
atque gloriam, cui maxime invideri solet, nimis efferre videamur.
Atque eisdem his ex locis et in alios odium struere discemus
et a nobis ac nostris demovere; eademque haec genera tractanda sunt in iracundia vel excitanda vel sedanda. Nam si,
quod ipsis, qui audiunt, perniciosum aut inutile sit, id factum
augeas, odium creatur; sin, quod aut in bonos viros aut in
eos in quos minime quisque debuerit, aut in rem publicam,
tum excitatur, si non tam acerbum odium, tamen aut invidiae
aut odii non dissimilis offensio. Item timor incutitur aut ex
ipsorum periculis aut ex communibus. Interior est ille proprius; sed hic quoque communis ad eandem similitudinem est

---

1. *amorem*, Arist. Rhet. II 4 ἔστω δὴ τὸ φιλεῖν τὸ βούλεσθαί τινι ἃ οἴεται ἀγαθὰ ἐκείνου ἕνεκα ἀλλὰ μὴ αὑτοῦ καὶ κατὰ δύναμιν πρακτικὸν εἶναι τούτων.

videare, die Vulgatlesart: si id velle videare — defendere.

si id videare — defendere —. Dem ersten si ist das zweite si aut — aut untergeordnet. Ein utile ipsis, apud quos agas ist 1) si aut pro bonis viris, 2) aut certe pro eis, qui illis boni atque utiles sint [videaris] laborare. Haec res geht auf das letztere, illa virtutis defensio auf das erstere.

2. *pro bonis viris* — an und für sich, absolut; *illis* also wenigstens subjektiv.

5. *caritatem*, Or. part. 88 amicitiae autem caritate et amore cernuntur. Nam cum deorum, tum parentum patriaeque cultus eorumque hominum, qui aut sapientia, aut opibus excellunt, ad caritatem referri solet; coniuges autem et liberi et fratres et alii, quos usus familiaritasque coniunxit, quamquam etiam caritate ipsa, tamen amore maxime continentur. ibid. 16, 56 Gegensatz von Achtung und Liebe.

7. *dignitatem*, Ehre, 331.

14. *eisdem his ex locis* — aus denselben eben angeführten Fundstätten oder Quellen, 218, wie: *eadem haec genera*, 'dieselben Gesichtspunkte gelten', 215.

18. *sin* sc. augeas, quod aut in bonos viros — quis fecerit.

21. *offensio*, eine feindliche Stimmung, die entweder von persönlichem Mißfallen oder geradezu von persönlicher Erbitterung nicht viel verschieden ist.

22. *Interior* — näher berührt uns.

23. *ad eandem similitudinem*, so nämlich, daß die allgemeine Gefahr zugleich als eine persönliche dargestellt wird.

perducendus. Par atque una ratio est spei, laetitiae, molestiae; 52
sed haud sciam an acerrimus longe sit omnium motus invidiae
nec minus virium opus sit in ea comprimenda quam in excitanda. Invident autem homines maxime paribus aut inferiori-
bus, cum se relictos sentiunt, illos autem dolent evolasse; sed
etiam superioribus invidetur saepe vehementer et eo magis,
si intolerantius se iactant et aequabilitatem communis iuris
praestantia dignitatis aut fortunae suae transeunt. Quae si
inf[l]am[m]anda sunt, maxime dicendum est non esse virtute
parta, deinde etiam vitiis atque peccatis, tum, si erunt honestiora
atque graviora, tamen non esse tanti ulla merita, quantam insolentiam hominis quantumque fastidium. Ad sedandum autem: 210
magno illa labore, magnis periculis esse parta, nec ad suum
commodum, sed ad aliorum esse collata, cumque, si quam
gloriam peperisse videatur, tamenetsi ea non sit iniqua merces
periculi, tamen ea non delectari totamque abicere atque deponere; omninoque perficiendum est, quoniam plerique sunt
invidi maximeque hoc est commune vitium et perpetuum, in-

---

1. *ratio* = Verhältnis, Wesen, Natur s. a. 47.
2. *haud siam*, vgl. 18.
4. *paribus* etc., wenn sie von Leuten gleichen oder gar niedrigeren Standes sich überflügelt sehen. Vgl. Arist. Rhet. II 10.
5. *evolasse*, 'wenn sie mit Ärger wahrnehmen, daß jene schnell gestiegen sind.'
7. *aequabilitatem*, I 188, das für alle in gleicher Weise geltende Recht.
8. *praestantia dignitatis*, Vorzüge der Stellung, vgl. Tusc. V 38 praestantia debent ea dici.
Quae si inflammanda sunt, will man diese viel beneideten Vorzüge durch die faces dicendi (205) einer noch gesteigerten invidia preisgeben, so daß der Funke in heller Flamme auflodert. So Or. 99 non praeparatis auribus inflammare rem. Diese Erkl. ist jedoch nicht zutreffend, denn d. Begriff der invidia, die ja doch eigentlich zu entflammen ist, liegt nicht in den Worten und wird erst eingeschwürzt. Die Stelle im Or. ist zu erkl.: rem tractare ita ut flamma fiat, d. h. eine Sache im genus grande cum inflammatione tractare. Hier müßte eben *invidia* cum inflammatione zu traktieren sein. Cic. schrieb m. Er. *infamanda*, wenn diese Vorzüge zu verdächtigen sind.

Nachdem erst von der excitatio (motus) invidiae gehandelt ist, indem gezeigt wird, wann und gegen wen vornehmlich die Menschen der invidia sich hingeben (Invident antem etc.), dann wie der Redner die excitatio invidiae hervorrufen könne, näml. durch Verkleinerung der Vorzüge, fährt Cic. ohne genauere Präcisierung fort *ad sedandum* 'zur Beschränkung, Beruhigung' — nämlich des durch irgend welche Umstände, hohe Stellung und Verdienste bei den Hörern bereits erregten — 'Neidgefühls' muß man u. s. w. Also je nach den Umständen muß der Redner bald movere invidiam, bald sedare. — Hinsichtlich des Ausdrucks entspricht ad sedandum dem oben behandelten motus invidiae, als ob oben gesagt wäre: ad movendum scil. invidiae. Der Gebrauch des acc. ger. mit Präpositionen gehört der Umgangs- und Geschäftssprache an: vgl. z. B. Verr. II 78: Eum a quo pecuniam ob absolvendum acceperis, und dies ob absolvendum entspricht dem vorhergehenden ob rem iudicandam; Schultz § 423.
14. *cumque* sc. hominem, s. den krit. Anh.
18. *invidetur* etc. Frag. trag. 462 πρὸς γὰρ τὸ λαμπρὸν ὁ φθόνος βιβάζεται. Soph. Ai. 157 πρὸς γὰρ

videtur autem praestanti florentique fortunae, ut haec opinio
minuatur et illa excellens opinione fortuna cum laboribus et 2
211 miseriis permixta videatur. Iam misericordia movetur, si is, 3
qui audit, adduci potest, ut illa, quae de altero deplorentur,
ad suas res revocet, quas aut tulerit acerbas aut timeat, ut
intuens alium crebro ad se ipsum revertatur. Ita cum singuli 6
casus humanarum miseriarum graviter accipiuntur, si dicuntur
dolenter, tum adflicta et prostrata virtus maxime luctuosa est;
et, ut illa altera pars orationis, quae probitatis commendatione 9
boni viri debet speciem tueri, lenis, ut saepe iam dixi, atque
summissa, sic haec, quae suscipitur ab oratore ad commutandos 11
animos atque omni ratione flectendos, intenta ac vehemens 12
53 212 esse debet. Sed est quaedam in his duobus generibus, quorum 13
alterum lene, alterum vehemens esse volumus, difficilis ad di-
stinguendum similitudo. Nam et ex illa lenitate, qua con-
ciliamur eis, qui audiunt, ad hanc vim acerrimam, qua eosdem
excitamus, influat oportet aliquid, et ex hac vi nonnumquam 17

τὸν ἔχονθ' ὁ φθόνος ἕρπει. Tac.
dial. de or. 40 ad incessendos principes viros, ut est natura invidiae.
Arist. rhet. II 10.

2. *opinione* nach gewöhnlicher
Annahme, dem Scheine nach, vermeintlich, vgl. 101; Brut. 1 opinione
omnium maiorem cepi dolorem.

3. *Iam*, beim letzten Glied der
Aufzählung: nun endlich. Seyffert
sch. lat. 1 p. 35. 37.

misericordia, Arist. rhet. II 8 ἔστω
δὴ ἔλεος λύπη τις ἐπὶ φαινομένῳ
κακῷ φθαρτικῷ ἢ λυπηρῷ τοῦ ἀν-
αξίου τυγχάνειν, ὃ κἂν αὐτὸς
προσδοκήσειεν ἂν παθεῖν ἢ
τῶν αὑτοῦ τινα.

6. *Ita* durch tum ... maxime
fortgesetzt: 'so wenn (schon) einzelne Unglücksfälle in rührender
Weise vorgeführt (si dolenter dicuntur) mit schmerzlicher Anteilnahme empfunden werden, ist dann
insbesondere die gemißhandelte und
mit Füßen getretene Tugend ein
Gegenstand der Entrüstung.' Der
Satz bringt eine Steigerung des Gedankens. Ist der Hörer in die
Stimmung versetzt, daß er an sich
selbst denkt, empfindet er schon
einzelne Schicksalsschläge an dem
Klienten des Redners mit teilneh-
mendem Schmerz, in besonders
hohem Grade geschieht dies, wenn
der Klient ganz als ein Urbild der
virtus gelten kann.

9. *probitatis commendatione*, das
Empfehlende, das in einer redlichen
Gesinnung liegt, I 122. Denn dadurch
werden die Zuhörer gewonnen, daß
man sie überzeugt, daß sie eine
ehrenwerte Persönlichkeit vor sich
haben, 182.

11. *ad commutandos* wie Or. 20
ad permovendos et convertendos
animos instructi et parati.

12. *intenta ac vehemens*, entsprechen in chiastischer Stellung
jenes 'mit angespannter Kraft' dem
summissa, 'gelassen' (183), dieses
'heftig und aufregend' dem lenis,
'ruhig und beschwichtigend' 200.

13. *quaedam — similitudo* — also
gleichsam eine dritte Gattung, die
weil sie aus den beiden Hauptarten gemischt ist, bald der einen,
bald der andern gleicht. Daher
die Schwierigkeit, den Unterschied
derselben von jenen beiden Arten
scharf zu bestimmen.

17. *influat — inflandum*, beide
Ausdrucksweisen, von denen die
eine zunächst für das conciliare, die
andere für das movere bestimmt
ist, gehen hin und wieder in einander über: aus dem ruhigen Fluß
soll etwas in den reißenden Strom
sich ergießen (daher influat), und
umgekehrt aus der Sturmesgewalt

animi aliquid inflandum est illi lenitati; neque est ulla temperatior oratio quam illa, in qua asperitas contentionis oratoris ipsius humanitate conditur, remissio autem lenitatis quadam gravitate et contentione firmatur. In utroque autem 213 genere dicendi et illo, in quo vis atque contentio quaeritur, et hoc, quod ad vitam et mores accommodatur, et principia tarda sint et exitus tamen spissi et producti esse debent. Nam neque adsiliendum statim est ad genus illud orationis; — abest enim totum a causa et homines prius ipsum illud, quod proprium sui iudicii est, audire desiderant —; nec cum in eam rationem ingressus sis, celeriter discedendum est. Non enim, sicut argumentum, simul atque positum est, adripitur alterumque et tertium poscitur, item misericordiam aut invidiam aut iracundiam, simul atque intuleris, possis commovere. Argumentum ratio ipsa confirmat, atque simul atque emissum est, adhaere-

ein mächtiger Hauch in den ruhigen Luftzug hineinwehen (Nägelsbach⁶ Stil. § 132. S. 402). Daher ist *inflandum* in seinem eigentlichsten Sinn als das zu *animus* passendste Verbum gewählt. Die Verbindung mit dem dat. aber läßt sich durch die Analogie anderer mit in zusammengesetzten Verba rechtfertigen. Vgl. Quint. XI 3, 20 ut tibiae *eodem spiritu accepto* — alium sonum reddunt. S. jedoch d. krit. Anh.
1. *temperatior*, von der rechten Temperatur und Mischung, wie Wein, dem, wenn er zu stark ist, durch die rechte Zuthat die Herbheit genommen, ist er zu schwach, die nötige Kraft gegeben wird.
2. *asperitas contentionis*, mit Anschluß an das eben angedeutete Bild: das Herbe und Harte, das in der heftigen Kraftanstrengung des Redners, in der Heftigkeit seiner Darstellung liegt, wird gemildert oder eigentlich gewürzt conditus (wie eine wohlschmeckende Speise) durch die persönliche Leutseligkeit und das freundliche Wesen des Redners (227 conditior).
3. *remissio lenitatis*, das Weiche und Gelassene, das in der milden Ausdrucksweise liegt. (Vgl. Nägelsbach Stil⁶. § 45, 1 S. 128.)
4. *in utroque genere dicendi*. Der Ausdruck genus dicendi und gleich darauf genus orationis ist hier durchaus nicht in Beziehung zu setzen mit den generibus causae oben 104 und 114, sondern er bezieht sich auf die genera, 212, d. i. die Art, die conciliatio und excitatio zu behandeln. Die conciliatio ist es, die mehr ad vitam et mores accommodatur, die excitatio entwickelt mehr den Angriff, vis et contentio. Genus illud orationis ist also ganz allgemein gesagt 'solche Redegattung, wo man also entweder die conciliatio oder excitatio anwendet.' Cic. spricht hier nur von dem persönlichen Teile der Rede.
7. *sint*, nicht sunt; denn es wird hier eine Forderung und Vorschrift aufgestellt: die principia sollen langsamen Schritts vorrücken.

tamen, weil man nach der vorhergehenden Forderung für die principia nun für die exitus das Gegenteil erwartet (Madvig: etiam).

spissi et producti, bedächtig (zögernd) und gedehnt (hingehalten). III 145. Naev. 59 at enim tu nimis spisse atque tarde incedis. Nonius 392, 15 'spissum significat tarde'. Brut. 138.

8. *abest*. Auch in diesem Teile einer Rede hat das ἦθος und πάθος eine Stelle, wie sonst gewöhnlich in der peroratio (Einl. II § 12) und der sieht von dem Sachverhalte des Falles ganz ab.

9. *quod proprium sui iudicii est*, also den Sachverhalt. *in eam rationem*, sc. πάθους καὶ ἤθους.

15. *ratio*, nämlich eorum, qui audiunt, *adhaerescit*, nämlich rationi,

scit; illud autem genus orationis non cognitionem iudicis, sed magis perturbationem requirit, quam consequi nisi multa et varia et copiosa oratione et simili contentione actionis nemo 3 potest. Quare qui aut breviter aut summisse dicunt, docere iudicem possunt, commovere non possunt; in quo sunt omnia. 5

Iam illud perspicuum est, omnium rerum in contrarias 6 partes facultatem ex eisdem suppeditari locis. Sed argumento 7 resistendum est aut eis, quae comprobandi eius causa sumuntur, reprehendendis aut demonstrando, id, quod concludere illi ve- 9 lint, non effici ex propositis nec esse consequens, aut, si ita 10 non refellas, adferendum est in contrariam partem, quod sit aut gravius aut aeque grave. Illa autem, quae aut conciliationis causa leniter aut permotionis vehementer aguntur, contrariis commotionibus auferenda sunt, ut odio benevolentia, ut 11 misericordia invidia tollatur.

Suavis autem est et vehementer saepe utilis iocus et face- 16

---

emissum, 219 cum ante illud facile dictum emissum haerere debeat (III 158 teli [e]misisi).

3. *simili contentione actionis*, ein entsprechender kräftiger und lebendiger Vortrag; ihm steht hernach summisse entgegen.

5. *in quo sunt omnia*, l 60. Or. 69 nam id unum ex omnibus ad obtinendas causas potest plurimum.

6. *Iam*, 176. 211.

omnium rerum etc., aus denselben Fundstätten kann jedesmal auch das Material zur Widerlegung gewonnen werden; das Verfahren aber bei der argumentatio ist von dem bei der conciliatio und permotio anzuwendenden verschieden.

7. *ex eisdem locis*, 182 a. E. 208. 218. 321; Or. 46; Or. part. 51.

Sed argumento, mittels des argumentum im engeren Sinn, des Beweises für den Verstand, wo es sich um das probare (und docere) handelt im Gegensatz zu dem conciliare und commovere, 291. 294.

9. *reprehendendis*, durch Widerlegung, 331.

10. *ex propositis*, aus den Obersätzen. Brut. 152 quae quibus propositis essent quaeque non essent consequentia.

14. *auferenda* (s. d. krit. Anhang) wird gleich durch das ihm genau entsprechende tollatur erklärt; (257 auferte, thut von euch, 'hinweg mit').

51,216—71,289. Von der Bedeutung des Witzes für den Redner.

Von nicht geringer Wirkung auf die Stimmung der Zuhörer (also für das conciliare u. permovere sehr zu beachten) ist ohne Zweifel alles, was in das Gebiet des Witzes und Humors, der Ironie und Satire fällt, und Cicero, der hierin selbst, wie sein Vorbild Crassus, vor andern ausgezeichnet war (Quint. VI 3, 3), widmet diesem Thema einen ausführlichen Exkurs; — ein Abschnitt, der freilich wegen der oft verborgenen Beziehungen und Anspielungen für die Erklärung bisweilen unüberwindliche Schwierigkeiten bietet. Doch dient das Ganze zur Erfrischung und Antonius kann sich während der Erholungszeit ausruhen, bis er c. 72 den abgebrochenen Faden wieder aufnimmt und seine Aufgabe zu Ende führt.

16. *Suavis*, Arist. rhet. I 11 (p. 40 Sp.) ἀνάγκη καὶ τὰ γελοῖα ἡδέα εἶναι. Quint. VI 3, 1 huic (nämlich der Fähigkeit, die Gemüter der Richter zu erschüttern und zum Mitleid zu bewegen) diversa virtus, quae *risum* iudicis movendo et illos tristes solvit affectus et animum ab intentione rerum frequenter avertit et aliquando etiam reficit et a satietate vel a fatigatione renovat.

iocus, munterer Scherz und Witz, der zum Lachen reizt und heiter

tiae; quae, etiamsi alia omnia tradi arte possunt, naturae sunt propria certe neque ullam artem desiderant. In quibus tu longe aliis mea sententia, Caesar, excellis; quo magis mihi etiam aut testis esse potes, nullam esse artem salis aut, si qua est, eam tu potissimum nos docere.

Ego vero, inquit [CAESAR], omni de re facetius puto posse 217 ab homine non inurbano, quam de ipsis facetiis disputari. Itaque cum quosdam Graecos inscriptos libros esse vidissem de ridiculis, nonnullam in spem veneram posse me aliquid ex istis discere. Iuveni autem ridicula et salsa multa Graecorum (nam et Siculi in eo genere et Rhodii et Byzantii et praeter ceteros Attici excellunt); sed qui eius rei rationem quandam conati sunt artemque tradere, sic insulsi exstiterunt, ut nihil aliud eorum nisi ipsa insulsitas rideatur. Quare mihi quidem nullo 218 videtur modo doctrina ista res posse tradi. Etenim cum duo genera sint facetiarum, alterum aequabiliter in omni sermone

---

stimmt; *facetiae*, sowohl feine, geistreiche Einfälle, die durch ihren Reiz die Zuhörer gewinnen, als humoristischer und witziger Ton im allgemeinen.
1. *arte*, theoretisch.
4. *testis* etc. s. d. krit. Anhang.
6. *facetius* (nicht facilius), Caesar fängt der Natur seines Themas gemäß gleich mit einem witzigen Wortspiel an 258; p. Planc. 85.
7. *Itaque* u. s. w. ein der Periodisierung gebrachtes Opfer. Cäsar will sagen: vidi quosdam libellos de ridiculis, itaque speravi me posse dicere. Das wird nach beliebtem Schema gewendet: Itaque cum vidissem speravi. Es zieht also das itaque seine Berechtigung erst aus dem folgenden. Überhaupt ist bei itaque öfter eine logische Anakoluthie zu konstatieren, s. Nägelsbach Stil.[6] § 160, 3 S. 473 fg. Ebenso wird 218 die Behauptung nullo videtur modo doctrina ista res posse tradi nicht durch etenim — illa cavillatio, haec — dicacitas appellata est, begründet, sondern die Begründung liegt erst in dem späteren cum perpetuae festivitatis ars non desideretur, tum in altero dicacitatis quid habet ars loci. Vgl. in Verr. IV 108. Für die Behauptung nec solum Siculi, verum etiam ceterae gentes nationesque Hennensem Cererem maxime colunt, folgt die Begründung nicht mit itaque apud patres nostros aditum est ad libros Sibyllinos, sondern mit dem späteren tum — sacerdotes populi Romani — usque Hennam profecti sunt. [Madv. ad Cic. de Fin. I § 18]. Vgl. I 56.
8. *de ridiculis*, Quint. VI 3, 22 Proprium autem materiae, de qua nunc loquimur, est *ridiculum*, ideoque haec tota disputatio a Graecis περὶ γελοίου inscribitur, ein Thema, das nach des Leontiners Gorgias Vorgang und später nach Aristoteles' und Theophrasts Beispiel die griech. Rhetoren öfters behandeln mochten. Solche rhetor. für uns verloren gegangene Schriften meint hier Cäsar.
10. *salsa*, 251. 253 260. 279. Or. 90 quidquid et salsum — in oratione, id proprium Atticorum est, e quibus tamen non omnes faceti. Quint. VI 3, 19 *salsum* igitur erit, quod non erit insulsum, velut quoddam simplex orationis condimentum, quod sentitur latente iudicio velut palato excitatque et a taedio defendit orationem.
12. *rationem quandam — artemque*. 116. 108 ratio atque doctrina.
14. *rideatur*, daß es [über] nichts anderes bei ihm zu lachen giebt.
16. *facetiarum* ist hier als Gattungsbegriff gebraucht (wie hernach lepos), der sowohl die cavillatio als

fusum, alterum peracutum et breve, illa a veteribus superior cavillatio, haec altera dicacitas nominata est. Leve nomen habet utraque res! quippe, leve enim est totum hoc risum movere; verumtamen, ut dicis, Antoni, multum in causis persaepe lepore et facetiis profici vidi. Sed cum in illo genere perpetuae festivitatis ars non desideretur (natura enim fingit homines et creat imitatores et narratores facetos adiuvante et vultu et voce et ipso genere sermonis), tum vero in hoc altero dicacitatis quid habet ars loci, cum ante illud facete dictum emissum haerere debeat, quam cogitari potuisse videatur? Quid enim hic meus frater ab arte adiuvari potuit, cum a Philippo interrogatus, quid latraret, 'furem se videre' respondit? Quid in omni oratione Crassus vel apud centumviros contra Scaevolam vel contra accusatorem Brutum, cum pro Cn. Plancio

die dicacitas umfaßt; im Or. 87 nennt Cic. die eine Gattung genus facetiarum, die andere dicacitatis und führt beide auf den Oberbegriff sales zurück. Die eine Art, die cavillatio, ist die perpetua festivitas in *narrando* aliquid venuste, der humoristische Ton, der die ganze Darstellung durchzieht und sich besonders in geistreichen, satirischen Schilderungen offenbart, während sich die andere Art, die dicacitas, in raschen, treffenden Witzworten, in *iaciendo* mittendoque ridiculo (Sticheleien) äußert. Quint. VI 3, 42 in narrando autem Cicero consistere facetias putat, dicacitatem in iaciendo.

1. *a veteribus* — wie unter anderen von den Komödiendichtern. Plautus braucht cavilla Aul. IV 4, 11 pone hoc sis, aufer cavillam, non ego nunc nugas ago, 'Neckerei, Sticheleden', nach Fest. p. 35 c. iocosa calumniatio. Später scheint das Wort die Bedeutung 'leere Späße, leeres Gerede' bekommen zu haben, sodaß Seneca das griech. σοφίσματα durch cavillationes wiedergiebt.

2. *dicacitas*, Quint. VI 3, 21 dicacitas sine dubio a dicendo, quod est omni generi commune, ducta est, proprie tamen significat sermonem cum risu aliquos incessentem.

3. *quippe*, natürlich, begreiflicher Weise, de fin. IV 7 ista ipsa, quae tu breviter, regem, dictatorem, divitem solum esse sapientem, a te quidem apte ac rotunde; *quippe*, habes *enim* a rhetoribus. p. Caec. 55.

totum hoc dieses Gebiet ganz und gar, nämlich Lachen zu erregen.

5. *lepore et facetiis*, Humor und Laune, I 17.

7. *imitatores* etc. nach den beiden Gattungen des Witzes in re und in dicto 239 f.

imitatores et narratores facetos, cfr. 212 sq.

9. *emissum*, 214; Hor. ep. I 18, 71.

12. *latraret*, III 138, um der lauten Sprache willen, mit der Catulus die Politik seines Gegners im Senate angriff, Einl. I § 22. Brut. 58 latrant enim iam quidam oratores, non loquuntur. Auch darf man nicht vergessen, daß Catulus das Deminutiv von canis ist (quid latras catule?).

furem, Quint. VI 3, 81 cui (sc. confessionis simulationi) vicinum est non negare, quod obicitur, cum et id palam falsum est et inde materia bene respondendi datur, ut Catulus dicenti Philippo, quid latras? furem video, inquit. Die Erwiderung des Catulus war um so treffender, als sie ebensowohl den unredlichen Gewinn überhaupt, wie den Raub geißelte, den der Konsul sich dadurch zu Schulden kommen ließ, daß er der Senatspartei die ihr gebührenden Rechte und Ehren stahl.

13. *apud centumviros*, Einl. I § 10 und ind. Rechtsfälle n. 8.

14. *contra accusatorem Brutum*, Einl. I § 10, 100.

diceret? Nam id, quod tu mihi tribuis, Antoni, Crasso est omnium sententia concedendum. Non enim fere quisquam reperietur praeter hunc in utroque genere leporis excellens et illo, quod in perpetuitate sermonis, et hoc, quod in celeritate atque dicto est. Nam haec perpetua contra Scaevolam Curiana defensio tota redundavit hilaritate quadam et ioco; dicta illa brevia non habuit. Parcebat enim adversarii dignitati; in quo ipse conservabat suam; quod est hominibus facetis et dicacibus difficillimum, habere hominum rationem et temporum et ea, quae occurrunt, cum salsissime dici possunt, tenere. Itaque nonnulli ridiculi homines hoc ipsum non insulse interpretantur. Dicere enim aiunt Ennium, **flammam a sapiente facilius ore in ardente opprimi, quam bona dicta teneat**; haec scilicet bona dicta, quae salsa sint; nam ea dicta appellantur proprio iam nomine. Sed ut in Scaevola continuit ea Crassus atque in illo altero genere, in quo nulli aculei contumeliarum inerant, causam illam disputationemque lusit, sic in Bruto, quem oderat et quem dignum contumelia iudicabat, utroque genere pugnavit. Quam multa de balneis, quas nuper ille vendiderat, quam multa de amisso patrimonio dixit! atque illa

---

4. *in perpetuitate sermonis*, Quint. VI 3, 43 genus positum non in hac veluti iaculatione dictorum et inclusa breviter urbanitate, sed *in quodam longiore actu*.
celeritate: Schlagfertigkeit.
5. *haec perpetua — defensio*. haec mit Bezug auf die an erster Stelle angeführte Rede des Crassus apud centumviros contra Scaevolam, auf die 2te contra accusatorem Brutum wird unten mit sic in Bruto hingewiesen, *perpetua defensio* aber mit Bezug auf das vorhergehende perpetuitas sermonis, welche von einem humoristischen Tone durchzogen war.
8. *quod est* in sich zeigt, oder gebietet über.
10. *occurrunt*, gewöhnlich occurrant, wie hernach possint für possunt.
cum salsissime etc. wenn sich gerade ein recht treffender Witz anbringen läßt.
12. *Dicere enim aiunt*, 'sie behaupten nämlich Ennius sage.' S. d. krit. Anhang. Sie geben nicht unwitzig den bekannten Worten des Ennius gerade die Auslegung. Bei Ennius haben die Worte nur den Sinn, daß der Weise ὁ σοφός nicht anders könne, als die heilsamen Lehren auch verkündigen. Bei dem späteren Sprachgebrauch von bona dicta in dem Sinne von 'bons mots' erklärte man nun witziger Weise den Ennianischen Vers von dem Witzbold, dem der Witz, ehe er ihn los wird, ärger als Feuer im Munde brennt, sodaß er ihn unmöglich für sich behalten kann. Der Vers des Ennius: [Nam] flammam sapiens facilius ore in ardente opprimit (tetr. troch. cat.) ist von Cicero der Konstruktion des Satzes angepaßt. Petron. fr. 28, 1 Nam citius flammas mortales ore tenebunt, Quam secreta tegant.
13. *bona dicta* s. u. = treffende Worte, Witzworte.
14. *dicta*, Cic. bei Macrob. sat. II 1 itaque nostri, cum omnia quae dixissemus dicta essent, quae facete et breviter et acute locuti essemus ea proprio nomine appellari *dicta* voluerunt. ad Fam. VII 32, 1 f.
15. *proprio nomine* im eigentlichen, prägnanten Sinne.
17. *lusit*, Nägelsbach Stil. § 103 b. S. 301; beißend durchführen.

brevia: cum ille diceret 'se sine causa sudare,' 'Minime mirum, inquit, modo enim existi de balneis.' Innumerabilia huiusce modi fuerunt, sed non minus iucunda illa perpetua. Cum enim Brutus duo[s] lectores excitasset et alteri de colonia Narbonensi Crassi orationem legendam dedisset, alteri de lege Servilia, et cum contraria inter sese de re publica capita contulisset, noster hic facetissime tres patris Bruti de iure civili libellos tribus legendos dedit. Ex libro primo: FORTE EVENIT, UT IN PRIVERNATI ESSEMUS. 'Brute, testificatur pater se tibi Privernatem fundum reliquisse.' Deinde ex libro secundo: IN ALBANO ERAMUS EGO ET MARCUS FILIUS. 'Sapiens videlicet homo cum primis nostrae civitatis norat hunc gurgitem; metuebat, ne, cum is nihil haberet, nihil esse ei relictum putaretur.' Tum ex libro tertio, in quo finem scribendi fecit (tot enim, ut audivi Scaevolam dicere, sunt veri Bruti libri), IN TIBURTI FORTE ADSEDIMUS EGO ET MARCUS FILIUS. 'Ubi sunt hi fundi, Brute, quos tibi pater publicis commentariis consignatos reliquit? Quod nisi puberem te, inquit, iam haberet, quartum librum composuisset et se etiam in balneis lotum cum filio scriptum reliquisset.' Quis est igitur, qui non fateatur, hoc lepore atque

---

1. *se sine causa sudare*, Brutus hatte sich wahrscheinlich mit diesen Worten in seinem Eifer selbst unterbrochen, er habe eigentlich gar keinen Grund, in Schweiß zu geraten, da die Schuld des Plancius zu evident sei.

minime mirum, nämlich te sudare, *modo enim existi de balneis*. Diese aber enthielten ja eine sudatio oder ein sudatorium.

2. *existi* zweideutig, du 'kamst her von' und du 'hast heraus gemußt', in so fern er sein Badehaus veräußert hatte.

4. *lectores*, Subalterndiener bei Gericht, die dergleichen Geschäfte, wie Verlesen von Urkunden und sonstigen Schriftstücken zu besorgen hatten.

6. *contraria* etc., in politischer Beziehung einander widersprechende Stellen, teils um seinen Gegner als zweideutig und unzuverlässig zu charakterisieren, teils um zugleich die Richter, die in der einen Rede stark angegriffen waren, gegen ihn zu stimmen, Einl. I § 10, sc.

18. *publicis commentariis*, nämlich eben in diesen von Brutus' Vater herausgegebenen drei Büchern de iure civili.

commentariis, I 5.

19. *puberem*. Es war gegen den Anstand, wenn cum parentibus puberes filii, cum soceris generi baderen (de off. I 129), p. Cluent. 141. Daraus geht unwidersprechlich hervor, daß nur lotum, nicht locutum das richtige ist: weil der junge Brutus damals kein Kind mehr war, so konnte der Vater (meint Crassus), ohne gegen die Sitte zu verstoßen, nicht schreiben: forte lavabar cum filio in balneis; sonst hätten wir sicherlich das noch als ein viertes Zeugnis von des liederlichen Sohnes Verschwendung anzuführen. Der boshafte Hintergedanke, also der eigentliche Witz ist hier nicht direkt ausgesprochen: so war es früher und jetzt mußt du froh sein, wenn du dir einmal erlauben darfst, quadrante lotum ire in balneas, natürlich publicas. Denn seine eigenen hatte er verkaufen müssen s. o. 223.

his facetiis non minus refutatum esse Brutum, quam illis tragoediis, quas egit idem, cum casu in eadem causa efferretur anus Iunia. Pro di immortales, quae fuit illa, quanta vis, quam inexspectata, quam repentina, cum coniectis oculis, gestu omni et imminenti, summa gravitate et celeritate verborum: 'Brute, quid sedes? quid illam anum patri nuntiare vis tuo? quid illis omnibus, quorum imagines duci vides, [? quid] maioribus tuis? quid L. Bruto, qui hunc populum dominatu regio liberavit? quid te agere? cui rei, cui gloriae, cui virtuti studere? patrimonione augendo? At id non est nobilitatis. Sed fac esse, nihil superest; libidines totum dissipaverunt. An iuri civili? Est paternum. Sed dicet te, cum aedes venderes, ne in rutis quidem et caesis solium tibi paternum recepisse. An rei militari? Qui numquam

---

1. *tragoediis*, 205.
2. *efferretur* — der bekannte technische Ausdruck, 327 (Corn. Nep. Arist. 3, 2; Cim. 4, 3), dem zuweilen noch *funere* oder auch *mortuo* beigefügt wird. Der Leichenzug ging über das Forum.
3. *Iunia* — die also mit Brutus zu derselben gens gehörte.
4. *cum coniectis oculis*, s. d. krit. Anhang.
coniectis, mit durchbohrendem Blick ihn fixierend. III 222. Quint. IX 3, 101 *et vultus mutatio oculorumque coniectus* multum in actu valet.
gestu omni et imminenti, mit allem möglichen Aufwande von gestus und zwar drohendem Gestus, s. d. krit. Anhang. Hinter Brute vor quid kann leicht *inquit* ausgefallen sein.
7. *duci vides, maioribus tuis* ohne quid giebt der Periode erst Schwung und Abrundung und der Anaphora Nachdruck s. d. krit. Anh.
8. *maioribus*, bis auf den auctor gentis Iuniae hinauf, womit Crassus zugleich den Kontrast zwischen der uralten nobilitas der gens Iunia und dem herabgekommenen Nachkommen derselben hervorhebt (212). Schon das ius imaginis ad memoriam posteritatemque prodendae charakterisiert die vornehme Familie, denn es kam nur denen zu, die ein curulisches Amt bekleidet hatten.

L. Bruto, als nobilitatis vestrae principi, Brut. 53.
11. *At id non est nobilitatis*, denn senatorio ordini ne honestus quidem potest esse ullus quaestus Parad. c. Vgl. 212 per tuam nobilitatem, wenn auch dort der von Crassus verspottete Brutus war.
13. *Est paternum*, es wäre also ganz in der Ordnung, daß du dies väterliche Erbe bewahrtest, und schon aus Pietät deines Vaters Fußstapfen folgtest.
14. *in rutis* etc., Top. 100. Dig. L tit. 16 in rutis caesis ea sunt, quae terra non tenentur, quaeque opere structili tectoriove non continentur, also die Mobilien, was nicht niet- noch nagelfest ist und demnach eigentlich im Hausverkauf nicht mitbegriffen war. Brutus hatte aber Alles bis auf den 'Großvaterstuhl' veräußert.
solium — also so wenig Pietät hatte Brutus bewiesen, daß er selbst dies Mobiliarstück (o. 143) verschleudert hatte; geschweige denn, daß er am ius paternum festgehalten.
15. *recepisse*, gleichfalls ein juristisch-technischer Ausdruck für Dinge, quae in venditionibus excipiuntur, neque veneunt. Top. 100 fecique quod saepe liberales venditores solent, ut, cum aedes fundumve vendiderint, rutis caesis receptis, concedant tamen aliquid

castra videris! An eloquentiae? Quae neque est in te et, quidquid est vocis ac linguae, omne in istum turpissimum calumniae quaestum contulisti! Tu lucem aspicere audes? tu hos intueri? tu in fore, [tu in urbe], tu in civium esse conspectu? tu illam mortuam, tu imagines ipsas non perhorrescis? quibus non modo imitandis, sed ne collocandis quidem tibi locum ullum reliquisti.' Sed haec tragica atque divina; faceta autem et urbana innumerabilia ex una contione meministis; nec enim maior contentio umquam fuit nec apud populum gravior oratio quam huius contra collegam in censura nuper neque lepore et festivitate conditior.

Quare tibi, Antoni, utrumque adsentior et multum facetias in dicendo prodesse saepe et eas arte nullo modo posse tradi. Illud quidem admiror, te nobis in eo genere tribuisse tantum et non huius rei quoque palmam [ut ceterarum] Crasso detulisse.

Tum ANTONIUS, Ego vero ita fecissem, inquit, nisi interdum in hoc Crasso paullum inviderem. Nam esse quamvis facetum atque salsum non nimis est per se ipsum invidendum; sed, cum omnium sit venustissimus et urbanissimus, omnium gravissimum et severissimum et esse et videri, quod isti contigit uni, [id] mihi vix ferendum videbatur.

Hic cum adrisisset ipse Crassus: Ac tamen, inquit ANTONIUS, cum artem esse facetiarum, Iuli, ullam negares, aperuisti quiddam, quod praecipiendum videretur. Haberi enim dixisti emptori, quod ornandi causa apte et loco positum esse videatur.

1. *numquam castra videris*, 76.

3. *calumniae quaestum*, als Sykophant, der das Anklagen als Handwerk trieb und daher accusator hieß, 220 (de off. II 50); Brut. 130.

9. *ex una contione*, Einl. I § 10, 97 ff.

10. *contentio*, ad Her. III 13, 23 contentio est oratio acris et ad confirmandum et ad confutandum accommodata.

12. *festivitate*, 219. 328; I 243.
conditior, 212. Brut. 110 ne id quidem satis est (nämlich suaviter dicere) nisi id quod dicitur fit voce vultu motuque conditius. ebd. 177.

13. *utrumque adsentior*, Schultz § 251 Anm. 4.

15. *tribuisse tantum*, 220, wie Brut. 190 faciebat ille quidem (sc. Caesar) inquam et mihi benevolentia, credo, ductus tribuebat omnia; ebd. 84.

19. *inviderem*. Brut. 84 est mos hominum, ut nolint eundem pluribus rebus excellere.

20. *salsum*, 278; Or. 90.

21. *sit*, ohne daß ein ausdrückliches aliquis nötig war. Andere: sis.

22. *gravissimum* etc. 239.

24. *ipse Crassus*. Antonius hatte sich nicht direkt an Crassus gewendet, sondern von diesem als einem dritten geredet (isti contigit uni); daher nun *ipse* er selbst der beteiligte, über den sich eben A. so geäußert hatte, wozu dann der Deutlichkeit wegen Crassus gesetzt ist.

Ac tamen — damit geht A. zur Erwiderung auf den andern, ersten Teil des obigen Satzes quare — tradi über.

26. *videretur* — eben, als du davon sprachst. (Ellendt und Kayser nach einigen Hs. videtur.)

rationem oportere hominum, rei, temporis, ne quid iocus de gravitate decerperet; quod quidem in primis a Crasso observari solet. Sed hoc praeceptum praetermittendarum est facetiarum, cum eis nihil opus sit. Nos autem quomodo utamur, cum opus sit, quaerimus, ut in adversarium et maxime, si eius stultitia poterit agitari, in testem stultum, cupidum, levem, si facile homines audituri videbuntur. Omnino probabiliora sunt, quae **230** lacessiti dicimus, quam quae priores. Nam et ingenii celeritas maior est, quae apparet in respondendo, et humanitatis est responsio. Videmur enim quieturi fuisse, nisi essemus lacessiti, ut in ipsa ista contione nihil fere dictum est ab hoc, quod quidem facetius dictum videretur, quod non provocatus responderit. Erat autem tanta in Domitio gravitas, tanta auctoritas, ut, quod esset ab eo obiectum, lepore magis elevandum quam contentione frangendum videretur.

Tum SULPICIUS, Quid igitur? patiemur, inquit, Caesarem, **57 231** qui quamquam Crasso facetias concedit, tamen multo in eo studio magis ipse elaborat, non explicare nobis totum genus hoc iocandi, quale sit et unde ducatur; praesertim cum tantam vim et utilitatem salis et urbanitatis esse fateatur?

Quid, si, inquit IULIUS, adsentior Antonio dicenti nullam esse artem salis?

Hic cum Sulpicius reticuisset, Quasi vero, inquit CRASSUS, **232** horum ipsorum, de quibus Antonius iam diu loquitur, ars ulla sit. Observatio quaedam est, ut ipse dixit, earum rerum, quae in dicendo valent; quae si eloquentes facere posset, quis esset non eloquens? Quis enim haec non vel facile vel certe aliquo modo posset ediscere? Sed ego in his praeceptis hanc vim et hanc utilitatem esse arbitror, non ut ad reperiendum quid dicamus arte ducamur, sed ut ea, quae natura, quae studio, quae exercitatione consequimur, aut recta esse confidamus aut

---

2. *decerperet*, Eintrag thun.
4. *cum nihil opus sit* gehört mit zu dem Inhalt des praeceptum, daher der Konj.
6. *agitari*, 'geiseln', 238.
7. *probabiliora*, Quint. VI 3, 13 sunt enim longe venustiora omnia in respondendo, quam in provocando.
9. *humanitatis* es ist menschlich daß man sich wehrt, cf. 86.
14. *elevandum*, de inv. I 78 reprehensio est, per quam argumentando adversariorum confirmatio diluitur [aut infirmatur] aut *elevatur*.
16. *Sulpicius* kann seine Ungeduld nicht länger bezähmen, weiß aber, als ihm Cäsar sein Bedenken äußert, doch nichts darauf zu erwidern.

Quid igitur? Fragen mit quid igitur, quid ergo und quid enim verlangen stets eine verneinende Antwort. Im deutschen: Wie also? ... Etwa? .. Soll etwa? od. ä. Es ist also nur eine rhetorische Einführung eines abzuweisenden Gedankens. Ganz anders: Quid igitur est, quid ergo est? das nach dem wirklichen Sachverhältnis fragt: wie steht es also? s. o. zu 60.
23. *Quasi vero*, 97. Seyffert sch. lat. I § 58 u. 66.
25. *ipse*, 32; Quint. II 17, 5.
30. *natura, studio, exercitatione*,

233 prava intellegamus, cum quo referenda sint didicerimus. Quare, Caesar, ego quoque hoc a te peto, ut, si tibi videtur, disputes de hoc toto iocandi genere quid sentias, ne qua forte dicendi pars, quoniam ita voluistis, in hoc tali coetu atque in tam accurato sermone praeterita esse videatur.

Ego vero, inquit ille, quoniam collectam a conviva, Crasse, exigis, non committam, ut, si defugerim, tibi causam aliquam recusandi dem. Quamquam soleo saepe mirari eorum impudentiam, qui agunt in scena gestum inspectante Roscio. Quis enim sese commovere potest, cuius ille vitia non videat? Sic ego nunc, Crasso audiente, primum loquar de facetiis et docebo sus, ut aiunt, oratorem eum, quem cum Catulus nuper audisset, 'fenum alios aiebat esse oportere.'

234 Tum ille, locabatur, inquit, Catulus, praesertim cum ita dicat ipse, ut ambrosia alendus esse videatur. Verum te, Caesar, audiamus, ut Antonii reliqua videamus.

Et ANTONIUS, Perpauca quidem mihi restant, inquit; sed tamen defessus iam labore atque itinere disputationis meae requiescam in Caesaris sermone quasi in aliquo peropportuno deversorio.

147, Naturanlage, Schule, Praxis. Einl. § 8, 49, s. a. I 5.

1. *quo referenda sint*, I 145, unter welchem Gesichtspunkt es zu bringen, oder an welchem Maßstab es zu messen ist.

6. *collectam*, συμβολήν. Wie bei einem Picknick (cena collaticia, ἔρανος) jeder der Teilnehmenden seine besondere Schüssel zu liefern hat, so soll Caesar auch seinen Beitrag geben, und zwar fallen ihm die pikanten Sachen zu.

7. *si defugerim*, ἐὰν ἀποφύγω, wenn ich mich von der Verbindlichkeit losmache. Vgl. 364.

9. *agunt gestum*, auch nur eine Handbewegung machen, p. Quinct. 77 Dicebam huic Q. Roscio, cum a me peteret — ut propinquum suum defenderem, mihi perdifficile esse, contra tales oratores non modo tantam causam perorare, sed omnino verbum facere conari; cum cupidius instaret, homini pro amicitia familiarius dixi, *mihi videri ore durissimo esse, qui praesente eo gestum agere conaretur.*

11. *primum* gehört natürlich zu den Verben loquar und docebo. So will ich denn zum ersten Male über den Witz eine Entwickelung geben... Cic. deutet zugleich an, daß überhaupt eine Theorie des Witzes seitens der Römer bis dahin noch nicht aufgestellt sei.

12. *sus oratorem* — eine witzige Wendung des Sprichworts: sus Minervam. Acad. I 18 sed quid ago? inquit, aut sumne sanus, qui haec vos doceo? nam etsi non sus Minervam, ut aiunt, tamen inepte, quisquis Minervam docet.

13. *fenum* — *esse* — ein derber Volksausdruck, um den tieferen Standpunkt der anderen Redner zu bezeichnen, die in Vergleich mit Crassus so grober Natur seien, daß für sie Viehfutter gut genug sei.

15. *ambrosia*, die ätherische hellenische Götterspeise, wie sie der feinen Natur des Catulus angemessen ist, vielleicht mit Anspielung auf den Hellenismus desselben.

18. *itinere disputationis*, wie de leg. I 37 sed iter huius sermonis quod sit vides; — an unserer Stelle ist der Ausdruck absichtlich mit Beziehung auf das folgende (deversorio) gewählt.

Atqui, inquit IULIUS, non nimis liberale hospitium meum 58 dices. Nam te in viam, simulac perpaullum gustaris, extrudam et eiciam.

Ac ne diutius vos demorer, de omni isto genere quid 235 sentiam perbreviter exponam. De risu quinque sunt, quae quaerantur: unum, quid sit; alterum, unde sit; tertium, sitne oratoris risum velle movere; quartum, quatenus; quintum, quae sint genera ridiculi. Atque illud primum, quid sit ipse risus, quo pacto concitetur, ubi sit, quomodo existat atque ita repente erumpat, ut eum cupientes tenere nequeamus, et quomodo simul latera, os, venas, oculos, vultum occupet, viderit Democritus. Neque enim ad hunc sermonem hoc pertinet, et, si pertineret, nescire me tamen id non puderet, quod ne ipsi illi quidem scirent, qui pollicerentur. Locus autem et regio 236 quasi ridiculi (nam id proxime quaeritur) turpitudine et deformitate quadam continetur. Haec enim ridentur vel sola vel maxime, quae notant et designant turpitudinem aliquam non turpiter. Est autem, ut ad illud tertium veniam, est plane oratoris movere risum; vel quod ipsa hilaritas benevolentiam conciliat ei, per quem excitata est, vel quod admirantur omnes acumen, uno saepe in verbo positum, maxime respondentis, nonnumquam etiam lacessentis, vel quod frangit adversarium, quod impedit, quod elevat, quod deterret, quod refutat, vel quod ipsum oratorem politum esse hominem significat, quod eruditum, quod urbanum, maxime[que] quod tristitiam ac severitatem

---

1. *Atqui*, gleichwohl aber, I 137; 167.
2. *Nam* etc., womit Cic. zu verstehen giebt, daß die nachfolgende Darstellung auf Vollständigkeit und genaue Ausführung im einzelnen nicht Anspruch mache, sondern mehr als eine kurze Skizze angesehen sein wolle.
11. *viderit*, I 246. Or. 152 sed Graeci viderint. Brut. 297 hi enim fuerant certe oratores, quanti autem et quales, tu videris.
12. *Democritus* — nach der vulgären Auffassung: der stets Lachende (im Gegensatz von Heraklit. Sen. tranq. an. 15, 2 Democritum potius imitemur quam Heraclitum. — Humanius est *deridere* vitam, quam *deplorare*); hier vielleicht besser: der Physiker κατ' ἐξοχήν, der die physischen Gesetze des Lachens und den organisch-leiblichen Hergang erörtern mag.
14. *qui pollicerentur*, die Leute von Fach, die περὶ γελοίου schrieben und doch darüber nichts Befriedigendes aufstellen konnten, 217. Das imperf. coni. ist beidemale durch das imperf. in der Apodosis des Konditionalsatzes (puderet) nach einer Art Attraktion veranlaßt, 7.
15. *turpitudine et deformitate*, Aristot. poet. c. 6 ἡ δὲ κωμῳδία ἐστίν — μίμησις φαυλοτέρων μέν, οὐ μέντοι κατὰ πᾶσαν κακίαν, ἀλλὰ τοῦ αἰσχροῦ, οὗ ἐστι τὸ γέλοιον μόριον. τὸ γὰρ γέλοιόν ἐστιν ἁμάρτημά τι καὶ αἶσχος ἀνώδυνον οὐ φθαρτικόν. Die Fundstätte des Witzes ist eine gewisse turpitudo und deformitas insofern, als irgend eine fehlerhafte oder abnorme (häßliche) Seite, sei es in der Figur oder dem äußeren Auftreten (deformitas) oder in dem Charakter und Leben eines Menschen (turpitudo) in feiner, heiterer, geistreicher Weise (non turpiter, sed lepide et facete) aufgedeckt wird.

mitigat et relaxat odiosasque res saepe, quas argumentis dilui non facile est, ioco risuque dissolvit. Quatenus autem sint ridicula tractanda oratori perquam diligenter videndum est, [id] quod in quarto loco quaerendi posueramus. Nam nec insignis improbitas et scelere iuncta nec rursus miseria insignis agitata ridetur. Facinorosos [enim] maiore quadam vi quam ridiculi vulnerari volunt; miseros illudi nolunt, nisi se forte iactant. Parcendum autem est maxime caritati hominum, ne temere in eos dicas, qui diliguntur. Haec igitur adhibenda est primum in iocando moderatio. Itaque ea facillime luduntur, quae neque odio magno neque misericordia maxima digna sunt. Quamobrem materies omnis ridiculorum est in iis vitiis, quae sunt in vita hominum neque carorum neque calamitosorum neque eorum, qui ob facinus ad supplicium rapiendi videntur; eaque belle agitata ridentur. Est etiam deformitatis et corporis vitiorum satis bella materies ad iocandum; sed quaerimus idem, quod in ceteris rebus maxime quaerendum est, quatenus. In quo non modo illud praecipitur, ne quid insulse, sed etiam, si quid perridicule possis, vitandum est oratori utrumque, ne aut scurrilis iocus sit aut mimicus. Quae cuiusmodi sint facilius iam intellegemus, cum ad ipsa ridiculorum genera venerimus.

1. *odiosas*, 262; III 51.
2. *Quatenus*. Im Or. 88 giebt Cic. folgende Regeln: Illud admonemus tamen, ridiculo sic usurum oratorem, ut nec nimis frequenti, ne *scurrile* sit, nec subobsceno, ne *mimicum*, nec petulanti, ne improbum, nec in calamitatem, ne inhumanum, nec in facinus, ne odii locum risus occupet, neque aut sua persona, aut iudicum aut tempore alienum; haec enim ad illud indecorum referuntur. Vitabit etiam *quaesita* nec ex tempore ficta, sed domo allata, quae plerumque sunt *frigida*; parcet et *amicitiis* et dignitatibus, vitabit insanabiles contumelias, tantummodo adversarios figet, nec eos tamen semper nec omnes nec omni modo. Die hier und im folgenden aufgestellten Normen will denn auch Cic. als allein gültigen Maßstab für die Echtheit oder Unechtheit der zahlreichen Witzworte angesehen haben, die unter seinem Namen gingen. ad Fam. VII 32, 1 f. Equidem sperabam ita notata me reliquisse genera dictorum meorum, ut cognosci sua sponte possent; sed quoniam tanta faex est in urbe, ut nihil tam sit ἀκύθηρον, quod non alieni venustum esse videatur, pugna, si me amas, nisi acuta ἀμφιβολία, nisi elegans ὑπερβολή, nisi παράγραμμα bellum, nisi ridiculum παρὰ προσδοκίαν, nisi cetera, *quae sunt a me in secundo de oratore libro disputata de ridiculis*, ἔντεχνα et arguta apparebunt, ut sacramento contendas mea non esse.
4. *loco quaerendi*, gleichbedeutend mit loco quaestionis, III 111.
14. *rapiendi* unverzüglich, 283.
15. *belle*, 253, wie Brut. 109 M. Pennus facete agitavit in tribunatu C. Gracchum.
agitata, wenn sie dem Spotte preisgegeben, gegeiselt werden 229. 251; p. Mur. 21; Hor. epod. 12, 43.
18. *quatenus*. Or. 73 in omnibusque rebus videndum est quatenus. Acad. II 92 rerum natura nullam nobis dedit *cognitionem finium*, ut ulla in re statuere possimus quatenus.
19. *scurrilis mimicus*, 237. 242. 247.

Duo sunt enim genera facetiarum, quorum alterum re tractatur, alterum dicto. Re, si quando quid tamquam aliqua fabella narratur, ut olim tu, Crasse, in Memmium, 'comedisse eum lacertum Largi', cum esset cum eo Tarracinae de amicula rixatus. Salsa, ac tamen a te ipso ficta tota narratio. Addidisti clausulam tota Tarracina tum omnibus in parietibus inscriptas fuisse litteras LLLMM. Cum quaereres id quid esset, senem tibi quendam oppidanum dixisse: 'Lacerat Lacertum Largi Mordax Memmius.' Perspicitis genus hoc quam sit facetum, quam elegans, quam oratorium, sive habeas vere quod narrare possis, quod tamen est mendaciunculis aspergendum, sive fingas. Est autem haec huius generis virtus, ut ita facta demonstres, ut mores eius, de quo narres, ut sermo, ut vultus omnes exprimantur, ut eis, qui audiunt, tum geri illa fierique videantur. In re est item ridiculum, quod ex quadam depravata

1. Hat Caesar die Frage nach dem quatenus zunächst mit Rücksicht auf den Gegenstand, der den Witz herausfordert, beantwortet, so giebt er in dem folgenden die Beschränkungen an, die sich der Redner im Gebrauch des Witzes rücksichtlich der Form auferlegen muß. Dies nötigt zu einer vorläufigen Einteilung des Witzes in die Form des Wortwitzes und die des Sachwitzes, wovon dann genauer erst 218 sqq. gesprochen wird.

3. *fabella*, zu der ersten Klasse gehört die Anekdote. ad Her. I 10 si defessi erunt audiendo (utemur) aliqua re, quae risum movere possit, apologo, fabula verisimili, imitatione, depravatione, abiectione, suspitione, irrisione, stultitia, superlatione, similitudine, novitate, historia, versu, alicuius interpellatione aut adrisione.

5. *narratio* prägn. = witzige Erzählung, Anekdote; das Wort ist zur Abwechselung statt des obigen fabella gesetzt; ebenso 264.

7. *litteras* etc. Die Namen der Kandidaten für irgend eines der verschiedenen municipalen Ämter wurden, weil die betreffenden Bewerber dem Publikum vollkommen bekannt waren, sehr häufig nur mit den Anfangsbuchstaben bezeichnet. In einem derartigen bloß aus Siglen bestehenden Wahlprogramm, meinte wohl Crassus, seien einst an allen Straßenecken die angeführten Initialen zu lesen gewesen, die der Ortsbürger dann durch den iambischen Senar so witzig gedeutet habe. Das wäre dann zugleich eine schöne Empfehlung des Kandidaten gewesen.

9. *mordax*, vgl. Horat. epist. I 17, 71 mordacem Cynicum. Da die ganze Geschichte vom Crassus erfunden war, so ist die Untersuchung müßig, was denn die Buchstaben in Wirklichkeit für eine Bedeutung gehabt hätten. Indes als erfunden ist wohl nur die Geschichte mit der amica zu betrachten; die Thatsache des Auffindens der fünf Buchstaben konnte Crassus doch nicht gut erdichtet haben, ebenso wenig wie ihre Beziehung auf Memmius, spricht er ja doch selbst von Thatsächlichem, das man doch noch mit Lughistörchen würzen kann. Da sie nun offenbar nur ganz bekannte und gewöhnliche Formeln repräsentieren konnten, um eben ganz allgemein verständlich zu sein, möchte ich vorschlagen, sie als Wahlempfehlung aufzufassen und zu lesen: Lege Laetus Lubens Merito Memmium nach Analogie der bekannten Formel der Votivinschriften: votum solvit laetus lubens merito.

11. *mendaciunculis aspergendum*, vgl. I 159 quo tamen sale perspergatur oratio.

12. *virtus*, der Vorzug.

15. *depravata imitatione*, Karri-

imitatione sumi solet, ut idem Crassus: 'Per tuam nobilitatem, per vestram familiam!' Quid aliud fuit, in quo contio rideret, nisi illa vultus et vocis imitatio? 'Per tuas statuas!' vero cum dixit et extento bracchio paullum etiam de gestu addidit, vehementius risimus. Ex hoc genere et illa Rosciana imitatio senis:

Tibi ego, Antipho, has sero, ínquit. Seniumst quom aúdio. 7
Atqui ita est totum hoc ipso genere ridiculum, ut cautissime 8
tractandum sit. Mimorum est enim ethologorum, si nimia est 9
imitatio, sicut obscenitas. Orator surripiat oportet imitationem, 10
ut is, qui audiet, cogitet plura, quam videat; praestet idem

kierung. — Das eine Beispiel komischer Nachahmung der Sprache und Geberden eines andern scheint in der Rede des Crassus pro Plancio (Einl. I § 10, 100) vorgekommen zu sein, zur Persiflierung des lächerlichen Ahnenstolzes seines Gegners (225). Daher auch per tuas statuas mit Beziehung auf die eine Statue des L. Iunius Brutus, des Befreiers von der Tyrannenherrschaft. — Das andere Beispiel ist aus einer römischen Komödie, vielleicht den Synepheben des Caecilius Statius entnommen.

7. *inquit* gehört mit zum Vers, also nicht etwa Roscius, sondern der Alte. Antipho spricht seinem Vater die oft gehörten Worte nach, womit dieser den lebenslustigen Sohn, wenn er sich beschwerte, daß er zu knapp gehalten werde, auf die Zukunft verweist: wie er, der schon am Rande des Grabes stehe, ja alles nur für ihn thue, und ihm, dem Sohn, ja doch von allem die Früchte zufallen werden; ähnlich wie in der eben erwähnten Komödie, den von Caecilius Statius ins Lateinische übertragenen Synephebis des Menander: serit arbores quae alteri saeclo prosint (Tusc. I 31).

Senium est quom audio werden entweder als Urteil Caesars über Roscius gefaßt: so vortefflich trägt Roscius in der Rolle des Antipho, der es seinem Vater nachmacht, diese Stelle vor, daß man den verdrießlichen alten Murrkopf leibhaftig zu hören meint, (dann würden also diese Worte nicht zu dem aus der Komödie entlehnten Verse gehören) oder besser noch als Urteil Antiphos: nicht väterliche Liebe ist es, die mir aus dieser Phrase entgegentritt, sondern das mürrische, launische Greisenalter, das sich in das jugendliche Leben nicht mehr zurückversetzen kann, lil 154.

8. *Atqui*, freilich aber ist dieses ganze ipso genere ridiculum (245) gewiß so beschaffen d. h. das ridiculum, das nicht erst durch den geistreichen Gedanken, wie er sich in Worten ausspricht, ridiculum wird, sondern was seinem inneren Charakter, seinem Wesen nach quibuscumque verbis dixeris (252) ridiculum ist.

cautissime, damit man eben nicht in das Burleske und Possenreißerische, in die gemeine und niedrige Spaßmacherei verfalle.

9. *ethologi* Charakterdarsteller; wohl nicht eine besondere Klasse von Spielern, sondern mehr klassifizierender Beisatz zu mimorum, daher wohl hier und 244 vor ethologorum mit Unrecht *et* in den Hss. steht.

10. *sicut* — die Nachahmung, wenn sie übertrieben, also zur verzerrten Karrikatur wird, paßt wie das Obscene wohl für den Mimen, nicht aber für den Redner. Quint. VI 3, 29 oratori minime convenit *distortus vultus* gestusque, quae in *mimis* rideri solent; *obscenitas* vero non a verbis tantum abesse debet sed etiam a significatione.

surripiat — der Redner soll die Nachahmung einer bestimmten Person seinem Original unvermerkt

ingenuitatem et ruborem suum verborum turpitudine et rerum
obscenitate vitanda. Ergo haec duo genera sunt eius ridiculi,
quod in re positum est; quae sunt propria perpetuarum facetiarum, in quibus describuntur hominum mores et ita effingun-
tur, ut aut re narrata aliqua quales sint intellegantur aut
imitatione breviter iniecta in aliquo insigni ad irridendum
vitio reperiantur.

In dicto autem ridiculum est id, quod verbi aut sententiae quodam acumine movetur. Sed ut in illo superiore genere
vel narrationis vel imitationis vitanda est mimorum ethologorum similitudo, sic in hoc scurrilis oratori dicacitas magno
opere fugienda est. Qui igitur distinguemus a Crasso, a Catulo, a ceteris familiarem vestrum Granium aut Vargulam amicum meum? Non mehercule in mentem mihi quidem venit:
sunt enim dicaces; Granio quidem nemo dicacior. Hoc, opinor,
primum, ne, quotienscumque potuerit dictum dici, necesse habeamus dicere. Pusillus testis processit. 'Licet, inquit, rogare?'
Philippus. Tum quaesitor properans: 'Modo breviter.' Hic ille:
'Non accusabis. Perpusillum rogabo.' Ridicule. Sed sedebat iudex L. Aurifex brevior ipse quam testis: omnis est risus
in iudicem conversus; visum est totum scurrile ridiculum. Ergo

entwenden, sie also nur flüchtig sehen lassen, in vorübergehender, mehr leise andeutender, als derb und plump ausführender Darstellung. 232.

1. *ruborem*, Tusc. IV 19 ex quo fit, ut pudorem rubor — terrorem pallor — consequatur.
verborum etc. in umgekehrter Stellung de off. I 104 si rerum turpitudini adhibetur verborum obscenitas; ebd. 127.
3. *perpetuarum facetiarum*, 220.
4. *in quibus* nämlich generibus.
12. *Qui igitur distinguemus*, I 50.
14. *Non in mentem venit*. Die Worte erhalten nur dann einen einigermaßen befriedigenden Sinn, wenn man bedenkt, daß Cic. damit abermals hervorheben will (wie 233 durch primum), wie wenig man noch hinsichtlich des vorliegenden Themas über die einfachsten Begriffsunterschiede nachgedacht habe. So läßt Cic. hier den Unterschied zwischen dem witzigen Redner und dem Witzbold ex professo nicht als schon festgestellt aussprechen, sondern gleichsam erst selbst suchen und finden; erst 247 wird dann das eben gefundene Resultat ausgesprochen; venit ist daher nicht etwa Praesens, sondern Perfectum: ich habe in der That bisher nicht daran gedacht, den Unterschied zu untersuchen; andere werden es noch viel weniger gethan haben; denn Caesar multo in eo studio magis elaboravit (231).

16. *ne — necesse habeamus*, weil in der Unterscheidung von Granius eine Vorschrift liegt, es nicht zu machen, wie er.

18. *quaesitor*, der vorsitzende Untersuchungsrichter.

19. *perpusillum*. Der Witz liegt in der Doppelbeziehung des perpusillum, einmal als Neutrum = ganz kurz; dann als Acc. masc. = ich will ja nur einen so winzigen Kerl fragen; wir würden etwa sagen können: 'nur etwas Kleines'.

sedebat, 196.

21. *totum scurrile ridiculum*, der Witz kam ganz und gar als ein grober, plumper Spaß heraus, der dem Ankläger nur schadete, wie (wenn auch in anderer Weise) Brut. 216 M. Pontidius — effervescens in dicendo stomacho saepe iracundia

haec, quae cadere possunt in quos nolis, quamvis sint bella,
sunt tamen ipso genere scurrilia. Ut iste, qui se vult dicacem et mehercule est, Appius, sed nonnumquam in hoc vitium
scurrile delabitur. 'Cenabo, inquit, apud te,' huic lusco familiari meo, C. Sextio, 'uni enim locum esse video.' Est hoc
scurrile, et quod sine causa lacessivit et tamen id dixit, quod
in omnes luscos conveniret. Ea, quia meditata putantur esse,
minus rideantur. Illud egregium Sextii et ex tempore: 'Manus
lava, inquit, et cena.' Temporis igitur ratio et ipsius dicacitatis moderatio et temperantia et raritas dictorum distinguent
oratorem a scurra; et, quod nos cum causa dicimus, non ut
ridiculi videamur, sed ut proficiamus aliquid, illi totum diem
et sine causa. Quid enim est Vargula adsecutus, cum eum
candidatus A. Sempronius cum M. fratre suo complexus esset:
'Puer, abige muscas'? Risum quaesivit, qui est mea sententia vel tenuissimus ingenii fructus. Tempus igitur dicendi
prudentia et gravitate moderabimur; quarum utinam artem
aliquam haberemus! sed domina natura est.

Nunc exponamus genera ipsa summatim, quae risum
maxime moveant. Haec igitur sit prima partitio, quod facete

que vehementius, ut non cum adversario solum, sed etiam, quod mirabile esset, cum iudice ipso, cuius delenitor esse debet orator, iurgio saepe contenderet.

2. *ipso genere*, 242, ihrer ganzen Beschaffenheit nach, wesentlich.

se vult dicacem. esse fehlt so öfter bei velle, malle, cupere, de Fin. V 13 Strato physicum se voluit.

4. *Cenabo* etc. Mit dieser gewöhnlichen Formel lud sich Appius bei C. Sextius zu Tisch (vgl. Plaut. Stich. IV 2, 37 aedepol tibi etiam opinor uni locum conspicor, ubi accubes) und spielte dabei roher Weise auf 'den leeren Platz' an, wo das eine Auge fehlte.

7. *meditata*, I 257, zum Inhalt vgl. Or. 88 (237) domo allata im Gegensatz von ex tempore.

8. *Manus lava* — was vor jeder Mahlzeit geschah, ein verdienter Gegenhieb durch einen aus demselben Kreis genommenen Ausdruck, natürlich mit der bitteren Anspielung auf den Schmutz, der an Appius habsüchtigen und unreinen Händen kleben mochte.

14. *complexus esset*, um sich dadurch für die demnächste Wahl zu empfehlen, I 112. Mitunter freilich mochten dergleichen Zudringlichkeiten noch lästiger sein, als das Geschmeiß, das sich nicht abwehren läßt. Der Hauptwitz lag übrigens darin, daß das erwähnte Brüderpaar zu einer von denjenigen Familien der gens Sempronia gehörte, die den Beinamen Musca führten.

15. *Puer* — der pedissequus, παῖς ἀκόλουθος, Lakai, wie sie jeden vornehmen Römer beim Ausgehen zu begleiten pflegten.

19. *genera ipsa* — nach der vorausgehenden Darstellung dessen, was hinsichtlich der Anwendung des Witzes überhaupt für den Redner zu beobachten ist. Vgl. zu 240.

summatim, übersichtlich oder im allgemeinen, wie das von 255 an geschieht (percurram), I 252. Vorausgeschickt ist noch: 1) der Beweis, daß Scherz und Ernst aus denselben Fundstätten fließen (— 251), 2) die Ausscheidung der Arten des Witzes, die sich für den Redner nicht schicken (— 253), 3) eine Vorbemerkung über das genus ridiculi ambiguum (— 255).

dicatur, id alias in re habere, alias in verbo facetias; maxime autem homines delectari, si quando risus coniuncte re verboque moveatur. Sed hoc mementote, quoscumque locos attingam, unde ridicula ducantur, ex eisdem locis fere etiam graves sententias posse duci. Tantum interest, quod gravitas honestis in rebus severisque, iocus in turpiculis et quasi deformibus ponitur, velut eisdem verbis et laudare frugi servum possumus et, si est nequam, iocari. Ridiculum est illud Neronianum vetus in furaci servo: 'Solum esse, cui domi nihil sit nec obsignatum nec occlusum,' quod idem in bono servo dici solet. Sed hoc eisdem etiam verbis: ex eisdem autem locis nascuntur omnia. Nam quod Sp. Carvilio graviter claudicanti ex vulnere ob rem publicam accepto et ob eam causam verecundanti in publicum prodire mater dixit: 'Quin

4. *ex eisdem locis*, 215, da das Ernsthafte eigentlich nur die Kehrseite vom Scherzhaften ist, gerade wie im genus iudiciale das defendere mit dem accusare, im g. delib. das suadere mit dem dissuadere, beim g. demonstrat. das laudare mit dem vituperare dieselben loci gemein hat.
fere so gestellt auch III 17.
6. *severisque* (s. d. krit. Anh.), wodurch auch der Parallelismus mit dem Gegensatz in turpiculis et quasi deformibus (236) hergestellt wird; die *gravitas* im Gegensatz von iocus liegt im Gebiet des Sittlichguten und hier wieder in der Region des Strengen von durchaus gemessenem Ansehen (de off. I 144 *in re severa*); der *iocus* dagegen mehr im Bereich des Sittlichtadelnswerten oder doch nicht eben Löblichen, des Absonderlichen von fast karrikaturartigem Aussehen, wie dieser Gegensatz dann weiter durch die nachfolgenden Beispiele erläutert wird, durch das eine Witzwort vom Diener, vor dem man nichts zu verschließen braucht, das im Ernst von dem ehrlichen und treuen Sklaven, im Scherz von dem Schalksknecht gilt, gegen dessen Diebshand doch nicht Schloß noch Riegel hilft; wie durch das andere von dem Ehrenmanne, dem sein lahmer Fuß, wie er ihn im Kampfe für das Vaterland davongetragen, bei jedem Schritt ein Zeuge seines Ruhmes ist, und dem Podagristen, dessen Hinken nur zum Spott über seine politische Haltung Veranlassung giebt. — Für die Verbindung beider Begriffe vgl. de off. II 10 summa quidem auctoritate philosophi severe sane atque honeste haec tria genere confusa cogitatione distinguunt.
7. *ponitur* — der ganz übliche Ausdruck bei solchen Begriffsbestimmungen 129. 138 und 140. 313; I 5.
8. *Neronianum vetus* — ist wie manches andere aus Catos Apophthegmata entnommen (271), ein Witzwort des aus dem zweiten punischen Kriege bekannten C. Claudius Nero, des Mitkonsuls von M. Livius Salinator im J. 207. Quint. VI 3, 50.
12. *nascuntur omnia* — wie die Worte im Erl. I b richtig gestellt sind, 291: wenn auch nicht, wie in dem eben angeführten Beispiele, sogar dieselben Worte nach ihrem guten oder schlimmen Sinn die eine Quelle für die gravitas und den iocus zugleich sind; dieselben loci sind es in jedem Fall. So ist in den beiden ersten Beispielen für das grave sowohl, wie für das ridiculum die gemeinsame Kategorie die claudicatio; in den beiden andern die similitudo verbi ad litteram immutati.
14. *Quin = quidni* z. B. Fam. VII 8, 2 Quin tu urges istam occasionem... Somn. Scip. 3 = de re p. VI, 15 quid moror in terris? Quin huc

prodis, mi Spuri? quotienscumque gradum facies, toties tibi tuarum virtutum veniet in mentem', praeclarum et grave est; quod Calvino Glaucia claudicanti: 'Ubi est vetus illud: num claudicat? At hic clodicat', hoc ridiculum est: et utrumque ex eo, quod in claudicatione animadverti potuit, est ductum. 'Quid hoc Naevio ignavius?' severe Scipio; at in male olentem: 'Video me a te circumveniri,' subridicule Philippus; at utrumque genus continet 250 verbi ad litteram immutati similitudo. Ex ambiguo dicta vel argutissima putantur, sed non semper in ioco, saepe etiam in gravitate versantur. Africano illi superiori coronam sibi

ad vos venire propero? Fragen mit quin enthalten stets eine indirekte Aufforderung; auf die Frage mit cur non wird eine Antwort erwartet.

3. *claudicanti*, damit daß Glaucia dasselbe Verbum das eine Mal in der Aussprache der Gebildeten, das andere Mal in der groben Vulgärsprache vorbringt, beabsichtigt er wohl die politische Haltung des Calvinus zu geiseln. Calvinus war, wie aus Brut. 130 ersichtlich ist, ein starker Podagrist; in politischer Beziehung mochte er sich, als unter Marius die Aussichten für die demokratische Partei so günstig waren, in auffallender Weise auf diese Seite neigen. Darauf zielt nun Glaucia's beißender Witz, indem er durch den Gegensatz des vornehmen claudicat u. des plebejischen clodicat (man denke nur an die patricischen Claudier und plebejischen Clodier) des stark hinkenden Calvinus auffallend demokratisches Auftreten verspottet.

Ubi est, 'wo ist das hin?' d. h. man darf bei ihm nicht fragen num claudicat, sondern num clodicat?

4. *num claudicat*, die sprichwörtliche Frage hatte jedenfalls einen die politische Gesinnung eines Mannes bezeichnenden Sinn, etwa wie unser: auf beiden Seiten hinken oder auf zwei Schultern tragen.

5. *et*, und doch; ihm entspricht hernach at utrumque genus continet etc.

6. *Quid* etc. Scipio (s. ind. Naevius) sprach offenbar des Wortspiels wegen Navio: der nebulo trägt doch seinen Namen gnavus oder navus 'bieder, strebsam' (Her. IV 20 utrum homini *navo* an vano credere malitis) in der That mit Unrecht.

7. *male olentem* — infolge des Achselschweißes (*hircus* in alis), Hor. sat. 1 2, 27 Pastillos Rufillus olet, Gargonius hircum; und eben aus diesem Wort erklärt sich Philippus' Witz wohl am einfachsten. Philippus sprach das Wort circumveniri 'ich sehe mich von dir umgangen' so aus, daß man a te *hirco* hörte: 'umstänkert'.

8. *utrumque genus* sc. annominationis, 256, die beiden letzten Beispiele.

continet, faßt zusammen, d. h. sie fallen beide unter die eine Kategorie, indem in jedem der beiden Beispiele der Witz durch die Ähnlichkeit zweier bis auf einen Buchstaben fast ganz gleichlautenden Worte zu stande kommt (Naevius oder Navius — *ignavius*, circon — *hirco*). Or. 158 noti erant et navi et nari, quibus cum in praeponi oporteret, dulcius visum est ignotos ignavos ignaros dicere.

9. *ad litteram* etc. 256. Arist. III 11 (p. 127 Sp.) τὰ δὲ παρὰ γράμμα (σκώμματα) ποιεῖ οὐχ ὃ λέγει λέγειν, ἀλλ' ὃ μεταστρέφει ὄνομα etc.

Ex ambiguo, 110.

11. *superiori*, das gewähltere Epitheton statt maiori, hier offenbar mit Rücksicht auf das Folgende gesetzt.

coronam — nach einer bei Gastmählern gewöhnlichen Sitte (coronae u. unguenta durften niemals fehlen).

in convivio ad caput accommodanti, cum ea saepius rumperetur, P. Licinius Varus, 'Noli mirari, inquit, si non convenit; caput enim magnum est;' laudabile et honestum. At ex eodem genere est: 'Calvus satis est, quod dicit parum.' Ne multa: nullum genus est ioci, quo non ex eodem severa et gravia sumantur.

Atque hoc etiam animadvertendum est, non esse omnia 251 ridicula faceta. Quid enim potest esse tam ridiculum quam sannio est? Sed ore, vultu, [imitandis moribus,] voce, denique corpore ridetur ipso. Salsum hunc possum dicere atque ita, non ut eiusmodi oratorem esse velim, sed ut mimum.

Quare primum genus hoc, quod risum vel maxime movet, 62 non est nostrum: morosum, superstitiosum, suspitiosum, gloriosum, stultum; naturae ridentur ipsae; quas personas agitare solemus, non sustinere. Alterum genus est imitatione admodum 252 ridiculum, sed nobis tantum licet furtim, si quando, et cursim; aliter enim minime est liberale; tertium, oris depravatio, non

---

4. *ex eodem genere*, 'gehört in dieselbe Kategorie', insofern auch hier der Doppelsinn durch den figürlichen Gebrauch von *calvus*, wie oben von *caput* bewirkt wird; nur daß das zweite Beispiel nicht auf einen Vorzug *caput magnum*, sondern auf einen Mangel anspielt.

Calvus etc., die einfachste Erklärung des Witzes erhält man, wenn der Doppelsinn in den Begriff Calvus gelegt wird; calvus = 'kahlköpfig' und = 'kahl' in der Bedeutung 'dürftig redend'. Wir können das Wortspiel nachmachen, wenn wir den Begriff Kopf, der ja auch der eigentlich sprechende Teil ist, einfügen. Etwa: Öde genug ist das Haupt; es redet ja doch zu wenig.

quod dicit parum Brut. 179 T. Aufidius — et bonus vir et innocens, sed dicebat parum. S. ind.

9. *sannio*, s. ind.

moribus. Die einzige Erklärung = Eigenarten ist hier wegen der Beschränkung auf Körperliches unrichtig, überdies ist vom Hanswurst die Rede. Nur *motibus* wäre allenfalls erträglich, aber imitandis moribus wird ein Glossem sein von einem, der *vultu* (ore et vultu) nicht, wie es erforderlich ist, auf Gesichtsschneiden bezog, sondern der die *ethologi* in 242 vielleicht noch im Sinne habend an die 'Maske' der Charakterdarsteller (mores = Charakter) dachte.

denique, 131.

10. *atque ita*, und zwar mit der Beschränkung sc. salsum hunc possum dicere.

13. *morosum* etc., wie die Rolle des mürrischen Alten, oder *gloriosum*, wie die des Renommisten in der Komödie. Der Redner aber soll nicht selbst den Murrkopf oder Renommisten machen.

14. *naturae*, 279, man lacht dabei nicht über den Witz, sondern über den närrischen Kauz selbst

agitare, durchziehen, 237.

15. *sustinere* wie *partes sustinere* = ihre Rolle übernehmen, vorführen.

Das *imitatione* ist schwer verständlich; als Abl. causae setzt es das deutliche *primum genus* des vorigen Satzes nicht fort. Es wird zu lesen sein *imitationis*, 'die zweite Gattung ist das Nachahmen, Karrikieren, u. dies ist sehr u. s. w.'

16. *licet* sc. hoc genere uti.

furtim, 242.

17. *minime est liberale*. Vgl. de off. I 104 duplex omnino est iocandi genus: unum illiberale, petulans, flagitiosum, obscenum, alterum elegans, urbanum, ingeniosum (ingenuum), facetum; quo genere

digna nobis; quartum, obscenitas, non solum non foro digna, sed vix convivio liberorum. Detractis igitur tot rebus ex hoc oratorio loco facetiae reliquae sunt, quae aut in re, ut ante divisi, positae videntur esse aut in verbo. Nam quod, quibuscumque verbis dixeris, facetum tamen est, re continetur; quod mutatis verbis salem amittit, in verbis habet leporem omnem.

253 Ambigua sunt in primis acuta atque in verbo posita, non in re; sed non saepe magnum risum movent, magis ut belle et litterate dicta laudantur: ut in illum Titium, qui cum studiose pila luderet et idem signa sacra noctu frangere putaretur gregalesque, cum in campum non venisset, requirerent, excusavit Vespa Terentius, quod eum 'bracchium fregisse' diceret; ut illud Africani, quod est apud Lucilium:

Quid Decius? Nuculam an confixum vis facere? inquit;

non modo Plautus noster et Atticorum antiqua comoedia, sed etiam philosophorum Socraticorum libri referti sunt; multaque multorum facete dicta; ut ea, quae a sene Catone collecta sunt (271), quae vocant ἀποφθέγματα. Facilis igitur est distinctio *ingenui* et *illiberalis ioci*. Alter est, si tempore fit, ut sit remissio animi, ingenuo homine dignus, alter ne libero quidem, si rerum turpitudini adhibetur verborum obscenitas.

2. *convivio liberorum.* Vgl. de off, I 144 turpe est — in re severa *convivio digna* aut delicatum aliquem inferre sermonem.

ex hoc oratorio, d. h. aus dem Kapitel vom Witz, wie ihn der Redner beweisen soll.

3. *facetiae* — in dem eigentlich oratorischen Sinn, 218. Or. 90 Demosthenes — non tam dicax fuit quam facetus; est autem illud acrioris ingenii, hoc maioris artis.

8. *belle,* fein, charmant, reizend, 238; III 101.

9. *litterate,* wie Brut. 108 L. Furius Philus perbene latine loqui putabatur litteratiusque quam ceteri, so daß man den homo litteratus erkennen konnte. Suet. de gramm. 4: Cornelius Nepos litteratos quidem vulgo appellari ait eos, qui diligenter aliquid et acute scienterque possint aut dicere aut scribere.

in illum Titium, Einl. I § 11, 118. Eine andere Lesart ist: illud in Titium.

12. *bracchium* — suumne an cuiquam deorum, ließ sich dabei fragen; — (eine Randglosse, die im Erl. II in den Text übergegangen ist).

quod diceret. Schultz § 368, Anm. 3. Seyffert § 269, Anm.

14. *Quid Decius?* etc. Vgl. Horat. Ep. I 1, 91 Quid Paris? Cic. Acad. II 131 Quid Antiochus? Etiam, inquit, beatam sed non beatissimam. Daß zu inquit nicht Decius, sondern Africanus Subjekt sei, geht aus den vorhergehenden Worten ut illud Africani, quod est apud Lucilium, hervor, auch wird nicht Decius in vis facere angeredet, dann müßte es eben Deci heißen, vielmehr ist es wohl Decius selbst, auf den sich der Ausdruck nucula bezieht. 'Wie steht es mit dem Decius? willst du etwa, sagte er, aus der nucula ein confixum machen?' Worin hier die Zweideutigkeit, also die eigentliche Pointe des Witzes liegt, ist dunkel; am einfachsten scheint es noch, die Worte so zu verstehen: einen so wankelmütigen Mann, der, wie die Nuß, absolut nicht zum Stehen zu bringen ist, denkst du doch dahin zu bringen, daß er einmal feststeht? (Daß das Wort nucula in persiflierendem Sinne gebraucht wurde, sehen wir aus Festus p. 173: Nuculas Praenestinos antiqui appellabant, quod inclusi a Poenis Casilini famem nucibus sustentarunt. Liv. XXIII 19, 12.) Vielleicht auch führten sie diesen Spitznamen, weil

ut tuus amicus, Crasse, Granius; 'non esse sextantis.' Et, si quaeritis, is, qui appellatur dicax, hoc genere maxime excellet; sed risus movent alia maiora. Ambiguum per se ipsum probatur id quidem, ut ante dixi, vel maxime; ingeniosi enim videtur, vim verbi in aliud, atque ceteri accipiant, posse ducere; sed admirationem magis quam risum movet, nisi si quando incidit in aliud quoque genus ridiculi.

Quae genera percurram equidem. Ac scitis esse notissimum ridiculi genus, cum aliud exspectamus, aliud dicitur. Hic nobismet ipsis noster error risum movet. Quodsi admixtum etiam est ambiguum, fit salsius; ut apud Novium videtur esse misericors ille, qui iudicatum duci videns percontatur ita:

quánti addictus? mille nummûm.

Si addidisset tantummodo:

ducás licet,

esset illud genus ridiculi praeter exspectationem; sed quia addidit,

níl addo, ducás licet,

addito ambiguo, [altero genere ridiculi,] fuit, ut mihi quidem

---

dort viel Nüsse gebaut wurden. Muther in Fleck. Jbb. 1884 S. 598 fg. vermutet: *quid decies nuculam* in confixum vis iacere? inquit = warum willst du zehnmal eine kleine Nuß gegen den schon durchbohrten werfen? = warum willst du so oft eine so geringfügige Beschuldigung gegen den schon hart mitgenommenen, fast vernichteten Gegner schleudern?

1. *tuus amicus*, 244.

non esse sextantis — nach dem gewöhnlichen Wortlaut: 'er ist keinen Heller wert', könnte aber auch heißen, wenn man sex tantis sprach: 'nicht um sechsmal soviel feil', war also im ersten Fall eine Herabsetzung, im andern eine Schmeichelei. Einfacher erscheint, den Doppelsinn einzig in non esse sextantis zu sehen, so daß das eine Mal eine durch die Betonung angedeutete Ergänzung erwartet werden müßte, im andern Falle nicht. Also: er ist nicht einen Heller [scil. aber weit mehr] wert, oder: er ist nicht einen Heller wert. Man kann durch schwebende Betonung und Einführung von Pausen sehr wohl auch bei einmaligem Aussprechen den Doppelsinn erzielen.

7. *incidit* — 'zusammentrifft mit'

— wovon gleich ein Beispiel gegeben wird.

8. *Ac scitis* die vorhergehenden Worte enthalten die Ankündigung des nun folgenden Abschnitts bis 260. Mit ac scitis beginnt die Ausführung.

9. *cum aliud exspectamus* etc., das ἀπροσδόκητον.

12. *misericors* etc. s. ind. addictus.

13. *mille nummûm* sc. sestertiûm (sestertiorum), also c. 50 Thaler (Schultz § 484, 2 f.) ist die Antwort auf die Frage.

18. *nihil addo* — mit dem Doppelsinn: verborum oder pecuniae, also in der Auctionssprache: ich habe nichts weiter dagegen einzuwenden und: ich gebe nichts mehr, worin zugleich liegen könnte: der ist teuer genug bezahlt (daher salsissimus). — Die Worte zusammen bilden übrigens einen trochäischen Septenar (katal. troch. Tetrameter):

quánti addictus? mille nummûm,
níl addo, ducás licet.

ducás licet — wo man erwartet hatte: gut, dafür behalte ich ihn.

19. *altero genere ridiculi*, wenn man das ἀπροσδόκητον als primum nimmt.

videtur, salsissimus. Hoc tum est venustissimum, cum in altercatione adripitur ab adversario verbum et ex eo, ut a Catulo in Philippum, in eum ipsum aliquid, qui lacessivit, infligitur; sed cum plura sint ambigui genera, de quibus est doctrina quaedam subtilior, attendere et aucupari verba oportebit; in quo, ut ea, quae sint frigidiora, vitemus (etenim cavendum est, ne arcessitum dictum putetur), permulta tamen acute dicemus.

Alterum genus est, quod habet parvam verbi immutationem, quod in littera positum Graeci vocant παρονομασίαν, ut 'Nobiliorem Mobiliorem' Cato: aut, ut idem, cum cuidam dixisset: 'Eamus deambulatum' et ille: 'Quid opus fuit de?' 'Immo vero, inquit, quid opus fuit te?' aut eiusdem responsio illa: 'Si tu et adversus et aversus impudicus es.'

Etiam interpretatio nominis habet acumen, cum ad ridiculum convertas, quamobrem ita quis vocetur; ut ego nuper 'Nummium divisorem, ut Neoptolemum ad Troiam, sic illum in campo Martio nomen invenisse.'

Atque haec omnia verbo continentur. Saepe etiam versus facete interponitur, vel ut est vel paullulum immutatus, aut aliqua pars versus; ut Statii a Scauro stomachante (ex quo sunt nonnulli, qui tuam legem de civitate natam, Crasse, dicant):
St, tacete, quíd hoc clamoris? quíbus nec máter nec pater,
Tánta confidéntia? Auferte ístam enim supérbiam.

---

2. *adripitur* erraffen = aufgreifen, s. 89.
3. *in Philippum*, 220.
4. *plura ambigui genera*, verschiedene Nüancen des ambiguum. Um so schwerer ist's, jedesmal das Rechte zu treffen. III ambiguorum autem cum plura genera sunt, quae mihi videntur ei melius nosse, qui dialectici appellantur (daher hier doctrina quaedam subtilior).
5. *attendere et aucupari* um stets das rechte Wort zum Gegenschlag bereit zu haben, vgl. 30 u. I 236.
6. *ut*, gesetzt daß. *frigidiora*, 237. Or. 89 f.
7. *tamen*, dann läßt sich doch dabei sehr viel Treffendes sagen. 38.
8. *Alterum*, wenn man nämlich das ambiguum nicht als besondere Einzel-Gattung rechnet, sondern unter andern Arten mitbefaßt.
immutationem, Or. 81 immutatione litterae quaesitae venustates. 219.
10. *Nobiliorem Mobiliorem* erinnert an das englische nobility und mobility (Hochadel, Noblesse und Janhagel), Hor. od. I 1, 7 mobilium turba Quiritium.
11. *Quid opus fuit de*. Auch darin mochte sich der Gegensatz gegen das Altrömische offenbaren, daß die Anhänger der modernen Richtung alte Sprachformen absichtlich vermieden. Als daher so ein moderner Purist das *de*, das Cato vor *ambulatum* gebraucht hatte, als überflüssigen Archaismus verwarf, ging dem Altrömer die Galle über. Terenz brauchte *deambulare*, später erst wieder Sueton.
13. *adversus* ἔμπροσθεν, *aversus* ὄπισθεν.
17. *divisor* der für einen Kandidaten Geld unter die Wähler verteilt; p. Planc. 48 tu doce quo divisore (tribus) corrupta sit.
21. *ut Statii*, s. ind. Statius.
22. *tuam*, s. Einl. I § 10, 92 und den Excurs zu Einl. I § 22.
23. *quibus* (quibu'), I 198.

Nam in Caelio sane etiam ad causam utile fuit tuum illud, Antoni, cum ille a se pecuniam profectam diceret testis et haberet filium delicatiorem, abeunte iam illo,

Sentin' senem esse táctum trigintá minis?

In hoc genus coniciuntur etiam proverbia: ut illud Scipionis, cum Asellus omnes provincias stipendia merentem se peragrasse gloriaretur: 'Agas asellum' et cetera. Quare ea quoque, quoniam mutatis verbis non possunt retinere eandem venustatem, non in re, sed in verbis posita ducantur.

Est etiam in verbo positum non insulsum genus ex eo, cum ad verbum, non ad sententiam rem accipere videare; ex quo uno genere totus est Tutor, mimus vetus, oppido ridiculus. Sed abeo a mimis; tantum genus huius ridiculi insigni aliqua et nota re notari volo. Est autem ex hoc genere illud, quod tu, Crasse, nuper ei, qui te rogasset, num tibi molestus esset futurus, si ad te bene ante lucem venisset: 'Tu vero, inquisti, molestus non eris.' — 'Iubebis igitur te, inquit, suscitari?' — et tu: 'Certe negaram te molestum futurum.' Ex eodem hoc vetus illud [est], quod aiunt Maluginensem illum [M.] Scipionem, cum ex centuria sua renuntiaret Acidinum consulem praecoque dixisset: 'Dic de L. Manlio.' — 'Virum bonum, inquit, egregium[que] civem [esse]

---

1. *Nam* schließt sich an das vorhergehende: saepe etiam *versus* facete interponitur an.

4. *senem*, Lael. 90. Quid autem turpius quam illudi? Quod ut ne accidat ut in Epiclero (s. ind. Caecil.): Hodie me ante omnes comicos stultos senes Versaris atque emunxeris lautissime. Haec enim etiam in fabulis stultissima persona est *improvidorum et credulorum senum.*
tactum, geprellt. Plaut. Epid. V 2 40 istis adeo te tetigi triginta minis.
triginta minis, also um Ein halbes Talent. Die attische Mine enthielt 100 Drachmen, betrug also (die Drachme zu ungefähr 75 Pf. gerechnet) nach unserm Geld circa 75 Mark.

7. *Agas asellum* — entweder mit der Ergänzung 'si bovem agere non queas' nach dem griechischen Sprichwort: εἰ μὴ δύναιο βοῦν, ἔλαυνε ὄνον: wer kein Pferd hat, muß sich mit dem Esel begnügen, sodaß also der Sinn wäre: daß du viel gedient hast und überall mitgewesen bist, ist an sich noch kein Ruhm; in Ermangelung von Besserem sieht der Feldherr sich oft genötigt, sich (mit einem Asellus) zu behelfen; — oder mit der Ergänzung 'cursum non docebitur': daß du so weit umher gekommen, hat dich nicht besser gemacht, du bist und bleibst der alte Asellus.

11. *ad verbum*, wie bei unserem Eulenspiegel oder den Krähwinklern.

12. *Tutor* — dessen näherer Inhalt uns nicht bekannt ist.
oppido — später von Quint. VIII 3, 25 als archaistisch verworfen: *satis est vetus; quid necesse est, quaeso, dicere oppido, quo usi sunt paullum tempore nostro superiores?*

17. *molestus non eris*, 13 mit leicht verständlichem Doppelsinn. Molestus ne sis ist eine bei den Komikern häufige Abweisungsformel, wenn man einen gern los sein will oder sich über das von ihm gesagte ärgert. Plaut. Most. 74. 572. 758. 863. 872. 943.

20. *Scipionem* — sc. dixisse.
ex centuria sua, s. ind. Cornelii.

arbitror.' Ridicule etiam illud L. [Porcius] Nasica censori Catoni, cum ille: 'Ex tui animi sententia tu uxorem habes?' 'Non hercule, inquit, ex mei animi sententia.' Haec aut frigida sunt aut tum salsa, cum aliud est exspectatum. Natura enim nos, ut ante dixi, noster delectat error; ex quo, cum quasi decepti sumus exspectatione, ridemus.

261 In verbis etiam illa sunt, quae aut ex immutata oratione ducuntur aut ex unius verbi translatione aut ex inversione verborum. Ex immutatione, ut olim Rusca cum legem ferret annalem, dissuasor M. Servilius: 'Dic mihi, inquit, M. Pinari, num, si contra te dixero, mihi male dicturus es, ut 262 ceteris fecisti?' 'Ut sementem feceris, ita metes,' inquit. Ex translatione autem, ut, cum Scipio ille maior Corinthiis statuam pollicentibus eo loco, ubi aliorum essent imperatorum, 'turmales dixit displicere.' Invertuntur autem verba,

---

1. *[Porcius]* der Beiname Nasica kommt in der gens Porcia nicht vor. S. d. Index.
censori. Es lag den Censoren ob, teils behufs der Sittenpolizei überhaupt, teils behufs des aes uxorium, das die caelibes zu entrichten hatten, festzustellen, ob jemand in ehelichem Verhältnis lebe oder nicht. Daher beim Census die Frage an jeden volljährigen Bürger, der einen Hausstand begründen konnte: ex tui animi sententia (responde) tu uxorem habes? d. h. auf Pflicht u. Gewissen (sprich) bist du verheiratet? Der Witz lag also in dem Doppelsinn ex mei animi sententia, das einerseits Schwurformel ist — Quint. VIII 5, 1 sententiam veteres quod animo sensissent vocaverunt; nam et iuraturi ex animi nostri sententia et gratulantes ex sententia dicimus. Liv. XXII 53, 10, ex mei animi sententia, inquit (sc. iuro), ut ego rem publicam populi Romani non deseram, neque alium civem Romanum deserere patiar (sc. ita me dii ament). XXIII 15, 8 ita ius iurandum adigebant: ex tui animi sententia tu ex edicto in Macedoniam redibis —; andererseits die Bedeutung hat: 'nach Herzens Wunsch'. — Gell. IV 20, der dieselbe Anekdote ohne Nennung von Namen erzählt, giebt an, daß der, welcher den Witz gemacht (cavillator quidam et canalicola et nimis ridicularius), vom Censor deswegen (quia intempestive lascivisset) degradiert worden sei (e. eum in aerarios rettulit).

5. *ante*, 255.

7. Wortwitz entsteht auch durch Anwendung der Allegorie, immutata oratio III 166, der Metapher translatio III 155 und der Ironie inversio II 269 ff.

8. *ex inversione*, Quint. VIII 6 54, in eo genere, quo contraria ostenduntor, ironia est: illusionem vocant.

12. *Ut sementem feceris*, Arist. rhet. III 3, 4 σὺ δὲ ταῦτα αἰσχρῶς μὲν ἔσπειρας, κακῶς δὲ ἐθέρισας.

15. *turmales*, eigentlich equites oder milites, Reiter von derselben Schwadron, figürlich auf statuae übertragen: 'Statuen, die haufenweis zusammenstehen'; neben einer Menge anderer Statuen noch einen Platz zu finden, ist keine rechte Auszeichnung mehr. ad Att. VI 1, 17, turma inauratarum equestrium. Vell. I 11 Metellus — qui hanc turmam statuarum equestrium, quae frontem equitum spectant, hodieque maximum ornamentum loci, ex Macedonia detulit. Also der nächste Sinn: solche Gruppen von Reiterstatuen gefielen ihm nicht; aber auch wohl: die Kameradschaft gefiele ihm nicht; und das war wieder doppelsinnig.

Invertuntur — sodaß sie gerade den entgegengesetzten Sinn erhalten.

ut: Crassus apud M. Perpernam iudicem pro Aculeone cum diceret, aderat contra Aculeonem Gratidiano L. Aelius Lamia, deformis, ut nostis; qui cum interpellaret odiose, 'Audiamus, inquit, pulchellum puerum,' Crassus. Cum esset adrisum, 'Non potui mihi, inquit Lamia, formam ipse fingere; ingenium potui.' Tum hic 'Audiamus, inquit, disertum.' Multo etiam adrisum est vehementius.

Sunt etiam illa venusta, ut in gravibus sententiis, sic in facetiis, — dixi enim dudum rationem aliam esse ioci, aliam severitatis; gravium autem et iocorum unam esse materiam; — ornant igitur in primis orationem verba relata contrarie, quod idem genus saepe est etiam facetum; ut Servius ille Galba, cum iudices L. Scribonio tribuno plebis ferret familiares suos et dixisset Libo: 'Quando tandem, Galba, de triclinio tuo exibis?' 'Cum tu, inquit, de cubiculo alieno.' A quo genere ne illud quidem plurimum distat, quod Glaucia Metello: 'Villam in Tiburte habes, cortem in Palatio.'

Ac verborum quidem genera quae essent faceta dixisse me puto; rerum plura sunt eaque magis, ut dixi ante, ridentur; in quibus est narratio, res sane difficilis. Exprimenda enim sunt et ponenda ante oculos ea, quae videantur et veri similia, quod est proprium narrationis, et quae sint, quod ridiculi proprium est, subturpia; cuius exemplum, ut brevissimum, sit

---

1. *Crassus*, Einl. I § 10, 89.

6. *disertum*, den gewandten (geistvollen) Redner, was Lamia notorisch noch viel weniger sein mochte, zugleich um sein odiöses Interpellieren zu geißeln. Brut. 196 interpretatione disertorum scripta simplicium hominum pervertere.

8. *illa* — nämlich verba relata contrarie; statt aber diese gleich anzuführen, drängt sich ihm gerade hierbei der Gedanke auf: ut in gravibus sententiis, sic in facetiis, wobei er wieder an den oben aufgestellten allgemeinen Satz erinnert (218) und dann fortfährt.

9. *dudum* (I 206) 'vorhin', 'oben', 248.

11. *ornant igitur,* zur Verschönerung tragen also, wie gesagt, bei.

verba relata contrarie, die ihre Beziehung durch den scharfen Gegensatz erhalten, in dem sie zu einander stehen, quae Graeci ἀντίθετα nominant, cum contrariis opponuntur contraria, Or. 166.

12. *etiam facetum*, also nicht blos **venustum**, dem ornatus orationis im allgemeinen dienlich; letzteres insofern die ἀντίθετα numerum oratorium necessitate ipsa efficiunt. Or. l. l.

13. *iudices ferret* — der Angeklagte durfte seinem Gegner eine Anzahl Geschworener als Richter vorschlagen, die dann von diesem entweder acceptiert oder verworfen wurden, 285.

17. *cortem*, die cors gehört aufs Land in die villa rustica, du hast sie auf dem Palatium. Mit der cors ist dann wohl das Haus gemeint, wohin er seine Anhänger, die ihn gegen Saturninus schützen sollten, wie pecora in eine cors versammelte. Die Worte bilden übrigens einen in der Mitte auseinanderfallenden jambischen Senar.

19. *ante*, 254.

20. *narratio*, 240.

23. *subturpia* — etwas Verdächtiges oder irgend ein Makel dessen, den die Anekdote betrifft. 236.

ut brevissimum. Andere (Orelli, Henrichsen, Ellendt): ut brevis sim. *sit sane*, I 235.

sane illud, quod ante posui, Crassi de Memmio. Et ad hoc genus ascribamus etiam narrationes apologorum. Trahitur etiam aliquid ex historia, ut cum Sex. Titius se Cassandram esse diceret, 'Multos, inquit Antonius, possum tuos Aiaces Oileos nominare.'
Est etiam ex similitudine, quae aut collationem habet aut tamquam imaginem. Collationem: ut ille Gallus olim testis in Pisonem, cum innumerabilem Magio praefecto pecuniam dixisset datam idque Scaurus tenuitate Magii redargueret: 'Erras, inquit, Scaure; ego enim Magium non conservasse dico, sed tamquam nudus nuces legeret, in ventre abstulisse;' ut illud M. Cicero senex, huius viri optimi, nostri familiaris, pater 'nostros homines similes esse Syrorum venalium; ut quisque optime Graece sciret, ita esse nequissimum.' Valde autem ridentur etiam imagines, quae fere in deformitatem aut in aliquod vitium corporis ducuntur

2. *narationes apologorum*, Fabelerzählungen, wie sie unter andern später z. B. Hor. sat. I 1, II 6 u. anderwärts so trefflich anwendet. Gell. II 29, 20 Hunc Aesopi apologum Q. Ennius in satiris scite admodum et venuste composuit.

3. *se Cassandram esse*, ihm gebe es wie der Cassandra, d. h. seinen Warnungen schenke niemand Glauben.

5. *Aiaces Oileos*, als Schänder deiner Ehre.

6. *collationem* u. *imaginem*. Im ersteren Falle ist nur von einer Vergleichung, der Aufweisung einzelner analoger Punkte; im zweiten (265) geradezu von einer Abschilderung, Porträtierung die Rede.

7. *ut ille Gallus* etc., s. ind. Piso.
8. *praefecto*, 269.
11. *nudus* ohne Sack u. Tasche.
12. *ut illud* sc. inquit, 225. 260.

M. Cicero, Einl. I § 3, 9. Ganz ähnlich wie hier der Altrömer Cicero, der sich mit der (modernen) griech. Kultur nicht befreunden konnte und einen ganz richtigen Instinkt wider die von dort eindringende Sittenverderbnis hatte, äußert sich auch Cato in seinen Briefen an seinen Sohn über den verderblichen griechischen Einfluß. Plin. n. h. XXII 1.

huius kann die Vorstellung erwecken, als wäre der vir opt. famil. noster, d. i. also der Vater des Verfassers dieser Schrift bei dem Gespräche zugegen gewesen. Vielleicht rührt *huius* gar nicht von Cicero her.

15. *imagines* ganz allgemein 'Schildereien'. Es wird jetzt die Zweiteilung des 265 a) *collatio*, b) *imago* weiter ausgeführt; *quae fere ducuntur* 'die so in der Regel, wie sie auch gewöhnlich herumgeführt, zur Schau getragen werden'. Vgl. 225 imagines ducere Ahnenbilder zur Schau tragen. Hier ist, wie die Beispiele beweisen, zunächst an schreiende Aushängeschilder und Karrikaturen, die die Augen der Menge auf sich ziehen sollten, gedacht.

16. *in deformitatem aut in aliquod vitium corporis*. Im Lat. wird öfter in die Präpos. *in* und *ad* soviel verbale Kraft gelegt, daß wir Deutsche den latein. Präpositionalausdruck nur durch ein hinzugefügtes Verbale (das Gerundivum) erschöpfen; Nägelsbach Stil.⁶ § 122. Auch hier ist es wohl das konsekutive *in*, oder das *in* des Resultates, das sich besonders häufig bei Tacitus findet; wir ergänzen zur Erklärung einen verbalen Begriff, um 'darzustellen, zu zeigen eine deformitas, d. i. eine Monstrosität (Mißgeburt z. B. Verkrüppelung einzelner Gliedmaßen) oder irgendein Einzelgebrechen' (aliquod vitium corporis, z. B. Mißbildung der Nase oder dgl.). Solch ein energischer

[cum similitudine turpioris]; ut meum illud in Helvium Manciam: 'Iam ostendam cuiusmodi sis:' cum ille: 'Ostende, quaeso,' demonstravi digito pictum Gallum in Mariano scuto Cimbrico, sub Novis, distortum, eiecta lingua, buccis fluentibus; risus est commotus; nihil tam Manciae simile visum est; ut cum Tito Pinario, mentum in dicendo intorquenti: 'Tum ut diceret, si quid vellet, si nucem fregisset.'

Etiam illa, quae minuendi aut augendi causa ad incredibilem admirationem efferuntur: velut tu, Crasse, in contione 'ita sibi ipsum magnum videri Memmium, ut in forum descendens caput ad fornicem Fabii demitteret.' Ex quo genere etiam illud est, quod Scipio apud Numantiam, cum stomacharetur cum C. Metello, dixisse dicitur: 'Si quintum pareret mater cius, asinum fuisse parituram.'

Gebrauch der Präpos. ist besonders der Umgangssprache eigen, die, wie zahlreiche Beispiele zeigen u. hier die lockere Anfügung von quae fere bestätigt, von Cic. in diesen Büchern, um den Charakter eines Gespräches zu bewahren, durchaus nicht ängstlich gemieden ist. Wir werden, wie das Beispiel von dem pictus Gallus beweist, bei *imagines* zunächst an die schreienden Darstellungen denken müssen, wie sie Ärzte und Wunderdoktoren der früheren Zeiten an ihren Buden zu haben pflegten und mit denen sie umherzogen, um zur Kur einzuladen. Vgl. Hor. pharmacopolae, Mendici, mimae, balatrones hoc genus omne.

1. Das *cum similitudine turpioris* 'unter vergleichendem Hinweis auf etwas noch Häßlicheres' ist wohl aus 289 glossiert und als scheinbar vorzüglich hierher passend in den Text gekommen, man verstand eben unter dem 'noch Häßlicheren' das Bild, auf das Cäsar hinwies, den pictus Gallus und glaubte damit, da man das imagines nicht mehr mit dem Vorhergehenden, der collatio in 265, im Zusammenhange auffaßte, den eigentlichen Hinweis auf das Persönliche, auf die Anwendung seitens des Redners in der Praxis in Bezug auf einen Gegner gefunden zu haben. deformitas anders I 156.

meum illud — bei welcher Gelegenheit Cäsar diese Porträtähnlichkeit seines Gegners mit dem Bild eines solchen 'Barbaren' auf einem Aushängeschilde nachwies, ist nicht bekannt.

3. *Gallum* — wie man im allgemeinen auch die Cimbern bezeichnete, de prov. cons. 32. C. Marius influentes in Italiam Gallorum maximas copias repressit.

4. *sub Novis*, s. ind. Novae.

fluentibus, 'schlaff herabhängend', mit 'Hängebacken'; ein Abl. qualit. wie 300.

8. *quae ad incredibilem admirationem efferuntur* — die auffallende, bis zum Unmöglichen gesteigerte Übertreibung, z. B. um den Hochmut zu geißeln.

9. *in contione*, s. ind. Memmius.

10. *ipsum* — andern freilich nicht.

11. *descendens*, das Forum lag in der Niederung.

fornicem, III 162, s. ind. Fabii. Dies auch als Beispiel der Hyperbel bei Quint. VI 3, 67.

13. *cum stomacharetur*, Scipio, der schon ein politischer Gegner des Vaters, des Metellus Macedonicus war, jedoch sine acerbitate (de off. I 87. Lael. 77), geiselt so die Indolenz und den Mangel an Energie des Sohnes (mit dem Beinamen Caprarius), der in der immer schlechter werdenden Reihe der vier Brüder schon so tief stehe, daß der nächste Sohn nach ihm jedenfalls ein wirklicher Esel hätte sein müssen.

14. *pareret* — wo wir das Plus-

268 Arguta etiam significatio est cum parva re et saepe verbo res obscura et latens illustratur: ut, cum C. Fabricio P. Cornelius, homo, ut existimabatur, avarus et furax, sed egregie fortis et bonus imperator, gratias ageret, quod se [homo] inimicus consulem fecisset, bello praesertim magno et gravi: 'Nihil est, quod mihi gratias agas, inquit, si malui compilari quam venire;' ut Asello Africanus obicienti lustrum illud infelix 'Noli, inquit, mirari; is enim, qui te ex aerariis exemit, lustrum condidit et taurum immolavit.' [Tanta suspitio est, ut religione civitatem obstrinxisse videatur Mummius, quod Asellum ignominia levarit.]

67 269 Urbana etiam dissimulatio est, cum alia dicuntur ac sen-

---

quamperf. erwarten. Schultz § 344, Anm. 2. Ellendt-Seyffert § 272, Anm. 3, Caes. b. G. I 34, 2 ei legationi Ariovistus respondit: si quid ipsi a Caesare opus esset, sese ad eum venturum fuisse.

1. *significatio*, die Deutung.

parva re, durch einen kleinen Umstand, auf den man aufmerksam macht.

verbo, durch ein Wort, das die Sache trifft.

2. *obscura et latens*, die man nicht recht begreifen, sich nicht erklären kann.

6. *malui*, μᾶλλον εἱλόμην, wenn ich es vorgezogen habe, von zwei Übeln das kleinere zu wählen.

compilari geplündert werden; gewiß empfand der Römer auch noch den vulgären Nebensinn 'zerbläut werden', in welcher Bedeutung das Wort bei Appuleius vorkommt. Vielleicht war es ein altes Sprichwort; leicht läßt sich aus den Worten ein jamb. Senar bilden; magi(s) compilari quam venire equidem volo.

7. *venire* — als δορυάλωτος, wenn ein anderer, schwächerer Manu Consul geworden wäre.

lustrum illud infelix obicienti. Die Abweichung von dem Althergebrachten, auf die Asellus hier anspielt, meldet uns Valer. Max. VI 1, 10. Es war solenne Formel, den Akt mit einem Gebete an die Götter zu schließen: ut populi Romani res meliores amplioresque facerent. Statt dessen betete Scipio: ut eas perpetuas incolumes serva-

rent, satis enim bonae ac magnae sunt, war seine Ansicht.

8. *is qui ex aerariis exemit* s. ind. Mummius.

9. *lustrum condidit* hat das den Census schließende u. seine Rechtsgiltigkeit bedingende Sühnopfer, die suovetaurilia, s. ind. lustrum, dargebracht, d. h. er ist der eigentlich verantwortliche Beamte. Asellus also wirft dem Africanus das Unglück des Staates vor, wegen Ungehörigkeit bei der lustratio; Scipio antwortet: natürlich, der wirkliche lustrator hat dich ja noch restituiert.

10. [*Tanta* etc. Der Satz ist sicher späteres Einschiebsel, s. d. krit. Anhang.

religione obstrinxisse, einen Bann oder Fluch und infolge dessen die göttliche Strafe über das Volk gebracht. Phil. II 83 ergo hercule magna, ut spero, tua potius quam reipublicae calamitate ementitus es auspicia, *obstrinxisti religione populum Romanum*. de dom. 69 ne quis oriretur aliquando — qui in meis aedibus aliquam religionem residere diceret. Caes. b. c. I 11, 2 ut si peracto Caesaris consulatu Pompeius profectus non esset, nulla tamen mendacii religione obstrictus videretur.

11. *levarit*. Liv. XLV 15 omnes eidem ab utroque (censore) e tribu remoti et aerarii facti, neque ullius, quem alter notaret, ab altero *levata ignominia*.

12. *dissimulatio*, die Ironie.

tias, non illo genere de quo ante dixi, cum contraria dicas, ut
Lamiae Crassus, sed cum toto genere orationis severe ludas,
cum aliter sentias ac loquare: ut noster Scaevola Septumuleio
illi Anagnino, cui pro C. Gracchi capite erat aurum repensum,
roganti, ut se in Asiam praefectum duceret: 'Quid tibi vis,
inquit, insane? Tanta malorum est multitudo civium,
ut tibi ego hoc confirmem, si Romae manseris, te
paucis annis ad maximas pecunias esse venturum.'
In hoc genere Fannius in annalibus suis Africanum hunc
Aemilianum dicit fuisse *egregium* et Graeco eum verbo appellat εἴρωνα; sed, uti ei ferunt, qui melius haec norunt, Socratem opinor in hac ironia dissimulantiaque longe lepore et
humanitate omnibus praestitisse. Genus est perelegans et
cum gravitate salsum cumque oratoriis dictionibus tum urbanis
sermonibus accommodatum. Et hercule omnia haec, quae a
me de facetiis disputantur, non maiora forensium actionum
quam omnium sermonum condimenta sunt. Nam sicut, quod
apud Catonem est (qui multa rettulit, ex quibus a me exempli
causa nonnulla ponuntur), per mihi scitum videtur, C. Publicium
solitum dicere 'P. Mummium cuivis tempori hominem
esse;' sic profecto se res habet, nullum ut sit vitae tempus,
in quo non deceat leporem humanitatemque versari.

1. *ante*, 262.
2. *toto genere orationis*, durchgängig. Brut. 126, *severe*, mit ernster Miene.
3. *Scaevola*, Einl. I § 14, 168.
10. *egregium*, s. d. krit. Anhang. I 215 in procuratione civitatis egregius, Brut. 84 in qua (sc. bellica laude) egregium reperimus fuisse Laelium.
11. εἴρωνα, de off. I 108 de Graecis autem dulcem et facetum festivique sermonis, atque in omni oratione simulatorem, quem Graeci εἴρωνα nominarunt, Socratem accepimus, Brut. 299 Quare εἴρωνα me, ne si Africanus quidem fuit, ut ait in historia sua C. Fannius, existimari velim. Ut voles, inquit Atticus; ego enim non alienum a te putabam, quod et in Africano fuisset et in Socrate.
qui melius haec norunt, besonders durch das Studium Platos (III 15), mit dem Cäsar, wie überhaupt mit der griech. Litteratur, bei weitem nicht so vertraut war, als z. B. sein Bruder.

14. *oratoriis dictionibus* u. *urbanis sermonibus* = der Sprechweise des Redners u. dem Unterhaltungstone der gebildeten Kreise.
18. *Catonem*, 256.
19. *per mihi scitum*, mit derselben Tmesis wie I 211 per mihi mirum.
20. *cuivis tempori*. Ähnlich wird später Asinius Pollio geschildert; Quint. VI 3, 110 illa potius urbana dixerim, quae sunt generis eiusdem, quo ridicula dicuntur et tamen ridicula non sunt, ut de Pollione Asinio seriis iocisque pariter accommodato dictum est: *esse cum omnium horarum.* So hier cuivis tempori (der Dativ nicht von homo abhängig, sondern von dem Begriff homo sum, der etwa zu aptum esse hinneigt), oder auch cuiusvis temporis: wie Mummius ein Mann für alle Verhältnisse ist (ernste und heitere), so der Witz ein Ding, das überall im Leben zu brauchen ist.
21. *vitae tempus* = Lebenstage.

272 Sed redeo ad cetera. Est huic finitimum dissimulationi, cum honesto verbo vitiosa res appellatur: ut cum Africanus censor tribu movebat eum centurionem, qui in Paulli pugna non adfuerat, cum ille se custodiae causa diceret in castris remansisse quaereretque, cur ab eo notaretur: 'Non amo, 273 inquit, nimium diligentes.' Acutum etiam illud est, cum ex alterius orationc aliud excipias, atque ille vult: ut Salinatori Maximus, cum Tarento amisso, arcem tamen Livius retinuisset multaque ex ea proelia praeclara fecisset, cum aliquot post annos Maximus id oppidum recepisset rogaretque cum Salinator, ut meminisset opera sua se Tarentum recepisse, 'Quidni, inquit, meminerim? Numquam enim recepissem, nisi tu perdidisses.'

274 Sunt etiam illa subabsurda, sed eo ipso nomine saepe ridicula, non solum nimis perapposita, sed etiam quodammodo nobis:

Hómo fatuus
    Postquám rem habere coépit, est emórtuus.

et:

         quid est tibi ísta mulier? — Uxor —
Similís me dius fídius. —

et:

3. *tribu movebat.* — In dieser Versetzung aus einer tribus rustica in eine tribus urbana, worin zugleich eine Schmälerung des Stimmrechts liegt, oder noch allgemeiner in der Entziehung des Stimmrechts überhaupt, d. i. aerarium facere, in tabulas Caeritum referre, bestand eben die censorische Degradation. Der Akt selbst, die censorische Rüge, hieß notio, notatio, animadversio und deren Folge war die ignominia oder minutio existimationis, 268.

Paulli pugna. — Wenn die Schlacht bei Pydna gemeint ist, so hätte Scipio (Censor 142) das erwähnte militärische Disziplinarvergehen noch bestraft, nachdem 26 Jahre darüber hingegangen.

6. *nimium diligentes* d. h. die über das Maß der Pflichttreue hinausgehen, wie auf einem andern Gebiet Apelles in Beziehung auf Protogenes sagt: nocere saepe nimiam diligentiam, was an derselben Stelle bei Plin. XXXV 10, 40 als gleichbedeutend mit *cura supra modum anxia* genommen wird.

9. *cum fecisset, cum — recepisset* ohne et, weil die zweite Handlung die erste zu ihrer Voraussetzung hat. 279.

11. *opera sua (Salinatoris) se (Maximum)* s. z. 196.

14. *eo ipso nomine,* eben darum, um des ihnen eigenen subabsurdum willen.

17. *homo fatuus,* kaum hat er es zu etwas gebracht, legt er sich hin und stirbt, als habe er sich freiwillig dem Lebensgenuß, der nun seinen Anfang nehmen konnte, entzogen. Der Vers ist ein septen. troch.; in fatuus ist das s zu elidieren.

21. *Similis* — als ob die Antwort soror gelautet!

me dius fidius häufige Bekräftigungsformel: ita me Iupiter adiuvet. ad Att. IX 10, 6 sed me dius fidius turpe nobis puto esse de fuga cogitare. p. Planc. 9 si, me dius fidius, decem soli essent in civitate viri boni etc. *deus fidius, Ζεὺς πίστιος* (nach Th. Mommsen eine altlateinische Gottheit neben dem

quámdiu ad aquas fúit, numquam est emórtuus. Genus hoc levius et, ut dixi, mimicum; sed habet nonnumquam aliquid etiam apud nos loci, ut vel non stultus quasi stulte cum sale dicat aliquid: ut tibi, Antoni, Mancia, cum audisset te censorem a M. Duronio de ambitu postulatum. 'Aliquando, inquit, tibi tuum negotium agere licebit.' Valde haec ridentur et hercule omnia, quae a prudentibus [quasi] per dissimulationem [non intellegendi] subabsurde salseque dicuntur. Ex quo genere est etiam non videri intellegere quod intellegas, ut Pontidius: 'Qualem existimas, qui in adulterio deprehenditur?' 'Tardum'; ut ego, qui in delectu Metello, cum excusationem oculorum a me non acciperet et dixisset: 'Tu igitur nihil vides?' 'Ego vero, inquam, a porta Esquilina video villam tuam;' ut illud Nasicae, qui cum ad poëtam Ennium venisset eique ab ostio quaerenti

sabinischen Maurs und Semo Sancus).

1. *ad aquas fuit*, ins Bad gereist, natürlich, denn sonst konnte er nicht ad aquas esse; für die Badekur selbst freilich ein sehr zweideutiges Zeugnis.

numquam als könnte sich der Tod, ebenso wie die Badereise, wiederholen.

3. *nos* sc. oratores.

vel, ohne daß hernach ein anderes vel folgt; vielmehr wird anakolutbisch eine andere Wendung gebraucht: Valde ridentur etc. ex quo genere est *etiam*. Ebenso 281 *vel* (?) Appii — placet *etiam*.

5. *te censorem*, Einl. I § 11, 124 ff.

Aliquando etc. scheinbar gutmütig: bisher hast du für andere gearbeitet, jetzt wirst du endlich einmal etwas für dich thun können, zugleich aber sehr maliziös: endlich kommt die Reihe auch einmal an dich, daß du in eigener Sache auftreten mußt. 24.

7. *a prudentibus*, die recht wohl wissen, was eigentlich gemeint ist. Wenn aber ein prudens etwas subabsurde spricht, so ist dies eine dissimulatio prudentiae, nicht bloß eine quasi dissimulatio. Daher gehört quasi nicht zu per dissimulationem, sondern dem Sinne nach zu non intellegendi, das ein epexegetischer Genetiv zu dissimulatio ist; eine Verstellung, die darin besteht, quasi non intellegant quod intellegunt (cfr. Quint. XII 9, 7 nec illo fastidio laborabit orator non agendi causas minores.) Vorher ist non stultus quasi stulte dicit eine simulatio stultitiae. Nun ist aber quasi non intellegant, quod intellegunt dem folgenden non videri intellegere quod intellegas dem Sinne nach gleich, daher scheinen die eingeklammerten Worte ein Glossem. Vgl. Quint. VI 3, 85 Plurimus autem circa simulationem et *dissimulationem* risus est, quae sunt vicina et prope eadem; sed simulatio est certam opinionem animi sui imitantis, *dissimulatio aliena se parum intellegere fingentis*. ib. 89 et hercule omnis salse dicendi ratio in eo est, ut aliter, quam est rectum verumque, dicatur.

8. *salseque* „und dabei witzig."

11. *Tardum*, statt der von allen erwarteten Antwort: impium hominem et scelestum. Quint. VI 3, 87 sed averti intellectus et aliter solet, cum ab asperioribus ad leniora deflectitur, ut qui interrogatus, quid sentiret de eo, qui in adulterio deprehensus esset, *tardum fuisse* respondit.

in delectu — zum Zweck des jugurthinischen Kriegs.

14. *villam*, 263, die ist so glänzend, daß sie auch der Kurzsichtigste aus der Ferne sehen kann.

15. *ostium* ist wohl hier der Zu-

Ennium ancilla dixisset domi non esse, Nasica sensit illam domini iussu dixisse et illum intus esse. Paucis post diebus cum ad Nasicam venisset Ennius et eum a ianua quaereret, exclamat Nasica se domi non esse. Tum Ennius: 'Quid, ego non cognosco, inquit, vocem tuam?' Hic Nasica: 'Homo es impudens. Ego cum te quaererem, ancillae tuae credidi te domi non esse, tu mihi non credis ipsi?'

277 Est bellum illud quoque, ex quo is, qui dixit, irridetur in eo ipso genere, quo dixit: ut, cum Q. Opimius consularis, qui adulescentulus male audisset, festivo homini Egilio, qui videretur mollior nec esset, dixisset: 'Quid tu, Egilia mea? quando ad me venis cum tua colu et lana?' 'Non pol, inquit, audeo; nam me ad famosas vetuit mater accedere.'

69 278 Salsa sunt etiam, quae habent suspicionem ridiculi absconditam, quo in genere est Siculi illud, cui, cum familiaris quidam quereretur quod diceret uxorem suam suspendisse se de ficu, 'Amabo te, inquit, da mihi ex ista arbore quos seram surculos.' In eodem genere est, quod Catulus dixit cuidam oratori malo; qui cum in epilogo misericordiam se movisse putaret, postquam adsedit, rogavit hunc videreturne misericordiam movisse; 'Ac magnam quidem, inquit, neminem enim puto esse tam durum, cui non oratio tua miseranda visa sit.'

279 Me quidem hercule etiam valde movent stomachosa et quasi submorosa ridicula, non cum a moroso dicuntur; tum enim non sal, sed natura ridetur. In quo, ut mihi videtur, persalsum illud est apud Novium:

gang oder Eingang zum Hause; *ianua* der zur eigentlichen Wohnung.

9. *irridetur* etc., mit derselben Lauge gewaschen wird.

11. *male audire* (seinen) Tadel hören (müssen) = in üblem Rufe stehen; de off. III 98 quid auditurum putas fuisse Ulixem; Att. VI 1, 2 qui me idcirco putant bene audire velle ut ille male audiat. audire in der Vulgärsprache überhaupt = gerufen, genannt werden, gelten; Hor. sat. II 7, 101 subtilis veterum iudex et callidus audis.

16. *salsa*, 228.

suspicionem etc., die Satire, die sich unter einem scheinbar unverfänglichen Ausdruck verbirgt. Quint. VI 3, 88 Ei (275) confine est quod dicitur per suspicionem, quale illud apud Ciceronem querenti, quod uxor sua ex fico sese suspendisset, Rogo, des mihi surculum ex illa arbore, ut inseram.

18. *quod diceret*, 253. 285; I 181.

19. *Amabo te* Formel der Umgangssprache = ich will dir sehr verbunden sein, dir ganz ergeben sein, ich bitte dich.

ex ista arbore, von dem Galgenholz, als arbor infelix. Liv. I 26, 6 infelici arbori reste suspendito. p. C. Rabir. 13.

21. *in epilogo*, 332; I 227 f. Quint. IV 1, 28 in ingressu (in prooemio) parcius et modestius praetemptanda est iudicis *misericordia*; in *epilogo* vero liceat totos effundere affectus etc.

28. *natura*, 251.

quid ploras, pater? —
Mirum ni cantem? ..... condemnatus sum.
Huic generi quasi contrarium est ridiculi genus patientis ac lenti: ut, cum Cato percussus esset ab eo, qui arcam ferebat, cum ille diceret 'cave', rogavit 'numquid aliud ferret praeter arcam?'

Est etiam stultitiae salsa reprehensio; ut ille Siculus, cui praetor Scipio patronum causae dabat hospitem suum, hominem nobilem, sed admodum stultum: 'Quaeso, inquit, praetor, adversario meo da istum patronum, deinde mihi neminem dederis.'

Movent illa etiam, quae coniectura explanantur longe aliter atque sunt, sed acute atque concinne: ut, cum Scaurus accusaret Rutilium ambitus, cum ipse consul esset factus, ille repulsam tulisset, et in eius tabulis ostenderet litteras A. F. P. R. idque diceret esse, ACTUM FIDE PUBLII RUTILII, Rutilius autem, ANTE FACTUM POST RELATUM, C. Canius, eques Romanus, cum Rufo adesset, exclamat, neutrum illis litteris declarari. 'Quid ergo?' inquit Scaurus. 'Aemilius Fecit Plectitur Rutilius.'

Ridentur etiam discrepantia: 'Quid huic abest nisi res et virtus?'

---

1. *quid ploras* etc. Die Situation ist unbekannt, und daher die eigentliche Pointe nicht recht verständlich.

2. *Mirum ni* — im Unwillen darüber, daß der Sohn noch so fragen kann; nimmts dich Wunder, wenn ich nicht singe d. h. du verlangst wohl gar, daß ich singe; wahrhaftig das würde mir schlecht anstehen; ich habe den Prozeß verloren, also wohl Ursache zum plorare, aber nicht zum cantare. Plaut. Trin. II 4, 94, mirum ni tu illuc tecum divitias feras. Ter. Andr. III 4, 18, ubi nunc est? mirum ni domi est.

3. *patiens et lentum* das Duldsame, Gleichmütige, Gelassene. Wir brauchen in diesem Sinne auch oft „trocken"; vgl. 287.

4. *Cato* — ähnlich wie Diogenes πρὸς τὸν ἐντινάξαντα αὐτῷ τὴν δοκὸν εἶτα εἰπόντα, φύλαξαι. πάλιν γάρ με, ἔφη, παίειν μέλλεις;

8. *praetor*, der Prätor wies von Gerichtswegen dem Freunden einen Anwalt zur Führung seiner Sache zu. — Welcher Scipio hier gemeint ist, läßt sich nicht bestimmen.

10. *neminem dederis*, analog dem ne dederis: wir: dann brauchst du mir keinen Patron zuzuweisen; denn der wird mir schon den Prozeß gewonnen machen.

15. *in eius tabulis*. Scaurus wollte das in Rutilius' Geschäfts- oder Contobüchern (97) vorgefundene compendium scripturae als Beweismittel dafür angesehen haben (281), daß Rutilius bestimmte Summen zu Bestechungszwecken angewiesen habe: auf Credit des R., der also für die Wahlausgaben gut gesagt; R. aber erklärte die Buchstaben einfach als Berichtigungsnotiz des Datums: schon früher verausgabt, aber erst unter einem späteren Termin eingetragen.

21. *discrepantia*, wenn man im Verhältnis zu den Anfangsworten in widersprechender Weise fortfährt. Quint. VI 3, 84 superest genus *decipiendi opinionem* aut dicta aliter intellegendi, quae sunt in omni hac materia vel venustissima. Inopina-

Bella etiam est familiaris reprehensio quasi errantis: ut, cum obiurgavit Albium Granius, quod, cum eius tabulis quiddam ab Albucio probatum videretur, et valde absoluto Scaevola gauderet neque intellegeret contra suas tabulas esse iudicatum.

282 Huic similis est etiam admonitio in consilio dando familiaris: ut, cum patrono malo, cum vocem in dicendo obtudisset, suadebat Granius, ut mulsum frigidum biberet, simulac domum redisset: 'Perdam, inquit, vocem, si id fecero.' 'Melius est, inquit, quam reum.'

283 Bellum etiam est, cum quid cuique sit consentaneum dicitur: ut, cum Scaurus nonnullam haberet invidiam ex eo, quod Phrygionis Pompeii, locupletis hominis, bona sine testamento possederat, sederetque advocatus reo Bestiae, cum funus quoddam duceretur, accusator C. Memmius 'Vide, inquit, Scaure, mortuus rapitur, si potes esse possessor.'

284 Sed ex his omnibus nihil magis ridetur, quam quod est praeter exspectationem; cuius innumerabilia sunt exempla,

tum et a lacessente poni solet, quale est quod refert Cicero: Quid huic abest, nisi res et virtus? Der Anfang lautete, als wollte man sagen: der hat alles; durch den Zusatz nisi res et virtus aber kommt gerade das Gegenteil heraus: denn wem res et virtus (alle äußeren und inneren Güter) abgehen, dem fehlt eben alles.

2. *obiurgavit* etc.; er müßte von Rechtswegen über diese Kompromittierung seiner Rechnungsbücher aufgebracht sein.
Albium Granius s. d. krit. Anh.
3. *ab Albucio*, Einl. I § 14, 166. Bei jener Anklage hatte Albucius aus den Kontobüchern eines gewissen Albius (der sonst nicht weiter bekannt ist, aber in freundschaftlichem Verhältnis zu Scaevola gestanden haben mag) einen Beweis gegen Scaevola vorgebracht. Albucio probatum = der Beweis ist für Albucius, ab Albucio er ist von Albucius geführt. Nur letzteres paßt für den Ankläger.
et valde gauderet neque intell.: einmal sich sehr freute und dann dabei nicht einmal merkte, daß...
7. *cum — suadebat*, 166 cum — defendebat, 305 cum — obiurgabam.

obtudisset, Quint. XI 3, 20 fauces tumentes strangulant vocem, *obtusae* obscurant, wie ib. 15 clara und obtusa vox sich entgegenstehen.

8. *mulsum frigidum*, οἰνόμελι, eine Art Limonade aus jungem Wein und Honig bereitet, als Mittel gegen die Rauheit des Halses.

11. *consentaneum* dem Charakter jemandes gemäß, treffend; wir sagen charakteristisch.

13. *sine testamento*, wohl als der nächste agnatus oder erbberechtigte cognatus; gerade der Umstand, daß Scaurus als Intestaterbe auf Grund weitläufiger Verwandtschaft das Vermögen an sich gebracht hatte, zog ihm viele Neider zu.

14. *sederetque*, vor Gericht, 245 (index), 196 sedens.

15. *vide, si potes* sieh zu [und versuche] ob du am Ende...

16. *rapitur* — mit Anspielung auf die Eile, womit er bestattet wird, als wäre zu befürchten, daß er wieder erwache, um noch ein Testament zu machen.

possessor hebt absichtlich nur den faktischen Bestand hervor im Gegensatz zu dem rechtlichen Besitz des heres.

18. *praeter exspectationem*, 255.

velut Appii maioris illius, qui in senatu, cum ageretur de agris publicis et de lege Thoria et premeretur Lucilius ab eis, qui a pecore eius depasci agros publicos dicerent, 'Non est, inquit, Lucilii pecus illud; erratis;' (defendere Lucilium videbatur) 'ego liberum puto esse; qua libet, pascitur.' Placet etiam mihi illud Scipionis illius, qui Ti. Gracchum perculit. Cum ei M. Flaccus multis probris obiectis P. Mucium iudicem tulisset: 'Eiero, inquit, iniquus est.' Cum esset admurmuratum: 'Ah, inquit, P. C., non ego mihi [illum] iniquum eiero, verum omnibus.' Ab hoc vero Crasso nihil facetius: cum laesisset testis Silus Pisonem, quod se in eum audisse dixisset: 'Potest fieri, inquit, Sile, ut is, quem te audisse dicis, iratus dixerit.' Adnuit Silus. 'Potest etiam, ut tu non recte intellexeris.' Id quoque toto capite adnuit, ut se Crasso daret. 'Potest etiam fieri, inquit, ut omnino, quod te audisse dicis, numquam audieris.' Hoc ita praeter exspectationem accidit, ut testem omnium risus obrueret. Huius generis est plenus Novius, et iocus est familiaris:

'Sápiens si algebís, tremes'

et alia permulta.

Saepe etiam facete concedas adversario id ipsum, quod tibi ille detrahit: ut C. Laelius, cum ei quidam malo genere

---

1. *velut*, s. d. krit. Anhang.
5. *liberum* — ἐλεύθερον.
qua libet (ὅπου θέλει), *libet* wie III 48, nicht lubet wegen des offenbaren Wortspiels mit liberum. Sen. rhet. p. 36, 16 Messala tu quid tibi *liberum* sit in domo tua videris: es ist deine Sache zu bestimmen in deinem Hause was dir beliebt, was dir recht ist. Durch die unerwartete Wendung schlägt die vermeintliche Verteidigung in die vollste Bekräftigung der Anklage um.
Da jedermann eine Verteidigung des Lucilius erwartete, mußte der Redner eigentlich fortfahren: das Vieh gehört einem andern der Beteiligten; statt dessen sagte er: es ist herrenloses Vieh (liberum), das weidet, wo es Lust hat. Für Lucilius trat er also durch diese Erklärung nicht ein, sondern Lucilius wurde geschädigt, da herrenloses Vieh natürlich konfisciert werden konnte.
8. *iudicem tulisset*, 283.

Eiero, den perhorresciere ich (mit Beziehung auf dessen neutrales d. h. unthätiges Verhalten bei dem gracchischen Aufstand).
10. *iniquus* = er verstößt gegen das aequum, die Billigkeit; hier etwa=pflichtvergessen. Der Doppelsinn also: er ist mir als Richter 'unbequem' und gegen alle ist er 'pflichtvergessen'.
11. *facetius* — das Lächerliche liegt in dem unübertrefflichen Gang des Verhörs, das Crassus mit dem armen Tropf anstellt.
testis, als Leumundszeuge.
quod dixisset, 278.
19. *familiaris*, wir etwa 'Gemeingut'.
20. *Sapiens* etc. Wenn als Philosoph du frierst — dann geht dirs (lautet der unerwartete Nachsatz) wie andern Leuten auch, es klappern dir die Zähne, mit satirischer Anspielung auf die von den Stoikern behauptete völlige Gefühllosigkeit des Philosophen.

natus diceret, indignum esse suis maioribus, 'At hercule, inquit, tu tuis dignus.'

Saepe etiam sententiose ridicula dicuntur: ut M. Cincius, quo die legem de donis et muneribus tulit, cum C. Cento prodisset et satis contumeliose: 'Quid fers, Cinciole?' quaesisset: 'Ut emas, inquit, Cai, si uti velis.'

Saepe etiam salse, quae fieri non possunt, optantur: ut M. Lepidus, cum ceteris se in campo exercentibus in herba ipse recubuisset, 'Vellem hoc esset, inquit, laborare.'

Salsum est etiam quaerentibus et quasi percontantibus lente respondere quod nolint: ut censor Lepidus, cum M. Antistio Pyrgensi equum ademisset, amicique cum vociferarentur et quaererent, quid ille patri suo responderet, cur ademptum sibi equum diceret, cum optimus colonus, parcissimus modestissimus frugalissimus esset, 'Me istorum, inquit, nihil credere.'

Colliguntur a Graecis alia nonnulla, exsecrationes, admirationes, minationes. Sed haec ipsa nimis mihi videor in multa genera discripsisse. Nam illa, quae verbi ratione et vi continentur, certa fere ac definita sunt; quae plerumque, ut ante dixi, laudari magis quam rideri solent. Haec autem, quae sunt in re et ipsa sententia, partibus sunt innumerabilia, generibus pauca. Exspectationibus enim decipiendis, et naturis

---

3. *sententiose* in Form von Sentenzen, alltäglichen Formeln.

5. *Quid fers* — war die gewöhnliche Frage an den Verkäufer, der seine Ware anbot; hier um der Beziehung auf das *legem ferre* willen doppelsinnig. Cincius geht darauf ein und wendet die Antwort des Verkäufers: eme si uti velis mit der entsprechenden Modification an: das will ich mit meinem Vorschlag, antwortet Cincius dem Cento — der durch das Gesetz die bisher für ihn so ergiebige Quelle von nun an verstopft sieht, — daß das Schenken und Händeaufhalten aufhört; wie man auch eme si uti velis zu denen sagte, die alles immer nur von andern borgen wollten, ohne sich selbst das Nötige anzuschaffen.

10. *percontantibus* hier im ursprünglichen, sonst meist schon sehr abgeschwächten Sinne: ausforschen, inquirieren, in jem. dringen, jem. ausholen, daher hier auch *quasi*.

12. *equum adimere* ist der techn. Ausdruck, wenn der Censor einen eques aus dem Ritterstande ausstieß. Die Formel war: vende equum; das Gegenteil, d. h. wenn alles ordnungsmäßig befunden war: traduc equum = führ mir dein Pferd vorüber, gleichsam zur Parade.

13. *cur diceret*, nicht nach der Ursache des Sagens ist gefragt, sondern nach der Ursache der Entziehung des Pferdes; aus quid diceret, cur equus ademptus esset zusammengezogen.

15. *istorum*, nämlich von den Gründen und Vorwürfen, cur censor equum ademerit.

18. *nimis* natürl. zu multa.

19. *discripsisse*, 142.

21. *ante*, 254.

22. *partibus*, Arten, genera Gattungen. I 189.

generibus pauca, die Hauptkategorieen, unter welche Caesar zum Schluß die verschiedenen Äußerungen des Sachwitzes zu-

aliorum irridendis, *et vitiis corporis ridicule* indicandis [et]
similitudine turpioris, et dissimulatione, et subabsurda dicendo,
et stulta reprehendendo risus moventur. Itaque imbuendus est
is, qui iocose volet dicere, quasi natura quadam apta ad haec
genera et moribus, ut ad cuiusque modi genus ridiculi vultus
etiam accommodetur; qui quidem quo severior est et tristior,
ut in te, Crasse, hoc illa, quae dicuntur, salsiora videri solent.

Sed iam tu, Antoni, qui hoc deversorio sermonis mei
libenter acquieturum te esse dixisti, tamquam in Pomptinum
deverteris, neque amoenum neque salubrem locum, censeo, ut
satis diu te putes requiesse et iter reliquum conficere pergas.

Ego vero, atque hilare quidem a te acceptus, inquit, et
cum doctior per te, tum etiam audacior factus sum ad iocandum. Non enim vereor ne quis me in isto genere leviorem
iam putet, quoniam quidem tu Fabricios mihi auctores et
Africanos, Maximos, Catones, Lepidos protulisti. Sed habetis
ea, quae voluistis ex me audire, de quibus quidem accuratius

dicendum et cogitandum fuit; nam cetera faciliora sunt atque ex eis, quae dicta sunt, reliqua nascuntur omnia.

72 Ego enim cum ad causam sum aggressus atque omnia cogitando, quoad facere potui, persecutus, cum et argumenta causae et eos locos, quibus animi iudicum conciliantur, et illos, quibus permoventur, vidi atque cognovi: tum constituo, quid habeat causa quaeque boni, quid mali. Nulla enim fere res potest in dicendi disceptationem aut controversiam vocari, quae non habeat utrumque; sed quantum habeat id refert.

292 Mea autem ratio haec esse in dicendo solet, ut boni quod habeat, id amplectar, exornem, exaggerem, ibi commorer, ibi habitem, ibi haeream; a malo autem vitioque causae ita recedam, non ut [id] me defugere appareat, sed ut totum bono illo ornando et augendo dissimulatum obruatur. Et, si causa est in argumentis, firmissima quaeque maxime tueor, sive plura sunt sive aliquod unum; sin autem in conciliatione aut in permotione causa est, ad eam me potissimum partem, quae **293** maxime movere animos hominum potest, confero. Summa denique huius generis haec est, ut si in refellendo adversario firmior esse oratio quam in confirmandis nostris rebus potest, omnia in illum tela conferam; sin nostra probari facilius, quam illa redargui possunt, abducere animos a contraria defensione **294** et ad nostram conor deducere. Duo denique illa, quae facillima videntur, quoniam quae difficiliora sunt non possum, mihi pro meo iure sumo: unum, ut molesto aut difficili argumento aut loco nonnumquam omnino nihil respondeam. Quod forsi-

---

1. *cetera* — damit wird der oben 216 abgebrochene Faden zur Vollendung der Lehre von der inventio wieder aufgenommen.
4. *argumenta* behufs des probare.
5. *locos*, 131. 146. 312.
6. *constituo*, etc. Or. 48 f. ut segetes fecundae et uberes non solum fruges, verum herbas etiam effundunt inimicissimas frugibus, sic interdum ex illis locis aut levia quaedam aut causis aliena aut non utilia gignuntur: quorum ab oratoris iudicio *delectus* nisi adhibebitur, quonam modo ille *in bonis haerebit* et *habitabit suis*, aut molliet dura, aut *occultabit* quae dilui non poterunt atque *omnino opprimet*, si licebit, aut abducet animos aut aliud afferet, quod oppositum probabilius sit quam illud, quod obstabit?
7. *quid boni, quid mali.* 102.

8. *disceptationem* etc. 78. 113.
12. *habitem*, I 173; 264; II 160.
a malo causae vitioque, der wunde Punkt, die Schwäche der Sache, I 154.
14. *dissimulatum*, als wäre gar kein vitium da.
obruatur, in Vergessenheit gebracht, I 116. Or. part. 15 firmamenta aut per se diluenda aut obscuranda aut digressionibus *obruenda* (vom Angeklagten).
causa prägn. = die eigentliche Entscheidung der Sache.
15. *in argumentis*, wenn es also aufs probare ankommt, 291.
18. *movere* umfaßt hier beides: das conciliare und das permovere im engeren Sinn.
21. *tela conferam*, 214.
22. *illa* die Gegengründe.
24. *non possum*, I 41.
25. *argumento aut loco*. In dieser

tan aliquis iure irriserit; quis enim est, qui id facere non possit? Sed tamen ego de mea nunc, non de aliorum facultate disputo confiteorque me, si qua premat res vehementius, ita cedere solere, ut non modo non abiecto, sed ne reiecto quidem scuto fugere videar, sed adhibere quandam in dicendo speciem atque pompam et pugnae similem fugam; consistere vero in meo praesidio sic, ut non fugiendi hostis, sed capiendi loci causa cessisse videar. Alterum est illud, quod ego maxime oratori cavendum et providendum puto quodque me sollicitare summe solet: non tam ut prosim causis elaborare soleo, quam ut ne quid obsim; non quin enitendum sit in utroque, sed tamen multo est turpius oratori nocuisse videri causae quam non profuisse.

Sed quid hoc loco vos inter vos, Catule? an haec, ut sunt contemnenda, contemnitis?

Minime, inquit ille; sed Caesar de isto ipso quiddam velle dicere videbatur.

Me vero lubente, inquit ANTONIUS, dixerit sive refellendi causa sive quaerendi.

Tum IULIUS, Ego mehercule, inquit, Antoni, semper is fui, qui de te oratore sic praedicarem, unum te in dicendo mihi videri tectissimum propriumque hoc esse laudis tuae nihil a te umquam esse dictum, quod obesset ei, pro quo diceres.

Nebeneinanderstellung bezieht sich argumentum speziell auf das probare, locus mehr auf die beiden andern Thätigkeiten, das conciliare und movere, 215. 291.

4. *cedere*, Tac. Germ. 6 cedere loco, dummodo rursus instes, consilii quam formidinis arbitrantur. Zu dem Ganzen vgl. Einl. I § 11, 104 ff. bes. 109.

abiecto — das war das Schimpflichste. Hor. od. II 7, 10 relicta non bene parmula; aber auch das war nicht rühmlich, reiecto sc. post tergum, mit gedecktem Rücken zu fliehen. Hom. Il. Θ 94 πῇ φεύγεις μετὰ νῶτα βαλών etc.

6. *pompam*, 81. 94; I 81.

consistere etc. Der sichere Punkt, wo Antonius wieder festen Fuß faßt, sodaß es den Anschein hat, als habe er nur, um diese Verschanzung wieder zu gewinnen, die rückgängige Bewegung gemacht, sind die starken, unangreifbaren Seiten des Rechtsfalls, um den es sich handelt.

8. *Alterum est*, 116 una — altera est.

11. *non quin*, Schultz § 350.

14. *Sed quid* etc., vgl. die ähnliche Situation I 122, es ist ein Verbum, wie colloqui zu ergänzen; wir: was habt ihr da miteinander?

20. *is fui, qui — praedicarem*. ad Fam. XV 4, 11 tu es is, qui me tuis sententiis saepissime ornasti, qui oratione — ad caelum extulisti — = du bist es, der geschmückt hat, eine nachdrückliche Form der Hervorhebung des Subjekts. Cat. IV 1 ego sum ille consul, cui non curia, non domus, non haec sedes honoris vacua unquam mortis periculo atque insidiis fuit. ad Fam. V 21, 2 ego is sum, qui nihil unquam mea potius, quam meorum civium causa *fecerim* .... Ego sum, qui nullius vim plus valere *volui*, quam honestum otium. Hier aber = einer von der Klasse, die priesen, zur Hervorhebung des Prädikats.

22. *tectissimum*, I 32, III 32; Or. 146 tectiores.

Idque memoria teneo, cum mihi sermo cum hoc Crasso multis audientibus esset institutus Crassusque plurimis verbis eloquentiam laudaret tuam, dixisse me cum ceteris tuis laudibus hanc esse vel maximam, quod non solum quod opus esset diceres, sed etiam quod non opus esset non diceres: tum illum mihi respondere memini, cetera in te summe esse laudanda, illud vero improbi esse hominis et perfidiosi, dicere quod alienum esset et noceret ei, pro quo quisque diceret. Quare non sibi cum disertum, qui id non faceret, videri, sed improbum, qui faceret. Nunc, si tibi videtur, Antoni, demonstres velim, quare tu hoc ita magnum putes, nihil in causa mali facere, ut nihil tibi in oratore maius esse videatur.

Dicam equidem, Caesar, inquit, quid intellegam; sed et tu et vos hoc omnes, inquit, mementote, non me de perfecti oratoris divinitate quadam loqui, sed de exercitationis et consuetudinis meae mediocritate. Crassi quidem responsum excellentis cuiusdam est ingenii ac singularis; cui quidem portenti simile esse visum est, posse aliquem inveniri oratorem, qui aliquid mali faceret dicendo obessetque ei, quem defenderet, facit enim de se coniecturam; cuius tanta vis ingenii est, ut neminem nisi consulto putet, quod contra se ipsum sit, dicere; sed ego non de praestanti quadam et eximia, sed prope de vulgari et communi prudentia disputo. Ut apud Graecos fertur incredibili quadam magnitudine consilii atque ingenii Atheniensis ille fuisse Themistocles; ad quem quidam doctus homo atque in primis eruditus accessisse dicitur eique artem memoriae, quae tum primum proferebatur, pollicitus esse se traditurum; cum ille quaesisset, quidnam illa ars efficere posset, dixisse illum doctorem, ut omnia meminisset, [et] ei Themistoclem respondisse, gratius sibi illum esse facturum, si se oblivisci quae vellet, quam si meminisse docuisset. Videsne quae vis in homine acerrimi ingenii, quam potens et quanta mens fuerit?

---

1. *cum mihi sermo institutus esset* nicht völlig dem *a me* gleichzuachten. Der Dativ legt keinen besonderen Wert auf die Person und bezeichnet die Sache und nebenbei eine Beteiligung der betr. Person; *a* dagegen stellt die Person mehr in den Vordergrund.

5. *non opus* etc., pro Cluent. 140, o. 97, 326, I, 152.

13. *quid intellegam:* was ich meine, wie ich es verstanden wissen will. Vgl. I 206 etiam, quid tu intellegas, sentiemus.

16. *excellent. cuiusdam* = ganz ausnehmend vortrefflich; vgl. o. 32 magnam quandam artem.

22. *sed ego* steht im Gegensatz zu Crassi quidem responsum excellentis cuiusdam est ingenii. Die beiden folgenden Relativsätze cui quidem u. cuius tanta vis sind nur Begründungen des dem Crassus gespendeten Lobes. S. d. krit. Anh.

25. *quidam doctus*, Simonides. s. ind. Themistocles.

32. *quam potens* gehört noch zu quae in homine acerrimi ingenii, wie Quint. XII 11, 10 quanta sit humani ingenii vis, quam potens

qui ita responderit, ut intellegere possemus, nihil ex illius animo, quod semel esset infusum, umquam effluere potuisse; cum quidem ei fuerit optabilius oblivisci posse potius quod meminisse nollet, quam quod semel audisset vidissetve meminisse. Sed neque propter hoc Themistocli responsum memoriae nobis opera danda non est, neque illa mea cautio et timiditas in causis propter praestantem prudentiam Crassi neglegenda est. Uterque enim istorum non mihi attulit aliquam, sed suam significavit facultatem. Etenim permulta sunt in causis in omni parte orationis circumspicienda, ne quid offendas, ne quo irruas. Saepe aliqui testis aut non laedit aut minus laedit, nisi lacessatur. Orat reus, urgent advocati, ut invehamur, ut male dicamus, denique ut interrogemus; non moveor, non obtempero, non satisfacio, neque tamen ullam adsequor laudem; homines enim imperiti facilius quod stulte dixeris reprehendere, quam quod sapienter tacueris laudare possunt. Hic quantum fit mali, si iratum, si non stultum, si non levem testem laeseris! Habet enim et voluntatem nocendi in iracundia et vim in ingenio et pondus in vita; nec, si hoc Crassus non committit, ideo non multi et saepe committunt. Quo quidem mihi turpius videri nihil solet quam quod ex oratoris dicto aliquo aut responso aut rogatu sermo ille sequitur: 'Occidit. Adversariumne? Immo vero, aiunt, se et eum, quem defendit.' Hoc Crassus non putat nisi perfidia accidere posse; ego autem saepissime video in causis aliquid mali facere homines minime malos. Quid, illud, quod supra dixi, solere me cedere et, ut planius dicam, fugere ea, quae valde causam meam premerent, cum id non faciunt alii versanturque in hostium castris ac sua praesidia dimittunt, mediocriterne causis nocent, cum aut adversariorum adiumenta confirmant aut ea, quae sanare nequeunt, exulcerant? Quid, cum personarum, quas defendunt, rationem non habent, si, quae sunt in his invidiosa, non mitigant extenuando, sed laudando et efferendo invidiosiora faciunt, quantum est in eo tandem mali! Quid, si in homines

efficiendi quae velit. Dazu wird dann als zweites et quanta mens hinzugefügt.

2. *quod semel esset infusum*, Hor. epist. I 2, 69 Quo semel est imbuta recens, servabit odorem testa diu.

effluere, ad Fam. VII 14, 1 si nostri oblitus es, dabo operam, ut istuc veniam ante quam plane ex animo tuo effluo.

11. *irruas*, einen plumpen Angriff macht.

13. *interrogemus*, zur Rede stellen, interpellieren.

16. *quam quod* (wie der Abrinc. und die beiden Erl. statt cum haben), wofür auch ein Infinitivsatz stehen könnte, wie I 169. II 38.

22. *rogatu*, andere rogato um der Concinnität mit dicto und responso willen. Nägelsbach Stil. § 28, 1. S. 89.

31. *exulcerant*, machen sie schlimmer.

caros iudicibusque iucundos sine ulla praemunitione orationis
acerbius et contumeliosius invehare, nonne a te iudices ab-
alienes? Quid, si, quae vitia aut incommoda sunt in aliquo
iudice uno aut pluribus, ea tu in **adversariis** exprobrando
non intellegas te in iudices invehi, mediocre peccatum est?
Quid, si, cum pro altero dicas, **litem tuam facias** aut laesus
efferare iracundia, **causam relinquas,** nihilne noceas? In quo
ego, non quo libenter male audiam, sed quia causam non libenter relinquo, nimium patiens et lentus existimor; ut, cum
te ipsum, Sulpici, obiurgabam, quod ministratorem peteres,
non adversarium. Ex quo etiam illud adsequor, ut, si quis
mihi male dicat, petulans aut plane insanus esse videatur.
In ipsis autem argumentis si quid posueris aut aperte falsum
aut ei, quod dixeris dicturusve sis, contrarium aut genere ipso
remotum ab usu iudiciorum ac foro, nihilne noceas? Quid
multa? omnis cura mea solet in hoc versari semper (dicam
enim saepius), si possim, ut boni efficiam aliquid dicendo;
sin id minus, ut certe ne quid mali.

Itaque nunc illuc redeo, Catule, in quo tu me paullo ante
laudabas, ad **ordinem collocationemque** rerum ac locorum.
Cuius ratio est duplex: altera, quam adfert natura causarum,

1. *caros*, ad Her. II 49 item vitiosum est, quod dicitur contra iudicis voluntatem aut eorum, qui audiunt, si aut partes, quibus illi student, aut homines, quos illi caros habent, laeduntur, aut aliquo einsmodi vitio laeditur auditoris voluntas.
sine ulla praemunitione, ohne irgendwie vorzubauen.
3. *in aliquo iudice*, 245.
4. *exprobrando* dadurch, daß du sie an den Gegnern tadelst — ein bekanntes Mittel, einem Anwesenden seine Fehler an einem dritten zu tadeln.
6. *litem tuam facias*, demnach als persönlich interessiert erscheinst.
7. *causam relinquas*, den Rechtsfall bei Seite liegen lässest, also rein persönlich wirst.
8. *non quo*, nicht aus Gleichgültigkeit, als ob ich unempfindlich wäre gegen herausfordernde persönliche Angriffe (male audire 277), aber ich suche mich zu beherrschen u. vermeide es persönlich zu werden.
9. *patiens et lentus*, gelassen, phlegmatisch, 279.
cum obiurgabam, 282.

10. *ministratorem*, einen der Subalternen, welche dem Sachwalter mit mancherlei brauchbarem Material zur Hand gingen, p. Flacco 53 idem hic mihi quasi *ministrator* aderat, subiciens, quid in suos cives civitatemque si vellem dicerem. Wiefern das Sulpicius in seiner jugendlichen Hitze gethan und auf welche Weise er so die Gegner verwechselt, läßt sich nicht näher bestimmen.
11. *illud*, 'den Vorteil'.
14. *genere ipso*, seiner ganzen Natur nach.
19. B. Lehre von der *collocatio rerum* (Teile der Rede) c. 76, 307—81, 332.
paullo ante, 179.
20. *ad ordinem collocationemque*. Gewissermaßen liegt schon in den Worten selbst die später angedeutete Scheidung. ordo ist die natürliche in der Sache liegende Ordnung, collocatio die vom Redner abhängige Gruppierung.
collocatio rerum von der collocatio verborum (III 171) wohl zu unterscheiden. Or. 50 f.; Or. part. 9 ff.

altera, quae oratorum iudicio et prudentia comparatur. Nam ut aliquid ante rem dicamus, deinde ut rem exponamus, post ut eam probemus nostris praesidiis confirmandis, contrariis refutandis, deinde ut concludamus atque ita peroremus, hoc dicendi natura ipsa praescribit. Ut vero statuamus ea, quae probandi et docendi causa dicenda sunt, quemadmodum componamus, id est vel maxime proprium oratoris prudentiae. Multa enim occurrunt argumenta; multa, quae in dicendo profutura videantur. Sed eorum partim ita levia sunt, ut contemnenda sint, partim, etiamsi quid habent adiumenti, sunt nonnumquam eiusmodi, ut insit in eis aliquid vitii neque tanti sit illud, quod prodesse videatur, ut cum aliquo malo coniungatur. Quae autem utilia sunt atque firma, si ea tamen, ut saepe fit, valde multa sunt, ea, quae ex eis aut levissima sunt aut aliis gravioribus consimilia, secerni arbitror oportere atque ex oratione removeri. Equidem cum *colligo argumenta* causarum, non tam ea numerare soleo quam *expendere*. Et quoniam, quod saepe iam dixi, tribus rebus homines ad nostram sententiam perducimus, aut docendo aut conciliando aut permovendo, una ex tribus his rebus res prae nobis est ferenda, ut nihil aliud nisi docere velle videamur; reliquae duae, sicuti sanguis in corporibus, sic illae in perpetuis orationibus fusae esse debebunt. Nam et principia et ceterae partes orationis,

---

1. *Nam ut* etc. Einl. II § 6.
2. *rem exponamus*, 312; I 90. 143; III 202.
6. *probandi et docendi*, die beiden Verba sind absichtlich gewählt, um damit auch hier, wie öfters, die eine Hauptfunktion den beiden andern gleich zu erwähnenden, dem conciliare und permovere, gegenüber zu stellen. Zunächst handelt es sich, wie die gleich folgenden Worte *multa enim occurrunt argumenta* zeigen, um die collocatio argumentorum (also quae probandi causa dicenda sunt).
9. *eorum partim*, 91. 309.
13. *si ea tamen* sc. quanquam utilia sunt atque firma.
14. *saepe*, 115. 121. 128. 181.
17. *numerare* etc. 175. Or. 48 iudicium igitur adhibebit nec inveniet solum quid dicat, sed etiam *expendet*; — interdum ex illis locis aut *levia* quaedam aut causis aliena aut non utilia gignuntur, quorum ab oratoris iudicio delectus — adhibebitur. Or. part. 8 adhibebimus iudicium, ut levia semper eiciamus,
nonnumquam etiam communia praetermittamus et non necessaria. de off. II 79 non enim numero haec iudicantur, sed pondere.
18. *homines* (gewiß besser als *omnes*), 128. 178.
21. *videamur*, damit es den Anschein hat, als wollten wir ganz objektiv nur die Sache reden lassen, 129. 181.
22. *in perpetuis orationibus*, im ganzen Verlauf einer jeden Rede. Or. 126 quae (αὔξησις) — aequabiliter toto corpore orationis fusa esse debet.
23. *nam et principia et ceterae partes*. Dieser Satz steht zu dem folgenden *sed his partibus* in einem konzessiven Verhältnis u. wird dem Sinne nach in dem Konzessivsatz quanquam maxime proprius est locus — wieder aufgenommen, denn in exordiendo geht auf principia, in perorando auf ceterae partes orationis, unter denen die peroratio besonders hervorgehoben ist.
principia, die allerdings vorzugsweise das conciliare und permo-

de quibus paullo post pauca dicemus, habere hanc vim magno
opere debent, ut ad eorum mentes, apud quos agetur, moven-
das pertinere possint. Sed his partibus orationis, quae, etsi
nihil docent argumentando, persuadendo tamen et commovendo
proficiunt plurimum, quamquam maxime proprius est locus et
in exordiendo et in perorando, digredi tamen ab eo, quod proposueris atque agas, permovendorum animorum causa saepe
utile est. Itaque vel re narrata et exposita saepe datur ad
commovendos animos digrediendi locus, vel argumentis nostris
confirmatis vel contrariis refutatis vel utroque loco vel omnibus,
si habet eam causa dignitatem atque copiam, recte id fieri potest;
eaeque causae sunt ad augendum et ad ornandum gravissimae
atque plenissimae, quae plurimos exitus dant ad eiusmodi di-
gressionem, ut eis locis uti liceat, quibus animorum impetus
eorum, qui audiant, aut impellantur aut reflectantur. Atque
etiam in illo reprehendo eos, qui, quae minime firma sunt, ea
prima collocant. In quo illos quoque errare arbitror, qui, si
quando (id quod mihi numquam placuit) plures adhibent patro-

vere im Auge haben 311; Or. part.
4; 27. — *ceterae* und unter diesen
wieder vorzugsweise die peroratio
311; Or. part. 14; 27.
   1. *paullo post* von c. 78 an.
   2. *mentes*, den Willen, 185.
   3. *pertinere* in der Bedeutung sich
erstrecken, Bezug, Geltung haben,
dann auch wesentlich sein, zu gute
kommen; die Präp. ad bezeichnet
das zu fördernde Ziel, s. C. F. W.
Müller zu de off. I 31; vgl. oben
141. Ganz ähnlich: haec oratio mea
ad infirmandum foedus Gaditanorum
pertinet p. Balb. 31 und Fam. XI
6, 3 quae ad tuam dignitatem augen-
dam pertinebunt.
   his partibus, für diese Partieen
oder Seiten der Rede, also nicht
in dem Sinne, wie kurz vorher
principia et ceterae partes orationis.
   4. *persuadendo*, hier gleichbedeutend mit conciliando.
   6. *digredi*, so; Einl. II § 6, 43.
Or. part. 14 et in reliqua oratione
paullulum digrediens de cursu dicendi utitur (sc. perorationis praeceptis, quae ad incitandos animos
valent) et vehementius in perorando;
ebd. 52. 128.
   ab eo quod proposueris vom eigentlichen Thema, 147.
   10. *confirmatis*, Or. part. 52 augendi

autem et hic est proprius locus in
perorando et in cursu ipso declina-
tiones ad amplificandum dantur,
confirmata re aliqua aut reprehensa.
   11. *dignitatem*, Wichtigkeit, 205.
   12. *ad augendum et ad ornandum*,
nicht etwa agendum, wie so alii
iubent, antequam peroretur, ornandi
aut augendi causa digredi deutlich
zeigt. I 94 qui mirabilius et magnificentius augere posset atque ornare.
Or. part. 52.
   13. *plenus* vollwertig.
   exitus Ausgangspunkte = loci,
unde exire potest orator ad, etwa
unser: Auswege, Gelegenheiten.
   14. *locis*, 291.
   15. *Atque etiam* — ferner auch
tadle ich *in illo* in Rücksicht der
collocatio — *in quo* nämlich in dem
quae minime firma sunt ea prima
collocant. Dahin gehört nämlich
auch, von mehreren Verteidigern
den unbedeutendsten zuerst auftreten zu lassen.
   16. *firmus* ohne Anstoß, unbedenklich; 314.
   18. *plures patronos*, I 229 f. Brut.
207 quod nunc fit, ut causae singulae
defenderentur a pluribus, quo nihil
est vitiosius. Die Zahl steigerte
sich von 4 oder höchstens 6 später
bis auf 12.

nos, ut in quoque eorum minimum putant esse, ita eum primum volunt dicere. Res enim hoc postulat, ut eorum exspectationi, qui audiunt, quam celerrime occurratur; cui si initio satisfactum non sit, multo plus sit in reliqua causa laborandum. Male enim se res habet, quae non statim, ut dici coepta est, melior fieri videtur. Ergo ut in oratore optimus 314 quisque, sic in oratione firmissimum quodque sit primum; dum illud tamen in utroque teneatur, ut ea, quae excellent, serventur etiam ad perorandum; si qua erunt mediocria (nam vitiosis nusquam esse oportet locum) in mediam turbam atque in gregem coniciantur. Hisce omnibus rebus consideratis, tum 315 denique id, quod primum est dicendum, postremum soleo cogitare, quo utar exordio. Nam si quando id primum invenire volui, nullum mihi occurrit nisi aut exile aut nugatorium aut vulgare atque commune.

 Principia autem dicendi semper cum accurata et acuta 78 et instructa sententiis, apta verbis, tum vero causarum propria esse debent. Prima est enim quasi cognitio et commendatio orationis in principio, quaeque continuo eum, qui audit, permulcere atque adlicere debet. In quo admirari soleo non equidem 316

---

1. *in quoque* in jeglicher Hinsicht, zu minimum.

3. *occuratur*, bei Substantiven, die einen Begriff des Schädigens enthalten oder enthalten können (hier exspectatio getäuschte Erwartung, Befürchtung, wie p. Cluent. 63) heißt occurrere: 'in guter, heilender Absicht begegnen, entgegenkommen, heilen, abhelfen'.

4. *sit, ἂν εἴη.* 179.

6. *in oratore* — der Sing. ist absichtlich gewählt, um so den Gegensatz von Person und Sache (orator — oratio, quisque — quodque) auch durch die Gleichheit des Numerus hervorzuheben: 'wie es sich hinsichtlich des Redners verhält, daß allemal die tüchtigste Persönlichkeit voran muß, so' etc. I 144.

7. *firmissimum,* 313. ad Her. III 18 firmissimas argumentationes in primis et in postremis causae partibus collocare.

8. *serventur* — wie die Triarier.

10. *in mediam turbam,* wo sie von den andern gedeckt sind, wie der schlachtenkundige Nestor (πάλαι πολέμων εὖ εἰδώς) κακοὺς δ' ἐς

μέσσον ἔλασσεν Hom. Il. IV. 299. Vgl. Einl. I § 11. 112.

11. *tum denique,* 146.

13. *quo utar exordio* ist Epexegese zu id quod primum dicendum est.

15. *vulgare,* ad Her. I 11 vitiosum exordium est, quod in plures causas potest adcommodari, quod *vulgare* dicitur; item vitiosum est, quo nihilo minus adversarius potest uti, quod *commune* appellatur. de inv. I 26 über die vitia exordiorum.

16. *Principia* etc. Or. 124 principia verecunda, *nondum elatis incensa verbis,* sed *acuta sententiis* vel ad offensionem adversarii vel ad commendationem sui. Quint. IV 1, 58 ne quod insolens verbum, *ne audacius translatum,* ne aut ab obsoleta vetustate aut poetica licentia sumptum in principio deprehendatur; *nondum enim recepti* sumus et custodit nos recens audientium intentio.

17. *apta verbis* 56.

causarum propria, also möglichst sachlich, konkret, III 106.

20. *admirari* sich verwundern in tadelndem Sinn. I 237; II 12.

istos, qui nullam huic rei operam dederunt, sed hominem in primis disertum atque eruditum, Philippum, qui ita solet surgere ad dicendum, ut, quod primum verbum habiturus sit, nesciat; et ait idem, cum bracchium concalefecerit, tum se solere pugnare; neque attendit eos ipsos, unde hoc simile ducat, primas illas hastas ita iactare leniter, ut et venustati vel maxime serviant et reliquis viribus suis consulant. Nec est dubium, quin exordium dicendi vehemens et pugnax non saepe esse debeat; sed si in ipso illo gladiatorio vitae certamine, quo ferro decernitur, tamen ante congressum multa fiunt, quae non ad vulnus, sed ad speciem valere videantur: quanto hoc magis in oratione est spectandum, in qua non vis potius quam delectatio postulatur! Nihil est denique in natura rerum omnium, quod se universum profundat et quod totum repente evolet; sic omnia, quae fiunt quaeque aguntur acerrime, lenioribus principiis natura ipsa praetexuit. Haec autem in dicendo non extrinsecus alicunde quaerenda, sed ex ipsis visce-

---

1. *qui nullam* etc. die gewöhnlichen Routiniers.

hominem disertum — Philippum einen so bedeutenden und gebildeten Redner wie Ph., (Brut. 173) und doch tritt dieser auf ohne an einen passenden Eingang nur zu denken. Was aber die seinem heftigen Charakter (III 4) entsprechende Ausrede betrifft, er nehme, wenn er warm geworden, auch die arma decretoria zum wirklichen Kampfe zur Hand, wie die Gladiatoren (325), so könnten ihm gerade diese Gladiatoren zum Muster dienen, die sich nicht gleich zum Kampfe erhitzen, sondern erst ihre Kunst bewundern lassen und sich eben mittelst der prolusio gleichsam in Schwung bringen.

8. *non saepe*, während es bei Ph. immer oder doch in der Regel vehemens et pugnax war.

11. *species* das Aussehen, die Schaustellung, hier etwa = Parade.

12. *in oratione*, dem Redekampf.

vis, hier physische Kraft und dann *delectatio* geistiger Genuß.

non potius quam, 126. Div. in Caec. 5 haec accusatio mea non potius accusatio quam defensio est existimanda. Andere Hs. haben: sed.

13. *Nihil est* etc. Ähnlich Brut. 71 nihil est enim simul et inventum et perfectum.

denique — der letzte Grund für den präparatorischen Charakter des prooem. wird von dem allgemeinen Naturgesetz allmählicher Entfaltung und Entwickelung entlehnt.

14. *se universum profundat*, gleichsam seinen ganzen Lebensinhalt in völliger Erschöpfung desselben auf einmal ausschütten, sich ausgeben.

totum repente evolet, ohne daß man etwas merkt, mit einem Schlage in seiner ganzen Fülle der Vollendung aus Licht trete. S. den krit. Anh.

15. *fiunt*, auf dem physischen Gebiete.

aguntur, auf dem Gebiete des freien Willens, also von Menschen.

acerrime — mit besonderer Energie und Lebendigkeit.

16. *praetexuit* — weislich vorbereitet (*prae* d. h. ehe das eigentliche Gewebe anfängt, dem es wie ein Saum vorgewebt ist).

17. *alicunde* — I 188 adhibita est igitur ars quaedam extrinsecus ex alio genere quodam. Andere lesen: aliunde.

ex ipsis visceribus, aus dem innersten Herzen. Vgl. III 106 in — nervis. Phil. I 36 in medullis pop. Rom. ac visceribus. Nägelsbach Stil.[6] § 128, 4, S. 385 f.

ribus causae sumenda sunt. Idcirco tota causa pertemptata atque perspecta, locis omnibus inventis atque instructis considerandum est, quo principio sit utendum; sic et facile reperientur, sumentur enim ex eis rebus, quae erunt uberrimae vel in argumentis vel in eis partibus, ad quas dixi digredi saepe oportere, [Ita] et momenti aliquid adferent, cum erunt paene ex intima defensione deprompta, et apparebit ea non modo non esse communia nec in alias causas posse transferri, sed penitus ex ea causa, quae [tum] agatur, effloruisse.

Omne autem principium aut rei totius, quae agetur, significationem habere debebit aut aditum ad causam et munitionem aut quoddam ornamentum et dignitatem. Sed oportet, ut aedibus ac templis vestibula et aditus, sic causis principia pro portione rerum praeponere. Itaque in parvis atque in frequentibus causis ab ipsa re est exordiri saepe commodius. Sed cum erit utendum principio, quod plerumque erit, aut ex reo aut ex adversario aut ex re aut ex eis, apud quos agetur, sententias duci licebit. Ex reo (reos appello, quorum res est), quae significent bonum virum, quae liberalem, quae calamitosum, quae misericordia dignum, quae valeant contra falsam criminationem; ex adversario eisdem ex locis fere contraria; ex re, si crudelis, si nefanda, si praeter opinionem, si immerita, si misera, si ingrata, si indigna, si nova, si quae restitui sanarique non possit; ex eis autem, apud quos agetur,

ut benevolos beneque existimantes efficiamus, quod agendo
efficitur melius quam rogando. Est id quidem in totam orationem confundendum nec minime in extremam; sed tamen multa
principia ex eo genere gignuntur. Nam et attentum monent
Graeci ut principio faciamus iudicem et docilem; quae sunt
utilia, sed non principii magis propria quam reliquarum partium; faciliora etiam in principiis, quod et attenti tum maxime
sunt, cum omnia exspectant, et dociles magis in initiis esse
possunt. Illustriora enim sunt, quae in principiis quam quae
in mediis causis dicuntur aut arguendo aut refellendo. Maxima
autem copia principiorum ad iudicem aut adliciendum aut
incitandum ex eis locis trahetur, qui ad motus animorum conficiendos inerunt in causa; quos tamen totos explicari in principio non oportebit, sed tantum impelli iudicem primo leviter,
ut iam inclinato reliqua incumbat oratio. Connexum autem
ita sit principium consequenti orationi, ut non tamquam citharoedi prooemium adfictum aliquod, sed cohaerens cum omni
corpore membrum esse videatur. Nam nonnulli, cum illud
meditati ediderunt, sic ad reliqua transeunt, ut audientiam
fieri sibi velle non videantur. Atque eiusmodi illa prolusio
debet esse, non ut Samnitium, qui vibrant hastas ante pugnam,
quibus in pugnando nihil utuntur, sed ut ipsis sententiis,
quibus proluserint, vel pugnare possint.

Narrare vero rem quod breviter iubent, si brevitas ap-

1. *agendo* sc. causam.
2. *in totam orationem*, Arist. rhet. III 14 ἔτι τὸ προσεκτικοὺς ποιεῖν πάντων τῶν μερῶν κοινόν, ἐὰν δέῃ. πανταχοῦ γὰρ ἀνιᾶσι μᾶλλον ἢ ἀρχόμενοι. διὸ γελοῖον ἐν ἀρχῇ τάττειν ὅτε μάλιστα πάντες προσέχοντες ἀκροῶνται. s. oben 83.
4. *attentum*, Einl. II § 7.
7. *faciliora etiam* enthält einen weiteren Grund, warum die betreffende rhet. Vorschrift hinsichtlich des exord. mit Unrecht gerade für dieses aufgestellt ist: 1) sie sind für die anderen Theile der Rede eben so wesentlich; 2) sie sind ferner hier im Anfang leichter zu beobachten (und also verhältnismäßig nicht so wichtig, vgl. 329), als weiterhin, wo die Aufmerksamkeit und Empfänglichkeit nachläßt.
8. *in initiis*, ἐν ἀρχαῖς, bei den Redeanfängen, d. h. wenn d. Redner zu sprechen anfangen, um des Nachdrucks willen nach in principiis noch einmal wiederholt.
9. *Illustriora*, mehr leuchtet hervor, vgl. oben 320 die zu ornamentum angeführte Stelle.
15. *iam inclinato incumbat* 157. Nägelsbach Stil. § 128. S. 381.
17. *adfictum* — äußerlich und ohne inneren Zusammenhang mit dem eigentlichen musikalischen Vortrag.
19. *meditati*, das sie sorgfältig vorher eingeübt; denn dies Präludium war ihnen die Hauptsache.
ediderunt, zum Besten gegeben, vorgetragen.
audientiam, Cat. mai. 28 facitque persaepe ipsa sibi audientiam diserti senis compta et mitis oratio.
24. *Narrare*, Einl. II § 8.
breviter, Arist. rhet. III 16 νῦν δὲ γελοίως τὴν διήγησίν φασι δεῖν εἶναι ταχεῖαν — δεῖ γὰρ μὴ μακρῶς διηγεῖσθαι ὥσπερ οὐδὲ προοιμιάζεσθαι μακρῶς, οὐδὲ τὰς πίστεις λέγειν· οὐδὲ γὰρ ἐνταῦθά ἐστι τὸ

pellanda est, cum verbum nullum redundat, brevis est L. Crassi oratio; sin tum est brevitas, cum tantum verborum est, quantum necesse est, aliquando id opus est; sed saepe obest vel maxime in narrando, non solum quod obscuritatem adfert, sed etiam quod eam virtutem, quae narrationis est maxima, ut iucunda et ad persuadendum accommodata sit, tollit. Velut illa:

  Nam is póstquam excessit éx ephebis....

quam longa est narratio! Mores adulescentis ipsius et servilis 327 percontatio, mors Chrysidis, vultus et forma et lamentatio sororis, reliqua pervarie iucundeque narrantur. Quodsi hanc brevitatem quaesisset:

  Effértur, imus, ád sepulcrum vénimus,
  In ígni positast,

fere decem versiculis totum conficere potuisset; quamquam hoc ipsum 'Effertur, imus,' concisum est ita, ut non brevitati servitum sit, sed magis venustati. Quodsi nihil fuisset, 328 nisi: 'In igni positast', tamen res tota cognosci facile potuisset. Sed et festivitatem habet narratio distincta personis et

εὖ ἢ τὸ ταχὺ ἢ τὸ συντόμως, ἀλλὰ τὸ μετρίως. τοῦτο δ' ἐστὶ τὸ λέγειν ὅσα δηλώσει τὸ πρᾶγμα, ἢ ὅσα ποιήσει ὑπολαβεῖν γεγονέναι. Brut. 50 brevitas autem laus est interdum in aliqua parte dicendi, in universa eloquentia laudem non habet.

1. *L. Crassi oratio* — die nach dem abstrakt-rhetorischen Maßstab schwerlich dafür gelten würde. Einl. I 10, 76.

3. *opus est*. Vgl. 43.

4. *obscuritatem*, Hor. A. P. 25 f. brevis esse laboro, obscurus fio.

6. *Velut illa* — wie z. B. gleich jene, die doch als anerkanntes Muster einer Erzählung gilt, wie denn Cic. bereits in seiner Jugendschrift dies Beispiel wiederholt anführt, de inv. I 27; 33. de inv. I 51 velut apud Socraticum Aeschinem demonstrat Socrates. in Verr. IV 43, 95 numquam tam male est Siculis, quin aliquid facete et commode dicant: velut in hac re aiebant. S. d. krit. Anh.

7. *Nam is* etc. aus Terentii Andria I 1, 24. Der alte Simo beginnt mit den Worten dem Sklaven Sosia seinen Sohn Pamphilus zu schildern, um dann auf die gegenwärtige Situation desselben überzugehen.

excessit ex ephebis nach dem griech. ἐκ παίδων, ἐφήβων ἐξέρχεσθαι, Xen. Cyr. I 2, 9 und 13. p. Arch. 4 ut primum ex pueris excessit Archias.

8. *servilis percontatio* sc. Sosiae (328). Nägelsbach Stil. § 20, S. 64.

9. *Chrysidis*, nam Andriae (sc. quae ex Andro commigravit Romam) id erat nomen.

10. *sororis*, der Schwester der Chrysis, der Geliebten des Pamphilus.

12. *Effertur*, 225. Ter. Andr. I 1, 90, 101 ff. die Schilderung des Leichenbegängnisses der Chrysis.

13. *in igni*, s. d. krit. Anh.

15. *ita*, 159.

18. *festivitatem*, Lebendigkeit, 227. Vgl. de inv. I 27 illa narratio quae versatur in personis eiusmodi est, ut in ea simul cum rebus ipsis personarum sermones et animi perspici possint. Hoc in genere multa inesse debet festivitas, confecta ex rerum varietate e. q. s. Daß festivitas hier fast die Bedeutung eines terminus technicus habe, geht auch aus ad Heren. I 8, 13 hervor.

distincta personis, die vielen Per-

interpuncta sermonibus, et est et probabilius, quod gestum esse
dicas, cum quemadmodum actum sit exponas, et multo apertius ad intellegendum est, si constituitur aliquando ac non
ista brevitate percurritur. Apertam enim narrationem tam
esse oportet quam cetera; sed hoc magis in hac elaborandum
est, quod et difficilius est non esse obscurum in re narranda
quam aut in principio aut in argumentando aut in perorando;
ut maiore etiam periculo haec pars orationis obscura est
quam ceterae, vel quia, si quo alio in loco est dictum quid
obscurius, tantum id perit, quod ita dictum est, narratio obscura totam obcaecat orationem; vel quod alia possis, semel
si obscurius dixeris, dicere alio loco planius, narrationis unus
est in causa locus. Erit autem perspicua narratio, si verbis
usitatis, si ordine temporum conservato, si non interrupte
narrabitur.

Sed quando utendum sit aut non sit narratione, id est
consilii. Neque enim si nota res est nec dubium quid gestum
sit, narrare oportet, nec si adversarius narravit, nisi si refellemus. Ac si quando erit narrandum, nec illa, quae suspitionem
et crimen efficient contraque nos erunt, acriter persequemur et
quidquid potuerit detrahemus, ne illud, quod Crassus, si quando
fiat, perfidia, non stultitia fieri putat, ut causae noceamus,
accidat. Nam ad summam totius causae pertinet, caute an
contra demonstrata res sit, quod omnis orationis reliquae fons
est narratio.

Sequitur, ut causa ponatur, in quo videndum est, quid
in controversiam veniat.

---

sonen, die in der Erzählung des Simo vorgekommen: Pamphilus u. dessen Kameraden, Chrysis, die Schwester, dazwischen Chremes, der Simos Sohn zum Schwiegersohn begehrt, geben der Erzählung die nötige Mannigfaltigkeit.

1. *interpuncta sermonibus*, insofern die Erzählung durch die Zwischenreden des Sosia unterbrochen wird; durch die dialogische Form verliert sie das Eintönige.

probabilius, die narratio aber soll nach den rhetorischen Vorschriften probabilis sein.

3. *constituitur* haben die Hss, dann ist quod gestum esse dicas Subjekt; der erzählte Vorfall wird klarer, wenn er einmal in seinem Fortgang angehalten wird, sodaß man dann von den erreichten Ruhepunkten weiter geht, als wenn er in Eile durchflogen wird. — (Andere lesen nach Lambins Vermutung: consistitur.)

4. *Apertam*, nach der rhet. Forderung der σαφήνεια.

7. *in argumentando*, wo man streng zu beweisen hat 311, s. den krit. Anhang.

13. *perspicua* oder dilucida, nach der dritten Forderung, die an die narratio gestellt wurde.

16. *sed quando* —. Vgl. oben 320 die ähnliche Vorschrift rücksichtlich der principia.

21. *illud quod* etc. 207. 305.

24. *demonstrata*, dargelegt (narrata) wie I 143.

26. *ut causa ponatur*, die Stellung des Themas (I 149) oder des eigentlichen Streitpunkts (I 139) Einl. II § 6, 30. Das hierher Gehörige ist schon teils bei der Darstellung

Tum suggerenda sunt firmamenta causae coniuncte et infirmandis contrariis et tuis confirmandis. Namque una in causis ratio quaedam est eius orationis, quae ad probandam argumentationem valet. Ea autem et confirmationem et reprehensionem quaerit; sed quia neque reprehendi, quae contra dicuntur, possunt, nisi tua confirmes, neque haec confirmari, nisi illa reprehendas, idcirco haec et natura et utilitate et tractatione coniuncta sunt.

Omnia autem concludenda plerumque rebus augendis vel inflammando iudice vel mitigando; omniaque cum superioribus orationis locis tum maxime extremo ad mentes iudicum quam maxime permovendas et ad utilitatem nostram vocandas conferenda sunt.

Neque sane iam causa videtur esse cur secernamus ea praecepta, quae de suasionibus tradenda sunt aut de laudationibus. Sunt enim pleraque communia; sed tamen suadere aliquid aut dissuadere gravissimae mihi personae videtur

der status causae (132 ff.), teils bei der oben gegebenenTopik (163 ff.) vorgekommen; daher hier nur der Vollständigkeit wegen die kurze Notiz.

1. *suggerenda*, an die Hand geben, 117 nämlich dem, der sich zum Reden vorbereitet.
firmamenta causae etc., Einl. II § 6, 41.
coniuncte — denn Begründung der eigenen Behauptung u. Widerlegung der gegnerischen sind nur die beiden unzertrennlichen Seiten der einen argumentatio. de inv. I 97 ex qua conficiat aliquid confirmationis aut reprehensionis — argumentando.
infirmandis, Or. part. 122 in confirmandis autem nostris argumentationibus infirmandisque contrariis.
2. *Namque* begründet die coniuncte suggerenda sunt: der Teil der rednerischen Darstellung, welcher darauf gerichtet ist, der Beweisführung Anerkennung zu verschaffen, verfolgt eigentlich nur ein Ziel (hat nur eine Tendenz), wenn er auch sowohl auf conf. als auch auf repr. ausgeht.
3. *ratio*, 185.
4. *confirmationem* etc. Or. part. 33 quae quidem (sc. ea quae ad faciendam fidem pertinent) in confirmationem et in reprehensionem dividuntur, ebd. 44; 120.

et, und 'demgemäß auch'.
reprehensio, sonst refutatio, wie reprehendere nach II 215 = refutare.
9. *augendis*, als allgemeine Bezeichnung des besonders gesteigerten Ausdrucks u. als solche auch die μείωσις mit umfassend (daher mitigando). Einl. II § 11. ἐπίλογός ἐστιν ὁ ἐπὶ τοῖς ἀποδεδειγμένοις λόγοις λεγόμενος πρὸς αὔξησιν ἢ ὀργήν, ἢ περὶ τὸν δικαστὴν ἢ τὸν ἐναντίον, ἤτοι πρὸς ἀνάμνησιν ὅπερ ἀνακεφαλαίωσιν καλοῦμεν. Spengel rhet. Gr. T. I p. 470, Arist. rhet. III 19 ὁ ἐπίλογος σύγκειται — ἐκ τοῦ αὐξῆσαι καὶ ταπεινῶσαι. — Vgl. 278; I 143. Das inflammare und mitigare iudicem geschieht durch das Mittel des augere res.
14. Anhang: Von dem *genus deliberativum* und *demonstrativum* insbesondere c. 81, 333— 85, 349.
iam, nun weiter; denn das käme meist nur auf eine Wiederholung hinaus: indessen (sed tamen) einiges verdient doch im Besondern als jedem der beiden gen. eigentümlich hervorgehoben zu werden; so erstens hinsichtlich des genus deliberativum.
17. *gravissimae personae*, 'dazu gehört eine Persönlichkeit von Gewicht, Einfluß'. Davon daß, um

esse. Nam et sapientis est consilium explicare suum de maximis rebus et honesti et diserti, ut mente providere, auctoritate
probare, oratione persuadere possis.

82   Atque haec in senatu minore apparatu agenda sunt;
sapiens enim est consilium multisque aliis dicendi relinquendus
334 locus; vitanda etiam ingenii ostentationis suspitio. Contio capit
omnem vim orationis et gravitatem varietatemque desiderat.
Ergo in suadendo nihil est optabilius quam dignitas; nam
qui utilitatem putat, non quid maxime velit suasor, sed quid
interdum magis sequatur videt. Nemo est enim, praesertim
in tam clara civitate, quin putet expetendam maxime dignitatem; sed vincit utilitas plerumque, cum subest ille timor,
335 ea neglecta ne dignitatem quidem posse retineri. Controversia autem inter hominum sententias aut in illo est, utrum
sit utilius; aut etiam, cum id convenit, certatur, utrum ho-
nestati potius an utilitati consulendum sit. Quae quia pugnare
inter se saepe videntur, qui utilitatem defendit, enumerabit
commoda pacis, opum, potentiae, vectigalium, praesidii militum, ceterarum rerum, quarum fructum utilitate metimur,
itemque incommoda contrariorum; qui ad dignitatem impellit,
maiorum exempla, quae erunt vel cum periculo gloriosa,

im g. del. auftreten zu können, der Natur der Sache nach vor allem Einsicht, Ehrenhaftigkeit des Charakters und Redegewandtheit nötig sei (was Cic. den A. mit richtigem Takt als die Hauptsache voranstellen läßt), davon war in den gewöhnlichen Lehrbüchern der Schulrhetoriker keine Rede.

1. *consilium*, gesetzgebende Versammlung, Behörde 165, III 2.

6. *Contio*, anders ist es auf dem zweiten Gebiete des genus deliberativum, auf dem der Volksrede.

capit, verträgt; der Nachdruck liegt auf omnem. Or. part. 77 altitudo animi in capiendis incommodis et maxime iniuriis.

8. *Ergo*, im Übergang zu den Vorschriften über das gen. delib. überhaupt, 'Um also zur Sache zu kommen'; III 37. Seyffert sch. lat. I p. 13.

in suadendo, Gutachten abgeben.

dignitas, die Ehre, die das höchste Motiv sein muß, 207.

nam qui utilitatem [maxime optabilem] *putat, non quid maxime velit suasor* [suasoris munus]. Die Annahme, daß der Vorteil in sua-

dendo als höchstes Motiv geltend gemacht werden müsse, verwechselt das, was der suasor stets an sich als den absolut höchsten Gesichtspunkt im Auge haben muß, mit dem, was er unter Umständen zuweilen einmal r e l a t i v mehr beachten mag. maxime velit und interdum magis sequatur bilden scharfe Gegensätze.

12. *sed vincit* etc., darin liegt aber der Grund, warum der suasor zuweilen mehr dem Vorteil nachgeht.

vincit, behält die Oberhand, de off. III 19 vicit ergo utilitas honestatem? immo vero honestas utilitatem secuta est.

13. *Controversia*, de off. III 19 si quando cum illo quod honestum intellegimus, pugnare id videbitur, quod appellamus utile.

16. *utilitati* etc., nach dem Grundsatz de off. III 20 quidquid honestum est, idem utile u. nec utile quidquam, quod non honestum.

18. *praesidii militum*; praesidium militum: militärisches Macht- und Schutzmittel.

colliget, posteritatis immortalem memoriam augebit; utilitatem ex laude nasci defendet semperque eam cum dignitate esse coniunctam. Sed quid fieri possit aut non possit quidque etiam sit necesse aut non sit, in utraque re maxime est quaerendum. Inciditur enim omnis iam deliberatio, si intellegitur non posse fieri aut si necessitas adfertur; et qui id docuit non videntibus aliis, is plurimum vidit. Ad consilium autem de re publica dandum caput est nosse rem publicam; ad dicendum vero probabiliter nosse mores civitatis, qui quia crebro mutantur, genus quoque orationis est saepe mutandum. Et quamquam una fere vis est eloquentiae, tamen quia summa dignitas est populi, gravissima causa rei publicae, maximi motus multitudinis, genus quoque dicendi grandius quoddam et illustrius esse adhibendum videtur; maximaque pars orationis admovenda est ad animorum motus nonnumquam aut cohortatione aut commemoratione aliqua, aut in spem aut in metum aut ad cupiditatem aut ad gloriam concitandos, saepe etiam a temeritate iracundia spe, iniuria invidia, crudelitate revocandos. Fit autem, ut, quia maxima quasi oratoris scena videtur contio esse, natura ipsa ad ornatius dicendi genus excitemur. Habet enim multitudo vim quandam talem, ut, quemadmodum tibicen sine tibiis canere, sic orator nisi multitudine audiente eloquens esse non possit. Et cum sint populares multi variique lapsus, vitanda est acclamatio adversa populi; quae aut orationis peccato aliquo

---

3. *Sed quid* etc. Part. or. 83 Est igitur in deliberando finis utilitas, ad quem omnia ita referuntur in consilio dando sententiaque dicenda, ut illa prima sint suasori aut dissuasori videnda, quid aut possit fieri aut non possit et quid aut necesse sit aut non necesse. Nam et, si quid effici non potest, deliberatio tollitur, quamvis utile sit, et, si quid necesse est — necesse autem id est, sine quo salvi liberive esse non possumus —, id est reliquis et honestatibus in civili ratione et commodis anteponendum. Arist. rhet. I 4 (p. 13 Sp.) ὅσα δὲ ἐξ ἀνάγκης ἢ ἔστιν ἢ ἔσται ἢ ἀδύνατον εἶναι ἢ γενέσθαι, περὶ δὲ τούτων οὐκ ἔστι συμβουλή.

6. *inciditur*, in einschneidender Weise stören, abthun. Or. part. 44 incidere (denn so muß gelesen werden, nicht *accidere*) autem oportet singula, sic universa frangentur.

8. *caput* etc. Arist. rhet. I 8, 1 μέγιστον δὲ καὶ κυριώτατον ἁπάντων πρὸς τὸ δύνασθαι πείθειν καὶ καλῶς συμβουλεύειν τὰς πολιτείας ἁπάσας λαβεῖν καὶ τὰ ἑκάστης ἔθη καὶ νόμιμα καὶ συμφέροντα διελεῖν· πείθονται γὰρ ἅπαντες τῷ συμφέροντι, συμφέρει δὲ τὸ σῶζον τὴν πολιτείαν.

19. *contio esse* = maxima oratoris scena est scena contionis. Lael. 97 Quodsi in scena, id est in contione, in qua rebus fictis et adumbratis loci plurimum est, tamen verum valet etc.

21. *sine tibiis* etc. Ähnlich ist das Bild (nur in einer andern Beziehung gebraucht) Brut. 192 ego vero — si a corona relictus sim, non queam dicere. — Ut si tibiae inflatae non referant sonum, abiciendas eas sibi tibicen putet, sic oratori populi aures tamquam tibiae sunt.

23. *populares lapsus*, Gelegenheiten zum Straucheln in der Öffentlichkeit, Erschüttertsein d. Popularität.

24. *aut orationis peccato* dem ent-

excitatur, si aspere, si adroganter, si turpiter, si sordide, si quo animi vitio dictum esse aliquid videtur, aut hominum offensione vel invidia, quae aut iusta est aut ex criminatione atque fama, aut res si displicet, aut si est in aliquo motu suae cupiditatis aut metus multitudo. His quattuor causis totidem medicinae opponuntur: tum obiurgatio, si est auctoritas; tum admonitio quasi lenior obiurgatio; tum promissio, si audierint, probaturos; tum deprecatio, quod est infirmum, sed nonnumquam utile. Nullo autem loco plus facetiae prosunt et celeritas et breve aliquod dictum nec sine dignitate et cum lepore; nihil enim tam facile quam multitudo a tristitia et saepe ab acerbitate commode et breviter et acute et hilare dicto deducitur.

Exposui fere, ut potui, vobis in utroque genere causarum quae sequi solerem, quae fugere, quae spectare, quaque omnino in causis ratione versari. Nec illud tertium laudationum genus est difficile, quod ego initio quasi a praeceptis nostris secreveram; sed et quia multa sunt orationum genera et graviora et maioris copiae, de quibus nemo fere praeciperet, et quod nos laudationibus non ita multum uti soleremus, totum hunc segregabam locum. Ipsi enim Graeci magis legendi et delectationis aut hominis alicuius ornandi quam utilitatis huius forensis causa laudationes scriptitaverunt; quorum sunt libri, quibus Themistocles, Aristides, Agesilaus, Epaminondas, Philippus, Alexander aliique laudantur; nostrae laudationes, quibus in foro utimur, aut testimonii brevitatem habent nudam atque

---

sprechen im Folgenden aut hominum offensione vel invidia, aut res si displicet, aut si est in aliquo motu — multitudo.

7. *promissio* sc. opponitur — promittitur; doch findet sich d. Acc. c. Inf. auch bei Cic. hin und wieder von einem bloßen Subst. abhängig. Cfr. 7.

8. *probaturos*, das allgemeine Subjekt (man) ist aus si audierint zu entnehmen. Oder es ist ipsos hinter probaturos ausgefallen.

infirmum ein schwaches Mittel, hominis infirmi, im Gegensatz zu dem Voraufgehenden si est auctoritas.

9. *celeritas* Schlagfertigkeit I 17; II 220.

13. *in utroque genere*, dem iudiciale und deliberativum.

16. *initio* 47.

17. *quia*, der erste Grund ist eine rein äußerliche Thatsache (quia sunt) *de quibus praeciperet*, et quod

— *soleremus*. A. führt die Gründe an, die ihn damals, als er diesen Punkt ausschied, bestimmten; also der Konj. zum Ausdruck von Gedanken oder Äußerungen, die der Redende selbst zu einer früheren Zeit hatte oder machte.

25. *testimonii brevitatem*. Es ist wohl nicht an Zeugenaussagen vor Gericht, wie oben 48. zu denken, sondern an lobende Erwähnungen, ehrende Berufungen auf bekannte Personen als Stützen des eigenen Votums, Empfehlungen, wie sie zunächst bei Abstimmungen im Senate, dann auch bei allgemeiner, öffentlicher Thätigkeit vorkamen. Offenbar ist z. B. is qui scribendo adfuit, d. h. der für die Formulierung des Sitzungsprotokolls und des Beschlusses selbst thätig gewesen ist und diese Thätigkeit durch seine Namensunterschrift beurkundet hat, als ein *testis* dieser auctoritas senatus u. s. w. aufzu-

DE ORATORE II 84, 312. 313.

inornatam aut scribuntur ad funebrem contionem, quae ad orationis laudem minime accommodata est. Sed tamen, quoniam est utendum aliquando, nonnumquam etiam scribendum, velut Q. Tuberoni Africanum avunculum laudanti scripsit C. Laelius, vel ut nosmet ipsi ornandi causa Graecorum more, si quos velimus, laudare possimus, sit a nobis quoque tractatus hic locus.

Perspicuum est igitur alia esse in homine optanda, alia 312 laudanda. Genus, forma, vires, opes, divitiae ceteraque, quae fortuna dat aut extrinsecus aut corpori, non habent in se veram laudem, quae deberi virtuti uni putatur; sed tamen, quod ipsa virtus in earum rerum usu ac moderatione maxime cernitur, tractanda in laudationibus etiam haec sunt naturae et fortunae bona; in quibus est summa laus: non extulisse se in potestate, non fuisse insolentem in pecunia, non se praetulisse aliis propter abundantiam fortunae, ut opes et copiae non superbiae videantur ac libidini, sed bonitati et moderationi facultatem et materiam dedisse. Virtus autem, quae est per se 313 ipsa laudabilis et sine qua nihil laudari potest, tamen habet plures partes, quarum alia est alia ad laudationem aptior. Sunt enim aliae virtutes, quae videntur in moribus hominum et quadam comitate ac beneficentia positae; aliae, in ingenii

---

fassen. Daraus leitet sich denn der Begriff *testimonium* in weiterem Sinne her, einmal in Bezug auf Personen = „lobende Erwähnung" irgend eines berühmten Bürgers unter Bezugnahme auf den vorliegenden Gegenstand, „ehrende Charakteristik" eines allgemein geachteten oder berühmten Bürgers, dann aber auch auf Sachen = lobende Charakteristik einer Handlungsweise, eines Votums einer That, z. B. aus der Vorzeit u. dgl.
1. *ad orationis laudem*, die zu den auszeichnenden Eigenschaften oder den Erfordernissen der eigentlichen Rede doch gar nicht stimmt.
4. *laudanti* — bei Scipios Leichenbegängnis.
5. *vel ut*, das dritte Motiv (quoniam utendum war das erste, nonnumquam etiam scr. das zweite).
8. *igitur*, Übergang zur tractatio des genus demonstrativum.
alia optanda alia laudanda, Gegensatz des relativ und absolut Guten.
10. *corpori* Vorzüge, die ... nur unserem Leibe, unserem 'äußeren Menschen' .. verleiht.
11. *virtuti uni*, Part. or. 71 ff. omnia enim sunt profecto laudanda, quae coniuncta cum virtute sunt et quae cum vitiis vituperanda.
12. *usu ac moderatione*, in der Anwendung und weisen Beherrschung (der Glücksgüter).
14. *fortunae bona* I 15. 45 f.
18. *Virtus*, Arist. Rhet. I 9 καλὸν μὲν οὖν ἐστιν ὃ ἂν δι' αὐτὸ αἱρετὸν ὂν ἐπαινετὸν ᾖ, ἢ ὃ ἂν ἀγαθὸν ὂν ἡδὺ ᾖ ὅτι ἀγαθόν· εἰ δὲ τοῦτό ἐστι τὸ καλόν, ἀνάγκη τὴν ἀρετὴν καλὸν εἶναι· ἀγαθὸν γὰρ ὂν ἐπαινετόν ἐστιν. Sall. Cat. 1, 4 nam divitiarum et formae gloria fluxa atque fragilis est, virtus clara aeternaque habetur.
20. *partes*, Arist. Rhet. ibid. μέρη δὲ ἀρετῆς δικαιοσύνη, ἀνδρία, σωφροσύνη, μεγαλοπρέπεια, μεγαλοψυχία, ἐλευθεριότης, πραότης, φρόνησις, σοφία, ἀνάγκη δὲ μεγίστας εἶναι ἀρετὰς τὰς τοῖς ἄλλοις χρησιμωτάτας, εἴπερ ἐστὶν ἡ ἀρετὴ δύναμις εὐεργετική.

aliqua facultate aut animi magnitudine ac robore. Nam clementia, iustitia, benignitas, fides, fortitudo in periculis communibus iucunda est auditu in laudationibus; omnes enim hae virtutes non tam ipsis, qui eas habent, quam generi hominum fructuosae putantur. Sapientia et magnitudo animi, qua omnes res humanae tenues ac pro nihilo putantur et in excogitando vis quaedam ingenii et ipsa eloquentia admirationis habent non minus, iucunditatis minus; ipsos enim magis videntur, quos laudamus, quam illos apud quos laudamus, ornare ac tueri. Sed tamen in laudando iungenda sunt etiam haec genera virtutum. Ferunt enim aures hominum, cum illa, quae iucunda et grata, tum etiam illa, quae mirabilia sunt in virtute, laudari. Et quoniam singularum virtutum sunt certa quaedam officia ac munera et sua cuique virtuti laus propria debetur, erit explicandum in laude iustitiae, quid cum fide, quid cum aequabilitate, quid cum eiusmodi aliquo officio is, qui laudabitur, fecerit. Itemque in ceteris res gestae ad cuiusque virtutis genus et vim et nomen accommodabuntur. Gratissima autem laus eorum factorum habetur, quae suscepta videntur a viris fortibus sine emolumento ac praemio; quae vero etiam cum labore et periculo ipsorum, haec habent uberrimam copiam ad laudandum, quod et dici ornatissime possunt et audiri facillime. Ea enim denique virtus esse videtur praestantis viri, quae est fructuosa aliis, ipsi autem laboriosa aut periculosa aut certe gratuita. Magna etiam illa laus et admirabilis videri solet tulisse casus sapienter adversos, non fractum esse fortuna, retinuisse in rebus asperis dignitatem. Neque tamen illa non ornant, habiti honores, decreta virtutis praemia, res gestae iudiciis hominum comprobatae; in quibus etiam felicitatem ipsam deorum immortalium iudicio tribui laudationis est. Sumendae autem res erunt aut magnitudine praestabiles aut novitate primae aut genere ipso singulares. Neque enim parvae neque usitatae neque vulgares admiratione aut omnino laude dignae videri solent. Est etiam cum ceteris praestantibus viris comparatio in laudatione praeclara. De quo genere libitum est mihi paullo plura, quam ostenderam, dicere, non tam propter usum forensem, qui est a me in omni hoc sermone tractatus, quam ut hoc videretis, si laudationes essent in oratoris officio, quod nemo negat,

---

15. *cum aequabilitate*: Rechtsgefühl.
16. *cum aliquo officio*, S. o. zu 17.
18. *accommodabuntur* Part. or. 82 tum quod quisque senserit, dixerit, gesserit ad ea, quae proposita sunt, virtutum genera accommodabuntur.
22. *facillime*, am liebsten.

23. *denique*, überhaupt erst, 146. 315.
27. *habiti honores*, Brut. 51 maximique huic laudi habiti honores illustre oratorum nomen reddiderunt.
36. *quam ostenderam*, als ich angedeutet, oder als ich vermuten ließ, da ja A. anfangs das gen. de-

oratori virtutum omnium cognitionem, sine qua laudatio effici non possit, esse necessariam. Iam vituperandi praecepta contrariis ex vitiis sumenda esse perspicuum est. Simul est illud ante oculos, nec bonum virum proprie et copiose laudari sine virtutum nec improbum notari ac vituperari sine vitiorum cognitione satis insignite atque aspere posse. Atque his locis et laudandi et vituperandi saepe nobis est utendum in omni genere causarum.

Habetis de inveniendis rebus disponendisque quid sentiam. Adiungam etiam de memoria, ut labore Crassum levem neque ei quidquam aliud, de quo disserat, relinquam nisi ea, quibus haec exornentur.

Perge vero, inquit CRASSUS. Libenter enim te cognitum iam artificem aliquandoque evolutum illis integumentis dissimulationis tuae nudatumque perspicio; et quod mihi nihil aut quod non multum relinquis, percommode facis estque mihi gratum.

Iam istuc quantum tibi ego reliquerim, inquit ANTONIUS, erit in tua potestate. Si enim vere agere volueris, omnia tibi relinquo; sin dissimulare, tu quemadmodum his satis facias, videris. Sed, ut ad rem redeam, non sum tanto ego, inquit, ingenio, quanto Themistocles fuit, ut oblivionis artem quam memoriae malim; gratiamque habeo Simonidi illi Ceo, quem primum ferunt artem memoriae protulisse. Dicunt enim, cum cenaret Craunone in Thessalia Simonides apud Scopam fortunatum hominem et nobilem cecinissetque id carmen, quod in eum scripsisset, in quo multi ornandi causa poëtarum more in Ca-

---

monst. fast ganz übergehen zu wollen erklärt hatte.

1. *virtutum cognitionem* — wieder im Anschluß an Aristoteles, Einl. I § 7, 38.

2. *possit* gegen die Norm statt posset. Der Satz sine omnium virtutum cognitione laudatio effici non potest ist ein allgemeiner, für alle Zeit gültiger. Cfr. III 67 Arcesilas ex sermonibus Socraticis hoc maxime adripuit, nihil esse certi quod aut sensibus aut animo percipi possit.

4. *proprie et copiose*, richtig und erschöpfend.

6. *insignite atque aspere*, eig. kenntlich, also treffend und scharf, 358.

9. C. Lehre von der *memoria* (Mnemonik) c. 85, 350—88, 360. Einl. II § 5, 33.

14. *artificem*, recht eigentlich Techniker in der Rhetorik, Theoretiker, wie artificium Theorie, 51, I 23; 93. 'Der sich bisher immer nur in der Maske des Praktikers zeigte, hat sich endlich als der schönste Theorienmacher entpuppt' (evolutus), scherzt Crassus.

dissimulationis, 4. 40. In der positiven Darstellung des Antonius (im II B.) lautete allerdings auch vieles anders, als da, wo er sich auf den Standpunkt der Opposition gegen Crassus zu stellen hatte, (vgl. 349 u. I 219).

19. *vere agere*, aufrichtig verfahren d. h. hier vollständig sein im Gegensatz von dissimulare (hinter dem Berge halten).

21. *videris*, 33.

22. *Themistocles*, 299.

27. *poëtarum more* — wie z. B. in Pindars Siegesgesängen.

storem scripta et Pollucem fuissent, nimis illum sordide Simonidi dixisse se dimidium eius, quod pactus esset, pro illo carmine daturum; reliquum a suis Tyndaridis, quos aeque laudasset, peteret, si ei videretur. Paullo post esse ferunt nuntiatum Simonidi, ut prodiret; iuvenes stare ad ianuam duo quosdam, qui cum magno opere evocarent; surrexisse illum, prodisse, vidisse neminem. Hoc interim spatio conclave illud, ubi epularetur Scopas, concidisse; ea ruina ipsum cum cognatis oppressum suis interisse. Quos cum humare vellent sui neque possent obtritos internoscere ullo modo, Simonides dicitur ex eo, quod meminisset quo eorum loco quisque cubuisset, demonstrator unius cuiusque sepeliendi fuisse. Hac tum re admonitus invenisse fertur ordinem esse maxime, qui memoriae lumen adferret. Itaque eis, qui hanc partem ingenii exercerent, locos esse capiendos et ea, quae memoria tenere vellent, effingenda animo atque in his locis collocanda; sic fore, ut ordinem rerum locorum ordo conservaret, res autem ipsas rerum effigies notaret atque ut locis pro cera, simulacris pro litteris uteremur.

Qui sit autem oratori memoriae fructus, quanta utilitas, quanta vis, quid me attinet dicere? Tenere, quae didiceris in accipienda causa, quae ipse cogitaris? omnes fixas esse in animo sententias? omnem descriptum verborum apparatum? ita audire vel eum, unde discas, vel eum, cui respondendum sit, ut illi non infundere in aures tuas orationem, sed in animo videantur inscribere? Itaque soli qui memoria vigent sciunt, quid et quatenus et quomodo dicturi sint, quid responderint, quid supersit; eidemque multa ex aliis causis aliquando a se acta, multa ab aliis audita meminerunt. Quare confiteor equidem

---

15. *effingenda*, in ein (entsprechendes) mnemonisches Bild fassen, das dann an den gleichsam leeren (unausgefüllten), schon vorher bestimmten Platz gestellt wird. Das ist noch immer das Wesentliche jedes so genannten mnemonischen Systems, an bekannte fest eingeprägte Örtlichkeiten, Gedächtnisörter, die (wie die Hauptplätze und hervorragendsten Gebäude der Stadt oder die Häuserreihe einer Straße oder die Zimmerfolge eines Hauses) in ihrer unveränderlichen Aufeinanderfolge stets gegenwärtig sind, in Gedanken gewisse Bilder und Zeichen als Träger der zu behaltenden Dinge anzuknüpfen, s. ind. Mnemonik.

18. *cera*, Part. or. 26 (memoria) est gemina litteraturae —; nam ut illa constat ex notis litterarum et ex eo, in quo imprimuntur illae notae, sic confectio memoriae tamquam cera locis utitur et in his imagines ut litteras collocat.

22. *accipienda*, aus den Mitteilungen des Clienten, 102.

27. *quid responderint*, was sie schon erwidert haben, nämlich auf die Einwürfe der Gegner. S. d. krit. Anh.

29. *Quare*, der Gedankengang ist: Daher hat die Mnemonik d. h. eine zweckmäßige Gedächtnisübung, wenn auch allerdings die memoria naturalis die Hauptsache ist, ihre wohlberechtigte Bedeutung. *quare confiteor* — steht zu verum tamen neque tam acri memoria

huius boni naturam esse principem, sicut earum rerum, de quibus ante locutus sum, omnium; sed haec ars tota dicendi, sive artis imago quaedam et similitudo est, habet hanc vim, non ut totum aliquid, cuius in ingeniis nostris pars nulla sit, pariat et procreet, verum ut ea, quae sunt orta iam in nobis et procreata, educet atque confirmet; verumtamen neque tam acri memoria fere quisquam est, ut, non dispositis notatisque rebus, ordinem verborum omnium aut sententiarum complectatur; neque vero tam hebeti, ut nihil hac consuetudine et exercitatione adiuvetur. Vidit enim hoc prudenter sive Simonides sive alius quis invenit, ea maxime animis adfigi nostris, quae essent a sensu tradita atque impressa; acerrimum autem ex omnibus nostris sensibus esse sensum videndi; quare facillime animo teneri posse ea, quae perciperentur auribus aut cogitatione, si etiam commendatione oculorum animis traderentur, ut res caecas et ab aspectus iudicio remotas conformatio quaedam et imago et figura ita notaret, ut ea, quae cogitando com-

quisquam est in einem concessiven Gedankenverhältnis. Die dazwischen liegenden Sätze: sicut earum rerum — sed haec ars tota dicendi ziehen nur eine Parallele zwischen dem Gedächtnis und den übrigen Gaben, die bei der Beredsamkeit in Betracht kommen. Auch sie werden durch die ars nicht erweckt, sondern nur gepflegt und gekräftigt.

1. *naturam — principem:* die Naturanlage, die Hauptsache.

2. *sive* stellt es dem Leser anheim, statt des Ausdrucks haec ars den Ausdruck artis imago zu substituieren, also haec ars vel artis imago, si artis imago est. De rep. I 29 ut mihi Platonis illud, seu quis dixit alius, perelegans esse videatur. Horat. C. III 4, 3 dic age tibia regina longum Calliope melos seu voce nunc mavis acuta = vel [dic voce acuta] si mavis voce acuta. Vgl. 357. Zur Sache vgl. I 109.

3. *artis imago,* I 109.

6. *educet,* nach demselben Bild wie 123; Or. 42 sed quod *educata* huius nutrimentis eloquentia ipsa se postea colorat et roborat.

11. *adfigi,* haften. Quint. XI 2, 18 In ea (domo) quidquid notabile est *animo* diligenter *adfigitur.* ibid. 41 nec est mirum, magis haerere animo quae diutius *affixa* sint.

12. *acerrimum,* III 170 sensus oculorum (Tusc. V 111). Indes ist Cic. wohl im Irrtum; nicht der schärfste der menschlichen Sinne ist das Gesicht, wohl aber der wichtigste, weil er am unmittelbarsten auf menschliches Thun einwirkt, und sein Verlust am schmerzlichsten empfunden wird.

15. *commendatione,* durch Vermittlung.

ut, in der Art daß, schließt sich eng an traderentur an.

16. *caecas,* mit einer auch in unserer Sprache üblichen Metapher (z. B. blinde Klippen, ein blinder Passagier). Virg. Aen. VI 30 ipse dolos tecti ambagesque resolvit, Caeca regens filo vestigia.

ab aspectus iudicio remotas — mittels sinnlicher Anschauung nicht wahrnehmbar.

conformatio umfaßt als Gattungsbegriff imago et figura in sich: irgend eine Formgebung (Darstellung in sinnlich wahrnehmbarer Gestalt), sei es ein Bild oder eine (plastische) Figur.

17. *complecti* — weil das rein Geistige und Unsichtbare nicht von festen Umrissen umgrenzt wird, wie das Körperliche und Sichtbare.

plecti vix possemus, intuendo quasi teneremus. His autem formis atque corporibus, sicut omnibus, quae sub aspectum veniunt, [admonetur memoria nostra atque excitatur. Sed locis] sede opus est; etenim corpus intellegi sine loco non potest. Quare ne in re nota et pervulgata multus et insolens sim, locis est utendum multis, illustribus, explicatis, modicis intervallis; imaginibus autem agentibus, acribus, insignitis, quae occurrere celeriterque percutere animum possint. Quam facultatem et exercitatio dabit, ex qua consuetudo gignitur, et similium verborum conversa et immutata casibus aut traducta ex parte ad genus notatio et unius verbi imagine totius sententiae informatio pictoris cuiusdam summi ratione et modo formarum varietate locos distinguentis. Sed verborum memoria, quae minus est nobis necessaria, maiore imaginum varietate distinguitur. Multa enim sunt verba, quae quasi articuli con-

1. *intuendo* — unter dem sichtbaren Träger (dem Bild) wird der unsichtbare Gedanke festgehalten.
   His autem formis atque corporibus, die sichtbaren Gestalten (Bilder) und leiblichen sinnlichen Dinge.
4. *sede* ein bestimmter Platz im Raum.
   corpus — alles was leiblicher Natur ist.
5. *multus*, 17.
6. *explicatis*, geschieden, abgesondert, daß die loci und in Folge dessen auch die imagines nicht in einander fallen.
   modicis intervallis. ad Her. III 32 intervalla locorum mediocria placet esse, fere paullo plus aut minus pedum trium. — modicis intervallis ist ebenfalls Attribut zu locis und steht dem multis, illustribus, explicatis coordiniert.
7. *agentibus*, δραστικαί, eig.: etwas ausdrückend, sprechend (ausdrucksvoll), ad Her. III 37 si non mutas nec vagas, sed aliquid *agentes* imagines ponemus. Brut. 317 acrem enim oratorem, incensum et *agentem* et canorum concursus hominum forique strepitus desiderat.
   acribus, scharf ausgeprägt, mit scharfen Umrissen.
   insignitis, kenntlich, charakteristisch, 319.
8. *quam facultatem* sc. locorum et imaginum. Vgl. 53 hanc similitudinem.
9. *et similium verborum* etc. — in Beziehung auf die Wortbilder (s. ind. Mnemonik) ist förderlich die Etymologie (Wortbildung im weiteren Sinn). Top. 35 ea *(notatio)* est cum ex vi nominis argumentum elicitur, quam Graeci ἐτυμολογίαν vocant id est verbum ex verbo; — dadurch, daß man ähnliche Worte bildet durch Umwandlung und Beugung der Endsilben (Deklination) oder, daß man ihre Bedeutung von der species auf das genus überträgt und durch das Bild eines Wortes einen ganzen Gedanken darstellt (vermittelst des symbolischen Ausdrucks. Top. 35 Itaque hoc idem Aristoteles σύμβολον appellat, quod latine est nota, woher notatio, quia sunt verba rerum notae).
12. *pictoris* etc., wie ein tüchtiger Maler, der auf seinen Gemälden die Perspektive und Distanzen (locos, die Raumverhältnisse) durch die verschiedene Größe und Anlage der Figuren kenntlich macht, so soll sich der Redner durch die verschieden gestalteten Wortbilder (Wörter desselben Etymon) die daran geknüpfte Gedankenlage für sein Gedächtnis kennzeichnen.
15. *quae quasi* etc., wie alle die Wörter, die keine eigentlichen Begriffswörter sind, die Konjunktio-

nectunt membra orationis, quae formari similitudine nulla possunt; eorum fingendae sunt nobis imagines, quibus semper utamur. Rerum memoria propria est oratoris; eam singulis personis bene positis notare possumus, ut sententias imaginibus, ordinem locis comprehendamus. Neque verum est, quod ab inertibus dicitur, opprimi memoriam imaginum pondere et obscurari etiam id, quod per se natura tenere potuisset. Vidi enim ego summos homines et divina prope memoria, Athenis Charmadam, in Asia, quem vivere hodie aiunt, Scepsium Metrodorum, quorum uterque tamquam litteris in cera, sic se aiebat imaginibus in eis locis, quos haberet, quae meminisse vellet, perscribere. Quare hac exercitatione non eruenda memoria est, si est nulla naturalis; sed certe, si latet, evocanda est.

Habetis sermonem bene longum hominis, utinam non impudentis! illud quidem certe, non nimis verecundi; qui quidem cum te, Catule, tum etiam L. Crasso audiente, de dicendi ratione tam multa dixerim; nam istorum aetas minus me fortasse movere debuit. Sed mihi ignoscetis profecto, si modo, quae causa me nunc ad hanc insolitam mihi loquacitatem impulerit, acceperitis.

Nos vero, inquit CATULUS (etenim pro me hoc et pro meo

---

nen, Präpositionen, Interjektionen. Quint. XI 2, 25 mitto quod quaedam *nullis simulacris significari possunt*, ut certe coniunctiones.

1. *quae formari* — der Relativsatz geht auf den durch den Relativsatz quae — connectunt bestimmten Begriff verba, daher ohne Konjunktion dem ersten Relativsatz angefügt.

2. *quibus semper utamur* — stereotypische Zeichen oder Bilder. Das wäre dann freilich nach Quintilians richtiger Bemerkung eine duplex memoriae cura. Nam quomodo poterunt copulata fluere, si propter singula verba ad singulas formas respiciendum erit? Quare et Charmadas et Scepsius Metrodorus, quos Cicero dicit usos hac exercitatione, sibi habeant sua; nos simpliciora tradamus.

3. *eam — notare*, wie ad Her. III 33 unius cuiusque nominis et vocabuli *memoria* imagine *notatur*, aufmerksam machen.

singulis personis etc., durch zweckmäßige Stellung der mnemonischen Bilder, hinter denen, wie unter der Maske der Schauspieler, der Gedanke verborgen ist.

8. *summos homines et divina memoria*, ein Abl. qual. neben einem Adjektiv wie 266.

11. *quos haberet*, seine von ihm gewählten festen Gedächtnisplätze.

14. Die Mnemonik der Alten operierte also hauptsächlich mit sorgfältig entworfenen bildlichen Darstellungen, im Kopfe vorgestellten Zeichnungen und Figuren; die moderne dagegen mit Zahlzeichen, was ja freilich genau ebenso wie überhaupt ein bequemeres und umfangreicheres Rechnen erst der Gebrauch der sog. arabischen Ziffern möglich gemacht hat.

Epilog c. 88, 361—90, 367.

habetis, 291, wie am Schlusse des Or. 237 habes meum de oratore, Brute, iudicium.

utinam sc. recte dici posset, 'daß ich sagen könnte'. Schultz § 355, A.

15. *illud quidem certe* sc. dici (oder negari non) potest.

17. *istorum aetas*, Einl. I § 12. 13. 16, hier Jugend, wie 88 und I 256; 74 dagegen 'vorgerückteres Alter'.

21. *hoc*, vgl. 27.

fratre respondeo) non modo tibi ignoscimus, sed te diligimus
magnamque tibi habemus gratiam; et cum humanitatem et
facilitatem agnoscimus tuam, tum admiramur istam scientiam et
copiam. Equidem etiam hoc me adsecutum puto, quod magno
sum levatus errore et illa admiratione liberatus, quod multis
cum aliis semper admirari solebam, unde esset illa tanta tua
in causis divinitas. Nec enim te ista attigisse arbitrabar, quae
diligentissime cognosse et undique collegisse usuque doctum
partim correxisse video, partim comprobasse. Neque eo minus
eloquentiam tuam et multo magis virtutem et diligentiam admiror et simul gaudeo iudicium animi mei comprobari, quod
semper statui neminem sapientiae laudem et eloquentiae sine
summo studio et labore et doctrina consequi posse. Sed
tamen quidnam est [id], quod dixisti fore, ut tibi ignosceremus,
si cognossemus, quae te causa in sermonem impulisset? Quae
est enim alia causa, nisi quod nobis et horum adulescentium
studio, qui te attentissime audierunt, morem gerere voluisti?

Tum ille, Adimere, inquit, omnem recusationem Crasso
volui, quem ego paullo sciebam vel pudentius vel invitius (nolo
enim dicere de tam suavi homine fastidiosius) ad hoc genus
sermonis accedere. Quid enim poterit dicere? Consularem se
[esse] hominem et censorium? Eadem nostra causa est. An
aetatem adferet? Quadriennio minor est. An se haec nescire?
Quae ego sero, quae cursim adripui, quae subsicivis operis,

---

1. *te diligimus*, wir sind sehr von dir befriedigt und bezeugen dir hiermit unsere vollste Anerkennung und Teilnahme; — aus Catulus' Munde ein nicht zu verachtendes Lob. diligere wie amare als Frucht eines empfangenen Dienstes, ad Q. fr. III 9, 4 de mancipiis quod mihi polliceris valde te amo. ad Fam. VII 24, 1; IX 16, 1; ad Att. I 3, 2 te multum amamus, quod ea abs te diligenter parvoque curata sunt, II 10; V 21, 5, wie sonst als Motiv für eine Bitte; fac, amabo te.

3. *agnoscimus*, ἀναγιγνώσκομεν, wiedererkennen.

5. *admiratione, quod admirari solebam*, der Satz mit quod ist explikativ zu dem vorhergehenden Subst. Vgl. nachher iudicium, quod — statui —.
liberatus, vgl. 50 iam mirari desino.

7. *divinitas*, 'deine ganz unübertreffliche Meisterschaft', 179. 298.
attigisse, I 79. 82.

8. *diligentissime cognosse*, womit Cic. zugleich sein Verhältnis zu den von ihm benutzten Quellen, besonders zur Rhetorik des Aristoteles angiebt.

10. *virtutem*, Energie.

11. *iudicium animi mei*, meine Herzensüberzeugung. — Einl. I § 20.

19. *pudentius*, I 97.

21. *Consularem* etc., s. Einl. I § 10 und 11.

24. *subsicivis operis*, beiläufig, als Nebenbeschäftigung, als Dilettant, (im Gegensatz von summis doctoribus). Gell. XIII 25 (24), 4: Etiamsi *opera* mihi *princeps* et *prope omnis* in litteris disciplinisque Graecis sumpta est, non usque eo tamen infrequens sum vocum Latinarum, quas *subsicivo* aut *tumultuario* studio colo, ut hanc ignorem — interpretationem etc. Sonst: tempora subsiciva, Mußestunden, die man sich von d. Berufsgeschäften gleichsam abstiehlt (subsecat) de leg. I 9; 13. Aus *adripui*, das zu cursim

ut aiunt, iste a puero, summo studio, summis doctoribus. Nihil dicam de ingenio, cui par nemo fuit. Etenim me dicentem qui audierit, nemo umquam tam sui despiciens fuit, quin speraret aut melius aut eodem modo se posse dicere; Crasso dicente nemo tam adrogans, qui similiter se umquam dicturum esse confideret. Quamobrem ne frustra hi tales viri venerint, te aliquando, Crasse, audiamus.

Tum ille: Ut ita ista esse concedam, inquit, Antoni, quae sunt longe secus, quid mihi [tu] tandem hodie aut cuiquam homini quod dici possit reliquisti? Dicam enim vere, amicissimi homines, quod sentio. Saepe [ego] doctos homines — quid dico saepe? immo nonnumquam; saepe enim quî potui, qui puer in forum venerim, neque inde umquam diutius quam quaestor afuerim? — sed tamen audivi, ut heri dicebam, et Athenis cum essem, doctissimos viros et in Asia istum ipsum Scepsium Metrodorum, cum de his ipsis rebus disputaret. Neque vero mihi quisquam copiosius umquam visus est neque subtilius in hoc genere dicendi quam iste hodie esse versatus. Quod si esset aliter et aliquid intellegerem ab Antonio praetermissum, non essem tam inurbanus et paene inhumanus, ut in eo gravarer, quod vos cupere sentirem.

Tum SULPICIUS, An ergo, inquit, oblitus es, Crasse, Antonium ita partitum esse tecum, ut ipse instrumentum oratoris exponeret, tibi eius distinctionem atque ornatum relinqueret?

Hic ille: Primum, quis Antonio permisit, inquit, ut et partes faceret et utram vellet prior ipse sumeret? Deinde, ego si recte intellexi, cum valde libenter audirem, mihi coniuncte est visus de utraque re dicere.

Ille vero, inquit COTTA, ornamenta orationis non attigit neque eam laudem, ex qua eloquentia nomen suum invenit.

paßt, ist zu summo studio ein verwandtes Verbum zu ergänzen.

13. *puer*. Vgl. Einl. I § 10, 77.
14. *quaestor*, Einl. I § 10, 84.
22. *Sulpicius* konnte bei seinem näheren Verhältnisse zu Crassus seinen Meister noch am ersten also erinnern; trieb ihn doch auch das eigene Interesse dazu.

An ergo —. Schon das einfache ergo wird in dem aus dem Vorhergehenden zu schließenden Ausruf oder der Frage der Verwunderung gebraucht; das davor gesetzte an schärft noch das Auffallende durch die Form der Gegenfrage.

23. *ita partitum esse*, 123; III 19. *instrumentum oratoris*, insofern die inventio, dispositio und memoria die Mittel sind, durch welche der Redner etwas zustande bringt, sowohl Material, als Werkzeug im engern Sinn. I 165. Einl. II § 18.

24. *distinctionem* geht auf die lumina orationis, die feine Arbeit, Politur und Verzierung. III 53.

27. *coniuncte*. — Hin u. wieder hatte A. freilich (wie das nicht wohl anders möglich war) bei jenen drei Teilen auch von der *tractatio* derselben reden müssen. Indessen von der eigentlichen Stilisierung, der ästhetischen Darstellung als solcher, ist doch noch nicht gehandelt worden; das ist seinem aufmerksamen Jünger Cotta nicht entgangen.

30. *eam laudem* — das Haupterfordernis, die elocutio.

Verba igitur, inquit CRASSUS, mihi reliquit Antonius, rem ipse sumpsit.

Tum CAESAR, Si, quod difficilius est, id tibi reliquit, est nobis, inquit, causa, cur te audire cupiamus; sin, quod facilius, tibi causa non est, cur recuses.

Et CATULUS, Quid, quod dixisti, inquit, Crasse, si hic hodie apud te maneremus, te morem nobis esse gesturum, nihilne ad fidem tuam putas pertinere?

Tum COTTA ridens, Possem tibi, inquit, Crasse, concedere; sed vide ne quid Catulus attulerit religionis. Opus hoc censorium est; id autem committere vides quam homini censorio conveniat.

Agite vero, [ille] inquit, ut vultis. Sed nunc quidem, quoniam est id temporis, surgendum censeo et requiescendum; post meridiem, si ita vobis est commodum, loquemur aliquid, nisi forte in crastinum differre mavultis.

Omnes se vel statim vel si ipse post meridiem mallet, quam primum tamen audire velle dixerunt.

---

3. *Cäsar* schlägt seinem Charakter gemäß den dialektisch-zwingenden Weg des Dilemma ein, während Catulus die moralische Seite hervorhebt, die, wie Cotta bemerkt, zu verletzen einem homo censorius am wenigsten ansteht.

6. *dixisti*, 27.

8. *ad fidem tuam*, daß du dein Wort hältst.

10. *religionis*, eine Gewissenspflicht, der man also nicht ausweichen darf, wenn man sich nicht die nota censoria zuziehen will. *Opus hoc censorium*, das ist ein censorischer Akt, gehört mit zum Geschäftskreis des Censors, darüber hat der Censor zu verfügen, nämlich über die Verletzung einer solchen Gewissenspflicht die nota censoria auszusprechen. Gell. IV 12 si quis agrum suum passus fuerat sordescere eumque indiligenter curabat, neque araverat neque purgaverat — non id sine poena fuit, sed erat *opus censorium* censoresque aerarium faciebant.

Um so erfrischender wirkt dies behagliche Hinweisen auf des Crassus Censoramt, als ja gerade er es gewesen war, der ein Jahr zuvor durch sein berühmtes Edikt die Schulen der lateinischen Rhetoren als ludos impudentiae gebrandmarkt hatte. Und nun soll er selbst seine 'Censorpflicht' erfüllen, und die Theorie der Beredsamkeit in ihrem wichtigsten Teile zu Ende führen! Vgl. Einl. I § 10 A. 95.

11. *id autem committere*, nämlich daß der Censor als solcher etwas zu thun bekommt, veranlaßt wird einzuschreiten, d. h. also eine Gewissenspflicht zu verletzen.

Kritischer Anhang.

II B.

1, 1 se statt sese mit Kayser, Sorof, Wilkins, Cima.
1, 2 et doctrina statt doctrinaque mit Frdr. nach den meisten Lagom.
1, 2 cum essemus eius domi Gulielmius statt cum essemus † eiusmodi. Ellendt und Kayser: [cum essemus eiusmodi]. Bake sucht eiusmodi durch Verr. I 21, 56; IV 66, 148; de imp. Cn. Pomp. 5, 13 — wo überall ut folgt — zu verteidigen.

2, 6 multos [et ingeniis et] magna laude dicendi *P.* statt multos et † ingeniis et magna laude dicendi. Ellendt vermutet: ingeniis magnos et laude dicendi; audere: insignes; wieder andere (Nipperdey) ingenita oder ingenua (§ 10) magna laude dicendi. Eher dann noch: multos et ingenii magna et magna laude dicendi, wie III 14, 52 nebeneinander steht quibus omnis admiratio ingenii, omnis laus eloquentiae continetur. *P.* Dem Gedanken widersprechend ist die Koordination et ingeniis insignes (oder magnos) et magna laude dicendi — fuisse, denn nicht das will Cic. behaupten, daß es talentvolle und berühmte Redner ohne jene hohe wissenschaftliche Bildung gegeben habe; es müßte dann vielmehr heißen: multos ingeniis magnos (oder insignes) magna laude dicendi — fuisse, so daß ingeniis magnos dem magna laude fuisse untergeordnet den Grund angiebt, warum sie ohne wissenschaftliche Bildung doch hohen rednerischen Ruhm gewinnen konnten. *A.* Vgl. a. Harnecker, Adnotationes ad Ciceronis de or. librum II. Prgr. Friedeberg Nm. 1888 p. 1 f.

3, 10 sed sive iudicio st. sed quoniam sive iudicio. — quoniam fehlt in guten Hs. und kann auch wegen des folgenden tamen unmöglich richtig sein. Vgl. im übrigen Adnotationes p. 2.

3, 10 potest esse Friedrich mit alten Ausg. Aber die spätere Besserung scheint ziemlich ersichtlich. *H.*

3, 13 vel tu nos ineptos licet, inquit, vel molestos putes Erl. I b. u. a. statt vel tu nos ineptos licet [inquit], vel molestos putes.

3, 15 quemadmodum sentio statt sentiam mit Stangl nach *O P* u. a. Hss. — sum oblitus st. oblitus sum mit Friedrich nach den jüngeren mut.

3, 16 illud in Klammern, weil es in *M* fehlt.

3, 16 licebit statt libebit, Friedrich mit den *M*.

5, 18 Döderlein vermutete: maculata oder commaculata (p. Cael. 7, 16) statt cumulata.

5, 20 Graecorum statt Graecarum der früheren Aufl. *H.*

5, 20 *et Graecorum disputationum. A.* mit *S.* [gymnasiorum ad Graecorum] *K.* Doch wird Graecorum durch das gegenüberstehende ipsos Graecos in § 21 gefordert. disputationem, was sich in einigen Hs. findet, ist eine Korrektur, nachdem man ad statt et gelesen hatte. *A.*

5, 21 *exercitationis et delectationis causa, non disputationis. P. exercitationis [et delectationis], non disputationis causa S.* Die Worte et delectationis causa fehlen in den codd. mutili, scheinen aber durch das folgende levissimam delectationem gefordert zu werden, auch suchten

die hier sich unterredenden Männer in der palaestra des Crassus im Augenblick nicht exercitatio, sondern delectatio. [et delectationis] causa, [non disputationis] *K*. Allein die letzten Worte werden durch den Gegensatz disputationum memoriam in § 20 gefordert. Vgl. I § 62. In dem cod., aus dem d. Abrinc. abgeschrieben ist, stand wohl
                exercitationis [et delectationis causa
                non disputationis] invenisse arbitror,
die eingeklammerten Worte wurden vom Abschreiber infolge der Gleichheit der Endungen übersprungen. Ebenso § 30 nesciunt [et ea dicimus, quae nescimus] ipsi. Ebenso § 32. 68. *A*.

    5, 21 non disputationis in Klammern, weil es von den mut. ausgelassen wird und leicht als Glossem zu erklären ist. *H*.

    5, 23 construere nidos statt constituere mit Friedrich.

    6, 25 ea quae scriberet statt [ea quae scriberet]. Diese Worte fehlen im Abrinc. Erl. I. II u. a. Kayser hält sie gleichfalls für unecht. *P*. Dazu sind wir jedoch nicht berechtigt. Die Vorlage des Abrinc. war in diesen Partien augenscheinlich etwas lückenhaft (§ 21) und es ist auch die Ursache, warum seiner Zeit das ea quae scriberet ausgelassen wurde, leicht zu erkennen. Einmal konnte es hinter solebat leicht übersehen werden, dann aber schien es dem Schreiber, der das Subjekt se nicht, wie nötig, auf velle, sondern auf legi bezog, unverständlich und wurde so schon früh als eine Interpolation erachtet, die einer, der richtig konstruiert, nicht leicht anerkennen wird. *H*.

    6, 25 de quo etiam scripsit Abrinc. Erl. I. II statt quo etiam scripsit.

    6, 25 Für ut noramus liest Bake: ut non ignoramus.

    7, 29 *quoniam*. *A*. quia tamen E. Or. *K*. *P*. *S*. nach d. Abrinc. Erl. I und den sonst mit ihnen übereinstimmenden codd. Aber dieselben codd. haben § 63 quod tamen statt quoniam. *A*. [dicendi] *A*., ohne Klammer *P*. d. Wort fehlt in Abr. Erl. I, Gu. 3. Vgl. Adnotationes p. 2 f.

    7, 30 quae ad scientiam non saepe perveniat. Ich schlage Adn. p. 3 pertineat vor. Die von Stangl in d. Rec. d. Adn. angef. Stellen stützen perveniat nicht.

    8, 31 Friedrich, quaestiones p. 29 schlägt vor, das ut tu putas hinter non gloriose zu stellen; doch s. Adnotationes p. 3.

    8, 33 exquirere st. exponere mit d. besseren Hss. u. Kayser, Wilkins, Cima.

    9, 36 aut [faciendorum et del] igendorum. Das Eingeklammerte fehlt im Abrinc. Erl. I und den meist damit übereinstimmenden codd. Die Auslassung erklärt sich wieder aus der Ähnlichkeit der Endungen, und wenn die Sylbe de wegfiel, so war die Änderung von ligendorum in legendorum natürlich. *A*.

    9, 37 commune. Sed si *A*. mit *S*.

    9, 38 discrte dixerit aut scripserit. Die verba dixerit aut scripserit stehen im Abrinc. Erl. I, Gu. 3 in umgekehrter Folge nach de (pingendo), waren also ursprünglich ausgelassen und wurden gedankenlos an falscher Stelle eingeschoben und umgestellt. Die Nebeneinanderstellung von diserte und dixerit, ist ebenso absichtlich wie vorher pingendo pictor. *A*.

    9, 38 Ich kann Muther, Jahrbb. 1885, S. 594 hier wie in den meisten Fällen nur die Gefälligkeit, nicht die Notwendigkeit seiner Emendation zugeben. *H*.

    9, 38 quam quod omnes artes. Madvig, Advers. crit. II p. 185 streicht quam.

    9, 38 quid quaeque doceant, viell. besser: doceat, weil cuiusque vorausgeht, wenn nicht statt quaeque nach hs. Spuren quique sc. artifices zu lesen ist. Im Abr., Erl. I, Gu. 3 fehlt doceant. doceat steht auch seit d. 5. Aufl. im Text, obwohl Adlers Msk. d. 5. Aufl. keine im Text vorzunehmende Änderung notierte.

    10, 39 Statt non enim possum quin exclamem mit Ritschl: necnum possum; auch Friedrich; ita vim oratoris und ohne mihi nach Friedrich Quaest. p. 30.

10, 40 a te statt abs te nach Ströbel p. 66.
10, 41 Friedrich schlägt vor quoniam vobis statt nobis s. Adnot. p. 3 f. Nachher [in] oculis.
10, 43 Die mutili geben statt tactum: tractatum; ersteres ist bezeichnender und nicht abzusehen, wie tractatum in tactum hätte verändert werden können, es müßte denn verlesen sein. Wahrscheinlicher ist somit, daß tactum auf guter Überlieferung beruht. Daß tactum die richtige L. a. ist, zeigt auch Stangl in der Recens. von Friedrichs Quaestiones (Wochenschr. f. klass. Phil. 1885 Sp. 875) aus dem tacitum der *OP*. also des Laudensis. — Ille vor ipse Aristoteles lassen die guten Hss. weg, wohl mit Recht.
11, 45 *primum* intelleget st. intelleget Sauppe Tulliana 1867 p. 10.
11, 45 unde omnia ornamenta dicendi sumuntur, s. Adnot. p. 4.
11, 49 eiusmodi statt huius m. mit der besseren Überlieferung.
12, 51 ipsi eingeklammert, weil es in den mut. fehlt mit Friedrich.
12, 52 ist es trotz Friedrich, Quaest. p. 32 und Ströbel p. 67 bei ei qui verblieben, da sprachlich absolut keine Schwierigkeit vorliegt, s. Adlers Erkl., der auch Sorof in der 2. Aufl. zu I 253 folgt, u. ei qui viel leichter Anstoß erregen u. darum eine Änderung in eique hervorrufen konnte, als umgekehrt. Wilkins giebt hique, A. Cima iique. *H*.
13, 54 varietate colorum st. varietate locorum Jacobs. Es ist hier nur von der stilistischen Form die Rede. varietate locorum aber könnte höchstens nur bedeuten: durch den Wechsel verschiedener Kapitel (I 15, 69), was aber hier, wo von einem Geschichtsbuch die Rede ist, nicht paßt (II 46, 191 sind loci wie so oft die argumenta).
13, 54 maiorem historiae sonum mit Ströbel p. 70 u. *K*. nach *EH*.
13, 55 nullum usum forensem. Friedrich in Fleckeisens Jahrb. 1874 p. 862: nullum ad usum forensem.
13, 55 ad histor. scribendam [maxime] mit Cima, weil max. in den mut. fehlt.
13, 57 quasi ex clarissima rhetoris officina *P*. ex clarissima quasi *A*. mit *K. S*. und dem cod. Erl., der Abrinc. ist leider hier lückenhaft.
13, 57 rhetoris officina s. a. Adnot. p. 4. — ut statt sicut *H* u. *E* von Ströbel p. 68 empfohlen.
13, 60 aliam ob causam, Ströbel p. 70.
13, 61 cum eis statt his Ströbel p. 73.
15, 63 de cuiusque vita atque natura Abrinc. Erl. I, II u. d. a. Hs. statt [de] cuiusque vita atque natura. (So zuerst Pearce, dann Ellendt und Orelli.)
15, 63 memoria digna statt dignis schlägt Friedrich p. 32 vor; s. Adnotat. p. 4.
15, 64 *videtisne nulla A*. mit *S*. nach d. Abrinc. Erl. Gu. 3. videtisne und die verwandten Formeln scheinen bei Cicero nur im Sinne von nonne videtis vorzukommen. aequabiliter statt aequabili mit Stangl p. 34 u. Ströbel p. 68. — praecepta vor consolationes zu stellen mit Friedrich ist zwar den mut. zufolge bessere Überlieferung, aber leicht konnte wegen der zweimal. Endung iones ein Schreiber Anstoß nehmen, sodaß für die Wahrscheinlichkeit des Cicerotextes noch nichts bewiesen ist. *H*.
16, 69 reliqua non incommode per se adsequentur *P*. statt reliqua non incommode persequuntur. (Henrichsen nach Manutius u. a. reliqua per se non incommode persequuntur. Abrinc., wo die Worte non incommode fehlen, wie im Erl. 1 und II, hat: reliqua p . . . . tur.) didicerunt — adsequuntur mit *P*. ed. 1 und *S. A*. — non incommode in Kl. mit den neueren Herausgebern.
17, 71 videto ne. Im Erl. video mit darüber geschriebenem t zwischen e und o, im Abrinc. videto. *A*. mit *S*., der anführt Div. in Caec. § 13.
17, 72 nec communium statt neque comm. mit Stangl.
17, 72 der Lesart der mut.: qui ut statt aut vor tamquam, die Friedrich für den Text setzt, vermag ich nicht zu folgen; vielmehr ver-

teidigt Sorof Madvigs Konjektur aut tamquam wohl mit Recht philol. Anz. 1884 p. 44 gegen Ströbel (p. 53), der ebenfalls qui ut setzen will.

17, 73 non sane [ut], quemadmodum in clipeo [idem artifex] minora illa opera facere discat, laborabit *P*. non sane quemadmodum, ut in clipeo idem artifex, *A*. mit Ernesti und *S*. Das in den Handschriften fehlende ut konnte vor in leicht ausfallen. Friedrich setzt idem artifex in Kl. und streicht ut.

18, 75 de omni re militari; omni in Kl., da es in den mut. fehlt, entbehrlich ist und leicht hinzugesetzt werden konnte, weil der Gegensatz zu de imperatoris officio einen Begriff wie 'im allgemeinen' für einen neueren Leser vermissen läßt. Ebenso bieten die mut. imperii statt imperatoris, doch ist der Witz viel schlagender, wenn imperatoris gelesen wird, und imperii kann frühe Besserung aus 76 sein. *H*.

19, 80 rem narrare *et* ita ut ist Überlieferung der mut.

19, 82 credo statt crebro bieten die mut.

19, 83 singulorum generum partes, s. Adnot. p. 5; ac tamen statt attamen nach Hss. mit Sorof, Wilkins, Cima.

20, 84 invictos viros efficit [non difficilius arte coniuncta] Ellendt T. II p. 498 statt invictos viros efficit non difficilius arte coniuncta. Madvigs Vermutung: non difficili usu arte d. i. arcte coniuncta giebt richtig die Randbemerkung wieder, die sich hernach in den Text geschlichen hat. Adler vermutet: non efficit vis arte coniuncta d. h. palaestra. Vgl. a. Adnot. S. 5.

20, 85 summe statt summa nach den mut. mit Friedrich in Fleckeisens Jahrbb. 1887 S. 82.

20, 86 Ich nahm früher an, daß die ursprüngliche Stellung der Worte diese wäre: quod alterum, non facere quod non optime possis, divinitatis mihi cuiusdam videtur, alterum, facere quod non pessime facias, humanitatis, doch läßt sich die überlieferte Lesart, wenn auch der erforderliche Gedanke (bei dem zweiten alterum) nicht ganz rein und streng festgehalten ist, wohl rechtfertigen. *P*.

21, 88 Staugl empfiehlt *sed* verbis effervescentibus statt et, s. Adnotationes p. 5.

21, 88 se nimium statt sese und sucus esse statt esse sucus nach den Hss. und Ströbel p. 66 und 70. exsecutum statt adsecutum nach Hss. mit Friedrich, Quaest. p. 32/33, auch Stangl in d. Rec. Sp. 875.

22, 90 atque ita — persequatur hat seit Schütz d. meisten Herausg. Bedenken erregt. Vgl. dazu Adn. p. 5 f. Der folgende Satz: Tum accedat u. s. w. giebt als Mittel, wie d. Forderg. imitari quae *maxime* exc. zu erfüllen ist, d. exercitatio an, führt also d. Vorschrift d. Lehrers ganz korrekt weiter.

22, 91 id sumere et in eo ambitiosum esse Lachmann statt id sumere et in eo † vitiosum esse. (Die ganze Stelle von ut non multos bis persequatur fehlt im Abrinc. Erl. I und II.) Müller: in eo vitio totum esse. Ellendt: in eo ipso vitiosum esse. Orelli vermutet: in eo vitio summum esse (— so auch Schöne l. l. p. 32 'in diesem Fehler seinen Hauptvorzug finden' —) oder in eo vitio vitiosissimum esse. *P*. in eo vitio similem esse. *A*. Diese Vermutung scheint auch mir wegen des abschließenden imitatur, auf das sich der Gedanke zuspitzt, treffend. *H*.

22, 92 probarit *A*. mit *S*. Lachmann zu Lucret. p. 30 probabit. Stangl empfiehlt probavit.

22, 93 sententiisque nach den mutili mit *S*. breves sententiisque — abundantes steht als ein Glied dem subtiles acuti gegenüber. *A*.

23, 94 est exortus nach den mut. — Statt istorum ist historicorum vermutet, s. Adnot. p. 6.

23, 94 hi und 95 horum st. ei und eorum nach den mut. und Ströbel p. 73; exstinctis his ist beibehalten trotz Ströbel p. 72.

22, 95 Friedrich, Quaest. p. 33 schlägt st. hodie vor etiam, s. Adnot. p. 6.

23, 96 cum exercitationibus crebris atque magnis Abrinc. Erl. I. II u. d. a. Hs. statt cum exercitationibus crebris atque † magnis. (Ellendt: [atque magnis], Orelli vermutet: gnavis!) S. d. in d. Erklärung angeführten Stellen.

23, 96 in qua nunc interdum, ut in herbis rustici solent dicere in summa ubertate, inest luxuries quaedam *P.* statt in qua nunc interdum, ut in herbis rustici solent dicere, in summa ubertate inest luxuries quaedam.

23, 96 Friedrich schlägt vor st. haec noster: hic noster, s. Adnot. p. 6 f.

24, 100 [haec est enim in ludo causarum fere formula oder formula fere, wie Abr. hat] ist entweder nur ein Glossem, das später in den Text geraten (Bake) oder wenigstens als parenthetische Bemerkung gleich hinter accusatur zu setzen und irrtümlich an seine jetzige Stelle versetzt, weil man in ludo dem folgenden in foro glaubte näher rücken zu müssen.

24, 100 Stangl u. a. schlagen vor st. ascendere und ascendit: escendere u. escendit, s. Adn. p. 7. Wie leicht, a u. e zu verschreiben od. zu verlesen!

24, 102 *abiudico A.* und *S.* und dem Abrinc. Erl. I u. a. So stehen sich iudico und abiudico gegenüber pro Caec. 34, 99 hoc iudicat, eum, qui cum liber esset, censeri noluerit, ipsum sibi libertatem abiudicasse. c. Rull. 2, 16, 43 iudicabit Alexandriam regis esse, a populo Romano abiudicabit.

24, 104 sive ex persona ut laudis fehlt in den codd. mutili; es wird hernach allerdings auf das genus demonstrativum keine Rücksicht genommen; indessen da Antonius überhaupt alle möglichen Fälle hier aufzählen will, so sind die Worte der Vollständigkeit wegen wohl nicht zu entbehren. *P.* Die Autorität der mutili ist gering, wo es sich um Auslassungen handelt, die wie hier durch die Wiederkehr desselben Wortes veranlaßt sind (vgl. 5, 21). Denn was überhaupt Anlaß zur Rede sein kann (sive ex crimine — sive ex disputatione), wird in nostrae fere causae gegenübergestellt, worüber die Redner von Profession zu sprechen pflegen. Und, wenn es sich bei einer laudatio oder disputatio nicht darum handelt, quid factum sit aut fiat futurumve sit, so kann es sich dabei doch um das quale sit oder quid vocetur handeln. *A.* Wenn, wie es doch, wenn auch nur kurz geschieht, noch philosophische Streitfragen von Ant. hier erwähnt werden, durfte auch das genus laudativum nicht fehlen, überdies berührt erst das Nachfolgende das Gebiet der Praxis des römischen Redners. In § 47 hatte er nur deren ausführliche Behandlung abgelehnt, da sich in ihnen auch ohne Regeln etwas leisten lasse. Kiessling im Rhein. Mus. N. F. 28, S. 497 vermutet ganz passend: sive ex laudatione, ut personae.

24, 104 und 25, 105 quid vocetur. *A.* qui vocetur *P.* aus Conjectur, von Ströbel p. 14 empfohlen.

25, 105 ac benignitatem für atque mit Friedrich in Fleck. Jbb. 1887 S. 82.

25, 108 uterque fehlt im Abrinc. Erl. I und II; daher will Bake mit Auslassung dieses Wortes, das aus dem Schluß des vorhergehenden Wortes entstanden sei, lesen: breviterque definiatur. Vielmehr ist uterque um der Gleichheit der Endung willen nach breviterqne in den codd. mutili ausgefallen. breviterque aber beweist, daß ein anderes Adv. vor breviter stand, daß also lucide nicht wegbleiben kann. *A.* Meine Ansicht über die Stelle begründet in Adnotat. p. 7.

25, 108 et doctrina statt atque alle mut. Ströbel p. 67; schon Ellendt. — Alia enim statt alia est enim will Stangl S. 278; auch Ströbel verteidigt die Vulg. S. 16.

25, 109 et in sensum et mit Sorof nach den mut.; auch Wilkins u. Cima.

27, 114 Bake: accepta causa et genere cognito. Der Abrinc., Erl. I, Gu. 3 haben accepto causae genere cognitam rem, dies scheint entstanden aus dem, was Bake durch Conj. hergestellt hat, indem man statt causa et las causae und dem die übrige Konstruktion anpaßte. *A.*

27, 115 ut conciliemus eos nobis qui audiant statt nobis eos qui audiunt, stellt Stangl p. 277 her und Ströbel billigt es; die mut. haben eos nobis qui audiunt an ut. Indes ist qui audiunt wohl am einfachsten als feststehende Formel aufzufassen und das an ist zu erklären wie Friedrich vorschlägt in Fleckeisens Jahrbb. 1887 S. 81 f.

27, 116 quae non reperiuntur ab or. statt quae non ab or. pariuntur nach den mut. Friedrich, Quaest. p. 33. Im folgenden ist atque a reis festgehalten, trotzdem der Abr. a re hat, weil die Lesart einiger mut. rei nur so zu erklären ist, auch das deferre einen persönlichen Begriff verlangt. Ebendeshalb ist es wenig angemessen, nur der Konzinnität halber mit Friedrich atque a re [is] zu tilgen.

27, 117 Friedrich, Quaest. p. 33 empfiehlt copias statt copiam; s. Adnotat. p. 7 und 8. posita causa sit nach Ströbel p. 47.

27, 118 et zweimal eingekl. mit Friedrich nach der besseren Überlieferung. — atque meditatione ist beibehalten, trotzdem es die mut. auslassen, da das mehr ciceronianische Latein zugleich den Gedanken besser ausprägt.

27, 120 Vassis, Athenäum X 154 zweifelt mit Unrecht daran, daß tinctus arte auch von einer Sache gesagt werden könne und will schreiben: vinctum arte, i. e. legibus artis.

28, 121 Friedrich empfiehlt primum statt primus, s. Adnot. p. 8. — haec sunt enim tria gehalten gegen Kayser, Sorof, Wilkins, Cima, Friedrich; schon Ellendt meinte es verteidigen zu können; s. Adnot. p. 8; Friedrich tilgt auch das ea des folg. Satzes und schreibt: haec vero quemadmodum. Indes der ironisch-behagliche Ton: praesto est, qui . . qui . . qui . . qui läßt eben die ausführlichere Breite weit eher als das Richtige erscheinen.

28, 122 [neque Graecum neque Latinum]. Die Worte sind offenbar ein nicht in den Text gehöriges Einschiebsel, denn einmal handelt es sich nach § 121 und 122 hier nur um die römischen Redner, und dann kann Antonius unmöglich von sich behaupten, daß er die bedeutenderen griechischen Redner seiner Zeit häufig und aufmerksam gehört habe. *P.* Da sich die Entstehung des Einschiebsels nicht irgend wie wahrscheinlich machen läßt, auch alle codd. dasselbe haben, so dürfte darin doch wohl nur eine gewisse Übertreibung liegen. *A.*

28, 122 eius ingenii homines statt his ingeniis schreiben die mut. Für den, der his ingeniis als reinen Abl. qual. auffaßt, bietet der Genet. besseres Latein. Indes bei si quid est in me ist der Begriff oratoria facultas und nicht etwa ingenii zu supplieren. Es sollte wohl der Ablativ noch zu dem Verbum gehörig empfunden werden, da dies nicht immer geschah, ist leicht ersichtlich, daß Besserungsversuche unternommen wurden.

28, 125 hoc non maxime statt non hoc maxime mit Abrinc. und Erl. I. *A.*

28, 125 ea semper mit den Hss. Sorof nach Bakes Vorgang quae. Die richtige Erkl. gab bereits Kayser durch Setzung eines Kolons hinter vis; die Beziehung zum Vorhergehenden ist deutlich genug; das nam, das Sorof vermißt, kann leicht ergänzt werden, wenn, wie ja so oft, der Schlußsatz einer Entwickelung das Vorhergehende gleichsam zusammenfaßt. Natürlich will Crassus dem Antonius ein höfliches Kompliment machen; 'in jenem Prozeß warst du weit mehr ausgezeichnet durch das, was du mir jetzt als Aufgabe zuweisen willst — und es ist das ja doch immer in hohem Maße dein Vorzug gewesen.'

29, 127 dicenda sunt statt sint geben die Abr. u. Erl. II. Indes entspricht der Konj. dem Gedanken weit besser. a te statt abs te nach Hss.

29, 128 totius in dicendo rationis und dann tres sunt res st. rationes nach Friedrich; Madvig, Advers. III p. 90: Meae totius in dicendo moderationis, vgl. a. d. Anm.

30, 131 in rerum vel usu statt rebus *A*. mit *S*. nach dem Abrinc. und Erl. I. Nach Ströbel p. 47 steht in *A*, *H* u. *E* rerum sed usu.
30, 131 adfert und praecurrit festgehalten gegen Friedrichs adferet und praecucurrit, weil der allgemeine Charakter der Sätze betont ist.
30, 132 At id ipsum negat statt At ipsum negat (id fehlt im Abrinc. Erl. I. II u. a. Hs.).
30, 132 id vor ipsum negat lassen die mut. aus.
30, 132 et ab accusatore et a defensore statt ab accus. mit Abr. u. a. Hss. nach Sor. Dagegen ist an debeant statt debent festgehalten, weil der Konj. mehr den Satz als etwas allgemein Giltiges darstellt.
31, 133 Friedrich schreibt quale sit genus statt quam u. beginnt nachher mit hebes einen neuen Satz nach Spuren in der älteren Überlieferung. Indes, wenn mit hebes ein neuer Satz anfängt, erscheint Muthers Vermutung imperitum statt impolitum fast unabweislich. Die im Text gegebene Erklärung genügt dagegen, zumal das hebes und impolitum nur in engerem Zusammenhang als eine weitere Erläuterung und Ausführung der beiden Seiten des Begriffes eruditus (im Hinblick auf mangelnden Scharfblick und Umsicht, hebes, und mangelnde Praxis und Erfahrung impolitum) gefaßt werden können. Auch Ströbel mißbilligt Fr.s Vorschlag in d. Rec. Sp. 1108.
31, 134 Friedrich will enim vor universo streichen und das Folgende mit dem Vorhergehenden zu einem Satze verschmelzen; die Überlieferung zwingt wohl kaum dazu, s. a. Adnot. p. 8.
31, 135 [ad] naturam; ad in Kl., weil es in guten Hss. fehlt; Decius ohne Vornamen nach den mut. u. Stangl p. 178.
31, 136 sed tamen criminum est multitudo aut defensionum, non locorum infinita. In den Hss. und allen bisherigen Ausgaben sind aut und non irrtümlich verstellt (sed tamen criminum est multitudo non defensionum aut locorum infinita. *P*. multitudo est mit den mutili statt est mult. *A*.
32, 140 referentur Friedrich; indes ist der Satz hier in solcher Allgemeinheit ausgesprochen, daß das Präsens angemessener erscheint.
33, 142 debilitati [a iure cognoscendo] *P*. statt † debilitati a inre cognoscendo. (Bake: debilitati numero, Orelli will a iure getilgt haben, Ellendt vermutet: debilitati ad ius cognoscendum ἀμβλυνθέντες πρὸς τὴν μάθησιν). Entweder ist hinter debilitati durch ein Versehen schon früh *ac deterriti* ausgefallen, oder die Worte a iure cognoscendo sind ein Glossem, von einem Erklärer hinzugesetzt, der die Angabe eines ursächlichen Grundes zu dem partic. debilitati vermißte und nicht sah, daß ein solcher in dem Causalsatz quod homines innumerabiles essent schon vollständig enthalten ist. Die Annahme von Schöne l. l. p. 32, daß a iure cognoscendo nicht mit debilitati sondern mit voluntatem discendi — abicere zu verbinden sei, ist doch wohl zu hart und wenn abicere voluntatem a iure cognoscendo = avertere vielleicht in der Verbindung mit abicere spem entschuldigt werden könnte, so doch nicht abicere voluntatem discendi a iure cognoscendo. *A*. Vgl. Adnot. p. 8 fg. die Begründung der in den Text gesetzten Lesart.
33, 143 Statt acute discribere haben die mut. apte. Vgl. Adnot. p. 9. — Ergo, inquit, ista Antonius stellt der Harl., ihm folgt Friedrich; vgl. a. d. krit. Anh. zu I 113.
33, 144 Friedrich schlägt nach dem Harl. vor statt certum zu lesen incertum; s. Adnot. p. 9. — se spoliatum statt sese nach den mut. mit Ströbel p. 66. — et dormitantem lassen die mut. weg; auch von Kayser, Sorof, Wilkins, Cima eingeklammert.
34, 145 quoniam intellegeretur nach den mut. seit Kayser; auch Sorof, Wilkins, Cima.
34, 146 Ea vi sua verba pariet *P*. statt Eae vi sua verba parient. — sententiam et opinionem. Friedrich in Fleckeisens Jahrb. 1874 p. 863 sententiam vel opinionem.

34, 146 Wegen des zweimal dicht aufeinander folgenden videatur ändert Stangl S. 279 in videtur und behauptet der Konjunktivbegriff liege schon in der Kraft von videri, so daß ut oder quod videatur sich nirgends finde. Daß ut videatur = wie es scheinen möchte, sich nicht leicht findet, wird leicht einleuchten; wenn quod videatur = wie es scheinen möchte, sich wirklich nicht finden sollte, was ich bezweifle, ist selbstredend damit noch nicht bewiesen, daß es Cicero nicht habe sagen können.

35, 148 ex tarditate klammert Sorof ein; Muther, Progr. p. 18 schaltet ein: ad acumen. — Die mut. bieten percipiamus statt excipiamus. Aber excip. ist die bezeichnendere und zugleich schwierigere L. a. Daher erscheint eine Änderung des ursprünglichen excipiamus in percipiamus doch wohl leichter als das Umgekehrte etwa mit Bezugnahme auf § 32.

35, 149 id tamen — prudentia est statt [id tamen — prudentia est]. (So hat zuerst Schütz diesen Satz als unecht bezeichnet, dann Henrichsen, Ellendt, Orelli, Bake, Kayser). Das hernach in den Hss. ausgefallene *diligentia est*, ist von Ernesti als hier unentbehrlich zur Herstellung der Epiphora mit Recht in den Text gesetzt worden. *P.* [? *H.*]

35, 150 perpaullum mit den besseren Hss. statt perpaullulum.

35, 150 qua una virtute omnes virtutes reliquae. Die mutili (Abrinc. und Erl. 1) lassen virtute omnes (nicht omnes virtutes) aus. Die Ursache der Auslassung war also auch hier, wie so oft, die Gleichheit der Wortanfänge von virtute und virtutes. *A.*

36, 152 Für argumenti via schlägt Sorof vor: argumenti usu, Bake: omnis argumentorum vis. *P.* Jetzt hat Sorof via aufgenommen. *A.* argumenti ratio nach γ schreibt Friedr.

36, 152 orationem vor qua in causis nach den besseren Hss.

37, 154 cum — cognorit Henrichsen und Bake mit Recht, denn cum ist hier reines causale, und die Stellen, die zur Rechtfertigung des Indicativs cognovit [auch Stangl dafür] angeführt zu werden pflegen, sind alle anderer Art. Sorof schreibt quod illam s. cognovit, Ströbel p. 15 quoniam. Auch in 161 haben die mut. oppugnarit, während oppugnavit erfordert wird.

37, 155 rebus maximis mit den mut. statt maximis rebus.

38, 158 Abrinc. Erl. I. II. u. a. haben et vor omne; in anderen wie im Gu. 3 fehlt dies, mit Recht. Von den beiden folgenden et entspricht das erste vor si simpliciter dem andern vor si coniuncte; das dritte et vor ad extremum führt aber einen andern selbständigen Gedanken ein und kann einem et vor omne nicht entsprechen, dies et vor omne muß also wegfallen.

38, 159 Vassis im Athen. X p. 154 f. vermutet statt liquidum: laetum ac nitidum des besseren Gegensatzes wegen zu exili und arido. Aber einen solchen zu verlangen ist nicht geboten.

38, 160 hunc inter Arist. statt inter hunc empfiehlt Stangl.

39, 162 rudem plane statt plane rudem nach den mut. Auch scheint es nachdrücklicher. — doctrina [mihi]; mihi fehlt in den mut.

39, 163 ad zweimal eingekl. mit Frdr. — haerent statt inhaerent nach den mut., auch von Ströbel p. 8 empfohlen; — universa vis; vis fehlt in den mut.

40, 170 ex consentaneis et ex praecurrentibus et ex repugnantibus nach den Spuren der besten Hs. mit *S*. Die drei Glieder sind koordiniert, was verwischt wird, wenn beim zweiten und dritten die Präposition fehlt. *A.* — [olim] Crassus, olim in Klammern, weil es in den mut. fehlt.

40, 173 recito enim tabulas. *S.* aus Konjektur recita. Dies steht nach *P.*s sehr sorgfältiger Collation im Erl. II *A.*, und ist sicher vorzuziehen. *H.*

41, 174 parvo labore statt parvulo scheint die bessere Überlieferung zu sein, zumal eine Änderung des Ursprünglichen wegen des kurz darauf folgenden *nullo* leicht anzunehmen ist.

41, 174 sic has ego argumentorum notas quaerenti demonstravi, ubi sint. So ist wohl nach den hs. Spuren zu lesen: argumentorum notas entspricht dem notas locorum und demonstravi dem satis esse deberet, si ostenderem. Ellendt: sic has ego argumentorum volui notas quaerenti demonstrare ubi sint. Andere: sic has ego argumentorum notavi (aus dem hs. novi) notas, quae quaerenti demonstrant, ubi sint. Kayser: sic has ego argumentorum † novi notas quaerenti demonstravi [ubi sint]. Diese beiden letzteren Worte sind aber ohne allen Grund als unecht bezeichnet; sie sind in der hier obwaltenden Beziehung fast zu einem technischen Ausdruck geworden, wie Brut. 79, 275 zeigt: Qua de re agitur autem illud, quod multis locis in iurisconsultorum includitur formulis *id ubi esset* videbat. *P.* Sorof: sic has ego argumentorum recognovi notas quaerentique demonstravi, ubi sint. Vielleicht: sic has ego argumentorum enumeravi notas, quae illa quaerenti demonstrant, ubi sint. *A.* Stangl S. 279 vermutet sehr ansprechend argumentorum notavi locos, quaerentique demonstravi; Friedrich schreibt: sic has ego argumentorum volui notas quaerenti demonstrare, ubi sint.

41, 177 et ex eisdem auch von Ströbel p. 15 gebilligt, trotzdem die mut. et auslassen. plerumque occulas Abrinc. Erl. I. II (plerumque occultes) statt plerumque ut occulas. occultes auch von Ströbel p. 71 gebilligt.

42, 178 Haec et properans, ut apud doctos et semidoctus ipse percurro Ellendt statt Haec et properans et apud doctos et semidoctus ipse percurro. In den Hss. hat eine Vertauschung von et und ut stattgefunden; doch scheint schon früh das ut vor properans durch ein darübergeschriebenes et richtig verbessert zu sein. Freilich ist nun gar in der Vulgatlesart ut et properans daraus geworden. Bake: haec ego properans apud doctos, semidoctus ipse, percurro. Die L. a. der mut. ist haec ut et properans et apud doctos Ströbel p. 33.

42, 180 An quia non noram hat man solchen Anstoß genommen, daß man entweder ändern wollte: quia non memineram (Schütz), quia non curaram (Sorof), quia properabam (Kiessling), quasi non norim (Kayser), oder die Worte als ein Glossem ganz aus dem Texte entfernen. Jetzt Sorof mit Schütz memineram. — Wird die Stelle als mit leichter Ironie gesprochen aufgefaßt, wirkt sie ungemein schlagend. Vgl. a. Adnot. p. 10.

42, 181 Das im Harl. (s. Friedrich in Fleck. Jahrbb. 1887 S. 83) eingetragene rerum hinter collocatione ist wohl eine alte Vermutung oder Besserung aus dem kurz vorhergehenden disponendarum *rerum* und im Hinblick auf 307 nunc redeo ad ordinem collocationemque rerum ac locorum.

43, 182 Für pudoris significatio Bake und Kayser blos: pudor. Andere: vultus pudorem significans, womit aber die symmetrische (chiastische) Stellung der Worte: lenitas vocis neben verborum comitas, vultus neben pudoris significatio gänzlich zerstört würde. *P.* vultus ist nach Müller und *P.* Nominativ. Damit wird aber die Koncinnität der Glieder ebenfalls gestört. *S.* vermutet, es sei ein Wort wie ingenuitas (§ 242) ausgefallen. Mir scheint dignitas näher zu liegen, die Gleichheit der Endung mit lenitas macht den Ausfall wahrscheinlicher. *A.* — lenitas vocis *et* vultus u. s. w., s. Adnot. p. 10. — in quibus haec non sunt statt des bisherigen minus. Die mut. lassen sowohl non als auch minus aus; wegen des dicht darauffolgenden minus erscheint non wahrscheinlich, das bei den vielen vorausgehenden non leicht ausfallen konnte; minus erscheint auch logisch nicht ganz scharf. Friedrich in Fleck. Jahrbb. 1887 S. 83 beschränkt das haec auf die vier letzten tadelnden Eigenschaften und so sei weder non noch minus nötig, das erst von *O P* eingeführt sei.

44, 185 de propinquis ac talibus animi permotionibus eingekl. von Kayser, Sorof, Wilkins, Cima und Friedrich.

44, 186 *cui mederi volet*, die Worte fehlen in den mutili, scheinen nach aegro überflüssig u. sind von *K.* eingekl., werden aber doch durch d. folgende valentis verlangt, dem cui mederi volet = aegrotantis gegenübersteht. *A.*

45, 188 sed ipse videaris incendi nach Erl. II der incensus hat wie Lg. 2 (daher auch Ellendt sed ipse incendi videaris) statt sed ipse ardere videaris. Im Abrinc. und Erl. 1 steht nur sed ipse videaris. Ursprünglich stand doch wohl (nach § 190 und Or. 38, 132) hier: videare ardere; dann erklärt sich auch der Ausfall des mit absichtlichem Nachdruck aus Ende gestellten Verbums leicht. Die Form videare ist gerade in den Büchern de or. häufig: I 10, 44 videare dicere; II 43, 182 facere videare; 51, 206 si id videare; 64, 259 accipere videare; II 36, 144 quod mihi videare; 61, 228 posse videare. *P*. Ich habe videaris ardere in den Text gesetzt; vgl. auch Friedr. Quaest. p. 36. *H*.

45, 189 fictus aliqui dolor mit Ströbel p. 41 und Sorof in der Recens. philol. Anzeiger 1884 p. 44.

45, 190 neque est enim facile statt neque enim facile est nach den mut. — accesserit trotz Sorof auch in der Recens. von Ströbels Dissert. a. a. O. p. 44; auch Kayser, Wilkins, Cima bleiben bei accesserit.

45, 190 vim oratoris — nisi — ad eam — accesserit. Friedrich in Fleckeisens Jahrbb. 1874 p. 864: vim orationis — nisi — ad eam (nämlich vim orationis) accesseris.

46, 193 ut sua sponte aliena dicentis. So ist hauptsächlich nach Jeeps treffender Vermutung Philol. IV p. 305 ff. (sua sponte, aliena illa) statt des korrupten spondali, spondallua, spondialia, wie die Hss. haben, zu lesen. (Abrinc. Erl. I und II spondalli illa. G. Hermann Opusc. I 304 vermutete: e sponda illa. Ribbeck Trag. Lat. rel. p. 69: splendida illa. Kayser hat spondaulia aufgenommen.) pompalia Bergk Philol. 31, p. 242. — e suo aliena dicentis s. Adnotationes p. 10 und 11.

46, 193 ut idem. Ellendt, *K. S.* at idem nach einigen Hss. Der Abrinc. Erl. II u. Gu. 3 utilem. at scheint durch den Gegensatz zwischen den beiden Tonarten, in dem der zürnende und in dem der trauernde Telamo sprach, geboten. Allein es kam hier nicht darauf an, den Gegensatz in dem Ton der Sprache hervorzuheben, sondern das eine, wie die andere ist ein Beispiel, wie die in der Rolle sich jedesmal aussprechende Empfindung so die eigene Empfindung des Schauspielers wird, daß sich dies auch in dem entsprechenden Ton des Vortrags ausdrückt. *A*. Doch aber scheint auch hier der fast überall in diesen Paragraphen sich findende Gegensatz von concitatio und lenitas berücksichtigt. At ist doch wohl vorzuziehen. *H*.

46, 193 tamen [recte] agere Ernesti (und nach ihm Schütz, jetzt auch Kayser) statt tamen recte agere.

47, 196 sine dolore magno trotz Stangl p. 279 nach Ströbel p. 35.

47, 197 sodali et quaestore meo (Lg. 81. 84) statt sodali meo. Ellendt und nach ihm Kayser: sodali [et quaestore] meo. Im Abrinc. Erl. I und II fehlen die Worte: et quaestore. *P*. Mit *K*. und *S*. *A*.

48, 199 renovabam atque revocabam. Kayser hat blos renovabam aufgenommen, und möglich ist es allerdings, daß die Worte atque revocabam, die in guten Hss. fehlen, aus dem zur Erklärung von renovabam an den Rand geschriebenen revocabam entstanden sind (Erl. I hat
nova
revocabam).

48, 199 incitatus statt concitatus nach den Hss. mit *K*.

49, 200 in possessionem haben die besten Hss. (Abrinc. Erl. I.)

49, 200 tum admiscere statt tunc mit den mut. u. Ell., auch Sorof.

50, 202 hercle statt hercule nach d. Abrinc. und Harl. mit Sorof u. Ströbel p. 45. — Ut tu illud initio Guelf. *A*. u. a. (— daher so Lambin, Heurichsen —) statt Ut illud initio. Abrinc. und Erl. 1 Tu illud ohne ut, Erl. II Tum illud.) *P*. tu konnte nach ut nicht so leicht übersehen werden. tu ist aber äußerst passend, da Sulpicius gerade das kluge Verfahren des Antonius bewundert (vgl. quod tuum principium § 202 ut tu illo § 203). Worauf sich die Bemerkung *S*.s gründe, daß im Abrinc. und

Erl. I ut ille stehe, ist mir unbekannt. *A*. Nach Ströbel p. 7 und 33 steht in diesen Hss. ebenso wie im Abrinc. tu illud.

50, 202 quanta haesitatio lassen die mut. aus, nicht zum Vorteil der Periode.

50, 203 a te praetermissus statt abs te nach den mut. und Sorof.

50, 204 Das von den mut. ausgelassene demonstrationem bis commemoratam kann kaum entbehrt werden; dagegen ist abs te bis commemorarentur offenbar ein späteres Einschiebsel.

51, 206 Jam quoniam. So Henrichsen nach Madvig statt nam. *S. A.*

51, 206 Die mut. setzen ponetur statt proponitur, freilich mit Korrektur von e aus i. proponitur bieten *O P*, offenbar richtig. — si id iure videare Friedr. Quaest. p. 37, der auch noch videamur schreiben will und Stangl Rec. von Friedrich Sp. 875; dagegen Ströbel Ph. Rundschau V Sp. 1108.

51, 207 Die mut. bieten esse statt inesse (*O P*) und in 208 quos minime statt in quos minime.

51, 208 et in alios odium statt et odium in al. mit den mut. und Sorof nach *K*. Ebendas. retulisse statt retulisse Ströbel p. 31. — quos minime statt in quos minime bieten die mut.

52, 209 Crons Vermutung (N. Jb. 1868 p. 643 f.) infamanda für inflammanda ist unhaltbar, wie schon der Gegensatz zeigt: inflammare, excitare und sedare. Zu inflammanda sunt s. Adnot. p. 11 fg., woselbst aus Versehen diese Notiz ebensowenig, wie die von Rubner, Progr. Hof 1874 S. 15 berücksichtigt ist.

52, 209 quantam insolentiam mit *S.* gegen die Hss. vgl. § 257 ut ego nuper Nummium divisorem, ut Neoptolemum ad Troiam, sic illum in campo Martio nomen invenisse. S. zu § 192. *A*.

52, 210 *eumque* Abrinc. und Erl. haben: collataque suam gloriam; das sese vor que ist, wie Adler richtig vermutet, aus esse entstanden und dadurch cum verdrängt worden. *P.* Auch die L. a. der Hss. videatur statt videantur weist auf Adlers Konj. als die sprachlich beste hin.

52, 211 casus rerum humanarum statt humanarum miseriarum schreibt Friedrich, weil die mut. miseriarum nicht kennen. Indes ist casus humanarum rerum zu allgemein; gerade Trauerfälle sind hervorzuheben; casus hum. miseriarum ist so richtig gedacht und gesagt, daß es überflüssig scheint, sich noch um anderweitige Belege zu mühen.

53, 212 aliquid inflandum est illi lenitati Melanchthon nach Guilelmius, dann Ernesti, Schütz und neuerdings auch Kayser statt aliquid † inflammandum est (influnendum Havn. 1. 2. u. a. Lambin: infundendum Ellendt: instillandum. Koch l. l. entscheidet sich für infundendum, ein Verbum, das dem influat entsprechend den Begriff der Mitteilung sinnlich darstellt § 300. 355. Brut. 16, 62).

53, 213 et principia tarda sint, oder man muß sunt ganz streichen (Pearce, Schütz, Henrichsen, Bake, Ellendt, Kayser, auch Friedrich und Stangl in d. Rec. v. Friedrich) statt et principia tarda sunt.

53, 214 Bake: argumentum ratio ipsa confirmat, idque simul atque emissum est, adhaerescit; so auch Sorof; atque *K. A*.

53, 214 item misericordiam statt ita mit den mut. Ströbel p. 66. — Für cognitionem iudicis vermutet Madvig Advers. crit. III p. 91 als richtigeren Gegensatz zu perturbatio: cogitationem iudicis.

53, 216 contrariis commotionibus auferenda sunt (Lg. 20) statt contrariis commotionibus † inferenda sunt ist unstreitig die richtige Lesart; denn weder inferenda, noch ecferenda (efferenda Abrinc. Erl. I. II), noch inserenda (Matthiae), gehört hierher; infirmanda (Walker), evertenda (Heusinger), infringenda (Hanow), elevanda sind nur Erklärungen von auferenda. Madvig Advers. III p. 92 vermutet invertenda; Heusinger evertenda.

54, 216 etiam aut testis esse potes, nullam esse artem salis, aut si qua est, eam tu potissimum nos docere mit mutili, *K*. u. *S*. *A*. Auch Piderit empfiehlt dies, behält aber die vulgata: etiam testis esse potes aut — nullam esse, aut, si — est, eam nos tu potissimum docebis bei; aut — aut ist nicht dem testis esse untergeordnet, sondern dem testis esse steht docere gegenüber. *A*.

54, 216 ut vor misericordia mit Friedrich nach der besseren Überlieferung.

54, 217 inquit [Caesar], da die meisten und besten Hss. das Caesar auslassen. — posse me aliquid ex *istis* discere entspricht mehr dem Sinne des Caesar den weniger leistungsfähigen griech. Theoretikern gegenüber: daß ich doch wenigstens etwas aus deren Leistungen (ista) lernen könne, als die L. a. der mut., die *K*. und *S*. auch Wilkins und Cima aufgenommen haben: posse me ex eis (his) aliquid. — facilius puto esse statt facilius puto posse schreibt mit Hilfe der mut. Friedrich.

54, 218 totum vor hoc risum lassen die mut. aus, daher auch von Kayser in Klammern und von Friedrich getilgt. Indes es ist zur rechten Ausprägung des Gedankens nötig.

54, 222 hoc ipsum non insulse interpretantur dicere Ennium Bake statt hoc ipsum non insulse interpretantur. Dicere enim aiunt Ennium. Da nämlich Ennium in guten Hss. (Erl. I und II) fehlt, so ist sehr wahrscheinlich, daß die Worte enim aiunt nur eine Korruptel von Ennium sind und daher aus dem Text entfernt werden müssen. (Etwas anders Kayser: itaque nonnulli [ridiculi homines] hoc ipsum non insulse [interpretantur] dicere [enim] aiunt Ennium.) Ich halte Pid.s Lesart ebenso wie die Erklärung dicere Ennium interpretantur = sie behaupten, Ennius sage, für unciceronianisch. In den mut. fehlt aiunt und ihre Lesart ist Ennium flammam a sa. Mit Sorof, Wilkins, Cima, Friedrich dicere enim aiunt Ennium.

55, 223 Innumerabilia will Friedrich p. 37 anders interpungiert und ohne huius modi einfügen; ohne zwingenden Grund. — duo[s] lectores, weil durch die mut. duo empfohlen wird.

55, 224 hi fundi statt ei mit den mut. u. a. Hss. — lotum ist mit Sorof gegen Ströbel und Stangl gehalten, vgl. a. Adnot. p. 12 fg.

55, 225 cum coniectis oculis sc. diceret, was vielleicht hinter verborum aus Versehen ausgefallen ist. Oder cum ist zu streichen, wie es denn auch im Erl. I fehlt, und mit coniectis ein selbständiger Satz zu beginnen; dann ist *inquit* entweder hinter sedes einzufügen oder doch zu ergänzen 265. Die Ergänzung ist leicht genug im Eifer des Gesprächs.

55, 225 gestu omni ei imminenti *P*. statt gestu omni et imminenti. et ist offenbar nur ein Schreibfehler für ei. (Kochs Konjektur l. l. p. 484 gestu ostendenti, vultu minanti ist unhaltbar; ostendenti wäre nach Quint. XI 3, 88 ein entschiedener Fehler.) omni et imminenti mit Sorof nach den besten Hss. Cima klammert et ein; Wilkins schreibt ei. — quid vor maioribus getilgt s. Adnot. p. 13; schon von Stangl empfohlen.

55, 226 neque est in te mit den besten Hss. — tu in urbe in Kl.; Friedrich läßt tu in urbe aus und setzt tu in foro in Klammern.

56, 228 id vor mihi eingeklammert, da es in den mut. fehlt und entbehrlich ist.

56, 230 ipsa ista mit *A E* nach Ströbel p. 47; auch von Stangl vorgezogen.

57, 231 hoc iocandi quale trotzdem es in den mut. fehlt gehalten mit Ströbel p. 25.

57, 233 tibi causam aliquam recusandi dem statt causam al. tibi rec. dem nach den mut. mit Ströbel p. 33. — inspectante Roscio statt spectante mit Ströbel p. 71.

57, 234 Friedrich Quaestiones p. 38 f. nach *A E* u. a. Hss.: ut Antonii reliqua videamus; auch von Stangl in der Rec. Sp. 875 empfohlen.

58, 235 risum velle bieten die mut., Friedrich schreibt movere risum [velle]. — ipsi illi quidem stellen die mutili.

58, 236 maxime quod tristitiam statt maximeque nach den mut.

58, 237 id vor quod lassen die mut. fort. — enim fehlt in den mut. und allen Lagom.

59, 238 iis vitiis statt istis; seit Kayser, Ellendt his.

59, 239 eaque belle agitata ridentur streichen Friedrich und Ströbel als nichtssagend. — quid hinter si lassen die mut. fort.

59, 241 genus hoc statt hoc genus nach der besseren Überlieferung mit K. S. — vere hinter habeas lassen die mut. fort. Indes erfordert es der Zusammenhang.

59, 242 atqui statt atque. Fleckeisen krit. Misc. 1864. p. 26.

60, 243 imitatione brevi iniecta. Im Abrinc. periniecta, so auch im Gu. 2 und andern. Wahrscheinlich breviter iniecta. So auch Orelli. Cfr. § 242 surripiat imitationem. A. breviter iuiecta statt brevi empfiehlt auch der Harl. und das brevi per iniecta des Abr., cf. Ströbel p. 68.

60, 247 cum M. fratre suo statt M. suo fratre nach Harl. mit Friedr., Quaest. p. 40. — distinguent statt distinguet mit Friedrich Fleck. Jahrbb. 1887, p. 84.

61, 248 honestis in rebus et severis P. statt des unerträglichen honestis in rebus severe. severisque statt et severis Friedrich. — nascuntur hinter locis lassen die mut. aus.

61, 249 nascuntur omnia Erl. I b. statt omnia nascuntur.

61, 249 gradum facies u. s. w., s. Adnot. p. 13.

61, 250 Calvo satis est, quod dicit parum. P. Die Dunkelheit der Stelle liegt vornehmlich darin, daß nicht feststeht, ob Calvus Nom. pr. oder appell. sei. Wenn P.s Erklärung richtig ist, dann dürfte an C. Licinius Calvus gedacht werden (s. d. Ind.), nur ist parum nicht *dünnhaarig* zu übersetzen, und auch in d. Stelle Brut. 48, 179 heißt parum nichts als *zu wenig*. Calvo, was Lag. 2. 36. 5 haben, kann als eine von Calvus verschiedene Lesart kaum angesehen werden, denn von Calvus konnte vor folgendem satis leicht s wegfallen, wie zu Calvo s hinzugefügt werden. Rumpf, Progr. v. Frankf. a. M. 1868 p. 27 faßt quod als Relat. in dem Sinne: für den Calvus ist genug, was er zu wenig nennt, und wendet gegen Baiter ein, mit dem S. quod dicit parum für eine von Cic. hinzugefügte Erklärung hält, daß es dann heißen würde quod dicebat parum. Calvus satis est, quod parum dicit, würde heißen: er ist ein rechter Calvus, weil er zu wenig spricht. A. — Ich halte Calvus für einfacher; s. d. A.

61, 250 superiori statt maiori mit der besseren Überlief. S. a. d. A.

61, 251 imitandis moribus s. Adnotationes p. 13. Die Noniusstelle (s. d. erkl. Ind. s. v. sannio) läßt d. Verderbnis sehr alt erscheinen.

62, 252 alterum genus imitatione s. Adnot. p. 13 fg.

62, 254 aliud quoque genus mit Friedrich nach den älteren Hss. Ströbel schlägt Rec. von Friedr. Sp. 1111 nicht übel vor: aliquod genus.

63, 255 Ac scitis. A. d. Hs. Sed scitis. Ein Gegensatz findet nicht statt.

63, 255 Statt duci videns percontatur geben die meisten Hss. videt; Friedrich Quaest. p. 42 will daher videt et percontatur. — altero genere ridiculi in Klammern, weil es wahrscheinlich ein Glossem ist.

63, 256 etiam est ambiguum statt est etiam stellen die mut.

64, 257 ut Statii a Scauro stomachante Bake statt ut Statius Scauro stomachanti.

64, 258 etiam vor proverbia mit Friedrich nach den Hss., da es auch der Sinn erfordert, Ströbel p. 64 stellt nach dem Harl. das se hinter omnes.

64, 260 est nach illud und M. vor Scipionem, que hinter egregium und esse hinter civem eingeklammert, weil in den mut. nicht überliefert und völlig entbehrlich, leicht hinzugesetzt, aber schwer, wenn es einmal vorhanden, gestrichen werden konnte.

65, 263 Galba hinter Servius ille fehlt in den mut.
66, 265 ut illud M. Cicero —, illud fehlt im Erl. II; andere (Ernesti, Henrichsen, Ellendt) schreiben dafür ille.
66, 265 Collationis est, ut ille Gallius statt collationem: ut ille Gallus schreibt Friedrich.
66, 266 s. Adnotationes p. 14. Muther schlägt vor quae ducuntur cum irrisione ex similitudine turpioris.
66, 268 homo vor inimicus fehlt in den mut.; es scheint dem vorhergehenden homo seinen Ursprung zu verdanken.
66, 268 Der Schlußsatz ist mit Bake, Sorof und schon von Ernesti in Klammern gesetzt. Denn die Änderung tacita statt tanta hilft nicht viel und der Witz erstreckt sich viel weiter, als das Glossem angiebt. Denn das geschickte Ablehnen der Verantwortung wird gar nicht in der Erklärung berührt. *H.*
67, 270 dicit fuisse *egregium* et Graeco eum verbo appellat *P.* statt dicit † fuisse et cum Graeco verbo appellat. Offenbar ist das Wort egregium in den Hss. ausgefallen, was wegen der Ähnlichkeit der Schriftzüge mit dem folgenden et Graeco eum leicht geschehen konnte, (denn so sind nach den hs. Spuren die Worte zu stellen, et fehlt im Erl. II); fuisse in hoc genere allein geht wenigstens auf keinen Fall an; und vor Ellendts Vermutung multum fuisse (was mehr ein Tadel wäre) oder Bakes floruisse verdient die vorgeschlagene Ergänzung unzweifelhaft den Vorzug. (Vgl. I 49, 215 in procuratione civitatis egregius. Brut. 21, 84 in qua sc. bellica laude egregium reperimus fuisse Laelium.)
67, 270 uti ei ferunt mit Friedrich.
67, 271 ex quibus a me exempli causa nonnulla ponuntur nach Orellis Vermutung statt ex quibus a me exempli causa † multa ponuntur (Ellendt: complura nach Lg. 2. 36. So auch Kayser: Erl. I b. hat multa; im Erl. II ist das Wort verunstaltet: copusena, was vielleicht auf: ex quibus a me exempla copiosius ponuntur führen könnte); s. a. Adnotat. p. 16.
67, 273 Da die mut., soweit sie erhalten sind, statt Livius: illius geben, so vermutet Friedrich ille eius in Jahrbb. 1887, S. 84. — Ströbel p. 64 will nach Kühner Gr. II p. 297 das nur von Harl. bezeugte aliquot post annis statt annos vorziehen. So auch Stangl und Friedrich.
68, 275 [quasi] per dissimulationem [non intellegendi] mit *S. A.* Ohne Klammern *P.*
68, 275 Friedrich will (Jahrbb. a. a. O. S. 84) per simulationem non intellegendi als Glosse zu quasi auffassen u. daher einklammern. Indes trifft Sorofs Einklammern des quasi und non intellegendi offenbar das Richtige; der Erklärer bemerkte, daß in diesem Falle die prudentes eben nur quasi-prudentes seien und schienen; das quasi sollte ursprünglich vor prudentibus stehen; der Begriff dissimulatio wurde durch non intellegendi erklärt und genauer präcisiert.
68, 276 Friedrich schreibt eum ad ianuam quaereret und verwirft das se, ohne zwingenden Grund.
69, 278 Friedrich schreibt hominem enim nullum puto und misericordia digna sit; auch Stangl erkennt in der Recens. von Friedrichs Quaestiones Sp. 873 die betreffenden Lesarten nicht an.
69, 279 me tamen statt quidem; nam cum a moroso dicantur, tum eius non sal, sed natura ridetur; dann cum ille postea diceret schreibt Friedrich Fleckeisens Jahrbb. 1887 S. 84 f.
70, 281 Albium Granius ist jedenfalls statt der Vulgatlesart Albius Granium zu schreiben; dieselbe Wortstellung I 53, 228. Ab Albucio mit *K.* und *S.* und Hs. *A.*
70, 281 Der Harl. läßt et hinter videretur aus, siehe Adnotationes p. 16.
70, 283 C. Memmius.

70, 284 peteretur Lucullus und Luculli, Lucullum statt Lucilius giebt Friedrich nach Hss.

70, 284 Die Hss. bieten vel; verlangt wird ein Wort wie velut; Sorof schrieb ut.

70, 285 mihi illud etiam Friedrich; — illum vor iniquum eingeklammert, weil es die mut. fortlassen und der Text gewinnt. — quem te audisse statt unde nach Friedrich mit den mut. — Sorof schreibt cuius iocus est, weil in den Hss. hinter Novius leicht ein cuius ausfallen und durch et ersetzt werden konnte; Wilkins schreibt ebenfalls cuius iocus est und Cima: cuius et iocus est.

71, 287 se vor exercentibus eingefügt mit Friedrich.

71, 289 et vitiis corporis ridicule s. Adnot. p. 15.

71, 290 et hinter inquit fordern die Hss., aber factus iam statt sum mit den mut. zu lesen, kann ich mich nicht entschließen. Gleich hinterher folgt ein zur Genüge betontes iam.

71, 291 voltis statt voluistis setzt Friedrich nach Hss.

72, 292 id vor me fehlt in den mut. und in P^1. — movere animos die mut. statt commovere mit K. Wilkins u. Stangl S. 279.

72, 293 abducere und am Schluß deducere wohl die bessere Überlief. Ströbel S. 14.

72, 294 id vor facere lassen die mut. aus.

74, 299 sed ego non de praestanti quadam et eximia sed prope de vulgari et communi prudentia disputo. K. und S. lesen mit Bake disputabam und klammern die ganze Stelle ein. Eine blos müßige Wiederholung des zu Anfange von § 298 ausgesprochenen Gedankens ist der Satz nicht, steht vielmehr in einem Gegensatz zu der Ausnahmestellung, die dem Crassus in dem Satz Crassi quidem etc. vindiciert wird. Die Hss. haben den Satz, allerdings mit wunderlichen Abweichungen. Im Abrinc. steht probe, sonst meist propie statt prope. Statt prudentia hat der Abrinc. und Erl. I lingua disputa ta apud. Es fehlt also in beiden ut, auch ist zwischen disputa und ta ein kleiner Zwischenraum, wie Piderit bemerkt, wegen des an dieser Stelle schadhaften Pergaments. ta aber ist sicher aus ut korrumpiert. An disputa für disputo dürfte nun wohl nicht so großer Anstoß zu nehmen sein. Die Entstehung der Korruptel lingua oder linga bleibt allerdings ein Rätsel. A.

74, 299 Friedrich schreibt Jahrbb. 1887 S. 85: sed prope de vulgari et communi vi nunc disputo. Ita apud Graecos. — et vor ei fehlt in d. mut.

74, 300 statt: quanta mens fuerit will Koch l. l. p. 484 quam vehemens (vemens) geschrieben wissen. Der Abrinc. hat quam tamen fuerit, der Erl. I ursprünglich ebenso quā tam fuerit, von späterer Hand aber korrigiert: qua ta\|m fuerit, der Erl. II hat blos quanta fuerit. Eine Änderung scheint nicht notwendig und vehemens nicht dem Sinn entsprechend. A.

74, 301 aliqui testis statt aliquis mit Friedrich.

74, 302 quam quod Abrinc. Erl. I. II statt quam cnm.

75, 305 ea tu in adversariis exprobrando Abrinc. Erl. I statt ea tu [in] adversariis exprobrando (in, das auch im Erl. II fehlt, wird von Lambin, Ernesti, Henrichsen, Ellendt, Kayser verworfen).

76, 307 Vassis in Athenäum X S. 157 will nostris confirmandis contrariis refutandis wie 331 und hält praesidiis wie Anfang 312 argumentis für Glossem. Wohl unnötig. H.

77, 311 pertinere mit Sorof, Wilkins, Cima statt permanare.

77, 312 ad augendum et ad ornandum Lambin und Schütz nach Hs. statt agendum et ornandum (so auch Ellendt, Kayser; Abrinc. Erl. I. II ad agendum et ornandum).

77, 312 qui audiant mit Friedrich; auch von Stangl empfohlen.

77, 314 Ergo ut in oratore Abrinc. Erl. I. II und alle andern Hss. statt Ergo ut † in oratore (so auch Ellendt).

78, 315 *quaeque* nach dem Abr. Erl. I. II und Gu. 3 mit *S*. (quae *P*.) Es werden die beiden Attribute prima und quae permulcere debet verbunden. Vgl. Seyffert Progymn. 4, 1. *A*.

78, 317 Statt evolet haben der Abrinc. und Erl. I (mit andern Hss.) evolvat, wozu aus dem vorhergehenden se zu nehmen wäre: sich entfalte. Doch entspricht evolet wohl eher dem profundat: nach Breite (profundat) und Höhe (evolet).

78, 319 reperietur; sumetur *P*. mit den Hss. Subj. ist dann principium. reperientur, sumentur und nachher deprompta — ea — communia [ita] mit *K*. und *S*. *A*. Nicht res, unde sumuntur principia, momenti aliquid afferunt, sondern die principia selbst si ex eis rebus sumuntur, quae sunt uberrimae. *A*.

78, 319 ex ea causa, quae tum agatur, effloruisse nach dem Abrinc.: et floruisse statt defluxisse. *A*. — Nach Ströbel p. 6 und Schneidewins Kollation steht in Abr. Erl. I und Harl. quaeritur et floruisse; quaeritur ist verlesen aus quae agitur, darum liest Ströbel wohl mit Recht ex ea causa quae agatur effloruisse.

79, 320 munitionem st. des nicht nachweisbaren communitionem nach *O P*.

79, 320 in parvis atque in frequentibus Havn. 2 und die Mehrzahl der Lg. statt in parvis atque infrequentibus (Erl. I in parvis atque frequentibus).

79, 323 et vor attentum zweimal von Friedrich ausgelassen; ebenso quam in initiis vor esse und non hinter esse gestrichen.

80, 325 In die vorige Auflage hatte sich der Druckfehler adierunt st. ediderunt eingeschlichen. Weiter lese ich mit Friedrich, Quaest. p. 45 das auch durch das Abr. fieri sibi velle empfohlene fieri sibi velle non videantur.

80, 326 videant illam *K*. videant illa *S*. vel illa *P*. Die mutili haben videant illa, velut illa. *A*. — Friedrich schreibt videatur illa statt velut oder vel illa.

80, 327 in igni positast (worauf noch folgt: flétur, interea haec soror) nach dem Basilicanus Rhein. Mus. N. F. XXIV 1 S. 138 f.

80, 329 aut in principio aut in argumentando aut in perorando Lambin statt aut in principio aut in argumento aut in purgando aut in perorando. (Ellendt: aut in principio aut in argumento aut in perorando; Kayser: aut in principio aut in arguendo aut purgando aut perorando). Das hs. argumento ließe sich vielleicht nach § 152 verteidigen in der Bedeutung von Beweisführung; neben in re narranda et perorando aber ist doch hier wohl argumentando vorzuziehen. Die Worte *aut purgando* (ohne in), welche der Abrinc. und die beiden Erl. hinter argumento haben, gehören nicht in den Text, da purgare als *technischer* Ausdruck für den *Redeteil*, der hier gemeint sein müßte, die reprehensio oder confutatio des Gegners (Einl. II § 6, 5), nicht vorkommt § 331; (purgatio ist die entschuldigende Selbstrechtfertigung des Beklagten, cum consulto negat se reus fecisse ad Her. I 14, 24). *P*. purgando wohl nur Schreibfehler für perorando. *A*. — aut purgando aut perorando hinter in argumento klammert Friedrich ein, setzt quam cetera statt ceterae und id vor perit in Klammern. Quaest. p. 46 schlägt er nicht übel vor sed hoc magis in hoc elaborandum est statt in hac, nämlich daß die narratio in hoc maxime elaborandum est. *H*.

81, 330 persequemur und detrahemus statt persequamur und detrahamus mit Kayser, Sorof, Wilkins und Ströbel p. 12; auch Cima schreibt so. Friedrich folgt den Hss. und schreibt persequamur und detrahamus.

81, 332 Stangl S. 280 stellt aus dem inflammandos der mut. nicht übel her inflammando sunt, was Adler im Manuskript der 5. Aufl. durch nachträgliche Notiz mit Rotstift gebilligt zu haben scheint.

82, 333 Mit Ströbel p. 38 vitanda est etiam zu schreiben ist sehr verlockend, doch mahnt das kurz vorhergehende sapiens enim est zur Vorsicht.

82, 334 qui utilitatem petit statt putat setzt Friedrich, ebenso tam vor clara in Klammern.

83, 338 maxima quasi oratoris scena videatur contionis. Den Genet. oratoris haben der Abrinc. Erl. I, II. Die Wortstellung quasi oratoris scena wie quasi rhetoris scena § 57. (K. oratori quasi officina); quia videatur (videtur K. und S.) als Nebensatz zu ut — excitemur. Zu contionis ist scena noch einmal zu denken. A. Doch ist der Gedanke durch K.s Lesart ungleich klarer.

83, 339 infirmum statt infimum nach d. Abrinc. Erl. I und II. A. si quo animi vitio, si quoquo K. P. In den mutili quo, oder cum, daraus S. quo, zumal da quoquo hier ohne Verbum stehen würde. A. Von Ströbel S. 68 gebilligt.

84, 341 sed et quia multa sunt oder nach Pearce mit Ernesti, Orelli, Kayser: essent.

84, 341 magis legendi et delectationis Abrinc. Erl. I und die meisten anderen Hss. statt magis legendi [et] delectationis (so Schütz, Henrichsen, Orelli; im Erl. II fehlt et).

84, 342 aut corpori s. a. Adnot. p. 16 f. — divitiae quaeque fortuna det liest Friedrich. — et moderationi statt ac mit Friedrich.

84, 344 admirationis habent und magis videntur statt habet und videtur nach Kayser mit Ströbel S. 33; auch Wilkins, Cima.

86, 353 ipsum cum cognatis oppressum suis mit d. Abrinc. Erl. I. II. Gu. 3. S. Die Vulgata: ipsum oppressum cum suis P., der suis im weiteren Sinne: samt seiner Umgebung faßt. Allein gleich nachher quos cum humare vellent sui ist sui die Angehörigen. A.

87, 355 quid responderint Abrinc. Erl. I. II und einige andere Hss. statt cui responderint. Es ist sehr zweifelhaft, ob der dativ. des relat. im neutr. so von Cic. gebraucht sei. cui kann hier leicht aus einem Versehen durch das eben vorausgehende cui respondendum sit entstanden sein.

87, 357 Die mut. bieten hinter verborum aut hominum; Stangl S. 280 stellt offenbar richtig her verborum omnium aut. H.

87, 357 non possemus P. mit dem Abrinc.; vix possemus mit K. und Erl. I. II. S. Da nach Ströbel S. 34 auch A und H vix haben, ist es aufgenommen.

87, 358 liest Kayser mit Billigung von Ströbel p. 52 f. ebenso Wilkins, Cima und Friedrich: omnibus, quae sub aspectum veniunt sede opus est, statt omnibus, quae sub aspectum veniunt admonetur memoria nostra atque excitatur; sed locis opus est; da nicht nur die Worte admonetur memoria nostra atque excitatur, sondern auch locis im Abrinc. und Erl. I a. fehlen. Im Abrinc. ist zwischen veniunt und sed opus est eine kleine Lücke.

88, 361 Orelli: quae causa me nunc etc., da einige Hss. quae causa me non etc. haben. — me nunc ad mit Friedrich nach dem Harl. (nunc) und den übrigen mut. (non).

89, 363 id vor quod dixisti eingeklammert, weil es in den mut. und P fehlt.

89, 364 esse eingeklammert mit Friedrich, Quaest. p. 47, weil es in den meisten guten Hss. fehlt und besser entbehrt wird.

90, 365 Statt longe setzen die mut. ein valde, außer dem Abr.; tu vor tandem ebenfalls, daher ist es trotz Sorof eingeklammert; ebenso ego vor doctos. — Am Schluß ut in eo statt uti mit Friedrich.

90, 366 nomen suum statt ipsum mit den mut.

90, 367 Agite vero, ille inquit statt Agite vero, inquit (ille fehlt im Abrinc. und Erl. I. II). Stangl p. 36 empfiehlt die Streichung und im Texte von Adlers Manuskript zur 5. Aufl. ist es mit Rotstift eingeklammert. H.

Druckfehler.

A. Text. 64, 257 = S. 336, Z. 22 ist aus Versehen der überflüssige Ictus auf máter aus der vorigen Auflage herübergenommen; richtiger wird geschrieben: quíbus nec mater néc pater.

B. Anmerkungen. Auf S. 270, Note 10 sind in der dritt- und viertletzten Zeile des griechischen Citates einige Versehen unbeachtet geblieben. Es ist zu lesen: τῆς st. τῆς, ἡμῶν st. ημῶν, κατασκευασθῆναι st. κατασκευασθῆναι.

Seite 292, Note 2, vorletzte Zeile lies: artificialis st. artificalis.

Seite 313, rechte Kol. ist in der langen Anmerkung Z. 8 v. unten zu lesen: scil. invidiam st. invidiae.

CICERO
DE ORATORE.

FÜR DEN SCHULGEBRAUCH

ERKLÄRT

VON

Dr. KARL WILHELM PIDERIT.

SECHSTE AUFLAGE

BESORGT VON

O. HARNECKER.

LEIPZIG,
DRUCK UND VERLAG VON B. G. TEUBNER.
1890.

CICERO

DE ORATORE.

FÜR DEN SCHULGEBRAUCH

ERKLÄRT

VON

Dr. KARL WILHELM PIDERIT.

SECHSTE AUFLAGE

BESORGT VON

O. HARNECKER.

DRITTES HEFT: BUCH III.

MIT DEN ERKLÄRENDEN INDICES UND EINEM REGISTER ZU DEN ANMERKUNGEN.

LEIPZIG,

DRUCK UND VERLAG VON B. G. TEUBNER.

1890.

M. TULLII CICERONIS
DE ORATORE
LIBER TERTIUS.

Inhalts-Übersicht.

Prooemium 1, 1—4, 16. Indem sich Cicero anschickt, den weiteren Verlauf des Gesprächs zu berichten, welches jene Staatsmänner auf dem Tusculanum des Crassus über die Redekunst pflogen, mahnt ihn dieser Anlaß selbst an das Schicksal, welches jene Männer bald nach diesem Gespräche ereilte. Er erzählt mit innigem Mitgefühl ihr Ende, und das Bild, welches er von Crassus und Antonius in seinem Bericht zeichnet, ist ihm wie ein Denkmal, das er ihrem Andenken errichtet.

Einleitung. Nachmittags versammeln sich die Freunde an einladender Stelle zur Fortsetzung des Gesprächs, in welchem jetzt die Hauptrolle dem Crassus zufällt. Dieser beschwert sich zunächst über die Ungerechtigkeit, mit welcher Antonius die Aufgaben verteilt habe, indem er für sich selbst die Erörterung über den Inhalt der Rede vorwegnahm, dem Crassus aber die Besprechung der Form überließ, während doch Inhalt und Form, Gedanken und Ausdruck so innerlich zusammengehörten und ein so eng in sich verbundenes Ganze bildeten, wie die einzelnen Teile des Weltalls und die einzelnen Zweige der Wissenschaften, und wie auch die Redekunst selbst trotz der Mannigfaltigkeit des Inhalts und der Zwecke der einzelnen Reden nur eine sei (—24).

Wie die Natur auf den Gehör- oder Gesichtssinn des Menschen verschiedenartig einwirkt und doch nur ein Gefühl, nämlich Wohlgefallen erregt, wie das Gleiche geschieht bei den Schöpfungen der verschiedenen Künste, so verhält es sich auch mit der Redekunst. Entsprechend dem Charakter der einzelnen Redner finden sich in ihrer Redeweise die größten Gegensätze; aber dennoch wird ihnen gleiche Anerkennung zu teil. Dies wird an den Beispielen griechischer und römischer Künstler, griechischer und römischer Redner, zuletzt an den Beispielen der bei dem Gespräch selbst beteiligten Personen nachgewiesen. Bei dieser Verschiedenheit, sollte man meinen, sei eine Einheit der Schule und Unterweisung unmöglich. Daß dem nicht so sei, ergebe sich am deutlichsten aus der Schule des Isokrates, aus der die verschiedenartigsten und doch gleich ausgezeichnete Schüler hervorgingen. Die allgemeinen Lehren müßten sich der Natur des einzelnen Schülers anpassen. So sei auch, was Crassus jetzt vorzutragen sich anschicke, das seiner Natur Gemäße (—36).

Nachdem nun Crassus diese allgemeinen Bemerkungen vorausgeschickt hat, geht er zu seinem besondern Thema über, und zwar bleiben ihm noch zwei der Aufgaben des Redners zu behandeln, von denen die zunächst behandelte von allen die wichtigste ist.

I. Der sprachliche Ausdruck, Elocutio (10, 37—57, 212).
(In der Sprache der gewöhnlichen Schulrhetorik als dritte Aufgabe des Redners, die elocutio, s. B. I Einl. II § 5, 3.)

Hierbei wird über folgende vier Punkte gehandelt, nämlich über das 1) latine 2) plane 3) ornate 4) apte congruenterque dicere. Von diesen beziehen sich die Forderungen des latine dicere (—48), d. h. der sprachlichen Korrektheit, und des plane dicere (—51), d. h. der Deutlichkeit (der logischen Korrektheit) auf jede mündliche oder schriftliche Äußerung, nicht bloß auf die Rede, die einem künstlerischen Anspruche genügen will. Für die kunstvolle Rede im engeren Sinne kommen noch die Vorschriften über das ornate congruenterque dicere hinzu.

Für den Zweck des ornate dicere reichen aber Vorschriften, wie sie die gewöhnlichen Rhetoren geben, nicht aus. Bildet das ganze Leben nach all seinen Beziehungen hin das Feld, auf dem sich der Redner zu bewegen hat, so gehört dazu auch ein dies ganze Gebiet umfassendes Wissen (—55). Dies giebt dem Crassus Veranlassung zu einer längeren Ausführung über die Notwendigkeit des Besitzes einer höheren allgemeinen (philosophischen) Bildung für den Redner. Der Begriff der sapientia umfaßte bei den Alten beides, die cogitandi pronuntiandique ratio und die vis dicendi; und Männer wie Lykurgus, Pittakus, Solon bei den Griechen, Coruncanius, Fabricius, Cato, die Scipionen bei den Römern gelten eben in diesem Sinne für sapientes. Andre, die sich in gleichem Vollbesitz dieser sapientia befanden, wie Pythagoras, Demokritus, Anaxagoras, hielten sich doch vom staatlichen Leben fern. Diese Selbstbeschränkung aber auf die bloße Erkenntnis der Dinge ohne die praktische Verwertung dieser Kenntnis im öffentlichen Leben machte, daß sie dem Theoretisieren einen zu großen Spielraum gewährten; es bildete sich ein gewisses geistiges Spiel, die Dialektik, und ein Lehrstand von Männern, welche darin die Jugend unterwiesen. Zu letzteren gehörten beispielsweise Gorgias, Isokrates, zu jenen ein Themistokles, Perikles, Theramenes. Sokrates verwarf jene für die Praxis des Lebens wertlosen Redeübungen und schied die Philosophie, die Wissenschaft des Erkennens, von der Redekunst. Diese Trennung ist seitdem geblieben. Unter den von Sokrates ausgehenden Schulen halten die Epikureer sich grundsätzlich von politischer Thätigkeit fern, die Stoiker aber weichen in ihrer ganzen Denk- und Redeweise von den geistigen Anschauungen der Kreise von Menschen, in denen und auf welche der Redner wirken soll, so weit ab, daß der Redner so wenig von jenen, wie von diesen Vorteil ziehen kann. Für ihn sind von Bedeutung nur die Peripatetiker und Akademiker, deren Lehre besonders durch Carneades in Rom Aufnahme gefunden hat. Nach dem Vollzug jener Trennung haben sich der Philosophie die Griechen, der Redekunst die Römer zugewandt. Wer also vom Redner mehr verlangt, als die bloße Kenntnis eines allgemeinen Schemas, wie es die Rhetoren mitzuteilen pflegen, der hat zu den Griechen in die Schule zu gehen, die sich jetzt allein im Besitz jener allgemeinen philosophischen Bildung befinden, welche früher gemeinsames Eigentum der Philosophen und Redner war (—73). Wenn Crassus das Höchste in der Redekunst ohne jene philosophische Bildung für unerreichbar erklärt, während er doch selbst das Geforderte nur in unvollkommner Weise besitzt und nach seinem ganzen Lebensgange nur so besitzen kann, so redet er ja eben nicht von sich, sondern vom vollendeten Redner. Aber weder der einseitige, trockene Unterricht der Rhetoren, noch die philosophische Bildung an sich ohne die Hilfe der Beredsamkeit können zu jenem Höchsten gelangen: dazu gehört die Verbindung von beiden. Daß aber andrerseits zur Aneignung philosophischer Bildung nur für das Bedürfnis der Praxis und in dilettantischer Weise kein Übermaß von Zeit gehöre, davon ist Crassus ebenfalls ein beweisendes Beispiel (—90). Crassus rechtfertigt nun diesen Exkurs und sein Edikt gegen die lateinischen Rhetoren, welches er als Censor erlassen hatte (—95).

Der Schmuck der Rede, welcher ihr Beifall gewinnt, beruht also vor allem auf der Gediegenheit und dem Reichtum des Inhalts. Mit diesem steht der durch das Ganze sich hinziehende Ton der Sprache in Verbindung. Bei der Anwendung der besonderen Schmuckmittel (der lumina verborum und sententiarum) hat man sich vor Überladung zu hüten, die Überdruß erregt (—103). An die Vorschrift von dem sparsamen Gebrauch und der rechten Verteilung der lumina verborum und sententiarum schließen sich die Bemerkungen über die amplificatio. Sie findet ihre Stelle zwar auch beim explanare (docere) und conciliare, besonders aber doch beim concitare. Zu ihrer Anwendung aber giebt am meisten Veranlassung die laudatio und vituperatio. Zu den Mitteln der amplificatio gehören auch die loci communes, die entweder der incusatio oder der deprecatio (aut miseratio) dienen, oder allgemeinerer Art sind und Stoff geben in utramque partem disputandi (—107). Dies führt auf die Philosophenschulen zurück, welche die Kunst über allgemeine Sätze und Fragen in utramque partem zu disputieren jetzt noch allein pflegen.

Diese machen auch den Unterschied zwischen allgemeinen Fragen (quaestiones infinitae) und Fragen über konkrete Fälle (definita controversia certis temporibus ac reis). Diese Einteilung halten auch die Rhetoren noch fest, in ihrem Unterricht selbst aber beschränken sie sich lediglich auf letztere. Crassus giebt nun, darin in einigen Punkten von Antonius abweichend, eine kurze Übersicht von jenen, indem er sie einteilt in Fragen, die zum Ziel eine Erkenntnis, und in solche, die zu ihrem Ziel ein Handeln haben. Von jenen werden dann auch die Unterabteilungen aufgeführt und durch Beispiele erläutert (—119). Wenn nun die Rede um so mehr Gelegenheit zu Schmuck bietet, je weiter der Gedankenkreis ist, in welchem sie sich bewegt, so hat der Redner auch im Interesse der Ausschmückung den einzelnen Fall möglichst auf die allgemeine Frage zurückzuführen. Darin liegt aber eben wieder die Nötigung, daß der Redner auf dem Gebiet der Philosophie kein Fremdling sei. Der Reichtum des Inhalts wird auch der Sprache Fülle verleihen (—125). Catulus weist nun nach, wie im Einklang mit den Forderungen des Crassus bei den großen griechischen Staatsmännern der Vergangenheit philosophische Bildung und Kraft der Rede vereinigt waren, findet aber diese Vereinigung an Crassus um so bewundernswerter, da er als Römer dergleichen Studien nicht viel Zeit habe widmen können (—131). Crassus erwidert, wie auf andern Gebieten geistiger Thätigkeit eine Teilung der Aufgaben stattgefunden habe, welche früher in einer Hand vereinigt lagen, so sei dies auch in Bezug auf den Redner geschehen, und kehrt zu der Behauptung zurück, daß auch in der Gegenwart der Redner die Größe seiner Vorbilder nur dann erreichen könne, wenn seine Redegabe eine reiche Bildung zu ihrer Basis habe (—143). Nach einem kurzen Zwischengespräch, in welchem dem Crassus für seinen von einer großartigen Auffassung des rednerischen Berufs ausgehenden Vortrag Anerkennung ausgesprochen, dieser doch aber zugleich gemahnt wird, nun auf das zunächst vorliegende Thema zurückzukommen (—148), geht Crassus zu der stilistischen Formschönheit im Einzelnen, zu den Redefiguren über, die er mehr in einer kurzen Übersicht, als einer weitläufigen Auseinandersetzung darlegt. — Die stilistische Ausschmückung bezieht sich 1. auf einzelne Worte (38, 148—43, 171). Hier kommen in Betracht 1. der unfigürliche, 2. der figürliche Ausdruck und zwar a) die Metapher (155ff.), b) die Allegorie (166), c) die Metonymie (167), d) die Synekdoche (168), e) die Katachrese (169); II. auf ganze Sätze und Perioden (43, 171—52, 199). Hier handelt es sich 1. um die Wortstellung (43, 171—44, 173), 2. um den Rhythmus und die Periodenbildung (44, 173—52, 199). Hierbei verweilt Crassus etwas länger, teils um auf das noch wenig verstandene und gewürdigte Wesen des oratorischen numerus (— der sein Abbild in der Schöpfung überhaupt, als dem höchsten κόσμος, wie in jedem einzelnen schöpferischen Gebilde hat —), teils um auf die Gesetze des Rhythmus für die Rede aufmerksam zu machen (—195), da gerade für den Wohlklang das Publikum ein sehr feines Gehör hat (—199). — Außer der Wortstellung und dem Rhythmus sind dann noch wie 3. das ganze Kolorit der Rede, der Redeton überhaupt, so insbesondere 4. die einzelnen Redeblumen und oratorischen Verschönerungsmittel zu beachten (52, 199—54, 210).

So bleibt (nach der kurzen Erwähnung des apte dicere 54, 210—56, 213) nur noch der fünfte Hauptteil der oratorischen Thätigkeit zu besprechen übrig:

II. Der Vortrag, Actio.

(In der Sprache der gewöhnlichen Schulrhetorik die fünfte und letzte Aufgabe des Redners, s. B. I Einl. II § 5, s.)

Hier ist auf den eigentümlichen Ton und Ausdruck der Stimme, wie auf angemessene Gestikulation, Gesichtsausdruck und mannigfach wechselnden Deklamationston zu achten (56, 213—61, 228).

Damit schließt Crassus; denn die Sonne neigt sich zum Untergang, wie auch er bald untergehen wird, um dem bereits aufgegangenen neuen Gestirn, dem Hortensius, des Catulus Schwiegersohn, zu weichen, das bald als Stern erster Größe alle andern mit seinem Lichte überstrahlen wird (61, 228—230).

Instituenti mihi, Quinte frater, eum sermonem referre et mandare huic tertio libro, quem post Antonii disputationem Crassus habuisset, acerba sane recordatio veterem animi curam molestiamque renovavit. Nam illud immortalitate dignum ingenium, illa humanitas, illa virtus L. Crassi morte exstincta subita est vix diebus decem post eum diem, qui hoc et superiore libro continetur. Ut enim Romam rediit extremo ludorum scenicorum die, vehementer commotus oratione ea, quae ferebatur habita esse in contione a Philippo, quem dixisse constabat 'videndum sibi esse aliud consilium; illo senatu se rem publicam gerere non posse', mane Idibus Septembribus et ille et senatus frequens vocatu Drusi in curiam

Prooemium c. 1, 1—5, 19. 1) Erinnerung sowohl an die letzten Tage und den so plötzlich erfolgten Tod des Crassus, als auch an das Schicksal der übrigen Personen des Gesprächs c. 1, 1—5, 16.

1. *referre* wiedergeben; huic libro mandare in diesem Buche schriftlich fixieren, aufzeichnen.

2. *quem habuisset* 'die Unterredung, wie sie nach meiner (Ciceros) Auffassung und Erinnerung wohl Crassus gehalten haben mochte', daher der Konj. Die allgemeiner gehaltene Nachricht sermonem quem habuerat wird durch die Darstellung des Cic., wie sie im Folgenden gegeben wird, subjektiv gefärbt, daher quem habuisset. Umgekehrt wird II 126 die eigene Beobachtung des Catulus admirari soleo, quod uterque vestrum dicit, eben durch den von Cic. gesetzten Konj. dicat als auch von anderer Seite gemacht, d. i. allgemeiner giltig charakterisiert.

6. *vix diebus decem*, die Spiele dauerten vom 4.—12. Septbr. Die Disputation über die Redekunst begann am 2. Tage des Aufenthalts auf dem Tusc. des Crassus (I 28), die Disputation, welche im 2. und 3. Buch berichtet wird, ist am 3. Tage ihres Aufenthalts gehalten. Die Senatsversammlung in Rom fand am 13. Septbr. statt. Wahrscheinlich also hatten jene Männer sich schon einen oder mehrere Tage vor dem Beginn der ludi auf das Landgut des Crassus begeben. Über ihren eigentlichen Zweck s. B. I Einl. I. § 22.

7. *ludorum scenicorum*, I 24 s. ind. ludi Romani.

10. *consilium*, beratende Behörde, II 165; 333; p. Sest. 42.

videndum esse — consilium, sich umsehen nach, ad Att. V 1, 3 antecesserat Statius ut prandium nobis videret = provideret.

illo senatu = ille cum senatus esset. II 1, hoc populo, wir 'mit'.

11. *gerere*, wie ad Fam. II 7, 3 quoniam sane feliciter et ex mea sententia rem publicam gessimus, dagegen p. Rosc. Amer. 131 quid miramur L. Sullam, cum solus rem publicam regeret etc.

12. *vocatu Drusi* — absichtlich hervorgehoben, um die außergewöhnliche Situation damit anzudeuten. Einl. I § 22; die Form vocatu wohl nur hier bei Cic. Das Recht, den Senat zu einer Sitzung einzuladen, stand übrigens den Volkstribunen

venit. Ibi cum Drusus multa de Philippo questus esset, rettulit
ad senatum de illo ipso, quod in eum ordinem consul tam
graviter in contione esset invectus. Hic, ut saepe inter homines
sapientissimos constare vidi, quamquam hoc Crasso, cum aliquid accuratius dixisset, semper fere contigisset, ut numquam
dixisse melius putaretur, tamen omnium consensu sic esse tum
iudicatum, ceteros a Crasso semper omnes, illo autem die etiam
ipsum a se superatum. Deploravit enim casum atque orbi-
tatem senatus, cuius ordinis a consule, qui quasi parens bonus
aut tutor fidelis esse deberet, tamquam ab aliquo nefario prae-
done diriperetur patrimonium dignitatis; neque vero esse mirandum, si, cum suis consiliis rem publicam profligasset, consilium senatus a re publica repudiaret. Hic cum homini et
vehementi et diserto et in primis forti ad resistendum, Philippo,
quasi quasdam verborum faces admovisset, non tulit ille et

von altersher more maiorum zu,
Gell. XIV 7, 4. 8, 2.
  2. *consul*, er, der Consul, der als
solcher von Rechts wegen das Haupt
des Senates hätte sein sollen. I 24.
p. Sest. 42 cum viderem — consules,
qui *duces publici consilii esse deberent*, perfecisse, ut per ipsos publicum consilium funditus tolleretur. S. 3.
  3. *Hic*. Das hic wird wieder aufgenommen durch tamen u. tum u.
illo die und steht im Gegensatz zu
semper fere contigisset, = bei dieser Gelegenheit. Die leichte Anakoluthie soll wohl den Charakter
und Ton des Ergriffenen, Mitfüh-
lenden kennzeichnen.
  saepe, weil oft die Rede auf diesen
Schwanengesang des Redners kam.
  4. *sapientissimos*, die urteils-
fähigsten.
  constare vidi wie I 104 ut inter homines peritos constare video. ad Q.
fr. I 1, 25 constare inter omnes video.
  6. *esse iudicatum*, ist vom Verb.
des Zwischensatzes constare vidi
abhängig gemacht, wie de off. I 22
quoniam, ut placet Stoicis, quae in
terris gignuntur, ad usum hominum
omnia creari —, in hoc naturam
debemus ducem sequi statt omnia
creantur. de rep. I 58 si ut Graeci
dicunt, omnes aut Graios aut barbaros esse, vereor ne —. Es sind
nur zwei Satzformen hier durchein-
ander gemischt, nämlich ut saepe
inter homines sapientissimos constare (= constanter iudicari) vidi,
Crasso, cum aliquid accuratius
dixisset, semper fere contigisse ut —,
hic omnium consensu sic iudicatum
est, ceteros —. Nun steht aber der
Satz Crasso semper fere contigisse
zu dem folgenden hic omnium consensu iudicatum est in einem concessiven Verhältnis. Es konnte also
der Hauptsatz auch lauten, hic,
quamquam hoc Crasso — semper
fere contigisset, tamen omnium
consensu sic esse iudicatum vidi,
ceteros —. Diese beiden Satzformen
sind also vermischt.
  11. *patrimonium dignitatis* — als
ein Begriff zu fassen, von dem dann
wieder cuius ordinis abhängig ist. Die
dignitas ist selbst d. patrimonium.
  12. *suis consiliis* etc. Eine Glied für
Glied durchgeführte Antithese; sua
consilia seine (verderblichen) Rat-
schläge u. Maßnahmen (Um-
triebe) stehen gegenüber dem consilium, der beratenden Stimme
des Senates; *rem publicam* profligare
den Staat zugrunde richten wird
wieder aufgenommen durch *a re
publica* repudiare, von der Staatsleitung ausschließen. Die Antithese ist um so kunstvoller, als ein
jedes der einzelnen Glieder in anderer Bedeutung sich wiederholt;
consilia, consilium u. res publica.
  13. *homini vehementi*, *Philippo*
die Wortstellung wie I 69; II 10.
  15. *verborum faces*, etwa: Worte wie
Feuerbrände, II 205 hae dicendi faces.

graviter exarsit pignoribusque ablatis Crassum instituit coërcere. Quo quidem in ipso loco multa a Crasso divinitus dicta ferebantur, cum sibi illum consulem esse negaret, cui senator ipse non esset. 'An tu, cum omnem auctoritatem universi ordinis pro pignore putaris eamque in conspectu populi Romani concideris, me his existimas pignoribus terreri? Non tibi illa sunt caedenda, si L. Crassum vis coërcere; haec tibi est concidenda lingua, qua vel evulsa spiritu ipso libidinem tuam libertas mea refutabit.' Permulta tum vehementissima contentione animi, ingenii, virium ab eo dicta esse constabat sententiamque eam, quam senatus frequens secutus est, ornatissimis et gravissimis verbis: 'Ut populo Romano satis fieret, numquam senatus neque consilium rei publicae nec fidem defuisse', ab eo dictam et eundem, id quod in auctoritatibus perscriptis exstat, scribendo adfuisse. Illa tamquam cycnea fuit divini hominis vox et oratio,

1. *pignoribusque ablatis*, s. ind. pignoris capio.
coërcere allg. = in Strafe nehmen; stärker als unser 'zur Ordnung rufen'.
2. *divinitus*, 15; I 28.
3. *cum* etc. Valer. Max. VI 2, 2. L. vero Philippus consul adversus eundem ordinem (sc. senatum) libertatem exercere non dubitavit. Nam segnitiem pro rostris exprobrans alio sibi senatu opus esse dixit; tantumque a paenitentia dicti abfuit, ut etiam L. Crasso, summae dignitatis et eloquentiae viro, id in curia graviter ferenti *manum inici* iuberet. Ille reiecto *lictore* Non es, inquit, mihi, Philippe, consul, quia nec ego quidem tibi senator sum. Quint. VIII so ego te consulem putem, cum tu me non putes senatorem?
6. *pro pignore* der du die auctoritas senatus behandeln willst, wie ein geringfügiges Pfändungsstück, das ja doch zu nichts mehr gut ist, sondern eben beim Verfall conciditur, dah. *concideris*, mit Anspielung auf die Zerstörung oder Wertlosmachung des verfallenen Pfandguts.
7. *illa* sc. pignora ablata Man beachte das absichtliche Spiel mit auctoritatem concideris caedenda u. concidenda lingua; die gewaltige Steigerung des concidere linguam bis zu qua *evulsa* und endlich die Antithese zugleich des Wortes und Sinnes: libidinem tuam und libertas mea; lib. mea = die persönliche Freiheit, mein Recht als freier Mensch und Staatsbürger.
11. *senatus frequens* der zahlreich versammelte Senat, ebenso oben 2, nicht etwa 'in großer Majorität'.
12. *secutus est*, beigetreten, als Erwiderung jener Äußerung des Consuls in der contio.
Ut populo Romano, mit Nachdruck vorangestellt (im Gegensatz zu den Interessen eines selbstsüchtigen Consuls, die zu befriedigen der Senat nicht berufen ist).
15. *auctoritatibus perscriptis*, s. ind.
16. *cycnea vox*, nach der bekannten Sage vom Schwanengesang. Aesch. Agam. 1407 κύκνου δίκην τὸν ὕστατον μέλψασα θανάσιμον γόον κεῖται (sc. Kassandra), Plat. Phaed. p. 85 B. οἱ κύκνοι — τοῦ Ἀπόλλωνος ὄντες μαντικοί τέ εἰσι καὶ προειδότες τὰ ἐν Ἅιδου ἀγαθὰ ᾄδουσί τε καὶ τέρπονται ἐκείνην τὴν ἡμέραν διαφερόντως ἢ ἐν τῷ ἔμπροσθεν χρόνῳ. Aristot. hist. anim. 9, 13 ᾠδικοὶ δὲ καὶ περὶ τὰς τελευτὰς μάλιστα ᾄδουσιν. Tusc. I 37 ut cycni — quod ab eo (sc. Apolline) divinationem habere videantur, qua providentes quid in morte boni sit, cum cantu et voluptate moriantur. Ovid. Met. 14, 430 carmina iam moriens canit exsequialia cycnus.

quam quasi exspectantes post eius interitum veniebamus in curiam, ut vestigium illud ipsum, in quo ille postremum institisset, contueremur. Namque tum latus ei dicenti condoluisse sudoremque multum consecutum esse audiebamus; ex quo cum cohorruisset, cum febri domum rediit dieque septimo lateris dolore consumptus est. O fallacem hominum spem fragilemque fortu- 7 nam et inanes nostras contentiones! quae medio in spati osaepe franguntur et corruunt aut ante in ipso cursu obruuntur, quam portum conspicere potuerunt. Nam quamdiu Crassi fuit ambitionis labore vita districta, tamdiu privatis magis officiis et ingenii laude floruit quam fructu amplitudinis aut rei publicae dignitate. Qui autem annus ei primus ab honorum perfunctione aditum omnium concessu ad summam auctoritatem dabat, is eius omnem spem atque omnia vitae consilia morte pervertit. Fuit hoc luctuosum suis, acerbum patriae, grave bonis omnibus; 8 sed ei tamen rei publicae casus secuti sunt, ut mihi non erepta L. Crasso a dis immortalibus vita, sed donata mors esse videatur. Non vidit flagrantem Italiam bello, non ardentem invidia senatum, non sceleris nefarii principes civitatis reos, non luctum filiae, non exsilium generi, non acerbissimam C. Marii fugam, non illam post reditum eius caedem omnium crudelissimam, non denique in omni genere deformatam eam civitatem, in qua ipse florentissima multum omnibus gloria praestitisset.

1. *quam quasi exspectantes*, als müßte sie sich noch einmal hören lassen.
Unverkennbar sind die Seufzer in 7 über das tragische Geschick des Crassus Anklänge an die eigenen bitteren Erfahrungen, wie sie I 2 fg. berührt.
7. *medio in*, 18. Schultz § 441, 1. anders I 157 *franguntur*, Aesch. Agam. 505 πολλῶν ῥαγεισῶν ἐλπίδων μιᾶς τυχών.
9. *portum conspicere*, auf d. Bild einer Seefahrt bereiten schon vorher die Ausdrücke fragilis fortuna, franguntur, in ipso cursu obruuntur vor.
ambitionis labore, I 1.
11. *rei publicae dignitate*. Den privatis officiis u. dem ingenii laus steht entgegen der mehr reale fructus amplitudinis Genuß einflußreicher Stellung und rei publicae dignitas das Ansehen bei praktischer Bethätigung in der Staatsleitung.
13. *omnium concessu*, I 1.
Es wäre sehr interessant, u wichtig zu wissen, was man sich genauer unter der summa auctoritas, unter der spes und den omnia vitae consilia zu denken hat, die Crassus im J. 91 erstrebte. Vielleicht eine Stellung als leitender Staatsmann, etwa princeps senatus an der Spitze einer gemäßigten Aristokratie?
15. *suis*, II 353.
16. *erepta*, das würde man sagen müssen, wenn ihn die invidia deorum einer glücklichen Zukunft entrissen hätte.
18. *bello* sc. Marsico s. sociali.
ardentem invidia senatum wie der Senat der Gegenstand glühenden Hasses wurde, als trüge er die alleinige Schuld am Ausbruch des Bundesgenossenkriegs.
19. *sceleris nefarii*, als wären sie Hochverräter. Einl. I § 11, 130, u. § 22.
20. *luctum filiae*, s. ind. Licinia.
21. *fugam — caedem*, Einl. I § 11. 131.
22. *denique*, s4. 133. 135. 179; I 44; II 46; 76.
genere, s. ind. Licin. u. Cornelii.
23. *praestitisset*, der Konj., weil ein vergleichender Gegensatz zugrunde liegt zu videre civitatem deformatam; genau quam florentissimam

3 **9** Et quoniam attigi cogitatione vim varietatemque fortunae, non vagabitur oratio mea longius atque eis fere ipsis definietur viris, qui hoc sermone, quem referre suscepimus, continentur. Quis enim non iure beatam L. Crassi mortem illam, quae est a multis saepe defleta, dixerit, cum horum ipsorum sit, qui tum cum illo postremum fere collocuti sunt, eventum recordatus? Tenemus enim memoria Q. Catulum, virum omni laude praestantem, cum sibi non incolumem fortunam, sed exsilium et fugam deprecaretur, esse coactum, ut vita se ipse privaret. **10** Iam M. Antonii in eis ipsis Rostris, in quibus ille rem publicam constantissime consul defenderat quaeque censor imperatoriis manubiis ornarat, positum caput illud fuit, a quo erant multorum civium capita servata. Neque vero longe ab eo C. Iulii caput hospitis Etrusci scelere proditum cum L. Iulii fratris capite iacuit, ut ille, qui haec non vidit, et vixisse cum re publica pariter et cum illa simul exstinctus esse videatur. Neque enim propinquum suum, maximi animi virum, P. Crassum, suapte interfectum manu neque collegae sui, pontificis maximi, sanguine simulacrum Vestae respersum esse vidit; cui maerori, qua mente ille in patriam fuit, etiam C. Carbonis, inimicissimi **11** hominis, eodem illo die mors fuisset nefaria. Non vidit eorum ipsorum, qui tum adulescentes Crasso se dicarant, horribiles miserosque casus. Ex quibus C. Cotta, quem ille florentem reliquerat, paucis diebus post mortem Crassi depulsus per invidiam tribunatu non multis ab eo tempore mensibus eiectus est e civitate; Sulpicius autem, qui in eadem invidiae flamma fuisset, quibuscum privatus coniunctissime vixerat, hos in tri-

---

vidisset et in qua — praestitisset = cum — vidisset et — praestitisset. Brut. 103 profecto nemo his viris gloria praestitisset.
1. *Et quoniam —.* Hierin ist nicht ein Grund angegeben für das folgende non vagabitur oratio mea, sondern warum er noch weiter in diesem Thema fortfährt. Dabei legt er sich aber selbst eine Beschränkung auf. Es ist also eine gewisse Kürze des Ausdrucks für persequar, sed non vagabitur oratio mea longius. Daher nicht nötig et in sed zu ändern.
7. *Catulum*, Einl. I § 15, 182 u. ind.
9. *deprecari* gewöhnlich wegbitten; hier = inständig erbitten.
10. *Antonii*, Einl. I § 11, 131 und ind. *censor*, Einl. I § 11, 121.
12. *manubiis*, s. ind.
13. *C. Iulii*, Einl. I § 16, 189 und ind. *L. Iulii*, s. ind.

17. *P. Crassum*, s. ind. Licin.
18. *collegae*, s. ind. Mucii.
19. *maerori* — nachdrücklich vorangestellt: so sehr würde bei ihm alle und jede persönliche Rücksicht hinter dem Schmerz über die tiefe Erniedrigung des Vaterlandes zurückgetreten sein, ut *maerori* (non gaudio) inimicissimi hominis mors ei *nefaria* fuisset.
20. *inimicissimi* — schon von dessen Vater her. Einl. I § 10, 77 ff.
21. *eodem illo die* — der berüchtigte Mordtag, dies Cinnae, Tusc. V 55.
nefaria (s. ind. Carbo) — schon darum, weil er in der curia Hostilia, also an geweihter Stätte ermordet ward.
22. *se dicarant*, Einl. I § 12 u. 13.
25. *tribunatu* etc., Einl. I § 13, 156.
26. *Sulpicius*, Einl. I § 12 u. ind.
qui — fuisset, I 82. Schultz § 374.

bunatu spoliare instituit omni dignitate; cui quidem ad summam gloriam eloquentiae efflorescenti ferro erepta vita est et poena temeritatis non sine magno rei publicae malo constituta. Ego vero te, Crasse, cum vitae flore tum mortis opportunitate divino consilio et ornatum et exstinctum esse arbitror. Nam tibi aut pro virtute animi constantiaque tua civilis ferri subeunda fuit crudelitas aut, si qua te fortuna ab atrocitate mortis vindicasset, eadem esse te funerum patriae spectatorem coëgisset; neque solum tibi improborum dominatus, sed etiam propter admixtam civium caedem bonorum victoria maerori fuisset. Mihi quidem, Quinte frater, et eorum casus, de quibus ante dixi, et ea, quae nosmet ipsi ob amorem in rem publicam incredibilem et singularem pertulimus ac sensimus, cogitanti sententia saepe tua vera ac sapiens videri solet, qui propter tot, tantos tam praecipitesque casus clarissimorum hominum atque optimorum virorum me semper ab omni contentione ac dimicatione revocasti. Sed quoniam haec iam neque in integro nobis esse possunt et summi labores nostri magna compensati gloria mitigantur, pergamus ad ea solacia, quae non modo sedatis molestiis iucunda, sed etiam haerentibus salutaria nobis esse possint; sermonemque L. Crassi reliquum ac paene postremum memoriae prodamus, atque ei, si nequaquam parem illius ingenio, at pro nostro tamen studio meritam gratiam debitamque referamus. Neque enim quisquam nostrum, cum libros

---

4. *cum vitae flore tum* — nach der Blüte (der glücklichen Entfaltung) des Lebens, wie besonders nach der glücklichen Stunde deines Todes meine ich, daß dein Leben von seinem Anfang bis zum Schluß durch göttlichen Ratschluß bestimmt gewesen sei.
5. *divino consilio* Ratschluß, Vorsehung.
et ornatum et exstinctum; die flos vitae und die opportunitas mortis war es, die ihm die Zierde und Leuchte im Leben war und auch seinen Tod verklärte.
9. *improborum*, der Häupter der Demokratie (Marius, Cinna).
10. *bonorum victoria*, der Optimaten (Sulla).
12. *nosmet ipsi* — infolge der Catilinarischen Verschwörung und deren Unterdrückung, um derentwillen Cic. nicht nur die Leiden des Exils zu ertragen, sondern auch noch manche andere schmerzliche Erfahrung zu machen hatte.

13. *sententia tua* — *qui revocasti*, in Cat. I 7 nostra, qui remansissemus, caede. de divin. II 31 Pherecydeum illud, qui — dixit.
15. *tam praecipitesque*, 12t tanto tam immensoque campo; häufiger tamque.
clarissimorum hominum atque optimorum virorum, vir geht auf Männlichkeit und staatsbürgerliche Eigenschaften, homo auf allgemein menschliche und die des Privatmanns. ad Fam. V 21, 1 cum esset maior et virorum et civium bonorum et iucundorum hominum copia.
16. *ab omni contentione ac dimicatione*, von allen politischen Bestrebungen und Kämpfen.
20. *haerentibus*, in animo, Einl. I § 2 und 22 a. E.
23. *pro nostro studio*, nach Maßgabe meiner Verehrung und Liebe.
24. *Neque enim* — zur Begründung von nequaquam parem illius ingenio.

Platonis mirabiliter scriptos legit, in quibus omnibus fere
Socrates exprimitur, non, quamquam illa scripta sunt divinitus,
tamen maius quiddam de illo, de quo scripta sunt, suspicatur.
Quod item nos postulamus non a te quidem, qui nobis omnia
summa tribuis, sed a ceteris, qui haec in manus sument, maius
ut quiddam de L. Crasso, quam quantum a nobis exprimetur,
suspicentur. Nos enim, qui ipsi sermoni non interfuissemus
et quibus C. Cotta tantummodo locos ac sententias huius disputationis tradidisset, quo in genere orationis utrumque oratorem
cognoveramus, id ipsum sumus in eorum sermone adumbrare
conati. Quodsi quis erit, qui ductus opinione vulgi aut Antonium ieiuniorem aut Crassum pleniorem fuisse putet, quam
quomodo a nobis uterque inductus est, is erit ex eis, qui aut
illos non audierint aut iudicare non possint. Nam fuit uterque,
ut exposui antea, cum studio et ingenio et doctrina praestans
omnibus tum in suo genere perfectus, ut neque in Antonio
deesset hic ornatus orationis neque in Crasso redundaret.

Ut igitur ante meridiem discesserunt paullumque requie-
runt, in primis hoc a se Cotta animadversum esse dicebat,
omne illud tempus meridianum Crassum in acerrima atque

1. *Platonis*, Einl. I § 20, 199.
2. *exprimitur*, 47; II 90; Or. 3. ad Att. 8, 11, 1. vis illius viri, quem nostris libris satis diligenter expressimus.
4. *quod postulamus non a te quidem*, du findest alles, was ich schreibe, vollkommen; dir also zuzumuten, meint Cic. im Scherz, daß du glauben sollst, die gegenwärtige Schilderung des Crassus sei nicht vollkommen, sondern noch weit hinter der Wirklichkeit zurückgeblieben, wäre doch vergeblich. *nobis omnia summa tribuis*, mir nur Vortreffliches zutraust.
5. *maius ut — suspicentur* ist Epexegese zu quod.
7. *qui — interfuissemus*. qui mit dem Konj. in konzessivem Sinne: trotzdem ich ... so habe ich doch; die Färbung ist ganz subjektiv, sonst hätte Cic. cum oder quamquam gesetzt. Cic. will sagen: ich habe es unternommen, obgleich ich mir selbst sagen mußte, wie schwierig meine Aufgabe sei, da ich doch u. s. w., vgl. de off. III 112 Pomponius, qui illum iratum allaturum ad se aliquid contra patrem arbitraretur, surrexit.

8. *locos*, die Hauptpunkte, die Kapitel, über welche gesprochen worden ist.
sententias, die Grundgedanken; loci ac sent. Grundzüge in äußerlicher u. innerlicher Beziehung, im Hinblick auf Anordnung u. Inhalt.
9. *quo in genere cognoveramus*, die rednerische Eigentümlichkeit eines jeden der beiden Hauptsprecher hatte Cic. früher aus andern Quellen und zwar gründlich, nicht nach der oberflächlichen Ansicht des Publikums, sondern sei es noch aus dem persönlichen Umgang oder aus den Schilderungen urteilsfähiger Männer oder auch wenigstens zum Teil und in Beziehung auf Crassus aus hinterlassenen Schriften kennen gelernt und darnach hat er eben den rednerischen Charakter beider hier zu zeichnen versucht, freilich nicht nach der gewöhnlichen, aber unrichtigen Ansicht über beide Männer, sondern möglichst treu.
15. *studio*, etc. I 5; III 77. 125; Einl. I § 8, 49.
2) Äußere Scenerie: Versammlung im Park am Nachmittag c. 5, 17. 18.
20. *in acerrima cogitatione*. Dies

attentissima cogitatione posuisse seseque, qui vultum eius, cum
ei dicendum esset, obtutumque oculorum in cogitando probe
nosset atque in maximis causis saepe vidisset, tum dedita opera
quiescentibus aliis in eam exhedram venisse, in qua Crassus
posito lectulo recubuisset, cumque eum defixum esse in cogitatione sensisset, statim recessisse atque in eo silentio duas
horas fere esse consumptas. Deinde cum omnes inclinato iam
in pomeridianum tempus die venissent ad Crassum: Quid est,
Crasse, inquit IULIUS, imusne sessum? etsi admonitum venimus
te, non flagitatum.

Tum CRASSUS: An me tam impudentem esse existimatis,
ut vobis hoc praesertim munus putem diutius posse debere?

Quinam igitur, inquit ille, locus? An in media silva
placet? Est enim is maxime et opacus et frigidus.

Sane, inquit CRASSUS; etenim est in eo loco sedes huic
nostro non importuna sermoni.

Cum placuisset idem ceteris, in silvam venitur et ibi magna
cum audiendi exspectatione considitur.

Tum CRASSUS: Cum auctoritas atque amicitia vestra tum
Antonii facilitas eripuit, inquit, mihi in optima mea causa libertatem recusandi. Quamquam in partienda disputatione nostra,

ernste Nachdenken des Crassus während des ganzen übrigen Vormit-
tags ist also, als von einem Augen-
zeugen bemerkt, wohl unzweifelhaft
historisch. Ob es aber nicht vielmehr auf Rechnung der politischen
Lage zu setzen ist und dem von
der Partei einzuschlagenden Wege
und den zu treffenden Maßnahmen
galt? Cicero freilich konnte Crassus'
Nachdenken in diesem Buche nicht
damit begründen und verwendet
diesen Zug in seinem Sinne, um
ein Seitenstück zu Platos Darstellung und Sokrates' Benehmen zu
geben; Einl. I § 20, 201.

4. *Crassus* etc., Einl. I § 20, 201.

5. *posito lectulo*, eben zum Behuf
der Siesta, des recubare, der gewöhnlichen Situation bei ruhigem
Meditieren. Cat. mai. 38.

9. *imusne sessum*, gleichsam 'zur
Sitzung', hier natürlich um zu dis-
putieren, also zur Fortsetzung des
Gesprächs, II 367 a. E.

11. *An*, Schultz § 205, A. 1, *impudentem*, rücksichtslos, wie ein
unverschämter Schuldner, der nicht
daran denkt, seine Schulden abzutragen.

12. *posse debere*, mit in lebhafter
Umgangssprache wohl häufigerer
Auslassung von me, wie II 142 von
se (oder es ist zu lesen: deberi oder
mit Lambin: putem *me* diutius).

debere schuldig bleiben, vorenthalten, de leg. II 7, III 26; Brut. 17;
Top. 4 non potui igitur tibi saepius
hoc roganti — debere diutius, ad
Fam. VII 19, 1; ad Att. IV 2, 2.

16. *importuna*, II 20.

17. *venitur*, man begiebt sich;
d. h. die ganze Gesellschaft.

18. *exspectatione*, wir 'Spannung'.
Tractatio c. 5, 19—61. 228. — Inhalt und Form, Gedanke und
Wort dürfen eigentlich nicht
geschieden werden: beide
sind eins, wie das Weltganze
eins ist, wie die verschiedenen Wissenschaften durch ein
Band zusammengehalten werden, wie die Beredsamkeit
selbst trotz ihrer verschiedenen Richtungen nur eine
ist 5, 19—6, 25.

21. *Quamquam* etc. — und doch
hat er mirs, streng genommen, unmöglich gemacht, der mir gestellten Aufgabe zu entsprechen.

cum sibi de eis, quae dici ab oratore oporteret, sumeret, mihi
autem relinqueret, ut explicarem, quemadmodum illa ornari
oporteret, ea divisit, quae seiuncta esse non possunt. Nam
cum omnis ex re atque verbis constet oratio, neque verba
sedem habere possunt, si rem subtraxeris, neque res lumen,
si verba semoveris. Ac mihi quidem veteres illi maius quiddam
animo complexi plus multo etiam vidisse videntur, quam quantum nostrorum ingeniorum acies intueri potest; qui omnia
haec, quae supra et subter, unum esse et una vi atque [una]
consensione naturae constricta esse dixerunt. Nullum est enim
genus rerum, quod aut avulsum a ceteris per se ipsum constare aut quo cetera si careant, vim suam atque aeternitatem
conservare possint. Sed si haec maior esse ratio videtur, quam
ut hominum possit sensu aut cogitatione comprehendi, est
etiam illa Platonis vera et tibi, Catule, certe non inaudita vox,
omnem doctrinam harum ingenuarum et humanarum artium
uno quodam societatis vinculo contineri. Ubi enim perspecta
vis est rationis eius, qua causae rerum atque exitus cogno-
scuntur, mirus quidam omnium quasi consensus doctrinarum

1. *quae dici oporteret*, den Stoff; die inventio, als den Teil I des 2. Buches.

2. *quemadmodum ornari oporteret*: die Stilisierung, der sprachliche Ausdruck, die elocutio.

3. *quae seiuncta esse non possunt*, ganz verschieden von quae seiungi non possunt, heißt: Dinge, Aufgaben, die gesondert von einander nicht bestehen können, die eine Trennung von einander mit ihrem Wesen nicht vereinigen können, mit anderen Worten in 20: quod avulsum a ceteris per se ipsum constare und vim suam conservare non potest.

4. *ex re atque verbis*, wie 125.

6. *veteres*, si. ind. Eleatae.

7. *complexi — viderentur*, ein Hexameter gegen die unten 175 ausgesprochene Regel. Auch die unmittelbar folgenden Worte: quam quantum nostrorum ingeniorum acies bilden einen Pentameter. p. Arch. 1 in qua me non infitior mediocriter esse (versatum).

plus videre, größere, tiefere Einsicht, weiteren Blick haben.

9. *haec*, Crassus ist mit seinen Gästen im Freien und weist mit den Worten auf den Himmel über ihren Häuptern und die Erde unter ihren Füßen, also auf das ganze Universum hin, 99.

12. *quo cetera si careant —*, welches entbehren und doch dabei — behaupten können.

13. *Sed si* etc. Die Beweisführung geht herabsteigend von den schwierigeren philosophischen, dem gemeinen Menschenverstand entlegeneren Dingen zu verständlicheren und eher zugestandenen und dann im dritten Glied zu allgemein anerkannten Erfahrungen über. *ratio* 'Betrachtungsweise'.

haec ratio, ein solcher Kalkül, solche Auffassung; vgl. zu 1 5.

14. *sensu aut cogitatione*, menschliche Denk- und Empfindungsweise.

15. *Platonis* Epinom. p. 992 A. δεσμὸς γὰρ πεφυκὼς πάντων τούτων εἷς ἀναφανήσεται τοῖς διανοουμένοις. 136. p. Arch. 2 etenim omnes artes, quae ad humanitatem pertinent, habent quoddam commune vinculum et quasi cognatione quadam inter se continentur.

tibi Catule — dem Kenner der griechischen Litteratur, Einl. I § 15, 176.

18. *vis rationis eius, qua* Macht und Wesen (Tiefe) der Verstandesthätigkeit, vermöge deren.

19. *mirus quidam* etc. insofern wir dann imstande sind zu erkennen,

concentusque reperitur. Sed si hoc quoque videtur esse altius, 22
quam ut id nos humi strati suspicere possimus, illud certe
tamen, quod amplexi sumus, quod profitemur, quod suscepimus,
nosse et tenere debemus. Una est enim, quod et ego hesterno
die dixi et aliquot locis antemeridiano sermone significavit
Antonius, eloquentia, quascumque in oras disputationis regio-
nesve delata est. Nam sive de caeli natura loquitur sive de 23
terrae, sive de divina vi sive de humana, sive ex inferiore
loco sive ex aequo sive ex superiore, sive ut impellat homines
sive ut doceat sive ut deterreat, sive ut concitet sive ut re-
flectat, sive ut incendat sive ut leniat, sive ad paucos sive ad
multos, sive inter alienos sive cum suis sive secum, rivis est
diducta oratio, non fontibus; et, quocumque ingreditur, eodem
est instructu ornatuque comitata. Sed quoniam oppressi iam 24
sumus opinionibus non modo vulgi, verum etiam hominum
leviter eruditorum, qui, quae complecti tota nequeunt, haec
facilius divulsa et quasi discerpta contrectant, et qui tamquam
ab animo corpus, sic a sententiis verba seiungunt, quorum

wie die eine Wissenschaft die andere bedingt und diese wieder die
nächstfolgende hervorruft u. trägt.

2. *humi strati* wir etwa: im Banne
irdischer Beschränkung, Schranken.

id suspicere: den Blick zu solcher
Höhe erheben, soweit sich emporschwingen; vgl. Tusc. V 71 haec
ille intuens atque suspiciens etc.

3. *quod profitemur* 54.

4. *ego hesterno die*, vgl. I 11 ff;
II 16; 83 hesterno die, III 81 hesterni
et hodierni diei.

5. *aliquot locis*, II 31 ff.; 41; 67 ff. —
insofern an diesen Stellen von den
verschiedenen Gebieten die Rede
ist, auf denen sich der éine Redner
zu bewegen hat. S. d. krit. Anh.

8. *ex inferiore loco*, vor Gericht,
weil der Richter auf dem erhöhten
Tribunal saß; *ex aequo*, im Senat,
wo jeder von seinem Sitze aus
sprach; *ex superiore*, in der Volksversammlung von der Rednerbühne.
211; Or. 71.

10. *sive ut doceat* etc. von den drei
bekannten oratorischen Funktionen:
docere, conciliare und movere oder
concitare (101; II 129) fehlt hier das
conciliare.

12. *sive secum* — wie im dramatischen Monolog.

rivis, II 117. Top. 33 partium distributio saepe est infinitior tamquam rivorum a fonte diductio.

est diducta entströmt, leitet sich her.

13. *non fontibus*. Cic. will sagen,
daß die Rede nichts unmittelbar und
ursprünglich sich Entwickelndes,
nichts Urwüchsiges sein, sondern
nur aus schon vorhandenem, fließen-
dem Material schöpfen kann. Wir
reden von ursprünglichen und abgeleiteten 'Quellen'. Mit anderen
Worten: 'der Stoff ist dem Redner
irgendwie bereits gegeben, ihn
kann er nicht schaffen'.

quocumque ingreditur = im weiteren Verlaufe.

14. *comitata est* ist begleitet, d. h.
nicht völlig frei, nicht selbständig;
wir etwa: 'eingedämmt', abhängig,
bedingt, beeinflußt; vgl. u. oppressi
beengt, befangen.

instructu bezieht sich auf die
inventio, auf den Stoff, durch 'Er-
kundigung', 'Forschung'.

ornatu bezieht sich auf die elocutio sprachliche 'Fassung'.

16. *complecti* wir 'erfassen'.

17. *contrectant*, eig. oberflächlich
betasten, äußerlich daran 'rühren'.
Das Wort hat öfter etwas entwür-
digende Bedeutung.

18. *sententiis*. Der Plur. von sententia deckt sich hier genau mit
unserem 'Inhalt', 'Stoff'; gegensätz-

sine interitu fieri neutrum potest, non suscipiam oratione mea plus quam mihi imponitur. Tantum significabo brevi neque verborum ornatum inveniri posse non partis expressisque sententiis neque esse ullam sententiam illustrem sine luce verborum. Sed priusquam illa conor attingere, quibus orationem ornari atque illuminari putem, proponam breviter quid sentiam de universo genere dicendi.

7 Natura nulla est, ut mihi videtur, quae non habeat in suo genere res complures dissimiles inter se, quae tamen consimili laude digneutur. Nam et auribus multa percipimus, quae etsi nos vocibus delectant, tamen ita sunt varia saepe, ut id, quod proximum audias, iucundissimum esse videatur; et oculis colliguntur paene innumerabiles voluptates, quae nos ita capiunt, ut unum sensum dissimili genere delectent; et reliquos sensus voluptates oblectant dispares, ut sit difficile iudicium excellentis maxime suavitatis. At hoc idem, quod est in naturis rerum, transferri potest etiam ad artes. Una fingendi est ars, in qua praestantes fuerunt Myro, Polyclitus, Lysippus; qui omnes inter

---

lich dazu könnte man verba hier mit 'Form' wiedergeben; der Sing. ulla sententia ist unser Gedanke, Satz; auch Entwickelung, Darlegung.

2. *significabo*, gleichsam auf meine Fahne schreiben; wir etwa: nur soviel will ich von vornherein bemerken.

3. *partis expressisque sententiis*, wenn nicht vorher schon der Stoff (das Stoffliche) angeeignet und zum Ausdruck gebracht ist; vgl. II 120 quae tota ab oratore pariuntur; de fin. III 3 verba parienda sunt imponendaque nova novis rebus nomina = Bezeichnungen muß man 'schaffen' und neue Benennungen übertragen auf...

Wie die einzelnen Sinne unter sich verschiedenartige u. doch gleich angenehme Eindrücke aufnehmen, so begreifen auch die einzelnen Künste unter sich verschiedenartige Leistungen von Künstlern, die doch alle gleiche Anerkennung finden. So auch die Redekunst, und wie die Verschiedenartigkeit der Schöpfungen der einzelnen Künstler das gleiche Wohlgefallen an diesen Schöpfungen nicht stört, so geschieht es auch bei der Redekunst. 6, 25—10, 37.

10. *nam et auribus* —. Beispiele für den vorher ausgesprochenen allgemeinen Satz, zuerst von den Eindrücken des Ohrs. Die Gedankenverbindung sollte nun sein: die Ohreneindrücke sind verschiedenartig, das Wohlgefallen daran ist gleich. Danach könnte man erwarten, quae etsi nos *variis* vocibus delectant, tamen — oder eine Umstellung der Worte: quae etsi sunt varia, saepe tamen ita nos vocibus delectant, ut —. Der Gedanke wird aber etwas anders gewendet u. zusammengezogen in der Weise: es giebt viele das Ohr erfreuende Töne, diese sind verschiedenartig. Diese Verschiedenartigkeit jedoch ist eine solche, daß nicht ein Ton am meisten erfreut, sondern jedesmal derjenige, den wir zuletzt gehört haben.

11. *voces*, Klänge, Töne.

13. *voluptates*, Genüsse.

14. *dissimili genere*, wie gleich darauf 26 a. E. in dispari genere: in ganz verschiedener Beziehung oder entgegengesetzter Richtung.

16. *in naturis rerum*, in der Sinnenwelt (auf den Gebieten des natürlichen Lebens), 127 (161).

17. *Una fingendi ars* etc. s. ind. Plastische Künstler und Maler.

se dissimiles fuerunt, sed ita tamen, ut neminem sui velis esse
dissimilem. Una est ars ratioque picturae, dissimillimique tamen
inter se Zeuxis, Aglaophon, Apelles; neque eorum quisquam est
cui quidquam in arte sua deesse videatur. Et si hoc in his quasi
mutis artibus est mirandum et tamen verum, quanto admirabilius in oratione atque in lingua? quae cum in eisdem sententiis verbisque versetur, summas habet dissimilitudines; non
sic, ut alii vituperandi sint, sed ut ei, quos constet esse laudandos, in dispari tamen genere laudentur. Atque id primum
in poëtis cerni licet, quibus est proxima cognatio cum oratoribus, quam sint inter sese Ennius, Pacuvius Acciusque dissimiles; quam apud Graecos Aeschylus, Sophocles, Euripides,
quamquam omnibus par paene laus in dissimili scribendi genere
tribuatur. Aspicite nunc eos homines atque intuemini, quorum
de facultate quaerimus, quid intersit inter oratorum studia
atque naturas. Suavitatem Isocrates, subtilitatem Lysias, acumen
Hyperides, sonitum Aeschines, vim Demosthenes habuit. Quis
eorum non egregius? tamen quis cuiusquam nisi sui similis?
Gravitatem Africanus, lenitatem Laelius, asperitatem Galba,
profluens quiddam habuit Carbo et canorum. Quis horum non
princeps temporibus illis fuit? et suo tamen quisque in genere
princeps. Sed quid ego vetera conquiram, cum mihi liceat uti
praesentibus exemplis atque viris? Quid iucundius auribus
nostris umquam accidit huius oratione Catuli? quae est pura
sic, ut Latine loqui paene solus videatur, sic autem gravis, ut
in singulari dignitate omnis tamen adsit humanitas ac lepos.
Quid multa? istum audiens equidem sic iudicare soleo, quidquid aut addideris aut mutaveris aut detraxeris, vitiosius et
deterius futurum. Quid, noster hic Caesar nonne novam quandam rationem attulit orationis et dicendi genus induxit prope

2. *ars ratioque picturae,* das Kunstgesetz, die Theorie und die künstlerische Ausübung (*ars*); wir etwa 'die Malerei praktisch und theoretisch'; ratio die Theorie, das (künstlerische) Gesetz vgl. zu I 5.

8. *ut alii vituperandi* und daraus sich etwa die dissimilitudines ergäben. (Möglich, daß hinter ut die Worte *alii laudandi* aus Versehen ausgefallen sind.)

10. *cerni,* das Passivum, wie 107 disseri licet; dagegen das Activum z. B. de off. I 102 licet cernere.

proxima cognatio, I 70.

11. *quam sint* etc., s. ind. tragici veteres.

15. *studia atque naturas,* den Richtungen u. Eigentümlichkeiten (Individualitäten), II 92 ff. Tac. dial. de or. 18 nec quaero quis disertissimus; hoc interim probasse contentus sum, non esse unum eloquentiae vultum, sed in illis quoque quos vocatis antiquos plures species deprehendi nec statim deterius esse, quod diversum est.

17. *sonitum,* tönenden Klang.

18. *nisi sui similis,* Brut. 285 Nam quid est tam dissimile, quam Demosthenes et Lysias? quam eidem et Hyperides? quam horum omnium Aeschines?

Ein Versuch, einem Kanon mustergiltiger griechischer Redner einen wenn nicht gleichwertigen, doch wenigstens entsprechend u. ähnlich

singulare? Quis umquam res praeter hunc tragicas paene
comice, tristes remisse, severas hilare, forenses scenica prope
venustate tractavit atque ita, ut neque iocus magnitudine rerum
excluderetur nec gravitas facetiis minueretur? Ecce praesentes
duo prope aequales Sulpicius et Cotta. Quid tam inter se
dissimile? quid tam in suo genere praestans? Limatus alter et
subtilis, rem explicans propriis aptisque verbis. Haeret in causa
semper et quid iudici probandum sit cum acutissime vidit,
omissis ceteris argumentis, in eo mentem orationemque defigit.
Sulpicius autem fortissimo quodam animi impetu, plenissima
et maxima voce, summa contentione corporis et dignitate
motus, verborum quoque ea gravitate et copia est, ut unus ad
dicendum instructissimus a natura esse videatur. Ad nosmet
ipsos iam revertor, quoniam sic fuimus semper comparati, ut
hominum sermonibus quasi in aliquod contentionis iudicium
vocaremur; quid tam dissimile quam ego in dicendo et Antonius? cum ille is sit orator, ut nihil eo possit esse prae-
stantius, ego autem, quamquam memet mei paenitet, cum hoc
maxime tamen in comparatione coniungar. Videtisne, genus

charakterisierten von römischen Rednern entgegenzustellen.

2. *tristes remisse:* ruhig, gelassen.

5. *duo prope aequales,* nicht etwa = Alters- oder Zeitgenossen, sondern gleichartig, gleichwertig, von gleichem Werte, gleicher Trefflichkeit.

Quid tam inter se dissimile, Brut. 204 Atque in his oratoribus illud animadvertendum est, posse esse summos, qui inter se sint dissimiles. Nihil enim tam dissimile quam Cotta Sulpicio, et uterque aequalibus suis plurimum praestitit.

7. *Haeret in causa,* I 264. Or. 137 sic igitur dicet ille, ut verset saepe multis modis eadem et una in re haereat, in eademque commoretur sententia.

9. *omissis ceteris argumentis,* die nicht direkt darauf zielen quid iudici probandum sit, Beweise von mehr untergeordneter Bedeutung, die den einen oder andern Nebenpunkt, der streng genommen nicht zur Sache gehört, erläutern sollen. II 308.

10. *fortissimo quodam an. impetu,* von höchstem Drange der Leidenschaft beseelt.

14. *sic comparati,* so gestellt, meist nach Veranlagung = geartet;

hier allgemein 'in solche Lage gebracht'.

ut hominum sermonibus etc. In geselligen Unterhaltungen wurde, so oft die Rede auf C. u. A. kam, sogleich die Frage laut, wer von beiden der größere wäre (sodaß es also den beiden Meistern ähnlich wie unserem Schiller und Goethe erging).

15. *quasi in aliquod contentionis iudicium vocare,* wie zur Entscheidung über (unsere) Nebenbuhlerschaft vor Gericht fordern. Einl. I § 9, 64.

17. *cum ille* etc. Die dissimilitudo wird begründet durch den Gegensatz zwischen der praestantia des Antonius u. der Unzufriedenheit des Crassus mit sich selbst (memet mei paenitet), dies letztere aber steht wieder in einem konzessiven Gegensatz zu der Gleichstellung beider Redner in der Meinung der Leute.

18. *quamquam memet mei paenitet,* mit mir selbst unzufrieden bin, mir selbst nicht genüge, an mir selbst sehr viel auszusetzen habe. Or. 130 me enim ipsum paenitet quanta sint. Ter. Phorm. I 3, 20 Ita plerique ingenio sumus omnes: nostri nosmet paenitet.

19. *genus Antonii,* die oratorische Eigentümlichkeit, Einl. I § 11 z. A.

hoc quod sit Antonii? forte, vehemens, commotum in agendo, praemunitum et ex omni parte causae saeptum, acre, acutum, enucleatum, in sua quaque re commorans, honeste cedens acriter insequens, terrens supplicans, **summa orationis varietate nulla nostrarum** aurium satietate. Nos autem, quicumque in dicendo sumus, quoniam esse aliquo in numero vobis videmur, certe tamen ab huius multum genere distamus: quod quale sit, non est meum dicere, propterea quod minime sibi quisque notus est et difficillime de se quisque sentit; sed tamen dissimilitudo intellegi potest et ex motus mei mediocritate **et ex** eo, quod, quibus vestigiis primum institi, in eis **fere** soleo perorare et quod aliquanto me maior in verbis eligendis labor **et cura** torquet verentem, ne, si paullo obsoletior fuerit **oratio, non** digna exspectatione et silentio fuisse videatur. Quodsi **in nobis**, qui adsumus, tantae dissimilitudines *sunt*, tam certae **res cuius**que propriae, et in ea varietate fere melius a deteriore facultate magis quam genere distinguitur atque omne laudatur, quod in suo genere perfectum est: quid censetis, si omnes, qui ubique sunt aut fuerunt oratores, amplecti voluerimus? nonne

1. *vehemens*, II 73.
in agendo, beim Vortrag.
2. *praemunitum* etc. 'vorn' gedeckt u. von jeder 'Seite' der Streitfrage her gewappnet, geschützt.
3. *enucleatum*, 'ausgekernt', auf den Kern der Sache gehend, ohne die Hüllen äußeren Prunkes (wie das genus Atticum im Gegensatz zum Asiaticum).
in sua quaque re commorans. Vom genus dicendi des Antonius wird allmählich auf die Person des Anton. selbst übergegangen; auf ihn selbst geht commorans, cedens etc. Was in den Hdschr. steht in una quaque re widerspricht dem, was Anton. über sein Verfahren 292 sagt, wonach er ihm unbequeme Punkte umging u. überging u. sich auf die warf, die ihm günstig waren (294 ut consistere videar in meo praesidio). Was dort meum praesidium genannt wird, das ist hier sua res. S. d. krit. Anh.
honeste cedens, II 294. *aurium satietate*, 174. 192.
6. *aliquo in numero*, einigermaßen in Betracht kommen, 213, *in numero nullo* esse potest nicht gerechnet werden, eine Null sein.
7. *quod quale sit* nämlich das, worin ich mich von dem genus des Anton. unterscheide. S. Einl. I § 10 z. A.
10. *mediocritate*, 'quae est inter nimium et parum' (de off. I 89), im Gegensatz zu dem 'commotum in agendo' (32).
12. *in verbis eligendis*, s. d. krit. Anh. Brut. 140 heißt es von Antonius: *verba ipsa* non illa quidem elegantissimo sermone; itaque *diligenter loquendi laude* caruit; dagegen 113 von Crassus: latine loquendi accurata et sine molestia diligens elegantia.
14. *exspectatione et silentio*, Spannung und damit verbundene Stille, als Zeichen, daß der Redner die Gemüter zu fesseln weiß. I 160. Gell. N. A. V 1, 5 admirationem, quae maxima est, non verba parere, sed silentium.
16. *fere*. 153; II 61.
facultate, nach den höheren oder geringeren Leistungen innerhalb des betreffenden genus.
17. *genere* sc. dicendi, die (höhere oder niedere) Stilgattung giebt den Maßstab für die Beurteilung, auf welcher Stufe der Redner steht, nicht ab.
omne laudatur etc. Brut. 201 in bonis omnia quae summa sunt iure landantur.
19. *nonne fore*, nämlich censetis.

fore, ut, quot oratores, totidem paene reperiantur genera dicendi?
Ex qua mea disputatione forsitan occurrat illud, si paene innumerabiles sint quasi formae figuraeque dicendi, specie dispares, genere laudabiles, non posse ea, quae inter se discrepant, eisdem praeceptis atque una institutione formari. Quod non est ita, diligentissimeque hoc est eis, qui instituunt aliquos atque erudiunt, videndum, quo sua quemque natura maxime ferre videatur. Etenim videmus ex eodem quasi ludo summorum in suo cuiusque genere artificum et magistrorum exisse discipulos dissimiles inter se ac tamen laudandos, cum ad cuiusque naturam institutio doctoris accommodaretur. Cuius est vel maxime insigne illud exemplum, ut ceteras artes omittamus, quod dicebat Isocrates doctor singularis se calcaribus in Ephoro, contra autem in Theopompo frenis uti solere. Alterum enim exsultantem verborum audacia reprimebat, alterum cunctantem et quasi verecundantem incitabat. Neque eos similes effecit inter se, sed tantum alteri adfinxit, de altero limavit, ut id conformaret in utroque, quod utriusque natura pateretur.

Haec eo mihi praedicenda fuerunt, ut, si non omnia, quae proponerentur a me, ad omnium vestrum studium et ad genus id, quod quisque vestrum in dicendo probaret, adhaerescerent, id a me genus exprimi sentiretis, quod maxime mihi ipsi probaretur.

2. *forsitan occurrat*, sich aufdrängen, als Beobachtung auffallen, soviel wie 'einleuchten'.
3. *quasi formae*, II 98.
formae figuraeque dicendi, Erscheinungen und Gestalten von Rednern.
specie, dem äußeren Wesen, Scheine nach.
4. *genere*, Abkunft, inneres Wesen.
discrepant, s. d. krit. Anhang.
8. *eodem ludo*, II 97, also doch una institutione.
9. *artificum et magistrorum* s. z. I 23 art. et doctores.
11. *cuius*, Neutr. für cuius rei.
13. *quod dicebat Isocrates*, Brut. 204 Quare hoc doctoris intellegentis est videre, *quo ferat natura sua quemque*, et ea duce utentem sic instituere, ut Isocratem in acerrimo ingenio Theopompi et leuissimo Ephori dixisse traditum est, alteri se calcaria adhibere, alteri frenos. ad Att. VI 1, 12; Quint. II 8, 11; X 1, 74.
15. *exsultantem* im Anschluß an das Bild eines allzu mutigen, ausgelassenen Rosses. Acad. II 35, 112 cum sit enim campus, in quo exsultare possit oratio, cur eam tantas in angustias — compellimus? Or. 26 in reliquis exsultavit audacius.
exsultare alqa re können wir oft kaum anders wiedergeben, als: sich dem betr. Gegenstande übereifrig, allzusehr hingeben, die Sache allzusehr betreiben, üben oder ähnl. Hier können auch wir etwa sagen: übersprudeln von allzukühnen Wendungen.
17. *adfingere* und *limare* vom Handwerk entlehnte Bezeichnungen, einander streng entgegengesetzt; hinzu-, anschweißen u. ab-, wegfeilen.
20. *proponerentur*, wie hernach probaret, vom modus des Konditionalsatzes *adhaerescerent* attrahiert.
21. *adhaerescerent*, sich leicht anschmiegen und dann „haften", passen sollte; vgl. I 258; II 214.
Die beiden ersten Erfordernisse A. der *elocutio* sind 1) das *Latine* u. 2) das *plane dicere* c. 10, 37 — 14, 52.

Ergo haec et agenda sunt ab oratore, quae explicavit Antonius, et dicenda quodam modo. Quinam igitur dicendi est modus melior (nam de actione post videro), quam ut Latine, ut plane, ut ornate, ut ad id, quodcumque agetur, apte congruenterque dicamus?

Atque eorum quidem, quae duo prima dixi, rationem non arbitror exspectari a me puri dilucidique sermonis. Neque enim conamur docere eum dicere, qui loqui nesciat; nec sperare, qui Latine non possit, hunc ornate esse dicturum; neque vero, qui non dicat quod intellegamus, hunc posse quod admiremur dicere. Linquamus igitur haec, quae cognitionem habent facilem, usum necessarium. Nam alterum traditur litteris doctrinaque puerili; alterum adhibetur ob eam causam, ut intellegatur quid quisque dicat, quod videmus ita esse necessarium, ut tamen eo minus nihil esse possit.

Sed omnis loquendi elegantia, quamquam expolitur scientia

---

1. *Ergo*, 119; II 314; 334.

agenda — et dicenda — agenda steht voran und dicenda im zweiten Glied, sowohl weil die actio die Hauptsache ist, als weil zunächst von der elocutio die Rede sein soll; (das Glied aber, von dem zuerst gehandelt werden soll, pflegt bei der Aufzählung zuletzt gesetzt zu werden, damit es sich so der Ausführung auch räumlich am nächsten anschließe, vgl. I 173 ff.).

quae explicavit — seiner stofflichen Seite nach in der Lehre von der inventio, dispositio und memoria (Buch II).

2. *quodam modo —* nachdrücklich ans Ende gestellt (169. 184): nicht form- und gesetzlos, sondern nach gewissen stilistischen (ästhetischen) Gesetzen, = in ganz bestimmter Form; 171. Brut. 149 sed vereor ne fingi videantur haec, ut dicantur a me quodam modo (d. h. in einer geistreichen Form, um einen schönen Gegensatz anzubringen, nämlich elegantium parcissimus und parcorum elegantissimus), res tamen sic se habet. quodam modo geht ebenso auf agenda wie auf dicenda.

3. *ut Latine* etc. ad Herenn. IV 17 latinitas est, quae sermonem purum conservat ab omni vitio remotum. I 144 ut pure et Latine loquamur, deinde ut plane et dilucide, tum ut ornate, post ad rerum dignitatem apte et quasi decore.

8. *dicere* (reden), *loqui* (sprechen, d. h. einfach seine Gedanken sprachlich ausdrücken), wie Or. 113 quamquam aliud videtur oratio esse aliud disputatio, nec idem loqui esse quod dicere —, disputandi ratio et loquendi dialecticorum sit, oratorum autem dicendi et ornandi. Brut. 212.

sperare, aus dem vorausgehenden conamur ist audemus herauszunehmen.

11. *cognitionem* u. *usum habere* dient zur Umschreibung der Passiva = leicht erkannt und notwendig gebraucht werden, unentbehrlich sein.

12. *litteris doctrinaque puerili* = durch Lesen und Lernen zur Knabenzeit; litterae und scientia litterarum etwa Lektüre.

15. *tamen,* doch sicherlich 87.

16. *Sed —* damit geht Crassus doch auf einige Vorschriften über das Latine dicere ein, die über den Elementarunterricht hinausreichen und also hier noch berührt werden können (§ 39—48).

elegantia, eigentlich nur die Fähigkeit eine Wahl zu treffen; dann sie mit Geschmack zu treffen, daher überhaupt Geschmack. Hier also ist's Geschmack bei der Auswahl der Worte. ad Herenn. IV 17 elegantia est, quae facit ut unum quid-

litterarum, tamen augetur legendis oratoribus et poëtis. Sunt enim illi veteres, qui ornare nondum poterant ea, quae dicebant, omnes prope praeclare locuti; quorum sermone adsuefacti qui eruut, ne cupientes quidem poterunt loqui nisi Latine. Neque tamen erit utendum verbis eis, quibus iam consuetudo nostra non utitur, nisi quando ornandi causa parce, quod ostendam; sed usitatis ita poterit uti, lectissimis ut utatur is, qui in veteribus erit scriptis studiose et multum volutatus. Atque, ut Latine loquamur, non solum videndum est, ut et verba efferamus ea, quae nemo iure reprehendat, et ea sic et casibus et temporibus et genere et numero conservemus, ut ne quid perturbatum ac discrepans aut praeposterum sit, sed etiam lingua et spiritus et vocis sonus est ipse moderandus. Nolo exprimi litteras putidius, nolo obscurari neglegentius; nolo verba exiliter exanimata exire, nolo inflata et quasi anhelata gravius. Nam de voce nondum ea dico, quae sunt actionis, sed hoc, que pure et aperte (= dilucide) dici videatur.

expolitur, ausbilden, ausfeilen.

scientia litterarum, die Kunde der (landläufigen) Litteratur, d. h. der, die man meist im Elementarunterricht kennen lernt. Es heißt also auch hier litterae etwa das, was wir Lektüre, Schullektüre nennen. Also scientia litt. etwa Unterweisung, Kenntnis in der Schullektüre; legendis etwa unser: 'durch eindringendes Studium'.

3. *praeclare locuti*, Brut 258 omnes tum fere qui nec extra urbem hanc vixerant, nec eos aliqua barbaries domestica infuscaverat, recte loquebantur (sprachen ein reines, gutes Latein).

sermone adsuefacti, wie 58 labore adsueti u. Brut. 213 suspicor, Curionis — patrio fuisse instituto puro sermone adsuefactam domum.

6. *ostendam*, 153.

7. *lectissimis ut utatur*, eine behagliche Ausführung des usitatis; es könnte noch einfacher heißen: sed usitatis (= die heute noch gebräuchlichen) ita ut lectissimis poterit uti.

8. *Atque*, und in Beziehung hierauf, I 63.

10. *efferamus*, ausbringen, anwenden, brauchen, laut werden oder hören lassen; es ist zur Abwechselung von uti gesetzt u. entspricht dem ore u. in oratione uti. Or. 223 sed quae incisim aut membratim efferuntur, ea vel aptissime cadere debent. ad Her. IV 28 Similiter cadens exornatio appellatur, cum in eadem constructione verborum duo aut plura sunt verba, quae similiter eisdem casibus efferuntur.

11. *conservemus*, daß wir die Wörter hinsichtlich der Kasus etc. zurückhaltend = im Einklang mit der Sprachgewohnheit gebrauchen.

12. *perturbatum*, verwirrt, d. h. mißdeutig im Hinblick auf — *discrepans*, abweichend vom Sprachgebrauch; *praeposterum*, der Zeit nach verkehrt, d. i. mit Fehlern gegen den Tempusgebrauch; vgl. 49.

13. *moderandus* = nach dem allgemeinen Modus 'einrichten'.

14. *exprimi* im Gegensatze des natürlichen Sprechens. Einl. I 15,178.

putidius, affectierter, 51.

15. *exiliter exanimata*, ψιλῶς ἐκπνευσθέντα, dünn- und schwachatmig, im Gegensatz von inflata et anhelata, schnaubend und keuchend.

16. *Nam*. Es ist hier zunächst nur von der schönen Aussprache (der Vokale und Konsonanten) die Rede — und in dieser Beziehung ist die Aussprache in der Hauptstadt (Rom) normgebend. Erst später (217 ff. 224 ff.) wird vom oratorischen Ton und Wohllaut der Stimme gehandelt werden.

quod mihi cum sermone quasi coniunctum videtur. Sunt enim certa vitia, quae nemo est quin effugere cupiat: mollis vox ut muliebris, aut quasi extra modum absona atque absurda. Est autem vitium, quod nonnulli de industria consectantur: rustica vox et agrestis quosdam delectat, quo magis antiquitatem, si ita sonet, eorum sermo retinere videatur; ut tuus, Catule, sodalis, L. Cotta, gaudere mihi videtur gravitate linguae sonoque vocis agresti et illud, quod loquitur, priscum visum iri putat, si plane fuerit rusticanum. Me autem tuus sonus et subtilitas ista delectat, omitto verborum, quamquam est caput; verum id adfert ratio, docent litterae, confirmat consuetudo et legendi et loquendi; sed hanc dico suavitatem, quae exit ex ore; quae quidem ut apud Graecos Atticorum, sic in Latino sermone huius est urbis maxime propria. Athenis iam diu doctrina ipsorum Atheniensium interiit; domicilium tantum in illa urbe remanet studiorum, quibus vacant cives, peregrini fruuntur capti quodammodo nomine urbis et auctoritate; tamen eruditissimos homines Asiaticos quivis Atheniensis indoctus non

---

1. *cum sermone,* mit der Sprache, dem bloßen Sprechen als Mittel für den Austausch der Gedanken ohne Rücksicht auf einen künstlerischen Zweck.
quasi coniunctum, gleichsam untrennbar verbunden.
2. *mollis vox ut muliebris,* de off. I 129 nos autem naturam sequamur et ab omni, quod abhorret ab oculorum auriumque approbatione, fugiamus — Quibus in rebus duo maxime sunt fugienda, ne quid effeminatum aut molle, et ne quid durum aut rusticum sit.
3. *quasi,* wegen der Vergleichung mit der Musik, denn extra modum heißt nicht etwa: über das (gewöhnliche) Maß, sondern über die gewohnte Klang- u. Tonweise hinausgehend, sowohl in Hinsicht auf Höhe (wie bei den Stimmen der Weiber, ut muliebris), als auch auf Tiefe; vgl. 171 u. 173; Or. 195 extra numerum. Hor. epist. I 18, 59 Quamvis nil extra numerum fecisse modumque curas (196).
absona, mißtönend.
absurda, widrigklingend (eben dadurch, daß sie extra modum ist) II 85. Quint. XI 3, 32 vox *non surda,* rudis, immanis, dura, rigida etc. *mollis, effeminata.*
6. *ita* sc. rustice. *sodalis* II 197.

7. *gravitate linguae,* schwere, plumpe Aussprache, s. ind. Cotta.
9. *subtilitas,* genaue, sorgfältige Aussprache II 28; Einl. l § 15, 178.
11. *ratio,* die Theorie, theoretische (methodische) Beobachtung und Unterweisung. *litterae,* 39.
consuetudo, fortgehende Übung.
12. *suavitas,* der gefällige Klang, 43 *suaviter loquendo.*
14. *huius urbis,* als der Metropolis aller Bildung und alles feinen Tons. Brut. 171 ff. est iste — *urbanitatis color.* Id tu — intelleges, cum in Galliam veneris; audies tu quidem etiam verba quaedam non trita Romae, sed haec mutari dediscique possunt; illud est maius, quod in vocibus nostrorum (d. h. derer die aus Rom sind) oratorum retinuit quiddam et resonat urbanius. — Omnino in nostris est quidam urbanorum, sicut illic Atticorum, sonus etc.
15. *ipsorum Atheniensium* der eigentlichen, geborenen Athener.
16. *vacant,* woran die Einheimischen keinen Anteil nehmen; *quibus* ist Ablativ; vgl. Schulz § 263 A. 1.
18. *Asiaticos,* mit ihrer tiefen, hohlklingenden Aussprache. Or. 25 u. 27 cum vero inclinata ululantique voce more Asiatico canere coepisset, quis eum ferret?
Atheniensis, Or. 28 Ad Atticorum

verbis, sed sono vocis, nec tam bene quam suaviter loquendo facile superabit. Nostri minus student litteris quam Latini; tamen ex istis, quos nostis, urbanis, in quibus minimum est litterarum, nemo est quin litteratissimum togatorum omnium, Q. Valerium Soranum, lenitate vocis atque ipso oris pressu et sono facile vincat. Quare cum sit quaedam certa vox Romani generis urbisque propria, in qua nihil offendi, nihil displicere, nihil animadverti possit, nihil sonare aut olere peregrinum, hanc sequamur, neque solum rusticam asperitatem, sed etiam peregrinam insolentiam fugere discamus. Equidem cum audio socrum meam Laeliam (facilius enim mulieres incorruptam antiquitatem conservant, quod multorum sermonis expertes ea tenent semper, quae prima didicerunt), sed eam sic audio, ut Plautum mihi aut Naevium videar audire. Sono ipso vocis ita recto et simplici est, ut nihil ostentationis aut imitationis adferre videatur; ex quo sic locutum esse eius patrem iudico, sic maiores; non aspere ut ille, quem dixi, non vaste, non rustice, non hiulce, sed presse et aequabiliter et leniter. Quare Cotta noster, cuius tu illa lata, Sulpici, nonnumquam imitaris, ut Iota litteram tollas et E plenissimum dicas, non mihi oratores antiquos, sed messores videtur imitari.

Hic cum adrisisset ipse Sulpicius, Sic agam vobiscum, in-

igitur aures teretes et religiosas qui se accommodant, ei sunt existimandi Attice dicere.

2. *Latini*, die außerhalb Roms leben (die aus der Provinz).

3. *quos nostis* -- nämlich wie wenig sie sich mit wissenschaftlichen Dingen abgeben.

4. *togatorum*, im weitesten Sinn: von allen, die das römische Nationalkleid tragen, d. h. die überhaupt lateinisch sprechen. Verr. V 157 qui apud barbaros propter togae nomen in honore aliquo fuissent.

5. *oris pressu*, die den Wohllaut des Tones bedingende Mundstellung ('aptus labrorum, dentium, linguae habitus').

6. *vox*, Aussprache, Klang der Sprache.

7. *nihil offendi*, I 129 in quo aliquid offenderis.

10. *peregrina insolentia*, das Ungewohnte der Fremde, Unheimische.

14. *sono*, Klangfärbung.

15. *simplici*, ebenso de off. I 130 recta et simplicia einfach und natürlich, im Gegensatze zum gekünstelten u. unwahren; s. a. Müller z. d. St. u. de off. I 133.

17. *ille*, 43 a. E. *aspere* steht dem *leniter*, *vaste* und *rustice*, die breite (plumpe) bäuerische Aussprache, dem *presse*, der knappen gehaltenen, *hiulce*, die stockende, durch viele Hiatus unterbrochene, dem *aequabiliter*, der (in einem Guß dahin) fließenden entgegen, 171.

18. *presse* II, 56.

Cotta, 52.

19. *noster*, als sodalis Catuli und also mit zu der Gemeinschaft der hier Versammelten gehörig.

illa lata — den erwähnten πλατειασμός, die verborum latitudo. II 91. So sprachen die Bauern (in ihrer lingua rustica) vea für via, speca für spica, ameci für amici, vella für villa. Varro de r. r. I 48, 2. Quint. I 4, 17 quid non E quoque I loco fuit? ut Menerva et leber et magester.

22. *ipse Sulpicius*, dem es eben galt und der auch die Richtigkeit der Bemerkung seines Meisters selbst nicht in Abrede stellen konnte; dieselbe Wendung II 229.

quit Crassus, ut quoniam me loqui voluistis, aliquid de vestris vitiis audiatis.

Utinam quidem! inquit ille; id enim ipsum volumus, idque si feceris, multa, ut arbitror, hic hodie vitia ponemus.

At enim non sine meo periculo, Crassus inquit, possum, Sulpici, te reprehendere, quoniam Antonius mihi te simillimum dixit sibi videri.

Tum ille: Tu vero, quod monuit idem, ut ea, quae in quoque maxima essent, imitaremur; ex quo vereor ne nihil sim tui nisi supplosionem pedis imitatus et pauca quaedam verba et aliquem, si forte, motum.

Ergo ista, inquit Crassus, quae habes a me, non reprehendo, ne me ipsum irrideam (sunt autem mea multo et plura et maiora, quam dicis); quae autem sunt aut tua plane aut imitatione ex aliquo expressa, de his te, si qui me forte locus admonuerit, commonebo.

Praetereamus igitur praecepta Latine loquendi, quae puerilis doctrina tradit et subtilior cognitio ac ratio litterarum alit aut consuetudo sermonis cotidiani ac domestici, libri confirmant et lectio veterum oratorum et poëtarum. Neque vero in illo altero diutius commoremur, ut disputemus, quibus rebus adsequi possimus, ut ea, quae dicamus, intellegantur. Latine scilicet dicendo, verbis usitatis ac proprie demonstrantibus ea, quae significari ac declarari volemus, sine ambiguo verbo aut sermone, non nimis longa continuatione verborum, non valde productis eis, quae similitudinis causa ex aliis rebus transferuntur, non discerptis sententiis, non praeposteris tempori-

---

vobiscum — obwohl im Augenblick nur Sulpicius getroffen war (47); aber um diesen gewissermaßen durch die Gemeinschaft (das *socios vitiorum habere*) zu beruhigen, daß er nicht meinen sollte, es sei allein auf ihn abgesehen, sagt Cr. *vobiscum* und schließt also auch den anderen Jünger, Cotta, damit ein.

3. *Utinam quidem* sc. sic nobiscum agas.

4. *ponemus* für deponemus, vgl. Ovid Met. VI 201 laurumque capillis ponite. Deponunt etc.

5. *At enim*, ἀλλὰ γάρ 188. Seyffert sch. Lat. I² p. 137 ff.

7. *dixit* II 89; Einl. I § 12, 135.

8. *Tu vero* sc. sine tuo periculo poteris, du kannst getrost riskieren, denn die Ähnlichkeit besteht nur darin, daß wir uns nach seinem eigenen Recepte (II 90) zwar bemühen, die Vorzüge nachzuahmen, doch aber vielleicht nur ein paar Äußerlichkeiten erfaßt haben.

monuit idem, II 90 ff.

10. *supplosionem pedis*, 220; I 230. Einl. I § 10, 73.

11. *si forte*, εἰ τύχοι, wenn das Glück gut ist.

15. *expressa*, 15.

17. *Praetereamus* etc. enthält eine transitio, eine Zusammenfassung des Vorhergehenden von 38 an u. eine Ankündigung des neuen Punktes.

puerilis doctrina 38.

23. *proprie* — ohne Anwendung figürlicher (metaphorischer) Ausdrücke, 149. Arist. rhet. III 2, 1 τῶν δ' ὀνομάτων καὶ ῥημάτων σαφῆ μὲν ποιεῖ (sc. τὴν λέξιν) τὰ κύρια.

25. *non valde productis* etc., also mit möglichster Vermeidung des Allegorischen, 166.

27. *praeposteris*, 40.

bus, non confusis personis, non perturbato ordine. Quid multa? 50 tam facilis est tota res ut mihi permirum saepe videatur, cum difficilius intellegatur, quid patronus velit dicere, quam si ipse ille, qui patronum adhibet, de re sua diceret. Isti enim, qui ad nos causas deferunt, ita nos plerumque ipsi docent, ut non desideres planius dici. Easdem res autem simulac Fufius aut vester aequalis Pomponius agere coepit, non aeque quid dicant, nisi admodum attendi, intellego; ita confusa est oratio, ita perturbata, nihil ut sit primum, nihil ut secundum, tantaque insolentia ac turba verborum, ut oratio, quae lumen adhibere rebus debet, ea obscuritatem et tenebras adferat atque ut quodammodo ipsi sibi in dicendo obstrepere videantur. Verum si placet, quoniam haec satis spero vobis quidem certe maioribus molesta et putida videri, ad reliqua aliquanto odiosiora pergamus.

14 Atqui vides, inquit ANTONIUS, quam alias res agamus, quam te inviti audiamus, qui adduci possimus (de me enim conicio) relictis ut omnibus rebus te sectemur, te audiamus; ita de horridis rebus nitida, de ieiunis plena, de pervulgatis nova quaedam est oratio tua.

12. *in dicendo obstrepere*, sie überschreien sich selbst beim Reden, indem ein Wort das andere übertönt und demnach eins vor dem andern nicht verstanden werden kann.

13. *vobis quidem certe;* quidem fast nur enklitisch; vgl. I 70.

14. *odiosiora*, II 236. 262, noch viel häkeliger oder vielmehr kleinlicher, daher langweiliger (ἀηδέστερα) wegen der erforderlichen Beachtung der vielen am Ende doch unpraktischen Einzelheiten und deren genauer, detaillierter Behandlung (besonders mit Bezug auf die Lehre von den Tropen und dem Rhythmus, 173), 197 a. E. Quint. I 6, 19 Augustus — in epistulis ad Caesarem scriptis emendat, quod is calidum dicere quam caldum malit, non quia id non sit Latinum, sed quia est odiosum et ut ipse Graeco verbo significavit περίεργον (kleinlich). XI 3, 33 ut est necessaria verborum explanatio, ita omnes imputare et velut adnumerare litteras molestum et odiosum.

15. *Atqui* (II 59), damit antwortet A. auf das molesta et putida videri: und doch merkst du es ja wohl.

alias res agamus, ἀλλότρια, vgl. Brut. 233.

16. *quam te inviti audiamus* — ironisch: wie ungern wir dich hören, die wir uns haben bestimmen lassen, alles im Stich zu lassen. *quam,* II 180.

17. *relictis* — wir haben alles im Stich gelassen, erwidert A. in heiterem Humor, die ludi Romani et scenici, die jetzt in Rom gefeiert werden, und die sonstigen Festlichkeiten und Genüsse, an denen wir hätten Teil nehmen können.

te sectemur: sectari, technischer Ausdruck für den Schüler, der der wissenschaftlichen Ansicht des Lehrers folgt; *audiamus,* auch wir 'dem Meister lauschen'.

18. *de horridis rebus nitida ... est oratio tua:* in so hohem Grade verstehst du spröden Stoff geschmeidig, nüchternen geschmackvoll, allbekannten neu (überraschend) darzustellen, zu gestalten. Vgl. de leg. I 6 Antipater habuit vires agrestes atque horridas; u. 98; I 81; Or. 20; 28 horride inculteque. Parad. prooem. nihil tam horridum, tam incultum, quod non splendescat oratione et tamquam excolatur. Hor. ep. II 1,157 sic horridus ille defluxit numerus Saturnius. Liv. II 32, 8 (Menenius Agrippa) intromissus in castra prisco illo dicendi et horrido modo nihil aliud quam hoc narrasse fertur.

Faciles enim, inquit, Antoni, partes eae fuerunt duae, 52
quas modo percucurri vel potius paene praeterii, Latine loquendi planeque dicendi; reliquae sunt magnae, implicatae,
variae, graves, quibus omnis admiratio ingenii, omnis laus
eloquentiae continetur. Nemo enim umquam est oratorem,
quod Latine loqueretur, admiratus. Si est aliter, irrident;
neque eum oratorem tantummodo, sed hominem non putant.
Nemo extulit eum verbis, qui ita dixisset, ut qui adessent
intellegerent, quid diceret, sed contempsit eum, qui minus id
facere potuisset. In quo igitur homines exhorrescunt? quem 53
stupefacti dicentem intuentur? in quo exclamant? quem deum,
ut ita dicam, inter homines putant? Qui distincte, qui explicate, qui abundanter, qui illuminate et rebus et verbis
dicunt et in ipsa oratione quasi quendam numerum versumque conficiunt, id est, quod dico, ornate. Qui idem ita moderantur, ut rerum, ut personarum dignitates ferunt, ei sunt in
eo genere laudandi laudis, quod ego aptum et congruens
nomino. Qui ita dicerent, eos negavit adhuc se vidisse Anto- 54
nius et eis hoc nomen dixit eloquentiae solis esse tribuendum.
Quare istos omnes me auctore deridete atque contemnite, qui
se horum, qui nunc ita appellantur, rhetorum praeceptis om-

---

3) Das dritte Erfordernis ist das *ornate* dicere. Wahrer Begriff und eigentlicher Umfang desselben etc. c. 14, 52 — 25, 96.

7. *tantummodo* = non putant non tantummodo (gewöhnlich bloß modo, ich will gar nicht sagen) oratorem, sed hominem. Es gehört also non putant zu beiden Gliedern. Vgl. non modo — sed ne — quidem. Phil. II 9 quid est minus non dico oratoris, sed hominis.

9. *sed contempsit*, I 111; 134; 229. Hor. sat. I 1, 1 qui fit — ut nemo — contentus vivat, laudet diversa sequentes.

11. *deum*, I 106.

12. *distincte* etc. Zum wahren Redner gehört also, daß er künstlerisch-entfaltet, reichhaltig, lichtvoll und rhythmisch-gegliedert sprechen könne.

13. *et rebus et verbis* mit Beziehung auf die lumina sententiarum et verborum 201.

14. *in ipsa oratione*, im Verlaufe der eigentlichen Darstellung, wie sie der Redner schafft; besonders ist die Periode, continuatio verborum 167 gemeint.

15. *id est quod dico ornate*, das ist's was ich mit ornate meine, unter o. verstehe; dazu kommt dann das *apte* dicere.

idem sc. das ornate dicere.

moderantur, so einrichten, *ut rerum ut personarum dignitates*, die verschiedenen sachlichen und persönlichen Verhältnisse —.

16. *in eo genere laudandi laudis*, (wie I 235 novo et alieno ornatu — ornare) verdienen in dem Punkt oratorischer Stilistik Lob, den ich etc. *laus* in dem Sinn, wie es 144 gebraucht ist: in quatuor partes omnem orationis laudem discripseras. — (Andere halten eins der beiden Wörter, entweder laudandi, oder laudis für unecht).

18. *ita*, also ornate und apte. *negavit adhuc*, I 94.

19. *tribuendum*, wie Or. 18 cui vel primas eloquentiae patrum nostrorum tribuebat aetas.

20. *me auctore*, I 54.

21. *horum qui nunc appellantur rhetorum*, derer die man heutzutage rhetores nennt, der jetzt 'Rhetoriker' genannten. Ersatz u. Umschreibung des Begriffes rhetor für Redelehrer;

nem oratorum vim complexos esse arbitrantur, neque adhuc
quam personam teneant aut quid profiteantur intellegere potuerunt. Vero enim oratori, quae sunt in hominum vita,
quandoquidem in ea versatur orator atque ea est ei subiecta
materies, omnia quaesita, audita, lecta, disputata, tractata,
agitata esse debent. Est enim eloquentia una quaedam de
summis virtutibus; quamquam sunt omnes virtutes aequales et
pares, sed tamen est species alia magis alia formosa et illustris;
sicut haec vis, quae scientiam complexa rerum sensa mentis
et consilia sic verbis explicat, ut eos, qui audiant, quocumque
incubuerit, possit impellere; quae quo maior est vis, hoc est
magis probitate iungenda summaque prudentia; quarum virtutum expertibus si dicendi copiam tradiderimus, non eos quidem
oratores effecerimus, sed furentibus quaedam arma dederimus.
    Hanc, inquam, cogitandi pronuntiandique rationem vimque
dicendi veteres Graeci sapientiam nominabant. Hinc illi Ly-
curgi, hinc Pittaci, hinc Solones atque ab hac similitudine
Coruncanii nostri, Fabricii, Catones, Scipiones fuerunt, non tam
fortasse docti, sed impetu mentis simili et voluntate. Eadem
autem alii prudentia, sed consilio ad vitae studia dispari quie-
tem atque otium secuti, ut Pythagoras, Democritus, Anaxagoras,

vgl. I 52; 81; auch rhetorica ars umschreibt Cic. noch gern I 203; II 160 ad dicendi artem.
    1. *oratorum*, im Gegensatz zu rhetorum, daher wohl auch der Plural, wofür man sonst den Sing. erwarten würde od. das Adj. oratoriam. I 21 vis oratoris — suscipere videtur, I 64. 167.
    2. *quam personam teneant*, ein scenischer Ausdruck; welche Rolle sie zu spielen haben.
    aut quid profiteantur, was ihr eigentlicher Beruf ist. 22; I 103; 21.
    3. *Vero oratori*, im Gegensatz zu den Pseudo-oratores, den Rhetorikern, 80.
    6. Darauf folgt die von Crassus selbst 91 ff. am besten motivierte längere Digression (— c. 25).
    Est enim, nach stoischem Grundsätzen, 65; I 83. Die Beredsamkeit ist nicht bloß theoretisches Wissen, sondern gehört zu den sittlichen Lebensäußerungen des Menschen, ist also sehr praktischer Natur (virtutis enim laus omnis in actione consistit, de off. I 19). Ja anfänglich fiel praktisches und theoretisches Wissen noch nicht ausein-
auder, sondern es war beides in der einen sapientia geeinigt; später aber haben sich Philosophie und Beredsamkeit als zwei selbständige Gebiete von einander geschieden (— 61).
    7. *aequales et pares*, I 83.
    8. *species*, die äußere Erscheinung.
    9. *scientiam rerum complexa* im Besitze umfassender Sachkenntnis.
    sensa, I 32.
    11. *incubuerit*, sich mit ihrem Gewicht neigt.
    impellere, I 31.
    14. *furentibus*, Or. 99; Brut. 233.
    16. *Hinc* — diese eine sapientia ist sowohl die Quelle für die Staatsklugheit der ausgezeichnetsten altgriechischen u. altrömischen Staatsmänner, als auch für die der Politik fernstehenden, auf rein wissenschaftliche Erkenntnis gerichteten Bestrebungen der altgriechischen, vorsokratischen Philosophen.
    17. *ab hac similitudine*, wir: und ihnen analog; vgl. zu II 53; 96; auch I 130. Die Präposition steht parallel gegenüber dem vorausgehenden hinc d. h. ab hac sapientia.
    20. *consilio*, etc., von verschiedener Richtung in Beziehung auf die Be-

a regendis civitatibus totos se ad cognitionem rerum transtulerunt; quae vita propter tranquillitatem et propter ipsius scientiae suavitatem, qua nihil est hominibus iucundius, plures, quam utile fuit rebus publicis, delectavit. Itaque, ut ei studio se excellentissimis ingeniis homines dediderunt, ex ea summa facultate vacui ac liberi temporis multo plura, quam erat necesse, doctissimi homines otio nimio et ingeniis uberrimis adfluentes curanda sibi esse ac quaerenda et investiganda duxerunt. Nam vetus quidem illa doctrina eadem videtur et recte faciendi et bene dicendi magistra; neque diiuncti doctores, sed eidem erant vivendi praeceptores atque dicendi, ut ille apud Homerum Phoenix, qui se a Peleo patre Achilli iuveni comitem esse datum dicit ad bellum, ut illum efficeret 'oratorem verborum actoremque rerum'. Sed ut homines labore adsiduo et cotidiano adsueti, cum tempestatis causa opere prohibentur, ad pilam se aut ad talos aut ad tesseras conferunt aut etiam novum sibi ipsi aliquem excogitant in otio ludum, sic illi a negotiis publicis tamquam ab opere aut temporibus exclusi aut voluntate sua feriati totos se alii ad poëtas, alii ad geo-

strebungen und Zwecke des Lebens d. h. sie verfolgten einen andern Lebensberuf bei gleicher prudentia.

1. *a regendis civitatibus totos se ad ... transtulerunt* sie verzichteten ganz auf ... und widmeten sich allein ..

cognitionem rerum, der philosophischen Spekulation über das Wesen der Dinge und die Prinzipien alles Seins.

2. *tranquillitatem*, de off. I 69 multi autem et sunt et fuerunt, qui eam, quam dico, tranquillitatem expetentes a negotiis publicis se removerint ad otiumque defugerint; in his et nobilissimi philosophi etc.

propter ipsius scientiae suavitatem, 'wegen der Befriedigung, die die Erkenntnis schon an und für sich gewährt'.

3. *qua nihil* etc. das Erhebendste, was dem Menschen beschieden ist.

4. *delectavit*, wir etwa 'befriedigen, erfüllen'.

5. *excellentissimis ingeniis* lockerer Abl. qual. zu homines und zugleich instrum. zu dediderunt.

ex summa facultate temporis, infolge der sehr weitgehenden Verfügung über ..

6. *tempus vacuum* mehr objektiv — *otium; t. liberum* mehr subjektiv, die Zeit, die man sich frei halten oder machen kann; also gegebene u. geschaffene Muße.

7. *doctissimi homines* — denen eben deshalb fortwährende geistige Beschäftigung zum Bedürfnis war. I 22.

9. *et recte faciendi et bene dicendi* vgl. Catos berühmte Definition des Redners bei Quint. XII, 1, 1 *vir bonus dicendi peritus*.

11. *apud Hom.*, Il. IX 438 ff. σοὶ δέ μ' ἔπεμπε γέρων ἱππηλάτα Πηλεύς — διδασκέμεναι τάδε πάντα, μύθων τε ῥητῆρ' ἔμεναι πρηκτῆρά τε ἔργων.

15. *ad pilam* etc., die üblichsten geselligen Spiele; das Ballspiel (I 73) und das Knöchelspiel mit Würfeln, die 4 gleiche, bezeichnete und 2 runde, unbezeichnete Flächen hatten (tali), und mit Würfeln von 6 gleichen, bezeichneten Flächen (tesserae).

18. *ab opere*, von ihrer Lebensaufgabe.

temporibus exclusi Cic. denkt natürlich wieder auch an seine eigene Verbannung; das vorliegende Werk ist ja wie alle seine Schriften ebenfalls ein Beispiel für die Sache.

metras, alii ad musicos contulerunt, alii etiam, ut dialectici, novum sibi ipsi studium ludumque pepererunt atque in eis artibus, quae repertae sunt, ut puerorum mentes ad humanitatem fingerentur atque virtutem, omne tempus atque aetates suas consumpserunt. Sed quod erant quidam eique multi, qui aut in re publica propter ancipitem, quae non potest esse seiuncta, faciendi dicendique sapientiam florerent, ut Themistocles, ut Pericles, ut Theramenes, aut qui minus ipsi in re publica versarentur, sed huius tamen eiusdem sapientiae doctores essent, ut Gorgias, Thrasymachus, Isocrates: inventi sunt, qui, cum ipsi doctrina et ingeniis abundarent, a re autem civili et a negotiis animi quodam iudicio abhorrerent, hanc dicendi exercitationem exagitarent atque contemnerent. Quorum princeps Socrates fuit. Is, qui omnium eruditorum testimonio totiusque iudicio Graeciae cum prudentia et acumine et venustate et subtilitate tum vero eloquentia, varietate, copia, quam se cum-

---

1. *dialectici*, II 157.
3. *ad humanitatem*, durch die Denk- und Sprechübungen (die ars disserendi); *ad virtutem*, durch die ars vera ac falsa diiudicandi.
5. *Sed quod* etc. Der nächste Schritt — nachdem einmal die beiden Seiten der sapientia, infolge individueller Neigung für die eine oder andere Seite, auseinandergetreten — war der: daß, während die einen sei es praktisch oder theoretisch die Einheit beider Gebiete noch festhielten, andere hingegen, die sich grundsätzlich vom Staatsleben fern hielten, vom Standpunkt der abstrakten Wissenschaft die praktische oratorische Thätigkeit geradezu verwarfen und dadurch die Kluft zwischen Beredsamkeit und Philosophie befestigten. Der Urheber dieser Scheidung ist Sokrates durch seine Opposition gegen die rhetorisierenden Sophisten seiner Zeit geworden; und ihm als ihrem Haupte sind die nachsokratischen Philosophenschulen gefolgt. S. d. Inhaltsübersicht.
quod erant, qui —; inventi sunt, qui — contemnerent. Der Grund liegt nicht in dem Dasein und Handeln von Männern wie Perikles, sondern darin, daß Leute wie Gorgias eine bloß theoretische Stellung zu Fragen des öffentlichen Lebens einnahmen und in sophistischer Weise darüber zu reden lehrten. Der Satz qui — florerent ist also logisch dem folgenden aut qui — essent subordiniert.
7. *faciendi* etc. wie Thuc. I 139,4 von Perikles sagt: λέγειν τε καὶ πράττειν δυνατώτατος.
8. *aut qui — sed — tamen*, dem qui aut steht aut qui gegenüber; hier natürlich konzessiv.
12. *animi quodam iudicio*, so zu sagen grundsätzlich, 110; II 10.
13. *Quorum* etc. So ist zu interpungieren: erst die einfache historische Notiz (die Thatsache); dann wird durch das nachdrücklich vorangestellte Is die Persönlichkeit des S. noch besonders hervorgehoben und im Relativsatze dessen hohe geistige und sprachliche Begabung betont; damit ist denn zugleich ein Erklärungsgrund für das erwähnte Bestreben (des Sokrates) und dessen Gelingen gegeben.
15. *prudentia, acumen*, eindringende Schärfe, *venustas* liebliche Anmut, *subtilitas* eingehende Gründlichkeit beziehen sich auf die Dialektik, die Disputierkunst des Sokrates; die folgenden *eloquentia, varietas* (bunte Abwechselung), *copia* auf die Sprache und Rede desselben.
16. *quam se cumque in partem dedisset*. Vom Konj. zum Ausdruck der wiederholten Handlung in der Ver-

que in partem dedisset, omnium fuit facile princeps, eis, qui haec, quae nunc nos quaerimus, tractarent, agerent, docerent, cum nomine appellarentur uno, quod omnis rerum optimarum cognitio atque in eis exercitatio philosophia nominaretur, hoc commune nomen eripuit sapienterque sentiendi et ornate dicendi scientiam re cohaerentes disputationibus suis separavit; cuius ingenium variosque sermones immortalitati scriptis suis Plato tradidit, cum ipse litteram Socrates nullam reliquisset. Hinc discidium illud exstitit quasi linguae atque cordis, absurdum sane et inutile et reprehendendum, ut alii nos sapere, alii dicere docerent. Nam cum essent plures orti fere a Socrate, quod ex illius variis et diversis et in omnem partem diffusis disputationibus alius aliud apprehenderat, proseminatae sunt quasi familiae dissentientes inter se et multum diiunctae et dispares, cum tamen omnes se philosophi Socraticos et dici vellent et esse arbitrarentur. Ac primo ab ipso Platone Aristoteles et Xenocrates, quorum alter Peripateticorum, alter Academiae nomen obtinuit, deinde ab Antisthene, qui patientiam et duritiam in Socratico sermone maxime adamarat, Cynici primum, deinde Stoici, tum ab Aristippo, quem illae magis voluptariae disputationes delectarant, Cyrenaica philosophia manavit, quam ille et eius posteri simpliciter defenderunt, hi,

---

gangenheit finden sich auch schon bei Cicero einige Beispiele wie de div. I 102 cum imperator exercitum, censor populum lustraret, bonis nominibus, qui hostias ducerent, eligebantur, de rep. I 22 hanc sphaeram Gallus cum moveret, fiebat, ut soli luna totidem conversionibus in aere illo, quot diebus in ipso caelo succederet; vgl. auch zu 1 232. Vielleicht aber ist in dem Satz zugleich ein irrealer Konditionalsatz enthalten; wenn er sich worauf auch immer geworfen haben würde. Vgl. auch Goßrau L. Gr. § 408, 2.

1. *eis qui haec, quae nunc quaerimus, tractarent*, denen, die solche Untersuchungen, wie wir gegenwärtig .. Die *ei qui* sind natürlich die Sophisten, ihre Untersuchungen umfaßten auch die Rhetorik; vgl. Einl. I § 4 u. 5. Es gab also anfangs nur Sophisten, keine Rhetoriker; aus den Sophisten machte Sokrates 'Philosophen' und die Rhetorik wurde von der Philosophie abgezweigt.

9. *cordis*; cor wie pectus war den Alten viel mehr der Sitz des Verstandes, als des Gefühls.

11. *orti*, s. ind. Acad.

15. *Socraticos*, die also hinsichtlich jener Scheidung in ihres Meisters Fußtapfen traten und die (von der Rhetorik geschiedene) Philosophie für sich allein in Anspruch nahmen.

17, 62. Dies giebt Veranlassung zu dem Exkurs über die nachsokratische Philosophie und deren Bedeutung für die Beredsamkeit (— c. 20).

19. *in Socratico sermone* in der Lehre des Sokrates; weil sie ja nur im Gespräch fixiert wurde, ist der Ausdruck sermo besonders treffend.

22. *manavit*, wie Tusc. III 8 *a quo* (sc. Socrate) *haec omnis quae est de vita et de moribus philosophia manavit*. In der Beziehung von *manare* auf die vorhergehenden persönl. Subjekte liegt ein Zeugma.

simpliciter — geradezu, ohne irgend welche beschränkenden oder vermittelnden Bestimmungen.

hi — die jetzigen Hedoniker d. h. die Epikureer.

qui nunc voluptate omnia metiuntur, dum verecundius id agunt, nec dignitati satis faciunt, quam non aspernantur, nec voluptatem tuentur, quam amplexari volunt. Fuerunt etiam alia genera philosophorum, qui se omnes fere Socraticos esse dicebant, Eretricorum, Herilliorum, Megaricorum, Pyrrhoneorum; sed ea horum vi et disputationibus sunt iam diu fracta et exstincta.

Ex illis autem, quae remanent, ea philosophia, quae suscepit patrocinium voluptatis, etsi cui vera videatur, procul abest tamen ab eo viro, quem quaerimus et quem auctorem publici consilii et regendae civitatis ducem et sententiae atque eloquentiae principem in senatu, in populo, in causis publicis esse volumus. Nec ulla tamen ei philosophiae fiet iniuria a nobis. Non enim repelletur inde, quo adgredi cupiet; sed in hortulis quiescet suis, ubi vult, ubi etiam recubans molliter et delicate nos avocat a Rostris, a iudiciis, a curia, fortasse sapienter, hac praesertim re publica. Verum ego non quaero nunc quae sit philosophia verissima, sed quae oratori coniuncta maxime. Quare istos sine ulla contumelia dimittamus; sunt enim et boni viri et, quoniam sibi ita videntur, beati; tantumque eos admo-

1. *metiuntur*, messen nach, beziehen, gründen auf.
verecundius, I 171.
2. *nec* etc. — wie es bei solchen falschen Vermittlungsversuchen zu gehen pflegt; indem sie beide Prinzipien, das der Sinnenlust und der ernsten sittlichen Haltung (dignitas), zugleich befriedigen zu können meinten, leisteten sie in der That keinem von beiden Genüge.
3. *Fuerunt* — jetzt sind sie verschollen.
6. *horum*, der gegenwärtig noch blühenden, der heutigen.
iam diu etc., de off. I 6 Ita propria est ea praeceptio Stoicorum, Academicorum, Peripateticorum, quoniam Aristonis, Pyrrhonis, Herilli iam pridem explosa sententia est. de fin. II 35 Pyrrho Aristo Herillus iam diu abiecti.
8. *ea philosophia* etc., Brut. 131 perfectus Epicureus evaserat, minime aptum ad dicendum genus.
10. *auctorem publici consilii*, I 211; 215.
11. *atque eloquentiae*, in der Debatte, wo es auf rednerische Motivierung der sententia ankommt.
14. *quo adgredi cupiet*, wohin sie ihre eigene Neigung zieht; der Satz ist ebenso wie der vorige Nec ulla etc. mehr allgemein gehalten; Cic. will wohl sagen: von uns soll der Epikureerphilosophie nichts angethan werden; von uns wird sie nicht von da vertrieben werden, wohin sie sich neigt. 64 a. E. *adgredi*, II 291 cum ad causam sum adgressus. S. d. krit. Anh.
in hortulis, de leg. I 39 sibi autem indulgentes — atque omnia, quae sequantur in vita quaeque fugiant, voluptatibus et doloribus ponderantes — in hortulis suis iubeamus dicere atque istam ab omni societate reipublicae, cuius partem nec norunt ullam, paulisper facessant rogemus.
15. *recubans*, Verg. ecl. I 1, 1 Tityre, tu patulae recubans sub tegmine fagi etc.
16. *a Rostris* etc. I 32.
17. *hac praesertim re publica*, wie hoc populo II 4, zumal bei den dermaligen politischen Verhältnissen, I 1; zur Sache I 38. Einl 1 § 22 a. E. Natürlich kommen die Worte auch dem Cic. selber recht aus dem Herzen.
20. *beati* mit leise ironischer Färbung — in seliger Ruhe; vgl. II 144.
tantumque, im Anschluß an dimittamus: und dabei nur soviel (ohne que 24 n. I 233 a. E.).

neamus, ut illud, etiamsi sit verissimum, tacitum tamen tamquam mysterium teneant, quod negant versari in re publica esse sapientis. Nam si hoc nobis atque optimo cuique persuaserint, non poterunt ipsi esse, id quod maxime cupiunt, otiosi.

Stoicos autem, quos minime improbo, dimitto tamen nec 18 65 eos iratos vereor, quoniam irasci nesciunt; atque hanc eis habeo gratiam, quod soli ex omnibus eloquentiam virtutem ac sapientiam esse dixerunt. Sed utique est in his, quod ab hoc, quem instruimus, oratore valde abhorreat; vel quod omnes, qui sapientes non sint, servos, latrones, hostes, insanos esse dicunt, neque tamen quemquam esse sapientem; valde autem est absurdum ei contionem aut senatum aut ullum coetum hominum committere, cui nemo illorum, qui adsint, sanus, nemo civis, nemo liber esse videatur. Accedit quod orationis etiam 66 genus habent fortasse subtile et certe acutum, sed, ut in oratore, exile, inusitatum, abhorrens ab auribus vulgi, obscurum, inane, ieiunum, ac totum eiusmodi, quo uti ad vulgus nullo

---

1. *etiamsi sit.* S. d. krit. Anh.
2. *quod negant* = quod dicunt, cum dicunt non esse sapientis —.
3. *optimo cuique* — die ihre Thätigkeit dem Staate widmen.
4. *non poterunt* etc. — weil sie dann aus dem von ihnen verschuldeten Mangel an Arbeitern am Ende selbst Hand anlegen müssen; dann wäre es mit ihrem süßen Nichtsthun aus. Die ganze Kritik der Epikureer ist voller Ironie, wie ein römischer Staatsmann diese epikureischen Grundsätze in der That nicht wohl anders behandeln konnte.
5. *Stoicos,* II 159 f.
6. *irasci nesciunt* — wegen der ἀπάθεια und ἀταραξία des Philosophen.
7. *virtutem,* 55.
8. *sed utique* = 'aber jedenfalls haben sie, was — sich nicht verträgt'. utrumque, was die Hdschr. haben, könnte sich nur auf zwei schon genannte oder bekannte Dinge, nicht aber auf das folgende beziehen. S. d. krit. Anh.
9. *vel* — das zweite Glied des Disjunktivsatzes folgt ee in veränderter Wendung mit Accedit quod, wodurch zugleich die größere Wichtigkeit dieses zweiten Punktes (für den Redner) angedeutet wird.
10. *servos, latrones, hostes, insanos,* dem stehen nachher in chiastischer Form sanus, civis, liber gegenüber; latrones hat keinen Gegensatz und ist wohl dem Begriff des servus untergeordnet.
11. *neque tamen quemquam esse sapientem,* Lael. 18 Negant enim quemquam esse virum bonum nisi sapientem. Sit ita sane; sed eam sapientiam interpretantur, quam adhuc mortalis nemo est consecutus.
14. *orationis genus,* II 159. Brut. 114 quorum peracutum et artis plenum orationis genus scis tamen esse exile nec satis populari assensioni accommodatum.
15. *ut in oratore,* II 2; 54 Cato mai. 12 multae etiam ut in homine Romano litterae; = nach oratorischem Maßstab; für einen Redner, II 159.
17. *ac totum,* s. d. krit. Anh. Crassus schließt seine Charakteristik der stoischen (philosophischen) Sprache damit, daß er alles in den entscheidenden Hauptpunkt zusammenfaßt: sie weicht nicht nur vom Volkston ab (abhorrens ab auribus vulgi), sondern verbindet auch mit den gewöhnlichen Worten ganz andere Begriffe, sodaß man überhaupt ihre Ausdrucksweise höchstens nur wieder vor Stoikern gebrauchen kann. Denn Ausnahmen wie die des Cato Uticensis sind sehr selten: Brut. 118. Parad. prooem. 'animadverti, saepe Catonem — cum in senatu senten-

modo possit. Alia enim et bona et mala videntur Stoicis et ceteris civibus vel potius gentibus; alia vis honoris ignominiae, praemii supplicii; vere an secus nihil ad hoc tempus; sed ea si sequamur, nullam umquam rem dicendo expedire possimus.

67 Reliqui sunt Peripatetici et Academici; quamquam Academicorum nomen est unum, sententiae duae. Nam Speusippus, Platonis sororis filius, et Xenocrates, qui Platonem audierat, et qui Xenocratem Polemo et Crantor, nihil ab Aristotele, qui una audierat Platonem, magno opere dissensit; copia fortasse et varietate dicendi pares non fuerunt. Arcesilas primum, qui Polemonem audierat, ex variis Platonis libris sermonibusque Socraticis hoc maxime adripuit, nihil esse certi, quod aut sensibus aut animo percipi possit; quem ferunt eximio quodam usum lepore dicendi aspernatum esse omne animi sensusque iudicium primumque instituisse (quamquam id fuit Socraticum maxime), non quid ipse sentiret ostendere, sed contra id, quod 68 quisque se sentire dixisset, disputare. Hinc haec recentior Academia manavit, in qua exstitit divina quadam celeritate ingenii dicendique copia Carneades; cuius ego etsi multos auditores cognovi Athenis, tamen auctores certissimos laudare pos-

tiam diceret, locos graves ex philosophia tractare, *abhorrentes ab hoc usu forensi et publico*, sed dicendo consequi tamen, ut illa etiam populo probabilia viderentur. Quod eo maius est illi, quam aut tibi aut nobis, quia nos ea philosophia plus utimur (65), quae peperit dicendi copiam et in qua dicuntur ea, quae non multum discrepant ab opinione populari, Cato autem, perfectus mea sententia Stoicus, et ea sentit, quae non sane probantur in vulgus, et in ea est haeresi (Sekte), quae nullum sequitur florem orationis, neque dilatat (I 163) argumentum, sed minutis interrogatiunculis quasi punctis quod proposuit efficit.'

1. *alia* — et p. Caec. 57 non alia causa est acquitatis in uno servo et in pluribus.

3. *ad hoc tempus*, wie II 5.

4. *expedire*, 'entwickeln', weil uns nämlich kein Mensch versteht, vgl. II 142 expediet et exponet.

6. *sententiae duae*, zwei Richtungen, nämlich die alte, die noch von Platos Schüler Aristoteles nicht abwich, und die neue Akademie, die nun einen besondern Grundsatz hervorhob und an die Spitze stellte (s. ind. Acad.).

9. *dissensit*, der Singular wohl in Anlehnung an den lebhaften Gesprächston wie II 2 narravit; 26 exspectat. Zum Inhalt vgl. II 58 u. 58; Brut. 30 magistri dicendi multi subito exstiterunt. Tum Leontinus Gorgias, Thrasymachus Calchedonius, Protagoras Abderites, Prodicus Ceus, Hippias Eleus in honore magno fuit, aliique multi temporibus eisdem docere se profitebantur. Bei dem folgenden fuerunt wird nicht mehr an die einzelnen, sondern an die ältere Akademie gedacht. (Lambin korrigiert: dissenserunt, Bake: dissentiunt.)

10. *primum*, es werden die verschiedenen Entwicklungen der Akademie aufgeführt. Statt aber dann fortzufahren: deinde Carneades — tritt dafür eine andere Wendung ein: hinc haec recentior Academia manavit.

12. *certi*, I 222.

nihil certi ist Prädikat zu dem im Relativsatz enthaltenen Subjekt.

13. *possit*, II 348.

15. *Socraticum*, s. ind. Socrates.

19. *ego — Athenis* steht im Gegensatz zu *Scaevola Romae*. Einl. I § 1, 2 und 14, 164.

20. *auctores*, Gewährsmänner.

sum et socerum meum Scaevolam, qui eum Romae audivit adulescens, et Q. Metellum L. F. familiarem meum, clarissimum virum, qui illum a se adulescente Athenis iam adfectum senectute multos dies auditum esse dicebat.

Haec autem, ut ex Apennino fluminum, sic ex communi sapientiae iugo sunt doctrinarum facta divortia, ut philosophi, tamquam in superum mare [Ionium] defluerent, Graecum quoddam et portuosum, oratores autem in inferum hoc Tuscum et barbarum, scopulosum atque infestum laberentur, in quo etiam ipse Ulixes errasset. Quare, si hac eloquentia atque hoc oratore contenti sumus, qui sciat aut negare oportere, quod arguare; aut, si id non possis, tum ostendere, quod is fecerit, qui insimuletur, aut recte factum aut alterius culpa aut iniuria aut ex lege aut non contra legem aut imprudentia aut necessario; aut non eo nomine usurpandum, quo arguatur; aut non ita agi, ut debuerit ac licuerit; et, si satis esse putatis ea, quae isti scriptores artis docent, discere, quae multo tamen ornatius

5. *ex communi sapientiae iugo*, vor erfolgter Scheidung, wo cogitandi pronuntiandique ratio visque dicendi noch in der éinen sapientia geeinigt waren, wie die Quellen auf dem éinen Bergrücken (aus denen aber dann die daraus entspringenden Flüsse nach entgegengesetzten Seiten auseinandergehen).

6. *divortium*, Abkehr, ist der eig. Ausdruck für Wasserscheide; Att. V 20, 3 Amanus Syriam a Cilicia aquarum divortio dividit; ebenso Fam. II 10, 2 mons — divisus aquarum divortiis; sonst = Ehescheidung, s. d. Ind.

7. *superum*, s. ind. inferum. — In der verschiedenen physischen Beschaffenheit beider Meere spiegelt sich gleichsam die geistige Beschaffenheit der beiden Richtungen ab, indem die philosophische griechische dem beschränkteren hafenreichen ionischen Meer (das für das griech. otium reichlich willkommene und sichere Ruhepunkte bietet), die oratorische römische dem offeneren u. gefährlicheren Tuskischen Meer zufällt (wo es gilt, mit starker Hand das Steuerruder zu lenken, damit das Schiff an den vielen Klippen nicht zerschelle).

9. *barbarum*, natürlich vom Standpunkt der Griechen aus.

in quo etiam errasset = errasse dicitur — also schon nach uralter Tradition ein Meer, in das man sich ohne den größten Gefahren entgegenzugeben nicht wagen dürfe.

10. *hac*, d. h. der schulmäßigen, wie sie die (griechischen) Rhetoren lehren.

11. *qui sciat*, der sein bischen Theorie gut inne hat; als die Blüte der rhetorischen Theorie galt eben die Statuslehre, vgl. Einl. II § 3. Hier giebt Cic. eine wieder etwas anders gefärbte Darstellung derselben, als I 138 ff.; II 110 ff.; die hier beliebte Aufzählung umfaßt die constitutio coniecturalis (*aut negare*), die Abart der generalis, nämlich die iuridicialis (*aut tum ostendere* etc.), u. zwar a) die iuridicialis absoluta (*recte factum*), b) die iuridicialis (s. zu II 113) assumptiva (*alterius culpa* u. *iniuria*); damit parallel erscheint hier in eigenartiger Verwendung das Hermagoreische genus legale (*ex lege, non contra legem, imprudentia, necessario*); dann erst wird (*aut non eo nomine usurpandum*) die definitiva angeschlossen und den Beschluß bietet die dem römischen Prozeßverfahren mehr fremde translativa (*aut non ita agi ut debuerit ac licuerit*) deren Erfinder Hermagoras war.

17. *scriptores artis*, = Theoretiker,

quam ab illis dicuntur et uberius explicavit Antonius; — sed si his contenti estis atque eis etiam, quae dici voluistis a me, ex ingenti quodam oratorem immensoque campo in exiguum sane gyrum compellitis. Sin veterem illum Periclem aut hunc etiam, qui familiarior nobis propter scriptorum multitudinem est, Demosthenem sequi vultis et si illam praeclaram et eximiam speciem oratoris perfecti et pulchritudinem adamastis, aut vobis haec Carneadia aut illa Aristotelia vis comprehendenda est. Namque, ut ante dixi, veteres illi usque ad Socratem omnem omnium rerum, quae ad mores hominum, quae ad vitam, quae ad virtutem, quae ad rem publicam pertinebant, cognitionem et scientiam cum dicendi ratione iungebant; postea dissociati, ut exposui, a Socrate [diserti a doctis] et deinceps a Socraticis item omnibus, philosophi eloquentiam despexerunt, oratores sapientiam; neque quidquam ex alterius parte tetigerunt, nisi quod illi ab his aut ab illis hi mutuarentur; ex quo promiscue haurirent, si manere in pristina communione volu-

eig. Verfasser eines Handbuches I 91; 113; auch bloß scriptor II 65.

1. *explicavit*, bes. II 113; im Gegensatz zu der unfruchtbaren Theorie giebt er eigene praktische Anweisungen besonders II 162—174.

sed, nach der Digression zum verlassenen Ausgangspunkt zurückkehrend.

3. *immensoque campo*, I 70.

in — gyrum, wie ein Roß, das in der Reitbahn an der Longe gehen muß.

5. *familiarior*, vertrauter.

6. *eximia species*, Ideal in abstraktem Sinne, Idealbild; das konkrete Ideal ist mehr deus in dicendo, s. zu I 106; vgl. a. Or. 9 cogitata species und perfectae eloquentiae species; ebd. ipsius in mente insidebat species pulchritudinis eximia.

8. *haec Carneadia* etc., so. Ohne diese aus der (älteren peripatetischen oder neueren akademischen) Philosophie zu entlehnende Befähigung ist's unmöglich, ein Redner im wahren Sinne des Worts zu werden, wie ja Cic. von sich selbst sagt Or. 12 fateor, me oratorem, si modo sim aut etiam quicumque sim, non ex rhetorum officinis, sed ex Academiae spatiis exstitisse.

9. *Namque* — denn, um noch einmal darauf zurückzukommen (50), früher bestand die Scheidung zwischen Philosophie und Beredsamkeit im Leben nicht und muß daher wieder aufgehoben werden, wenigstens beim wahren (vollkommenen) Redner.

12. *cum dicendi ratione*, mit der Beredsamkeit, s. zu I 5.

13. *dissociati*, als zugehöriges Nomen ist ein allgemeiner Begriff zu ergänzen, der die philosophi und oratores umfaßt, etwa Weisheitsbeflissene, Staatsweise, illi sapientes. Die Spaltung seit u. durch Sokrates bewirkt erst die Scheidung der Begriffe philosophi u. oratores. Es ist zu berücksichtigen, daß Cicero für den Redner stets die Bethätigung in der Staatsleitung, den Begriff und die Aufgabe des Staatsmannes ängstlich zu wahren bestrebt ist.

deinceps — in der διαδοχή der Häupter der Philosophenschulen.

15. *ex alterius parte*, von der anderen Seite, von der Partei, dem Gebiete des Gegners.

16. *mutuarentur*, I 55.

ex quo haurirent = hauriendum fuit; wir etwa: statt gemeinsam aus einem Quell (ex quo, ganz allgemein angefügt mit Bezug auf das Vorige) zu schöpfen, um nicht aufgeben zu sollen.

issent. Sed ut pontifices veteres propter sacrificiorum multitudinem tres viros epulones esse voluerunt, cum essent ipsi a Numa, ut etiam illud ludorum epulare sacrificium facerent, instituti, sic Socratici a se causarum actores et a communi philosophiae nomine separaverunt, cum veteres dicendi et intellegendi mirificam societatem esse voluissent.

Quae cum ita sint, paullulum equidem de me deprecabor et petam a vobis, ut ea, quae dicam, non de memet ipso, sed de oratore dicere putetis. Ego enim sum is, qui cum summo studio patris in pueritia doctus essem et in forum ingenii tantum, quantum ipse sentio, non tantum, quantum [ipse] forsitan vobis videar, detulissem, non possim dicere me haec, quae nunc complector, perinde ut dicam discenda esse, didicisse; quippe qui omnium maturrime ad publicas causas accesserim annosque natus unum et viginti nobilissimum hominem et eloquentissimum in iudicium vocarim; cui disciplina fuerit forum, magister usus et leges et instituta populi Romani mosque maiorum. Paullum sitiens istarum artium, de quibus loquor, gustavi, quaestor in Asia cum essem, aequalem fere meum ex Academia rhetorem nactus, Metrodorum illum, de cuius memoria commemoravit Antonius; et inde decedens Athenis, ubi ego diutius essem moratus, nisi Atheniensibus, quod mysteria non referrent, ad quae biduo serius veneram, succensuissem. Quare hoc, quod complector tantam scientiam vimque doctrinae, non modo non pro me, sed contra me est potius (non enim quid ego, sed quid orator possit disputo), atque hos omnes, qui

2. *epulones*, s. ind.
7. *Quae cum ita sint* — da meiner Ansicht nach zum wahren Redner wenigstens die Vereinigung von Beredsamkeit und Philosophie gehört (wie eine solche ursprünglich auch vorhanden war).
deprecabor, insofern er die Forderung stellt, ohne sie doch selbst erfüllt zu haben.
8. *dicam*, hinter dicam ist wohl me ausgefallen; zur Sache vgl. 90.
9. *Ego enim* etc., I 78f.
10. *tantum quantum*, wie 77 (andere wollen tantum lieber aus dem Text entfernt haben).
12. *quae nunc complector,* nämlich in meinen Anforderungen, d. h. das umfassende Wissen, das ich fordre, mir so angeeignet zu haben, wie —.
13. *perinde ut,* 213.
14. *annosque natus* etc. Einl. I § 10, 77.

17. *mos maiorum*, I 39; 48.
18. *Paullum* — trotz meines Durstes darnach.
19. *quaestor*, Einl. I § 10, 81.
21. *commemoravit*, II 360.
22. *mysteria*, s. ind.
24. *quod* **complector** in demselben Sinn, wie vorher.
vim doctrinae, Menge von Theorie, von Kenntnissen.
25. *contra me est* etc. denn man soll nicht von andern fordern, was man selbst nicht leistet, aber ich thue die Forderung dennoch, denn ich rede ja eben nicht von meinen Leistungen, sondern von denen des Redners.
26. *hos omnes,* mit ihrem sehr beschränkten Gesichtskreis und den kleinlichen rhet. Vorschriften, die sich in der Regel nur auf den Unterschied zwischen gen. infinit. und finitum, die Redeeingänge und Ge-

artes rhetoricas exponunt, perridiculos. Scribunt enim de litium genere et de principiis et de narrationibus. Illa vis autem eloquentiae tanta est, ut omnium rerum, virtutum, officiorum omnisque naturae, quae mores hominum, quae animos, quae vitam continet, originem, vim mutationesque teneat, eadem mores, leges, iura describat, rem publicam regat, omniaque, ad quamcumque rem pertineant, ornate copioseque dicat. In quo genere nos quidem versamur tantum, quantum possumus, quantum ingenio, quantum mediocri doctrina, quantum usu valemus; neque tamen istis, qui in una philosophia quasi tabernaculum vitae suae collocarunt, multum sane in disputatione concedimus. Quid enim meus familiaris C. Velleius adferre potest, quamobrem voluptas sit summum bonum, quod ego non copiosius possim vel tutari, si velim, vel refellere ex illis locis, quos exposuit Antonius, hac dicendi exercitatione, in qua Velleius est rudis, unus quisque nostrum versatus? Quid est, quod aut Sex. Pompeius aut duo Balbi aut meus amicus, qui cum Panaetio vixit, M. Vigellius de virtute, homines Stoici, possint dicere, qua in disputatione ego his debeam aut vestrum quisquam concedere? Non est enim philosophia similis artium reliquarum. Nam quid faciet in geometria qui non didicerit? quid in musicis? Aut taceat oportebit aut ne sanus quidem iudicetur.

schichtserzählung erstrecken. I 86; Einl. II § 6, 45 f.
1. *perridiculos*, II 77.
de litium genere. Gemeint ist wohl vornehmlich die Statuslehre; über principium und narratio vgl. Einl. II § 6.
2. *Illa vis*, das echte Wesen der Beredsamkeit 71 sq.
3. *omnium rerum* etc., damit umfaßt also die Redekunst nach ihrem wahren Begriff alle Stoffe der Philosophie: die der Physik (Metaphysik), Ethik (Psychologie) u. Politik.
4. *mores, leges, iura*, I 39.
6. *describat*, I 33.
7. *In quo* etc. Der praktische Redner kann zwar auf den genannten Gebieten auch ohne eigentliches philosophisches Studium etwas leisten und steht dem Fachphilosophen κατ' ἐξοχήν, dem Epikureer und Stoiker nicht nach, insofern die Philosophie (— darin verschieden von den s. g. exakten Wissenschaften, die ein bestimmtes positives Erlernen der Sachen verlangen —) ein mehr allgemeines Wissen zu ihrem Gegenstande hat, das auch unmittelbar durch das Leben gewonnen werden kann; die wahre Höhe der Vollendung jedoch besteht in der Vereinigung der rechten philos. Befähigung mit der oratorischen Praxis (— c. 22).
9. *ingenio* etc. 16; II 147; 162.
11. *concedimus* u. 20 *concedere*, das Feld räumen, nachstehen.
14. *ex illis locis*, den Fundstätten der Beweise, 104. 119; II 162 ff. Or. part. 5 in quibus latent argumenta.
18. *de virtute:* galt ja doch den Stoikern auch die Beredsamkeit als eine virtus, s. o. 65.
homines Stoici vertritt einen Konzessivsatz: wenn sie auch Stoiker (und als solche höchst geriebene Dialektiker) sind.
22. *ne sanus quidem iudicetur*, wird nicht einmal (kaum noch) seines Verstandes mächtig, im Besitze seiner gesunden Vernunft erachtet werden.

Haec vero, quae sunt in philosophia, ingeniis eruuntur ad id, quod in quoque veri simile est, eliciendum acutis atque acribus eaque exercitata oratione poliuntur. Hic noster vulgaris orator, si minus erit doctus, attamen in dicendo exercitatus, hac ipsa exercitatione communi istos quidem verberabit neque se ab eis contemni ac despici sinet. Sin aliquis exstiterit aliquando, qui 80 Aristotelio more de omnibus rebus in utramque partem possit dicere et in omni causa duas contrarias orationes, praeceptis illius cognitis, explicare aut hoc Arcesilae modo et Carneadi contra omne, quod propositum sit, disserat, quique ad eam rationem adiungat hunc usum exercitationemque dicendi, is sit verus, is perfectus, is solus orator. Nam neque sine forensibus nervis satis vehemens et gravis nec sine varietate doctrinae satis politus et sapiens esse orator potest. Quare Coracem 81 istum veterem patiamur nos quidem pullos suos excludere in

---

1. *haec quae sunt in philosophia*, der Inhalt, die Aufgabe der Philos.
eruuntur = läßt sich erfassen, *eaque poliuntur* und zugleich in glatter Darstellung vorführen.
2. *eliciendum*, I 158.
3. *noster vulgaris orator*, schon unser Redner, wie er für gewöhnlich ist.
5. *istos quidem*, d. i. die Philosophen. Das handschriftl. *nostros*, aus dem Adler *magistros*, Sorof *doctos* herstellte, ist aus irgend einem Mißverständnis gesetzt. Vielleicht stand ursprünglich *noster*, aus dem ersten *noster* durch Abirren des Auges wiederholt, dann wurde es dem *istos* angeglichen u. *nostros* gesetzt. Vielleicht ist es auch ein sehr altes Glossem und aus *rhetores* oder *oratores* verlesen, wie in 81 ebenfalls *oratorum* als Glossem vor *istorum* eingesetzt wurde.
verberabit, züchtigen (oder zu Paaren treiben), um ihrer Überhebung und ihres Hochmuts willen, in dem sie sich weit über so einen 'nicht philosophisch-gebildeten' foreusischen Redner erhaben glaubten. ad Fam. XVI 26 *verberavi te cogitationis tacito dumtaxat convicio*.
6. *sin aliquis exstiterit aliquando, qui* — denn noch ist dies Ideal unter den Römern nicht verwirklicht, 71, durch *sin* werden die nun folgenden Vertreter der Peripatetiker und der neuen Akademie den vorhergehenden Vertretern der Epikureer und Stoiker gegenübergestellt. Zu Crassus' Urteil über die römische Beredsamkeit vgl. I 79. 95.
10. *ad eam rationem*, zu dieser wissenschaftlichen(philosophischen) Bildung II 147 *ratio, quam licet, si volumus, appellemus artem*.
11. *hunc usum* etc., s. d. krit. Anh.
is sit = *eum esse putaverim*. Couj. potent., viel bezeichnender und schöner als *erit*, was man erwarten könnte.
12. *Nam* etc. Das ists gerade, was Cic. als das höchste Ziel für die (römische) Beredsamkeit im Auge hat und hier dem Crassus in den Mund legt: die Vereinigung der griechischen, philosophisch-wissenschaftlichen Erkenntnis mit der römischen, lebendigen Praxis auf dem Forum. Einl. I § 8, A. 40.
sine forensibus nervis, ohne die Anspannung der Muskeln in der Öffentlichkeit. II 64; wie Or. 62 *horum oratio neque nervos neque aculeos oratorios ac forenses habet*.
13. *varietate doctrinae*, ohne den bunten Schmuck allgemeiner Bildung.
15. *istum veterem*, s. d. krit. Anhang.
pullos suos, mit Anspielung auf seinen Namen κόραξ, wie er denn dergleichen öfters erfahren hat: κακοῦ κόρακος κακὰ ᾠά.

nido, qui evolent clamatores odiosi ac molesti, Pamphilumque
nescio quem sinamus in infulis tantam rem tamquam pueriles
delicias aliquas depingere, nosque ipsi hac tam exigua disputatione hesterni et hodierni diei totum oratoris munus explicemus, dummodo illa res tanta sit, ut omnibus philosophorum
libris, quos nemo [oratorum] istorum umquam attigit, comprehensa esse videatur.

22 82. Tum CATULUS: Hauddquaquam hercle, inquit, Crasse, mirandum est esse in te tantam dicendi vel vim vel suavitatem

---

1. *evolent*, wenn sie flügge sind.
clamatores, als junge Raben, wir vielleicht 'als heillose und unleidliche Krächzer, Schreihälse'.

2. *nescio quem*, 93; I 91. 202. Meinetwegen mag so ein obskurer beschränkter Rhetor (und Zeichenmeister) den großen Gegenstand (die Redekunst und was zu ihr gehört) als Bilderchen auf weißen Bandstreifen, ein Spielwerk für Kinder, in skizzenhaften Umrissen abzeichnen.

in infulis — warum hier Crassus gerade dies Wort braucht: die weiße bebänderte Kopfbinde, wie sie der Priester oder die Schutzflehenden als Zeichen der Unverletzlichkeit oder auch das Opfertier zu tragen pflegten, läßt sich schwer bestimmen; es scheint, daß dergleichen Bänder mit allerhand Figuren bemalt wurden. Dann vergleicht Cr. einen so dürftigen rhetorischen Abriß mit den Bilder-Skizzen auf solchen Putzbändern, auf denen sich begreiflicher Weise etwas Ordentliches gar nicht darstellen läßt; Kinder mögen immerhin an dem Spielwerk (denn viel mehr sind eigentlich die elementaren Dinge nicht) ihren Gefallen finden; der Mann, der im öffentlichen Leben als Redner auftreten soll, hat ganz andere, höhere Dinge nötig. — Vielleicht ist bei den 'Kopfbinden' an den alten Aberglauben zu denken, demzufolge Kindern empfohlen wird, wenn sie etwas nicht zu lernen vermögen, das Geschriebene auf den Kopf (unter das Kopfkissen) zu legen; ein Gebrauch, zu dem die Benutzung der Gebetriemen seitens der Juden ein Analogon bietet.

'Es fehlte bloß noch, meint Cicero, daß irgend ein Pamphilus so einen rhetorischen Katechismus auf Bänderchen malt und den Lernenden aufs Haupt stülpt.'

3. *nosque* etc., damit schließt Crassus bescheidentlich auch seine (theoretischen) Erörterungen als unzulänglich mit ein. 121.

5. *dummodo illa res tanta sit*, objektiv, von der Unzulänglichkeit jeder subjektiven Darstellung abgesehen; wir: wenn wir nur von der Bedeutung der Beredsamkeit insofern durchdrungen sind, ihr soviel Bedeutung wahren.

ut omnibus philosophorum libris etc., daß die gesamte philos. Litteratur der Beredsamkeit den Stoff zu liefern scheint, daß kein Gegenstand in der ganzen philos. Litteratur vorkommt, der nicht zugleich in das Gebiet der Beredsamkeit gehöre.

6. [*oratorum*] s. d. krit. Anhang.

8. Daß der einzelne nicht immer imstande ist, jener Forderung eines umfassenden wissenschaftlichen Studiums zu genügen, hebt die Forderung selbst nicht auf; denn es handelt sich hier nicht um ein einzelnes Individuum, sondern um den Redner an sich. Und dann ist auch nicht das der Sinn jener Forderung, daß der Redner jede Wissenschaft so studieren solle, wie derjenige, der sich lediglich und allein damit beschäftigt, sondern vielmehr als Mittel zu seinem Zweck und weit entfernt von dem Ansprüche, es in jedem Zweige menschlichen Wissens und Könnens zur Virtuosität bringen zu wollen (— c. 24, 91).

vel copiam; quem quidem antea natura rebar ita dicere, ut
mihi non solum orator summus, sed etiam sapientissimus homo
viderere: nunc intellego illa te semper etiam potiora duxisse,
quae ad sapientiam spectarent, atque ex his hanc dicendi copiam fluxisse. Sed tamen cum omnes gradus aetatis recordor
tuae cumque vitam tuam ac studia considero, neque, quo tempore
ista didiceris, video nec magno opere te istis studiis, hominibus,
libris intellego deditum. Neque tamen possum statuere, utrum
magis mirer te illa, quae mihi persuades maxima esse adiumenta,
potuisse in tantis tuis occupationibus perdiscere, an, si non
potueris, posse isto modo dicere.

Hic CRASSUS: Hoc tibi, inquit, Catule, primum persuadeas 83
velim, me non multo secus facere, cum de oratore disputem,
ac facerem, si esset mihi de histrione dicendum. Negarem
enim posse cum satis facere in gestu, nisi palaestram, nisi
saltare didicisset; neque, ea cum dicerem, me esse histrionem
necesse esset, sed fortasse non stultum alieni artificii existimatorem. Similiter nunc de oratore vestro impulsu loquor, 84
summo scilicet; semper enim, quacumque de arte aut facultate
quaeritur, de absoluta et perfecta quaeri solet. Quare si iam
me vultis esse oratorem, si etiam sat bonum, si bonum denique,
non repugnabo. Quid enim nunc sim ineptus? ita me existimari scio. Quod si ita est, summus tamen certe non sum.
Neque enim apud homines res est ulla difficilior neque maior
nec quae plura adiumenta doctrinae desideret. Ac tamen quo- 85

1. *rebar*, 153. Der Gedanke: Vordem stellte ich dich gleich hoch
als Redner und als sapiens, hielt
aber beides für Frucht natürlicher
Begabung, jetzt sehe ich, daß du
auf philosophische Bildung (quae
ad scientiam spectarent) sogar einen
höheren Wert gelegt habest, und
daß deine hohe Redefülle nur auf
philosophischen Studien beruhe.

15. *satis facere in gestu*, I 170.

palaestrom. Or. 14 positum sit
igitur in primis — sine philosophia
non posse effici quem quaerimus
eloquentem, non ut in ea tamen
omnia sint, sed ut sic adiuvet, ut
palaestra histrionem (parva enim
magnis saepe rectissime conferuntur); vgl. I 73.

17. *alieni artificii existimatorem*,
Kritiker über eine Kunstleistung.
artif. so auch II 29; sonst Kunstlehre, Theorie, s. z. 193, auch Kunstgriff I 74. existimator s. z. II 8 existimare: u. ebd. 322 bene existimare,
wohlwollend beurteilen; unten 84
ita me existimari scio.

19. *summo sc.*, also abgesehen von
den individuellen Unvollkommenheiten.

20. *si iam*, s. I 218.

21. *si etiam sat bonum*, meinetwegen
auch ziemlich, bonum denique ja
schließlich (o. s) auch wirklich gut.

si etiam schränkt einen neuen
Begriff, meist Attribut ein, u. steht
nie bei demselben Prädikat; etiam
si, oft mit dem Konj. z. B. I 73, III 64
führt ein neues Prädikat ein.

22. *ineptus* — was soll mich
noch lange zieren (II 17), ich weiß
doch, daß das nun einmal das allgemeine Urteil über mich ist.

24. *apud homines* = in rebus humanis.

25. *adiumenta doctrinae*, Hilfsmittel
seitens der allgemeinen Erkenntnis.
Hilfsquellen durch die allgemeine
Bildung, wie sie eine allgemeine
geistige Durchbildung gewährt.

niam de oratore nobis disputandum est, de summo oratore dicam necesse est. Vis enim et natura rei, nisi perfecta ante oculos ponitur, qualis et quanta sit intellegi non potest. Me autem, Catule, fateor neque hodie in istis libris et cum istis hominibus vivere nec vero, id quod tu recte commeministi, ullum umquam habuisse sepositum tempus ad discendum ac tantum tribuisse doctrinae temporis, quantum mihi puerilis aetas, forenses feriae concesserint. Ac, si quaeris, Catule, de doctrina ista quid ego sentiam, non tantum ingenioso homini et ei, qui forum, qui curiam, qui causas, qui rem publicam spectet, opus esse arbitror temporis, quantum sibi ei sumpserunt, quos discentes vita defecit. Omnes enim artes aliter ab eis tractantur, qui eas ad usum transferunt, aliter ab eis, qui ipsarum artium tractatu delectati nihil in vita sunt aliud acturi. Magister hic Samnitium summa iam senectute est et cotidie commentatur. Nihil enim curat aliud. At Q. Velocius puer addidicerat. Sed quod erat aptus ad illud totumque cognorat, fuit, ut est apud Lucilium,

quamvis bonus ipse
Samnis in ludo ac rudibus cuivis satis asper;
sed plus operae foro tribuebat, amicis, rei familiari. Valerius cotidie cantabat; erat enim scenicus: quid faceret aliud? At

6. *sepositum tempus*, Zeit, die allein geweiht ist, wie Or. 143 nullum sibi ad eam rem tempus seponerent, sich dafür keine Zeit eigens frei halten.

7. *tantum*, nur soviel, 67; I 233; 252.

9. *tantum — temporis*, weit von einander getrennt, 90; I 3 quantum — otii.

10. *forum* u. *causas* im genus iudiciale, *curiam* und *rempublicam* im genus deliberativum, I 32.

12. *quos discentes vita defecit*, denen für ihr Lernen das Leben nicht ausreichte, d. h. die ihr Leben lang nicht über das Lernen (wir etwa: über 'das in die Schule gehen') hinausgekommen sind.

aliter, zum Gedanken vgl. I 248.

13. *ad usum transferunt*, auf die Praxis übertragen, aufs praktische Leben beziehen.

15. *Magister*, der Lehrmeister (Fechtmeister) in der Gladiatorenschule, Valer. Max. II 3, 2 armorum tractandorum *meditatio* a. P. Rutilio — militibus est tradita. Is — ex ludo Scauri doctoribus gladiatorum arcessitis (lanistis) vitandi atque inferendi ictus subtiliorem rationem legibus ingeneravit.

16. *commentatur*, übt sich, von geistigen Übungen auf leibliche übertragen, die ja auch schulmäßig, nach theoretischen Vorschriften vorgenommen wurden.

17. *addidicerat*, hatte nebenbei noch, zu seinem Vergnügen hinzu gelernt, nämlich zu fechten.

18. *ut est* etc. als Beleg dafür, daß er ein tüchtiger Schläger war (ohne aus der Fechtkunst Profession zu machen), kann eine Stelle des Lucilius dienen, wo er so charakterisiert wird.

20. *rudibus*, den Übungsrappieren von Holz, de opt. gen. or. 17 non enim in acie versatur et ferro sed quasi rudibus eludit eius oratio: Tac. dial. de or. 34 adversarii — ferro, non rudibus dimicantes.

asper, Horat. C. III 2, 10 asperum tactu leonem.

22. *scenicus*, wir würden sagen, 'ein Opernsänger'.

Numerius Furius, noster familiaris, cum est commodum, cantat. Est enim paterfamilias, est eques Romanus; puer didicit quod discendum fuit. Eadem ratio est harum artium maximarum. Dies et noctes virum summa virtute et prudentia videbamus philosopho cum operam daret, Q. Tuberonem. At eius avunculum vix intellegeres id agere, cum ageret tamen, Africanum. Ista discuntur facile, si et tantum sumas, quantum opus sit, et habeas qui docere fideliter possit et scias etiam ipse discere. Sed si tota vita nihil velis aliud agere, ipsa tractatio et quaestio cotidie ex se gignit aliquid, quod cum desidiosa delectatione vestiges. Ita fit, ut agitatio rerum sit infinita, cognitio facilis, si usus doctrinam confirmet, mediocris opera tribuatur, memoria studiumque permaneat. Libet autem semper discere; ut si velim ego talis optime ludere aut pilae studio tenear, etiam fortasse, si adsequi non possim; at alii, quia praeclare faciunt, vehementius, quam causa postulat, delectantur, ut Titius pila, Brulla talis. Quare nihil est quod quisquam magnitudinem

2. *paterfamilias*, Familienvater, d. h. er hat noch mehr zu thun u. für anderes zu sorgen; etwas anders I 132; 159.

3. *artium maximarum*, d. h. der philosoph. Wissenschaften.

4. *videbamus cum operam daret*, Schultz § 387 A. 13.

5. *avunculum*, nicht patruum, denn seine Mutter war Aemilia, die Schwester des jüngeren Scipio, der bekanntlich ein Sohn des Aemilius Paullus war.

6. *vix intellegeres*, Schultz § 342. Meiring § 643. A. 3, man hätte kaum verstehen können, näml. wie er Zeit habe, sich damit abzugeben.

tamen § 38.

10. *desidiosa delectatione*, mit der Freude, die dem Mäßigen zu gebote steht.

11. *vestiges*. Aus dem Begriffe des Nachspürens entnehmen wir eine genauere Präzisierung des allgemeinen quod, also: Probleme, Aufgaben, denen man nachgeht.

Ita fit etc. Die *agitatio* rerum d. h. si tota vita nihil velis aliud agere, das ausschließliche, ununterbrochene, professionsartige Betreiben wird niemals fertig, die *cognitio* rerum aber (der schärfste Gegensatz ohne Partikel), die Gewinnung eines ausreichenden Verständnisses, ist unter den erforderlichen Bedingungen (doctrina, usus s. exercitatio, studium) nicht schwer zu erreichen.

13. *Libet* etc. schließt sich eng an studiumque *permaneat* an: wer einmal Sinn für wissenschaftliche Bildung hat und etwas lernen will, dem macht das Studium auch immer Freude, wie einer, dem ein bestimmtes Spiel Vergnügen macht und der es gern gut spielen lernen möchte, immer wieder gern spielt (etiam fortasse tenear), auch wenn er es nicht zur höchsten Vollkommenheit darin bringen kann; andere freilich sind Virtuosen und treibens daher eifriger, als erforderlich ist, wie leidenschaftliche Spieler.

15. *adsequi non possim*, ut optime ludam. Der Nachsatz zu dem ut am Anfange des Satzes ist als selbstverständlich nicht ausgedrückt = discere semper libet.

17. *Quare*, es braucht sich also Niemand durch die Beobachtung, daß manche bis in ihr hohes Greisenalter (senes noch als Greise) studieren, von dem Studium abschrecken zu lassen, als sei es doch einmal zu umfangreich, um von einem einzelnen innerhalb eines Menschenalters bewältigt zu werden; entweder haben solche Leute überhaupt erst spät (senes erst als Greise) angefangen etc.

artium ex eo, quod senes discunt, pertimescat. Namque aut senes ad eas accesserunt aut usque ad senectutem in studiis detinentur aut sunt tardissimi. Res quidem se mea sententia sic habet, ut, nisi quod quisque cito potuerit, numquam omnino possit perdiscere.

Iam, iam, inquit CATULUS, intellego, Crasse, quid dicas; et hercule adsentior. Satis video tibi homini ad perdiscendum acerrimo ad ea cognoscenda, quae dicis, fuisse temporis.

Pergisne, inquit CRASSUS, me. quae dicam, de me, non de re putare dicere? Sed iam, si placet, ad instituta redeamus.

Mihi vero, CATULUS inquit, placet.

Tum CRASSUS: Quorsum igitur haec spectat, inquit, tam longa et tam alte repetita oratio? Hae duae partes, quae mihi supersunt, illustrandae orationis ac totius eloquentiae cumulandae, quarum altera dici postulat ornate, altera apte, hanc habent, vim, ut sit quam maxime iucunda, quam maxime in sensus eorum, qui audiunt, influat et quam plurimis sit rebus instructa. Instrumentum autem hoc forense, litigiosum, acre, tractum ex vulgi opinionibus exiguum saneque mendicum est. Illud rursus ipsum, quod tradunt isti, qui profitentur se dicendi magistros, non multum est maius quam illud vulgare ac forense. Apparatu nobis opus est et rebus exquisitis, undique collectis, arcessitis, comportatis, ut tibi, Caesar, faciendum est ad annum;

---

3. *tardissimi* etc., vgl. u. 145 aut si ego sum tardior (zu schwerfällig); vgl. tarditas zu I 125; II 101, es fehlt ihnen an der unumgänglich nötigen raschen Auffassungsfähigkeit.

9. *de me, non de re* (mit absichtlicher Paronomasie), 74; I 78.

10. *ad instituta*, II 113.

12. *Quorsum* — der Darstellung des ornate und apte dicere nach seiner formellen Seite mußte der eben beendigte Exkurs vorausgeschickt werden, um (im Gegensatz zu den abstrakten Vorschriften der Schulrhetorik) für die Rede das Haupterfordernis eines ordentlichen Inhalts (wie ihn weder die gewöhnliche Routine, noch die Theorie zu geben vermögen), u. für den Redner das einer gründlichen allgemeinen Bildung vor allem voranzustellen.

14. *illustrandae*, namentlich durch die lumina orationis, den eigentlichen ornatus, 144.

cumulandae, insofern die elocutio in dem ornate und apte dicere gipfelt (ihren Höhepunkt erreicht), während das latine und plane dicere das Fundament bilden, 143 cumulum — adferre.

15. *hanc habent vim*, wollen das erzielen, haben das im Auge.

16. *ut sit* sc. oratio.

18. *Instrumentum*, das gewöhnliche Handwerkszeug der forensischen Routine, I 165.

21. *non multum maius*, so bei Cic. nur hier. Liv. 1, 7. 9 aliquantum amplior und öfter. Bei Verbis auch bei Cic. de imp. Cn. Pomp. 39 tantum excellere.

22. *Apparatu*, Pracht und Glanz, wie bei den öffentlichen Spielen, Or. 134; de off. II 56 magnificentia et *apparatio* popularium munerum, p. Sest. 116 ludi *apparatissimi* magnificentissimique, p. dom. 111 (simulacrum —) ad *ornatum* aedilitatis suae deportavit.

23. *ad annum*, übers Jahr, also 90 v. Chr., Einl. I § 16, 187. ad. Att. V 2, 1 Furnium, quem ad annum tribunum plebis videbam fore. ad Att. II 17, 2 ne Sampsicerami merita in patriam ad annos DC maiora viderentur, quam

ut ego in aedilitate laboravi, quod cotidianis et vernaculis rebus satis facere me posse huic populo non putabam. Verborum 93 eligendorum et collocandorum et concludendorum facilis est vel ratio vel sine ratione ipsa exercitatio. Rerum est silva magna, quam cum Graeci iam non tenerent ob eamque causam iuventus nostra dedisceret paene discendo, etiam Latini, si dis placet, hoc biennio magistri dicendi exstiterunt; quos ego censor edicto meo sustuleram, non quo, ut nescio quos dicere aiebant, acui ingenia adulescentium nollem, sed contra ingenia obtundi nolui, corroborari impudentiam. Nam apud Graecos, cuicui- 94 modi essent, videbam tamen esse praeter hanc exercitationem linguae doctrinam aliquam et humanitate dignam scientiam; hos vero novos magistros nihil intellegebam posse docere, nisi ut auderent; quod etiam cum bonis rebus coniunctum per

nostra — noch in 600 Jahren, über.. hinaus, s. Haacke Stil.² § 74, 2; Nägelsbach⁶ § 123, 2.

1. *in aedilitate*, Einl. I § 10, 89. Die Curulädilen, denen die Besorgung der öffentlichen Spiele oblag, mußten schon damals, später aber in noch weit höherem Maße, allen nur möglichen Glanz aufbieten, um die Schaulust des Publikums zu befriedigen und sich so die Gunst des Volks für die spätere Bewerbung um die höheren Ehrenstellen zu verschaffen.

3. *concludendorum*, mittels des Satzbaus, der Periode, 173.

4. *ipsa*, die bloße exercitatio.

silva, II 65. Or. 12 omnis enim ubertas et quasi silva dicendi (Vorrat an Material) ducta ab illis (sc. philosophis) est.

5. *Graeci* — die griech. Rhetoren, bei denen besonders seit Hermagoras fast alles nur zu oft in dem abstraktesten, inhaltsleeren Schematismus aufging, Einl. I § 6.

6. *si dis placet*, eine Formel, mit der man sein Staunen und seinen Unwillen über einen unerwarteten (abnormen) Fall, den man gar nicht für möglich gehalten, ausdrückt, wie wir wohl in ähnlichen Fällen unser: 'wills Gott' oder 'Gott seis geklagt' als Ausdruck der Ergebung gebrauchen.

7. *hoc biennio*, es sind seitdem noch nicht zwei Jahre verflossen, eigentl. in dem biennium, in dem wir jetzt stehen, im J. 92. Einl. I § 10, 95 ff.

8. *edicto meo:* näml. als Censor; s. u. 94 u. zu II 367; Einl. I a. a. O. *nescio quos*, verächtlich, 81.

10. *cuicuimodi*, eine seltene Genitivform für cuiuscuiusmodi, 'wie sie auch sonst beschaffen waren, d. h. wie wenig sie mich auch im übrigen befriedigten', Tus. III 83; V 121.

11. *hanc* — wie sie hier bei uns auch vorhanden ist.

12. *humanitate dignam scientiam*, die griechischen Rhetoren brachten außer der Sprachfertigkeit (die hatten die lateinischen ihrerseits auch) zwei Vorzüge mit, die den lateinischen Rhetoren zur Zeit noch fehlten: erstens irgend welche wissenschaftliche Kenntnis, nämlich die theoretische Kenntnis ihres Fachs, die den Lateinern bei dem Mangel einer eigentlich rhetorischen Litteratur, wie sie die Griechen hatten, abging, und zweitens schon als Angehörige des gebildeten Hellenenvolks ein Wissen, wie es zur allgemein menschlichen Bildung gehört (140).

14. *ut auderent* sc. adulescentes, dreistes Auftreten ohne Schüchternheit, gerade im Gegensatz von dem, was Crassus oben I 119 ff. als Zeichen eines rechten Redners angegeben hatte.

etiam coniunctum, d. i. etiam si coniunctum sit, also in jedem Falle.

se ipsum est magno opere fugiendum. Hoc cum unum traderetur et cum impudentiae ludus esset, putavi esse censoris ne longius id serperet providere. Quamquam non haec ita statuo atque decerno, ut desperem Latine ea, de quibus disputavimus, tradi ac perpoliri; patitur enim et lingua nostra et natura rerum veterem illam excellentemque prudentiam Graecorum ad nostrum usum moremque transferri; sed hominibus opus est eruditis, qui adhuc in hoc quidem genere nostri nulli fuerunt; sin quando exstiterint, etiam Graecis erunt anteponendi. Ornatur igitur oratio genere primum et quasi colore quodam et suco suo. Nam ut gravis ut suavis, ut erudita sit ut liberalis, ut admirabilis ut polita, ut sensus ut doloris habeat quantum opus sit, non est singulorum articulorum; in toto

---

1. *Hoc cum unum:* da dies nun aber einzig und allein ...

4. *ut desperem* ea — *tradi* — gegen den Sprachgebrauch des Cic., der nach sperare den Inf. fut. setzt, außer bei posse und velle. Daher ist entweder posse nach perpoliri ausgefallen, oder wir haben hier einen mehr vulgären Gebrauch, von dem sich bei andern mehr Beispiele finden. Planc. ad Cic. bei Cic. ad Fam. X 24, 3 quod consilium nostrum — vobis probari spero. ad Herenn. II 19, 28 sperabat illius morte se salutem sibi comparare. Liv. XXV, 6, 2 nisi hoc sperassemus, nos adversus Siculos mitti et sanguine nostro senatui satisfacturos esse.

8. *in hoc quidem genere,* sc. philosophiae.

9. *anteponendi,* eine arge Überschätzung der röm. Nationallitteratur, wie wir einer solchen freilich bei Cic. öfters begegnen, de fin. I 10; Einl. 1, § 1, 5.

Theorie des *ornate dicere* c. 25, 96—55, 210; a) im Allgemeinen — 37, 148.

10. *igitur,* 17 z. A. 149. Der Übergang wird mit der Disposition der folgenden Darstellung gemacht (*primum — porro*).

genere hinsichtlich ihrer Gattung; soviel wie 'im ganzen, im allgemeinen'.

quasi wegen der Vergleichung der Rede mit einem lebendigen Leib.

colore — die Gesamtschönheit der Rede offenbart sich in einer gewissen ihr eigenen gesunden Farbe und das Ganze gleichmäßig durchströmenden Kraft und Frische, im Gegensatz von den einzelnen hervorragenden Reizen (der besonderen Schönheit der einzelnen Teile des Leibes).

11. *suco,* II 88; 93. ad Att. IV 16, 10 amisimus omnem non modo sucum ac sanguinem, sed etiam colorem ac speciem pristinam civitatis.

erudita, gebildet.

12. *liberalis,* daß sie mit dem edlen Anstand eines Gebildeten auftritt.

admirabilis vgl. 101 illa in dicendo admiratio.

polita, im Gegensatz von rudis, elegant.

ut sensus, ut doloris habeat quantum opus sit, daß sie das nötige Ethos und Pathos habe, II 73; 184 (daß sich in ihr wirkliche wahre Empfindung und Rührung ausspreche), Or. 209 detrahit (sc. die häufige Anwendung des gen. orationis ἐπιδεικτικόν) praeterea actionis *dolorem,* aufert humanum *sensum* actoris, ib. 130 in quo (sc. der Erregung des Affekts) ut viderer excellere, non ingenio sed dolore adsequebar. ib. 86 illo (vultu) quo significant ingenue, quo *sensu* quidque pronuntient. Brut. 93; 158 (von Crassus) vehemens et interdum irata et plena iusti doloris oratio. Es ist das, was die griech. Rhetoren ἐνδιάθετος, ἔμψυχος u. ἀληθής λόγος nannten.

spectantur haec corpore. Ut porro conspersa sit quasi verborum sententiarumque floribus, id non debet esse fusum aequabiliter per omnem orationem, sed ita distinctum, ut sint quasi in ornatu disposita quaedam insignia et lumina.

Genus igitur dicenti est eligendum, quod maxime teneat eos, qui audiant, et quod non solum delectet, sed etiam sine satietate delectet, — non enim a me iam exspectari puto, ut moneam, ut caveatis, ne exilis, ne inculta sit vestra oratio, ne vulgaris, ne obsoleta, aliud quiddam maius et ingenia me hortantur vestra et aetates —; difficile enim dictu est, quaenam causa sit, cur ea quae maxime sensus nostros impellunt voluptate et specie prima acerrime commovent, ab eis celerrime fastidio quodam et satietate abalienemur. Quanto colorum pulchritudine et varietate floridiora sunt in picturis novis pleraque quam in veteribus! quae tamen, etiamsi primo aspectu nos

1. *ut conspersa sit — id non debet esse fusum —*. conspergi und fundi per — bilden einen gewissen Gegensatz. Daher kann nicht das conspersam esse floribus als Subj. zu debet esse fusum gedacht werden, sondern id geht dem Sinne nach auf verborum sententiarumque flores, also verborum sententiarumque flores non debent fusi aequabiliter per omnem orationem, sed quasi sparsi esse. Darin liegt der Übergang zu der im Folgenden enthaltenen Warnung vor Überladung.

2. *fusum aequabiliter*, Or. 106; 126 quae (die αὔξησις, § 104) etsi aequabiliter toto corpore orationis fusa esse debet (wie sucus et sanguis), tamen in communibus locis maxime excellet.

3. *ita distinctum,* so an verschiedenen Stellen angebracht, 261.

4. *quasi* etc., Brut. 275 erant autem et verborum et sententiarum lumina, quae vocant Graeci σχήματα, quibus tamquam insignibus in ornatu distinguebatur omnis oratio.

in ornatu — im gesamten Schmuck und Putz (92).

disposita, hier und da verteilt.

insignia sind die einzelnen besonders hervorragenden Prachtstücke und Schmucksachen, gleichsam die Perlen und Edelsteine, mit denen der ganze Anzug geschmückt ist. Or. 134 lumina sunt enim similia illis, quae in amplo ornatu scenae aut fori appellantur insignia, non quod sola ornent, sed quod excellant. S. ind. lumina.

5. *Genus,* also erst handelt es sich um die ästhetische Haltung (die schöne Form) der Rede im Ganzen (— c. 37, 148). Hier wird das Hauptgewicht darauf gelegt, daß das Kolorit der Rede nicht zu grell und überladen, sondern möglichst einfach sei (— c. 26, 103).

7. *non a me exspectari puto, ut moneam, ut caveatis, ne oratio vestra sit* ein Beispiel von ungleich größerer Schwerfälligkeit des Lateinischen. Im Deutschen brauchen wir Substantive: und von mir, meine ich, erwartet ihr keine Warnungen vor einem dürftigen, ungehobelten, gemeinen oder veralteten Vortrage.

10. *difficile,* Begründung der Vorschrift, den allzugrellen Farbenauftrag zu meiden durch Hinweisung auf eine allgemeine Sinneserfahrung.

11. *cur ea quae, — ab eis —,* eine Anakoluthie; Cicero hatte, als er den Satz cur ea anfing, ein anderes Hauptverbum im Sinne.

15. *in veteribus,* mit ihrer Beschränkung auf die wenigen Farben (ὤχρα, σινωπίς, μέλαν, μηλιάς.). Plin. h. n. XXXV 7, 32 quatuor coloribus solis immortalia illa opera fecere, ex albis Melino, ex silaceis Attico, ex rubis Sinopide pontica, ex nigris atramento. Or. 36; 169 quid? si

ceperunt, diutius non delectant; cum eidem nos in antiquis
tabulis illo ipso horrido obsoletoque teneamur. Quanto molli-
ores sunt et delicatiores in cantu flexiones et falsae voculae,
quam certae et severae! quibus tamen non modo austeri, sed,
si saepius fiunt, multitudo ipsa reclamat. Licet hoc videre in
reliquis sensibus, unguentis minus diu nos delectari summa et
acerrima suavitate conditis, quam his moderatis, et magis laudari, quod ceram quam quod crocum olere videatur; in ipso
tactu esse modum et mollitudinis et levitatis. Quin etiam
gustatus, qui est sensus ex omnibus maxime voluptarius quique dulcitudine praeter ceteros sensus commovetur, quam cito
id, quod valde dulce est, aspernatur ac respuit! Quis potione

antiquissima illa pictura paucorum colorum magis quam haec iam perfecta delectet, Brut. 69 ff.

1. *in antiquis tabulis teneamur*, Or. 36 in picturis alios horrida inculta opaca, contra alios nitida laeta collustrata delectant.

2. *horrido*, 51.

3. *flexiones*, καμπαί (Plutarch. de mus. 30 ἐξαρμονίους καμπὰς ποιεῖν), die überkünstlichen Läufe, die bald bis zur höchsten Höhe steigenden, dann wieder bis zur tiefsten Tiefe zurückbiegenden und sonstigen schwierigen und anstrengenden musikalischen Passagen von mehr weichlich-sentimentalem Charakter (Triller u. Koloraturen des Gesangs) zur Erhöhung des Effekts, im Gegensatz von severae voculae, der ruhig ernsten, strengen Weise, de leg. II 39 illa quidem quae solebant quondam compleri *severitate* iucunda Livianis et Naevianis *modis* nunc ut eadem exsultent! ut cervices oculosque pariter cum *modorum flexionibus* torqueant! Or. 57 vocis flexiones.

falsae voculae, die überhohen künstlichen Fistel- und Halbtöne gleichfalls zur Erhöhung des Effekts, im Gegensatz von certae, den natürlich festen Tönen, wie sie innerhalb der Tonlage der betreffenden Stimme liegen.

4. *austeri* — deren ernstem, gediegen-einfachem und gesundem Geschmack die moderne Manier zuwider ist.

5. *reclamat*, 196.

8. *quod ceram, quam quod crocum olere videatur.* — Nach Plin.

hist. nat. XIII 3, 4 in M. Ciceronis monimentis invenitur unguenta gratiora esse, quae *terram*, quam quae crocum *sapiant*, u. XVII 5, 3 Certe Cicero, lux doctrinarum altera, meliora, inquit, unguenta sunt, quae *terram*, quam quae crocum *sapiunt*; hoc enim maluit dixisse quam redolent stellte Pid. her: quod terram quam quod crocum sapere videatur. Aber das Citat des Plin. ist einmal überhaupt sehr ungenau, dann aber redet Cicero gar nicht von Salben (dabei kann von Erdgeruch erst recht keine Rede sein), sondern er spricht im Anschluß an wohlriechende Salben von Gerüchen im allgemeinen (magis laudatur quod olet).

quod crocum etc. entspricht dem acerrima suavitate conditis, der mit Wasser und Wein und andern Ingredienzien versetzte Safran, ein damals häufiges, besonders für den Theater- und Amphitheatergebrauch übliches Parfum (aspersiones), eine künstliche Mixtur, die durch das Penetrante und Pikante ihres Geruchs auf die überreizten Nerven stärker wirkte, als der natürliche Pflanzengeruch, der frisch und gesund von dem mit Blumen u. wohlriechenden Kräutern bedeckten Erdboden aufsteigt, wie eben Plin. h. n. XVII 3, 38 diesen *odor terrae* schildert: cum a siccitate continua immaduit imbre, tunc emittit illum suum halitum divinum ex sole conceptum, cui comparari suavitas nulla possit.

11. *dulcitudine*, 161.

uti aut cibo dulci diutius potest? cum utroque in genere ea,
quae leviter sensum voluptate moveant, facillime fugiant satietatem. Sic omnibus in rebus voluptatibus maximis fastidium
finitimum est; quo hoc minus in oratione miremur, in qua
vel ex poëtis vel ex oratoribus possumus iudicare, concinnam,
distinctam, ornatam, festivam sine intermissione, sine reprehensione, sine varietate, quamvis claris sit coloribus picta vel
poësis vel oratio, non posse in delectatione esse diuturna.

Atque eo citius in oratoris aut in poëtae cincinnis ac fuco
offenditur, quod sensus in nimia voluptate natura, non mente
satiantur, in scriptis et in dictis non aurium solum, sed animi
iudicio etiam magis infucata vitia noscuntur. Quare 'bene
et praeclare' quamvis nobis saepe dicatur; 'belle et festive'

---

2. *fugiant* vermeiden. Verr. III 103 fugiendamque vestram satietatem.

4. *in oratione* etc. in sprachlicher Darstellung, nachher Prosa im Gegensatz zur Poesie. Ähnlich wie 26 den mutis artibus die oratio, die Sprache, und zwar sowohl die poetische als die prosaische, gegenübergestellt wird: atque id primum in poetis cerni licet, quibus est proxima cognatio cum oratoribus, dann ebenso 28 in oratoribus (I 70). Wie die Überladung, der Überreiz auf dem physischen Gebiete schadet, so noch viel mehr auf dem geistigen der Sprache, sei es der dichterischen oder der rednerischen, in scriptis et in dictis, wie's mit Beziehung auf ex poetis vel ex orat. am Ende heißt. Als Hauptsatz zu dem finalen *quo hoc minus — miremur* ist zu ergänzen: ich spreche dies aus —. Vgl. zu I 8 ac ne quis —. S. d. krit. Anh.

5. *concinnam*, in gleichmäßiger Gliederung.

6. *distinctam*, mit (lauter) Glanzpunkten.

ornatam, (überall) in den schönsten Phrasen.

festivam, (fortwährend) reizend schön.

sine intermissione etc., die drei Ausdrücke sine intermissione, sine reprehensione, sine varietate sind eng mit den vorausgehenden Attributen der oratio zu verbinden.

sine reprehensione — hier ohne Ausruhen, nach dem griechischen ἀναλαμβάνειν (Lambin: respiratione). Anders 207.

8. *poësis*, nicht poema, weil es sich nicht um das Produkt der Darstellung, sondern um diese selbst handelt. Tusc. IV 71 Anacreontis quidem tota poesis est amatoria.

9. *citius* I 174.

cincinnis, I 231. Ein häufiger Vergleich. Dion. Hal. de comp. verb. c. 25 ὁ δὲ Πλάτων τοὺς ἑαυτοῦ λόγους κτενίζων καὶ βοστρυχίζων καὶ πάντα τρόπον ἀναπλέκων οὐ διέλιπεν. Tac. dial. de or. 26 malim hercle C. Gracchi impetum aut L. Crassi maturitatem quam *calamistros* Maecenatis.

fuco, 199 venustatis color non fuco illitus, sed sanguine diffusus, vgl. 188.

10. *natura*, also hier wirkt nur der eine Faktor, bei schriftstellerischen und rednerischen Produkten dagegen zwei Factoren, ein physischer und ein geistiger, und der zweite, das geistige Sensorium, ist noch empfindlicher, als der physische.

12. *infucata*, geschminkt, nur mit einem äußern Firnis überzogen.

Erläuterung der Forderung weiser Sparsamkeit im Gebrauch orator. Mittel durch Beispiele (— 103), Or. 80 verecundus erit usus oratoriae quasi supellectilis.

13. *quamvis nobis saepe dicatur* = dicatur nobis quamvis saepe: mag man uns zurufen, wenn auch oft, so oft man will. So z. B. p. Rosc. Am. 47 Quasi vero mihi dificile sit quam-

nimium saepe nolo. Quamquam illa ipsa exclamatio: 'Non potest melius' sit velim crebra; sed habeat tamen illa in dicendo admiratio ac summa laus umbram aliquam et recessum, quo magis id, quod erit illuminatum, exstare atque eminere videatur. Numquam agit hunc versum Roscius eo gestu, quo potest:

  Nám sapiens virtúti honorem praémium, haud praedám petit;
sed abicit prorsus, ut in proximo:
  Sét quid video? férro saeptus póssidet sedés sacras,
incidat, aspiciat, admiretur, stupescat. Quid, ille alter:
  Quíd petam praésidi?
quam leniter, quam remisse, quam non actuose! instat enim
  O páter, o patria, o Príami domus!
in quo tanta commoveri actio non posset, si esset consumpta superiore motu et exhausta. Neque id actores prius viderunt

---

vis multos nominatim proferre = beliebig viele; ib. 91 posset ea quamvis diu dicere; s. a. Schultz § 359 A. 1.

3. *umbram et recessum*, — wie bei einem Gemälde, Quint. II 17, 21 et pictor, cum vi artis suae efficit, ut quaedam eminere in opere, quaedam recessisse credamus, ipse ea plana esse non nescit. Schatten und Hintergrund. Ebenso sind die folgenden Ausdrücke illuminatum, exstare, eminere von Gemälden hergenommen. admiratio und laus aber sind nicht an dem bewunderten Objekt wie die lumina, umbra und recessus, sondern in dem bewundernden Subjekt. Es ist also eine Ungenauigkeit des Ausdrucks, wenn von der admiratio und laus, welche durch umbra und recessus eine gewisse Unterbrechung erleidet, gesagt wird, sie haben selbst umbra und recessus.

7. *Nam* etc. Welcher Tragödie dieser tetrameter troch. catal. angehörte, läßt sich nicht bestimmen. Ribbeck trag. lat. rel. p. 203.

8. *abicit* — wirft ihn nur so hin, im gewöhnlichen Redeton ohne alles Pathos, Or. 184 ac comicorum senarii propter similitudinem sermonis sic saepe sunt *abiecti*, ut nonnumquam vix in eis numerus et versus intellegi possit. Vgl. 104.

9. *ferro saeptus*, mit Bewaffneten, die an die heilige Stätte nicht gehören.

10. *incidat*, mit aller Kraft darauf stürze, d. h. um seine ganze Kraft für die eigentlich pathetische Stelle zu sparen und dann da alles Pathos zu konzentrieren.

aspiciat — unverwandt, so daß sich schon im Blick das Staunen über das Unerhörte, was da vorgeht, ausspricht.

ille alter, nämlich Äsopus.

11. *Quid petam* etc. 183. 217, ein von Cic. mehrfach angeführtes Beispiel (Tusc. III 44) aus der Andromacha Aechmalotis des Ennius, s. ind. Andromacha.

12. *non actuose*, ohne irgend gesteigerte Anwendung der dramatischen Mittel in Vortrag und Gestus. Or. 125.

13. *O pater*, 217 etc. Tusc. III 44, s. ind. Andromacha.

14. *commoveri actio*, eine so bedeutende dramatische Kraft nicht in Bewegung gesetzt werden. Or. 39 primisque ab his (sc. Herodoto et Thucydide) — historia commota est, ut auderet uberius quam superiores et ornatius dicere.

consumpta et exhausta, 'völlig verbraucht', 129.

15. *actores*, Div. in Caecil. 48 ut in actoribus Graecis fieri videmus, saepe illum, qui est secundarum aut tertiarum partium, cum possit aliquanto clarius dicere quam ipse primarum, multum *summittere*, ut ille princeps quam maxime excellat.

quam ipsi poëtae, quam denique illi etiam, qui fecerunt modos, a quibus utrisque summittitur aliquid deinde augetur, extenuatur inflatur, variatur distinguitur. Ita sit nobis igitur ornatus et [103] suavis orator (nec tamen potest aliter esse), ut suavitatem habeat austeram et solidam, non dulcem atque decoctam. Nam ipsa ad ornandum praecepta, quae dantur, eiusmodi sunt, ut ea quivis vel vitiosissimus orator explicare possit. Quare, ut ante dixi, primum silva rerum [ac sententiarum] comparanda est, qua de parte dixit Antonius. Haec formanda filo ipso et genere orationis, illuminanda verbis, varianda sententiis.

Summa autem laus eloquentiae est amplificare rem ornando, [104] quod valet non solum ad augendum aliquid et tollendum altius

1. *qui fecerunt modos* ἐμελοποίησαν, die Komponisten, Donat. de trag. et com. diverbia histriones pronuntiabant, cantica (die unter Flötenbegleitung recitativartig vorgetragenen Monologe, Arien) vero temperabantur *modis*, non a poëta, sed a *perito artis musicae factis*.

2. *summittitur augetur* bezieht sich auf das Ruhige oder Energische der Worte und der Melodie (piano und forte).

extenuatur inflatur geht auf die Tonhebung und Senkung (decrescendo und crescendo) zunächst also auf den Komponisten, kann aber auch von der Thätigkeit des Dichters gesagt werden, wie in gleicher Weise variatur und distinguitur auf beide geht.

3. *Ita sit nobis igitur* — giebt die aus dem Vorhergesagten abstrahierte allgem. Regel an.

5. *austeram*, 98, im Gegensatz von *dulcem*, einfach und ernst, *solidam*, im Gegensatz von decoctam (fade, ausgelaugt, kraftlos) kräftig, konsistent; also nicht: eine Geziertheit, hinter der nichts ist, sondern eine wirkliche Anmut, die auf innerer Gediegenheit beruht, nichts Gemachtes ohne inneren Gehalt. Damit tritt Crassus auch wieder dem Wahn entgegen, als könne man durch die wenigen gewöhnlichen theoret. Vorschriften für das ornate dicere ein ornatus orator werden; nam etc. 125.

Nam ipsa ad ornandum praecepta — der allgemeinen Regel werden die eigentlichen (ipsa) dicendi praecepta gegenübergestellt, die sich auch der schlechteste Redner entwickeln kann für seine eigene Praxis, nicht um sie andern vorzutragen, (dann müßte es rhetor, nicht orator heißen).

7. *quivis vel vitiosissimus* vgl. I 118 u. s. d. krit. Anhang.

explicare, 'sich' entwickeln.

quare — comparanda est giebt an, was zu jener suavitas austera et solida gehört.

8. *ante*, 93. *[ac sententiarum]* gilt in der Regel und wohl mit Recht wegen des folg. varianda sententiis für ein Glossem; wenn auch an sich der Gegensatz von sententiae (Gedanken-) Inhalt u. verba Form sehr häufig ist, 21; 201; II 56; 93.

9. *Haec*, die noch formlose, unbearbeitete ὕλη atque materia, das rohe Material.

formanda, 201; II 36.

filo, II 93, durch den ganzen Fadenschlag oder Gang und allgemeinen Charakter, also im Allgemeinen, 96.

10. *illuminanda verbis* etc., durch die lumina (96 flores) verborum et sententiarum im Einzelnen, 201; II 36; Or. 135. S. ind. lumina.

11. Von der höchsten (allgemeinen) Bedeutung für das ornate dicere ist die *amplificatio* (die αὔξησις mit ihrem Gegensatz der μείωσις). Or. part. 53 — 58; Einl. II § 11, 71. Quint. VIII 3, 89 ff. sed vis oratoris omnis in augendo minuendoque consistit. Or. 127.

12. *ad augendum aliquid* vgl. II 209 ad sedandum.

27 dicendo, sed etiam ad extenuandum atque abiciendum. Id desideratur omnibus eis in locis, quos ad fidem orationis faciendam adhiberi dixit Antonius, vel cum explanamus aliquid vel 105 cum conciliamus animos vel cum concitamus. Sed in hoc, quod postremum dixi, amplificatio potest plurimum, eaque una laus oratoris est et propria maxime. Etiam maior est illa exercitatio, quam extremo sermone instruxit Antonius (primo reiciebat) laudandi et vituperandi. Nihil est enim ad exaggerandam et amplificandam orationem accommodatius, quam 106 utrumque horum cumulatissime facere posse. Consequentur etiam illi loci, qui quamquam proprii causarum et inhaerentes in earum nervis esse debent, tamen quia de universa re tractari solent, communes a veteribus nominati sunt; quorum

1. *ad abiciendum* abzuweisen.
2. *eis in locis,* 78; 119; II 128; 146, 163—173.
ad fidem orationis, zur Bewirkung der Glaubwürdigkeit der Rede. Or. part. 33 nempe ea sequuntur, quae ad faciendam fidem pertinent. Der Genet. wie Acad. II 19 multa facimus usque eo, dum aspectus ipse fidem faciat sui iudicii. (Andere: orationi, II 121.)
5. *eaque una laus* (concitandi amplificando laus) *oratoris est* (maxime) *et propria maxime* — idque unum in oratore laudandum maxime et proprium maxime. Deshalb verweilt auch Anton. hierbei am längsten und kommt wiederholt darauf zurück. II 185 ff; 310 ff.
6. *Etiam maior.* Es ist scheinbar vorher von keiner exercitatio, einem Geübtsein die Rede, mit welcher die exercitatio laudandi et vituperandi in Vergleich gestellt werden könnte, sachlich aber liegt der Begriff einer solchen in den Worten eaque una laus (nämlich concitare amplificando) oratoris est propria maxime. Die exercitatio laudandi et vituperandi (utrumque horum cumulatissime facere posse) bietet aber zur amplificatio orationis den weitesten Spielraum. Über die laudatio vgl. Quint. II 4, 20 Inde paulatim ad maiora intendere incipiet, (wer sich zum Redner bilden will) laudare claros viros et vituperare improbos, quod non simplicis utilitatis opus est. Namque et ingenium exercetur multiplici variaque materia et animus contemplatione recti pravique formatur et multa inde cognitio rerum venit exemplisque, quae sunt in omni genere causarum potentissima, iam tum instruit, cum res poscet, usurum. So schon Gorgias, quem (dicunt) singularum rerum laudes vituperationesque conscripsisse, quod iudicaret, hoc oratoris esse maxime proprium, rem augere posse laudando vituperandoque rursus affligere, Brut. 47.

7. *extremo sermone,* II 341.
primo reiciebat, II 43; 47.

10. *Consequentur,* es werden sich anschließen, ergeben, nämlich im Zusammenhange mit dem laudare und vituperare, die *loci communes,* die ebenfalls Gelegenheit zur amplificatio bieten (habent acrem quandam *cum amplificatione* incusationem). Sie dienen aber entweder der incusatio, beim Ankläger, oder der deprecatio aut miseratio (alii autem), beim Verteidiger, oder geben Anlaß zu allgemeinem Reflexionen in utramque partem (alii vero —)

11. *proprii causarum,* II 315.
inhaerentes in earum nervis, in ihrem eigensten, innersten Leben, wie II 318 ex ipsis visceribus causae.
13. *communes,* Einl. II § 11 72 und ind. loci communes.
quorum partim, II 91; ihm entspricht hernach *alii autem, alii vero.* Der locus communis ist entweder *certae* rei amplificatio, die lebhafte oratorische Expektoration gegen ein

partim habent vitiorum et peccatorum acrem quandam cum amplificatione incusationem aut querelam, contra quam dici nihil solet nec potest, ut in depeculatorem, in proditorem, in parricidam, quibus uti confirmatis criminibus oportet, aliter enim ieiuni sunt atque inanes; alii autem habent deprecationem aut miserationem; alii vero ancipites disputationes, in quibus 107 de universo genere, in utramque partem disseri copiose licet. Quae exercitatio nunc propria duarum philosophiarum, de quibus ante dixi, putatur; apud antiquos erat eorum, a quibus omnis de rebus forensibus dicendi ratio et copia petebatur. De virtute enim de officio, de aequo et bono, de dignitate utilitate, honore ignominia, praemio poena similibusque de rebus in utramque partem dicendi etiam nos et vim et artem habere debemus. Sed quoniam de nostra possessione depulsi 108 in parvo et eo litigioso praediolo relicti sumus et aliorum

zweifellos verabscheuungswürdiges Verbrechen, quo loco nisi probata re non est utendum (vgl. II 105) oder *dubiae* rei amplificatio, wie über die Glaubwürdigkeit od. Nichtglaubwürdigkeit von Verdachtsgründen, quae inducitur per aliquam probabilem utraque ex parte rationem. Hierher gehören auch die allgemeinen ethischen Gegensätze (ancipites disputationes). Der Inhalt der amplificatio certae rei ist in der Regel incusatio (indignatio) oder querela (conquestio), bisweilen jedoch unter Umständen auch deprecatio (statt der incusatio) oder miseratio (statt der querela).

6. *ancipites disputationes*, 145.

7. *de universo genere* — ohne persönliche (konkrete) Beziehung (wie oben in proditorem etc.), also im allgemeinen, über eine allgemeine (abstrakte) Frage, einen Allgemeinbegriff, 109.

in utramque partem — insofern jeder ethischen Lichtseite eine entsprechende Schattenseite gegenübersteht.

copiose entspricht dem obigen cum amplificatione: denn das gehört zum locus communis, daß länger bei ihm verweilt und sein Inhalt mit einer gewissen oratorischen Fülle entfaltet wird, II 153.

8. *Quae exercitatio*, diese letztere Fertigkeit in utramque partem copiose dicendi. Or. 46. S. ind. Aristoteles.

duarum philosophiarum — der akademischen und peripatetischen, s. ind. acad.

9. *ante*, 67.

eorum, der sapientes und oratores im ältern Sinne des Worts, 56.

10. *omnis*, also auch de universo genere.

de rebus forensibus, die dem Leben angehören; dazu sind aber doch virtus, officium, dignitas, utilitas etc. ohne Zweifel zu rechnen.

ratio et copia, theoretische Befähigung und Fülle.

13. *etiam nos*, s. d. krit. Anhang.

et vim et artem habere debemus. Über diese s. g. philosophischen Themata, die in das Gebiet der Ethik gehören, nach der Licht- u. Schattenseite copiose zu reden, dazu müssen auch wir die nötige geistige Befähigung (vim) und Kenntnis (artem) besitzen. Der ganze Satz, de virtute enim — debemus begründet die Berechtigung der Forderung, welche vor Alters an den Redner in öffentlichen Angelegenheiten gestellt wurde (apud antiquos — petebatur). Vgl. I 68 f. hic locus de vita et moribus totus est oratori perdiscendus. Or. 118; Or. part. 110.

15. *litigioso* — mit dem Doppelsinn: sie haben uns nur das beschränkte Gebiet des Privatprozesses gelassen, daß wir als Anwälte in einer bestimmten Rechtssache (causa) auftreten, und auch diesen klei-

patroni nostra tenere tuerique non potuimus, ab eis, quod
indignissimum est, qui in nostrum patrimonium irruperunt,
quod opus est nobis mutuemur.

Dicunt igitur nunc quidem illi, qui ex particula parva 4
urbis ac loci nomen habent et Peripatetici philosophi aut
Academici nominantur — olim autem propter eximiam rerum 6
maximarum scientiam a Graecis politici philosophi appellati 7
universarum rerum publicarum nomine vocabantur —, omnem 8
civilem orationem in horum alterutro genere versari, aut de 9

nen Anteil machen sie uns noch
streitig.
4 ff. Auseinandersetzungen über
das Grenzgebiet zwischen Philosoph
und Redner. Ein interessantes,
wenn auch für uns nicht ganz durch-
sichtiges Bruchstück über die Streitereien zwischen den Philosophen
und Rednern. Aus dem hier Gegebenen geht hervor: gerade das, was
man den Philosophen naturgemäß
am ersten vindicieren sollte, die
infinitia quaestio wollen sie nicht,
und in der finita quaestio halten
sie Übungen! Man möchte aus den
Worten des Sprechers noch den
Triumph über die taktische Ver-
kehrtheit heraushören, mit der der
Philosoph gerade den verlorenen
Posten zähe verteidigt, ohne zu
sehen, wie er auf der ganzen Linie
bereits das Terrain aufgeben muß!
4. *Dicunt igitur*, nähere Angabe,
worin die Beeinträchtigung der
Redekunst seitens der Philosophie
bestehe: es ist die unberechtigte
(111 ff.) absolute Scheidung von
allgemeinen, abstrakten Themaren,
die lediglich der Philosophie, und
von besonderen, konkreten, die
allenfalls der Redekunst zukämen.
Einl. II § 2.
nunc quidem — im Gegensatz zu
der guten alten Zeit, wo Leben u.
Schule noch nicht auseinanderfiel,
so daß *nunc quidem* dem Sinne
nach sich auch auf den Relativsatz
qui — nominantur mitbezieht.
illi d. h. die griechischen Philosophen (im Gegensatz zu den
Rhetoren, 110) u. zwar die, welche
von ihren Schulräumen Peripatetiker
oder Akademiker genannt werden;
ehedem hießen sie πολιτικοί, weil
sie eben nicht auf die Schule be-

schränkt waren, sondern das ganze
öffentliche Leben, das gesamte
staatsmännische Gebiet mit umfaßten. (Der Satz von olim — vocabantur ist dem Gedanken nach
parenthetisch zu fassen.) de leg.
I 36 verum philosophorum more,
non veterum quidem illorum, sed
eorum qui quasi officinas instruxe-
runt sapientiae, quae fuse *olim* dis-
putabantur ac libere, ea *nunc* arti-
culatim distincteque dicuntur.
ex particula, im Gegensatz zu der
ganzen πόλις (πολιτικοί) d. h. zu
der früheren Universalität, s. ind.
acad.
6. *rerum maximarum scientia*;
res maximae hier so recht, was wir
Politik nennen, Staatswesen und
-leben; etwas anders 121.
7. *politici*, Quint. XI 1, 35 at vir
civilis vereque sapiens, qui se non
otiosis disputationibus sed *admini-
strationibus reipublicae* dederit, a
qua longissime isti, qui philosophi
vocantur, recesserunt etc. Vgl. Arist.
poet. 6, 16 οἱ μὲν ἀρχαῖοι πολιτι-
κῶς ἐποίουν λέγοντας, οἱ δὲ νῦν
ῥητορικῶς und Cic. ad. Att. II 1, 3
quod in eis orationibus, quae Phi-
lippicae nominantur, enituerat civis
ille tuus Demosthenes et quod se
ab hoc refractariolo iudiciali dicendi
genere abiunxerat ut σεμνότερός
τις καὶ πολιτικώτερος videretur.
8. *universarum rerum publicarum
nomine*, einem Namen, der von ganzen Staaten = von Staaten im ganzen, von dem umfassenden Begriffe
'Staat' herkommt.
9. *civilem orationem*, Einl. II § 1, 3,
die (öffentliche) politische Rede im
weitesten Sinn, im Gegensatz zu
dem gelehrten technischen oder
philosophischen wissenschaftl. Vor-

1 finita controversia certis temporibus ac reis, hoc modo: 'Placeatne a Karthaginiensibus captivos nostros redditis suis recuperari?' aut infinite de universo genere quaerentis; 'Quid omnino de captivo statuendum ac sentiendum sit?' Atque horum superius illud genus causam aut controversiam appel-
6 lant eamque tribus, lite aut deliberatione aut laudatione, definiunt; haec autem altera quaestio infinita et quasi proposita
8 consultatio nominatur. Atque [hactenus] hac etiam in insti- 110
9 tuendo divisione utuntur, sed ita, non ut iure aut iudicio recu-
10 perare amissam possessionem, sed ut [ex iure civili] surculo

trag. Also auch die politische Rede lassen die gegenwärtigen Philosophen dem Redner nicht ungeschmälert, sondern nehmen selbst hier 'das Allgemeine' als 'philosophisch' für sich in Anspruch, wie Charmadas I 85 ff.

aut etc., d. i. in genere orationis de finita controversia aut infinite quaerentis; dem de finita controversia steht hier de universo genere, dem certis temporibus ac reis steht infinite entgegen, I 138; II 41; 118 vel — dicere solemus de genere universo, vel definite de singulis temporibus, hominibus, causis; 78; 133; Einl. II § 2, 5.

1. *reis* s. z. II 78, die Beteiligten.

6. *tribus*, nach den drei Seiten (II 103 quae duo. 36, cuius est vel maxime insigne illud exemplum), vgl. Einl. II § 4 A. 26.

8. *atque [hactenus] utuntur.* Die Eindringlinge, Peripatetiker u. Akademiker, unterscheiden konkrete Streitfälle und allgemeine Fragen. Diese Einteilung hält man beim Unterricht fest (utuntur nämlich qui instituunt) d. h. auch da werden Reden über beide Arten als Aufgabe des Redners, und die Unterweisung darin als Aufgabe des Rhetors angesehen, aber es geschieht dies mit einer Zaghaftigkeit, die selbst ihrem Rechte nicht mehr voll traut, u. in der Unterweisung selbst läßt man den 2ten Teil über die quaestiones infinitae gänzlich fallen. S. d. krit. Anhang.

9. *iure aut iudicio.* Die natürlichste Entwickelung der Begriffe ist wohl die, daß ius das geheischte, iudicium das erteilte oder zu erteilende Recht bedeutet, demnach ius auch die Stätte, wo man Recht heischt (bei der Instruktion des Prozesses, vor dem Magistrat); iudicium die Stätte, wo man Recht erteilt und erhält (bei der Entscheidung des Prozesses, vor Gericht); vgl. I 4s.

recuperare etc. Crassus braucht hier, ganz ähnlich wie sein Schwiegervater I 41, streng juristische termini. So stehen sich iure ac iudicio, recuperare und usurpare entgegen: *recuperare*, das durch fremde unrechtmäßige Besitzergreifung (122) zeitweise verlorene Gut, auf das man aber fortwährend das vollste Eigentumsrecht hat, kraft richterlicher Entscheidung oder auch kraft thatsächlicher Wiederbesetzung wirklich wiedergewinnen, so daß man nun wieder nicht bloß das Eigentumsrecht, sondern auch den Genuß seines Eigentums hat; *usurpare* dagegen: nur formell sein Recht auf die *amissa possessio* geltend machen, wodurch faktisch noch nichts geändert zu werden braucht, ja selbst die vis, die gewaltsame Besitzergreifung, bringt dem augenblicklichen Besitzer noch nicht den Rechtstitel auf den Besitz, wenn er auch widerrechtlich seinerzeit aus seinem Besitze verdrängt ist (108).

10. *amissam possessionem:* die amissa possessio ist eben die civilis oratio, und sie hält man eben nur noch dadurch fest, daß man die Einteilung der theoretischen Beredsamkeit darauf gründet. Eigentlich in Anspruch genommen wird die finita controversia; die infinita causa nennt man nur und überläßt sie den Rednern.

[ex iure civili] — nach den priva-

defringendo aut denique vi usurpare videantur. Nam illud alterum genus, quod est temporibus, locis, reis definitum, obtinent, atque id ipsum lacinia. Nunc enim apud Philonem, quem in Academia [maxime] vigere audio, etiam harum iam causarum cognitio exercitatioque celebratur. Alterum vero tantummodo in prima arte tradenda nominant et oratoris esse dicunt; sed neque vim neque naturam eius nec partes nec genera proponunt, ut praeteriri omnino fuerit satius quam attactum deseri. Nunc enim inopia reticere intellegentur, tum iudicio viderentur.

111 Omnis igitur res eandem habet naturam ambigendi, de qua quaeri et disceptari potest, sive in infinitis consultationibus disceptatur sive in eis causis, quae in civitate et in forensi disceptatione versantur; neque est ulla, quae non aut ad cognoscendi aut ad agendi vim rationemque referatur. Nam aut ipsa cognitio rei scientiaque perquiritur, ut: 'Virtus suamne propter dignitatem an propter fructum aliquem expetatur?' aut agendi

rechtlich für die Vindikation vorgeschriebenen Formen (s. ind. lege agere).

surculo defringendo, mittels der symbolischen Handlung, nach der irgend ein Teil des streitigen Guts für dieses selbst genommen ward. Gai. Iust. IV 17 Itaque ex grege vel una ovis aut capra in ius adducebatur, vel etiam pilus inde sumebatur et in ius adferebatur; ex nave vero et columna aliqua pars *defringebatur*; similiter ex fundo gleba sumebatur et ex aedibus tegula. Die Schulrhetoriker sind also mit dem bloßen Abzeichen ihres Besitzes, d. h. hier mit der bloßen Erwähnung des genus infinitum im theoretischen Unterricht zufrieden, seine wirkliche Bedeutung und Anwendung kennen sie nicht.

1. *aut denique vi* ist entgegen der bisherigen Überlieferung vor das so erst recht klar verständliche *usurpare* gestellt.

5. *celebratur*, ist celebravit.

6. *in prima arte tradenda* d. h. in principio artis rhetoricae, Einl. II § 2.

9. *inopia*, wir: Mangel an Kenntnissen, Stoff; ohne Einsicht.

10. *iudicio*, mit Absicht, Überlegung, aus Grundsatz; s. II 10.

11. *igitur*, 'nun in Wirklichkeit';

hier wird gleichsam zur Ergänzung der gewöhnlichen mangelhaften Schultheorie eine Übersicht über das s. g. genus infinitum in seiner Einheit gegeben. Einl. II § 2, s.

eandem etc. i. e. de nulla re sive in infinitis consultationibus sive in causis finitis disceptatur, nisi ea habet ambiguitatem quandam. Vgl. I 241 sq.

naturam ambigendi ist Entstehungs- und Entwicklungsgesetz des Streitens; der Satz mit de qua gehört zu natura und soll den etwas ungelenken Ausdruck natura ambigendi näher präzisieren, sagt infolge dessen ziemlich dasselbe. Also: ein jeglicher Redestoff (res = materies) hat denselben Charakter des Streitens, über den man Untersuchungen anstellen u. Entscheidung treffen kann, mag man einen Streitfall im genus infinitum haben oder n. s. w. S. a. den krit. Anhang.

14. *neque est ulla, quae non referatur ad agendi vim rationemque* = jedes Objekt ist zurückzuführen auf die innere Aufgabe des theoretischen Erkennens oder praktischen Handelns.

16. *suamne propter dignitatem*, wie die älteren Akademiker und Peripatetiker und die Stoiker annahmen.

consilium exquiritur, ut: 'Sitne sapienti capessenda res publica?' Cognitionis autem tres modi, coniectura, definitio et ut ita dicam consecutio. Nam quid in re sit coniectura quaeritur, ut illud: 'Sitne in humano genere sapientia?' Quam autem vim quaeque res habeat definitio explicat, ut, si quaeratur: 'Quid sit sapientia?' Consecutio autem tractatur, cum quid quamque rem sequatur anquiritur, ut illud: 'Sitne aliquando mentiri boni viri?' Redeunt rursus ad coniecturam eamque in quattuor genera dispertiunt. Nam aut quid sit quaeritur, hoc modo: 'Naturane sit ius inter homines an in opinionibus?' aut quae sit origo cuiusque rei, ut: 'Quod sit initium legum aut rerum publicarum?' aut causa et ratio, ut, si quaeratur: 'Cur doctissimi homines de maximis rebus dissentiant?' aut de immutatione, ut, si disputetur: 'Num interire virtus in homine aut num in vitium possit convertere?' Definitionis autem sunt disceptationes aut cum quaeritur, quid in communi mente quasi impressum sit, ut, si disseratur: 'Idne sit ius, quod maximae parti sit utile;' aut cum quid cuiusque sit proprium exquiritur, ut: 'Ornate dicere propriumne sit oratoris an id etiam aliquis praeterea facere possit?'; aut cum res distribuitur in partes, ut, si quaeratur: 'Quot sint genera rerum expetendarum,' aut, 'Sintne tria, corporis, animi externarumque rerum;' aut cum, quae forma et quasi naturalis nota cuiusque sit, describitur, ut, si quaeratur avari species, seditiosi, gloriosi. Consecutionis autem duo prima quaestionum genera ponuntur. Nam aut simplex est disceptatio, ut, si disseratur: 'Expetendane sit gloria?' aut ex comparatione: 'Laus an divitiae magis expe-

---

1. *Sitne* etc., eine Frage, die die Epikureer verneinten (64), die Stoiker bejahten.

2. *ut ita dicam consecutio,* weil consecutio, Folgerung, noch nicht als terminus recipiert war.

10. *Naturane* — wie die Stoiker und nach ihnen Cic. selbst im 1. B. de legibus behauptete: τὸ δίκαιον φύσει εἶναι καὶ μὴ θέσει.

in opinionibus, nämlich situm.

15. *convertere,* umschlagen in medialer Bedeutung wie Brut. 141. Sed hoc vitium huic uni in bonum convertebat; de fato 14 quia sunt immutabilia, nec in falsum e vero praeterita possunt convertere, ibid. 17 u. 20.

16. *aut* sc. si quaeratur, also so, daß statt des allgemeinen quot gleich die bestimmte Zahl gesetzt wird. Top. 83 divisio et eodem pacto partitio sic: triane genera bonorum sint. S. d. krit. Anhang.

22. *sintne tria,* eine sehr übliche Klassificierung. Or. part. 38 rerum autem bonarum et malarum tria sunt genera; nam aut in animis aut in corporibus aut extra esse possunt; 74; ad. Her. III 10. Top. 89 in illud autem genus, in quo de expetendo fugiendoque quaeritur, adhibentur ea, quae sunt aut animi aut corporis aut externa vel commoda vel incommoda.

23. *nota,* Gepräge, die Übersetzung von χαρακτήρ, Or. 134; 75; Top. 83.

24. *gloriosi,* des Renommisten (miles gloriosus).

25. *duo prima quaestionum genera,* zwei Hauptarten oder Oberabteilungen, wie II 41. Top. 26 definitionum autem duo sunt genera prima.

tendae sint?' Simplicium autem sunt tres modi: De expetendis fugiendisve rebus ut: 'Expetendine honores sint?' 'Num fugienda paupertas?' de aequo aut iniquo, ut: 'Aequumne sit ulcisci iniurias etiam propinquorum?' de honesto aut turpi, ut hoc: 'Sitne honestum gloriae causa mortem obire?' Comparationis autem duo sunt modi: unus, cum idemne sit an aliquid intersit quaeritur, ut 'Metuere et vereri', ut 'Rex et tyrannus', ut 'Adsentator et amicus', alter, cum quid praestet aliud alii quaeritur, ut illud: 'Optimine cuiusque sapientes an populari laude ducantur?' Atque eae quidem disceptationes, quae ad cognitionem referuntur, sic fere a doctissimis hominibus discribuntur. Quae vero referuntur ad agendum aut in officii disceptatione versantur, quo in genere, quid rectum faciendumque sit quaeritur, cui loco omnis virtutum et vitiorum est silva subiecta, aut in animorum aliqua permotione aut gignenda aut sedanda tollendave tractantur. Huic generi subiecta sunt cohortationes, obiurgationes, consolationes, miserationes omnisque ad omnem animi motum et impulsio et, si ita res feret, mitigatio.

Explicatis igitur his generibus ac modis disceptationum omnium nihil sane ad rem pertinet, si qua in re discrepavit ab Antonii divisione nostra partitio. Eadem sunt membra in utriusque disputatione, sed paullo secus a me atque ab illo partita ac tributa. Nunc ad reliqua progrediar meque ad meum munus pensumque revocabo. Nam ex illis locis, quos exposuit Antonius, omnia sunt ad quaeque genera quaestionum argumenta sumenda; sed aliis generibus alii loci magis erunt apti; de quo non tam quia longum est, quam quia perspicuum est, dici nihil est necesse.

Ornatissimae sunt igitur orationes eae, quae latissime vagantur et a privata ac singulari controversia se ad universi generis vim explicandam conferunt et convertunt, ut ei, qui

---

22. *ab Antonii divisione*, II 104 ff., bes. 161.

25. *Nam — sumenda*, so daß es also einer etwaigen Ergänzung oder weiteren Erörterung in dieser Hinsicht nicht bedarf.

ex illis locis, 78; II 146 a. E.; 163 ff.

27. *magis apti*, II 175.

30. *Ornatissimae igitur*, Wiederanknüpfung an das Thema, das ornate dicere, das als solches gerade die Erhebung von dem besondern beschränkten Einzelfall zu höheren allgemeinen Gesichtspunkten erfordert. Ähnlich ist der Übergang: Or. 44 f. Noverit igitur hic quidem orator, quem summum esse volumus, argumentorum et rationum locos — quibus ut uti possit orator, non ille vulgaris, sed hic excellens, a propriis personis et temporibus semper, si potest, avocat controversiam. Latius enim de genere quam de parte disceptare licet, ut quod in universo sit probatum id in parte sit probari necesse.

32. *conferunt et convertunt*, wenden sich vorzugsweise, wesentlich, 101 exstare atque eminere, besonders klar hervortreten; 102 consumpta — et exhausta; 161 cernere et

audiant, natura et genere et universa re cognita, de singulis reis et criminibus et litibus statuere possint. Hanc ad consuetudinem exercitationis vos, adulescentes, est cohortatus Antonius atque a minutis angustisque concertationibus ad omnem vim varietatemque vos disserendi traducendos putavit. Quare non est paucorum libellorum hoc munus, ut ei, qui scripserunt de dicendi ratione, arbitrantur, neque Tusculani atque huius ambulationis antemeridianae aut nostrae pomeridianae sessionis. Non enim solum acuenda nobis neque procudenda lingua est, sed onerandum complendumque pectus maximarum rerum et plurimarum suavitate, copia, varietate. Nostra est enim (si modo nos oratores, si in civium disceptationibus, si in periculis, si in deliberationibus publicis adhibendi auctores et principes sumus), nostra est, inquam, omnis ista prudentiae doctrinaeque possessio, in quam homines quasi caducam atque vacuam abundantes otio, nobis occupatis, involaverunt atque etiam aut irridentes oratorem, ut ille in Gorgia Socrates, cavillantur aut aliquid de oratoris arte paucis praecipiunt libellis eosque rhetoricos inscribunt, quasi non illa sint propria rhetorum, quae

videre; 177 formamus et fingimus u. mutatur et vertitur; I 55 et inscribunt et appellant, ausschließlich betiteln; II 199 a. E.; 234 extrudam et eiciam.

2. *Hanc* etc., nach dem Vorbild des Aristoteles (II 152), Or. 46 *in hac* (sc. universi generis oratione, der θέσις) Aristoteles non ad philosophorum morem tenuiter disserendi, sed ad copiam rhetorum in utramque partem ut ornatius et uberius dici possit exercuit.

3. *est cohortatus Antonius,* II 118; 134 ff.; 140.

8. *ambulationis,* II 12 u. 20.
antemeridianae, 81; Einl. I § 19.
sessionis, 18.

9. *acuenda* etc., auf mechanische Weise, Brut. 331 tu illuc veneras unus, qui non linguam modo acuisses exercitatione dicendi, sed et ipsam eloquentiam locupletavisses graviorum artium instrumento et eisdem artibus decus omne virtutis cum summa eloquentiae laude iunxisses.

procudenda, wie χαλκεύειν, Pind. Pyth. I 166 ἀψευδεῖ πρὸς ἄκμονι χάλκευε γλῶσσαν.

10. *maximarum rerum et plurimarum,* I 17; 20; wir etwa 'Gebiete'; res maximae anders oben 109.

12. *oratores,* wahre Redner im eigentlichen Sinne des Worts, I 202.

in civium disceptationibus, in privatrechtlichen Streitigkeiten.

in periculis, in causis publicis et capitis, also zusammen im genus iudiciale.

13. *auctores et principes,* die durch ihr Urteil und ihr Vorangehen andere bestimmen.

15. *quasi caducam* — abfällig, wie eine Hinterlassenschaft, die aus irgend einem Grund nicht angetreten ist. Ulpian. XVII 1 quod quis sibi testamento relictum, ita ut iure civili capere possit, aliqua ex causa non ceperit, *caducum* appellatur, veluti cecidit ab eo. Cic. Phil. X 5, 11 caducae hereditates.

vacuam, herrenlos, ohne Besitzer; p. Rosc. Am. 26; Cornif. IV 40 fundum ostendas te aut vacuum possedisse; ebd. vacuum possidere non potuisti.

17. *ille in Gorgia Socrates,* wie er in Platons Gorgias auftritt, I 47.

18. *rhetoricos inscribunt,* I 55.

19. *rhetorum* (nicht etwa oratorum), dadurch daß die Philosophen diejenigen ihrer Schriften, in denen sie einige Regeln über die Redekunst aufstellen, κατ' ἐξοχὴν ῥητορικοί betiteln (im Gegensatz zu φιλοσοφικοί), geben sie zu erkennen,

ab eisdem de iustitia, de officio, de civitatibus instituendis et regendis, de omni vivendi, denique etiam de naturae ratione dicuntur. Quae quoniam iam aliunde non possumus, sumenda sunt nobis ab eis ipsis, a quibus expilati sumus; dummodo illa ad hanc civilem scientiam, quo pertinent et quam intuentur, transferamus; neque, ut ante dixi, omnem teramus in his discendis rebus aetatem; sed cum fontes viderimus, quos nisi qui celeriter cognorit, numquam cognoscet omnino, tum, quotiescumque opus erit, ex eis tantum, quantum res petet, hauriemus. Nam neque tam est acris acies in naturis hominum et ingeniis, ut res tantas quisquam nisi monstratas possit videre, neque tanta tamen in rebus obscuritas, ut eas non penitus acri vir ingenio cernat, si modo aspexerit. In hoc igitur tanto tam immensoque campo cum liceat oratori vagari libere atque ubicumque constiterit, consistere in suo, facile suppeditat omnis apparatus ornatusque dicendi. Rerum enim copia verborum copiam gignit; et, si est honestas in rebus ipsis, de quibus dicitur, exsistit ex re naturalis quidam splendor in verbis. Sit modo is, qui dicet aut scribet, et institutus liberaliter educatione doctrinaque puerili et flagret studio et a natura adiuvetur et in universorum generum infinitis disceptationibus exercitatus ornatissimos scriptores oratoresque ad cognoscendum imitandumque delegerit, ne ille haud sane, quemadmodum verba struat et

daß die allgemeinen philosophischen Fragen den ῥήτωρ als solchen nichts angingen, was aber unrichtig ist. Cic. will sagen, daß die genannten Stoffe eigentlich auch rhetorica zu nennen wären.

1. *de iustitia* etc., in der Ethik, Politik und Physik, 127.

2. *denique etiam*, steigernd (wie Or. 227); denn die metaphysischen Fragen liegen dem Redner so nahe wie die ethischen allerdings nicht (I 68); aber doch: quid dicam de natura rerum, cuius cognitio magnam orationis suppeditat copiam Or. 16.

5. *ad hanc civilem scientiam*, Einl. II § 1, 3; der Redner hat nicht Philosophen oder Gelehrte zu seinem Publikum und muß daher die der Philosophie entnommenen Stoffe der abstrakten, gelehrten Form entkleiden und mit seinem konkreten populären Wissen vermitteln.

quo pertinent et quam intuentur, worauf eigentlich ihr Ziel und Augenmerk gerichtet ist, insofern die phil. Erörterungen doch auf das Leben einwirken wollen.

6. *ante*, 86 ff.

7. *fontes*, I 203; II 117; 174.

quos nisi etc., 89.

15. *suppeditat*, medial im Sinn von suppetit (142), wie de off. I 12 student parare ea, quae suppeditent et ad cultum et ad victum.

16. *apparatus*, 92.

rerum copia etc. Vgl. I 20; II 146.

17. *honestas*, innerliche Vortrefflichkeit, ein edler Inhalt. Vgl. Hor. A. P. 311 ff. Verbaque provisam rem non invita sequentur etc.

18. *ex re naturalis*, besser als die Vulgatlesart: ex rei natura. Brut. 36 sucus ille et sanguis incorruptus usque ad hanc aetatem oratorum fuit, in qua *naturalis* inesset, non fucatus *nitor*.

ex re, um den Gegensatz zwischen res und verba 'Inhalt und Form' scharf hervorzuheben. 19; 142 cui res non suppetat, verba non desint. I 50 si res non subest etc., vgl. II 142.

20. *doctrina* etc., 16; Einl. I § 8, 49.

illuminet, a magistris istis requiret. Ita facile in rerum abundantia ad orationis ornamenta sine duce, natura ipsa, si modo est exercitata, delabitur.

Hic CATULUS, Di immortales, inquit, quantam rerum varietatem quantam vim, quantam copiam, Crasse, complexus es quantisque ex angustiis oratorem educere ausus es et in maiorum suorum regno collocare! Namque illos veteres doctores auctoresque dicendi nullum genus disputationis a se alienum putasse accepimus semperque esse in omni orationis ratione versatos. Ex quibus Eleus Hippias cum Olympiam venisset maxima illa quinquennali celebritate ludorum, gloriatus est cuncta paene audiente Graecia, nihil esse ulla in arte rerum omnium quod ipse nesciret; nec solum has artes, quibus liberales doctrinae atque ingenuae continerentur, geometriam, musicam, litterarum cognitionem et poëtarum atque illa, quae de naturis rerum, quae de hominum moribus, quae de rebus publicis dicerentur, sed anulum, quem haberet, pallium, quo amictus, soccos, quibus indutus esset, se sua manu confecisse. Scilicet nimis hic quidem est progressus, sed ex eo ipso est coniectura facilis, quantum sibi illi oratores de praeclarissimis artibus appetierint, qui ne sordidiores quidem repudiarint. Quid de Prodico Ceo? de Thrasymacho Calchedonio, de Protagora

---

1. *Ita facile — delabitur*, d. h. wenn der Redner oder Schriftsteller die vorher angegebenen Eigenschaften besitzt, wird er leicht — in eine kunstvolle Sprache hinein geraten; natura ipsa ist Ablativ, in delabi liegt das Ungesuchte.

2. *si modo est exercitata*, setzt Crassus hinzu, um sich abermals zu verwahren, als rede er dem Naturwüchsigen an sich ohne Ausbildung und fortwährende Pflege desselben irgend das Wort: die beiden Faktoren φύσις und μελέτη sind nicht zu entbehren, aber die reichen auch hier unter der erwähnten Voraussetzung aus; des dritten Faktors, der ἐπιστήμη oder der τέχνη im engeren Sinn, bedarfs dann eigentlich nicht. (Für exercitata lesen andere excitata.)

4. Die rerum abundantia ist die Hauptsache (I 20); die älteren griech. Sophisten, wenn sie auch zu weit gingen, hatten wenigstens darin Recht, daß sie ein universales Wissen vom Redner verlangten (— 132), wie denn ehedem diese Universalität wirklich vorhanden war und jetzt wieder erstrebt werden muß (— 141).

Catulus, der Freund der griech. Litteratur, ist es immer, der die glänzende Seite derselben (im Gegensatz zu dem späten Verfall) hervorhebt.

11. *quinquennali*, in jedem fünften Jahre wiederkehrenden. Etwa seit Ol. 80 ward es Sitte, daß zur Zeit der großen Festspiele zu Olympia auch Wettkämpfer in öffentlichen rednerischen Vorträgen, den s. g. ἐπιδείξεις, Prunk- und Schaureden, auftraten.

12. *cuncta paene audiente Graecia*, in der πανήγυρις τῶν Ἑλλήνων.

13. *has artes* sc. se scire, was aus nesciret zu ergänzen ist.

15. *litterarum cognitionem*, ἡ τῶν γραμμάτων μάθησις, Sprachwissenschaft und Litteraturkenntnis (39), die sich besonders an die Dichter anschloß, I 10.

17. *dicerentur*, 187; I 93 (Physik, Ethik, Politik 23).

21. *sordidiores*, die βάναυσοι τέχναι, die Handwerkskünste.

Abderita loquar? quorum unus quisque plurimum temporibus illis etiam de natura rerum et disseruit et scripsit. Ipse ille Leontinus Gorgias, quo patrono, ut Plato voluit, philosopho succubuit orator (qui aut non est victus umquam a Socrate neque sermo ille Platonis verus est; aut, si est, eloquentior videlicet fuit et disertior Socrates et, ut tu appellas, copiosior et melior orator), sed hic in illo ipso Platonis libro de omni re, quaecumque in disceptationem quaestionemque vocaretur, se copiosissime dicturum esse profitetur; isque princeps ex omnibus ausus est in conventu poscere, qua de re quisque vellet audire; cui tantus honos habitus est a Graecia, soli ut ex omnibus Delphis non inaurata statua, sed aurea statueretur. Sed ei, quos nominavi, multique praeterea summique dicendi doctores uno tempore fuerunt; ex quibus intellegi potest ita se rem habere, ut tu, Crasse, dicis, oratorisque nomen apud antiquos in Graecia maiore quadam vel copia vel gloria floruisse. Quo quidem magis dubito tibine plus laudis an Graecis vituperationis statuam esse tribuendum; cum tu in alia lingua ac moribus natus occupatissima in civitate vel privatorum negotiis paene omnibus vel orbis terrae procuratione ac summi imperii gubernatione districtus, tantam vim rerum cognitionemque comprehenderis eamque omnem cum eius, qui consilio et oratione in civitate valeat, scientia atque exercitatione sociaris, illi nati in litteris ardentes[que] his studiis, otio vero diffluentes, non modo nihil acquisierint, sed ne relictum quidem et traditum et suum conservarint.

Tum CRASSVS: Non in hac, inquit, una, Catule, re, sed in aliis etiam compluribus distributione partium ac separatione magnitudines sunt artium diminutae. An tu existimas, cum esset Hippocrates ille Cous, fuisse tum alios medicos, qui mor-

---

3. *quo patrono*, insofern Plato in seinem Dialog dem Rhetor Gorgias das patrocinium oratoris übertragen hatte, während Sokrates der Anwalt des Philosophen war.

5. *verus*, hat nicht wirklich stattgefunden, kann also in diesem Falle nicht zum Beweis der Überlegenheit des Philosophen über den Redner angeführt werden; im andern Fall aber hat nicht der Philosoph den Redner, sondern ein besserer Redner einen schwächeren überwunden.

eloquentior, I 17.

7. *sed* nimmt den unterbrochenen Gedanken wieder auf, Brut. 64.

in illo ipso Platonis libro, Gorg. p. 447 C ἐκέλευε γοῦν νῦν δὴ ἐρωτᾶν ὅτι τις βούλοιτο τῶν ἔνδον ὄντων καὶ πρὸς ἅπαντα ἔφη ἀποκρινεῖσθαι. I 120f.

14. *fuerunt*, haben gelebt (denn bei der bloßen Zeitangabe wird esse, nicht vivere gebraucht), de imper. Cn. P. 27 eorum hominum, qui nunc sunt.

19. *privatorum negotiis* etc., Einl. I § 9, 64.

20. *orbis terrae procuratione*, Einl. I § 10, 84 ff.

summi imp. gubernatione, Einl. I § 10, 86 ff.

28. *distributione partium ac separatione*, Gliederung u. Scheidung in Teile, Abzweigung von Gliedern.

29. *magnitudines*, die Umfangs-, Gebietsverhältnisse.

bis, alios, qui vulneribus, alios, qui oculis mederentur? Num geometriam Euclide aut Archimede, num musicam Damone aut Aristoxeno, num ipsas litteras Aristophane aut Callimacho tractante tam discerptas fuisse, ut nemo genus universum complecteretur atque ut alius aliam sibi partem, in qua elaboraret, seponeret? Equidem saepe hoc audivi de patre et de socero 133 meo, nostros quoque homines, qui excellere sapientiae gloria vellent, omnia, quae quidem tum haec civitas nosset, solitos esse complecti. Meminerant illi Sex. Aelium; M'. vero Manilium nos etiam vidimus transverso ambulantem foro; quod erat insigne, eum, qui id faceret, facere civibus suis omnibus consilii sui copiam; ad quos olim et ita ambulantes et in solio sedentes domi sic adibatur, non solum ut de iure civili ad eos, verum etiam de filia collocanda, de fundo emendo, de agro colendo, de omni denique aut officio aut negotio referretur. Haec fuit P. Crassi illius veteris, haec Ti. Coruncanii, haec 134 proavi generi mei, Scipionis prudentissimi hominis sapientia, qui omnes pontifices maximi fuerunt, ut ad eos de omnibus divinis atque humanis rebus referretur; eidemque [et] in senatu et apud populum et in causis amicorum et domi et militiae consilium suum fidemque praestabant. Quid enim M. Catoni 135 praeter hanc politissimam doctrinam transmarinam atque adventiciam defuit? Num, quia ius civile didicerat, causas non

---

3. *ipsas litteras* — als grammatici, Philologen von Fach, waren die γράμματα selbst, die Litteratur ihr Studium, I 10.

5. *atque ut*, wo wir eine Adversativpartikel erwarten: sondern vielmehr; mit atque wird der näher bestimmende positive Ausdruck dem allgemeinen negativen zur Seite gestellt, gerade wie II 177 saepe non proponere ac ratione ipsa adferenda quid proponendum fuerit declarare.

6. *de*, 'von', de rep. II 15 saepe enim hoc de maioribus natu audivimus, Brut. 100.

9. *Meminerant*. 194; 214; Lael. 9 memineram Paullum (ich konnte mir noch vergegenwärtigen), videram Gallum.

12. *in solio*, I 199; II 143.

13. *non solum* etc., darin, daß der Rat, welchen die prudentes erteilten und um den sie angegangen wurden, sich nicht auf die rein rechtliche Seite der Verhältnisse beschränkte, giebt sich der (so zu sagen) patriarchalische Charakter dieser älteren Zeit kund, indem diese Rechtskundigen mehr als väterliche Berater angesehen wurden.

17. *proavi generi mei*, s. ind. Cornelii.

22. *hanc* — wie sie jetzt hierher (nach Rom) übergesiedelt ist.

doctrinam transmarinam, de rep. II 15 a. E. Ac tamen facile patior, non esse nos transmarinis nec importatis artibus eruditos, sed genuinis domesticisque virtutibus, ibid. III 3 qui — ad domesticum maiorumque morem etiam hanc a Socrate adventiciam doctrinam adhibuerunt.

23. *num, quia ius civile didicerat* etc. Bei den Alten war scire und dicere verbunden. Überhaupt, ausgezeichnete Männer pflegten das gesamte Wissen zu umfassen; Cato begnügte sich nicht mit dem scire ius civile, sondern machte auch praktisch davon Anwendung, indem er Prozesse führte, und er begnügte sich nicht etwa mit dem dicere posse, sondern verband damit das Studium des Rechts. Aus Mißverständnis dieses Sinnes haben alte

dicebat? aut quia poterat dicere, iuris scientiam neglegebat? Utroque in genere et elaboravit et praestitit. Num propter hanc ex privatorum negotiis collectam gratiam tardior in re publica capessenda fuit? Nemo apud populum fortior, nemo melior senator, idem facile optimus imperator, denique nihil in hac civitate temporibus illis sciri discive potuit, quod ille non cum investigarit et scierit tum etiam conscripserit. Nunc contra plerique ad honores adipiscendos et ad rem publicam gerendam nudi veniunt atque inermes, nulla cognitione rerum, nulla scientia ornati. Sin aliquis excellit unus e multis, effert se, si unum aliquid adfert, aut bellicam virtutem aut usum aliquem militarem; quae sane nunc quidem obsoleverunt; aut iuris scientiam, ne eius quidem universi; nam pontificium, quod est coniunctum, nemo discit; aut eloquentiam, quam in clamore et in verborum cursu positam putant; omnium vero bonarum artium, denique virtutum ipsarum societatem cognationemque non norunt. Sed ut ad Graecos referam orationem, quibus carere hoc quidem sermonis genere non possumus (nam ut virtutis a nostris, sic doctrinae sunt ab illis exempla petenda), septem fuisse dicuntur uno tempore, qui sapientes et haberentur et vocarentur. Hi omnes praeter Milesium Thalen civitatibus suis praefuerunt. Quis doctior eisdem temporibus illis aut cuius eloquentia litteris instructior fuisse traditur quam Pisistrati? qui primus Homeri libros confusos antea sic disposuisse dicitur, ut nunc habemus. Non fuit ille quidem civibus suis

Abschreiber non vor didicerat eingeschaltet.

2. *elaborare*, mit Eifer u. Erfolg arbeiten e. z. I 18.

praestare, Hervorragendes leisten.

4. *apud populum*, dem entspricht hernach senator; es werden also die beiden Seiten des genus deliberativum angedeutet (während das vorausgehende ex privatorum negotiis sich auf das genus iudiciale bezieht): in contione und in senatu.

fortior, energischer, sein Wort blieb nicht erfolglos. Or. 95.

7. *conscripserit*, schriftstellerisch behandeln.

10. *Sin aliquis excellit*, die gegensätzliche Bedingung liegt in dem voraufgehenden nudi atque inermes, das gleich ist etiamsi nudi atque inermes sunt.

13. *pontificium*, s. ind. pontificum libri.

16. *societatem*, 21.

18. *hoc sermonis genere*, bei einer Art von Gespräch wie dieses. Cfr. II 4 hoc populo; III 2 illo senatu.

19. *petenda*, nicht repetenda; man sagt repetere a capite, ab ortu, a fonte, ab initio und dgl., aber in der Regel exempla petere; Quint. XII 11, 17 rerum exempla ab historicis aut dicendi ab oratoribus petuntur.

20. *septem sapientes*, s. ind.

22. *praefuerunt*, im Krieg und Frieden, Chilon als ἔφορος ἐπώνυμος, Solon als ἄρχων (ἐπώνυμος), Periander als der bedeutendste unter den Kypseliden, Pittakus von Mytilene auf Lesbos, gleichfalls als τύραννος, Bias im Kampf gegen den lydischen König Alyattes, gegen den er seine Vaterstadt tapfer verteidigte, und Cleobulus als angesehener Staatsmann.

25. *non — utilis* (139 z. A.), als τύραννος, Corn. Nep. Milt. c. 8, 1 namque Athenienses propter Pisistrati tyrannidem, qui paucis annis

utilis, sed ita eloquentia floruit, ut litteris doctrinaque praestaret. Quid Pericles? de cuius dicendi vi sic accepimus, ut cum contra voluntatem Atheniensium loqueretur pro salute patriae severius, tamen id ipsum, quod ille contra populares homines diceret, populare omnibus et iucundum videretur; cuius in labris veteres comici, etiam cum illi male dicerent, quod tum Athenis fieri licebat, leporem habitasse dixerunt tantamque in eodem vim fuisse, ut in eorum mentibus, qui audissent, quasi aculeos quosdam relinqueret. At hunc non declamator aliqui ad clepsydram latrare docuerat, sed, ut accepimus, Clazomenius ille Anaxagoras, vir summus in maximarum rerum scientia. Itaque hic doctrina, consilio, eloquentia excellens quadraginta annis praefuit Athenis et urbanis eodem tempore et bellicis rebus. Quid Critias? quid Alcibiades? civitatibus suis quidem non boni, sed certe docti atque eloquentes, nonne Socraticis erant disputationibus eruditi? Quis Dionem Syracosium doctrinis omnibus expolivit? non Plato? atque eum

ante fuerat, omnium suorum civium potentiam extimescebant.

2. *sic accepimus, ut — videretur* = cuius dicendi vim eam fuisse accepimus, ut —.

6. *veteres comici,* die Dichter der s. g. alten Komödie im 5. Jahrhundert v. Chr. (Hor. sat. I 4, 1 ff.), s. ind. Pericles.

7. *quod tum Athenis fieri licebat,* denn später zur Zeit der triginta wurde diese Bühnenfreiheit beschränkt und durch ein besonderes Gesetz untersagt, lebende Personen in der Komödie zu verspotten, wie die Dichter der alten Komödie öffentliche Charaktere (Kleon, Hyperbolus, Nikias, Sokrates) als Vertreter bestimmter Richtungen in ihren Stücken auf die Bühne brachten, multa cum libertate notabant. *leporem,* oder suadam, πειθώ, quam deam in Pericli labris scripsit Eupolis sessitavisse, Brut. 59.

10. *declamator,* nicht clamator, wie gewöhnlich gelesen wird; es stehen sich hier nicht (wie z. B. Brut. 182) clamator und orator, sondern declamator de ludo (Or. 47) als Lehrer und philosophus entgegen, I 73.

ad clepsydram, die Wasseruhren dienten (wie in Athen und später in Rom bei öffentlichen Verhandlungen) auch bei rhetorischen Schulübungen dazu, die Dauer des Vortrages zu regeln. Tusc. II 67 cras ergo ad clepsydram sc. declamandi i. e. rhetoricas exercitationes instituemus.

latrare, II 220; gerade im Gegensatz zu der suaviloquentia, quae nunc quidem non tam est in plerisque; latrant enim quidam oratores, non loquuntur, Brut. 58.

11. *in maximarum rerum* (s. z. 109) *scientia,* die Worte fügen dem vir summus ein zweites Attribut zu Anaxagoras hinzu: ein sehr bedeutender Mann, im Besitz eines sehr reichen Wissens.

13. *quadraginta annis,* II 76 tot annis, *quadraginta,* in runder Zahl, indem Cic. etwa von Cimons Verbannung im Jahre 465 an rechnet, I 216.

urbanis, wie de off. I 74 vere autem si volumus iudicare, multae res exstiterunt *urbanae* maiores quam *bellicae.* Or. 141 urbanis pacatisque rebus.

14. *civitatibus suis,* Critias u. Alcibiades gehörten beide demselben Staate an, daher vermutet Bergk nicht unwahrscheinlich civibus suis.

15. *non boni,* nicht von Segen, Critias als einer der dreißig, Alcibiades in mehr als einer Beziehung.

docti, mit Beziehung darauf, daß Critias auch Dichter war.

idem ille non linguae solum, verum etiam animi ac virtutis magister ad liberandam patriam impulit, instruxit, armavit. Aliisne igitur artibus hunc Dionem instituit Plato, aliis Isocrates clarissimum virum Timotheum, Cononis praestantissimi imperatoris filium, summum ipsum imperatorem hominemque doctissimum? aut aliis Pythagoreus ille Lysis Thebanum Epaminondam, haud scio an summum virum unum omnis Graeciae? aut Xenophon Agesilaum? aut Philolaus Archytam Tarentinum? aut ipse Pythagoras totam illam veterem Italiae Graeciam, quae quondam magna vocitata est? Equidem non arbitror. Sic enim video, unam quandam omnium rerum, quae essent homine erudito dignae atque eo, qui in re publica vellet excellere, fuisse doctrinam; quam qui accepissent, si eidem ingenio ad pronuntiandum valuissent et se ad dicendum quoque non repugnante natura dedissent, eloquentia praestitisse. Itaque ipse Aristoteles cum florere Isocratem nobilitate discipulorum videret, quod is suas disputationes a causis forensibus et civilibus ad inanem sermonis elegantiam transtulisset, mutavit repente totam formam prope disciplinae suae versumque quendam Philoctetae paullo secus dixit. Ille enim 'turpe sibi ait esse tacere, cum barbaros', hic autem 'cum Isocratem pateretur dicere'. Itaque ornavit et illustravit doctrinam illam omnem rerumque cognitionem cum orationis exercitatione coniunxit. Neque vero hoc fugit sapientissimum regem Philippum, qui hunc Alexandro filio doctorem accierit, a quo

3. *Aliisne* etc., der Philosoph sowohl wie der Rhetor waren beide zugleich Lehrer der bedeutendsten Staatsmänner, de off. I 155 atque illi, quorum studia vitaque omnis in rerum cognitione versata est, tamen ab augendis hominum utilitatibus et commodis non recesserunt; nam et erudiverunt multos, quo meliores cives utilioresque rebus suis publicis essent, ut Thebanum Epaminondam Lysis Pythagoreus, Syracosium Dionem Plato multique multos.

16. *Aristoteles* etc., daß der Zulauf, den Isokrates als Lehrer der Rhetorik hatte, für Aristoteles die Veranlassung gewesen, auch seinerseits die Rhetorik mit der Philosophie zu verbinden, wird öfters erzählt. Diese Rivalität beider fällt in die Zeit von Aristoteles' erstem Auftreten in Athen (367—348 v. Chr.).

17. *quod is suas*, nicht ipse (wie die Hs. haben), denn das würde auf Aristoteles gehen, während doch nur Isokrates gemeint sein kann. S. d. krit. Anhang.

20. *Philoctetae.* Der Vers war wahrscheinlich aus Euripides' Philoktet und lautete:

ὑπὲρ γε μέντοι παντὸς Ἑλλήνων στρατοῦ
αἰσχρὸν σιωπᾶν, βαρβάρους δ' ἐᾶν λέγειν,

wofür Aristoteles substituierte:

αἰσχρὸν σιωπᾶν, Ἰσοκράτην δ' ἐᾶν λέγειν.

22. *Itaque ornavit et illustravit et cum orationis exercitatione coniunxit*, eine Notiz, die man wohl auf das dritte Buch der Aristotelischen Rhetorik deuten darf, welches ursprünglich wohl als eine besondere Schrift, περὶ λέξεως, herausgegeben war.

23. *rerum cognitionem*, II 160.

eodem ille et agendi acciperet praecepta et eloquendi. Nunc
sive qui volet, eum philosophum, qui copiam nobis rerum orationisque tradat, per me appellet oratorem licet; sive hunc oratorem, quem ego dico sapientiam iunctam habere eloquentiae, philosophum appellare malet, non impediam; dummodo hoc constet, neque infantiam eius, qui rem norit, sed eam explicare dicendo non queat, neque inscientiam illius, cui res non suppetat, verba non desint, esse laudandam; quorum si alterum sit optandum, malim equidem indisertam prudentiam quam stultitiam loquacem. Sin quaerimus quid unum excellat ex omnibus, docto oratori palma danda est. Quem si patiuntur eundem esse philosophum, sublata controversia est. Sin eos diiungent, hoc erunt inferiores, quod in oratore perfecto inest illorum omnis scientia, in philosophorum autem cognitione non continuo inest eloquentia; quae quamvis contemnatur ab eis, necesse est tamen aliquem cumulum illorum artibus adferre videatur.

Haec cum Crassus dixisset, parumper et ipse conticuit et ceteris silentium fuit.

Tum COTTA: Equidem, inquit, Crasse, non possum queri, quod mihi videare aliud quiddam et non id, quod susceperis, disputasse; plus enim aliquanto attulisti, quam tibi erat tributum a nobis ac denuntiatum; sed certe ut eae partes fuerunt

---

1. *et agendi* etc., vgl. 57.
2. *sive qui volet,* nämlich oratorem appellare.
6. *infantia,* 198, das Gegenteil von eloquentia, Top. 82 possitne eloquentia commutatione aliqua converti in infantiam, wie das adi. infans im Gegensatz von disertus, Brut. 77; 90; 101; 108.
7. *res — verba,* 125; I 20; II 177.
9. *sit optandum,* wenn einem nur die Wahl bliebe.
10. *stultam loquacitatem* giebt Gell. 1, 15, 6.
13. *inferiores,* sc. philosophi, I 49.
15. *continuo,* ohne weiteres, unmittelbar, an und für sich schon.
19. *silentium fuit,* der Zustand des Seins, Vorliegens, als Resultat des consequi, wie I 160 gesagt ist silentium est consecutum; wir etwa: trat ein und herrschte.
20. Cotta beklagt es nicht, daß Crassus sich von seiner Begeisterung hat fortreißen lassen, und ist ganz für die Akademie gewonnen, Sulpicius ist praktischer gesinnt u.

wünscht das bereits Angefangene bis ins Einzelne vollendet zu sehen. So dient die Darlegung des verschiedenen Eindrucks, den die Rede des Meisters auf die Jünger gemacht, zugleich zur Charakteristik beider wie zur Zurückführung auf das eigentliche Thema (c. 36, 144—37, 148).
21. *et non,* und nicht vielmehr; s. z. I 102; II 134.
22. *tributum,* als dein Teil, 19; II 123; 366.
23. *ac denuntiatum* ist in der juristischen Bedeutung zu nehmen, wie in testimonium denuntiare alicui, einem ankündigen, daß er als Zeuge zu erscheinen hat, einem Zeugenschaft auferlegen; also hier: was wir dir als zu Leistendes auferlegten, wozu du also die Verpflichtung hattest. Quint. V 7, 9 quoniam duo genera sunt testium, aut voluntariorum, aut eorum, quibus in iudiciis publicis lege denuntiatur etc.

ut eae partes. Der geforderte

tuae, de illustranda oratione ut diceres, et eras ipse iam ingressus atque in quattuor partes omnem orationis laudem discripseras; cumque de duabus primis nobisquidem satis, sed, ut ipse [dicebas], celeriter exigueque dixisses, duas tibi reliquas feceras, quemadmodum primum ornate, deinde etiam apte diceremus. Quo cum ingressus esses, repente te quasi quidam aestus ingenii tui procul a terra abripuit atque in altum a conspectu paene omnium abstraxit. Omnem enim rerum scientiam complexus non tu quidem eam nobis tradidisti; neque enim fuit tam exigui temporis; sed apud hos quid profeceris nescio, me quidem in Academiam totum compulisti. In qua velim sit illud, quod saepe posuisti, ut non necesse sit consumere aetatem atque ut possit is illa omnia cernere, qui tantummodo aspexerit; sed etiamsi est aliquanto spissius aut si ego sum tardior, profecto numquam conquiescam neque defatigabor ante, quam illorum ancipites vias rationesque et pro omnibus et contra omnia disputandi percepero.

146 Tum CAESAR: Unum, inquit, me ex tuo sermone maxime, Crasse, commovit, quod eum negasti, qui non cito quid didicisset, umquam omnino posse perdiscere; ut mihi non sit difficile periclitari et aut statim percipere ista, quae tu verbis ad caelum extulisti, aut, si non potuerim, tempus non perdere, cum tamen his nostris possim esse contentus.

147 Hic SULPICIUS: Ego vero, inquit, Crasse, neque Aristotelem istum neque Carneadem nec philosophorum quemquam desidero,

Nachsatz: ita plane non omnibus partibus satis fecisti folgt in der Weise, daß positiv ausgedrückt wird: duas tibi reliquas feceras, hattest du dir zwei noch vorbehalten.

1. *illustranda*, 91.
ingressus, 37.
3. *ut ipse*, nach Maßgabe deiner Erfahrung und Gewohnheit.
6. *Quo cum ingressus esses*, 53.
7. *altum*, mit Beibehaltung des Bildes: auf die hohe See, vom Ufer aus nicht mehr zu sehen; 157 *aestus*, der wogende Drang.
11. *in Academiam*, Einl. I § 13, 150.
12. *saepe*, 86 ff. 123.
posuisti, I 65; Brut. 165; Acad. I 12.
13. *cernere* etc., 124.
14. *est spissius* sc. ancipites vias percipere, nicht rasch vorwärts kommt, eben weil man alles nach zwei Seiten, also doppelt zu erwägen hat, II 213.

15. *tardior*, oben 89.
16. *ancipites vias*, 107, s. ind. acad.
18. Caesar scheint fast in einem ähnlichen Verhältnisse zu seinem Bruder Catulus gestanden zu haben wie Quintus Cicero zu seinem Bruder Marcus; er ist also im Ganzen in dieser Beziehung indifferent und steht so in der Mitte zwischen Cotta, dem begeisterten Anhänger der Akademie, und Sulpicius, der auf die Philosophie als solche gar nichts giebt. Daher muß auch Sulpicius die Anregung zu der weiteren Fortführung der eigentlichen für das besondere praktische Bedürfnis berechneten rhet. Doktrin geben.
19. *negasti*, 89.
20. *non sit difficile*, weil er eben damit nun einen untrüglichen Maßstab dafür gefunden hat.
23. *his nostris*, 'mit dem, was wir Römer davon wissen und verstehen', im Gegensatz zu griechischen Philosophen. Vgl. 137.

vel me licet existimes desperare ista posse perdiscere vel, id quod facio, contemnere. Mihi rerum forensium et communium vulgaris haec cognitio satis magna est ad eam, quam specto, eloquentiam; ex qua ipsa tamen permulta nescio; quae tum denique, cum causa aliqua, quae a me dicenda est, desiderat, quaero. Quamobrem, nisi forte es iam defessus et si tibi non graves sumus, refer ad illa te, quae ad ipsius orationis laudem splendoremque pertinent; quae ego ex te audire volui, non ut desperarem me eloquentiam consequi posse, sed ut aliquid addiscerem.

Tum CRASSUS: Pervulgatas res requiris, inquit, et tibi non incognitas, Sulpici. Quis enim de isto genere non docuit, non instituit, non scriptum etiam reliquit? Sed geram morem et ea dumtaxat, quae mihi nota sunt, breviter exponam tibi; censebo tamen ad eos, qui auctores et inventores sunt harum sane minutarum rerum, revertendum.

Omnis igitur oratio conficitur ex verbis; quorum primum nobis ratio simpliciter videnda est, deinde coniuncte. Nam est quidam ornatus orationis, qui ex singulis verbis est; alius qui ex continuatis [coniunctisque] constat.

Ergo utimur verbis aut eis, quae propria sunt et certa quasi vocabula rerum, paene una nata cum rebus ipsis; aut eis, quae transferuntur et quasi alieno in loco collocantur; aut

150 eis, quae novamus et facimus ipsi. In propriis igitur est [verbis] illa laus oratoris, ut abiecta atque obsoleta fugiat, lectis atque illustribus utatur, in quibus plenum quiddam et sonans inesse videatur. Sed in hoc verborum genere propriorum delectus est habendus quidam atque is aurium quodam iudicio ponderandus est; in quo consuetudo etiam bene loquendi valet plu-
151 rimum. Itaque hoc, quod vulgo de oratoribus ab imperitis dici solet: 'bonis hic verbis', aut: 'aliquis non bonis utitur', non arte aliqua perpenditur, sed quodam quasi naturali sensu iudicatur; in quo non magna laus est vitare vitium (quamquam est magnum), verum tamen hoc quasi solum quoddam atque fundamentum est, verborum usus et copia bonorum.
152 Sed quid ipse aedificet orator et in quo adiungat artem, id esse nobis quaerendum atque explicandum videtur.
38 Tria sunt igitur in verbo simplici, quae orator adferat ad illustrandam atque exornandam orationem: aut inusitatum ver-
153 bum aut novatum aut translatum. Inusitata sunt prisca fere ac vetustate ab usu cotidiani sermonis iam diu intermissa, quae sunt poëtarum licentiae liberiora quam nostrae; sed tamen raro habet etiam in oratione poëticum aliquod verbum dignitatem. Neque enim illud fugerim dicere, ut Caelius: 'Qua tempe-

---

2. *lectis*, I 154; de opt. gen. orat. 4 perficiendum est — in propriis ut lautissima eligamus.

4. *delectus* bezieht sich auf das vorhergehende lectis, *aurium iudicio* auf sonans, daher wahrscheinlich scilicet für sed zu lesen, wie Sorof konjiciert hat. Die verba propria gehören nur dann zum ornatus orationis, wenn sie lecta, inusitata sind (153).

7. *ab imperitis*, von Laien, die also lediglich von einem natürlichen Gefühl, nicht von irgend welchen theoretischen Regeln (arte) geleitet werden.

10. *vitium*, fehlerhafte, schlechte Ausdrucksweise, das Gegenteil von verborum usus bonorum.

11. *quamquam est magnum*, II 91 wie Brut. 140 nam ipsum Latine loqui est illud quidem — in magna laude ponendum, sed non tam sua sponte quam quod est a plerisque neglectum.

solum etc., Brut. 258 solum quidem et quasi fundamentum oratoris vides, locutionem emendatam (fehlerlos) et Latinam.

13. *aedificet*, auf diesem Grund und Boden.

15. *Tria*, Or. 80 aut translatum ac sumptum aliunde ut mutuo, aut factum ab ipso ac novum aut priscum et inusitatum.

17. *fere*, 34; II 61.

18. *vetustate*, I 193; de leg. III 20 ea quae iam prisca videntur propter vestustatem, archaistische Ausdrücke, die einer früheren Sprachperiode angehören, aber noch gebraucht werden können.

19. *liberiora*, eher gestattet, Quint. VIII 6, 19 synecdoche — liberior poetis quam oratoribus.

raro, hin und wieder, hier und da, 201; Or. 80 sed etiam inusitata ac prisca sunt in propriis, nisi quod raro utimur.

20. *in oratione*, in der Prosa, 174. 184. Or. 201 Nec in numeris magis quam in reliquis ornamentis orationis eadem cum faciamus quae poetae effugimus tamen in oratione poematis similitudinem.

21. *fugerim dicere*, fugere mit dem Infinitiv ist in Prosa seltener, p. Mur. 11; ad Att. X 8, 5 turpiter facere fugiamus.

DE ORATORE III 38, 154.

1 state Poenus in Italiam venit', nec 'prolem' aut 'sub-
2 olem' aut 'fari' aut 'nuncupare' aut, ut tu soles, Catule,
3 'non rebar' aut 'opinabar'; aut alia multa, quibus loco
positis grandior atque antiquior oratio saepe videri solet.
5 Novantur autem verba, quae ab eo, qui dicit, ipso gignuntur 154
6 ac fiunt, vel coniungendis verbis, ut haec:
7   Túm pavor sapiéntiam omnem mi éxanimato expéctorat.
8   An nón novisti huius vérsutiloquas málitias ......,
9 videtis enim et 'versutiloquas' et 'expectorat' ex con-
10 iunctione facta esse verba, non nata; sed saepe vel sine con-
11 iunctione verba novantur, ut ille 'senius disertus', ut 'di

tempestate, 219, brauchen für das prosaischere tempore noch Sallust, Livius und Cicero selbst, de div. I 75 eademque tempestate multis signis Lacedaemoniis Leuctricae pugnae calamitas denuntiabatur.

1. *proles* und *suboles,* für liberi, ist bei Dichtern sehr gewöhnlich, für progenies auch bei Prosaikern.

2. *fari aut nuncupare,* nach Quint. VIII 3, 27 Quaedam tamen adhuc vetera vetustate ipsa gratius nitent, quaedam et necessario interim sumuntur, nuncupare ist fari (die Hs. haben meist effari aut nuncupari). *nuncupare*, I 245. de nat. deor. II 65 und sehr oft bei Livius.

3. *non rebar,* für non existimabam, wie es Cic. oben 82 eben unsern Catulus (doch ohne die Negation) brauchen läßt: Quint. VIII 3, 26 'reor' tolerabile.

non opinabar, wie es noch Plaut. Pers. II 3, 5 (neque opinabar) hat, galt also in dieser Form zu Crassus' Zeiten als unmodern.

loco, dasselbe wie in loco oder suo loco, Brut. 274 nullum (verbum) nisi loco positum. part. Or. 8.

5. *Novantur,* Hor. A. P. 46 ff.

6. *fiunt* für *faciuntur,* vgl. 167 factum verbum est.

7. *Tum pavor,* 218 ff.; Tus. IV 19. Der Vers (ein tetr. troch. cat. wie 102) ist aus dem Alcumaeo des Ennius (Ribbeck p. 15. Vahlen Enn. poes. rel. p. 96).

sapientiam, Besinnung.

expectorat, d. i. ex pectore eximit wie bei Attius Epigon. 'eloquere propere ac meum hunc pavorem expectora'; ähnlich ist das ebenfalls von Ennius gebrauchte evitari, 217 a. E.

8. *An non* etc. Der Vers ist wahrscheinlich aus dem Armorum iudicium ($\dot{\eta}$ τῶν ὅπλων κρίσις) des Accius entnommen, Worte des Aias über Odysseus' ränkevolle Schlauheit, die ihm ja auch wirklich den gehofften Siegespreis, Achilles' Waffenrüstung, entriß.

9. *versutiloquas,* wie Aias diesen seinen verhaßten Gegner bei Soph. Ai. 103 τὸ ἐπίτριπτον κίναδος, 379 ff. ἁπάντων ἀεὶ κακῶν ὄργανον κοπινέστατόν τ' ἄλημα στρατοῦ, 445 φὼς παντουργὸς φρένας nennt. — Was die orator. Anwendung dieses Worts betrifft, so äußert sich Cic. Or. 164 darüber so: quare bonitate potius nostrorum verborum utamur, quam splendore Graecorum — asperitatemque fugiamus — 'versutiloquas malitias'.

10. *facta,* neu gebildet, 167. 184; II 36; Or. 68 ego autem, etiamsi quorundam grandis et ornata vox est poetarum, tamen in ea — licentiam statuo maiorem esse quam in nobis faciendorum iungendorumque verborum. part. Or. 72 si factis verbis aut vetustis, aut translatis frequenter utamur.

sed saepe vel sine coni. 'aber oft selbst ohne Verbindung', im Gegensatz zum voraufgehenden ex coniunctione, mit einer leichten Umwandlung der angefangenen Konstruktion.

11. *ut ille senius disertus,* wahrscheinlich aus Ennius' Satiren. Crassus führt von dem auch in sprachgeschichtlicher Beziehung epoche-

155 genitales', ut 'bacarum ubertate incurvescere'. Tertius ille modus transferendi verbi late patet, quem necessitas genuit inopia coacta et angustiis, post autem iucunditas delectatioque celebravit. Nam ut vestis frigoris depellendi causa reperta primo, post adhiberi coepta est ad ornatum etiam corporis et dignitatem, sic verbi translatio instituta est inopiae causa, frequentata delectationis. Nam 'gemmare vites, luxuriem esse in herbis, laetas segetes' etiam rustici dicunt. Quod enim declarari vix verbo proprio potest, id translato cum est dictum, illustrat id, quod intellegi volumus, eius rei, quam alieno verbo posuimus, similitudo. Ergo hae translationes quasi mutuationes sunt, cum quod non habeas aliunde sumas. Illae paullo audaciores, quae non inopiam indicant,

---

machenden Dichter Ennius drei Beispiele neu gebildeter Wörter an und zwar erst eines Substantivs, dann eines Adjektivs und drittens eines Verbs. Das erste Wort ist das später noch von Terenz gebrauchte *senius* (Eun. II 3, 11 ut illum di deaeque *senium* perdant, qui hodie me remoratus est); ille senius disertus also der geschwätzige Alte (garrulus senex); — ille fast wie der bestimmte Artikel II 193 — s. d. krit. Anhang.

1. *di genitales* ist aus Ennius' Annalen, aus einem Vers, den Servius zu Verg. Aen. VI 764 anführt (Vahlen p. 19): Romulus in caelo cum dis genitalibus aevum degit (vgl. Tusc. I 28). Gemeint sind die zwölf di maiores als Urheber aller Dinge:

Iuno Vesta Ceres Diana Minerva
    Venus Mars
Mercurius Iovis Neptunus Volcanus Apollo.

Das dritte Beispiel:
bacarum ubertate incurvescere ist nach Ribbeck p. 270 aus Ennius' Eumeniden, nach Aeschyl. Eumen. 903 ff. Vollständig steht die Stelle Tusc. I 69 (Ribbeck p. 217):

cáelum nitescere, árbores frondéscere,
vités laetificae pámpinis pubéscere,
ramí bacarum ubértate incurvéscere,
segetés largiri frúges, florere ómnia,
fontés scatere, herbis práta convestírier.

2. *modus transferendi* — translatio, quae μεταφορά Graece vocatur, λέξις μεταφερομένη ἀπὸ τοῦ κυρίου ἐπὶ τὸ μὴ κύριον, ἐμφάσεως ἢ ὁμοιώσεως ἕνεκα. 'Transfertur nomen aut verbum ex eo loco, in quo proprium est, in eum, in quo aut proprium deest aut translatum proprio melius est. Id facimus aut quia necesse est, aut quia significantius est, aut quia decentius.' Quint. VIII 6, 5.

4. *celebravit,* 110 celebratur.

6. *dignitatem,* anständigem, schönem Äußeren.

7. *delectationis,* Or. 134 (tralationes) propter similitudinem transferunt animos et referunt ac movent huc et illuc, qui motus cogitationis celeriter agitatus per se ipse delectat.

gemmare, von gemma, dem s. g. Auge, Cat. mai. 53 itaque ineunte vere — existit tanquam ad articulos sarmentorum ea quae gemma dicitur, a qua oriens uva se ostendit.

8. *rustici,* Or. 81 tralatione — frequentissime sermo omnis utitur non modo urbanorum sed etiam rusticorum, siquidem est eorum: gemmare vites, sitire agros, laetas esse segetes, luxuriosa frumenta, II 96. Tac. dial. de or. c. 40 sicut indomitus ager habet quasdam herbas lactiores.

10. *id quod intellegi volumus,* das was wir eigentlich meinen.

12. *aliunde sumas,* 159. Or. 80.

sed orationi splendoris aliquid arcessunt; quarum ego quid
vobis aut inveniendi rationem aut genera ponam?
   Similitudinis [est] ad verbum unum contracta brevitas,
[quod verbum in alieno loco tamquam in suo positum,] si
agnoscitur, delectat; si simile nihil habet, repudiatur. Sed ea
transferri oportet, quae aut clariorem faciunt rem, ut illa omnia:
                     inhorrescit mare,
   Ténebrae conduplicántur, noctisque ét nimbum occaecát nigror,
   Flámma inter nubés coruscat, caélum tonitru cóntremit,
   Grándo mixta imbrí largifico súbita praecipitáns cadit;
   Úndique omnes vénti erumpunt, saévi existunt túrbines:
   Férvit aestu pélagus;
omnia fere, quo essent clariora, translatis per similitudinem
verbis dicta sunt; aut quo significetur magis res tota sive facti
alicuius sive consilii, ut ille, qui occultantem consulto, ne id,

---

1. *quarum ego* etc. mit der rhet. Frage leitet Crassus ein, daß er bei der Theorie des metaphorischen Ausdruckes noch etwas verweilen wolle, jedoch da es allbekannte Sachen seien, nur übersichtlich.

3. *similitudinis* knüpft an similitudo an zu Ende von 155. Die Worte similitudinis ad verbum unum contracta brevitas sind eine erklärende Umschreibung des in 155 erklärten Begriffes translatio, und da der Sprecher in 156 erklärt hatte, mit der Auffindung und Klassifizierung von Metaphern seine Zuhörer nicht behelligen zu wollen, erläutert er jetzt in zwanglosem Redefluß die **Erfordernisse einer guten Metapher und den Zweck und angemessenen Gebrauch derselben seitens des Redners.** Vgl. a. den krit. Anhang. Vgl. Quint. VIII 6, sin totum autem metaphora brevior est similitudo (Gleichnis) eoque distat, quod illa (das Gleichnis, εἰκών) comparatur rei, quam volumus exprimere, haec (die Metapher) pro ipsa re dicitur.
Ähnl. Arist. Rhet. III 4 (p. 1406b) ἔστι δὲ καὶ μὴ ἡ εἰκών μεταφορά· διαφέρει γὰρ μικρόν· ὅταν μὲν γὰρ εἴπῃ τὸν Ἀχιλλέα "ὡς δὲ λέων ἐπόρουσεν", εἰκών ἐστιν, ὅταν δὲ "λέων ἐπόρουσε" μεταφορά.

5. *Sed ea transferri oportet* wir etwa: brauchen aber muß man Metaphern dann, wenn man etwas anschaulicher darstellen, in helleres Licht setzen will; 161 ist das letztere ausgedrückt durch lumen adferre orationi = lichtvoller gestalten.

7. *inhorrescit.* Die nachfolgenden tetr. troch catal. sind aus Pacuvius' Dulorestes genommen, wo der erste der hier angeführten Verse vollständig lautete: interea prope iam óccidente sóle inhorrescít mare. De div. I 24; Ribbeck p. 111. Geschildert wird der heftige Meeressturm, der die Flotte der Achäer auf der eben begonnenen Heimkehr von Troja überfiel.

8. *nimbum* = nimborum.
occaecat sc. diem, Liv. XXXIII 7 tam densa caligo obcaecaverat diem.

13. *per similitudinem,* indem Meer, Himmel, Winde als persönliche Wesen gefaßt und demgemäß Zustände der unpersönlichen Schöpfung als wie Zustände der persönlichen (inhorrescit, contremit, erumpunt saevi) dargestellt werden.

14. *significetur.* Man sollte in Beziehung auf das obenstehende quae aut clariorem faciunt rem erwarten: aut quibus significatur, allein es wird auf das näher stehende quo essent clariora mit einer leichten Anakoluthie bezogen.

15. *ut ille,* nämlich Accius, denn der nachfolgende Vers ist wahrscheinlich aus der Antigone dieses Dichters (nicht, wie Ribbeck p. 313 meint, aus dem Armorum iudicium),

quod ageretur, intellegi posset, duobus translatis verbis similitudine ipsa indicat,

Quandoquidem is se circumvestit dictis, saepit sedulo.

Nonnumquam etiam brevitas translatione conficitur, ut illud: 'Si telum manu fugit.' Imprudentia teli missi brevius propriis verbis exponi non potuit, quam est uno significata translato.

159 Hoc in genere persaepe mihi admirandum videtur quid sit, quod omnes translatis et alienis magis delectentur verbis 40 quam propriis et suis. Nam si res suum nomen et vocabulum proprium non habet, ut 'pes' in navi ut 'nexum' quod per libram agitur, ut in uxore 'divortium', necessitas cogit, quod non habeas, aliunde sumere; sed in suorum verborum maxima copia tamen homines aliena multo magis, si sunt ratione trans-160 lata, delectant. Id accidere credo vel quod ingenii specimen est quoddam, transilire ante pedes posita et alia longe repetita sumere; vel quod is, qui audit, alio ducitur cogitatione neque

---

nach Sophocles' Antig. 241 f., wo Kreon zu dem Wächter, der aus Angst nicht mit der Sprache heraus will, die Worte spricht:

εὖ γε στοχάζει κἀποφράγνυσαι
κύκλῳ τὸ πρᾶγμα.

1. *quod ageretur*, daß nämlich wider Kreons ausdrückliches Verbot Polyneikes' Leichnam mit Erde bedeckt sei.

duobus translatis verbis. Die beiden Metaphern sind circumvestit u. saepit, bemäntelt u. umschanzt.

3. *saepit* — vor saepit ist aus dem vorausgehenden Kompositum noch einmal circum zu nehmen.

sedulo, mit ängstlicher Sorgfalt oder Vorsicht. Ter. Phorm. II 3, 81 metuit hic nos, tametsi sedulo dissimulat. Hecyra IV 2, 2 non clam me etc. etc. — etsi ea dissimulas sedulo. Die ansprechende Konjektur Osanns saepit se dolo paßt wohl auf Ulixes, aber nicht auf den Wächter in der Antigone.

4. *brevitas*, der metaphorische Ausdruck dient dazu, einen bestimmten Begriff, den man sonst umschreiben müßte, mit éinem Wort erschöpfend zu bezeichnen, wie in der aus den XII Tafeln stammenden juristischen Formel 'si telum manu fugit' das fugit treffend angiebt, daß etwas ohne Absicht, aus Versehen geschehen sei. Dasselbe Beispiel wird Top. 64 angeführt, um den Unterschied der ignorata und voluntaria daran zu zeigen: nam iacere telum voluntatis est, ferire quem nolueris fortunae; ex quo aries ille subicitur in vestris actionibus: si telum manu fugit magis quam iecit.

5. *Imprudentia*, das Unvorgesehene, Unbeabsichtigte.

8. *Hoc in genere*, in dieser Beziehung d. h. hinsichtlich der Anwendung der Metapher, so auch 162.

11. *pes*, das Lenktau des Segels (gewöhnlich im plur., wie bracchia die Segelstangen), Verg. Aen. V 830. Ebenso im Griechischen: πόδας καλοῦσι οἱ ναῦται τοὺς παρ' ἑκάτερα τὰ μέρη ἐκδεδεμένους τῆς ὀθόνης. Hom. Od. ε 269. κ 32. Vgl. a. Ov. Fast. 3, 565 naucta ratem comitesque fugae pede labitur aequo mit nach beiden Seiten gleichmäßig angezogenem Segeltau, Catull 4, 21 sive utrumque Iupiter Simul secundus incidisset in pedem.

nexum, s. ind. nexum.

12. *divortium*, 69, 3. ind. divortium.

14. *ratione*, mit Verstand d. h. in berechneter Weise (ad. Her. IV 34, 45; Or. 161 nec solum componentur verba ratione, sed etiam finientur); Quint. VIII 6, 5 recte modo adscita.

tamen aberrat, quae maxima est delectatio; vel quod singulis verbis res ac totum simile conficitur; vel quod omnis translatio, quae quidem sumpta ratione est, ad sensus ipsos admovetur, maxime oculorum, qui est sensus acerrimus. Nam et 'odor' urbanitatis et 'mollitudo' humanitatis et 'murmur' maris et 'dulcitudo' orationis sunt ducta a ceteris sensibus; illa vero oculorum multo acriora, quae ponunt paene in conspectu animi, quae cernere et videre non possumus. Nihil est enim in rerum natura, cuius nos non in aliis rebus possimus uti vocabulo et nomine. Unde enim simile duci potest (potest autem ex omnibus), indidem verbum unum, quod similitudinem continet, translatum lumen adferre orationi. Quo in genere primum est fugienda dissimilitudo:

      Caéli ingentes fórnices;

quamvis sphaeram in scenam, ut dicitur, attulerit Ennius, tamen in sphaera fornicis similitudo non potest inesse.

1. *delectatio*, Or. 134 frequentissimae translationes erant, quod eae propter similitudinem transferunt animos et referunt ac movent huc et illuc; qui motus cogitationis celeriter agitatus per se ipse delectat.

quod singulis verbis etc., weil jedesmal durch ein Wort, nämlich durch die metaphor. Bezeichnung (wie oben inhorrescit, contremit, se circumvestit) etwas Reales, Lebendiges u. ein vollständiges, die ganze Situation verdeutlichendes Gleichnis zu stande kommt.

4. *sensus acerrimus*, II 357; de fin. II 52 oculorum, inquit Plato, est in nobis sensus acerrimus, quibus sapientiam non cernimus; quam illa ardentes amores excitaret sui, si videretur!

7. *illa vero oculorum*, τὰ τῶν ὀφθαλμῶν, das was in den Bereich des Gesichtssinnes fällt, d. h. die Metaphern, die in diese Kategorie gehören.

8. *cernere et videre*, mit leiblichen Augen, vgl. 120.

9. *in rerum natura*, 26.

in aliis rebus, zu eigentlich damit heterogenen Dingen setzen, wohin an sich der entlehnte Ausdruck nicht gehört; so kann odor zu urbanitas, mollitudo zu humanitas etc. gesetzt werden, obwohl eigentlich oder wörtlich genommen weder urbanitas mit odor, noch humanitas mit mollitudo etwas zu thun hat.

11. *ex omnibus* sc. quae in rerum natura sunt, aus allen Gebieten des Lebens.

12. *adferre* sc. potest; denn es handelt sich zunächst eben um die Möglichkeit: ein Gleichnis kann man jedem Dinge entlehnen, folglich auch einen Gleichnisausdruck und diesen dann metaphorisch behufs Veranschaulichung des betreffenden Begriffs brauchen.

13. *dissimilitudo* wir: nicht ausreichende, mangelnde Ähnlichkeit.

14. *Caeli ingentes fornices*, Varro de L. L. V 18 a chao chaum, hinc cavum et hinc caelum — et Ennius item ad cavationem; caeli ingentes fornices. Die verhältnismäßig schmale Wölbung des senkrecht hochaufstrebenden Triumphbogens (II 267) war für die cavatio caeli allerdings kein passendes Bild.

15. *in scenam ut dicitur attulerit*, wie man zu sagen pflegt, ins Publikum gebracht, populär gemacht hat, eben dadurch daß er das griech. Wort sphaera in einer oder mehreren seiner Tragödien brauchte; ad Brut. ep. I 9, 2 tibi nunc populo et scenae, ut dicitur, serviendum est. Man hätte also erwarten sollen, daß Ennius, da ihm Begriff und Wort (sphaera) so geläufig war, auch ein richtigeres Bild wählte.

Víve, Ulixes, dúm licet;
Oculís postremum lúmen radiatúm rape!
non dixit 'cape', non 'pete' (haberet enim moram sperantis diutius esse victurum), sed 'rape'. Hoc verbum est ad id aptatum, quod ante dixerat, 'dum licet'. Deinde videndum est ne longe simile sit ductum: 'Syrtim patrimonii' scopulum libentius dixerim; 'Charybdim bonorum' voraginem potius. Facilius enim ad ea, quae visa, quam ad illa, quae audita sunt, mentis oculi feruntur. Et quoniam haec vel summa laus est in verbis transferendis, ut sensum feriat id, quod translatum sit, fugienda est omnis turpitudo earum rerum, ad quas eorum animos, qui audient, trahet similitudo. Nolo dici morte Africani 'castratam' esse rem publicam; nolo 'stercus curiae' dici Glauciam; quamvis sit simile, tamen est in utroque deformis cogitatio similitudinis. Nolo esse aut maius, quam res postulet: 'Tempestas comissationis'; aut minus: 'Comissatio tempestatis'. Nolo esse verbum angustius id, quod translatum sit, quam fuisset illud proprium ac suum:
Quidnam ést, obsecró? Quid te adírier abnútas?

Der eben erwähnten fehlerhaften Metapher ist jedoch gleich ein treffender metaphorischer Ausdruck desselben Dichters gegenübergestellt, um gleichsam den eben ausgesprochenen Tadel wieder gut zu machen und zu zeigen, daß der berühmte Dichter nur das éine Mal sich im Ausdruck vergriffen. Die Verse: video te, video, (denn die gehören noch dazu, Ribbeck p. 205) vive Ulixes, dum licet etc. sind wahrscheinlich aus dem Aiax des Ennius genommen, wo sie Aias im Wahnsinn spricht, als habe er nun seinen verhaßten Gegner in seiner Gewalt, um ihm jetzt den Todesstoß zu geben (vgl. Soph. Aiac. 228 ff.) Acad. II 28, 89 Quid loquar de insanis? — Quid ille, qui: video video te, vive Ul. dum licet? nonne etiam bis se exclamavit videre, cum omnino non videret?

2. *radiatum*, Accius Phoen. (Ribbeck p. 180 f.) Sol qui micantem candido curru atque equis Flammam citatis fervido ardore explicas, Quianam tam adverso augurio et inimico omine Thebis radiatum lumen ostentas tuum? Ähnlich aus Accius' Brutus (de div. 1 44) orbem flammeum radiatum solis.

rape, ἅρπαξε, unser 'raffen', als als ein metaphor. Ausdruck, wie er der Situation dessen, über dem die Todesnacht im Moment hereinzubrechen droht, in mehrfacher Beziehung höchst angemessen ist.

6. *Syrtim* und *Charybdim*, weil ihnen, als zu weit (von den Küsten Afrikas und aus den Irrfahrten des Odysseus) hergeholten, nur von Hörensagen bekannten Dingen (in solcher Verbindung wenigstens) die rechte sinnliche Anschauung abgehe.

7. *voraginem*, Phil. II 67 Quae Charybdis tam vorax?

10. *sensum feriat*, anschaulich vor die Sinne (vor die Augen) tritt, ad Fam. XV 16, 2 his spectris etiamsi oculi possent feriri — animus qui possit ego non video.

11. *fugienda est omnis turpitudo*, Arist. rhet. III 2, 10 τὰς δὲ μεταφορὰς ἐντεῦθεν οἰστέον ἀπὸ καλῶν ἢ τῇ φωνῇ ἢ τῇ δυνάμει ἢ τῇ ὄψει ἢ ἄλλῃ τινὶ αἰσθήσει.

17. *angustius*, Quint VIII 6, 18 metaphora enim aut vacantem occupare locum debet, aut si in alienum venit plus valere eo, quod expellit.

19. *Quidnam* etc. Dieser und die nachfolgenden Verse (versus bac-

melius esset, vetas, prohibes, absterres; quoniam ille dixerat:
ilico istic,
Ne cóntagió mea bonís umbrave óbsit...
Atque etiam, si vereare, ne paullo durior translatio esse videa- 165
tur, mollienda est praepositio, saepe verbo; ut si olim, M. Catone
mortuo, 'pupillum' senatum quis relictum diceret, paullo du-
rius; sin, 'ut ita dicam, pupillum', aliquanto mitius. Etenim
verecunda debet esse translatio, ut deducta esse in alienum
locum, non irrupisse, atque ut precario, non vi, venisse videatur.

Modus autem nullus est florentior in singulis verbis nec 166
qui plus luminis adferat orationi. Nam illud, quod ex hoc
genere profluit, non est in uno verbo translato, sed ex pluribus continuatis connectitur, ut aliud dicatur, aliud intellegendum sit:
néque me patiar
Íterum ad unum scópulum ut olim clássem Achivom offéndere.

---

chiaci tetrametri) sind aus Ennius'
Thyestes (Ribbeck p. 48, Vahlen
p. 143), der nach dem entsetzlichen
Mahle und dem Genusse der 'eklen
schauervollen Speise' (cena Thye-
stae) im Gefühle des Fluches, der
auf ihm ruht, dem Chor sich ihm
zu nähern wehrt, auf daß er nicht
auch von dem Miasma mit ange-
steckt werde: Nolíte, hospités, ad
me adíre, ilico ístic (sc. manete,
Ribbeck: isti) Ne cóntagió mea
bonís umbrave óbsit. Meó tanta
vís sceleris in corpore háeret.
(Tusc. III 26 Tamne ergo abiectus
tamque fractus? Nolite etc. Tu te,
Thyesta, damnabis orbabisque luce
propter vim sceleris alieni?). Darauf antwortet nun der Chor: Quidnam est etc., wo abnutas nach
Thyests heftig abwehrenden Worten
allerdings zu matt ist.

5. *ut si — quis diceret* ein Konj.
potent. der Vergangenheit. Horat.
S. I 3, 5.

8. *verecunda* (I 171, II 361), ad
Her. IV 34, 45 translationem pudentem dicunt esse oportere, ut cum
ratione in consimilem rem transeat,
ne sine delectu temere et cupide
videatur in dissimilem transcurrisse.
de opt. gen. orat. 4 perficiendum
est — in tralatis ut similitudinem

secuti verecunde utamur alienis.
Or. 81 Ergo ille tenuis orator —
nec in faciendis verbis erit audax
et in transferendis verecundus et
parcus in priscis.

11. *florentior,* — nämlich als die
bisher besprochene Metapher; denn
die Allegorie, zu der nun Crassus
übergeht, kann als florentior modus
nicht dagegen angeführt werden,
weil die Behauptung nur die ist,
daß die Metapher modus florentis-
simus *in singulis verbis* sei, die
Allegorie aber nicht in uno verbo
translato est, sondern ex pluribus
continuatis connectitur.

12. *ex hoc genere* sc. translationis.
Or. 94 Iam cum confluxerunt plures
continuae tralationes, alia plane fit
oratio; itaque genus hoc Graeci
appellant ἀλληγορίαν, nomine recte,
genere melius ille (Aristoteles), qui
ista omnia tralationes vocat (unter
den Gattungsbegriff der μεταφορά
auch die Allegorie, Metonymie, Katachrese begreift).

14. *ut aliud dicatur* = ἄλλο ἀγο-
ρεύειν, daher ἀλληγορία.

16. *neque* etc. Ribbeck p. 284
hält die Verse für ein Fragment
aus einer Tragödie des Pacuvius,
dem Chryses, die sich an dessen
Dulorestes anschloß. Nach einem

Atque illud:
   Erras, erras; nam exsultantem te et praefidentem tibi
   Repriment validae legum habenae atque imperi insistent iugo.
Sumpta re simili verba eius rei propria deinceps in rem aliam, ut dixi, transferuntur. Est hoc magnum ornamentum orationis, in quo obscuritas fugienda est; etenim hoc fere genere fiunt ea, quae dicuntur aenigmata.

Non est autem in verbo modus hic, sed in oratione, id

schweren Sturm wurden Orestes u. Pylades auf ihrer Flucht von Thoas nach der Insel Sminthus verschlagen und daselbst von dem Priester des Apollo aufgenommen. Als aber bald darauf sich in der Ferne die feindlichen Schiffe ihres Verfolgers Thoas gezeigt, habe Orestes seinen Entschluß kundgethan, sich nicht noch einmal der Wut der Wellen preiszugeben, oder einer und derselben Lebensgefahr auszusetzen, sondern zu bleiben.

17. *ad unum* — beinahe wie der unbestimmte Artikel, nur ist doch die Beziehung auf das éine Vorgebirge von Euböa Kaphareus nicht zu verkennen, an dem die heimkehrende achäische Flotte Schiffbruch litt. Vgl. I 132.

2. *Erras* etc. Aus welcher Tragödie die beiden trochäischen Septenare (Ribbeck p. 216) genommen sind, ist nicht mit Sicherheit zu ermitteln. Ribbeck p. 299 weist sie einer Tragödie Aegisthos oder Clytämnestra des Accius zu und vergleicht besonders Aesch. Agam. 1639 τὸν δὲ μὴ πειθάνορα ζεύξω βαρείαις οὔτι μὴ σειραφόρον κριθῶντα πῶλον. Dann wären die Worte wohl zur Elektra gesagt: 'dein widerspenstiger Sinn und stolzes Selbstvertrauen wird gedemütigt werden, wie man ein Roß durch Joch und Zügel bändigt'.

3. *imperi insistent iugo*, sie werden dir den Fuß auf den Nacken setzen, nämlich die Regierenden, die Wagenlenker des Staats, die das Regiment haben. iugum ist das Holz, das auf dem Nacken der Pferde liegt und das Gespann verbindet, daher iugum imperi das Joch, das von den Regierenden den Regierten eben behufs der Regierung auferlegt ist: darauf werden sie noch ihren Fuß setzen, um dem Trotzigen den Kopf niederzubeugen. Caes. b. G. IV 33 aurigae — efficiunt — ut — per temonem percurrere et *in iugo insistere* et se inde in currus citissime recipere consuerint.

4. *Sumpta* etc. So kommt die Allegorie zu Stande: man wählt sich für irgend etwas ein Abbild, z. B. die Fahrt bei stürmischer See für die Gefahren des Lebens, u. führt dann das gewählte Gleichnis mit seinen eigentlichen Ausdrücken fort, die in ihrer Aneinanderreihung die alia res, die man eigentlich meint, abbilden; u. insofern kann also die Allegorie als fortgesetzte Metapher betrachtet werden, nur daß sie an sich lauter eigentliche Ausdrücke enthält, die aber loco alieno stehen d. h. die Stelle der Vorstellungen vertreten, die hinter dem allegorischen Ausdruck verborgen liegen (ähnlich wie beim Rätsel).

7. *aenigmata*, Quint. VIII 6, 14 ut modicus atque opportunus eius (metaphorae) usus illustrat orationem, ita frequens et obscurat et taedio complet, *continuus vero in allegorias et aenigmata exit*.

8. *in verbo* — insofern bei der Allegorie die verba selbst propria bleiben.

in oratione, im Gesamtausdruck.

Daß die verba an sich propria bleiben, also mit dem Worte selbst, das für ein anderes steht, keine besondere Operation vorgenommen wird, hat sie mit der nun folgenden Metonymie gemein.

1 est, in continuatione verborum. Ne illa quidem traductio atque
2 immutatio in verbo quandam fabricationem habet:
3   Africa terribili tremit horrida terra tumultu.
4 Pro 'Afris' est sumpta 'Africa'; neque factum est verbum,
5 ut: 'Mare saxifragis undis'; neque tanslatum, ut: 'Molli-
tur mare'; sed ornandi causa proprium proprio commutatum;
7   Desine, Roma, tuos hostes
et:
9   Testes sunt Campi magni....
Gravis est modus in ornatu orationis et saepe sumendus; ex
11 quo genere haec sunt 'Martem belli esse communem',

---

1. *Ne — quidem*, auch nicht, wie öfters 208; II 81.
traductio — den Unterschied von Metapher u. Metonymie giebt Cic. selbst sehr bestimmt an Or. 92 f. *Tralata* ea dico, quae per similitudinem ab alia re aut suavitatis aut inopiae causa transferuntur; *immutata*, in quibus *pro verbo proprio subicitur aliud, quod idem significet*, sumptum ex aliqua re consequenti (zugehörigen Gebiet). Quod quamquam transferendo fit (durch einen Akt der Übertragung) tamen alio modo transtulit cum dixit Ennius 'arce et urbe orba sum' pro patria, alio modo 'horridam Africam terribili tremere tumultu' cum dicit, pro Afris *immutat* Africam. Hanc ὑπαλλαγήν rhetores, quia quasi summutantur verba pro verbis, μετωνυμίαν grammatici vocant, quod nomina transferuntur.

2. *fabricationem habet* ist gesagt wie admirationem habet, vertritt also das fehlende Passivum; denn bei Cic. ist das Verbum ein Deponens. Die Metonymie beruht nicht, wie die Allegorie, auf dem Gesamtausdruck, dem fortgesetzten Bild, sondern besteht im Gegenteil darin, daß ein Wort für ein anderes gesetzt wird; das aber hat sie mit der Allegorie (wie bereits bemerkt) gemein, daß sie zu ihrem Behufe weder neue Worte bildet, noch figürliche anwendet, sondern ein proprium mit einem andern proprium vertauscht, wie das gleich durch drei Beispiele (u. zwei Gegensätze) deutlich gemacht wird.

3. *Africa*, aus Ennius' Annalen und zwar nach Vahlen p. 46 und LXVII aus dem 9. Buch, vielleicht aus der Schilderung von Scipios Landung in Afrika vor der Schlacht bei Zama. Der Vers wird öfters angeführt: Or. 93; ad Fam. IX 7, 2; Festus p. 153 M. 'metonymia — ut Ennius cum ait: Africa' etc.

4. *factum*, 154.

5. *mare saxifragis undis* — Vahlen p. 82, wohl auch von Ennius.

7. *Desine, Roma* (pro Romanis), *tuos hostes* sc. timere — aus Ennius und zwar nach Vahlen p. 157 und LXXXVI aus dem 3. Buch seiner Satiren; de fin. II 106 itaque beatior *Africanus* (maior) *cum patria illo modo loquens:* 'desine Roma tuos hostes'; reliquaque praeclare 'Nam tibi munimenta mei peperere labores'; laboribus hic praeteritis gaudet.

9. *Testes sunt*, Vahlen p. 157, gleichfalls aus dem 3. Buche der Satiren nach Nonius p. 66, 25, wo die Worte lauten: testes sunt Lati campi, quos gerit Africa terra politos. Es sind τὰ Μεγάλα πεδία καλούμενα (Polyb. XIV 7), wo Scipio (im Jahre 203) den Syphax und Hasdrubal besiegte (Liv. XXX 8).

11. *Martem belli* etc. eine sehr gewöhnliche Metonymie, ad. Fam. VI 4, 1 cum omnis belli Mars communis et cum semper incerti exitus proeliorum sunt; p. Sest. 12 hic ego quid praedicem — quos stimulos admoverit homini studioso fortasse victoriae, sed tamen nimium communem Martem belli casumque metuenti? p. Mil. 56 adde casus, adde incertos exitus pugnarum Mar-

'Cererem' pro frugibus, 'Liberum' appellare pro vino, 'Neptunum' pro mari, 'curiam' pro senatu, 'campum' pro comitiis, 'togam' pro pace, 'arma ac tela' pro bello; quo item in genere et virtutes et vitia pro ipsis, in quibus illa sunt, appellantur: 'Luxuries quam in domum irrupit', et: 'Quo avaritia penetravit'; aut 'Fides valuit, Iustitia confecit.'

Videtis profecto genus hoc totum, cum inflexo immutatoque verbo res eadem enuntiatur ornatius; cui sunt finitima illa minus ornata, sed tamen non ignoranda, cum intellegi volumus aliquid aut ex parte totum, ut pro aedificiis cum 'parietes' aut 'tecta' dicimus; aut ex toto partem, ut cum unam turmam 'equitatum populi Romani' dicimus; aut ex uno plures:

At Romanus homo, tamenetsi res bene gesta est,
Corde suo trepidat;

aut cum ex pluribus intellegitur unum:

Nos sumus Romani, qui fuvimus ante Rudini

aut quocumque modo non ut dictum est in eo genere intellegitur, sed ut sensum est.

Abutimur saepe etiam verbo non tam eleganter quam in transferendo, sed etiamsi licentius, tamen interdum non impudenter; ut cum 'grandem orationem' pro longa, 'minu-

---

temque communem. Liv. V 12, 1 ncquidquam — Martem communem belli fortunamque accusante; ibid. XXX 30, 20; vgl. XXI 1, 2 et adeo varia fortuna belli ancepsque Mars fuit. Hom. Il. Σ 309 ξυνὸς Ἐννάλιος καί τε κτανέοντα κατέκτα. Verg. Aen. VI 165.

4. *pro ipsis, in quibus illa sunt* wir: deren Inhaber, Träger.

8. *inflexo*, wie Africa für Afri, Roma für Romani; *immutatoque*, wie Ceres für fruges, Liber für vinum. Der Metonymie zunächst steht die Synekdoche (ad Her. IV 33, 44 intellectio genannt). Quint. VIII 6, 19 translatio permovendis animis plerumque et signandis rebus ac sub oculos subiciendis reperta est; haec (synecdoche) variare sermonem potest, ut ex uno plures intellegamus, parte totum, specie genus, praecedentibus sequentia, vel omnia contra; liberior poetis quam oratoribus.

14. *At Romanus homo*, aus Ennius' Annalen, Vahlen p. 75. Quint. VIII 6, 20 Nam et Livius saepe sic dicit: Romanus proelio victor, cum Romanos vicisse significat, z. B. II 27, 1 fusis Auruncis victor tot intra paucos dies bellis Romanus.

17. *Nos sumus* (gesprochen sumu, 171; I 198) *Romani*, gleichfalls aus Ennius' Annalen, Vahlen p. 66 u. LXXIX, pro Arch. 22 Ergo illum, qui haec fecerat (d. h. den Dichter Ennius, der in seinen Annalen den Ruhm des römischen Volkes verherrlicht hatte), Rudinum hominem maiores nostri (besonders durch die Verwendung von M. Fulvius Nobilior) in civitatem receperunt.

fuvimus, Schultz § 102 A. I.

20. Endlich: die Katachresis (abusio). Or. 94 Aristoteles autem tralationi et haec ipsa (d. h. die Metonymie) subiungit et abusionem, quam κατάχρησιν vocant, ut cum minutum dicimus animum pro parvo et abutimur verbis propinquis, si opus est vel quod delectat vel quod decet.

abutimur saepe etiam. — Der Satz enthält also eine Seitenbemerkung, daß zur Metapher auch noch die Katachrese gezogen werden könne, wie das Aristoteles that.

tum animum' pro parvo dicimus. Verum illa videtisne esse non verbi, sed orationis, quae ex pluribus, ut exposui, translationibus connexa sunt? haec autem, quae aut immutata esse dixi aut aliter intellegenda ac dicerentur, sunt translata quodam modo. Ita fit, ut omnis singulorum verborum virtus atque laus 170 tribus existat ex rebus, si aut vetustum verbum sit, quod tamen consuetudo ferre possit; aut factum vel coniunctione vel novitate, in quo item est auribus consuetudinique parcendum; aut translatum, quod maxime tamquam stellis quibusdam notat et illuminat orationem.

Sequitur continuatio verborum, quae duas res maxime, 171 collocationem primum, deinde modum quendam formamque desiderat. Collocationis est componere et struere verba sic, ut neve asper eorum concursus neve hiulcus sit, sed quodam modo coagmentatus et levis. In quo lepide soceri mei persona lusit is, qui elegantissime id facere potuit, Lucilius:

1. *verum illa* die Allegorie aber, die oben nicht im einzelnen Worte besteht (166), kann nicht hierher gezogen werden. Darin liegt also eine Begründung für die mit ita fit (170) eingeleitete conclusio des mit 152 beginnenden Abschnitts von der Dreifachheit des im einzelnen Wort liegenden ornatus. Or. part. 16. 17.

9. *tamquam stellis.* Or. 92 tum illustrant eam (sc. orationem) quasi stellae quaedam translata verba atque immutata.

Die Schönheit oder ästhetische Haltung des Stils offenbart sich 2) in der Verbindung der Worte (in der Periode) und zwar: a) in der Wortstellung (— 173), b) im Rhythmus (— 199).

11. *continuatio verborum*, Wortverbindung, Periodenbildung. Or. 204 quaesitum est, in totone circuitu illo orationis, quem Graeci περίοδον, nos tum ambitum tum circuitum tum comprehensionem aut continuationem aut circumscriptionem dicimus, an in principiis solum, an in extremis, an in utraque parte numerus tenendus sit. ib. 149 collocabuntur igitur verba, ut aut *inter se quam aptissime cohaereant* extrema cum primis eaque sint quam suavissimis vocibus, aut ut *forma concinnitasque* conficiat orbem suum, aut ut comprehensio *numerose* et apte cadat Or. part. 18.

12. *modum*, Klang (rhythmisch-melodische Bewegung) 41.

formamque, Konzinnität und periodische Gliederung. Or. 206 explicandum etiam est, unde orta sit forma verborum dicendumque quantos circuitus facere deceat, deque eorum particulis et tamquam incisionibus disserendum est.

13. *collocatio* prägnant: angemessene Anordnung, Stellung.

struere, wir etwa: schichten, fügen; Or. 149 est enim quasi structura quaedam nec id tamen fiet operose. Brut. 33.

14. *asper* etc. 172. Or. 150 nolo tam minuta (minutiös) haec constructio appareat; sed tamen stilus exercitatus efficiet facilem hanc viam componendi; nam ut in legendo oculus, sic animus in dicendo prospiciet, quid sequatur, ne extremorum verborum cum insequentibus primis concursus aut hiulcas voces efficiat aut asperas. *asper* σκληρός, im Gegensatz von levis, durch den Zusammenstoß vieler oder hart klingender Konsonanten.

hiulcus, im Gegensatz von coagmentatus, durch das Zusammentreffen von Vokalen. Quint. IX, 4, 33 tum vocalium concursus, qui cum accidit, hiat et intersistit et quasi laborat oratio.

quodammodo, gehörig, 37.

15. *coagmentatus*, ist von der

Quam lepide λέξεις compostae, ut tesserulae, omnes 1
  Arte pavimento atque emblemate vermiculato. 2
Quae cum dixisset in Albucium illudens, ne a me quidem abstinuit.
  Crassum habeo generum, ne ῥητορικώτερος tu sis. 5
Quid ergo? iste Crassus, quoniam eius abuteris nomine, quid 6
efficit? illud quidem; scilicet ut ille vult et ego vellem, melius 7

eigentlichen auf die oratorische Architektonik übertragen: so daß alles fest und knapp aneinanderschließt. Or. 77 verba etiam verbis quasi coagmentare neglegat (der orator tenuis Atticus); habet enim ille tamquam hiatus et concursus vocalium molle quiddam. Brut. 68 ipsa verba compone et quasi coagmenta.

1. *lepide,* Or. 149 nam esset cum infinitus tum puerilis labor (wenn man zu pedantisch dabei verführe), quod apud Lucilium scite exagitat in Albucio Scaevola: quam lepide etc.

λέξεις — Um das Buntscheckige und Pedantische in der Sprache der modernen gräcisierten Römer zu persiflieren, läßt Lucilius hier seinen Scaevola absichtlich griech. u. lat. Ausdrücke unter einander mischen (Hor. sat. I 10, 20). So λέξεις statt verba, Redensarten, und ἔμβλημα mit lateinischer Endung. 'Deine Phrasen sind wie die kleinen Mosaiksteinwürfel (tesserulae) von den verschiedensten Farben, alles aufs künstlichste aneinandergereiht.' Brut. 274.

2. *Arte,* kunstgerecht, nach technisch genauer Fügung, Brut. 118 ut omnes fere Stoici — id arte faciant, sintque architecti paene verborum.

pavimento, im Estrich, denn zu Fußböden wurde bekanntlich das opus musivum vorzüglich angewandt (pavimenta tesseris structa).

atque emblemate vermiculato, steigernd; in dem aus größeren Mosaikwürfeln gröber und einfacher gearbeiteten Fußboden waren in der Mitte oder sonst an passenden Stellen (wie in den Seitenwänden) bei weitem feinere Einlagen (Medaillons) musivischer Arbeit eingefügt; Bilder und Gemälde, die eine noch viel künstlichere Komposition der feinen Steinwürfel verlangten, als das musivische pavimentum. Plin. XXXV 1, 1 parietes (operiuntur) vermiculatis ad effigies rerum et animalium crustis.

5. *Crassum habeo generum* etc. Scaevola war zwar stolz auf seinen Schwiegersohn (daher die Form: Crassum habeo generum), doch schien ihm dieser die Redekunst etwas zu überschätzen (I 35) und auch hinsichtlich der ornamenta (II 21) zu 'rhetorisch' zu sein. So konnte Lucilius diese Worte: 'du (Albucius) bist doch wohl kein größerer Redekünstler als mein Schwiegersohn' wohl dem Scaevola in den Mund legen; indessen giebt doch auch Crassus mit seiner Anrede an Lucilius und besonders dem 'abuteris' deutlich genug zu verstehen, daß die Worte dem Satiriker, nicht dem hochverehrten Schwiegervater Scaevola, dem nur das Pedantische und Manierierte zuwider sei, aus dem Herzen gesprochen seien.

ῥητορικώτερος, mit der Ekthlipsis 168; I 198; Or. 161.

6. *Quid ergo?* etc., in der lebhaften Form der allocutio an den Satiriker — Seyffert schol. lat. I § 49 f. vgl. II 60.

7. *efficit,* stärker als facit, 'was macht er denn eigentlich, daß du auf seine übermäßige Rhetorik spotten zu müssen glaubst?'

illud quidem nämlich efficit quod Albucius.

scilicet, ut ille vult etc. freilich, wie jener (Scaevola) meint, und ich es wünschte, bedeutend besser als Albucius. Daß dies die Meinung des Scaevola war, geht aus dem Verse hervor. S. d. krit. Anh.

aliquanto quam Albucius. Verum in me quidem lusit ille, ut 172
solet. Sed est tamen haec collocatio conservanda verborum,
de qua loquor; quae iunctam orationem efficit, quae cohaeren-
tem, quae levem, quae aequabiliter fluentem. Id adsequemini,
si verba extrema cum consequentibus primis ita iungetis, ut
neve aspere concurrant neve vastius diducantur.

Hanc diligentiam subsequitur modus etiam et forma ver- 44 173
borum quod iam vereor, ne huic Catulo videatur esse puerile.
Versus enim veteres illi in hac soluta oratione propemodum,
hoc est, numeros quosdam nobis esse adhibendos putaverunt.
Interspirationis enim, non defatigationis nostrae neque librariorum notis, sed verborum et sententiarum modo interpunctas
clausulas in orationibus esse voluerunt; idque princeps Isocrates
instituisse fertur, ut inconditam antiquorum dicendi consuetu-

1. *Verum* etc., indessen wenn er mir für meine Person auch, wie es die Satiriker machen, einen Hieb versetzt hat, an der Sache, an der wohl berechtigten Forderung einer sehr sorgfältigen coll. verb. ändert das nichts (I 72).

4. *levem* „glatt" wie 171. Crassus hält die dort aufgestellte Regel trotz des Spottes des Lucilius fest, daher dürfen nicht neue Gesichtspunkte in die Regel aufgenommen werden. In iuncta und cohaerens oratio aber ist der Begriff des obenstehenden coagmentatus weiter ausgeführt. Daher ist levis festzuhalten, nicht lenis zu setzen.

8. *Catulo*, — der selbst Dichter ist und also diese elementaren Dinge über den Rhythmus und Vers weit hinter sich hat. Einl. I § 15, 175.

9. *veteres illi* — die älteren griechischen Rhetoriker wie Isokrates, Aristoteles, Theophrast u. a.

soluta — 181, die nicht an ein bestimmtes Versmaß gebunden ist, s. ind. Isocrates.

11. *Interspirationis enim* etc. die Genetive interspirationis und delectationis hängen von clausulas ab, die Glieder des folgenden Gegensatzes aber sind umgekehrt gestellt, das negative voran, das positive nach. Die Rede soll nach den älteren Rhetorikern rhythmisch gegliedert sein, d. h. ne infinite feratur ut flumen oratio, soll sie verschiedene Schluß- oder Ruhepunkte (Satz- oder Periodenschlüsse, clausulas) haben, ubi oratio debet insistere (wie in der Poesie nach jedem Vers), um in der zwischen dem Endpunkt des éinen und dem Anfangspunkt des andern Satzes liegenden mora Atem zu holen (interspirationis clausulae) — also nach einem natürlichen organischen Gesetze, nicht aus Abspannung (es sollen nicht defatigationis clausulae sein). Auch sollen nicht etwa die Interpunktionszeichen (notae librariorum) diese clausulas machen (diese sollen vielmehr eben nur das äußere Formzeichen für die Gliederung des Inhalts sein), sondern der innere Rhythmus oder Takt (modus) der Worte und Gedanken, 175. Or. 228 hanc igitur sive compositionem — sive numerum vocari placet, adhibere necesse est, si ornate velis dicere, non solum, quod ait Aristoteles et Theophrastus, ne infinite feratur ut flumen oratio, quae non aut *spiritu pronuntiantis* aut *interductu librarii*, sed *numero coacta debet insistere*, verum etiam, quod multo maiorem habent apta vim quam soluta. (Statt defatigationis lesen andere defatigatione.)

librariorum notis, Arist. rhet. III 8, p. 1409 A δεῖ — δήλην εἶναι τὴν τελευτὴν μὴ διὰ τὸν γραφέα μηδὲ διὰ τὴν παραγραφήν, ἀλλὰ διὰ τὸν ῥυθμόν.

12. *interpunctas*, Or. 53 flumen aliis verborum — cordi est, distincta alios et *interpuncta* intervalla, morae respirationesque delectant.

14. *inconditam*, noch nicht kunst-

dinem delectationis atque aurium causa, quemadmodum scribit discipulus eius Naucrates, numeris astringeret. Namque haec duo musici, qui erant quondam eidem poëtae, machinati ad voluptatem sunt, versum atque cantum, ut et verborum numero et vocum modo delectatione vincerent aurium satietatem. Haec igitur duo, vocis dico moderationem et verborum conclusionem, quoad orationis severitas pati posset, a poëtica ad eloquentiam traducenda duxerunt. In quo illud est vel maximum, quod versus in oratione si efficitur coniunctione verborum, vitium est, et tamen eam coniunctionem sicuti versum numerose cadere et quadrare et perfici volumus. Neque est ex multis res una, quae magis oratorem ab imperito dicendi ignaroque distinguat, quam quod ille rudis incondite fundit quantum potest et id quod dicit, spiritu, non arte determinat, orator autem sic illigat sententiam verbis, ut eam numero quodam complectatur et astricto et soluto. Nam cum vinxit modis et forma, relaxat

gerecht, formlos. Or. 150 quamvis enim suaves gravesve sententiae, tamen si inconditis verbis efferuntur, offendunt aures. So Liv. VII 2, 5 *inconditis versibus*, in Versen von noch unentwickeltem, rohem oder doch nicht kunstgerechtem Metrum (dem saturnischen).

2. *Namque* — eine vorausgeschickte Bemerkung, um das nachfolgende *a poëtica* zu erklären.

5. *vocum modo*, was für den aus Worten bestehenden Vers *verborum numerus* ist, das ist für den aus Tönen bestehenden Gesang *vocum modus*, Takt und Melodie. *delectatione* — durch den in beiden Mitteln, dem *verborum numerus* und *vocum modus*, liegenden Reiz der Abwechslung.

6. *vocis moderationem*, die taktmäßige melodische Gestaltung des Singlautes (Modulation der Stimme); *verborum conclusionem*, den rhythmischen Abschluß II 31.

7. *orationis*, des prosaischen Ausdrucks 153. 192.

8. *quod versus* ist dem Gedanken nach subordiniert; dabei ist es überaus merkwürdig, daß, während ein förmlicher Vers in der Prosa ein Fehler, dennoch etc.

9. *vitium*, Or. 194 versum fugimus in oratione — aliud enim quiddam est oratio, nec quidquam inimicius quam illa versibus. ibid. 189 versus saepe in oratione per imprudentiam dicimus, quod vehementer est vitiosum, nach Arist. rhet. III 8 ῥυθμὸν δεῖ ἔχειν τὸν λόγον, μέτρον δὲ μή (Or. 172 Aristoteles versum in oratione vetat esse, numerum iubet). Or. part. 72. Vgl. übrigens oben 20.

11. *quadrare* — wieder ein Wort, das von der wirklichen auf die orator. Architektonik übertragen ist: genau gefügt oder gegliedert und wie nach der Richtschnur geordnet werde. Or. 197 sic minime animadvertetur delectationis aucupium et quadrandae orationis industria.

perfici, sodaß also die Periode nicht vorzeitig abbreche. Or. 20 oratione — neque perfecta neque conclusa (dem dann structa et terminata entgegensteht), 168 perfecto completoque verborum ambitu; 178.

una ist um des schärferen Gegensatzes zu *ex multis* willen der Lesart ulla vorzuziehen.

13. *fundit*, wir etwa: nur so heraussprudelt; vgl. 195.

16. *et astricto et soluto*, beides, während der poetische numerus nur das eine, nämlich astrictus, an den Vers gebunden ist. Or. 220.

vinxit, sc. sententiam.

modis et forma, 171.

et liberat immutatione ordinis, ut verba neque adligata sint
quasi certa aliqua lege versus neque ita soluta, ut vagentur.
Quonam igitur modo tantum munus insistemus, ut arbitremur nos hanc vim numerose dicendi consequi posse? Non est res tam diffilis quam necessaria. Nihil est enim tam tenerum neque tam flexibile neque quod tam facile sequatur quocumque ducas quam oratio. Ex hac versus, ex eadem dispares numeri conficiuntur; ex hac haec etiam soluta variis modis multorumque generum oratio. Non enim sunt alia sermonis, alia contentionis verba; neque ex alio genere ad usum cotidianum, alio ad scenam pompamque sumuntur; sed ea nos cum iacentia sustulimus e medio, sicut mollissimam ceram ad nostrum arbitrium formamus et fingimus. Itaque tum graves sumus, tum subtiles, tum medium quiddam tenemus; sic institutam nostram sententiam sequitur orationis genus idque ad omnem aurium voluptatem et animorum motum mutatur et vertitur. Sed ut in plerisque rebus incredibiliter hoc natura est ipsa fabricata, sic in oratione, ut ea, quae maximam utilitatem in se conti-

---

1. *immutatione ordinis*, was im Vers nicht angeht, 184.

2. *vagentur*, 184. 190; Or. 77 solutum quiddam sit nec vagum tamen, ut ingredi libere, non ut licenter videatur errare.

3. *insistemus* gehört in dieser Bedeutung mehr dem älteren Sprachgebrauch an. Plaut. Mil. glor. III 3, 55 agite, intro abite, insistite hoc negotium sapienter. Terent. Eun. II 3, 3 quam insistam viam. Caes. de b. g. III 14 neque satis constabat, quam rationem pugnae insisterent.

6. *flexibile*, 217; Brut. 274. Or. 52 est oratio mollis et tenera et ita flexibilis, ut sequatur quocumque torqueas.

7. *dispares numeri*, im Gegensatz zu den gleichmäßig wiederkehrenden Versfüßen, also der oratorische Rhythmus: Or. 227 numerus autem — est non modo *non poetice vinctus*, verum etiam fugiens illum eique omnium dissimillimus; non quin eidem sint numeri non modo oratorum et poetarum, verum omnino loquentium, denique etiam sonantium omnium quae metiri auribus possumus, sed ordo pedum facit, ut id quod pronuntiatur aut orationis aut poematis simile videatur.

9. *sermonis*, der Sprache des gewöhnlichen Verkehrs u. Gesprächs, ohne besonderen Redeschmuck. Or. 64 Itaque (oratio philosophorum) sermo potius quam oratio dicitur.

10. *contentionis*, der feierlichen Rede, 203; Einl. II § 11, 73.

11. *ad scenam*, zur öffentlichen Aufführung, II 338.

pompamque, zum Gepränge, II 91; I 81.

12. *e medio*, I 12 dicendi omnis ratio in medio posita.

13. *graves* (pathetisch, erhaben) etc., 190. Or. 20 tria sunt omnino genera dicendi —; nam et grandiloqui — fuerunt cum ampla et sententiarum gravitate et maiestate verborum, vehementes varii copiosi *graves* ad permovendos et convertendos animos instructi et parati — et contra tenues, acuti — *subtili* (schlicht, einfach) quadam et pressa oratione limati —; est autem quidam interiectus inter hos *medius* et quasi temperatus etc. 53 ut alii graves, alii tenues, alii temperati vellent videri. de opt gen. or. 2.

14. *institutam nostram sententiam*, unserem Vorsatz und Plan, der Wahl, die wir getroffen, II 5 institutae scriptionis. Or. 182.

16. In der kunstgerechten Periode sind (wie bei allem Organischen und

nerent, plurimum eadem haberent vel dignitatis vel saepe etiam venustatis. Incolumitatis ac salutis omnium causa videmus hunc statum esse huius totius mundi atque naturae, rotundum ut caelum terraque ut media sit eaque sua vi nutuque teneatur, sol ut circumferatur, ut accedat ad brumale signum et inde sensim ascendat in diversam partem; ut luna accessu et recessu suo solis lumen accipiat; ut eadem spatia quinque stellae dispari motu cursuque conficiant. Haec tantam habent vim, paullum ut immutata cohaerere non possint, tantam pulchritudinem, ut nulla species ne cogitari quidem possit ornatior. Referte nunc animum ad hominum vel etiam ceterarum animantium formam et figuram: nullam partem corporis sine aliqua necessitate adfictam totamque formam quasi perfectam reperietis arte, non casu. Quid in arboribus, in quibus non truncus, non rami, non folia sunt denique nisi ad suam retinendam conservandamque naturam? nusquam tamen est ulla pars nisi venusta. Linquamus naturam artesque videamus.

---

wahrhaft Künstlerischen) Zweckmäßigkeit und Schönheit mit einander vereinigt.

4. *nutuque*, Streben und Neigung aller ihrer Teile zum Mittelpunkt hin (also Centripetalkraft), de nat. deor. II 98 ac principio terra universa cernatur, locata in media mundi sede, solida et globosa et undique ipsa in sese *nutibus suis* conglobata (166 omnibus eius partibus in medium vergentibus). Tusc. I 40 persuadent mathematici — ut — terrena et humida suopte nutu et suo pondere — in terram et in mare ferantur.

teneatur, nämlich media Plat. Phaed. p. 109 A πέπεισμαι — εἰ ἔστιν ἐν μέσῳ τῷ οὐρανῷ περιφερής οὖσα (sc. ἡ γῆ) μηδὲν αὐτῇ δεῖν μήτε ἀέρος πρὸς τὸ μὴ πεσεῖν μήτε ἄλλης ἀνάγκης μηδεμιᾶς τοιαύτης, ἀλλὰ ἱκανὴν εἶναι αὐτὴν ἴσχειν τὴν ὁμοιότητα τοῦ οὐρανοῦ ἑαυτῷ πάντῃ καὶ τῆς γῆς αὐτῆς τὴν ἰσορροπίαν.

5. *ad brumale signum*, dem Zeichen des Steinbocks im Zodiakus, dem Wintersolstitium, de nat. deor. III 37 eamque causam Cleanthes affert, cur se sol referat nec longius progrediatur solstitiali orbe (dem Wendekreis des Krebses) itemque brumali (dem Wendekreis des Steinbocks).

6. *accessu* etc. Daher die varietas luminum lunae tum crescentis, tum senescentis, die accretio und deminutio seines Lichtes, also die Mondphasen. Plat. Tim. p. 39 ἐπειδὰν σελήνη περιελθοῦσα τὸν ἑαυτῆς κύκλον ἥλιον ἐπικαταλάβῃ (sc. ist ein Monat herum), ἐνιαυτὸς δὲ ὁπόταν ἥλιος τὸν ἑαυτοῦ περιέλθῃ κύκλον.

7. *eadem spatia*, als Sonne und Mond, sodaß also die ἑπτὰ περιφοραί herauskommen. Plat. Tim. p. 38 C. de nat. deor. II 51 quarum ex disparibus motionibus magnum annum mathematici nominaverunt, qui tum efficitur, cum solis et lunae et quinque errantium *ad eandem inter se comparationem confectis omnium spatiis* est facta conversio.

quinque stellae, πέντε ἄλλα ἄστρα (außer ἥλιος und σελήνη) ἐπίκλην ἔχοντα πλανῆται, Plat. Tim. l. l. Tusc. I 68 tum *in eodem orbe* in duodecim partes distributo quinque stellas ferri eosdem cursus constantissime servantes disparibus inter se motibus. Es sind Merkur (στίλβων), Venus (φωσφόρος), Mars (πυρόεις), Jupiter (φαέθων), Saturn (φαίνων), de nat. deor. II 51 ff.

10. *ornatior*, Plin. h. n. II 3 (4), 8 quem κόσμον Graeci nomine ornamenti appellavere, eum et nos a perfecta absolutaque elegantia mundum.

1 Quid tam in navigio necessarium quam latera, quam cavernae, quam prora, quam puppis, quam antennae, quam vela, quam mali? quae tamen hanc habent in specie venustatem, ut non solum salutis, sed etiam voluptatis causa inventa esse videantur. Columnae et templa et porticus sustinent; tamen ha-
6 bent non plus utilitatis quam dignitatis. Capitolii fastigium illud et ceterarum aedium non venustas, sed necessitas ipsa
8 fabricata est. Nam cum esset habita ratio, quemadmodum ex utraque tecti parte aqua delaberetur, utilitatem templi fastigii dignitas consecuta est, ut, etiamsi in caelo Capitolium statueretur, ubi imber esse non posset, nullam sine fastigio dignitatem habiturum fuisse videatur. Hoc in omnibus item partibus orationis evenit, ut utilitatem ac prope necessitatem suavitas quae-
14 dam et lepos consequatur. Clausulas enim atque interpuncta
15 verborum animae interclusio atque angustiae spiritus attulerunt.
16 Id inventum ita est suave, ut, si cui sit infinitus spiritus da-
17 tus, tamen eum perpetuare verba nolimus. Id enim auribus nostris gratum est, quod hominum lateribus non tolerabile

1. *cavernae*, Serv. ad Verg. Aen. II 19 (penitusque cavernas ingentis uterumque armato milite complent), alii fustes curvos navium (die Rippen), quibus extrinsecus tabulae adfiguntur cavernas appellarunt, daher überhaupt der Bauch des Schiffes.

6. *utilitatem* etc. Praktische Nützlichkeitsrücksichten gaben die Veranlassung zum Bau des fastigium, das aber dann so harmonisch mit dem Ganzen verbunden ward, daß es nun wesentlich zu ihm gehört und das Capitol ohne dasselbe seinen imposanten Anblick geradezu verlieren würde.

8. *Nam cum esset habita ratio* — enthält eine Begründung zu necessitas fabricata est, das Ganze aber eine Verkürzung der beiden Gedanken nam habita est ratio, quemadmodum —, und cum ea ratio habita esset, utilitatem — consecuta est. Daher ist nam nicht gegen die Hdschr. in tamen zu verwandeln.

14. *Clausulas*, 173. s. ind. claus., 'Periodenschlüsse' (gleichsam die größeren Pausen).

interpuncta, II 177, die kleineren (zwischen dem Ende eines Satzes oder Satzgliedes und dem Anfang des andern innerhalb der Periode eintretenden) Pausen, also die Interpunktion.

15. *interclusio*, das Ausgehen des Atems, entspricht dem clausulas, *angustiae*, das Schwachwerden des Atems, dem interpuncta verborum.

16. *Id inventum* — diese durch die Beschaffenheit und natürliche Dauer des Atemholens bedingte Erfindung (attulerunt) s. d. krit. Anh.

17. *Id enim* etc. dient zur Begründung von perpetuare nolimus und soll die ästhetische Angemessenheit des erwähnten inventum durch eine allgemein anerkannte Thatsache erhärten: denn nicht daran findet unser Gehör Wohlgefallen, was man überhaupt der Lunge bieten kann, sondern was sie auch ohne Beschwerde (facile) und ohne daß man die Anstrengung merkt, zu leisten vermag. Dies facile giebt denn auch den natürlichen Maßstab für die höchste Zeitdauer einer Periode, die die Ausdauer eines vollen Atemzuges nicht übersteigen soll. Brut. 34 nam et aures ipsae quid plenum, quid inane sit iudicant et spiritu quasi necessitate aliqua verborum comprehensio terminatur; in quo non modo deflici, sed etiam laborare turpe est.

182 solum, sed etiam facile esse possit. Longissima est igitur complexio verborum, quae volvi uno spiritu potest. Sed hic naturae modus est, artis alius.

Nam cum sint numeri plures, iambum et trochaeum frequentem segregat ab oratore Aristoteles, Catule, vester, qui natura tamen incurrunt ipsi in orationem sermonemque nostrum: sed sunt insignes percussiones eorum numerorum et minuti pedes. Quare primum ad heroum nos [pedem] invitat; in quo impune progredi licet duo dumtaxat pedes aut paullo plus, ne plane in versum aut in similitudinem versus incidamus: altae sunt geminae, quibus.

Hi tres pedes in principia continuandorum verborum satis 183 decore cadunt. Probatur autem ab eodem illo maxime paeon, qui est duplex; nam aut a longa oritur, quam tres breves consequuntur, ut haec verba: 'desinite', 'incipite', 'comprimite'; aut a brevibus deinceps tribus, extrema producta atque longa, sicut illa sunt: 'domuerant' 'sonipedes'. Atque illi philosopho

---

2. *volvi*, herumkommen, mit Beziehung auf den circuitus, die conversio, περίοδος, Brut. 96; 140; 162; 274; 327; Or. 221.

3. *artis*, der Theorie, besonders der aristotelischen, zu der Crassus gleich übergeht, s. ind. Rhythmus.

4. *trochaeum*. Später unterscheidet Cicero (Or. 191 u. 193; 217) und nach ihm Quint. IX 4, 82 zwischen Trochäus und Choreus und bezeichnet mit jenem Ausdruck den Tribrachys, mit diesem den gewöhnlich sogenannten Trochäus (⏑ ⌣), par choreo trochaeus, qui habet tres breves, sed spatio par, non syllabis.

5. *vester*, 187; II 61; 160. Einl. I 15, 176.

6. *ipsi*, von selbst, 191; I 250; Or. 189 senarios effugere vix possumus; magnam enim partem ex iambis nostra constat oratio. Arist. Poët. 4 μάλιστα λεκτικὸν (aptum sermonibus. Hor. A. P. 81) τῶν μέτρων τὸ ἰαμβεῖόν ἐστιν· πλεῖστα γὰρ ἰαμβεῖα λέγομεν ἐν τῇ διαλέκτῳ τῇ πρὸς ἀλλήλους.

7. *insignes*, II 90. Or. 218 dochmius — quovis loco aptus est, dum semel ponatur, iteratus aut continuatus numerum apertum et nimis insignem facit (zu markiert und dadurch auffallend).

percussiones, der Taktschlag durch Aufstampfen mit dem Fuße, daher der scharf bezeichnete musikalische (gute) Taktteil oder Ictus (Hochton). Or. 198 non sunt in ea (sc. numerosa oratione) tamquam tibicinii percussionum modi (fortgehende Taktschläge bei jedem einzelnen Takte) sed universa comprehensio et species orationis clausa et terminata est, quod voluptate aurium indicatur. Quint. IX 4, 75 trimetron — sex enim pedes *tres percussiones* habent. Hor. sat. I 10, 43.

8. *[pedem]* wird vielleicht, da hier, genau genommen, im engsten Anschluß an die aristotelische Darstellung eigentlich nur von Rhythmen die Rede ist, zu streichen und zu heroum einfach numerum zu supplieren sein, 191. Or. 192.

10. *ne plane* etc., 175.

11. *altae*, s. ind. Rhythmus.

14. *nam aut a longa oritur* — der paeon primus; *aut a brevibus*, der paeon quartus, die als Rhythmen eigentlich auch allein in Betracht kommen, s. ind. clausulae. Arist. rhet. III 8 ἔστι δὲ παιᾶνος δύο εἴδη ἀντικείμενα ἀλλήλοις, ὧν τὸ μὲν ἐν ἀρχῇ ἁρμόττει, ὥσπερ καὶ χρῶνται· οὗτος δ' ἐστὶν οὗ ἄρχει μὲν ἡ μακρὰ τελευτῶσι δὲ τρεῖς βραχεῖαι· ἕτερος δ' ἐξ ἐναντίας, οὗ βραχεῖαι ἄρχουσι τρεῖς ἡ δὲ μακρὰ τελευταία· οὗτος δὲ τελευτὴν ποιεῖ.

ordiri placet a superiore paeone, posteriore finire. Est autem paeon hic posterior non syllabarum numero, sed aurium mensura, quod est acrius iudicium et certius, par fere cretico, qui est ex longa et brevi et longa, ut:

   Quíd petam praésidi, aut éxsequar? quóve nunc.

A quo numero exorsus est Fannius: 'Si, Quirites minas illius'. Hunc ille clausulis aptiorem putat, quas vult longa plerumque syllaba terminari.

   Neque vero haec tam acrem curam diligentiamque desiderant, quam est illa poëtarum, quos necessitas cogit et ipsi numeri ac modi sic verba versu includere, ut nihil sit ne spiritu quidem minimo brevius aut longius quam necesse est. Liberior est oratio et plane, ut dicitur, sic est vere soluta, non ut fugiat tamen aut erret, sed ut sine vinculis sibi ipsa moderetur. Namque ego illud adsentior Theophrasto, qui putat orationem, quae quidem sit polita atque facta quodam modo, non astricte, sed remissius numerosam esse oportere. Etenim, sicut ille suspicatur,

---

5. *Quid petam* etc., 102.

6. *exorsus est*, in seiner Rede gegen C. Gracchus; *illius*, also: des C. Gracchus.

7. *ille*, Arist. rhet. III 8 ἡ γὰρ βραχεῖα διὰ τὸ ἀτελὴς εἶναι ποιεῖ κολοβόν (infringit orationem, 186). ἀλλὰ δεῖ τῇ μακρᾷ ἀποκόπτεσθαι καὶ δήλην εἶναι τὴν τελευτήν. Or. 218 est quidem (paeon) ut inter omnes constat antiquos, Aristotelem, Theophrastum, Theodectem, Ephorum unus aptissimus orationi orienti vel mediae, putant illi etiam cadenti, quo loco mihi videtur aptior creticus.

9. *haec*, cap. 45 z. Anf.

10. *illa poëtarum*, wie bekanntlich die (nicht *ea*) der Dichter ist.

11. *numeri ac modi*, die einzelnen Versfüße und deren nach metrischen Gesetzen fest bestimmte Aufeinanderfolge (Maße), 194. numerus et modus I 152; 254 astrictus certa quadam numerorum moderatione et pedum.

13. *oratio*, hier wieder: die Prosa (153).

soluta, 173, sie verdient also diesen ihren Namen 'ungebundene Rede' in der That.

fugiat, ohne Stillstand; *erret*, ohne Weg und Steg, ohne Regel. Vgl. 176.

14. *moderetur*, Or. 59 se ipse moderans.

15. *qui*, so schließt Cic. öfters den Relativsatz an den vorausgehenden Personennamen statt streng an das Demonstrativ an. II 313 atque etiam in illo reprehendo eos, qui etc. (Andere: quod; Bake: cum.)

16. *facta*, I 63 ignarus faciundae ac poliendae orationis. III 149; 151; 167; 201. Or. 172 orationis faciendae et ornandae auctores, ad Her. II 30, 47.

quodam modo, 37. Brut. 30 intellectum est, quantam vim haberet accurata et facta quodammodo oratio (πεποιημένη λέξις), 149.

non astricte, sed remissius, nicht in engerer, sondern mehr lockerer Weise; vgl. a. Or. 220 nec tamen haec ita sunt arta et astricta, ut ea cum velimus laxare nequeamus.

17. Die Entstehung der orator. Rhythmus aus der freiesten poetischen Form (der dithyrambischen) nach Theophrast. Aus den Grundrhythmen entwickelten sich immer freiere Rhythmen, zunächst die anapästischen, dann die dithyrambischen d. h. diejenigen, die im späteren Dithyrambus (dem Festlied zu Ehren des Dionysos) gebraucht wurden. Mit dem monometrischen Dithyrambus war die höchste Stufe poetischer Formfreiheit erreicht, während in der vorausgehenden strophischen Poesie doch immer

ex istis modis, quibus hic usitatus versus efficitur, post ana- 1
paestus, procerior quidam numerus, effloruit; inde ille licentior
et divitior fluxit dithyrambus, cuius membra et pedes, ut ait
idem, sunt in omni locupleti oratione diffusa. Et, si numerosum 4
est in omnibus sonis atque vocibus, quod habet quasdam im- 5
pressiones et quod metiri possumus intervallis aequalibus, recte 6
genus hoc numerorum, dummodo ne continui sint, in orationis 7
laude ponetur. Nam si rudis et impolita putanda est illa sine 8
intervallis loquacitas perennis et profluens, quid est aliud 9
causae cur repudietur, nisi quod hominum auribus vocem na- 10
tura modulatur ipsa? Quod fieri nisi inest numerus in voce
non potest. Numerus autem in continuatione nullus est; di- 12
stinctio et aequalium aut saepe variorum intervallorum percussio
numerum conficit; quem in cadentibus guttis, quod intervallis
distinguuntur, notare possumus, in amni praecipitante non possumus. Quodsi continuatio verborum haec soluta multo est 16

noch die Strophe durch ihr Echo, die ganz gleich geformte Antistrophe, gebunden war. Diese freien Rhythmen des Dithyrambus, seine disiecta membra gleichsam, sind nun die Bestandteile des prosaischen Rhythmus.

1. *hic usitatus versus*, der bei den Römern übliche Vers, d. h. der Hexameter, die iambischen und trochäischen Verse.

4. *Et* 'und in der That' (oft mit unmittelbar darauf folgendem Verbum); so rechtfertigt Cr., an das vorausgehende in *omni* oratione diffusa sich eng anschließend, die Behauptung, daß der Rhythmus nicht bloß der Poesie, sondern mit Fug und Recht auch der Prosa zukomme; denn es war die Frage aufgeworfen: sitne omnino ulla numerosa oratio: quibusdam enim non videtur, quia nihil insit in ea certi ut in versibus. Or. 180.

5. *impressiones*, vgl. percussiones o. 182 u. 186; Or. 198; Quint. IX 4, 51; 75, wodurch die sonst gleiche Fläche nun tiefer und höher liegende Stellen (Hebungen und Senkungen) erhält.

6. *intervallis aequalibus*, nach gleichmäßig wiederkehrenden Zwischenräumen oder Pausen, wie in cadentibus guttis (186).

7. *hoc*, das eben Definierte.

dummodo ne continui sint, denn sonst würden es Verse; Or. 198 id in dicendo numerosum putatur non quod totum constat e numeris, sed quod ad numeros proxime accedit; 187 perspicuum est igitur numeris astrictam orationem esse debere, carere versibus.

8. *Nam* etc., Brut. 34; Or. 171; 183 esse ergo in oratione numerum quendam non est difficile cognoscere; iudicat enim sensus. Der Rhythmus beruht auf einem Naturgesetz: die Natur selbst stimmt gleichsam den Laut, giebt dem Laut Höhe und Tiefe, Hebung und Senkung.

9. *profluens*, II 159.

10. *auribus*, Ablativ 'durch das im Ohr des Menschen liegende Gesetz'. Or. 58 ipsa enim natura, quasi modularetur hominum orationem, in omni verbo posuit acutam vocem, nec una plus nec a postrema syllaba citra tertiam; vgl. o. 177. part. Or. 15 auditorum aures moderantur oratori prudenti et provido et quod respuunt immutandum est; 18.

12. Die nächste Folgerung aus dem rhythmischen Charakter der Periode ist, daß die einzelnen Glieder derselben ihr richtiges Maß haben, daß Vorder- und Nachsatz und Schluß in einem richtigen Verhältnis zu einander stehen.

16. *continuatio verborum haec soluta*, die prosaische Periode, um die es sich hier handelt, 171.

aptior ac iucundior, si est articulis membrisque distincta, quam si continuata ac producta, membra illa modificata esse debebunt, quae si in extremo breviora sunt, infringitur ille quasi verborum ambitus; sic enim has orationis conversiones Graeci nominant. Quare aut paria esse debent posteriora superioribus et extrema primis aut, quod etiam est melius et iucundius, longiora. Atque haec quidem ab his philosophis, quos tu maxime diligis, Catule dicta sunt; quod eo saepius testificor, ut auctoribus laudandis ineptiarum crimen effugiam.

Quarum tandem? inquit CATULUS, aut quid disputatione ista adferri potest elegantius aut omnino dici subtilius?

At enim vereor, inquit CRASSUS, ne haec aut difficiliora istis ad persequendum esse videantur aut, quia non traduntur in vulgari ista disciplina, nos ea maiora ac difficiliora videri velle videamur.

Tum CATULUS: Erras, inquit, Crasse, si aut me aut horum quemquam putas a te haec opera cotidiana et pervagata exspectare. Ista, quae dicis, dici volumus; neque tam dici quam isto dici modo; neque tibi hoc pro me solum, sed pro his omnibus sine ulla dubitatione respondeo.

Ego vero, inquit ANTONIUS, inveni iam, quem negaram in eo, quem scripsi, libello me invenisse eloquentem. Sed eo te ne laudandi quidem causa interpellavi, ne quid de hoc tam exiguo sermonis tui tempore verbo uno meo deminueretur.

---

1. *articulis membrisque* (durch κόμματα und κῶλα) *distincta*, gehörig gegliedert (190).

3. *infringitur*, (s. 183 unter ille), insofern der längere Vordersatz in seiner Gliederung einen entsprechenden (analog gegliederten) längern Nachsatz erwarten läßt, tritt ohne diesen eine Art Verstümmelung der Periode ein (190 ne insistat interius).

4. *ambitus*, 171; Brut. 162 etiam comprehensio et ambitus ille verborum, si sic περίοδον appellari placet, erat apud illum — brevis.
conversiones, ein abgerundetes Ganze, 198 quasi orbem verborum, λέξις κατεστραμμένη. Arist rhet. III 8 λέγω δὲ περίοδον λέξιν ἔχουσαν ἀρχὴν καὶ τελευτὴν αὐτὴν καθ' αὑτὴν καὶ μέγεθος εὐσύνοπτον.

7. *ab his philosophis* etc., 173; 182; 183.

12. *At enim*, 47. Seyffert sch. lat. I § 60 p. 130: mit enim soll zu erkennen gegeben werden, daß ein Recht zum Einwande — oder dem Bedenken (vereor) — vorliege, daß er natürlich sei.

13. *istis*, den beiden jüngeren (und damit der jüngeren Generation überhaupt).
ad persequendum, praktisch durchzuführen; und dann wäre die ganze Exposition nutzlos gewesen.

14. *in vulgari ista disciplina*, Einl. I § 6, 32 inopi ad ornandum.
nos ea maiora etc. — das wäre aber ganz gegen seine Ansicht, wonach die eben berührten formellen Erörterungen für den Redner doch nur von untergeordneterer Bedeutung sind; die Hauptsache bleibt die copia rerum, 103; 120; 125.

17. *opera cotidiana* etc., I 165 de istis communibus et pervagatis, was die gewöhnlichen Schulrhetoriker zu treiben pflegen, Brut. 82 is (Galba) princeps ex Latinis illa oratorum propria et quasi legitima opera tractavit.

21. *iam*, s. den krit. Anhang.
quem negaram etc., I 94; III 54; Einl. I § 11, S. 26.

190   Hanc igitur, CRASSUS inquit, ad legem cum exercitatione
tum stilo, qui et alia et hoc maxime ornat ac limat, formanda
nobis oratio est. Neque tamen hoc tanti laboris est, quanti
videtur; neque sunt haec rhythmicorum aut musicorum acerrima
norma dirigenda; efficiendum est illud modo nobis, ne fluat
oratio, ne vagetur, ne insistat interius, ne excurrat longius,
ut membris distinguatur, ut conversiones habeat absolutas.
Neque semper utendum est perpetuitate et quasi conversione
verborum, sed saepe carpenda membris minutioribus oratio est,
191 quae tamen ipsa membra sunt numeris vincienda. Neque vos
paeon aut herous ille conturbet. Ipsi occurrent orationi, ipsi,
inquam, se offerent et respondebunt non vocati. Consuetudo
modo illa sit scribendi atque dicendi, ut sententiae verbis finiantur
eorumque verborum iunctio nascatur a proceris numeris

1. *hanc ad legem*, nämlich des oratorischen Rhythmus und der Periodenbildung, 186.
2. *stilo*, I 150; 257.
4. *rhythmicorum*, der rhythmischen Techniker, die über den Rhythmus geschrieben haben.
aut, oder der praktischen Musiker.
5. *dirigenda*, I 130.
ne fluat — einförmig dahinfließe, ohne Hebungen u. Senkungen, also ἄρρυθμος, 186. Or. 198 in dicendo nihil est propositum, nisi ut ne immoderata (II 34) aut angusta aut dissoluta aut *fluens* sit oratio. 220 multum interest, utrum numerosa sit, id est similis numerorum, an plane e numeris constet oratio; alterum si fit, intolerabile vitium est; alterum nisi fit, dissipata et inculta et fluens est oratio.
6. *ne vagetur*, 176.
ne insistat interius, mitten im Lauf Halt mache und also vor der Zeit abbreche, wodurch die Darstellung infracta und amputata wird (186). Das Richtige ist cum sententia pariter excurrere. Or. 170.
7. *ut membris distinguatur*, 186. Arist. rhet. III 9 ἔστι δ' ἐν κώλοις μὲν λέξις (der rhythmisch gegliederte Ausdruck) ἡ τετελειωμένη τε καὶ διῃρημένη καὶ εὐανάπνευστος.
conversiones absolutas, 186.
8. *perpetuitate*. Von der vollständigen, ohne Unterbrechung fortlaufenden und abgerundeten oratorischen Periode soll man oft abgehen und κατὰ κόμματα u. κῶλα

incisim und membratim reden, z. B. 'domus tibi deerat? at habebas; pecunia superabat? at egebas' haec *incise* dicta sunt quatuor; at *membratim* quae sequuntur duo: 'incurristi amens in columnas, in alienos insanos insanisti?' Or. 225 f.; ibid. 222 sin membratim (nicht plena comprehensione in einer Länge von vier Hexametern) volumus dicere, insistimus, idque cum opus est, ab isto cursu invidioso (193 a. E.) facile nos et saepe diiungimus, Einl. I § 10, 76.
10. *quae tamen ipsa membra sunt*, I 174.
vincienda, Arist. III 8 τὴν δὲ λέξιν ἀνάγκη εἶναι — τῷ συνδέσμῳ μίαν.
11. *Ipsi*, 182.
occurrent, II 130.
12. *respondebunt*, ein militärischer Ausdruck, bei der Verlesung zu erkennen geben, daß man da ist (ad nomina r.), daher 'sich einstellen'.
non vocati, Horat. C. II 18, 40.
13. *verbis finiantur*. Vgl. Or. 170 Hoc freti isti et ipsi infracta et amputata loquuntur et eos vituperant, qui apta et finita pronuntiant; si inanibus verbis levibusque sententiis, iure; sin probae res, lecta verba, quid est cur claudere aut insistere orationem malint, quam cum sententia pariter excurrere? S. d. krit. Anhang.
14. *nascatur*, anhebe; *considat*, schließe; *rarie distincteque* (ausgeprägt, deutlich), im Gegensatz zum

ac liberis, maxime heroo aut paeone priore aut cretico, sed varie distincteque considat. Notatur enim maxime similitudo in conquiescendo. Et, si primi et postremi illi pedes sunt hac ratione servati, medii possunt latere, modo ne circuitus ipse verborum sit aut brevior, quam aures exspectent, aut longior, quam vires atque anima patiatur. Clausulas autem diligentius 50 192 etiam servandas esse arbitror quam superiora, quod in eis maxime perfectio atque absolutio iudicatur. Nam versus aeque prima et media et extrema pars attenditur, qui debilitatur, in quacumque est parte titubatum; in oratione autem pauci prima cernunt, postrema plerique, quae quoniam apparent et intelleguntur, varianda sunt, ne aut animorum iudiciis repudientur aut aurium satietate. Duo enim aut tres fere sunt extremi 193 servandi et notandi pedes (si modo non breviora et praecisa erunt superiora), quos aut choreos aut heroos aut alternos esse oportebit aut in paeone illo posteriore, quem Aristoteles probat, aut ei pari cretico. Horum vicissitudines efficient, ut neque ei satientur, qui audient, fastidio similitudinis nec nos id, quod faciemus, opera dedita facere videamur. Quodsi Antipater ille 194

folgenden notatur similitudo in conquiescendo.

3. *hac ratione*, nach dieser Vorschrift.

5. *brevior* etc., Arist. rhet. III 9 τὸ μὲν γὰρ μικρὸν προσπταίειν πολλάκις ποιεῖ τὸν ἀκροατήν. ἀνάγκη γὰρ ὅταν ἔτι ὁρμῶν ἐπὶ τὸ πόρρω καὶ τὸ μέτρον, οὗ ἔχει ἐν ἑαυτῷ ὅρον, ἀντισπασθῇ παυσαμένου, οἷον προσπταίειν γίγνεσθαι διὰ τὴν ἀντίκρουσιν. τὰ δὲ μακρὰ ἀπολείπεσθαι ποιεῖ ὥσπερ οἱ ἐξωτέρω ἀποκάμπτοντες τοῦ τέρματος· ἀπολείπουσι γὰρ καὶ οὗτοι τοὺς συμπεριπατοῦντας.

6. *anima*, 181. Or. 222 e quatuor igitur quasi hexametrorum instar versuum quod sit, constat fere plena comprehensio.

7. *superiora*, die Anfänge.

in eis — iudicatur, i. e. iudicium perfectionis positum est, läßt sich beurteilen; s. C. F. W. Müller zu de off. I 66.

8. *perfectio*, 175. Or. 207 ut tamquam in orbe inclusa currat oratio, quod insistat in singulis perfectis absolutisque sententiis.

9. *debilitatur*, der ganze Vers.

12. *animorum iudiciis*, nach bewußtem, auf ästhetischen Grundsätzen ruhendem Urteil, wie z. B. bei wiederholter Anwendung des Dichoreus. Or. 213 Dichoreus non est ille quidem sua sponte vitiosus in clausulis, sed in orationis numero nihil est tam vitiosum quam si semper est idem; cadit autem per se ipse ille praeclare, quo etiam satietas formidanda est magis.

14. *si modo* etc., denn nur unter der Voraussetzung, daß die Periode nicht abbricht, sondern ordentlich verläuft, können die folgenden Regeln für den Schlußfall gelten.

15. *choreos* etc., s. ind. clausulae.

alternos, dem aut alternos ist aut in paeone aut — cretico untergeordnet. I 35. Die Formen sind also
1. zwei chorei oder zwei heroi, oder
2. choreus zusammengesetzt mit paeon quartus oder creticus oder
3. herous zusammengesetzt mit paeon quartus oder creticus.

17. *vicissitudines*, Or. 219 his igitur tot commutationibus tamque variis si utemur, nec deprehendetur manifesto id quod a nobis de industria fiet et occurretur satietati.

19. *opera dedita*, mit absichtlicher Berechnung. Or. 170 nimis enim insidiarum ad capiendas aures adhiberi videtur, si etiam in dicendo numeri ab oratore quaeruntur.

Sidonius, quem tu probe, Catule, meministi, solitus est versus
hexametros aliosque variis modis atque numeris fundere ex
tempore tantumque hominis ingeniosi ac memoris valuit exercitatio, ut, cum se mente ac voluntate coniecisset in versum,
verba sequerentur, quanto id facilius in oratione, exercitatione
et consuetudine adhibita, consequemur!

195   Illud autem ne quis admiretur, quonam modo haec vulgus
imperitorum in audiendo notet: cum in omni genere tum in
hoc ipso magna quaedam est vis incredibilisque naturae. Omnes
enim tacito quodam sensu sine ulla arte aut ratione quae sint
in artibus ac rationibus recta ac prava diiudicant; idque cum
faciunt in picturis et in signis et in aliis operibus, ad quorum
intellegentiam a natura minus habent instrumenti, tum multo
ostendunt magis in verborum, numerorum vocumque iudicio,
quod ea sunt in communibus infixa sensibus nec earum rerum
196 quemquam funditus natura esse voluit expertem. Itaque non
solum verbis arte positis moventur omnes, verum etiam numeris
ac vocibus. Quotus enim quisque est qui teneat artem numerorum ac modorum? At in eis si paullum modo offensum
est, ut aut contractione brevius fieret aut productione longius,
theatra tota reclamant. Quid, hoc non idem fit in vocibus, ut

1. *quem*, 183; 214.
2. *fundere*, nur so herausgießen; ausschütten, wir: 'aus dem Ärmel schütteln'; vgl. o. 175.
   ex tempore, Quint. X 7, 18 ita facilitatem quoque extemporalem a parvis initiis paullatim perducemus ad summam — ibid. 19 cum hanc facilitatem non prosa modo multi sint consecuti, sed etiam carmine, ut Antipater Sidonius et Licinius Archias.
3. *ingeniosi ac memoris*, ausgezeichnet durch Talent u. Gedächtnis.
4. *se mente ac voluntate coniecisset in versum*, sobald er sich mit vollem Denken und Wollen aufs Versemachen verlegte.
5. *sequerentur*, sich von selbst einfanden, Or. 165 ut — intellegamus non quaesitum esse numerum, sed secutum; vgl. a. des alten Cato Censorius Mahnung: rem tene, *verba sequentur*.
7. *ne quis* etc., vgl. I 8.
10. *tacito*, unbewußt, 198; Or. 203 quorum (sc. versuum) modum notat ars, sed aures ipsae tacito eum sensu sine arte definiunt.
   sine ulla arte etc., ohne irgend welche theoretische Unterweisung oder technische Regeln.
11. *in artibus ac rationibus* (I 165), in den verschiedenen Zweigen der Kunst und Theorie; in artibus ac rationibus bildet zu dem vorausgehenden sine arte aut ratione einen treffenden Gegensatz.
18. *teneat*, I 18; 84; 186; 191; II 204.
21. *reclamant*, 98; Or. 173 In versu quidem theatra tota exclamant, si fuit una syllaba aut brevior aut longior; nec vero multitudo pedes novit nec ullos numeros tenet, nec illud quod offendit aut cur aut in quo offendat, intellegit, et tamen omnium longitudinum et brevitatum in sonis sicut acentarum graviumque vocum iudicium ipsa natura in auribus nostris collocavit. Parad. 3, 2 histrio si paullum se movit extra numerum aut si versus pronuntiatus est syllaba una brevior aut longior exsibilatur et exploditur. Wie genau es in dieser Beziehung die Alten nahmen, beweist das bekannte Beispiel des Schauspielers Hegelochus, der das vorletzte Wort in Eurip. Orest. 279 ἐκ κυμάτων γὰρ αὖ γαλήν' ὁρῶ so sprach, daß

a multitudine ac populo non modo catervae atque concentus,
sed etiam ipsi sibi singuli discrepantes eiciantur? Mirabile 51 197
est, cum plurimum in faciendo intersit inter doctum et rudem,
quam non multum differat in iudicando. Ars enim cum a
natura profecta sit, nisi natura moveat ac delectet, nihil sane
egisse videatur. Nihil est autem tam cognatum mentibus
nostris quam numeri atque voces; quibus et excitamur et
incendimur et lenimur et languescimus et ad tristitiam saepe
deducimur; quorum illa summa vis carminibus est aptior et
cantibus, non neglecta, ut mihi videtur, a Numa rege doctis-
simo maioribusque nostris, ut epularum sollemnium fides ac
tibiae Saliorumque versus indicant; maxime autem a Graecia
vetere celebrata. Quibus utinam similibusque de rebus disputari quam de puerilibus his verborum translationibus maluissetis! Verum ut in versu vulgus, si est peccatum, videt, sic, 198
si quid in nostra oratione claudicat, sentit. Sed poëtae non
ignoscit, nobis concedit; taciti tamen omnes non esse illud,
quod diximus, aptum perfectumque cernunt. Itaque illi veteres,

es nicht wie γαληνά (Windstille),
sondern wie γαλῆν (Wiesel) klang
und darüber ausgepocht wurde.

1. *catervae*, der Chor. p. Sest. 118
nam cum ageretur togata — caterva
tota clarissima concentione contio-
nata est.

2. *sibi*, Tusc. IV, 29 affectio discrepans sibi ipsa (vorher affectio a
se ipsa dissentiens), dagegen ad
Her. II 42 vitiosum est ipsum sibi
in sua oratione dissentire); sonst
a 119; II 110.

singuli, die Einzelstimmen.

5. *natura moveat*, d. h. ohne
beim Publikum zum Eindruck und
Genuß eine theoret. Bildung vor-
auszusetzen.

6. *mentibus nostris*, unseren natürlichen Empfindungen, unserem
Inneren, sodaß wir also einen Ver-
stoß gegen die numeri und voces
sofort als eine Dissonanz in unserem Gefühl gewahr werden.

9. *aptior*, sich ihrer Natur nach
enger anschließt an carmina d. h.
sich lebendiger offenbart, weit
stärker hervortritt in carminibus
et cantibus.

11. *epularum fides*, s. ind. Numa.

12. *a Graecia vetere*, — wie die
hohe Bedeutung und Blüte der
Musik bei den Griechen bis in die
ältesten Zeiten hinauf beweist.

13. *Quibus utinam* etc., — ein
Wunsch, der sich dem Crassus sowohl bei dem Rückblick auf die
vorausgehenden Erörterungen über
die elocutio, soweit sie bloß schul-
mäßig-theoretischer Natur waren
(51; 18 harum minutarum rerum
173; 187), als auch insonderheit im
Hinblick auf das, was noch vor ihm
liegt, aufdrängt, auf die σχήματα,
wie sie 202ff. aufgezählt werden.
In Beziehung auf dieses Kapitel
braucht er den Ausdruck de his
verb. translat.: wie wir denn hernach auch wirklich fast nur die
lat. Übersetzung der griech. technischen Ausdrücke erhalten. Und so
kann der ausgesprochene Wunsch
zugleich als Entschuldigung betrachtet werden für die trockene
Aufzählung der 202 ff. Bei Erwähnung der axamenta Saliorum, die
gerade damals an L. Aelius einen
befähigten Interpreten gefunden, lag
es daher besonders nahe, der schulmäßigen Theorie über die formelle
Seite des oratorischen ornatus,
namentlich der gleich aufzuführen-
den Schematologie gegenüber, an
die weit inhaltsreicheren und inter-
essanteren Aeliana studia zu erinnern (I 10; 193).

15. *Verum* — um den 197 angefangenen Gedanken zu vollenden.

sicut hodie etiam nonnullos videmus, cum circuitum et quasi orbem verborum conficere non possent (nam id quidem nuper vel posse vel audere coepimus), terna aut bina aut nonnulli singula etiam verba dicebant; qui in illa infantia naturale illud, quod aures hominum flagitabant, tenebant tamen, ut et illa essent paria, quae dicerent, et aequalibus interspirationibus uterentur.

Exposui fere, ut potui, quae maxime ad ornatum orationis pertinere arbitrabar. Dixi enim de singulorum laude verborum, dixi de coniunctione eorum, dixi de numero atque forma. Sed si habitum etiam orationis et quasi colorem aliquem requiritis, est et plena quaedam, sed tamen teres, et tenuis, non sine nervis ac viribus, et ea, quae particeps utriusque generis quadam mediocritate laudatur. His tribus figuris insidere quidam venustatis non fuco illitus, sed sanguine diffusus debet color.

2. *orbem verborum*, Or. 149 collocabuntur verba — ut forma ipsa concinnitasque verborum conficiat orbem suum. 207 ergo in aliis — placet omnia dici Isocrateo Theopompeoque more illa circumscriptione ambituque, ut tamquam in orbe inclusa currat oratio, quoad insistat in singulis perfectis absolutisque sententiis. 234 in Thucydide orbem modo orationis desidero, ornamenta compareant.

nuper, erst vor kurzem, nämlich durch Crassus II 53; bes. 121; III 33; 171. Cic. denkt dabei natürlich auch an sein eigenes Verdienst. Or. 171 Et apud Graecos quidem iam anni prope quadringenti sunt, cum hoc probatur; nos nuper agnovimus. Einl. I § 10, 67.

3. *terna* etc., in einem jeden Satz.

4. *infantia*, 142.

5. *ut et illa essent paria*, sodaß sie also doch eine Art von rhythmischer Gliederung des Satzes hatten.

6. *et aequalibus interspirationibus*, 173.

8. Zu dem ornatus gehören endlich noch die lumina sententiarum et verborum, gleichsam die einzelnen Schmucksachen und Pretiosen, die zum Glanz und zur Pracht des Anzugs dienen (210), s. ind. lumina.

9. *de singulorum laude verborum*, 149—171.

10. *de coniunctione*, 171—173.

de numero atque forma (der Periodenbildung), 173—199.

Sed si habitum, damit berührt Crassus zunächst kürzlich die σχήματα ὑποθέσεων (s. ind. lum.), die jedoch streng genommen zu den eigentlichen lumina (den Verschönerungen im einzelnen) nicht gerechnet werden können.

11 *habitum*, Figur und Haltung im allgemeinen, gleichsam die Gestalt und Konstitution, Brut. 227.

colorem, 96.

12. *plena* etc., mit Beziehung auf die drei genera dicendi, 177. plena entspricht mehr dem genus Asiaticum (γένος ἁδρόν, genus grande). *teres*, völlig und dabei schlank und zierlich, fein gebildet. Or. 27 ad Atticorum igitur aures teretes et religiosas qui se accommodant, ei sunt existimandi Attice dicere (γένος ἰσχνόν, subtile), während der rhodische Stil zwischen dem asiatischen und attischen die Mitte hielt (γένος μέσον, medium).

14. *mediocritate*, ein Stil, der als Einheit beider das Verdienst (den Vorzug) einer vermittelnden Haltung hat, wir etwa: 'gleichsam aus der Einhaltung der goldenen Mittelstraße ihr Verdienst herleitet'; p. Mur. 63 omnes virtutes mediocritate quadam esse moderatas.

insidere, wir: 'über ihm muß schweben, thronen'.

15. *fuco*, 100.

Tum denique hic nobis orator ita conformandus est et 200
verbis et sententiis, ut, quemadmodum qui utuntur armis aut
palaestra, non solum sibi vitandi aut feriendi rationem esse
habendam putant, sed etiam, ut cum venustate moveantur, sic
verbis quidem ad aptam compositionem et decentiam, sententiis vero ad gravitatem orationis utatur. Formantur autem 201
et verba et sententiae paene innumerabiliter (quod satis scio
notum esse vobis, ut eis qui in armorum tractatione versantur),
sed inter conformationem verborum et sententiarum hoc interest, quod verborum tollitur, si verba mutaris, sententiarum
permanet, quibuscumque verbis uti velis. Quod quidem vos

1. *Tum denique* — dann erst, nachdem der ganze Anzug geschmackvoll geordnet ist, geht es an die Ausschmückung im Einzelnen mit Perlen und Edelsteinen, mit andern Worten an die Anbringung der *lumina verborum et sententiarum*.

hic — wie wir ihn bis dahin gekleidet haben. II 123 tradam eum Crasso et vestiendum et ornandum.

conformandus, vollends ausgestattet, gleichsam die letzte, vollendende Hand an ihn angelegt werden. Der Ausdruck ist absichtlich gewählt, um der Beziehung auf die *formae* oder *figurae* sentent. et verb. willen (s. ind. lumina).

2. *qui utuntur armis* etc., Or. 228 Ut enim *athletas* nec multo secus *gladiatores* videmus nihil nec vitando facere caute nec petendo vehementer, in quo non motus hic habeat palaestram quandam, ut quidquid in his rebus fiat utiliter ad pugnam, idem ad aspectum etiam sit venustum: sic orator nec plagam gravem facit, nisi petitio fit apta, nec satis recte declinat impetum, nisi etiam in cedendo quid deceat intellegat. Alle, denen diese ästhetische Haltung, die leichte, graziöse Beweglichkeit, überhaupt der rechte Anstand abging, hießen ἀπάλαιστροι.

armis etc., 220.

3. *vitandi*, sc. ictus (Valer. Max. II 3, 2) zu parieren, sich zu decken.

5. *aptam*, geschmackvoll abgerundeten, harmonischen.

6. *Formantur*, d. h. die σχήματα oder *formae* sent. et verb. sind sehr mannigfacher Art. (S. ind. lumina).

8. *ut eis* etc., s. d. krit. Anh.

Damit setzt Crassus, indem er sich an die beiden jüngeren Leute Cotta und Sulpicius wendet (vgl. 208), den angefangenen Vergleich fort und rechtfertigt so indirekt, daß er so rasch über diese Dinge hinweggeht: ut eis sc. notum est, wie überhaupt denen (und dazu gehört ihr ja auch), die nicht mehr in die Fechtschule gehen, sondern bereits im Kampf (in acie) die Waffen führen, mit andern Worten: allen, die nicht mehr durch theoretischen Elementarunterricht darüber, als über unbekannte Dinge, unterwiesen zu werden brauchen, sondern die in der erwähnten Beziehung schon rednerische Erfahrung haben, also aus Erfahrung hinlänglich wissen, formari verba et sententias paene innumerabiliter.

in armorum tractatione versantur, wir: im Waffenwerke leben.

9. *sed*, um anzudeuten, daß die σχήματα διανοίας die bei weitem wirksameren seien, eaque non tam in verbis pingendis habent pondus quam in sententiis illuminandis. Brut. 141. Vgl. 11 252 a. E.

11. *Quod quidem vos* etc., sc. formare verba et sententias. Um seinem Crassus der Vollständigkeit wegen auch noch diese schematologische Explikation in den Mund legen zu können, läßt er ihn absichtlich diese bis zu den Worten 'In perpetua etc.' wenigstens ironische Wendung brauchen: ich wills machen wie die gewöhnlichen Rhetoren, denen es nur auf Darstellung ihres trockenen Schemas und dessen Kenntnis ankommt, und wenn ihr auch täglich durch die That be-

etsi facitis, tamen admonendos puto, ne quid esse aliud oratoris putetis, quod quidem sit egregium atque mirabile, nisi in singulis verbis illa tria tenere, ut translatis utamur frequenter interdumque factis, raro autem etiam pervetustis. In perpetua autem oratione, cum et coniunctionis levitatem et numerorum, quam dixi, rationem tenuerimus, tum est quasi luminibus distinguenda et frequentanda omnis oratio sententiarum atque verborum.

53 202 Nam et commoratio una in re permultum movet et illustris explanatio rerumque, quasi gerantur, sub aspectum paene subiectio, quae et in exponenda re plurimum valet et ad illustrandum id, quod exponitur, et ad amplificandum, ut eis, qui audient, illud, quod augebimus, quantum efficere oratio poterit, tantum esse videatur; et huic contraria saepe percursio est et plus ad intellegendum, quam dixeris, significatio et distincte concisa brevitas et extenuatio et huic adiuncta illusio a prae-

---

weist, daß ihr die Tropen und Figuren zu handhaben versteht, euch erinnert haben, daß ihr ja nicht glaubt, zum Redner gehöre noch etwas anderes, als wissen u. s. w.

3. *illa tria*, 152. 170.
4. *factis*, oben 181.
   raro, 153.
   In perpetua oratione, im Gegensatz zu in singulis verbis; absichtlich ist der Satz in selbständiger Form gegeben, um anzudeuten, daß dies zweite allerdings etwas höher als das eben erwähnte und mit diesem nicht ganz gleichzustellen sei.
5. *coniunctionis levitatem*, Glätte, λειότης. vgl. 171 und 172.
9. Übersicht der σχήματα (s. ind. lumina) und zwar a) der lumina *sententiarum* (202—205). Vgl. Or. 137—139.
   commoratio, ἐπιμονή. ad Her. IV 45, 58 c. est cum in loco firmissimo, quo tota causa continetur, manetur diutius et eodem saepius reditur.
   illustris explanatio, ἔκφασις oder ἐνδιάσκευος διήγησις (ad Her. IV 42, 54 expolitio cum in eodem loco manemus et aliud atque aliud dicere videmur).
10. *rerum quasi gerantur sub aspectum paene subiectio*, ὑποτύπωσις. ad Her. IV 55, 68 demonstratio est, cum ita verbis res exprimitur, ut geri negotium et res ante oculos esse videatur.

11. *in exponenda re*, in der Geschichtserzählung (der narratio) I 90; II 307.

14. *percursio*, ἐπιτροχασμός, eine gedrängte Zusammenfassung der *discreta explanatio* entgegengesetzt. (Eine andere Lesart ist *praecisio*, cum dictis aliquibus reliquum, quod coeptum est dici, relinquitur in cogitatione audientium. Die praecisio ist der significatio verwandter als die percursio.)

15. *plus ad intellegendum significatio*, ἔμφασις. ad Her. IV 53, 67 s. est, quae plus in suspitione relinquit quam positum est in oratione. Quint. VIII 3, 83 ἔμφασις altiorem praebens intellectum quam quem verba per se ipsa declarant. So deutet Smyrna Ovid. Met. X 422 mit den Worten o — felicem coniuge matrem ihre Liebe zu ihrem Vater an.

distincte concisa brevitas, die gedrängte Kürze ohne Dunkelheit, βραχυλογία. Quint. VIII 3, 82 hoc male imitantes sequitur obscuritas. Zu distincte concisa vgl. oratio — astricte numerosa.

16. *extenuatio*, ἐξουδενισμός, μείωσις. ad Her. IV 38, 50 deminutio est, cum aliquid inesse in nobis aut in eis, quos defendimus, aut natura aut fortuna aut industria dicimus egregium, quod, ne qua

ceptis Caesaris non abhorrens; et ab re digressio, in qua cum 203
fuerit delectatio, tum reditus ad rem aptus et concinnus esse
debebit; propositioque quid sis dicturus et ab eo, quod est
dictum seiunctio et reditus ad propositum et iteratio et rationis
apta conclusio; tum augendi minuendive causa veritatis supralatio atque traiectio; et rogatio atque huic finitima quasi percontatio expositioque sententiae suae; tum illa, quae maxime
quasi irrepit in hominum mentes, alia dicentis ac significantis
dissimulatio; quae est periucunda, cum in oratione non contentione sed sermone tractatur; deinde dubitatio, tum distributio,
tum correctio vel ante vel postquam dixeris vel cum aliquid
a te ipso reicias; praemunitio etiam est ad id, quod aggrediare, 204
significetur arrogans ostentatio, de-
minuitur et attenuatur oratione.
illusio, διασυρμός od. χλευασμός.
Quint. VIII 6, 54 in eo vero genere,
quo contraria ostenduntur, ironia
est; illusionem vocant.
a *praeceptis Caesaris*, II 261 ff.;
269 ff.
1. *digressio*, Seyffert schol. lat.
I p. 74, παρέκβασις.
3. *propositio*, προέκθεσις.
4. *seiunctio*, προέκθεσις. ad Her.
IV 26, 35 transitio vocatur, quae cum
ostendit breviter, quid dictum sit,
proponit item brevi, quid sequatur.
— Proficit haec aliquantum exornatio ad duas res; nam et quid
dixerit commonet et ad reliquum
comparat auditorem.
reditus, ἐπάνοδος. Seyff. l. l. p. 74.
77. 78.
iteratio, ἐπανάληψις.
rationis apta conclusio, II 158, die
richtige Schlußfolgerung. Or. 137
ut argumentum ratione concludat.
de div. II 25 concludatur igitur
ratio. ad Her. IV 30, 41 conclusio
est, quae brevi argumentatione ex
eis, quae ante dicta sunt aut facta,
conficit, quid necessario sequatur,
Seyff. l. l. p. 71.
5. *veritatis supralatio atque traiectio*, ὑπερβολή. ad Her. IV 33, 44
supralatio est oratio superans veritatem augendi minuendive causa.
6. *rogatio*, ἐρώτησις Quint. IX 2, 6
quid enim tam commune quam interrogare vel percontari? Seyff. l. l.
p. 86 ff.
*quasi percontatio expositioque sen-
tentiae suae*, ad Her. IV 23, 33 sub-

iectio est, cum interrogamus adversarios aut quaerimus ipsi a nobis,
quid ab illis aut quid contra nos
dici possit; deinde subicimus id,
quod oportet dici.
9. *dissimulatio*, εἰρωνία, II 269.
non contentione sed sermone, nicht
im eigentlichen, strengen Redeton,
sondern mehr im Konversationston,
177.
10. *dubitatio*, διαπόρησις, ἀπορία.
ad Her. IV 29, 40 d. est, cum quaerere videtur orator, utrum de duobus potius aut quid de pluribus
potissimum dicat. Quint. IX, 2, 19
affert aliquam fidem veritati et
dubitatio, cum simulamus quaerere
nos, unde incipiendum, ubi desinen-
dum, quid potissimum dicendum,
an omnino dicendum sit? Seyff.
l. l. p. 8.
distributio, διαίρεσις. ad Her. IV
35, 47 d. est, cum in plures res aut
personas negotia quaedam certa
dispertiuntur z. B. wer von euch
die Ehre des Senats achtet, der
muß diesen (Angeklagten) verachten;
wer den Ritterstand hochhält, muß
diesen bestraft haben wollen; wer
Eltern hat, muß die Impietät dieses
Menschen verabscheuen u. s. w.
Est haec exornatio copiosa, com-
prehendit enim brevi multa suum
unicuique tribuens officium et separatim res dividit plures.
11. *correctio* etc., προδιόρθωσις
und ἐπανόρθωσις.
12. *praemunitio* gehört zu πρό-
ληψις, cum id quod obiici potest
occupamus. Quint. IX 2, 17 führt
sie als Species derselben an: est

et traiectio in alium; communicatio, quae est quasi cum eis ipsis, apud quos dicas, deliberatio; morum ac vitae imitatio vel in personis vel sine illis, magnum quoddam ornamentum orationis et aptum ad animos conciliandos vel maxime, saepe autem etiam ad commovendos; personarum ficta inductio vel gravissimum lumen augendi; descriptio, erroris inductio, ad hilaritatem impulsio, anteoccupatio; tum duo illa, quae maxime movent, similitudo et exemplum; digestio, interpellatio, contentio, reticentia, commendatio; vox quaedam libera atque

enim quaedam praemunitio, qualis Ciceronis contra Q. Caecilium, quod ad accusandum descendat, qui semper defenderit (προκατάληψις, προθεραπεία).

1. *traiectio in alium*, μετάστασις, in Catil. 2, 3 non est ista mea culpa sed temporum.

communicatio, ἀνακοίνωσις. Quint. IX 2, 20 cum aut ipsos adversarios consulimus, aut cum iudicibus quasi deliberamus.

2. *morum ac vitae imitatio*, μίμησις, χαρακτηρισμός, ἠθοποιΐα. orat. 138 ut hominum sermones moresque describat.

5. *personarum ficta inductio*, προσωποποιΐα. ad Her. IV 53, 66 conformatio est, cum aliqua, quae non adest, persona configitur, quasi adsit, aut cum res muta aut informis fit eloquens et forma ei et oratio adtribuitur ad dignitatem accommodata aut actio quaedam. — Haec conformatio — proficit plurimum in amplificationi spartibus et commiserationis. I 245.

6. *descriptio*, ἀπογραφή (ὑπογραφή). ad Her. IV 39, 51 d. nominatur, quae rerum consequentium continet perspicuam et dilucidam cum gravitate expositionem, z. B. wenn ihr den freigebt, statim sicut e cavea leo emissus — volitabit et vagabitur in foro u. s. w. (die lebhafte Schilderung der Folgen). Hoc genere exornationis vel indignatio vel misericordia potest commoveri.

erroris inductio, die zum Unterschiede von Induktionen anderen Inhalts und Zwecks auf den error abzielt 'Irreleitung', 'ut ab eo quod agitur avertat animos', ἀποστροφή.

ad hilaritatem impulsio, χαριεν-τισμός. Aesch. Ctes. 90 vom wetterwendischen Kallias ἐγκαταλιπὼν δὲ κἀκείνους καὶ πλείους τραπόμενος τροπὰς τοῦ Εὐρίπου, παρ' ὃν ᾤκει.

7. *anteoccupatio*, προκατάληψις. ut ante occupet, quod videatur opponi. Seyff. l. l. p. 129 ff.

8. *similitudo*, παραβολή. ad Her. IV 45, 59 s. est oratio traducens ad rem quampiam aliquid ex re dispari simile; ea sumitur aut ornandi causa aut probandi aut apertius dicendi aut ante oculos ponendi.

exemplum, παράδειγμα. ad Her. IV 49, 62 e. est alicuius facti aut dicti praeteriti cum certi auctoris nomine propositio; id sumitur eisdem de causis, quibus similitudo.

digestio, μερισμός, 'ut aliud alii tribuens dispertiat'. p. Sest. 32 erat in luctu senatus; squalebat civitas etc. p. Mil. 20 luget senatus, maeret equester ordo, tota civitas confecta senio est, squalent municipia, afflictantur coloniae etc.

interpellatio, παρενόχλησις.

contentio, ἀντίθεσις. ad Her. IV 45, 58 c. est per quam contraria referuntur, z. B. inimicis te placabilem, amicis inexorabilem praebes (wenn nicht für interp. content. der Stelle im Or. 138 entsprechend zu lesen ist interpellatoris coercitio. Vgl. II 242).

9. *reticentia*, παρασιώπησις. Seyff. l. l. § 43.

commendatio. Quint. IX 2, 3. Doch ist wohl nach Or. 138, wo genau dieselbe Ordnung eingehalten wird, vielmehr *comminatio* zu lesen, κατάπληξις 'ut denuntiet quid caveant'.

vox quaedam libera etc., παρρησία. ad Her. IV 36, 48 licentia est, cum apud eos, quos vereri aut metuere debemus, tamen aliquid pro iure

etiam effrenatior augendi causa; iracundia, obiurgatio, promissio, deprecatio, obsecratio, declinatio brevis a proposito, non ut superior illa digressio, purgatio, conciliatio, laesio, optatio atque exsecratio. His fere luminibus illustrant orationem sententiae.

Orationis autem ipsius tamquam armorum est vel ad usum 54 206 comminatio et quasi petitio vel ad venustatem ipsa tractatio. Nam et geminatio verborum habet interdum vim, leporem alias; et paullum immutatum verbum atque deflexum et eiusdem verbi crebra tum a primo repetitio, tum in extremum conversio et in eadem verba impetus et concursio et adiunctio et progressio

nostro dicimus, quod eos minime offendat, quo eos aut quos ei diligunt, aliquo in errato vere reprehendere videamur.
1. *iracundia*, ἀγανάκτησις.
obiurgatio, ἐπιτίμησις, ἐπίπληξις.
promissio, ὑπόσχεσις.
2. *deprecatio*, προπαραίτησις, συγγνώμη.
obsecratio, δέησις, ἱκεσία.
declinatio, παρατροπή, eine beiläufige, scheinbar abschweifende, aber gerade hier bedeutsame Bemerkung.
3. *purgatio*, κάθαρσις.
laesio, das absichtliche Reizen des Gegners provocatio.
optatio, εὐχή.
4. *exsecratio*, ἀρά.
b) der lumina *verborum* (206—208).
6. *armorum*, der Gladiatoren, nach dem oft gebrauchten Vergleich (200; I 147; II 84).
7. *comminatio* und *petitio* sind die eigentlichen Ausdrücke für ihre Angriffsweisen, wenn sie Ernst machen (mit den Angriffswaffen, tela, 86). in Cat. I 15 quot ego tuas petitiones ita coniectas, ut vitari posse non viderentur, parva quadam declinatione et, ut aiunt, corpore effugi.
ipsa tractatio, eigentliche tractatio ad venustatem, bloß um seine Kunst zu zeigen, 86; II 317 non ad vulnus, sed ad speciem.
8. *geminatio*, ἀναδίπλωσις. ad Her. IV 28, 38 conduplicatio est cum ratione amplificationis aut commiserationis eiusdem unius aut plurium verborum iteratio, z. B. proditor patriae, proditor, inquam, patriae.

9. *paullum immutatum verbum atque deflexum*, παρονομασία, annominatio, ad Her. IV 21, 29 a. est cum ad idem verbum aut ad idem nomen acceditur cum mutatione unius aut plurium litterarum, aut ad res dissimiles similia verba accommodantur, z. B. videte, iudices, utrum homini navo an rano credere malitis (II 256); pro Sulla 12: noli id putare a me esse omissum, si quid est tibi remissum atque concessum.
eiusdem verbi repetitio, ἐπαναφορά, ἐπιβολή. ad Her. IV 13, 19 repetitio est, cum continenter ab uno atque eodem verbo in rebus similibus et diversis principia sumuntur, z. B. Scipio Numantiam sustulit, Scipio Carthaginem delevit, Scipio pacem peperit, Scipio civitatem servavit.
10. *in extremum conversio*, ἀντιστροφή, ἐπιφορά. ad Her. IV 13, 19 conversio est, per quam non, ut ante, primum repetimus verbum, sed ad postremum continenter revertimur z. B. Poenos populus Rom. iustitia vicit, armis vicit, liberalitate vicit.
11. *in eadem verba impetus et concursio*, συμπλοκή oder κοινότης. ad Her. IV 14, 20 complexio est, quae utramque complectitur exornationem — ut et repetatur idem verbum saepius et crebro ad idem postremum revertamur, z. B. qui sunt, qui foedera ruperunt? Carthaginienses; qui sunt, qui crudele bellum gesserunt? Carthag. etc.
adiunctio, ἐπίζευξις. ad Her. IV 27, 38 adi. est cum verbum, quo res comprehenditur, non interponimus, sed aut primum aut postremum collocamus, oder besser 'in

et eiusdem verbi crebrius positi quaedam distinctio et revocatio 1
verbi et illa, quae similiter desinunt aut quae cadunt similiter 2
aut quae paribus paria referuntur aut quae sunt inter se si- 3
milia. Est etiam gradatio quaedam et conversio et verborum 4
concinna transgressio et contrarium et dissolutum et declinatio 5

qua unum ad verbum plures sententiae referuntur', z. B. vicit pudorem libido, timorem audacia, rationem amentia (Quint. IX 3, 62 συνεζευγμένον).

progressio, procrescit oratio et veluti progreditur incrementum, Quint. VIII 4, 3, z. B. facinus est vincire civem Romanum, scelus verberare, prope parricidium necare, quid dicam in crucem tollere?

1. *eiusdem verbi — distinctio.* ad Her. IV 14, 20 traductio est, quae facit, ut, cum idem verbum crebrius ponatur, non modo non offendat animum, sed etiam concinniorem orationem reddat, z. B. qui nihil habet in *rita* iucundius *vita*, is cum virtute *vitam* non potest colere; de or. III 3; de imp. Cn. Pom. 1.

revocatio verbi, um noch eine weitere Bestimmung daran anzuknüpfen, wie Quint. IX 3, 44 aus Cicero in Cat. I anführt: hic tamen vivit; vivit? immo vero etiam in senatum venit.

2. *quae similiter desinunt*, ὁμοιοτέλευτα. ad Her. IV 20, 28 similiter *desinens* est, cum, tametsi casus non insunt in verbis, tamen similes exitus sunt, z. B. turpiter audes facere, nequiter studes dicere; vivis invidiose, delinquis studiose, loqueris odiose. Dagegen:

quae cadunt similiter, ὁμοιόπτωτα. ad Her. IV 20, 28 similiter *cadens* exornatio appellatur, cum in eadem constructione verborum duo aut plura sunt verba, quae similiter *eisdem casibus* efferuntur, z. B. hominem laudem egentem virtutis, abundantem felicitatis? — Homöoteleuta und Homöoptota verbunden: perditissima ratio est amorem petere, pudorem fugere, diligere formam, neglegere famam.

3. *quae paribus paria referuntur*, ἰσόκωλα, 'membris aequalibus', z. B. si quantum in agro locisque desertis audacia potest, tantum in foro atque iudiciis impudentia valeret, Quint. IX 3, 80.

quae sunt inter se similia, πάρισα, z. B. non enim tam *spes* laudanda quam *res* est, oder quantum *possis* in eo semper experire ut *prosis*. Quint. IX 3, 75.

4. *gradatio*, κλῖμαξ. ad Her. IV 25, 34 gr. est, in qua non ante ad consequens verbum descenditur, quam ad superius consensum est, z. B. Africano virtutem industria, virtus gloriam, gloria aemulos comparavit. — Habet in se quendam leporem superioris cuiusque crebra repetitio verbi, quae propria est huius exornationis.

conversio, ἀντιμεταβολή. ad Her. IV 28, 39 commutatio genannt, cum duae sententiae inter se discrepantes ex traiectione ita efferuntur, ut a priore posterior contraria priori proficiscatur, z. B. oportet esse ut vivas, non vivere ut edas, oder ea re poemata non facio, quia cuiusmodi volo non possum, cuiusmodi possum nolo. Vgl. Chamisso's Kanon: das ist die Not der schweren Zeit! Das ist die schwere Zeit der Not! Das ist die schwere Not der Zeit! Das ist die Zeit der schweren Not!

verborum concinna transgressio, ὑπέρβατον. ad Her. IV 32, 44 tr. est, quae verborum perturbat ordinem perversione aut traiectione z. B. hoc vobis deos immortales arbitror dedisse pietate pro vestra, oder instabilis in istum plurimum fortuna valuit. Huiusmodi traiectio, *quae rem non reddit obscuram*, multum proderit ad continuationes (Periodenbildung), in quibus oportet verba sicuti ad poeticum quendam exstruere numerum, ut perfecte et perpolitissime possint esse absolutae. Quint. VIII 6, 62.

5. *contrarium*, ἀντίθετον, ἐναντιότης. ad Her. IV 18, 25 c. est, quod ex rebus diversis duabus al-

1 et reprehensio et exclamatio et imminutio et quod in multis
2 casibus ponitur et quod de singulis rebus propositis ductum
3 refertur ad singula et ad propositum subiecta ratio et item
4 in distributis supposita ratio et permissio et rursus alia dubi-
5 tatio et improvisum quiddam et dinumeratio et alia correctio
6 et dissipatio et continuatum et interruptum et imago et sibi

teram breviter et facile confirmat, z. B. nam qui suis rationibus inimicus fuerit semper, eum quomodo alienis rebus amicum fore speres? oder ego reges eieci, vos tyrannos introducitis.

dissolutum, ἀσύνδετον. ad Her. IV 30, 41 d. est, quod coniunctionibus verborum e medio sublatis separatis partibus effertur, z. B. gere morem parenti, pare cognatis, obsequere amicis, obtempera legibus.

declinatio, (παρηγμένον), 'cum aliquid praetereuntes cur id faciamus ostendimus', Or. 135. pr. Mil. 72 ff.

1. *reprehensio*, ἀφορισμός, διορισμός, 'cum corrigimus nosmet ipsos quasi reprehendentes', Or. 135. Quint. IX 2, 18 cives, cives, inquam, si hoc eos nomine appellari fas est.

exclamatio, ἐκφώνησις admirationis vel conquestionis, σχετλιασμός. ad Her. IV 15, 22 excl. est, quae conficit significationem doloris aut indignationis alicuius per hominis aut urbis aut loci aut rei cuiuspiam compellationem.

imminutio, nach Quint. IX 3, 90 gleichbedeutend mit extenuatio, 202. Doch könnte hier vielleicht auch darunter eine bloße Wortverkürzung zu rhet. Zwecken gemeint sein. Or. 157 Quid quod sic loqui 'nosse' 'iudicasse' vetant, 'novisse' iubent et 'iudicavisse' — quasi vero nesciamus in hoc genere et plenum verbum *recte* dici et *imminutum* usitate.

quod in multis casibus ponitur, πολύπτωτον, z. B. pater hic tuus? patrem nunc appellas? patris tui filius es? Quint. IX 3, 36.

2. *quod de singulis rebus* etc., 'wechselseitige Beziehung der Ausdrücke auf einander'. Als Beispiel wird angeführt: p. Mil. 10 est igitur haec non scripta sed nata lex, quam non didicimus, accepimus, legimus, verum ex natura ipsa arripuimus, hausimus, expressimus.

3. *ad propositum subiecta ratio*, αἰτιολογία, II 177.

4. *in distributis supposita ratio*, προσαπόδοσις, z. B. neque accusatorem eum metuo, qui sum innocens, neque competitorem vereor, quod sum Antonius, neque consulem spero, quod est Cicero, Quint. IX 3, 93 f.

permissio, ἐπιτροπή. ad Her. IV 29, 39 p. est, cum ostendimus in dicendo nos aliquam rem totam tradere et concedere alicuius voluntati, z. B. vos me vestro quo pacto vobis videbitur utamini atque abutamini licebit, imponite in me quidlibet, quidlibet statuite, dicto atque nutu parebo. Hoc genus — ad misericordiam commovendam vehementissime est accommodatum.

alia dubitatio, ἀμφισβήτησις, 203. Quint. IX 3, 88 Quaedam verborum figurae paullum figuris sententiarum declinantur ut dubitatio. Nam cum in re est, priori parti assignanda est, cum in verbo, sequenti, z. B. 'sive me malitiam, sive stultitiam dicere oportet'. Item correctionis eadem ratio est.

5. *improvisum quiddam*, παρὰ προσδοκίαν, ἀπροσδόκητον, II 255.

dinumeratio, ἀπαρίθμησις.

alia correctio, 203. ad Her. IV 26, 36. c. est, quae tollit id, quod dictum est et pro eo id, quod magis idoneum videtur, reponit, z. B. 'quodsi iste suos hospites rogasset, immo adnuisset modo, facile hoc perfici posset'.

6. *dissipatio*. Quint. IX 3, 39 ut haec in unum congeruntur, ita contra illa dispersa sunt, quae a Cicerone dissipata dici puto: '*hic* segetes, *illic* veniunt felicius uvae, arborei fetus *alibi*'.

continuatum, ad Her. IV 19, 27 c. est densa frequentatio verborum cum absolutione sententiarum, z. B. 'quod autem tempus veneni dandi? illo die? in illa frequentia? per

ipsi responsio et immutatio et diiunctio et ordo et relatio et digressio et circumscriptio. Haec enim sunt fere atque horum similia, vel plura etiam esse possunt, quae sententiis orationem verborumque conformationibus illuminent.

55 Quae quidem te, Crasse, video, inquit COTTA, quod nota esse nobis putes, sine definitionibus et sine exemplis effudisse.

Ego vero, inquit CRASSUS, ne illa quidem, quae supra dixi, nova vobis esse arbitrabar, sed voluntati vestrum omnium parui. His autem de rebus sol me ille admonuit, ut brevior essem, qui ipse iam praecipitans me quoque haec praecipitem paene evolvere coëgit. Sed tamen huius generis demonstratio est et doctrina ipsa vulgaris; usus autem gravissimus et in hoc toto dicendi studio difficillimus.

210 Quamobrem quoniam de ornatu omni orationis sunt omnes, si non patefacti, at certe commonstrati loci, nunc quid aptum sit, hoc est, quid maxime deceat in oratione videamus.

---

quem porro datum? unde sumptum? quae porro interceptio poculi? cur non de integro autem datum?' Hanc rerum coniunctam diversitatem Caecilius μεταβολήν vocat.

interruptum, das absichtliche Abbrechen der Worte oder das sich selbst Unterbrechen„ mit der Aposiopese verwandt, quam nonnulli *interruptionem* appellant (Quint IX 2, 54) wie das bekannte: 'quos ego — sed motos praestat componere fluctus.'

imago, εἰκών. ad. Her. IV 49, 62 i. est formae cum forma cum quadam similitudine collatio.

sibi ipsi responsio, ἀπόφασις. p. Lig. 7.

1. *immutatio*, ἀλλοίωσις, der metonymische Ausdruck, 167.

diiunctio, ad Her. IV 27, 37 d. est cum eorum, de quibus dicimus, aut utrumque aut unum quidque certo concluditur verbo, z. B. populus Romanus Numantiam delevit, Carthaginem sustulit, Corinthum diiecit, Fregellas evertit.

ordo, τάξις, 'ne decrescat oratio et fortiori subiungatur aliquid infirmius —; augeri enim debent sententiae et insurgere' (Quint IX 4, 23).

relatio, Quint. IX 3, 97 relationem quid accipi velit, non liquet mihi. Nam si ἀνάκλασιν aut ἐπάνοδον (p. Sull. 46 fero ego te, Torquate,

iamdudum fero.) aut ἀντιμεταβολήν dicit, de omnibus locuti sumus.

2. *digressio* — irgend eine Art der μετάβασις oder ἀποστροφή, des zeitweiligen Abgehens von der Darstellung, in der man begriffen ist.

circumscriptio, περιγραφή, περίφρασις. Quint. IX 3, 91 (non est figura) c. sive hoc nomine significatur comprehensa breviter sententia, sive finitio.

6. *effudisse*, I 159.

9. *sol ille*, dort im Westen. Einl. I § 19.

4) Das vierte Erfordernis der elocutio ist das *apte* und *congruenter dicere* c. 55, 210 — 55, 212. S. 37.

15. *patefacti* auch wir 'erschließen' Fundstätten, Gebiete.

commonstrati, wie II 174.

16. *deceat*, I 132; Or. 70; 123 is erit ergo eloquens, qui ad id, quodcumque decebit, poterit accommodare orationem; quod cum statuerit, tum ut quidque erit dicendum, ita dicet, nec satura ieiune, nec graudia minute nec item contra, sed erit rebus ipsis par et aequalis oratio. 74 est autem quid deceat oratori videndum non in sententiis solum, sed etiam in verbis. Non enim omnis fortuna, non omnis honos, non omnis auctoritas, non omnis aetas, nec vero locus aut tempus aut auditor omnis eodem aut ver-

Quamquam id quidem perspicuum est, non omni causae nec auditori neque personae neque tempori congruere orationis unum genus. Nam et causae capitis alium quendam verborum 211 sonum requirunt, alium rerum privatarum atque parvarum; et aliud dicendi genus deliberationes, aliud laudationes, aliud iudicia; aliud sermones, aliud consolatio, aliud obiurgatio, aliud disputatio, aliud historia desiderat. Refert etiam qui audiant, senatus an populus an iudices; frequentes an pauci an singuli, et quales; ipsique oratores qua sint aetate, honore, auctoritate, debet videri; tempus, pacis an belli, festinationis an otii. Itaque 212 hoc loco nihil sane est quod praecipi posse videatur, nisi ut figuram orationis plenioris et tenuioris et item illius mediocris ad id, quod agemus, accommodatam deligamus. Ornamentis eisdem uti fere licebit alias contentius, alias summissius; omnique in re posse quod deceat facere artis et naturae est, scire quid quandoque deceat prudentiae.

Sed haec omnia perinde sunt, ut aguntur. Actio, inquam, 56 213 in dicendo una dominatur. Sine hac summus orator esse in numero nullo potest, mediocris hac instructus summos saepe superare. Huic primas dedisse Demosthenes dicitur, cum rogaretur quid in dicendo esset primum, huic secundas, huic tertias. Quo mihi melius etiam illud ab Aeschine dictum videri solet; qui cum propter ignominiam iudicii cessisset Athenis et se Rhodum contulisset, rogatus a Rhodiis legisse fertur ora-

borum genere tractandus est aut sententiarum, semperque in omni parte orationis, ut vitae, quid deceat considerandum est; quod et in re, de qua agitur, positum est, et in personis, et eorum qui dicunt, et eorum qui audiunt. 123.

12. *orationis plenioris*, 199.
14. *contentius*, erregter, nachdrücklicher.
summissius, rubiger, gelassener. Or. 85 itemque si quae verborum iterationes contentionem aliquam et clamorem requirent, erunt ab hac submissione orationis alienae.
16. *prudentiae*, praktischer Takt. Derselbe Gegensatz von natura und prudentia II 120; 307 a. E. und 308 z. A.

Auf die Elocutio folgt endlich als der letzte Hauptteil der gesamten Rhetorik B. die *actio* c. 56, 213—59, 228.

17. *haec omnia*, alles was bisher über das ornate und apte dicere gesagt ist.

perinde sunt. Brut. 188 (multitudo) gaudet dolet ridet plorat favet odit etc.; haec perinde accidunt, ut eorum qui adsunt mentes verbis et sententiis et actione tractantur. Ter. heauton. I 2, 21 paréntis, patriam incólumem, amicos, génus, cognatos, divítias. Atque haéc perinde súnt, ut illiust ánimus, qui ea póssidet: Qui utí scit, ei boni: illi, qui non útitur récte, mala.

18. *in numero nullo*, 33. Brut. 117 Q. Aelius Tubero — nullo in oratorum numero, sed vita severus (als Redner unbedeutend).

20. *Huic primas dedisse* etc. Brut. 142 in Antonio actio singularis — ut verum videretur in hoc illud, quod Demosthenem ferunt ei, qui quaesivisset, quid primum esset in dicendo, actionem, quid secundum, idem et idem tertium respondisse. Nulla res magis penetrat in animos eosque fingit, format, flectit, talesque oratores videri facit, quales ipsi se videri volunt. Or. 56. Quint. XI 3, 6.

tionem illam egregiam, quam in Ctesiphontem contra Demosthenem dixerat: qua perlecta petitum ab eo est postridie, ut legeret illam etiam, quae erat contra a Demosthene pro Ctesiphonte edita; quam cum suavissima et maxima voce legisset, admirantibus omnibus, Quanto, inquit, magis miraremini, si audissetis ipsum! Ex quo satis significavit, quantum esset in actione, qui orationem eandem aliam fore putarit actore mutato. Quid fuit in Graccho, quem tu melius, Catule, meministi, quod me puero tanto opere efferretur? 'Quo me miser conferam? quo vertam? In Capitoliumne? At fratris sanguine madet. An domum? Matremne ut miseram lamentantem videam et abiectam?' Quae sic ab illo esse acta constabat oculis, voce, gestu, inimici ut lacrimas tenere non possent. Haec ideo dico pluribus, quod genus hoc totum oratores, qui sunt veritatis ipsius actores, reliquerunt, imitatores autem veritatis, histriones occupaverunt. Ac sine dubio in omni re vincit imitationem veritas; sed ea si satis in actione efficeret ipsa per sese, arte profecto non egeremus. Verum quia animi permotio, quae maxime aut declaranda aut imitanda est actione, perturbata saepe ita est, ut obscuretur ac paene obruatur, discutienda sunt ea, quae obscurant, et ea, quae sunt eminentia et prompta, sumenda. Omnis enim motus animi suum quendam a natura habet vultum et sonum et gestum; corpusque totum hominis et eius omnis vultus omnesque voces, ut nervi in fidibus, ita sonant, ut a motu animi quoque sunt pulsae. Nam voces ut chordae sunt intentae, quae ad quem-

6. *Ex quo — significavit.* Im significavit ist das Resultat davon, nämlich intellegitur, mit eingeschlossen.

7. *putarit*, ohne weitere Beziehung auf den eben erzählten konkreten Fall, also nicht damals, sondern, wie aus jener Äußerung hervorgeht, überhaupt und allgemein. (Abrinc. Erl. I.)

8. *quem*, 133.

melius, Catulus war ein Jahr nach C. Gracchus' Ermordung schon Quaestor, während Crassus damals erst kaum 17 Jahre alt war.

9. *efferretur.* Zu dem handschriftlichen ferretur 'in aller Munde war' paßt nicht tanto opere.

Quo me conferam etc., aus einer seiner Volksreden, wie es scheint, nicht lange nach seines Bruders Ermordung gehalten. Ob ihm bei diesen Worten wirklich eine Stelle aus Ennius' Medea (217) zum Vorbild gedient, bleibt dahin gestellt; ebenso, ob Cic. in seiner Rede p. Mur. c. 41 Gracchus' Worte vor Augen gehabt.

10. *Capitoliumne*, Vell. II 3 is (Tib. Gr.) fugiens decurrens clivo Capitolino, fragmine subsellii ictus, vitam — immatura morte finivit.

12. *abiectam*, 213.

13. *inimici ut* — nicht bloß seine Freunde.

15. *veritatis*, des wirklichen Lebens, der Wirklichkeit, I 149; II 34; 94.

18. *efficeret*, 'wirken',

19. *declaranda aut imitanda* zum echten oder geheuchelten Ausdruck bringen. Zu dem Gegensatz zwischen Schauspieler u. Redner vgl. II 193 f.

22. *Omnis* etc., Hor. A. P. 105 ff.

25. *sonant* zeugmatisch auch auf corpus und vultus bezogen.

que tactum respondeant, acuta gravis, cita tarda, magna parva;
quas tamen inter omnes est suo quoque in genere mediocris.
Atque etiam illa sunt ab his delapsa plura genera, lene asperum, contractum diffusum, continenti spiritu intermisso; fractum
scissum; flexo sono extenuatum inflatum. Nullum est enim 217
horum generum, quod non arte ac moderatione tractetur. Hi
sunt actori, ut pictori, expositi ad variandum colores. Aliud 58
enim vocis genus iracundia sibi sumat, acutum, incitatum,
crebro incidens:
    Ípsus hortatúr me frater; út meos malís miser
    Mándarem nátos
et ea, quae tu dudum, Antoni, protulisti:
    Ségregare abs te aúsus
et:
    Écquis hoc animadvórtit? vincite
et Atreus fere totus. Aliud miseratio ac maeror, flexibile, plenum, interruptum, flebili voce:
    Quo núnc me vortam? quód iter incipiam íngredi?
    Domúm paternamne? ánne ad Peliae fílias?

---

1. *magna parva*, stark u. schwach.
2. *mediocris*, im Mittelton.
3. *lene*, Moll.
   asperum, Dur.
4. *contractum*, pizzicato, den Ton nur anrührend.
   diffusum, legato, mit anderen Tönen gebunden, gewissermaßen verschmelzend.
   continenti spiritu, tenuto, getragen.
   intermisso, staccato, abgebrochen, abgerissen.
   fractum, gedämpft.
5. *scissum*, arpeggio, eigentlich geharft, gebrochen. Quint. XI 3, 20 praeterea ut sint fauces integrae, id est molles ac leves, quarum vitio et frangitur et obscuratur et exasperatur et scinditur vox.
   flexo sono gehört zu beiden: mit veränderter Tonstärke, decrescendo u. crescendo, 102.
6. *non arte ac moderatione tractetur*, kunstmäßiger Behandlung und Regulierung, mit einem Wort der Schule unterworfen.
7. *expositi*, I 15; der Gedanke ähnlich I 217.
9. *crebro incidens*, häufig absetzend (crebra incisa facies).
10. *Ipsus*, altertümliche Form für ipse etc. (tetr. troch. cat.), Worte des Thyestes aus Accius Atreus. Tusc. IV 77 Ira vero, quae, quam diu perturbat animum, dubitationem insaniae non habet. — Audi Thyestem: Ipsus etc. Eorem viscera apponit. Quid est enim, quo non progrediatur eodem ira, quo furor? Lucret. II 638 Ne Saturnus cum malis mandaret. Soph. Ai. 1293 f. Ἀτρέα — προθέντ' ἀδελφῷ δεῖπνον οἰκείων τέκνων.
12. *dudum*, vorhin, oben II 193.
15. *Ecquis* etc., Ribbeck p. 140. Anfang eines troch. tetrameter cat. gleichfalls aus dem Atreus des Accius 'Ahndet denn dieses Niemand? bindet ihn!' Tusc. IV 55 'Ecquis h. a. v.' num aut egisse umquam iratum Aesopum aut scripsisse existimamus iratum Accium?
16. *flexibile*, schmiegsam 176.
   plenum, wie vor dem Ausbruch der Thränen.
18. *Quo nunc me vortam* (trim. iamb.) Vahlen p. 130 aus Ennius' Medea, nach Eurip. Med., zu Iason gesprochen 502 ff. νῦν ποῖ τράπωμαι; πότερα πρὸς πατρὸς δόμους, οὓς σοὶ προδοῦσα καὶ πάτρας ἀφικόμην; ἢ πρὸς ταλαίνας Πελιάδας; καλῶς γ᾿ ἂν οὖν δέξαιντό μ᾿ οἴκοις

et illa:
>O páter, o patria, o Príami domus!

et quae sequuntur:
>Haec ómnia vidi inflámmari,
>Priamó vi vitam evítari.

218 Aliud metus, demissum et haesitans et abiectum:
>Múltis sum modis círcumventus, mórbo, exilio atque ínopia;
>Túm pavor sapiéntiam omnem mi éxanimato expéctorat;
>Máter terribilém minatur vítae cruciatum ét necem,
>Quaé nemo est tam fírmo ingenio et táuta confidéntia,
>Quín refugiat tímido sanguen átque exalbescát metu.

219 Aliud vis, contentum, vehemens, imminens quadam incitatione gravitatis:
>Iterúm Thyestes Átreum adtractatum ádvenit,
>Iterúm iam aggreditur me ét quietum exsúscitat.
>Maiór mihi moles, máius miscendúmst malum,
>Qui illíus acerbum cór contundam et cómprimam.

Aliud voluptas, effusum, lene, tenerum, hilaratum ac remissum:

ὧν πατέρα κατέκτανον (von Korinth nach Iolkos, wo bekanntlich Medea des Pelias Töchter überredet hatte, ihren Vater zu zerstückeln und zu kochen, als werde er dadurch wieder jung). Ovid. Met. VII 297 ff.

2. *O pater*, 102.

5. *vi vitam evitari*, mit der bei den älteren Dichtern sehr beliebten παρήχησις. *evitari*, vitam: eripi, kommt in der klassischen Zeit nicht mehr vor. 154.

7. *Multis* etc., 154.

9. *Mater* etc. sind Worte des Alkmaeon, des Sohnes von Adrast, der nach seiner Rückkehr vom Epigonenzuge seine Mutter tötete und daher gleich Orestes von den Erinnyen verfolgt ward.

11. *sanguen* für sanguis. de fin. V 31 Quamquam quid est quod magis perspicuum sit, non modo carum sibi quemque, verum etiam vehementer carum esse? quis est enim aut quotusquisque, *cui*, mors cum appropinquet, *non 'refugiat timido sanguen atque exalbescat metu?'* (wohl mit Wechsel des Subjekts et qui non etc.); *quae* dann: angesichts dessen = quae eiusmodi est, ut nemo sit = (Anakoluth).

12. *contentum*, energisch. Or. 56.
imminens, II 225.

incitatione gravitatis, mit nachdrücklichem Andrang u. ernstlichem Entschluß, II 183.

14. *Iterum* (trim. iamb.), Ribbeck p. 136. Worte des Atreus aus Accius' gleichnamiger Tragödie. (*Atreum adtractatum* hat Ribbeck nach dem Abrinc. und Erl. I beibehalten.) Abermals (nachdem er erst das Ehebett des Bruders entehrt und darum von diesem aus Mykene vertrieben ist) ist Th. da, um von Neuem sich an Atreus zu versuchen und meine kaum wiedergekehrte Ruhe schon wieder zu stören: ich muß noch andere, stärkere Mittel brauchen, sein hartes Herz zu brechen. (Die beste Konjektur für Atreum adtractatum ist die von Lambin: *mecum altercatum*.)

16. *Maior moles*, daß er nämlich Thyestes' Söhne schlachte und ihr Fleisch dem Vater zum Essen vorsetze, Tusc. IV 77 quo igitur haec erumpit moles? Audi Thyestem: Ipsus etc. 217.

miscendumst, beachte die Alliteration. Cat. IV 6 ego magnum in republica versari furorem et nova quaedam misceri et concitari mala iam pridem videbam.

18. *voluptas*, Frohsinn.
effusum im Gegensatz zu haesitans.

Séd sibi quom tetulít coronam ob cólligandas núptias,
Tíbi ferebat; quóm simulabat sé sibi iam facís dare,
Tum ád te ludibúnda docte et délicate détulit.
Aliud molestia, sine commiseratione grave quoddam et uno pressu ac sono obductum:
  Quá tempestate Hélenam Paris innúptis iunxit núptiis,
  Égo tum gravida, explétis iam fere ád pariendum ménsibus;
  Pér idem tempus Pólydorum Hecuba pártu postremó parit.
Omnes autem hos motus subsequi debet gestus, non hic verba exprimens scenicus, sed universam rem et sententiam non demonstratione, sed significatione declarans, laterum inflexione hac forti ac virili, non ab scena et histrionibus, sed ab armis aut etiam a palaestra. Manus autem minus arguta, digitis

---

1. *Sed* etc. s. den krit. Anhang. Die Situation, die sich auf die Hochzeitsgebräuche, insbesondere auf das Heimführen der Braut unter Fackelbegleitung bezieht, ist im Einzelnen wegen der Unsicherheit des Textes, zumal es an weiteren Anhaltspunkten fehlt, mit Sicherheit nicht zu ermitteln: 'aber nachdem sie den Hochzeitskranz genommen, reichte sie ihn dir hin; und indem sie that, als wollte sie nun die Hochzeitsfackel nehmen, gab sie diese voll heiterer Laune graziös und reizend dir in die Hand.' In etwas kann wohl das berühmte Bild der Roxane von Aetion zur Verdeutlichung dienen, wie es Lucian Herod. s. Aetion c. 5 beschreibt: ὁ βασιλεὺς δέ, αὐτὸς μὲν στέφανόν τινα ὀρέγει τῇ παιδί, πάροχος δὲ καὶ νυμφαγωγὸς Ἡφαιστίων συμπαρέστη δᾷδα καιομένην ἔχων etc.

4. *molestia*, gedrückte Stimmung, Niedergeschlagenheit.
  grave quoddam uno pressu ac sono obductum, schwermütig und monoton.

6. *Qua tempestate*, etc. Ribbeck p. 209 (tetram. troch. cat., vielleicht aus der Iliona des Pacuvius).
  innuptis nuptiis, Eur. Hel. 689 ἄγαμος ἄτεκνος, ὢ πόσι, καταστένει γάμον ἄγαμον (die Unglücksheirat) αἰσχύνα, wie ἄδωρα δῶρα Soph. A. 665 oder μήτηρ ἀμήτωρ Soph. Elect. 1154.

7. *fere*, Ribbeck: fui.

8. *Polydorus*, Eur. Hec. 3 f. Πολύδωρος Ἑκάβης παῖς γεγὼς τῆς Κισ-

σέως Πριάμου τε πατρός. Hom. Il. Τ 406 ff. der ἀντίθεος Π. Πριαμίδης, τὸν δ᾽ οὔτι πατὴρ εἴασκε μάχεσθαι οὕνεκά οἱ μετὰ παισὶ νεώτατος ἔσκε γόνοιο, καί οἱ φίλτατος ἔσκε.

9. *subsequi debet gestus*, eine entsprechende Gestikulation.
  verba exprimens, I 251. Brut. 141 (von Antonius) gestus non verba exprimens, sed cum sententiis congruens. Quint. IX 3, 88 ff. alii sunt, qui res imitatione significant quod est genus quam longissime in actione fugiendum; abesse enim plurimum a saltatore debet orator, ut sit gestus ad sensum magis, quam ad verba accommodatus.

11. *laterum inflexione*, Or. 69 In gestu status erectus et celsus, rarus incessus, nec ita longus, excursio moderata eaque rara, nulla mollitia cervicum, nullae argutiae digitorum, non ad numerum articulus cadens trunco magis toto se ipse moderans et *virili laterum inflexione* (Haltung der Brust), bracchii proiectione in contentionibus, contractione in remissis.

12. *ab armis* etc., 200.

13. *minus arguta*, nicht zu lebhaft und theatralisch hinzeigend. Gell. N. A. I 5, 2 Hortensius — quod multa munditia et circumspecte compositeque indutus et amictus esset manusque inter agendum forent argutae admodum et gestuosae, maledictis compellationibusque probris iactatus est, multaque in eum *quasi in histrionem* in ipsis causis atque iudiciis dicta sunt.

subsequens verba, non exprimens; bracchium procerius proiec-
tum quasi quoddam telum orationis; supplosio pedis in contentionibus aut incipiendis aut finiendis. Sed in ore sunt omnia.
221 In eo autem ipso dominatus est omnis oculorum; quo melius
nostri illi senes, qui personatum ne Roscium quidem magno
opere laudabant. Animi est enim omnis actio et imago animi
vultus, indices oculi. Nam haec est una pars corporis, quae,
quot animi motus sunt, tot significationes et commutationes
possit efficere. Neque vero est quisquam qui eadem connivens
efficiat. Theophrastus quidem Tauriscum quendam dicit actorem
aversum solitum esse dicere, qui in agendo contuens aliquid
222 pronuntiaret. Quare oculorum est magna moderatio. Nam
oris non est nimium mutanda species, ne aut ad ineptias aut
ad pravitatem aliquam deferamur. Oculi sunt, quorum tum
intentione, tum remissione, tum coniectu tum hilaritate motus
animorum significemus apte cum genere ipso orationis. Est
enim actio quasi sermo corporis, quo magis menti congruens
esse debet. Oculos autem natura nobis, ut equo et leoni sae-
tas, caudam, aures ad motus animorum declarandos dedit.
223 Quare in hac nostra actione secundum vocem vultus valet; is
autem oculis gubernatur. Atque in eis omnibus, quae sunt
actionis, inest quaedam vis a natura data. Quare etiam hac
imperiti, hac vulgus, hac denique barbari maxime commoventur.
Verba enim neminem movent nisi eum, qui eiusdem linguae
societate coniunctus est; sententiaeque saepe acutae non acu-
torum hominum sensus praetervolant; actio, quae prae se motum
animi fert, omnes movet; eisdem enim omnium animi motibus
concitantur et eos eisdem notis et in aliis agnoscunt et in se
ipsi indicant.

1. *subsequens*, unvermerkt begleitend.

2. *supplosio*, I 230. Quint. XI 3, 92 f.

5. *personatum*, wenn er in der von den Griechen entlehnten Schauspielermaske auftrat, wie das später auch in Rom üblich ward.

7. *oculi*, Or. 60 vultus vero, qui secundum vocem plurimum potest, quantam afferet tum dignitatem, tum venustatem! in quo cum effeceris ne quid ineptum aut vultuosum sit, tum *oculorum* est quaedam *magna moderatio*. Nam ut *imago est animi vultus*, sic indices oculi, quorum et hilaritatis et vicissim tristitiae modum res ipsae, de quibus agetur, temperabunt. in Pisou. 1 vultus denique totus, qui sermo quidam tacitus mentis est.

9. *connivens*, mit geschlossenen Augen.

11. *aversum* — der dem Publikum den Rücken zukehrt (dem man nicht ins Gesicht sehen kann, von dem man also nur die Kehrseite sieht).

contuens aliquid, etwas fixierend, statt dem Auge die freieste Bewegung zu lassen.

14. *Oculi*, Or. 60. Quint. XI 3, 75 sed in ipso vultu plurimum valent oculi, per quos maxime animus eminet.

15. *coniectu*, von intentione 'dem Feuer der Augen' verschieden: die Fixierung des Blicks, als Ausdruck des strengen Ernstes, II 225.

17. *sermo corporis*, I 18; 145. Or. 55 est enim actio quasi corporis quae-

Ad actionis autem usum atque laudem maximam sine dubio partem vox obtinet; quae primum est optanda nobis; deinde quaecumque erit, ea tuenda. De quo illud iam nihil ad hoc praecipiendi genus, quemadmodum voci serviatur; equidem tamen magno opere censeo serviendum; sed illud videtur ab huius nostri sermonis officio non abhorrere, quod, ut dixi paullo ante, plurimis in rebus quod maxime est utile, id nescio quo pacto etiam decet maxime. Nam ad vocem obtinendam nihil est utilius quam crebra mutatio; nihil perniciosius quam effusa sine intermissione contentio. Quid, ad aures nostras et actionis suavitatem quid est vicissitudine et varietate et commutatione aptius? Itaque idem Gracchus, quod potes audire, Catule, ex Licinio cliente tuo, litterato homine, quem servum sibi ille habuit ad manum, cum eburneola solitus est habere fistula, qui staret occulte post ipsum, cum contionaretur, peritum hominem, qui inflaret celeriter eum sonum, quo illum aut remissum excitaret aut a contentione revocaret.

Audivi, mehercule, inquit Catulus, et saepe sum admiratus hominis cum diligentiam tum etiam doctrinam et scientiam.

Ego vero, inquit Crassus, ac doleo quidem illos viros in eam fraudem in re publica esse delapsos; quamquam ea tela

dam eloquentia, cum constet e voce atque motu.
1. *Ad actionis usum*, um etwas vortragen zu können.
atque laudem, zu einem guten Vortrag; laus hier = Beifallswürdigkeit; usus atque laus actionis = Möglichkeit beifallswert vorzutragen.
2. *vox*, eine wohllautende Stimme, 41.
optanda, Or. 59 ac vocis bonitas quidem *optanda* est (eine sehr wünschenswerte Gabe), non est enim in nobis; sed tractatio atque usus in nobis.
4. *quemadmodum voci serviatur*, φωνασκεῖν, s. ad. Her. III 11, 20, vgl. a. de or. I 251; eingehendere Vorschriften zu geben ist zunächst mehr Sache der Diätetik u. Musik. Quint. I 10, 27 age non habebit inprimis curam vocis orator, quid tam *musices* proprium?
equidem censeo, eine parenthetische Bemerkung: ich bin allerdings der Meinung, daß eine besondere Pflege darauf zu verwenden ist.
6. *ut dixi paulo ante*, 178.
8. *ad obtinendam*, zu konservieren.

12. *idem* dessen oben, 214, Erwähnung gethan ist. Quint. I 10, 27 ut uno interim contenti simus exemplo C. Gracchi, praecipui suorum temporum oratoris, cui contionanti consistens post eum musicus, fistula, quam τονάριον vocant, modos, quibus deberet intendi, ministrabat. Haec ei cura inter turbidissimas actiones vel terrenti optimates vel iam timenti fuit.
13. *servum ad manum*, oder a manu, amanuenses, ab epistolis, librarii ad manum hießen die Sklaven, die als Privatbibliothekare oder als Privatsekretäre dienten.
14. *eburneola fistula*, 'tibia contionatoria,' φωνασκικὸν ὄργανον ᾧ τοὺς φθόγγους ἀναβιβάζουσιν, oder συρίγγιον ᾧ τὴν φωνὴν οἱ ἁρμονικοὶ σχολὴν ἐπ' ἀμφότερα διὰ τῶν τόνων ἄγουσιν. Ind. C. Gracchus. *eburneola*. Cicero pflegt mit Subst. in Deminutivform auch Adj. in gleicher Form zu verbinden.
21. *Ego vero* sc. admiratus sum.
22. *fraudem*, Verirrung. Vgl. I 38.
ea tela texitur — nach einer auch uns geläufigen Metapher von dem

texitur et ea incitatur in civitate ratio vivendi ac posteritati
ostenditur, ut eorum civium, quos nostri patres non tulerunt,
iam similes habere cupiamus.

Mitte, obsecro, inquit, Crasse, IULIUS, sermonem istum
et te ad Gracchi fistulam refer, cuius ego nondum plane rationem intellego.

61 227 In omni voce, inquit CRASSUS, est quiddam medium, sed
suum cuique voci. Hinc gradatim ascendere vocem utile et
suave est. Nam a principio clamare agreste quiddam est et
idem illud ad firmandam est vocem salutare. Deinde est quiddam contentionis extremum, quod tamen interius est, quam
acutissimus clamor, quo te fistula progredi non sinet, et iam
ab ipsa contentione revocabit. Est item contra quiddam
in remissione gravissimum quoque tamquam sonorum gradibus
descenditur. Haec varietas et hic per omnes sonos vocis cursus et se tuebitur et actioni adferet suavitatem. Sed fistulatorem domi relinquetis, sensum huius consuetudinis vobiscum ad
forum deferetis.

228 Edidi, quae potui, non ut volui, sed ut me temporis angustiae coegerunt; scitum est enim causam conferre in tempus,
cum adferre plura, si cupias, non queas.

Einschlag des Fadens in ein Gewebe auf die bedenkliche Politik übertragen, die man damals zu befolgen anfing.

1. *incitatur* wird in raschen Gang gebracht. S. d. krit. Anh.

4. *Mitte* etc. Caesar will die heitere Stimmung nicht durch den Blick auf die politische Misère der Gegenwart getrübt wissen. Einl. I § 16.

7. *quiddam medium* etc. Jede Stimme hat ihren eigentümlichen mittleren oder Grundton, von dem sie in der Skala hinauf- oder herabsteigen kann.

8. *utile* s. d. krit. Anhang.

9. *clamare*, in scharfem Gegensatz von *gradatim* ascendere.

10. *idem illud* — nämlich jenes *gradatim* ascendere.

11. *contentionis extremum*, ein äußerster Höhepunkt, über welchen die Stimme, wenn sie nicht unmelodisch werden soll, nicht hinausgehen darf.

interius: er liegt aber noch diesseits des allerhöchsten Tones in der einer Stimme eigenen Tonskala: denn bis zu diesem acutissimus *clamor* darf die Stimme sich nie versteigen.

12. *et iam ab ipsa contentione* — wenn man bereits in einer zu hohen Steigerung des Tones begriffen ist.

14. *in remissione gravissimum*, ein Herabgehen des Tones, ein äußerster Punkt, unter welchen die Stimme nicht tiefer sinken darf.

quoque i. e. et quo, bis wohin nur.

sonorum gradibus, wie auf einer Tonleiter.

16. *tuebitur*, in der rechten Tonstärke und Harmonie.

Im *Epilog* c. 61, 228—230 weist Crassus auf den neuen Stern der röm. Beredsamkeit hin, der sich bereits über den Horizont erhoben hat. Es ist Hortensius, der zwischen Crassus und dem großen Meister, Cicero, in der Mitte steht und zu diesem hinüberleitet.

20. *scitum est enim* etc. Damit hebt Crassus in seiner humoristischen Weise die Gültigkeit des eben vorgebrachten üblichen Entschuldigungsgrundes für sich wieder auf und weist so durch das bescheidene Geständnis, daß er mit seiner Dar

Tu vero, inquit Catulus, collegisti omnia, quantum ego possum iudicare, ita divinitus, ut non a Graecis sumpsisse, sed eos ipsos haec docere posse videare. Me quidem istius sermonis participem factum esse gaudeo; ac vellem, ut meus gener, sodalis tuus, Hortensius, adfuisset; quem quidem ego confido omnibus istis laudibus, quas tu oratione complexus es, excellentem fore.

Et Crassus: Fore dicis? inquit; ego vero esse iam iudico 229 et tum iudicavi, cum me consule in senatu causam defendit Africae nuperque etiam magis, cum pro Bithyniae rege dixit. Quamobrem recte vides, Catule. Nihil enim isti adulescenti neque a natura neque a doctrina deesse sentio. Quo magis 230 est tibi, Cotta, et tibi, Sulpici, vigilandum ac laborandum. Non enim ille mediocris orator vestrae quasi succrescit aetati, sed et ingenio peracri et studio flagranti et doctrina eximia et memoria singulari. Cui quamquam faveo, tamen illum aetati suae praestare cupio, vobis vero illum tanto minorem praecurrere vix honestum est. Sed iam surgamus, inquit, nosque curemus et aliquando ab hac contentione disputationis animos nostros curaque laxemus.

stellung hinter seinen Wünschen zurückgeblieben sei (non ut volui), hier am Schlusse noch einmal sehr passend auf die unerreichbare Größe des Gegenstands u. die Unerschöpflichkeit des behandelten Themas hin.

4. *vellem ut*, einigemale bei Cic. z. B. p. Sulla 1 maxime vellem, indices, ut P. Sulla obtinere potuisset, Att. I 16, 4 equidem mallem ut ires; Or. 239 tu autem velim ut putes.

5. *sodalis*, 42.

9. *tum*. Zu tum ist das vorausgehende iam dem Sinne nach noch einmal hinzuzunehmen.

14. *ille*, 'in oder mit ihm'.

vestrae succrescit aetati bildet einen Nachwuchs für eure Generation, so nachher *aetati suae*, seiner Generation.

15. *ingenio*, etc. so daß sich also bei ihm die bekannten drei Faktoren (Einl. I § 8, 49) und zwar in hohem Grade zusammenfanden, und dazu noch die memoria singularis; s. ind. Hortensius.

18. *nosque curemus*, euphemistisch für 'zur Tafel gehen, uns restaurieren'. Horat. Ep. I 2, 29; Sat. II 2, 80.

20. *curaque* — von der Sorge, den trüben Gedanken und Besorgnissen, mit denen uns die bedenkliche politische Lage des Staates erfüllen muß.

Kritischer Anhang.

III B.

1, 3 omnium consensu sic esse iudicatum Abrinc. Erl. I. II statt omnium consensu sic esse [tum] iudicatum. *P.* Indes die mutili haben esset, so ist tum wohl vorzuziehen. *H.*

1, 4 in ipso loco st. ipso in l. nach den mut. Ströb. p. 67.

1, 4 efferebantur. *P.* mit den Hss.; esse ferebantur *S.* ferebantur *K. A.* excidenda lingua. *K. P.* incidenda mit den mut. *S.* Vielleicht concidenda wie vorher caedere und concidere. *A.* So von mir aufgenommen; vgl. die Anm. *H.*

2, 5 nec fidem st. neque mit den mut., auctoritatibus perscriptis st. praescr. mit den mut. u. *S.* S. auch den erkl. Ind. *H.*

2, 6 Friedrich Quaest. p. 47 f. will ille vor postremum, das in den Hss. ipse lautet, streichen, beide Lesarten seien aus dem vorhergehenden ipsum entstanden. Doch scheint das Betonen durch das ille sehr ansprechend. Cic. kann sich von der Erinnerung nicht losreißen, er betonte alles, was jenen berühmten Mann beleuchten kann. — [dicenti con]doluisse Friedr. nach den mut.

2, 7 in medio spatio nach der gewöhnlichen Wortst. und Hss., *P.* In den mut. mediocri in spatio, wonach *S.* medio in spatio. *A.* Auch von mir vorgezogen *H.*

2, 8 rem publicam st. rei publicae bieten die mut. u. a. Hss. von Henrichsen u. Sorof vorgezogen, von *K.* verschmäht. *S.* erklärt: trafen in der Folge den Staat. Näher liegt doch wohl die Annahme eines Schreibfehlers oder einer überweisen Besserung eines Schreibers, der sein sequi mit dem Acc. zu verbinden gelernt hatte. — flagrantem Italia bello wohl die ursprünglichere, noch durch die mut. bezeugte Stellung. *H.* Gloria von *K.* u. Friedr. eingeklammert, weil es in den mut. fehlt.

3, 9 Statt exilium will Friedrich a. a. O. p. 48 exitum.

3, 10 simulacrum Vestae respersum esse vidit statt simulacrum Vestae respersum vidit (so Ellendt nach Lambin).

3, 10 civium in Klammern bei *K.* und *Fr.*, weil es in den mut. fehlt.

3, 11 C. Cotta; *C.* lassen die mut. aus. — efflorescenti seit Ernesti, Schütz u. a., auch von Sor. festgehalten. Die meisten Hss. bieten florescenti.

3, 12 ornatum mit der besseren Überlieferung gegen das fast sinnwidrige ortum.

4, 16 Die mut. lassen a nobis hinter quomodo aus und bieten audierit u. possit st. audierint u. possint; dazu Ströbel p. 4. — studio et ingenio et doctrina nach den mut. schon Stangl, Zs. f. d. bayr. Gymn.-Schulwesen Bd. 18 S. 280.

5, 17 paulumque schon Stangl st. paululumque. — cum quo defixum esse in cogitatione gestellt mit den ältesten mut. Ströb. p. 34. — posito lectulo st. lect. posito nach den mut. seit Kayser.

5, 20 una vor consensione in Klammern mit den meisten Hss.

6, 22 aliquot locis halten Bake und nach ihm Kayser für eingeschoben.

6, 24 partis, denn die aus mißverstandener Abbreviatur entstandene Lesart der Hs. partitis giebt keinen Sinn.

7, 26 quanto admirabilius st. qu. mirabilius die bessere Überlieferung

9, 32 *in sua quaque re commorans*. Die Hss. haben in unaquaque re commorans, was dem widerspricht, was Anton. von seinem Verfahren aussagt. Anstoß nahm daran schon Scheibe, der in den N. Jahrb. für Phil. und Pädag. 1868, 7 p. 488 in summa quaque re commorans empfiehlt *H*. Auch trotz Rubners Entgegnungen im Phil. Anz. X 104 ist au sua festgehalten. *H*.

9, 33 maior in verbis eligendis labor Schütz statt maior in verbis [quam in sententiis] eligendis labor. Die Worte quam in sententiis sind nichts als ein unpassendes Glossem (das sich auch äußerlich als solches dadurch erweist, daß der Erl. I b. *et* statt quam hat). Daß Crassus eine größere Sorgfalt in verbis eligendis *quam in sententiis* beweise, konnte und wollte er nicht von sich aussagen; wohl aber, daß er genauer sei in der Wahl des Ausdrucks als Antonius, der es damit etwas leichter zu nehmen pflegte.

9, 34 dissimilitudines *sunt* mit *K*. u. Sor. nach Bake, da das sunt hinter der Endung es bei dissimilitudines oder res sehr leicht ausfallen konnte und nicht entbehrt werden kann. Adlers Versuch zur Erklärung (in der Anm. der 5. Aufl.) aus dem folgenden distinguitur ein distinguuntur herauszunehmen, ist viel zu gezwungen und ohne Beispiel.

9, 34 quae inter se discrepant. Bake korrigiert: quae inter se discrepent, doch steht der Relativsatz zur Umschreibung eines einzelnen Begriffs.

10, 37 proponerentur mit den Hss. trotz Sorof.

10, 39 quod ostendam statt † quod ostendam (so Ernesti, der die Worte für korrupt hielt; auch Kayser hält sie für unecht). Orelli vermutet: quod quid ostendam. *P*. Vielleicht quod post ostendam. Vgl. post videro § 37. *A*.

12, 45 Friedr. Quaest. p. 48 f. will statt leniter, um die angeblich notwendige Korresponsion zu hiulce zu erzielen, leviter schreiben. Die Berufung auf 171 und 172 paßt gar nicht; dort ist von der *continuatio verborum* die Rede, daß sie levis sei, hier aber geht voraus, daß die Vorfahren der Laelia so, wie angeführt, locutos esse; leviter loqui aber bedeutet gewiß: voll Leichtsinn reden.

12, 47 Tum ille: Tu vero, quod monuit mit Friedr., da es der Hs. Überlieferung: tum ille tum quod monuit am nächsten kommt und den Gedanken am treffendsten wiedergiebt. — de his te st. de eis mit der älteren Überlieferung.

14, 51 te sectemur, te audiamus statt te sectemur, † te audiamus (so Ellendt, der die Worte aus dem Text entfernt wissen will, worin ihm nun auch Kayser gefolgt ist, der auch die vorausgehenden Worte quam te inviti audiamus in Klammern schließt; beides läßt auch Sorof weg; *H*. Orelli vermutete: te admiremur).

14, 51 relictis ut omnibus rebus st. ut rel. mit Friedr. p. 49 nach der wohl besseren Überlieferung.

14, 52 tantummodo. Bake will bloß modo schreiben (das ist das gewöhnlichere) oder nur tantum, was allerdings sehr viel seltener ist.

14, 53 id est, quod dico, ornate. Qui etc. statt † id est, quod dico, ornate. Qui etc. Schütz und Müller: id est, qui dicunt ornate. Qui etc. Ellendt schlug vor: ci sunt, qui dicunt ornate, qui etc.

15, 57 ut [illum] efficeret; illum fehlt in den besten Hss., konnte aber leicht des vorhergehenden bellum wegen übersehen sein.

16, 60 Quorum princeps Socrates fuit. Is, qui etc. *P*. statt Quorum princeps Socrates [fuit] is, qui etc. (so Ellendt); Kayser: quorum princeps

Socrates [fuit is, qui] omnium etc. und hernach [omnium fuit facile princeps].

17, 62 Friedr. defendebant in Jahrbb. 1887 p. 86, st. defenderunt.

17, 63 *quo adgredi cupiet*. quo adgredi non cupiet gegen die Hss. *S*. Wenn Crassus die epikureische Philosophie für gleichgültig für den Staatsmann und politischen Redner erklärt, so thut er ihnen darin nicht unrecht, denn er verdrängt sie nicht von dem Gebiet, dem ihr Streben zugewendet ist, dem behaglichen Lebensgenuß, stellt überhaupt hier keine Untersuchung über die wahre Philosophie an, sondern nur darüber, welche Philosophie dem Redner förderlich sei. *A*.

17, 64 *etiamsi sit verissimum*. So *S*. mit *K*. und Bake, dagegen *P*. mit d. Hss. est. Cic. konnte aber nicht füglich den Indikativ gebrauchen und erklären, daß es das Richtige sei, sich vom Staate fern zu halten, wenn er doch 63 in fortasse sapienter dies nur problematisch hingestellt hat. *A*.

18, 65 Sed utique est in his mit Klotz statt sed utrumque est in his der Handschriften (Ellendt: utcunque est, in his — quod abhorreat. Orelli: sed verum utrum cunque est, est in his etc. Bake streicht utrumque, desgleichen hernach oratore und schreibt dann velut statt vel. Sorof: nimirum). *A*.

18, 66 ac totum eiusmodi Ernesti statt † attamen eiusmodi (Müller: ac tamen; Olshausen: aut tamen; Ellendt: [ac tamen — possit], Lambin und Orelli: ac tandem).

19, 69 *sapientiae iugo*. So nach Nonius p. 290 *K. S*. Der Apenninus ist das iugum für die flumina, die Sapientia das iugum doctrinarum. *A*.

19, 69 [Ionium] in Klammern mit *S*. und *K*. als augenscheinliches Glossem.

19, 72 [diserti a doctis] in Klammern mit *S*. und *K*. als deutliches Glossem. Ellendt suchte zu helfen, indem er ein Semikolon hinter omnibus einfügte und mit philosophi einen selbständigen Satz begann und die Interpunktion vor neque quicquam strich.

20, 74 quantum [ipse] forsitan vobis videar. So zuerst Ernesti, dann Schütz, Ellendt, Kayser, Sorof. *A*., ohne Klammer *P*.

20, 76 omnia, quae ad quamcumque etc. *P*. omniaque, ad quamcunque etc. Gruter, Bake, Sorof. *A*.

21, 78 virtute hominum, Stoici, st. virtute, homines Stoici will Friedr., da die Hss. den genet. hominum haben; Sorof setzt noch Stoici in Klammern.

21, 79 istos quidem magistros *A*. Die Hss. haben nostros st. magistros, dieses hat *K*. eingeklammert, *P*. in philosophos, *S*. in doctos verwandelt. Der Lesart der Hs. schließt sich magistros näher an und ist dem Gedanken entsprechend. Wenn nostros richtig wäre, so müßten damit die Vertreter der Philosophie unter den Römern gemeint sein, die 78 angeführt werden. Dem stände dann ein aliquis exstiterit, nämlich in Romanis, entgegen.

21, 79 istos quidem st. istos quidem *magistros* für das hs. nostros s. d. Anm.

21, 80 hunc usum exercitationemque dicendi. Ellendt nach Schütz und Henrichsen statt hunc [rhetoricum] usum [moremque] exercitationemque. Diese hier eingeklammerten Worte sind entschieden unecht. Wahrscheinlich ist rhetoricum aus dem ursprünglichen *nostrum*, und moremque nach 95, wie schon Madvig vermutet hat, aus *forensem* entstanden und also zu lesen: hunc nostrum usum forensem, an das sich dann auch das Folgende eng anschließt: *Nam neque sine forensibus nervis* etc.

21, 81 Quare Coracem istum veterem patiamur. So nach Bake *K. S. A*. Die Hss. haben statt veterem vestrum, was *P*. streicht.

21, 81 Ich habe das handschriftliche oratorum wieder eingesetzt, freilich mit den meisten Neueren als Glossem gekennzeichnet. Die Konjektur rhetorum ist unnötig und zwar gehört sie nicht Piderit, wie Bake in der Anm. meldet, sondern steht z. B. schon in der kleinen Ausgabe von Schütz 1805. Nach der älteren Ausgabe von Orelli v. J. 1826 ist es eine Vermutung von Pearce. Die neuere von Orelli 1845 giebt gar keine kritische Notiz und im Text oratorum; Kayser im Text rhetorum. S. a. meine Anm. zu 79 istos quidem. *H.*

21, 85 Ac tamen st. At tamen mit Sorof u. Friedr.

23, 88 Die Vermutung Madvigs Adversaria III, 94 Libet autem semper discere. Ut (velut, exempli causa) si velim ego talis optime ludere aut *pila*, studio tenear etiam fortasse si assequi non possim; at alii .. wie schon Schütz schrieb, ist sehr ansprechend.

24, 94 humanitatem dignam scientia bieten die Hss., doch scheint die leichte im Text gegebene Besserung von Lambin u. Bake ansprechender.

25, 96 ut doloris habeat quantum opus sit Bake statt ut dolores habeat quantum opus sit.

25, 99 quod terram quam quod crocum sapere videatur nach Plinius statt quod ceram quam quod crocum olere videatur. Das ursprüngliche sapere wurde später durch das anfänglich an den Rand gesetzte, im gewöhnlichen Gebrauch häufigere olere aus seiner rechtmäßigen Stelle im Text verdrängt. *P.* Die Stelle giebt ein belehrendes Beispiel, wie gefährlich es zuweilen ist, einen Autor aus einem andern zu emendieren. *H.*

25, 100 vel ex poetis, vel ex oratoribus. Die Worte vel ex oratoribus hält man irrigerweise seit Schütz gewöhnlich für ein Glossem (Henrichsen, Ellendt, Orelli); dann muß hernach auch vel poësis vel oratio (nicht bloß vel oratio, wie Schütz, Henrichsen, Ellendt, Orelli meinen) und weiter unten (wie Kayser darin wenigstens konsequent gewesen) auch aut in poetae ausfallen. Infolge dessen würde aber das Subjekt, das schon im Hauptsatz zu supplieren ist, auch im Nebensatz zu ergänzen sein, was nicht wohl angeht.

26, 102 Sét (sed) quid video (Ribbeck) entspricht gewiß der hier angedeuteten Situation besser als die Vulgatlesart ecquid video. *P.* Der Erl. I b. hat proximos et quid, so daß s fälschlich zum vorhergehenden Wort gezogen ist. Der Pluralis proximos (versus) ist auch deshalb nicht passend, weil dann Cic. nicht bloß einen einzelnen Vers hätte anführen dürfen. *A.*

26, 103 quivis vel vitiosissimus. So *S.* aus Konjektur, für quivis sind auch Spuren in den Hss., die sonst quamvis haben. Für quamvis mit d. Superl. sonst bei Cicero keine Stelle. *A.*

27, 107 dicendi copiose et vim et artem habere debemus statt dicendi animos et vim et artem habere debemus Koch im rh. Mus. XVI S. 484. Vgl. Jahrb. für Phil. und Pädag. 1868 p. 489 ff. Die Fertigkeit über allgemein ethische Dinge in utramque partem copiose dicendi, meint Crassus, wird zwar jetzt als eine speziell und wesentlich philosophische angesehen, die Akademiker und Peripatetiker nehmen sie lediglich für sich in Anspruch (I 43); früher, wo die Scheidung zwischen sapientes und oratores noch nicht bestand, war das anders: da war diese Fertigkeit, die jetzt die Philosophen für sich allein haben wollen, im Besitz derer, bei denen überhaupt jede theoret. und prakt. Befähigung, über Dinge des (öffentlichen) Lebens zu reden, zu suchen war, bei den oratores, die zugleich sapientes waren. Denn (fügt Crassus, zum Beweis, daß dies auch das rechte Verhältnis sei, weiter hinzu) über solche sog. philosophische (ethische) Dinge, die aber recht eigentlich die Sache des (öffentlichen) Lebens sind, nach ihrer Licht- und Schattenseite copiose zu reden, dazu müssen wir (Redner) die nötige geistige Befähigung und Kenntnis besitzen (I 69), d. h. so müssen wir über die genannten ethischen Gegenstände in utramque partem reden können, wie es die

Natur der loci communes erfordert (von denen eben hier die Rede ist), copiose oder cum amplificatione, nicht trocken und abstrakt, sondern mit oratorischer Fülle und mit dem notwendigen Farbenreichtum. Vgl. Or. 46; 16; 17. Der Schlußvokal von copiose fiel beim Abschreiben mit dem folgenden et zusammen und das übrigbleibende copios wurde dann von einem andern in animos geändert. Die Konjektur: animose (Rüdiger in Philol. XVIII S. 549 und N. J. Bd. 85 p. 868) ist unhaltbar. Abgesehen davon, daß es sehr auffallend wäre, wenn sich dieser Ausdruck bei der sich so häufig darbietenden Gelegenheit ihn anzuwenden bei Cic. nur an dieser einzigen Stelle fände, während Ausdrücke wie copiose et ornate, copiose et varie, copiose aut callide ganz gewöhnlich sind: animose würde in keiner seiner möglichen Bedeutungen zu dem Zusammenhang der ganzen Stelle passen. *P.* etiam nos mit *S. A.*

28, 109 ist weder zu ändern: dicunt igitur illi qui nunc quidem, noch quidem illi zu streichen.

28, 110 Atque hactenus etiam hac in instituendo divisione utuntur *P.* statt Atque hactenus † loquntur. Etiam hac in instituendo divisione utuntur. Von den in den Texten zwischen hactenus und etiam stehenden Worten loquntur illi; quamquam rhetores (wie Henrichsen nach Hotomannus liest) sind 'illi; quamquam rhetores' bloße Konjektur, und das handschriftlich unsichere loquntur aus einem irrtümlich zu hactenus an den Rand gesetzten loquamur (wie auch der Erl. I b. hat) entstanden. Ellendt: Atque hactenus [loquntur] illi. Hac etiam in instituendo divisione utuntur. *P.* Mit *K. A.* hactenus loquntur ist Glossem, um die Grenze zu bezeichnen, bis zu welcher die mit dicunt autem beginnenden Anführungen aus den Lehrsystemen der Akademiker und Peripatetiker reichen. Mit atque hac etiam in instituendo divisione utuntur kehrt Cic.. zu dem Schlusse von 108 zurück. *A.* Ich habe ex iure civili als Glossem gekennzeichnet und aut denique vi vor usurpare gestellt, um den erforderlichen Gegensatz von recuperare klar zu betonen. S. die Anm. *H.* Dann maxime in Klammern u. attactum nach dem mut.

28, 110 aut denique vi *P.* (Havn. B. aut denique statt vi denique nach Madvig. Lambin: aut vi denique. Ströbel empfiehlt die La. der mut. ut denique (i für t verlesen; hs. mut. ui denique).

28, 110 ut ex iure civili Erl. I (so auch Henrichsen) statt in iure civili. Ellendt und Kayser: ut [iure civili] surculo defringendo. Schöne: sed ut in iure civili (sc. fieri solet) surculo defringendo.

29, 111 in forensi *P.* Sorof läßt mit *K.* in aus, das im Erl. I fehlt, im Abrinc. und Harleianus steht. *A. A E H* u. lag. integri haben in *H.*

29, 111 de qua quaeri et disceptari potest mit Ellendt, Kayser, Ströbel p. 17 als Glossem zu streichen, wäre wohl nötig, wenn man gezwungen wäre, den Relativsatz auf das entferntere rem omnis zu beziehen. Indes die Erkl. der Anm. hebt wohl alle Schwierigkeiten.

29, 112 fructum aliquem; der Abr. hat aliquod, andre fructus aliquos.

29, 113 Friedrich Quaest. p. 50 will tres sunt modi st. tres modi, ohne handschriftliche Grundlage, weil das Verbum nicht entbehrt werden könne.

29, 114 an in opinionibus mit *K. S.* und *α ε A.* ohne in *P.*

29, 115 aut 'sintne tria etc.' Andere lesen ut (so auch Kayser) oder et (so Schütz und nach ihm Henrichsen) statt aut, wie 117 ut rex, ut assentator, wo jedoch der Erl. I aut hat. *P.* Nach Ströbel p. 47 hat er ait. *H.*

30, 115 praeterea *facere* possit; facere bieten die mut. Ströbel p. 71.

30, 117 discribuntur st. describuntur mit d. Abr. u. a. Hss. schon Stangl p. 280.

30, 118 subiecta sunt st. subiectae mit den mut.

30, 119 partita ac tributa st. p. ac distributa nach d. Abr. u. a. Hss. u. Frdr.

30, 119 discrepavit nach α ε γ mit *K.* und *S. A.* perspicuum est nach α ε γ mit *K.* und *S. A.*

30, 120 Eine von den Bezeichnungen privata oder singularis controversia zu entbehren, wie Sor. u. *K.* wollen, geht nicht wohl an, da eins von beiden den Begriff noch nicht ganz genau umgrenzt.

30, 121 arbitrantur nach α ε γ mit *K.* und *S. A.*

31, 125 si modo est exercitata, delabitur mit α ε γ *A.* labetur *P.*

31, 125 scribet et institutus geben die mut., schon Stangl p. 281.

31, 125 Sorofs Konj. natura, si modo erit, excitante dolabetur billigt Rubener, Philol. Anz. X 105.

31, 127 quibus indutus esset sua manu confecisset bietet der Abr. u. die älteren mut.; demzufolge se hinter esset zu streichen, wie *K. S.* Frdr. geben, schien bei der leichten Möglichkeit eines Schreibfehlers oder Versehens nicht nötig.

32, 129 si est mit Auslassung von victus, was in α ε und auch im Harlci. fehlt, nämlich si est verus sermo victusque Gorgias. *A.*

32, 129 vocetur mit *K. A.* In α ε steht revocetur, das Präs. wird von profitetur verlangt, das kein Präs. hist. ist, sondern Gorgias erklärt dies in dem Buche des Plato. *A.* Indes ist vocaretur nach der handschriftlichen Überlieferung vorzuziehen und auch mehr sprachgemäß, da es durch den Infinitiv fut. dicturum esse futurisch konditionale Bedeutung erhält = jeder beliebige Gegenstand, der zur Debatte würde kommen können.

32, 130 summique dicendi doctores. So nach α ε γ mit *K.* und *S. A.* Die multi praeterea sind nicht notwendig alle auch summi dicendi doctores.

32, 131 ardentis[que], weil que in den mut. fehlt; conservarint st. conservaverint mit den mut.

32, 132 deminutae st. diminutae und discerpta st. discerptas Friedr. mit den mut.

32, 133 Der Abrinc. hat travorso vidimus vidimus, nicht wie *S.* angiebt, transverso hinter vidimus. *A.* Indes nach Ströbel p. 34 haben *A E H* vidimus vidimus travorso. *H.*

32, 133 civibus suis omnibus st. civibus omnibus mit den mut.

33, 134 [et] in senatu, da et in den meisten Hss. fehlt; Ströbel p. 8.

33, 135 et vor elaboravit gehalten, da es dem Sinne vortrefflich entspricht und (nach der mir vorliegenden Koll.) im Abr. auch steht. idem facile statt et idem facile mit Ströbel p. 25 gegen Stangls Empfehlung der mut. et idem p. 281.

34, 137 petenda, wie der Abrinc. und der Erl. haben (nur daß sie mit Auslassung von exempla lesen: virtutes — doctrinae — petendae), ist wohl der Vulgatlesart repetenda vorzuziehen.

34, 137 eisdem temporibus illis st. eisdem illis temporibus mit *K.* Sorof, Ströbel u. a. nach der besseren Überlieferung.

34, 137 exempla, nachher traditur lassen die mut. aus. Daher will Friedr. p. 50 schreiben ut virtutes . . . sic doctrinae sunt ab illis petenda und beruft sich auf Nägelsbachs Stil. § 48 u. Haacke § 5 u. 8. Indes muß die besondere Seite, nach der das lateinische Substantiv sich begrifflich determiniert, doch schon innerhalb der Begriffssphäre desselben enthalten sein; der hier geforderte Begriff exempla aber liegt doch noch nicht in virtus (nun gar virtutes) und doctrina. Ein Römer, nun gar der wortreiche und patriotische Cicero, würde sich wohl hüten, einen Satz auszusprechen wie: doctrinae sunt a Graecis petendae.

34, 138 in eodem nach α ε γ mit *K.* und *S. A.* „und zugleich (neben dem lepos) habe er eine solche Gewalt besessen".

34, 138 quadraginta annis Abrinc. Erl. I und II statt quadraginta annos.

35, 141 quod is suas disputationes *P.* statt quod ipse suas disputationes. Schütz: quod ille suas disputationes. Ellendt (und nach ihm

Kayser) hält den ganzen Satz von quod transtulisset für ein späteres Einschiebsel. Friedr. Quod [ipse] suas disp. *H.*

36, 143 Statt sin quaerimus bieten die mut. si quaerimus. — Statt quamvis bietet der Abr. quamquam, Friedr. schreibt daher quamquam condemnatur st. quamvis contemnatur. Indes ist das contemnere doch wohl eher Sache der Philosophen, als das condemnare, jenes ging natürlich mit den Angriffen gegen die Redner Hand in Hand. — Am Schluß des Paragraphen will Friedr. das ceteris silentium fuit streichen.

36, 144 ac denuntiatum ist mit Unrecht von Ellendt nach einigen Hss. vom eigentlichen Texte ausgeschlossen.

36, 144 sed certe et hae partes fuerunt tnae und hernach cumque de duabus primis statt sed certo ut hae partes fuerunt und hernach cum de duabus primis. (So zuerst Ellendt nach Hs. und jetzt Kayser, der nur eae schreibt statt hae; und der Abrinc. und der Erl. I und II haben ut hae partes fuerunt und hernach cum duabus primis mit Auslassung von de.) *P.* In der That ut eae die bessere Überlieferung; s. d. Text u. Anm. *II.*

36, 144 Friedr. p. 51 findet in den Worten des Cotta einen Widerspruch mit dem, was Crassus gegeben habe; er will schreiben et id, quod non susceperis, disputasse. Aber in der That hat doch Crassus noch mehr gegeben, als was er sich vorgenommen, nämlich über die Abgrenzung der Kompetenzen von Philosophie und Beredsamkeit hat er gehandelt; zu sagen, daß er sich das nicht vorgenommen habe, wäre unhöflich und würde ihn in den Verdacht eines unmethodischen Schwätzers bringen. Ganz anders ist der Sinn et non id quod susceperis = und nicht vielmehr allein das, was du dir vorgenommen hast. — tributum st. attributum nach den mut. schon Stangl p. 281. — ac denuntiatum fehlt in den mut. Woher aber sollte es stammen, wenn nicht aus alter Überlieferung? — ut eae st. et hae mit der besseren Überlieferung. — dicebas fehlt in den mut. und ist entbehrlich; s. Stangl p. 281 u. d. Anm.

37, 148 scriptum etiam st. etiam scriptum s. Ströbel p. 69.

37, 149 [coniunctisque], denn das que fehlt in den Hss. und coniunctis ist wohl eine alte Interpolation schon der mut. S. Ströbel p. 18 f. — utimur st. utemur die ältere Überlieferung.

37, 150 verbis in Klammern, weil es in den mut. fehlt. — ponderandus est st. ponderandus, weil es in den mut. steht und zwar hinter ponderandus nach Ströbel p. 34; nach Sorof Phil. Anz. 1884 p. 45 steht est vor ponder.

37, 152 atque explicandum lassen viele Hss. aus, auch der Abr., von Ellendt, Bake u. Kayser eingeklammert.

38, 153 fari aut nuncupare Ellendt nach Quintilian statt effari aut nuncupari.

38, 153 aut alia multa st. et mit den mut.

38, 154 an non novisti huius versutiloquas malitias Ribbeck p. 14 nach Beier statt num non vis huius me versutiloquas militias, etwa sc. punire.

38, 154 sed saepe vel so nach α γ und Erl. II mit *S. A.*

38, 154 ut ille senius disertus. So ist unstreitig nach den handschriftlichen Spuren zu lesen: Abrinc. ut ille senius desertus (nicht wie Kayser aus Versehen angiebt: ille senius ne desertus), Erl. I ut ille sensus disertus (Erl. II ut ille enius). (In der I. Auflage vermutete ich ut ille (sc. Ennius) 'senium', wie 153 und Or. 184 ille so gestellt ist; senium in der Bedeutung von senectus Altersschwäche, wie es hernach Accius und Pacuvius öfters brauchen. Vgl. Cat. mai. 14.)

38, 156 Statt indicant giebt der Erl. vindicent.

39, 157 Die Überlieferung Similitudinis est ad verbum unum contracta brevitas, quod verbum in alieno loco tamquam in suo positum, si agno-

scitur, delectat, si simile nihil habet, repudiatur giebt keinen genügenden
Sinn; Sorof verwirft den ganzen Satz, und mit Recht, wenn in ihm eine
Definition des Begriffes Metapher gegeben oder gefunden werden soll.
Die Einschübe est und quod verbum bis positum erklären sich leicht
aus 155 eius rei quam *alieno verbo posuimus* und 153 aut alia multa quibus
loco positis mit Berücksichtigung auch von 165 ut deducta esse in *alienum
locum* .. videatur. Zur Rechtfertigung des Textes s. d. Anm.

39, 158 teli missi mit den mut. st. emissi.

40, 160 Friedr. quiddam transilire ante pedes positum et halte ich
für nicht sinnentsprechend.

40, 161 adferre Abrinc. Erl. I und II statt adfert.

40, 161 dulcitudo wie 99 nach α und ε mit K. und S. Daß die
Form dulcedo in die ältere und ungewöhnlichere dulcitudo verwandelt
sein sollte, ist nicht wahrscheinlich. *A*.

40, 162 incsse non potest st. non potest inesse stellen nach Ströbel
A H und 7 Lagom.

41, 163 mentis oculi ferentur st. feruntur empfiehlt Friedr. nach *A H*
Ebenso est nach fugienda ausgelassen. Wenig sinngemäß.

41, 164 Quid te adirier (154) abnutas Vahlen statt Quid te adiri
abnutas (Ribbeck: quid te adiri tam abnutas).

41, 165 Friedr. nach *A H* und Erl. II verecunda esse debet statt
debet esse.

41, 166 Iterum ad unum scopulum ut olim classem Achivom offendere Ribbeck (der auch aduncum statt ad unum liest) statt iterum ad
unum scopulum et † telum classem Achivom offendere. (Erl. I b. hat
ut celum.)

41, 166 Nach Ströbel p. 67 neque qui nach Spuren von *H*; Abr. ist
leider verderbt.

42, 167 quandam fabricationem habet Schütz statt quandam fabricationem habet sed in oratione. (Auch Henrichsen, Ellendt, Kayser: quandam fabricationem habet [sed in oratione].) Die Worte sed in oratione
sind durch ein bloßes Versehen (mit denselben Worten, die kurz vorher,
aber da ganz an ihrer Stelle stehen) wieder in den Text gekommen.

42, 167 pro Afris est sumpta Africa klammert Bake ein; nach ihm
R. Sor. Friedr. — hoc fere genere statt hoc genere die bessere Überlieferung. — neque factum est verbum nach *A. H.* Ströbel p. 70.

42, 168 inflexo immutatoque statt commutatoque nach *A H*, Ströbel
p. 69, und weil Cic. um die Metonymie zu bezeichnen immer immutare
etc. anwendet.

42, 169 abutimur etiam saepe st. saepe etiam empfiehlt Ströbel p. 70
nur nach *A H*, Friedr. Jahrbb. 1887 p. 86 f. auch nach Io u. Iul. Victor.
— aut aliter ea intellegenda st. aut aliter intellegenda bietet Abr. u. *H.*
Stangl a. a. O. p. 281 vermutet translata *alio* quodam modo; Sorof setzt
ein item hinter translata ein, ohne ein Wort der Rechenschaft; Ströbel
p. 73 f. verteidigt mit Recht die Vulg.

43, 171 Luc. Müller (in seiner Ausgabe des Lucil. p. 135) liest: Arte
pavimenti atque emblemati vermiculati.

43, 171 *idem illud*. K. und S. nach α ε γ illud quidem. Daß in
einer Klasse von Hss. idem, in der andern quidem fehlt, läßt als Grund
des Ausfalls die Ähnlichkeit der beiden Worte erkennen. Vielleicht
stand ursprünglich: idem illud quidem. *A.* Ich bin den Hss. gefolgt. *H.*

43, 172 levem nach α ε γ mit K. und S. *A.* leuem mit andern Hss.
P. der sich auf Or. 53 stützt: elaborant alii in lenitate et aequabilitate.

43, 172 quae vinctam orationem st. iunctam schlägt Friedr. vor nach
Ernesti im Index unter vincire.

43, 172 verba vor extrema fehlt im Abr., id ebenso, daher klammert
K. id assequemini und verba ein; Friedr. id und verba. — iungentur st.

iungetis geben die mut., trotzdem ist wegen assequemini an iungetis festgehalten worden. Sorof hat Recht, wenn er an eine bewußte, beabsichtigte Änderung denkt; die enge Verbindung und Responsion von Sätzen mit ita — ut lassen es aber viel natürlicher erscheinen, daß ein Besserer das ursprüngliche iungetis nach dem concurrant u. diducantur in dem ut-Satze in iungentur änderte, als daß einer das ursprüngliche iungentur wegen assequemini in iungetis hätte verändern sollen.

44, 175 vel maximum; ohne vel die mut. — quantum potest und quod dicit fehlt im Abr. — Stangl, ὁμοιότητες in Ciceros rhetorischen Schriften p. 16 f. will nach Rufinus: neque est ex multis rebus res una quae offenbar sprach- und sinngemäß, aber unnötig.

44, 177 Vor aurium empfiehlt Ströbel p. 8 ein et einzuschieben; zwischen formamus und fingimus lassen es die mut. ebenfalls aus.

45, 178 sol ad eam circumferatur die mut. Daher will Friedr. sol ut circum eam feratur. — recessu suo; suo lassen die mut. aus.

45, 180 Das et vor templa lassen die mut. aus; auch K. u. Sorof streichen es; nicht zwingend vgl. a. Ströbel p. 9, was Sorof in d. Anz. v. Ströbels Diss. Phil. Anz. 1884 p. 44 zurückzuweisen sucht. — Statt Nam cum esset geben K. und Sor. cum tamen esset, weil ein Gegensatz gefordert werde.

46, 181 Id enim auribus nostris gratum est P. statt Id enim auribus nostris gratum est inventum. Während kurz zuvor (id inventum) inventum nicht fehlen darf, ist dies andere inventum, das in den Hs. und Ausgaben hinter gratum est steht, offenbar nur durch ein Versehen in den Text gekommen.

46, 181 facile esse possit st. posset, das sprachlich unerträglich ist, mit Ellendt u. Ströbel p. 12.

47, 182 in similitudinem nach α ε γ mit $S. A.$

47, 182 in similitudinem versus st. versuum wohl besser bezeugte und natürlichere Lesart. H.

47, 182 incidamus: altae sunt geminae quibus. Hi tres pedes Henrichsen nach Madvig statt incidamus. † Altae sunt geminae quibus. — si tres [heroi] pedes. Ellendt: arae. P. Das Beispiel ist ohne alle Verbindung eingefügt; vielleicht ut vor incidimus einzuschieben. A.

48, 185 continui sint st. continuum sit nach den mut. mit Friedr., der auch die Interpunktion ändert.

48, 186 aptior ac iucundior, st. atque nach den mut. — et extrema st. extrema mit der besseren Überlieferung.

49, 187 his philosophis st. eis mit den mut. Ströbel p. 73.

49, 189 inveni iam Abrinc. Erl. I und II statt der früheren Lesart: inveni tandem.

49, 189 Stangl a. a. O. S. 281: ego st. eo te ne; unnötig.

49, 190 aut musicorum Abrinc. Erl. I statt ac musicorum.

49, 190 hanc igitur ad legem, inquit, cum ohne Crassus schreibt Friedr. Jahrbb. p. 87. — neque sunt statt nec sunt schon Ellendt; Ströbel p. 67.

49, 191 *verbis finiantur*. Wenn sich dies nur auf den Schluß der Periode bezieht, so paßt dazu das auf den Anfang derselben bezügliche eorumque verborum iunctio nascatur nicht. Darum will Rubner mit Lambin lesen verbornmque st. eorum verborum, K. aber hat die Worte sententiae — eorumque eingeklammert.

50, 194 in vor oratione läßt A aus, nach Orelli[2] auch d. Erl.; Ellendt tilgt es ebenfalls; wohl mit Unrecht.

50, 195 Stangl a. a. O. p. 281 zieht Brut. 181 an und will gegen die Hss. lesen recta aut prava st. ac prava; dagegen Ströbel p. 74.

50, 196 at in eis st. his mit den mut.

51, 197 Quibus utinam — maluissetis statt [Quibus utinam — maluissetis] (so Schütz, Henrichsen, Müller, Kayser).

51, 198 taciti statt tacite mit den mut. u. Stangl a. a. O. p. 282.

52, 199 Sed si habitum iam schreibt Stangl ebdas. Die verschiedene Stellung des etiam giebt noch keinen zwingenden Grund, es auszuwerfen; iam erscheint hier nicht präzis.

52, 201 notum esse vobis, ut eis, qui in armorum tractatione versantur. Hier gehören (auch nach handschriftlichen Spuren: der Abrinc. hat is, der Erl. I bis) die gewöhnlich hinter utatur am Schluß des vorhergehenden § 200 (ut ei qui in armorum tractatione versantur) stehenden Worte hin. Veranlassung zu der Verstellung der Worte gab wahrscheinlich eine in manchen Handschriften vorhandene Lücke, wie denn im Abrinc. und den beiden Erl. die Worte von sic bis utatur ausgefallen sind.

52, 202 plurimum valent ad st. valet et ad die mut. n. Friedr. p. 54.

53, 203 supralatio st. superlatio mit den mut. u. Ströbel p. 29.

53, 205 effrenatio agendi st. effrenatior augendi die mut.

54, 207 et relatio et digressio statt et [relatio et digressio] (so Ellendt).

55, 211 oratores qui sint ... debent videri schreibt Friedr. vor nach d. Überlieferung; debet videri verdächtigt Lambin; Bake tilgt es.

56, 213 petitum ab eo est st. petitum est ab eo nach dem Abr. Friedr. p. 54 hält ab eo für eine Randglosse. — ab Demosthene statt a Demosthene. K. nach Hss.

56, 514 efferretur st. der Lesart der Hss. mit K. und S. A.

57, 215 et ea si satis in actione efficeretur Bake statt sed ea si satis in actione efficeretur. P. Wie viele Vermutungen Bakes bestechend, aber nicht zwingend. Die Hss. geben das Richtige. H.

57, 216 suum quendam a natura habet vultum statt suum quendam natura habet vultum (im Abrinc. und Erl. I II fehlt a).

58, 218 minatur st. minitatur nach den mut.

58, 219 Atreum adtractatum Abrinc. Erl. 1 (Erl. II atractum) statt Atreum attrectatum (Lambin: mecum altercatum).

58, 219 Sed sibi quom tetulit coronam ob coligandas nuptias tibi ferebat; quom simulabat se sibi iam facis dare. So hat Ribbeck com. lat. rel. p. 102 die Worte nach den hs. Spuren des Abrinc. und Erl. I geschrieben: Sed sibi statt der vg. Sed mihi, colligaudas (coligandas) statt collocandas (Lachmann zu Lucret. II p. 136 coiugandas) und se sibi iam facis (faces) dare nach dem se sibi aiaci, dare des Abrinc. und Erl. I (Erl. II se sibi irati) statt sese alteri dari. Bergk, der die Worte für ein Fragment aus einer Tragödie Helena hält, schlug dafür: sese altaribus dare vor.

59, 223 hac vulgus von Friedr. eingeklammert, fehlt in den mut. Nach der mir vorliegenden Kollation des Abr. fehlt vulgus hac. Friedrich Quaest. p. 54 übersieht in seinen Erörterungen ganz, daß es auf actio ankommt, diese movet omnes u. deren bedient sich der vulgus, nun gar in Italien; vulgus kann gar nicht fehlen. Ströbel in der Rez. Phil. Rundschau V, 35 Sp. 1106 scheint Friedr. zu billigen.

59, 224 equidem tamen magno st. equidem magno mit den mut.

60, 226 incitatur. Die mut. lassen incitatur und et vor ea aus. S. verändert incitatur in increbescit, das doch mit dem folgenden in civitate wenig Ähnlichkeit hat, während bei der Flüchtigkeit, die sich in der Auslassung ähnlicher Wörter in den mut. zeigt, incitatur vor inci[vi]tate leicht übersehen werden konnte. Über den Gebrauch von incitare vgl. Ellendt ad I 149. A. Sorofs La. ea tela texitur et ea increbrescit in civitate empfiehlt Ströbel p. 8 gegen die Kaysers: tela texitur ea in civit. H.

61, 227 utile lassen die mut. weg; Schütz tilgte es ebenfalls, zugleich mit dem Zwischensatz nam a principio clamare agreste quiddam est. Schwerlich würde Cicero, hätte er die Zweiteilung in einem Satze von

Anfang an durchführen wollen, illud hinzugefügt, sondern wohl einfach gesagt: hinc gradatim ascendere vocem et suave est, nam ... est, et idem ad firmandam vocem salutare. So aber mißfällt das idem illud und besonders auch die zwei-, mit dem Zwischensatze gar dreimalige Wiederholung des est. Nach alledem glaube ich eher, daß auch hier weniger auf eine abgezirkelte Periode zu denken, als vielmehr der einfache Gesprächston, der sich in kurzen, fast abgerissenen Sätzen, namentlich gegen Ende langer Entwickelungen ergeht, als vom Schriftsteller beabsichtigt zu konstatieren ist. Hierbei kann dem lebhaften Sprecher sehr wohl der Begriff des utile auch für die Sache, d. i. die Rede, sich vor die Seele und auf die Lippen drängen, und Ellendt hat deshalb mit seiner Bemerkung (utilis causae) noch nicht Unrecht, weil im Grunde freilich hier nur von dem Befinden und der Verwendung des Organs die Rede ist. *H*.

61, 230 in vestram quasi succrescit aetatem schlägt Friedr. Jahrbb. p. 87 nach d. Erl. II und Spuren der mut. (Abr. aetatem) vor.

Erklärende Indices.

A.

Academia, Academici I 43; 45; 84; 98. III 62; 67f.; 80; 109 die akademische Schule, von dem reizend gelegenen Gymnasium bei Athen (Ἀκαδήμεια), in dem die Vorträge gehalten wurden, also genannt. Als ihr Begründer und Haupt der älteren Akademie galt Plato, der auch dort begraben lag; diese weicht von Aristoteles, dem Haupt der Peripatetiker, noch nicht viel ab (beide, Platos Nachfolger, besonders Xenokrates, wie Aristoteles waren ja eben des einen Plato Schüler*)). Erst mit dem späteren Vorstand Arkesilas beginnt eine neue Richtung, der neuern Akademie, *nova academia, quae usque ad Carneadem perducta*, qui quartus ab Arcesila fuit', in eadem Arcesilae ratione permansit, Acad. I 12, 46. (Zählt man diese letztere von Carneades an, haec recentior, besonders, so ist die von Arkesilas die mittlere.) Acad. I 4, 17 *Platonis auctoritate, qui varius et multiplex et copiosus fuit, una et consentiens duobus vocabulis philosophiae forma instituta est, Academicorum et Peripateticorum, qui rebus congruentes nominibus differebant. Nam cum Speusippum, sororis filium, Plato philosophiae quasi heredem reliquisset, duo autem praestantissimos studio atque doctrina Xenocratem Chalcedonium et Aristotelem Stagiritem: qui erant cum Aristotele, Peripatetici dicti sunt, quia disputabant inambulantes in Lyceo, illi autem qui Platonis instituto in academia (quod est alterum gymnasium) coetus erant et sermones habere soliti, e loci vocabulo nomen habuerunt*. Acad. I 4, 18 *abundantia quadam ingenii praestabat Aristoteles, sed idem fons erat utrisque et eadem rerum expetendarum fugiendarumque partitio*. ib. 6, 22 utrisque hic bonorum finis adipisci *quae essent prima natura* (d. h. die die Natur als die ersten und einfachsten gewähre) quaeque ipsa per sese expetenda. — Der Hauptgrundsatz in der akadem. Erkenntnistheorie (seit Arkesilas) war — im Gegensatz zum Dogmatismus der Stoiker — daß sich keine Wahrheit mit unumstößlicher Gewißheit beweisen lasse und daß man daher jede Behauptung ebenso gut bestreiten, als verteidigen könne (I 83; 263; vgl. a. 158; 222. III 80; 109; 145) (s. Philo und Peripatetici).

---

*) Vgl. die Genealogie bei Cic.

L. Accius (oder wie der Name auch geschrieben wird Attius) III 27; 154; geb. im J. 170 v. Chr. Obwohl 50 Jahre jünger als Pacuvius, certierte er doch mit diesem, 'cum ille octoginta annos natus esset' im J. 140 (Brut. 229). Da Cicero ihn noch persönlich kannte, so muß er erst in hohem Alter gestorben sein. 'D. Brutus (Galaecus) summus vir et imperator, Accii amicissimi sui carminibus templorum ac monumentorum aditus exornavit suorum'. Als seine schriftstellerische Eigentümlichkeit wird eine gewisse üppig strotzende Kraft und Fülle angegeben (daher venosus, animosum Accii os) und in den noch erhaltenen Fragmenten seiner Tragödien: Achilles, Myrmidones, Clytaemnestra, Andromeda, Antigona (III 158), armorum iudicium (III 154), Atreus (III 217; 219) hat selbst die kräftige Rauheit seiner Sprache mitunter etwas Imposantes.

Achilles III 57.

L. Manlius Acidinus II 260 wahrscheinlich der Mitkonsul des Q. Fulv. Flaccus v. J. 179 v. Chr.

C. Aculeo I 191. II 2; 262. Einl. I § 3, 9. Brut. 264, tüchtiger Jurist und Freund des Crassus, der ihn gegen M. Marius Gratidianus verteidigte.

Acusilas II 53 (Acusilaos) 'ἱστορικὸς πρεσβύτατος' um die Mitte des 5. Jh. v. Chr. soll sich in seiner Darstellung (er schrieb γενεαλογίαι μυθικαί von Göttern und Heroen) an Hesiod angeschlossen haben.

addictus II 255. Nach dem strengen römischen Schuldrecht wurde auch noch in spätern Zeiten (obwohl die frühere Härte im Laufe der Zeiten und durch gesetzliche Bestimmungen mehrfach gemildert war) der insolvente Schuldner auf erhobene Anklage und infolge gerichtlicher Verhandlung dem Gläubiger zugesprochen. Dieser gab nämlich die Summe an, für die er seinen Schuldner behalten wollte, um sich an ihm durch persönlich vom Verhafteten zu leistende Hand- oder sonstige Dienste bezahlt zu machen. Bot niemand mehr, so ließ ihn der Gläubiger auf den gerichtlichen Zuspruch hin abführen. Eine solche Scene scheint in einer der Atellanen des Novius vorgekommen zu sein. Eben als der Gläubiger den ihm nun dienstbaren Schuldner abführen läßt, fragt einer, der, wie es scheint, ein mitleidiges Herz hat, nach dem Kaufpreis, als wolle er den armen Schuldner loskaufen. Aber als ihm nun die Zuschlagssumme genannt wird und alle erwarten, er werde mehr bieten, gebt der Schalk mit seinem nihil addo, ducas licet davon.

Sextus Aelius Paetus, Catus I 198; 212; 240. III 133. Konsul im J. 198 mit T. Quinctius Flamininus, Censor 184, iuris quidem civilis omnium peritissimus, sed etiam ad dicendum paratus, Brut. 78; qui egregie cordatus et catus fuit et ab Ennio dictus est, non quod ea quaerebat, quae numquam inveniret, sed quod ea respondebat, quae eos, qui quaesissent, et cura et negotio solverent, de rep. I 30; als juristischer Schriftsteller hauptsächlich dadurch berühmt, daß er hundert Jahre nach dem ius Flavianum (s. Flavius) das gesamte Privatrecht in drei Hauptteilen aufstellte, die s. g. Tripertita des Sextus Aelius, auch ius Aelianum genannt, von denen der 1. Teil die XII Tafeln, der 2. die interpretatio und der 3. die legis actiones enthielt. Pompon. Dig. 1, 2, 2 § 38. Sex. Aelium etiam Ennius laudavit et exstat illius liber qui inscribitur Tripertita, qui liber veluti cunabula iuris continet. Tripertita autem dicitur, quoniam lege XII tabularum praeposita iungitur interpretatio, deinde subtexitur legis actio. (legis actio = pontificum libri oder pontificum monumenta, weil sich die legis actiones samt den dies fasti und nefasti in ältester Zeit in den libri pontificum verzeichnet fanden.)

Aeliana studia I 193 (III 197) das Studium des römischen Altertums, die historisch-philologischen Studien, so genannt von *L. Aelius Praeconinus Stilo* aus Lanuvium (s. a. zu I 265; vgl. III 197), der im J. 100 Q. Metellus Numidicus ins Exil begleitete und später noch Lehrer des Varro und Cicero war. Brut. 205

Fuit is omnino vir egregius et eques Romanus cum primis honestus, idemque *eruditissimus* et *Graecis litteris* et *latinis antiquitatisque nostrae* et in inventis rebus (als Inbegriff alles innern geistigen Lebens in Einrichtungen, Sitten, Wissenschaft u. Kunst) et in actis (der äußern politischen Geschichte) scriptorumque veterum litterate (philologisch) peritus. Er kann daher als der eigentliche Begründer der philologisch-grammatischen Studien unter den Römern gelten; und schrieb von der stoischen Philosophie ausgehend (Stoicus esse voluit) über die Grammatik, über die wichtigsten Denkmale der lateinischen Sprache, die axamenta (ἄσματα) Saliorum (s. Numa), die XII Tafeln und überhaupt über röm. Litteratur und Antiquitäten in der Richtung, in welcher ihm später sein Schüler, der gelehrte Polyhistor M. Terentius Varro folgte. Varro L. L. VII 2 p. 117 Aelii hominis in primis in litteris Latinis exercitati *interpretationem carminum Saliorum* videbis et exili littera expeditam et praeterita multa obscura. Suet. de gramm. 2 Aelius cognomine duplici fuit; nam et Praeconinus, quod pater eius praeconium fecerat, et Stilo, quod orationes nobilissimo cuique solebat. [M. Voigt (Über das Aelius- und Sabinus-System, im 7. Bande der Abhandlungen der philol.-historischen Klasse der Kgl. Sächs. Akad. d. Wissenschaften. No. IV. Leipzig 1874. 4) bezieht die studia Aeliana nicht auf den *Aelius Stilo* sondern auf den vorhin angeführten *Sextus Aelius Paetus Catus.* Er unterscheidet nämlich drei Perioden der juristischen Litteratur 1. die Periode der Publikation des ius Flavianum. Darauf geht I 180 posteaquam est editum — quondam fuerunt. 2. Periode, das Zeitalter Ciceros, I 188 Adhibita est — constringeret. 3. Periode, erhofft von der Zukunft, I 188 sit ergo in iure civili finis hic — exprimendum und 190 primum omne ius civile — declaret. Die *studia Aeliana* aber bezögen sich nicht auf das Studium der Rechtswerke der 1. juristischen Litteraturperiode. *Aelius Stilo* sei zwar Erklärer von altertümlichen Worten der XII Tafeln, aber kein juristischer Fachschriftsteller. Repräsentant der Rechtswerke der 1. Litteraturperiode sei die Tripertita des Sex. Aelius.]

L. Aemilius Paulus s. Paulus.
M. Aemilius Porcina s. Lepidus.
M. Aemilius Scaurus s. Scaurus.

Aeschines I 45 der akademische Philosoph aus Neapel und Schüler des Melantbios aus Rhodus, der unter den Schülern des Carneades wegen seiner suavitas gerühmt wird.

Aeschines II 94. **III** 28; 213 der Redner und bekannte Gegner des Demosthenes, geb. zu Athen im J. 389, angeblich Begründer der Rednerschule auf Rhodus, wo er in der Verbannung lebte. Seine drei erhaltenen Reden werden mit den drei Grazien und seine neun (verloren gegangenen) Briefe mit den neun Musen verglichen. Er starb auf Samos 314. Die bedeutendste seiner Reden war die κατὰ Κτησιφῶντος (gegen Demosthenes), im Jahre 330 gehalten (die Klage war schon acht Jahre früher anhängig gemacht). Ktesiphon hatte nach der Schlacht bei Chäronea im J. 338 den Antrag gestellt, dem Demosthenes wegen seiner Verdienste um das Vaterland einen goldenen Kranz zu bewilligen, ὡς δεῖ στεφανῶσαι Δημοσθένην χρυσῷ στεφάνῳ καὶ ἀναγορεῦσαι ἐν τῷ θεάτρῳ Διονυσίοις τοῖς μεγάλοις, ὅτι στεφανοῖ ὁ δῆμος Δημοσθένην χρυσῷ στεφάνῳ ἀρετῆς ἕνεκα καὶ εὐνοίας ἧς ἔχων διατελεῖ εἴς τε τοὺς Ἕλληνας ἅπαντας καὶ τὸν δῆμον τὸν Ἀθηναίων καὶ ἀνδραγαθίας καὶ διότι διατελεῖ πράττων καὶ λέγων τὰ βέλτιστα τῷ δήμῳ καὶ πρόθυμός ἐστι ποιεῖν ὅ τι ἂν δύνηται ἀγαθόν (Dem. p. cor. c. 54). Dagegen trat nun Aeschines, indem er aus formellen Gründen die Gesetzmäßigkeit des Antrags bestritt, mit einer γραφὴ παρανόμων auf; sein Angriff aber galt eigentlich seinem politischen Gegner Demosthenes. Dieser aber verteidigte sich bekanntlich in seiner berühmten Rede περὶ στεφάνου auf das Glänzendste 'ad quod iudicium concursus dicitur e tota Graecia factus esse. Quid enim tam aut visendum aut audiendum fuit quam summorum oratorum in gravissima causa accurata et inimicitiis incensa oratio?' Aeschines völlig besiegt und verurteilt, verließ Athen und ging nach Rhodus. — Cicero hat beide Reden, die des Aeschines und Demosthenes, ins Lat. übersetzt, und die Vorrede zu dieser Übersetzung besitzen wir noch unter dem Titel: de optimo genere oratorum.

Aeschylus III 27 s. tragici.

Aesopus I 259. III 102 war in der Tragödie was Roscius in der Komödie, ein Meister im tragischen Spiel und daher der Liebling des röm. Publikums. Er spielte mit großer Virtuosität die tragischen Protagonistenrollen, z. B. den Agamemnon, den Ajas, die Andromache u. s. w. de div. I 80 vidi in Aesopo tantum *ardorem vultuum* atque *motuum*, ut eum vis quaedam abstraxisse a sensu mentis videretur.

Africani I 210. II 290 s. Cornelii.

Agesilaus III 139, der bekannte spartanische König. Die Behauptung Ciceros, daß Xenophon ihn unterwiesen habe, ist wohl nur darauf zurückzuführen, daß er auf den asiatischen Feldzügen in der Begleitung des Königs gewesen u. sehr vertraut mit ihm geworden war. Des Xen. Ἀγησίλαος ist eine fast als Charakteristik aufzufassende Lobrede auf den König.

Aglaophon III 26 aus Thasos, Vater und Lehrer des berühmten Malers Polygnot. Die Zeit seiner Blüte fällt um 500 v. Chr. Über seine Werke sind wir äußerst mangelhaft unterrichtet. Doch dürfen wir wohl aus den Werken seines Sohnes — des Schöpfers der Gemälde in der Lesche zu Delphi, in der Poikile zu Athen, in den Tempeln der Dioskuren u. des Theseus zu Athen, in der Pinakothek der Propyläen u. a. — auf den Charakter seiner Kunst im allgemeinen einen Schluß machen. Seine Darstellungen mögen sich auch noch vorzugsweise in der Welt der Heroen bewegt haben.

Die Wirkung seiner Gemälde beruhte nicht auf der durch Licht und Schatten bedingten Farbenwirkung (soweit war die Technik noch nicht vorgeschritten) noch auf irgend welchen von außen hinzutretenden Reizen, sondern lediglich auf dem in den großartigen Gestalten selbst liegenden inneren Ethos.

Aiax Telamonius II 193 (Bruder des Teukros).

Aiaces Oilei II 265. 'Λοκρῶν δ' ἡγεμόνευεν Ὀιλῆος ταχὺς Αἴας, μείων οὔ τι τόσος γε ὅσος Τελαμώνιος Αἴας.'

Albanum II 221.

Albucius II 281; III 171; Einl. I § 14, 166 ff.; Brut. 131 Doctus etiam Graecis T. Albucius vel potius paene Graecus. de fin. I 8 f. nisi qui se plane Graecum dici velit, ut a Scaevola est praetore salutatus Athenis Albucius. Quem quidem locum cum multa venustate et omni sale idem Lucilius, apud quem praeclare Scaevola:

Graecum te, Albuci, quam Romanum atque Sabinum —
Maluisti dici. Graece ergo praetor Athenis,
Id quod maluisti, te cum ad me accedi' saluto:
Χαῖρε, inquam, Tite, lictores turma omni' cohorsque:
Χαῖρε, Tite; hinc hostis mi Albucius, hinc inimicus.

Sed iure Mucius. Ego autem satis mirari non queo, unde hoc sit tam insolens domesticarum rerum fastidium. Lucilius hatte also in einer seiner Satiren an der dazu besonders geeigneten Person des Albucius die Gräkomanie einzelner seiner Zeitgenossen gegeißelt.

Alcibiades II 93; III 139 educatus est in domo Pericli, *eruditus a Socrate* (Corn. Nep. Alc. c. 2); disertus ut inprimis dicendo valeret, quod tanta erat commendatio oris atque orationis, ut nemo ei dicendo posset resistere (ibid. c. 1). Brut. 29 mit Critias und Theramenes zusammengestellt: quibus temporibus quod dicendi genus viguerit, ex Thucydidis scriptis, qui ipse tum fuit, intellegi maxime potest. *Grandes erant verbis, crebri sententiis, com-*

pressione rerum breves et ob eam ipsam causam interdum subobscuri.

Alexander II 341; III 141.

Anaxagoras III 56; 138 geb. zu Klazomenä in Lydien 496 v. Ch., gehört zwar noch, wie sein Zeitgenosse Democrit, zu den ionischen (Natur-)Philosophen (physicus), ging aber bereits bedeutend weiter, dadurch, daß er die erste Bewegung der Urkörper nicht von diesen selbst, sondern von einem dem Stoffe entgegengesetzten ordnenden Geiste (*νοῦς διακοσμῶν*) ausgehen ließ. Nach vielen Reisen kam er um 456 v. Ch. nach Athen, wo er als Lehrer u. Freund des Perikles u. anderer bedeutender Männer in großem Ansehn stand. Er starb zu Lampsacus im J. 430. Brut. 44 (s. ind. Perikles). Or. 15 *nec latius neque copiosius* de *magnis variisque rebus sine philosophia potest quisquam dicere*, *si quidem etiam in Phaedro Platonis* (p. 269 E. f.) *hoc Periclen praestitisse ceteris dicit oratoribus Socrates, quod is Anaxagorae physici fuerit auditor; a quo censet eum, cum alia praeclara quaedam et magnifica didicisse, tum uberem et fecundum fuisse, gnarumque (quod est eloquentiae maximum) quibus orationis modis quaeque animorum partes pellerentur*.

[**Andromacha Aechmalotis**] III 102. Ribbeck trag. lat. rel. p. 21. Die ganze Stelle lautete, soweit sie erhalten ist (es sind erst drei cretici tetram., dann drei troch. tetram. catal.), also s. a. Tusc. III 44 f.:

Quíd petam praésidi aut éxequar?
  quóve nunc
Aúxilio aut éxili aút fugae fréta
  sim?
Árce et urbe órba sum. Quo
  áccidam? quo ápplicem?
Quoí nec arae pátriae domi stant,
  fráctae et disiectaé iacent.
Fána flamma déflagrata, tósti alti
  stant párietes.
Déformati atque ábiete crispa.

Und weiter (anapaest. dimetr.):

O páter o patria o Príami domus
saeptum áltisono cardíne templum!
Vidi égo te adstante ope bárbarica
tectís caelatis lácuatis (laqueatis)

auro ébore instructam régifice.
Haec ómnia vidi inflámmari,
Priamó vi vitam evítari,
Jovis áram sanguine túrpari.

Der Vater der Andromache war *Eetion*, König von *Theben* in Kleinasien, dessen Stadt Achilles zerstörte. Hom. Il. Z 395 ff.

annales II 52 die offizielle Stadtchronik (s. pontif. libri a. E.); diese bezeichnet auch Quint. X 2, 7 als Anfang römischer Prosa. Noch in einzelnen Stellen des Livius (II 19) ist die nüchterne Aufzählung der Jahrbücher zu erkennen.

L. Caelius Antipater II 54; III 153; Brut. 102 *scriptor, ut temporibus illis* (nämlich der 2. Hälfte des 2. Jh.) *luculentus, iuris valde peritus, multorum etiam, ut L. Crassi, magister*, ein Freund des Laelius, dem er seine Geschichte des 2. pun. Krieges widmete (Or. 230). de legg. I 6 *Fannii* (des Schwiegersohnes des Laelius) *autem aetati coniunctus Antipater paullo inflavit vehementius, habuitque vires agrestes ille quidem atque horridas, sine nitore ac palaestra, sed tamen admonere reliquos potuit, ut accuratius scriberent*. Fronto nennt ihn einen Nachahmer des Ennius, nach dessen Stil er sich gebildet habe, wie er denn wohl zuerst wirklich mit einiger Sorgfalt auf den stilistischen Ausdruck achtete, ohne jedoch im Ganzen über die Chronikenweise hinauszukommen.

Antipater aus Sidon III 194 ein griech. Dichter um 100 v. Ch., von dem in der Anthologica graeca noch einige Epigramme erhalten sind. – Plin. nat. h. VII 52, 172 Antipater Sidonius poeta omnibus annis uno die tantum natali corripiebatur febri et eo consumptus est satis longa senecta.

Antipho II 242.

Antisthenes III 62 aus Athen (um 400), anfangs des Rhetors Gorgias, später aber Sokrates' Schüler, *παρ' οὗ καὶ τὸ καρτερικὸν λαβὼν καὶ τὸ ἀπαθὲς ζηλώσας κατῆρξε πρῶτος τοῦ κυνισμοῦ. διελέγετο δ' ἐν τῷ Κυνοσάργει γυμνασίῳ μικρὸν ἄποθεν τῶν πυλῶν· ὅθεν τινὲς καὶ τὴν κυνικὴν φασιν ἐντεῦ-*

θεν ὀνομασθῆναι, Diog. L. VI 1. In der Ethik, worauf er (wie dieses bei den nachsokratischen Philosophenschulen überhaupt der Fall ist) sein Hauptaugenmerk richtet, lehrte er die αὐτάρκεια der ἀρετή πρὸς εὐδαιμονίαν. Hierin (de or. I 225) wie in der oben erwähnten ἀπάθεια (patientia) lagen die Keime von dem, was hernach Zeno von Cittium, der eigentliche Gründer der stoischen Schule, weiter ausbildete, wie im καρτερικόν (duritia) der Keim dessen, was der eigentliche Cyniker, Diogenes von Sinope, weiter entwickelte.

M. Antistius Pyrgensis II 287 (aus Pyrge, einem Küstenort Etruriens) sonst nicht weiter bekannt.

M. Antonius Einl. I § 11. Über seinen Tod: Vell. II 22 M. Antonius princeps civitatis atque eloquentiae, gladiis militum, quos ipsos facundia sua moratus erat, iussu Marii Cinnaeque confossus est. Valer. Max. VIII 9, 2 Missi a saevissimis ducibus milites ad M. Antonium obtruncandum, sermone eius obstupefacti destrictos iam et vibrantes gladios cruore vacuos vaginis reddiderunt. Quibus digressis P. Antronius (is enim solus in ambitu expers Antonianae facundiae steterat) crudele imperium truculento ministerio peregit. ibid. IX 2, 2 Idem (Marius) caput M. Antonii abscissum laetis manibus inter epulas per summam animi ac verborum insolentiam aliquamdiu tenuit, clarissimique et civis et oratoris sanguine contaminari mensae sacra passus est.

Apelles III 26 nach einigen zu Kolophon, nach anderen zu Ephesos, wieder nach andern zu Kos geboren, ein Zeitgenosse Alexanders d. Gr., der nur von ihm gemalt sein wollte. Unter seinen vielen Gemälden war um des künstlerischen Ausdrucks, der zartesten Reize körperlicher Schönheit willen das berühmteste die Aphrodite Anadyomene. Ein Seitenstück zu dem Kairos des Lysipp (s. Lysippus) war die Darstellung der Verleumdung, gleichfalls eine vollständige Allegorie. Er selbst setzt seinen Hauptvorzug in die Grazie, χάρις; wie er denn überhaupt mehr durch die höchste Vollendung der Form, als durch Idealität des Inhalts ausgezeichnet ist. Seine künstlerische Phantasie ward durchaus von der Reflexion beherrscht u. geleitet (ähnlich wie bei Euripides); in der Technik dagegen, der Zeichnung sowohl als der Farbenwahl und der effektvollen, reizend-anmutigen Behandlung ist er unübertroffener Meister.

Apenninus (mons) III 69 als Wasserscheide zwischen den Flüssen des adriatischen und tyrrhenischen Meeres. Lucan. Phars. II 404 Fontibus hic vastis immensos concipit amnes *fluminaque in gemini spargit divortia ponti.*

Apollo Pythius I 199.

Apollonius I 75; 126; 130 aus Alabanda, einer Stadt in Karien (Alabandensis), ist derselbe, den Strabo XIV, 2 Μαλακός nennt. Er zog von seiner Vaterstadt nach dem als Sitz der Wissenschaften u. besonders seit dem attischen Redner Aeschines (III 213) durch seine Rednerschulen berühmten Rhodus, wo er gegen Honorar rhetorischen Unterricht erteilte. Hier hat ihn Scaevola im J. 120 gehört. — Dieser Apollonius darf übrigens mit seinem Landsmann, dem Rhetor Molo — also gleichfalls Alabandensis — nicht verwechselt werden, der auch von seiner Vaterstadt nach Rhodus übersiedelte u. in Rom, wie später in Rhodus, Ciceros Lehrer war. Brut. 316.

Appius II 246 vielleicht der Vater des berüchtigten Volkstribunen Clodius, so daß Cic. die Gelegenheit benutzt hätte, dem unsauberen Vater des unsauberen Sohnes durch den Mund Caesars auch einen Treff zu geben. Jedenfalls ist dieser Appius verschieden von dem

Appius II 284, den Caesar ebendeshalb, offenbar um ihn von jenem 'iste qui se vult dicacem et mehercule est Appius' (II 246) zu unterscheiden, als *Appius ille maior* bezeichnet. Wenn ihn aber Caesar (nicht Cicero, was Th. Mommsen übersehen hat) im J. 91 so nennt, so kann hier der eben erwähnte Vater der bekannten Brüder Appius und Publius, der Prätor des J. 89, Konsul d. J. 79, auf keinen Fall, sondern es muß ein früherer gemeint sein. Daß übrigens dieser II 284 genannte Appius bereits zur Zeit des Thorischen Gesetzes im J. 118 Senator gewesen, läßt sich (so wahrscheinlich es auch an sich ist) aus unserer Stelle mit Bestimmtheit freilich nicht schließen, da in der berührten Senatssitzung nicht gerade über die Einbringung des Thorischen Plebiscits verhandelt zu sein braucht, sondern von dessen nachmaliger Ausführung und Aufrechterhaltung die Rede gewesen sein kann.

applicatio, ius applicationis I 177. Der Peregrine, der sich nur vorübergehend in Rom aufhielt, fand dort einen Gastfreund, dessen heilige Pflicht es war, ihm in Rechtshändeln beizustehen, oder er wendete sich um Rat u. Fürwort an den Patron seines Landes oder seiner Stadt, der nicht bloß die Interessen der Gesamtheit, sondern auch der einzelnen Angehörigen vertrat. Bei den Peregrinen aber, die sich in Rom irgend bleibend niederließen, war es von Alters her gewöhnlich, daß sie sich in die Klientel eines Römers begaben, und dies hieß applicatio, ein Verhältnis, das ursprünglich die volle Bedeutung des Patronats hatte, aber, wie wir bei Erwähnung des Falls a. a. O. sehen (wo der Patron sich ein Intestaterbrecht an dem Vermögen eines solchen Klienten zugeschrieben), zu Crassus' Zeit bereits ein verschollenes und fast außer Gebrauch gekommenes Recht war. Die Applikation war allmählich in das freiere Verhältnis zwischen einem vermögenden Mann und dem in seinen Schutz sich Befehlenden übergegangen.

Appuleia lex de maiestate II 107; 201 so genannt von ihrem Urheber, dem berüchtigten Tribunen L. Appuleius Saturninus, aus dem J. 100, etwa so: 'uti tribuno plebem roganti qui obstiterit maiestatis reus esset'.

M'. Aquilius II 188; 194 ff.; 124. Einl. I § 11, 121. Verr. V 3 Venit mihi in mentem, in iudicio M'. Aquilii quantum auctoritatis, quantum momenti oratio M. Antonii habuisse existimata sit: qui, ut erat in dicendo non solum sapiens, sed etiam fortis, causa prope perorata ipse arripuit M'. Aquilium constituitque in conspectu omnium tunicamque eius a pectore abscidit, ut cicatrices populus Romanus indicesque adspicerent adverso corpore exceptas; simul et de illo vulnere, quod ille in capite ab hostium duce acceperat, multa dixit eoque adduxit eos, qui erant iudicaturi, vehementer ut vererentur, ne, quem virum fortuna ex hostium telis eripuisset, cum sibi ipse non pepercisset, hic non ad populi Romani laudem, sed ad iudicum crudelitatem videretur esse servatus.

Aratus I 69 aus Soli in Cilicien, geb. um 280, lebte später am Hofe des Königs Antigonus Gonatas von Macedonien. Das Werk, auf das hier angespielt wird, ist sein Lehrgedicht: Φαινόμενα (Sternerscheinungen) καὶ διοσημεία (Wetterzeichen), das von Cic. selbst ins Lat. übersetzt ist, de rep. I 22 sphaerae omnem ornatum et descriptionem — non astrologiae scientia, sed poetica quadam facultate versibus A. extulisse. Er gehörte (wie Nikander) zu den alexandrinischen Dichtern, die absichtlich zu poet. Bearbeitung gerade solche Stoffe wählten, die ihnen Gelegenheit boten, ihre außerordentliche Gelehrsamkeit daran zu beweisen. Quint. X 1, 55 Arati materia motu caret, ut in qua nulla varietas, nullus affectus, nulla persona, nulla cuiusquam sit oratio; sufficit tamen operi, cui se parem credidit.

Arcesilas (oder Arkesilaos) III 67; 80 aus Pitäne, einer der zwölf Küstenstädte des kleinasiatischen Äoliens, lebte von 316—241 v. Ch., Schüler des Theophrast und des Akademikers Polemo, war nach Krates' Tod lange Zeit Oberhaupt der akademischen Schule und gilt gewöhnlich als der eigentliche Stifter der s. g. mittleren Akademie (s. Academia). Über seine sokratische Methode vgl. de fin. II 2 Arc. — instituit, ut ei, qui se audire vellent, non de se quaererent, sed ipsi dicerent, quid sentirent; quod cum dixissent, ille contra; sed qui audiebant, quoad poterant, defendebant sententiam suam. Über seine akademischen erkenntnistheoretischen Grundsätze gegenüber dem Dogmatismus der Stoiker vgl. Acad. I 45 negabat esse quidquam, quod sciri posset, ne illud quidem ipsum quod Socrates sibi reliquisset (s. Socr.), sic omnia latere in occulto; neque esse quidquam quod cerni aut intellegi posset, quibus de causis nihil oportere neque profiteri, neque affirmare quemquam, neque assensione approbare etc., de nat. deor. I 70 urgebat Arcesilas Zenonem, cum ipse *falsa omnia diceret, quae sensibus viderentur*, Zeno autem nonnulla visa esse falsa, non omnia.

Archimedes III 132 geb. zu Syrakus 287 v. Ch., gest. 212 v. Ch., der bekannte größte Mathematiker und Mechaniker (ὁ μηχανικός) ein Schüler Euklids, 'unicus spectator caeli siderumque, mirabilior tamen inventor ac machinator bellicorum tormentorum operumque', durch welche Syrakus im J. 212 gegen die Römer verteidigt wurde, Liv. XXIV 34, 2. Seine ausgezeichneten Leistungen in der Geometrie und Stereometrie (er schrieb περὶ τῆς σφαίρας καὶ κυλίνδρου, κύκλου μέτρησις, περὶ κωνοειδέων καὶ σφαιροειδέων u. s. w.), wie in der Mechanik (er erfand unter andern den Flaschenzug, μηχάνημα πολύσπαστον, die Schraube ohne Ende und die Wasserschraube) und in der Astronomie (besonders durch sein künstliches Planetarium) sichern ihm seinen Ruhm für alle Zeiten. (Die drei bekannten Worte εὕρηκα, δύς μοι ποῦ στῶ καὶ τὰν γᾶν κινάσω, und noli turbare circulos meos.) Sein von den Syrakusiern vergessenes Grab mit einem Cylinder und einer Kugel fand Cicero als Quästor im J. 76; s. Tusc. V 64.

Archytas III 139 aus Tarent, zwischen 400—365 v. Ch., Schüler des Pythagoreers Philolaos, mit Plato befreundet. Er war wiederholt Strateg seiner Vaterstadt und als Feldherr ausgezeichnet.

Argonautae I 174. Argonautarum navis, 'quae nunc nominatur Argo, quia Argivi in ea dilecti viri vecti petebant pellem inauratam arietis Colchis, imperio regis Peliae, per dolum' Ennius bei Rhet. ad Her. II 22, 34 ff.

Aristides II 341 'Lysimachi filius, Atheniensis' Corn. Nep.

Aristippus III 62 aus Kyrene geb. 404 v. Ch. ἀφιγμένος δὲ Ἀθήναζε κατὰ κλέος Σωκράτους, dessen Schüler er ward. Später trat er selbst als Lehrer auf, erst in Aegina, dann zu Syrakus am Hofe des jungen Dionysius, zuletzt in Athen neben Plato, wo er denn auch den Grund zu der von seinem Geburtsort so benannten Cyrenaischen Schule legte. Von dem, worin als das summum bonum setzten (Aristippo *simplex voluptas* sc. finis bonorum est, de fin. II 34), der ἡδονή, hießen sie auch die Hedoniker. An dies Prinzip schloß sich später im allgemeinen, jedoch unter mehrfachen Modifikationen Epicurus und seine Schule an (s. Epicurus). de fin. I 23 (Epicurus ad *voluptatem* et *dolorem*) refert omnia, quod — Aristippi est a Cyrenaicisque melius liberiusque defenditur. Vgl. de fin. II 39 primum Aristippi Cyrenaicorumque omnium (sc. sententias a philosophia semovendas putabo) quos non est veritum, in ea *voluptate quae maxima dulcedine sensum moveret*, summum bonum ponere, contemnentes istam *vacuitatem doloris*.

Aristophanes III 132 aus Byzanz, einer der berühmtesten alexandrinischen Philologen (Grammatiker u. Kritiker), Schüler des Zenodot u. Eratosthenes, Lehrer des Aristarch, um 264 Vorsteher der alexandrin. Bibliothek. Unter seinen kritischexegetischen Arbeiten ist die διόρθωσις des Homer, die er besorgte, am bedeutendsten.

Aristoteles I 43; 49; 55. II 43; 58; 152; 160. III 62; 67; 71; 80; 141; 152 aus Stagira am strymon. Meerbusen, geb. 384, gest. 322 v. Ch. 'Peripateticorum veterum princeps'. Or. 172 quis omnium doctior, quis acutior, quis in rebus vel inveniendis vel iudicandis acrior Aristotele fuit? 46 Haec igitur quaestio a propriis personis et temporibus ad universi generis orationem traducta appellatur *θέσις*. In hac Aristoteles adulescentes non ad philosophorum morem tenuiter disserendi, sed ad copiam rhetorum in utramque partem ut ornatius et uberius dici posset exercuit, idemque locos (sic enim appellat) quasi argumentorum notas tradidit, unde omnis in utramque partem traberetur oratio.

Aristoxenus III 132 aus Tarent um 318 v. Ch., Schüler des Aristoteles. Von seinen Schriften sind die *ἁρμονικὰ στοιχεῖα* in 3 Büchern noch erhalten; er ist der erste eigentliche wissenschaftliche Musiker. Gell. IV 11, 4 A. musicus, vir litterarum veterum diligentissimus, Aristoteli philosophi auditor.

Asclepiades I 62 aus Prusa in Bithynien, war nach Rom gekommen, um daselbst die Redekunst zu erlernen, widmete sich aber dann der Medizin und ward bald ein so berühmter Arzt, daß ihn Mithridates, jedoch vergeblich, durch große Versprechungen an seinen Hof zu ziehen suchte; — suprema in senecta lapsu scalarum exanimatus, Plin. nat. h. VII 124.

Tib. Claudius Asellus II 258; 268 war wegen seiner Sittenlosigkeit (Gell. VI 11, 9) von dem jüngern Scipio im J. 142 bei Abhaltung des census durch die nota censoria degradiert worden (Gell. III 4, 1 cui sc. Asello equum in censura ademerat). Um sich dafür zu rächen, klagte ihn später im J. 139 Asellus als Volkstribun beim Volke an u. warf ihm namentlich vor, das Unglück, das den römischen Staat nach seiner Censur in einer schweren Pest betroffen, sei Scipios Schuld, hauptsächlich wohl weil er bei dem feierlichen Schluß der Sühnung die Gebetsformel (carmen) um die salus publica eigenmächtig verändert und nicht gesprochen habe: precor ut p. R. res meliores ampliores faciant, sondern ut perpetuo incolumes servent (Valer. Max. IV 1, 10). Daher der Vers bei Lucilius (Gell. IV 17, 1):

Scipiadae magno improbus obiciebat Asellus
Lustrum illo censore malum infelixque fuisse.

Natürlich warf ihm Asellus auch die Ungerechtigkeit jener censorischen nota vor und berief sich dabei auf die vielen Feldzüge, die er als eques mitgemacht habe. Scipio mußte sich gegen die Anklagen verteidigen, und aus diesen seinen Verteidigungsreden sind die Stellen, deren Cic. gedenkt, vermutlich entlehnt.

Asiatici III 43.

Athenae I 13; 45. II 360. III 43. Vell. I 18 una urbs Attica pluribus auctoribus eloquentiae quam universa Graecia operibusque floruit.

Attici II 217 der attische Witz war so berühmt, daß Cic. im Or. 90 geradezu behaupten konnte: quidquid est salsum — in oratione, id proprium Atticorum est (Quint. VI 3, 18). Vgl. de off. I 104.

auctoritas senatus ist ein vorläufiger Entscheid, eine Erklärung, ein Gutachten des Senats; diese auctoritas wird ein consultum nur dann, wenn keine Intercession dagegen stattfindet, oder die stattgehabte zurückgezogen wird. Ein solches Gutachten (gegen dessen Erhebung zum senatus consultum, zum allseitig bindenden Beschluß intercediert worden war) zu Protokoll nehmen u. den offiziellen Akten einverleiben, so daß es nachher offizielle Grundlage für neue Verhandlungen wurde, heißt auctoritatem perscribere: ad Fam. VIII 8, 6 si quis huic S. C. intercessisset, senatui placere *auctoritatem perscribi* et de ea re ad senatum populumque referri u. ebd. 8 Si quis huic S. C. intercessisset, *auctoritas perscriberetur*. Vgl. a. in Catil. 3, 13 Et quoniam nondum est perscriptum sen. consultum, ex memoria vobis, Quirites, quid senatus censuerit, exponam. Auctoritates perscriptae sind also offenbar offizielle Protokolle von Senatsgutachten. — Die Namen derjenigen Senatoren, die bei der offiziellen schriftlichen Abfassung eines Senats-Gutachtens oder -Beschlusses persönlich gegenwärtig waren (qui scribendo adfuerunt) und gewissermaßen als die besondern amtlichen Vertreter desselben galten, wurden dem Senatsbeschluß vorgesetzt. Dies heißt praescribere u. diese das Aktenstück einleitenden Namen, das Datum u. der Ort der Verhandlungen u. s. w. praescriptio; vgl. die obigen Stellen ad Fam. VIII 8 und ad Fam. V 2, 4 illud seu. consultum ea praescriptione est. Auctoritates praescriptae — wenn anders die Überlieferung an irgend einer Stelle so zu lesen zwingt — wären also die durch ihre vorgesetzte Namensunterschrift erklärten Bürgen oder Urheber einer solchen öffentlichen Urkunde. de or. III 5.

Aurifex II 245.

auspicia I 39. Crassus u. Scaevola gehörten zum Augurenkollegium, das seit der lex Ogulnia v. J. 300 v. Ch. bis auf Sulla aus neun Mitgliedern bestand u. über die Auspicien und Augurien zu wachen hatte, d. h. über die Himmelserscheinungen u. sonstigen mannigfachen Zeichen, aus denen man den Willen der Götter zu erkennen suchte. Da diese Augurien und Auspicien mit fast allen staatsrechtlichen Handlungen in Verbindung standen, so hatte sich mit der Zeit durch Tradition ein sehr umfangreiches und vielverzweigtes System der Augurien- und Auspicienbeobachtung gebildet, das in den Auguralbüchern und deren Kommentaren niedergelegt war und zu seiner Kenntnis und Handhabung ein sorgfältiges Studium verlangte. Auguralkunde und Rechtskunde gingen Hand in Hand, und Auguren waren daher in der Regel (wie z. B. die Mucier) auch tüchtige Juristen. — Wie viel übrigens vom Kollegium der Auguren für das Staatswohl abhing, ist leicht einzusehen, wenn man ihren Geschäftskreis bedenkt, daß unter anderen die Abhaltung der comitia centuriata (alio die) u. das jedesmalige Aufgebot des Heeres von der Anstellung der Auspicien abhängig war; daß wenn der höchste Magistrat die Gottheit um die salus populi bitten wollte, die Auguren zuvor ermitteln mußten, ob der Tag dazu geeignet sei (inaugurare salutem populi), daß die Legalität vieler staatsrechtlichen Akte von ihrem Gutachten über die richtige Beobachtung der vorgeschriebenen Formen abhing, daß sie die Verpflichtung hatten, die zur Anstellung der Auspicien geweihten Lokalitäten zu erhalten, und daher unter Umständen den Privaten befehlen konnten, ihre Häuser abzutragen, wo diese die freie Aussicht vom auguraculum versperrten, daß sie überhaupt den Staat religionum auctoritate leiteten. Mit Rücksicht auf diese ihre große Bedeutung stellt Cic. die auspicia sogar dem senatus an Wichtigkeit gleich und bezeichnet beide als duo firmamenta reipublicae.

B.

Q. Lucilius Balbus III 78 in Ciceros Schrift de natura deorum Sprecher der stoischen Schule. de nat. deor. I 15 aderat etiam Q. Lucilius Balbus, qui tantos progressus habebat in Stoicis, ut cum excellentibus in eo genere Graecis compararetur. S. Bruder:

S. Lucilius Balbus ist der Brut. 154 erwähnte, der sich besonders an die Mucier anschloß und wiederum des Rechtsgelehrten Ser. Sulpicius Rufus Lehrer war, 'doctus et eruditus homo'.

L. Calpurnius Bestia II 283. Brut. 128 bonis initiis orsus tribunatus (nam P. Popillium vi C. Gracchi expulsum sua rogatione restituit im J. 121) vir *et acer et non indisertus*; wurde als Konsul im J. 111 mit der Führung des Kriegs gegen Jugurtha beauftragt — hier war Scaurus sein Legat —; ließ sich aber von Jugurtha bestechen und schloß mit ihm Frieden iniussu populi et senatus. Später war er mit unter denen, die nach der lex Varia im J. 90 verbannt wurden. Einl. I § 11, 130.

Brulla III 88, sonst nicht weiter bekannt.

L. Iunius Brutus, 'qui tantum gloriae Superbo exacto rege meruit' (Liv. II 1) I 37. II 225. Brut. 53.

M. Iunius Brutus II 142; 223 u. 226, um 150 v. Ch., 'qui iuris civilis imprimis peritus fuit' (de off. II 50. Brut. 130; 175). Man schrieb ihm sieben Bücher de iure civili zu (Pompon. de orig. iur. c. 3, 89 P. Mucius et Brutus et Manilius fundaverunt ius civile. Ex his P. Mucius etiam decem libellos reliquit, Brutus septem, Manilius tres), doch waren nur drei davon ächt (p. Cluent. 51, 141).

M. Iunius Brutus, der Sohn des vorigen, II 220ff. Brut. 130 Eisdem temporibus (etwas nach den Zeiten der Gracchen) M. Brutus, in quo magnum fuit, Brute, *dedecus* generi vestro; qui cum tanto nomine esset, patremque optimum virum habuisset et iuris peritissimum, *accusationem factitaverit.* Is magistratus non petivit, sed fuit *accusator vehemens et molestus,* ut facile cerneres naturale quoddam stirpis bonum degeneravisse vitio depravatae voluntatis (Einl. I § 10, 100). Die Parallelstelle zu II 220ff. ist p. Cluent. 140ff. L. Crassi auctoritatem sequor, qui cum C. Plancum (s. Plancium) defenderet accusante M. Bruto, *homine in dicendo vehementi et callido,* cum Brutus duobus recitatoribus constitutis ex duabus eius orationibus capita alterna, inter se contraria, recitanda curasset, quod in dissuasione rogationis eius, quae contra coloniam Narbonensem ferebatur, quantum potest, de auctoritate senatus detrahit, in suasione legis Serviliae summis ornat senatum laudibus, et multa in equites Romanos cum ex ea oratione asperius dicta recitasset, quo animi illorum iudicum in Crassum incenderentur, aliquantum esse commotus dicitur. Itaque in respondendo primum exposuit utriusque rationem temporis, ut oratio ex re et causa habita videretur, deinde, ut intellegere posset Brutus, quem hominem et non solum qua eloquentia, verum etiam quo lepore et quibus facetiis praeditum lacessisset, tres ipse excitavit recitatores cum singulis libellis, quos M. Brutus, pater illius accusatoris, de iure civili reliquit. Eorum initia cum recitarentur, ea, quae vobis nota esse arbitror, 'Forte evenit ut ruri in Privernati essemus ego et Brutus filius', fundum Privernatem flagitabat; 'in Albano eramus ego et Brutus filius', Albanum poscebat; 'in Tiburti forte cum assedimus ego et Brutus filius' Tiburtem fundum requirebat; Brutum autem, hominem sapientem, quod filii nequitiam videret, quae praedia ei relinqueret, testificari voluisse dicebat. *Quodsi potuisset honeste scribere, se in balneis cum id aetatis filio fuisse, non praeterisset;* eas se tamen ab eo balneas non ex libris patris, sed ex tabulis et ex censu quaerere. Crassus tum ita Brutum ultus est, ut illum recitationis suae paeniteret. Quint. VI 3, 44 Cum Brutus in accusatione Cn. Planci ex duobus lectoribus ostendisset, contraria L. Crassum patronum eius in oratione, quam de colonia Narbonensi habuerat, suasisse eis, quae de lege Servilia dixerat, tres excitavit et ipse lectores hisque patris eius *dialogos* dedit legendos, quorum cum in *Privernati* unus, alter in *Albano,* tertius in *Tiburti* habitum complecteretur, requirebat, ubi essent eae possessiones? *Omnes autem illas Brutus vendiderat,* et *tum paterna emancupare praedia turpius habebatur.* Brutus ließ es übrigens auch seinerseits an Schmähungen auf Crassus nicht fehlen. Plin. hist. nat. XXXVI 3, 3 L. Crassum oratorem illum, qui primus peregrini marmoris columnas habuit in Palatio — M. Brutus iurgiis ob id Venerem Palatinam appellaverat.

M. Buculeius I 179, sonst nicht weiter bekannt.

Byzantii II 217.

C.

C. Caecilius Statius II 40; 257 aus Oberitalien gebürtig, starb sehr jung im J. 168. Er galt als einer der ersten römischen Komödiendichter, de opt. gen. or. 2 Itaque licet dicere et Ennium summum epicum poetam, et Pacuvium tragicum, et Caecilium fortasse comicum. Varro rühmt an ihm besonders die Behandlung des argumentum und der πάθη, daher man auch nach Horat. ep. II 1, 59 seine gravitas lobte. Seine Latinität freilich bezeichnet Cic. Brut. 258 als nicht mustergiltig, ad Att. VII 3, 10 malus auctor latinitatis. Einige seiner bedeutendsten Stücke, nach den Komödien des griechischen Dichters Menander bearbeitet, waren die fabulae palliatae: Epicleros (Erbtochter Lael. 99) und Synephebi (s. Statius).

C. Caelius Caldus I 117 hatte sich als Tribun im J. 107 durch eine lex tabellaria die Gunst des Volks zu verschaffen gewußt und gelangte daher, trotzdem daß er homo novus war, im J. 94 zum Konsulat. Er stand später auf der Seite des Marius. Im Brut. 165 urteilt Cic. von ihm: industriam in eo summam fuisse summasque virtutes, eloquentiae tantum, quod esset in rebus privatis amicis eius, in republica ipsius dignitati satis. de petit. cons. 11. Ille (Caldus) cum duobus hominibus ita nobilissimis petebat, ut tamen in iis omnia pluris essent, quam ipsa nobilitas. Ac tamen eorum alterum Caelius, cum multo inferior esset genere, superior nulla re, paene superavit. — Vielleicht ist der II 257 erwähnte Caelius derselbe. Bei der Anklage des M. Duronius gegen Antonius (Einl. I § 11, 120) war dieser Caelius als Zeuge aufgetreten mit der Angabe, er habe auch Geld zum Zweck der Bestechung bei Antonius' Wahl zum Censor hergegeben. Mit witziger Anwendung eines bekannten Senars aus einer Komödie meint Antonius: 'darum werde ihn wohl sein liederlicher Sohn geprellt haben', der das Geld unter dem Vorwand, es für Antonius zu verwenden, vom Alten erpreßte u. durchbrachte.

Caepio I 225. II 197; 199. s. Manlius und Einl. I § 10, 89 u. 11, 128.

C. Iulius Caesar Einl. I § 16. Über seinen Tod Valer. Max. V 3, 3 Quo enim nimbo, qua procella verborum impium *Sextilii* caput obrui meretur? quod C. Caesarem, a quo cum studiose, tum etiam feliciter gravissimi criminis reus defensus fuerat, *Cinnanae proscriptionis* tempore profugum, praesidium suum in fundo Tarquiniensi cladis conditione implorare, *beneficii iure* repetere coactum, a sacris perfidae mensae et altaribus nefandorum Penatium avulsum truculento victori iugulandum tradere non exhorruit. — Sextilius non accusatorem, sed *patronum* saevissimae inimici violentiae suis manibus obiecit. Appian. b. c. I 72.

L. Iulius Caesar III 10 der Bruder des vorigen, Konsul im J. 90 kämpfte im Bundesgenossenkrieg gegen die Samniter. Censor im J. 89. Valer. Max. IX 2, 2 C. Marius — nimia cupiditate persequendi inimicos iram suam nefarie destrinxit, L. Caesaris consularis et censorii nobilissimum caput ignobili saevitia trucidando, et quidem apud seditiosissimi et abiectissimi hominis bustum; id enim malorum miserrimae tunc reipublicae deerat, ut *Mario* Caesar piaculum caderet.

Caieta II 22 das heutige Gaeta, auf der Grenze von Latium und Campanien, am Vorgebirge gleiches Namens.

Callimachus III 132 aus Kyrene, von 260 v. Ch. bis um 240 Vorsteher der königlichen Bibliothek zu Alexandria, ein Mann von der umfassendsten Gelehrsamkeit, die auch in seinen dichterischen Werken die Hauptsache ist. Bedeutender als seine Poesieen (Hymnen, Elegieen) waren daher eigentlich seine prosaischen historisch-philologischen Schriften, besonders seine πίνακες, eine Art gelehrter Litteraturgeschichte.

Callisthenes II 58 geb. um 360 zu Olynth, Schwestersohn u. Schüler des Aristoteles und mit Alexander, den er auf seinem Zuge gegen das Persische Reich begleitete, befreundet; fiel aber später bei ihm in Ungnade und ward im J. 327 angeblich wegen Teilnahme an einer Verschwörung gegen Alexander hingerichtet. Sein Hauptwerk waren zehn Bücher Ἑλληνικά (vom Antalcidischen Frieden bis zur Plünderung des delphischen Tempels durch die Phocenser unter Philomelus 387—357), dann Μακεδονικά und Περσικά, reichlich versehen mit erdichteten Reden nud weitläufigen Schilderungen von Schlachten, ἐκφράσεις, in denen sich die rhetorische Manier des Schriftstellers recht zeigen konnte. Sein Freund Theophrast widmete ihm Καλλισθένης ἤ περὶ λύπης.

C. Sextius Calvinus II 249. Brut. 130 Atque etiam ingenio et sermone eleganti, valetudine incommoda C. S. Calvinus fuit; qui etsi, cum remiserant *dolores pedum*, non deerat in causis, tamen id non saepe faciebat; itaque consilio eius, cum volebant, homines utebantur, patrocinio, cum licebat. Der Scholiast zu Juv. VIII 26, 4 erzählt dasselbe von Horatius Cocles: cum exprobraret ei (claudo ex vulnere) quidam, quod claudus esset, dixit, per singulos gradus meos recordor triumphi mei.

Calvus, ein Beiname der gens Licinia. Auch der bekannte L. Licinius Stolo, der Amtsgenosse des L. Sextius u. Cos. im J. 364, hatte den Beinamen Calvus. Schwerlich ist die Vermutung Adlers richtig, nach der sich das Witzwort de orat. II 250 auf den Redner C. Licinius Calvus bezieht, dessen Brut. 283 ff. gedacht wird und von dem es dort heißt: nimium inquirens in se atque ipse sese observans metuensque, ne vitiosum colligeret, etiam verum sanguinem deperdebat und gleich nacher: Atticum se Calvus noster dici oratorem volebat, inde erat ista exilitas, quam ille de industria consequebatur. Denn dieser war erst 82 v. Ch. geboren u. der s. g. neuattischen Richtung angehörend, etwa seit dem J. 55 Gegner Ciceros.

C. Canius II 280 eques Romanus nec infacetus et satis litteratus, aus Cic. de off. III 58 ff. bekannt.

Canones. Der bekannte Kanon der zehn attischen Redner, der mit größter Wahrscheinlichkeit auf die Studien pergamenischer Gelehrten zurückzuführen ist (Einl. I § 6 A. 24), war dem Cicero unbekannt. Auch nennt er die in diesen Kanon aufgenommenen Redner Andocides und Isäus in seinen Werken überhaupt nicht. Jedoch waren ihm aus dem Studium oder der Unterweisung griechischer Lehrer andere canones attischer Redner, die als mustergiltig angesehen wurden, geläufig; in de or. II 93 u. im Brut. 32—39 erscheint die Heptas: Lysias, Isokrates, Demosthenes, Hyperides, Aeschines, Lykurgus, Dinarchus; an letzterer Stelle wird noch Demades erwähnt als Redner, der nichts Schriftliches hinterlassen habe, und als Übergang in eine Zeit, die der Wirksamkeit in der Öffentlichkeit ermangelte, Demetrius von Phaleron. In de or. III 28 erscheint dieser Kanon auf fünf; Brut. 285 u. Or. 110 auf vier; an andern Stellen (Brut. 290) auf drei reduziert; in de or. I 58 finden wir nur zwei: Demosthenes und Hyperides, de opt. gen. or. Demosthenes und Aeschines. Diese allmähliche Beschränkung bei Cic. bildet wahrscheinlich eine Art von Analogie zur Entwickelung des oratorischen Atticismus, der mit Dionysius von Halikarnaß u. Caecilius von Kale Akte bei der Kanonisierung fast des einzigen Demosthenes angelangt war. Cicero wenigstens erreichte auch dieses Ziel, in der Theorie wenigstens; seine Praxis freilich lehrt, daß es ihm noch bis zuletzt schwer wurde, von Isokrates abzusehen.

Capitolium II 195; III 180; 214.

C. Papirius Carbo Einl. I § 10, 78 ff. de leg. III 35 Carbonis est tertia (sc. lex tabellaria) de iubendis legibus ac vetandis, seditiosi atque improbi civis, cui ne reditus quidem ad bonos salutem a bonis potuit afferre.

C. Papirius Carbo Arvina, Sohn des vorigen III 10, Tribun im J. 90 oder 89, Prätor im J. 85, durch den berüchtigten Marianer L. Licin. Damasippus im J. 82 hingerichtet, cuius iussu principum civitatis capita hostiarum capitibus permixta sunt, *Carbonisque Arvinae truncum corpus patibulo affixum gestatum est*. Val. Max. IX 2 (de crudelitate), 3. ad Fam. IX 21, 3.

Carneades I 45 u. 49. II 155; 161. III 68; 71; 80; 147 aus Kyrene (geb. 210, gest. 129 im 90. Lebensjahre), Begründer der neueren (dritten) Akademie (III 68), hat eine sehr lange Zeit den akadem. Lehrstuhl zu Athen inne gehabt. In Rom war er bekannt geworden, als er im J. 155 zugleich mit dem Stoiker Diogenes und dem Peripatetiker Critolaus von den Athenern dahin abgesandt wurde, um durch seine und seiner Begleiter beredte Vermittlung die ihnen für die Zerstörung von Oropus auferlegte Geldbuße von 500 Talenten von sich abzuwenden (Einl. I § 1, 2). Hier hörten ihn die bedeutendsten Staatsmänner (III 68). Gell. N. A. VI (VII) 14 et in senatum quidem introducti interprete usi sunt C. Acilio senatore; *sed ante ipsi seorsum quisque ostentandi gratia magno conventu hominum dissertaverunt.* Tum admirationi fuisse aiunt Rutilius et Polybius *philosophorum trium sui cuiusque generis* facundiam. Violenta, inquiunt, et *rapida Carneades* dicebat, *scita* et *teretia Critolaus, modesta Diogenes* et *sobria.* Doch erschienen diese Vorträge den Altrömern, Cato an der Spitze, so bedenklich, daß man die Gesandtschaft so schnell als möglich abzufertigen suchte.

Sp. Carvilius II 249 ist wohl derselbe, der Cat. mai. 11 als Kollege des Q. Fabius Maximus in dessen zweitem Konsulat im J. 228 erwähnt wird, nach Vell. II 128 aus dem Ritterstande, durch seine Tapferkeit im Krieg, wie infolge dessen durch sein hohes Ansehen im Staate ausgezeichnet.

Cassandra II 285.
Castor et Pollux II 352.
M. Porcius Cato censorius oder sapiens, der ältere I 171; 215; 227. II 51; [142;] 256; 260; 271; 279 (290 u. III 56 Catones; 135), Liv. XXXIX 40, geb. 234, gest. 149, abgesehen von seiner polit. Bedeutung zugleich einer der fruchtbarsten Schriftsteller der röm. Litteratur, juristischen, didaktischen (de re rustica), oratorischen und andern Inhalts, durch seine zahlreichen Reden aus allen drei gener. dic. der eigentliche Begründer der röm. Beredsamkeit. Sein berühmtestes Werk sind seine *origines* von der Gründung Roms bis auf seine Zeit. Corn. Nep. Cat. 3 Senex historias scribere instituit: earum sunt libri septem: primus continet res gestas regum populi Romani; secundus et tertius, *unde quaeque civitas orta sit Italica,* ob quam rem omnes *origines* videtur appellasse; in quarto autem bellum Poenicum est primum, in quinto secundum. Atque haec omnia capitulatim sunt dicta; reliqua quoque bella pari modo persecutus est *usque ad praeturam Servii Galbae,* qui diripuit Lusitanos. Atque horum bellorum duces non nominavit, sed sine nominibus res notavit. In eisdem exposuit, quae in Italia Hispaniisque aut fierent aut viderentur admiranda. In quibus multa industria et diligentia comparet, multa doctrina. In das 7. Buch dieses Werkes hatte er auch die Rede aufgenommen, die er im 85. Jahre, dem letzten seines Lebens, gegen Serv. Galba hielt. Gell. N. A. XIII 25 (24), 15 Multa me dehortata sunt (sprach er im Eingang) huc prodire, anni, aetas, vox, vires, senectus; verum enim vero cum tantam rem peragier arbitrarer etc. de rep. II 1 tantus erat in homine usus rei publicae, quam et domi et militiae cum optime tum etiam diutissime gesserat et modus in dicendo, et gravitate mixtus lepos et summum vel discendi studium vel docendi et orationi vita admodum congruens.

M. Porcius Cato, der Sohn des Censorius, von Licinia, daher Licinianus genannt, scheint II 142 gemeint zu sein. Gellius N. A. XIII 20 (19), 9 sagt von ihm egregios de iuris disciplina libros reliquit. Er starb noch vor seinem Vater als erwählter Prätor.

Q. Lutatius Catulus Einl. I § 15. Über seinen Tod: Vell. II 22 Q. Catulus et aliarum virtutum et belli Cimbrici gloria, quae illi cum Mario communis fuerat, celeberrimus, cum ad mortem conquireretur, conclusit se loco nuper calce arenaque perpolito; illatoque igni, qui vim odoris excitaret, simul exitiali hausto spiritu, simul incluso suo, mortem magis voto quam arbitrio inimicorum obiit. Valer. Max. IX 12, 4 Maioris aliquanto spiritus dux Q. Catulus Cimbrici triumphi C. Mario particeps a senatu datus, sed exitus violentioris. Namque ab hoc eodem Mario postea propter civiles dissensiones mori iussus *recenti calce illito multoque igni percalefacto cubiculo se inclusum peremit*. Cuius tam dira necessitas maximus Marianae gloriae rubor exstitit. — Tusc. V 56 Utrum tandem beatior C. Marius tum, cum Cimbricae victoriae gloriam cum collega Catulo communicavit, — an cum civili bello victor iratus necessariis Catuli *deprecantibus* non semel respondit, sed saepe: 'moriatur'. de nat. deor. III 80 cur omnium perfidiosissimus C. Marius Q. Catulum praestantissima dignitate virum mori potuit iubere?

centumvirales causae I 173 die Privatprozesse, die zur Kompetenz des Centumviralgerichts gehörten, eines angesehenen vielbeschäftigten Gerichtshofes, aus 100 (bez. 105, da aus den 35 tribus je drei ihm angehörten) Richtern bestehend, die z. Z. der Republik unter dem Vorsitz des praetor urbanus tagten. Dies Kollegium zerfiel wieder in vier consilia oder Gerichtshöfe (hastae, tribunalia, iudicia). Hauptsächlich waren es Erbschaftsstreitigkeiten, die vor das Forum dieses Gerichtes gehörten, unter denen wieder die Fälle der Anfechtung eines Testaments wegen unbilliger Enterbung (wie in der causa Curiana) sich auszeichnen. Daneben wurden jedoch auch, wie wir aus d. a. St. sehen (wenigstens in früherer Zeit), Prozesse über Eigentum, besonders Grundeigentum, vor den centumviris behandelt. Auch der Dichter Ovid war zeitweise centumvir, Trist. II 93f. Die Centumviralprozesse wurden durch eine *legis actio* eingeleitet und erforderte ihre Führung nicht selten ein nicht geringes Maß von sehr speziellen und mannigfaltigen juristischen Kenntnissen. Es kamen nämlich darin zur Sprache die iura:

1) *usucapionum*, der Erwerbung des Eigentums durch fortgesetzten Besitz der Sache oder der Verjährung (früher usus auctoritas genannt) nach Ulpian XIX 8 dominii adeptio per continuationem possessionis anni vel biennii, rerum mobilium anni, immobilium biennii (Top. cap. 4, p. Caec. cap. 19). In Beziehung auf diese usucapio war aber vieles zu beobachten, nicht nur, daß die angegebene Zeit seit dem Anfange des Besitzes abgelaufen sein mußte, sondern der Besitz mußte auch einen rechtmäßigen Anfang gehabt haben und die Usucapionszeit hindurch ununterbrochen fortgesetzt worden sein. Ferner kam es darauf an, zu wissen, welche Sachen überhaupt durch Usucapion erworben werden konnten, und welche nicht;

2) *tutelarum*, des Instituts der Vormundschaft, wobei man wieder die tutela legitima, die Übertragung der Tutel an bestimmte Personen, z. B. Verwandte nach dem Gesetz, die t. testamentaria, testamentarische Bestellung, und tutela dativa, obrigkeitliche Bestellung, unterschied. Ferner kam es dabei auf den Wirkungskreis des Tutors, auf das Ende der Tutel, auf die Bestimmungen, durch welche der Mündel gegen pflichtwidrige Verwaltung geschützt war, und noch vieles andere an;

3) *gentilitatum*, der weitesten Gemeinschaftskreise, zu welchen die Glieder einer gens, die gentiles, gehörten, das ist es eodem nomine sunt (gemeinsamer Name), qui ab ingenuis oriundi, quorum maiorum nemo servitutem servivit (Abstammung von lauter Freigeborenen), qui capite non sunt deminuti. Top. 4, 18f. — Die civilrechtliche Bedeutung der Gentilität zu kennen, war besonders in Erbschaftsstreitigkeiten wichtig (I 176);

4) *agnationum*, der engeren Gemeinschaftskreise innerhalb der gens, deren jeder eine Anzahl von Familien unter einem gemeinsamen (verstorbenen) Familienhaupt zusammenfaßt. 'Agnati sunt per virilis

sexus personas cognatione iuncti, quasi a patre cognati, velut frater eodem patre natus, fratris filius neposve ex eo, item patruus et patrui filius et nepos ex eo'. Diese civilrechtliche Verwandtschaft der Agnaten ist gleichfalls bei Erbschaften von großer Bedeutung;

5) *adluvionum* und *circumluvionum*, der Erweiterungen, die ein Grundstück dadurch erhalten kann, daß es an einem Flusse liegt, sei es, daß der Fluß allmählich und unvermerkt Land ansetzt (alluvio) oder daß eine Insel im Fluß entsteht (circumluvio); dann fällt nämlich, wenn man sich eine Linie der Länge nach durchs Flußbett gezogen denkt, was von der Insel diesseits der Linie liegt, an die Grundstücke des diesseitigen Ufers und ebenso jenseits;

6) *nexorum* und *mancipiorum*, d. h. die rechtlichen Bestimmungen hinsichtlich der besonderen Übertragung des Eigentums, die man *mancipium*, mancipi datio, mancipatio nannte. Dieser Privatakt geht vor sich in Gegenwart von fünf Zeugen und einer sechsten Person, die eine Wage hält (libripens). Der Erwerber (qui mancipio accipit) ergreift die Sache mit den Worten: hunc ego hominem ex iure Quiritium meum esse aio, isque mihi emtus est hoc aere aeneaque libra, schlägt mit einem Stück Erz an die Wage und giebt es gleichsam als Kaufpreis an den Veräußernden (imaginaria venditio); eine bloße Form, die anwendbar ist, aus welchem Grund auch das Eigentum übertragen werden soll. Der Ausdruck nexum wird dabei entweder in der allgemeinen Bedeutung *omne quod per aes et libram agitur* genommen (de or. III 159) als das Genus, wovon mancipium eine Species ist, oder im besondern als verborum obligatio, die aber gleichfalls per aes et libram geschieht, nach dem in den XII Tafeln enthaltenen Satz: cum nexum facit mancipiumque, uti lingua nuncupassit, ita ius esto. Hor. epist. II 2, 158f.; vgl. p. Mur. 26f.;

7) *parietum, luminum, stillicidiorum* (s. Rechtsfälle 6 u. 7), die privatrechtlichen Bestimmungen hinsichtlich der Servitute praediorum urbanorum, die darauf berechnet sind, bestimmten Gebäuden durch Beschränkung anderer Grundstücke (Gebäude) gewisse Vorteile zu verschaffen oder zu erhalten: *parietum* sc. parietem, qui naturali ratione communis est, alterutri vicinorum demoliendi et reficiendi ius non est, quia non solus dominus est, *luminum* oder prospiciendi, daß einem nicht das Licht verbaut werde, und *stillicidiorum*, das Dachtraufenrecht;

8) *testamentorum ruptorum aut ratorum*. Ein Testament kann ungiltig sein oder werden (t. ruptum, irritum, destitutum) wegen Unfähigkeit des Testators oder wegen eines Formfehlers oder durch Widerruf, durch agnatio postumi (de orat. I 241) u. s. w. (Bake u. a. halten die Worte ruptorum aut ratorum für unächt, da man wohl von iura testamentorum, aber nicht von iura t. ruptorum reden könne. Indessen iura ist hier, wie auch das nachfolgende cet. rer. beweist, im weitern Sinne von 'rechtlichen Bestimmungen, positiven Rechtsbestimmungen' zu fassen und der gen. drückt dann das Gebiet aus, auf welches sich dieselben erstrecken. (Andre Gründe gegen die Lesart rupt. a. rat. s. in d. krit. Anhang).

C. Cento II 286 s. n. w. b.

Charmadas I 45; 47; 84; 93. II 360, um 110 v. Ch., ragte unter den Nachfolgern und Schülern des Carneades durch seine Beredsamkeit hervor und wird mit Simonides von Keos unter denen genannt, die durch ein glänzendes Gedächtnis ausgezeichnet waren, Tusc. I 59.

Chrysippus I 50, geb. 280, gest. 208, nach Kleanthes, dessen Schüler er war, Vorstand der Stoa, aus Soli in Cilicien, wohin sein Vater aus Tarsus gezogen war. Seine Bedeutung als stoischer Philosoph war so groß, daß von ihm gesagt ward: εἰ μὴ γὰρ ἦν Χρύσιππος, οὐκ ἂν ἦν Στοά; qui fulcire putatur porticum Stoicorum (Acad. II 75), acerrimo vir ingenio (de div. I 6), der eigentliche Vollender des stoischen

Systems. Andererseits aber: scripsit artem rhetoricam — sed sic, ut si quis obmutescere concupierit, nihil aliud legere debeat (de fin. IV 7). Hor. sat. I 3, 126 f. pater Chrysippus.

Cicero senex, pater, L. Cicero, Einl. I § 3, 9.

Q. Cicero Einl. I § 3.

Cilicia I 82; II 2.

M. Cincius Alimentus II 286 hatte als Volkstribun im J. 204 den Gesetzesvorschlag eingebracht: *ne quis ob causam orandam pecuniam donumve acciperet* u. 'Q. Fabius Maximus admodum senex suasor legis Cinciae *de donis et muneribus* fuit', Cat. mai. 10.

citharoedus II 325. Über das theatralische Auftreten dieser Citherspieler und Sänger vgl. ad Her. IV 47, 60 cum prodierit *optime vestitus*, pallam inauratam indutus, cum chlamyde purpurea variis coloribus intexta et cum corona magna fulgentibus gemmis inluminata, *citharam tenens exornatissimam auro et ebore distinctam,* ipse praeterea forma et specie sit et statura adposita ad dignitatem, si cum magnam populo commoverit his rebus exspectationem, repente silentio facto vocem mittat acerbissimam cum turpissimo corporis motu, quo melius ornatus et magis fuerit exspectatus, eo magis derisus et contemptus eicitur. Über ihre Präludien s. Quint. IV 1, 2 f. citharoedi pauca illa, *quae antequam legitimum certamen inchoent emerendi favoris gratia canunt,* prooemium cognominaverunt.

Claudii I 176.

clausulae, Periodenschlüsse III 192 f. Or. 215 ff. Sunt clausulae plures, quae numerose et iucunde cadant. Nam et *creticus*, qui est e longa et brevi et longa, et eius aequalis *paeon*, qui spatio par est, syllaba longior, quam commodissime putatur in solutam orationem illigari, cum sit duplex. Nam aut e longa est et tribus brevibus, qui numerus in primo viget, iacet in extremo, aut e totidem brevibus et longa, in quem optime cadere censent veteres; ego non plane reicio, sed alios antepono. Ne *spondeus* quidem funditus est repudiandus, etsi, quod est e longis duabus, hebetior videtur et tardior. Habet tamen stabilem quendam et non expertem dignitatis gradum, in incisionibus vero multo magis et in membris (III 190); paucitatem enim pedum gravitate sua et tarditate compensat. Sed hos cum in clausulis pedes nomino, non loquor de uno pede extremo, adiungo, quod minimum sit, proximum superiorem, saepe etiam tertium. Ne *iambus* quidem, qui est e brevi et longa, aut par *choreo,* qui habet tres breves, *trochaeus* sed spatio par, non syllabis, aut etiam *dactylus,* qui est e longa et duabus brevibus, si est proximus a postremo, parum volubiliter pervenit ad extremum, *si est extremus choreus aut spondeus;* numquam enim interest, uter sit eorum in pede extremo. Sed eidem hi tres pedes male concludunt, si quis eorum in extremo locatus est, nisi cum pro cretico postremus est dactylus; nihil enim interest, dactylus sit extremus an creticus, quia postrema syllaba, brevis an longa sit, ne in versu quidem refert. — *Dochmius* autem e quinque syllabis, brevi, duabus longis, brevi, longa — quovis loco aptus est, dum semel ponatur.

Clitomachus I 45 aus Karthago (eig. Hasdrubal), Schüler u. unmittelbarer Nachfolger des Carneades, ein sehr fruchtbarer Schriftsteller. Da Tusc. III 54 eine Trostschrift erwähnt wird, die er von Athen aus (wohin er erst in seinem 40. Lebensjahre übersiedelte) nach der Zerstörung seiner Vaterstadt an seine Landsleute gerichtet habe, so muß er damals, als Crassus in Athen war, bereits ein hochbejahrter Greis gewesen sein. Er war ein Freund des Lucilius, dem er eins seiner Werke widmete; Cic. Acad. pr. II 102.

coëmptio I 237. Die manus d. h. die Gewalt des Ehemanns über die Frau kann auf dreierlei Weise entstehen: durch confarreatio, eine relig. Ceremonie vor zehn Zeugen, durch coëmptio, Selbstverkauf der Frau vor fünf Zeugen und einem

Libripens d. h. einem Zeugen, der bei der Mancipation die Wage hält; Gai. inst. I 113 Coëmptione in manum conveniunt femicae per mancipationem i. e. per quandam imaginariam venditionem, adhibitis non minus quam quinque testibus, civibus Romanis puberibus, item libripende praeter mulierem eumque, cuius in manus convenit; endlich durch usus, wenn die Frau ein Jahr ununterbrochen im Hause des Mannes lebte. Die zweitgenannte Form der Eheschließung, coëmptio, certis solemnitatibus peragebatur et sese in coëmendo invicem interrogabant; vir ita: an sibi mulier *materfamilias* esse vellet? illa respondebat velle; item mulier interrogabat: an vir *paterfamilias* esse vellet? ille respondebat velle. Itaque mulier viri conveniebat in manum et vocabantur hae nuptiae per coëmptionem. Boëth. in Cic. Top. 3, 14.

Iunius Congus I 256. An dieser Stelle ist nämlich Congo zu lesen, denn die gewöhnliche Lesart Longino ist eine unrichtige Veränderung des hs. Longo. Es ist der von Cic. in der Rede p. Planc. c. 24 erwähnte Altertümler, der zur Zeit der Planciana (die ja nicht lange nach der Abfassung der Bücher de oratore, im J. 54, gehalten ist) schon verstorben war. Er scheint einer der gebildeten Sammler von Altertümern und Dilettanten gewesen zu sein, 'homo curiosus et diligens eruendae vetustatis' — gleichsam ein lebendiges Repertorium alles altertümlichen Wissens, bei dem man über alles Antiquarische Auskunft erhalten konnte. Ein eigentlich gelehrter Kritiker aber war er nicht; denn er gehörte nach einem Citat aus Cic. de rep. bei Plin. nat. hist. praef. § 7 zu denen, wie sie sich Lucilius, mit Perhorrescierung der allzugelehrten, als Leser wünschte (vgl. de or. II 25).

Conon III 139 'Peloponnesio bello accessit ad rempublicam, in eoque cius opera magni fuit; nam et praetor pedestribus exercitibus praefuit et praefectus classi res magnas mari gessit'. Corn. Nep. vit. Conon.

M. Coponius s. Rechtsfälle n. 8.

Corax und Tisias I 91. III 81 als erste Begründer einer theoretischen Unterweisung in der Beredsamkeit und τεχνογράφοι öfters zusammen genannt, beide aus Sicilien, wo die privatrechtlichen Streitigkeiten, die aus dem Sturz der Tyrannis um die Mitte des 5. Jh. entstanden, die erste Veranlassung zur Aufstellung rhetorischer Regeln gegeben zu haben scheinen. Brut. 45. Itaque ait Aristoteles cum sublatis in Sicilia tyrannis res privatae longo intervallo iudiciis repeterentur, tum primum, quod esset acuta illa gens natura et controversiae essent ortae, artem et praecepta Siculos Coracem et Tisiam conscripsisse. Quint. III 1, s. Beide traten in Syrakus als Lehrer der rhetor. Technik und Gründer von Rhetorenschulen auf: Κόραξ πρῶτον ἁπάντων συνεστήσατο διδασκαλίας περὶ ῥητορικῆς· οἱ γὰρ πρὸ αὐτοῦ ἐπιτηδεύοντες τὴν τέχνην ὡς ἐμπειρίᾳ τινὶ καὶ ἐπιμελείᾳ χρώμενοι ἐπετήδευον (Arist. rhet. II 24 ἡ Κόρακος τέχνη). Τούτου δὲ τοῦ Κόρακος Τισίας γέγονε μαθητής. Tisias lebte hernach in Thurii, wo Lysias sein Schüler war, und zog später im Gefolge der Gesandtschaft des Gorgias (s. Gorgias) nach Athen, wo ihn auch Isokrates hörte. Einl. 1 § 4, 15.

Cornelii. Publius Cornelius Scipio *Africanus maior* der Sieger bei Zama II 250; 262.

Publius Cornelius Scipio Aemilianus *Africanus minor* Numantinus I 211?; 215; 255; II 106; 154; 249; 253; 258; 267 u. 268; 270 u. 272; 341. III 28; 87. Vell. I 12 Scipio tam elegans liberalium studiorum omnisque doctrinae et auctor et admirator fuit, ut Polybium Panaetiumque, praecellentes ingenio viros, domi militiaeque secum habuerit. Er ist für uns der erste Römer, bei dem sich sichere Spuren einer Bekanntschaft mit griechischer Rhethorik aus den Bruchstücken seiner Reden nachweisen lassen.

M. Cornelius Scipio Maluginensis II 260 vielleicht der bei Liv.

41, 15 u. 47 erwähnte M. Cornelius Maluginensis, im J. 176 Prätor.
— Dieser Scipio leitete einst das Wahlgeschäft seiner Centurie (es war das noch vor der Einführung der Stimmtäfelchen) und sammelte als rogator centuriae die Stimmen. Seine Centurie wählte den L. Manlius Acidinus zum Konsul und als nun Scipio als Dirigent der Wahl dies Resultat seiner Centurie verkündigte, forderte ihn der Herold mit der üblichen Formel (dic de L. Manlio) auf, den Gewählten seiner Centurie als solchen öffentlich anzuzeigen. Scipio nahm witziger Weise die Aufforderung, sich über den Gewählten zu äußern (d. h. zu erklären, daß er von seiner Centurie gewählt sei) in einem andern Sinn und sprach seine Ansicht über Manlius' persönlichen politischen Charakter aus, und zwar so, wie man gewöhnlich alle Kandidaten zu empfehlen pflegte: 'quomodo omnes candidatos bonos viros dicimus'. —

(P. Cornelius Scipio) Nasica II 276 vielleicht Optimus, Sohn des in Spanien gefallenen Cn. Scipio, Vetter des Africanus maior, der im J. 204 das Bild der magna mater Idaea (Cybele) an der Tibermündung in Empfang nahm Liv. 29, 14, Konsul im J. 191 mit M'. Acilius Glabrio. Die Anekdote könnte übrigens auch von dem folgenden erzählt sein, seinem Sohne,

P. Cornelius Scipio Nasica Corculum III 134, der proavus des zweitfolgenden, Konsul im J. 162 u. 155 v. Ch., Censor im J. 169, Pontifex maximus im J. 150, Schwiegersohn des älteren Africanus. Tusc. I 18 Nasica ille *prudens*, bis consul *Corculum* (wie Aelius Sextus egregie cordatus I 198).

P. Cornelius Scipio Nasica Serapio II 285 Konsul im J. 133, als Tib. Gracchus zum zweitenmale als Kandidat für das Volkstribunat auftrat, am Wahltage 'consulem (P. Mucium) languentem (insofern er sich weigerte, Gewalt gegen Gracchus anzuwenden) *reliquit* atque ipse privatus ut si consul esset, qui rempublicam salvam esse vellent, se sequi iussit' (Tus. IV 51), bei welcher Gelegenheit bekanntlich Tib. Gracchus erschlagen ward. M. Fulvius Flaccus zog ihn noch in demselben Jahre wegen der Ermordung des Gracchus vor Gericht und der Senat war genötigt, ihn im folgenden Jahre, um ihn dem Haß der Volkspartei zu entziehen, als Gesandten nach Pergamon zu schicken. Der Enkel des vorigen:

P. Cornelius Scipio Nasica III 8 war des Redners L. Crassus Schwiegersohn. Er war mit unter denen, die infolge des Varischen Gesetzes exiliert wurden. Einl. I § 11, 130.

P. Cornelius Rufinus II 205 zeichnete sich erst im Samniterkriege im J. 290, wo er mit M'. Curius Dentatus Konsul war, und später im Kriege mit Pyrrhus durch die Eroberung von Croton und Locri aus. Gell. IV, 8 Fabricius Luscinus magna gloria vir magnisque rebus gestis fuit. P. Cornelius Rufinus manu quidem strenuus et bellator bonus militarisque disciplinae peritus admodum fuit, sed *furax homo* et *avaritia acri*. Hunc Fabricius non probabat neque amico utebatur. Sed cum in temporibus reipublicae difficillimis consules creandi forent et is Rufinus peteret consulatum competitoresque eius essent imbelles quidam et futiles, summa ope adnixus est Fabricius, ut Rufino consulatus deferretur. Eam rem plerisque admirantibus, quod hominem avarum, cui esset inimicissimus, creari consulem peteret, 'malo, inquit, *civis me compilet, quam hostis vendat*'. Hunc Rufinum postea bis consulatu et dictatura functum Fabricius senatu movit ob luxuriae notam, quod decem pondo libras argenti facti haberet. Quint. XII 1, 43 Fabricius, Cornelium Rufinum et alioqui malum civem et sibi inimicum, tamen quia utilem sciebat ducem, imminente bello palam *consulem suffragio suo fecit* (also durch den Einfluß und das Ansehn seiner offen für R. abgegebenen Stimme) atque admirantibus quibusdam respondit, a cive se spoliari malle, quam ab hoste venire.

Tiberius Coruncanius III 56; 134 Konsul im J. 280, Zeitgenosse des C. Fabricius Luscinus und Manius Curius Dentatus, ausgezeichnet als Feldherr, wie als rechts- und gesetzkundiger Staatsmann, der erste Pontifex maximus de plebe und als solcher mit dem Sakralrecht vertraut. Cat. mai. 15 Ceteri senes Fabricii, Curii, Coruncanii cum rempublicam *consilio* et *auctoritate* defendebant, nihil agebant? ibid. 27 Sex. Aelius — Ti. Coruncanius — P. Crassus, *a quibus iura civibus praescribebantur*.

Cossi II 98 s. Curio. Über den Handel der fratres Cossi ist nichts weiter bekannt.

C. Aurelius Cotta Einl. I § 13.

L. Aurelius Cotta II 197. III 42; 46. Tribun im J. 95. Brut. 137 L. etiam Cotta praetorius, in mediocrium oratorum numero, dicendi non ita multum laude processerat, sed *de industria cum verbis tum etiam ipso sono quasi subrustico persequebatur atque imitabatur antiquitatem*. 259 Cotta qui se valde dilatandis litteris a similitudine Graecae locutionis abstraxerat sonabatque contrarium Catulo subagreste quiddam planeque subrusticum alia quidem quasi inculta et silvestri via ad eandem laudem pervenerat. Quint. XI 3, 10 qui etiam in dicendo curam et artem et nitorem et quidquid studio paratur ut affectata et parum naturalia solent improbare, vel qui *verborum atque ipsius soni rusticitate*, ut L. Cottam dicit Cic. fecisse, *imitationem antiquitatis affectant*.

Crannon II 352 die durch den lamischen Krieg bekannte Stadt in der thessalischen Landschaft Pelasgiotis.

Crantor III 67 aus Soli in Cilicien um 320 v. Ch. Tusc. III 71 natura affert dolorem, cui quidem Crantor cedendum putat; premit enim atque instat, nec resisti potest. Seine philosoph. Schriften waren meist ethischen Inhalts z. B. 'aureolus libellus' περὶ πένθους.

cretio I 101. Ulpian. XXII 27 *cretio* est certum dierum spatium quod datur instituto heredi ad deliberandum, utrum expediat ei adire hereditatem necne, velut: 'Titius heres esto *cernitoque in diebus centum proximis, quibus scieris* (Gai. inst. II 165 scies) *poterisque;* nisi ita creveris exheres esto'. Sowohl die Überlegungsfrist als die förmliche Erklärung des eingesetzten Erben, ob er die Erbschaft antreten wolle oder nicht, heißt cretio (Varro de l. L. VII 97 *crevi* valet constitui; itaque heres quom constituit se heredem esse, dicitur cernere et quom id fecit crevisse). Die a. o. St. angeführte Formel der Erbschaftsantretung ist die cretio vulgaris, wo die Zeit der Nichtkenntnis von der Zuständigkeit der cretio nicht mit eingerechnet wird. Crassus nimmt aus dieser Formel die Worte 'quibus sc. diebus sciam poteroque' und wendet sie in ihrem beschränkenden Sinn 'insoweit ich kann und weiß' auf die ihm zugewiesene Aufgabe an.

Critias II 93. III 139 das bekannte Mitglied der oligarchischen Regierung der s. g. dreißig Tyrannen in Athen, der im J. 404 im Kampf gegen Thrasybulus fiel; von feiner u. vielseitiger Bildung, als Dichter wie als Redner gerühmt. Hermog. de form. II 10 ἔστι σεμνὸς μὲν παραπλησίως τῷ Ἀντιφῶντι (dem Lehrer des Thucydides) καὶ διηρμένος πολὺ ὄγκον καὶ τὰ πολλὰ λέγων ἀποφαντικῶς, καθαρώτερος δὲ τὴν λέξιν καὶ σαφὴς ἅμα τῷ μεγέθει καὶ εὐκρινής.

Critolaus I 45. II 155; 160 aus Phasis in Lydien, der nach Ariston von Keos an der Spitze des Lyceums (der Peripatetiker) stand. Wie bedeutend er war, beweist seine Teilnahme an der berühmten Gesandtschaft im J. 155 (s. Carneades).

C. Scribonius Curio II 98. Plin. h. n. VII 41 una familia Curionum, in qua *tres* continua serie oratores exstiterunt, nämlich 1. der II 98 erwähnte Curio pater (in Beziehung auf den dritten avus), dessen Cic. Brut. 122 als Zeitgenossen der Gracchen gedenkt, Prätor im J. 121, für seine Zeit ein bedeutender Redner und gesuchter Anwalt; 2. dessen Sohn 'summo ingenio et prudentia praeditus', den Antonius l. l. als Altersgenossen des Caesar u. Cotta und als seinen Gegner in einem bekannten Centumviralprozeß erwähnt. Er war Volkstribun im J. 90 (also in demselben Jahr, in welchem Caesar Aedil war) und Sullas Legat im mithridatischen Krieg; Konsul im J. 76 (also ein Jahr vor Cotta), von 75—73 Prokonsul von Macedonien; starb im J. 53. Als Redner wird er neben Caesar, Cotta und Sulpicius geschildert Brut. 210ff., wo gleichfalls der letzte Einfluß des väterlichen Hauses und der darin herrschenden Sprache auf seine Diktion hervorgehoben wird, 214 ff. nullum ille poetam noverat, nullum legerat oratorem; nullam memoriam antiquitatis collegerat; non publicum ius, non privatum et civile cognoverat. — In Curione hoc verissime iudicari potest, nulla re una magis oratorem commendari quam *verborum splendore et copia*. Nam cum tardus in cogitando (der Erfindung) tum in struendo dissipatus fuit; [3. dessen gleichnamiger Sohn, der spätere Anhänger Caesars, Volkstribun im J. 50, der im afrikanischen Krieg gegen Juba von Numidien seinen Tod fand].

M'. **Curius** s. Rechtsfälle n. 8.
Cynici III 62 s. Antisthenes.
Cyrenaici III 62 s. Aristippus.

D.

Damon III 132 aus Athen, der Lehrer des Perikles in der Musik. Corn. Nep. Epam. c. 2 E. doctus est a Dionysio, qui non minore fuit in musicis gloria quam Damon aut Lamprus, quorum pervulgata sunt nomina. Er gilt als Erfinder der lydischen Tonart.

decemviri I 58. Liv. III 33. de rep. II 61 inita ratio est — ut decemviri maxima potestate sine provocatione crearentur, qui et summum imperium haberent et leges scriberent. Qui cum X tabulas summa [legum] aequitate prudentiaque conscripsissent, in annum posterum (J. 451) decemviros alios subrogaverunt, quorum non similiter fides est nec iustitia laudata.

P. Decius II 132; 135 Prätor im J. 114, der Ankläger des Opimius, des Mörders des C. Gracchus; denn Liv. ep. 61 ist wohl auch zu schreiben: 'L. Opimius accusatus apud populum a. P. (nicht Q.) Decio tribuno plebis, quod indemnatos cives in carcerem coniecisset; absolutus est'. Cic. Brut. 108 Flacci autem aemulus P. Decius fuit, non infans ille quidem, sed ut vita, sic oratione etiam turbulentus. Or. part. 101. Auch der Scherz des Lucilius in II 253 geht wohl auf diesen Decius; vgl. a. L. Müller in seiner Ausgabe des Lucilius p. 279 Anm.

Demetrius Phalereus (d. h. aus Phaleron) II 95 sowohl durch die 300 Statuen, die ihm die Athener aus Dankbarkeit wegen seiner glücklichen, ihm von Kassander übertragenen Regierung (v. J. 317—307) errichteten (Corn. Nep. Milt. 6), als durch seinen Aufenthalt in Alexandria bekannt, wo ihn Ptolemaeus Philadelphus bei der Bibliothek anstellte. Hier in Ägypten starb er im J. 283. Von seinen zahlreichen Schriften auf fast allen Gebieten der Litteratur sind nur noch wenige Fragmente übrig. Er war ein Schüler des Theophrast 'disputator subtilis, orator parum vehemens, dulcis tamen, ut Theophrasti discipulum possis agnoscere' de off. I 3. Brut. 38 hic primus inflexit orationem et eam mollem teneramque reddidit et suavis, sicut fuit, videri maluit quam gravis; sed suavitate ea, qua perfunderet animos, non qua perfringeret; tantum ut memoriam *concinnitatis* suae, non quemadmodum de Pericle scripsit Eupolis cum delectatione aculeos etiam relinqueret in animis eorum, a quibus esset auditus. Vgl. a. Brut. 285; Or. 92 u. 94.

Demochares II 95 'qui fuit Demostheni sororis filius, et orationes scripsit aliquot et earum rerum historiam, quae erant Athenis ipsius aetate gestae, non tam historico quam oratorio genere perscripsit', Brut. 286; ein Mann von patriotischer Gesinnung, tüchtig als Staatsmann und Feldherr. Er starb hochbejahrt zwischen d. J. 280 u. 270 v. Ch.

Democritus I 42; 49. II 191; 235. III 56 aus Abdera, geb. 460 oder schon 470, gest. um 360, durch vielseitige Kenntnisse ausgezeichnet, gehörte als **Naturphilosoph** der atomistischen Richtung an.

Demosthenes I 58; 89; 260. II 94. III 28; 71; 213, geb. 385, gest. 322. Or. 110f. Brut. 35 Nam plane quidem perfectum et cui nihil admodum desit, Demosthenem facile dixeris. Nihil acute inveniri potuit in eis causis, quas scripsit, nihil, ut ita dicam, subdole, nihil versute, quod ille non viderit; nihil subtiliter dici, nihil presse, nihil enucleate, quo fieri possit aliquid limatius; nihil contra grande, nihil incitatum, nihil ornatum vel verborum gravitate vel sententiarum, quo quidquam esset elatius. Quint. X 1, 76 Sequitur *oratorum* ingens manus, ut cum *decem* simul Athenis aetas una tulerit. Quorum longe princeps Demosthenes ac paene lex orandi fuit; *tanta vis* in eo, tam densa omnia, ita quibusdam nervis intenta sunt, tam nihil otiosum, is dicendi modus, ut nec quod desit in eo nec quod redundet invenias. Vgl. Aeschines. — Plut. Dem. 5 Ἔρμιππος δέ φησιν ἀδεσπότοις ὑπομνήμασιν ἐντυχεῖν, ἐν οἷς ἐγέγραπτο, τὸν Δημοσθένην συνεσχολακέναι Πλάτωνι καὶ πλεῖστον εἰς τοὺς λόγους ὠφελῆσθαι. Brut. 121 lectitavisse Platonem studiose, audivisse etiam Demosthenes dicitur. Or. 15 quod idem de Demosthene existimari potest, cuius ex epistolis intellegi licet, quam frequens fuerit Platonis auditor. Quint. XII 2, 22 et Demosthenem principem omnium Graeciae oratorum dedisse operam Platoni. Tac. dial. de or. 32 Demosthenem, quem studiosissimum Platonis auditorem fuisse memoriae proditum est. Damit ist freilich die Wahrheit oder Wahrscheinlichkeit dieser Notiz noch lange nicht erwiesen.

T. Didius II 197 Volkstribun im J. 95, s. n. w. b.

Dinarchus II 94 der 10. attische Redner im Kanon, aus Korinth, geb. 361, lebte meist in Athen, wo er nach Demosthenes' Tod Reden für andere schrieb. Später von Demetrius Poliorketes, Antigonus' Sohn, verbannt, lebte er zu Chalcis in Euböa, bis er durch Vermittlung seines Lehrers Theophrast im J. 292 zurückgerufen ward. Von den 64 Reden, die das Altertum von ihm kannte, sind uns nur noch drei erhalten.

Diodorus I 45 aus Tyrus, Schüler und Nachfolger des Critolaus. Von ihm erwähnt Cic. Acad. II 131, daß er für das höchste Gut gehalten: vacare omni molestia cum honestate. de fin. V 14 Diodorus eius (sc. Critolai) auditor adiungit ad honestatem vacuitatem doloris.

Diogenes II 155 von Seleucia, daher Babylonius, Schüler des Chrysipp u. Nachfolger des Zeno von Tarsus auf dem Lehrstuhl der Stoa (s. Carneades). Tusc. IV 5 Quibus (sc. Laelio et Scipione) adulescentibus Stoicum Diogenem et Academicum Carneadem video ad senatum ab Atheniensibus missos esse legatos. Qui cum reipublicae nullam umquam partem attigissent, essetque eorum alter Cyrenaeus, alter Babylonius, numquam profecto scholis essent excitati neque ad illud munus electi, nisi *in quibusdam principibus temporibus illis fuissent studia doctrinae.*

Dion III 139 der bekannte Syrakusaner, geb. 408 v. Ch., ermordet im J. 353 (Corn. Nep. vit. Dion.), Schüler Platos 'quem Dion adeo admiratus est atque adamavit, ut se ei totum traderet'. Den ersten Versuch, seine Vaterstadt von der Tyrannis des älteren Dionysius zu befreien, machte er im J. 357 von Zakynth aus.

Diphilus I 136.

divortium I 183. III 159, vgl. 69; eigentlich die nach gegenseitiger Übereinkunft beider Gatten erfolgte Trennung, quo dirimitur matrimonium. Paull. Dig. L 16, 'I 161 divortium est, quod in diversas partes eunt, qui discedunt. Denselben Sinn hat discidium; repudium ist die einseitige Scheidung sowohl von Seiten des Mannes als der Frau

Domitius II 45; 227 u. 230. Einl. I § 10, 94 ff.; 97 ff.)

Draco I 197. Gell. N. A. XI 18, 1 ff. Draco Atheniensis vir bonus multaque esse prudentia existimatus est iurisque divini et humani peritus fuit. Is D. leges, quibus Athenienses uterentur, primus omnium tulit (als Archon d. J. 624). In illis legibus — pleraque nimis severe consuit sanxitque. Eius igitur leges quoniam videbantur impendio acerbiores, non decreto iussoque, sed tacito inliteratoque Atheniensium consensu obliteratae sunt. Postea legibus aliis mitioribus a *Solone* compositis usi sunt. — *Decemviri* autem nostri, qui post reges exactos leges, quibus populus Romanus uteretur, in XII tabulis scripserunt, neque pari severitate — neque remissa nimis lenitate usi sunt.

M. Livius Drusus I 24. Einl. I § 22, 211 ff.

M. Duronius II 274. Einl. I § 11, 125 ff.

E.

[Eetion] III 102; ind. Andromacha.

Egilius II 277.

[Eleatae] veteres illi. III 29. Die s. g. Eleatischen Philosophen (von der unteritalischen Stadt Elea so genannt), wie Xenophanes, Parmenides, Melissus nahmen die Einheit (τὸ ἕν) als Prinzip aller Dinge an. Plat. Soph. p. 242 D τὸ παρ' ἡμῖν Ἐλεατικὸν ἔθνος ἀπὸ Ξενοφάνους τε καὶ ἔτι πρόσθεν ἀρξάμενον ὡς ἑνὸς ὄντος τῶν πάντων etc. Ihre philosophischen Konzeptionen u. dialektischen Entwickelungen gehörten in der That mit zu dem Tief- und Scharfsinnigsten, was auf philosophischem Gebiete vor Plato geleistet ist.

Empedocles I 217 aus Agrigent, ein jüngerer Zeitgenosse des Parmenides aus Elea um die Mitte des 5. Jh., war Naturphilosoph (φυσικός), obwohl er sich von den ionischen Naturphilosophen wesentlich darin unterscheidet, daß er nicht einen, sondern vier grundverschiedene, von einander unabhängige Urstoffe annahm (die vier Elemente). Von seinem ausgezeichneten philosophischen Lehrgedicht περὶ φύσεως besitzen wir noch sehr bedeutende Fragmente.

Q. Ennius I 154; 198 f. II 156; 222; 276. III 27 et sapiens et fortis et *alter Homerus* (Hor. ep. II 1, 50). 'ille summus poeta noster,' wie ihn Cic. nennt, geb. im J. 239 zu Rudiä in Calabrien, gest. 169 zu Rom, wo er als hochangesehener Dichter mit den bedeutendsten Häuptern der Aristokratie in vertrautem Umgang stand, so daß die Scipionen seine Büste in ihrer Familiengruft aufstellten. Sein Hauptwerk sind seine Annalen (III 167); ein nationales Epos in 18 Büchern von der Gründung Roms bis auf seine Zeit, so jedoch, daß der 2. pun. Krieg u. die darauf folgenden Kriege, der macedon., syrische, ätolische (zu denen er selbst den M. Fulvius Nobilior begleitet hatte) den Höhepunkt bildeten; ein Gedicht, das auch darum so bedeutend war, weil E. darin zuerst den Hexameter und mit ihm eine strengere Technik in Metrum und Sprache anwandte. Nicht so berühmt, aber doch viel gelesen, waren seine Tragödien (wie die Andromacha Aechmalotis III 102; 183; 217; der Alcumaeo III 154; 218; die Eumeniden III 154; der Aiax III 162; der Thyestes III 164; die Medea III 217), in denen er sich meist an Euripides anschloß, seine Satiren (III 167) und seine Komödien, in denen ihn bald Plautus übertraf. Daß ihn Cic. fleißig studiert hat, davon zeugen die vielen Reminiscenzen aus seinen Werken. Quint. X 1, 88 *Ennium sicut sacros vetustate lucos adoremus, in quibus grandia et antiqua robora iam non tantum habent speciem quantam religionem* (daher mit Äschylus zu vergleichen). Ennius ist übrigens auch sowohl was die Bildung neuer Worte (nach seinen griech. Mustern), als was die sprachlichen Formen, die Flexion der Nomin und Verba, ja auch die lat. Schrift betrifft, epochemachend. Überhaupt erschloß er durch engeren Anschluß an die Griechen der römischen Poesie die Pfade, auf denen sie bis zum Ende der lateinischen Sprache gewandelt ist. Hor. art. poet. 56 f. cum lingua Catonis et Enni Sermonem patrium ditaverit et *nova rerum* Nomina protulerit.

Epaminondas I 210. II 341. III 139 der Sieger von Leuctra 371 und Mantinea 362 v. Ch. Tusc. I 4 'princeps meo iudicio Graeciae.' Corn. Nep. Epam. c. 2 eruditus sic, ut nemo Thebanus magis, c. 5 fuit etiam disertus, ut nemo ei Thebanus par esset eloquentia, neque minus concinnus in brevitate respondendi, quam in perpetua oratione ornatus.

Ephorus II 57; 91. III 36 aus Kyme in Aeolis zwischen 400—330, Schüler des Isokrates, wandte sich mehr der älteren Völkergeschichte zu und schrieb eine Universalgeschichte (ἱστορίαι) von der Wanderung der Herakliden bis zur Belagerung von Perinthos 340, in 30 B. (Strab. XVI 76 περιείληφε δὲ τῇ γραφῇ πράξεις τάς τε τῶν Ἑλλήνων καὶ βαρβάρων, ἀρξάμενος ἀπὸ τῆς τῶν Ἡρακλειδῶν καθόδου καὶ βίβλους γέγραφε τριάκοντα προοίμιον ἑκάστῃ προθείς.) Er legte (wie sein Zeitgenosse und Kommilitone Theopompus) das größte Gewicht auf die stilistische Ausbildung und hatte selbst περὶ λέξεως (de elocutione) geschrieben.

Epicurus (Epicurei) III 62 f. 78 aus dem attischen Demos Gargettos, geb. 342 v. Ch. Nachdem er schon zu Mitylene und Lampsakus gelehrt hatte, trat er in Athen als Lehrer der Philosophie auf und vereinigte seine Anhänger in einem von ihm zu dem Zweck gekauften Garten, die daher οἱ ἀπό oder οἱ ἐκ τῶν κήπων, κηπολόγοι hießen (κῆπος, ἡ ἐν τῷ κήπῳ διατριβή). Zu den Unterscheidungspunkten der epikureischen Glückseligkeitslehre im Vergleich mit der cyrenaischen gehörte insbesondere dieser: während Aristipp das höchste Gut geradezu in die (so zu sagen) positive Lust (die ἡδονὴ ἐν κινήσει), in die durch die Lust bewirkten Gemütsbewegungen setzte und das bloße Freisein von Schmerz, die Gemütsruhe, für etwas Gleichgültiges erklärte, pries Epikur dagegen gerade die negative ἡδονή, diese ἀταραξία und ἀπονία, die Schmerzlosigkeit des Leibes und Sorgenlosigkeit der Seele, die ἡδονὴ ἐν στάσει oder καταστηματική vor allem. Insofern wirft ihnen Crassus Inkonsequenz vor, daß sie ihr Prinzip der ἡδονή nicht (wie die Anhänger des Aristipp) rein und entschieden verfolgt hätten.

epulones III 73. Anfänglich war den pontifices zugleich auch die Besorgung der bei feierlichen Spielen (ludorum causa) zu veranstaltenden Göttermahle mit übertragen (Val. Max. II 1, 2 Iovis *epulo* ipse [Iupiter] in lectulum, Iuno et Minerva in sellas ad cenam invitabantur). Später aber, im J. 196 v. Ch., wurden bei der sonstigen Geschäftsüberhäufung der pontifices zur Vollziehung des solennen Opfers und der Ceremonien jener Göttermahle eigens tres viri *epulones* bestellt, die gleich den pontifices eine toga praetexta tragen durften. Ihre Zahl wurde später auf sieben erhöht (septemviri epulones).

Eretrici III 62 so genannt von Menedemus aus Eretria auf Euböa, in Athen, einem Schüler Platos. Acad. II 129 A Menedemo, quod is Eretria fuit, Eretriaci appellati, quorum omne bonum *in mente* positum et *mentis acie*, qua verum cernеretur.

Esquilina porta II 276 im äußersten Osten der Stadt, am südlichen Endpunkte des agger Tarquinii, nach der pränestinischen und labicanischen Straße.

Euclides III 132 der berühmte Mathematiker, verschieden von Euclides aus Megara, dem Stifter der megarischen Schule, dem Schüler des Sokrates, lebte um 300 v. Ch. in Alexandria, wo er unter Ptolemaeus Lagi Lehrer der Mathematik war. Sein Hauptwerk sind die bekannten στοιχεῖα (elementa matheseos) in 13 Büchern (denen später noch ein 14. und 15. hinzugefügt ward).

Euripides III 27 s. tragici.

[**Eurysaces**] II 193 Sohn des Ajax und der Tekmessa.

Euxinus pontus I 174.

exceptio I 168 ist im allgemeinen

jede rechtsgültige Einrede, die der Beklagte zu seiner Verteidigung braucht, indem er behauptet, daß wenn auch der Anspruch des Klägers gegründet wäre, er dennoch aus besonderen Gründen, wie einem Formfehler in der Klagformel u. dgl., freigesprochen werden müsse. Solche exceptiones konnten während der Instruktion des Prozesses auch von dem den Prozeß instruierenden Beamten (practor urbanus) ausgehen, und de inv. II 57 rühmt es Cic. geradezu als einen Vorzug des römischen Rechtes, daß dies Exceptionswesen eine ganze Anzahl von Prozessen von vornherein gar nicht zur Verhandlung gelangen ließ — wodurch denn auch die Anzahl der Fälle für den status translationis (Einl. II § 3 A. 17 u. de or. I 139, vgl. zu II 113) weit geringer sei. Eine dieser exceptiones war die exceptio pacti ne intra certum tempus petatur, die Einrede, daß der Gläubiger sich verbindlich gemacht habe, vor einem bestimmten Termin seine Schuldforderung nicht einzuklagen. Diese exceptio war eine temporalis d. h. ihre Zuständigkeit gegen den Kläger fiel nach der stipulierten Zeit weg, sodaß es also in der Macht des Klägers stand, sie zu vermeiden, wenn er eben die Zeit abwartete, nach deren Eintritt die exceptio aufhörte. Gai. inst. IV 116 *comparatae* sunt autem exceptiones defendendorum eorum gratia, cum quibus agitur; saepe enim accidit, ut quis iure civili teneatur, sed iniquum sit, cum iudicio condemnari: velut — si pactus fuero tecum, ne id quod mihi debeas, a te petam, nihilominus id ipsum a te petere possum dare mihi oportere, quia obligatio pacto convento non tollitur, sed placet, debere me petentem per exceptionem pacti conventi repelli. — Eine andere exceptio war die e. rei iudicatae, mit der die Anhängigkeit eines neuen Prozesses für unstatthaft erklärt wurde.

exhedra (exedra) III 17 exhedrae sind halbrunde, vorn offene, oben gewölbte, geräumige Salons, mit einem an der Wand im Halbkreis herumlaufenden Sitzplatz (wie wir sie jetzt noch in Pompeji sehen können). Vitruv. V 11 constituantur in tribus porticibus exhedrae spatiosae habentes sedes, in quibus philosophi rhetores reliquique qui studiis delectantur, sedere possint. Die exhedrae waren gegen die Sonne geschützt und doch nicht dumpf, daher bei heißen Tagen wegen ihrer angenehmen Kühle ein gesuchter Platz, um auf bequemen Divans Siesta zu halten.

F.

Fabii: Q. **Fabius Maximus** Verrucosus **cunctator**, der bekannte Gegner Hannibals II 275 (I 210. II 290).

Q. **Fabius Maximus Eburnus** I 121, Konsul im J. 116.

Q. **Fabius Maximus Allobrogicus** II 267 Konsul im J. 121, der Sohn des Q. Fabius Maximus Aemilianus, und also der Enkel des L. Aemilius Paulus. Er ist der Erbauer des Triumphbogens, der von ihm Fabianus hieß. Ascon. ad. Verr. I 7 Fornix Fabianus est *arctus* iuxta regiam *in sacra via* a Fabio censore constructus, qui devictis Allobrogibus (im J. 121) Allobrogicus nominatus est, ibique statua eius posita propterea est.

Quintus Fabius Pictor II 51 der älteste römische Geschichtschreiber, scriptorum antiquissimus Liv. I 44, 2 (von einem älteren Numerius Fabius Pictor, der griechisch schrieb, zu unterscheiden), diente 224 im gallischen, dann im 2. punischen Krieg. Seine Annalen der römischen Geschichte, die von der Gründung der Stadt bis zum Ende des 2. pun. Kriegs gereicht zu haben scheinen, sind verloren gegangen, aber von den Historikern oft erwähnt und benutzt, namentlich auch von Livius, ja die einheimische Urgeschichte Roms ist durch ihn hauptsächlich in ihrer gegenwärtigen Gestalt verbreitet worden.

C. **Fabricius Luscinus** II 268; 290. III 56, zum erstenmal Konsul im J. 282, durch seine Siege über die Etrusker und Gallier, dann 278 über die Lucaner, Bruttier, Tarentiner und Samniter, aber fast mehr noch durch seine strenge Rechtlichkeit und Unbescholtenheit im Kriege gegen Pyrrhus berühmt, 'ut Aristides *iustus* nominatur' (de off. III 16). S. Coruncanius. p. Sest. 113 Quare imitemur nostros Brutos, Camillos, Ahalas, Decios, Curios, *Fabricios, Maximos, Scipiones*, Lentulos, Aemilios, innumerabiles alios, qui hanc rempublicam stabiliverunt; quos equidem in deorum immortalium coetu ac numero repono.

C. Fannius (Strabo) M. F. II 270. Brut. 101 M. filius, *C. Laelii gener* (cf. aber ad Att. XII 5, 3; XVI 13 c. 2) et moribus et ipso genere dicendi durior. Is soceri instituto — Panaetium audiverat. Eius omnis in dicendo facultas *ex historia ipsius non ineleganter scripta* perspici potest, quae neque nimis est infans neque perfecte diserta. Wenn ihn auch Cic. zu den Geschichtschreibern rechnet, deren Sprache noch etwas trocken und dürftig war (de leg. I 6), so waren doch seine Annalen immerhin ein bedeutendes, viel benutztes Geschichtswerk.

C. Fannius (Strabo) C. (nach Inschriften M. F.) III 183. Brut. 99 f. Volkstribun mit Ti. Gracchus 133, Konsul im J. 122, trat sehr entschieden gegen den Vorschlag des C. Gracchus auf, den italischen Bundesgenossen das Bürgerrecht zu verleihen. Ein charakteristisches Fragment aus dieser Rede (außer dem III 183 angeführten) lautet: 'si Latinis civitatem dederitis, credo, existimatis, vos ita ut nunc constitisse, in contione habituros locum, aut ludis et festis diebus interfuturos? Nonne illos omnia occupaturos putatis?'

Fidius II, 274 in einer Dichterstelle, in der Formel me dius Fidius nämlich adiuvet. Fidius der Gott des Worthaltens, dius mit langer penultima. Vgl. Lachmann zum Lucret. IV, 216 (p. 227), der den Vers so einteilt:

quid est tibi ista mulier? uxor.
Similis me dius Fidius.

C. Flavius Fimbria II 91 (nicht zu verwechseln mit dem bekannten Marianer, der im J. 85 als Legat seines Oberbefehlshaber L. Valerius Flaccus ermordete und dann sich selbst tötete, da sein Heer zu Sulla überging) Konsul im J. 104 (weshalb ihn Cic. de off. III 77 zum Unterschied von jenem consularis nennt). Zwei Jahre zuvor war er von M. Gratidius (Einl. I § 3, 9) de repetundis angeklagt, aber trotz des Zeugnisses des Aemilius Scaurus freigesprochen. Er ist später im Tumult des Cinna umgekommen. Brut. 129 C. Fimbria temporibus eidem fere (d. h. des C. Gracchus) sed longius aetate provectus, habitus est sane — asper maledicus; genere toto paullo fervidior atque commotior, diligentia tamen et virtute animi atque vita bonus auctor in senatu; idem tolerabilis patronus nec rudis in iure civili et cum virtute tum etiam ipso orationis genere liber; cuius orationes pueri legebamus, quas iam reperire vix possumus.

Cn. Flavius I 186. Liv. IX 46. Eodem anno d. h. im J. 304 v. Ch. Cn. Flavius Cn. filius scriba (er war früher Sekretär des Appius Claudius Caecus) patre libertino humili fortuna ortus, ceterum callidus vir et facundus, aedilis curulis fuit — *civile ius repositum in penetralibus pontificum evulgavit, fastosque circa forum in albo proposuit, ut quando lege agi posset sciretur*. Nicht das Recht selbst machte er bekannt (denn das stand durch die Zwölf Tafeln und andere Gesetze, sowie durch das Herkommen fest), sondern er verfaßte ein juristisches Werk, ius Flavianum nach ihm benannt, das erste der Art, in welchem Klag- und Geschäftsformeln, die solennen Worte und Handlungen zusammengestellt waren, in denen eine Sache vor Gericht geltend gemacht werden konnte, und deren Kenntnis um so wichtiger war, je leichter das geringste Versehen den Verlust des Prozesses zur Folge haben konnte, die Formeln der legis actiones. Über diese hatte sich nach und nach eine Tradition gebildet, die zwar allen nobiles zugänglich war, vorzugsweise aber wegen der ehemaligen engen Verbindung des Privatrechtes mit dem ius sacrum von den Priestern bewahrt wurde. Ebenso waren die Tage, welche entweder ganz oder nur zum Teil oder gar nicht zu gerichtlichen Handlungen geeignet und erlaubt waren, anfangs nur den Priestern bekannt, welche die Anordnung des Kalenders besorgten, bis eben Flavius ein Verzeichnis der Tage nach ihrer Beschaffenheit für das Gerichtswesen am Forum auf einer weißgetünchten Tafel aufstellte, sodaß nun jeder wissen konnte, an welchen Tagen legis actiones vorgenommen werden durften. p. Mur. 25.

formulae testamentorum I 180 die bei Testamenten, insbesondere dem testamentum per aes et libram vorgeschriebenen Formeln, wie sie vor den gesetzlichen Zeugen gebraucht werden mußten. So z. B. nahm der Testator die Tabulae und erklärte den Inhalt vor den Zeugen als sein Testament mit den Worten: haec ita ut in his tabulis cerisque scripta sunt, ita do, ita lego, ita testor, itaque vos, Quirites, testimonium mihi perhibetote. Dies war die Nuncupations- und Testationsformel. Anders war wieder die Mancipationsformel, die der familiae emtor an des Erben Statt sprechen mußte.

formula iudicii II 178. Neben der Form der legis actiones (s. s. v.) gab es ein anderes Verfahren, das s. g. Formularverfahren, wornach der Prozeß eröffnet und anhängig gemacht ward durch eine Schrift, in welcher der Magistrat (der Prätor) die Streitpunkte zusammenfaßte, per concepta verba. Die Schrift hieß formula und enthielt sowohl die Bestellung des Gerichts (iudicium), vor dem die Sache verhandelt werden sollte, als die Instruktion des Richters d. h. der Prätor wies den Richter in der Formel an, den Beklagten in die festgesetzte Strafe zu kondemnieren, wenn es sich aus der anzustellenden Untersuchung ergeben würde, daß die von den Kläger behaupteten, in der Formel bezeichneten Thatsachen wahr seien.

L. Fufius I 179. II 91. III 50; nach Brut. 222 derselbe, der den (von Antonius verteidigten) M'. Aquilius repetundarum anklagte, Einl. I § 11, 122 f.

M. Fulvius Nobilior II 256, der Sieger über die Ätoler im J. 189, war der griechischen Kultur entschieden zugethan. Eben auf dem erwähnten Feldzug gegen die Ätoler hatte er den Dichter Ennius als Begleiter mitgenommen (Brut. 79), was ihm Cato in einer seiner Reden ernstlich zum Vorwurf machte (Tusc. I 3). Um dieser seiner Richtung, die von der altrömischen Strenge und Festigkeit abwich, und seiner Hinneigung zu dem beweglicheren griechischen Wesen willen charakterisierte ihn Cato durch das a. d. a. St. erwähnte Paragramm. Cato mochte dabei sowohl darauf zielen, nicht nur daß Fulvius die Kriegsbeute zu dem Bau eines Tempels der Musen verwendete (p. Arch. 27), sondern daß er seine Soldaten um der geringfügigsten Ursachen willen mit Ehrenkränzen beschenkte: Gell. V 6, 24 ff. M. Cato obicit M. Fulvio Nobiliori, quod milites per ambitum coronis de levissimis causis donasset etc. (s. ind. Scribon.)

M. Fulvius Flaccus II 285 der bekannte Anhänger der Gracchen: 'Post Ti. Gracchi mortem triumvir agris dividundis cum C. Graccho et C. Carbone creatus, plebem seditiosis contionibus concitavit, *Africanumque ipsi collegisque adversantem pro rostris conviciis proscidit.*' Konsul im J. 125 mit M. Plautius Hypsaeus; er kam 121 bei der Unterdrückung des zweiten gracchischen Aufstandes um.

L. Furius Philus II 154 Konsul 136, Scipios und Laelius' Freund. Brut. 108 eisdemque temporibus L. Furius Philus perbene Latine loqui putabatur litteratiusque quam ceteri. de rep. III 5 Quid enim potest esse praeclarius, quam cum rerum magnarum tractatio atque usus cum illarum artium studiis et cognitione coniungitur? Aut quid P. Scipione, quid C. Laelio, quid L. Philo perfectius cogitari potest? qui ne quid praetermitterent, quod ad summam laudem clarorum virorum pertineret, ad domesticum maiorumque morem etiam *hanc a Socrate adventiciam doctrinam adhibuerunt.*

Numerius Furius III 87 sonst nicht weiter bekannt.

G

Gallus II 265 s. u. w. b.
Galba s. Sulpicii.
C. Servilius Glaucia II 219; 263. III 161 der berüchtigte Genosse des Saturnin, mit dem er auch im J. 100 umkam. Brut. 224 *longe post natos homines improbissimus, sed peracutus* et *callidus* cum primisque *ridiculus.* Is ex summis et fortunae et vitae sordibus in praetura cousul factus esset, si rationem eius haberi licere iudicatum esset; nam et plebem tenebat et equestrem ordinem beneficio legis (sc. de pecuniis repetundis) devinxerat. Is praetor eodem die, quo Saturninus tribunus plebis, Mario et Flacco consulibus publice est interfectus; homo simillimus Atheniensis Hyperboli, cuius improbitatem veteres Atticorum comoediae notaverunt.

Gorgias Leontinus I 103. III 59; 129, geb. zu Leontini in Sicilien um das J. 496. Anfangs widmete er sich der Philosophie, in der Empedocles sein Lehrer war. Entscheidend für sein späteres Leben war, daß er in schon hohem Alter im J. 427 als Gesandter nach Athen kam, wo er mit großem Beifall als Redner auftrat. Von da lebte er bis an seinen Tod (er starb erst in seinem 108ten Lebensjahr, Cat. mai. 13) meist in Griechenland (zuletzt in Thessalien). Anfangs wollte er nur Redner und Rhetor sein (in der Rhetorik waren Korax und Tisias seine Vorgänger gewesen); und wirklich ist durch seinen vielbesuchten Schulunterricht, den er in Athen gegen hohes Honorar erteilte (— G. war auch Isokrates' Lehrer —), die Rhetorik von Sicilien auf ihren eigentlichen Boden nach Griechenland verpflanzt worden. Aber sein öffentliches Anerbieten, über jedes beliebige ihm vorgelegte Thema zu reden (de fin. II 1), schloß doch auch philosophische Gegenstände nicht aus; und so trat er in die Reihe der Sophisten (Brut. 30). Bei der sophistischen Richtung seiner Zeit war der Zulauf zu seinen Vorträgen außerordentlich und sein Ansehn stieg so hoch, daß die Athener die Tage, an welchen er auftrat, ἑορτάς und seine Vorträge λαμπάδας nannten, ja daß ihm wegen einer glänzenden Prunkrede, die er an den pythischen Festspielen gehalten, eine goldene Bildsäule in Delphi errichtet wurde. Plat. Men. p. 70 B. τούτου δὲ ὑμῖν αἴτιός ἐστι Γοργίας. — καὶ δὴ καὶ τοῦτο τὸ ἔθος ὑμᾶς εἴθικεν, ἀφόβως τε καὶ μεγαλοπρεπῶς ἀποκρίνεσθαι ἐάν τίς τι ἔρηται, ὥσπερ εἰκὸς τοὺς εἰδότας, ἅτε καὶ αὐτὸς παρέχων αὑτὸν ἐρωτᾶν τῶν Ἑλλήνων τῷ βουλομένῳ ὅ τι ἄν τις βούληται καὶ οὐδενὶ ὅτῳ οὐκ ἀποκρινόμενος. Quint. II 21, 21 Gorgias quidem adeo rhetori de omnibus putavit esse dicendum (Cic. de inv. I 5, 7), ut se *in auditoriis* interrogari pateretur, qua quisque de re vellet. Valer. Max. VIII 15, ext. 2 Gorgiae vero Leontino studiis litterarum aetatis suae cunctos praestanti, adeo ut primus in conventu poscere, qua de re quisque audire vellet, ausus sit, universa Graecia in templo Delphici Apollinis statuam solido ex auro posuit, cum ceterorum ad id tempus auratas collocasset. Einl. I. § 4, 16.

Tiberius Sempronius Gracchus P. F. I 38; 211 der Vater der beiden Gracchen und Gemahl der Cornelia, der Tochter des älteren Scipio, Volkstribun im J. 187 v. Ch., qui bis consul fuit (im J. 177 u. 163. Brut. 79), sowohl durch seine ruhmvollen Thaten in Spanien, wo er so siegreich gegen die Celtiberer kämpfte, daß er die Ehre eines glänzenden Triumphes davon trug, als durch seine glücklichen Kämpfe gegen die Sarden im J. 177 ausgezeichnet. Den Höhepunkt seiner innern polit. Thätigkeit erreichte er aber als Censor im J. 169 durch die I 38 erwähnte, in konservativem Interesse getroffene Maßregel, den Einfluß der immer mehr anwachsenden unteren Schichten der Bevölkerung bei den Tribusabstimmungen auf das rechte Maß herabzusetzen.

Schon lange zuvor hatten tüchtige Censoren die Gefahr zu beseitigen gesucht, die sich aus der Verteilung des Proletariats, der Clienten und Libertinen auf die nach Zahl und Ansehen politisch wichtigeren 21 tribus rusticae für den Bestand des Staates erhob. So war es z. B. nach Liv. IX 46 bereits Q. Fabius Maximus Rullianus, durch seine siegreichen Kämpfe im Kriege gegen die Samniter und Etrusker bekannt, der als Censor im J. 304 ne humillimorum in manu comitia essent, omnem forensem turbam excretam in *quatuor tribus coniecit urbanasque* eas appellavit, adeoque eam rem acceptam gratis animis ferunt, ut Maximi cognomen, quod tot victoriis non pepererat, *hac ordinum temperatione* pareret. Da man aber später wieder nachsichtiger wurde, so mußten von Zeit zu Zeit wieder ähnliche Maßregeln getroffen werden, dem überhand nehmenden Einfluß der forensis factio d. h. der Demokratisierung des Staates zu wehren. Dahin gehört denn auch die Anordnung des Vaters der Gracchen, wonach die Libertinen ohne Grundbesitz, die aerarii, in eine Tribus, in die tribus *urbana Esquilina* zusammengedrängt wurden. Liv. 45, 15 magna ea res honori censoribus apud senatum fuit; gratiae actae et Sempronio, qui in bene coepto perseverasset, et Claudio, qui non impedisset. Diese heilsame Beschränkung des Prinzips der Kopfzahl läßt Cicero l. l. mit um so größerer Anerkennung hervorheben, je mehr nicht lange nachher die Bestrebungen wieder überhand nahmen, durch Verteilung der Libertinen auf sämtliche Tribus den Staat in die Gewalt dieser forensis factio zu bringen. Hätte sich nur der anwesende Sulpicius die Warnung aus dem Munde des erfahrenen Staatsmannes zu Herzen genommen; aber er war es gerade, der als Volkstribun des J. 88 die Neubürger in die 35 alten Tribus brachte! — In Beziehung auf des Gracchus Beredsamkeit ist das Urteil im Brut. 79 quem civem cum *gravem*, tum etiam eloquentem constat fuisse etwas günstiger.

Tiberius Sempronius Gracchus T. F. I 38 wird, was seine Beredsamkeit betrifft, Brut. 103 f. mit C. Carbo zusammengestellt. Utinam in Ti. Graccho Caioque Carbone talis mens ad rempublicam bene gerendam fuisset, quale ingenium ad bene dicendum fuit: profecto nemo his viris gloria praestitisset. Sed eorum alter propter turbulentissimum tribunatum (im J. 133 v. Ch. namentlich um die Absetzung seines beharrlich intercedierenden Kollegen M. Octavius willen, is qui iniuria accepta fregit Ti. Gracchum patientia, *civis in rebus optimis constantissimus*, Brut. 95) ad quem ex invidia foederis Numantini (— er war als Quästor mit dem Konsul C. Hostilius Mancinus in Spanien, vgl. de or. I 181 —) bonis iratus accesserat, ab ipsa republica est interfectus (durch P. Cornelius Scipio Serapio, Konsul d. J. 138, qui ex dominatu Ti. Gracchi privatus in libertatem rempublicam vindicavit, Brut. 212; de leg. III 24 Ti. Gracchum non solum neglectus sed etiam sublatus intercessor evertit. Quid enim illum aliud perculit, nisi quod potestatem intercedendi collegae abrogavit?); alter propter perpetuam in populari ratione levitatem morte voluntaria se a severitate iudicum vindicavit (s. s. v.); sed fuit uterque *summus orator*. Seine Reden waren nondum satis splendidae verbis, sed acutae prudentineque plenissimae. Fuit Gracchus diligentia Corneliae matris a puero doctus et Graecis litteris eruditus; nam semper habuit exquisitos e Graecia magistros.

C. Sempronius Gracchus T. F. I 38; 154. II 106; 269. III 214; 225. Brut. 125 ff. vir et praestantissimo ingenio et flagranti studio et doctus a puero. Noli enim putare, quemquam pleniorem, aut uberiorem ad dicendum fuisse. — Damnum illius immaturo interitu (im J. 121 durch den Konsul L. Opimius II 106; 132; 169) res Romanae Latinaeque litterae fecerunt. Utinam non tam fratri pietatem quam patriae praestare voluisset! — (der Senat suchte bekanntlich seine Popularität durch Gracchus' Kollegen im Tribunat im J. 122, M. Livius Drusus C. F., vermittelst noch populärerer Gesetzesvorschläge zu untergraben, qui in tribunatu C. Gracchum collegam iterum tribunum fregit, vir oratione gravis et auctoritate, ja nach Sueton. Tiber. 3 ob eximiam adversus Gracchos operam patronus senatus dictus) —; quam ille facile tali ingenio diutius si vixisset vel paternam esset vel avitam (des älteren Africanus) gloriam consecutus! eloquentia quidem nescio an habuisset parem neminem. Grandis est verbis sapiens sententiis, genere toto gravis; manus extrema non accessit operibus eius; praeclare inchoata multa, perfecta non plane. Legendus est hic orator si quisquam alius inventuri; non enim solum acuere, sed etiam alere ingenium potest. Eine berühmte Stelle aus einer seiner Reden ans Volk wird III 214 angeführt. Quint. XI 3, 115 Zu III 225 vgl. Valer. Max. VIII 10, 1 C. Gracchus eloquentiae quam propositi felicioris adulescens, quoniam flagrantissimo ingenio, cum optime rempublicam tueri posset, perturbare impie maluit; quoties apud populum contionatus est, servum post se *musicae artis peritum* habuit, qui *occulte eburnea fistula* pronuntiationis eius modos formabat, aut *nimis remissos excitando* aut plus iusto concitatos revocando, quia ipsum calor atque impetus actionis attentum huiusce temperamenti aestimatorem esse non patiebatur. Gellius N. A. I 11, 10 ff. beschränkt den Gebrauch des Instruments auf den einen Zweck ad sedandum: Ecce autem *tibiae* quoque illius *contionariae* in mentem venit, quam C. Graccho cum populo agente praeisse ac praeministrasse modulos ferunt. Sed nequaquam sic est, ut a vulgo dicitur, canere tibia solitum, qui pone eum loquentem staret et variis modis tum demulcere animum eius tum intendere. Quid enim foret ista re ineptius, si ut planipedi saltanti ita C. Graccho contionanti numeros et modos et frequentamenta quaedam

varia tibicen incineret. Sed qui hoc compertius memoriae tradiderunt, *stetisse in circumstantibus* dicunt *occultius*, qui *fistula brevi sensim graviusculum sonum inspiraret ad reprimendum sedandumque impetum vocis eius*. Effervescente namque impulsu et instinctu extraneo naturalis illa Gracchi vehementia indiguisse non, opinor, existimanda est, M. tamen Cicero fistulatorem istum utrique rei adhibitum esse a Graccho putat, *ut sonis tum placidis tum citatis aut demissam iacentemque orationem eius erigeret aut ferocientem saevientemque cohiberet*.

Graecia I 13. II 6. magna illa Gr. II 154. III 60. Tusc. IV, 2 'Quis enim est, qui putet, cum floreret in Italia Graecia potentissimis et maximis urbibus ea, quae magna dicta est, in eisque primum ipsius Pythagorae, deinde postea Pythagoreorum tantum nomen esset, nostrorum hominum ad eorum doctissimas voces aures clausas fuisse'. Lael. 13. Cat. mai. 78.

Q. Granius II 244; 254; 281 u. 282, seinem Beruf nach öffentlicher Ausrufer und Auktionator (praeco), ein bekannter von Cic. öfters erwähnter Witzbold, dem man (wie später den Hofnarren) nichts übel nahm. pro Planc. 33 Consuli P. Nasicae praeco Granius medio in foro, cum ille edicto iustitio domum decedens rogasset Granium, quid tristis esset; an quod reiectae auctiones essent? immo vero, inquit, quod legationes. Idem tribuno plebi, potentissimo homini, M. Druso, sed multa in republica molienti, cum ille eum salutasset, et ut fit, dixisset: quid agis Grani? respondit: immo vero, tu Druse, quid agis? Ille L. Crassi, ille M. Antonii voluntatem asperioribus facetiis perstrinxit saepe impune. Brut. 172. Ego memini T. Tincam Placentinum, hominem facetissimum, cum familiari nostro Q. Granio praecone *dicacitate* certare. Eone, inquit Brutus, *de quo multa Lucilius?* Isto ipso.

M. Marius Gratidianus I 178. II 262 der Sohn des M. Gratidius, dessen Schwester die Großmutter Ciceros war (Einl. I § 3, 9), und von dem Bruder des berühmten Marius adoptiert. Er war Prätor im J. 86 (im siebenten Konsulat des Marius) und im J. 82 zum zweitenmal; aber nicht lange Zeit. Sulla ließ ihn, ehe er das gehoffte Konsulat erlangte, durch Catilina auf grausame Art umbringen. — Antonius verteidigte ihn aus Freundschaft gegen seinen Vater († 103 v. Ch.). Brut. 168. de off. III 67 M. Marius Gratidianus propinquus noster C. Sergio Oratae vendiderat aedes eas, quas ab eodem ipse paucis ante annis emerat. Eae serviebant; sed hoc in mancipio Marius non dixerat. Adducta res in iudicium est. Oratam Crassus, Gratidianum defendebat Antonius. Ius Crassus urguebat, 'quod vitii venditor non dixisset sciens, id oportere praestari', aequitatem Antonius, 'quoniam id vitium ignotum Sergio non fuisset, qui illas aedes vendidisset, nihil fuisse necesse dici; nec eum esse deceptum, qui id quod emerat, quo iure esset (— d. h. welche Verpflichtung und Berechtigung darauf ruhe —), teneret.'

H.

Hannibal I 210. II 75. Corn. Nep. Hann. c. 7 Marco Claudio Lucio Furio consulibus (im J. 195) Roma legati Karthaginem venerunt. Hos Hannibal ratus sui exposcendi gratia missos, priusquam bis senatus daretur, navem ascendit clam atque in Syriam ad Antiochum profugit. — p. Sest. 142. Quis Karthaginiensium pluris fuit Hannibale consilio, virtute, rebus gestis, qui unus cum tot imperatoribus nostris per tot annos *de imperio* et de gloria decertavit? Hunc sui cives e civitate eiecerunt; nos etiam hostem litteris nostris et memoria videmus celebratum.

Hellanicus II 53 von Mytilene auf Lesbos zwischen 494 u. 406 v. Ch. Gell. XV 23. Er schrieb Περσικά früher als Herodot u. bearbeitete Lokalgeschichten (die Ἀτθίς).

Helvius Mancia s. Mancia.

herctum ciere I 237 ist = divisum (Supinum) provocare zur Erbteilung auffordern, nämlich den durch eine förmliche legis actio bestellten arbiter oder Erbschafts-Schiedsrichter, was mittels solenner Formeln geschah. Kam es über die Verteilung der Erbschaft zum Prozeß, so trat die actio familiae herciscundae ein; wo familia nach älterem Sprachgebrauch in dem Sinn von 'Vermögen' = res familiaris genommen ist.

Herillii III 62 so genannt von Herillos, einem Stoiker aus Karthago, der ein Schüler Zenos war, um 260 v. Ch. de fin. II 43 Herillus autem ad *scientiam* omnia revocans (s. Menedemus) unum quoddam bonum vidit, sed nec optimum, nec quo vita gubernari possit. Itaque hic ipse iam pridem est reiectus; post enim Chrysippum non sane est disputatum. Herillos ging also so weit, Wissenschaft und Erkenntnis (φρόνησις) allein als höchsten Zweck (gegenüber den untergeordneten Zwecken, ὑποτελίδες) aufzustellen.

Hermodorus I 62 wohl der Schiffsbaumeister aus Salamis, von dem auch der Marstempel im Flaminischen Circus herrührte.

Herodotus II 55 'pater historiae' (de leg. I 5) blieb dem öffentlichen Leben fern; denn schon in früher Zeit nach seiner Übersiedelung von seiner Vaterstadt Halikarnaß nach Samos unternahm er von da aus die ausgedehntesten Land- und Seereisen, um dann diese reichen Erfahrungen in seinem großen Geschichtswerk niederzulegen. Auch später war er meist auf Reisen und nahm von Athen aus im J. 444 an der Kolonie nach Thurii teil. Er schrieb an seiner Geschichte bis gegen 425 v. Ch. Or. 39 quo magis sunt Herodotus Thucydidesque mirabiles —; alter enim sine ullis salebris quasi sedatus amnis fluit, alter incitatior fertur. Quint. X 1, 73 dulcis (μελίχρους) et candidus et fusus H. IX 4, 18 in Herodoto vero cum omnia leniter fluunt, tum ipsa διάλεκτος habet eam iucunditatem, ut latentes etiam numeros complexa videatur.

Hierocles II 95. Brut. 325 (genus Asiaticae dictionis) sententiosum et argutum, sententiis non tam gravibus et severis quam concinnis et venustis; qualis — *pueris nobis*

Hierocles Alabandeus, magis etiam Menecles frater eius fuit, quorum utriusque orationes sunt in primis, ut Asiatico in genere, laudabiles. Or. 231 Tertium est (genus) in quo fuerunt fratres illi Asiaticorum rhetorum principes Hierocles et Menecles, minime mea sententia contemnendi. Strab. XIV p. 661.

Hippias III 127 aus Elis, ein jüngerer Zeitgenosse des Protagoras, einer der glänzendsten, aber auch eitelsten Sophisten seiner Zeit (s. ind. Sophisten). Plat. Hipp. min. p. 368 B. (spricht Sokrates zu ihm) πάντως δὲ πλείστας τέχνας πάντων σοφώτατος εἶ ἀνθρώπων, ὡς ἐγώ ποτέ σου ἤκουον μεγαλαυχουμένου πολλὴν σοφίαν καὶ ζηλωτὴν σαυτοῦ διεξιόντος ἐν ἀγορᾷ ἐπὶ ταῖς τραπέζαις. ἔφησθα δὲ ἀφικέσθαι ποτὲ εἰς Ὀλυμπίαν (εἰς τὴν τῶν Ἑλλήνων πανήγυριν) ἃ εἶχες περὶ τὸ σῶμα ἅπαντα σαυτοῦ ἔργα ἔχων· πρῶτον μὲν δακτύλιον (ἐντεῦθεν γὰρ ἤρχου) ὃν εἶχες σαυτοῦ ἔχειν ἔργον ὡς ἐπιστάμενος δακτυλίους γλύφειν καὶ ἄλλην σφραγίδα σὸν ἔργον, καὶ στλεγγίδα καὶ λήκυθον ἃ αὐτὸς εἰργάσω, ἔπειτα ὑποδήματα ἃ εἶχες ἔφησθα αὐτὸς σκυτοτομῆσαι, καὶ τὸ ἱμάτιον ὑφῆναι καὶ τὸν χιτωνίσκον· καὶ ὅ γε πᾶσιν ἔδοξεν ἀτοπώτατον καὶ σοφίας πλείστης ἐπίδειγμα, ἐπειδὴ τὴν ζώνην ἔφησθα τοῦ χιτωνίσκου, ἣν εἶχες, εἶναι μὲν οἵαι αἱ Περσικαὶ τῶν πολυτελῶν, ταύτην δὲ αὐτὸς πλέξαι· πρὸς δὲ τούτοις ποιήματα ἔχων ἐλθεῖν καὶ ἔπη καὶ τραγῳδίας καὶ διθυράμβους καὶ καταλογάδην πολλοὺς λόγους καὶ παντοδαποὺς συγκειμένους· καὶ περὶ τῶν τεχνῶν δὴ ὧν ἄρτι ἐγὼ ἔλεγον ἐπιστήμων ἀφικέσθαι διαφερόντως τῶν ἄλλων, καὶ περὶ ῥυθμῶν καὶ ἁρμονιῶν καὶ γραμμάτων ὀρθότητος καὶ ἄλλα ἔτι πρὸς τούτοις πάνυ πολλά, ὡς ἐγὼ δοκῶ μνημονεύειν. καίτοι τό γε μνημονικὸν ἐπελαθόμην σου, ὡς ἔοικε, τέχνημα, ἐν ᾧ σὺ οἴει λαμπρότατος εἶναι· οἶμαι δὲ καὶ ἄλλα πάμπολλα ἐπιλελῆσθαι.

Hippocrates III 132 der berühmte griech. Arzt aus Kos, geb. um 460 v. Ch., gest. 356 zu Larissa in Thessalien. Unter seinen vielen, im ionischen Dialekt geschriebenen Werken (über deren Echtheit jedoch die Stimmen sehr geteilt sind) sind seine **Aphorismen** am bekanntesten.

Q. Hortensius Hortalus III 228 geb. 114 v. Ch. (also 8 Jahre älter als Cicero), Konsul im J. 69, gest. im J. 50, in seinem 64. Lebensjahre. Brut. 228 ff. Q. Hortensii admodum adulescentis ingenium ut Phidiae signum simul aspectum et probatum est. Is L. Crasso Q. Scaevola consulibus (im J. 95) *primum in foro dixit* et apud hos ipsos quidem consules, et cum eorum, qui affuerunt, tum ipsorum consulum, qui omnes intellegentia anteibant, iudicio discessit probatus. *Undeviginti annos natus* erat eo tempore (also zur Zeit unseres Gesprächs 23 J.). Schon damals war er mit einer Tochter des Catulus verheiratet und hatte sein Rednertalent sowohl in der Verteidigungsrede im Senat, der causa Africae, deren spezieller Inhalt nicht mehr bekant ist, im J. 95, als später in seiner Rede für Nikomedes, König von Bithynien (auch von dieser causa wissen wir weiter nichts) auf das glänzendste bewährt. Est autem L. Paulo C. Marcello consulibus mortuus (im J. 50 v. Ch.), ex quo videmus eum *in patronorum numero annos quatuor et quadraginta fuisse*. ibid. 304 erat H. in bello (Marsico) primo (im J. 91) miles, in altero tribunus militum. ibid. 301 H. igitur cum admodum adulescens orsus esset in foro dicere, celeriter ad maiores causas adhiberi coeptus est; et quamquam inciderat in *Cottae* et *Sulpicii* aetatem, *qui annis decem maiores*, excellente tum *Crasso* et *Antonio*, dein *Philippo*, post *Iulio*, cum his ipsis dicendi gloria comparabatur. Primum *memoria* tanta, quantam in nullo cognovisse me arbitror, ut, quae secum commentatus esset, ea sine scripto verbis eisdem redderet, quibus cogitavisset. Ardebat autem cupiditate sic, ut in nullo umquam flagrantius *studium* viderim. Nullum enim patiebatur esse diem, quin aut in foro diceret aut meditaretur extra forum; saepissime autem eodem die utrumque faciebat. Attuleratque minime vulgare genus dicendi; duas quidem res, quas nemo alius: partitiones, quibus de rebus dicturus esset, et collectiones eorum, quae essent dicta contra quaeque ipse dixisset. Erat in verborum splendore elegans, compositione aptus, facultate copiosus; eaque erat cum summo ingenio tum exercitationibus maximis consecutus. Rem complectebatur memoriter, dividebat acute, nec praetermittebat fere quidquam, quod esset in causa aut ad confirmandum aut ad refellendum. Vox canora et suavis, motus et gestus etiam plus artis habebat, quam erat oratori satis. In Beziehung hierauf: Valer. Max. VIII 10, 2 Q. Hortensius plurimum in corporis decoro motu repositum credens, paene plus studii in eodem elaborando, quam in ipsa eloquentia affectanda impendit. Itaque nescires, utrum cupidius ad audiendum cum, an ad spectandum concurreretur; sic verbis oratoriis aspectus, et rursus aspectui verba serviebant. Itaque constat Aesopum Rosciumque, ludicrae artis peritissimos viros, illo causas agente, in corona frequenter adstitisse, ut foro petitos gestus in scenam referrent. — Hortensius war es bekanntlich auch, der im J. 66 mit Q. Lutatius Catulus gegen die lex Manilia de imperio Cn. Pompeii auftrat.

Hostilianae actiones I 245, ähnlich wie die Manilianae venalium vendendorum leges I 216 (die auch Manilii actiones heißen, Varro de r. r. II 3), eine Sammlung von Rechtsformeln in Erbschaftsprozessen oder Anweisungen zur Errichtung von Testamenten, von einem (übrigens unbekannten) Juristen Hostilius.

C. Hostilius Mancinus s. Mancinus.

Hyperides Ὑπερείδης I 58. II 91. III 28 aus dem attischen Gau Kollytos, geb. 396, ein Schüler Platos, gehörte mit Demosthenes der antimacedon. Partei an und war nach Alexanders Tod einer der eifrigsten Betreiber des lamischen Kriegs, floh aber nach der unglücklichen Schlacht bei Krannon aus Athen, wurde zu Ägina ergriffen und im J. 322 von Antipater aufs grausamste ermordet. Quint. X 1, 77 dulcis inprimis et *acutus*, von Cic. or. 90 neben Lysias und Demades als *facetus* gerühmt. Erst vor kurzem (im J. 1853) ist eine vollständige Rede von ihm (für Euxenippus) nebst Fragmenten einer Rede für Lykophron und Ende 1856 sein noch berühmterer Ἐπιτάφιος in Ägypten wieder aufgefunden worden.

M. Plautius Hypsaeus I 166 Konsul mit M. Fulvius Flaccus im J. 125 (Anwalt des Mündels).

I.

inferum mare III 69. Das tyrrhenische oder tuskische Meer längs der ganzen Westküste Italiens von Ligurien bis Sicilien bezeichneten die Römer mit dem Namen *inferum* m. im Gegensatz zu dem *superum* m., dem Adriatischen oder nach griech. Sprachgebrauch Ionischen Meer (Ἰόνιος μυχός).

interdictum. Zu den Rechtsmitteln, durch welche der Prätor den Privatbesitz schützte, gehörten die s. g. possessorischen Erlasse oder Interdikte. Sie hatten den Zweck, teils einen gegenwärtigen Besitz vor Störung zu schützen, teils einen verlorenen Besitz wieder zu verschaffen, i. retinendae oder i. recuperandae possessionis. Das gewöhnliche Verfahren bei diesem interdicto contendere der Parteien war, daß der Kläger, der sich in seinem Eigentumsrecht beeinträchtigt glaubte, den Beklagten zu einer Sponsion provozierte, wodurch dieser eine Strafe versprach. wenn er contra edictum praetoris gehandelt hätte, z. B. fundum unde tu me vi deiecisti, contra edictum praetoris non restituisti, tot nummos dare spondes. Ergab sich nun infolge der deshalb angestellten Untersuchung, daß der Beklagte sich wirklich unrechtmäßig den Besitz des Klägers angemaßt hatte, so wurde er in die Sponsionssumme verurteilt und der Kläger in sein Eigentum restituiert. — Einen sol-

chen Interdiktenprozeß, meint Scaevola launiger Weise (I 41), müßten von Rechtswegen die Philosophen gegen Crassus anstellen, der den Redner von ihrem Eigentum widerrechtlich Besitz ergreifen lasse.
Ionium mare III 69 s. inferum m.
Isokrates (Einl. I § 5, bes. 22 f.) II 10; 57; 94. III 28; 36; 59; 139; 141; 173. eodem tempore, quo Aristoteles, magnus et nobilis rhetor (de inv. II 2, 7), der bekannte attische Redner, geb. 436, gest. 338. Sein Vorbild war Gorgias. Er wirkte als Lehrer der Redekunst und als Schriftsteller durch λόγοι ἐπιδεικτικοί n. συμβουλευτικοί (Πανηγυρικός 380. Πλαταϊκός 373. Ἀρχίδαμος 365. περὶ εἰρήνης 355. Ἀρεοπαγιτικός c. 355. Φίλιππος 346. Παναθηναϊκός 339). Brut. 32 cuius domus cunctae Graeciae quasi ludus quidam patuit atque officina dicendi; magnus orator et perfectus magister, quamquam forensi luce caruit, intraque parietes aluit eam gloriam, quam nemo meo quidem iudicio est postea consecutus. Is et ipse scripsit multa praeclare et docuit alios; et cum cetera melius quam superiores, tum primus intellexit, etiam *in soluta oratione* dum versum effugeres, *modum* tamen et *numerum* quendam oportere servari. Or. 40 f. Nam cum concisus ei Thrasymachus minutis numeris videretur et Gorgias, qui tamen primi traduntur arte quadam verba vinxisse, Thucydides autem praefractior nec satis, ut ita dicam, rotundus, primus instituit dilatare verbis et mollioribus numeris explere sententias. In quo cum doceret eos, qui partim in dicendo partim in scribendo principes exstiterunt, domus eius officina habita eloquentiae est.
Italia II 154. III 8.
Ithaca I 196. Hom. Il. Γ 200 ff. πολύμητις Ὀδυσσεὺς, ὃς τράφη ἐν δήμῳ Ἰθάκης, κραναῆς περ ἐούσης, εἰδὼς παντοίους τε δόλους καὶ μήδεα πυκνά. Od. λ 480 παιπαλόεσσα, ι 27 τρηχεῖ' ἀλλ' ἀγαθὴ κουροτρόφος· οὔτοι ἔγωγε ἧς γαίης δύναμαι γλυκερώτερον ἄλλο ἰδέσθαι.
Iunia II 225.

iurisconsultus I 212. Die praktische Thätigkeit des Rechtskundigen in der früheren Zeit umfaßt drei bis vier Beschäftigungen: 1) Das *respondere* oder die Erteilung von Rechts-Gutachten und Rechtsbescheiden auf vorgelegte Fragen. Dies war die vornehmste Beschäftigung, u. von dieser Befragung hatten die Rechtskundigen den Namen iurisconsulti. Dieser Beruf (das iuris civilis scientiam publice profiteri) galt neben der Redekunst als ein Mittel, sich dem Volke zu empfehlen und den Weg zu Staatsämtern zu eröffnen, wiewohl er selbst schon ein persönliches Ansehn voraussetzte. Manche behielten sich ihn für die Zeit des höheren Alters vor, als eine ehrenvolle Ruhe für den in den unmittelbaren Staatsgeschäften Ergrauten (I 199). Der Rat, welchen die prudentes erteilten und um den sie angegangen wurden, beschränkte sich übrigens nicht auf die rein rechtliche Seite der Verhältnisse (III 133); es war ein Verhältnis ähnlich dem zwischen Unterrichtern und ihren Amtsangehörigen, deren natürlicher Sinn in dem Richter einen väterlichen Berater sucht. 2) Der Rechtsbescheid betraf aber auch die Art und Weise, wie ein Recht zweckmäßig geltend gemacht, ein Rechtsgeschäft vorsichtig und mit den nötigen Sicherungsmitteln, um sich vor Schaden zu hüten, abgeschlossen werde. Dies heißt cavere. 3) Endlich nahmen die Rechtskundigen wohl an der Ausführung ihres Rats teil, indem sie bei der Abschließung des Geschäfts oder der Führung des Prozesses thätig waren. Zu diesem *agere* gehörte namentlich die Unterstützung der Redner, der patroni causarum, welche die Sache der Partei vor Gericht verteidigten und denen die rechtlichen Gründe (deren sie selbst gewöhnlich nicht vollkommen mächtig waren) von Rechtskundigen mitgeteilt wurden. Auch 4) die schriftliche Abfassung der Rechtsgeschäfte pflegten sie durch ihre Schreiber zu besorgen (scribere).

L.

C. Laelius Sapiens, der bekannte Freund des jüngeren Scipio I 35; 58; 211; 215; 255. II 22; 154; 286; 341. III 28; 45. Brut. 82 f. 84 ut ex bellica laude aspirare ad Africanum nemo potest, in qua ipsa egregium Viriathi bello (140) reperimus fuisse Laelium, sic ingenii litterarum eloquentiae sapientiae denique, etsi utrique primas, priores tamen libenter deferunt Laelio.

Laelius Decumus II 25 sonst nicht bekannt.

Laelia III 45 die Tochter des erst genannten Laelius, die mit Q. Mucius Scaevola augur verheiratet war. Brut. 211 Auditus est nobis Laeliae C. F. saepe sermo; ergo illam *patris elegantia tinctam vidimus* et filias eius Mucias ambas (die eine war mit Crassus vermählt) quarum sermo mihi fuit notus, et neptes Licinias, quas nos quidem ambas, hanc vero Scipionis (s. ind.) etiam tu, Brute, credo aliquando audisti loquentem. Quint I 1, 6 et Laelia C. F. reddidisse in loquendo paternam elegantiam dicitur.

L. Aelius Lamia II 262 sonst nicht weiter bekannt.

Largius II 240 s. u. w. b.

Latini III 43.

Laurentum II 22, das heutige Paterno, eine Seestadt in Latium, nicht weit von Ostia.

lege agere I 41 u. 42; 167. Sobald die beiden streitenden Parteien zur Austragung ihres Rechtsstreits vor dem zuständigen Magistrat erschienen, ging das Verfahren in bestimmten solennen Formen vor sich, nach ältestem Recht durch das Aussprechen solenner Worte, teils von den Parteien, teils vom Magistrat, verbunden mit bestimmten andern (symbolischen) Handlungen. Diese feierliche, durch eine lex vorgeschriebene Prozeßhandlung heißt legis actio u. seine Sache unter den gesetzlichen Formen führen *lege agere* (Corn. Nep. Timol. c. 5, 2). Die erste dieser Actionen war nun die legis actio sacramento, so genannt von dem Succumbenzgeld, das beide Parteien (ursprünglich an einem locus sacer) deponieren mußten und das die unterliegende Partei an das Aerarium verlor. Der Prozeß erhielt dadurch die Form eines Streites um die Strafe (*sacramento contendere*) und darauf lautete auch das Urteil des Gerichts, wodurch das sacramentum desjenigen, der sein Recht siegreich behaupten konnte, für iustum, das des Überwundenen für iniustum und damit als dem Staatsschatz verfallen erklärt wurde. — In gewissen Fällen, z. B. eben bei dem Rechtsstreit über das Eigentum an einer Sache, enthielt die Verhandlung in iure (vor dem Magistrat) noch einen besondern Akt, welcher von den damit verbundenen symbolischen Handlungen vindicatio (*vindicare* nach O. Müller von vim dicere, weil bei der gerichtlichen Handlung potius *vis dicitur*, quam fit; vgl. Gell. N. A. XX 10) heißt oder *in iure manum conserere*: der Kläger legte mittels eines Stabes (festuca oder vindicta, signo quodam *iusti* dominii) und der solennen Formel Hand an die Sache: ebenso darnach der Beklagte. Diese Vindikation erforderte daher eigentlich die Gegenwart der Sache selbst oder doch wenn die Herbeischaffung derselben nicht thunlich war, eines Stückes davon. So ging bei der Vindikation von Grundstücken nach ältestem Recht der Prätor mit den Parteien zu dem Grundstück, um dort die Handlung vornehmen zu lassen, später substituierte man dafür eine Scholle, welche die Parteien von demselben mitbrachten. Wenn sie vor dem Prätor erschienen, sprach der Kläger: *fundum qui est in agro qui Sabinus vocatur, ego ex iure Quiritium meum esse aio, inde ibi ego te ex iure manum consertum voco.* Der Gegner sprach *unde tu me ex iure manum consertum vocasti, inde ibi ego te revoco,* Cic. p. Mur. 25 ff. — So meint Scaevola a. a. O. müßten von Rechtswegen die verschiedenen Philosophenschulen mit Crassus lege agere und ihn ex iure manum consertum vocare, um mittels dieser vindicatio in iure wieder zu ihrem Eigentum zu gelangen; denn Crassus würde wohl den Proceß verlieren und das Succumbenzgeld nicht wieder bekommen.

P. Cornelius Lentulus I 211 Konsul im J. 162 u. princeps senatus war unter denen, qui cum Opimio consule armati Gracchum in Aventinum persecuti sunt; quo in proelio Lentulus grave vulnus accepit, interfectus est Gracchus. Phil. VIII 11.

M. Aemilius Lepidus Porcina I 40. Brut. 95 *M. Aemilius Lepidus*, qui est Porcina dictus, eisdem temporibus fere quibus Galba, sed paullo minor natu, et summus orator est habitus et fuit, ut apparet ex orationibus, scriptor sane bonus. Hoc in oratore Latino primum mihi videtur et levitas (Glätte der Form) apparuisse illaGraecorum et verborum comprehensio et iam artifex, ut ita dicam, stilus. Er war Konsul im J. 137 mit C. Hostilius Mancinus. — **Lepidus** II 287 ist entweder der eben genannte Porcina oder der an derselben Stelle gleich darauf erwähnte:

M. Aemilius Lepidus II 287 Pontifex maximus, Konsul im J. 187, Censor im J. 179 mit M. Fulvius Nobilior, zum zweitenmale Konsul 175 mit Q. Mucius Scaevola.

Licinii. Außer dem Redner L. Licinius Crassus (Einl. I § 10): der I 166 erwähnte Prätor **M. Licinius Crassus**, vielleicht der Großvater des Triumvir Crassus, um seines großen Ernstes willen ἀγέλαστος genannt. Bedeutender ist:

P. Licinius Crassus Dives Mucianus, der leibliche Sohn des P. Mucius Scaevola, des Konsuls im J. 173, Bruder des P. Scaevola, des Konsuls 133, und von P. Crassus adoptiert, I 170; 216; 210; Pontifex maximus, Konsul im J. 131, wurde im Kriege gegen Aristonicus in der Nähe von Smyrna getötet. Brut. 98 *P. Crassum valde probatum oratorem eisdem fere temporibus* (d. h. der Gracchen) *accepimus, qui et ingenio valuit et studio et habuit quasdam etiam domesticas disciplinas. Nam et cum summo illo oratore, Ser. Galba, cuius Gaio filio filiam suam collocaverat, affinitate* sese *devinxerat, et, cum esset P. Mucii filius fratremque haberet P. Scaevolam, domi ius civile cognoverat. In eo industriam constat summam fuisse maximamque gratiam, cum et consuleretur plurimum et diceret.*

P. Licinius Crassus III 10 Vater des Triumvir, Konsul im J. 97, später im Bundesgenossenkrieg Legat des Konsuls L. Julius Caesar Strabo, mit dem er auch im J. 89 die Censur bekleidete. Sein Tod fällt in das Schreckensjahr 87. Um nicht den Marianern in die Hände zu fallen, tötete er sich selbst, und Cic. pro Sest. 48 preist ihn darum: *fortissimum virum, ne videret victorem vivus inimicum, eadem sibi manu vitam exhausisse, qua mortem saepe hostibus obtulisset.* — Älter als diese ist

P. Licinius Crassus (ille vetus) III 134, Pontifex maximus im J. 212 v. Ch., Konsul mit dem älteren Scipio im J. 205, gest. im J. 183. Liv. XXX 1, 5 *congestis omnibus humanis a natura fortunaque bonis nobilis idem ac* dives *erat, forma viribusque corporis excellebat, facundissimus habebatur seu causa oranda, seu in senatu, ad populum suadendi ac dissuadendi locus esset, iuris pontificii peritissimus; super haec bellicae quoque laudis consulatus compotem fecerat.* Auch Cat. mai. 27 wird er im Verein mit Sex. Aelius u. Ti. Coruncanius genannt, *a quibus iura civibus praescribebantur.* ibid. 50 *Quid de P. Licinii Crassi et pontificii et civilis iuris studio loquar?*

P. Licinius Varus, Aedil im J. 210 (Liv. XXVII, 6), Prätor 208 (Liv. XXVII, 21). de orat. II 250.

Licinia III 8 des Redners Crassus und der Mucia Tochter, Enkelin der Laelia und des Augur Mucius Scaevola, war mit P. Scipio Nasica (Enkel des Serapio) vermählt.

Licinius III 225. In anderen Hss. ist der Name Erycinus geschrieben, weshalb man vermutet hat, daß dies sein eigentlicher früherer Name, den er im Sklavenstand führte, gewesen sei, daß er aber nach seiner Freilassung, von Licinia, der Gemahlin des C. Gracchus, den Namen Licinius angenommen habe.

M. Livius Salinator II 273 der mit C. Claudius Nero den Hasdrubal am Metaurus besiegte im J. 206. Liv. XXVII 25 De M. Livio praefecto arcis Tarentinae haud minore certamine actum est (im J. 208), aliis senatusconsulto notantibus praefectum, quod eius socordia Tarentum proditum hosti esset, aliis praemia decernentibus, quod per quinquennium arcem tutatus esset, maximeque unius eius opera receptum Tarentum foret, mediis ad censores non ad senatum notionem de eo pertinere dicentibus, cuius sententiae et Fabius fuit; adiecit tamen fateri se opera Livii Tarentum receptum, quod amici eius vulgo in senatu iactassent, neque enim recipiundum fuisse (im J. 209), nisi amissum foret (im J. 212). Cat. mai. 11 Tarentum vero qua vigilantia, quo consilio recepit! cum quidem Salinatori, *qui amisso oppido fugerat in arcem*, glorianti atque ita dicenti: 'mea opera, Q. Fabi, Tarentum recepisti', 'certe' inquit ridens, '**nam nisi tu amisisses, numquam recepissem**'.

loci **communes**, so genannt, weil solche sowohl der Ankläger, als auch der Verteidiger in Anwendung bringen konnte; vgl. ad Her. II 6, 9 *Proprii* sunt, quibus nisi accusator et quibus nisi defensor nemo potest uti. *Communes* sunt, qui alia in causa ab reo, alia ab accusatore tractantur. Es sind also oratorische Gemeinplätze, hervorragende, glänzende Stellen, die — wenn sie auch im engsten Zusammenhang mit dem Gedankengang stehen, innerhalb dessen sie in der Rede vorkommen — doch zugleich so allgemeiner Natur sind, daß sie auch in vielen andern Fällen angewendet werden können. III 106 f. de inv. II 48 ff. Haec ergo argumenta, quae transferri in multas causas possunt, *locos communes* nominamus. Nam locus communis aut *certae rei* quandam continet *amplificationem* [vgl. ad Her. III 8, 15 in ipsa causa crebras et breves *amplificationes* interponemus per locos communes],

Cic. de orat.

ut si quis hoc velit ostendere, eum qui parentem necarit, maximo supplicio esse dignum (quo loco *nisi* perorata et *probata causa* non est utendum); aut *dubiae*, quae ex contrario quoque habeat probabiles rationes argumentandi, ut suspitionibus credi oportere et contra suspitionibus credi non oportere. Ac pars locorum communium per *indignationem* aut per *conquestionem* inducitur, pars per aliquam *probabilem utraque ex parte rationem*. *Distinguitur* autem *oratio* atque *illustratur* maxime raro inducendis locis communibus et aliquo loco, iam certioribus illis argumentis confirmatis. Nam et tum conceditur commune quiddam dicere, cum diligenter aliquis proprius causae locus tractatus est et auditoris animus aut renovatur ad ea quae restant aut omnibus iam dictis exsuscitatur. Omnia enim *ornamenta elocutionis*, in quibus et suavitatis et gravitatis plurimum consistit et omnia quae inventione verborum et sententiarum aliquid habent dignitatis, in communes locos conferuntur. Quare non ut causarum sic oratorum quoque multorum communes loci sunt. Nam nisi ab eis, qui multa in exercitatione *magnam sibi verborum et sententiarum copiam* comparaverint, tractari non poterunt *ornate* et *graviter*, quemadmodum natura ipsa eorum desiderat. — In his finis est *amplitudo*. Or. 125 sunt maxime luminosae et quasi actuosae partes duae, quarum alteram in *universi generis quaestione* pono quam Graeci appellant θέσιν, alteram in *augendis amplificandisque rebus*, quae ab eisdem αὔξησις est nominata. Quae etsi aequabiliter toto corpore orationis fusa esse debet, tamen in *communibus locis* maxime excellet, qui communes sunt appellati eo, quod videntur multarum eidem esse causarum, sed proprii singularum esse debebunt. Brut. 46 scriptas fuisse (dicunt) et paratas a Protagora *rerum illustrium disputationes*, quae nunc communes appellantur loci.

Longinus s. Congus.

C. Lucilius I 72. II 25; 253. III

sc; 171 römischer Ritter, geb. 148 zu Suessa Aurunca in Campanien, gest. 103 zu Neapel, der als Vorgänger und Vorbild des Horaz so bekannte Satirendichter und vertraute Freund des Laelius und Scipio, mit dem er auch den Feldzug in Spanien mitgemacht hatte. Seine 30 Bücher Satiren ('humoristische Zeit- und Sittengemälde') erstreckten sich nicht allein über die politischen u. sozialen Verhältnisse Roms (sale multo urbem defricuit, Hor. sat. I 10, 3 f.), sondern auch auf Gegenstände der Litteratur u. Geschichte: Ille velut fidis arcana sodalibus olim credebat libris, Hor. sat. II 1, 30. Er vertrat im Gegensatz gegen die gelehrte, die Alexandriner nachahmende Richtung der Poesie die echtrömische Dichtkunst, und wollte trotz seiner umfassenden Bildung (doctus) nur für das große Publikum schreiben. Eben in diesem volkstümlichen Witz nach der Weise der alten Komödie, die jedoch mit großer Feinheit des Spottes verbunden war (perurbanus), bestand seine Stärke. Quint. X 1, 93 f. eruditio in eo mira et libertas atque inde acerbitas et abundantia salis.

Lucilius II 254. Es ist ungewiß, welcher L. beschuldigt ward, seine Herden widerrechtlich auf die öffentlichen Weiden zu treiben; der Dichter Lucilius ist es wohl auf keinen Fall. Eine andere Lesart ist Lucullus; das müßte dann wohl der auch sonst durch seine Habsucht berüchtigte Vater des reichen L. Lucullus sein.

ludi Romani, die seit der Königszeit zu Ehren der drei kapitolin. Gottheiten Jupiter, Juno, Minerva gefeierten ludi magni und maximi, deren Besorgung den curulischen Aedilen oblag (I 57). Sie fielen in die erste Hälfte des Monats September und dauerten neun Tage (vom 4. bis 12. September), den Schluß derselben bildeten ludi scenici, die überhaupt erst im J. 364 v. Ch. in Rom eingeführt wurden. Liv. VII 2, 3. An sie schlossen sich nach einem Zwischenraum von zwei Tagen die besonderen ludi Romani in circo, die dann noch fünf Tage währten. Während der Spiele ruhten die öffentlichen Geschäfte und die reichen röm. Staatsmänner benutzten diese Gerichts- u. Senatsferien, um sich auf ihren reizenden Landsitzen einige Tage zu erholen. Für Crassus war es die letzte Erholungszeit auf Erden, denn am 13. September war bereits die für ihn so verhängnisvolle Senatssitzung, infolge deren er zu Tode erkrankte und nach sieben Tagen starb (III 2 u. 6) I 24.

lumina III 201 ff. derjenige Wort- und Gedankenschmuck der Rede, in dem sich der eigentlich oratorische Charakter derselben im engern Sinn offenbart. Brut. 69 *ornari orationem Graeci putant, si verborum immutationibus utantur, quos appellant τρόπους* (figuras), *et sententiarum orationisque formis, quae vocant σχήματα.* ibid. 141 *σχήματα* enim quae vocant Graeci (sententiarum ornamenta et conformationes, figurae sententiarum) ea maxime ornant oratorem: eaque non tam in *verbis pingendis* habent pondus quam in *illuminandis sententiis*. Die Rhetoren unterschieden nämlich σχήματα διανοίας oder ἐννοιῶν u. σχ. λέξεως (wozu man auch wohl noch die σχ. τῶν ὑποθέσεων rechnete, die sich auf den allgemeinen Charakter und Ton des Ausdrucks bezogen de or. III 199). Or. 80 f. (supellex oratoria) quae est in *ornamentis* alia rerum, alia verborum. *Ornatus* autem verborum duplex, unus simplicium, alter collocatorum. *Simplex* probatur in *propriis* usitatisque verbis, quod aut optime sonant aut rem maxime explanant, in *alienis* aut *tralatum* aut *factum* ab ipso aut *priscum* et inusitatum. (Sed etiam inusitata ac prisca sunt in propriis, nisi quod raro utimur.) *Collocata* autem verba habent ornatum, si aliquid concinnitatis efficiunt, quod verbis mutatis non maneat manente sententia. (Nam sententiarum ornamenta quae permanent, etiamsi verba mutaveris, sunt illa quidem permulta sed quae eminent pauciora.) ib. 135 f. werden im einzelnen als *orationis lumina et quodammodo insignia* aufgeführt:

cum aut duplicantur iteranturque verba aut leviter commutata ponuntur; aut ab eodem verbo ducitur saepius oratio aut in idem conicitur aut utrumque aut adiungitur idem iteratum aut idem ad extremum refertur aut continenter unum verbum non eadem sententia ponitur; aut cum similiter vel cadunt verba vel desinunt; aut cum sunt contrariis relata contraria; aut cum gradatim sursum versum reditur; aut cum demptis coniunctionibus dissolute plura dicuntur; aut cum aliquid praetereuntes, cur id faciamus, ostendimus; aut cum corrigimus nosmet ipsos quasi reprehendentes; aut si est aliqua exclamatio vel admirationis vel conquestionis; aut cum eiusdem nominis casus saepius commutantur. — Sed *sententiarum ornamenta* maiora sunt — nec quidquam est aliud dicere nisi omnes aut certe plerasque aliqua specie illuminare sententias. Als solche σχήματα werden dann aufgeführt: 137 f. ut (orator) verset saepe multis modis eadem et una in re haereat in eademque commoretur sententia; saepe etiam ut extenuet aliquid, saepe ut irrideat; ut declinet a proposito deflectatque sententiam; ut proponat, quid dicturus sit; ut cum transegerit iam aliquid, definiat; ut se ipse revocet; ut quod dixit iteret; ut argumentum ratione concludat; ut interrogando urgeat; ut rursus quasi ad interrogata sibi ipse respondeat; ut contra ac dicat accipi et sentiri velit; ut addubitet, quid potius aut quomodo dicat; ut dividat in partes; ut aliquid relinquat ac neglegat; ut ante praemuniat; ut in eo ipso, in quo reprehendatur, culpam in adversarium conferat; ut saepe cum eis qoi audiunt, nonnumquam etiam cum adversario quasi deliberet; ut hominum sermones moresque describat; ut muta quaedam loquentia inducat; ut ab eo quod agitur avertat animos, ut saepe in hilaritatem risumve convertat; ut ante occupet, quod videat opponi; ut comparet similitudines; ... ut interpellatorem coerceat; . . ut liberius quid audeat; ut irascatur, etiam ut obiurget aliquando; ut deprecetur, ut supplicet; ut medeatur; ut a proposito declinet aliquantum; ut optet, ut exsecretur; ut fiat eis, apud quos dicet, familiaris. Atque alias dicendi quasi virtutes sequetur; brevitatem, si res petet; saepe etiam rem dicendo subiciet oculis; saepe supra feret quam fieri possit; significatio saepe erit maior quam oratio; saepe hilaritas, saepe vitae naturarumque imitatio. Hoc in genere (nam quasi silvam vides) omnis eluceat oportet eloquentiae magnitudo. Ad Her. IV 12, 17 ff. Quint. IX 2 u. 3. VIII 5, 29 lumina illa non flammae sed scintillis inter fumum emicantibus similia dixeris, (quae ne apparent quidem, ubi tota lucet oratio, ut in sole *sidera* ipsa desinunt cerni). Schultz § 466 und 467. Über das Verhältnis v. de or. III 206 ff. zu Or. 135 ff., s. Quint. IX 3, 90 M. Tullius multas in tertio de oratore libro posuit, quas in oratore postea scripto transeundo videtur ipse damnasse, quarum pars est, quae sententiarum potius quam verborum sit, ut *imminutio, improvisum, imago, sibi ipsi responsio, digressio, permissio, contrarium, sumpta ex adverso probatio;* quaedam omnino non sunt figurae sicut *ordo, dinumeratio, circumscriptio.*

lustrum I 183. II 268. Liv. I 44 Censu perfecto (Servius Tullius) edixit, ut omnes cives Romani equites peditesque in suis quisque centuriis in campo Martio prima luce adessent. Ibi instructum exercitum omnem *suovetaurilibus lustravit* (die drei Opfertiere wurden dreimal um das versammelte Volk geführt u. dann als Sühn- und Reinigungsopfer dem Mars geschlachtet); idque *conditum lustrum* appellatum, quia is censendo finis factus est (denn condere ist hier gleichbedeutend mit finire; den feierlichen Schlußakt des Census vollziehen). Seitdem bildeten die suovetaurilia den Schluß des Census, der innerhalb der fünfjährigen, auch lustrum genannten (Steuer-) Periode vollzogen werden sollte. Wer von den Censoren dies feierliche Sühnopfer zu bringen und so den Schlußakt des Census zu vollziehen hatte, wurde durchs Los bestimmt.

Q. Lutatius Catulus s. Catulus.

Lyceum I 98 s. Peripatetici.

Lycurgus 'a quo est disciplina Lacedaemoniorum astricta legibus' (Brut. 40). I 58; 197. III 56. Brut. l. l. 'superior' zur Unterscheidung von dem folgenden.

Lycurgus II 94 der Redner, aus Athen, ein Schüler von Plato und Isokrates, gehörte wie Demosthenes u. Hyperides zur antimacedonischen Partei; ein angesehener Staatsmann; als Staatsschatzmeister (ταμίας τῆς κοινῆς προσόδου) leitete er zwölf Jahre die Finanzen des athenischen Staates und war in jener Zeit weit verbreiteter Bestechlichkeit durch strenge Rechtlichkeit ausgezeichnet. Wir besitzen von ihm noch die Rede gegen Leokrates aus dem J. 330.

Lysias I 231. II 93. III 28 um der Reinheit u. Klarheit seiner Sprache, der Anschaulichkeit seiner Darstellung, wie der Einfachheit u. Natürlichkeit willen (genus dicendi *tenue*) das eigentliche Muster und Ideal der neu-attischen Rednerschule, 'alter paene Demosthenes', der gewöhnlichen Angabe nach geb. 459 zu Athen, wohin sein Vater Kephalos aus Syrakus als Metöke gezogen war, lebte von 444 in Thurii und kehrte erst 412 oder 411 nach dem unglücklichen Ausgang des sicilianischen Feldzugs nach Athen zurück. (Nach neueren Untersuchungen wäre Lysias' Vater infolge bürgerlicher Unruhen nach dem Sturze des Tyrannen Thrasybulos zwischen 460 und 457 aus Syrakus nach Athen gezogen, der Redner Lysias aber erst 446 oder 445 in Athen geboren; die Übersiedelung des fünfzehnjährigen Lysias nach Thurii fiele dann in das J. 430.) Hier in Athen eröffnete er eine Rednerschule und fing dann an, als ihm sein Rivale Theodor von Byzanz als Rhetor Abbruch that, gerichtliche Reden für Geld zu schreiben (λογοποιία, λογογραφία), Brut. 48. Die Rede κατὰ Ἐρατοσθένους τοῦ γενομένου τῶν τριάκοντα hielt er im J. 403.

Er war ein sehr fruchtbarer Schriftsteller und starb in hohem Alter in Athen im J. 378. Brut. 35 Lysias, *ipse* quidem in causis forensibus non versatus sed egregie *subtilis* scriptor atque elegans, quem iam prope audeas oratorem perfectum dicere. Or. 29 venustissimus ille scriptor ac politissimus Lysias.

Lysippus III 26 aus Sicyon, ein Zeitgenosse Alexanders des Großen (der von keinem andern plastisch dargestellt sein wollte, als von diesem Künstler. Cic. ad Fam. V 12, 7). Unter seinen unzähligen Bronzestatuen waren die beiden kolossalen Statuen des Zeus und des Herakles zu Tarent, ferner ein Viergespann mit dem Sonnengotte, u. besonders die vielen Alexanderstatuen am berühmtesten; namentlich das Alexanderbild unter der Schar von Reitern, welche bei dem ersten Angriff in der Schlacht am Granikos gefallen und sämtlich porträtähnlich v. L. dargestellt waren. Er ist auch der erste, welcher allegorische Bildsäulen wie den Kairos, Oknos machte. Seine technische Virtuosität suchte L. in der Überwindung der Schwierigkeiten bei der Bearbeitung kolossaler Figuren zu beweisen. Dabei ist das Reizende und Effektvolle ein charakteristisches Merkmal seiner Kunst, in der er darum von den Gesetzen wahrhaft harmonischer Körperbildung, wodurch Polyklet so ausgezeichnet war, nach dem schon überreizten Geschmack seiner Zeit vielfach abwich.

Lysis III 139 aus Tarent, ging nach Auflösung des pythagoreischen Bundes nach Theben, wo er des Epaminondas Lehrer ward, 'E. philosophiae praeceptorem habuit Lysim Tarentinum, Pythagoreum, cui quidem sic fuit deditus, ut adulescens tristem et severum senem omnibus aequalibus suis in familiaritate anteposuerit', Corn. Nep. vit. Epam. c. 2, 2.

M.

Magius II 265 sonst nicht weiter bekannt.

Mago I 249, Plin. h. n. XVIII 22

de cultura agri praecipere principale fuit etiam apud exteros; si quidem et reges fecere — et *Poenus* etiam Mago, cui quidem tantum honorem senatus noster habuit *Carthagine capta*, ut, cum regulis Africae bibliothecas donaret, unius eius *duodetriginta volumina* censeret in Latinam linguam transferenda, cum iam M. Cato praecepta condidisset (sc. de re rustica), peritisque linguae Punicae dandum negotium, in quo praecessit vir clarissimae familiae D. Silanus.

Maler (griechische) III 26. Brut. 70 Similis in *pictura* ratio est (als bei der Plastik, s. ind.), in qua *Zeuxim* et *Polygnotum* et *Timanthem* et eorum, qui non sunt usi plus quam quatuor coloribus, *formas* et *lineamenta* laudamus; at in Protogene, *Apelle* iam perfecta sunt omnia. — Quint. XII 10, 3 Primi, quorum quidem opera non vetustatis modo gratia visenda sunt, clari *pictores* fuisse dicuntur *Polygnotus* et *Aglaophon*, quorum simplex color sui studiosos adhuc habet (— velut futurae mox artis primordia). — Post *Zeuxis* atque Parrhasius non multum aetate distantes circa Peloponnesia ambo tempora — plurimum arti addiderunt. Quorum prior *luminum umbrarumque* invenisse *rationem*, secundus examinasse subtilius lineas traditur. — Floruit autem circa Philippum et usque ad successores Alexandri pictura praecipue sed *diversis virtutibus*. Nam cura Protogenes, ratione Pamphilus ac Melanthius, facilitate Antiphilus — ingenio et *gratia*, quam in se ipse maxime iactat, *Apelles* est praestantissimus.

Helvius Mancia II 266; 271. Quint. VI 3, 37 f. Risus oriuntur aut *ex corpore eius*, in quem dicimus, aut ex animo, qui factis ab eo dictisque colligitur, aut ex his, quae sunt extra posita. Intra haec enim est omnis vituperatio; quae si gravius posita sit, severa est, si levius, ridicula. Haec aut *ostenduntur* aut narrantur aut dicto notantur. Rarum est, ut *oculis subicere* contingat, ut fecit C. Iulius, qui cum *Helvio Manciae* saepius obstrepenti sibi diceret, *etiam ostendam, qualis sis*, isque plane instaret interrogatione, qualem se ostensurus esset, digito demonstravit imaginem Galli in scuto Cimbrico pictam, cui Mancia tum simillimus visus est. *Tabernae* autem erant circa forum, ac *scutum* illud *signi gratia* positum.

C. Hostilius Mancinus I 181; 238. II 137 als Konsul im J. 137 in Spanien. Hier geriet er vor Numantia mit seinem Heer in eine solche Lage, daß er rettungslos verloren schien und daher, um der sichern Vernichtung zu entgehen, den Numantinern einen (für die Römer schimpflichen) Vergleich anbot. Um des Tib. Gracchus willen, der als Quästor des Konsuls den Feldzug mitmachte, schlossen die Numantiner den Vertrag und gewährten dem Heere freien Abzug. Daß der Vertrag nachher in Rom verworfen ward, trug zur Opposition des Gracchus gegen die Aristokratie nicht wenig bei: G. ad turbulentissimum tribunatum — *ex invidia foederis Numantini bonis iratus* accesserat, Brut. 103.

M'. Manilius I 212; 246. III 133 Konsul im J. 149, eine juristische Autorität (daher von Cic. in seinen Büchern de rep. unter die Personen des Dialogs aufgenommen I 18. III 17 hic iuris noster interpres). Er gehört zugleich zu den bedeutenderen juristischen Schriftstellern, wie denn unter andern von ihm die *Manilianae leges venalium vendendorum* d. h. eine Zusammenstellung der bei Kaufkontrakten üblichen Formeln herrührten (I 246).

Cn. Manlius (od. Mallius) **Maximus** II 125. Das Volk zog ihn 'non solum ignobilem, verum sine virtute, sine ingenio, vita etiam contempta ac sordida' (p. Planc. 12) dem Q. Catulus bei der Bewerbung ums Konsulat vor; er ward Konsul im J. 105. 'Per idem tempus adversum Gallos ab ducibus nostris Q. Caepione et Cn. Manlio male pugnatum', Sall. Iug. 114. Dieser unglückliche, blutige Kampf des Prokonsul Q. Servilius Caepio und des Konsul Cn. Manlius Maximus gegen die in Gallien eingedrungenen Cimbern und andere keltische u. germanische Stämme (Gallos) fand im Oktober 105 statt. Einl. I § 11, 128.

manubiae III 10. Gell. XIII 25 (24). 25 aliud omnino praeda est, ut in libris rerum verborumque veterum scriptum est, aliud *manubiae*. Nam praeda dicitur corpora ipsa rerum, quae capta sunt, *manubiae* vero appellatae sunt pecunia a quaestore ex venditione praedae redacta.

M. Marcellus I 57; als ganz junger Mensch im J. 109 in der Begleitung des Crassus auf dessen Rückreise von Asien durch Macedonien über Athen (Einl. I § 10, 84) und die hauptsächliche Veranlassung, daß Crassus bei dieser Gelegenheit in Athen die damaligen Philosophen hörte, im J. 91 Curul-Ädil, sonst nicht weiter bekannt.

Marcelli I 176.

campus Martius II 84; 253 (campus noster).

C. Marius I 66. II 196; 266 (Marianum scutum) III 8. Einl. I § 11 a. E. § 15 a. E. p. Sest. 50.

Maximi I 210. II 290 s. Fabii.

Memmius II 210; 267; 283. Die beiden Brüder C. u. L. Memmius werden von Cic. Brut. 136 als *accusatores* acres atque acerbi geschildert, die 'in iudicendo capitis multos vocaverunt, pro reis non saepe dixerunt'. In den obigen Stellen ist C. Memmius gemeint, der bekannte Gegner der Aristokratie (vir acer et infestus potentiae nobilitatis), der im J. 111 als Volkstribun die Untersuchung gegen die großartige Bestechung durch den Jugurtha und damit den Krieg gegen diesen veranlaßte. C. Servilius Glaucia ließ ihn als seinen gefährlichsten Nebenbuhler bei der Bewerbung um das Konsulat im J. 100 durch sein Werkzeug Saturninus vor den Augen des Volkes ermorden. — Die II 240 erwähnte fingierte Anekdote, die Crassus wahrscheinlich (wie auch die Äußerung II 267) in seiner suasio legis Serviliae anbrachte, sollte dazu dienen, den bissigen Charakter, wie die lüderliche Lebensweise dieses Demokraten mit ein paar Strichen zu zeichnen.

Megarici III 62 so genannt von dem Geburtsort des Stifters der Schule, Euklid von Megara, der ein Schüler des Sokrates und Freund Platos war. Acad. II pr. 129 Megaricorum fuit nobilis disciplina. Euclides, Socratis discipulus, Megareus, a quo eidem illi Megarici dicti, qui *id bonum solum* esse dicebant, quod esset *unum* et *simile*, et idem semper. Euklid schloß sich also zum Teil an die Eleatische Philosophie an (s. Eleaten).

Menecles II 95 s. Hierokles.

Menedemus I 85 gehörte als Rhetor in Athen zu denen, die der Rhetorik wieder ihre besondere von der Philosophie getrennte Bedeutung zu vindicieren suchten (er wies ihr als ἐπιστήμη πολιτική das Staatsgebiet zu). Daher die scharfe und gereizte Opposition des Charmadas, der für die unbedingte Alleinherrschaft der Philosophie in die Schranken trat.

Q. Caecilius Metellus, Macedonicus genannt wegen seines Sieges über Andriscus oder Pseudophilippus (der sich für einen Sohn des Perseus ausgab) im J. 148, der väterliche Oheim des Metellus Numidicus I 211; 215. is cuius quatuor filii consulares fuerunt, Brut. 81, Konsul im J. 143. Vix ullius gentis, aetatis, ordinis hominem inveneris, cuius felicitatem fortunae Metelli compares. Nam praeter excellentes triumphos, honoresque amplissimos et *principale in republica fastigium*, extentatumque vitae spatium (er starb im J. 115) et acres innocentesque pro republica cum inimicis contentiones *quatuor filios sustulit* (Q. C. M. Balearicus Cons. 123, L. C. M. Diadematus Cons. 117, M. C. M. Cons. 115 u. C. C. M.); omnes adultae aetatis vidit, omnes reliquit superstites honoratissimos. Mortui eius lectum pro rostris sustulerunt quatuor filii: unus consularis et censorius, alter consularis, tertius consul, *quartus* candidatus consulatus, quem honorem adeptus est, Vell. I 11. Dieser vierte Sohn war:

C. Caecilius Metellus mit dem

Beinamen Caprarius II 267, Konsul 113 mit Papirius Carbo, Censor 102 mit:

Q. Caecilius Metellus L. F. Numidicus II 263; 275. III 68, Konsul 109, der bekannte Feldherr gegen Jugurtha, von Marius aus dem Oberbefehl verdrängt; eines der standhaftesten u. bedeutendsten Häupter der Nobilität und daher von der demokratischen Partei aufs äußerste angefeindet, besonders seit er als Censor 102 den berüchtigten Saturnin und Senator Glaucia wegen ihres schimpflichen Lebens aus dem Senat stoßen wollte. Saturnin rächte sich bekanntlich dadurch, daß er Metellus' Verbannung bewirkte (100) 'cum in eam legem, quam non iure rogatam iudicarat, iurare unus noluisset' (p. Sest. 37; 101). Doch wurde er schon im folgenden Jahre nach Saturnins und Glaucias Sturz zurückgerufen. Hier war es, wo sein Sohn:

Q. Caecilius Metellus Pius II 167 seine Treue und Liebe zum Vater so glänzend bewährte, daß er (und von ihm seine Nachkommen) den ehrenden Beinamen Pius erhielt 'tam claris lacrimis, quam alii victoriis'. Er verschmähte es nicht, den Tribun Furius fußfällig für seinen verbannten Vater zu bitten; und als ihn dieser hartherzig zurückstieß, forderte das darüber empörte Volk selbst die Zurückberufung des Metellus und wählte ihn sogar zum Konsul. — Die Prachtliebe übrigens, der schon sein Vater nicht ganz fern geblieben war, trat bei dem Sohn, dem Metellus Pius, in bei weitem gesteigertem Maße hervor (Valer. Max. IX 1, 5).

Metrodorus I 45 aus Stratonicea in Karien, ursprünglich Epikureer (Diog. L. X 9); dann erst schloß er sich an Carneades an, so daß Cic. Acad. pr. II 16 von ihm sagt: bene autem nosse Carneadem Stratoniceus Metrodorus putabatur, also von dem:

Metrodorus Scepsius aus Skepsis in Mysien (III 75), den Crassus in Asien hörte, zu trennen. Dieser war akademischer Philosoph u. Rhetor u. durch sein enormes Gedächtnis berühmt II 360; 365. Plin. h. n. VII 24, 89 ars postremae eius rei (die Mnemonik) facta et inventa est a Simonide melico, consummata a Metrodoro Scepsio, ut *nihil non eisdem verbis redderetur auditum.*

mimi II 242. Sowohl die griechischen Mimen, die aus Sicilien stammten, als auch die römischen, sind dramatische Possen, Darstellungen niedrigkomischer Scenen oder Persönlichkeiten aus dem gemeinen Volksleben, auf die Lachlust des Publikums berechnet, weshalb die Schauspieler, die als Mimen auftraten u. in ihrer Person bestimmte, volksmäßige Charaktere darstellten (ἠθολόγοι, ἠθοποιοί, in quibus describuntur hominum mores), weder die derbsten Volksspäße und Obscönitäten noch die spaßhaftesten karrikierenden Gesichtsverzerrungen verschmähten. Diomed. p. 487 P. mimus — *imitatur dicta facta moresque hominum et naturas cum lascivia.*

Minervae signum II 73 s. Phidias.

Misenum (ad) II 60 die Villa des Antonius bei Misenum an der Küste von Bajä, die hernach auch noch sein Enkel, der Triumvir, besaß.

Mnemonik. Quint. XI 2, 18 Loca discunt quam maxime spatiosa, multa varietate signata, domum forte magnam et in multos diductam recessus. In ea quidquid notabile est *animo diligenter affigitur* (loci capiuntur, wie es bei Cicero heißt), ut sine cunctatione ac mora partes eius omnes cogitatio possit percurrere. — Tum quae scripserunt vel cogitatione complectuntur et *signo, quo moneantur notant* (effingunt animo bei Cic.), quod esse vel ex re tota potest, ut de navigatione, militia vel ex verbo aliquo. — Sit autem signum navigationis ut ancora, militiae ut aliquid ex armis. Haec ita digerunt: Primum *sensum* (Gedankenbild) vestibulo quasi assignant, secundum atrio, tum impluvia circumeunt, nec cubiculis modo aut exhedris sed statuis etiam similibusque *per ordinem committunt.* Hoc facto cum est repetenda memoria, incipiunt ab initio loca haec recensere, et quod cuique crediderunt reposcunt, ut eorum imagine admoneantur. Ita quamlibet multa sint, quorum meminisse oporteat, fiunt singula nexa etiam quodam corio, nec errant coniungentes prioribus sequentia solo ediscendi labore. Quod de domo dixi, et in operibus publicis et in itinere longo et urbium ambitu et picturis fieri potest. Etiam fingere sibi *has* imagines licet. *Opus est ergo locis, quae vel finguntur vel sumuntur, imaginibus vel simulacris, quae utique fingenda sunt.* Imagines notae sunt, quibus ea quae ediscenda sunt notamus, ut, quomodo Cicero dicit, locis pro cera, simulacris pro litteris utamur. Metrodor hatte sogar im Gürtel der zwölf Himmelszeichen, dem Zodiakus, je drei- bis sechshundert loci angebracht. — Ad Her. III 16, 29f. constat *artificiosa memoria* ex *locis* et *imaginibus: locos* appellamus eos, qui breviter, perfecte, insignite aut natura aut manu sunt absoluti, ut eos facile naturali memoria comprehendere et amplecti queamus, ut aedes, intercolumnium, angulum, fornicem et alia quae his similia sunt; *imagines* sunt formae quaedam et notae et simulacra eius rei, quam meminisse volumus, quod genus equi, leones, aquilae, quorum memoriam si volemus habere, imagines eorum locis certis collocare nos oportebit. — *Loci* cerae aut chartae simillimi sunt, imagines litteris, dispositio et collocatio imaginum scripturae, pronuntiatio lectioni. Oportet igitur, si volumus multa meminisse, multos locos nobis comparare, ut in multis locis multas imagines collocare possimus — et locos quos sumpserimus, egregia re commode notare, ut perpetuo nobis haerere possint; nam imagines, sicut litterae delentur, ubi nihil utimur, loci tamquam cera remanere debent. — 20, 33 Omnium rerum similes *imagines* esse oportet et ex omnibus verbis notas nobis similitudines eligere debemus; duplices igitur similitudines esse debent, unae *rerum*, alterae *verborum*. Rerum similitudines exprimuntur, cum summatim ipsorum negotiorum imagines comparamus; verborum similitudines constituuntur, cum *uniuscuiusque nominis et vocabuli memoria imagine notatur* etc. Die Bilder der Realmnemonik verhielten sich also zu denen der Verbalmnemonik fast wie die hieroglyphischen Zeichen zur hieratisch-phonetischen Schrift.

Mnesarchus I 45 einer der zahlreichen Schüler des Stoikers Panaetius u. damals (im J. 109) Haupt der stoischen Schule zu Athen, entschiedener Gegner der Rhetoren, de or. I 83.

Mucii. Von den beiden Söhnen des P. Mucius Scaevola, der im J. 175 Konsul war, wurde der eine von P. Crassus adoptiert und führte seitdem den Namen
P. Licinius Crassus Dives Mucianus (s. Licinii); der andere war (I 170):

P. Mucius Scaevola, der auf Tiberius Gracchus' Seite stand, aus dem J. 133, wo er Konsul war, bekannt (II 285). Er war Pontifex maximus, und bis auf ihn (127) reichen die annales maximi (II 52). Wie alle Mucier durch seine Rechtskunde ausgezeichnet wird er als einer der bedeutendsten juristischen Schriftsteller genannt (I 212; 240; 244). Als geschickten Ball- und Schachspieler (duodecim scriptis) lernen wir ihn aus I 217 kennen; und dieser P. Mucius ist es auch (nicht sein Sohn), der I 166f. erwähnt wird. Der Vormundschaftsprozeß wurde unter dem Präsidium des Prätor M. Licinius Crassus geführt, wahrscheinlich in dem Jahr, in welchem der Augur Scaevola in Asien war (daher memini mihi narrare Mucium) im J. 121. — Dessen Sohn war nun:

Q. Mucius Scaevola Pontifex maximus, der Kollege des Crassus in allen Ämtern, ausgenommen im Tribunat und der Censur (Einl. I § 10, 91), sein Gegner in der causa Curiana (I 180 aequalis et collega meus, I 241 paterni iuris defensor); durch seine streng rechtliche Verwaltung der Provinz Asien im J. 99 (wo P. Rutilius Rufus sein Legat war, I 229), wie durch seine Rechtskenntnis und als juristischer Schriftsteller ausgezeichnet, wohl der bedeutendste unter den Muciern; nach dem Tode des Augur Scaevola auch Ciceros Lehrer (Lael. 1. Brut. 306). Im J. 82 ward er mit vielen andern als Anhänger der Sullanischen Partei ermordet (de or. III 10); de nat. deor. III 80 cur temperantiae prudentiaeque specimen *ante simulacrum Vestae* pontifex maximus est Q. Scaevola trucidatus? Vell. II 26 Damasippus praetor — Scaevolam etiam pontificem maximum et divini humanique iuris auctorem celeberrimum — trucidavit. — Über:

Q. Mucius Q. F. augur, den patruelis des oben genannten P. Mucius Scaevola, des Kons. v. J. 133, s. Einl. l § 14.

L. Mummius Achaicus II 268 der Eroberer Korinths im J. 146, Censor mit dem jüngern Scipio im J. 142, mit dem er jedoch in der Verwaltung der Censur nicht selten in Konflikt geraten zu sein scheint, wie z. B. hinsichtlich des Asellus, indem Mummius die von seinem Kollegen ausgesprochene ignominia, durch die Asellus tribu movebatur d. h. in die unterste Klasse der Staatsangehörigen degradiert wurde (in aerarios referri), seinerseits wieder aufhob. Vgl. p. Cluent. 122 censores denique ipsi saepenumero superiorum censorum iudiciis non steterunt. Atque etiam ipsi *inter se censores* sua iudicia tanti esse arbitrantur, ut alter alterius iudicium non modo reprehendat, sed etiam rescindat, ut alter de senatu movere velit, alter retineat et ordine amplissimo dignum existimet, ut alter *in aerarios referri* aut *tribu moveri* iubeat, alter vetet.

P. Mummius II 271. (Lambin will hier Sp. Mummius lesen; das wäre dann der Bruder des Achaicus und Freund des jüngern Scipio. Brut. 94 Fuerunt etiam in oratorum numero mediocrium L. et Sp. Mummii fratres, quorum exstant amborum orationes, simplex quidem L. et antiquus, Sp. autem nihilo ille quidem ornatior, sed tamen astrictior; fuit enim doctus ex disciplina Stoicorum.)

Myro III 26 aus dem böotischen Eleutherä (das sich jedoch an Attika anschloß, weshalb ihn Pausanias einen Athener nennt) war wie Phidias u. Polyklet Schüler des berühmtesten argivischen Bildhauers Ageladas. Seine Blütezeit fällt in die 2. Hälfte des 5. Jahrh. v. Ch. (432 v. Ch.). Seine berühmtesten Werke waren der Diskoswerfer ('der sich zum Wurfe niederbeugt, mit dem Gesicht weggewendet nach der Hand, welche die Scheibe hält, und mit dem einen Fuß etwas niederkauert, als wolle er zugleich mit dem Wurfe sich wieder erheben') und die viel gepriesene Kuh von Erz (Bronze), an der die außerordentliche Naturtreue gerühmt wird. Das war denn auch überhaupt das vorzüglichste Kennzeichen myronischer Kunst, die lebensvolle Naturwahrheit (τὸ ἔμπνουν), die M. in zahlreichen Formen und Situationen zur Anschauung brachte. Doch erreichten seine Werke in ihrer scharfen Ausprägung der wirklichen Erscheinung nicht die Idealität eines Polyklet, sondern trugen noch den Charakter einer gewissen Herbigkeit und Strenge.

mysteria III 75 nämlich die Eleusinischen, in denen Demeter und Persephone oder Kora u. auch Dionysos verehrt wurden. Sie wurden unter großem geheimnisvollen Gepränge und mannigfachen Ceremonien (die hernachmals auch für die Römer einen großen Reiz gehabt zu haben scheinen) zum Teil in Athen, zum Teil in Eleusis gefeiert, jedoch so, daß Eleusis immer der Hauptsitz des Kultus blieb. Die kleinen Eleusinien wurden im Frühjahr, die großen im Herbst u. zwar neun Tage lang unter Opfern, Sühnungen, nächtlichen Prozessionen mit Fackeln u. s. w. feierlich begangen. — Crassus hatte wohl den Wunsch geäußert, sich in die Mysterien einweihen zu lassen, um einmal von den Geheimnissen etwas zu hören (ähnlich wie bei uns zuweilen die Aufnahme in den Freimaurerorden begehrt wird); bei den Athenern aber, so unterwürfig und willfährig sie sich sonst den mächtigen römischen Herren zeigten, überwog doch diesmal die religiöse Scheu, die Feier, die eben geschlossen war, um des Crassus willen noch einmal vorzunehmen (referre). Cic., der auch die Weihen erhalten hatte, urteilt sehr günstig über sie: de leg. II 36 mihi cum multa eximia divinaque videantur Athenae peperisse atque in vitam hominum attulisse, tum nihil melius illis *mysteriis*, quibus ex agresti immanique vita exculti ad humanitatem et mitigati sumus; *initia*que (τελεταί) ut appellantur, ita re vera principia vitae cognovimus, neque solum cum laetitia vivendi rationem accepimus, sed etiam cum spe meliore moriendi. Quid autem mihi disipliceat in *nocturnis* poetae indicant comici.

N.

M. Naevius II 219. An dieser Stelle ist wahrscheinlich der Volkstribun vom J. 185 M. Naevius gemeint, 'adversus quem oratio inscripta P. Africani (Scipionis maioris) est' Liv. 39, 52. Gell. IV 18 Cum M. Naevius tribunus plebis accusaret cum ad populum diceretque, accepisse a rege Antiocho pecuniam, ut conditionibus gratiosis et mollibus pax cum eo populi Romani nomine fieret et quaedam item alia crimini daret indigna tali viro, tum *Scipio* pauca praefatus, quae dignitas vitae suae atque gloria postulabat: '*memoria*, inquit, Quirites, *repeto*, diem esse hodiernum, quo Hannibalem Poenum imperio vestro inimicissimum magno proelio vici in terra Africa pacemque et victoriam vobis peperi inspectabilem (al. insperabilem). Non igitur simus adversum deos ingrati et, censeo, relinquamus *nebulonem hunc*, eamus hinc protinus Jovi optimo maximo gratulatum.' Id cum dixisset, avertit et ire ad Capitolium coepit. Tum contio universa, quae ad sententiam de Scipione ferendam convenerat, relicto tribuno Scipionem in Capitolium comitata atque inde ad aedes eius cum laetitia et gratulatione solemni prosecuta est,

Liv. 38, 51. Fleckeisen krit. Misc. p. 51 will Navio gelesen haben.

Cn. Naevius III 45 der bekannte durch sein Epos vom ersten punischen Krieg wie seine Komödien berühmte Dichter aus Campanien, geb. 273, gest. 204, ein jüngerer Zeitgenosse des Livius Andronicus, des ältesten römischen Dichters. Brut. 75 tamen illius (Naevii) bellum Punicum quasi *Myronis* opus delectat. ibid. 73 qui multas docuerunt fabulas *Plautus* et *Naevius*. Er war entschiedener Gegner jeder hellenisierenden Richtung und sein Epos im nationalen Versmaß, dem saturnischen, gedichtet. Ebenso trug seine Sprache den Charakter unverfälschten, altrömischen Ausdrucks.

Nasica s. Cornelii.
L. Porcius Nasica s. Porcius.
Naucrates II 91. III 173 aus Erythrä, auch von Dion. Hal. de Isaeo 19 unter die Zahl τῶν συμβιωσάντων Ἰσοκράτει καὶ τὸν χαρακτῆρα τῆς ἑρμηνείας ἐκείνου ἐκμιμησαμένων gerechnet. N. trat mit Theopompus u. Theodectes (nach einigen auch mit Isocrates) im J. 352 in einem von Artemisia zum Preis des Königs Mausolus von Karien angestellten Wettstreit im genus epideicticum auf, wurde aber von Theopompus besiegt. Cic. or. 172 nennt Isocratem discipulosque eius *Ephorum* et *Naucratem* orationis faciendae et ornandae auctores locupletissimos.

Neoptolemus II 156; 237 Ἀχιλλῆος μεγαθύμου φαίδιμος υἱός, mit seinem eigentlichen Namen Pyrrhus genannt. Er ist es (in der gleichnamigen Tragödie des Ennius) qui degustandum ex philosophia censet, non ingurgitandum. Denn das ist der Sinn von dem oft sprichwörtlich angeführten Vers:

Philosophari est mihi necesse, at
paucis, nam omnino haut
placet
Degustandum ex eā, non in eam
ingurgitandum censeo.
(Ribbeck).

Tusc. II 1. Gell. N. A. V 15
C. Claudius Nero II 243 s. Livius Salinator.

nexum III 159 non nectere s. v. a. ligare binden, verpflichten, also eigentlich das, was gebunden wird oder ist, ein obligatorisches Geschäft, sowohl die Handlung, als die Obligation selbst; dann überhaupt jedes mit den solennen Gebräuchen abgeschlossene Geschäft, welches durch aes et libra vollzogen wird, bei Eigentumsübertragungen, Zahlungen I 173.

Nicander I 60 aus Kolophon um d. J. 150 v. Ch. lebte eine zeitlang am Hofe des Königs Attalus von Pergamum. Von seinen dialekt. Gedichten sind die Θηριακά u. Ἀλεξιφάρμακα noch vorhanden, die Γεωργικά dagegen, die Vergil zu seinem gleichnamigen Gedicht benutzt hat, sind verloren gegangen. Er gehört, wie Aratus, zu den alexandrinischen Dichtern.

C. Norbanus Einl. I § 11, 127 f.

Nobilior s. M. Fulvius Nobilior.

Novae sc. tabernae II 206. Um das Forum, als den Mittelpunkt alles Verkehrs, lagen schon seit den frühesten Zeiten Buden, Verkaufsläden, Wechselcomptoirs. Als bei dem Brande des J. 210 die tabernae argentariae an der Nordseite des Forums abgebrannt waren, wurden die bald darauf an derselben Stelle wieder aufgebauten tabernae *novae* genannt, während die an der südlichen Langseite befindlichen dagegen *veteres* hießen. Varro de l. l. VI p. 95 M., *sub Novis* dicta pars in foro aedificiorum, quod vocabulum ei perpetuum ut Novae viae, quae via iamdiu vetus. Schon seit den Samniterkriegen war es vorgekommen, 'ut aurata scuta (die im Krieg erbeutet waren) *dominis argentariarum* ad forum ornandum dividerentur' (Liv. IX 40, 16). Später mehrte sich deren Zahl, besonders auch als nach Marius' Siegen über die Cimbern eine Menge cimbrischer Schilde nach Rom gekommen war. Diese dienten dann auch wohl als Aushängeschilde (signi gratia).

C. Novius II 255 (in den Hss. an dieser Stelle, wie öfters, mit Naevius verwechselt); 279; 285, lebte gerade zur Zeit unseres Gesprächs und war einer der bedeutendsten Atellanendichter, jener alten aus der oskischen Stadt Atella frühzeitig nach Rom verpflanzten Possen im Volkston, voll volksmäßigen Humors, mit national-römischen Sujets.

Numa Pompilius I 37, II 154, III 73; 197. Liv. I 18 auctorem doctrinae eius, quia non exstat alius, falso Samium Pythagoram edunt, quem Servio Tullio regnante Romae centum amplius post annos in ultima Italiae ora circa Metapontum', Heracleamque et Crotonam iuvenum aemulantium studia coetus habuisse constat. Cic. de rep. II 28. An seinen Namen knüpfte man (wie so vieles andere der Art) auch die alten Tischlieder, wie die heiligen Gesänge der Salier. Quint. I 10, 20. Sed veterum quoque Romanorum epulis fides ac tibias adhibere moris fuit; versus quoque Saliorum habent carmen. Quae cum omnia sint a Numa rege instituta, faciunt manifestum, ne illis quidem, qui rudes ac bellicosi videntur, curam musices, quantum illa recipiebat aetas, defuisse (Hor. ep. II 1, 85 Saliare Numae carmen). — Über die Tischlieder Tusc. IV 3 gravissimus auctor in Originibus (s. Cato) dixit Cato, *morem apud maiores hunc epularum fuisse, ut deinceps qui accubarent, caperent ad tibiam clarorum virorum laudes atque virtutes.* ibid. I 3 solitos esse in epulis canere convivas ad tibicinem de clarorum hominum virtutibus. Brut. 75 Atque *utinam exstarent* illa carmina, quae multis saeculis ante suam aetatem in epulis esse cantitata a singulis convivis de clarorum virorum laudibus in Originibus scriptum reliquit Cato. Oder auch (Varro de vita p. R. II ap. Non.) 'in conviviis pueri modesti ut cantarent carmina antiqua, in quibus laudes erant maiorum, et assa voce (ohne Begleitung) et cum tibicine.

Die Gesänge der Salier (Liv. I 20), carmina solennia Saliorum, hießen axamenta Saliorum, 'quae a Saliis sacerdotibus canebantur in universos sermones (deos) composita'. Später waren sie wegen ihrer altertümlichen Ausdrucksweise ein besonderer Gegenstand der Altertumsforscher, die wie L. Aelius Stilo (I 193) die dunkeln Stellen zu interpretieren suchten. Zuletzt wurden sie kaum von den salischen Priestern selbst verstanden, Quint. I 6, 40 Saliorum carmina vix sacerdotibus suis satis intellecta. Es haben sich nur einzelne Fragmente von ihnen erhalten.

Nummius II 257 einer aus der Zahl der Divisoren d. h. derer, die, wie heutzutage in England bei Parlamentswahlen, an den Wahltagen für die Kandidaten Geld unter das souveräne Volk verteilten, um so durch Bestechung die nötigen Stimmen zu gewinnen. Nummius, meint Caesar a. d. o. St., habe, wie Achills junger Heldensohn Pyrrhus von dem Kampf vor Troja, seinen Namen von seinen Heldenthaten im Spenden von Bestechungsgeldern auf dem *campus Martius* erhalten.

O.

Cn. Octavius I 166 Konsul mit T. Annius Luscus Rufus im J. 128, Vater des Cn. Octavius, der mit Cinna im J. 87 Konsul war (Anwalt des Vormunds).

Olympia III 127.

L. Opimius II 106; 132; 134; 165. Einl. I § 10, 79 'civis praestantissimus, C. Gracchi interfector, qui praetor (im J. 125 durch die Eroberung von Fregellä) et consul (im J. 121) maximis rempublicam periculis liberarat, dadurch nämlich, daß er im Auftrage des Senats den Aufstand des C. Gracchus unterdrückte. 'Decrevit quondam senatus, ut L. Opimius consul videret, ne quid respublica detrimenti caperet. Nox nulla intercessit, interfectus est C. Gracchus', in Cat. I 4. Aber schon im folgenden J. 121 wurde er eben deswegen von dem Volkstribunen P. Decius maiestatis belangt, doch von Carbo verteidigt und freigesprochen. Später im J. 112 wurde er als legatus nach Numidien geschickt, darauf von Jugurtha bestochen zu sein angeklagt und infolge seiner Verurteilung verbannt. Sein Vater war:

Q. Opimius II 277 Konsul im J. 154. Auf ihn beziehen sich die Lucilischen Verse:

Quintus Opimius ille, Iugurthini
  pater huius
Et formosus homo fuit et *famosus*; utrumque
Primo *adulescens*, posterius dare
  rectius sese.

Orata s. Sergius.

P.

M. Pacuvius I 246. II 155; 187 (bonus poeta); 193. III 27; 157 einer der berühmtesten altrömischen Tragödiendichter, war ein Schwestersohn des Ennius, geb. zu Brundisium im J. 219, gest. zu Tarent im J. 130. Seine Tragödien — wir kennen nur die Titel und Bruchstücke von zwölf und eine praetexta —, die meist Nachahmungen der griech. Tragiker, besonders des Aeschylus, Sophokles und Euripides waren, wurden häufig aufgeführt und eifrig gelesen; woher sich auch die vielen Citate aus seinen dramatischen Stücken bei Cic. erklären, die außerdem gerade für den Redner um des rhet. Pathos willen, das in ihnen herrschte, nicht geringen Reiz hatten. Die Tragödien, auf die in Cic. de orat. Bezug genommen wird, sind die Antiopa nach Euripides (II 155), Teucer nach Sophokles' Τεῦκρος (?) (I 246. II 193), Dulorestes (III 157), Chryses (III 166).

Pamphilus III 81. Hier ist nicht der Rhetor gemeint, von dem Arist. rhet. II 23 p. 1400 erwähnt, daß seine ganze τέχνη nur die beiden Hauptloci des genus deliberativum umfaßt habe (ἐκ μὲν τῶν ἀποτρεπόντων ἀπολογοῦνται, ἐκ δὲ τῶν προτρεπόντων κατηγοροῦσιν. ἔστι δ' ὁ τόπος οὗτος ὅλη τέχνη ἥ τε Παμφίλου καὶ ἡ Καλλίπου), sondern ein anderer dieses Namens, den Quint. III 6, 34 anführt, jünger als Hermagoras u. älter als Crassus. Vielleicht hatte dieser Pamphilus nach dem Vorbild des älteren Hermagoras den Stoff der Rhetorik nach Gattungen, Arten und Unterarten sorgfältigst schematisiert und seinen besonderen Fleiß darauf gerichtet, diesen vielgliedrigen rhetorischen Schematismus in einer Art tabellarischer Übersicht darzustellen. Besonders war es aber wieder die Lehre von den status causae und den dabei in Betracht kommenden Kategorieen, deren mannigfache Gliederung er zum Zwecke des Unterrichts auf folgende Weise zu veranschaulichen suchte. Er nahm nur zwei **Hauptstatus** an, teilte dieselben jedoch in viele Unterabteilungen, die er dann wieder spaltete. Die beiden Hauptstatus nun schrieb er in einiger Entfernung nebeneinander, — sie bildeten zusammen den Kopf der Tabelle —, und ließ dann von einem jeden derselben einen langen Streifen rechts und links herabhängen. Diese bänderartigen Streifen, die wie infulae vom Haupt herabhingen, enthielten die verschiedenen Unterabteilungen u. weiteren Glieder zu je einem der beiden status. Wahrscheinlich waren zugleich zum Ergötzen der Jugend nicht nur die beiden Bänder von verschiedener Farbe (rot und weiß, wie die infulae), sondern wohl auch die einzelnen Unterabteilungen und Kategorieen durch besondere Farben von einander unterschieden, ähnlich wie bei unseren farbigen Geschichtstafeln, in denen ja auch die Haupt- u. Nebenströme durch verschiedene Farben bezeichnet sind. (An den Maler Pamphilus aus Amphipolis, der zu Sicyon lebte u. Apelles' Lehrer war — Plin. h. n. XXXV 36, 8 Huius auctoritate effectum est Sicyone primum, deinde et in tota Graecia, ut pueri ingenui — graphicen h. e. picturam in buxo docerentur, recipereturque ars ea in primum gradum liberalium — ist daher hier nicht zu denken.) — Meine wesentlich einfachere Erklärung s. in d. Anm. z. d. St.

Panaetius I 45; 75 aus Rhodus, geb. um 180 v. Ch., von Cic. überall als einer der bedeutendsten stoischen Ph. gepriesen. Seine phil. Studien machte er in Athen zu der Zeit, als Diogenes von Babylon und nach ihm Antipater aus Tarsus in der Stoa lehrten. Darnach lebte er in Rom in vertrautem Umgang mit den angesehensten Römern, mit den Muciern (Einl. I § 14, 165, daher illius tui), Laelius, dem jüngern Scipio u. a. So war er der erste, der die stoische Ph. in Rom verbreitete u. eine große Anzahl von Schülern um sich versammelte, wie den Q. Ael. Tubero (de or. III 87), den Rutilius Rufus u. v. a. Später kehrte er nach Athen zurück und trat als Nachfolger seines Lehrers Antipater an die Spitze der stoischen Schule. Seine Schrift περὶ τοῦ καθήκοντος ist bekanntlich die Quelle für Cic. drei Bücher de officiis gewesen, Gell. N. A. XIII 28 (27). — de fin. IV 79 Quam illorum (Stoicorum) tristitiam atque asperitatem fugiens Panaetius nec acerbitatem sententiarum nec disserendi spinas probavit, fuitque in altero genere mitior in altero illustrior, semperque habuit in ore Platonem, Aristotelem, Xenocratem, Theophrastum, Dicaearchum, ut ipsius scripta declarant.

pater patratus I 181. Nach italischem Völkerrecht waren die Berührungen eines Volks mit einem andern unter die Obhut und das richterliche Amt der Fetialen gestellt als der priesterlichen Behörde, die über die Differenzen eines Staats mit auswärtigen zu urteilen hatte. Der bei solchen Akten fungierende Sprecher aus dem Kollegium der Fetialen hieß pater patratus, der jedesmal durch einen besondern Weiheakt zu seinem Auftrag geweiht ward. Liv. I 24 pater patratus ad ius iurandum patrandum id est sanciendum fit foedus, multisque id verbis, quae longo effata carmine non operae est referre, peragit. Durch ihn geschah auch die Dedition d. h. die Auslieferung an die Feinde zur Sühne eines Verbrechens, hier wegen der ohne Einwilligung des Senats mit den Feinden abgeschlossenen sponsio, Liv. IX 10 quandoque hisce (nom. pl.) homines iniussu populi Romani Quiritium foedus ictum iri spoponderunt, atque ob eam rem noxam nocuerunt, hosce homines vobis dedo.

L. Aemilius Paulus II 272 der leibliche Vater des jüngeren Scipio (Aemilianus), Sieger bei Pydna über Perseus im J. 168 v. Ch.

Peleus III 57.

Pericles I 216. II 93. III 59; 71; 138, qui cum floreret omni genere virtutis, hac tamen fuit laude (sc. eloquentiae) clarissimus (Brut. 29), ita ut cum delectatione aculeos etiam relinqueret in animis eorum, a quibus esset auditus (Brut. 38). Er war ein Schüler des Anaxagoras (s. ind.). Brut. 44 P. Xanthippi filius primus adhibuit doctrinam, quae quamquam tum nulla erat dicendi, tamen ab Anaxagora physico eruditus exercitationem mentis a reconditis abstrusisque rebus ad causas forenses popularesque facile traduxerat. Huius *suavitate* maxime hilaratae sunt Athenae, huius *ubertatem* et *copiam* admiratae, eiusdem *vim dicendi terroremque* timuerunt; denn in Pericli labris scripsit Eupolis sessitavisse πειθώ deam vel suadam (Brut. 59). In der Komödie des genannten Dichters Δῆμοι ließ es nämlich von Pericles:

κράτιστος οὗτος ἐγένετ’ ἀνθρώπων λέγειν·
ὁπότε παρέλθοι δ’ ὥσπερ ἀγαθοὶ
δρομῆς
ἐκ δέκα ποδῶν ᾕρει λέγων τοὺς
ῥήτορας.
B. ταχὺν λέγεις μέν, πρὸς δέ γ’
αὐτοῦ τῷ τάχει
Πειθώ τις ἐπεκάθιζεν ἐπὶ τοῖς
χείλεσιν.
οὕτως ἐκήλει καὶ μόνος τῶν ῥη-
τόρων
τὸ κέντρον ἐγκατέλειπε τοῖς ἀκροω-
μένοις.

Die von Cic. II 93 und weniger zuversichtlich Brut. 27 ihm zugeschriebenen Schriften hält Quint. III 1, 12 wohl mit Recht für unecht.

Peripatetici I 43. III 62; 67; 109 so genannt entweder von einer Halle und einem Laubgang (περίπατοι) des athen. Gymn. 'Lyceum', in dem Aristoteles zu lehren pflegte, oder von der Gewohnheit des A., bei seinem Vortrag nicht zu sitzen, sondern umherzugehen (Acad. I 4, 17). Seine Morgenkollegien hießen daher περίπατος ἑωθινός, seine Nachmittag- und Abendkollegien π. δειλινός. Nicht nur Aristoteles selbst schrieb eine Rhetorik, sondern auch sein unmittelbarer berühmter Nachfolger Theophrast zog nach den Lehrvorträgen seines Meisters rhetor. Gegenstände in den Bereich seiner schriftstellerischen Thätigkeit. de fin. V 7 in qua (sc. Academia vetere) non ei soli numerantur, qui Academici vocantur, sed etiam Peripatetici veteres (s. Acad.) quorum princeps Aristoteles. Ad eos igitur converte te, quaeso. Ex eorum enim scriptis et institutis cum omnis doctrina liberalis, omnis historia, omnis sermo elegans sumi potest, tum varietas est tanta artium, ut nemo sine eo instrumento ad ullam rem illustriorem satis ornatus possit accedere. Ab his oratores, ab his imperatores ac rerum publicarum principes exstiterunt. Ut ad minora veniam, mathematici, poëtae, musici, medici denique ex hac tamquam ex omnium artium officina profecti sunt.

M. Perperna II 262 vielleicht derselbe, der mit C. Claudius Pulcher im J. 92 Konsul, im J. 86 mit L. Marcius Philippus Censor war.

C. Persius II 25 nach Brut. 99, wo er von Atticus als *litteratus homo* charakterisiert wird, Gaius Persius (quem significat *valde doctum esse* Lucilius), einer der gelehrtesten Männer jener Zeit, der unter anderem auch in dem Rufe stand, wie L. Aelius Stilo, Reden für andere auszuarbeiten. Ihn wünschte sich Lucilius nicht als Leser seiner Schriften. Ebenso wird Persius bei Anführung dieser 'eruditorum reiectio' durch Lucilius von Cic. de fin. I 7 erwähnt: nec vero, ut noster Lucilius, recusabo, quominus omnes mea legant. Utinam esset ille Persius! Scipio vero et Rutilius multo etiam magis; quorum ille indicium reformidans, Tarentinis ait se et Consentinis et Siculis (die sich durch ihren natürlichen Mutterwitz auszeichnen) scribere. Persius wurde also bei Lucilius mit noch mehreren andern allzugelehrten und strengen Kritikern zusammen genannt; während im Gegensatz unter den Lesern, wie sie Lucilius gern hatte, der sonst unbekannte Laelius Decumus und nach Plin. nat. hist. praef. § 7 Iunius Congus vorkamen. Bei Plin. erhält aber Persius den Vornamen Manius, wenn nicht hier ein Fehler und Manius vielmehr wieder ein besonderer Name ist.

Phaedrus I 28 der bekannte Dialog Platos, der diesen Titel führt, nächst dem Gorgias und der Politeia (I 224) eben wegen der Beziehung auf die Beredsamkeit von den Römern am meisten gelesen. Der Phaedrus ist aber hier zugleich wegen seines mit einem Teil der Bücher de oratore verwandten Inhalts mit Absicht erwähnt, da er in seinem zweiten Teile eine theoretische Entwickelung der Eigenschaften eines guten u. schlechten Redners enthält u. namentlich die Notwendigkeit der Philosophie für den Redner teils überhaupt in formeller (p. 262—266) teils insbesondere in psychologischer Hinsicht (p. 269—272) darthut; dann aber, weil Plato — ähnlich wie Cicero die gewöhnliche engherzige u. einseitige rhetorische Schultheorie — im Phaedrus die gewöhnlichen Sophistenschulen bekämpft, die sich ausschließlich mit der falschen und oberflächlichen Rhetorik beschäftigen. Scheint es doch, als ob Cic. mit der Erwähnung des Phaedrus gleich zu Anfang des Gesprächs andeuten wolle, daß er in den Partieen des Dialogs, in denen von der Bedeutung der Philosophie oder der Psychologie für den Redner gehandelt wird, 'den göttlichen Plato' zum Vorgänger habe, wie denn in der That gar manche Stelle unserer Schrift lebhaft an Platos Phaedrus erinnert. Vgl. darüber in der Einl. I § 4 u. bes. 5.

Pherecydes II 53 von Leros (nicht zu verwechseln mit dem älteren Ph. von Syros) zw. 480—416 v. Ch. schrieb zu Athen. Sein Hauptwerk ist: ἱστορίαι in zehn Büchern (Θεογονία, αὐτοχθόνες, γενεαλογίαι).

Phidias II 73 der berühmte große plastische Künstler der Perikleischen Zeit. Seine aus Gold und Elfenbein verfertigte (chryselephantine) Zeusstatue (simulacrum Iovis Olympii) galt für das höchste Werk der bildenden Kunst des Altertums. Die zweite berühmte Statue von ihm, gleichfalls in chryselephantiner Arbeit, war das 26 Ellen hohe Standbild der Athene παρθένος auf der Akropolis zu Athen (Minervae signum ex ebore pulcherrimum, Brut. 257). Der Schild der Göttin (Phidiae clipeus) war gleichfalls wieder ein besonderes Kunstwerk, von innen u. von außen mit kunstreichen Figuren (der Gigantomachie und Amazonenschlacht) verziert; — Figuren, die in ihrer Komposition ein Ganzes bildeten und doch dabei auch selbständigen Kunstwert im Einzelnen hatten (Or. 234 ut si quis Phidiae clipeum dissolverit, collocationis universam speciem sustulerit, non singulorum operum venustatem). Auf der äußern Seite des Schildes (der Amazonenschlacht) hatte Ph. sein eignes und des Perikles Bild angebracht.

Philippus, rex Macedonum II 341. III 141. Plut. Alex. c. 7 καθορῶν δὲ (sc. ὁ Φίλιππος) τὴν φύσιν αὐτοῦ (sc. Alexandri) δυσκίνητον μὲν οὖσαν ἐρίσαντος μὴ βιασθῆναι, ῥᾳδίως δὲ ἀγομένην ὑπὸ λόγου πρὸς τὸ δέον — μετεπέμψατο τῶν φιλοσόφων τὸν ἐνδοξότατον καὶ λογιώτατον Ἀριστοτέλην καλὰ καὶ πρέποντα διδασκάλια τελέσας αὐτῷ.

L. Marcius Philippus Einl. I § 10, 102 u. § 22, 214. I 24. II 220; 245; 249; 255; 316. III 2 u. 4. Als Volkstribun im J. 109, nach andern im J. 104, brachte er eine lex agraria ein, die er jedoch bald wieder fallen ließ; s. darüber Cic. de off. II 73; Konsul im J. 91 (mit Sex. Julius Caesar), inimicus M. Livii Drusi, obtinuit a senatu 'ut leges eius omnes uno senatus consulto tollerentur'; Censor im J. 86 — 'ein geistvoller, kühner und ehrgeiziger Mann, mächtig durch Verwandtschaft, Ansehen, Einfluß; mehr leidenschaftlich und heftig als besonnen und beharrlich, ließ er von den Eingebungen des Augenblicks sich leiten'. Während seines Konsulats gegen den Senat so feindselig, späterhin der entschiedenste Gegner des aufrührerischen Lepidus und mit seinen politischen Feinden wieder ausgesöhnt, scheint er zu den Charakteren gehört zu haben, die sich überall wo möglich ihre unabhängige Stellung wahren wollten. Hor. ep. I 7, 46 strenuus et fortis causisque Philippus agendis clarus. Brut. 173 erant ea in Philippo, quae qui sine comparatione illorum (sc. Crassi et Antonii) spectaret, satis magna diceret: *summa libertas in oratione, multae facetiae; satis creber in reperiendis, solutus in explicandis sententiis;* erat etiam inprimis, ut temporibus illis, *Graecis doctrinis institutus, in altercando cum aliquo aculeo et maledicto facetus*. 230.

Philistus II 57; 91 wurde von Dionysius dem Ältern trotz der Hülfe, die er diesem zur Erlangung der Tyrannis über seine Vaterstadt Syrakus geleistet hatte, im J. 386 verbannt und lebte darnach in Epirus im Exil, aus dem er durch Dionysius den Jüngern zurückgerufen ward (Corn. Nep. Dion c. 3). Dort in der Verbannung schrieb er einen großen Teil seines Geschichtswerkes Σιϰελιϰά d. h. die älteste Geschichte Siciliens bis auf die Eroberung von Agrigent durch die Karthager 409, in sieben Büchern, an die sich dann die Geschichte der Regierung der beiden Dionyse bis zum J. 362, des ältern in vier, des jüngern in zwei B. anschloß. Ph. fand c. 357 in einem Seegefecht mit Dions Anhängern den Tod. Er gilt auch sonst als μιμητής τοῦ Θουϰυδίδου (imitator Thucydidis, Quint. X 1, 74), wenn er auch sein hohes Vorbild so wenig erreichte, daß er von Cic. selbst zwar als creber acutus brevis, aber im ganzen doch als paene pusillus Thucydides charakterisiert wird. ad Qu. fr. II 11 (13), 4. de divin. I 39 ut scriptum apud Philistum est, et doctum hominem et diligentem. — Heurichsen und Ellendt schreiben II 91 Philisci und wollen diesen Philiscus aus Milet, angeblich auch Schüler des Isokrates und Lehrer des Timäus und Verfasser einer Rhetorik, von dem II 57 genannten Geschichtschreiber unterschieden wissen. Doch wohl mit Unrecht, wie aus der Vergleichung mit Quint. X 1, 74 hervorgeht, wo eben der Philistus, der imitator Thucydidis, ganz wie de or. II 94 zwischen Theopompus und Ephorus genannt wird. Dazu vgl. noch Dionys. Hal. de Isaeo 19 οὐδέ γε περὶ τῶν συμβιωσάντων Ἰσοϰράτει, ϰαὶ „τὸν χαραϰτῆρα τῆς ἑρμηνείας ἐϰείνου ἐϰμιμησαμένων" οὐδενός, Θεοδέϰτου λέγω ϰαὶ Θεοπόμπου ϰαὶ Ναυϰράτους, Ἐφόρου τε ϰαὶ Φιλίστου, ϰαὶ Κηφισοδώρου, ϰαὶ ἄλλων συχνῶν ...

Philo I 62 ein berühmter Baumeister um das J. 300 v. Ch., hatte den Athenern im Piräus ein Arsenal für 1000 Schiffe gebaut (das später bei Sullas Belagerung in Brand geriet). Nach Vitruv war Ph. nicht bloß ein geschickter praktischer Architekt, sondern auch ein Schriftsteller auf dem Gebiete seiner Kunst. Val. Max. VIII 12, ext. 2 Gloriautur Athenae armamentario suo; nec sine causa; est enim illud opus et impensa et elegantia visendum. Cuius architectum Philonem ita facunde rationem institutionis suae in theatro reddidisse constat, ut disertissimus populus non minorem laudem eloquentiae eius quam arti tribuerit.

Philo III 110 aus Larissa, Nachfolger des Klitomachus als Vorstand der Akademie (von manchen als Stifter der s. g. vierten Akademie bezeichnet), flüchtete zur Zeit des Mithridatischen Kriegs im J. 88 aus Athen nach Rom, wo Cicero, wie er selbst Brut. 306 sagt, totum ei se tradidit. Tusc. II 9 Itaque mihi semper Peripateticorum Academiaeque consuetudo de omnibus rebus in contrarias partes disserendi non ob eam causam solum placuit, quod aliter non posset quid in quaque re veri simile esset inveniri, sed etiam quod esset *ea maxima dicendi exercitatio;* qua princeps usus est Aristoteles, deinde cum qui secuti sunt. Nostra autem memoria *Philo,* quem nos frequenter audivimus, instituit alio tempore *rhetorum* *praecepta tradere*, alio philosophorum.

Philocteta III 141 (Hom. Il. B, 718—725).

Philolaos III 139 aus Tarent oder Croton, um 430 v. Ch. Er soll zuerst die pythagoreische Lehre eigentlich als System niedergeschrieben und veröffentlicht haben. Von seinen im dorischen Dialekt geschriebenen Werken (περὶ κόσμου, περὶ φύσεως, περὶ ψυχῆς) sind nur noch Fragmente vorhanden.

Phoenix III 57 der Freund des Peleus; er begleitete bekanntlich dessen Sohn nach Troia und war neben Odysseus und dem Telamonier Aias der dritte in der auf Nestors Rat an Achilles gerichteten Gesandtschaft (Il. IX 168 ff.).

Phormio der Peripatetiker II 75. Stob. Floril. tit. 54 (52) Ἀννίβας, ἀκούσας Στωϊκοῦ τινος ἐπιχειροῦντος ὅτι ὁ σοφὸς μόνος στρατηγικός ἐστιν, ἐγέλασε, νομίζων ἀδύνατον εἶναι ἐκτὸς τῆς δι' ἔργων ἐμπειρίας τὴν ἐν τούτοις ἐπιστήμην σχεῖν.

Phrygio Pompeius II 283 sonst unbekannt.

physici I 42; 49; 217 die griechischen Naturphilosophen (s. Pythagorei, Democritus, Empedocles).

Pictor s. Fabii.

pignoris capio III 4. In den Händen der Magistrate war die p. c. 'die Besitzverpfändung', die sie durch ihre öffentlichen Diener (apparitores, lictores) vollziehen ließen, wie die mulctae dictio ein Mittel, Gehorsam u. Pflichterfüllung von Privaten sowohl als Senatoren zu erzwingen, und sollen von diesem Pfändungsrecht schon die Decemvirn Gebrauch gemacht haben. (Noch wichtiger war übrigens die Anwendung des pignus — τὰ χρήματα φέρειν — als Sicherungsmittel für Privatforderungen.) — An der o. a. Stelle sollte die augenblickliche Pfändung durch den Lictor als eine Art Ordnungsstrafe wegen 'unziemlicher Äußerungen' erkannt und vollzogen werden. Das Unterpfand, das der Magistrat dem Kontravenienten wegnehmen ließ, wurde entweder durch Entrichtung der zuerkannten Strafe wieder eingelöst, oder es verfiel und wurde wertlos gemacht (concidere) oder unter Umständen auch verkauft.

pila I 73; 217. II 253 das Ballspiel, an dem sich sehr häufig selbst erwachsene und sehr ernste Männer vergnügten, war, wie bei uns, mannigfacher Art. Man spielte mit dem kleinen Ball (pila), dem großen Ball (follis), dem Federball (paganica); ferner zu dreien (trigon, Hor. sat. 1 6, 126) oder das harpastum u. s. w. Um ein guter Spieler zu sein, 'gut einzuschenken' und zu fangen (datatim ludere) oder gut zurück zu schlagen (expulsim ludere), dazu gehörte große Gewandtheit und Behendigkeit.

M. Pinarius Rusca II 261 sonst nicht weiter bekannt. Sein Gesetzesvorschlag, den er als Volkstribun einbrachte, war wohl eine Erneuerung, beziehungsweise Modifikation der lex Villia annalis d. J. 180 zur Feststellung 'quot annos nati quemque magistratum peterent caperentve'.

T. Pinarius II 266 von dem gleichfalls außer der übeln Angewohnheit beim Reden 'zu kauen' nichts weiter bekannt ist.

Pisistratus III 137. Bekker anecd. V. 11 p. 768 τρίς με τυραννήσαντα τοσαυτάκις ἐξεδίωξεν (560—536 v. Ch.) δῆμος Ἀθηναίων καὶ τρὶς ἐπηγάγετο τὸν μέγαν ἐν βουλῇ Πεισίστρατον ὅς τὸν Ὅμηρον ἤθροισα σποράδην τὸ πρὶν ἀειδόμενον. Seine Verdienste um Homer bestanden darin, daß er, wahrscheinlich während seiner dritten Tyrannis (also nach 536), unter Mitwirkung mehrerer Dichter die in Verwirrung geratenen homerischen Gedichte ordnete und zu zwei Ganzen verband. Zugleich verordnete er (oder sein Sohn Hipparch), daß diese Gedichte, um sie in ihrem neuhergestellten Zusammenhang zu erhalten, durch die Rhapsoden abwechselnd ἐξ ὑπολήψεως u. ἐφεξῆς nach der Reihenfolge vorgetragen werden sollten. Brut. 27 Opinio est — Pisistratum — multum ut temporibus illis valuisse dicendo.

M. Pupius Piso Calpurnianus I 104 Konsul d. J. 61 (Quästor im

J. 83, Prokonsul in Spanien im J. 69), schon in dem bekannten Skandalprozeß des P. Clodius (61 v. Ch.) Ciceros Gegner. Brut. 236 M. Piso quidquid habuit, habuit ex disciplina maximeque ex omnibus, qui ante fuerunt, *Graecis doctrinis cruditus fuit*. Ebendeshalb stand er in seinen jüngeren Jahren in großem Ansehn. Ascon. ad Cic. Pison. p. 15 Pupius Piso eisdem temporibus, quibus Cicero, sed tanto aetate maior, ut adulescentulum Ciceronem pater ad eum deduceret, quod in eo antiquae vitae similitudo (daher auch sein Anschluß an Crassus) et *multae erant litterae*. Er war Peripatetiker und nimmt als solcher in Cic. Schrift de finibus am Gespräche teil. Sein Lehrer in der Philosophie in Athen war Antiochus u. Staseas aus Neapel, der längere Zeit in seinem Hause lebte (de fin. V 8; 75).

L. Calpurnius Piso II 51, 'qui tanta virtute atque integritate fuit, ut etiam illis optimis temporibus, cum hominem invenire nequam neminem posses, solus tamen *Frugi* nominaretur' (p. Fonteio 29), Tribun im J. 149, als welcher er das Gesetz de repetundis durchsetzte, Konsul 133, Censor 120 (daher censorius). Brut. 106 ipse etiam Piso et causas egit et multarum legum aut auctor aut dissuasor fuit; isque et orationes reliquit, quae iam evanuerunt, et *annales sane exiliter scriptos*. In seinen Annalen, die er erst am Ende seines Lebens schrieb, suchte er die Sagen, die er als wirkliche Geschichte darstellte, ihres mythischen Gewandes zu entkleiden. Sie sind von Livius und von andern Historikern vielfach benutzt worden.

Verschieden von diesem ist der II 285 und 265 als Zeitgenosse des Scaurus erwähnte **Piso**; welcher Piso aber da eigentlich gemeint sei, läßt sich mit Sicherheit nicht bestimmen (Einl. I § 10, 84). Wie wir aus der letzteren Stelle schließen müssen, wurde er bedeutender Gelderpressungen wegen angeklagt, die er etwa als Prätor oder Prokonsul durch einen seiner Beamten (Magius) habe ausführen lassen. Der Verteidiger Pisos (Scaurus) suchte die Zeugenaussage, daß Magius große Summen Geldes bekommen, durch die notorische Vermögenslosigkeit des Magius zu entkräften; eine Einrede, deren Nichtigkeit der Gegner jedoch durch den witzigen Vergleich darzuthun suchte: 'Magius hat es gemacht wie einer, der beim Nüsselesen keinen Sack (oder keine Taschen) hat — denn das ist nudus —; er hat sein Teil im Leibe mitgenommen (verschluckt) d. h. also sofort verpraßt'.

Pittacus III 56 einer der sieben Weisen Griechenlands (III 137), geb. zu Mytilene auf Lesbos um 648 v. Ch., nach dem Sturz der Tyrannis auf zehn Jahre zum αἰσυμνήτης (ein Amt ähnlich dem eines römischen Diktators) und Gesetzgeber seiner Vaterstadt gewählt, um die Streitigkeiten zwischen der Aristokratie und dem Demos zu schlichten und so gewissermaßen die Verfassung zu regeln.

Cn. Plancius II 229. Einl. I § 10, 100.

Plastische Künstler (griechische) III 26. Brut. 70 werden die *signa* der älteren griechischen Künstler als rigidiora charakterisiert, die der folgenden Zeit als molliora; dann: 'nondum *Myronis* satis ad veritatem adducta, iam tamen, quae non dubites pulchra dicere, pulchriora etiam *Polycliti* et iam plane perfecta'. — Quint. XII 10, 7 ff. Similis in *statuis* differentia (wie in pictura, s. ind.). Nam duriora et Tuscanicis proxima Callon, iam minus rigida Calamis, *molliora* adhuc supra dictis *Myron* fecit. Diligentia ac decor in *Polyclito* supra ceteros, cui quamquam a plerisque tribuitur palma, tamen, ne nihil detrahatur, deesse pondus putant. — At quae Polyclito defuerunt *Phidiae* — dantur. Phidias tamen deis quam hominibus efficiendis melior artifex creditur, in ebore vero longe citra aemulum, vel si nihil nisi Minervam Athenis aut Olympium in Elide Iovem fecisset, cuius pulchritudo adiecisse aliquid etiam receptae religioni videtur; adeo *ma-*

testas operis deum aequavit. Ad veritatem *Lysippum* ac Praxitelen accessisse optime affirmant.

Plato I 28; 47 u. 49; 217; 224; 230. II 194. III 15; 21; 62; 67, vgl. 122, geb. 429, gest. 348 v. Ch. de off. I 4 Platonem existimo, si genus forense dicendi tractare voluisset, *gravissime* et *copiosissime* potuisse dicere. Brut. 121. Quis uberior in dicendo Platone? Iovem sic aiunt philosophi, si Graece loquatur, loqui. Or. 62 Plato longe omnium quicunque scripserunt aut locuti sunt, exstitit et *gravitate* et *suavitate* princeps. Vgl. Einl. I § 4 u. 5; § 19 u. 20.

T. Maccius Plautus III 45 der bekannte Komödiendichter, gest. im J. 184 v. Ch. Quint. X 1, 99 In *comoedia* maxime claudicamus, licet Varro *Musas* Aelii Stilonis sententia *Plautino* dicat *sermone locuturas fuisse, si latine loqui vellent*.

Polemo III 67 aus Athen, Schüler des Xenocrates (Hor. sat. II 3, 252 ff.) und Lehrer Zenos, stimmte hinsichtlich des summum bonum mit Aristoteles überein, 'qui virtutis usum cum vitae perfectae prosperitate coniunxit', de fin. II 34; IV 14.

Polyclitus II 70. III 26 aus Sicyon, der Vollender der sicyonisch-argivischen Kunstrichtung, einer der berühmtesten plastischen Künstler des griech. Altertums aus der Periode der höchsten Blüte der bildenden Kunst in der Perikleischen Zeit. Eine seiner Statuen, der Doryphoros — die Erzstatue eines kräftigen, fast schon zum Manne gereiften Jünglings, der sich auf eine Lanze stützt — zeichnete sich durch Reinheit u. Ebenmäßigkeit der Formen (τὸ ἔμμετρον) so sehr aus, daß sie in dieser Beziehung als das höchste Muster galt und daher geradezu der Kanon (die allgemein gültige Norm für alle Proportionen) genannt sein soll. Ebenso berühmt ist (außer dem Herakles, der die Hydra tötet) das Gegenstück des Doryphoros, der Diadumenos, ein Jüngling von mehr weichen Formen, wie er sich die Binde ums Haupt legt. Die Formen sind bei Polyklet reiner und vollendeter (idealer), als bei Myron, während dieser wieder eine größere Individualisierung voraus hat. Dabei waren seine Gestalten fest, kräftig und gesund ohne schroff, und zart ohne weichlich zu sein (wie letzteres schon bei Lysipp der Fall war). Gleich entfernt von übergewaltiger Kraft, wie von weichlicher Anmut, ernst und ruhig bedacht auf alles, was die wahre Schönheit begründet, ist er das eigentliche Vorbild des sich bildenden Künstlers, und es liegt eine tiefe Wahrheit in dem Ausspruche: er allein habe die Kunst in einem Kunstwerke dargestellt.

Sextus Pompeius I 67. III 78 Bruder des Cn. Pompeius Strabo, des Siegers im marsischen Krieg, und demnach Oheim des Pompeius Magnus, doctus vir atque sapiens (Phil. XII 27) praestantissimum ingenium contulerat ad summam iuris civilis et ad perfectam geometriae et *rerum stoicarum scientiam* Brut. 175.

Quintus Pompeius Rufus I 168 ist derselbe, der mit L. Cornelius Sulla im J. 88 Konsul war. Seine Prätur fällt in das J. 91; daher a. a. O. in his paucis diebus. Schon als Tribun im J. 100 hatte er sich als Anhänger der Optimaten bewiesen und die Herstellung des Q. Metellus Numidicus beantragt. Daß er sich mit Sulpicius, dem er früher nah befreundet war, später verfeindete und im J. 88, als Sulla Rom verlassen hatte, seines Amts entsetzt wurde und nach Nola flüchtete, dann mit Sulla in Rom wieder einzog, ist bekannt. Sulla übertrug ihm bei seinem Abzug nach Griechenland die Bewachung Italiens; er wurde aber auf Cn. Pompeius Strabos Anstiften von dessen Soldaten im Lager getötet.

Cn. Pomponius III 50 Tribun im J. 90, wird Brut. 305 mit Q. Varius und C. Carbo zusammengestellt, et hi quidem habitabant in rostris. Er war unter denen, die im J. 82 umkamen. Brut. 221 fortis vero actor et vehemens et verbis nec inops nec abiectus, et quem plane oratorem dicere auderes Cn. Pomponius, *lateribus pugnans*, incitans animos, acer acerbus criminosus.

Pomptinum II 290 deversorium Pomptini agri, ein Wirtshaus in der ungesunden Gegend der pomptinischen Sümpfe zwischen Circeji und Terracina, durch welche die via Appia führte. Diese Gegend war schon im J. 160 v. Ch. unter dem Konsulat des Cornelius Cethegus (Livius epit. 46) entwässert u. kultiviert, offenbar jedoch ohne durchschlagenden und dauernden Erfolg, vielmehr versumpfte das Gebiet in den immerwährenden Bürgerkriegen wieder ganz. Caesar faßte den Plan, durch einen Kanal aus dem Tiber bis Terracina die Sümpfe zu entwässern (vgl. a. Cic. Phil. 5, 7); Horatius im Gefolge des Maecenas nach Brundisium reisend benutzte hinter Aricia bei Forum Appii bereits einen Kanal durch die Pomptinischen Sümpfe, die Gegend war aber noch nicht gesünder Hor. sat. I 5, bes. V. 7.

Pontidius II 275 sonst nicht weiter bekannt.

pontificum libri I 193 oder commentarii pontificum (Liv. IV 3, 9), in denen alles, was zur Wissenschaft der pontifices gehörte, verzeichnet war, also zunächst die Bestimmungen des ius sacrum oder pontificium (de or. III 136; de leg. II 52). Da aber ursprünglich alle Staatshandlungen, gerichtlichen Akte u. Privatrechtsgeschäfte mit dem Religionswesen aufs engste verbunden waren und daher unter den Regeln des 'heiligen Rechts' standen, so enthielten die l. p. weiter auch Bestimmungen über das gesamte alte Privatrecht und Gewohnheitsrecht, über die herkömmlichen Prozeßformen (die verschiedenen actionum genera), über privatrechtliche Entscheidungen und dgl., sodaß leicht einzusehen ist, wie diese comment. p. für die röm. Antiquitäten ein unerschöpfliches Material darboten. — Mit den lib. oder comm. p. dürfen übrigens die *annales maximi*, die von dem pontifex maximus geführte Chronik der Stadt, nicht verwechselt werden. II 52, s. Mucii.

Popilia II 44. Einl. I § 15, 174.

Porcina s. Lepidus.

L. Porcius Nasica II 209. Brut. 60 wird ein L. Porcius erwähnt, der mit P. Claudius im J. 149 Konsul war, *Catone censore*. (Da der Beiname Nasica nicht in der gens Porcia, sondern nur in der gens Cornelia vorkommt, so hat man vermutet, daß der Text an unserer Stelle verderbt und Porcius aus einem Glossem zu Catoni (Porcio) entstanden und später unrichtiger Weise im Nominativ zu Nasica gesetzt sei. Wer dann aber dieser L. Nasica gewesen, läßt sich nicht weiter ermitteln.)

postliminium s. Rechtsfälle 9.

Prodicus III 128 ein Sophist (s. ind. Sophisten) aus Keos, Zeitgenosse des Sokrates und Xenophon, der uns auch Mem. II 1, 21 ff. sein berühmtes σύγγραμμα περὶ τοῦ Ἡρακλέους (Herkules am Scheidewege: Hercules Prodicius) mitgeteilt hat. Er lebte meist in Athen und stand bei den bedeutendsten Männern seiner Zeit in großem Ansehen.

Protagoras III 128 aus Abdera, einer der berühmtesten griechischen Sophisten zwischen 480—410 v. Ch., nahm durch Perikles' Vermittlung, bei dem er in großem Ansehen stand, an der Kolonie nach Thurii teil im J. 443. In der Philosophie schloß er sich an die älteren ionischen (Natur-)Philosophen, besonders an Heraklit an. Sein Fundamentalsatz lautet: πάντων χρημάτων μέτρον ἄνθρωπος, τῶν μὲν ὄντων ὡς ἔστι, τῶν δὲ οὐκ ὄντων ὡς οὐκ ἔστιν. Seine sonstigen Studien waren hauptsächlich der Rhetorik und Grammatik (ὀρθοέπεια) gewidmet; er bezeichnete es als Kunst des Redners τὸν ἥττω λόγον κρείττω ποιεῖν.

Prytaneum I 232. Das Ratskollegium in Athen teilte sich nach den Phylen in 10 Sektionen zu 50 Personen, und diese fungierten in einer zu Anfang des Jahres durch das Los bestimmten Reihenfolge. Die Mitglieder der jedesmal fungierenden Sektion heißen Prytanen, d. i. Erste oder Vorsitzende, die ganze Sektion φυλὴ πρυτανεύουσα, weil sie in den Plenarsitzungen der Bule wie in den Volksversammlungen den Vorsitz hatte. Die Zeit ihrer Funktion heißt eine Prytanie und betrug in gewöhnlichen 35 oder 36, in Schaltjahren 38 oder 39 Tage. Das Lokal, in dem sie sich versammelten, wird zwar bisweilen auch Prytaneum genannt, hieß aber eigentlich Θόλος und darf mit dem älteren, eigentlichen Prytaneum nicht verwechselt werden. Es lag in der Nähe des Rathauses, sodaß die Prytanen sich ohne Unbequemlichkeit zu den Plenarsitzungen dorthin begeben konnten. Vor und nach denselben aber waren sie den ganzen Tag über in der Tholos anwesend und speisten hier auch an gemeinschaftlicher Tafel auf Staatskosten (vgl. Schömann, Griech. Altertümer) in Gesellschaft der s. g. ἀείσιτοι, zu denen bisweilen noch fremde Gesandte und um den Staat wohlverdiente Bürger als Staatsgäste kamen: πρυτανεῖον καὶ ἑστία τῆς πόλεως παρ᾽ ᾗ ἐσιτοῦντο καὶ οἱ διὰ πρᾶξίν τινα σιτήσεως ἀξιωθέντες, zu deren Zahl zu gehören sich Sokrates für würdig hielt. Liv. XLI 20.

C. Publicius II 271, sonst nicht weiter bekannt.

Pyrrhonei III 62 so genannt nach Pyrrho aus Elis, einem jüngeren Zeitgenossen des Aristoteles. In theoretischer Beziehung bestritt er die Möglichkeit einer Erkenntnis der Dinge nach ihrem wirklichen Sein (ἀκαταληψία) und gilt daher als Haupt- und Urheber der skeptischen Philosophie. Er nahm die ἀρετή als das höchste Gut an, aber die durch sie erreichte Glückseligkeit bestand ihm bloß in einer ἀπάθεια der Seele. Alles andere, Gesundheit, Krankheit, Recht, Unrecht u. s. w., giebt es in Wahrheit nach ihm nicht, sondern besteht bloß in der Meinung der Menschen. Daher sein Ausspruch: οὐ μᾶλλον οὕτως ἔχει τόδε ἢ ἐκείνως ἢ οὐδετέρως.

Pythagoras II 154. III 56; 139, geb. zwischen den Jahren 580—568 zu Samos, soll sich seit dem 40. Jahre seines Lebens längere Zeit in Großgriechenland (hauptsächlich in Kroton) aufgehalten haben. Liv. I 18.

Pythagorei I 42. Scaevola läßt wirklich die griechischen Philosophenschulen im großen und ganzen der Reihe nach auftreten, ohne freilich (worauf es auch hier eben nicht ankam) die verschiedenen Richtungen genauer zu bezeichnen. Den Reigen eröffneten die **Pythagoreer**, die als Repräsentanten der italischen Philosophie überhaupt gelten können (II 154. Lael. 13 qui in hac terra fuerunt magnamque Graeciam, quae nunc quidem deleta est, tunc florebat, institutis et praeceptis suis erudiverunt); dann folgen **Demokrit und seine Schule** als der hervorragendste unter den Physikern oder Naturphilosophen, d. h. allen denjenigen, welche die Erscheinungen der Sinnenwelt aus den Eigenschaften und Kräften des Stoffes selbst zu erklären suchten; samt den übrigen auf dem gleichen Prinzipe ruhenden Physikern oder den s. g. **ionischen Philosophen**. Daran schließen sich zunächst **Sokrates und die Sokratiker**, die eigentlichen Philosophenschulen nach ihren Hauptsitzen in der **Akademie**, der **Stoa** und dem **Lyceum** an, also die Akademiker in ihrem ganzen Umfang, die Stoiker und die Peripatetiker mit den beiden für die Geschichte der Beredsamkeit bedeutendsten Persönlichkeiten (vgl. III 16 ff.). Alle diese philosophischen Richtungen würden gegen jenen Eingriff des Redners in das allgemeine philosophische Gebiet nachdrücklichst Einsprache thun: die Pythagoreer ohne Ausnahme, deren Haupt wegen seines umfassenden Wissens, wie wegen seiner Beredsamkeit die Bewunderung seiner Zeitgenossen erregte, und dessen Jünger — man denke nur an Philolaos aus Tarent, qui multis voluminibus de intelligendis rebus et quid quaeque significent, disseruit, — durch ihre Seelenlehre und ihre ethisch-politische Richtung so hoch standen, daß man sogar den zweiten römischen König Numa zum Pythagoreer machte (de or. II 154); die Naturphilosophen mit **Demokrit** an der Spitze (I 49), der nicht nur um seines universalen Wissens, sondern auch um seiner fast durch poetischen Rhythmus ausgezeichneten Darstellung willen berühmt ist (Or. 67), und die übrigen wie Empedokles (I 217) und besonders der berühmte Anaxagoras aus Klazomenä; und was die andern Philosophenschulen dem alles Wissen beanspruchenden Redner gegenüber geltend machen, hat Scaevola selbst angegeben.

R.

Die Rechtsfälle, an denen Crassus I 166 ff. nachzuweisen sucht, daß der Redner eine genauere Kenntnis des positiven Rechts, besonders des Privatrechts (ius civile) besitzen müsse, sind der Reihe nach folgende:

1) I 166—168. Das Zwölftafelgesetz setzte ausdrücklich fest, daß der Vormund, der sich eine Veruntreuung gegen sein Mündel hatte zu Schulden kommen lassen, doppelten Schadenersatz zu leisten habe (lex actionem adversus tutorem in duplum decernebat). Aus Unkunde dieses gesetzlich feststehenden Ersatzmaßes verlangte der Anwalt eines Mündels (Hypsaeus), das gegen seinen Vormund klagend aufgetreten war, vor dem Prätor (in iure; ius ist die Stätte, wo man Recht heischt) mehr als das Doppelte und mußte deshalb, wenn diese Forderung so vor Gericht gebracht wurde, nach der allgemeinen Bestimmung 'ut causa cadat is, qui non quemadmodum oportet egerit' de inv. II 19, 57; vgl. p. Rosc. com. 4, 10 si amplius HS nummo petisti quam tibi debitum est causam perdidisti, propterea quod — iudicium est pecuniae certae) vor Gericht (in iudicio; iudicium ist die Stätte, wo man Recht erhält, ubi ius dicitur) den Prozeß verlieren. Der Anwalt des Vormunds aber (Octavius), statt diesen Fehler vor dem Prätor (in iure) ruhig geschehen zu lassen und dann, wenn die Sache nun in dieser ungesetzmäßigen Form vor Gericht kam, hier (in iudicio) den Beweis zu führen, daß die Forderung ungesetzmäßig sei, folglich Hypsaeus den Prozeß verlieren müsse, opponierte ungeschickter Weise gleich bei der Instruktion des Prozesses vor dem Prätor und beraubte sich so selbst des Vorteils, den ihm, wenn er gewartet hätte, die Rechtsunkunde seiner Gegner verschafft haben würde.

2) I 168. Ein Gläubiger macht vor dem Prätor (in iure) gegen den Schuldner die Klage auf Zahlung der Schuld anhängig. Da aber auf den festgestellten Termin noch nicht die ganze Schuldsumme fällig war, sondern nur ein Teil, so mußte der Kläger in der Klage die Exception hinzufügen: cuius pecuniae dies fuisset. Wahrte er dies vor dem Prätor (in iure), dann hatte er weder zu besorgen, den Prozeß vor Gericht (in iudicio) zu verlieren, 'weil er die Rückzahlung der Schuld vor dem Fälligkeitstermine verlangt habe', noch konnte er, wenn er mittels einer weiteren Klage vor dem Prätor zu seinem Gelde kommen wollte, abgewiesen werden, 'weil in dieser Sache in iudicio schon entschieden sei'. Der Patron des Schuldners meinte aus Rechtsunkunde, die erwähnte exceptio, die nur der Gläubiger zu machen hatte, diene seinem Klienten, und indem er daher darauf drang, daß die Worte in der Klage ausdrücklich hinzugefügt wurden, machte er selbst den Fehler des Klägers wieder gut, der nun gegen die Nachteile, welche die Weglassung der exceptio ihm gebracht haben würde, vollständig gesichert war.

Dann folgen drei das Erbrecht betreffende Prozesse:

3) I 175; 245. Der zweite Erbschaftsfall:

4) I 176 steht zugleich mit dem schwierigen Gentilrecht in Verbindung. Die beiden Familien, die hier in Betracht kommen, sind die patricischen Claudier, die von Appius Claudius Sabinus Regillensis (259 v. Ch.) abstammten, und die plebejischen Claudier-Marceller, unter denen mit der berühmteste der Eroberer von Syrakus (212) war. Ein Sklave der Claudier nun (der als solcher zu ihrer Familie gehörte) war von ihnen freigelassen und in die plebejische Familie der

Marceller übergetreten. Sein Sohn und einziger Erbe starb nach des Vaters Tod, ohne weitere Erben zu hinterlassen. Da erhoben nun nach dem Intestaterbrecht beide Familien Ansprüche auf die Hinterlassenschaft; die Claudier, weil der Vater zur gens Claudia gehört hatte und das Familienrecht selbst dann, wenn der Sklave durch manumissio aus der Familie des manumissor austrat, gewisse Rechte des patronus manumissor über den libertus und sein Vermögen anerkannte; die Marceller, weil es sich um die Hinterlassenschaft des Sohnes handele, der als der Sohn eines in die Hausgemeinde der Marceller übergetretenen libertus seiner nächsten Abkunft (stirpe) nach zu ihnen gehörte. Es kam demnach darauf an, zu entscheiden, welche Berufung, ob die der Claudier auf die gens oder die der Marceller auf die stirps, die am meisten berechtigte sei, und welche der beiden Familien also die nächsten Ansprüche auf die Erbschaft habe. Verwandt mit vorstehendem ist der dritte Erbschaftsfall:

5) I 177. Die Patrone standen zu ihren Klienten in einem ähnlichen Verhältnis, wie der pater familias zu den Gliedern seiner Familie, und haben daher nach dem Familienrecht, wenn der Klient intestato und ohne natürliche Erben (sui heredes) stirbt, die nächsten Ansprüche auf die Hinterlassenschaft. Dies Patronatserbrecht wurde aber auch auf das erweiterte Patronatsverhältnis übertragen, das dadurch entstand, daß sich ein auswärtiger Verbannter, der das Recht hatte, sich während seines Exils in Rom aufzuhalten, an einen römischen Bürger anschloß. Dieser konnte dann als quasi patronus nach dem ius applicationis d. h. gemäß den Rechten, die sich aus dem klientelartigen Anschluß des Fremden an den römischen Patronus ergaben, nach dem Tode dieses (quasi) Klienten auf dessen hinterlassenes Vermögen Ansprüche machen.

Die beiden nächsten Rechtsfälle 6) I 178 und 7) I 179 beziehen sich auf die *servitutes* praediorum urbanorum, d. h. sowohl auf die Beschränkungen (incommoda), welche städtische Gebäude zu gunsten anderer Nachbarhäuser zu tragen hatten, z. B. daß der Nachbar nach der servitus stillicidii, die auf seinem Hause lastete, den Tropfenfall oder das ganze Regenwasser aufzunehmen verpflichtet war; als auf die Vorteile, die dadurch das bevorzugte Gebäude erhielt, z. B. daß der Nachbar etwas unterlassen mußte, wodurch Licht, Aussicht oder sonstige mit dem gegenwärtigen Zustand verknüpfte Vorzüge eines Hauses verringert werden konnten (ne luminibus officiatur).

Am meisten Aufsehen machte aber damals:

8) die *causa Curiana* I 180; 238; 242. II 24; 140 f., der Curianisch-Coponische Erbschaftsprozeß, der von Cic. selbst wiederholt erwähnt und ausführlich behandelt wird, ein Hauptbeispiel für den Fall, wo scriptum und sententia in Konflikt geraten (de inv. II 122). Boeth. in Cic. top. IV p. 341 Causa Curiana fuit huius modi: Quidam praegnantem uxorem relinquens [eigentlich moribundus uxorem, quam praegnantem esse opinabatur, relinquens] scripsit heredem postumum eique alium substituit secundum, qui Curius vocabatur, ea conditione, ut, si postumus qui intra menses decem proximos nasceretur ante moreretur, quam in suam tutelam venisset, id est ante obiret diem, quam testamentum iure facere posset, iure succederet. Da nun aber nach des Mannes Tod kein Kind geboren ward, so nahm M'. Curius auf Grund der testamentarischen Bestimmung die Erbschaft für sich in Anspruch. Dagegen aber erhob ein Verwandter des Erblassers, M. Coponius, die Einsprache, daß das Testament nicht in Betracht kommen könne, da die darin festgestellte Bedingung nicht eingetreten sei, und verlangte demnach den Nachlaß als Intestaterbe für sich. — Sehr lebhaft schildert Cic. Brut. 195 die Verhandlung: Cum is (nämlich Q. *Scaevola*) probare vellet, *M'. Curium*, cum ita

(unter der Bedingung) heres institutus esset, 'si pupillus ante mortuus esset quam in suam tutelam venisset' (d. h. ehe er mündig geworden, welches mit vollendetem 14. J. eintrat) pupillo non nato *heredem esse non posse*: quid ille non dixit de testamentorum iure? de antiquis formulis? quemadmodum scribi oportuisset, si etiam filio non nato heres institueretur? quam captiosum esset populo, quod scriptum esset neglegi, et opinione quaeri voluntates, et interpretatione disertorum scripta simplicium hominum pervertere? Quam ille multa de auctoritate patris sui, qui semper ius illud esse defenderat? quam omnino multa de conservando iure civili? quae quidem omnia cum perite et scienter, item breviter et presse et satis ornate et pereleganter diceret, quis esset in populo, qui aut exspectaret aut fieri posse quidquam melius putaret? At vero ut *contra Crassus* ab adulescente delicato qui in litore ambulans scalmum repperisset ob eamque rem aedificare navem concupisset, exorsus est, similiter Scaevolam ex uno scalmo captionis (nämlich der einen Handhabe, wie gefährlich und bedenklich es sei, vom geschriebenen Buchstaben abzuweichen) centumvirale iudicium hereditatis effecisse: hoc illo initio consecutus multis eiusdem generis sententiis delectavit animosque omnium qui aderant in hilaritatem a severitate traduxit. Deinde hoc voluisse eum, qui testamentum fecisset, hoc sensisse: quoquo modo filius non esset, qui in suam tutelam veniret, sive non natus, sive ante mortuus, Curius ut heres esset; ita scribere plerosque et id valere et valuisse semper. Deinde *aequum bonum*, testamentorum sententias voluntatesque tutatus est: quanta esset in verbis captio (Trugschluß) cum in ceteris rebus, tum in testamentis, si neglegerentur voluntates; quantam sibi potentiam Scaevola assumeret, si nemo auderet testamentum facere postea nisi de illius sententia (de or. II 24). Haec cum graviter tum ab exemplis copiose tum varie, tum etiam ridicule et facete explicans eam admirationem assensionemque commovit, dixisse ut contra nemo videretur! Vgl. p. Caec. 53. Top. 44.

Die vier letzten Fälle endlich beziehen sich auf das Recht der Persönlichkeit: libertas, civitas, familia, oder auf die capitis deminutio d. h. den Verlust der Stellung und Rechtsfähigkeit in einem der Kreise, denen die Person angehört. Sie hieß maxima, wenn alle drei Bedingungen aufhörten, media wenn der Verlust sich nur auf die civitas, minima wenn er sich nur auf die familia erstreckte. Um die maxima handelte es sich hier in der

9) berühmten *causa Mancini* I 181; 238. II 137. Zunächst nämlich ging die Freiheit verloren, wenn man in Feindes Hand geriet. Dagegen gab es aber ein Recht, welches den aus Feindes Händen Befreiten in seine frühere rechtliche Stellung wieder einsetzte, das ius postliminii, vermöge dessen der Befreite so beurteilt wird, als wäre er nie in Sklaverei gewesen. Mittels dieses ius p. wurden also demjenigen, welcher in der Absicht zurückkehrte, seine frühere Stellung wieder einzunehmen, seine früheren Rechte wieder verliehen. Hatte jedoch der Staat den Bürger selbst aufgegeben, wie dies bei der Dedition an die Feinde zur Sühnung eines Vergehens der Fall war, dann fand natürlich ein postliminium nicht statt. So bei Mancinus, qui Numantinis deditus erat, quibuscum sine senatus auctoritate foedus fecerat (de off. III 109). Schwierig aber wurde die Sache des Mancinus dadurch, daß ihn die Numantiner nicht annahmen; denn nun erhob sich die Frage, ob die Dedition noch jene Wirkung habe, auch wenn das fremde Volk sie nicht angenommen, da doch in jedem Fall darin eine Ausstoßung des Bürgers enthalten sei. Cic. selbst entscheidet sich dafür, daß dann das ius p. selbstverständlich wieder eintrete, p. Caec. 98 Quid? quem pater patratus dedidit quo is iure amittit civitatem? Ut religione civitas solvatur, civis Romanus deditur: *qui cum est acceptus, est eorum*

quibus est deditus; si non accipiunt, ut Mancinum Numantini, retinet integram causam et ius civitatis. — Ähnlich fragte es sich

10) I 182 ob umgekehrt ein Sklav aus einer Bundesstadt, der in Rom frei geworden, bei der Rückkehr in die Heimat nach dem ius postliminii unter Verlust der röm. civitas in seinen vorigen Stand wieder eintrete. — Der

11) Fall I 183 geht auf die Erwerbung der Freiheit mittels der Manumission, d. h. der in gehöriger Form erfolgten Erklärung, daß der Sklave frei sein sollte. Eine der Manumissionsformen geschah nun censu. Ulpian. I 8 Censu manu mittebantur olim, qui lustrali censu Romae iussu dominorum inter cives Romanos censum profitebantur. Der Censor hatte nämlich die Macht, dadurch daß er die professio censualis einer Person (d. h. die Eigentumsangabe behufs des Steueransatzes und der Eintragung in die Kataster) annahm, diese zum Bürger zu machen, wenn sein Kollege nicht Einspracht that. Dies wurde zur Freilassung benutzt: der Herr brachte seinen Sklaven in dieser Absicht vor den Censor; nahm dieser die Professio desselben an, so wurde er frei und Bürger. Die Bestätigung aber solcher Akte des Censors lag in dem Lustrum; nur ein Census, der mit der Lustration beschlossen wurde, hatte jene Wirkung. Daher konnte die Streitfrage entstehen, wann die Freiheit ihren Anfang nehme, mit dem Akt der Professio vor dem Censor oder mit dem lustrum conditum d. h. mit dem Abschluß der Censusperiode, die durch das solenne Sühn- oder Reinigungsopfer beendigt ward. War dies letztere der Fall, dann war der vor dem Censor Freigelassene bis dahin noch in der Gewalt seines Herrn, und was er während dieser Zeit erworben, gehörte diesem. — Der letzte privatrechtliche Fall endlich

12) I 183; 238 betrifft die Ehe, und zwar die Frage: in welchem Falle die Ehe als rechtmäßig geschieden zu betrachten sei. Wie viel von der rechten Entscheidung dieser Frage im einzelnen Fall abhängen kann, ist aus dem bei Cic. angeführten Beispiel ersichtlich.

Redner (griechische) III 28. Quint. X 1, 76 Sequitur *oratorum* ingens manus, ut cum decem simul Athenis aetas una tulerit. Quorum longe princeps *Demosthenes* ac paene lex orandi fuit; tanta vis in eo, tam densa omnia, ita quibusdam nervis intenta sunt, tam nihil otiosum, is dicendi modus, ut nec quod desit in eo nec quod redundet invenias. Plenior *Aeschines* et magis fusus et grandiori similis, quo minus strictus est; carnis tamen plus habet, minus lacertorum. Dulcis inprimis et acutus *Hyperides*, sed minoribus causis, ut non dixerim utilior, magis par. His aetate *Lysias* maior, subtilis atque elegans et quo nihil, si oratori satis est docere, quaeras perfectius. Nihil enim est inane, nihil arcessitum: puro tamen fonti quam magno flumini propior. *Isocrates* in diverso genere dicendi nitidus et comptus et palaestrae quam pugnae magis accommodatus omnes dicendi Veneres sectatus est, nec immerito; auditoriis enim se, non iudiciis compararat; in inventione facilis, honesti studiosus, in compositione adeo diligens, ut cura eius reprehendatur. — Quin etiam *Phalerea* illum *Demetrium*, quamquam is primus inclinasse eloquentiam dicitur, multum ingenii habuisse et facundiae fateor. S. a. ind. s. v. Cauones.

Q. (Marcius) Rex II 125 war mit dem Konsul Cn. Mallius in die schwere cimbrische Niederlage des J. 105 verwickelt, deren Hauptschuld man auf den Prokonsul Servilius Caepio schob. (Ein. I § 11, 128.) Sonst nicht weiter bekannt.

Rhodii II 217. Or. part. 118 als doctissimi homines bezeichnet; die rhodischen Redner saniores (quam Asiatici) et *Atticorum similes*.

Rhodus I 75; II 3 nächst Athen einer der Hauptsitze griechischer Wissenschaft u. Kunst, besonders der Redekunst, seitdem angeblich Äschines, von Athen verbannt, hier eine Rednerschule gegründet hatte, daher von vielen, auch von Cicero, eben um dieser wissenschaftlichen Celebrität willen besucht.

Rhythmus III 182. Es ist Aristoteles Rhet. III 8, dessen Inhalt hier Cic. genau wiedergiebt. Die prosaische stilistische Darstellung, das σχῆμα λέξεως, darf weder ἔμμετρος sein, in regelmäßig wiederkehrenden Reihen oder Metren sich bewegen, noch auch ἄῤῥυθμος, ganz ohne Hebungen u. Senkungen einförmig, endlos ohne Einschnitte fortgehen, sondern soll vielmehr rhythmisch sein, also kunstmäßig gegliedert, natürlich in rechter Weise. Unter den gewöhnlichen Rhythmen ist nach Aristoteles für den oratorischen Gebrauch die Häufung des Iambus und Trochäus am wenigsten zu empfehlen. Dieser, der Trochäus, ist zu tanzend — ὁ δὲ τροχαῖος κορδακικώτερος (von dem ausgelassenen, lasciven Tanz des komischen Chors κόρδαξ so genannt. Or. 193 trochaeum autem, qui est eodem spatio quo choreus, cordacem appellat, quia contractio d. h. die aus den zwei Kürzen des Tribrachys zusammengezogene Länge et brevitas dignitatem non habeat. Quint. IX 4, 88). Jener, der Iambus, ist als Rhythmus der täglichen Umgangssprache zu gewöhnlich — ὁ δ᾽ ἴαμβος αὐτή ἐστιν ἡ λέξις ἡ τῶν πολλῶν· διὸ μάλιστα πάντων τῶν μέτρων ἰαμβεῖα φθέγγονται λέγοντες (Or. 192 Aristoteles iudicat, iambum nimis e vulgari esse sermone); der Redner aber soll einen höheren Ton anschlagen — δεῖ δὲ σεμνότητα γενέσθαι καὶ ἐκστῆσαι. In dieser Beziehung wäre gegen den dritten Rhythmus, gegen den Daktylus nichts einzuwenden — ὁ μὲν ἡρῷος, σεμνός, — aber er ist andererseits zu poetisch und schließt sich an den prosaischen Ausdruck zu wenig an — τῶν δὲ ῥυθμῶν ὁ μὲν ἡρῷος σεμνὸς καὶ λεκτικῆς ἁρμονίας δεόμενος (Or. 192 Aristoteles indicat heroum numerum grandiorem quam desideret soluta oratio. Ita neque humilem et abiectam orationem nec nimis altam et exaggeratam probat, plenam tamen eam vult esse gravitatis, ut eos qui audient ad maiorem admirationem possit traducere. Quint. IX 4, 88 licet — herous, qui est idem dactylus, Aristoteli amplior, iambus humanior videatur). So bleibt als besonders empfehlenswert nur der päonische Rhythmus übrig — οἱ μὲν οὖν ἄλλοι (ῥυθμοὶ) διά τε τὰ εἰρημένα ἀφετέοι καὶ διότι μετρικοί· ὁ δὲ παιὰν ληπτέος· ἀπὸ μόνου γὰρ οὐκ ἔστι μέτρον τῶν ῥηθέντων ῥυθμῶν ὥστε μάλιστα λανθάνειν. Or. 194 iambus enim et dactylus in versum cadunt maxime; itaque ut versum fugimus in oratione, sic hi sunt evitandi continuati pedes, — paean autem minime est aptus ad versum, quo libentius eum recepit oratio. Für die Erklärung unserer Stelle folgt aber aus Vorstehendem erstens: Cicero hat ganz Recht (und die ihn beschuldigen, die aristotelische Stelle mißverstanden zu haben, haben Unrecht), wenn er von Aristoteles sagt: *primum* ad heroum nos pedem *invitat* — *probatur* autem ab eodem illo *maxime paeon*. Zweitens: die in den Hss. und Ausgaben zwischen nos and pedem stehenden Worte: dactyli et anapaesti et spondei sind offenbar ein späteres Glossem, das am Rand die drei Versfüße des γένος ἴσον (im Gegensatz zu dem γένος ἄνισον des Iambus u. Trochäus) zusammenstellte. Aristoteles und nach ihm Cic. spricht hier nur vom heroischen Rhythmus d. h. dem daktylischen Rhythmus des heroischen Verses oder des Hexameters; von dem anapästischen Rhythmus ist erst 185 die Rede und der mit dem Daktylus im Hexameter wechselnde Spondeus kann als besonderer Rhythmus nicht angeführt werden, wie ja auch in der arist. Stelle von den Rhythmen nur angeführt werden: ὁ ἡρῷος, ὁ ἴαμβος, ὁ τροχαῖος, ὁ παιάν und ebenso von Cic. Or. 192 f. herous numerus, iambus, trochaeus, paean.

Übrigens ergänzt und modifiziert Cic. noch in einigen Punkten die aristotelische Darstellung, indem er erstens der Eigentümlichkeit der lat. Sprache gemäß das, was Aristoteles ausschließlich vom Iambus gesagt hatte, auch auf den Trochäus überträgt: zweitens aber gegen die

Häufung der Iamben und Trochäen in der pros. Darstellung das weitere Moment geltend macht, daß, wo diese kleinen Versfüße zu dicht auf einander folgen, die Einschnitte oder Ictus wegen ihrer Nähe zu merklich sind und die Rede dadurch nicht εὔρυθμος, sondern (was zu vermeiden ist) ἔμμετρος wird; d. h. so entstehen leicht förmliche Verse: und das ist fehlerhaft. Drittens giebt C. auch die Grenze an, bis wie weit man im heroischen Rhythmus vorschreiten dürfe, nämlich zwei, höchstens drei Versfüße. Hierzu wird ein Beispiel angeführt: 'áltāē | súnt gēmī́ | nāē quī́būs', ein Fragment, dessen Sinn nicht mehr zu ermitteln ist, natürlich aus einer prosaischen Schrift, wahrscheinlich aus einem Geschichtswerke (vielleicht ist alti sunt gemini zu lesen; dann können sich die Worte auf Romulus und Remus und deren Ernährung durch die Wölfin beziehen). Bergk vermutet: 'antae sunt geminae, quibus' und meint, Ennius bezeichne mit dem Wort die beiden Pforten der Träume, vgl. Hom. Od. τ 562 δοιαὶ γάρ τε πύλαι ἀμενηνῶν εἰσὶν ὀνείρων und Virg. Aen. VI 894 sunt geminae somni portae: 'antae bezeichnet zwar gewöhnlich die Pfeiler, Eckwandpfeiler, und so scheint der Ausdruck antae geminae nur für die Bezeichnung eines einzigen Thores zu passen, indes es war auch der Singular anta üblich und bedeutete den Raum vor dem Thor (ὁ πρὸ τῶν πυλῶν τόπος), und so konnte der Dichter wohl auch antae geradezu gebrauchen.' Viertens endlich fügt noch Cic., ehe er zum vierten, dem päonischen Rhythmus übergeht, die abschließende Bemerkung hinzu, daß die drei genannten Rhythmen, der trochäische, iambische, heroische, für die Periodenanfänge ganz passende Rhythmen seien, während für die Periodenschlüsse nach Aristoteles nicht mehr der vierte, der päonische Rhythmus und zwar der paeon quartus nach unserer Zählung eigne (192 ff. Or. 217 sed eidem hi tres pedes — der Iambus, Trochäus und Daktylus — male concludunt, si quis eorum in extremo locatus est). Es ist also hier das Wort heroi, das zwischen tres und pedes steht, aus grobem Mißverstand in den Text gekommen, indem der Glossator unter den hi pedes fälschlicher Weise entweder die drei Versfüße des als Beispiel angeführten Fragments oder die drei oben unrichtig hinzugefügten Versfüße Daktylus, Anapäst und Spondeus verstand. — Quint. IX 4, 45 ff.

Roma I 13. III 43.
Romulus I 37.
Q. Roscius (Gallus) I 124; 129; 130; (258;) 132; 251; 254. II 233; 242. III 102; 221; der berühmte komische Schauspieler (comoedus) und Liebling des röm. Publikums, den Cic. in seiner großenteils noch vorhandenen Rede p. R. c. im J. 76 verteidigte, 'qui etiam L. Sullae carissimus fuit et anulo aureo ab eodem dictatore donatus est', 'scenicae industriae notissimum exemplum, qui nullum umquam spectanti populo gestum, nisi quem domi meditatus fuerat, ponere ausus est. Quapropter non ludicra ars Roscium, sed Roscius ludicram artem commendavit; nec vulgi tantum favorem, verum etiam principum familiaritates amplexus est', Val. Max. III 8, 7. Ein Meister des theatralischen Spiels, in Vortrag und Mimik der erste (so daß sein Name sprichwörtlich geworden ist für jede Art von Virtuosität), betrat er noch in vorgerücktem Alter die Bühne und gab zugleich in seiner Theaterschule jungen Schauspielern Anweisung (doctus Roscius Hor. ep. II 1, 82). Sein Tod fällt etwa in das J. 62. Cic. p. Arch. 17 Quis nostrum tam animo agresti ac duro fuit, ut Roscii morte nuper non commoveretur? qui cum esset senex mortuus, tamen propter excellentem artem ac venustatem videbatur omnino mori non debuisse. p. Quinct. 78 cum artifex eiusmodi sit, ut solus dignus videatur esse, qui in scena spectetur. Brut. 290.

Rusca s. Pinarius.
P. Rutilius M. F. I 181 Volkstribun im J. 136, nicht zu verwechseln mit

P. Rutilius Sp. F. **Rufus** I 227 u. 229. II 280. Eiul. I § 22, 208, schon in seiner Jugend mit Laelius und Scipio befreundet, doctus vir et Graecis litteris eruditus, Panaetii auditor, prope perfectus in Stoicis (Brut. 114), wegen des sittlichen Ernstes, in dem er die stoische Moral auch bethätigen wollte, den Zeitgenossen ein documentum virtutis. Im J. 105 erlangte er das Konsulat, nachdem er kurz zuvor im Jugurthin. Kriege (wie früher im Numantin.) gedient hatte. Später begleitete er den Prokonsul Q. M. Scaevola p. m. (mit dem er überhaupt sowohl durch Gleichheit der Gesinnung, als durch gleiche Liebe zur Rechtswissenschaft eng verbunden war) als Legat in dessen Provinz Asien; und hier eben zog er sich durch gerechte und strenge Verwaltung den Haß der gewinnsüchtigen publicani in so hohem Grade zu, daß sie sich nicht scheuten, den gerechten Mann auf die Anklage repetundarum unschuldiger Weise zu verurteilen, wahrscheinlich im J. 92. Denn die Feindschaft der Richter aus dem Ritterstand war doch das Hauptmotiv seiner Verurteilung, wenn auch seine mangelhafte Verteidigung (R. verschmähte alle und jede oratorischen Effektmittel) dabei allerdings mitgewirkt haben mag. Brut. 114 Itaque illa, quae propria est huius disciplinae philosophorum (der stoischen Schule) de se ipsorum opinio firma in hoc viro et stabilis inventa est. Qui cum innocentissimus in iudicium vocatus esset, cum essent eo tempore eloquentissimi viri L. Crassus et M. Antonius consulares, eorum adhibere neutrum voluit. Dixit ipse pro sese et pauca C. Cotta, quod sororis erat filius, et is quidem tamen ut orator, quamquam erat admodum adulescens, et. Q. Mucius enucleate ille quidem et polite, ut solebat, nequaquam autem ea vi atque copia, quam genus illud iudicii et magnitudo causae postulabat. Er ging nach Smyrna ins Exil, das er auch später auf Sullas Zureden nicht verlassen wollte, und lebte daselbst litterarischen Beschäftigungen, u. a.

schrieb er seine Memoiren; dort sah ihn Cicero noch im J. 78. Quint. XI 1, 12 'P. Rutilius — illo paene Socratico genere defensionis est usus' und 'revocante eum P. Sulla manere in exilio maluit'. Brut. 85.

S.

Samnites II 325. III 86. Liv. IX 40 Romani quidem ad honorem deum *insignibus armis hostium* usi sunt; Campani ab superbia et odio Samnitium *gladiatores*, quod spectaculum inter epulas erat, eo ornatu (d. h. mit den ihnen zugefallenen Rüstungen der Feinde) armarunt *Samnitiumque nomine* compellarunt. Den Namen Samniter und die Rüstung behielt diese Klasse der Gladiatoren auch in Rom.

Salamis II 193. Soph. Aiac. 134. 590 f.

Salii III 147. Liv. I 20, 4. Varro L. L. V 58 Salii a saltando (taktmäßige Bewegung, tripudiis solemnique saltatu) quod facere in comitio et solent et debent.

sannio II 251 'der Harlekin oder Pulcinell' Diodor. excerpt. Vat. p. 129 D. ἦν γάρ τις Λατῖνος ὄνομα μὲν Σαννίων γελωτοποιὸς δὲ καὶ χάριτας ὑπερβαλλούσας ἔχων εἰς ἱλαρότητα· οὐ γὰρ μόνον ἐν τοῖς λόγοις ἐκίνει γέλωτας, ἀλλὰ καὶ κατὰ τὴν σιωπὴν καὶ ὁποίαν σώματος ἐπιστροφὴν ἅπαντας ἐποίει τοὺς θεωμένους μειδιᾶν φυσικῆς τινος ἐπιτρεχούσης πιθανότητος· διὸ καὶ παρὰ Ῥωμαίοις μεγάλης ἀποδοχῆς ἐν τοῖς θεάτροις ἐπληροῦτο. Nonius s. v. Sanniones, qui sunt in dictis fatui et in *motibus* et in *schemis* (σχήμασι) quos μωροὺς vocant Graeci.

Scaevola s. Mucii.

M. Aemilius Scaurus I 214; II 197; 203; 257; 265; 280; 283, Konsul im J. 115, Censor im J. 109 princeps curiae oder senatus, eins der bedeutendsten Häupter der Aristokratie, qui a C. Graccho usque ad Q. Varium seditiosis omnibus restitit, quem numquam ulla vis, ullae minae, ulla invidia labefecit (p. Sest. 101); ein rechter *propugnator reipublicae*, tantumque auctoritate potuit, ut Opimium contra Gracchum, Marium contra Glauciam et

Saturninum privato consilio armaret. Der hohe Ernst und die unerschütterliche Festigkeit seines Charakters, durch die er hoch über seine Zeitgenossen hervorragte, prägte sich auch in seiner Rede aus: In Scauri oratione, sapientis hominis et recti, gravitas summa et naturalis quaedam inerat auctoritas, non ut causam, sed ut testimonium dicere putares, cum pro reo diceret. Sein Mitbewerber ums Konsulat war P. Rutilius Rufus (s. ind. s. v.), der aber diesmal durchfiel: Brut. 113 *cum una consulatum petivissent, non ille solum, qui repulsam tulerat, accusavit ambitus designatum competitorem, sed Scaurus etiam absolutus Rutilium in iudicium vocavit.* Beim Prozesse des C. Norbanus (Einl. I § 11, 128) trat er als Zeuge gegen diesen auf. Berühmt ist seine lakonische Verteidigung, als er im J. 92 mit vielen andern von Q. Varius angeklagt wurde. (Einl. I § 11, 130.) Scaurus, wiewohl schon 72 J. alt und sehr leidend, innixus nobilissimis iuvenibus processit in forum, deinde accepto respondendi loco dixit: 'Q. Varius Hispanus M. Scaurum principem senatus socios in arma ait convocasse. M. Scaurus princeps senatus negat; testis nemo est: utri vos, Quirites, convenit credere?' Qua voce ita omnium commutavit animos ut ab ipso etiam tribuno dimitteretur. — Scaurus hatte sich übrigens seine Stellung unter den Häuptern der Aristokraten erst selbst erkämpfen müssen. 'Nam neque pater, neque avus neque etiam proavus propter tenues opes honores adepti sunt. Itaque Scauro *aeque ac novo homini laborandum fuit* (ἐκ ταπεινοῦ βίου καὶ ταπεινοτέρου γένους καινὸς ἀνθρωπος ἀρθεὶς ὑπὸ τῆς τύχης) Ascon. ad Scaur. p. 135. Er besaß ein Landgut in der Nähe von Crassus' Tuskulanum I 214.

M. Scipio Maluginensis II 260, s. Cornelii.

Scipio Serapio s. Cornelii.

Scipio **praetor** II 280, sonst unbekannt.

Scipiones III 56, s. Cornelii.

Scopas II 352 einer der Scopaden, eines thessalischen Dynastengeschlechts in Krannon um 500 v. Ch., s. Simonides.

C. Scribonius Curio s. Curio.

L. Scribonius Libo I 227. II 263 Volkstribun im J. 149 (oder 150). Liv. epit. XLIX Cum enim L. Scribonius trib. pl. rogationem promulgasset, ut Lusitani, qui in fidem p. R. dediti a Ser. Galba in Galliam venissent, in libertatem restituerentur, M. Cato *acerrime* suasit. Q. Fulvius Nobilior (s. ind. s. v.) ei saepe ab eo in senatu laceratus, respondit pro Galba. Ipse quoque Galba, *cum se damnari videret*, complexus duos filios praetextatos et Sulpicii filium, cuius tutor erat, ita miserabiliter pro se locutus est, ut rogatio antiquaretur. Brut. 89.

duodecim scriptis ludere I 217 — ein Spiel, das unserem Trictrac, bzw. Dam- und Schachspiel, ähnlich war. Der abacus (die Spieltafel, das Spielbrett) war auf jeder seiner beiden Langseiten in ganz gleicher Weise durch Linien, die in bestimmten Zwischenräumen vom Rand nach der Mitte gezogen wurden (von der rechten zur linken, wie von der linken zur rechten) — so jedoch, daß die Linien nicht ganz zusammenstießen, sondern noch ein Zwischenraum blieb —, von oben nach unten in zweimal sechs Felder, also in zwölf Abteilungen zerfällt; daher der Name (duodecim scriptis heißt also nicht etwa 'mit zwölf verschieden bezeichneten Steinen, wie man irrtümlich angenommen hat, sondern mit dem Zwölffelderbrett'). Die zwei Sechsfelder jeder Seite waren wieder durch zwei gekreuzte Linien von einander getrennt. Nach Ovid. A. A. III 363 ff.

Est genus in totidem tenui ratione redactum
Scriptula, *quot menses* lubricus *annus* habet.
Parva tabella capit *ternos utrimque lapillos.*

In qua vicisse est continuasse suos — wurde das Spiel von zweien mit je 3 Steinen gespielt. Die Kunst bestand nun darin, den Gegner festzusetzen und dabei seine eigenen drei Steine in ununterbrochener

Reihe vorrücken zu lassen; denn der Stein, der zwischen zwei feindliche zu stehen kam, wurde geschlagen. Der anziehende (— das wurde wohl durchs Los bestimmt —) war im Vorteil, doch konnte natürlich auch dann leicht ein fehlerhafter Zug, wie bei unserem Schach, das ganze Spiel verloren machen. Es bedurfte also eines bestimmten Planes und fortwährender Aufmerksamkeit, um nicht von seinem Gegner besiegt zu werden. Quint. XI 2, 38. 'An vero Scaevola in lusu duodecim scriptorum, cum prior calculum promovisset, essetque victus, dum rus tendit, repetito totius certaminis ordine, quo dato (sc. calculo d. h. durch welchen Zug) errasset recordatus, rediit ad eum, quocum luserat, isque ita factum esse confessus est: minus idem ordo valebit in oratione, praesertim totus nostro arbitrio constitutus, cum tantum ille valeat alternus?'

Septem sapientes III 137:

Ἑπτὰ σοφῶν Κλεόβουλε, σὲ μὲν τεκνώσατο Λίνδος·
φατὶ δὲ Σισυφία χθών Περίανδρον ἔχειν·
Πιττακὸν ἁ Μυτιλάνα· Βίαντα δὲ δῖα Πριήνη.
Μίλητος δὲ Θαλῆν, ἄκρον ἔρεισμα Δίκας·
ἁ Σπάρτα Χίλωνα· Σόλωνα δὲ Κεκροπὶς αἶα·
πάντας ἀριζάλου σωφροσύνας φύλακας. —
Ἀποφθέγματα τῶν ἑπτὰ σοφῶν.
Ἑπτὰ σοφῶν ἐρέω κατ' ἔπος πόλιν, οὔνομα, φωνήν.
Μέτρον μὲν Κλεόβουλος ὁ Λίνδιος εἶπεν ἄριστον.
Χίλων δ' ἐν κοίλᾳ Λακεδαίμονι Γνῶθι σεαυτόν.
ὃς δὲ Κόρινθον ἔναιε Χόλου κρατέειν Περίανδρος.
Πιττακὸς Οὐδὲν ἄγαν, ὃς ἦν γένος ἐκ Μυτιλήνης.
Τέρμα δ' ὁρᾶν βιότοιο Σόλων ἱεραῖς ἐν Ἀθήναις.
Τοὺς πλέονας κακίους δὲ Βίας ἀπέφηνε Πριηνεύς.
Ἐγγύην φεύγειν δὲ Θαλῆς Μιλήσιος ηὔδα.

(Diogenes Laertius verteilt die Aussprüche anders: Thales: γνῶθι σαυτόν. Solon: μηδὲν ἄγαν. Chilo: ἐγγύα πάρα δ' ἄτα. Pittacus: καιρὸν γνῶθι. Bias: οἱ πλεῖστοι κακοί. Cleobulus: μέτρον ἄριστον. Periander: μελέτη τὸ πᾶν.)

L. Septumuleius Anagninus II 269. Bekanntlich hatte der Konsul L. Opimius in Ausübung der ihm übertragenen diktatorischen Gewalt C. Gracchus' Haupt mit Gold aufwiegen zu wollen versprochen. Um diesen Lohn sich zu verdienen, schlug L. Septumuleius aus Anagni dem Leichnam seines früheren Freundes den Kopf ab, trug ihn auf einem Pfahl durch die Stadt, füllte ihn dann mit geschmolzenem Blei und wog ihn so zu Empfang des Preises dem Konsul zu (Valer. Max. IX 4, 3). Einen so geldhungrigen Menschen wollte Sc. nicht in seiner Begleitung haben: 'bleib du zu Rom, da findest du eine so ergiebige Goldgrube für dein Handwerk, daß du in wenigen Jahren ein Millionär werden kannst.'

C. Sergius Silus Orata I 178 Prätor im J. 97, durch seinen enormen Luxus und seine Schwelgerei berüchtigt; wie er denn auch den Beinamen Orata oder Aurata davon erhalten haben soll, daß er als Gourmand die Goldforellen (auratae oder oratae) besonders liebte (nach andern freilich von seinen schweren Goldringen, die er zu tragen pflegte). Val. Max. IX 1 (de luxuria et libidine). C. S. O. pensilia balnea primus facere instituit — peculiaria sibi maria excogitavit — aedificiis etiam spatiosis et excelsis deserta ad id tempus ora Lucrini lacus pressit. Charakteristisch ist die Äußerung des Crassus, als dieser einmal für den Domänenpächter Considius gegen Orata auftrat, weil dieser ihn durch seine Bauten am See beeinträchtige: errare amicum suum Considium, quod putaret Oratam remotum a lacu cariturum ostreis; namque ea, si iude petere non licuisset, in tegulis reperturum. — **Silus** II 255, nach Ernesti dieselbe Person mit dem eben genannten Silus Orata.

Q. Servilius Caepio s. Caepio.

M. Servilius II 261, sonst nicht weiter bekannt.

Servius Tullius I 37. Liv. I 39—49.

C. Sextius II 246. Es ist zweifelhaft, ob hier der C. Sextius Calvinus (II 249), Prätor im J. 100, gemeint sei, nach Brut. 130 ingenio et sermone eleganti, valetudine incommoda, qui etsi, *cum remiserant dolores pedum*, non deerat in causis, tamen id non saepe faciebat.

Siculi II 217; 278 u. 280 von Natur witzig, in Verr. IV, 95 numquam tam male est Siculis, quin aliquid *facete* et commode dicant. Tusc. I 15 Sed tu mihi videris Epicharmi, acuti nec insulsi hominis, ut Siculi, sententiam sequi. Brut. 46 acuta illa gens natura. Quint. VI 3, 41 Siculi quidem ut sunt lascivi et *dicaces*.

Sicyonii calcei I 231 Σικυώνια ὑποδήματα, weiche und kostbare Schuhe, die wohl zu den Gegenständen des weiblichen Putzes gehörten und sich daher für Sokrates, der gewohnt war, barfuß zu gehen, am allerwenigsten schicken mochten.

Simonides II 351 ff. 357 aus Keos (nicht mit dem Iambendichter S. von Amorgos zu verwechseln), geb. 559 v. Ch. in Julis, gest. 469 zu Syrakus, der berühmte lyrische Dichter (von dem auch der bekannte θρῆνος auf Danae ist), erst am Hofe des Hipparchus zu Athen, dann an dem der Aleuaden und des Skopas in Thessalien; später gleich seinen etwas jüngeren Zeitgenossen Pindar und Äschylus oft und lange am Hofe des älteren Hiero zu Syrakus. Cic. de nat. deor. I 60 non poeta solum *suavis*, verum etiam ceteroqui *doctus sapiensque*. Tusc. I 59. Quint. XI 2, 11 ff. *Artem* autem memoriae primus ostendisse dicitur Simonides; cuius vulgata fabula est: Cum pugili coronato carmen, *quale componi victoribus solet*, mercede pacta scripsisset, abnegatam ei pecuniae partem, quod *more poetis frequentissimo* digressus in laudes *Castoris ac Pollucis* exierat. Quapropter *partem ab eis petere, quorum facta celebrasset, iubebatur*. Et persolverunt, ut traditum est. Nam cum esset grande convivium in honorem eiusdem victoriae atque adhibitus ei cenae Simonides, nuntio est excitus, quod eum duo iuvenes equis advecti desiderare maiorem in modum dicebantur. Et illos quidem non invenit, fuisse tamen gratos erga se deos exitu comperit. Nam vix eo ultra limen egresso, triclinium illud supra convivas corruit atque ita confudit, ut non ora modo oppressorum sed membra etiam omnia requirentes ad sepulturam propinqui nulla nota possent discernere. Tum Simonides dicitur memor ordinis, quo quisque discubuerat, corpora suis reddidisse. — Est autem magna inter auctores dissensio, Glaucone Carystio, an Leocrati, an Agatharcho, an *Scopae* scriptum sit id carmen; et Pharsali fuerit haec domus, ut ipse quodam loco significare Simonides videtur — an *Crannone*, ut Apollas Callimachus, quem secutus Cicero hanc famam latius fudit. Scopam nobilem Thessalum periisse in eo convivio constat; adicitur sororis eius filius; putant et ortos plerosque ab alio Scopa, qui maior aetate fuerit. Phaedr. IV 24 (s. Themistokles).

Socrates I 28; 42; 63; 204; 231 ff. II 270. III 15; 60; 67; 72; 122, geb. 469 v. Ch., gest. 399, qui *parens philosophiae* iure dici potest, de fin. II 1 'omnium sapientissimus Apollinis oraculo indicatus': σοφὸς Σοφοκλῆς, σοφώτερος δ' Εὐριπίδης, Ἀνδρῶν δὲ πάντων Σωκράτης σοφώτατος, Plat. Apol. p. 20 E. ff. Cic. Cat. mai. 78. Lael. 7. Dem Wissensstolz der Sophisten (s. ind.), die das Individuum zum Richter über alles einsetzten, trat er mit dem Ausspruch 'er wisse nichts, als eben dies, daß er nichts wisse' und mit seiner Induktions-Dialektik entgegen, die er eben dazu anwandte, um andere, die sich etwas zu wissen rühmten, ihres Nichtswissens zu überführen; und insofern galt S. als Vorgänger des Akademischen Skepticismus und der Polemik gegen den Dogmatismus der andern Schulen. 'Hic in omnibus fere sermonibus — ita disputat, ut nihil affirmet ipse, refellat alios, nihil se scire dicat, nisi id ipsum, eoque praestare ceteris, quod illi quae nesciant, scire se putent, ipse se nihil scire id unum sciat; ob eamque rem se arbitrari ab Apolline omnium sapientissimum esse dictum, quod haec esset *una omnis sapientia non arbitrari sese scire, quod nesciat*. Quae cum diceret constanter et in ea sententia permaneret, omnis eius oratio tantum in virtute laudanda et *in hominibus ad virtutis studium cohortandis consumebatur*, ut e Socraticorum libris maximeque Platonis intellegi potest, Acad. I 16. Dahin gehört auch seine bekannte Ironie, die er den Sophisten gegenüber anwandte: 'S. autem de se ipse detrahens in disputatione plus tribuebat eis, quos volebat refellere. Ita cum aliud diceret atque sentiret, libenter uti solitus est ea dissimulatione, quam Graeci εἰρωνείαν vocant (quam ait etiam in Africano fuisse Fannius)' Acad. II 15. Brut. 292 ego ironiam illam, quam in Socrate dicunt fuisse, qua ille in Platonis et Xenophontis et Aeschini libris utitur, facetam et elegantem puto. Est enim et minime inepti hominis et eiusdem etiam faceti, cum de sapientia disceptatur, *hanc sibi ipsum detrahere, eis tribuere illudentem, qui eam sibi arrogant*, ut apud Platonem Socrates in caelum effert laudibus Protagoram, Hippiam, Prodicum, Gorgiam ceteros, *se autem omnium rerum inscium fingit et rudem*. Plat. Apol. c. 26. p. 36 B. ff. τιμᾶται δ᾿ οὖν μοι ὁ ἀνὴρ θανάτου· εἶεν. ἐγὼ δὲ δὴ τίνος ὑμῖν ἀντιτιμήσομαι, ὦ ἄνδρες Ἀθηναῖοι; ἢ δῆλον, ὅτι τῆς ἀξίας; — οὐκ ἔσθ᾿ ὅ τι μᾶλλον — πρέπει οὕτως, ὡς τὸν τοιοῦτον ἄνδρα ἐν πρυτανείῳ σιτεῖσθαι.

Socratici III 61; 73.

Solon I 58. III 56 der bekannte Gesetzgeber der Athener, geb. um 640 v. Ch., erster Archon im J. 594 v. Ch.

Sophisten III 127 ff. 'Der Ausdruck σοφιστής ist ursprünglich ziemlich gleichbedeutend mit σοφός und bezeichnet vorzugsweise den, welchem das Streben nach der σοφία wesentliche Beschäftigung ist. Dann ist die Bedeutung desselben beschränkter und ungünstiger geworden, indem sowohl derjenige als σοφιστής bezeichnet wird, der diese Beschäftigung zum Gewerbe macht, als auch wer unbekümmert um die Wahrheit die geistigen Mittel philosophischer u. rhetorischer Bildung zu eitlem Schein und in eigennütziger Weise verwendet. Besonders wird mit diesem Namen eine Reihe von Männern bezeichnet, welche im 5. Jahrhundert von verschiedenen Gegenden her Athen zum Mittelpunkt ihrer Bestrebungen machten und nicht wenig dazu beitrugen, die attische Bildung zu begründen, indem sie mit Talent und Eifer für dialektische, rhetorische und grammatische Studien ein allgemeines Interesse erweckten und, wenn sie auch dieselben zum großen Teil einseitig und oberflächlich und mit egoistischer Berechnung betrieben, in die geistige Bildung ein neues Gärungsmittel brachten, auf das die attische Eigenart von großer Wirkung war' (Jahn zum Or. 37). Es ist die Stufe der subjektiven Reflexion über alles, die sie vertreten, mit ihrem Grundsatz τὸν ἄνθρωπον μέτρον πάντων εἶναι. Ihre rhetorische Virtuosität τὸν ἥττω λόγον κρείττω ποιεῖν, wie ihr thörichtes Rühmen, über alles sofort reden zu können, folgte aus ihrer anmaßenden, durch die ihnen eigene Polyhistorie beförderten Meinung, alles zu wissen. Darin fanden sie an Sokrates einen Gegner, der ihnen um so gefährlicher war, als er sie meist mit ihren eigenen Waffen schlug. Brut. 30 tum etiam (zur Zeit des peloponnesischen Krieges) *magistri dicendi* multi subito exstiterunt. Tum Leontinus *Gorgias*, *Thrasymachus* Calchedonius, *Protagoras* Abderites, *Prodicus* Ceus, *Hippias* Eleus in honore magno fuit; aliique multi temporibus eisdem docere se profitebantur, arrogantibus sane verbis, quemadmodum causa inferior, ita enim loquebantur, dicendo fieri superior posset. His opposuit sese Socrates, qui subtilitate quadam disputandi refellere eorum instituta solebat.

Sophocles III 27, s. tragici.

Q. Valerius Soranus III 43 aus Sora, einer römischen Kolonie am Liris, nicht weit von Cic. Geburtsort Arpinum, litteratus hauptsächlich wegen seiner grammatischen und antiquarischen Studien. Er war ein Vorgänger Varros, der ihn persönlich schätzte. Brut. 169 wird er mit seinem sonst unbekannten Bruder zusammen genannt: Q. D. Valerii Sorani, vicini et familiares mei, non tam in dicendo admirabiles, quam docti et Graecis litteris et Latinis (Q. Valerius war auch Dichter).

Speusippus III 67 Sohn des Atheners Eurymedon und der Potone, der Schwester Platos, geb. um 395 v. Ch., stand nach Platos Tod eine zeitlang an der Spitze der Akademie, mußte aber um seiner Kränklichkeit willen schon 339 den Lehrstuhl auf Xenokrates übergeben lassen. Wenige Jahre darauf 334 machte er aus Lebensüberdruß seinem Leben selbst ein Ende. Acad. I 9, 34 *Speusippus* autem et *Xenocrates*, qui primi Platonis rationem auctoritatemque susceperant, et post hos *Polemo* et *Crates* unaque *Crantor*, in academia congregati, *diligenter ea, quae a superioribus acceperant, tuebantur.*

Stasens I 104, s. M. Pupius Piso Calpurnianus.

Statius II 257. Die Vulgatlesart: Statius Scauro stomachanti wird gewöhnlich so erklärt: Die Familie des Scaurus war wirklich schon seit längerer Zeit herabgekommen. Scaurus ita fuit patricius, bezeugt Asconius, ut tribus supra eum aetatibus iacuerit domus eius fortuna (s. ind. Scaurus). Mit Beziehung hierauf nun habe denn jener Statius, einer seiner demokratischen Gegner, als Scaurus bei irgend einer Gelegenheit seinen Zorn über die Gegenpartei ausgeschüttet, den hochstehenden Aristokraten durch die angeführten Verse zu demütigen gesucht. — Bake aber hat die Worte richtig korrigiert: *Statii a Scauro stomachante.* Es sind Verse (trochäische Octonare) aus einer Komödie des C. Caecilius Statius (s. ind. s. v.) — von Ribbeck daher p. 64 unter die Fragmente dieses Dichters aufgenommen —, mit denen Scaurus einmal voll Unmut und Entrüstung über das lärmende und frech-demokratische Treiben in den Volksversammlungen die Schreier, wenn auch nur auf einen Augenblick, zur Ruhe und Ordnung zu verweisen sucht. Je mehr sich nämlich oft ganz unbekannte Leute der niedrigsten Herkunft aus dem übrigen Italien (quibus nec mater nec pater) nach der Hauptstadt drängten, 'et magna pars eorum pro civibus Romanis se gererent', desto wilder mußte es da, wo die Hefe des Volkes so überhand nahm, begreiflicherweise hergehen. Bei solchen Gelegenheiten wurde es dann mitunter der Aristokratie klar, daß es so nicht länger gehen könne, 'necessaria lex visa est, ut in suae quisque civitatis ius redigerentur'. Vielleicht geschah die de or. II 257 erwähnte Äußerung im J. 639 d. St. = 115 v. Ch., als Scaurus während seines Konsulates ein Gesetz de libertinorum suffragiis einbrachte.

Stoici I 43. II 157 ff. III 62; 65 f. οἱ ἐκ τῆς στοᾶς φιλόσοφοι, von der στοὰ ποικίλη in Athen so genannt, in der um 300 v. Ch. Zeno von Kittium, der Gründer dieser Philosophenschule, seine Lehrvorträge zu halten pflegte (de or. III 62 wird der Sokratiker Antisthenes als gemeinsamer Vater der Cyniker und Stoiker aufgeführt). Unter ihnen ragten besonders **Chrysippus**, geb. 290, gest. um 208, dem das stoische System eigentlich erst seine Vollendung und Befestigung verdankt, später **Panaetius** und **Posidonius** hervor. Von dieser Schule wurde die Syllogistik des Aristoteles besonders durch Behandlung der hypothetischen und disjunktiven Schlußarten erweitert und ergänzt, und diese stoische Dialektik (— denn istorum in *dialecticis* omnis cura consumitur, Brut. 119) hat Scaevola im Auge; er war selbst ein Schüler des

Stoikers Panaetius (daher nostri, Einl. I § 14, 165) und kannte also aus eigner Erfahrung die dialektische Gewandtheit, mit der sie Syllogismus an Syllogismus reihend, den Gegner in dem Grad verstrickten, daß er sich aus den Verschlingungen ihrer Disputationen nicht leicht wieder herauswinden konnte. Brut. 118 quam hoc idem in nostris contingere intellego quod in Graecis, ut omnes fere Stoici prudentissimi in disserendo sint et id arte faciant sintque architecti paene verborum, eidem traducti a disputando ad dicendum inopes reperiantur. — Acad. II 136 mirabilia Stoicorum, quae παράδοξα nominantur — sapientes solos reges, solos divites, solos formosos; omnia quae ubique essent, sapientis esse; neminem consulem, praetorem, imperatorem — nisi sapientem; postremo *solum civem, solum liberum; insipientes* omnes peregrinos, exules, *servos, furiosos* (nach dem Parad. ὅτι πᾶς ἄφρων μαίνεται); vgl. p. Mur. 61.

C. Sulpicius Gallus I 228 ist derselbe, der als Kriegstribun des L. Aemilius Paullus im macedon. Krieg gegen Perseus diente und vor der Schlacht bei Pydna 169 eine Mondfinsternis voraussagte; Konsul im J. 167. Brut. 78 Graecis litteris studuit; isque et oratorum in numero est habitus, et fuit reliquis rebus (z. B. in der Astronomie, die sein Lieblingsstudium war, Cat. mai. 49) ornatus atque elegans. Sein unmündiger Sohn Q. Sulpicius Gallus kam nach des Vaters Tod unter die gesetzliche Vormundschaft des nächsten Verwandten Serv. Sulpicius Galba.

P. Sulpicius Rufus, Einl. I § 12. Vell. II 18 f. P. Sulpicius trib. pleb. disertus, acer, opibus gratia amicitiis vigore ingenii atque animi celeberrimus, cum antea rectissima voluntate apud populum maximam quaesisset dignitatem, quasi pigeret eum virtutum suarum et bene consulta ei male cederent, subito pravus et praeceps C. Mario post LXX annum omnia imperia et omnes provincias concupiscenti addixit, legemque ad populum tulit, qua Sullae imperium abrogaretur, C. Mario bellum decerneretur Mithridaticum; aliasque leges perniciosas et exitiabiles neque tolerandas liberae civitati tulit; quin etiam Q. Pompeii cons. filium, eundemque Sullae generum per emissarios factionis suae interfecit. Tum Sulla contracto exercitu ad urbem rediit, eamque armis occupavit, duodecim auctores novarum pessimarumque rerum, inter quos Marium cum filio et P. Sulpicio, urbe exturbavit ac lege lata exules fecit; *Sulpicium etiam adsecuti equites in Laurentinis paludibus iugulavere, caputque eius erectum et ostentatum pro rostris velut omen imminentis proscriptionis fuit.*

Servius Sulpicius Galba I 40; 58; 227 f.; 239. II 263 durch seinen schändlichen Treubruch an den Lusitaniern berüchtigt. G. hatte nämlich als Prätor in Lusitanien im J. 151 unglücklich gekämpft, und im folgenden Jahre auf die niederträchtigste Weise eine große Zahl Lusitanier, die sich ihm auf Treu und Glauben ergeben hatten, teils hinrichten, teils verkaufen lassen. Im Jahre darauf, 149, wurde er deshalb vom Volkstribunen Libo Scribonius angeklagt (II 263), wußte aber durch unerhörte Effektmittel das Mitleid der Richter in dem Grade rege zu machen, daß sie ihn trotz seiner schweren Schuld freisprachen (I 227 ff.). Brut. 89 Quae quidem vis (nämlich graviter agendi ad animos audientium permovendos multis querelis multaque miseratione adhibita, wovon er schon vorher ein eklatantes Beispiel gegeben hatte Brut. 90 ff.) tum maxime cognita est, cum Lusitanis a. Ser. Galba praetore contra interpositam, ut existimabatur, fidem interfectis, L. Libone tribuno plebis populum incitante et rogationem in Galbam privilegii similem (d. h. einem Gesetz, das sich auf eine einzelne Person bezieht) ferente, summa senectute M. Cato legem suadens in Galbam multa dixit; quam orationem in Origines suas rettulit, paucis antequam mortuus est diebus an mensibus. Tum igitur nihil recusans Galba pro sese et populi Romani fidem implorans, cum *suos pueros* tum *C. Galli etiam filium* flens commendabat, cuius orbitas et fletus mire miserabilis fuit propter recentem memoriam clarissimi patris; isque se tum eripuit flamma propter pueros misericordia populi commota (s. L. Sribon.). Valer. Max. VIII 1, 2. Das Konsulat bekleidete G. im J. 144. — Als er einst in einem seiner Prozesse seine Richter (II 263) aus der Zahl seiner Tischgenossen u. Zechbrüder genommen wissen wollte, richtete sein Ankläger die sarkastische Frage an ihn: 'wann wirst du einmal deinen Speisesaal verlassen', der du deine Gelage mit den Genossen deiner Schwelgerei selbst vor Gericht fortsetzen zu wollen scheinst? Aber noch schärfer war Galbas rasche Erwiderung, die mit dem *cubiculum alienum* das triclinium reichlich vergalt. Er war ein Ahn des Kaisers Galba und sein Grab ist im J. 1886 in Rom gefunden worden.

Gaius Sulpicius Galba I 239 'Servii illius eloquentissimi viri filius' P. Crassi eloquentis et iurisperiti gener (Brut. 127, s. Licin.). Laudabant hunc patres nostri, favebant etiam propter patris memoriam sed cecidit in cursu d. h. er wurde infolge der Rogation des Volkstribunen C. Mamilius gegen diejenigen, die sich von Jugurtha hatten bestechen lassen, im J. 110 verurteilt.

superum mare III 69, s. inferum.

Syri venales II 265. Die meisten gekauften Sklaven (die venales κατ' ἐξοχήν) kamen aus Syrien, wo sie von cilicischen Seeräubern geraubt und gewöhnlich auf dem Sklavenmarkt in Delos teils nach Rom, teils nach Griechenland verkauft wurden, von wo sie öfters gleichfalls an Römer kamen. Je geläufiger dann ein solcher Sklave das Griechische sprach, desto mehr hatte er in der Regel auch von der berüchtigten Graeca fides angenommen.

T.

XII tabulae I 58; 167; 193; 195; vgl. 246. Liv. III 57, 10 L. Valerius M. Horatius cos. (a. u. 303 u. 304) leges decemvirales, quibus tabulis duodecim est nomen, (aus d. J. 451-450 v. Ch.) in aes incisas in publico proposuerunt. Bei der Eroberung durch die Gallier gingen diese Erztafeln verloren; doch wurden an deren Stelle bald wieder andere aufgestellt. Die von dem Zwölftafelgesetz der J. 451 u. 450 v. Ch. uns noch erhaltenen Fragmente betreffen großenteils das Privatrecht; es sind Bestimmungen über das Eigentumsrecht (z. B. cum nexum faciet mancipiumque, uti lingua nuncupassit, ita ius esto), das Familienrecht, das Erbrecht (z. B. si intestato moritur, cui suus heres nec escit, adgnatus proximus familiam habeto), über den Prozeß und die Exekution u. s. w. Es erstreckte sich aber das Gesetz in gleicher Weise über das öffentliche oder Staatsrecht (z. B. ne patribus cum plebe connubium sit oder quod postremum populus iussit, id ius ratum esto), wie endlich auch über das Sacralrecht (z. B. hominem mortuum in urbe ne sepelito neve urito). Privatrechtlich blieben die XII Tafeln bis in die spätesten Zeiten die Grundlage der gesamten römischen Gesetzgebung.

tabulae II 97. Zur Zeit der freien Republik führte jeder wohlhabende Römer Hausbücher, worin die Aktiva und Passiva eingeschrieben waren (tab. oder codices accepti et expensi). Die genaue Führung derselben war eine Pflicht, Nachlässigkeit begründete den Verdacht einer Unredlichkeit. Unterschieden davon sind die adversaria, das Notizbuch zu vorläufiger Notierung.

Tarentum II 273.

Tauriscus III 221, sonst nicht bekannt. (Der Grammatiker dieses Namens — ein Schüler des Krates von Mallos —, dessen Sextus Empiricus adv. Math. I 248 p. 268 erwähnt, kann nicht wohl gemeint sein.)

Telamon II 193.

P. Terentius Afer, der bekannte Komödiendichter, geb. 185 v. Ch. zu Karthago; später in Rom, starb schon im J. 159 in seinem

26. Lebensjahre in Griechenland auf einer Reise, die er dahin unternommen. Aus seinen Komödien kommen in Cic. Schriften sehr häufig Citate vor, in unserm Dialog aus seiner Andria (II 172; 326ff.).

Vespa Terentius II 253 nicht weiter bekannt.

Terracina II 240 die alte, auf hohem Kalkfelsen gelegene Oberstadt hieß mit volskischem Namen Anxur, ein vielbesuchter Ort an der belebten Appischen Straße am südlichen Ende der pontinischen Sümpfe, bot Gelegenheit zu wüstem Wirtshausleben dar.

testamentum in procinctu I 228. In der ältesten Zeit gab es zwei Testamentsformen, die beide vor dem Volke geschahen, das gewissermaßen den Willen des Testators zum Gesetz machte: 1) test. calatis comitiis conditum, die Erklärung des letzten Willens in der Volksversammlung, die zu diesem Zweck gehalten wurde; 2) test. *in procinctu*, ursprünglich in Komitien als gerüstetem Heere, nachher im Kriege vor der Schlacht. Während das Heer in Schlachtordnung sich aufstellte, beobachteten die Feldherren die Auspicien und die in Schlachtordnung in procinctu stehenden Soldaten (εἰς τάξιν καθιστάμενοι) benutzten diese Zeit dazu, um ihren letzten Willen vor dreien oder vieren ihrer Nebenmänner (τριῶν ἢ τεττάρων ἐπακουόντων) zu erklären. Eine solche letztwillige Verfügung ohne weitere Formalitäten hatte gesetzliche Gültigkeit. — Die eigentliche solenne Testamentsform aber, die später allein gebraucht wurde, war die Mancipationsform, testamentum per aes et libram (s. centumvirales c.).

Thales III 137 aus Milet, lebte zwischen 639—564 v. Ch. Acad. II 118 Princeps Thales, unus e septem, cui sex reliquos concessisse primas ferunt, ex aqua dixit constare omnia. Er ist der erste in der Reihe der s. g. ionischen Naturphilosophen, und nahm als Urgrund aller Dinge und Grundelement das Wasser an, (Anaximenes die Luft, Heraklit das Feuer).

Themistocles II 299; 351. III 59. Acad. II 2 memoria — quam fuisse in Themistocle, quem facile *Graeciae principem* ponimus, singularem ferunt; qui quidem etiam pollicenti cuidam, se artem ei memoriae, quae tum primum proferebatur, traditurum, respondisse dicitur, *oblivisci se malle discere*, credo, quod haerebant in memoria quaecunque et audierat et viderat, de fin. II 104 Themistocles quidem cum *ei Simonides* an quis alius artem memoriae polliceretur, *oblivionis*, inquit, mallem; *nam memini etiam quae nolo, oblivisci non possum quae volo*. Brut. 28 Th. quem constat *cum prudentia* tum etiam *eloquentia praestitisse*.

Theophrastus I 43; 49; 55; III 184; 221, aus Eresos auf Lesbos, erst Schüler Platos, dann Aristoteles' Nachfolger in der peripat. Schule, soll selbst seinen Namen Θεόφραστος seiner glänzenden Beredsamkeit zu verdanken haben. Or. 62; Brut. 121 Quis Theophrasto dulcior? de div. II 4 Th. idemque Aristot. cum philosophia *dicendi etiam praecepta* coniunxerunt.

Theopompus II 57; 91. III 36 aus Chios, von 380 v. Ch. bis nach Alexanders Tod, hatte wahrscheinlich, als Isokrates seinen Lehrstuhl in Chios aufgeschlagen, dessen Unterricht in der Rhetorik genossen. Dion. Hal. ad Cn. Pomp. 6. p. 782 bis 787 ἐπιφανέστατος πάντων τῶν Ἰσοκράτους μαθητῶν γενόμενος καὶ πολλοὺς μὲν πανηγυρικοὺς πολλοὺς δὲ συμβουλευτικοὺς συνταξάμενος λόγους — λόγου δ' ἀξίαν ἱστορίαν πεπραγματευμένος. Er ist einer der bedeutendsten Historiker der Isokratischen Schule, schrieb zwei große Geschichtswerke: Ἑλληνικά in zwölf Büchern vom Ende der thucydideischen Geschichte bis zur Schlacht bei Knidos (412—394) u. Φιλιππικά in 58 B., vielleicht nach dem Muster Herodots, den er sorgfältig studiert hatte.

Theramenes II 93. III 59 Schüler des Sokrates, das bekannte Mitglied der Regierung der Dreißig, (Xen. Hell. II 3, 56) hauptsächlich auf Kritias' Betrieb zum Tode verurteilt, ἀνὴρ οὔτε εἰπεῖν οὔτε γνῶναι ἀδύνατος, Thuc. VIII 68.

Thessalia II 352.

Thoria lex II 284 so genannt vom Urheber desselben Sp. Thorius, Tribun zwischen den J. 121 u. 118*). Brut. 136 satis valuit in populari genere dicendi, is qui agrum publicum vitiosa et inutili lege vectigali levavit d. h. der das Gemeinland von einem nichtigen u. zwecklosen Gesetze (dem Sempronischen) vermittelst eines vectigal d. h. durch Einführung der Landrenten befreite. Appian. bell. civ. I 27 Σπούριος Θόριος δημαρχῶν εἰσηγήσατο νόμον, τὴν μὲν γῆν μηκέτι διανέμειν, ἀλλ᾽ εἶναι τῶν ἐχόντων καὶ φόρους ὑπὲρ αὐτῆς τῷ δήμῳ κατατίθεσθαι καὶ τάδε τὰ χρήματα χωρεῖν εἰς διανομάς· ὅπερ ἦν μέν τις τοῖς πένησι παρηγορία διὰ τὰς διανομάς, ὄφελος δ᾽ οὐδὲν εἰς πολυπληθίαν. Wie sich aus unserer Stelle schließen läßt, war durch das genannte Gesetz zugleich die Benutzung der Gemeinweiden (die Hut- und Weidegerechtigkeit) reguliert. In dieser Beziehung stand es jedem Bürger zu, eine bestimmte Zahl Groß- und Kleinvieh auf das Gemeinland zu treiben, ohne dafür dem Steuerpächter eine Vergütung zahlen zu müssen, während über die festgesetzte Anzahl hinaus die Benutzung des ager publicus nur gegen Erlegung eines Weidegelds für jedes Stück gestattet war. So lange jedoch das Vieh auf den öffentlichen Trift- oder Weidewegen (calles, jetzt tratturi) getrieben ward, durfte kein Weidegeld von demselben erhoben werden. Da aber die Winter- und Sommerweiden in Italien sehr weit von einander entfernt, und jene von den einen zu den andern führenden, mit Lager- und Weideplätzen versehenen Trift- oder Weidewege viele Meilen lang sind, so konnte die letzterwähnte Vergünstigung sehr mißbraucht werden, wenn sich die Hirten mit ihren Heerden auf diesen calles, die doch nur Übergangswege sein sollten, länger aufhielten als nötig war. Vielleicht war es nur eben ein solcher Mißbrauch der calles, den man auch dem Lucilius vorwarf, daß er nämlich sein Vieh zur Ersparung des Weidegeldes die öffentlichen tratturi (die mit ihren Lager- u. Weideplätzen agri publici waren) abweiden lasse. Dann ist liberum pecus, das sich nicht auf den calles nach den bestimmten Winter- oder Sommerweideplätzen treiben läßt, sondern auf dem Wege hier und da, wo es Lust hat, bleibt und weidet.

Thrasymachus III 59; 128 aus Kalchedon (Chalcedon), geb. um 455 v. Ch., lebte neben andern Sophisten als Lehrer der Philosophie und Beredsamkeit in Athen. Or. 39 Isocrates — ad voluptatem aurium scripserat. Haec tractasse Thrasymachum Calchedonium primum, et Leontinum ferunt Gorgiam, Theodorum inde Byzantium multosque alios, quos λογοδαιδάλους appellat in Phaedro (p. 266 E) Socrates.

Thucydides II 56; 93 aus Athen (geb. 471 gest. 396), angeblich der Schüler des attischen Redners Antiphon und des Philosophen Anaxagoras, jedenfalls von ihnen beeinflußt, wurde wegen der unglücklichen Expedition gegen Amphipolis, das von dem Lacedämonier Brasidas erobert war, verbannt und widmete sich in Thracien, wohin er auswanderte, ganz seiner Geschichte des peloponnesischen Krieges, mit deren Ausarbeitung er bis an seinen Tod beschäftigt war. Quint. X 1, 73 densus et brevis et semper instans sibi Th. — Brut. 287 Th. rerum gestarum pronuntiator sincerus et grandis etiam fuit: hoc forense concertatorium iudiciale non tractavit genus. Orationes autem quas interposuit — laudare soleo. Sein orator. Stil aber, dem — heißt es weiter — wie altem, feurigem Wein, das Milde und Liebliche fehle, sei eben wegen dieser Herbigkeit nicht unbedingt nachzuahmen.

Tibur II 224; 263.

---

*) (also verschieden von dem gleichfalls, aber unrichtig, gewöhnlich lex Thoria genannten Gesetz v. J. 111 v. Ch.).

Timaeus II 58 aus Tauromenium in Sicilien, der von 355—259 gelebt haben soll, hatte in mehreren größeren Werken, die er meist nach seiner Vertreibung aus Sicilien (wahrscheinlich 317), während seiner langen litterarischen Muße zu Athen (bis zum J. 267) verfaßte (besonders in seinem Hauptwerk 'Ιστορίαι von den ältesten Zeiten bis 264 v. Ch.), die ältere Geschichte von Italien und Sicilien, die Kriege des Pyrrhus und die Regierung des Agathokles in Syrakus behandelt. Seinem orator. Charakter nach gehörte er zu denen, die in der asiatischen Stilgattung schrieben, die Brut. 325 als *genus sententiosum et argutum, sententiis non tam gravibus et severis, quam concisis et venustis* charakterisiert wird. Er scheint in allem die rhetorische Manier des Theopompus noch überboten zu haben.

Timotheus III 139 aus Athen, der bekannte Sohn Konons (Corn. Nep. vit. Timoth.), im J. 378 mit Chabrias und Callistratus Anführer der gegen Sparta ausgerüsteten Flotte, starb kurz nach 354 in der Verbannung zu Chalcis. de off. I 116 T. Cononis filius, qui cum belli laude non inferior fuisset, quam pater, ad eam laudem doctrinae et ingenii gloriam adiecit.

Tisias I 91. Einl. I § 4, 15 und 17.
Sextus Titius II 48; 253; 265. III 88. Einl. I § 1, 118.
tragici veteres Graeci et Latini III 27.

Graeci:

Aeschylus geb. im Jahre 525 zu Eleusis, gest. zu Gela auf Sicilien 456. Quint. X 1, 66 *Tragoedias primus in lucem Aeschylus protulit, sublimis et gravis et grandiloquus.*

Sophocles geboren wahrscheinlich im J. 496 im Gau Kolonos bei Athen, gest. 405 'poeta quidem divinus'. Quint. X 1, 68 *gravitas et cothurnus et sonus Sophoclis sublimior* (quam Euripidis).

Euripides geb. der allgemeinen Sage nach auf Salamis am Tage des Sieges im J. 480, gest. 405, Quint. X 1, 68 *magis accedit oratorio generi et sententiis densus et in eis quae a sapientibus tradita sunt paene ipsis par, et dicendo ac respondendo cuilibet eorum, qui fuerunt in foro diserti, comparandus; in affectibus vero cum omnibus mirus, tum in eis, qui miseratione constant, facile praecipuus.*

Latini:

Ennius, Pacuvius, Accius (s. ind.). Or. 36 *Ennio* delector, ait quispiam, quod non discedit a communi more verborum; *Pacuvio,* inquit alius, omnes apud hunc *ornati elaboratique sunt versus,* multo apud alterum (sc. Ennium) neglegentius; fac alium *Accio:* varia enim sunt iudicia, ut in Graecis, nec facilis explicatio, *quae forma maxime excellat.* Quint. X 1, 97 Tragoediae scriptores veterum *Accius et Pacuvius* clarissimi gravitate sententiarum, verborum pondere, auctoritate personarum. Ceterum nitor et summa in excolendis operibus manus magis videri potest temporibus quam ipsis defuisse. *Virium* tamen *Accio* plus tribuitur; *Pacuvium* videri doctiorem, qui esse docti affectant, volunt. Hor. ep. II 1, 56.

Trinummus II 39 Titel einer Komödie des Plautus.

Q. Aelius Tubero II 311. III 87. Brut. 117 Et quoniam *Stoicorum* est facta mentio, Q. Aelius Tubero fuit illo tempore (der beiden Gracchen) L. Paulli nepos (er war der Sohn der Aemilia, der Schwester des jüngern Scipio) nullo in oratorum numero, sed vita severus et congruens cum ea disciplina, quam colebat, paullo etiam durior (er war ein Schüler des Panaetius); ut vita, sic oratione durus incultus horridus. Fuit autem constans civis et fortis et inprimis C. Graccho molestus, quod indicat Gracchi in eum oratio. Sunt etiam in Gracchum Tuberonis; is fuit mediocris in dicendo, *doctissimus in disputando* (infolge des eifrigen Studiums der stoischen Dialektik). Valer. Max. VII 5, 1; pro Muren. 75. Die laudatio funebris auf seinen mütterlichen Oheim machte ihm dessen vertrauter Freund

Laelius, der am ersten Scipios Lob verkündigen konnte, während der trockene Stoiker, der als nächster Verwandter die laudatio funebris zu halten hatte, dazu nicht imstande war.

Tusculanum I 24; 224; (265) in der reizenden Gegend von Tusculum, wo bekanntlich sehr viele vornehme Römer ihre Villen hatten.

Tuscum mare III 69.

Tutor II 259.

Tyndaridae II 352 die Dioskuren Castor und Pollux, Söhne des Tyndareus und der Leda.

U.

Ulixes, sapientissimus vir I 196. III 162.

V.

Valerius III 86, sonst nicht weiter bekannt.

Vargula II 244 u. 247 sonst nicht weiter bekannt.

Q. Varius, Einl. I § 11, 130.

P. Licinius Varus II 250 war im 2. punischen Krieg im J. 210 Curulädil mit L. Veturius (Liv. 27, 6) und zwei Jahre darauf Prätor (ibid. 22).

C. Velleius III 78 wahrscheinlich aus Lanuvium, Volkstribun im J. 90 v. Ch., galt für einen der ausgezeichnetsten Vertreter der epikureischen Philosophie unter den Römern, weshalb ihn Cicero unter den Personen seiner Schrift de natura deorum im 1. Buche eben als Sprecher der epikureischen Schule auftreten läßt. de nat. deor. I 15 offendi (Cottam) sedentem in exhedra et cum Velleio senatore disputantem, ad quem tum Epicurei primas ex *nostris* hominibus deferebant.

Q. Velocius III 86, sonst nicht weiter bekannt.

Vigellius III 78 (Schüler des Panaetius), sonst nicht weiter bekannt.

X.

Xenocrates III 62; 67. geb. 396 v. Ch. zu Chalcedon, gest. 314; trat auf den Wunsch des Speusippus noch bei dessen Lebzeiten als sein Nachfolger im Lehramt der Akademie ein, das er 25 Jahre lang verwaltete (s. Academia), 'severissimus philosophorum', so daß sein Wort an Eides Statt galt. Acad. II 143 cuius libri sunt *de ratione loquendi* multi et multum probati.

Xenophon aus Athen, II 58. III 139 der bekannte Verfasser der Hellenika, der Anabasis, Cyropädie und der Memorabilien seines Lehrers Sokrates, cuius sermo est ille quidem melle dulcior, sed a forensi strepitu remotissimus, Or. 32 und 62 Xenophontis voce Musas locutas ferunt, daher geradezu um der γλυκύτης τῆς ἑρμηνείας willen Ἀττικὴ Μοῦσα genannt. Dionys. Hal. ad Gn. Pomp. 4 p. 777.

Z.

Zethus Pacuvianus II 155. In der Antiopa des Pacuvius, die dem gleichnamigen Stück des Euripides nachgebildet war, traten die beiden ungleichen Zwillingsbrüder Zethus und Amphion, die Söhne der Antiope von Jupiter, gegen einander auf; Zethus wollte zunächst von seines Bruders Leierspiel nichts wissen — πιθοῦ· κέχρησ' ὅπλοισι καὶ ῥῖψον λύραν — 'quorum controversia de musica inducta est, disputatio in sapientiae rationem et virtutis utilitatem consumitur', ad Her. II 27, 43. Vgl. Hor. ep. I 18, 41 ff. Gratia sic fratrum geminorum, Amphionis atque Zethi dissiluit, donec suspecta severo Conticuit lyra. Fraternis cessisse putatur Moribus Amphion. Plat. Gorg. 485 E κινδυνεύω οὖν πεπονθέναι ὅπερ ὁ Ζῆθος πρὸς τὸν Ἀμφίονα ὁ Εὐριπίδου. καὶ γὰρ ἐμοὶ τοιαῦτ' ἄττα ἐπέρχεται πρός σε λέγειν, οἷά περ ἐκεῖνος πρὸς τὸν ἀδελφόν, ὅτι ἀμελεῖς, ὧν δεῖ σε ἐπιμελεῖσθαι, καὶ φύσιν ψυχῆς ὧδε γενναίαν μειρακιώδει τινὶ διαπρέπεις μορφώματι. Vgl. Nauck trag. Gr. fragm. p. 331

ἀλλ' ἐμοὶ πιθοῦ
παῦσαι μελῳδῶν, πολεμίων δ'
εὐμουσίαν
ἄσκει· τοιαῦτ' ἄειδε καὶ δόξεις
φρονεῖν

σκάπτων, ἀρῶν γῆν, ποιμνίοις ἐπι-
στατῶν,
ἄλλοις τὰ κομψὰ ταῦτ' ἀφεὶς
σοφίσματα,
ἐξ ὧν κενοῖσιν ἐγκατοικήσεις δό-
μοις.

Zeuxis III 26 aus Heraklea in Unteritalien. Seine Blüte (wie die seines Nebenbuhlers Parrhasios) fällt in die Zeiten des peloponnesischen Krieges und bis etwa 397 v. Ch. Unter seinen Gemälden waren: die Kentaurenfamilie, die Helena, die Penelope und die bekannten Trauben (von solcher Natürlichkeit, daß die Vögel darnach flogen) besonders berühmt. Großartige epische und historische Kompositionen der Art, wie Ilions Untergang oder die Unterwelt von Polygnot (Aglaophons Sohn), sind bei ihm nicht zu finden. Ebenso ging ihm das Ethos Polygnots ab; er war mehr auf das Malerische, auf die äußere Erscheinung der Dinge, auf Illusion gerichtet. Eben dies 'lenkte die Aufmerksamkeit des Künstlers von der höheren ethischen Bedeutung des Kunstwerkes ab und veranlaßte ihn, dafür in Darstellungen Erfolg zu suchen, welche durch eine gefällige äußere Anordnung, sowie durch eine geschickte Wahl des Moments und der Situationen anzogen und überraschten'. Übrigens wird an ihm sowohl die **Korrektheit der Umrisse**, als die sorgfältige **Mischung der Farben und richtige Schattengebung** gelobt.

Register zu den Anmerkungen.

A.

a, Präpos. *homo a magistro* II 28; *erat ab Aristotele* II 160; *profectus a* II 58; *a* = πρός, *hoc a me est* = spricht für mich I 55.

abditus schwer zugänglich II 84; vgl. I 12.

abhorrere abfallen, untüchtig sein II 85.

abicere nur so hinwerfen III 102; abweisen III 104; *se abicere in herba* I 28.

abiudicare streichen, für unbrauchbar erklären II 102.

absolutio perfectioque I 130.

absurdus mißtönend, taktlos I 185, widrig klingend III 41.

Ablativ des Mittels von Personen: *testibus refutare* II 2; ähnlich *oratio definitur eis ipsis viris* III 9. — Ablativus absolutus: *illo senatu* III 2; *hoc populo* II 4; *hac re publica* III 64. — Abl. abs. locker angeknüpft II 98. — Abl. qualitatis neben Adjektiv II 360; 266; I 185; — locker verwendet II 122; vgl. III 57.

ac (atque) I 4; 8; 63; und vielmehr I 213; II 177; *ac non* ohne *potius* u. nicht vielmehr II 134; *ac potius* II 74; 156; *ac tamen* I 148; *atque* korrigierend und spezialisierend III 132; und in Beziehung hierauf III 40.

accipere causam II 114.

acer scharf ausgeprägt II 358; *acerrime* mit besonderer Energie u. Lebendigkeit II 317; *acerrima cogitatio* ernstes Nachdenken III 17.

acies Wahlstatt I 147; 252; Gegensatz *pompa* II 94.

aculei scharfe Wendungen II 64.

ad hoc tempus II 5; III 66. —

ad annum übers Jahr III 92. — *ad aquas esse* = ins Bad gereist sein II 274.

addere maiorem sonum II 54.

adeo so recht, eigentlich II 15.

adhaerescere sich anschmiegen, haften III 37; I 258.

adhibere beibringen II 189.

adiudicare sich entschließen zu II 129.

adiumenta Hilfsmittel III 84.

admirari etwas auffallend finden II 12; tadelnd II 316.

admirationes Äußerungen des Staunens I 152.

adspersus angewürzt I 218.

adversus — *aversus* Wortspiel II 256.

aenigma III 167.

aequabilis in einem Guß dahinfließend (von der Aussprache) III 45.

aequabilitas für alle geltendes Recht II 209; Rechtsgefühl II 345.

aequalis gleichwertig III 31; *aequales et pares* III 55.

aequitas ac ius I 173.

(ex) aequo = im Senat III 23.

aestus wogender Drang III 145.

aetas Jugend und vorgerücktes Alter II 361; = Periode, *aetates* II 92; = Zeitgenossen I 40; 165.

affigere haften II 357.

affingere anschweißen III 36.

afflatus furoris Hauch von Inspiration II 194.

age vero I 51.

agere gestum II 233; *agere alias res* = ἀλλότρια III 51; *lege agere* I 167; 175; vgl. 218; *agere* u. *dicere* III 57.

aggredi sich neigen nach, richten auf III 63.

agitare geißeln II 229; durchziehen II 251.

agnoscere wiedererkennen II 362.
agrestis gemein II 10.
(ut) aiunt nach dem Sprichwort II 186.
album II 52.
alere = säugen II 123.
alienus locus für uneigentlich gebrauchte Ausdrücke III 149.
aliquando endlich I 133.
aliquid etwas Besonderes II 170.
alius — *et* III 66.
Allegorie II 261; III 166; 167.
altum d. hohe See III 145.
ambigendi natura III 111.
ambigue II 110.
ambigui genera II 255.
ambitionis labor III 7.
ambitus Periode III 186.
ambrosia II 234.
amentatus I 242.
amo te, Formel der Umgangssprache II 278.
amplitudo einflußreiche Stellung III 7.
amplus I 181.
An III 18.
Anakoluth III 3; 98.
angustiae Schwachwerden des Atems III 181.
animadvertere II 32; ins Auge fassen I 109.
animus Feuer II 73; *animi impetus fortissimus* d. höchste Drang der Leidenschaft III 31; *animorum iudicia* bewußtes Urteil III 192; *animo aequo* mit Befriedigung I 18.
annales Chronik II 52.
Anstand in der Ringschule erworben III 200.
Antithese III 3; 7.
Anwalt; Pflichten desselben II 101.
Apposition zu einem ganzen Satze II 79; statt eines Konzessivsatzes III 78.
ἀπροσδόκητον = *cum aliud exspectamus* II 27; 255.
aptus anschließend, sich offenbarend III 197; geschmackvoll abgerundet, harmonisch III 200; wohlgefügt, geschlossen II 34; *aptus verbis* II 56.
argumenti via II 152; *argumentorum loci* II 165 ff.; *argumentum* Beweis II 215; *argumenta ac rationes* Beweise u. deren Begründung II 80.

argutus = lebhaft III 220.
Aristoteles, Quelle des Cic. II 115; seiner Rhetorik 3. Buch s. III 141.
arripere erraffen, rasch aufgreifen II 255; 89; vgl. auch I 252; 242.
ars dicendi = Rhetorik II 160; *ars* Kunstlehre II 30; *ars* Theorie III 182; *ars et ratio* künstlerische Ausübung und Theorie III 26; *ars ludicra* II 84; *ars* in verschiedener Bedeutung II 120. — *artis imago* II 356. — *ars* System I 186; zu *ratio* ebd. u. 189; Systematisierkunst I 188. — *ars* = τέχνη, theoret. Handbuch: *scriptor artis* I 91; System *quasi in arte* I 99; II 157; 187; *ars definitur* der Begriff System wird definiert I 108. *artis loci* Beweisquellen, die das System an die Hand giebt I 151.
arte theoretisch II 216; kunstgerecht III 171; *in arte* schulmäßig II 48.
artes rhetorum rhetorische Systeme II 64; *artes ac rationes* Zweige von Kunst u. Theorie III 195. *artes* überh. I 5; *artes mediocres* u. *maximae* I 6; *reconditae* I 8; 10; *laudatae* I 9; Wissensgebiete, Wissenschaften I 44; 187; II 108.
articula u. *membra* κόμματα u. κῶλα III 186.
artifex Techniker in der Rhetorik, Theoretiker I 23; II 350; *artifex et magister* III 35; Verfasser von Lehrbüchern I 111; 145.
artificium Theorie, System II 50; künstliches System II 83; vgl. II 29; Kunstleistung III 83; kunstmäßige Ausarbeitung I 50; technisch-theoretische Kenntnis I 62; koll. Übungen, Kunstgriffe I 74; Kunstlehre I 93; 96; 146; (II 50; 83); Sachkenntnis I 239.
Asiatische Aussprache III 43.
asper σκληρός III 171.
asperitas contentionis (gcnet. explic.) das Herbe, das in der Kraftanstrengung liegt II 212; *asperitates rerum* I 3.
aspicere = merken I 161.
assequi II 69; schließlich erreichen, vorfinden II 84.
assiduus II 162.
astrictus u. *solutus numerus* III 175; *astrictus numeris* I 70

astricte u. *remissius* III 184.
at = anderseits II 193.
at enim ἀλλὰ γάρ III 47; 188.
Atqui nun aber, gleichwohl II 59; II 234. III 51; I 102; 129; 137.
attendere et aucupari (Hendiadyoin) II 256.
attingere II 362.
Attraktion II 132.
auctor Meister I 240; *auctor publici consilii* III 63.
auctore me I 54. III 54.
auctoritas Ansehen, Gediegenheit I 214. *auctoritates* Rechtsgutachten I 180; vgl. I 201.
anceps syllabarum I 236.
aucupari haschen nach, erlauern II 30.
audere = dreist aufzutreten wagen III 94.
audientia II 325.
audire = Kunde haben II 93; *male audire* II 277; *alqm.* = jm. lauschen III 51.
auferre II 216.
augere II 332.
Ausdrücke, der Architektensprache entlehnt III 171; 175.
Ausdruck bringen, zum echten oder geheuchelten III 215.
Auslassung von *se* II 142; III 18.
austerus einfach u. ernst III 103.
aversus vom Publikum abgekehrt III 221.

B.
balbus I 260.
beati II 144 = in seliger Ruhe III 64.
Begeisterung, aktive und passive = *inflammatio animorum* II 194.
belle II 253; *belle agitare* II 239.
Bewerbung um e. Wahl II 247.
bona dicta treffende Worte II 222.
boni cives u. *improbi* Optimaten u. Demokraten III 12.
bonus zum Segen gereichend III 139.
brevitas distincte concisa III 202.
brumale signum Zeichen des Steinbocks III 178.
Bühnenfreiheit in Athen III 138.

C.
cadere in II 5; *cadere causa* I 166.
caducus III 122.

calvus II 250.
campus Martius II 84,
capere zum Gefangenen machen II 187; vertragen II 334.
caput = Hauptabschnitt II 146; Inbegriff der bürgerlichen Rechte, Existenz als Staatsbürger I 181; *c. est* = Hauptsache II 337; Quelle, Ursprung II 117; *capita* Hauptgesichtspunkte II 130.
carmen magistri I 245.
catervae der Chor III 196.
cavernae navium III 180.
causa Stoff, Gegenstand, Vorwurf II 104; *c. imperii* Interesse des Reiches = äußere Politik I 159; Gegenstand der Erörterung II 153; *causae* Rechtsfälle; *c. anceps* II 186; *c. ambigendi* Streitpunkte, Streitfragen II 104.
cedere honeste III 32.
celebrare I 2.
celeritas Schlagfertigkeit II 220; *cel. et brevitas* I 17.
cenabis apud Form der Einladung II 246.
censeo ut II 290.
Censoren u. ihre Amtsbefugnis II 260; 367.
cera II 354.
certi nihil est III 67; vgl. I 222.
Ciceros eigene Anschauungen II 96; eigene Erfahrungen berührt III 6.
cincinni III 100.
citius = *potius* I 174.
civilis scientia = populär III 123.
clamator II 86; *clamatores* III 81.
clamores Beifall, Applaus I 152.
claudicare u. *clodicare* II 249.
clausulae Periodenschlüsse III 181.
clepsydra auch bei rhetor. Übungen III 138.
coagmentatus fest geschlossen, knapp gefugt III 171.
coercere in Strafe nehmen III 4.
cogitare alqd. I 18.
cognatio proxima III 27.
cognitio litterarum Sprachwissenschaft u. Litteraturkenntnis III 127; *c. rerum* philosophische Spekulation III 56; 141; *c.* theoretische Erkenntnis, Gegs. *prudentia* I 60.
colere; solum colere II 160.
collatio u. *imago* II 265.
colligere = wieder auf den Grundton bringen I 251.

collocatio angemessene Stellung, Ordnung III 171.
colorari gebräunt werden II 60.
comitatus est passivisch = ist begleitet, eingedämmt, bedingt III 23.
commendatio II 114; Vermittelung II 357; *commendatio probitatis* (genet. explic.) das Empfehlende, das in einer redlichen Gesinnung liegt II 211.
commentari sich üben III 86.
commentarioli Schulhefte I 5.
commentatio II 118; Vorbereitung I 150; vgl. 154.
comminatio u. *petitio* Angriff III 206.
commonere anleiten I 145.
commorari in re III 32.
commoratio ἐπιμονή III 202.
communicare cum I 66.
communis = trivial I 165; 213.
comparatus gestellt, in e. Lage gebracht III 32.
compilare II 268.
complecti erfassen III 24; 74; 75.
concedere das Feld räumen, nachstehen III 77.
concertatio verborum ieiuna unfruchtbares Wortgezänk II 68.
concessu omnium III 7.
concinnus gleichmäßig gegliedert III 100; *concinne* II 81.
concludere Schlüsse ziehen II 177; vgl. I 187.
conclusio verborum Periode II 34.
condere lustrum II 268.
conficere hominem verbrauchen I 78.
confirmare festigen, kräftigen in Bez. auf d. Lebensalter II 123.
conformare vollends ausstatten III 200; *orationem* I 17.
conformatio Formgebung, Darstellung II 357.
(se) conicere in versum sich aufs Versemachen verlegen III 194.
coniectis oculis mit durchbohrendem Blick II 225.
coniectus oculorum III 222.
coniunctus = untrennbar verbunden III 41; c. mit bloßem Ablat. I 17; 243; vgl. III 55.
connivens mit geschlossenen Augen III 221.
conscribere schriftstellerisch behandeln III 135.
consentaneus II 282.

consequi sich anschließen, ergeben III 106.
conservare = im Einklang gebrauchen III 40; beachten II 81.
considere schließen III 191.
consilium beratende Behörde, gesetzgebende Versammlung II 165; 333; III 2; *consilium* u. *consilia* III 3; c. Ratschluß, Vorsehung III 12; Richtung auf III 56; *c. publicum* I 211; *c. dare* II 35.
consistere festen Fuß fassen II 294.
conspersum esse floribus III 96.
consuetudo vitae = soziale Verhältnisse II 68; *c. senatoria* = Geschäftsordnung I 159; *c.* fortgehende Übung III 42.
constructio verborum I 17.
contentio actionis = kräftiger Vortrag II 214; feierliche Rede III 177; vgl. II 227; *c. ac dimicatio* politische Bestrebungen III 13; *c.* Steigerung des Tons III 227; *contentiones* I 261.
contentus energisch III 219.
contentius erregter, nachdrücklicher III 212.
continere zusammenfassen II 249; *se c.* sich Zwang auferlegen II 85; *contineri* umfassen II 30.
continuatio verborum Wortverbindung, Periodenbildung III 171; *c. verb. soluta* prosaische Periode III 186.
continuo ohne weiteres, unmittelbar III 143.
contra: contra quam deceat u. *c. quam possit* = über Vermögen II 86.
contrarie relata verba II 263.
contrectare an etw. rühren III 24.
controversia fast = *contentio* II 78.
contuens fixierend III 221.
conventum u. *pactum* II 100.
conversio e. abgerundetes Ganze III 186.
convertere umschlagen III 114.
copiosus II 75.
cor, Sitz des Verstandes III 61.
coronae bei Gastmählern II 250.
corpus = Persönlichkeit II 46; der äußere Mensch II 342.
cors II 263.
creare erzeugen II 123.
credo ironisch I 231. II 142.
crudelitas Hartherzigkeit II 197.
cuicuimodi (Genetiv) III 93.

cuius Neutrum = *cuius rei* III 36.
cum so oft *c. ind. perf.* II 24; Zeitbestimmung u. zugleich konzessiv II 21; *est cum, erat cum* mit Ind. u. Konj. I 1.
cumulatus II 17.
curare se sich pflegen III 230.
cursum tenere I 1.
cycnea vox Schwanengesang III 6.

D.

Dativus ethicus: ecce tibi exortus est II 94; Dativ beim Passivum = *a* mit d. Ablat. II 296.
de was anbetrifft II 3; *certare de* II 76; *de alqo audire* von, aus jem. Munde III 133; *de quo* in Beziehung worauf II 25.
debere schuldig bleiben, vorenthalten III 18.
decantare II 75; *decantatum habere* am Schnürchen haben II 140.
decerpere Eintrag thun II 229.
decet absol. I 130; 132; hat Schick, Anstand II 85; III 210.
declamator III 138.
declarare; non decl. = verschweigen I 178.
decreta II 100.
dedita opera auf Verabredung I 91.
dedocere von Vorurteilen abbringen II 72.
deducere herabdrücken, beschränken II 71.
defendere = Rechtfertigungsbeweis erbringen II 110.
definite = *in concreto* II 118.
Definition, wie sie sein muß II 108.
deformitas u. *vitium corporis* II 266; häßliche Manier I 156.
defugere sich losmachen II 233.
degustare I 223.
delabi = ungesucht hineingeraten III 125.
delectare befriedigen, erfüllen III 56.
delectatio = geistiger Genuß II 317; *del. desidiosa* Freude, die dem Müßigen zu Gebote steht III 88.
demonstrare darlegen II 330.
demonstratio Nachweis II 204.
demissus demütig II 182.
denique zusammenfassend, meist an zweiter Stelle II 46; schließlich II 131; kurz, mit einem Wort II 134; I 44; III 8; überhaupt erst II 346; vgl. II 76; II 251; *denique etiam* steigernd III 122.
denuntiare jurist. = die Zeugenschaft auferlegen III 144.
depascere stilo II 96.
deprecari III 9.
deprehensus I 207.
descendere = sich hingeben, herablassen II 22.
describere iura I 34; III 33.
descriptio I 222.
designare verbis in bezeichnende Worte fassen I 109.
desperare mit Infin. Präs. III 95.
deus = Ideal III 53; I 106.
devenire in hinabgelangen I 3.
dialectici II 111; III 58.
Dialektik II 157.
dicacitas II 218.
dicere in d. Rede anbringen, erwähnen II 102; *d. u. loqui* reden u. sprechen III 38; *dicendi ratio* = Beredsamkeit III 72.
dico hoc = ich meine das mit, verstehe unter III 58.
dictio: sermo II 270; = Darstellungsweise, Gebiet I 22; *d.* das Reden I 52; persönl. gebr. I 157.
digitus Zeigefinger II 188.
dignitas anständiges Äußere III 155; Ansehen, Stellung I 15; Wichtigkeit II 312; Ehre II 207; *dignitates rerum* u. *personarum* III 53.
digredi II 80; 311.
dilatare umschreiben II 109.
diligimus te in d. Umgangssprache II 362.
disceptatio reorum II 78; *disceptationes civium* privatrechtliche Streitigkeiten III 122.
discere studieren I 69; 94; II 4; *d. in foro* II 89; = in die Schule gehen III 86; *d. palaestram* I 73.
disciplina civitatis II 67; Verfassung I 3; 159.
discrepans abweichend vom Sprachgebrauch III 40.
discrepantia II 281.
discribere generatim II 142.
disertus u. *eloquens* I 94.
dispositus hier u. da verteilt III 96.
disserendi ratio Dialektik I 9.
dissimilitudo mangelnde Ähnlichkeit III 162.
dissimulatio Ironie II 269.
distinctus mit lauter Glanzpunk-

ten III 100; geschmückt, gefärbt I 218; *distincte* künstlerisch entfaltet III 53.
distinctio Politur II 366.
distinguere = heben, Glanz verleihen II 36.
distributio ac separatio partium Abzweigung, Gliederung III 132.
dividere II 80.
divinitas göttliche Meisterschaft II 362.
divinitus I 26; 227; II 127; III 4.
divisor bei Wahlen II 257.
docere = sich als Lehrer aufspielen II 29.
doctrina, usus, ingenium II 162; *d.* = Unterricht, Bildung u. s. w. II 1; *d. puerilis* III 48.
doctus kunstverständig I 69.
dolet I 230.
dolor etwas, das das Gefühl verletzt II 200; Affekt, Pathos II 73; III 96, vgl. I 53.
domesticus = οἰκεῖος II 38.
domi eius II 2.
dominum esse Entscheidung treffen II 72.
dubitatio noch unentschiedene Frage II 134; *d. infinita* II 78.
dudum vorhin, oben II 262; III 217.
dulcitudo III 91.
dumtaxat wenn mans genau nimmt, natürlich II 60; vgl. II 119; III 148; I 249.

E.

Ecce deutet Unerwartetes an II 203.
edere zum Besten geben, vortragen II 325.
edictum censoris III 93.
educere in die Welt führen II 124; 356.
efferre = anwenden, brauchen, laut werden, hören lassen III 40.
efferri II 327; begraben werden II 225.
effervescentia verba II 88.
efficere wirken III 215.
effingere = in ein Bild fassen II 354.
efflorescere I 20, II 319; III 185.
egregius ausbündig I 11.
eicere verwerfen I 146.
Einzelfälle u. Kategorien II 137.

εἴρων II 270.
Ekthlipsis (quibu') II 257; vgl. I 198.
elaborare mit Eifer u. Erfolg arbeiten III 135; streben u. leisten I 18; 22; 54; 252.
elatus II 158.
elegantia Geschmack in der Auswahl III 39.
elicere ad disputandum II 13; vgl. I 158.
eloquentiae princeps der erste in der Debatte III 63.
emblema vermiculatum III 171.
enim denn vielmehr II 134.
enucleatus ausgekernt, auf den Kern gehend III 32.
eo, Ablat. *instrum.* hierdurch, darum II 47.
Epexegese von *hoc* durch den folgenden Satz II 38; ähnlich II 39.
equum adimere II 287.
ergo in verwunderter Frage II 366; III 37.
Ersatz fehlender Attribute II 188.
cruditi homines II 138; I 5.
eruditissimus II 17; 58.
eruditio formale Bildung I 17.
esse in sich zeigen, gebieten über II 221; *esse sextantis* II 253; fehlt bei *velle* etc. II 246; *est ut* II 151.
esse leben bei bloßer Zeitangabe III 130.
et und doch II 249; und in der That III 185; *et — neque* II 281; *et non potius* I 102; II 134; III 144; vgl. *ac non*.
Ethos u. Pathos *sensus* u. *dolor* III 96.
ethologi II 242.
evertere II 161.
evitare vitam III 217.
evolare schnell emporsteigen II 209.
ex = zum Vorteil II 124; *ex superiore loco* = in der Volksversammlung; *ex inferiore loco* = vor Gericht III 23; *ex tempore* III 194.
excellere = vorzüglich anwendbar sein II 182.
excidere entschlüpfen = veröffentlicht werden I 5; das Aktiv dazu *efferre* I 111; 192.
excipere = *captare* II 32.
excitare I 245.
exclamare = laut Bravo rufen II 39.

exempla Analogien I 181.
exercitationes II 96.
exiliter exanimatus schwachatmig III 41.
eximere ex aerariis II 268.
exire zweideutig gebr. II 223.
existimare = *iudicare* II 3.
existimator Kritiker III 83.
exitus Ausgangspunkte II 312; *ex.* Ziel, Endzweck I 92.
expectorare III 154.
expedire entwickeln III 66.
expeditus rüstig, schneidig II 131.
explanatio illustris III 202.
explicare Anweisungen geben III 70; sich entwickeln III 103, vgl. I 155.
explicatus II 84; *explic. sententia e.* klar entwickeltes Gutachten II 35; *expl.* geschieden, abgesondert II 358; *explicate* entfaltet III 53.
expolire ausfeilen III 39.
expressus III 47.
exprimere II 184; III 15; zum Ausdruck bringen I 155.
exprobrare II 305.
expromere entfalten, bethätigen I 17.
exquirere methodisch untersuchen, darlegen II 33.
exspectatio Spannung III 18; 33; I 137; 180.
exsultare alqua re III 36.
extenuare u. inflare von d. Tonstärke III 102.
extenuatio III 202.
exulcerare = schlimmer machen II 303.

F.

fabella Anekdote II 240.
facere neu bilden II 36; wirklich ausüben I 31; künstlerisch gestalten I 63.
faces verborum III 4.
facetiae II 218.
facies = schönes Gesicht I 127.
facilis leicht zu erreichen II 90; leicht faßlich II 142; *facillime* am liebsten II 346.
facilitas Gutmütigkeit II 184.
factus neu gebildet III 154; *f. verbum* III 167; *f. oratio* III 184.
facultas n. *ars* = Praxis u. Theorie II 30; *fac.* = rednerische Tüchtigkeit II 128; *fac. rei* Verfügung über III 57.
familiaris zugänglich, umgänglich II 61; *fam. iocus* (Gemeingut) II 285.
fastidiose wählerisch I 118; 258.
fenum, Viehfutter II 233.
fere in d. Regel II 61; zumeist II 142; III 34; nachgestellt II 248.
ferre iudices II 263; *fers, quid fers* Frage an den Verkäufer II 286.
festivitas II 227; Lebendigkeit II 328.
festivus reizend III 100.
fictus eigens geschaffen zu I 115.
fides = Glaubwürdigkeit III 104.
filum Fadenschlag, Gang; im allgem. III 103; vgl. II 93.
fingere als plastischer Künstler bilden III 153.
finis I 154.
firmamenta causae II 331.
firmus ohne Anstoß, unbedenklich II 313.
fiunt für *faciuntur* III 154.
flexibilis schmiegsam III 217.
flexio III 98.
flos vitae glückliche Entfaltung III 12.
fluere einförmig dahinfließen III 190; *fluentes buccae* Hängebacken II 266.
fons et caput I 42; *fontes* III 123.
forma Konzinnität u. Gliederung zur Periode III 171. *formae u. corpora* III 358.
fornix II 267; *fornices caeli* III 162.
fortis energisch III 135.
fortunae bona II 342.
forum öffentliche Thätigkeit I 32; 35; III 86.
fraus Verirrung III 226.
frequens, Bedeutungen II 320; *frequens senatus* III 5.
frigidus II 256.
fucus III 100.
fugere mit d. Infin. III 153.
fundere nur so heraussprudeln III 175; 195.
Funktionen, drei des Redners III 23.
fur II 220.
furentes III 55.
furiosus fanatisch II 124.
furtim II 252.

fusus aus einem Guß II 159; *fusum atque tractum* = in einem Guß u. Zug II 64.
Futurum exactum: *si potuero* II 85.
fuvimus III 168.

G.

Gattungen der Rede, drei II 35; der Redekunst II 104.
Gegenbeweis II 203.
Gegensatz bei Vergleichungen ungenau I 15; 23; 197; II 4.
gemmare III 155.
Genetiv auf *i* bei Subst. auf *es* II 161; als Ersatz für ein nicht vorhandenes Adjektiv II 145; *gen. explic.* II 198; 211; 212; III 3.
genitales di III 154.
Genus: *g. iudiciale* u. *deliberativum* III 86; *g. infinitum* u. *certum* II 141; *finitum* u. *infinitum* II 65; *g. dicendi* Stilgattung III 34; II 213; *genera facetiarum* II 240; *genera prima* Hauptgattungen II 41; *genera* Hauptabschnitte I 190; *genera primarum et certarum rerum* = Gattungsbilder, Typen u. s. w. II 69; Kategorien: *generibus illustrare* nach Kategorien lichtvoll ordnen I 109; Gattungsbegriffe II 134; *genus* = Beziehung II 17; Gebiet II 44; 32; Gattungscharakter II 109; Beziehung, Punkt II 180; III 159; Abkunft, inneres Wesen (Gegensatz *species*) III 34; oratorische Eigentümlichkeit III 32; *g. universum* Allgemeinbegriff, abstrakte Frage III 107; *g. universum* Gesamtgebiet der Beredsamkeit I 22; III 25; *g. orationis* Ausdrucksweise I 18; *g. oratorum* Rednerzunft I 39; *genus quaestionis* Gattungsbegriff der Frage II 139; *genere ipso* seiner ganzen Natur nach II 306; *ipso g.* = wesentlich II 245; *genere dissimili* in verschiedener Beziehung, Richtung III 25; *hoc genere* in dieser Hinsicht I 58; *ex eodem gen. est* gehört in dieselbe Kategorie II 250; *genere* = im ganzen; im allgemeinen III 96.
generatim nach Kategorien I 58.
genere rem publ. III 2.
germani magistri II 160.
Geschichtschreibung u. ihre Methodologie II 62.

geschmackvoll = *plenus* III 51.
Gesichtssinn der schärfste III 160.
gestus omnis Aufwand von allem möglichen *gestus* II 225.
gloriose marktschreierisch prahlend II 31.
gradus sonorum Tonleiter III 227.
Graeculi homines I 47; 102; 221.
gratia parteiische Vorliebe, Begünstigung II 62; Höflichkeit II 89; Beliebtheit I 15.
gravis pathetisch, erhaben III 177; *graviter dicere* überzeugend I 75.
gravitas fester Sinn I 32; *gr. linguae* = schwere, plumpe Aussprache III 42.
Grenzgebiet zwischen Philosoph u. Redner III 109.
Grundzüge in äußerlicher u. innerlicher Hinsicht III 16.
gyrus III 70.
gymnasia I 56.

H.

habetis II 361.
habitare II 160; II 292; I 264.
habitus Figur u. Haltung III 199.
haerere in re III 31; fest wurzeln, kleben I 173.
haud sciam II 18; 72; 209
Hendiadyoin: *studium atque imitatio* = geflissentliche Nachahmung II 89; *effingere atque exprimere* = ein getreues Abbild geben II 90; *impressus atque inustus* II 189; *consumptus et exhaustus* III 102; *ars et praecepta* II 119; *conferre et convertere* sich vorzugsweise wenden III 120; *cernere et videre* mit leiblichen Augen III 161; vgl. I 17; 130; 173; 219; II 211; 279; 349; III 55; 60.
Herausnehmen eines neuen Verbalbegriffes aus einem vorhergehenden III 38.
hesterno die III 22.
hic der jetzige, noch blühende III 62; heutig, modern II 19; der also charakterisierte I 169; *hic* u. *ille* I 255.
hic bei dieser Gelegenheit III 3.
historia Geschichtschreibung II 62; geschichtliche Darstellung II 51.
Historiker, griechische II 53.
hiulcus stockend (Aussprache) III 45; vgl. III 171.

homo histrio II 193.
honestas innerliche Vortrefflichkeit, edler Inhalt III 125.
honores habiti II 347.
horridus spröde III 51.
humanitatis est es ist menschlich III 230; *humanitas* Artigkeit, feine Art u. Benehmen I 27; Menschentum I 53; Gegens. *inhumanitas* I 99.
humi strati = im Banne irdischer Beschränkung III 22.
humilitas I 228.

I.

iam beim letzten Gliede: nun endlich II 211; vgl. II 215; I 218; *iam vero* I 8.
Ideal in abstraktem u. konkretem Sinne III 71; vgl. I 106.
igitur nun in Wirklichkeit III 111; dann auch, z. B., also I 175.
ignari I 133.
ignotus (Doppelsinn) II 180.
ille als Artikel II 193.
illa = dem griech. Artikel τὰ τῶν III 161.
illigati befangen, verknotet II 61.
illustrare II 121; *ius* rechte Licht setzen II 55; *generibus ill.* I 109; *ornate ill.* II 143; *ill.* III 144.
imagines Schildereien II 266.
imitatio depravata II 242.
imitator II 219.
imminens III 219.
impellere III 55.
imperare cenam II 28.
imperiti Laien III 151; *imperitorum intellegentia sensusque* I 12; vgl. *paterfamilias* I 132.
impolitus = ungestählt II 133.
importunitas I 230.
importunus III 18.
impressiones III 185.
imprudentia das Unvorhergesehene, Unbeabsichtigte III 158.
impudens rücksichtslos III 18.
impudentia I 102.
impunitus I 226.
in mit verbaler Kraft, *in des Resultats* II 266. *in iudicium vocare* III 32; *in oratione* im Verlaufe der Darstellung III 53; *in numero aliquo esse* III 33; *in numero nullo esse* III 213; *in potestate esse* im Dienste stehen II 167; *in quoque* in jeglicher Hinsicht II 313.
inauditus noch nicht gehört II 82.
incidere zusammentreffen mit II 254; *inc. in* zufällig geraten I 3; *inc.* einschneidend stören, abthun II 366.
incitare in raschen Gang bringen III 226.
incitatio gravitatis III 219; *incitatio* Schwung I 161.
inclinare II 187.
incognitus ohne instruiert zu sein II 101.
incohatus unfertig I 5.
incommodum Last, Servitut I 178.
incomptus I 234.
inconcinnus unbequem II 17.
inconditus nicht kunstgerecht, formlos III 173.
incumbere sich neigen III 55; *inc. iam inclinato* II 324.
incunabula doctrinae I 23.
incurrere ins Spiel kommen II 139.
Individualitäten III 28.
ineptiae Geschmacklosigkeiten II 18.
ineptus taktlos u. s. w. II 13; 17; III 84.
inertia II 101.
infamare II 209.
infantia Gegenteil von *eloquentia* III 142.
infirmare (argumenta) II 331.
Infinitiv *praes.* statt *perf.* II 14.
infitiatio Verdrehung II 105.
infitiator I 168.
inflexio laterum III 220.
influere u. *inflare* II 212.
infringere verstümmeln III 186; *infr. et debilitare* I 24.
infucatus geschminkt III 100.
ingenium Temperament I 115.
Inhaber, Träger *is in quo illa sunt* III 168.
iniquus unbequem u. pflichtvergessen II 285.
initia, ἀρχαί II 328.
innuptae nuptiae III 219.
inopia Mangel an Stoff, ohne Einsicht III 110.
inops quidam = e. wahrer Bettler II 40.
insidere schweben, thronen über III 199.
insidiari I 136.

insignis auffallend II 90.
insignite atque aspere treffend u. scharf II 349.
insignitus charakteristisch II 358.
insinuare ohne *se* II 149.
insistere Halt machen III 190; vgl. III 176.
insolentia peregrina das Unheimische III 44.
instans das Vorliegende, Drohende II 105.
instituere sich einlassen auf I 111.
instituta sententia = Vorsatz u. Plan III 177.
instructus Forschung III 23.
instrumentum Rüstzeug II 146; Handwerkszeug III 92; Ausrüstung I 165; *instr. oratoris* II 366.
integer unbefangen II 187; gesund, ungeschminkt II 188.
intellegere Einsicht gewinnen II 2; *intellegi volo* = ich meine III 155.
intendere algo II 89.
intentus ac vehemens II 211.
interclusio Ausgehen d. Atems III 181.
interior est = näher berührt uns II 209.
interpuncta Lücken II 177; Interpunktionspausen III 181; *interpunctae clausulae* III 173.
interrogare zur Rede stellen, interpellieren II 301.
interspiratio III 173.
intercalla aequalia III 185.
intervenire II 14.
intimus auf den Grund gehend, erschöpfend I 96.
inventa Sätze II 160.
inversio (Ironie) II 261.
invertere II 262.
invidere ungnädig sein II 185; vgl. II 228.
invidia ardens III 8.
iocus munterer Scherz u. Witz II 216.
ipse mit eigenen Augen II 193; an sich schon II 199; von selbst III 182; *ipsi Athenienses* die geborenen Athener III 42; *ipsus* für *ipse* III 217.
iracundia Zornesausbruch II 203.
Ironie II 261; 269.
irruere e. plumpen Angriff machen II 301.
isti die griech. Theoretiker II 117; *iste, vester iste* I 44.

ita mit der Beschränkung II 159; rekapitulierend II 30.
iter disputationis II 234.
iubere legem I 60.
iucundus erhebend III 56.
iucunditas in homine ansprechende, gefällige Art I 27.
iudicem ferre II 285.
iudicio aus Grundsatz II 10; mit Absicht III 110; *iudicio animi* grundsätzlich III 59.
iudicium animi mei meine Herzensüberzeugung II 363; *iud.* bewußte Überlegung I 142; *iud. u. lis* II 99.
juristische Ausdrücke III 110.
ius imaginum II 225.
ius das geheischte, *iudicium* das erteilte Recht III 110; *in iure* an offizieller Gerichtsstätte I 42; 48; 173; *ius* Gebiet, Kompetenz I 70; Selbständigkeit I 226.
iustus ordentlich I 191; 194.

K.

Kanon griechischer und römischer Reden III 28.
Karrikatur II 242.
Katachresis *abusio* III 169.
Kompliment wird abgeschwächt II 152.
Konjunktiv durch einen andern Konj. bedingt III 1; der Angleichung II 15; 126; bei subjektiv gefärbter Darstellung III 1; 16; *potentialis* der Vergangenheit III 165; b. wiederholter Handlung in d. Vergangenheit III 60; bei *qui* konzessiv III 16; Präs. statt Imperf. II 348; Plusquamperf. III 8.
Konstruktion, lockere II 135.

L.

labor forensis I 1.
laborare II 73.
laetus üppig, blühend I 81.
lapsus Gelegenheit z. Straucheln; *populares l.* ... der Öffentlichkeit II 339.
latera starke Brust, Lunge I 114.
Latini = Römer in der Provinz III 43.
latitudo verborum = breite Aussprache II 91.
latrare III 138; II 220.

latus von der breiten Aussprache III 46.
laudationes II 65; 43.
laus auszeichnende Eigenschaft, Vortrefflichkeit II 341. vgl. III 53; Beifallswürdigkeit III 224.
Lebenstage II 270.
lectores Subalternen vor Gericht II 223.
lectulus für die Siesta III 17.
lectus gewählt III 150.
lenitas Gelassenheit, Objektivität II 64.
lepos I 17; *lepos et facetiae* II 219; vgl. III 138.
lēvis glatt III 172; *lĕvis* bedeutungslos I 18.
levitas Glätte III 201.
libare I 159; 218.
libelli; in lib. = in der Bücherwelt I 105.
liber unbeschränkt II 67; *libera* gestattete, *liberiora* eher gestattete Wendungen III 153.
liberalis mit edlem Anstand III 96; vgl. II 252; edelgesinnt II 124.
libertas persönliche Freiheit III 4.
librariorum notae III 173.
libri; in libris auf d. Papier I 224; 252.
licet mit Passiv u. Aktiv III 27; *lic. contra leges* II 132.
limare wegfeilen III 36.
lineamenta I 187.
lis u. iudicium II 99.
Litotes: *non nolle* verstärkt den Begriff nicht immer II 75.
litterae = Lektüre III 39; 42; das Schreiben III 131; *litterae doctrinaque* III 38; *litteras tractare* = Philologie treiben III 132.
litterate II 253.
Lob der Redekunst II 33.
locus Partie, Gebiet I 2; II 102; *loci* Kategorien, Fundgebiete II 118; *l. oratoris* II 134; vgl. 146; 291; 321; Hauptpunkte, Kapitel I 54; 69; III 16; Fundstätten, Quellen II 208; Beweiskategorien I 141; II 162.
loco an rechter Stelle III 153.
ludere = beißend durchführen II 222; Gegens. zu *pugnare* II 84.
ludus Schule III 35.
lumina = Lichtverhältnisse I 179.
lumina sententiarum III 202—205.
lumina verborum III 206—208.
lustrum condere I 183.

M.

machinatio II 72.
magister Fechtmeister III 86.
magnitudines Umfangs-, Gebietsverhältnisse III 132.
magnum est II 91.
male olens II 249.
Malerei praktisch u. theoretisch III 26.
Malfarben der Alten III 98.
malum vitiumque causae der wunde Punkt, die Schwäche einer Sache II 292.
manare III 62.
mancipium I 178.
mandare libro schriftlich aufzeichnen III 1.
manus lavare vor der Mahlzeit II 246.
Marktschreierei II 153.
Mars belli III 167.
Maß der rhythmischen Glieder in d. Periode III 186.
materies Holz II 88.
meae lacrimae unterschieden von *lacrimae meae* II 196.
medio in spatio III 7; *in med. positum* = zur allg. Verfügung, allg. zugänglich I 12.
mediocres = gewöhnl. Publikum I 94.
mediocritas III 33; goldene Mittelstraße III 199.
meditari üben I 147.
meditatus II 246; *act.* II 325; vgl. I 257.
Mehrzahl der Anwälte bei einer Sache II 313.
mendaciunculis aspergere II 241.
mens Geist, Seele I 196. *mentes* Willen II 310; Empfindungen III 197.
meri principes wahre Fürsten, Koryphäen II 94.
Metapher II 261; fehlerhafte III 162.
metiri messen nach, beziehen, gründen auf III 62.
Metonymie III 167.
ministrator II 305.
miscere I 220.
Mischung verschiedener Satzformen III 3.

40*

misericordia II 211.

Mnemonik, antike u. moderne II 361.

moderari nach dem allgemeinen Modus einrichten III 40; III 53; stimmen II 72.

moderatio vocis Modulation III 174; *mod.* maßvoller Gebrauch: *oris et motus* I 18; vgl. I 254; II 34; III 184.

moderatus II 34.

modo II 53; gerade noch I 179.

modus Klang- u. Tonweise III 41; rhythmische Bewegung III 171; *modos facere* komponieren III 102. Möglichkeit beifallswert vorzutragen III 224.

molestus zudringlich II 13; *molestum esse* II 259; drängend I 134; II 85.

molestia gedrückte Stimmung III 219.

momentum Gewicht I 142; II 319.

monita Winke II 175.

monoton III 219.

Monolog III 23.

mordax II 240.

Mordtag, *dies Cinnae* III 10.

mores et instituta Sitten u. Grundsätze II 182; *moreshominum* menschliches Thun u. Treiben II 67; *mores ac rationes* I 219; *mores* Eigenarten II 251; *mos maiorum* III 74.

mulsum frigidum II 282.

multus sum II 17; vgl. II 358; *multum* beim Komparativ III 92.

munitio Wegbahnung II 320.

munus Aufgabe II 62.

musikalische Kunstausdrücke III 216.

Muße, gegebene u. geschaffene III 57.

mutuari III 72.

N.

Nachahmung des Schülers, hat nicht auf das Äußerliche zu gehen II 91; Art u. Bedeutung der Nachahmung II 92.

Nachsatz positiv gewendet III 144.

nam in der *occupatio* II 25; 43, vgl. I 246.

narrare II 326.

narratio = witzige Erzählung II 240; *narrationes apologorum* Fabelerzählungen II 264.

nasci anheben III 191.

natura Entstehungs- und Entwickelungsgesetz III 111; *natura u. naturae* I 67; *naturae rerum* Sinnenwelt III 26; *natura u. mores* Wesen u. Charakter II 68; *natura, studium, exercitatio* II 232.

navare II 26.

ne — quidem II 19; III 167.

negare II 105; absol. = abschlägige Antwort erteilen I 99.

nempe I 175; 244.

nervi forenses An- u. Abspannung in der Öffentlichkeit III 80.

nescio quis verächtlich III 93.

nihil addo in d. Auktionssprache u. a. II 255; *nihil ad* II 25; *nihil certum* u. *nihil certi* I 222.

nitidus geschmeidig III 51; vgl. I 81.

nobilior — mobilior Wortspiel II 256.

noemum II 39.

non berichtigend = und nicht vielmehr I 37.

nostri, hi nostri ironisch II 111.

nota Gepräge = χαρακτήρ III 115.

notare II 32; 66.

novare u. *iterare* vom Acker II 131.

numerus Rhythmus I 152; 187.

nunc = nunc vero nun aber II 189.

nuncupare u. *fari* III 153.

nutus Centripetalkraft III 178.

O.

obruere in Vergessenheit bringen II 292.

obscurus unübersichtlich I 190.

obsequi studio nachgeben I 3.

obstrepere in dicendo III 51.

obtinere konservieren III 224.

occupare zuvorkommen I 190.

occurrere II 221; vgl. III 191; *occurrere atque incidere* II 147; sich aufdrängen, auffallen, einleuchten II 130; III 34; bei Subst. des Schädigens = abhelfen, heilen II 313.

oculi III 221.

odiosus kleinlich III 51; *odiosae res* II 236.

offendere III 44; vgl. I 259.

offensio feindselige Stimmung II 208.

officere I 179.

officina bildlich gebraucht II 57.

officium Obliegenheit II 64.
olere ceram u. *crocum* nach natürlichem Wachsgeruch u. nach Krokusparfüm duften III 99.
omnis res, de o. re im allgemeinen II 75.
opera dedita absichtlich III 193.
operarius I 263.
opes Mittel, Reichtum, Einfluß I 15.
Opfer, der Periodisierung gebracht; (Anakoluth) II 217.
opinio Verdacht I 125, *opinione* = vermeintlich II 210; *opinione maior* II 101.
oppido (adv.) II 259.
optare mit Acc. u. inf. I 87.
opus II 40; Lebensaufgabe III 58; *opus esse* entgegenges. dem *necesse esse* II 43; *op. est* II 326; *op. non est* II 296.
oratio stilist. Darstellung I 144; III 147; Sprechweise II 88; Gesamtausdruck III 167; sprachl. Darstellung, Prosa III 100; 153; *or. soluta* Prosa III 184; *or. perpetua* III 201; *plenior* III 212; *civilis* politische Rede III 109; *or. tua est* = du verstehst zu gestalten III 51.
orator Sprecher I 202; *or. ist vir bonus* II 85; *orator* im Gegensatz zu *rhetor* III 54; *oratores* = wahre Redner III 122.
orbis verborum III 198.
ordo u. *collocatio* geschieden II 307.
ornare zur Verschönerung beitragen II 263.
ornate dicere das Verdienst des Crassus II 121; III 33; 171; 198.
ornatus sprachliche Fassung III 23.
os Zuversicht, Miene, Stirn, Dreistigkeit I 175; II 29.
ostendere andeuten, vermuten lassen II 348.
ostium u. *ianua* II 276.
otium Graecum II 139; *otii fructus* II 22.

P.

pacare II 33.
pacta conventa II 100.
paenitet memet mei bin mit mir selbst unzufrieden III 32.
Päon (Versfuß) III 183.

palaestra III 83.
par gleichen Ranges od. Standes II 209.
Paronomasie II 86.
pars = species u. *forma* II 83.
Parteilichkeit für und gegen II 62.
partes Arten, *genera* Gattungen II 289; vgl. I 109; Unterabteilungen, *partibus distribuere* I 109; 189; II 32; Partien, Seiten II 311.
partim eorum II 94; 308; III 106.
partitio — διαίρεσις II 165.
Partizipia Präs. mit dem *Genet.* II 184.
Passivum, fehlendes ersetzt: *fabricationem habere* III 167; vgl. 38.
patefacere erschließen III 210.
pater familias der erste beste Laie I 132; 159.
pati von selbst zugeben II 74.
patiens et lentus gelassen, phlegmatisch II 279; 305.
patrimonium dignitatis (genet. explicat.) III 3.
pavimentum III 171.
paucitas I 189; II 145.
peragrare I 222.
percontari II 287; vgl. I 101.
percursio III 202.
percursum habere im Überblick haben II 140.
percussio Taktschlag durch Aufstampfen III 182.
perinde ut III 74; *p. sunt* III 213.
Perioden der griechischen Beredsamkeit II 93.
perite zweckmäßig II 81.
permotio mentis II 178.
perorare causam II 124.
perpetuitas = abgerundete Periode III 190.
perpetuus; in perpetuis orationibus im ganzen Verlauf von II 310.
perpolire II 54; 121.
perridiculus II 76.
persequi praktisch durchführen III 188; I 212.
perscriptio I 250.
persona gravissima = von Gewicht, Einfluß II 333. *personam tenere* = Rolle spielen III 54.
personatus III 221.
pertinere, Bedeutung II 310; *p. alqo* u. *intueri alqm* III 123.
pertractare I 222.
pertractatus II 146.

perturbatus verwirrt III 40.
pervenire ad = sich erheben II 30.
pes Lenktau des Segels III 159.
petere exempla, nicht *repetere* III 137; *petere* Zahlung fordern I 168.
philosophische Fragen vor das Forum des Redners II 104.
Philosophen u. Meere III 69; Ph. u. Rhetor sind die Lehrer der Staatsmänner III 139.
Philosophie u. Beredsamkeit zu verbinden III 77; 74; 109.
Phraseologisches Subst. *illud* der Vorteil II 305.
pictura das Zeichnen I 73.
pignus III 4.
pila Ballspiel III 58.
pistrinum II 144.
Planeten III 178.
plenus vollwertig II 312.
Plural v. Eigennamen: *Phormiones* II 77.
Polemik gegen die Griechen II 17.
politici III 109.
polliceri = von Fach sein II 235.
pompa II 294; Gegens. zu *acies* II 94; Gepränge III 177.
pondus, pondera verborum II 72.
ponere I 65; 149; II 2; 41; 152; bei Begriffsbestimmungen II 248; *p. causam* II 331; e. Thema stellen II 117; *p.* = *deponere* III 46.
porro gestellt I 32.
posse fähig sein, absol. I 130.
potestas statuendi entscheidende Gewalt II 70.
praeconium II 86.
Prägnanz des Substant. *vox* wohllautende Stimme III 224; *auribus* durch das Gesetz, das im Ohre liegt III 185; von Verben: *fugere* ohne Stillstand *errare* ohne Weg und Steg III 184; *fluere* einförmig dahinfließen III 190; vgl. III 171; II 240.
praemunitio II 304.
praemunitus vorn gedeckt III 32.
praesens ac sedens II 196; *in rem praesentem venire* zur Besichtigung an Ort u. Stelle I 250.
praeposterum = mit Fehlern gegen den Tempusgebrauch III 40; *praepostera tempora* III 49.
praesidium militum = militärisches Macht- u. Schutzmittel II 335; allg. Schutz- u. Trutzmittel, Gaben I 38.
praestantia dignitatis Vorzüge der Stellung II 209.
praestare einstehen für II 124; aufkommen, einstehen I 113; Hervorragendes leisten III 135.
praeter exspectationem II 284.
praetexere II 317.
Praxis u. Theorie II 30.
pressus oris Mundstellung III 43.
pressus II 56; gedrängt II 96; vgl. III 45.
primas concedere II 147; *dare* III 213.
primum = *inprimis* I 196.
principia II 310; 315.
pro rein im Interesse II 198.
probare in günstiges Licht stellen II 182.
procudere III 121.
productus III 49.
profiteri = sich zur Aufgabe machen II 36; *studium* I 10; vgl. III 22; *profiteor* es ist mein Beruf III 54.
profluens II 159.
profundere II 88.
proles u. *suboles* für *liberi* III 153.
promere sc. argumenta II 131.
promittere ad alqm = Jm. zusagen II 27.
propendere II 129.
properare I 166.
proponere II 80.
propositum Obersatz II 215.
proprie et copiose richtig u. erschöpfend II 349; *pr.* eigens I 73; treffend II 59; ohne Anwendung v. Metaphern III 49.
proprius causarum = sachlich II 315; *proprio nomine* im eigentlichen, prägnanten Sinne II 222.
prudens sachkundig I 44; *prudentes* II 275.
prudentia praktische Einsicht II 1; sachkundiges Wissen II 11; Erfahrung I 60; 197; Takt III 212; *prud. et acumen* eindringende Schärfe III 60.
puberes baden nicht *cum parentibus* II 224.
publici commentarii veröffentlichte II 224.
puer Lakai II 247.
puerilis = für ABC-Schützen II 108.

pulchellus puer II 262.
pulli III 81.
putidus affektiert III 41.

Q.

quadrare genau gliedern III 175.
quae dici oportet = Stoff III 19.
quaerere um etwas in Verlegenheit sein II 70.
(locus) quaerendi od. *quaestionis* II 237.
quaesitor Untersuchungsrichter II 244.
quaestio peinliche Untersuchung, Folter II 116; Gebiet der Untersuchung II 138; *qu. finita* u. *infinita* II 133; 134.
quaestiuncula I 102; 198.
quaestus calumniae II 226.
quale, Status der *qualitas* II 112.
quam wie wenig II 180.
quasi annähernd, eine Art von II 32; *quasi vero* II 232.
que an e. Präposit. gehängt I 2.
Quellen, ursprüngliche u. abgeleitete III 23.
quemadmodum II 73; *ornari quemadmodum oportet* Stilisierung, sprachlicher Ausdruck III 19.
Quid igitur, Fragen mit II 231; *quid vos inter vos* II 295; *quid ergo est* II 60.
quid vocetur s. Statuslehre II 105.
quidam steigernd I 14; 91; 116; II 32; 298.
quidem hervorhebend II 119; enklitisch III 51.
quietus neutral II 187.
quin = *quidni* II 249; vgl. II 127.
quinquennalis ludorum celebritas III 127.
quippe begreiflicher Weise II 218.
quod nicht auf vorausgehendes Demonstrativ bezogen II 2.
quodam modo = in ganz bestimmter Form III 37; gehörig III 171.

R.

rapere raffen, ἁρπάζειν III 163.
raro hin u. wieder III 153.
ratio I 5; Charakter II 92; wissenschaftliche Bildung, wiss. methodisches Denken II 147; Theorie II 160; Verhältnis, Wesen, Natur II 209; vgl. II 331; Verstandesthätigkeit III 21; Betrachtungsweise, *haec ratio* solche Auffassung III 21; theoret. Beobachtung u. Unterweisung III 42; wissenschaftliche, philosophische Bildung III 80; Vorschrift III 191; *r.* gegensätzlich zu *exercitatio*, τέχνη u. ἄσκησις II 70; *r. dicendi* I 12; Planmäßigkeit in d. Rede II 141; *r. disserendi* I 9; *rationis totius ignari* aller theoret. Erkenntnis bar I 14; *ratio vitae* Lebensführung I 42; *r. rerum* = *res* II 47; *r. rerum* Wesen des Stoffes, *r. verborum* Wesen der Darstellung II 63; *ratio rei publicae* Ordnung des polit. Lebens II 68; *r. veritatis* Umschreibung f. *veritas* I 229; *ratio* Fach, Gebiet I 49; *r. et natura* System u. inneres Wesen; *ratio ac via* I 87; *r. atque doctrina* Einsicht u. Unterweisung II 37; *r. et doctrina* streng logische u. wissenschaftliche Regel II 108; *r.* u. *ars* II 217; *r. et copia* theoret. Befähigung u. Fülle III 107; *ratione* methodisch II 116; mit Verstand, berechneter Weise III 169; *ratione nulla* ohne Methode II 32; *rationes* Ziele u. Gesetze II 128; *rationes* II 74.
rebar für *existimabam* III 153.
recipere jurist. Ausdruck II 226; bei Kontrakten u. Urkunden I 179.
recitare II 173.
reclamare III 196.
reconditus II 79.
recte factum d. i. Status *iuridicialis* II 113. *recte* logisch richtig II 158.
rector I 211.
recuperare III 110.
Redeweise des geselligen Verkehrs II 13.
Redner u. Staatsmann III 59; Redner u. Philosoph III 59 f.; Redner muß auch *recte facere* III 57; vgl. 59.
redundantia verba II 88.
referre alqo = gestalten nach II 114; 117. I 145; *referre alqo* Gesichtspunkt, Maßstab II 233; wiedergeben III 1.
refertus absol. gebr. I 86; 161.
Reflexiv frei verwendet II 196; vgl. II 273.

refricare animos II 199.
regiones Bezirk, Reviere II 147.
Relativsatz an den vorausgehenden Personennamen statt an d. Demonstrativ angeschlossen III 184; Relativsätze ohne Verbindung II 2.
religio Gewissenspflicht II 367; *religiones* Bedenklichkeiten I 31.
relinquere causam II 305.
remisse ruhig, gelassen III 30.
remissio lenitatis (genet. explic.) das Weiche, das in der milden Ausdrucksweise liegt II 212; *remissio* d. Herabgehen des Tones III 227.
renuntiare alicui Jm. Fehde ansagen I 230.
res Inhalt I 20; *si res non subest* I 50; Sachverhalt *res et veritas* I 77; Praxis I 78; *res* im Plur. Praxis, Gegens. *artes* Theorien I 80; *res publica* Staat u. Staatsleitung III 3; *rei p. dignitas* Ansehen in d. Staatsleitung III 7; *res p.* Lage des Staates, politische Verhältnisse I 1; *in optima re p.*; *universa res p.* I 26; *res maximae* Staatswesen u. -leben, Politik III 109; vgl. II 35; III 138; *res maximae et plurimae* Gebiete III 121; *res et verba* = Inhalt u. Form III 120; III 19; III 142; *res et sententiae* II 145; *res iudicatae* Präjudizien II 116; *res aliae* heterogene Dinge III 161; *res forenses* aus dem Leben III 107; *res* Aufgaben, Mittel II 128; *rerum copia* III 125.
respondere pro alqo II 27; *resp.* sich als gegenwärtig melden III 191.
responsa II 100.
reprehendere widerlegen II 215; outrieren II 109.
reprehensio = *refutatio* II 331.
retexere II 158.
reus II 78; 183; *rei* II 321; die Beteiligten II 116; III 109.
revocari sich wegnehmen lassen II 88.
revolvi II 130.
Rhetoren, griechische u. ihre Marktschreierei II 28; griechische und lateinische II 94.
rhetor II 10; 57.
Rhetoriker umschrieben III 54.
rhetoricus II 10; III 122.

ῥητορικώτερος mit Ekthlipsis III 171.
rhythmici die rhythmischen Techniker III 190.
Rhythmus, orator. entstanden III 185.
ridetur = es giebt zu lachen II 217.
ridicula II 217.
rivi u. fontes III 23.
rivuli Rinnsale II 117.
Römisches von Cic. überschätzt III 95.
rubor II 242.
rudes Rappiere III 87.
rudis ohne Durcharbeitung I 5.
rumpere von Testamenten I 241.
rusticari II 22.
rustici III 155.
(in) rutis et caesis II 226.

S.

Sachwitz, Arten desselben II 289.
salsa II 217.
sanctus sittlich ernst I 229.
sane mit Negation I 4; ohne I 235.
sanguen für *sanguis* III 218.
sapiens urteilsfähig III 3.
sat bonus ziemlich III 84.
satis facere in re III 83.
satietas aurium III 32.
scena öffentliche Aufführung III 177. *in scenam afferre* ins Publikum bringen III 162.
Schauspieler u. Redner in Gegensatz III 215; vgl. II 193.
Scheidung zwischen Redner u. Philosoph III 72.
Schild, weggeworfen II 294.
schola Zunft; *homo de schola* II 28.
Schreiben ist die beste Übung für den Redner II 96.
Schwerfälligkeit des Latein III 97.
scienter sachkundig II 59.
scientia I 7; 10; *sc. litterarum* = eindringendes Studium III 39.
scientiam rerum complexus im Besitze umfassender Sachkenntnis III 55.
scire = die Theorie inne haben III 70; *scire* und *discere* (*didicisse*) bei den Alten III 135.
scriptitare II 97.
scriptor, sc. *artis* Techniker, rhetor. Theoretiker II 65; III 70.

secludere abschätzen II 162.
sectari III 51.
sed den unterbrochenen Gedanken wieder aufnehmend III 129; *sed — tamen* II 15.
sedere vor Gericht II 283.
sedulo mit ängstlicher Sorgfalt u. Vorsicht III 158. Seefahrt als Bild III 7; vgl. I 1.
segnitas I 185.
seiunctum esse unterschieden v. *seiungi* III 19.
senius disertus III 154.
sensa Vorstellungen, Gedanken I 32; III 55.
sensus Gemütsstimmung II 184; Anschauungsweise I 12; *s. communis hominis* II 68; *s.* Fühlen u. Denken I 83; *sensus* u. *cogitatio* menschliche Denk- u. Empfindungsweise III 21; *sensum ferire* anschaulich vor die Sinne treten III 163.
sententia Satz, Gedanke, Entwickelung III 24; *s.* der Sinn: *scriptum et sententia* II 110; *sententiam dicere* I 44; *ex sententia* nach Wunsch I 123.
sententiae Inhalt, Stoff; *verba* Form III 24; Grundgedanken III 16; *sententiae pactae* u. *expressae* III 24.
sentire merken II 2.
separatim im allgemeinen II 118.
sequi beitreten III 5; *s.* = sich von selbst einfinden III 194.
series, sine ulla serie ohne lange Erörterungen II 68.
sermo I 12; die Sprache, das Sprechen III 41; *s. corporis* III 222; *s.* Verkehrssprache III 177; *s. Socraticus* Lehre des S. III 62.
sermones Zwischenreden II 328; *s. hominum* gesellige Unterhaltungen III 32.
servire belastet sein I 178; vgl. 251; *servire vectigalibus* II 171.
servus ad manum III 225.
sessiones Sitze II 20.
sessum ire zur Sitzung III 17.
si — iam = wenn nun einmal II 25; *si quis* etwaig II 185; *si forte* = wenn d. Glück gut ist III 47; *si etiam* und *etiam si* III 84; *si dis placet* III 93.
sic facere, Zusageformel II 27.
significare = von vornherein bemerken III 24; zu verstehen geben I 122.
significatio Einfluß, Anklang II 153; Deutung II 268; *s. ad intellegendum* III 202.
signum brumale Zeichen des Steinbocks III 178.
silva Material II 65; III 93.
similitudo II 52; 71; *haec sim.* II 95; vgl. II 209; *ab hac sim.* = ihnen analog III 56; *sim. turpioris* II 266; *similitudinis ad unum contracta brevitas* Metapher III 156; *similitudines* I 240.
simplex einfach u. natürlich III 45.
simpliciter geradezu ohne Einschränkung III 62.
simul auf einmal II 102.
simultas Gereiztheit II 62.
sine mea sententia II 28; *sine usu* für ein fehlendes Adjektiv I 105.
Singular bei mehreren Subjekten II 2; 26; statt des Plural im lebhaften Gespräch III 67.
singuli Einzelstimmen III 196.
societas civilis Staatsverband II 68; *societas et cognatio virtutum* III 136.
solidus kräftig, konsistent III 103.
solium II 143; 226; III 133.
solutio linguae e. fertige Zunge I 114.
sonitus tönender Klang III 28.
sonus II 54; Klangfärbung III 45.
Sophisten u. Rhetorik III 60.
sordidiores artes III 128.
spatium Lauf, Bahn der Gestirne III 178; Gang, Umgang I 28.
species Schaustellung, Parade II 317; äußere Erscheinung III 55; *specie* dem äußeren Wesen, Scheine nach III 34.
spectare alqd u. *ad alqd* III 147.
spiritus Selbstbewußtsein II 73.
spissus et productus bedächtig u. gedehnt II 213; *spissum est* III 145.
splendide frisch u. lebendig II 68.
sponte sua = auf eigene Hand I 146; II 165; 193.
Sprache der Stoiker III 66.
Sprichwort II 258; vgl. 233.
status iuridicialis II 106; I 139.
Statuslehre II 105; 132; III 70; 75; I 139.
Stellung, seltenere von *posse* II 45; am Anfang des Nachdrucks

halber III 5; 10; des *Nomen proprium* hinter die Apposition III 4.
Stilgattungen, drei II 129.
stilus I 150; 257; III 96; 190.
stipulationes II 100.
Stoische Grundsätze III 55.
struere schichten, fügen III 171.
studium = Fach I 10; *studium rectum* I 256; *st.* Verehrung und Liebe III 14; vgl. 16; *st. discendi* wissenschaftliches Streben II 1; *tuo studio* nur aus eigenem Antriebe I 40; *studia* Richtungen, *naturae* Eigentümlichkeiten III 28.
suavitas II 126; *s. scientiae* Befriedigung, die ... gewährt III 56; *s.* gefälliger Klang III 42.
subductiones Nachrechnungen II 132.
subiectio rerum sub aspectum III 202.
subiectum esse geläufig sein I 201.
subigere tüchtig beackern II 131.
subiratus I 72.
subsequens unvermerkt begleitend III 220.
subsiciva opera III 364.
Substantivum, phraseologisches: *tria* drei Stücke, Faktoren II 115; *ea* Fragen, die II 2; *tua* deine Ansichten II 74; *quae* Operationen die II 103; vgl. III 88; Substantiva mit Präpositionen an Stelle von Adjektiven II 28; I 105.
subtilis logisch scharf II 93; *subtiliter* I 90; *subtiliter persequi* im Detail durchgehen I 98.
subtilitas Feinheit des Ausdrucks II 28; der Aussprache III 42; eingehende Gründlichkeit III 60.
subturpe II 264.
succedere in der Anwaltspraxis I 207.
succrescere actati vestrae III 230.
sucus Lebenskraft u. Frische II 88; III 96.
sudare sine causa II 223.
suggerere II 331.
sum — es ergeht mir wie II 265.
sumere II 91.
summae communes Gesamtbegriffe II 135.
summatim übersichtlich, im allgemeinen I 252; II 153; 248.
summissius ruhiger, gelassener III 212.
superare II 83.

superior gewählter als *maior* II 250; *superiora* Anfänge III 192.
suppeditare medial = *suppetere* III 124.
suppliciter I 90.
supplosio pedis III 47; 220.
surculum defringere III 110.
sus oratorem (Minervam) Sprichwort II 233.
suscipere ac polliceri I 21; *susc. ac profiteri* I 103; 116; II 153; III 22.
suspenso animo I 239.
suspicere = sich emporschwingen zu III 22.
suspitio Satire II 278.
sustinere = übernehmen, e. Rolle II 251.
suus = *proprius* II 47; 64; *suum* das eigene Empfinden II 193.
Synekdoche, *intellectio* III 168.
Syrtis u. *Charybdis* III 163.

T.

tabulae Urkunden I 250; II 100. Aktenstücke II 116; Geschäfts-, Rechnungsbücher II 280.
tacito unbewußt III 195.
tactus Einwirkung II 60.
tactus geprellt II 257.
tamen doch sicherlich III 38; mit zu ergänzendem Gedanken: immerhin schon; jedenfalls I 205; II 91.
tangere II 43.
tantummodo III 52.
tarditas = träger Schlummer II 148; vgl. I 125.
tardus II 275; III 89; 145.
tectissimus II 296.
telam texere von d. Politik III 226.
temere, planlos II 32.
temperatior II 212.
tempestas für *tempus* III 153.
templum Rednerbühne II 197.
tempus Verhältnisse II 72; *tempus sepositum* III 85; *tempora* politische Verhältnisse I 26; = unglückliche Zeitläufte III 58.
tempus vacuum u. *tempus liberum* unterschieden III 57.
tenere bereithalten I 18; 84; theoretisch inne haben I 212.
teres völlig u. schlank III 199.
testibus domesticis II 2.
testimonium, Arten desselben II 341.

theoretisch etwas treiben II 76.
Theorie, etwas nach der bloßen Theorie treiben II 76.
tinctus litteris II 85; durchtränkt II 120.
Tmesis I 205; 214; II 97; 217; 270; III 60.
togatus = schlichter römischer Bürger I 111; *togati* = Lateiner, Römer III 43.
Tonstärke u. -färbung ausgedrückt III 103.
totus; totae orationes Reden im ganzen II 81; vgl. I 114.
tractatio orationis zurückzuführen auf *oratio tractat*, nicht *tractatur or.* I 54; *tractatio dicendi* I 109.
tractus et haesitatio Stocken II 202.
tragoediae I 219; II 225; *tragoedias agere* II 205.
tranquillitas u. *otium* III 56.
transferre Metaphern brauchen III 157.
translata verba Metaphern III 158.
translatio, transferendi modus III 155.
transmarina doctrina III 155.
tribu movere II 272.
tribuere tantum II 227; *tr. alcui summa* III 15; *tr.* für *distribuere* I 68.
tristitia trübe Stimmung I 27; III 197.
Tropus: der geistige statt des sinnlichen gebraucht und umgekehrt II 88.
Trochäus u. Choreus III 182.
Trugschlüsse der Stoiker II 159.
tum denique dann erst III 200.
turmales = Kameradschaft II 262.
turpitudo et deformitas II 236.
tutela: in suam t. venire I 180.

U.

ubi est wo ist das hin? II 249.
Übergang, wieder anknüpfend mit *igitur* III 120.
umbra u. *recessus* Schatten u. Hintergrund beim Gemälde III 101.
Umgangssprache (Auslassung von *se*) III 18; vgl. II 286.
Umschreibung der Passiva mit *habere* u. Substant. III 38; 167.
'und', 'dann' ausgelassen oder durch *tum* etc. II 132. 'und doch dabei' ausgedr. III 20.

Universalität für den Redner III 126.
universus = im ganzen III 109.
Untersuchung, eine, wie die gegenwärtige III 60.
unus fast wie der unbestimmte Artikel III 166. *uno corpore* = in einem fort II 162.
urbanitas III 42; feine Form, taktvolles Maßhalten I 17.
usurpare III 110.
usus Praxis II 120; 131 *ad usum transferre* III 86; *ad usum rei* um zu .. können III 224; *usus rerum* II 147; *u. civium* Unterthanenbrauch II 68; *u. ac natura* I 123; *usum habere* = gebraucht werden III 38.
ut in alqo = nach dem Maßstabe III 66; *ut ipse* nach Maßgabe deiner Erfahrung III 144; *ut* gesetzt daß II 256; *ut* explikativ II 129; *ut ita dicam* vor Ausdrücken, die noch nicht als technisch angenommen sind III 113.
uti Umgang haben II 2; *semper utimur eis* = stereotypisch II 359.
utilitates nützliche Einrichtungen I 36.
utique jedenfalls III 65.

V.

vacare keinen Anteil haben III 43.
vacuus herrenlos III 122.
vagari von Worten gesagt III 176.
varietas bunte Abwechselung III 60; *colorum* II 54; *litterarum* I 8.
vastus breit, plump (von der Aussprache) III 45; unser wüst I 115.
vehemens kräftig u. aufregend II 58; erschütternd II 73.
velle mit *ut* III 228.
vena I 223.
veniam dare = Gefallen thun I 163.
venitur man begiebt sich III 18.
venustas liebliche Anmut III 60; *ven. subtilis* Anstandsgefühl I 17.
verbum inflexum et immutatum III 168.
verba exprimere = begleiten, ausprägen III 220.
verberare züchtigen, zu Paaren treiben III 79.
vere dicam (Futur.) II 15; *vere agere* aufrichtig verfahren II 351.
verecundius III 62; einigermaßen zurückhaltend I 171.

Vereinigung von Philosophie u. Beredsamkeit nötig für den wahren Redner III 74; 77; 80.

veritas Naturwahrheit II 73; *veritatem imitari* II 94; vgl. II 34; *v.* = wirklicher Sachverhalt II 178; *v. das* wirkliche Leben III 215; *veritatis expers* ohne Einsicht in d. Praxis des Lebens II 81.

vero nun gar noch I 193.

Vers in der Darstellung III 20; in d. Prosa fehlerhaft III 175.

versus usitatus = Hexameter III 185.

versutiloquus III 154.

verzichten auf und sich widmen *ab aliqu re se transferre ad* III 56.

vestire in Bez. auf das Lebensalter gesagt II 124.

vestis I 161.

vetustas von Wörtern u. Ausdrücken III 153; *vetustas prisca* d. graue Altertum I 193.

via II 36; methodischer Gang I 14.

vicissitudines III 193.

videor sperare = glaube hoffen zu dürfen II 122.

videre nachsehen, ausfindig machen II 117; sich umsehen nach III 2; *plus videre* tiefere Einsicht, weiteren Blick haben III 20; *videre ut* II 151; *videris* II 351; *viderit* II 235.

vide, si . . II 283; *videto ne* II 71.

videsne, videtisne = *nonne videtis* I 130; II 64; 157.

vigere I 13; II 95.

vigilare die Augen offen haben II 92.

vincere II 180; die Oberhand behalten II 334.

vincire sententiam III 176.

vir u. *homo* unterschieden III 13.

virtus II 241; 342; Energie II 363; der Stoiker III 65.

vis Leidenschaft II 190; physische Kraft II 317; Macht u. Wesen III 21; 76; *vis universa* Gesamtbedeutung II 164; *v. doctrinae* eine Last von Theorie III 75; *v. dicendi summa* = Entfaltung I 13; *v. ratioque dicendi* Kraft u. Kunst I 17; *v. professioque oratoris* I 21; *v. ac facultas* Fähigkeit zu wirken u. zu leisten I 142; *vis ac natura* natürliche Kraft I 196; *vim habere* erzielen wollen, im Auge haben III 91; *vires* = kräftige Konstitution I 114.

viscera = das innerste Herz II 318.

vita memoriae = Historie II 36; *vita deficit* III 86.

vitium fehlerhafte Ausdrucksweise III 151.

vocabulum = ἐτυμολογία II 165.

vocatu III 2.

voculae falsae Fisteltöne III 98.

volitare II 101; I 173.

voluntas Richtung, Geist II 92; 94.

voluptas Frohsinn III 219; *voluptates* Genüsse III 25.

volvi = hervorrollen, herumkommen III 182.

Vorbild für den Schüler II 90.

vox Aussprache, Klang III 44; *v. muliebris v. mollis* III 41; *v. amissa* II 91; *voci servire* φωνασκεῖν III 224; *vocum modus* = Takt u. Melodie III 174; *voces* Klänge, Töne III 25.

Vulgärsprache; vgl. III 95.

vulgare genus orationis Volkssprache I 12.

vultus Gesichtsausdruck I 127.

W.

Waffenwerk, im W. leben III 201.

Wahlempfehlung im Altertum II 240.

Warnung vor etwas III 97.

Wechsel der Konstruktion II 63.

Wesen; mit seinem Wesen nicht vereinigen können III 19.

Witz, seine Bedeutung für den Redner II 216.

Wortbilder in d. Mnemonik II 358.

Wortspiel: *actor* — *auctor* II 194; mit *ars* II 120; Wortspiele Ciceros II 290 vgl. *nobilior;* dann III 4.

Wortstellung I 13; 181; 49; 238; vgl. II 85; s. a. Stellung.